D1941918

Robert Hughes
Australien

Robert Hughes

Australien

Die Gründerzeit des Fünften Kontinents

Übersetzt von
Karl A. Klewer

ECON Verlag
Düsseldorf · Wien · New York

Bayerischer Rundfunk

Titel der amerikanischen Originalausgabe: The Fatal Shore
Originalverlag: Alfred A. Knopf, New York
Übersetzt von Karl A. Klewer
Copyright © 1986 by Robert Hughes

Das Bildmaterial wurde uns freundlicherweise vom amerikanischen Originalverlag zur Verfügung gestellt.
Karten gezeichnet von Joachim Zwick

ID 10023744
BR
EDV
921-518
M 1441980 Kl
318/2018 W

CIP-Kurztitelaufnahme der Deutschen Bibliothek

Hughes, Robert:
Australien: d. Gründerzeit d. 5. Kontinents / Robert Hughes.
Übers. von Karl A. Klewer.
Düsseldorf; Wien; New York: ECON Verlag, 1987.
Einheitssacht.: The fatal shore <dt.>
ISBN 3-430-14892-8

AUSGESONDERT

Copyright © 1987 der deutschen Ausgabe by ECON Verlag GmbH,
Düsseldorf, Wien und New York
Alle Rechte der Verbreitung, auch durch Film, Funk und Fernsehen, fotomechanische Wiedergabe, Tonträger jeder Art, auszugsweisen Nachdruck oder Einspeicherung und Rückgewinnung in Datenverarbeitungsanlagen aller Art, sind vorbehalten.
Gesetzt aus der Aldus
Satz: ICS Communikations-Service GmbH, Bergisch Gladbach
Papier: Papierfabrik Schleipen GmbH, Bad Dürkheim
Druck und Bindearbeiten: Pustet, Grafischer Betrieb, Regensburg
Printed in Germany
ISBN 3-430-14892-8

»Im Herzen steckt mir, wenn auch nun vergällt,
Euer liebes, väterliches Antlitz drinnen,
Wie Ihr mich dann und wann einst in der Welt

Belehrtet, wie man Ruhm sich muß gewinnen:
Und wie ich's ehre, soll sich lebenslang
Dartun in jedem Worte und Beginnen.«

Dante, Hölle, XV. Gesang, 82–87

Ich habe nachgedacht, wie ich der Welt
Den Kerker, wo ich lebe, mag vergleichen;
Und, sintemal die Welt so volkreich ist
Und hier ist keine Kreatur als ich,
So kann ich's nicht – doch grübl' ich es heraus.

Shakespeare, »Richard II.«, V, 5

Kaum war'n wir auf der Insel, verkauft man uns wie Pferde,
in Reih und Glied, so standen wir da auf der harten Erde;
wir mußten wie die Ochsen am unheilvollen Strand
den harten Boden pflügen, dort auf Vandiemensland.

Sträflingsballade, um 1825–1830

Für meinen Patensohn
ALEXANDER BLIGH TURNBULL, geb. 1982,
einen Australier der siebten Generation,
sowie für
ALAN MOOREHEAD, 1910–1983,
LUCY MOOREHEAD, 1908–1979,
die Paten meines Sohnes

Inhalt

Vorwort

Der Gedanke, dieses Buch zu schreiben, kam mir, als ich 1974 für das Fernsehen an einer Dokumentarfilmreihe über australische Kunst arbeitete. Bei den Dreharbeiten in Port Arthur wurde mir inmitten der Ruinen des ausgedehnten Gefängniskomplexes klar, daß ich nur wenig über die Geschichte meiner Heimat und jene Zeit wußte, als der Kontinent eine Strafkolonie war, und wie nahezu alle meine Landsleute mit einem unterentwickelten Bewußtsein der kolonialen Vergangenheit Australiens aufgewachsen war.

Die Frage der Sträflinge wurde an den Schulen gar nicht und an den Universitäten kaum behandelt – der Gedanke, sie könnten eine berichtenswerte Geschichte haben, war den Australiern in den fünfziger und sechziger Jahren fremd. Noch um die Mitte der siebziger Jahre lag lediglich eine einzige allgemeine Geschichte des »Systems« gedruckt vor (mit diesem Sammelbegriff bezeichnete man im Australien der Kolonialzeit gewöhnlich Deportation, Unterbringung und eine etwaige zweite Verurteilung): A.G.L. Shaws bahnbrechende Untersuchung *Convicts and the Colonies.* Hinter einer tief verwurzelten und nie offen formulierten Meinung der Australier schien sich die Wunschvorstellung zu verbergen, der Beginn der »wirklichen« Geschichte des Landes falle zeitlich mit seiner Achtbarkeit zusammen – Geld strömte ins Land, weil Gold entdeckt worden war, endlich fand die Wolle einen riesigen Absatzmarkt, der Kontinent wurde erschlossen, und eine australische Mittelschicht entstand. Doch klirrten hinter dem strahlenden Bild der »Felix Australia« an die 160 000 Sträflinge im Halbdunkel verborgen mit ihren Ketten. Nur wenig hatte man über die Empfindungen und Erlebnisse dieser Männer und Frauen geschrieben, sie waren nichts als Posten in einer Statistik. Man tat einfach so, als gebe es sie nicht, denn man empfand ihre Existenz als peinlich.

Dieser Verdrängungsprozeß hat eine lange Tradition; der Wunsch unseres Volkes, seine auf Verbrechen gründenden Ursprünge zu vergessen, setzt bereits mit diesen Ursprüngen ein. Wer in der Frühzeit der australischen Besiedlung einen Sträfling »Sträfling« nannte, fügte ihm damit eine Beleidigung zu, die in der Kolonie mit Sicherheit empfindliche Reaktionen hervorrief. Der allseits akzeptierte Euphemismus dafür war »Regierungsmann«. Was das Sträflingssystem späteren Generationen von Australiern hinterließ, war nicht die robuste, skeptische Unabhängigkeit, auf die wir, immer weniger zu Recht, stolz sind, sondern ein tiefgreifendes Bemühen um gesellschaftliche und politische Achtbarkeit. Das Kainsmal des »Sträflingsmakels«, ein unserem Wesen eingewobener moralischer Defekt, beherrschte um die vierziger Jahre des vorigen Jahrhunderts jede Diskussion um australische Selbstbestimmung und war der am häufigsten verwendete rhetorische Begriff in der Bewegung, die sich für die Abschaffung der Deportation einsetzte. Die Triebfeder dafür war nicht etwa die Forderung nach einem unabhängigen Australien, sondern das Empfinden von Briten, die sich durch das Weiterbestehen des Sträflingswesens in ihrem Anstand als Bürger des Landes befleckt fühlten, denn obwohl man diese Menschen verpflanzt hatte, waren sie nichtsdestoweniger Briten.

Erste Anzeichen für ein erwachendes gesellschaftliches Selbstbewußtsein der Australier hatten sich schon in den zwanziger Jahren des 19. Jahrhunderts unter der *Currency* gezeigt, den in ihrer Mehrzahl im Lande geborenen Kindern ehemaliger Sträflinge. Aber noch auf Jahrzehnte hinaus pflegten die offiziellen Stimmen Australiens den Anspruch auf Achtbarkeit mit ihrem Britentum zu begründen. Das hätte möglicherweise anders ausgesehen, wäre die Deportation im Namen der Abkömmlinge der Sträflinge beendet worden, doch der Kampf wurde statt dessen für freie Auswanderer und deren Angehörige geführt, und sie wiesen anklagend auf den Mythos des »verderbten Blutes« und des »Sträflingsmakels« hin. Nach der Abschaffung der Deportation konnte man seinen Vorfahren (insgeheim) vorwerfen, daß sie Sträflinge gewesen waren, durfte aber weder stolz auf sie sein noch England Vorhaltungen machen, weil es sie so und nicht anders behandelt hatte. Als Ausweg aus dieser scheußlichen kolonialen Beziehungsfalle bot sich ein kollektiver Gedächtnisverlust an; doch trotz einer die ganze Nation umfassenden Verschwörung des Schweigens wollte der Makel nicht weichen. Gegen Ende des 19. Jahrhunderts gelangten die Theorie vom biologischen Determinismus wie auch Vorstellungen von Rassenreinheit zur Hochblüte, und nur wenige achtbare, im Lande geborene Australier ruhten fest genug in sich selbst, um nicht zusammenzuzucken, wenn »richtige« Engländer vom Sträflingserbgut sprachen.

Die Imperialisten des Landes waren der Ansicht, Australien könne lediglich als Vasall Großbritanniens überleben, und glaubten, der Geburtsmakel lasse sich ausschließlich mit Blut abwaschen – wieviel davon auch immer England für seine Kriege brauchen mochte. Neben der lautstarken Propaganda für den Burenkrieg und den Ersten Weltkrieg ließen sich leisere »vaterlandslose« Stimmen vernehmen (meist irische, gewöhnlich aus der Arbeiterklasse), die erklärten, nachdem man uns erst als Verbrecher aus England fortgeschafft habe, wolle man uns nun als Kanonenfutter zurückbringen – und nach dem Krieg dürften sich dann die Überlebenden wieder ihrer eigentlichen Aufgabe als Australier zuwenden: billige Wolle und billigen Weizen für England zu erzeugen. Doch war die Beschäftigung mit diesem Makel der Stärkung des Gefühls nationaler Würde nicht förderlich, die den jungen Männern, wie unsere Großväter und Urgroßväter glaubten, dabei half, gegen den Feind anzustürmen.

Die Amnesie schien eine Vorbedingung für Patriotismus zu sein, und sie durchdrang auch die Haltung der Menschen gegenüber der australischen Geschichtsschreibung und der Vermittlung der Geschichte an Schulen und Universitäten, zumindest bis 1962 der erste Band von Manning Clarks *History of Australia* erschien. Einer der Gründe, warum wir Australier nach 1918 so berührt von dem mythischen Ereignis von Gallipoli, unseren Thermopylen, waren, liegt darin, daß es in unserer eigenen frühen Geschichte so wenig gab, auf das wir stolz sein konnten. Bis dahin bedeutete »Geschichte« große Männer, bewegende Taten, nützliche Entdeckungen und edle Opfer – daß die unsere nichts von alldem aufwies, ließ uns noch mehr um unseren Wert besorgt sein und führte zu unserem »kulturellen Katzbuckeln«, das uns noch bis lange nach dem Zweiten Weltkrieg das Leben schwermachen sollte. Nur selten hörte man den Hinweis, Australier könnten – ganz gleich, ob sich England nun wegen des Systems schämen müßte oder nicht – auf jeden Fall stolz darauf sein, es überlebt und ihm zum Trotz ihre eigenen Werte geschaffen zu haben.

Da noch bis in die sechziger Jahre unseres Jahrhunderts hinein australische Historiker diesem Druck erlagen, findet sich in den Schulbüchern so gut wie nichts über das Sträflingswesen. Das ist so ähnlich, als hätte kollektives Feingefühl die Historiker der Vereinigten Staaten dazu veranlaßt, den Bürgerkrieg herunterzuspielen, um keine alten Wunden aufzureißen.

Da den Erlebnissen und Leiden der Sträflinge die Stimme in der Geschichtsschreibung versagt blieb, belegten Journalisten und Romanautoren das Thema mit Beschlag. Die Öffentlichkeit war hinsichtlich dieser »finsteren« Jahre, in denen so zahlreiche ihrer Wurzeln verborgen lagen, von stets gleichbleibender Neugier; und so erfüllte eine den Schauder betonende pralle Schundliteratur, die sich vorwiegend mit Alkoholexzessen, sexuellen Abartigkeiten und Auspeitschungen beschäftigte und über die prosaischeren Tatsachen im Zusammenhang mit Leben und Arbeit der Sträflinge gründlich ausschwieg, bereitwillig ihre Forderungen. (In gewisser Hinsicht gilt das auch für ein nationales Romanwerk, Marcus Clarkes machtvolles, in einen merkwürdigen Rahmen eingebettetes, immer wieder vom Thema abschweifendes »Magnum Opus« *Lebenslänglich*, ein Buch voll tiefer Gefühle.) Die gesamte Trivialliteratur zur Deportation konzentrierte sich auf die Schrecken des Systems, und die fanden sich in erster Linie in den weitab liegenden Strafsiedlungen für Rückfalltäter: Port Arthur, Macquarie Harbour, Moreton Bay und vor allem die Norfolkinsel. Diese Werke stellen das Leben der Sträflinge als qualvolle Vorhölle dar, die lediglich von Zeit zu Zeit durch Episoden aus der wirklichen Hölle aufgelockert wurde.

Durch diese Art der Überlieferung des Systems wurde die Erinnerung daran im Volke wachgehalten, doch sie war einseitig und neigte – vor allem in der Art, wie sie Port Arthur darstellte – zu bisweilen geradezu grotesker Übertreibung. Auch kümmerte sie sich nicht um die allgemeinen Erfahrungen von Sträflingen. Nur ein Bruchteil der nach Australien deportierten Männer und Frauen kam je mit diesen »sekundären« Siedlungen in Berührung, denn sie waren in der Regel denen vorbehalten, die in der Kolonie erneut straffällig und verurteilt wurden. Die meisten verbüßten einige Jahre ihrer Strafen mit Arbeit für einen freien Siedler oder die Regierung; sie trugen nie Ketten, bekamen Urlaub und wurden im Laufe der Zeit als freie Bürger in die Gemeinschaft der Kolonie aufgenommen. Sie wollten in ihrer Mehrzahl (nach den auf uns überkommenen Briefen zu urteilen) in Australien bleiben und wiesen den Gedanken an eine Rückkehr nach England weit von sich.

Dazu muß gesagt werden, daß die Zuweisung von Sträflingen an die Siedler funktionierte. Trotz aller Unvollkommenheiten und Ungerechtigkeiten, trotz des Mißbrauchs, den schlechte Dienstherren mit den ihnen Zugewiesenen trieben, ermöglichte das Tausenden von Menschen, die sonst elend zugrunde gegangen oder durch lange Haftstrafen in England erst zu richtigen Verbrechern gemacht worden wären, einen neuen Anfang. Den Heuchlern gegenüber, die zur Zeit unserer Großväter auf Australier als »Kinder von Verbrechern« hinabsahen, wiesen bemerkenswert wenige Australier auf die unübersehbare Tatsache hin, daß die nachkoloniale Geschichte unseres Landes die Theorie von der Vererbbarkeit des Verbrechens nachdrücklich ad absurdum geführt hat. Hier bestand eine Gemeinschaft aus über Jahrzehnte hinweg ausschließlich wegen ihrer »kriminellen Neigungen« ausgesonderten Menschen, deren Nachkommen sich zu einer der gesetzestreuesten Gesellschaften auf der Welt zusammenschlossen. Zu einer Zeit, da neokonservative Gesellschaftsidealisten versuchen, das alte Schreckgespenst der erblichen Vorbelastung bei kriminellen Vorfahren wiederzubeleben, mag das Stoff zum Nachdenken liefern.

Seit australische Historiker vor etwa zwanzig Jahren – von Manning Clark, dem Verfasser der *History of Australia,* und L. L. Robson mit *The Convict Settlers of Australia* (1965) dazu ermutigt – vorsichtig anfingen, das »System« vom Gebiet der populären Überlieferung in das Licht der wissenschaftlichen Untersuchung zu holen, haben sie sich auf die Mehrzahl der Sträflinge konzentriert, die, die arbeitsverpflichtet waren. An ihnen und nicht an den zweifach Verdammten von der Norfolkinsel ließ sich neben dem tatsächlichen Funktionieren der Gesellschaft in der Kolonie auch die oft eigentümliche Weise erkennen, in der Sträflinge Rechte geltend machten und als Klasse in Beziehung zu den Freien existierten. Das Australien der Kolonialzeit war einzigartig in der Art, wie sich auf seinem Gebiet Freie und Unfreie vermischten. Es war auch ein »normaleres« Land, als man sich nach der volkstümlichen Überlieferung einer von Peitsche und »Dreibein« beherrschten Gesellschaft vorstellen sollte, in der rücksichtslose Herren stöhnende weiße Sklaven unterjochten. Das Buch, das diesen Aspekt am besten vermittelt und damit bei neueren Untersuchungen des Systems zu Recht herausragt, ist J. B. Hirsts *Convict Society and its Enemies* (1983).

Obwohl weder Hirst noch andere Historiker, die sich mit den ›Normalfällen‹ beschäftigen, die tieferen Schichten des Systems verkennen, für die die Norfolk-Insel als Musterbeispiel steht, haben sie doch möglicherweise in ihrem lobenswerten Wunsch, das Marktschreierische zu vermeiden, die moralische und menschliche Bedeutung dieser Orte unterschätzt. Zwar mußten nur vergleichsweise wenige Sträflinge in diesen Höllen schmachten, doch hat auch lediglich ein geringer Bruchteil der Gesamtbevölkerung Rußlands in den Gulags gelitten und wurden relativ wenig Kubaner Opfer der Greueltaten, die Fidel Castros Folterknechte auf der Isla de Las Piñas an Dissidenten begingen. Doch ebenso, wie es unmöglich ist, ein Buch wie Armando Valladares *Against All Hope* zu lesen, ohne dabei seine Illusionen über das wahre Gesicht von Castros Regime zu verlieren, kann man kaum über Orte wie die Norfolk-Insel und Macquarie Harbour nachdenken, ohne einige seiner Ansichten zum britischen Kolonialismus zu ändern. Auch wenn nur eine Minderheit der Sträflinge dorthin kam, waren sie unabdingbarer Bestandteil des Systems: der dort praktizierte Terror sollte (hofften die Behörden) Wohlverhalten auf dem Festland, in Neusüdwales, erzwingen.

Was den meisten zeitgenössischen Berichten über das System fehlte, waren die Stimmen der Sträflinge. Aus einem riesigen Berg von Verwaltungsakten erfahren wir eine ganze Menge über Bürokraten, Zeugen, die vor Untersuchungsausschüssen aussagten, Geistliche, Aufseher und Dienstherren; über die Sträflinge selbst aber nur sehr wenig. Dementsprechend habe ich versucht, das System soweit wie möglich von unten zu betrachten und es durch Zeugnisse zu erhellen – Briefe, Aussagen, Gesuche und schriftlich niedergelegte Erinnerungen –, in denen Sträflinge mit ihren Erlebnissen und Erfahrungen zu Wort kommen. Ein Großteil dieses Materials war bisher unveröffentlicht, und noch weit mehr wartet auf eine gründliche Auswertung. Es zeigt sich, daß eine allgemein vertretene Annahme durchaus falsch ist: Weit davon entfernt, eine sprachlose Masse zu sein, hatten die Sträflinge eine Stimme – oder besser gesagt: viele Stimmen. In diesem Buch geht es zum großen Teil um das, was sie uns über ihr Leiden und ihr Überleben sagen, über ihre Hoffnungen und ihren Widerstand, ihre Angst vor der Verbannung in einen fernen Winkel der Erde und die Art, wie sie sich mit diesem für sie ursprünglich unvorstellbaren Land abgefunden haben, das sie und ihre Kinder später als ihr Eigentum beanspruchen sollten.

Freunde haben mich während der Arbeit an diesem immer wieder verzögerten Buch moralisch unterstützt und ermutigt. Besonders danken möchte ich Joanna

Collard, die mir bei der Zusammenstellung einer ersten Liste australischer Quellen half; Brendan Gill, dessen ursprüngliche Begeisterung für den Gedanken schon 1975 die meine am Leben erhielt; Jerry Lieber, Barbara Rose und Lucio Manisco, denen das Lesen des Manuskripts in den verschiedenen Stadien zugemutet wurde; sowie Robert Motherwell, dessen Reaktion auf die ersten Kapitel mir half, auch die übrigen zu bewältigen.

Wie zwangsläufig jeder, der den Versuch unternimmt, nach Primärquellen über die australische Geschichte zu schreiben, schulde ich meinen größten Dank den Bibliotheksmitarbeitern der Mitchell und Dixson Libraries sowie des Archives Office von Neusüdwales in Sydney, der Nationalbibliothek von Australien in Canberra, der Allport-Bibliothek und des Tasmanischen Staatsarchivs in Hobart. Insbesondere Catherine Santamaria (Leiterin der Abteilung Australienkunde) und John Thompson (zuständig für australische Manuskripte) in der Nationalbibliothek sowie Geoffrey Stillwell von der Allport Library waren meine Führer durch das Labyrinth der Dokumente.

Gleichfalls muß ich den Mitarbeitern der Latrobe-Bibliothek in Melbourne, der öffentlichen Bibliothek von New York, des Staatsarchivs und der Nationalbibliothek von Irland in Dublin sowie der Nationalbibliothek in Paris meinen Dank abstatten; wie auch denen der British Library in London und der London Library, ohne deren Ausleih-Dienst die Vorarbeiten für dies Buch nicht hätten in Angriff genommen werden können; des Public Record Office in London, des Army Museums Ogilby Trust; der Religious Society of Friends; des Bedford County Record Office; der Derby Central Library; des Estate Office in Catton Hall, Staffordshire; des Lancashire Record Office; der William Salt Library, Stafford. Die Firma Telford Motors in Hobart stellte mir für Besuche an Ort und Stelle in Tasmanien 1981 einen Wagen zur Verfügung, und Dick Edwards aus Strahan das Boot, mit dem ich durch Macquarie Harbour fuhr.

Das unhandliche Manuskript wurde während der verschiedenen Bearbeitungsstadien von Charles Elliott, meinem Lektor bei Knopf, in eine überschaubare Form gebracht; ihn unterstützten dabei Christopher Maclehose und Stuart Proffitt von Collins Harvill. Gillian Gibbins bei Collins und Sharon Zimmerman bei Knopf halfen mir bei der Materialsuche. Stephen Frankel, der die Endfassung durcharbeitete, wies auf mehr Fälle mangelnder Übereinstimmung hin, als ich für möglich gehalten hätte. Ihnen allen danke ich von Herzen, vor allem aber Professor Michael Roe von der Universität Tasmaniens in Hobart für die Großzügigkeit und Sorgfalt, mit der er den vorletzten Entwurf des Manuskripts durchgelesen und auf verschiedene Unterlassungssünden wie auch Unbehandeltes hingewiesen hat. Auch wenn meine Deutung gewisser Aspekte der Geschichte der Strafkolonie von seiner abweicht, gehen alle noch bestehenden Tatsachenmängel auf mein Konto.

Zum Schluß und am meisten danke ich meiner lieben Frau, Victoria Hughes, deren Vertrauen und unerschütterlicher Gleichmut mir halfen, Jahre der Materialsuche und des Schreibens durchzuhalten, während deren sie mich keine Minute lang im Stich ließ – es ist auch ihr Buch.

Kapitel I

Der Hafen und die Verbannten

1

Im 28. Regierungsjahr von König Georg III., 1787, sandte die britische Regierung eine Flotte aus.

Man wollte Australien besiedeln, doch noch nie zuvor war eine Kolonie so weit vom Mutterland entfernt gegründet worden – und noch nie in einem Erdteil, über den man so wenig wußte. Australien war gänzlich unerforscht. Kapitän James Cook hatte lediglich siebzehn Jahre zuvor, 1770, vor der Ostküste dieses äußerst rätselhaften Kontinents Anker geworfen, sich eine kurze Weile an einem Ort aufgehalten, den er Botany Bay nannte, und war anschließend nordwärts weitergesegelt. Seither war kein Schiff dort gewesen, und niemand hatte ein weiteres Wort über jenen Erdteil gehört. Diese siebzehn Jahre waren dort, in der historischen Unendlichkeit aus bläulich flimmernder Hitze, Busch, Sandstein und dem gemessenen Dröhnen der glasklaren Brecher des Pazifiks eingebettet, ebenso verlaufen wie die Jahrtausende zuvor.

Nunmehr aber sollte diese Küste Zeuge eines nie zuvor unternommenen und danach nie wiederholten kolonialen Experiments werden: Ein unerforschter Erdteil sollte als Zuchthaus dienen, und Luft und See um ihn herum, das gesamte durchsichtige Labyrinth des Südpazifiks, würde seine über 20 000 Kilometer dicke Mauer bilden.

Im späten 18. Jahrhundert gab es in einer revolutionären Aufbruchstimmung eine Vielzahl von Vorstellungen zu einer grundlegenden Reform der Gesellschaft, doch hier sollte das Verfahren umgekehrt werden: Es ging nicht um Utopia, sondern um Dystopia. Nicht Rousseaus edler Wilder, der sich in moralischer Anmut inmitten freier Gesellschaftsverträge bewegt, war ihr Gegenstand, sondern der Mensch unter Zwang, in der Verbannung, entwurzelt, in Ketten. In anderen Gebieten des Pazifiks, insbesondere auf Tahiti, mochte man Rousseau scheinbar bestätigt finden – Australiens geistige Väter dagegen waren in den ersten Jahren der Besiedlung Thomas Hobbes und der Marquis de Sade.

In ihren optimistischsten Augenblicken hoffte die britische Regierung, der Kontinent werde schließlich eine ganze gesellschaftliche Klasse aufnehmen – die »verbrecherische Klasse«, deren Existenz im England des ausgehenden Georgianischen und beginnenden Viktorianischen Zeitalters zu den bevorzugten soziologischen Glaubenssätzen gehörte. Australien wurde zwangsbesiedelt, um Englands Eigentum vor den Marodeuren im eigenen Land zu schützen. Der englische Gesetzgeber wollte sich der »verbrecherischen Klasse« nicht nur entledigen, sondern sie möglichst auch vergessen. Australien war eine unsichtbare Kloake, ihr Inhalt ekelerregend und unnennbar. Jeremy Bentham, der sich 1812 in Schmähreden gegen die »Verbrecherkolonie« wandte, betonte, die Deportation sei

> »durchaus als *Experiment* gedacht, doch dessen Gegenstand in diesem Fall ein besonders geeigneter; eine Gruppe von *animae viles*, eine widerwärtige, Exkrementen ähnliche Masse, die man von sich schleudern konnte und demzufolge auch – wie es schien, mit voller Absicht – so weit wie möglich von sich schleuderte«.

Den meisten Engländern schien es dabei nicht nur um eine im Wandel befindliche Gesellschaft zu gehen, sondern um einen anderen Planeten – eine Welt der Verbannung, die im Volksmund »Botany Bay« hieß. Den Weißen, die diese Welt ins Leben gerufen hatten, erschien sie fern und abnorm. Sie war seltsam und doch so nah wie das Unbewußte der bewußten Vorstellung. Noch gab es nichts, das man als »australische« Geschichte oder Kultur bezeichnen konnte. In den ersten vierzig Jahren war alles, was in der Verbrecherkolonie geschah, englisch.

Über den gesamten Zeitraum der Sträflingsdeportation schickte die Krone mehr als 160 000 Männer, Frauen und Kinder in eine Art Sklaverei nach Australien. Wegen unvollständiger Unterlagen wird sich ihre genaue Zahl aber nie feststellen lassen. Keine der früheren Strafkolonien ist damit vergleichbar. In Australien entwarf England das größere und schrecklichere Fresko der Unterdrückung, die in unserem eigenen Jahrhundert herrschen sollte, den Gulag. Kein anderes Land entstand auf solche Weise, und der Beginn seiner Geburtswehen läßt sich auf den Nachmittag des 26. Januar 1788 festlegen, als unter Kapitän Arthur Phillips Kommando auf seinem Flaggschiff *Sirius* eine aus elf Schiffen bestehende Flotte mit 1030 Menschen an Bord, unter ihnen 548 männliche und 188 weibliche Sträflinge, in Port Jackson oder, wie die Stelle bald darauf genannt wurde, Sydney Harbour einlief.

2

Man mag diesen Augenblick mit dem vergleichen, in dem eine Samenkapsel platzt. Bis die Schiffe unter schwellenden Segeln um die Südspitze dieser Bucht bogen, gab es keine Daten über sie. Ureinwohner und heimische Fauna hatten die

Landschaft dort seit undenklichen Zeiten besessen, keines anderen Menschen Auge hatte sie je erblickt. Nun wurde der Schutzschild der Unbekanntheit auf immer zerbrochen.

Um sich eine Vorstellung von dieser Landschaft zu machen, beginnt man am besten an der Nordspitze der Bucht, dem oberen Arm, der wie ein Halbkreis um den Hafen herum liegt. Hier hört Australien auf; seine Sandsteinplatten brechen ab wie ein Keks, dessen Krümel, groß wie kleine Häuser, achtzig Meter tiefer am ultramarinfarbenen Rand des Pazifiks verstreut liegen. Eine von den unaufhörlichen Winden zerfressene, gezackte Einfassung aus beigebraunem Sandstein verläuft nordwärts zu einer glasigen Kimm. Im Osten schwingt sich der Pazifik 7000 Seemeilen bis Südamerika. Seine Dünung nagt sich mit kochendem weißen Schaum in die Klippen, schleudert Wasserschleier dreißig Meter hoch in die Luft. Dort, wo die alten Flächen von Fels, See und Himmel zusammentreffen – Masse, Energie und Licht –, kann man verstehen, warum die Ureinwohner die Nordspitze *Boree* nannten, »den Qual Erleidenden«.

Der Sandstein ist zugleich Rückgrat und Wurzelstock der Küste. Oben auf der Klippe ist die Krume dünn, dort wachsen nur wenige Sträucher. Es gibt Banksien, Silberbaumgewächse, mit ihren gezackten Blättern und getrockneten Samenzapfen, die aussehen wie zahlreiche offenstehende Münder. Vor diesem abweisenden Graugrün wirkt der gelegentlich aufblitzende, unscharfe Umriß einer roten oder blauen Blüte verblüffend. Doch weiter im Westen taucht der Sandstein tief in den Hafen hinein und läßt Dutzende kleiner Wasserarme entstehen, deren Ränder 1788 dicht bewaldet waren. Die größten Bäume dort waren zahlreiche Eukalyptusarten. Da bis ins späte 18. Jahrhundert hinein kein Europäer je einen solchen Baum gesehen hatte, müssen die Eukalypten mit ihrer herabhängenden, halb abgefetzten Borke sehr eigentümlich auf die Neuankömmlinge gewirkt haben: mit ihren faltigen Verbindungsstellen (wie Ellbogenbeugen oder Achselhöhlen), den fließenden Bewegungen und dem schimmernden Blattwerk, das sie nie abwerfen – nicht Immergrün, sondern Immergrau: die sanfte, das Raumempfinden täuschende Hintergrundfarbe des australischen Busches, die auf den ersten Blick eintönig wirkt, aber dem aufmerksamen Beobachter zahlreiche Abstufungen bietet.

In den schmalen Gräben, durch die Wasser von Tümpel zu Tümpel rann und auf den Sandsteinkanten rostfarbene Algenbärte hinterließ, wuchsen riesige Kohlpalmen, in deren kühlem Schatten eine Vielzahl von Farnen und Moosen gedieh. An ihren Rändern blitzte in der Sonne gelbes Mimosengesprenkel auf. Grasbäume, deren trockene, speerförmige Stengel aus einem zur Seite hängenden Büschel von Wedeln emporschossen, standen in Gruppen zusammen.

Den Boden bedeckte größtenteils eine dünne Sandschicht, aber an einigen Stellen gab es zur Erleichterung von Kapitän John Hunter, Phillips Stellvertreter,

»brauchbaren Boden, der sich beackern läßt, ohne daß man ihn erst roden müßte; denn die Bäume stehen weit auseinander, und es gibt kein Unterholz. Kurz gesagt, ähneln die Gehölze einem Rotwildpark, es scheint geradezu, als seien sie für einen solchen Zweck vorgesehen.«

Der Vergleich der Landschaft um den Hafen mit einem englischen Park gehört zu den üblichen, wenn auch verblüffenden Mitteln, mit denen die Männer der »Ersten Flotte« beschrieben, was sie sahen. Zum Teil ging das wohl auf ihre Gewohnheit zurück, mit Hilfe vertrauter europäischer Klischees das völlig Neue zu beschreiben, das sie in Australien sahen (so dauerte es mindestens zwei Jahrzehnte, bis Aquarellisten in der Kolonie die Farben der Eukalypten richtig darstellten, so daß sie nicht mehr wie englische Eichen oder Ulmen aussahen), zum anderen Teil ging das zweifellos auf die einfache Tatsache zurück, daß nach Monaten auf See jedes Fleckchen Erde wie ein Garten Eden wirkt.

So spricht auch aus Arthur Bowes Smyth' Logbucheintrag für den 26. Januar 1788 ein Gemisch aus Erleichterung und ästhetischem Vergnügen, nachdem er mit seinem Segler *Lady Penrhyn* an dem gefährlichen Riff vorbei den Hafen erreicht hat, vorbei an den schiefen, windzerfressenen, pfirsichfarbenen Sandsteinvorsprüngen auf den breiten, lichtüberfluteten Wasserarm zu, den jetzt die Hafenbrücke von Sydney überspannt:

»Die schönsten Terrassen, Rasenflächen und Grotten, Anlagen, auf denen sich die höchsten und stattlichsten Bäume erheben, die ich je auf dem Besitz eines Edelmanns in England sah, können an Schönheit nicht übertreffen, was unseren Blicken die Natur bot. Der Gesang der mannigfaltigen Vögel in den Bäumen und der Anblick zahlreicher großer und kleiner Sittiche, Kakadus und Aras ließen alles um uns herum als Zauberwerk erscheinen. Die erstaunlichsten Felsen, die von den Höhen der Hügel bis hin zum Rand des Wassers in der schrecklichsten Weise überhängen und am Wasser äußerst willkommene Anlegestellen bilden, spotten aller Beschreibung.«

Bezüglich der Aras irrte er, denn sie gibt es in Australien nicht. Dennoch war die Vielfalt und der Reichtum an Vögeln in der Nähe des Hafens verblüffend. Mehrere Dutzend Papageienarten lärmten in den Büschen: von den Rosa-, Nacktwangen-, Inka- und Gelbohr-Rabenkakadus über die in allen Regenbogenfarben prangenden Kleinsittiche und Rosellas bis zu den winzigen, hanffressenden Wellensittichen, die, wenn man sie aufstörte, in so dichten grünen Wolken aufflogen, daß sie lange schwingende Schatten auf die Erde warfen. Der Gelbhaubenkakadu, *cacatua galerita,* war der aufsehenerregendste dieser Vögel – groß, mit mißtönend kreischender Stimme, kreideweißem Gefieder (unter dem keilförmigen Schwanz gelblich getönt), schieferfarbenem Schnabel, obsidianschwarzen

Augen und einem schwungvoll vom Kopf hochstehenden, gelben Federschopf. In erregtem Zustand richteten die Vögel ihre Hauben so auf, daß sie Halbkreise aus goldenen Speichen bildeten, ähnlich dem Kopfputz der Azteken. Diese Gecken der Vogelwelt ließen sich zu Hunderten auf einen abgestorbenen Eukalyptusbaum nieder, so daß dessen silbrig glänzende Äste mit einer dichten Schicht weißer Blüten besetzt zu sein schienen, bis sich diese, sobald ein lauter Warnruf ertönte, wieder in Vögel verwandelten und kreischend an den Himmel zurückkehrten.

Der kleinere Rosakakadu hatte einen grauen Rücken, eine weiße Haube und ein Brustgefieder aus grau bestäubtem, feinem Rosa, wie das Innere einer Bourbonrose. Sah man einen Schwarm dieser Vögel gegen den opalenen Horizont, schienen sie die Farbe zu wechseln – Rosa sprang in Grau um und wurde erneut Rosa –, während sie die Richtung änderten, wobei sie kleine, durchdringende Schreie ausstießen wie das Quietschen schlechtgeölter Scharniere.

Einen Gegensatz zu dem üppigen Vogelleben um den Hafen herum bildete die Stille und scheinbare Unbelebtheit am Boden. Nichts an den Tieren Australiens verriet sie auf den ersten Blick. Viele von ihnen waren Fossilien in Tarnfarben, frühe Arten, die durch den trockenen Busch krochen, glitten, watschelten oder hüpften. Ihre fernen Vorfahren hatten sich unabhängig von allen anderen Arten entwickelt, seit sich der australische Kontinent vor etwa vierzig Millionen Jahren von der Antarktis gelöst hatte. Andererseits muß man sehen, daß die australischen Tiere entwicklungsgeschichtlich gesehen vergleichsweise jung waren. Auf anderen Kontinenten hat man bis 200 Millionen Jahre zurückreichende fossile Reste von Wirbeltieren gefunden; die frühesten Hinweise auf die Existenz von Säugetieren in Australien sind lediglich etwa 22 Millionen Jahre alt; das entspräche dem Miozän. Die drei typischen Hauptarten von Wirbeltieren, die sich so in der abgeschlossenen Welt Australiens entwickelt hatten, waren große, flugunfähige Vögel wie der Emu, eierlegende Säuger wie das Schnabeltier und die artenreiche Familie der Beuteltiere.

Auf anderen Kontinenten hatten sich die Säuger dahingehend weiterentwikkelt, daß der Embryo in der Gebärmutter des Muttertieres heranwuchs und dort aus der Plazenta über eine Nabelschnur versorgt wurde. Da das keimende Leben diesen Schutz des mütterlichen Leibes über Monate hinweg genießt, wird es vergleichsweise weitentwickelt zur Welt gebracht, Beuteltiere hingegen bleiben nur wenige Wochen nach der Befruchtung im Mutterleib und suchen sich dann, kaum größer als Ameisen, durch das dichte Fell ihrer Mutter den Weg zur im Beutel verborgenen Nahrungsquelle. Dort wachsen sie heran, bis sie sich aus eigener Kraft zu bewegen vermögen.

Eines dieser Geschöpfe, den als Wallaby bezeichneten kleinen Angehörigen der Familie *macropodidae*, hatte Sir Joseph Banks bereits im Juni 1770 nördlich von Sydney Harbour schießen lassen und näher untersucht, als Cooks Schiff, das an einem Korallenriff vor der australischen Nordostküste, dem Großen Barriereriff, gestrandet war, in einer nahegelegenen Bucht repariert wurde. Das Tier wurde gehäutet und nach England gebracht, wo ein Londoner Präparator es ausstopfte und der bekannte Tiermaler George Stubbs es malte. »Die Eingeborenen nennen es ›Kangaroo‹«, schrieb Kapitän Cook. »Es bewegt sich hüpfend und springend auf den Hinterbeinen fort. Die Haut ist mit einem kurzen, dichten Fell von dunkelmausgrauer Farbe bedeckt. Von Kopf und Ohren abgesehen, die man für die eines Hasen halten könnte, hat es mit keinem europäischen Tier, das ich jemals sah, auch nur die geringste Ähnlichkeit.« Als Phillip in Sydney Harbour eintraf, war das einzige, was er über die Sprache der Ureinwohner wußte, daß sie dieses Tier »Kangaroo« nannten. Aber weil ihre Sprache keine Ähnlichkeit mit der des Stammes aufwies, den Cook so weit im Norden entdeckt hatte, nahmen die Ureinwohner der Gegend um Sydney an, daß »Kangaroo« ein Wort aus der Sprache der weißen Eindringlinge für das Tier sei, das ihnen so geläufig war und das sie »Patagarang« nannten.

Mehr als ein halbes Dutzend Arten Patagarangs lebten in der Nähe des Hafens und knabberten das harte Gras.

Das Graue Riesenkänguruh *macropus giganteus* mit seinem silbrigen Fell lebte in Herden, die aus Dutzenden Tieren bestanden. Andere Arten waren weit kleiner, sie reichten von den scheuen Felskänguruhs (aus der Gattung der Wallabies) bis hin zu den winzigen, rattenähnlichen Gilbert-Kaninchenkänguruhs *(potorous gilberti)*.

Doch gab es in dieser Landschaft noch weitere Merkwürdigkeiten. Koalas kletterten durch die Zweige der Eukalyptusbäume oder verzehrten, sich gemächlich in den bequemen Astgabeln lümmelnd, ihre Blattbüschel. Man sollte sie keinesfalls für die niedlichen, kuscheligen Teddybären aus der Werbung der australischen Luftfahrtgesellschaft Qantas halten, es sind langsame, reizbare, gravitätisch wirkende Geschöpfe mit felligen Ohren und einer stumpfen Nase, die pro Tag zwei Pfund frische Eukalyptusblätter brauchen und die, wenn man sie fängt, wild kratzen und die Hand, die sich ihnen nähert, mit nach Eukalyptus riechendem Urin bespritzen. In Wirklichkeit sind es keineswegs Bären (ebensowenig wie der mit mondförmigen Flecken gesprenkelte Fleckenbeutelmarder ein Marder oder der mit Querstreifen auf dem Hinterkörper versehene »Tasmanische Tiger«, der korrekterweise Beutelwolf heißt, der Familie der Katzen, Hunde oder Wölfe angehört), sondern zu nächtlicher Lebensweise neigende Beuteltiere, die keine erkennbare Verwandtschaft zu irgendeinem anderen lebenden oder fossilen Tier aufweisen.

Nach Sonnenuntergang ertönte aus den Bäumen das Kratzen, Schaben und Geplapper anderer nachtaktiver Tiere – beispielsweise der Buschschwanzbeutelratten, Ringelschwanzbeutler und der Gleithörnchenbeutler, die an den Körperseiten zwischen Vorder- und Hinterbeinen eine spannbare Flughaut besitzen und damit von Baum zu Baum schweben.

Die ältesten und sonderbarsten Säuger jedoch waren Schnabeltier und Ameisenigel. Beide waren äußerst urtümliche, in der Evolution zwischen Reptilien und Säugern steckengebliebene Tiere. Man bezeichnet sie auch als Kloakentiere *(monotremata)*, da ihnen ein und dieselbe Körperöffnung abwechselnd zur Begattung, Ausscheidung und zum Eierlegen dient. Die Ameisenigel sahen einem europäischen Igel von fern ähnlich, aber diese Ähnlichkeit reicht nicht einmal bis zum unteren Ende der eleganten, gelbbraunen Stacheln, da diese in Wirklichkeit eine Art angedeutetes Fell bilden. Das Tier legte Eier wie ein Vogel, trug sie aber in seinem Beutel unter dem Leibe aus. Es war sehr kurzsichtig, doch hatte es einen hochentwickelten Geruchssinn entwickelt. Statt der Kiefer besaß es einen Schnabel – eine offene Röhre, aus der eine klebrige rosa Zunge von nahezu gleicher Länge wie der Körper dieser Tiere einer Peitsche gleich in den Ameisenbau schnellte. Fühlte sich der Ameisenigel bedroht, rollte er sich zu einer stacheligen Kugel zusammen oder grub sich mit seinen erstaunlich kräftigen Krallen in kürzester Zeit ein.

Das Schnabeltier hingegen war ein Amphibium: der einzig überlebende Angehörige der prähistorischen Tierfamilie der Ornithorhynchiden. Es hatte einen breiten, platten Hornschnabel, Schwimmhäute wie eine Ente, einen kräftigen Schwanz wie ein Biber und einen dichten, gutgefetteten Haarpelz. Wie eine kleine Robbe verfügte es über eine kräftige Fettschicht unter der Haut, da es seine Körpertemperatur nicht regulieren konnte. Das Weibchen legte im Schlamm einer Erhebung inmitten eines Wasserlaufs eine Anzahl ledriger, vorweltlich aussehender Eier ab und säugte später die Jungen – nicht mit Zitzen, sondern mit vergrößerten Poren auf dem Unterleib, die es aufkratzte, bis aus ihnen Milch austrat, sogenannte ›Milchfelder‹. Den größten Teil seiner Zeit mußte ein Schnabeltier in Wasserläufen mit der Suche nach Würmern und Insekten verbringen, da es täglich deutlich mehr als sein Körpergewicht verzehrte und einen Grundumsatz wie ein Hochofen hatte. Wer eins dieser wild um sich strampelnden, kleinen Fossilien in der Hand hält (dabei sollte man den Hinterbeinen ausweichen, die wie manches, das in Australien ›niedlich‹ wirkt, gefährlich sind, denn an ihnen trägt es einen giftigen Sporn), dem kommt es vor, als bestehe es ausschließlich aus einem wild pumpenden und bebenden Herzen.

Wombats – diese schwerfälligen, an die fünfunddreißig Kilo schweren und als ›Plumpbeutler‹ bezeichneten Beuteltiere, die gedrungenen Bären mit flachem Schädel ähneln – gruben sich unterirdische Katakomben mit zahlreichen Gängen; aus Erdlöchern spähten Nasenbeutler; die Landschaft lebte, aber man sah es kaum. Im australischen Busch mußte man mehrfach hinsehen, bis man den grauen Koala vor dem grauen Hintergrund des Eukalyptusbaums erkannte, in dessen Ästen er saß. Die Stimmen der Tiere paßten gewöhnlich in keiner Weise zu ihrer Größe. So, wie dem Raum durch die zwischen den Bäumen immer wieder flimmernde Helligkeit die Tiefe fehlte, ließ sich auch kaum ausmachen, woher die

Stimmen kamen. Das pulsierende Zirpen der Zikade auf einem drei Meter entfernten Ast konnte von überallher kommen. Es war schwer, sich an diese Geschöpfe anzuschleichen, die um die Ufer des Hafens herum lebten. Der von der Sommerhitze bräunlich-rötlich ausgedörrte Busch, dessen Boden mit einer knisternden Schicht aus trockenen Eukalyptusblättern, Gras und abgefallenen Streifen von Eukalyptusborke bedeckt war, wirkte wie eine straffgespannte Trommel, ein feinfühliger Resonanzboden, der jedem Tier sofort signalisierte, daß sich etwas näherte.

Kaum eines dieser Geschöpfe mußte sich aber tatsächlich bedroht fühlen. Das einzige größere fleischfressende Tier war der Dingo, der schon vor langer Zeit durch herumziehende Aborigines nach Australien eingeführte Wildhund. Sogar der Buschdrachen, ein aasfressender Waran, flüchtete sich auf einen Baum, wenn man ihm näher kam, und blieb dort hängen, den Kehlsack in lautloser Warnung gebläht, bis der Eindringling verschwand. Der einzige allgegenwärtige Räuber war der Mensch.

3

Eine steckengebliebene Kultur, gekennzeichnet von ihrer auf Vorzeiten zurückgehenden Urtümlichkeit, stets unverändert in einer sich nicht verändernden Landschaft – so stellte man sich bis vor kurzem und so stellen sich noch heute zahlreiche Menschen die australischen Ureinwohner, die Aborigines, vor. Diese Annahme hat mehrere Wurzeln: Mythen über den edlen Wilden, Mißverständnisse der Technik der Aborigines, die häufige rassistische Grundeinstellung der Weißen und ihre Unkenntnis der australischen Frühgeschichte. In Wirklichkeit ist all das völlig falsch, aber die Erfahrung weißer Stadtbewohner kennt wenig, das dem widerspräche. Niemand vermöchte sich vorzustellen, wie Sydney am 26. Januar 1788 vor den Blicken der weißen Gefangenen dalag, wenn man sich die Schicht aus Backstein, Stahl und Asphalt von den Landvorsprüngen wegdenkt, Hafenbrücke und Oper abreißt und die Ufer mit schwarzen, speereschwingenden Strichmännchen belebt – dazu wären die Veränderungen viel zu tiefgreifend.

Dennoch ist der Versuch, sich Landschaft und Bewohner vorzustellen, wie sie damals waren, der Mühe wert, denn auf diese Weise begreift man einen der Hauptmythen der frühen Kolonialgeschichte, wie er bis etwa 1960 bestand. Dabei handelte es sich um die von den frühen Siedlern verbreitete und aus dem 19. Jahrhundert auf uns überkommene Vorstellung, die »Erste Flotte« sei zu einem »leeren« Kontinent gesegelt, auf dem es hier und da primitive Tiere und kaum weniger primitive Menschen gab, was dazu führte, daß sich zwangsläufig die »geeignetsten« durchsetzten. So wurde die Vernichtung der australischen Aborigines als naturgesetzlich hinwegerklärt. »Nichts kann das Aussterben der eingeborenen Rasse verhindern, der es die Vorsehung lediglich gestattet hat, das Land in Besitz zu halten, bis eine bessere an ihre Stelle trat«, merkte 1849 ein Siedler an.

Dabei waren die ersten weißen Besiedler Australiens für das Überleben in dem neuen Land denkbar ungeeignet und fristeten inmitten von etwas, das den Aborigines als natürliche Fülle erschienen sein dürfte, eine Existenz am Rande des Hungertodes. Sie hatten praktisch keine Vorstellung davon, was eßbar war und wie sie daran gelangen konnten. Die Mehrzahl der Sträflinge der »Ersten Flotte« hatte sich in ihrem Leben nie mehr als zwanzig Kilometer von ihrem Geburtsort entfernt und, bevor man sie in Eisen schloß und auf die Schiffe stieß, auch noch nie das Meer gesehen. Sie waren in Australien gerade so hilflos, wie es ein Ureinwohner in einem der damaligen Londoner Elendsquartiere gewesen wäre.

Die Eingeborenen, denen sie begegneten, waren an das Leben in ihrer Landschaft so gut angepaßt, daß sie vermutlich besser genährt waren als die meisten Europäer. Für die Weißen war Sydney Harbour, und das galt für Sträflinge und Bewacher gleichermaßen, das Ende der Welt, für die Aborigines hingegen deren Mittelpunkt. Die Landschaft und ihre nicht leicht greifbaren Überlebensmöglichkeiten errichteten eine Mauer zwischen den beiden Kulturen und zeigten der einen Gruppe jeweils deutlich, wie wenig sie der anderen ähnelte.

Als die Weißen in Australien eindrangen, hatten dort schon seit mindestens 30 000 Jahren Menschen gelebt. Ihre Einwanderung geschah etwa zur selben Zeit, als die erste Wanderungswelle aus Asien die unbewohnten Weiten Nordamerikas über die inzwischen versunkene Landbrücke zwischen Sibirien und Alaska erreichte.

Auch die ersten Bewohner Australiens kamen aus Asien. Als sie diesen Kontinent entdeckten, war er vermutlich um ein Viertel größer als jetzt, denn im Pleistozän lag der Wasserspiegel des Pazifiks zwischen 130 und 200 Meter tiefer als heute. Man konnte von der Südküste Australiens trockenen Fußes nach Tasmanien gelangen, das damals also noch keine Insel war. Die Sahulbank, jenes flache Felsband auf dem Meeresboden, das die Wasser zwischen Australien und Neuguinea scheidet, war damals trockenes Land; Australien, Neuguinea und möglicherweise auch Teile der Neuen Hebriden bildeten eine zusammenhängende Landmasse. Es war damals möglich, unter Nutzung der wie Schrittsteine über die See verteilten Inseln von Südostasien nach Australien zu gelangen. Ein großer Teil dieser Reise wäre durch Sichtnavigation möglich gewesen, das heißt, man hätte lediglich zu Küsten zu fahren brauchen, die vom Ausgangspunkt schon erkennbar waren. Nur in wenigen Fällen waren größere Strecken als fünfzig Seemeilen zurückzulegen. Mit den Worten des Historikers Geoffrey Blainey gesagt: »Australien war lediglich der zufällige Endpunkt einer Vielzahl von Seereisen und Wanderbewegungen.« Doch der Augenblick, da der erste Mensch aus seinem gebrechlichen, nußschalengroßen Kanu die Nordwestküste Australiens betrat, müßte eigentlich als eine der entscheidenden Taten der Menschheitsgeschichte gelten: Es war das erstemal, daß *Homo sapiens* je auf dem Seewege in einen neuen Siedlungsraum vorgestoßen war.

Niemand weiß, wer diese Siedler des Pleistozäns waren oder woher sie eigentlich kamen. Über die bisher ungelöste Frage nach der Herkunft der australischen Aborigines wogt der Kampf zwischen den Vertretern der Vermischungslehre (Hybridisten) und der Reinblütigkeitstheorie (Homogenisten) hin und her.

Noch bis ins 20. Jahrhundert hinein wurde weithin vermutet, alle australischen Aborigines seien desselben rassischen Ursprungs, also homogen. Als Ausnahme galten die tasmanischen Inselbewohner, von denen man annahm, sie stammten von nach dem Anstieg des Pazifikspiegels und der Loslösung von Tasmanien eingewanderten Melanesiern ab, die das Festland Australiens nie betreten hatten.

Gegen diese Theorie wendet sich die neuere Schule der Hybridisten. So hat zum Beispiel 1967 der amerikanische Anthropologe Joseph B. Birdsell erklärt, man könne drei deutlich unterschiedene Wanderungswellen ansetzen, die während des Quartärs aus dem Norden gekommen seien. Die erste habe aus hellhäutigen, wollhaarigen Menschen bestanden, körperlich den Bewohnern bestimmter Inseln in der Bucht von Bengalen ähnlich. Sie wiederum seien in einer zweiten Welle aufgegangen oder von dieser nach Süden vertrieben worden. Diese (weil ihre Vertreter unter den Aborigines des Murrayflusses so deutlich zu erkennen waren, Murrayians genannten) sollen glatthaarig und kaukasoider Herkunft gewesen sein. Der Theorie zufolge haben die verdrängten hellhäutigen Aborigines in einigen kleinen Gebieten der Regenwälder von Queensland überlebt und auf dem Weg nach Süden Tasmanien besetzt, das dann durch den gestiegenen Wasserspiegel des Pazifiks bald danach vom Kontinent abgeschnitten wurde.

Anschließend herrschten dieser Theorie nach im größten Teil des australischen Festlandes mit Ausnahme des äußersten Nordens die Murrayians vor. Dort, am Zugang zum Kontinent, habe anschließend eine dritte Rasse, die Carpentarianer, gesiedelt, die rassisch den Bergbewohnern Malayas ähnelten. Sie sollen nie südlich der tropischen Zone Australiens vorgedrungen sein.

Andere Anthropologen, die eher der Annahme zuneigen, Australien habe eine »doppelte« Bevölkerung gehabt, haben sich gegen diese Theorie ausgesprochen. Insgesamt gesehen ist das Material so dürftig, daß ein Schluß auf die rassische Gleich- oder Ungleichheit wohl voreilig wäre. Wer auch immer sie gewesen sein mochten, sie verbreiteten sich allmählich süd-, ost- und westwärts über den Kontinent, erlegten Riesenkänguruhs und brachten die von ihnen eingeführten halbwilden Hunde mit, deren heutige Abkömmlinge die Dingos sind. Ihre ersten Lager dürften die Timorsee und der Carpentariagolf unter Wasser gesetzt haben, die zwischen 16 000 und 13 000 v. Chr. so rasch anstiegen, daß die Küstenlinie mit einer Jahresgeschwindigkeit von fünf Kilometern zurückwich. Die ältesten erhaltenen Lagerstellen im Norden befanden sich vor 22 000 Jahren bei Oenpelli, knapp 250 Kilometer östlich von Darwin.

Doch der Marsch nach Süden hatte schon lange davor begonnen. Bereits um 30 000 v. Chr. gab es, wie wir heute wissen, Stämme, die sich neben dem jetzt trockenen Becken des Mungosees von Flußkrebsen und Emueiern ernährten. Möglicherweise waren sie das erste Volk der Erde, das seine Leichen verbrannte, und die als Grabbeigaben dort gefundenen Ockerkügelchen lassen vermuten, daß sie eine Vorstellung vom Weiterleben des Bewußtseins nach dem Tode hatten.

Um etwa 20 000 v. Chr. hatten die Aborigines Sydney erreicht. Andere gewannen zu der Zeit aus den Kalksteinwänden der Koonaldahöhle unter der Nullarborebene am äußersten Südrand des Kontinents Feuersteinkügelchen. Dort ritzten sie im Dunkeln grobe Muster in die Wände, möglicherweise die ersten Kunstwerke, die auf der südlichen Halbkugel entstanden – verglichen mit späteren Leistungen der Felsmalerei der Aborigines bloße Graffiti, aber deutlicher Beweis einer urtümlichen künstlerischen Absicht.

2000 Jahre später fanden sich die Abfallhaufen aus Muschelschalen, Feuerstein- und Knochenspitzen sowie Holzkohlereste der Aborigines bereits in jedem bewohnbaren Teil des Kontinents. Das riesige Gebiet war von einem Netz menschlicher Kultur überzogen.

Allerdings war dies Netz äußerst weitmaschig. Als die »Erste Flotte« eintraf, lebten in ganz Australien vielleicht 300 000 Menschen – eine durchschnittliche Bevölkerungs-»Dichte« von 0,04 auf dem Quadratkilometer, die aber in Wirklichkeit erheblich schwankte. Wahrscheinlich durchstreiften weniger als 20 000 Aborigines das knapp eine halbe Million Quadratkilometer große Gebiet zwischen der Großen Australischen Bucht und dem südlichen Wendekreis, das aus trockener Kalkebene und Salzbuschwüste bestand und wo man den Krähen nachsagt, sie flögen rückwärts, um keinen Staub in die Augen zu bekommen. An der Küste hingegen, wo es mehr Nahrungsmittel gab, weil dort mehr Regen fiel, konnte das Land eine größere Zahl von Menschen ernähren. Phillip nahm an, nachdem er sich einige Monate in der Gegend von Sydney Harbour aufgehalten hatte, daß die von ihm erforschten Gebiete der Cumberlandebene etwa 1500 Schwarze zu ernähren vermochten; aus dieser groben Schätzung ergibt sich eine Bevölkerungsdichte von etwa 0,8 Menschen pro Quadratkilometer.

Die Ureinwohner Australiens lebten in Stämmen. Sie kannten keinen Privatbesitz, hatten aber durch Jagdgebräuche und Totemismus eine enge Bindung an das Territorium ihrer Vorfahren. Zur Zeit, da die weißen Eindringlinge kamen, gab es Hunderte von Stämmen. Ein Stamm hatte weder einen Fürsten noch einen charismatischen Führer, nicht einmal einen auf irgendeine Weise gebildeten Rat der Ältesten. Die Bindungen innerhalb einer Gruppe gingen auf gemeinsame Religion und Sprache sowie auf ein eng verflochtenes Gewebe aus Verwandtschaft zurück. Die Kulturtechnik des Schreibens war unbekannt, doch gründete sich eine komplexe Struktur auf das gesprochene oder gesungene Wort überlieferter Mythen, deren Geheimnisse die älteren Männer nach und nach an die jüngeren weitergaben.

Geographische Grenzen bedeuteten unterschiedliche Stammessprachen. So bildete auf dem Gebiet um Sydney im alten Territorium des Iora-Stammes – der eine Fläche von deutlich über tausend Quadratkilometern von Pittwater bis Botany Bay durchstreifte – der Hafen eine ebenso ausgeprägte linguistische Scheidelinie wie der Kanal zwischen England und dem Kontinent. Denn die »Sippen« oder Stammes-Untergruppen nördlich und südlich seiner, die Cameragal und die Kadigal, bedienten sich zweier deutlich unterschiedener Sprachen. Als 1791 die Besiedlung durch die Weißen jenseits von Windsor und den Hawkesbury-Fluß hinausdrängte, zeigte sich Gouverneur Phillips erstaunt, an dessen Ufern Menschen zu finden,

> »von deren Worten wir verschiedene nicht verstanden, da ihre Sprache von der uns bisher bekannten abwich. Sie nannten den Mond nicht *jan-re-da,* sondern *con-do-in,* und das männliche Glied *bud-da,* während es die uns bekannten Eingeborenen als *ga-diei* bezeichnen.«

Sie, die Daruk, die durch ein Gebiet von rund 3700 Quadratkilometern von der Küste nördlich des Iora-Territoriums bis zum Bereich Katumba-Blackheath in den Blauen Bergen im Süden zogen, und die Tarawal (deren Gebiet am Südufer der Botany Bay begann) waren die drei Stämme, mit denen die weißen Besiedler Australiens zuerst zu tun hatten. Watkin Tench (1758–1833), ein junger Marineoffizier auf der »Charlotte«, war höchst überrascht, als er entdeckte, wie gut die Stämme einander verstanden. Er vermutete, daß es sich bei der Sprache der Daruk nur um einen Dialekt der Sprache der Iora handelte, »obwohl jeder beim Sprechen der eigenen Sprache den Vorzug gab«. In Wirklichkeit waren die verschiedenen Sprachen der Ureinwohner auf die straffe Sozialstruktur der Stämme zurückzuführen, auf ihre fest umrissenen Territorien und ihre mehr oder weniger unveränderlichen Bewegungsmuster, die die Grenzen der anderen Stämme berücksichtigten. Diese Faktoren halfen den Stämmen, ihre eigene Sprache zu bewahren, während ihr Nomadentum sie zwang, auch andere Sprachen zu erlernen. Im Vergleich zu einigen binnenländischen Stämmen, die regelmäßig Handelsgüter austauschten (Steinäxte, Muschelschmuck, Ockerfarbe zur Körperbemalung und anderes) und sich auf Handelswegen bewegten, die über 1500 km lang waren, waren die Iora eher provinziell. Sie verstanden nicht einmal die Sprachen, die nur 80 km von ihnen entfernt gesprochen wurden. Ihre Nahrung bestand vor allem aus Fisch, deshalb hatten sie keinen Grund, die Küste zu verlassen. Sie blieben in ihren Territorien – dem Cameragal und dem Walumedegal an der Nordseite des Hafens, dem Boorogegal bei Bradley Head und dem Kadigal, wo heute der Circular Quay und der Botanische Garten liegt – wie sie es seit Jahrhunderten getan hatten.

Die Iora waren ortsgebunden, da ihre Hauptnahrungsquelle das Meer war, und so hatten sie keinen Grund, den Bereich nahe der Küste zu verlassen. Die Frauen des Stammes drehten aus mürbe geklopften Borkenfasern Angelschnüre und stellten aus der Turbanmuschel Angelhaken her. Da diese aber spröde waren und die Angelschnur schwach, fischten die Aborigines paarweise – eine Frau lenkte den Fisch, nachdem er angebissen hatte, so vorsichtig wie möglich in Ufernähe, wo ein Mann bereitstand, ihn zu speeren, sobald er nahe genug heran war. Die Enden der Fischspeere trugen drei oder vier scharfe Spitzen aus Wallaby- oder Vogelknochen, die mit Eukalyptusharz befestigt waren.

Die Iora fischten auch von Kanus aus. Diese stellten sie her, indem sie aus der Borke eines geeigneten Eukalyptusbaums ein langes Oval ausschnitten und dessen Enden so zusammenbanden, daß Bug und Heck entstanden. Noch vor hundert Jahren waren die alten, narbigen »Kanubäume« im Gebiet des Hafens ein alltäglicher Anblick, heute aber gibt es keine mehr. Den Dollbord verstärkte ein mit Pflanzenfasern festgebundenes biegsames Stück Holz. Quer im Kanu verkeilte kürzere Stöcke spreizten es in die Breite. Risse und Nähte wurden mit Lehm oder Eukalyptusharz kalfatert. Die Aborigines hielten unten im Rumpf auf einer Art nassen Lehmfladen ein Feuer in Gang, so daß sie ihren Fisch auf See braten und essen konnten. Verglichen mit den Birkenkanus amerikanischer Indianer waren diese Fahrzeuge äußerst instabil und sehr primitiv. Sie verfügten weder über Ausleger noch Segel (die Iora kannten die Technik des Webens nicht), lagen tief im Wasser, leckten wie Siebe, und die kleinste Welle führte zu Verwindungen des Boots›körpers‹. Doch gingen die Iora geschickt mit ihnen um. Die Gebrechlichkeit dieser Boote paßte gut zum nomadischen Lebensstil der Iora, denn sie waren leicht zu tragen und ebenso leicht zu ersetzen. Ein Mann konnte ein solches Boot ohne weiteres in einem Tag zusammenbauen.

Die Iora verzehrten ungeheure Mengen von Meeresmollusken, vor allem Austern, die von den Frauen gesammelt wurden. Wegen der entlang der Küste vor den Eingängen Dutzender von Sandsteinhöhlen liegenden Berge weißer Schalen, die sich dort im Verlauf von Jahrtausenden angesammelt hatten, war der ursprüngliche Name von Bennelong Point*, wo sich jetzt das Opernhaus von

* Bennelong war ein Stammesangehöriger der Iora, der erste Ureinwohner, der Englisch lernte, Rum trank, Kleidung trug und das seltsame Essen der Eindringlinge aß. Zum Dank für seine offene Art schenkte ihm Gouverneur Phillip seine Freundschaft und ein kleines Steinhaus, das am Ende der Spitze stand, die heute Bennelong Point heißt. »Liebe und Krieg«, so schrieb ein Kolonist in seinem Tagebuch, »waren Bennelongs Lieblingsbeschäftigungen.« 1792 begleitete er Phillip nach London und wurde dort sehr bewundert und gefeiert als »edler Wilder«, der erste Australier, der nach London gekommen war. Doch nach einem oder zwei Jahren ließ seine Anziehungskraft deutlich nach, und 1795 kehrte er mit dem neuernannten Gouverneur John Hunter nach Sydney zurück. Aber er paßte nun weder in seine Stammeswelt noch in den beschränkten Mikrokosmos der Weißen, deren Toleranz den Schwarzen gegenüber nach der Abreise von Phillip deutlich nachgelassen hatte. Der Rumgenuß ließ Bennelong zunehmend betrunken und streitsüchtig werden, bis er 1813 im Alter von ungefähr 40 Jahren starb.

Sydney erhebt, »Limeburners' Point« (also Kalkbrennerspitze). Erneut eingesammelt (diesmal von weißen Frauen, weiblichen Sträflingen) und in einem Kalkofen gebrannt, lieferten diese Schalen den ersten Mörtel zum Bau der Stadt Sydney.

Sie jagten auch Landtiere, doch war deren Rolle als Nahrungsmittellieferant für die Ureinwohner der Gegend um Sydney vermutlich unerheblich. Ihre wichtigsten Jagdwaffen waren wohl Speer und Steinaxt, nicht hingegen Bumerangs, denn diese müssen unbehindert fliegen können und sind daher Waffen für das offene Grasland und die Wüste, nicht aber für die Wälder, in denen die Iora lebten.

Ihre Jagdspeere waren im Unterschied zu den Fischspeeren mit nur einer Spitze versehen, die aus vielerlei Material bestehen konnte – gewöhnlich verwendeten sie im Feuer gehärtetes Holz, doch auch Knochen, Feuersteine und gelegentlich einen Haizahn. John White, Wundarzt auf dem Transportsegler *Charlotte*, merkte an, ein geübter Krieger oder Jäger könne seinen Speer mit erstaunlicher Kraft und Genauigkeit schleudern, »an die dreißig oder vierzig Meter mit unfehlbarer Sicherheit«, obwohl auch doppelt so weite Würfe bekannt waren. Der Speer wurde mit einem Abwurfgerät *(woomera)* geschleudert, einem Holz mit einem Zapfen an einem Ende, der in das hintere Ende des Speers paßte und wie die Leder- oder Gummischnur einer Schleuder als Verlängerung des Wurfarms diente. So ausgerüstet konnte eine kleine Gruppe von Jägern alles vom Nasenbeutler bis zum Emu zur Strecke bringen. Vögel holten sie mit Steinen aus den Bäumen oder fingen sie mittels ihrer Flinkheit und jogaähnlichen Selbstbeherrschung. Dazu legten sie sich mit einem Stück Fisch in der Hand in der Sonnenglut nieder, wie zum Schlafen; der Vogel stürzte sich auf den Köder, und der Eingeborene ergriff ihn.

Die Ureinwohner waren zwar technisch schwach, aber von großer Geschicklichkeit. Pfeil und Bogen hatten sie nicht erfunden, vermochten aber Tiere ausgezeichnet zu beschleichen, zu verfolgen und zu imitieren. Wer bei ihnen als guter Jäger gelten wollte, mußte imstande sein, jede Bewegung seiner Beute an einem Blatt oder einem beschädigten Trittsiegel im Staub zu erkennen, mußte mitten im Schritt stocksteif verharren und eine halbe Stunde lang, ohne sich zu rühren, auf einem Bein stehend, warten können, bis sich ein Waran ganz aus dem Baumstamm herauswagte, in dem er sich versteckt hatte. Außerdem mußte er wissen, wie man eine Schwarzotter beim Schwanz packt und ihr durch kräftiges Schleudern den Kopf abschlägt. Er mußte wie eine Katze klettern können, um oben in den Eukalyptusbäumen den Honig der wilden Bienen zu plündern oder mit einer Steinaxt die benommene, nur nachts richtig wache Buschschwanzbeutelratte aus ihrem Loch zu befördern. Vor allem aber mußte der Jäger alle Einzelheiten über das Leben der Tiere auf seinem Gebiet wissen – ihr Wanderverhalten, ihre Freßgewohnheiten, wo sie sich aufhielten und wie sie sich paarten. Nur mit solchem Wissen ausgerüstet, konnte eine Nomadengruppe überleben.

Ähnliches galt für das Pflanzenreich, das in die Zuständigkeit der Frauen fiel. Wie alle anderen bekannten australischen Stämme hatten die Iora zwischen Jägern und Sammlerinnen eine strenge geschlechtsspezifische Arbeitsteilung festgelegt. Von Siedlern aus dem letzten Jahrzehnt des 18. Jahrhunderts erfahren wir nicht viel über das Sammeln von Pflanzen durch Iora, vielleicht, weil ihnen das Tun der Männer, selbst wenn es sich nur um niedrige Wilde handelte, interessanter erschien als das der Frauen; dennoch kann man sich vorstellen, wie wichtig pflanzliche Nahrung für die Iora war. Den uns vorliegenden Zeugnissen können wir entnehmen, daß sie keinen Ackerbau kannten. Sie säten nicht und ernteten nicht und schienen dem Gesicht des Landes ihren Stempel nicht aufgeprägt zu haben. Man sah sie als kulturell statische Primitive, die in einer ökologisch statischen Landschaft umherzogen – und das schien alle Eigentumsansprüche ihrerseits auszuschließen.

Doch die wenig verfeinerte Technik der Aborigines hatte Landschaft und Tierwelt durchaus verändert, denn zu ihren Errungenschaften gehörte das Feuer. Wohin auch immer die Stämme zogen, sie führten ihre Reibhölzer mit und verbrannten manchen Quadratkilometer Buschland. Sie setzten hohle Bäume in Brand und erschlugen die aus ihnen fliehenden Beutelratten und Warane mit Knüppeln; sie entzündeten ganze Buschreihen, um verschreckte Beuteltiere den auf sie wartenden Speeren entgegenzutreiben.

Vor Buschfeuer und Dürre hat Angst, wer im Busch lebt, denn ein von einer Bö angefachtes Feuer in einem trockenen Sommerwald ist nicht nur ein angsteinflößendes Schauspiel, eine zuckende Flammenwand, die sich mit fünfzig Stundenkilometern voranschiebt, Baumwipfel auf Baumwipfel wie eine Kette von Magnesiumfackeln in Brand setzt, sondern auch der natürliche Feind jeden Besitzes. Da den Ureinwohnern Australiens Besitz fremd war, zögerten sie nicht, einige Quadratkilometer abzubrennen, um ein Dutzend Jagdtiere zu erbeuten, auch wenn dabei alle sich langsam bewegenden Tiere in dem ganzen Gebiet ums Leben kamen.

Damit die Ureinwohner überleben konnten, mußten sich die kleinen Sippen, aus denen der Stamm bestand, leicht und rasch über eine große Fläche bewegen und unterwegs ernähren können, und das schloß feste, dauerhafte Wohnungen aus. Für diese Menschen war der Herd von weit größerer Bedeutung als das Heim, und ein Reibholz machte ihn tragbar. Als Unterkünfte nutzten sie, was sie vorfanden: etwa die Sandsteinhöhlen am Hafen, vor denen sie Borkenschirme, sogenannte *humpies*, errichteten. »Ihre Unkenntnis des Bauens«, merkte John Hunter, Stellvertreter des Kapitäns auf der *Sirius*, an,

»wird weithin durch die Güte der Natur ausgeglichen, die an der Küste bemerkenswert weiche Felsen geschaffen hat. Sie zerbröckeln beständig, und durch diesen beständigen Verfall entstehen Höhlen von beachtlicher Größe:

Ich habe einige gesehen, in denen vierzig oder fünfzig Menschen Unterkunft finden können, und im Notfall fänden auch wir für eine Nacht eine nicht zu verachtende Unterkunft darin.«

Damit aber zäumte er das Pferd vom Schwanz auf: die Iora lebten nicht etwa in Höhlen, weil sie keine Hütten bauen konnten – sie hatten es nicht nötig, Hütten zu bauen, denn sie besaßen Höhlen. Ein anderer Beobachter aus der Kolonie begriff, warum die Eingeborenen nichts besaßen, was ein Europäer als Bautechnik anerkennen konnte:

»Hütten aus Baumrinde bauen im Vergleich zur Gesamtzahl sehr wenige. Allgemein gesagt, ziehen sie die fertigen Wohngelegenheiten vor, die sie in den Felsen finden, denn das paßt ausgezeichnet zu ihrer unsteten Lebensweise. Sie bleiben nie lang an einem Ort, und da sie in Stämmen miteinander umherziehen, würde sie selbst die Herstellung von Rindenhütten mehr Zeit kosten, als sie gern an einem Ort verbrächten.«

Da es in Höhlen und unter humpies zugig und am Wasser nachts kalt ist, schliefen die Iora dicht an ihr stets glimmendes Lagerfeuer gedrängt, und so waren Verbrennungen nicht gerade selten. Die um den Eingang verstreuten Reste von Beutelrattenhäuten, Fischgräten und Känguruheingeweiden lockten Schwärme von Fliegen und Insekten an, denn die einzige »Hygiene« der Nomaden bestand darin, daß sie ihre Abfälle und Exkremente liegenließen und weiterzogen (diese alte Gewohnheit sollte übrigens eine oder zwei Generationen später für ihre wenigen Abkömmlinge, die aus dem Stammesverband herausgerissen an den Rändern der weißen Siedlungen in ihren Ghettobaracken zusammengedrängt hausten, katastrophale Folgen zeitigen). Wo sie gingen und standen, wurden sie von Moskitos gepeinigt; ihre Gegenwehr bestand in der Anwendung von Fischöl. Es war keineswegs ungewöhnlich zu sehen, wie Fisch-Innereien in der Sonne auf ihren Köpfen förmlich brieten, bis ihnen das Öl über Gesicht und Körper rann. Da sich die Iora nie wuschen, waren sie ihr ganzes Leben lang mit einem Gemisch aus ranzigem Fischöl, Tierfett, Ocker, Sand, Staub und Schweiß bedeckt. Sie waren unaussprechlich schmutzig, aber ihre Ausdauer und ihre Körperkraft waren unglaublich, und da es in ihrer Nahrung (von der seltenen Leckerei wilden Honigs abgesehen) keinen Zucker und wenig Stärke gab, hatten sie ausgezeichnete Zähne – ganz im Unterschied zu den weißen Eindringlingen.

Ohne Besitz, Geld oder ein anderes sichtbares Tauschmittel, ohne Überschüsse und ohne die Möglichkeit, sie zu lagern, mithin ohne die primitivste Grundvorstellung von Kapital, ohne Handel mit anderen, ohne Ackerbau und Haustiere, außer halbwilden Lagerdingos, ohne Häuser, Kleidung, Töpferei oder Metallbearbeitung, ohne Teilung zwischen Muße und Arbeit (die Iora kannten lediglich ein unaufhörliches Jagen und Ausgraben von Nahrung, die das Überleben sicherte) erfüllten sie kaum eine der überkommenen Anforderungen der europäischen Kultur jener Epoche. Es schien bei ihnen nicht einmal die gesellschaftlichen Unterteilungen zu geben, wie man sie bei anderen Stammesgesellschaften, etwa in Amerika oder auf Tahiti, beobachtet hatte. Wo waren die Könige der Aborigines, ihr Adel, ihre Priester, ihre Sklaven? Es gab sie nicht. Zwar genossen Ältere als Bewahrer angesammelter Stammesmythen und Stammesüberlieferung besondere Achtung, doch hatten sie über die Jüngeren keine besondere Macht, sobald diese mannbar geworden und vollständig in den Stamm aufgenommen waren. Die Vorstellung erblicher Kasten war den in einem dem Urkommunismus ähnlichen Zustand lebenden Aborigines gänzlich fremd. Was aber hätte man an ihnen achten sollen, wenn sie keine verwurzelten hierarchischen Instinkte besaßen – was war, kurz gesagt, »edel« an diesen »Wilden«? Die Bewohner Tahitis mit ihren wunderschönen Kanus, raffinierten Ornamenten und ihrer strengen Rangordnung konnte man als die letzten Überlebenden des klassischen Goldenen Zeitalters ansehen; mit der reichen Fülle stets vorhandener Kokosnüsse verfügten sie über einen erkennbaren Überfluß, den paradiesischen Vorläufer von Besitz, und festgefügte Klassen-Instinkte stützten das System.

Australien war nicht der Ort für solche ovidischen Empfindungen. Die Bewohner Tahitis mochten wie Menschen vor dem Sündenfall leben: verglichen mit diesen – analphabetischen – Athenern waren die Iora Spartaner, lebende Zeugen eines harten Urmenschentums. Die Knaben der Iora übten wie junge Spartaner spielerisch unaufhörlich mit ihren Speeren und Woomeras. Sie glaubten an die Macht ihrer Waffen, und eine anrührende Stelle in John Whittes Tagebuch beschreibt die Reaktion eines von ihnen, als ihm der Chirurg seine Pistole vorführte:

> »Dann schien er mit Zeichen und Gesten zu fragen, ob die Pistole ein Loch in ihn machen könne, und als ich ihm bedeutet hatte, daß es sich so verhalte, zeigte er nicht die geringste Furcht; er bemühte sich im Gegenteil, uns mit der Vorstellung zu beeindrucken, daß seine eigenen Waffen überlegen seien, die er an die Brust legte. Taumelnd und theatralisch zu Boden stürzend schien er uns klarmachen zu wollen, daß ihre Wirkung und Kraft tödlich und unwiderstehlich sei.«

Daß es an der Grenze zwischen den Stammesgebieten mit anderen Sippen oder fremden Stämmen Zusammenstöße gab, war im Nomadenleben unvermeidbar. Bei solchen Gelegenheiten waren die Iora trotz der häufig ausschließlich symbolischen Art ihrer Scharmützel vermutlich keineswegs weniger kriegerisch als andere südostaustralische Stämme. Sie hatten keine auf den Kampf spezialisierten Männer und unterschieden weder zwischen Kriegern und Nichtkriegern noch zwischen Jägern und Kriegern. Die Vorstellung, daß sie zutiefst gewalttätig waren – in ihrem Verhalten wie auch in ihrem Aussehen und in ihrem Wirtschaften »wild« –, schien von der schroffen Art der Beziehungen innerhalb ihrer Sippen gestützt zu werden, insbesondere was die Behandlung von Frauen betraf.

Das abgedroschene Standardthema von Witzblattzeichnern, die Steinzeitehe, bei der der knurrende Neandertaler dem mit einem Fell bekleideten jungen Mädchen mit seiner Keule eins überzieht und sie zu seiner Höhle schleppt, wurde durch die ersten Berichte über die Werbung der Aborigines bestärkt. Auf einer Illustration, in der unter dem Pseudonym Barrington erschienenen *History of New South Wales*, 1802, findet sie sich zum ersten Mal in ihrer vollkommenen Ausprägung: der muskulöse Wilde schleppt, mit der Keule in der Hand, sein bewußtloses Opfer auf dem Rücken durch den Busch. »Ihr Verhalten Frauen gegenüber läßt sie als beträchtlich unter den vernünftigen Tieren stehend erscheinen«, merkt der Verfasser streng und nicht ohne Sinnenkitzel an.

> »Auf der Suche nach einer Gefährtin ist der erste Schritt, so romantisch das aussehen mag, daß sie sich ein Weib aus einem Stamm auswählen, der im Kampf mit ihrem eigenen liegt. Dann betäubt das Ungeheuer sie mit Schlägen seiner Keule auf Kopf, Rücken, Hals, ja, jeden Teil ihres Körpers. Anschließend ergreift er einen ihrer Arme und zerrt sie, während das Blut aus ihren Wunden strömt, durch Wälder und Hügel über Stock und Stein mit aller Heftigkeit und Entschlossenheit eines Wilden, bis er wieder zu seinem Stamm stößt.«

Zwar war unter den Aborigines bewaffneter Frauenraub als Nebenprodukt von Stammeskriegen nicht unbekannt, doch ein für seinen Nachschub an Frauen ausschließlich auf Grenzübergriffe angewiesener Stamm hätte nicht lange überdauern können. Außerdem gab es für die Iora-Männer genug Iora-Frauen. Dennoch war die völlige Rechtlosigkeit der Frau, die auch bei der Gattenwahl kein Wort mitzureden hatte, eine unabänderliche Tatsache ihres Stammeslebens. Gewöhnlich wurde ein Mädchen schon bei der Geburt fortgegeben. Bis zum Zeitpunkt der Eheschließung war sie der unumschränkte Besitz ihrer Sippe, anschließend wurde sie zum gleichermaßen unselbständigen Eigentum ihres Mannes. Die Vorstellung einer auf romantischer Liebe gegründeten Ehe war in der Iora-Kultur ebenso abwegig wie seinerzeit für die meisten Europäer. Allerdings bestand im Unterschied zu Europa das Ziel einer Zweckehe nicht darin, Besitz miteinander zu verschmelzen, sondern durch gegenseitig erwiesene Gefallen bestehende Verwandtschaftsbindungen zu festigen. Am Status einer Frau änderte das nicht viel. Vorher wie nachher war sie nichts als ein nach Wurzeln grabendes und Schalentiere sammelndes Stück Vieh, dessen gesellschaftliche Vorzüge im Besitz von kräftigen Armen, Greifzehen und einer Vagina bestanden.

Wollten Iora-Männer Besucher ehren, liehen sie ihnen ihre Ehefrauen zum

Zeichen der Gastfreundschaft aus. Vor dem Aufbruch zu einem Rachefeldzug gegen andere Eingeborenengruppen pflegten Krieger ihre Frauen als Ausdruck der Brüderlichkeit miteinander zu tauschen. Wußte eine Gruppe, der ein Angriff bevorstand, wo sich der Feind aufhielt, schickte sie gelegentlich einige Frauen in die Richtung. Waren die Angreifer einer friedlichen Lösung nicht abgeneigt, kopulierten sie mit ihnen, doch wiesen sie die Frauen zurück, hieß das Kampf. Für gewöhnlich besiegelte der Tausch von Ehefrauen für eine Nacht einen Waffenstillstand zwischen Stämmen. Bei solchen Gelegenheiten waren die meisten Verwandtschaftsgesetze mit Ausnahme der allerheiligsten Inzesttabus aufgehoben. Schließlich spielten orgiastische sexuelle Ausschweifungen eine Rolle bei den großen Feierlichkeiten oder *corroborrees*, in deren Verlauf stundenlang gesungen und ekstatisch getanzt wurde. Sie sollten die Identität des Stammes dadurch bestärken, daß alle Einzel-Ichs in einem gemeinsamen Wir aufgingen. Doch da die frühen Siedler solche Gelegenheiten nur äußerst selten beobachtet, ungenau beschrieben und nie verstanden haben, läßt sich unmöglich sagen, eine wie bedeutende Rolle der sexuelle Teil spielte und wie streng die Beteiligung daran vorgeschrieben war. Eine Frau, die auch nur im geringsten zögerte, sich für einen dieser Zwecke benutzen zu lassen, unbeteiligt wirkte oder ihrem Herrn und Gebieter irgendeinen anderen Anlaß zur Unzufriedenheit gab, wurde für gewöhnlich durchgeprügelt oder sogar gespeert.

Fruchtbarkeit, die gewöhnlich Frauen in bodenständigen, ackerbautreibenden Gesellschaften Schutz gewährte, nützte ihnen wenig. Ein Kinderüberschuß hätte das nomadische Umherstreifen der Iora behindert. Da die Frauen unterwegs außer den Lebensmitteln und Gerätschaften die jüngste Nachkommenschaft zu tragen hatten, war nur Platz für ein Kind. Dieses Kind wurde stets spät entwöhnt und bekam die Brust bis zum vollendeten dritten Lebensjahr oder gar noch länger, denn in Australien gab es weder Kühe noch Ziegen, die ihm einen Ersatz für die Muttermilch hätten liefern können. Ohne sie aber wären Kinder bei der groben Erwachsenennahrung kläglich verhungert, denn ein zähes Stück angesengtes Wallabyfleisch ließ sich für ein zahnendes Kind kaum verdaulich machen.

Um sich überzähliger Kinder zu entledigen, führten die Iora wie alle anderen australischen Stämme regelmäßig Abtreibungen durch, indem sie schwangeren Frauen bestimmte Kräuterabsude verabreichten oder, wenn dies Verfahren versagte, den Unterleib mit Schlägen traktierten. Zeigte auch das nicht die beabsichtigte Wirkung, wurde das unerwünschte Kind bei der Geburt getötet. Deformierte Nachkommenschaft wurde erstickt oder erwürgt. Starb eine Frau bei der Geburt oder solange sie das Kind auf den Armen trug und stillte, wurde es mit der Mutter verbrannt, nachdem ihm der Vater den Schädel mit einem großen Stein zerschmettert hatte.

Wie am Beginn des Lebens fand diese erbarmungslose Ausmerzung der Hilflosen auch an dessen Ende statt. Zwar achteten die Iora ihre alten Männer als

Hort des Stammeswissens und der religiösen Bräuche, doch ließ ein Stamm Alte und Kraftlose, die ihre Zähne verloren hatten und ihre Gelenke nicht mehr bewegen konnten, nicht am Leben, denn das hätte seine Beweglichkeit behindert.

Gerade diese Unerbittlichkeit hatte es den Aborigines ermöglicht, jahrtausendelang zu überleben, ohne technische Fortschritte zu machen oder ihre Mittel zu erschöpfen. Damit war nach der Ankunft der Weißen Schluß, denn was sie am wenigsten verstanden, war, wozu diese Eingeborenen einen so ausgeprägten territorialen Sinn entwickelt hatten, wo sie doch offenkundig keinerlei Privateigentum kannten. Manche Siedler versuchten, so gut ihnen das angesichts der Verständnislosigkeit der Sprache möglich war, Zeichen einer entwickelten Religion unter den Eingeborenen zu erkennen, fanden aber nur wenig Berichtenswertes. »Wir haben bei ihnen«, schrieb Kapitän Hunter, »keinerlei Gegenstand der Verehrung gefunden; weder Sonne, Mond noch Sterne scheinen einen größeren Grad ihrer Aufmerksamkeit zu beanspruchen als bei irgendeinem anderen der Tiere [sic], die dies weite Land bewohnen.« Wohl wahr, es gab bei ihnen nur wenige der üblichen Anzeichen religiösen Glaubens: weder Tempel, Altäre noch Priester. Nirgendwo waren an öffentlichen Orten Bilder aufgestellt, die sie verehrten, es gab (von den *corroborrees* abgesehen) keine Hinweise auf Opferkult oder gemeinsames Gebet. In alldem unterschieden sie sich von den Bewohnern Tahitis und den Maori, bodenständigen, ackerbautreibenden Völkern. Bei den Iora war alles anders: Sie trugen ihre Vorstellung mythischer Zeit und der Abkunft von ihren Vorfahren mit sich, wohin sie gingen, wie auch die Vorstellung all dessen, was ihnen heilig war. All das war Teil der Landschaft; jeder Hügel und jedes Tal, jegliche Tier- und Baumgattung hatte in einem systematischen, aber nicht schriftlich überlieferten Ganzen einen festen Platz. Wer ihnen diese Landschaft nahm, beraubte sie nicht eines »Eigentums«, sondern ihrer verkörperten Überlieferung, des Ortes ihrer Mythen, ihres »Träumens«. Nichts hätte das durch das Stammesgebiet dargestellte, angesammelte Gewebe aus symbolischem und spirituellem Brauch aufnehmen und durch einen Willensakt auf einen anderen Landstrich übertragen können. Daher verdammte die Aborigines, wer sie ihres Gebietes beraubte, zum spirituellen Tod – zerstörte ihre Vergangenheit, ihre Zukunft und ihre Möglichkeiten zur Transzendenz. Doch von ihnen hätte sich das keiner vorzustellen vermocht, da man sie noch nie von außen überfallen hatte, und so haben sie wohl voll Neugier und dunkler Ahnung, doch ohne wirkliche Furcht, von den Landspitzen aus zugesehen, wie sich die riesigen Boote mit ihren farbigen Wolken ähnlichen Segeln dem Hafen zur Sydneybucht näherten, die Anker auf das Wasser klatschten und die von Mutter England Ausgestoßenen dies von alters her ihnen gehörige Land betraten, um dort ihr eigenes Gefängnis zu bauen.

Kapitel II

Das dreibeinige Tier

1

Die meisten gebildeten Menschen der angelsächsischen Welt haben sich irgendwann einmal nach dem England der Georgianischen Epoche zurückgesehnt.

Aus dieser Vergangenheit kennen wir Zeugnisse, deren wir uns gern weiterhin bedienen würden, gäbe es die Möglichkeit dazu. Stadthäuser, Plätze, Villen, Gärten, Gemälde, Tischchen und sogar das Tafelsilber scheinen für einen »Geist« des 18. Jahrhunderts zu stehen, der über »bloße« Politik hinausgeht. Das ungewöhnlich harmonische Bild von Eleganz, gesundem Menschenverstand und Klarheit, das sie uns zeigen, verleitet uns zu der Annahme, dieser Stil gelte für die ganze damalige englische Gesellschaft. »Wir werden sehen«, schrieb ein typischer Vertreter dieser Sehweise, »daß sich im 18. Jahrhundert nahezu jeder auf eine Fortführung und angenehme Ausweitung anmutiger Moden freute.«

»Nahezu jeder« — so sah man es bis vor nicht allzu langer Zeit. Ein flüchtiger Hinweis auf Gewalttaten, Schmutz und Alkoholmißbrauch; ein Nicken zum Galgen hin; ein oder zwei Straßenräuber, ein betrunkener Richter und einige Huren sorgten für das Lokalkolorit; im übrigen aber sehen wir nichts als Zeugnisse gutbürgerlicher Behaglichkeit. Erbärmliche Zustände in unserer Zeit sind erbärmlich, aber die des 18. Jahrhunderts sind »hogarthisch«, bilden eine Kunstform für sich.

Dabei wohnte der größte Teil des englischen Volkes nicht unter solchen Dächern, saß nicht auf solchen Stühlen und aß nicht mit solchen Gabeln. Diese Menschen lasen weder Dr. Samuel Johnson noch Alexander Pope, denn die Mehrzahl von ihnen konnte nicht lesen. Antiquitäten sagen wenig über die Armen des Landes, jene ungeheure und zu jener Zeit noch nicht organisierte gesellschaftliche Masse — Samuel Johnsons »Pöbel« und Edmund Burkes »schweinische Menge« —, aus deren Unzufriedenheiten im 19. Jahrhundert die Arbeiterklasse Englands entstand. Das georgianische London, das sich ein heutiger Besucher vorstellt, war nicht ihre Stadt. Es gab zwei solcher Londons und symbolisiert wurde ihre Trennung dadurch, daß die Reichen zwischen 1700 und 1750 ihren Wohnsitz von Covent Garden nach Westen verlegten, wo ihnen die Spekulanten um schicke baumbestandene Plätze herum und entlang mondäner, halbmondförmig angelegter Sträßchen Prachtbauten errichteten — eine unüberwindliche Kluft tat sich auf zwischen dem neuen West End der Stadt und ihrem alten verfallenden East End.

Der Londoner Westen war nach einem Plan gewachsen. Seine Straßen und Plätze trugen die Handschrift von Architekten; Haus- und Grundbesitz war durch lange Pachtfristen und streng überwachte Bauvorschriften gesichert. Im Londoner Osten sah das anders aus; dieser Teil der Stadt war ein Labyrinth aus elenden Hütten, verfallenden Mietshäusern und nagelneuen Bruchbuden, die auf kurzfristig verpachtetem Boden Leute schlampig zusammenschusterten, denen keine behördlichen Vorschriften Einhalt geboten. Westlich der alten City von London lagen in der Mitte des 18. Jahrhunderts die schlimmsten Elendsquartiere um Covent Garden, St. Giles und Holborn sowie in den älteren Teilen von Westminster. Ostwärts zogen sie sich durch Blackfriars bis jenseits des Towers. Zu ihnen gehörten auch die Judenghettos von Stepney und Whitechapel nördlich der Themse sowie am Südufer des Flusses die Backsteinschluchten von Southwark mit ihren sieben Gefängnissen. Sie waren gekennzeichnet von einem Gewirr enger und dunkler Höfe und Gäßchen, in denen es nach Unrat stank. Da die Männer in der Nähe ihres Arbeitsplatzes leben mußten, standen die Wohnhäuser unmittelbar neben Schlachthäusern und Gerbereien. London galt zwar als die bedeutendste Stadt der Welt, aber auch als die übelriechendste, denn Abwässer liefen noch durch offene Kanäle. Heere von Ratten kamen aus den Kellern der Mietskasernen, um am hellen Tag auf die Jagd zu gehen.

Die Menschen lebten dort so dicht gedrängt, daß ihnen kaum Platz blieb, ihre Toten zu begraben. Neben den Kirchen St. Martin's, St. James's und St. Giles-in-the-Fields lagen in großen offenen Gruben, den »Armenlöchern«, die verwesenden Leichen Mittelloser, deren Verwandte oder Freunde ihnen kein besseres Begräbnis ermöglichen konnten. Sie waren bis in die neunziger Jahre des 18. Jahrhunderts Bestandteil des Londoner Alltagslebens.

Innerhalb der Elendsquartiere gab es durchaus Klassenunterschiede. Die Gebäudekeller wurden für 9 d. oder 1 s. pro Woche an die Ärmsten vermietet – Lumpensammler oder Iren aus dem ständig anschwellenden Heer von Gelegenheitsarbeitern, die, durch Hungersnot und den Zusammenbruch der ländlichen Strukturen vertrieben oder einfach vom Glanz der großen Stadt geblendet, nach England gekommen waren. Bis zu dreißig Menschen konnte man in einem solchen Keller finden. Ein Handwerker durfte vor 1800 damit rechnen, in London einen »billigen« möblierten Raum für 2 s. 6 d. pro Woche zu finden, und die meisten Arbeiter der Stadt lebten an solchen Orten ohne irgendwelchen Mieterschutz.

Doch wäre es ein Anachronismus und eine unzulässige Abstraktion, wollte man im 18. Jahrhundert von einer »Arbeiterklasse« sprechen, so, als handele es sich dabei um eine durch Klassenbewußtsein und Solidarität in sich geschlossene Gruppe, denn damit würde man eine Vorstellung des 20. auf das 18. Jahrhundert projizieren.

Zwar bestanden gewisse Bindungen zwischen Angehörigen derselben Berufsgruppe, aber nur selten zwischen Arbeitern als solchen. Die Vielzahl der Handwerksberufe und Tätigkeiten sorgte für die Komplexität dieses anderen London, und Arbeiter achteten ebenso streng auf gesellschaftliche Trennung wie Menschen, die gesellschaftlich über ihnen standen. Selbst innerhalb der Arbeiterschaft gab es eine genau festgelegte Hackordnung. Am oberen Ende der Einkommensskala fanden sich unmittelbar unter den selbständigen Ladenbesitzern Männer, die ihren Beruf erlernt und eine regelmäßige Beschäftigung hatten – meist in Luxus-Handwerksberufen wie Polsterer, Möbeltischler, Uhrmacher, Kutschenmaler oder Linsenschleifer –, während am unteren Ende Tätigkeiten standen, die heute nicht nur untergegangen sind, sondern über die es auch kaum Belege gibt: Beispielsweise sammelten alte Frauen Hundekot und verkauften ihn für wenige Pence pro Eimer an Gerbereien (dort diente er als Trockenmittel bei der Bearbeitung feinen Leders für Buchbinder). Dazwischen lagen Hunderte von Saison- oder Dauerbeschäftigungen, doch für keine davon gab es irgendeinen Schutz, da Gewerkschaften und Zusammenschlüsse aller Art unterdrückt wurden, kaum daß sie sich bildeten. Ein Mindestlohn war unbekannt und Arbeit für einen Hungerlohn an der Tagesordnung.

Berufskrankheiten waren weitverbreitet. Säger erblindeten schon in jungen Jahren, weil ganze Schauer von Sägemehl ihre Bindehäute zerstörten – daher der Statusunterschied zwischen dem »Obermann«, der über dem zu sägenden Stamm oder Balken stand und dem »Untermann«, der die Säge vom Boden der Grube aus zog. Gießer, die für Baskervilles elegante Schrift das Metall gossen, siechten an Bleivergiftung dahin, die Lunge von Glasbläsern zerfraß die Silikose und die von Friseuren der feine Steinstaub, mit dessen Hilfe Perücken weiß gefärbt wurden. Das bis zur Erfindung der elektrischen Glühlampe unveränderte Schicksal von Schneidern hat ein Vertreter des Standes für Henry Mayhew, einen Sozialreformer des 19. Jahrhunderts, beschrieben:

> »Nicht der schwarze Stoff schädigt die Augen – er ist am besten von allen zu verarbeiten; Weiß und alle leuchtenden Farben lassen die Augen tränen, wenn man lange genug darauf gesehen hat. Doch am schlimmsten von allen ist Scharlachrot, wie es für Uniformstoffe verwendet wird. Es scheint die Augäpfel herauszubrennen und macht schreckliche Kopfschmerzen. Alles flimmert vor den Augen und scheint beständig den Farbton zu wechseln. Es sind mehr Uniformschneider blind als andere.«

Kinder gingen zur Arbeit, sobald sie sechs Jahre alt waren. Die industrielle Revolution hat die Kinderarbeit zwar nicht erfunden, wohl aber die Ausbeutung der Allerjüngsten erweitert und systematisiert. Unter der Herrschaft König Georgs III. gab es einen schwunghaften Handel mit Waisen und den Kindern der

Armen, die in den Arbeitshäusern Londons und Birminghams zusammengepfercht und zu Tausenden in die neuen Industriezentren von Derbyshire, Nottinghamshire und Lancashire geschickt wurden. Ein solcher Londoner Kindersklave, Robert Blincoe, der 1796 mit vier Jahren in das Arbeitshaus von St. Pancras gekommen war und den man mit achtzig anderen elternlosen Kindern in die Baumwollfabrik Lambert in der Nähe von Nottingham geschickt hatte, sagte etwa vierzig Jahre später vor einem parlamentarischen Untersuchungsausschuß zur Kinderarbeit aus:

> »Mir wurden in der Fabrik zwei Zwingen von jeweils etwa einem lb. Gewicht an die Ohren geschaubt, die Narben davon sind hinter meinen Ohren noch immer zu sehen. Dann wurden wir zu dritt oder viert ohne Hemden oder Strümpfe bei den Händen an einem Querbalken so über den Maschinen aufgehängt. Anschließend mußten wir uns ohne Hemden in einen großen Bottich stellen, damit wir nicht vor den Schlägen davonlaufen konnten, und wurden mit Stöcken oder Lederriemen durchgeprügelt. Schließlich hängte man uns, je nachdem, wie groß wir waren, ein oder zwei Gewichte von 28 lb. an den Rücken. Auch dabei trugen wir kein Hemd.«

Ärzte neigten dazu, sich auf die Seite ihrer Klassenangehörigen, der Fabrikbesitzer, zu schlagen, und erklärten immer wieder, Baumwollfasern, Kohlenstaub und Phosphor seien für die menschliche Lunge unschädlich, fünfzehn Stunden Arbeit an einer Maschine bei einer Umgebungstemperatur von rund 30° Celsius sei nicht ermüdend, Zehnjährige könnten ohne weiteres eine vollständige Nachtschicht arbeiten, ohne daß ihnen das schade. Es versteht sich, daß den Arbeitgebern schon der bloße Gedanke an eine Reform zuwider war. Dabei waren einige von ihnen gebildete Männer, wie zum Beispiel Josiah Wedgwood, Onkel Charles Darwins und Erbe der großen Steingut- und Porzellanfabrik seines Vaters in Staffordshire, von dessen knapp vierhundert Beschäftigten dreizehn unter zehn und hundertdrei zwischen zehn und achtzehn Jahren alt waren. Zu ihren Aufgaben gehörte das Eintauchen der fertigen Stücke in eine Glasur, die Bleioxid enthielt, ein tödliches Gift, das sie, wie er zugab, »sehr krankheitsanfällig« machte – doch nicht mehr als Klempner oder Maler. Vor dem Peel-Ausschuß von 1816 sagte Wedgwood aus: »Es ist meine feste Überzeugung, daß man uns, wenn ich alles erwäge, was ich zur Zeit über Manufakturen ganz allgemein und gewiß über meine eigene weiß, besser zufrieden ließe.«

Doch ist möglicherweise von allen vor den königlichen Ausschüssen zur Fabrikarbeit gemachten Aussagen keine so haarsträubend wie die von Joseph Badder 1833. Er hatte in einer Fabrik von Leicester Kinder bei der Arbeit zu beaufsichtigen, und seine Worte klingen geradezu prophetisch, konkretisieren in beklagenswerter Weise die durch die Fabriken herbeigeführten dystopischen Visionen vom

Menschen als Automat, wie sie sich von Mary Shelleys *Frankenstein oder Der moderne Prometheus* (1818) bis hin zu Fritz Langs *Metropolis* (1926) zeigen:

»Ich schlug sie regelmäßig. Ich sagte ihnen anschließend, daß ich das sehr bedauerte, aber nicht anders konnte. Die Herren erwarteten, daß ich meine Arbeit tat, und das konnte ich nur, wenn die Kinder ihre taten. Anschließend scherzte ich mit ihnen, um sie bei guter Stimmung zu halten.
Ich habe sie bei der Arbeit einschlafen sehen, und sie haben ihre Aufgabe mit den Händen weitergeführt, bis sie schliefen, noch nachdem die Spinnmaschine stand, noch nachdem ihre Arbeitszeit vorüber war. Ich bin bei ihnen stehengeblieben und habe ihnen zwei Minuten lang zugeschaut, wie sie tief schlafend die Bewegungen ausführten, während doch nichts zu tun war und sie auch nicht wirklich etwas taten.«

Solche leidenschaftslosen Stimmen bestätigen, was William Blake nachdrücklich hervorgehoben hat: »Anmut« wird durch beständiges, sprachloses Leiden ermöglicht, und »Kultur« hat ihren Ursprung in den schwieligen Händen erschöpfter Kinder, die noch im Schlaf mit ruckhaften Bewegungen weben, mechanisch etwas tun, ohne wirklich etwas zu tun. Zum erstenmal in der Menschheitsgeschichte diktiert die Maschine ihren Dienern Bedingungen: Der Körper wird zu einer untergeordneten Maschine. Sofern man Achtbarkeit danach beurteilen darf, wie Menschen solche Arbeit ertrugen, überrascht die Zunahme des Verbrechens in keiner Weise. In gewisser Hinsicht waren die Kinder aus den Fabriken gegen die Schrecken der Strafe geimpft. »Sie wirkten ebenso als Gefangene, als wären sie im Gefängnis«, merkte einer der Beobachter vor dem Peel-Ausschuß an.

Aber zumindest war die Fabrikarbeit regelmäßig und gab ihnen eine ziemlich gleichbleibende Beschäftigung – etwas, das nicht allen Arbeitern in London vergönnt war. Heimarbeit, wie beispielsweise das Weben, brach durch die Konkurrenz der Industrie zusammen. Es war zutiefst demoralisierend, abwechselnd Zeiten mit langen Arbeitstagen und Arbeitslosigkeit zu erleben, und führte zur Stumpfheit derer, die »Feierschichten« machen mußten.

»Ich weiß nicht, wie ich die widerwärtige Abneigung beschreiben soll, die gelegentlich über den Arbeitenden kommt und es ihm während längerer oder kürzerer Zeiten gänzlich unmöglich macht, seiner gewohnten Tätigkeit nachzugehen und ihn zum *Müßiggang* zwingt. Ich habe es selbst erlebt. Ich mußte ihr nachgeben und von meiner Arbeit davonlaufen. Je hoffnungsloser der Fall eines Mannes ist, desto mehr und desto länger treten solche Anfälle auf.«

Ein weithin gebräuchlicher Tröster war der Gin. Dieser mit zerstampften Wacholderbeeren gewürzte, farblose Getreideschnaps wurde nach 1720 Englands nationales Rauschmittel. Weinbrand, Portwein, Bordeaux und Madeira, die vier bei den Reichen beliebten Getränke, unterlagen einem Einfuhrzoll, so daß sich kein Arbeiter dergleichen leisten konnte. Gin aber wurde im Lande hergestellt und kostete so gut wie nichts: »Für einen Penny betrunken, tot für zwei« bedeutete genau, was es sagte. Den Absatz dieses Getränks förderte der landbesitzende niedere Adel mit Nachdruck, da sich die Getreideüberschüsse Englands durch die Gin-Destillation abbauen ließen.

Folglich gab es bis zum Gin-Gesetz von 1751 keinerlei Einschränkung für die Herstellung oder den Verkauf des Schnapses. Zu jener Zeit, hieß es, sei in London auf 120 Einwohner ein Gin-Laden gekommen. Die werktätigen Armen des Landes konsumierten 1743 gut 36 Millionen Liter Gin und sahen elend genug aus: »Faul, dumpf und von Natur aus wie die Tiere«, nannte sie 1777 ein französischer Besucher. Der scharfe Gegensatz zwischen der von Gin betrunkenen neuen erniedrigten Masse der »Plebs« und den anständigen Landbewohnern, die das Bier fröhlich machte, war inzwischen ein jedem Moralisten vertrautes Klischee, und William Hogarth hat es in seinen Stichen *Gin Lane* und *Beer Street* verewigt.

Die »Plebs«, wie man das Stadtproletariat nannte, war zum Gegenstand von Furcht und Verachtung geworden, doch man wußte nur wenig über diese Menschen. Man sah sie als eine Art Magma an, eine üble Masse, die Gesetz und Herkommen mißachtete, zum Aufruhr neigte und sich von Volksverhetzern leicht aufstacheln ließ. Diese Vorurteile standen den meisten Bemühungen im Wege, über Verbrechen und Armut in England etwas in Erfahrung zu bringen.

So unternahm Patrick Colquhoun in seiner 1797 erschienenen Abhandlung über die Polizei der Metropole einen der ersten Versuche, die Zahl von Verbrechern im London Georgs III. zu ermessen. Er behauptete, 115 000 Menschen – etwa jeder achte Londoner – lebten vom Verbrechen, und das beweise die Existenz einer »kriminellen Klasse«. Wer waren diese Menschen, und was taten sie? Colquhoun warf Diebe, Straßenräuber und Fälscher, die gewißlich Verbrecher waren, mit Leuten in einen Topf, die sich ihren Lebensunterhalt aus Abfällen zusammensuchten, mit Vaganten und Zigeunern, die zumindest dem Augenschein nach keine Verbrecher waren. Seiner Schätzung nach gab es in London fünfzigtausend »Huren« – etwa sechs Prozent der Bevölkerung –, doch wie Edward P. Thompson anmerkte, »erweisen sich Colquhouns Prostituierte bei näherer Betrachtung als ›unmoralische und unzüchtige Weiber‹, einschließlich der Unzahl in den unteren Schichten, die ohne Eheschließung mit Männern leben (und das zu einer Zeit, als eine Ehescheidung für Frauen ganz und gar unmöglich war).« Wie viele »Huren« würde ein moderner Colquhoun nach denselben Maßstäben im heutigen London finden?

Daß die Oberen solche Frauen für Prostituierte *hielten,* liefert keinen schlüssigen Hinweis: in sozialen Fragen zogen die Engländer des georgianischen Zeitalters die Verallgemeinerung dem Bericht bei weitem vor, und das 18. Jahrhundert hatte keinen Mayhew.

Ein Weber aus dem Londoner Stadtteil Spitalsfield, ein irischer Tagelöhner und ein schottischer Erdarbeiter verstanden einander möglicherweise nicht einmal – um wieviel weniger konnten sie da irgendwelche gemeinsamen Ziele haben! Von oben gesehen jedoch gehörten sie alle zu den »Plebejern«. Die »Plebs« war das *Es* der georgianischen Gesellschaft – der Sumpf verbotener Gedanken und geächteten Tuns, etwas, das den unbedingten Überlebenswillen manifestierte. In der allgemeinen Furcht vor dem Jakobinertum, die England nach der Französischen Revolution heimsuchte, sah man sie als noch weit größere Gefahr. Damals verschmolz die Vorstellung vom Verbrechen mit der von Revolution, und so wurde dessen Zunahme – besser gesagt: der Glaube, daß es zunahm – ein wesentliches Problem und der Verbrecher zum Gevatter des gefürchteten Sanskulotten der Französischen Revolution.

So kam es dazu, daß sich der Gesetzgeber der damaligen Zeit gegen eine Bedrohung zur Wehr setzte, von der er annahm, sie gehe von einer ganzen Klasse aus. Aus der Furcht der Georgianischen Epoche vor der »Plebs« entstand der Glaube des Viktorianischen Zeitalters an eine »verbrecherische Klasse«. Die gegen beide mit allerhöchster Billigung eingesetzte Waffe war eine Art legale Terrorherrschaft.

2

Der Glaube an eine anschwellende Woge des Verbrechens war eine der großen sozialen Tatsachen des georgianischen Englands. Er gestaltete die Gesetze mit, und die Kolonisierung Australiens ging zum Teil auf ihn zurück.

Verbrecher zu den fernen Antipoden zu schicken war so ähnlich, als schicke man sie von einem Land mit üblem Ruf in ein anderes. Die Slumviertel Londons schienen den Menschen ein fernes Land des Verbrechens zu sein, und 1751 überlegte der Romanautor Henry Fielding,

> »ihre Anlage könnte kaum besser entworfen sein, hätte man sie mit der erklärten Absicht des Verbergens geplant. Unter diesem Blickwinkel erscheint London wie ein riesiger Wald, in dem sich ein Verbrecher ebenso sicher verstecken kann wie wilde Tiere in den Wüsten Afrikas oder Arabiens.«

Auch auf dem Lande gab es Verbrechen: »Unsere Bevölkerung ist geworden, was sie nie zuvor war: grausam und unmenschlich.« Als Gründe dafür, daß Männer und Frauen ihre überkommene Stellung aufgaben, vermutete Fielding

Gin, Glücksspiel und einen Hang zum »Wohlleben«, selbst »unter der Hefe des Volkes«. Die Hilflosen bettelten, und wer »geschickter und mutiger« war, stahl. Die Unschuldigen lebten im Belagerungszustand.

Ein Vierteljahrhundert später schienen sich die Dinge nicht gebessert zu haben. So entrüstete sich ein vermögender Brite 1775:

> »Ich esse mit meinem Freund zu Abend; in meine Wohnung kann ich nicht einmal mit meinem Wagen zurückkehren, ohne befürchten zu müssen, daß man mir eine Pistole auf die Brust setzt. Lasse ich mir ein elegantes Landhaus zehn oder zwanzig Meilen von der Hauptstraße entfernt bauen, bin ich verpflichtet, eine bewaffnete Truppe zu unterhalten, die mich begleitet, damit ich nicht mit Feuer und Kugel auf dem Weg dorthin angegriffen werde.«

Zwei Jahrhunderte später lassen sich allgemeinere Gründe für dieses Anwachsen der Kriminalität erkennen. In der englischen Gesellschaft kam es, bedingt durch die Industrialisierung, zum Anwachsen der Städte, und eine steil ansteigende Geburtenzahl führte zu einer heftigen Umwälzung. Von 1700 bis 1740 war die Bevölkerung von England und Wales mit etwa sechs Millionen Menschen nahezu konstant geblieben, dann aber begann die Zahl so rasch anzusteigen, daß sie 1851 achtzehn Millionen erreicht hatte. Allein zwischen 1750 und 1770 verdoppelte sich die Einwohnerzahl Londons. Einher mit alldem gingen logischerweise eine Abnahme des Durchschnittsalters der Engländer und eine Sättigung des Arbeitsmarktes mit jungen Menschen. Mechanismen zur wirksamen Bekämpfung der Massenarbeitslosigkeit gab es nicht; nie zuvor hatte sich das Land dieser Frage in einem solchen Umfang stellen müssen. Die Armengesetze waren für ein anderes England abgefaßt worden, Arbeitshaus und Unterstützung durch die Kirchengemeinden waren die primitiven Mittel einer vorindustriellen Gesellschaft, die nicht mehr taugten. Das Verbrechen ist und war, was es immer sein wird: eine Domäne der Jungen. Und die Jugend Englands, entwurzelt und in den Städten hausend, wandte sich ihm entschlossen zu.

Sie hatten leichtes Spiel, zumal das georgianische England über keine wirksamen Einrichtungen zur Verbrechensbekämpfung verfügte. Aufzeichnungen über Gesetzesbrecher waren lediglich in Ansätzen vorhanden. Zwar fertigten Zeichner für die Öffentlichkeit Bilder berüchtigter Übeltäter wie Dick Turpin oder Jack Sheppard an, aber wer nach solchen Darstellungen einen Gesetzesbrecher erkennen wollte, könnte ebensogut versuchen, nach einer byzantinischen Ikone den heiligen Paulus aus einer Menschenmenge herauszufinden. Die Identifizierung Gesuchter erfolgte nach mündlichen Beschreibungen in den polizeilichen Mitteilungen, die man, beginnend mit den siebziger Jahren des 18. Jahrhunderts, an Bürgermeister sowie Polizei- und Friedensrichter im ganzen Lande schickte, etwa so: »*Benjamin Bird,* hochgewachsen und schlank, blasser Teint, schwarzes, zusammengefaßtes Haar, aufgeworfene Lippen, der Nagel des rechten Zeigefingers ist bemerkenswert plump, stammt aus Coventry. Ihm werden verschiedene Fälschungen vorgeworfen, zuletzt in Liverpool . . .« Bei aller Ungenauigkeit führten solche Beschreibungen gelegentlich durchaus zu Verhaftungen, vor allem in Dörfern, wo Fremde auffielen. Auch besaßen manche Diener des Rechtswesens ein verblüffend gutes Gedächtnis. So hieß es von Henry Fieldings blindem Halbbruder John, einem in der Londoner Polizeiwache Bow Street als »blinder Kadi« bekannten Richter, er habe 3000 Übeltäter allein an ihrer Stimme zu erkennen vermocht. Aber insgesamt war es für Rechtsbrecher in den achtziger Jahren des 18. Jahrhunderts leichter, ungestraft davonzukommen als je danach.

Der Hauptgrund dafür lag darin, daß es seinerzeit in England keine wirksame, zentralisierte Polizei gab. Sie entstand erst nach Peels Polizeigesetz vom Juni 1829. Die Aufrechterhaltung von Recht und Gesetz lag damals in den Händen der Gemeinden und Stadtdistrikte; Zielscheibe der Spottlust aller Straßenjungen waren die »Charlies«, die Wachmänner der jeweiligen Gemeinde. An die zweitausend von ihnen gab es in London im späten 18. Jahrhundert, »arme, gebrechliche Alte«, wie sie Fielding unumwunden nannte, der Gemeinde auf Gedeih und Verderb ausgelieferte Wohlfahrtsfälle, die keine Kraft mehr für andere Arbeit hatten. Die Gemeinde stattete sie aus: ein Mantel mit drei Pelerinen, wie sie die Kutscher trugen; eine Handlaterne, mit der sie die Gäßchen erleuchten konnten, durch die sie tatterigen Schritts zogen; eine hölzerne Rassel, um Hilfe herbeizurufen; und einen Stock, um sich zu verteidigen. Ihn stieß »Charley« beim Gehen rhythmisch auf die Pflastersteine, um Diebe von seinem Nahen in Kenntnis zu setzen und auf diese Weise die peinliche Begegnung zwischen Gesetz und Verbrechen zu vermeiden. Da »Charley« leicht zu bestechen war – ein Sixpence-Stück oder ein Quart Gin genügte –, ging von ihm kaum eine abschreckende Wirkung aus.

In der Praxis war den Friedensrichtern ein älteres Verfahren zum Einfangen Verdächtiger lieber: eine abgestufte Skala von Belohnungen für Hinweise, die zur Entdeckung von Verbrechern führten. Dies im 18. Jahrhundert am häufigsten verwendete System stellte die Privatinitiative in den Dienst gegen den anderen, den Feind der Gesellschaft. Dabei fiel genug ab, um eine ganze Unterschicht von Denunzianten, Polizeispitzeln und Diebsfängern in Lohn und Brot zu halten. Andererseits konnten Verdächtige den Spitzel bestechen, damit er nicht gegen sie aussagte. Beispielsweise gab es in den Gäßchens Londons kaum ein Gewerbe, dessen Angehörige nicht nebenbei Gin verkauften, doch nur wenige machten sich die Mühe – oder konnten es sich leisten –, die dafür erforderliche Ausschanklizenz zu bezahlen. Statt dessen steckte man dem Polizeispitzel rund zehn Pfund zu, damit er seinen Mund hielt. Von den Gerichten bezahlte Denunzianten konnten von jedem Zweig des riesigen, sich verästelnden

Baumes des englischen Strafrechts Früchte ernten. Neunzehn verschiedene Verstöße im Zusammenhang mit dem Gebrauch von Pferdedroschken in London brachten ihnen eine Belohnung von fünfzig Shilling ein; von dort bis zu den Höhen des Mordes und des Großdiebstahls war der Entdeckung jeder Straftat ihre eigene Belohnung zugeordnet.

Zwar war es möglich, mit der Denunziation zu verdienen, aber wer in der Branche reich werden wollte, mußte kühner und gerissener vorgehen. Dies Feld beackerten die Diebsfänger. Theoretisch waren sie keine bloßen Denunzianten, sie jagten Rechtsbrecher und brachten sie auf eigene Gefahr unerschocken vor Gericht: Vorfahren des Privatdetektivs im 18. Jahrhundert, Männer ohne amtliche Funktion und selbstverständlich ohne den Schutz des Gesetzes. Dafür behinderten sie bei ihren Ausflügen in die Verbrechensnester Londons auch keine überflüssigen Bestimmungen zur Beweislage oder zur Beachtung der Rechte von Verdächtigen. Im Grunde hatten sie ein Interesse daran, das Verbrechen am Leben zu erhalten, denn nur dann floß ihre Belohnung reichlich. Damit, daß sie beide Seiten gegeneinander ausspielten, erfanden sie ein neues Muster der englischen Kriminalität und führten dem guten georgianischen Bürger ein neues und äußerst bedrohliches Schauspiel vor: das organisierte Verbrechen.

Als ihr Urbild kann Jonathan Wild gelten (1683–1725). Zwar trieb er sein Handwerk lange vor der Zeit der Deportation nach Australien, doch verdient er wegen des Eindrucks, den er auf die in England vorherrschenden Ansichten zum Anwachsen der Kriminalität hinterlassen hat, eine kurze Darstellung. Wie Tausende anderer Londoner Verbrecher begann Wild seine Laufbahn als Zuhälter und besaß bereits nach wenigen Jahren zwei Bordelle und eine Vielzahl von Kontakten in der Unterwelt – das menschliche Kapital für das Gewerbe des Denunzianten. Mit diesen Tätigkeiten nicht zufrieden, erwarb sich Wild ein Vermögen durch eine verblüffend einfache Erkenntnis, die ihn in den Augen aller Friedensrichter zum nationalen Wohltäter machte. Zwar verbot das Gesetz Hehlerei, doch keine Vorschrift untersagte es, dem rechtmäßigen Besitzer mitzuteilen, wo sich sein entwendetes Eigentum befand oder eine Belohnung für solche Angaben anzunehmen. So gründete Wild ein sehr einträgliches Geschäft mit gestohlenem Gut, ohne je etwas davon anzurühren. Statt Leuchter oder Uhren zu kaufen, ließ er sich vom Dieb eine Liste geben, auf der die Beute fein säuberlich Punkt für Punkt verzeichnet stand. Mit ihr begab er sich zu dem Eigentümer und teilte ihm mit, gewisse Gegenstände seien einem »ehrlichen Makler« in die Hände gefallen, der sich geweigert habe, sie anzukaufen. Darauf sei der Dieb unter Zurücklassung der Beute entflohen und Wild habe nun den Auftrag, den Eigentümer zu ermitteln und die Übergabe in die Wege zu leiten, vorausgesetzt, der Mittelsmann werde für seine Ehrlichkeit und seinen Bürgersinn hinreichend belohnt. Den Dieben war das recht, denn Wild zahlte besser als gewöhnliche Hehler, von denen sie lediglich etwa zehn Prozent des eigentlichen Wertes bekamen. Seine Handlungsweise war legal, er tat nichts Unerlaubtes, und da im 18. Jahrhundert noch nicht alles und jedes behördlich erfaßt war, ließ sich die Nichtexistenz des Mittelsmannes schwer nachweisen. Den Eigentümern der gestohlenen Gegenstände war die Lösung gleichfalls recht, denn nur sie bot ihnen die Aussicht, ihr Eigentum zurückzubekommen. Den größten Nutzen davon aber hatte Wild. Er verdiente mit diesem Kunstgriff in fünfzehn Jahren zehntausend Pfund, das entsprach einem ansehnlichen Einkommen aus Grundbesitz.

Aufgeschreckt durch die Höhe der Beträge, die er und andere sich durch die Ausnützung dieser Gesetzeslücke aneigneten, versuchte das Parlament, sie zu schließen, indem es 1718 ein speziell auf Wild zugeschnittenes Gesetz erließ, das es als eine dem Diebstahl gleichgestellte Straftat ansah, für die Wiederbeschaffung von Diebesgut eine Belohnung anzunehmen, wenn der Dieb nicht zugleich strafrechtlich verfolgt wurde. Daraufhin änderte Wild sein Vorgehen lediglich ein wenig ab. Er teilte den Bestohlenen mit, die täglich in einem nicht endenden Strom in seinem Büro in Cock Lane vorsprachen, sie sollten an einer bestimmten Stelle bares Geld hinterlegen, dann werde ihnen ihr Eigentum am selben Tag zurückerstattet. So gab es keinerlei Hinweis darauf, daß Wild das Geld, geschweige denn die Beute, in Händen gehabt hatte. Es konnte nicht ausbleiben, daß er mit Tausenden von Gesetzesbrechern Geschäfte machte. Er führte Buch über sie, mit genauer Angabe ihrer jeweiligen ›Spezialität‹, und prahlte, anhand dieser Angaben könne er jeden Verbrecher in London an den Galgen bringen. Als nächstes nutzte er seinen Einfluß als Englands Spitzenhehler, indem er die Unterwelt des Landes organisierte. Von London aus baute er in allen Landesteilen Banden auf. Er ließ Spezialisten in den verschiedensten Arten des Diebstahls ausbilden und beschäftigte seine eigenen Juweliere damit, Silber einzuschmelzen und Schmucksteine aus den Fassungen zu brechen. Er richtete einen Mietdienst für Einbrecherwerkzeug ein und brachte mit seinem eigenen Frachtsegler Diebesgut außer Landes – nach Holland. London aber war sein Brutteich, dort züchtete er Diebe wie Forellen, denn es trug nur wenig ein, einen jungen Dieb wegen eines kleinen Vergehens vor den Richter zu bringen. Unter Wilds Einfluß aber gerieten die jungen Rekruten immer tiefer ins Verbrechen, er ermunterte sie so lange, bis sie schließlich »Vierzigpfünder« waren, Gesetzesbrecher, deren Auslieferung an die Behörden sich lohnte. Kam ihm jemand in die Quere, schlüpfte Wild in seine Rolle als Diebsfänger und schleppte seinen Gegenspieler vor Gericht. Es war unerheblich, ob sich die Anklage auf Tatsachen stützte oder aus den Fingern gesogen war, denn er konnte jederzeit beliebig viele Zeugen beibringen, die jeden Meineid zu leisten bereit waren, den er brauchte. Auf ähnliche Weise schützte er seine Freunde, indem er von falschen Zeugen deren Unschuld beschwören ließ, eigene Verteidiger bezahlte (Pflichtverteidiger gab es nicht) und erforderlichenfalls die bestechlicheren unter den Friedensrichtern auf seine Seite brachte. Rücksichtslos nutzte er seine Macht, in der Gewißheit, daß das Gesetz auf seiner Seite war, denn den Behörden lag in der Tat mehr an den Dieben, die er fing, als an dem Nachwuchs, den er heranbildete, und als Diebsfänger war er ungeheuer erfolgreich. Er rühmte sich, zweiundsiebzig Männer an den Galgen gebracht zu haben, und er sorgte für die Verurteilung Tausender von kleineren Straftätern. Der amtlich klingende Titel, den er sich selbst verliehen hatte – »Oberster Diebsfänger von Großbritannien und Irland« – war nicht übertrieben: in den Augen der Londoner Unterschicht, des Bürgertums, der Friedensrichter wie auch der Presse verkörperte Wild den Arm des Gesetzes.

Sein Schicksal ereilte ihn schließlich 1725, als er im Namen des sieben Jahre zuvor eigens seinethalben erlassenen Gesetzes zum Tode verurteilt wurde. Die johlende Menge, die sich an der alten Hinrichtungsstätte von Tyburn in der Nähe Londons (heute Marble Arch, am Rande des Hyde Park) versammelt hatte, um ihn hängen zu sehen, bewarf ihn mit Steinen und Unrat, und seine letzte Tat bestand darin, daß er den Henker bestahl.

Im Laufe der Zeit wurde dieses neuartige Phänomen zu einer immer größeren Quelle der Angst für Haus- und Grundbesitzer. Mit einem einzelnen Verbrecher konnte man sich als Bürger auseinandersetzen: Der Hausherr konnte ihn, bewaffnet mit Donnerbüchse und einem Paar Reiterpistolen, im Schutz fester Schlösser, Gitter und Fußangeln mit Hilfe ihm treu ergebener Diener vertreiben. Aber eine Gruppe zu allem entschlossener Verbrecher, eine in sich geeinigte »verbrecherische Klasse«, die in Banden arbeitete, war etwas ganz anderes. Diese Vorstellung war weitgehend der Phantasie entsprungen und wurde durch tiefverwurzelte Besitzinstinkte übertrieben und genährt. Sicherlich existierten im georgianischen England Banden, aber auf ihr Konto kam nur ein Bruchteil der Taten, die das Gesetz als kriminell einstufte. Das Verbrechen war noch eine Art Heimarbeit, ein Durcheinander aus einzelnen, der Verzweiflung entsprungenen Taten. Aber das Versagen der Sprache – die Tyrannei der moralischen Verallgemeinerung über die Untersuchung der gesellschaftlichen Wirklichkeit – nährte den Glauben der herrschenden Klasse, daß ihr von unten Gefahr drohte.

3

Dennoch widersetzten sich gerade die Menschen der Gründung einer Polizei mit Zähnen und Klauen, die von ihr am meisten hätten profitieren können. Trotz zahlreicher Unruhen, die das ganze 18. Jahrhundert hindurch in England herrschten – da waren die Horden, die sich bei Tyburn zusammengerottet hatten, der Penlez-Aufruhr von 1749, die von John Wilkes in den sechziger Jahren angezettelten Aufstände sowie die von Lord George Gordon gegen den katholischen Einfluß angeführte Erhebung 1780 –, gab es bis zum Ende der zwanziger Jahre des 19. Jahrhunderts keine vom Parlament getragene Initiative zur Einrichtung einer Polizei. Die damaligen Behörden verließen sich bei einzelnen Tätern lieber auf die Diebsfänger und kriminellen Gruppen gegenüber auf das Gesetz gegen Zusammenrottungen sowie das Militär. Ausländer, vor allem Franzosen, erstaunte das immer wieder. »Vom frühen Morgen bis zum Anbruch der Nacht«, schrieb ein solcher Besucher 1784, »ist die Umgebung Londons im Umkreis von zwanzig Meilen ein Tummelplatz von Straßenräubern«, doch die Regierung unternahm nichts, um eine Polizei zu gründen. Als der Duc de Levis 1814 seine Freunde fragte, warum es in England keine *maréchaussée* gebe – das ›Marschallgericht‹, die Landpolizei, die damit, daß sie Räuber verfolgen und festnehmen durfte, deren Treiben in den Provinzen Frankreichs weitgehend eingedämmt hatte –, wurde er mit der Auskunft beschieden: »Eine solche Einrichtung ist mit der Freiheit nicht vereinbar.«

Das traf den Nagel auf den Kopf! Die Engländer weigerten sich, eine reguläre Polizeitruppe einzurichten, weil sie gesehen hatten, was sich jenseits des Kanals abspielte, wo keines Franzosen Heim seine Burg mehr war. »Lieber soll alle drei oder vier Jahre einem halben Dutzend Leuten auf der Landstraße die Kehle durchgeschnitten werden«, schrieb ein aus Frankreich heimgekehrter Reisender, »als daß ich mich den Hausdurchsuchungen, Spionen und sonstigen Mitteln Fouchés aussetze.« Selbstverständlich gab es für diese unverblümt die Freiheit des einzelnen in den Vordergrund rückende Haltung Grenzen, und sie wurden immer dann sichtbar, wenn es um die Klasse als solche ging. Wer sich einer Polizei widersetzte, tat das aus Besorgnis um die Rechte am Eigentum, nicht um die der Verdächtigen. Solchen Menschen wären neuzeitliche Erwägungen im Zusammenhang mit Festnahme und Durchsuchung als dem Täter gegenüber geradezu krankhaft entgegenkommend erschienen. Dabei klagte schon in den sechziger Jahren des 18. Jahrhunderts Sir John Hawkins, ein Friedensrichter in Middlesex: »Die Nachsicht Straftätern gegenüber grenzt schon an Achtung«.

Auch wenn uns die Gerichtsbarkeit der Georgianischen Epoche scharf erscheinen mag, war sie, vom damaligen Europa aus gesehen, milde. Ein Verdächtiger hatte Grundrechte, die man ihm weder in Deutschland noch in Frankreich oder Italien gewährte: Er durfte nicht gefoltert werden, um ein Geständnis zu erpressen; und die Habeaskorpusakte verlangte, daß man ihn nach einer Festnahme nicht unbestimmte Zeit festhielt, sondern gegen Kaution freiließ oder unverzüglich das Verfahren gegen ihn einleitete. Außerdem galt jeder als schuldlos, bis man ihm eine Schuld nachwies. Diese Liberalität des englischen Rechts erstaunte kontinentaleuropäische Besucher, wenn sie es mit ihrem eigenen, auf dem römischen oder kanonischen Recht fußenden verglichen. Zwar verminderte es einerseits die Wahrscheinlichkeit der Verurteilung Unschuldiger, erleichterte es dem Schuldigen aber auch, sich der verdienten Straße zu entziehen – und darin wiederum lag der Grund für die drakonischen Gesetze, die die Engländer erließen, um die gestörte Gesellschaftsordnung wieder ins Lot zu bringen. Denn man darf nicht nur die relative Rechtmäßigkeit des britischen Verfahrens sehen, sondern muß auch den auffälligsten Aspekt georgianischen Rechts berücksichtigen – die Vielzahl der »Kapitalverbrechen«, also der mit der Todesstrafe bedrohten Delikte. War die Gefahr einer Entdeckung und Festnahme gering und wurde mit dem Angeklagten im Gerichtsverfahren vergleichsweise milde umgesprungen – welche Strafe konnte dann einen Menschen davon abhalten, Verbrechen zu begehen? Nur die extremste: daß er ohne geistlichen Beistand an den Galgen kam.

Während der Herrschaft der drei ersten Georgs bedrohte das Gesetz eine anscheinend endlose Vielzahl menschlicher Taten mit dem Tode, von der Kindestötung bis hin zu dem Tatbestand, daß sich jemand als Zigeuner ausgab. Zwischen der Thronbesteigung Karls II. 1660 und der Mitte von Georgs IV. Regierungszeit im Jahre 1819 wurden 187 neue Tatbestände mit der Todesstrafe bedroht – nahezu sechsmal so viele wie in den voraufgehenden 300 Jahren. Nahezu alle zielten eher auf den Schutz des Eigentums als des Menschenlebens, und bis 1803 galt Mordversuch lediglich als »Vergehen«. Warum mußten Fälscher hängen? Weil die Zunahme der Dokumente im Wirtschafts- und Bankwesen des 18. Jahrhunderts – Schecks, Banknoten, Schuldverschreibungen und Aktien im Unterschied zur tatsächlichen Hergabe von Gold – das Vermögen in allerlei Erscheinungsformen der Fälschung gegenüber verletztlicher gemacht hatte. Warum war es eine todeswürdige Tat, eine »Erbin zu stehlen«? Weil sie, wie eine Bienenkönigin voller Gelée Royale, den Besitz verkörperte; wer sie entführte, kam nicht für diese Tat an den Galgen, sondern weil er einer Familie alle angesammelten Besitztümer und Eigentumsrechte gestohlen hatte.

Einige dieser mit Todesstrafe drohenden Gesetze waren sehr weit gefaßt. Das bekannteste von ihnen, das Waltham-Black-Gesetz, war im Unterhaus offenkundig mit der Absicht eingebracht worden, einige von 1722 bis 1723 in der Nähe von Waltham Chase in der Grafschaft Hampshire aufgeflammte Erhebungen von Tagelöhnern zu unterdrücken, bei denen diese nachts mit geschwärzten Gesichtern Wild und Fisch gewildert, Heuhaufen angezündet und Grundbesitzern Drohbriefe ans Hoftor genagelt hatten. Dies ohne den geringsten Widerspruch von irgendeiner Seite vom Parlament verabschiedete Gesetz sah für mehr als 200 mögliche Straftaten in den verschiedensten Abwandlungen den Strang vor. Zu ihnen gehörte das Niederbrennen eines Hauses oder einer Hütte, einer stehenden Getreidedocke oder eines unbedeutenden Strohhaufens; das Wildern eines Kaninchens, das Einreißen der Eindämmung eines Fischteiches wie auch das Abschneiden eines Zierstrauchs, sogar wer sich mit rußbeschmiertem

Gesicht außerorts auf einer Straße zeigte, fiel darunter. Wie Sir Leon Radzinowicz anmerkte: »Das Gesetz verkörperte ein vollständiges und äußerst strenges Strafrecht, das ohne Unterscheidung eine Vielzahl von Taten mit dem Tode bedrohte, ohne daß dabei die Persönlichkeit des Täters oder die besonderen Umstände der jeweiligen Tat gewürdigt wurden.«

In dieser Art Gesetzgebung äußerte sich eine im England des 18. Jahrhunderts vorherrschende allgemeine Tendenz: Aus der Herrschaft des Rechts (im Unterschied zu Einzelgesetzen) wuchs ein Prinzip der Rechtsstaatlichkeit, eine Art Ideologie oder Religion, die, wie verschiedentlich gesagt wurde, die schwindende moralische Kraft der Kirche von England zu ersetzen begann.

Wie die Kirche gebot die Justiz über ihren eigenen Sprachgebrauch und ihre eigenen Rituale, aber auch über ihre eigenen Priester – in Scharlachrot und Hermelin gekleidete Männer mit Perücken. Bei den Schwurgerichtstagen in der Provinz waren die stimmgewaltig vorgetragenen Auslassungen des Richters über Laster und Tugend, seine Verdammungen, die eingeflochtenen Belehrungen und Aufrufe zur Reue das weltliche Gegenstück zur Kanzel-Beredsamkeit des 17. Jahrhunderts, die die Zuhörerschaft der großen Prediger wie John Donne oder George Cokayne erschüttert hatte. Bis weit ins 19. Jahrhundert hinein riefen Verurteilungen zum Strang auf beiden Seiten der Gerichtsschranke extreme Emotionen hervor, denen sich heute nicht ohne weiteres Vergleichbares an die Seite stellen läßt. Als 1831 in Salisbury ein Schwurgericht Peter Withers und James Lush zum Tode verurteilte, weil sie an Protestaktionen teilgenommen hatten, schrieb ein Berichterstatter des *Dorset County Chronicle:*

> »Im dichtgedrängten Gericht gab es kein Auge, das trocken blieb. Tränen des Mitleids, des Mitempfindens, des Bedauerns darüber, daß solche Strenge notwendig schien, flossen reichlich über die Wangen nicht nur der Zuschauer, sondern auch jener, die es gewohnt waren, den letzten, schrecklichsten Satz mit anzuhören, den ein Mensch über ein Mitgeschöpf auf dieser Welt auszusprechen die Macht hat. Die Richter mußten häufig ihr Gesicht in den Händen verbergen, und selbst dann sah man große Tropfen in rascher Aufeinanderfolge fallen. Es war schrecklich, mitanzusehen, wie erregt die Gefangenen waren – einige schluchzten laut, andere wieder hatten bleiche Wangen. Nachdem die Todesstrafe verkündet war, schlossen Mütter, Schwestern, Söhne und Töchter die Männer in die Arme, als wollten sie sie erdrücken – diese ließen es sich gefallen und weinten wie die Kinder. Die Natur hatte sich ihr Recht verschafft, und es brach das Herz, das mitanzusehen.«

Warum aber weinten die Richter mit den Angeklagten? Weil beide – wenn auch nicht gleichermaßen qualvoll – an das Recht gebunden waren. Diese Tragödie unveränderbarer Vorschriften machte das Wesen der übergroßen Macht aus, die das Recht auf die Vorstellungskraft der Engländer ausübte. Der Richter gab lediglich den Forderungen der Gesetze nach, ein Vorgehen, das ihn vom Vorwurf des Justizmordes befreite – und das brachte ihn zum Weinen. Seine Tränen setzten ihn nicht vor den Männern auf der Anklagebank herab – so etwas war undenkbar –, wohl aber vor der Vorstellung des Rechts. Griff dann die Gnade des Königs ein, wie das gewöhnlich geschah, und wandelte die Todesstrafe in eine Verbannung jenseits der Meere um, konnten Angeklagte und ihre Verwandten die Macht, die sich schützend vor sie gestellt hatte, preisen, ohne daß die übergeordnete Ausübung des Rechts in Frage gestellt war.

Das Gesetz bildete ein über die Klasseninteressen hinausgehendes körperloses Ganzes: Gott residierte im Kodex. Dem Richter war dessen Namen verliehen, so wie ein Diener Gottes von der Macht des Priesteramtes angerührt war, doch war er ebensowenig imstande, etwas am Recht zu ändern, wie ein Diener der Kirche die Bibel hätte umschreiben können. Vor dem Gesetz waren alle Menschen gleich, und keiner konnte sich ihm entziehen. Möglicherweise verlangte es den Tod eines armen Zehnjährigen, aber auch Adlige konnten gehängt werden und kamen durchaus an den Galgen. Berühmt wurde Lord Ferrers, der in einem Anfall krankhaften Mißtrauens 1760 seinem Gutsverwalter eine Kugel durch den Kopf jagte. Nachdem dem Edelmann der Prozeß gemacht und er zum Strang verurteilt worden war, fuhr er in einem sechsspännigen, offenen Wagen nach Tyburn, wobei er einen reich mit Silber bestickten weißen Hochzeitsanzug trug. Tausende von Zuschauern jubelten ihm zu, während die Leiter unter seinen Füßen umgestürzt wurde. Das war, wie Vertreter der Unparteilichkeit des Gesetzes hervorhoben, praktizierte Gleichheit.

4

Nichts in der englischen Rechtsgeschichte scheint uns widerwärtiger als die öffentlichen Hinrichtungen, sie wirken geradezu wie Saturnalien des Todes: ein Mann oder eine Frau wurde auf einem Karren durch die kreischende Menge gefahren, die die Straße säumte, und dann durch einen Diener des Staates vom Leben zum Tode befördert, während um das Schafott herum mehr Taschen geleert wurden, als das Opfer in seinem ganzen Leben geleert hatte. Dies Ritual des Hinrichtungszugs von Newgate nach Tyburn wurde bis 1783 beibehalten, und es scheint nur deshalb abgeschafft worden zu sein, weil man befürchtete, der »Pöbel« werde übermächtig – eine vermutlich durch die Gordon-Aufstände von 1780 verstärkte Befürchtung. Zwar wurde die Hinrichtung durch den Strang noch eine ganze Weile danach öffentlich vollzogen, doch geschah das vor dem Eingang des Gefängnisses von Newgate.

Die Obrigkeit allerdings sah das anders, und die Gesetzgeber der georgianischen Epoche glaubten, eine öffentliche Hinrichtung könne die Zuschauer bessern. Ein Autor berichtete 1772, wie Eltern ihre Kinder mitnahmen, damit sie einer Hinrichtung durch den Strang zusähen, und sie anschließend durchprügelten: »Damit sie sich des Beispiels erinnerten, dessen sie Zeuge gewesen waren.« Das Schafott war der Altar eines Ritus, der die Gesellschaft mit moralischem Schauer erfüllen wollte. Dies Sühnetheater verdiente, feierlich und endgültig, wie es war, das größtmögliche Publikum.

Zu einer gut bekanntgemachten Hinrichtung von Berühmtheiten – ein Jack Sheppard oder ein Lord Ferrers – kamen gut und gern fünfundzwanzigtausend Schaulustige. Es heißt, daß dreißigtausend zusahen, als 1776 die Zwillingsbrüder Perreau (wegen Fälscherei) aufgeknüpft wurden, und 1767 strömten achtzigtausend Menschen – etwa jeder zehnte Londoner – zu einem solchen Schauspiel in Moorefields. Auch wenn man die notorische Unzuverlässigkeit statistischer Angaben aus der Epoche dagegensetzen kann, waren Hinrichtungen durch den Strang das bei weitem beliebteste Massenspektakel in England. Nichts kam der Zugkraft des Galgens gleich, nahezu jeden faszinierte dies weltliche Machtsymbol.

Daher war das Ritual äußerst wichtig. Am Vorabend einer Hinrichtung begann es mit einem vom Küster der Pfarrkirche des Gefängnisses von Newgate, St. Sepulchre's, gesprochenen Gebet an die Adresse der Insassen der ›Todeszelle‹, des Steinernen Raumes, und dieses Ritual wiederholte sich unzählige Male:

> »Die ihr dort gefangen liegt und wegen eurer Sündhaftigkeit und Untaten nach mancherlei Gnaden, die man euch erwiesen hat, jetzt bestimmt seid, morgen vor Mittag zu sterben, hört zu und vernehmt, daß morgen früh die größte Glocke von St. Sepulchre's für auch als Totenglocke erschallen soll, so wie sie stets denen schlägt, die im Begriff stehen dahinzugehen, damit alle gottesfürchtigen Menschen bei ihrem Klang, wissend, daß sie euretwegen und wegen eures Todes ertönt, sich ermahnt fühlen mögen, aus tiefem Herzen zu Gott zu beten . . .«

Mit Tagesanbruch zog sich dann unter düsteren Gebeten und dem heiseren Klang der Glocken die Prozession westwärts über die belebtesten Straßen Londons nach Tyburn. Die Verurteilten saßen auf dem Schinderkarren mit dem Gesicht zur aufgehenden Sonne, eine fertig gebundene Schlinge hing ihnen vor der Brust. Am Fuß des Galgens dann hatten sie, wobei sie oft zwischen den einzelnen Sätzen stockten, den 51. Psalm herzusagen, den »Hinrichtungs-Psalm«:

»Siehe, ich bin als Sünder geboren,
und meine Mutter hat mich in Sünden empfangen.
Siehe, dir gefällt Wahrheit, die im Verborgenen liegt,
und im Geheimen tust du mir Weisheit kund.
Entsündige mich mit Ysop, daß ich rein werde;
wasche mich, daß ich schneeweiß werde.
Laß mich hören Freude und Wonne,
daß die Gebeine fröhlich werden, die du zerschlagen hast.
Verbirg dein Antlitz vor meinen Sünden, . . .«

Bisweilen fügte einer der Delinquenten Worte der Reue an, das »klägliche Verslein«. Anschließend wurde ihnen das weiße Totenhemd übergestreift, ein unförmiges Gewand wie ein grobgewebtes Nachthemd, das ihnen ein gespensterähnliches Aussehen verlieh, sie erstiegen die Leiter, und dann kam der Fall, der ihrem Leben ein Ende setzte.

Was aber hielten die Menschen der Unterschicht von diesem zu ihrer Erbauung abgehaltenen Schauspiel? Vieles läßt vermuten, daß der »Pöbel« das ihm in Tyburn Gebotene nicht im rechten Geist aufnahm. Bei Hinrichtungen durch den Strang gab es zwei Sprachen. Die amtliche war gehoben und abstrakt: ein Gehenkter »zahlte den höchsten Preis«, »erlitt die schärfste vom Gesetz vorgesehene Strafe«, oder wurde »in die Ewigkeit geschickt«. Es gab aber auch eine reiche Gossensprache zu diesem Thema, denn nichts im gesellschaftlichen Umfeld der Armen Englands brachte, abgesehen von den unverwüstlichen Dauerbrennern wie Sexualität, Geld und Verbrechen mehr Begriffe der Umgangssprache hervor als das Hängen. Keins dieser Wörter spiegelt die hochtrabende Feierlichkeit der amtlichen Aussagen. Knapp in ihrem Spott, bitter in ihrer trotzigen Anschaulichkeit, wies diese Ausdrucksweise die Werte des Rechts und derer zurück, die es machten.

Für den Henker gab es etwa ein Dutzend Ausdrücke, einer von kruderer Anschaulichkeit als der andere. Da Tyburn im Kirchspiel von Paddington lag, hieß der Hinrichtungstag auch »Paddington-Kirchweih«, die Kapuze, die man dem Delinquenten auf dem Schafott über den Kopf zog, war die Paddington-Brille, und wer am Galgen dahinschied, tanzte den Paddington-Hüpfer.

Die Namen einiger Henker wurden sprichwörtlich für den Akt. In den siebziger Jahren des 18. Jahrhunderts wurde man nach dem Henker Dempster »gedempstert«, und um 1785 hieß der Galgen eine Weile lang der »gregorianische Baum« nach einem Londoner Henker namens Gregory Brandon. Darüber hinaus gab es noch eine Vielzahl weiterer Bezeichnungen für den aus drei senkrecht stehenden und durch Querhölzer verbundenen Pfosten bestehenden Galgen. Er hieß das dreibeinige Tier; wer ihn erstieg, »kletterte mit einer Leiter auf drei Bäume«. Eine knappe Parodie der pastoralen Ansprachen sprach vom

»todbringenden Nimmergrün, der das ganze Jahr Früchte trägt«. Die Schlinge hieß Seilers Tochter oder hanfene Halskrause. Vor der Erfindung der mit Scharnieren versehenen Falltür, bei der das Opfer nach Betätigung eines Hebels am Seil nach unten fiel, hieß es von denen, die die Leiter ersteigen mußten, die dann der Henker beseite zog, sie »ersteigen die Leiter ins Bett«, »machen einen Sprung ins Dunkle«. Manche Bezeichnungen dieser Todesart waren recht blumig, eine davon hieß »am Hanffieber sterben«. »In tödlicher Spannung schweben« gibt einen Vorgeschmack auf den Humor des Varietés, doch am erschreckendsten sind die Ausdrücke, die sich auf die Einsamkeit der öffentlich Hingerichteten beziehen: »Ein Tuch im Winde ausschütteln«, »beim Fall eines Blatts dahingehen«.

Das ist nicht die Sprache des reuigen Kriminellen. Ihr bissiger Trotz erinnert daran, daß das Hängen für die Richter eine Sache und für die Armen und den »Pöbel« eine ganz andere bedeutete. Der berühmte Samuel Johnson sprach sich gegen den »Rausch der Neuerung« aus, den er in der Bewegung zur Abschaffung öffentlicher Hinrichtungen sah. »Sie sollen Zuschauer anziehen«, knurrte er, »andernfalls erfüllen sie ihren Zweck nicht. Das alte Verfahren war für alle Beteiligten überaus zufriedenstellend; die Öffentlichkeit erfreute sich an einer solchen Prozession, und dem Verbrecher gab sie Kraft.«

Die Vorstellung, zum Tode Verurteilte könnten aus der um ihren Galgen herum versammelten Menge Trost und Kraft schöpfen, verletzt unseren Sinn für die Würde des Todes auf tiefste und erscheint uns unaussprechlich widersinnig. Doch so war es. Es gibt zahlreiche Berichte über junge Männer, die wie Bräutigame zum Zeichen der Unschuld in neue weiße Anzüge gekleidet den Wagen nach Tyburn bestiegen, Bänder flatterten von ihren Hüten, in den weißbehandschuhten Händen trugen sie bunte Sträußchen, und sie grüßten keck die Menge, die sie nicht mit toten Ratten und Kohlköpfen bewarf, sondern ihnen mit einem Hagel von Früchten und Blumen zujubelte – ein häufiges Bild. Schon 1701 beklagte sich der Verfasser eines Flugblattes, die Delinquenten führen »wie Sieger« in hellen Kleidern nach Tyburn, als sei die Fahrt der Schande der Triumphzug eines Cäsar. Wie sich ein Mann auf dem Karren und am »Baum von Tyburn« hielt, lieferte dem Volk ebenso Gesprächsstoff wie die Form eines Boxers bei einem Kampf. Die Gelassenheit englischer Gesetzesbrecher war in ganz Europa bekannt, dessen Verbrecher im Angesicht ihrer Henker zu flehen und zu schluchzen begannen oder von störrischer Teilnahmslosigkeit waren. Ein bewundernder Italiener gab seinen Eindruck wieder, daß die Engländer zum Galgen gingen »als gelte es eine Hochzeit, mit der gelassensten Gleichgültigkeit von der Welt«. So etwas wollte die Menge auch sehen und schlug sich auf die Seite derer, die sich »richtig« verhielten.

Die Menge, die sich um den Galgen drängte, war widerspenstig. Hogarths Stich *The Idle Prentice Executed at Tyburn* (der faule Lehrling wird in Tyburn hingerichtet) gibt das deutlich wieder: man sieht die Leute sich um die besten Plätze drängen, ein zu Boden getrampeltes Kind, streitende Obstverkäufer, Händler, die die frischgedruckten fliegenden Blätter mit der Überschrift »Die letzten Worte vor dem Tode und das Bekenntnis« unter das Volk zu bringen versuchten – eine sich stoßende Menge von Betrunkenen, Huren und Krüppeln. Man sieht Männer, die laut Gottes Wort auf der Straße verkünden, Pikeniere und Bauarbeiter von nahe gelegenen Baustellen im feinen West End, die ausweichen, um dem Schinderkarren Platz zu machen. Neben dem Schafott erhebt sich eine Tribüne, die einer bekannten Spekulantin gehörte, der Witwe Proctor; sie hatte an einem einzigen Tag fünfhundert Pfund damit verdient, daß sie für Lord Ferrers Hinrichtung Sitze verkaufte.

Es gingen auch Menschen nach Tyburn, um zu trauern, den Leichnam eines Freundes oder Verwandten abzuholen, dem Toten die ihm geziemende Ehre zu erweisen. Sie warteten unter dem Galgen; um ihn mitzunehmen und ihm ein ordnungsgemäßes Begräbnis auszurichten, und sie zögerten nicht, sich mit den Männern des Sherrifs um die Leiche zu streiten. Das Gesetz kannte keinen Anspruch der Angehörigen auf die Leiche eines Gehenkten, es übereignete sie der Anatomie und häufte damit weitere Schande auf den Toten. Mithin gab es beständig über Aufruhr und Prügeleien in Tyburn und anderen Orten Englands zu berichten, an denen Hinrichtungen stattfanden, wenn der »Pöbel« den Beauftragten der Anatomie den Besitz der Leichen streitig machte. Wie Peter Linebaugh berichtet hat:

> »Daß Ziegeleiarbeiter kamen, um die Leichen zweier Verbrecher, die mehrere Jahre ordentlich in ihrem Gewerbe gearbeitet hatten, gegen die Feldscher zu verteidigen, Bootsführer von Reading einen Kollegen beim Hängen bewachten, die Droschkenkutscher herbeieilten, um zu verhindern, daß der Leichnam eines der Ihren ›mit Gewalt fortgenommen werde‹ oder die Kätner und Marktleute von Shoreditch den Schinderkarren umlagerten, der Thomas Pink, ihren Nachbarn im Dorf, zum Galgen brachte und erklärten, ›sie hätten keine andere Absicht, als sich des Leichnams zu versichern, um ihm ein christliches Begräbnis zu verschaffen‹, zeigt, wie tief die Armen miteinander verbunden waren, beweist ihr Zusammenstehen im Angesicht persönlicher Katastrophen«.

Dieser Zusammenhalt gab, wie Dr. Johnson merkte, den Verurteilten Kraft. Die öffentliche Hinrichtung, die eigentlich dazu dienen sollte, der Volksmasse Angst und Schrecken einzujagen, ermöglichte es dem »Pöbel«, offen zu zeigen, daß er der Staatsmacht trotzte. Wie bockbeinig, könnte ein naturwissenschaftlich orientierter Zuschauer sagen, der Wissenschaft, der Medizin, ihr Recht auf Fortschritt zu verwehren, wenn sie ihn mit Hilfe der Leichen der Armen erzielen kann! Welch anatomisches Maschinenstürmertum! Was jedoch zählte, war, daß die arbeitenden Armen Englands den Ritualen ihren eigenen Sinn unterlegten, der durchaus dem amtlich beabsichtigten zuwiderlief.

Auch für Jonathan Swift war dies ein selbstverständlicher Anblick:

> »Als der Spitzbube Tom Clinch unter dem Geschrei des Pöbels durch Holborn kutschiert wurde, um sein gebührendes Ende zu finden, ließ er am ›George‹ für eine Flasche Schnaps anhalten, und versprach, bei seiner Rückkehr dafür zu bezahlen. Seine Weste, seine Socken und seine Hosen waren weiß, und an seiner Mütze trug er ein kirschrotes Band. Die Mädchen liefen zu den Türen und auf die Balkone, und riefen, das ist ein ansehnlicher junger Mann. Als er die Damen an den Fenster sah, verbeugte er sich wie ein Beau tief nach allen Seiten.«

Aus dem großen zeitlichen Abstand heraus läßt sich nicht sagen, ob öffentliche Hinrichtungen die Menschen tatsächlich vom Verbrechen abschreckten, einmal ganz davon abgesehen, daß das ohnehin nicht möglich wäre, da man nie begangene Verbrechen statistisch nicht erfassen kann. Vermutlich fürchteten einige der Menschen, die die Hinrichtungsstätte Tyburn umdrängten, den Tod durch den Strang mehr als zuvor, weil sie ihn gesehen hatten. Trotz (oder, von einem anderen Standpunkt ausgesehen, wegen) der erschreckenden Strenge der Gesetze gab es in den Gerichten von London und der in der Nähe der Stadt gelegenen Grafschaft Middlesex in den achtziger Jahren des 18. Jahrhunderts mehr als doppelt so viele Verurteilungen zur Todesstrafe als in den Fünfzigern. Damit jedoch ist nicht bewiesen, daß die Todesstrafe die Menschen nicht abschreckte. Die Bevölkerung war angewachsen, die Armut schlimmer geworden, und es hätte möglicherweise noch mehr Verbrechen gegeben, wenn nicht einige Menschen den Galgen gefürchtet hätten.

Doch eines ist gewiß: Je weiter das 18. Jahrhundert fortschritt, desto weniger Menschen wurden wegen der Kapitalverbrechen, aufgrund deren sie verurteilt worden waren, auch tatsächlich gehängt. In Zehn-Jahres-Zeiträumen sehen die Zahlen für London und Middlesex (der Bezirk mit der höchsten Verbrecherrate) wie folgt aus (siehe Tabelle auf Seite 60):

Warum erließ man in England so strenge Gesetze und nützte sie dann nicht vollständig aus? Zum Teil wohl, weil man sie widerwärtig fand: Richter und Geschworene unterliefen die Gesetze. War ein Übeltäter hinlänglich reumütig, pflegten die Richter die Todesstrafe umzuwandeln, während Geschworene (und mitunter sogar Vertreter der Anklage) den Galgen um sein Opfer brachten, indem sie den Wert von Diebesgut absichtlich zu niedrig ansetzten. Auf diese Weise wurden alljährlich Hunderte von Urteilen wegen Diebstahls von Gegen-

Jahrzehnt	*Zahl der Verurteilungen wegen schwerer Verbrechen*	*Zahl der Hinrichtungen*	*Prozentsatz*
1749–1758	527	365	69,3
1759–1768	372	206	55,4
1769–1778	787	357	45,4
1779–1788	1152	531	46,1
1789–1798	770	191	24,8
1799–1808	804	126	15,7

ständen gefällt, deren Wert mit 39 Shilling angenommen wurde – nicht weil das dem tatsächlichen Wert entsprach, sondern weil es im Gesetz hieß, daß hängen mußte, wer aus einem Haus oder auf der Straße jemandem etwas im Wert von mehr als vierzig Shilling wegnahm. Doch wäre es nicht zu so vielen Fällen von Straferlaß und Strafmilderung gekommen, hätte nicht dahinter eine bewußte Absicht gestanden, Gnade walten zu lassen.

Georg III. nahm die Ausübung des königlichen Gnadenprivilegs (die ihm gegebene Vollmacht, über die Köpfe seiner Gerichte hinweg nach Gutdünken Strafe zu erlassen) sehr ernst. Die königliche Gnade zeigte den Untertanen, daß sich ihr Herrscher um sie kümmerte. Man suchte schriftlich um sie nach und fügte dem Brief Referenzen oder unterstützende Bitten bei, die man sich von Pfarrern und anderen angesehenen Bürgern beschaffen konnte, und sie wurde recht häufig gewährt. Die Verurteilung war die Peitsche, die Gnade das Zuckerbrot. Es hatte schon etwas für sich, die strengen Gesetze, die alle möglichen Taten mit dem Strang bedrohten, beizubehalten, sie aber nicht automatisch anzuwenden. Hätte man sie einfach abgeschafft, wäre die Wirkung nicht dieselbe gewesen. Damit Gnade Dankbarkeit erweckte, mußte man sehen, daß der Herrscher sie *bewußt* übte. So wurde jeder Straferlaß ein Sonderfall, für den man mit Dankbarkeit und Gehorsam zu zahlen hatte und den man keinesfalls als Recht ansehen durfte.

Darüber hinaus verhinderten die königliche Gnade und die kluge Umwandlung von Strafen, daß Dutzende und aber Dutzende von Leichen die Kreuzwege Englands verunzierten – ein solcher Anblick hätte zu Aufständen führen können. Was aber konnten die Gerichte mit den Verurteilten tun? Je weniger Strick verbraucht wurde, desto mehr Gefängnisse waren erforderlich, doch davon gab es im 18. Jahrhundert in England nur wenige.

5

Die Gefängnisse im Lande waren alt und hatten sich seit dem Mittelalter nur wenig verändert. Typisch für sie war in London Newgate, das seine Laufbahn im 12. Jahrhundert als Torhaus der Stadt begonnen hatte, dann verstärkt worden war, um Gefangene darin aufzunehmen, und das nach nahezu 800 Jahren und vier Umbauten 1903 abgerissen wurde. Seine Mauern waren von geradezu ungeheuerlicher Dicke, und aus seinem Labyrinth aus dunklen Zellen, unterirdischen Gängen und Eisenstäben, so dick wie das Handgelenk eines Erdarbeiters, führte praktisch kein Weg hinaus. Wer diesem Ort des Schreckens entkam – insbesondere der Zelle der zum Tode Verurteilten, dem »Steinernen Raum« –, gelangte in der Londoner Unterwelt zu sofortigem Ruhm.

In Newgate verfaulte man allmählich, stierte durch das Gitter (oder, wie der Ausdruck hieß, »polierte das Eisen des Königs mit den Augenbrauen«). Niemand arbeitete dort. Der Kerngedanke der viktorianischen Besserungsanstalten, wie sie von Jeremy Bentham vorgeschlagen und zuerst in Philadelphia erprobt worden waren – nämlich daß das Gefängnis ein Ort der Absonderung, Zucht und systematisch abgestuften Bestrafung sein sollte, die durch genau bemessene Dosen Hoffnung ein wenig erleichtert wurde –, war völlig neu und zu Georgs III. Regierungszeit noch gänzlich unerprobt. Diese Vorstellung beeinflußte weder die Art, wie Richter über Strafen dachten, noch die, wie Gefängnisse betrieben wurden. Das Projekt zu schaffen, in der Sträflinge auf Kosten der Öffentlichkeit ernährt und untergebracht wurden und der Welt, der sie Unrecht getan haben, mit Zwangsarbeit etwas (unter Umständen nur wenig) zurückzahlten, wäre dem georgianischen England als utopisches Hirngespinst erschienen. In Gefängnissen wurden die Menschen einfach eingesperrt, niemand wurde durch einen Aufenthalt darin »gebessert«. Es waren finstere Löcher, in denen man die Gefangenen für eine Weile vergessen konnte. Sie sollten niemanden auf den rechten Weg zurückführen, sondern die Insassen unter Druck setzen und läutern. Außerdem sollten sie Gewinn abwerfen.

Etwa die Hälfte der Gefängnisse in England befand sich in Privatbesitz und wurde von Privatleuten betrieben. Das Gefängnis von Chesterfield gehörte dem Herzog von Portland, der es für achtzehn Guineen im Jahr »untervermietete«. Der Bischof von Ely besaß eines, dem Bischof von Durham gehörte das Gefängnis der Grafschaft Durham und das von Halifax dem Herzog von Leeds. Die Wärter waren nicht Angestellte des Staates, sondern kleine Geschäftsleute – böswillige Hausherren –, die zu ihrem Geld kamen, indem sie ihre Gefangenen erpreßten. Neue Häftlinge wurden im Gefängnis des Bischofs von Ely mit einem um ihren Hals herum vernieteten Stachelhalsband auf dem Fußboden angekettet, bis sie eine Gebühr für die »Erleichterung von den Eisen« erlegten. Ein Gefängniswärter konnte jedem beliebigen Gefangenen so viele Fesseln anlegen, wie er wollte, und sich einzeln für ihr Abnehmen bezahlen lassen. Der oft als nationale Schande geschmähte »Kettenhandel« blieb bis weit in die neunziger Jahre des 18. Jahrhunderts hinein lebendig.

Bezahlt werden mußte auch für Verpflegung, Getränke (der Schankraum des Gefängnisses, in dem es Gin gab, war für die Gefangenenwärter eine besonders ergiebig sprudelnde Einkommensquelle), Bettzeug, Wasser und sogar Luft. Ein wohlhabender Gefangener konnte einigermaßen angenehm leben (obwohl er sich mit noch soviel Geld keine Immunität gegen Typhus erkaufen konnte, die Krankheit, die in den Gefängnissen des 18. Jahrhunderts häufig wütete), doch für Ärmere war das System erdrückend. Die »Eintrittsgebühr« im Gefängnis von Newgate betrug 3s., die wöchentliche »Miete« 2s. 6d. Wer sich mit einem anderen Gefangenen einen Strohsack teilen wollte, mußte für dieses Vorrecht 1s6d. die Woche zahlen. Die Beträge klingen gering, aber häufig waren sie ebenso hoch wie die, deretwegen ein Schuldner oder Dieb ins Gefängnis gekommen war, und es gab nur wenig oder gar keine Hoffnung, sie im Gefängnis verdienen zu können. »Die Gefangenen haben weder Werkzeug noch irgendwelches Material«, schrieb John Howard, der Vorkämpfer der Strafvollzugsreform in den siebziger Jahren des 18. Jahrhunderts,

> »sie verbringen ihre Zeit mit Müßiggang, Ausschweifungen und auch sonst in gotteslästerlicher Weise. Einige derer, die diese Häuser führen und den Friedensrichtern vorgetragen haben, was ihre Gefangenen brauchen, mit der Bitte, ihnen die nötige Nahrung zu gewähren, hat man mit den wenig wohlerwogenen Worten zum Schweigen gebracht: *Sie mögen arbeiten oder verhungern.* Wenn diese Herren wissen, daß das erstere unmöglich ist, verdammen sie dann nicht damit zwangsläufig arme Geschöpfe zu letzterem?«

Howard bereiste das ganze Land und sammelte Material für seinen äußerst umfangreichen Bericht über den Zustand der Gefängnisse in England und Wales, der 1777 veröffentlicht wurde. Darin zeichnete er ein ins einzelne gehendes Bild dieser verborgenen Welt – von ihrer Beengtheit, Finsternis und ihren kärglichen Rationen, der grausamen Gleichgültigkeit der Richterschaft und der korrupten Günstlingswirtschaft der Wärter. Niemand in der Öffentlichkeit hatte bis dahin gewußt, daß der Besitz der Insassen mit Beschlag belegt wurde, Neuankömmlinge »Stubengeld« zahlen und sich erleichterte Haftbedingungen erkaufen mußten, Unrat die Zellenböden bedeckte und es keinerlei medizinische Behandlung und verheerende Epidemien gab. Wie schlecht sogar die Luft in den Gefängnissen war, merkte Howard an:

> »Meine Kleider rochen auf meinen ersten Reisen so widerwärtig, daß ich es in einer Postkutsche bei hochgezogenen Fenstern nicht aushielt, so daß ich

fürderhin reiten mußte. Die Blätter meines Notizbuches waren oft so besudelt, daß ich es erst benutzen konnte, nachdem ich es ein oder zwei Stunden vor dem Feuer ausgebreitet hatte: und sogar mein Gegenmittel, ein Fläschchen Essig, hatte, nachdem ich es in einigen Gefängnissen verwendete, einen unerträglich widerlichen Geruch angenommen«.

Die Vorstellung, daß Gefängnisse Straftäter nicht bessern konnten, sondern Brutstätten der Kriminalität waren, war in den achtziger Jahren des 18. Jahrhunderts allgemein verbreitet; jeder, auch die Friedensrichter, sahen sie als selbstverständlich an. Man unternahm keinen Versuch, Gefangene nach Alter, Geschlecht oder Schwere der Tat voneinander zu trennen. So kamen Frauen in dieselbe Abteilung wie Männer, Ersttäter wurden mit abgebrühten Rückfallverbrechern zusammengelegt, brave Bürger, die ihre Schulden nicht bezahlen konnten, mit Straßenräubern, zehnjährige Jungen mit homosexuellen Gewalttätern. Für die Behörden war der gemeinsame Nenner aller Gefangenen ihr bösartiges Anderssein, und das genügte. Im schwarzen Loch waren keine feinen Unterscheidungen nötig.

Üblicherweise verglich man das Gefängnis mit einem Kloster oder Seminar, dessen Insassen sich des Lasters und nicht der Heiligkeit befleißigten – in seiner vollkommenen Verkehrung der Tatsachen ein rührendes Bild. Henry Fielding bezeichnete 1751 die Gefängnisse als »nichts anderes denn Seminare des Müßiggangs und gemeine Kloaken, wo Abscheulichkeit und Krankheit gedeihen«. Howard schlug in dieselbe Kerbe, als er sie »Sitz und Seminar (wie man sie sehr treffend genannt hat) der Müßigkeit und jeden Lasters« titulierte. Die Reihe wird in den zwanziger Jahren des 19. Jahrhunderts bis nach Australien fortgesetzt, wo sich der Gouverneur Thomas Brisbane beschwert: »Die Sträflingsbaracken von Neusüdwales erinnern mich an die spanischen Klöster; denn ihre Insassen konsumieren, ohne etwas zu erzeugen.«

Doch Dr. Johnson stellte dagegen die Sehweise georgianischer Gefängnisse als Gegen-Klöster:

»Das Elend in den Gefängnissen ist nicht die Hälfte dessen, was ihr Übel ausmacht. Hier fürchtet niemand das Auge der Öffentlichkeit, das Gesetz ist machtlos. Hier gedeihen nur wenige Befürchtungen, und niemand errötet. Die Lasterhaften stacheln die Lasterhaften an, die Frechen ermuntern die Frechen. Jeder verhärtet sich so gut er kann gegen seine eigene Empfindlichkeit, er bemüht sich, an anderen die Künste auszuüben, die man an ihm selber übt und gewinnt die Zuneigung von Seinesgleichen durch ein ihnen angepaßtes Verhalten. So sinken einige inmitten ihres Elends und andere überleben lediglich, um die Niedertracht weiterzuverbreiten.«

An solchen Stellen sieht man, wie weit neuzeitliche und georgianische Vorstellungen von Strafe auseinanderklaffen. Hochsicherheitsgefängnisse sind auch heute noch zoologische Gärten für Menschen, aber die liberale Ansicht geht dahin, daß es sich bei einem Gefängnis um eine betrübliche Notwendigkeit handelt, die zwar scharf in das Leben eines Menschen eingreift, doch reformiert werden kann, daß man bei richtiger Handhabung der Strafe einen Straftäter aus der Gesellschaft heraushalten kann, ohne ihn noch tiefer ins Verbrechen zu treiben. Solche Vorstellungen gab es vor zweihundert Jahren nicht. Damals war klar, daß Gefängnisse vor allem dazu dienten, *Straftäter an einem Ort zu konzentrieren.* Was sie als Institution ins Leben rief, war die Existenz des Verbrechens und nicht die Hoffnung auf Besserung, und seinem bloßen Wesen nach erniedrigte das Gefängnis alle seine Insassen durch den erbarmungslosen moralischen Druck, den die Gesellschaft auf sie ausübte. Das Gefängnis verstrickte den Straftäter tiefer ins Böse, verhärtete ihn, machte ihn erst richtig schlimm. So ist es kein Wunder, daß Menschen, die nicht zu befürchten brauchten, je eines betreten zu müssen, die englischen Gefängnisse zutiefst verabscheuten. Sie waren die Republiken einer durch und durch verbrecherischen Klasse, sie lagen in der Gegenwelt des Verbrechens, nicht in der hellen Welt der staatlichen Macht, die sie nur dem Namen nach vertraten. Konsequent zu Ende gedacht, führte diese Vorstellung zur Deportation nach Australien, denn damit gelangten die Verbrecher auch konkret in eine andere, eine Gegenwelt.

Howards Bericht wirkte sogleich auf die Gesetzgebung ein, doch praktische Reformen setzten sich nur zögernd durch. Zwar redeten die englischen Behörden unaufhörlich davon, wie notwendig neue Gefängnisse seien, es wurden auch Gesetze für ihren alsbaldigen Bau erlassen, aber nicht in die Tat umgesetzt. Innerhalb von zwei Jahren nach der Veröffentlichung von Howards Bericht verlangte ein 1779 erlassenes Gesetz die Errichtung zweier großer Gefängnisse in London, die in etwa so aussehen sollten, wie es ihr Gefängnisreformator gefordert hatte: Arbeitsmöglichkeit für die Häftlinge, Trennung der Geschlechter und Einzelzellen statt großer Gemeinschaftszellen.

Man begann aber nicht einmal mit dem Bau. Der damalige Premierminister William Pitt schrieb 1786 an William Wilberforce, den bedeutenden liberalen Geist, der ihn immer wieder wegen einer Gefängnisreform bestürmte: »Die Vielzahl der zu behandelnden Dinge hat dazu geführt, daß die Entscheidung über die Strafhäuser lange hinausgezögert wurde. Aber ich denke nach wie vor«, fügte er vage hinzu, »daß man mit ihnen beginnen wird, bevor die zum Bauen geeignete Jahreszeit vorüber ist.« Auch jetzt wurde nichts Konkretes unternommen, doch versicherte Pitt Wilberforce im Sommer 1788, die Gefängnisse »würden nicht vergessen«. Aber genau das geschah, denn zu jener Zeit sah die Regierung nur noch eine Möglichkeit, mit der steigenden Verbrechenszahl und der offenkundigen Unwirksamkeit der Gefängnisse fertig zu werden: die Deportation »über die Meere«. Obwohl der Whig-Politiker und Strafrechtsreformer Sir Samuel Romilly die Regierung bestürmte, das Projekt staatlicher Gefängnisse nicht aus den Augen zu verlieren, bleib es bis 1812 liegen. Erst dann wurde an der Millbank, am Nordufer der Themse, ein erster Schritt zur Gründung des größten Gefängnisses in Europa unternommen – für tausendzweihundert Gefangene sieben fünfeckige Bauten um eine Kapelle herum. In der Theorie orientierte sich der Bau an Jeremy Benthams Plan für ein zentralisiertes »Panoptikon«, in der Praxis aber erwies es sich als ein nahezu unüberblickbarer Dschungel. Das Gefängnis an der Millbank war zu keinem Zeitpunkt ein wirksamer Ersatz für die Deportation, und so wurde es später abgerissen. Wo es sich befand, steht heute die Tate Gallery.

Die Deportation – im Klartext eine Zwangsverbannung –, die der Regierung als einziger Ausweg erschien, hatte unleugbare Vorzüge. Sie griff nicht in das königliche Privileg der Gnade ein, und zugleich wurde der Straftäter so vollständig, wenn nicht gar so dauerhaft wie jeder Gehenkte aus der Gesellschaft entfernt. Mit der Deportation verschwanden die Gefängnisse ebenso wie die Gefangenen; sie bot Großbritannien zusätzlich die Möglichkeit, eine umfangreiche Arbeitskraftreserve in ferne Kolonien eines wachsenden Reiches zu schicken, damit sie dort Aufgaben erledigten, die kein freier Siedler tun würde – schließlich hatten ja alle miteinander ihre bürgerlichen Rechte verwirkt. Die freigeborenen Engländer hatten der Vorstellung von Kolonnen Strafgefangener, die im Mutterland Arbeiten zum öffentlichen Nutzen verrichteten, stets ablehnend gegenübergestanden. Einen Gesetzesentwurf, der 1752 Zwangsarbeit für Kettensträflinge forderte, wies das Oberhaus nur zum Teil deshalb zurück, weil die öffentliche Sicherheit nicht gewährleistet schien, in erster Linie aber, weil man den Anblick solcher Trupps von Kettensträflingen in aller Öffentlichkeit als erniedrigend ansah. Wie konnten Außenstehende eine solche Bestrafung von offener Sklaverei unterscheiden? Bei den Antipoden würde das keine Schwierigkeiten machen!

Die Handhabe zum Deportationssystem bot ein Gesetz aus dem Jahre 1597 zur Bestrafung von Übeltätern, Vagabunden und unverbesserlichen Bettlern. Im wesentlichen legte es fest, daß solche Personen aus dem Reich zu verbannen und in solche Länder jenseits der Meere zu bringen seien, die vom Kronrat dafür benannt würden. Kehrte ein auf diese Weise verbannter Übeltäter ohne Erlaubnis nach England zurück, sollte er gehängt werden.

Kraft dieses Gesetzes hatte man im 17. Jahrhundert Sträflinge, deren Todesstrafe umgewandelt worden war, über den Atlantik geschickt, wo sie auf den Pflanzungen der Virginia Company arbeiteten. Sir Thomas Dale, Marshal von Virginia, nahm 1611 300 »unordentliche Personen« mit, sie aber erwiesen sich als so »aufsässig und lasterhaft, voll körperlicher und geistiger Krankheiten, daß keine sechzig von ihnen verwendbar sind«. Immerhin war schlechte Arbeit in der Neuen Welt besser als keine, die Indianer konnte man nicht versklaven, die englischen Herren der Virginia Company waren unter keinen Umständen bereit, mit den Händen zu arbeiten, und so forderte Dale bald 2000 weitere Sträflinge an. »Alle Übeltäter aus den Gefängnissen, die zum Tode verurteilt sind, sollen drei Jahre lang in die Kolonie geschickt werden; auf diese Weise bevölkern die Spanier ihre Kolonien.« Ab 1618 wurden regelmäßig Straftäter in Englands langsam entstehende Ansiedlungen in der Neuen Welt entsandt, sowohl ins puritanische Massachusetts wie auch in die Flutgebiete der Atlantikküste im Süden. Die meisten von ihnen waren gemeine Verbrecher, einige aber schottische und englische Kriegsgefangene, die Cromwell bei den Schlachten von Dunbar (1650) und Worcester (1651) in die Hände gefallen waren; andere – die meisten von ihnen wurden in den fünfziger Jahren des 17. Jahrunderts auf die Zuckerpflanzungen von Jamaika und Barbados geschafft – waren Iren, die sich unklugerweise der Invasion des Lord Protector Oliver Cromwell widersetzt hatten.

Nach 1717 wurde die Zahl der Deportierten erhöht und die Deportation mit einem neuen Gesetz verankert, in dem es hieß, Straftäter könnten für geringe Vergehen statt der an sich fälligen Auspeitschung und Brandmarkung auf sieben Jahre nach Amerika deportiert werden und solche, deren Todesstrafe durch die Gnade des Königs umgewandelt worden war, auf vierzehn Jahre. Englische Gefängniswärter machten glänzende Geschäfte, indem sie diese Unglücklichen an Schiffseigner verkauften, die sie ihrerseits an Plantagenbesitzer in der Karibik und Nordamerika weiterverkauften (oder, um genau zu sein, das Recht auf die Nutzung ihrer Arbeitskraft für die Dauer der ihnen zudiktierten sieben oder vierzehn Jahre). In den nächsten sechzig Jahren erlitten 40 000 Menschen diese nur notdürftig verhüllte Form der Sklaverei: 30 000 Männer und Frauen aus Großbritannien und 10 000 aus Irland. Dieser ständige Transport von Kriminellen, im Durchschnitt weniger als 700 pro Jahr, verhinderte, daß es in den überfüllten Gefängnissen Englands zur Krise kam.

Doch nach 1775 war dieser Lösung ein Riegel vorgeschoben. Englands Kolonien in Amerika rebellierten, und eines der Ergebnisse dieser Revolution war, daß die Briten ihre Sträflinge nicht mehr dorthin abschieben konnten, wo die Luft von edlen Resolutionen widerhallte, in denen es hieß, man werde keine Verbrecher aus England mehr annehmen, denn eine neue Republik dürfe sich nicht mit dem Abschaum der Krone vergiften lassen – schiere Heuchelei, denn die Wirtschaft Amerikas hing bereits in großem Maße von der Sklaverei ab. In Wirklichkeit ging es darum, daß der Handel mit schwarzen Sklaven die Arbeit der weißen Sträflinge wirtschaftlich uninteressant gemacht hatte. Kurz vor der amerikanischen Revolution trafen in Amerika jährlich 47 000 Sklaven aus Afrika ein – mehr, als aus den Gefängnissen Englands im voraufgehenden halben

Jahrhundert über den Atlantik geschickt worden waren. Im Vergleich mit deren Arbeitskraft war, was die weißen Sträflinge leisteten, unerheblich; die junge Republik bedurfte ihrer nicht.

Kaum war der Weg für Sträflinge nach Amerika versperrt, als die englischen Gefängnisse überzuquellen begannen. Zuerst unternahm die Krone nichts dagegen – früher oder später würde man die Amerikaner unterwerfen, dann konnten die Sträflingstransportschiffe den Atlantik erneut durchpflügen. Noch im Juli 1783, nur ein Monat bevor sich Großbritannien gezwungen sah, die Unabhängigkeit der Vereinigten Staaten anzuerkennen, schrieb George III. an Lord North: »Gewiß können die Amerikaner von mir keine Gunst erwarten und werden auch keine bekommen, doch die Erlaubnis, Männer aufzunehmen, die es nicht wert sind, auf dieser Insel zu bleiben, will ich ihnen gern gewähren.«

Die Briten erweiterten ihre Gefängniskapazität also nicht, und schließlich fanden sie 1776 einen Kompromiß. Dem Gedanken, Häftlinge als Zwangsarbeiter mit öffentlichen Aufgaben zu beschäftigen, schien der Geruch der Sklaverei nicht mehr anzuhaften, und so wurde er erneut hervorgeholt und unter Lord North als Gesetz formuliert – das sogenannte »Wrack-Gesetz«. Es sollte lediglich als Lückenbüßer dienen, bis der Aufruhr in Amerika niedergeschlagen war.

Auf der Themse und in den südlichen Seehäfen Englands verrotteten eine Vielzahl dort vor Anker liegender abgetakelter und entmasteter Truppentransporter und Kriegsschiffe, durchaus noch schwimmfähig und theoretisch bewohnbar. Auf ihnen wollte man jetzt zur Deportation verurteilte Sträflinge unterbringen, bis die Regierung befand, wohin sie geschickt werden sollten – das würde die aus allen Nähten platzenden Gefängnisse an Land entlasten. Taktvoll überging das Wrack-Gesetz den Aufstand der amerikanischen Kolonisten und machte aus der Not eine Tugend, indem es anmerkte, die Deportation habe England von Menschen entblößt, »deren Arbeitskraft für die Allgemeinheit nützlich sein könnte«. Diese Männer wollte man jetzt zur Zwangsarbeit heranziehen, sie sollten das Bett der Themse von Unrat befreien. Auf diese Weise, meinte man, könnten die Übeltäter »für die Gesellschaft zurückgewonnen« werden.

Doch gewann man die in die Schiffsrümpfe gezwängten Sträflinge ebensowenig für die Gesellschaft zurück, wie die Themse gereinigt wurde. Um das Jahr 1790 nahm ihre Zahl pro Jahr um etwa tausend zu. Nicht nur war die Frage der öffentlichen Sicherheit brennend geworden, inzwischen herrschte auch Typhus auf diesen Schiffen, und die Aussicht, daß er sich im ganzen Lande ausbreitete, erschreckte die Bürger allenthalben. Die Behörden hätten nahezu alles getan, um sich der aufgrund ihrer Gesetze kriminalisierten Menschen zu entledigen. Unverzüglich mußte die Deportation wiederaufgenommen werden – aber wohin?

Man verfiel auf den unwahrscheinlichsten Ort der ganzen Welt, an dem sich, soweit man wußte, erst ein einziges Mal Weiße aufgehalten hatten: Australien, Englands neuen, riesigen, menschenleeren Besitz, ein nutzloser Kontinent am Rande der Welt, dessen Ostküste 1770 Kapitän Cook kartographisch aufgenommen hatte. Von dort würden die Sträflinge nie zurückkehren.

Kapitel III

Das geographische Unbewußte

1

Um zu erfassen, was eine Verbannung an einen solchen Ort bedeutete, muß man sich vor Augen halten, daß den Menschen Europas im späten 18. Jahrhundert die Welt allein schon deshalb so ungeheuer groß vorkam, weil sie weithin unerkundet war. Zwar waren die Umrisse aller Kontinente bis auf zwei – Australien und die Antarktis – bekannt, so daß die Welt mehr oder weniger schon so aussah wie heute, doch jenseits ihrer Küsten lagen riesige unerforschte Gebiete. So erschien Nordamerika von Europa aus als bevölkerter Küstenrand, hinter dem Millionen von Quadratkilometern Wildnis lagen. Das Innere Südamerikas, Asiens und Afrikas war kaum bekannt. Kein Europäer hatte je auf den hohen Gipfeln des Himalajas gestanden, an den Quellen des Nils oder an den Polen; und das Becken des Pazifiks konnte sich ein Engländer – mit Ausnahme der Gebildeten – im Jahre 1780 schon gar nicht vorstellen.

In den Gesellschaftsschichten, aus denen die Sträflinge stammten, wußte man wenig von abgelegeneren Flecken dieser Erde. Rund siebzig Prozent der Briten lebten noch auf dem Lande, und erst 1851 überstieg die Zahl der Stadtbevölkerung Englands die der Landbevölkerung. So bodenständige und in den Kreislauf der Natur eingebundene Menschen reisten nicht; ihre Welt hatte einen Radius von etwa fünfzehn Kilometern. Da sie auch nicht lasen, erreichten Nachrichten und Neuigkeiten sie nur gelegentlich und zufällig, ohnehin hatte keine englische Zeitung damals eine Auflage von mehr als 7000 Exemplaren.

Für die meisten Menschen blieb der Pazifik nach James Cooks Tod ebenso unvorstellbar, dunkel und erschreckend wie eh und je: eine Hölle von Ozean. Dennoch waren Gerüchte und Legenden über ihn im Umlauf. In diesem Mythos, der seinen Weg in volkstümliche Berichte gefunden hatte, ging es um einen sagenhaften Südkontinent bei den Antipoden. Von ihm hatten schon zwei spätklassische Geographen gesprochen: Pomponius Mela und Ptolemäus. Ersterer sagte im Jahre 50, die Symmetrie verlange einen solchen Kontinent, denn die Nordkontinente müßten durch eine entsprechende Landmasse unterhalb des Äquators ausgewogen werden. In jenem unbekannten »Südland« der *terra australis incognita*, setzte Pomponius auch die unerforschten Nilquellen an. Getragen vom Ruf des Ptolemäus, der später als »Vater der Renaissancegeographie« bekannt wurde, überlebte dieser »Südkontinent« die Theorien mittelalterlicher Gelehrter von der Tellergestalt der Erde, und der venezianische Weltreisende Marco Polo schien seine Existenz zu bestätigen, beschrieb er doch nach seiner Heimkehr aus dem Reich Kitai, er sei südwärts nach »Tschamba« gesegelt (das heutige Vietnam) und von dort südwestwärts 1200 Meilen weiter an einen Ort namens Locac.

Damit meinte er die Malaienhalbinsel, doch durch eine Unklarheit im Text konnte man glauben, sie liege weit südlich des Äquators zwischen Ostindien und dem Südpol. Somit wurde sie als jener Südkontinent angesehen und erschien auch als solcher auf den Karten bedeutender Kartographen des 16. Jahrhunderts wie Mercator und Ortelius, wobei der Name zu Luchach, Locac oder Beach geworden war.

Am Ende des 16. Jahrhunderts war Locac zu einem Fabelreich geworden. Manche sahen darin das von engelhaften Wesen bewohnte Goldland, in dem es jede Art von Reichtum gab – Juwelen, Sandelholz, Gewürze – und: eine Verquickung mit dem Mythos vom Paradies auf Erden. Anderen erschien es als Reich der Mißbildungen. Schon seit Alexanders des Großen Expedition nach Indien (327–325 v. Chr.) hatten Berichte über dort anzutreffende Mißgeburten und Wunder wild gewuchert – Männer mit Hundsköpfen, Basilisken, Menschen, deren Gesichter auf der Brust wuchsen oder die nur einen riesigen Fuß hatten, den sie über den Kopf hielten, während sie ruhten und damit Schutz vor der heißen Äquatorsonne fanden. Diese Geschöpfe bevölkerten zahlreiche Bücher des Mittelalters und die Tympana romanischer Kirchen; sie wurden in Predigten und Glossen zur Bibel heraufbeschworen, fanden sich in Erzählungen und frühen Romanen und selbst bei Shakespeare.

In gewissem Sinne schien die Annahme vernünftig, das Leben werde um so sonderbarer, je weiter man nach Süden kam. Was für dämonische Mißgestalten, welche Abweichungen von der Normalität mochte der Südkontinent wohl hervorbringen? Und welche Plagen und Widrigkeiten hielt er für den Seemann bereit? Wasserhosen, Wirbelstürme, dunkle Wolken am hellen Mittag, Schiffe verschlingende Wale, schwimmende Inseln mit Stoßzähnen – die Landschaft dieses erdachten Kontinents war möglicherweise die der Hölle. In seiner unerforschlichen Andersartigkeit ließ sich jede Phantasterei unterbringen; sie stellte das geographische Unbewußte dar. Mithin lag eine tiefe Ironie darin, daß die Briten, nachdem sie den Pazifik schließlich ins europäische Bewußtsein gerückt, erforscht und kartographiert hatten, Australien sogleich erneut dämonisierten, indem sie an der unschuldigen, dürren Küste dieses Erdteils ihre Verbrecher anketteten. Er sollte der Kontinent der Sünde werden.

2

Der Mann, der jenen Ozean *el mar Pacifico* nannte, also – im Unterschied zum Meer der Stürme – das ›stille‹ oder ›friedvolle‹ Meer, und der dessen unendliche Weite als erster durchquerte, war der portugiesische Kapitän Fernao de Magalhaes oder, wie ihn die Geschichte kennt, Ferdinand Magellan. Während der gesamten Seereise von Portugal bis Guam sah er nur zwei kleine unbewohnte Inseln in der Nähe der Straße, die heute seinen Namen trägt. »*Que de seu Rey mostrando se agrauado / Caminho ha de fazer nunca cuidado*« schrieb Camoens in seinem Lobgesang: »Von seinem König gekränkt, wählte er einen Weg, auf den niemand zuvor verfallen war.« Nachdem Magellan mit seiner langen und abenteuerlichen Reise den Weg nach Westen zu den Gewürzinseln (Molukken) eröffnet hatte, wurde er 1521 bei Mactan auf den Philippinen getötet.

Spanische Forschungsreisende, die ihm am Ende des 16. Jahrhunderts in den Pazifik folgten, strebten danach, den Ruhm Gottes zu mehren und einen Südkontinent voller Gold zu finden. So segelte 1567 Alvaro de Mendana von Peru aus westwärts und erreichte, von den Passatwinden über die Breitenkreise zwischen dem 18. Grad südlich und dem Äquator getrieben, mit seinen Schiffen, nachdem er den Pazifik zu vier Fünfteln überquert hatte, eine Inselgruppe, die noch heute – nach König Salomos legendären Goldminen im Lande Qphir – Salomonen heißt. Ob das nun der Außenposten des Südkontinents war oder nicht: halb verrückt vor Hunger, Durst und Skorbut mußte sich Mendana mit seinen Conquistadoren zurückziehen. Er unternahm achtundzwanzig Jahre später, 1595, einen zweiten Versuch, aber die Salomoninseln waren verschwunden, und niemand fand sie in den nächsten zweihundert Jahren wieder. Sie liegen etwa am 160. Grad östlicher Länge; die damaligen Navigationsinstrumente waren aber so ungenau, daß die Schätzungen um volle fünfundsiebzig Längengrade voneinander abwichen und man sie zwischen dem 145. östlicher und 140. Grad westlicher Länge vermutete.

Unter Führung des jungen portugiesischen Lotsen Pedro Fernandez de Quiros kämpfte sich Mendana westwärts vor, fand aber kein Festland, sondern lediglich verstreute Inseln. Sein Weg lag zu weit im Norden, als daß er auf Australien hätte stoßen können. Sieben Monate nach dem Verlassen Perus starb Mendana auf der Insel Santa Cruz. Die große Expedition, die im Namen Philipps III. von Spanien die *terra australis* hatte in Besitz nehmen sollen, wurde zu einem von Gewalttätigkeit und Malaria geprägten Alptraum, doch brachte de Quiros die völlig demoralisierten Überlebenden westwärts bis Manila und kehrte dann über den Pazifik nach Acapulco und damit in die Sicherheit zurück.

Man sollte meinen, daß derlei Erlebnisse jeden davon abgehalten hätten, im Pazifik weiterhin den Südkontinent zu suchen – nicht einen de Quiros.

Irgendwo im Westen mußte er auf dem stumpfblauen Augapfel des größten Ozeans der Welt liegen, und seine Entdeckung würde den Höhepunkt sowohl des spanischen Strebens nach einem Weltreich wie auch der Mission der *ecclesia militans* auf der Welt bedeuten. Von Acapulco kämpfte sich de Quiros nach Spanien zurück, reiste nach Rom und deckte den Papst mit Briefen über die *terra australis* und die Millionen unschuldiger heidnischer Seelen ein, die dort der Erlösung harrten. Es dauerte zwei Jahre, bis er von Philipp III. genug Geld bekam, um drei Schiffe auszurüsten und dreihundert Männer anzuwerben. Im Dezember 1605 segelte er ab, den Kontinent zu suchen.

Er wählte eine neue Route, weiter vom Äquator entfernt als die Magellans oder Mendanas, deutlich südlich des Wendekreises, fuhr durch den Tuamotu-Archipel, passierte Samoa im Norden und sah nach fünf Monaten auf See im Süden und Südosten Land – hohe wolkenverhangene Berge, die sich bis zum Horizont erstreckten. Am 3. Mai 1606 ankerte de Quiros Flotte in einer Bucht der Neuen Hebriden bei 167 Grad östlicher Länge und 15 Grad südlicher Breite. Ohne weitere Hinweise zu haben, nahm de Quiros an, es müsse sich dabei um den Südkontinent handeln, und nannte das Land sogleich, offenbar in einem Anfall religiösen Wahns, *Austrialia del Espiritu Santo* (ein Wortspiel mit *tierra austral,* »Südland«, und *Austria* – schließlich hatten die spanischen Herrscher als Habsburger österreichisches Blut), setzte einen aus Adligen bestehenden religiösen Orden ein, verteilte an nahezu alle Seeleute seiner Flotte Taftkreuze, nannte den Wasserlauf, der sich in die Bucht ergoß, Jordan und verkündete in prophetischer Ekstase die Errichtung des Neuen Jerusalem dort bei den Korallenriffen – in seiner fiebrig-optimistischen Vorstellung waren sie zu Porphyr- und Achatbrüchen geworden.

Von der Wahrheit seiner Wahnvorstellungen überzeugt, kehrte de Quiros nach Mexiko zurück, während Luis Vaez de Torres, der Kapitän seines zweiten Schiffs, über den Pazifik nach Manila weitersegelte, wobei er durch die später nach ihm benannte Straße zwischen Kap York und Neuguinea die Nordküste Australiens passierte. Doch da er sich dicht an der Küste Neuguineas hielt, bekam er den Kontient nicht zu Gesicht.

Nachdem sich de Quiros acht Jahre lang um eine neue Flotte bemüht hatte, starb er 1614, ohne seine Mission erfüllt zu haben. Allerdings gibt es rätselhafte Hinweise darauf, daß eine portugiesische Flotte, die von den Gewürzinseln aus südwärts gesegelt war, die Nordost- und Ostküste Australiens vor 1550 entdeckt und kartographisch aufgenommen hatte – die sogenannten Dieppe-Karten, die Spione nach geheimen portugiesischen Seekarten kopierten und 1536 dem späteren französischen König Heinrich II. vorlegten. Eine von ihnen zeigt einen Südkontinent, der im östlichen Profil eine verblüffende Ähnlichkeit mit Australien aufweist. Eine solche Erkundungsreise der Portugiesen wäre allerdings unzulässig gewesen, denn im Vertrag von Tordesillas hatten sich Spanien und

Portugal 1494 verpflichtet, zur Abgrenzung ihrer Interessensphären auf der Erde als Demarkationslinie den 51. Grad westlicher respektive den 129. Grad östlicher Länge anzuerkennen. Mithin gehörte alles, was östlich des 129. Längenkreises lag, zum spanischen Reich – und, da dieser durch Australien verläuft, auch die Ostküste jenes Kontinents. Daß Portugal dort nichts zu suchen hatte, wäre ein Grund gewesen, die Ergebnisse einer solchen Forschungsreise geheimzuhalten. Allerdings fielen die Originale der Dieppe-Karten zusammen mit Unterlagen und Logbüchern, die Genaueres aussagen könnten, 1755 dem großen Erdbeben von Lissabon zum Opfer. Die einzigen anderen Überreste europäischer Berührung mit Australien vor dem Jahre 1600 sind zwei in der Bucht vor Broome in Nordwest-Australien gefundene protugiesische Bronzekanonen aus der Zeit von etwa 1475 bis 1525 – das läßt eine weitere Reise der Portugiesen annehmen, diesmal aber auf ihrer Seite der Tordesillas-Linie.

Zwar hatte es im 16. Jahrhundert auch Landungen von asiatischer Seite aus gegeben, aber keine von ihnen hatte zur Besiedlung geführt. Händler segelten von der Insel Celebes vor dem Nordmonsun in ihren Praus tausendzweihundert Seemeilen weit an die Nordküste des Kontinents (das heutige Arnhemland) auf der Suche nach einer als Trepang oder *bêche-de-mer* bezeichneten Seeschnecke. Diese wie verschrumpelte Penisse aussehenden Meerestiere waren, geräuchert und getrocknet, der Hauptausfuhrartikel Indonesiens nach China, wo man sie als Aphrodisiakum schätzte. So kam es, daß bis zum 19. Jahrhundert das einzige, was Australien der übrigen Welt lieferte, Millionen von Seeschnecken waren.

Im Jahre 1605 schickte die Holländisch-Ostindische Kompanie von Bantam auf Java aus eine Pinasse namens *Duyfken* unter Kapitän Willem Jansz nach Neuguinea. Jansz sollte erkunden, ob es dort Gold und Gewürze gab. Das kleine Schiff fuhr in die Torresstraße ein, wandte sich, nachdem es die Küste Neuguineas mehr als 200 Meilen weit entlanggesegelt war, nach Süden und stieß auf ein Kap, das der Schiffsführer *keerweer* nannte (»Kehr wieder«). An diesem wilden Ort töteten »schwarze, grausame Wilde« einige Besatzungsmitglieder. Jansz war auf einen nördlichen Vorsprung des australischen Festlandes gestoßen.

Ein weiteres Steinchen fügte 1616 der Kapitän Dirck Hartog aus Amsterdam dem Mosaik ein, der mit seinem Schiff *Eendracht* die westaustralische Küste erreichte und zum Beweis dessen dort einen gravierten Zinnteller annagelte. 1618 sah die Besatzung eines weiteren Schiffs, das nach Java unterwegs war (es handelte sich um die *Zeewulf*), im Norden gleichfalls ein Stück Küste.

Im darauffolgenden Jahr landete Frederick de Houtman, ein Kapitän, der auf seiner Reise nach Osten vom Kap der Guten Hoffnung aus weiter südwärts als andere hielt, südlich des heutigen Perth an der Westküste Australiens. Im Laufe der Zeit steuerten weitere holländische Seefahrer diese und jene Angabe bei: Jan Carstens 1623 und Francis Pelsart 1629. Das Land im Süden schien der Erforschung wert zu sein, denn man hoffte, daß es dort mehr gab als Sand, Riffe und reizbare Wilde. Um das genauer zu erkunden, rüstete 1642 Anthony van Diemen, Generalgouverneur der Holländisch-Ostindischen Kompanie, eine große Expedition aus, die »den verbleibenden unbekannten Teil der Erdkugel« kartographisch erfassen sollte. Ihr Leiter, Abel Tasman, sollte von Batavia (heute Djakarta) aus nach Mauritius segeln, sich dort südwärts wenden und auf dem 54. Breitengrad nach Osten vorstoßen, bis er den Südkontinent erreichte.

Er fand ihn nicht. Seine Schiffe *Heemskerck* und *Zeehaen* segelten an Australien vorbei, ohne auch nur ein einziges Mal in Sicht des Festlandes zu kommen: Sein Kurs hatte zu weit südlich gelegen. Tasman stieß lediglich auf eine Insel im Südwesten, die er für Festland hielt und nach seinem Auftraggeber Vandiemensland nannte. Als dieser Name zwei Jahrhunderte später durch Berichte über Verbrechen und die grausame Behandlung von Sträflingen so befleckt war, daß er ehrbaren Siedlern untragbar erschien, wurde die Insel nach ihrem Entdecker in Tasmanien umbenannt.

Das Land wirkte arm und wild. Eingeborene sah man nicht, wohl aber eingekerbte Bäume und Reste von Feuerstellen. Sonst gab es wenig Bemerkenswertes. Auf dem Wege ostwärts durch die heutige Tasmansee stieß Tasman auf die Westküste Neuseelands und entdeckte auf der weiteren Fahrt in den Pazifik die Tonga- und Fidschiinseln, bevor er im Jahr 1643 nach Batavia zurückkehrte. In den Augen van Diemens und dessen Kollegen von der Handelskompanie war die Reise ein Fiasko gewesen. Weder hatte Tasman ein Volk gefunden, mit dem man Handel treiben konnte, noch Vorkommen, die sich ausbeuten ließen. Später wurde er zu einer zweiten Reise ausgeschickt – er sollte feststellen, ob es an der Nordküste Australiens etwas Lohnendes gab. Er segelte 1644 dorthin, aber die einzigen Menschen, die er vorfand, waren »nackte und elende, über den Strand streifende Gesellen, die nicht einmal Reis besaßen . . . entsetzlich arm, und häufig äußerst unfreundlich«. Es würde mit ihnen keinen Handel geben, und damit erlosch das Interesse der Holländisch-Ostindischen Kompanie an Australien.

Der letzte, der im 17. Jahrhundert versuchte, die Nordwestküste Australiens zu erforschen, war der englische Freibeuter William Dampier. Er fand 1688 nichts als die besitzlosen Männer Neuhollands (die frühere Bezeichnung für Australien); die Art, wie er sie beschreibt, kann als geradezu klassisches Beispiel für Rassismus gelten:

> »Die Bewohner dieses Landes sind das armseligste Volk auf der Welt. Wohl sind die *Hodmadods* (Hottentotten) von *Monomatapa* widerwärtige Menschen, doch was Wohlstand betrifft, im Vergleich zu ihnen wahre Herren. Läßt man ihre menschliche Form außer acht, unterscheiden sie sich kaum von Tieren. Sie sind hochgewachsen und haben lange, schlanke Glieder, große Köpfe, gerundete Stirnen und dichte Augenbrauen. Da ihre Lider stets halb

geschlossen sind, um die Fliegen aus ihren Augen zu halten, vermögen sie nicht weit zu sehen.
Sie haben lange Gesichter und sind äußerst unangenehm anzusehen, da sie keinerlei anmutige Züge tragen.
Sie besitzen keine Kleider und keine Häuser, sondern liegen im Freien ohne jeden Schutz, nur die Erde als Bett und den Himmel als Decke. Die Erde liefert ihnen keinerlei Nahrung. Wir sahen keine Gräser, Hülsenfrüchte oder Getreide, das sie hätten essen können; auch vermögen sie keinerlei Vögel oder Tiere zu fangen, da es ihnen dafür an allen Instrumenten mangelt.
Ich habe nicht gemerkt, daß sie irgend etwas verehren.«

So also sah der unedle Wilde aus, das Stiefkind der Natur. Dampiers Besuch an der Nordwestküste führte zu keinen Entdeckungen, aber sein Buch *Eine neue Reise rund um die Welt* wurde in England beliebt, und seine Vorstellung eines Südkontinents – nach wie vor eine geographische Hypothese – fand ein lebhaftes Echo. Spanier und Niederländer waren im Pazifik erfolglos geblieben; das 18. Jahrhundert würde ihn entweder zu einem französischen oder einem englischen Ozean machen.

So wechselte die Richtung erneut, aus der die Schiffe kamen, und wieder einmal erkundeten sie den Pazifik von Osten aus, entweder um Kap Hoorn herum oder durch die Magellanstraße: Roggeveen 1721, Byron 1764, Wallis und Carteret 1766, Bougainville 1766 und 1769. Sie alle segelten mit den Passatwinden zu weit nordwärts, als daß sie die Küste Australiens hätten finden können; lediglich Bougainville hielt sich weit genug im Süden auf und hätte Queensland entdeckt, wäre er nicht wie alle anderen auch dem davorliegenden Bollwerk aus Korallen, dem Großen Barrierriff, nach Norden ausgewichen.

Sie waren einer wie der andere mutige und entschlossene Männer, doch einige Schwierigkeiten ließen sich mit Mut und Entschlußkraft allein nicht lösen. Da war beispielsweise der Skorbut, eine durch Vitamin-C-Mangel hervorgerufene Krankheit und der Fluch der Seefahrt. Die von ihr Befallenen wurden schwach, ihr Fleisch schwoll an, in den Gelenken wütete die Gicht, die Zähne lockerten sich, das Zahnfleisch quoll auf und verfärbte sich schwärzlich, so daß die Betroffenen nicht imstande waren zu essen. Dem Skorbut konnte auf einer langen Reise der größte Teil einer Schiffsbesatzung zum Opfer fallen. Daß es ein einfaches Mittel dagegen gab, nämlich frisches Gemüse und Obst (vor allem Zitrusfrüchte), war den damaligen Kapitänen nicht bekannt. Zwar war einigen von ihnen aufgefallen, daß sich Skorbutkranke im Hafen bei solcher Kost erholten, doch hielten sich Obst und Gemüse auf See nicht lange. In der Mitte des Pazifiks mußte Magellans Besatzung ein Gemisch aus Zwiebackkrümeln und Rattenkot essen, schließlich verzehrten sie die Ratten selbst und zum Schluß sogen und kauten sie in ihrem verzweifelten Verlangen nach tierischem Eiweiß am ledernen Schamfilschutz des Schiffes herum. Sie litten so sehr unter Skorbut, daß sie, um kauen zu können, das geschwollene Gewebe ihres Zahnfleisches wegschnitten. Von de Quiros im 16. bis zu Bougainville im 18. Jahrhundert litt keiner der Erforscher des Pazifiks so sehr unter Skorbut wie Magellan mit seiner Besatzung.

Der Skorbut setzte jeglichem Erkundungsehrgeiz einen Dämpfer auf. Da seine Ursachen unbekannt waren, konnte man ihn nicht eindämmen. Von 1768–1771 gelang es James Cook als erstem auf einer langen Seereise, ihn durch regelmäßiges Verteilen der geeigneten Gegenmittel zu bekämpfen – inzwischen war bekannt, daß es sich um eine ernährungsbedingte Mangelerscheinung handelte. Dr. James Lind hatte 1753 die richtige Behandlung gefunden: eine tägliche Gabe von Zitrusfruchtsaft. Doch lasen weder Cook (der sich stets um die Gesundheit seiner Besatzung kümmerte) noch die Offiziere des Ernährungsausschusses der britischen Admiralität Linds Aufsatz, und statt des vorgeschlagenen Safts probierte Cook andere Gegenmittel aus: Sauerkraut, Malz und eine halbe Tonne »tragbarer Suppe«, die man durch Eindicken einer Fleischbrühe zu einem gummiartigen Brei gewonnen hatte – ein Vorläufer des Bouillon-Würfels. Diese Kombination wirkte, und so verlor Cook auf der dreijährigen Reise der *Endeavour* keinen einzigen Mann durch Skorbut – eine Leistung, die in der Geschichte der Seefahrt nicht ihresgleichen hatte. Malzsaft und eingelegter Weißkohl brachten die Europäer nach Australien, so wie die integrierten Schaltkreise auf Mikrochips die Amerikaner auf den Mond brachten.

Das nächste Hindernis bei der Erforschung des Pazifiks hatte darin bestanden, den richtigen Längenkreis zu finden. Jede Erkundung ist sinnlos, solange nicht jederzeit die genaue Position (der Schiffsort) bekannt ist. Zu ihrer Bestimmung sind zwei Koordinaten erforderlich: die geographische Breite, d. h. die Entfernung des Schiffs vom Äquator, und die Länge, der Abstand zwischen einem festgelegten Ausgangsmeridian (für britische Seeleute der Nullmeridian von Greenwich) und dem des Schiffs. Der Ort eines Schiffs auf dem Breitenkreis ließ sich leicht ermitteln, das Verfahren dazu war seit der Antike bekannt – aber ohne die Länge konnte man den Schiffsort nicht genau bestimmen. So waren Seefahrer auf Schätzungen angewiesen, bei denen sie die Versetzung durch Meeresströmungen einbeziehen mußten, wie auch die Wirkung des Windes und der Fahrt, die das Schiff machte. Bei frühen Reisen in den Pazifik waren Abweichungen von mehr als zweitausend Seemeilen an der Tagesordnung, da sich addierende Längen-Fehler nicht überprüfbar waren. So irrte sich Magellans Lotse bei der Berechnung der geographischen Länge der Philippinen um nahezu dreiundfünfzig Grad – über ein Siebtel des Erdumfangs.

Je mehr sie an ihr Empire dachten, desto klarer erkannten die Briten die Notwendigkeit, ein genaues Verfahren zur Ermittlung der Länge zu finden, zumal sie im Begriff standen, die niederländische Vorherrschaft im Fernosthandel herauszufordern, und so setzte die britische Regierung 1714 für ein Verfahren, das die Längenposition eines Schiffes nach sechswöchiger Fahrt auf offener See bis auf dreißig Seemeilen genau bestimmte, einen Preis von zwanzigtausend Pfund aus – zu jener Zeit ein Vermögen.

Zu Cooks Zeit gab es zwei Systeme, die Länge zu ermitteln. Beide beruhten darauf, daß sich die Ortszeit durch die Umdrehung der Erde ändert – so ist es sechs Uhr morgens in New York, wenn es bei uns Mittag ist. Da sich die Erde täglich einmal um die eigene Achse dreht und der Tag vierundzwanzig Stunden hat, entsprechen bei dreihundertsechzig Längengraden einer Stunde fünfzehn Grad Länge. Wer nun wußte, wann und in welchem Winkel ein bestimmtes Ereignis am Sternenhimmel von Greenwich aus sichtbar war und es beispielsweise von irgendwo im Pazifik unter demselben Winkel beobachtete, würde, den Zeitunterschied in Stunden mit fünfzehn multipliziert, seine Länge in Grad erhalten. Als Konstante bot sich der Winkel zwischen Sonne oder Mond und einem Fixstern wie beispielsweise Polaris an, man bezeichnete sie als »Mondabstand«. Der englische königliche Astronom Nevil Maskelyne war der erste, der eine vollständige Tafel zukünftiger Mondabstände auf die Greenwich-Zeit bezogen herausgab: der erstmals 1766 erschienene berühmte Nautische Almanach. Ausgestattet mit Maskelynes Tafeln konnte jetzt jeder Kapitän, sofern er gewisse Grundkenntnisse der Trigonometrie und einige Präzisionsinstrumente besaß, die Länge für seinen Schiffsort ermitteln. Das war das erste Verfahren. Das zweite bestand darin, daß man die Greenwich-Zeit an Bord des Schiffes mit sich führte, sie mit der Ortszeit verglich und die Differenz wie zuvor mit fünfzehn multiplizierte. Das ging zwar weit rascher, erforderte aber ein Chronometer, eine Uhr, die genauer und robuster war als jede andere. Ein solches Chronometer durfte weder vor- noch nachgehen, denn am Äquator bedeutete jede Minute eine Längenabweichung von nahezu zwanzig Seemeilen, es mußte auch salzwasser- und korrosionsfest sein sowie die unaufhörlichen Bewegungen eines Schiffs auf See klaglos ertragen. Es wurde schließlich 1764 von dem großen John Harrison gebaut.

Auf seiner ersten Reise in den Pazifik verfügte Cook über kein Chronometer, sondern verließ sich auf die ›Astronavigation‹ mit Hilfe des Mondabstandes. Mit anderen Instrumenten jedoch war die *Endeavour* gut ausgerüstet, denn Hauptzweck ihrer Reise war eher das Vermessen als das Entdecken – sie hatte Passagiere an Bord, die von Tahiti aus den Durchgang der Venus über die Sonnenfläche beobachten sollten. Die Bedeutung dieses Himmelsereignisses lag darin, daß es dabei helfen konnte, den Abstand der Erde von der Sonne festzustellen, sofern man es genau genug beobachtete und aufzeichnete. 1761 hatten zum letzten Mal Erde, Venus und Sonne sich auf einer Linie befunden. 120 Beobachter, verstreut auf der ganzen Welt von Rußland bis Südafrika, hatten den Schatten der Venus auf der Sonnenscheibe beobachtet, aber dennoch waren die Ergebnisse unklar geblieben und die Engländer wollten genauere Daten. Von Tahiti aus würde man am vorhergesagten 3. Juni 1769 den gesamten Durchgang bei klarer Luft am hellen Tag sehen.

Nachdem diese Aufgabe erledigt war, konnte Cook an die Erforschung denken. Nach dem Willen der Admiralität sollte er den Südkontinent entweder finden oder dessen Nichtexistenz nachweisen. Dazu mußte er von Tahiti aus weiter südwärts segeln als alle Pazifiküberquerer vor ihm, bis zum 40. Grad südlicher Breite, und sich zwischen dem 35. und 40. Grad so lange westwärts halten, bis er entweder auf den Südkontinent stieß oder »die Ostseite des von Tasman entdeckten und jetzt Neuseeland genannten Landes« erreichte. So oder so würde ein Geheimnis gelüftet, das sich seit Jahrhunderten einer Erforschung widersetzt hatte.

3

Am 25. August 1768 stach die *Endeavour* unter dem Kommando von James Cook – ein gut hundert Fuß langes umgebautes Kohlenschiff, klein, aber robust – von Plymouth aus in See. Neben der Besatzung hatte sie eine Anzahl von Passagieren an Bord, außer dem Astronomen Charles Green noch eine private naturwissenschaftliche Gruppe. Sie bestand aus dem fünfundzwanzigjährigen Joseph Banks, einem brillanten und quecksilbrigen Amateurnaturwissenschaftler, samt Dienstboten und Spezialisten, die er zu seiner Begleitung angeheuert hatte. Er war gebildet (er hatte die Schule in Eton besucht und in Oxford studiert), verfügte über gute Beziehungen, bezog ein hohes Einkommen aus dem Besitz großer Ländereien und war ein Dilettant im Wortsinne – er trieb seine wissenschaftlichen Beobachtungen aus Vergnügen. Seine ganze Leidenschaft galt der Botanik, und sein Held (den er noch nicht persönlich kannte) war der bedeutende schwedische Botaniker Carolus Linnaeus (Linné). Als Banks von der Expedition nach Tahiti erfuhr, begriff er, welche Gelegenheit sich ihm damit bot; er wäre der erste Botaniker gewesen, der die Flora der Südsee erforschte. »Jeder Dummkopf kann nach Italien reisen«, soll er zu einem Freund gesagt haben, der sich erkundigt hatte, wann er seine Grand Tour unternehme. »Meine Grand Tour wird eine Weltreise sein«. Er wollte mit Cook fahren. Freunde in der Admiralität und der königlichen wissenschaftlichen Gesellschaft halfen ihm, seinen Plan zu verwirklichen. Mit an Bord der *Endeavour* nahm er zwei Zeichner, mehrere Bediente, einen Sekretär, zwei Jagdhunde und einen weiteren Naturforscher, Dr. Daniel Solander, ein Lieblingsschüler Linnés. Einen umgänglicheren, begeisterungsfähigeren und gelehrteren Reisegefährten hätte er sich kaum wünschen können.

Es dauerte nahezu acht Monate, bis die *Endeavour* über Rio de Janeiro und

Feuerland Tahiti erreichte, wo sie Mitte April 1769 in der Matavaibucht Anker warf. Die Einzelheiten der Reise von Cook, Banks und der Mannschaft in diesen paradiesischen Gegenden sollen uns hier nicht mehr interessieren als die Details seiner Entdeckungsreise an der Küste Neuseelands, denn die englische Krone sah weder auf Tahiti noch auf Neuseeland die Möglichkeit zur Errichtung von Sträflingskolonien. Banks' Kisten und Flaschen füllten sich mit Mustern und Proben und die großen Foliobände seiner Zeichner mit Skizzen. Als das Schiff dann Anfang August Tahiti verließ, nahmen sie einen jungen Inselbewohner von hoher Abstammung namens Tupaia an Bord, den Banks als das neueste exotische Geschöpf, einen lebenden Edlen Wilden, in London herumzeigen wollte. Die Suche nach dem Südkontinent begann.

Monatelang narrte sie auf ihrem Weg westwärts durch die grünen Wogen des Pazifiks etwas, das Banks »unseren alten Feind, das Kap Fliegfort«, nannte – Wolkenbänke am Horizont. Dann, am Nachmittag des 6. Oktober 1769, lag Land vor ihnen. »Alle meinen wohl«, schrieb Banks beim Anblick der Linie im Westen, »daß es sich da gewiß um den Kontinent handelt, den wir suchen.«

Er war es nicht, und ihre Route quer über den Südpazifik schien seine Existenz fast auszuschließen. Sie hatten Poverty Bay an der Ostküste der neuseeländischen Nordinsel erreicht, und in den nächsten vier Monaten steuerte Cook die *Endeavour* um die Küsten der Nord- wie der Südinsel, nahm jedes Riff, jede Klippe und jede Einbuchtung genauestens auf und beobachtete zurückhaltend die Gewohnheiten der tapferen und kriegerischen Maori: Die Tahitianer gaben sich der Liebe hin, diese Männer aber mit ihren abschreckend tätowierten Gesichtern dem Krieg. »Vermutlich«, notierte Banks, »ernähren sie sich ausschließlich von Fischen, Hunden und Feinden.«

Ende März 1770 war Cook zur Heimreise bereit. Zwar hatte sich der Südkontinent als Hirngespinst erwiesen, doch waren immerhin mehr als 2400 Seemeilen der Küste Neuseelands aufgenommen. Der Auftrag der Admiralität war erfüllt, jetzt konnte Cook Kurs auf England nehmen.

Zur Rückkehr hatte er zwei Möglichkeiten: ostwärts um Kap Hoorn oder westwärts um das Kap der Guten Hoffnung. Dort waren zwar neue Entdeckungen unwahrscheinlich, doch da im März der pazifische Sommer endet und Cook sein von der zweijährigen Reise schon stark mitgenommenes Schiff nicht der Ostroute und den Winterstürmen von Kap Hoorn aussetzen wollte, beschloß er, anhand von Tasmans Seekarten einen anderen Weg auszuprobieren. Irgendwo im Westen mußte die Ostküste Neuhollands liegen. Sie würden Tasmans Route in umgekehrter Richtung folgen, von Neuseeland nach Vandiemensland. Dann würden sie feststellen, ob Vandiemensland Teil Neuhollands oder eine eigene Insel war. Im letzteren Fall würden sie die Küste Neuhollands suchen und nordwärts an ihr entlangsegeln.

Am 31. März verließen sie Neuseeland. Südliche Stürme trieben die *Endea-*

vour bis zum 38. Breitengrad, für Vandiemensland zu weit im Norden. Doch am 19. April lag eine neue Küste vor ihnen am grauen Horizont: sandig und völlig anders als die großartige Szenerie Neuseelands. Sie hatten Kap Everard an der Südostspitze Australiens erreicht.

Nordwärts fanden sie keinen Hafen, aber da von buschbestandenen Landspitzen hier und da Rauch aufstieg, mußte das Land bewohnt sein. Auf Banks wirkte die Landschaft nach den Eindrücken von Tahiti und Neuseeland armselig und kläglich. Am 22. April sahen sie einige Eingeborene am Strand, es schienen Schwarze zu sein. Genau eine Woche später kam es zur ersten Begegnung mit ihnen. Von Süden kommend, erkannte Cook eine weite Bucht und steuerte hinein, dann schickte er eine Pinasse zur Erkundung voraus.

Die Männer an Bord des Schiffs sahen Rindenkanus und in ihnen Schwarze, die angelten. Das Schiff dürfte das größte Werk von Menschenhand gewesen sein, das die Eingeborenen jemals gesehen hatten, und überstieg wohl wegen seiner Größe, Kompliziertheit und seines unvertrauten Aussehens ihr Fassungsvermögen. Die Bewohner Tahitis waren ihm in ihren Auslegerbooten entgegengerudert, die Maori hatten es mit einem Steinhagel begrüßt, aber diese Menschen nahmen keinerlei Kenntnis von seiner Ankunft, zeigten weder Furcht noch Interesse und angelten in ihren gebrechlichen Fahrzeugen seelenruhig weiter.

Erst als die *Endeavour* ankerte und sich Cook, Banks und Solander in einem großen Beiboot dem südlichen Gestade der Bucht näherten, reagierten die Eingeborenen. Was Männer in einem Boot bedeuteten, wußte sie: ein Übergriff auf ihr Gebiet. Die meisten flohen zwischen die Bäume, doch zwei nackte Krieger blieben tapfer stehen, schwangen ihre Speere und riefen etwas in einer kehligen Sprache. Cooks und Banks legten einige Kleinigkeiten an den Strand – Nägel und Glasperlen, die Visitenkarten des Südpazifik. Da die Schwarzen Miene machten anzugreifen, feuerte Cook einen Musketenschuß zwischen sie ab. Daraufhin rannte einer der beiden zurück und ergriff ein Bündel Speere, während der andere begann, das Boot mit Felsbrocken zu bewerfen. Erneut schoß Cook und verwundete einen der beiden mit Schrot. Doch statt sich zurückzuziehen, nahm dieser lediglich einen Rindenschild zur Hand.

Es war Zeit, an Land zu gehen. Ein junger Seeoffizier namens Isaac Smith befand sich im Bug des Bootes. Noch Jahre später erzählte er voller Stolz, wie der bedeutendste Seefahrer in der Geschichte zögerte, das Boot zu verlassen, ihm die Hand auf die Schulter legte und sagte: »Isaac, du gehst als erster an Land.« Der junge Mann sprang in das flaschengrüne Wasser, das auf den mehlweißen Sand auflief, und watete ans Ufer. Cook und die anderen folgten. Damit war das Siegel der Ferne und des Raumes, das die Ostküste Australiens seit dem Pleistozän geschützt hatte, gebrochen, die Kolonisierung des letzten Kontinents hatte begonnen.

Die Eingeborenen schleuderten inzwischen ihre Speere mit Steinspitzen. Cook feuerte einen dritten Schuß ab. Mit kränkender Langsamkeit zogen sich die Eingeborenen in den Busch zurück. Die Weißen fanden in der Nähe des Strandes, von dem die Krieger geflüchtet waren, einige Wetterdächer aus Borke. Unter einem davon befanden sich nur »vier oder fünf Kinder, denen wir einige Perlenschnüre usw. daließen«.

Was für Menschen waren das, die davonliefen und ihre Kleinkinder Fremden auf Gnade und Ungnade auslieferten? Nichts konnte ihr Vertrauen gewinnen. »Von ihren Bräuchen wissen wir wenig«, beklagte sich Cook am 6. Mai, eine Woche nachdem sie vor Anker gegangen waren, »da es keine Gelegenheit gab, irgendeine Verbindung zu ihnen aufzunehmen. Sie haben, was wir in den Hütten gelassen haben, nicht einmal angerührt.« Weder schienen sie neugierig zu sein noch einen Sinn für materiellen Besitz zu haben. »Man könnte meinen, daß sie von uns nichts anderes wollen, als daß wir verschwinden.«

Insbesondere Tupaia war voller Geringschätzung für diese sich ihnen entziehenden Bewohner Australiens und nannte sie »*Taata Enos*, das heißt schlechte oder schlimme Menschen«. Der polynesische Ausdruck »taata ino« bezeichnete die niedrigste Kaste der Tahitianer, die »titi«, die sogar geopfert wurden.

Cook sah sie anders und widersprach in einer berühmten Passage seines Tagebuchs Dampiers Ansicht von ihnen. »Einigen mögen sie als die armseligsten Menschen auf der Welt erscheinen«, heißt es da,

> »doch in Wirklichkeit sind sie weit glücklicher als wir Europäer. Nicht nur wissen sie nichts von den in Wirklichkeit überflüssigen, uns in Europa aber so nötigen Annehmlichkeiten, sie sind auch glücklich, weil sie ihren Gebrauch nicht kennen. Die Ruhe, in der sie leben, wird durch die Ungleichheit der gesellschaftlichen Bedingungen nicht gestört.«

Diese wenigen Tage spärlicher Kontakte an der Küste von Neu-Holland besiegelten das Geschick der australischen Ureinwohner. Unter keinen Umständen würde die britische Krone je versuchen, auf Neuseeland eine Strafkolonie zu errichten, denn die Maori waren ein kriegerisches Volk, das sich seiner Haut zu wehren verstand. Diese Menschen hingegen würden keine Schwierigkeiten machen. Schon bald würden die englischen Behörden von Banks hören, wie schlecht bewaffnet, zurückgeblieben und scheu sie waren; daß die meisten von ihnen beim Anblick eines weißen Gesichts davonliefen und sie keine Güter und keinen Besitz zu verteidigen hatten. Außerdem war ihre Zahl offenbar sehr gering.

An eine Sträflingskolonie dürften die Männer der *Endeavour* kaum gedacht haben, während sie im Herbst 1770 die ferne geschützte Bucht im Pazifik näher untersuchten, allen voran Banks und Solander. Die ebenen Gestade waren voll der europäischen Wissenschaft unbekannter Pflanzen und Geschöpfe. Die Tiere entzogen sich ihnen wie die Menschen – so fanden sie Känguruh-Losung, ohne ein Känguruh zu sehen –, aber es gab eine verblüffende Vielzahl nichtklassifizierter Pflanzen. Als Ausbeute der Reise brachten die jungen Wissenschaftler an die dreißigtausend Proben von dreitausend Arten mit, tausendsechshundert davon waren der Wissenschaft vollständig neu. Im Hafen wimmelte es von Fischen, und an den seichten Stellen fingen sie riesige Stachelrochen, *dasyatis brevicaudatus*. Sydney Parkinson, Banks' botanischer Zeichner, verdanken wir die Erkenntnis, daß ihre Eingeweide »so ähnlich wie gekochtes Schildkrötenfleisch« schmeckten. Cook wollte ursprünglich die Bucht nach diesem Rochen Stingray Harbour nennen, überlegte es sich aber später anders und gab ihr den Namen Botany Bay, da sie für die Wissenschaft seiner jungen Gefährten einen solchen Triumph bedeutete. Nord- und Südspitze der Bucht trug er auf der Karte als Banks-Kap und Solander-Spitze ein.

Sie segelten weiter nordwärts und hielten sich unter der Küste. Fünfzehn Seemeilen nördlich von Botany Bay passierten sie einen natürlichen Hafen, ohne in ihn einzufahren. Cook nannte ihn nach dem Admiralitätsminister Port Jackson. Über achtundzwanzig Breitengrade hinweg führte ihr Weg entlang der riesigen Ostflanke des Kontinents, das heißt, es waren von der ›Botanikbucht‹ bis zur Spitze von Kap York mehr als zweitausend Seemeilen. Im Labyrinth des Großen Barrierriffs – Cook war, ohne es zu merken, hineingesegelt wie ein Fisch in eine Reuse schwimmt – lief das Schiff auf ein Riff; eine mächtige Korallenzacke durchdrang den Rumpf, brach aber ab, so daß das Leck durch unglaubliches Glück so lange dichthielt, bis das Schiff an den Strand verholt und repariert werden konnte. Dies knappe Vorbeischrammen an der Katastrophe hielt sie sieben Wochen in der Endeavour-Bucht fest, was Banks für weiteres Sammeln und Beobachten nutzte. Endlich wurde das geheimnisvolle Känguruh gesichtet und zwei davon erlegt. Das Fleisch schmeckte den Männern wie zähes Wildbret. Ein Seemann berichtete dem amüsierten Banks von einem schrecklichen Ungeheuer, das er erspäht hatte, » etwa so groß wie ein Gallonenfäßchen, schwarz wie der Teufel, mit zwei Hörnern am Kopf. Es hat sich ganz langsam bewegt, aber ich hab' es nicht anzurühren gewagt.« Es erwies sich als fliegender Fuchs. Weitere Eingeborene erschienen und verhielten sich unruhig und unsicher wie Menschen, die durch eine Invasion Fremder aufgewühlt sind. Sie schienen ebenso scheu wie die von Botany Bay. Allem Anschein nach war die Spannweite zwischen Kultur und Natur an dieser ungeheuren Küste gering.

Am 21. August 1770 umrundete die *Endeavour* Kap York. Von dort erstreckte sich nach Westen eine bereits bekannte und von niederländischen Schiffen durchfahrene See. Cook, Banks und Solander gingen auf einem heute als Possession Island (Insel der Inbesitznahme) bezeichneten Felsen an Land, hißten dort den Union Jack und nahmen im Namen König Georgs III. die gesamte

Küste, die sich von dort aus südwärts bis zum 38. Grad südlicher Breite erstreckte, bis etwa zu ihrer ursprünglichen Landestelle, als »Neusüdwales« in aller Form in Besitz. Die drei Salven Salut, die sie abfeuerten und die vom Schiff aus beantwortet wurden, mußten sie mit Handfeuerwaffen schießen, da man am Barrierriff alle Geschütze der *Endeavour* hatte über Bord werfen müssen, um dem leckgeschlagenen Schiff Auftrieb zu verschaffen. Auf diese wenig spektakuläre Weise, mit über eine seichte, warme Wasserstraße hinweghallenden Musketenschüssen, wurde Australien dem britischen Weltreich eingefügt.

4

Trotz allen Jubels, mit dem die britische Öffentlichkeit im Juli 1771 die sichere Heimkehr des Schiffes und seiner Besatzung begrüßte, war klar, daß nur ein Ort die Vorstellungskraft der Menschen befeuerte: Tahiti, die Insel der Seligen aus dem Goldenen Zeitalter. Ein gewisses Interesse galt noch Neuseeland, Australien hingegen nahm einen unbedeutenden dritten Platz ein. Selbstverständlich war die Naturwissenschaft neugierig auf die Tier- und Pflanzenwelt des neuentdeckten Kontinents – doch was bot der Phantasie ein von George Stubbs noch so schön gemaltes Känguruh im Vergleich mit tahitischen Prinzessinnen? Jener heiße Rand eines unbekannten Kontinents, vor dem tödliche Riffe aufragten, war, wenn schon nicht langweilig, so doch zumindest unfaßbar. Die Ansicht der Gebildeten zu diesem Thema sieht man sinnbildlich auf einem von Benjamin West 1773 angefertigten Porträt Banks' dargestellt: das aufstrebende junge Amerika, das der noch jüngeren Welt des Pazifiks seine Huldigung erweist. Da steht Banks, in einen prächtigen Häuptlingsmantel gehüllt, umgeben von Trophäen seiner Reise – tahitische Zeremonialgerätschaften, ein geschnitztes Paddel und eine Maori-Kriegskeule aus Jade. Für Neusüdwales steht lediglich (und noch dazu in eher doppelsinniger Weise) ein aufgeschlagenes Skizzenbuch mit Parkinsons Zeichnung einer Lilie.

Die enttäuschende Wahrheit über Australien war, daß es keinen rechten Grund gab, dorthin zu segeln, nachdem erst einmal die Legende vom Südkontinent entkräftet und die Wahrheit über das einstige Neuholland bekannt war.

Im Jahre 1772 machte sich Cook mit der *Resolution* auf seine zweite große Reise, die abenteuerliche Durchquerung der südlichen Meere, wobei er weiter nach Süden vorstieß als je ein Mensch vor ihm, über den südlichen Polarkreis hinaus bis zum 71. Grad südlicher Breite. Damit war die Legende endgültig widerlegt: Es gab keine bewohnbaren Breiten, wo sich ein solcher Kontinent befinden konnte: »Der größte Teil dieses Südkontinents (vorausgesetzt, es gibt ihn) müßte innerhalb des Polarkreises liegen, wo so viel Eis die See bedeckt, daß das Land dadurch völlig unzugänglich ist.« Cooks gefühlsmäßige Einschätzung von Antarktika war richtig.

Achtzehn Jahre vergingen, bis wieder ein Schiff Botany Bay anlief, und in der ersten Hälfte dieser Zeit war das Thema Australien vergessen, rückte aber nach 1783 wieder ins Bewußtsein, als Pitt der Jüngere Premierminister wurde. Geburtshilfe bei dem Plan, in Australien eine britische Strafkolonie einzurichten, leisteten der Aufstand der amerikanischen Kolonien sowie eine Krise in Englands Gefängnissen und auf den als Notgefängnissen dienenden ausgemusterten Schiffen. Inzwischen allerdings vertritt eine ganze Anzahl derer, die sich mit australischer Geschichte beschäftigen (wenn auch keineswegs alle), die Ansicht, eigentlich sei Botany Bay eine strategische Rolle zugedacht gewesen, da Pitt Frankreich den Zugang nach Indien und zu den Handelswegen in den Fernen Osten verwehren wollte, die gegen Ende des 18. Jahrhunderts für die britischen Interessen so wesentlich geworden waren. Diese Theorie, die Kolonie sei als »strategischer Vorposten« Englands entstanden und nicht etwa, weil sich die Lösung aufdrängte, sie als »Abladeplatz« für die Verbrecher des Landes zu nutzen, erfreut sich unter Australiern immer größerer Beliebtheit – denn sie verleiht unseren Ursprüngen eine gewisse Ehrbarkeit. »Vielleicht waren die Anfänge Australiens«, schrieb der Hauptbefürworter dieser Ansicht, Alan Frost, »nicht so unwürdig, wie wir lange vermutet haben.«

In eben dem Jahr, da Hawaiianer Kapitän James Cook in der Karakakoabucht töteten, also 1779, wurde ein Ausschuß des Unterhauses eingesetzt, der feststellen sollte, wohin man zur Deportation verurteilte Sträflinge schicken konnte, nachdem ihnen Amerika verschlossen war. Es sollte ein sehr entfernter Winkel der Erde sein, aber auch keine bloße Wüste, denn es war von wesentlicher Bedeutung, daß eine Kolonie dort imstande war, für sich selbst aufzukommen. Wie wäre es mit Neusüdwales, ehemals Neuholland? Der Ausschuß forderte Joseph Banks auf – inzwischen 34 Jahre alt und eine Berühmtheit, die kurz davor stand, vom König zum Ritter geschlagen zu werden –, seine Ansichten vorzutragen. Niemand in England wußte mehr über Australien als er. Der angesehene Mann berichtete von Botany Bay und den nackten, feigen Wilden dort. Das Klima sei gut, der Boden für Ackerbau geeignet, er beschrieb den Reichtum an Fisch, Weideland, frischem Wasser und Holz und äußerte die Ansicht, eine Kolonie von Rechtsbrechern könne sich dort innerhalb eines Jahres selbst tragen. Vielleicht glaubte er diese bunte Mischung aus optimistischen Entstellungen selbst, doch obwohl sich der Ausschuß beeindruckt zeigte, kam er zu keiner Entscheidung. Er lud weitere Zeugen vor, die wiederum eine Deportation nach Gibraltar oder der Westküste Afrikas vorschlugen.

Es gab gute Gründe, solchen Projekten skeptisch gegenüberzustehen. Das System der Deportation nach Amerika hatte darauf beruht, daß freie Siedler die Sträflinge als Arbeitskräfte erwarben. Sie wurden durch Mittelsmänner verkauft und kosteten mithin von dem Augenblick an, da sie amerikanischen Boden betraten, England keinen Pfennig mehr.

In Australien war das nicht möglich. Man würde Tausende von Männern und Frauen auf Schiffen dorthin schicken, die keine Fracht zurückbrächten, denn es war ein Land, von dem man annahm, daß es keine Überschüsse produzieren konnte. Freie Siedler, die sich vertraglich verpflichten könnten, die Arbeitskraft der Übeltäter zu kaufen, gab es nicht, so daß die Regierung alles würde bezahlen müssen, was zu deren Unterhalt nötig war – sie würden also dem Staat zur Last fallen. Selbst angesichts der allenthalben erkennbaren Krise im Strafvollzug und trotz des weitverbreiteten Wunsches, sie dadurch zu lösen, daß man die »kriminellen Klassen« aus England irgendwohin »jenseits der Meere« schickte, war der Gedanke, in einem so fernen und so wenig bekannten Land wie Australien eine Gefangenenkolonie einzurichten, gewiß äußerst sonderbar. Das Argument, in Wahrheit habe Australien aus strategischen Gründen besiedelt werden sollen, besticht mithin zumindest auf den ersten Blick.

Bei William Pitts Amtsantritt 1783 war England durch den Krieg mit Frankreich dem Bankrott nah. Pitt hielt es für wesentlich, den Franzosen einen Einfluß auf Indien und auf die Handelswege im Fernen Osten zu verwehren. Die wirtschaftliche Bedeutung des Handels mit dem Osten nahm für Großbritannien seinerzeit rapide zu. Zwar hatte er noch nicht denselben Umfang angenommen wie sein Atlantikhandel, doch die Richtung war klar: In Zukunft würden sich die wirtschaftlichen Hoffnungen des Landes zum großen Teil auf »Ostindien richten«, ein riesiges Gebiet, das vom Kap der Guten Hoffnung über Indien und die Malaienhalbinsel bis zur Küste Chinas und weiter in den Pazifik reichte.

Hauptinstrument zur Durchsetzung der britischen Interessen dort war die sich rasch ausbreitende und korrupte Ostindische Kompanie gewesen, die engere Beziehungen zur Regierung hatte als jedes andere Wirtschaftsunternehmen Englands. Schon seit zehn Jahren bemühte sich die Regierung, die Kompanie unter ihre Herrschaft zu bringen und ihrer Macht Einhalt zu gebieten. Nachdem Pitt mit dem Indien-Gesetz 1784 die Ostindische Kompanie zum Teil verstaatlicht hatte, stand Indien bei allen politischen Streitpunkten im Vordergrund; für diese Frage war nicht mehr nur die Kompanie zuständig, sondern auch die Krone und ihre Minister. Der Handel hatte zu Gebietsgewinnen geführt, diese zu Krieg, und aus dem Krieg war ein Reich entstanden. Und dies mußte nicht nur verwaltet, sondern auch für die britische Schiffahrt offengehalten werden, insbesondere entlang der lebenswichtigen Handelsstraße von Indien nach Kanton. Im Fernosthandel sah Großbritannien am ehesten eine Hoffnung auf eine wirtschaftliche Erholung von den Rückschlägen der frühen achtziger Jahre des 18. Jahrhunderts: dem Verlust Nordamerikas, dem kostspieligen Krieg gegen Frankreich und der Entfremdung von England einst freundlich gesinnten europäischen Staaten – vor allem der Niederlande.

Sie waren der Schlüssel zur strategischen Macht im Fernen Osten. Die Befestigungen und Häfen des niederländischen Handelsreichs erstreckten sich von Kapstadt bis in den Südwestpazifik. Das niederländische Monopol auf den Gewürzinseln war das älteste und am schwierigsten zu überwindende Hindernis, dem sich die Ostindische Kompanie gegenübersah. Doch die militärische Schwäche dieses Handelsreichs war deutlich geworden, nachdem England 1780 Holland den Krieg erklärt hatte. Ihn begannen die Briten mit einer Reihe von ergebnislosen Marineoperationen gegen niederländische Stützpunkte im Osten. So mißlang im März 1781 ein britischer Geschwaderangriff auf das Kap der Guten Hoffnung, das »Gibraltar Afrikas«, von wo aus Kaperschiffe nach Ostindien segelnde Geleitzüge überfallen konnten. Dieser Fehlschlag führte dazu, daß die Franzosen unter Admiral de Suffren die niederländische Garnison am Kap verstärkten und sie bis zum Ende des Krieges halten konnten. Eine weitere britische Flotte besetzte zwei weniger bedeutende holländische Häfen, die für die Seewege zur Bucht von Bengalen einen gewissen strategischen Wert hatten: Negapatam (heute Nagapattinam) an der Südostküste Indiens und Trincomali auf Ceylon (heute Sri Lanka).

Pitt lernte aus diesem Seekrieg, der sich in fernen Gewässern abspielte und auch nach Einstellung der Feindseligkeiten zu keinen greifbaren Ergebnissen führte, daß die Kombination aus holländischen Stapelplätzen und französischen Schiffen für die britischen Interessen in Indien eine Gefahr bedeutete, obwohl Holland keine große Seemacht mehr war. Im Fernen Osten war ein Seemachtvakuum entstanden, und die Briten mußten es füllen, bevor die Franzosen das taten. So bemühte sich Pitt bei den Friedensverhandlungen, mit den Niederländern ein Abkommen über den Seehandel in Ostindien zu erreichen, während er zugleich versuchte, die französische Garnison vom Kap der Guten Hoffnung zu vertreiben: Er hoffte (mit den Worten von Sir James Harris, Pitts Minister im Haag) »nicht nur die Interessen der Holländisch-Ostindischen Kompanie von denen Frankreichs zu trennen, sondern sie mit denen Großbritanniens zu vereinigen«. Das Gewebe von Englands Fernosthandel war viel zu empfindlich, als daß den Holländern gegenüber etwas anderes als eine versöhnliche Haltung in Frage gekommen wäre. Bei einer erneuten Herausforderung konnten sie sich leicht mit den Franzosen zusammenschließen, um England aus Ostindien zu vertreiben.

Doch obwohl es keinen Zweifel daran gab, daß Frankreich am Besitz Indiens gelegen war, fehlte ihm die militärische Kraft, es an sich zu reißen. Nach dem Friedensschluß von 1783 unternahm es eine Reihe diplomatischer Vorstöße, um den britischen Einfluß dort zu schwächen. So schlossen die Franzosen 1785 einen Vertrag mit dem Bey in Kairo, der ihnen die Handelsrechte in Ägypten sicherte, was als Vorstufe zu einem möglichen Einmarsch nach Indien angesehen werden konnte. Darüber hinaus bildeten sie eine eingetragene Handelsgesellschaft, die Französische Ostindien-Kompanie des Finanzministers Calonne, die mit Großbritanniens Ostindischer Kompanie in Wettbewerb trat. Der Friedensschluß hatte ein Gleichgewicht der Flotten Englands und Frankreichs auf den Meeren Indiens verlangt – man hatte sich dabei auf jeweils fünf Kriegsschiffe geeinigt, keines mit mehr als vierundsechzig Geschützen. Auf britischer Seite zeigte sich eine gewisse Besorgnis (allerdings mehr bei Spionen und Diplomaten als bei Marineangehörigen), als sich herausstellte, daß die Französische Ostindien-Kompanie außer Dienst gestellte Kreuzer mit vierundsechzig Stücken (Geschützen) als Handelsschiffe einsetzte. Zwar waren ihre unteren Geschützdecks herausgenommen, doch ließen sie sich theoretisch rasch wieder bestücken. Andererseits meinten die Franzosen, die große und stets zunehmende Tonnage der britischen Ostindien-Handelsflotte vom Kap bis Kanton lasse sich leicht für Kriegszwecke umrüsten, womit sie gewiß recht hatten. Trotz der phantasievollen Informationen, die die Regierung Pitt erhielt, gibt es keine Hinweise, daß sie die französischen Handelsschiffe als wirkliche Bedrohung empfand. Wesentlich mehr Kopfzerbrechen als die französischen Schiffe bereitete der Regierung Pitt die Frage, wie die Handelswege nach Indien offenzuhalten seien, und dafür entscheidend war die Art der Beziehungen zwischen Franzosen und Holländern.

Die Nachkriegsdiplomatie Frankreichs konzentrierte sich auf die Mehrheitspartei in der holländischen Regierung, die der »Patrioten«. Ende 1785 unterzeichneten Frankreich und Holland ein Verteidigungsbündnis. Anfang 1786 brachten die Patrioten die Holländisch-Ostindische Kompanie in ihre Gewalt und machten sich daran – durch ihre französischen Verbündeten ermutigt –, Tausende weiterer Soldaten ans Kap und nach Ceylon zu beordern. Die Franzosen drängten die Patrioten, alle militärischen Entscheidungen über Indien und das Kap der nicht mehr sehr handlungsfähigen Holländisch-Ostindischen Kompanie aus den Händen zu nehmen. Sir James Harris berichtete im März 1786 in gedrückter Stimmung an Pitt, Frankreich habe den niederländischen Patrioten mitgeteilt, es werde in Asien in nicht allzu ferner Zukunft zu einem Bruch mit England kommen – man möge daher keine Zeit verlieren und in jenem Weltteil die britischen See- und Landstreitkräfte verstärken.

Eben die Drohung eines solchen »Bruchs« hat, folgt man den Argumenten australischer Historiker wie Frost und Blainey, die die Theorie vom strategischen Vorposten vertreten, zu Botany Bay geführt. Der wirkliche Grund aber waren Tannen und Flachs.

Im 18. Jahrhundert waren für die Marine Nadelholzstämme und Flachs von ähnlicher strategischer Bedeutung wie heute Erdöl und Uran, denn die gesamte Takelage – Masten, Stangen, Segel, Tauwerk – bestand daraus. Weder Tannen noch Flachs fanden sich im Fernen Osten in größeren Mengen, wohl aber beliebig viel Kokosfaser für das Tauwerk. Nun waren für ein erstklassiges Linienschiff ungeheure Mengen an Tannen-Rundholz erforderlich, denn immerhin hatte der Großmast eines solchen mit vierundsiebzig Stücken bewaffneten Schiffs am Mastfuß einen Durchmesser von gut neunzig Zentimetern und maß vom Kielschwein bis zum Mastknopf volle dreiunddreißig Meter. Dazu brauchte man einen einzigen, kerzengerade gewachsenen Baum von tadelloser Festigkeit. Darüber hinaus waren für ein solches Schiff an die zwei Dutzend weitere Masten und Rahen erforderlich. Für diesen Zweck kam anderes als Nadelholz nicht in Frage, denn nur Koniferen ergaben gute Masten, einmal wegen ihres geraden Wuchses und zum anderen, weil das im Holz enthaltene Harz die Reibung zwischen den Fasern verminderte. Diese zweite Eigenschaft machte die großen Stämme vergleichsweise elastisch, so daß sie die ungeheuren Belastungen des Segelns bei schwerem Wetter aufzunehmen vermochten.

Weder auf den britischen Inseln noch in Indien wuchsen solche Tannen, sie kamen ausschließlich aus Riga, an der russischen Ostseeküste, und auch der Flachs für die Segel wurde aus Rußland bezogen. England gab pro Jahr eine halbe Million Pfund für die Einfuhr dieser beiden begehrten Artikel aus. Der Nachschubweg von Riga nach Portsmouth durch russische und skandinavische Küstengewässer war tausendsiebenhundert Seemeilen lang und Bündnisänderungen zwischen England, Frankreich und deren nördlichen Nachbarn gegenüber äußerst verwundbar. Selbst wenn diese strategisch wichtigen Materialien England erreichten, mußten sie erst noch zehntausend weitere Meilen zurücklegen, bevor sie einem britischen Geschwader im Fernen Osten nutzen konnten. Daher ist verständlich, mit welcher Besorgnis die Briten reagierten, als Frankreich im Dezember 1784 von Schweden das Recht bekam, auf einer Insel vor Göteberg an der Zufahrt zur Ostsee einen Marinestützpunkt einzurichten. Von dort aus konnten französische Schiffe ohne weiteres britische Holztransporte überfallen.

Ein Grund dafür, daß weder Briten noch Franzosen 1782 in den Gewässern um Indien die Vorherrschaft zu erringen vermochten, lag in der Knappheit an Tannenrundholz, das ausnahmslos aus Europa herbeigeschafft werden mußte. »In ganz Indien gab es nicht eine Stange, aus der man für ein Schiff von 64 Stücken einen Klüverbaum hätte machen können«, berichtete Admiral Sir Edward Hughes 1781, »nicht einmal ein Stück Holz, das zu einem Ankerstock für ein Linienschiff getaugt hätte.«

Angesichts der Möglichkeiten eines Kriegs im Fernen Osten fiel jetzt einigen Beratern Pitts die Norfolkinsel ein, ein Fels im Meer, den James Cook bei seiner zweiten Reise ein Jahrzehnt zuvor, 1774, tausend Seemeilen östlich der Botany Bay entdeckt hatte. Auf dem Weg dorthin war er an zahlreichen mit Nadelhölzern bestandenen Inseln vorbeigekommen, einige Bäume hatten die Größe eines Fockmastes auf seinem Schiff, der *Resolution*. Größere, vermutete er, könnten auf größeren Inseln wachsen, für die Seefahrer eine hochwillkommene Aussicht. Wie er in seinem Logbuch notierte: »Ich kenne keine andere Insel im südpazifischen Ozean, auf der sich ein Schiff mit einem Mast oder einer Rahe versehen könnte, und sei es noch so sehr in Not darum. Die Entdeckung mag sowohl nützlich wie auch wertvoll sein.« Seine Vermutung erwies sich als richtig. Die Norfolktanne *(araucaria excelsa)* erreichte einen Durchmesser von neunzig Zentimetern und eine Höhe von sechzig Metern. Besser noch: Auf den Klippen und entlang der Küste der Norfolkinsel wuchs dicht an dicht *phormium tenax*, eine Flachslilie, deren Fasern hinsichtlich Festigkeit und Länge denen des an der australischen Festlandküste zu findenden wilden Flachses *gymnostatus anceps* überlegen und damit für die Herstellung von Segelleinwand in geradezu idealer Weise geeignet zu sein schienen. Dieser »Neuseelandflachs« tauchte sogar in den Anweisungen des Königs an Phillip auf, der die Erste Flotte kommandierte. In ihnen wird dessen »herausragende Eignung für eine Vielzahl von seemännischen Zwecken« hervorgehoben und die Hoffnung ausgesprochen, er könne »letztlich ein Ausfuhrartikel« werden. Phillip bekam den Auftrag, besonders »auf den Anbau dieses Flachses Wert zu legen und Muster davon nach Hause zu schicken«.

Aus nach England gebrachten Proben wurden Trossen, Segelleinwand sowie Segel und Takelgarn gefertigt, und der Neuseelandflachs erwies sich als außergewöhnlich fest und dauerhaft. Gewiß mußte man ihn und die Norfolktanne als strategischen Pluspunkt für die um Indien herum operierenden Schiffe ansehen. Und konnte nicht die Küste von Neusüdwales – wenn man die Sache noch weiter durchdachte – einen befestigten Hafen bieten, einen »strategischen Vorposten«, wo sich Kriegsschiffe im Schutz einer Garnison mit diesem Holz, Segeltuch und Tauwerk auszurüsten vermochten?

Auf einige Menschen wirkte dieser Gedanke damals ebenso bestechend wie später auf Historiker, es gibt aber keine erhaltenen Nachweise dafür, daß William Pitt oder seine Minister das auch so sahen. Als erster machte den Vorschlag ein in Amerika geborener Beamter namens James Mario Matra (etwa 1745–1806), der in London kleinere Verwaltungsämter innehatte und auf Teneriffa sowie in Konstantinopel untergeordnete diplomatische Aufgaben erledigte. Er hatte in England keine offizielle Stellung und gehörte zu den Glücksrittern im Drama um das Empire: ein Spekulant, der sich für einen Plan einsetzte, von dem er hoffte, daß dabei für ihn eine feste Anstellung abfiel. In diesem Licht muß man seinen Vorschlag sehen – den ersten, der dokumentarisch belegt ist –, Tannen und Flachs könnten einen strategischen Grund zur Besiedlung Australiens liefern. Er trug ihn Lord North schriftlich vor, der für kurze Zeit 1783 Thomas Townshend, Viscount Sydney, als Innen- und Kolonialminister abgelöst hatte. Banks, den Matra immer wieder in den höchsten Tönen lobend erwähnte, unterstützte diese Denkschrift. Man las sie, immerhin hatte Matra selbst Botany Bay gesehen, er war im untersten Offiziersrang auf der *Endeavour* gesegelt.

Sträflinge kamen darin nicht vor. »Als Ausgleich für den Verlust unserer amerikanischen Kolonien« schlug Matra eine freie Besiedlung von Neusüdwales vor, eines Landes, das »europäischen Abenteuerlustigen die verlockendsten Aussichten bietet«. Die Siedler sollten von zweierlei Art sein: einerseits britische Kleinbauern, zum anderen enteignete und aus Amerika vor der Revolution geflohene Loyalisten. Matra war ein Apostel der »prophylaktischen Auswanderung«; er wollte die Armen Großbritanniens aus dem Lande schaffen, bevor sie straffällig wurden. »Nur wenige Menschen werden, in welchem Land auch immer«, merkte er realistisch an, »je die Ansiedlung in einem fremden Teil der Erde aus Ruhelosigkeit und einem Hang zur Romantik erwägen.« Also, argumentierte er, sollten die neuen Armen die Besiedler Australiens werden. An ihnen gab es keinen Mangel, da die durch die amerikanische Revolte über England hereingebrochenen wirtschaftlichen Schwierigkeiten bis zum Jahre 1783 eine schwere Krise der Landwirtschaft hervorgerufen hatten.

In den buntesten Farben malte Matra aus, was die Kolonie mit Hilfe chinesischer Sklavenarbeit produzieren könnte: Tee, Seide, Gewürze, Tabak und Kaffee. Man würde Handel mit China, Japan, Korea und den Aleuten treiben. Am besten jedoch war das Vorhandensein der Faserpflanze und der Norfolktanne, »für uns als Seemacht äußerst nützliche Rohstoffe von größter Bedeutung«. Durch sie bekäme die öde Küste Neusüdwales

> »einen bestimmenden Einfluß auf die europäische Politik. Würde Großbritannien in dem großen Land eine Kolonie einrichten und lägen wir mit Holland oder Spanien im Krieg, könnten wir durchaus beiden Ländern aus unserer neuen Ansiedlung schaden. Wir könnten nach einer sicheren und raschen Seereise Java und die anderen holländischen Siedlungen angreifen und ebenso mit Leichtigkeit die Küsten des spanischen Amerika. Diese den beiden Mächten gegenüber in Kriegszeiten so günstige Position verleiht Neusüdwales große Wichtigkeit, wenn wir mit politischem Auge auf die Weltkarte schauen.«

Lord North ging auf den Plan nicht ein, und ein Blick »auf die Weltkarte« zeigt, warum: Matras strategische Erwägungen waren Luftschlösser. Die »Leichtigkeit«, mit der sich Chile von Sydney aus angreifen ließ, verlangte, daß man zuvor den gesamten Pazifik überquerte. Die »sichere und rasche Seereise« nach Java war etwa 4000 Meilen lang und führte durch Gewässer, die von Riffen wimmelten und über die nur unzulängliche Seekarten vorlagen, außerdem war die Torresstraße eine gefährliche Engstelle.

Lord Sydney übernahm Ende 1783 das Amt von Lord North. Die Frage, wohin mit den »verbrecherischen Elementen«, wurde immer drängender, denn Gefängnisse wie Schiffe waren entsetzlich überfüllt. Als Innen- und Kolonialminister sah er sich einem zunehmenden Druck ausgesetzt. Ein Plan mußte her, wie man sich der Sträflinge entledigen konnte. Kaum hörte Matra, daß Lord Sydney nach einem Ort suchte, wohin er sie schicken konnte, setzte er rasch das Wort »Sträflinge« in seinen Plan ein und legte ihn der Regierung erneut vor.

> »Man gebe ihnen, sobald sie eintreffen, einige Acres Land zu absolutem Eigentum und zu ihrer Unterstützung, was sie zu einer Bearbeitung brauchen. Hier sei angemerkt, daß sie aus dem Lande nicht entfliehen können, es keine Verlockung zum Diebstahl gibt und sie verhungern müssen, wenn sie nicht arbeiten.«

Inzwischen wurde ein neues Gesetz eingebracht, das die Wiederbelebung der Deportation in andere Länder als Amerika erlaubte. Dieses Gesetz wurde im August 1784 rechtskräftig – nun fehlte nur noch ein Land, das bereit war, die Verurteilten aufzunehmen.

Lord Sydney leitete Matras Vorschlag, in Australien eine »Diebeskolonie« einzurichten, an Lord Howe weiter, den Ersten Lord der Admiralität. Zwar wies ihn dieser schroff als undurchführbar zurück, doch einem Marineoffizier, der in den Gewässern um Indien gedient hatte, Sir George Young (1732–1810), gefiel er. Er ließ Pitt wissen, Botany Bay werde ein guter Stützpunkt für britische Schiffe sein, »sollte es sich als nötig erweisen, solche in die Südsee zu entsenden«; dieser Stützpunkt lasse sich durch Sträflingsarbeit errichten, und der Flachs ließe sich dort reichlich anbauen. Er schlug vor, nur 140 Sträflinge pro Jahr dorthin zu schicken, und hob Pitt gegenüber hervor, welche Einkünfte sich aus einem Handel mit australischen Erzeugnissen, vor allem mit Gewürzen, »feinster Baumwolle«, Zuckerrohr, Kaffee und Tabak, erzielen ließen. Am meisten jedoch begeisterte er sich für *phormium tenax*, »diese äußerst bemerkenswerte Pflanze, die unter dem Namen Neuseeländer Flachs bekannt ist« und von der Young annahm, man könne sie in beliebig großer Menge anbauen. »Ihre Verwendbarkeit geht weit über die aller bisher bekannten Pflanzen hinaus, denn sie übertrifft in ihrer Eignung für stehendes und laufendes Gut sowie Segel alles.«

Ein weiterer Vorschlag, mit Sträflingsarbeit eine strategische Nachschubbasis in Australien zu schaffen, kam von John Call (1732–1801), einem ehemaligen Obristen im Dienst der Ostindischen Kompanie, dessen Spezialität das Pionierwesen war. Er wies auf den im Niedergang befindlichen Handel mit dem britischen Ostindien hin und empfahl, einen britischen Stützpunkt entweder in Neusüdwales oder Neuseeland einzurichten, wobei die Norfolkinsel mit ihrem erstklassigen Flachs als eine von Sträflingen erschlossene Quelle von Nachschub für die Marine dienen sollte.

Nichts weist darauf hin, daß Pitt diesen Vorschlägen mehr als nur flüchtige Aufmerksamkeit widmete. Wohl aber leuchteten sie seinem Ersten Kronanwalt, Pepper Arden, ein. Das strategische Argument stellte im Juli 1785 ein Mann als lächerlich hin, dessen Ansichten in Regierungskreisen mehr Gewicht hatten als die Youngs, Calls oder Matras: Alexander Dalrymple, Hydrograph der Ostindischen Kompanie. Er sprach sich gegen Pläne zur Kolonisierung der Norfolkinsel aus, da er darin eine Verletzung des Monopols der Kompanie sah. In einem Bericht ihrer Direktoren wies Dalrymple scharf darauf hin, daß sich brauchbares Mastholz auch auf Borneo und Sumatra finden ließ – schließlich waren chinesische und südostasiatische Schiffbauer jahrhundertelang ohne Tannenholz aus Riga ausgekommen – und daß das »beste Tauwerk auf der Welt« aus asiatischer Kokosfaser und einer Gummatty genannten Palmfaser hergestellt werde. Dalrymple vertrat die Ansicht, es gebe hinreichend Gründe, in England Neuseelandflachs anzubauen, aber keinen, ein solches Massengut von der Norfolkinsel herbeizuschaffen – »der Gedanke ist viel zu absurd, als daß man ihn ernsthaft erwägen sollte«. Er häufte Spott auf die Art, wie Glücksritter vom Schlage Matras, Youngs und Calls versucht hatten, die Vorstellung einer strategisch bedeutenden Diebeskolonie für das maßzuschneidern, was die britische Regierung zu bedrücken schien. »Dieses Projekt einer Ansieldung taucht seit längerer Zeit immer wieder auf, mal als Station auf dem Weg nach China oder als Beobachtungsposten zur Kontrolle der Spanier in Manila und ihres Handels mit Acapulco, mal als Sträflingskolonie oder als Heimstätte für amerikanische Flüchtlinge, mal als Versorgestation unserer Marinewerften, um Hanfseile und Tauwerk bereitzuhalten, oder zur Unterstützung des Pelzhandels an der Nordwestküste Amerikas – je nachdem, mit welchem Vorschlag man sich eine wohlwollende Reaktion der zuständigen Minister erhoffte.«

Doch ungeachtet der Vielzahl der Pläne, die dem heutigen Historiker als Quellen wichtiger sind, als sie für Pitts Regierung je waren, nahmen deren Schwierigkeiten weiter zu. Im Winter 1784/85 wurde die Notwendigkeit, einen Ort für die Deportation von Sträflingen zu finden, immer dringlicher. Die Provinzgefängnisse quollen über, und selbst der 1785 vollendete Neubau von Newgate war bereits so überbelegt, daß 300 Häftlinge herausgenommen und auf ein Schiff vor Portsmouth gebracht werden mußten. Da der Druck auf Pitts Regierung zunahm, trat unter dem Vorsitz von Lord Beauchamp am 20. April 1785 ein Ausschuß zusammen, der ein für allemal entscheiden sollte, wohin die Sträflinge zu schicken waren.

Als erstes schlug der Gouverneur der Afrika-Kompanie, eines britischen Sklavenunternehmens, die Insel Lemane vor, 400 Meilen den Gambia in Westafrika hinauf. »Notorische Verbrecher«, erklärte er, könnten dort auf britischen Sklavenschiffen hingebracht werden; in Lemane wären sie ringsum von Eingeborenen umgeben, und weiter flußaufwärts auf dem Gambia könne ein Wachschiff sie daran hindern, an die Küste zu fliehen. Mithin bestehe die Möglichkeit, sie ohne Garnison »gänzlich sich selbst« zu überlassen, sie könnten sogar aus ihren eigenen Reihen Männer zur Aufrechterhaltung der Disziplin wählen.

Zwar müsse man damit rechnen, daß viele in diesem afrikanischen Grab den Tod fanden, die Überlebenden aber würden Pflanzer werden.

Zur Ehre des Beauchamp-Ausschusses sei gesagt, daß er diesen verrückten Plan durchschaute, und so sprach sich einer seiner Mitglieder, Edmund Burke, im Unterhaus gegen ihn aus. Nunmehr blieben dem Ausschuß nur zwei Möglichkeiten: die Das-Voltas-Bucht an der Mündung des Orangeflusses an der Südwestküste Afrikas – und Botany Bay. Er fragte seine Gewährsleute auf Ehre und Gewissen, was es kosten werde, Sträflinge nach Botany Bay zu schicken, und wollte wissen, wie man sie dort am Leben halten und Disziplin unter ihnen wahren könne. Doch trotz der von Matra, Call und Young für eine Sträflingsansiedlung in Neusüdwales vorgebrachten Argumente sprach sich die Mehrheit aus verschiedenen Gründen für die Das-Voltas-Bucht aus. Nicht nur lag sie strategisch günstig, gleich am Hauptseeweg von Europa zum Fernen Osten, sie versprach auch ein ausgezeichneter Stapelplatz für Marinenachschub zu werden. Außerdem war man der Ansicht, eine britische Garnison dort könne ein Gegengewicht zu einer französischen Garnison in Kapstadt bilden. Das Hinterland galt als fruchtbar und konnte als neue Heimat für aus ihrer Heimat vertriebene amerikanische Loyalisten dienen, die eine ständige Erinnerung an Englands ungeheure Schlappe in der Neuen Welt darstellten. Zudem hatte man gerüchtweise von Kupfererzvorkommen in den Bergen gehört, und gerade damals begann die britische Marine, die Böden all ihrer Schiffe mit Kupferblech zu beschlagen, damit sie in fernen Meeren länger in Dienst bleiben konnten. Mit hochgeschraubten Hoffnungen beorderte die Regierung im September 1785 ein Kanonenboot zur Ortsbesichtigung dorthin, doch es kam mit der Nachricht zurück, die Gegend sei für eine Besiedlung zu dürr und unfruchtbar.

Es blieb also nur noch Botany Bay als klägliche zweite Wahl. Vielleicht gab tatsächlich die Aussicht, durch Sträflingsarbeit an Flachs und Nadelholz zu gelangen, den Ausschlag gegenüber anderen Vorschlägen. Das »strategische« Argument für Botany Bay jedenfalls scheint Pitt nicht sonderlich beeindruckt zu haben, denn in seiner Korrespondenz finden sich nur wenige und ungenaue Hinweise darauf. Ihm ging es darum, die Sträflinge loszuwerden: Im Frühjahr 1786 setzten ihn unabhängige Abgeordnete unter starken politischen Druck. Sie wollten die verhängte Strafe der Deportation durchgeführt sehen und drängten darauf, daß in ihren Wahlkreisen die Sträflinge von den vor Plymouth und Portsmouth liegenden Gefängnisschiffen verschwanden. »Obwohl ich im Augenblick nicht imstande in, Euch den Ort zu nennen, wohin man beliebig viele Sträflinge schicken könnte«, schrieb Pitt besänftigend an einen dieser Männer, »bin ich doch imstande, Euch zu versichern, daß Maßnahmen getroffen werden, den nötigen Schiffsraum für den Transport von mehr als tausend von ihnen zu beschaffen. Alle erforderlichen Schritte für den Abtransport zumindest dieser Zahl dürften in etwa einem Monat erledigt sein.«

Es dauerte länger. Zur Erkundung von Botany Bay wurde kein Schiff ausgeschickt, denn wie Lord Sydney und sein Staatssekretär Evan Nepean – der fähiger war als er – betonten, war es fünf Minuten vor zwölf, und Gefängnisschiffe wie Gefängnisse standen kurz vor dem Chaos. (So kamen bei einem Aufstand auf einem dieser Schiffe im März 1786 acht Gefangene ums Leben, 36 wurden verletzt.) Die Regierung konnte keinesfalls achtzehn Monate die Rückkehr eines nach Neusüdwales ausgeschickten Erkundungsschiffes abwarten; außerdem schenkte der Beauchamp-Ausschuß den Aussagen Banks' über die Eignung des Ortes als Siedlung für Sträflinge rückhaltlos Glauben. Hinzu kam, daß Nepean wie Sydney die (von Young mitgetragene) Behauptung für richtig zu halten schienen, daß sich Neusüdwales nicht besonders weit von den strategischen Zentren des Fernen Ostens befinde: »Einen Monat vom Kap der Guten Hoffnung, fünf Wochen von Madras, dieselbe Entfernung von Kanton; sehr nahe an den Gewürzinseln und weniger als eine Monatsreise von Batavia.« Diese Angaben waren lächerlich unrealistisch, die Erste Flotte brauchte, die »braven« Westwinde im Rücken, volle zwei Monate vom Kap bis Botany Bay, die Rückreise gegen die vorherrschenden Westwinde dauerte eher drei Monate, und es war undenkbar, daß ein Schiff in fünf Wochen von Neusüdwales aus Kanton oder Madras erreichte.

So verlockend in der Theorie für den geographisch Unkundigen das »strategische« Argument ausgesehen haben mag, mit dem Matra, Young, Call und Banks eine Sträflingskolonie in Neusüdwales befürworteten, es blieb eine Vorstellung, für die sich Pitts Regierung nicht erwärmen mochte. Aber auch die Flachsherstellung begann in sehr kleinem Maßstab und wurde bald eingestellt. Kein Schiff (mit Ausnahme der *Buffalo*, eines kleinen in der Kolonie gebauten Seglers) trug je Segel aus dem Leinen des Flachses dieser Insel oder Masten aus seinen Tannen. Obwohl die frühen Gouverneure Arthur Phillip und Philip Gidley King den Anbau der Flachslilie *phormium tenax* auf der Norfolkinsel betrieben, war die Halbherzigkeit der Regierung in dieser Sache unverkennbar: Weder schickte das Mutterland ausgebildete Flachszurichter noch geeignetes Werkzeug in die Kolonie. (Wahrscheinlich hat David Mackay recht, wenn er Kings Begeisterung für die Flachserzeugung als »persönliche und koloniale eher denn als strategische Notwendigkeit« ansieht; er wollte als der Gouverneur eines aufkeimenden Gemeinwesens in die Annalen eingehen, das seine eigene Exportwirtschaft besaß, und nicht einfach als Oberaufseher eines Menschenabladeplatzes, der Neusüdwales in Wirklichkeit war.)

Die unmittelbare strategische Rolle der Kolonie war bedeutungslos, dazu lag Port Jackson viel zu weit von allen für England strategisch bedeutsamen Orten entfernt, und ohnehin nahm die von den französischen Schiffen im Fernen Osten ausgehende Bedrohung um die Mitte der neunziger Jahre des 18. Jahrhunderts ab. Überdies war die zur Bewachung der Sträflinge mitgeschickte

Garnison zu klein und zu schwach, als daß sie einem entschlossenen Eindringling hätte entgegentreten können. Doch da es keinen Eindringling gab, war das unerheblich. In Frankreich und auf der anderen Seite des Pazifiks verursachte die englische Präsenz in Australien äußerstenfalls einige kleinere Befürchtungen. Im Jahre 1790 erklärte der Vizekönig von Mexiko, es gebe »nicht genug Kräfte in unserer Südsee und im Bezirk von San Blas, um ein Gegengewicht gegen die der Briten in ihrer Botany Bay zu bilden«. Ein Besuch in der Siedlung Sydney, deren halb verhungerte Bewohner praktisch über keine Schiffe verfügten, hätte ihn gewiß beruhigt. Zwar beabsichtigte Napoleon ursprünglich eine Invasion in Neusüdwales, unternahm aber keinen Versuch dazu, obwohl Pitt 1804 erwog, ein aus Sydney über den Stillen Ozean entsandtes Expeditionsheer könne Valparaiso angreifen. Auch aus Grenvilles Plan, Chile, Peru und Mexiko mit einer Streitkraft anzugreifen, die aus den Männern des New South Wales Corps und »hundert Sträflingspionieren, die es gewohnt sind, in der Sonne zu arbeiten« bestehen sollte, wurde nichts. So kam es, daß Australien nichts mit dem Kampf gegen Bonaparte zu tun hatte.

Trotz allen Geredes über den strategischen Vorteil, das man bis zum Aufbruch der Ersten Flotte 1787 hören konnte, hatte England von der neuen Kolonie daher nur zwei Vorteile: sie war ein äußeres Zeichen des Anspruchs auf den neuen Kontinent, und sie nahm, mit Evan Nepeans Worten, »alle schrecklichen Banditen auf«. Um eine bedeutendere Rolle zu spielen, lag Neusüdwales trotz aller Hoffnungen zu weit am Rande der geopolitischen Ereignisse des ausgehenden 18. Jahrhunderts.

Im Sommer 1786 beschloß Pitts Kabinett, nachdem alle anderen Möglichkeiten erschöpft waren, die Strafkolonie in Botany Bay zu gründen. Lord Sydneys Ankündigung dieses Plans vor den Lords des Schatzamtes zeigte, wie sehr die Sache drängte. Sie hob hervor, daß »sofort Maßnahmen zu ergreifen« seien, um die deportationsfähigen Sträflinge aus dem Lande zu schaffen – in den überfüllten Gefängnissen bestand Seuchengefahr. Vorerst sollten rund 600 von ihnen, von drei Kompanien Seesoldaten bewacht, deportiert werden (später wurde die Zahl auf 750 erhöht). Die anfänglichen Kosten für die Gründung der Siedlung in Australien schätzte Nepean auf 29 300 Pfund. Im ersten Jahr würde die Regierung 18 669 Pfund an laufenden Kosten aufbringen müssen, im zweiten 15 449 und im dritten weniger als 7000. Sofern alles wie geplant verlief, würde sich die Kolonie danach selbst tragen.

Der Vorschlag, das Gebiet um die Botany Bay mit Sträflingen zu kolonisieren, wurde dem Kabinett im August 1786 schriftlich vorgelegt. Man wolle, hieß es in dem Schriftstück, mit Hilfe der Kolonie »den Übeln steuern, die sich aus dem in neuerer Zeit beobachteten Anstieg der Zahl an Verbrechern in diesem Lande ergeben, insbesondere in der Hauptstadt«. Die in zweiter Linie erwartete Nutzung der Rohstoffe der neuen Kolonie fand sich am Ende des Dokuments;

dabei wurde die Möglichkeit herausgestrichen, »Mast- und Bauholz für unsere Flotten in Indien zu beschaffen, da die Entfernung zwischen den beiden Ländern nicht größer ist als die zwischen Großbritannien und Amerika«.

Das Kabinett stimmte zu, und sogleich ernannte die Regierung einen Mann, der die Expedition führen und die neue Kolonie verwalten sollte. Es war der ehemalige Marinekapitän Arthur Phillip, der ein nicht besonders üppiges Einkommen aus der Bewirtschaftung seines kleinen Gutes bei Lyndhurst in der Grafschaft Hamsphire bezog.

5

Seine Ernennung durch König Georg III. zum »Gouverneur unseres als Neusüdwales bezeichneten Territoriums« erhielt Phillip am 12. Oktober 1786, einen Tag nachdem er 48 Jahre alt geworden war. Porträts zeigen ihn als eher schmächtig, mit einer langen Nase, leicht herabhängender Unterlippe, glattem, birnenförmigen Schädel und melancholisch schimmernden Augen – ein Gesicht ganz anders als das des Quadratschädels Cook. Man könnte es sich unter einer kontinentaleuropäischen Perücke vorstellen, vielleicht als das eines Kapellmeisters in einem Duodezfürstentum. Phillip war zur Hälfte deutscher Abstammung, sein Vater Jakob Phillip war als Sprachenlehrer aus Frankfurt nach London ausgewandert und hatte dort eine gewisse Elizabeth Breach geheiratet.

Mit sechzehn Jahren ging Phillip zur See, gerade rechtzeitig für den Ausbruch des Siebenjährigen Krieges gegen Frankreich. Drei Jahre später wurde er zum Leutnant befördert, ließ sich aber 1763 beim Friedensschluß – erst 25 Jahre alt – mit halbem Sold pensionieren. Er heiratete, doch die Ehe war nicht glücklich und wurde 1769 aufgelöst. Kinder waren keine aus ihr hervorgegangen. Da ihn das Landleben in Lyndhurst langweilte, ließ er sich 1770 wieder aktivieren. 1774 bekam er die Erlaubnis, sich der Marine Portugals anzuschließen, das damals gegen Spanien Krieg führte. Als Kapitän eines portugiesischen Schiffes brachte Phillip 400 portugiesische Sträflinge über den Atlantik nach Brasilien, ohne einen einzigen Mann einzubüßen – vermutlich war diese Leistung ausschlaggebend für Lord Sydneys Einschätzung, Phillip sei der rechte Mann, einer Strafkolonie vorzustehen.

1778 stand er wieder im Dienst der britischen Marine und bekam, inzwischen über vierzig Jahre alt, 1779 das Kommando über das Feuerschiff *Basilisk* – keine Karriere, auf die jemand hätte stolz sein können. Immerhin kommandierte er drei Jahre später ein Linien-Vollschiff mit vierundsechzig Stücken, die *Europe*, kehrte aber 1784 erneut mit halbem Sold auf sein kleines Gut zurück.

Das Beste, was man über Phillip angesichts seines wenig aufregenden Werdegangs sagen konnte, war, daß er zuverlässig und aufrichtig war, ein Mann von eher geringer Vorstellungskraft, vielleicht auch ein Einzelgänger. Jedenfalls verstand er es, mit einem Schiff umzugehen, war an Land aber eher farblos. Niemand hätte ihn für einen charismatischen Führer gehalten, und er verfügte auch über keine erkennbare politische Begabung. Doch Politiker waren das letzte, was die britische Krone in einer abgelegenen Gefangenenkolonie benötigte. Sollte die Einrichtung von Dauer sein, mußte sie nach streng hierarchischen Grundsätzen von Befehl und Gehorsam, nicht aber nach denen demokratischen Konsenses geführt werden. Für diese Aufgabe wurde ein ausnehmend praktisch veranlagter Mann gebraucht. Zudem scheint Phillip die Ansicht vertreten zu haben, zumindest einige der ihm anvertrauten Sträflinge ließen sich bessern, vorausgesetzt, man sonderte sie von den anderen ab. Er schrieb:

> »Da die Sträflinge nicht die Grundlagen zu einem Weltreich legen sollen, denke ich, man sollte sie von der Garnison und anderen Siedlern, die vielleicht aus Europa kommen, getrennt halten und nicht zulassen, daß sie sich mit ihnen vermischen, nicht einmal nach Ablauf der sieben oder vierzehn Jahre, die ihre Deportation dauern soll. Selbstverständlich werden in Neusüdwales die Gesetze unseres Landes eingeführt, und besonders von einem erwarte ich, daß es von dem Augenblick an in Kraft tritt, da die Truppen Seiner Majestät vom Land Besitz ergreifen: *daß es in einem freien Land keine Sklaverei und mithin keine Sklaven geben kann.*«

Wohl lassen sich Phillips Worte kaum mit den aufrüttelnden Reden eines Jefferson oder Lafayette vergleichen, doch waren sie für den Rest des 18. Jahrhunderts die einzigen, die in oder um Australien herum etwas in der Art eines gesellschaftlichen Ideals beschrieben. Was er aber wirklich meinte, war *apartheid*. Er hatte gegenüber den Sträflingen keine »demokratischen« Empfindungen, und daß er später scheinbare Gleichheit demonstrierte, wie beispielsweise, als er in Krisenzeiten die Rationen für Freie und Unfreie gleichermaßen kürzte, ging nicht auf ein besonderes Mitgefühl für die Sträflinge zurück. Er sah sie im wesentlichen als Sklaven – wenn schon nicht im Sinne des Gesetzes, dann durch das bloße Wesen der von ihnen begangenen Tat. Mit den Worten, es könne »in einem freien Land keine Sklaverei und mithin keine Sklaven geben«, wollte er nicht sagen, daß seine neue Kolonie *von Anfang an* ein freies Land *sein* sollte: er meinte eine ferne Zukunft, in der es möglicherweise frei *werden* konnte, eine Zeit, in der sich das Sträflingssystem überlebt haben und Neusüdwales von freien Auswanderern bewohnt sein würde, englischen Kleinbauern und Pflanzern.

Am 31. August 1786 teilte Lord Sydney der Admiralität mit, daß alle erforderlichen Vorkehrungen für die Reise getroffen seien. Die Flotte konnte zusammengestellt werden. Alles in allem bestand sie aus elf Schiffen, bis auf zwei Kriegsschiffe – das Flaggschiff *Sirius* und die Brigg *Supply* – lauter umgebaute und von privaten Eignern gecharterte Handelsschiffe, für die die Regierung pro Monat und Registertonne zehn Shilling zahlen mußte. Setzte man eine Dauer von acht Monaten für die Hinreise und die gleiche Zeit für die Rückreise an, machte das einen Betrag von mindestens 20 900 Pfund aus – der größte Einzelposten bei den Aufwendungen für die Erste Flotte. Neben den drei Proviantschiffen (der *Borrowdale* mit 272 RT [Registertonnen], der *Fishburn* [378 RT] sowie der *Golden Grove* [331 RT]) gab es sechs Sträflingstransportschiffe: die *Alexander* (452 RT), die *Charlotte* (345 RT), die *Friendship* (278 RT), die *Lady Penrhyn* (338 RT), die *Prince of Wales* (333 RT) sowie die *Scarborough* (418 RT). Die meisten von ihnen waren recht neu – das älteste, die *Scarborough*, war erst 1781 vom Stapel gelaufen –, aber ziemlich klein, und nach heute in der Seefahrt geltenden Maßstäben weit überbelegt. Insgesamt mußte die Flotte an die 1500 Menschen befördern – Offiziere, Seeleute, Seesoldaten, Frauen, Kinder und Sträflinge. Man kann schon sagen, daß sie bei der Überfahrt dicht wie die Sardinen gedrängt waren, wenn man bedenkt, daß pro Person weniger als drei Tonnen Schiffsraum zur Verfügung standen – auf einem heutigen Passagierschiff liegt die Zahl fast bei 250 Tonnen pro Person. In einem erzürnten Brief klagte Phillip, ihm stünden für Passagiere, Sträflinge und Besatzung, »wenn man die Tonnage für die Vorräte abzieht, pro Person nicht einmal eineinhalb Tonnen zur Verfügung«.

Während der Winter ins Land zog, unternahm Phillip, was ihm möglich war, um die Aufmerksamkeit der Behörden auf den Platzmangel zu lenken. Am 11. Januar 1787 schrieb er über die *Alexander* an Nepean:

> »Ich stelle fest, daß 184 Männer an Bord gebracht werden sollen. Unter ihnen gibt es einige, die sich nicht selbst helfen können, doch befinden sich weder an Bord dieses oder eines der anderen Transportschiffe irgendwelche ärztlichen Instrumente. Es wird sehr schwierig sein, unter so dicht gedrängten Menschen den Ausbruch schlimmer Krankheiten zu verhindern . . . An Bord eines Schiffes, auf dem 210 Sträflinge untergebracht werden sollen, gibt es nirgendwo Platz, wo sich auch nur vierzig Männer gleichzeitig zu bewegen vermöchten.«

Weder damals noch später wurde ein Schiff für den Transport von Sträflingen gebaut: Solche Spezialschiffe wären zu teuer gewesen. Es wurde üblich, in Sydney die Schotts, Kojen und Eisengitter zurückzulassen, wenn die Schiffe nordwärts nach China weitersegelten, um dort für die Heimreise Tee als Fracht aufzunehmen. Die Zwischendeckrisse der Transportschiffe der Ersten Flotte sind verloren, aber sicherlich waren die Unterkünfte für Seesoldaten und Besatzung sehr beengt, von denen der Sträflinge ganz zu schweigen. Gewöhnlich stand vier

Deportierten eine Liegefläche von 2,10 Meter auf 1,80 Meter zur Verfügung, etwa die Abmessungen eines heutigen Doppelbettes. Eine Stehhöhe war nicht vorgesehen; auf der *Scarborough*, dem zweitgrößten Transportschiff, betrug die Zwischendeckhöhe lediglich 1,35 Meter, so daß zum Aufstehen selbst eine kleinwüchsige Frau den Kopf einziehen und ein hochgewachsener Mann sich tief bücken mußte. Philip Gidley King, Sekondeleutnant auf der *Sirius*, beschreibt die Sicherheitseinrichtungen auf seinem Schiff. In seinem Tagebuch heißt es:

»Sie bestehen aus sehr kräftigen, dicken, benagelten Schotts, die in den Zwischendecks hinter dem Hauptmast von einer Seite zur anderen geführt werden. Versehen sind sie mit Scharten, durch die man im Fall von Unruhen feuern kann. Die Luken sind mit Querhölzern gut belegt und mit Riegeln und Schlössern gesichert. Außerdem sind sie von Deck zu Deck auf Stützen aus Eichenholz genagelt. Darüber hinaus gibt es auf dem Oberdeck eine an die drei Fuß hohe Sperre aus Planken hinter dem Hauptmast. Sie ist mit Eisenspitzen besetzt und soll jeden Kontakt von Seesoldaten und Besatzung mit den Sträflingen verhindern. An den verschiedenen Luken sind Schildwachen aufgestellt, und auf dem Achterdeck eines jeden Transportschiffes befindet sich ein stets bewaffneter Wächter, der Ausschreitungen der Sträflinge verhindern soll.«

Die Unterkünfte der Gefangenen wiesen weder Bullaugen noch Lüftungsöffnungen auf; derlei galt als »neumodisch« und als Sicherheitsrisiko. Die unteren Decks waren so finster wie das Grab, da Laternen und Kerzen aus Furcht vor Feuern nicht zugelassen waren. Als einzige Frischluft bekamen die Sträflinge, was ein über einer Luke angebrachtes Windsegel nach unten drückte. Wurden bei Sturm die Luken verschalkt (mit Latten zugenagelt), gab es unten keinerlei Frischluft. Bei flauem Wind durften sich die Gefangenen daher an Deck bewegen.

Am 6. Januar 1787 wurden die ersten Sträflinge aus den Gefängnisschiffen bei Woolwich an Bord der Transportschiffe gebracht; die Männer auf die *Scarborough* und die Frauen auf die *Lady Penrhyn*. Doch vergingen noch zwei Monate, bis die elf Schiffe vor dem Hafen von Portsmouth zu einer Flotte zusammengestellt werden konnten. Spätwinter und Frühjahr gingen dahin. Die Bürokraten der britischen Regierung in Whitehall nahmen naiverweise an, die Versorgung eines sechswöchigen Sklaventransports über den Atlantik könne als Maßstab für eine acht Monate dauernde Passage nach Australien dienen – was, wie der Praktiker Phillip immer wieder betonte, nicht möglich war. In seinen Briefen an Nepean und Sydney finden sich zahlreiche Klagen über die Unfähigkeit der Behörden, die Nepean zum Glück verstand. Sydney war dafür zu stumpf oder zu weltfremd.

Der unehrliche Ausrüster Duncan Campbell lieferte viel zuwenig Nahrungsmittel. So hatte er den Sträflingen statt 1 lb. Mehl ½ lb. Reis zugestanden – »Das wird sich noch bitter bemerkbar machen« – und gerade genug Brot, daß jeder Gefangene täglich sechs Unzen (zwei Scheiben) bekommen konnte. Schlimmer noch war, daß trotz der Erkenntnisse aus Cooks Reisen nichts gegen den Skorbut vorgesehen war. Phillip wußte, daß es gleichbedeutend mit Mord wäre, ohne solche Gegenmittel abzusegeln, und seine Briefe lassen in dieser Hinsicht an Deutlichkeit nichts zu wünschen übrig.

> »Die Lieferverträge wurden abgeschlossen, bevor ich je in dieser Angelegenheit mit dem Marineamt gesprochen hatte. Ich habe wiederholt auf die Folgen hingewiesen, die zu erwarten sind, wenn die Männer auf so kleinen Schiffen zusammengedrängt werden und die Verpflegung entsprechend dem Versorgungsvertrag erfolgt, der kein Mehl vorsieht. Das muß für viele zwangsläufig zu schweren Erkrankungen führen, um so mehr, als keine Mittel gegen den Skorbut vorgesehen sind. Kurz gesagt, Mylord, werden die für die Garnison vorgesehenen Männer und Sträflinge so ans andere Ende der Welt geschickt, als gehe es nach Amerika – eine Reise von sechs Wochen.
> Ich bin bereit, mich Schwierigkeiten zu stellen, und habe nur die eine Befürchtung, man möchte später sagen, der Offizier, der die Expedition leitete, hätte wissen müssen, daß bei so beengten Verhältnissen auf Schiffen, die für eine so lange Reise auf diese Weise mit Lebensmitteln versehen werden, es mehr als wahrscheinlich sei, die Hälfte der Garnison und der Sträflinge zu verlieren. Die Öffentlichkeit würde möglicherweise Zustände auf meine Unwissenheit oder mangelnde Aufmerksamkeit zurückführen, die nie mit meinen Vorstellungen übereinstimmten und an deren Zustandekommen ich nie beteiligt worden bin.«

Phillip achtete als wahrer Fachmann und Pragmatiker auf jede Einzelheit, und da er genau wußte, daß das Überleben der Leute von den unbedeutendsten Ausrüstungsteilen abhängen konnte, prüfte er das Vorhandensein aller doppelt. Warum waren nur sechs Sicheln und fünf Dutzend Rasiermesser an Bord? Konnte Nepean nicht sehen, daß fünfhundertsechzig und nicht zweihundert lb. Schrot gebraucht wurden? Wie sollten die Aufseher der Sträflinge bezahlt werden? Wo waren die Stoffballen für den vorhersehbaren Tag, an dem Tausende von Meilen von Portsmouth entfernt die Kleidungsstücke der Sträflinge zerfielen? Phillip erbat Frischfleisch für die Sträflinge, Wein für die Kranken, Mittel zum Ausräuchern von Räumen, weitere Medikamente. Seine Vorgesetzten reagierten mit einer zur Weißglut treibenden Langsamkeit.

Die Einschiffung ging bis Ende März schleppend weiter. Auf schweren Fuhrwerken und unter Bewachung trafen die Sträflinge aneinandergekettet in den Häfen von Plymouth und Portsmouth ein, wegen des unaufhörlichen Regens zitternd. Die bleichen, abgerissenen, verlausten Gestalten, von der Gefängniskost dürr wie Bohnenstangen, wurden an Bord getrieben und verbrachten die nächsten Monate unter Deck. Erst wenn die kleine Flotte außer Landsicht war, durften sie an Deck. Der Zustand der Frauen veranlaßte Phillip zu einem wütenden Ausbruch:

»Es macht den Friedensrichtern Schande, in welchem Zustand die Frauen an Bord der *Lady Penrhyn* geschickt werden. Sie sind fast nackt und starren vor Schmutz. Sie hätten unbedingt Kleidungsstücke gebraucht, damit sie überleben, diese aber sind nicht rechtzeitig gekommen, um ein Fieber zu verhindern, das noch immer an Bord wütet. Außerdem gibt es zahlreiche Geschlechtskrankheiten, die sich trotz aller Maßnahmen, die ich künftig dagegen ergreifen mag, zwangsläufig ausbreiten müssen.«

Wer waren nun diese Sträflinge der Ersten Flotte? Einst hing man in Australien der verklärenden Ansicht an, zumindest einige von ihnen seien aus politischen Gründen des Landes verwiesen worden – Leute, die aus Protest gegen das Großbauerntum Heuhaufen abbrannten, Gewerkschafter und dergleichen. Politische Gefangene aber waren sie nicht, auch wenn sie Opfer eines unmenschlichen Strafrechts waren. Andererseits waren nur wenige von ihnen gemeingefährliche Verbrecher. Nicht einer der Deportierten war eines Mordes oder einer Vergewaltigung schuldig, wohl aber waren über hundert wegen Diebstahlsdelikten verurteilt worden (wie beispielsweises Straßenraub), bei denen Gewalt eine gewisse Rolle spielte. Keine der Frauen an Bord der Ersten Flotte hatte man, wie eine andere Legende wissen will, wegen Prostitution in die Verbannung geschickt, denn sie galt nicht als Straftat, die mit Deportation bedroht war. Viele wurden jedoch wie Huren behandelt, und zweifellos waren das auch einige, obwohl nur zwei – Mary Allen und Ann Mather – von ihren Richtern als »unglückliches Mädchen« oder »arme gefallene Frau« bezeichnet worden waren.

Insgesamt transportierte die Erste Flotte 736 Sträflinge. Wir kennen Alter und Beruf von 330 von ihnen – 127 Frauen und 203 Männer. Sie kamen aus allen Teilen Englands, die meisten aber aus London. Im wesentlichen waren folgende Straftaten vertreten (s. Übersicht auf nächster Seite).

All diese Vergehen gegen das Privateigentum gingen auf eine in einigen Fällen geradezu mitleiderregende Notlage der Täter zurück. Die mit siebzig Jahren zweitälteste Frau in der Ersten Flotte, Elizabeth Beckford, verdankte ihre sieben Jahre Deportation dem Diebstahl von 12 lb. Gloucesterkäse. Das Schwurgericht von Stafford verurteilte einen Tagelöhner namens Thomas Hawell gleichfalls zu sieben Jahren, weil er »sich in verbrecherischer Weise ein lebendes

Bayerischer Rundfunk

Straftat	*Anzahl*
Einfacher Diebstahl	431
Diebstahl aus einem umfriedeten Besitz einschließlich Einbruchdiebstahl	93
Straßenraub	71
Vieh- oder Schafdiebstahl	44
Diebstahl mit Gewaltanwendung (Raubüberfall)	31
Großdiebstahl (Gegenstände von hohem Wert)	9
Hehlerei	8
Betrug und Erschwindeln von Besitz	7
Fälschung von Dokumenten, Banknoten usw.	4
Sonstige	35
Gesamtzahl der bekannten Verurteilungsgründe	733

und ein totes Huhn im Wert von jeweils 2 d.« angeeignet hatte. Elizabeth Powley, 22 Jahre und ohne Beschäftigung, war in eine Küche in Norfolk eingedrungen, wo sie Schinken, Mehl und Rosinen im Gesamtwert von wenigen Shilling entwendet hatte sowie »24 oz. Butter im Wert von 12 d.«. Das hatte ihr eine Verurteilung zum Tode durch den Strang eingetragen, aber die Vollziehung war ausgesetzt und sie nach Australien geschickt worden, wo sie nie wieder Butter zu essen bekommen würde. Der Hunger hatte einen Westinder namens Thomas Chaddick in einen Gemüsegarten getrieben, wo er zwölf Gurkenpflanzen »wider das Gesetz herauszog, verdarb und zerstörte«. Auch er mußte nach Australien, wo er sich überlegen konnte, wie genau der Gott des Besitzes sein schwarzes Leben in Gurken bemessen hatte.

Einige entwendeten Kleinigkeiten, die nicht eßbar waren. So machte sich William Rickson, ein neunzehnjähriger Arbeiter, mit einem Holzkasten davon, der lediglich ein Stück Leinwand und fünf Bücher enthielt. James Grace, elf Jahre alt, nahm neun Meter Band und ein Paar Seidenstrümpfe, und William Francis entwendete einem Londoner Herrn ein Buch über die Zustände auf der Karibikinsel Tobago. Der fünfzehnjährige John Wisehammer riß ein Päckchen Schnupftabak von der Theke eines Apothekers in Gloucester. Einer wie der andere wurden sie auf sieben Jahre deportiert.

Selbstverständlich gab es minder unbedeutende Straftaten. So wurde John Nicolls, ein Bartscherer-Gehilfe, zu sieben Jahren Deportation verurteilt, weil er sich aus den Vorräten seines Meisters Waren im Wert von £ 14 9 s. 6 d. angeeignet hatte, genug, um sich in seinem Beruf selbständig zu machen: siebenundfünfzig Rasiermesser, zweiundsechzig Elfenbeinkämme, sechs Strang Menschenhaar, Seife, Perückenbänder, Pomade, Scheren, Haarnetze und

-puder. Ein umherziehender Uhrmacher überfiel einen Kollegen und stahl ihm ein Dutzend silberne Uhrgehäuse, ein anderer brachte eine Vielzahl von Uhrenteilen an sich, darunter hundertfünfundachtzig vollständige Uhrwerke, aber auch Federgehäuse, Unruhewellen, Schnecken, Schwungstifte und Vorstecker.

Keine dieser Taten war, als sie begangen wurden, etwas Ungewöhnliches, sie alle waren bloße Tropfen des im 18. Jahrhundert immer stärker anschwellenden »Verbrechensstroms«. Die einzige Ausnahme war Thomas Gearing, der 1786 in Oxford kurzfristig für eine Sensation gesorgt hatte, als er bei einem Einbruch in die Kirche des Magdalenen-College Altarsilber gestohlen hatte. Dies Sakrileg brachte ihm eine Verurteilung zum Tode ein; er wurde begnadigt und lebenslänglich deportiert.

Besondere Strenge ließen Richter gegen Diebe walten, die ihren Absichten mit Gewalttaten oder Drohungen Nachdruck verliehen. Thomas Josephs, der 1782 auf einer Londoner Straße einer verheirateten Frau »Angst eingejagt« und ihr ein Taschentuch im Wert von zwei Shilling gestohlen hatte, wurde zum Tode verurteilt. Nach fünf Jahren im Gefängnis brachte man ihn auf die *Scarborough,* damit er der Krone in Neusüdwales sieben Jahre diente.

Der Beauchamp-Ausschuß hatte darauf gedrängt, daß die neue Kolonie aus »jungen Sträflingen« bestehen sollte. Dieser Hinweis wurde befolgt, und so betrug das Durchschnittsalter der Deportierten etwa 27 Jahre. Die Altersverteilung sah bei beiden Geschlechtern annähernd gleich aus:

Alter (Jahre)	*Männer*	*Frauen*
unter 15	3	2
16–25	68	58
26–35	51	50
36–45	11	6
46–55	4	3
über 56	3	3
Gesamtzahl der Sträflinge, deren Alter bekannt ist	140	122

Der älteste weibliche Sträfling an Bord war Dorothy Handland, eine Lumpen- und Altkleiderhändlerin von zweiundachtzig Jahren. Sie war wegen Meineides zu sieben Jahren verurteilt worden und erhängte sich 1789 an der Bucht von Sydney in einem Anfall von verwirrter Verzweiflung an einem Eukalyptusbaum; der erste aus Australien bekannt gewordene Selbstmord. Der älteste männliche Sträfling war Joseph Owen aus der Grafschaft Shropshire, zwischen sechzig und sechsundsechzig Jahren, der jüngste ein neun Jahre alter Schornsteinfeger namens John Hudson. Er hatte einige Kleidungsstücke und eine Pistole an sich gebracht. »Gern möchte man, sofern das möglich wäre«, heißt der Kommentar des Richters zu seinem Fall, »einen solchen Jungen vor dem Untergang bewahren, denn er wird lediglich zu derselben Art Leben zurückkehren, das er vorher geführt hat.« Auch der kleine John Hudson wurde für sieben Jahre nach Australien geschickt. Das jüngste Mädchen war die dreizehnjährige Holzschuhmacherin Elizabeth Hayward, die ein Leinengewand und eine Seidenhaube im Wert von sieben Shilling gestohlen hatte.

Zwar fanden sich unter den Sträflingen der Ersten Flotte Angehörige aller möglichen auf dem Lande und in der Stadt üblichen Berufe – doch beweist das nicht ihre Eignung als Pioniere. Wir besitzen Angaben über die Art der Tätigkeit von 190 Männern und 125 Frauen. 24 der Männer (12 Prozent) wurden als beschäftigungslos bezeichnet. Die größte Berufsgruppe waren einfache Arbeiter, meist Landarbeiter – 84 Männer (44 Prozent der Gesamtzahl). Die nächsten Berufsgruppen waren – wie die Statistik ausweist – deutlich weniger vertreten:

Beruf	*Zahl der Personen*
Seeleute	8
Zimmerleute, Schiffszimmerer und Tischler	6
Schuhmacher	5
Weber	5
Binnenschiffer und Fährleute	4
Elfenbeindreher	3
Ziegelmacher	2
Maurer und Steinmetzen	2
Sonstige	47

Zu den »Sonstigen« gehörten drei Haushaltsangestellte, je zwei Lederhosenmacher, Schneider und Metzger sowie je ein Juwelier, Bäcker, Seidenfärber und Fischer. Von den drei Frauen waren vierzehn (11 Prozent) »ohne Beschäftigung«. Einige davon, wenn nicht die meisten, mögen Prostituierte gewesen sein, über die Hälfte waren Haushaltshilfen, die übrigen Hut- und Putzmacherinnen, Austernverkäuferinnen oder Handschuhmacherinnen. Die von ihnen ausgeübten Berufe spiegelten die – meist recht untergeordnete – Art der Tätigkeit wider, die man Frauen im 18. Jahrhundert in England zu geben pflegte.

So also sah die buntgemischte Fracht dieser Arche Noah des Kleinverbrechens aus, und trotz der Vielzahl der in ihr vertretenen Berufe war sie denkbar schlecht für die Aufgabe ausgewählt, Neusüdwales zu kolonisieren.

Mit Ausnahme des Lebensalters hatten die Behörden keinerlei Auswahlkriterien angewendet, und dies eine auch nicht durchgehend. Keinem Handwerk wurde der Vorzug gegeben, und so kam es, daß für eine Kolonie, die auf unbekanntem Boden ihre eigene Ernte einbringen sollte, nur ein einziger Gärtner zur Verfügung stand, ein unerfahrener junger Mann von zwanzig Jahren. Die Menschen würden tonnenweise Fisch brauchen, es gab nur einen einzigen Fischer. Die Kolonie würde mit zwei Ziegelmachern, zwei Maurern und einem Steinmetzen für all die zu bauenden Häuser auskommen müssen, es waren keine Sägearbeiter an Bord und lediglich sechs Zimmerleute. Als Beweis dafür, wie gleichgültig die Regierung der Aussicht gegenüberstand, aus einer Kolonie »strategischen« Nutzen zu ziehen, mag dienen, daß kein einziger Flachshechler oder Leineweber unter den Sträflingen war. Diese mangelnde Vorausplanung bei ihrer Auswahl war kennzeichnend für das ganze Verfahren und einer der Punkte, auf die Kapitän Arthur Phillip keinerlei Einfluß hatte.

Und noch eine Kategorie von Straftätern war in der Ersten Flotte nicht vertreten: Diejenigen, die ihr Unwesen erfolgreich betrieben, ohne von den Behörden belangt zu werden – weil man ihnen eine Straftat nicht nachweisen konnte. Darauf weist eine wenige Jahre später (1790) entstandene bissige Ballade mit dem Titel *Botany Bay* hin, die in ihrem Kehrreim sarkastisch dazu auffordert, all jene nach Australien zu schicken, die unter dem Deckmantel des biederen Bürgers ungestraft weit Schlimmeres taten als das, wofür man die Sträflinge deportiert hatte.

Im März 1787, zwei Monate vor dem für die Abreise festgesetzten Termin, brach auf den vor Portsmouth ankernden Schiffen Typhus aus. Bis zum 15. April waren elf der Gefangenen auf der *Alexander* gestorben, die übrigen wurden rasch ausgeschifft. Seesoldaten räucherten das Schiff aus, schrubbten es gründlich mit Kreosot (dem Allzweck-Desinfektions- und Insektenvertilgungsmittel der Marine) und bearbeiteten Decken, Wände und Böden der Räume, in denen sich die Sträflinge aufgehalten hatten, mit ungelöschtem Kalk. Trotzdem starben noch weitere fünf Männer, bevor das Schiff auslief. Auf der *Lady Penrhyn* erlag ein weiblicher Sträfling dem »Gefängnisfieber«, doch glücklicherweise griff die Krankheit nicht auf die ganze Flotte über.

Durch diese Typhusfälle angeregt, brodelte die Gerüchteküche an Land über. Die Expedition zur Botany Bay hatte die Neugier der Öffentlichkeit von dem Augenblick an erregt, da sie bekanntgegeben worden war; Verfasser von Flugschriften hatten sie verhöhnt, andere sie entschlossen verteidigt. »Was soll diese Bestrafung bewirken?« rief Alexander Dalrymple aus, der Vertreter der Ostindischen Kompanie, der die Strafkolonien in der Südsee scharf verurteilte:

»Die Verbrecher sollen nicht *zum Nutzen anderer* wie weiland in Amerika in *Knechtschaft* leben, sondern als eigene Herren in einem angenehmen Klima, wo sie *jede Behaglichkeit* haben und *alles erreichen können*, was sie wollen. Auch wenn es zu weit gehen mag, anzunehmen, daß sich *Männer dadurch verlocken lassen, um eines künftigen Wohllebens willen straffällig zu werden*, kann es sie doch gewißlich nicht von Raub und Diebstahl *abhalten*, wenn sie wissen, daß sie im Fall ihrer Entdeckung und Verurteilung auf Kosten der Allgemeinheit in ein angenehmes Land mit freundlichem Klima geschickt werden, wo sie als ihre *eigenen Herren* leben können!«

In ähnlicher Weise, nur spöttischer, hatten volkstümliche Balladen das Arkadien des Südens beschrieben, in das die glücklichen Verbrecher aufbrachen, weit wärmer und zehnmal größer als Großbritannien, ein Land, wo es weder Tod noch Steuern gab.

»Laßt uns auf das Wohl der Planer da oben trinken, die es endlich durchgesetzt haben, daß aus diesem Land die Diebe, Räuber und Halunken verschwinden, sie schicken sie fort, daß sie ein neues Volk in Botany Bay werden. Manche sagen, sie haben Talent und Fähigkeiten, ihr Brot zu verdienen, aber sie fallen der Gesellschaft zur Last, alles, was sie bekommen, geben sie aus, sie machen die Nacht zum Tag, nun, dieses Kroppzeug soll jetzt nach Botany Bay geschickt werden.
Da gibt's gepuderte Laffen und eitle Schwule, die mit wenig Geld große Läden aufmachten, sie machten Schulden, die sie nie bezahlen wollten, alle sollen nach Botany Bay geschickt werden. Da sind die nächtlich Huren, die die Straßen bevölkern, die jeden Mann ansprechen, den sie treffen, sie sind so eine Plage geworden, daß ohne viel Verzögerung diese Jugendverderberinnen nach Botany Bay geschickt werden sollen.
Da sind die Monosolisten, die immer größere Geschäfte machen, durch übelste Unterdrückung und Ausquetschung der Armen, da sind Metzger und Bauern, die immer reicher werden, all diese Gauner sollen nach Botany Bay.
Ihr verdorbenen Zuhälter, die mit schlimmen Methoden zarte Jungfrauen ruinieren und den Eltern das Herz brechen, oder dem liebenden Ehemann die Frau auf Abwege führen – solche verkommenen Kerle sollen nach Botany Bay.
Da sind Huren, Strichjungen und Bastarde, ein großer, teurer Verein, die vom Schweiß der ehrlich Arbeitenden leben, sie sollen keine Unterstützung, keine Wohnung keinen Unterhalt erhalten, sie sollen alle nach Botany Bay.
In den Gefängnissen und Kerkern sind einige 1000, aber draußen laufen noch 10 000 mehr frei herum, die von Betrug, üblen Tricks und falschem Spiel leben, alle sollen nach Botany Bay.

Wenn jemand Anstoß darin nimmt, was ich schrieb, oder einen Hut findet, der ihm paßt, dem sag ich nur eines, er kann ihn gerne in Botany Bay tragen.«

Ein Theaterproduzent gab eine Oper mit dem Titel *Botany Bay* in Auftrag, die im April im Royal Circus Premiere hatte und am Abend vor dem Auslaufen der Flotte abgesetzt wurde.

Daß die Zeitungen den Typhusausbruch hochspielten, bewirkte zumindest ein Gutes: Endlich wurde der Schiffsausrüster Duncan Campbell gezwungen, das Frischfleisch und das Gemüse zu liefern, das Phillip für Sträflinge wie Seesoldaten verlangt hatte. Letztere beklagten sich auch, daß man ihnen in Neusüdwales keinen Schnaps geben werde, »ohne den man von uns nicht erwarten kann, daß wir die Mühsal überstehen« – und drei Tage später sagte ihnen Nepean für drei Jahre Rum und Wein zu. Frauenkleider waren ebensowenig eingetroffen wie die Handfeuerwaffen für die Seesoldaten. »Weder haben wir Musketenkugeln noch Papier für Hülsen, auch mangelt es uns an Waffenmacherwerkzeug«, beklagte sich Phillip – ein Tatbestand, der während der gesamten Reise über den Atlantik streng geheimgehalten werden mußte, wäre doch sonst eine Meuterei der Sträflinge zu befürchten gewesen.

Trotz aller Widerwärtigkeiten befahl Phillip am 12. Mai seinem Flaggschiff *Sirius*, den Anker zu lichten. Die Signalflaggen wurden aufgezogen, doch nichts geschah: Die Seeleute auf einigen der Transportschiffe weigerten sich standhaft, in die Rahen zu gehen. Es erwies sich, daß sie – als Besatzung gecharterter Handelsschiffe unterstanden sie dem militärischen Kommando nicht – gegen die Schiffseigner streikten, die ihnen seit sieben Monaten keine Heuer gezahlt hatten. Diese hofften, geizig, wie sie alle miteinander waren, sie könnten ihre Besatzungen zwingen, was sie zum Leben brauchten, während der langen Überfahrt auf Kredit zu überhöhten Preisen aus den Schiffsvorräten zu kaufen – die Seeleute hingegen wollten sich verständlicherweise noch in Portsmouth mit allem Erforderlichen gegen Barzahlung billiger und besser selbst versehen. Die Angelegenheit wurde mehr oder weniger beigelegt, und so stach um drei Uhr nachts am Sonntag, dem 13. Mai, bevor sich der erste graue Morgenstrahl gezeigt hatte, die Erste Flotte mit Kurs Teneriffa in See.

6

Auf dieser ersten Etappe verhielten sich die Sträflinge »fügsam, anstellig und bescheiden«, schrieb Watkin Tench erleichtert. Man hatte sie in aller Schärfe darauf hingewiesen, daß man »jeden Versuch zu entkommen sofort mit dem Tode bestrafen« würde. Allerdings war der Gedanke an Flucht abwegig, denn man hatte die Leute nicht nur angekettet, sie waren auch jämmerlich seekrank.

In den langen Wochen des Wartens vor Portsmouth hatten diejenigen unter ihnen, die lesen und schreiben konnten, Briefe an ihre Angehörigen und Freunde verfaßt, und Tench war die »ermüdende und unangenehme« Aufgabe des Zensors zugefallen. »Beständig schreiben sie über ihre Sorge«, berichtet er, »daß sie wohl nie wieder heimkehren würden, über ihre Furcht vor einer schlechten Überfahrt und über die entsetzlichen Aussichten auf ein fernes und barbarisches Land.« Er tat ihre Klagen ab und erklärte, damit wollten sie »gewißlich Mitleid erwecken«.

Diese Einschätzung war wohl ungerecht. Keiner der Sträflinge, vor denen eine schreckliche Leere aus Raum und Zeit gähnte, konnte eine Vorstellung davon haben, wie es am Ziel ihrer Reise aussah, der längsten, die je eine so große Anzahl Menschen unternommen hatte. Wäre das Ziel der Mond gewesen, das Gefühl der Verlorenheit, Entwurzelung und Angst hätte kaum schlimmer sein können – zumindest konnte man den Mond von England aus sehen, was sich über »die Bucht« nicht sagen ließ.

Natürlich waren die Sträflinge nicht die einzigen, die ihr Leben zerschnitten fühlten. Während die kleine Flotte absegelte, begann ein noch nicht lange verheirateter junger Sekonde-Offizier sein Tagebuch:

»Fünf Uhr morgens. Die *Sirius* hat der ganzen Flotte das Signal zum Aufbruch gegeben. Gib, gütiger Gott, daß wir auf unserem Weg durch den Kanal Plymouth oder Torbay anlaufen, damit ich meine liebe und zärtliche Alicia und unser Söhnchen sehen kann, bevor ich sie zu dieser langen Reise verlasse. O allmächtiger Gott, hör mein Gebet und gewähre mir diese Bitte. Was mich heute so glücklich macht, ist die Hoffnung, wir möchten Plymouth anlaufen. Oh, still mein Herz, damit du dich nicht enttäuscht siehst, was, wie ich zu Gott hoffe, nicht geschehen möge.«

Doch die Flotte segelte an Plymouth vorbei, und in Ralph Clarks Tagebuch findet sich unter dem 14. Mai der gequälte Aufschrei: »O mein Gott, alle Hoffnungen sind dahin, meine geliebte Frau und mein zärtlich geliebtes Söhnchen zu sehen.«

Bis Teneriffa gab es so gut wie keine Zwischenfälle. Das Wetter war gut, und als die Schiffe außer Landsicht waren, durften sich die Sträflinge an Deck etwas Bewegung verschaffen. Am 3. Juni ging die Flotte im Hafen von Santa Cruz de Tenerife vor Anker, am Fuß des hohen, kegelförmigen Berges.

Offiziere und Besatzung konnten sich eine Woche lang an Land die Beine vertreten, während die Schiffe Frischwasser, Kürbisse, Zwiebeln, teures Fleisch und Kanarenwein an Bord nahmen. Der Gouverneur der Kanarischen Inseln bewirtete Phillip mit zwanzig seiner Offiziere aufs zuvorkommendste.

Eines Abends entkam ein Sträfling namens John Power von der *Alexander*, indem er an ihrem Ankertau hinabglitt. Er schwamm, ohne Aufsehen zu erregen, zum Heck, stieg in ein kleines Beiboot, zerschnitt dessen Fangleine und ließ sich mit der Strömung über die Bucht zu einem holländischen Ostindienfahrer treiben. Da ihn dessen Besatzung nicht an Bord ließ, ruderte Power zu einer kleinen Insel in Lee der Flotte, wo er das Boot ans Ufer zog und die Nacht über ruhte (er wollte die dreißig Seemeilen zur Hauptinsel Gran Canaria rudern). Am nächsten Morgen fand ihn ein Suchtrupp. Das blieb der einzige Fluchtversuch, und am 10. Juni setzte die Flotte Segel nach Rio de Janeiro.

Auf den ersten Blick wirkt die von Phillip gewählte Route wie ein sonderbarer Umweg: Warum zweimal den Atlantik überqueren, um nach Australien zu gelangen? Tatsächlich nutzte er damit, daß er von Portsmouth über die Kanarischen Inseln und Rio zum Kap der Guten Hoffnung segelte, die vorherrschenden Winde und Strömungen am besten aus. Ein Schiff konnte sich vom Kanaranstrom und dem Nordpassat nach Südsüdwesten bis zu den Kapverdischen Inseln schieben lassen und von dort südwärts segeln, bis es, wo sich der Atlantik verengt, den Kalmengürtel um den Äquator erreichte. Hatte es diese Zone der Windstille und flauen Winde hinter sich, konnte es mit Hilfe des südwärts strebenden Brasilstroms und des Südostpassats nach Rio und von dort aus weiter nach Süden bis in die Zone der um den 30. Breitengrad einsetzenden Westwinddrift gelangen. Von da aus war es ein leichtes, vor dem Wind stracks nach Kapstadt zu segeln.

Am 18. Juni erreichte die Flotte die Höhe der Kapverdischen Inseln, doch verhinderten widrige Winde, daß sie in Port Praia auf São Tiago ankerte, und so segelten sie weiter. Südlich des Wendekreises wurde es unerträglich heiß und feucht, und ganze Scharen von Ungeziefer kamen aus dem Holz der Schiffe und aus den Bilgen – Ratten, Wanzen, Läuse, Schaben und Flöhe. Sie quälten Offiziere wie Sträflinge, und jeder wehrte sich seiner Haut, so gut er konnte. Man entzündete Schwarzpulver, machte Feuer zwischen den Decks und sparte nicht mit Teeröl.

Die Bilgen aller Schiffe stanken erbärmlich. Selbst wessen Eingeweide sich schon einmal beim Geruch dessen umgedreht haben, was auf See aus einer Bootstoilette dringt, kann sich kaum vorstellen, welch bestialischer Gestank einer Schiffsbilge im 18. Jahrhundert entströmte: In ihr mischte sich Seewasser mit Urin, Erbrochenem, Dung, verrottenden Nahrungsmitteln, toten Ratten und hundert anderen Giften des großen Zeitalters der Seefahrt. Auf der *Alexander* erkrankte eine ganze Anzahl von Sträflingen an den Auswirkungen der aus der Bilge hochschwappenden Abwässer,

> »die auf die eine oder andere Weise eine so große Höhe erreicht hatten, daß die Wände der Kabine und die Gesäßknöpfe an den Uniformröcken der Offiziere davon nahezu schwarz gefärbt waren. Als man die Lukendeckel

abnahm, stieg ein so machtvoller Gestank auf, daß es kaum möglich war, über den Luken stehenzubleiben.«

Bei Einsetzen der tropischen Regenstürme konnten die Sträflinge – die über keine trockene Kleidung zum Wechseln verfügten – nicht an Deck, um sich Bewegung zu verschaffen. Die Zustände in den dampfenden, stinkenden Gelassen unter den verschalkten Lukendeckeln war grauenhaft. »Es war jetzt so unmäßig heiß«, notierte John White, Arzt auf der *Charlotte*, »daß die weiblichen Sträflinge häufig in Ohnmacht fielen, und diese Ohnmachten endeten gewöhnlich mit Anfällen.« Nachts wurden ihre sexuellen Spannungen so stark, daß White verblüfft schrieb:

> »Trotz der aufreibenden Wirkung der atmosphärischen Wärme war die ihres Leibes oder die Qual ihres Herzens so groß, daß man die Luken nachts nicht offenlassen durfte, ohne daß es sogleich zwischen ihnen und den Seeleuten kunterbunt durcheinander und unterschiedslos zu geschlechtlichen Beziehungen kam. Das Begehren der Frauen, mit den Männern zusammenzusein, war so unbeherrschbar, daß weder Scham (derer sie auch in der Tat schon lange verlustig gegangen waren) noch die Furcht vor Strafen sie davon abhalten konnten, durch die Schotten hindurch zu den Unterkünften der Seeleute zu gelangen.«

Das klingt, als sei es zugegangen wie im Tollhaus, und so verhielt es sich wahrscheinlich auch. Die Besatzungen der vier Frauen-Transportschiffe – *Charlotte, Lady Penrhyn, Prince of Wales* und *Friendship* – konnten sich die Gunst einer Frau mit Wein aus ihrer Tagesration erkaufen, was dazu führte, daß die Betrunkenheit einiger weiblicher Sträflinge für Captain Phillip eine zusätzliche Belastung wurde.

Frauen, die sich der Disziplin nicht fügten, wurden in Eisen gelegt und bisweilen ausgepeitscht. Eine Gefangene auf der *Friendship*, Elizabeth Dudgeon (sieben Jahre wegen Diebstahls von 9 £ 19 s. 6 d. in London), erwies sich als besonders widerspenstig. Sie verbrachte die ersten neun Tage der Etappe von Teneriffa nach Rio angekettet, weil sie sich geprügelt hatte, und kaum hatte man ihr die Eisen abgenommen, fand man sie bei einem Zechgelage in der Unterkunft der Besatzung. Sogleich kam sie wieder in Eisen, dennoch beschimpfte sie einige Tage später einen Wachoffizier. Kapitän James Meredith ließ sie mit den Händen an ein Gitter hängen und auspeitschen, was Leutnant Ralph Clark offensichtlich gefiel: »Der Korporal drosch ordentlich auf sie ein, was ich sehr gern gesehen habe. Sie hat es schon lange darauf angelegt, und jetzt hat sie endlich, was sie wollte.«

Als die Flotte die Kalmen erreichte, kürzte Phillip die Wasserration auf etwa eineinhalb Liter pro Tag. Mitte Juli kamen die Schiffe unter den Einfluß des Südostpassats, die Segel blähten sich, und es ging weiter nach Rio, wo die ganze Flotte am 5. August festmachte.

Dort blieb sie einen vollen Monat. Es gab viel zu tun: Die Schiffe mußten Wasser an Bord nehmen und gesäubert werden, Vorräte waren einzukaufen und Reparaturen auszuführen. Seit dem Auslaufen aus Portsmouth waren 16 Menschen gestorben, und 81 standen auf der Krankenliste. Nach den Maßstäben des 18. Jahrhunderts hätte es allerdings weit schlimmer sein können.

Phillip kümmerte sich um die Vorräte. Er konnte zwar auch in Rio nicht das Zubehör für seine Handfeuerwaffen bekommen – die portugiesischen Büchsenmacherwerkzeuge paßten nicht auf englische Waffen –, aber er erwarb vom Arsenal 10 000 Musketenkugeln. Die Kleidung der weiblichen Sträflinge zerfiel bereits, und um sie zu ersetzen, kaufte Phillip, sparsam wie er war, hundert Säcke Tapioka (das notfalls als Ersatz für Mehl dienen konnte). Der kräftige Rupfen der Säcke sollte »später die Frauen kleiden, von denen viele bereits nahezu nackt sind«. Gleichfalls kaufte er Saatgut und Rindfleisch, das im Unterschied zu dem auf den Kanaren an Bord genommenen ausgezeichnet war, außerdem das ortsübliche Feuerwasser oder *aquardiente*, von dem das genaue Gegenteil gesagt werden mußte. »Daß die Brasilianer die Kunst, trinkbaren Rum herzustellen, nicht gelernt haben«, notierte Watkin Tench trübsinnig, nachdem er wohl mehrfach einen schweren Kopf gehabt hatte, »davon können die englischen Soldaten in Neusüdwales Zeugnis ablegen.«

Der Vizekönig, den Phillip aus seiner Zeit als Söldner im Dienste Portugals kannte, bewirtete ihn und seine Männer großzügig und gestattete ihnen, sich ohne Begleitung aufzuhalten, wo sie wollten. Zufrieden schlenderten sie umher, bewunderten Aras und Tukane, stopften sich mit Limonen, Limetten und Apfelsinen voll und verschlangen mit den Augen die überaus ansehnlichen Frauen von Rio, deren langes Haar, wenn sie barfuß gingen, bis dicht über dem Boden reichte.

Natürlich sahen die Sträflinge von alldem nichts, sie wurden unter Deck gehalten. Einige von ihnen hatten sich auf der langen Überquerung des Atlantiks wieder auf ihre früheren Fertigkeiten besonnen. John White stellte fest, daß ein Sträfling Thomas Barrett »mit großem Einfallsreichtum« einen Fälscherring ins Leben gerufen hatte, der aus alten Gürtelschnallen und Zinnlöffeln Vierteldollarstücke herstellte:

> »Prägung, Rändelung und Aussehen insgesamt waren so unvorstellbar gut, daß die Fälschung, wäre das Metall etwas besser gewesen, meiner Überzeugung nach unentdeckt geblieben wäre. Wie sie das anstellen konnten, entzieht sich meiner Kenntnis, da man sie nie in die Nähe eines Feuers gelassen hat und ständig eine Wache über ihrer Luke stand, die es unmöglich machte, daß entweder Feuer oder geschmolzenes Metall in ihre Gelasse kam. Außerdem

sind je kaum zehn Minuten vergangen, ohne daß sich ein Offizier zu ihnen hinab begab. Mithin erfüllt mich die Geschicklichkeit, mit der sie zu Werke gegangen sein müssen, um eine so komplizierte Aufgabe zu erledigen, mit einer hohen Meinung von ihrem Einfallsreichtum, ihrer Vorsicht, Geschicklichkeit und Kunstfertigkeit.«

Barrett kam mit einer leichten Strafe davon, doch James Baker, ein Angehöriger der Kriegsmarine, der versucht hatte, an Land eine der gefälschten Münzen in Verkehr zu bringen, wurde mit 200 Peitschenhieben bestraft. In der Regel waren die Auspeitschungen der Matrosen weit schlimmer als alles, was den Sträflingen zugedacht wurde. Diese Ungleichheit in der Bestrafung sollte sich später zwischen Matrosen und Sträflingen als Quelle ständiger Reibereien erweisen.

Andere Spannungen zeigten sich schon bald, nachdem die Flotte am 3. September Rio verlassen hatte, um vor dem Westwind nach Kapstadt zu segeln. In den beengten Räumlichkeiten eines Schiffes wachsen sich kleine Ärgernisse rasch zu einem richtigen Streit aus. Einige der Offiziere begannen zu trinken und verfluchten den Brummschädel, den sie von dem brasilianischen Fusel bekamen. Zum Glück aber erreichte die Flotte nach rascher Überfahrt Mitte Oktober Kapstadt an der Spitze Afrikas.

Sie blieb einen Monat. In erster Linie ging es darum, Pflanzen, Saatgut und lebende Tiere für die Kolonie in Neusüdwales an Bord zu nehmen. Dieser Aufgabe unterzog sich Phillip und feilschte erbittert mit den phlegmatischen niederländischen Händlern. Er versuchte auch, die Sträflinge für die letzte und schwierigste Etappe zu Kräften kommen zu lassen, indem er ihnen täglich frisches Rind- und Schaffleisch sowie weiches Brot und soviel Gemüse vorsetzte, wie sie essen konnten. Seinen Offizieren war Kapstadt verhaßt – wegen der Holländer, der »Kaffern«, der Hitze und des Staubes. Dennoch war es der letzte zivilisierte Ort, der äußerste Vorposten anerkannter europäischer Werte, den die Männer und Frauen der Ersten Flotte auf Jahre hinaus sehen würden, und dieser Gedanke muß ihnen schwer zu schaffen gemacht haben, als sich schließlich die Ankerspille zu drehen begannen und die Leinen naß durch die Klüsen stiegen. Hier war das Ende »Europas«, vor ihnen erstreckte sich die furchteinflößende, einsame Weite des Indischen Ozeans und des Südmeeres, und dahinter lag nichts, was sie sich vorstellen konnten.

Der heutige Flugreisende, der von seinem Sessel aus zehn Kilometern Höhe auf die Dünung des Meeres hinabblickt, hat keine Vorstellung von der abweisenden Großartigkeit des Ozeans, in den sich die Erste Flotte nunmehr begab. Seine Wellen sind die größten aller Weltmeere, und vom Deck eines Schiffs aus wirken sie überwältigend: Sie türmen sich mit den schaumbekrönten Häuptern parallel zu den Salings des Seglers zu indigofarbenen Hügeln wie Malachitglas auf, die

Bänder durchscheinenden, weißen Wassers durchziehen. Der unaufhörliche Rhythmus, mit dem sie vorbeiziehen, prägt sich dem Gehirn unauslöschlich ein, erfüllt es zuerst mit Furcht und später mit dumpfer Wiederholung.

Gegen diese Wellenberge und -täler mußten sich die Transportschiffe abmühen. Sie waren schwer mit neuen Vorräten beladen, unter ihnen an die 500 Tiere, die in ihren improvisierten Pferchen muhten, glucksten und blökten. Die Unterkünfte der Sträflinge waren beengter denn je, weil man Platz für die Nutztiere der künftigen Kolonie (und deren Futter) hatte schaffen müssen – zwei afrikanische Bullen, drei Kühe, drei Pferde, 44 Schafe, 32 Schweine, allerlei Geflügel und weitere Tiere, die die Offiziere privat für sich an Bord gebracht hatten. Alle weiblichen Sträflinge waren von der *Friendship* heruntergekommen und auf die anderen drei Frauentransportschiffe verteilt worden; ihren Platz nahmen jetzt Schafe ein, nach Ralph Clarks Meinung »weit angenehmere Reisegefährten«. Arthur Bowes Smythe, der Arzt auf dem Frauenschiff *Lady Penrhyn*, empfand ebenso. »Ich glaube, man hat sich nur selten besser um Seeleute oder Soldaten gekümmert, die im Dienst der Regierung in ferne Länder gegangen sind, als um diese Sträflinge, wenn überhaupt so gut«, merkte er an, aber

> »ich wünschte, ich könnte ehrlich hinzufügen, daß ihr Verhalten eine so weitgehende Langmut verdiente – ich denke, daß ich ohne weiteres sagen kann, daß es nie und nirgendwo einen wüsteren Haufen von Menschen an einem Ort gegeben hat, als hier auf diesem Schiff. Die meisten von ihnen sind so vollständig allem Gefühl für Scham und gewöhnlichem Anstand gegenüber abgestumpft, daß es häufig unerläßlich ist, sie zu züchtigen. Jeder Tag liefert Beweise für ihre Verworfenheit – und ich halte es in ihrer gegenwärtigen Lage nicht für möglich, sie dazu zu bringen, daß sie sich wie vernünftige oder gar menschliche Wesen aufführen. Ihre unvergleichliche Scheinheiligkeit wird höchstens noch von ihrem niederträchtigen Undank übertroffen.«

Während die Schiffe weiter bis südlich des 40. Breitengrades dahinglitten und vorbei an der Südküste Australiens Vandiemensland entgegenstrebten, blieben die Winde günstig, aber das Wetter war fortwährend »finster, naß und trüb«. Tölpel und Seeschwalben umkreisten die Schiffe, Wale wurden gesichtet, und oft tauchte wie aus dem Nichts, Weiß auf Weiß, das »Kapschaf« auf, der Albatros, und umflog lautlos mit seinen Flügeln von vier Meter Spannweite die aufragenden Masten, bevor er wieder verschwand. Wellen brachen sich grün über den Decks, schleuderten Tonnen eiskalten Wassers die Niedergänge hinab und trieben damit die Matrosen wie die vor Kälte zitternden Sträflinge aus ihren Kojen.

Als die Flotte am 10. Januar 1778 um Vandiemensland herum den Kurs nordwärts richtete, geriet sie in einen heftigen Gewittersturm, der die Toppsegel der *Golden Grove* zerfetzte und die Großrah der *Prince of Wales* mit sich riß. Die Frauen an Bord der *Lady Penrhyn* »waren so verängstigt, daß die meisten auf die Knie fielen und beteten – doch weniger als eine Stunde nachdem sich der Sturm gelegt hatte, hörte man wieder die abscheulichsten Flüche und Beschimpfungen, wie sie aus den Mündern so verworfener Huren, wie sie sind, nur kommen können«.

Angesicht einer Beobachtung, die er machte, begriff der Arzt John White an Bord der *Charlotte*, wie weit sie sich schon aus der Einflußzone Europas entfernt hatten. Schwärme »großer Meeresvögel« umflogen das Schiff, und die Matrosen machten sich ein Vergnügen daraus, auf sie zu feuern; doch die Vögel zeigten sich nicht beunruhigt, »weder über den Hall der Schüsse noch über die Kugeln. Sie hatten noch nie Bekanntschaft mit Feuerwaffen gemacht.«

Am Abend des 19. Januar kam die Küste des australischen Kontinents in Sicht, und um zehn Uhr am nächsten Vormittag lag die ganze Flotte in Botany Bay vor Anker. »Alle Schiffe sicher in ihrem Bestimmungshafen zu sehen«, schrieb White mit bemerkenswerter Zurückhaltung, »ohne daß sie auch nur eine Stunde voneinander getrennt waren, und alle Menschen in so guter Verfassung, wie man nach einer so langen Seereise erwarten oder hoffen konnte, war ein wahrhaft erfreulicher Anblick, bei dem jedem das Herz im Leibe lachen mußte.«

Es war eine der großen Seereisen in der englischen Geschichte gewesen. Ein Niemand in mittleren Jahren, Kapitän Arthur Phillip, hatte die Flotte in 252 Tagen über mehr als 15 000 Seemeilen gebracht, ohne ein Schiff zu verlieren. Insgesamt 48 Menschen waren ums Leben gekommen – vierzig Sträflinge, fünf ihrer Kinder, die Ehefrau eines der für die Garnison vorgesehenen Soldaten, das Kind eines dieser Männer und ein Soldat. Angesichts der Reisestrapazen und der unzulänglichen medizinischen Kenntnisse jener Zeit, der Lebensbedingungen auf den viel zu vollen Schiffen und der fehlenden Mittel gegen Skorbut, der unzulänglichen Planung und der schlechten Ausrüstung war das eine sehr geringe Quote – kaum mehr als drei Prozent.

Das Meer war ihnen gnädig gesinnt gewesen; jetzt mußten sie in einem ihnen völlig unbekannten Land überleben.

Kapitel IV

Hungerjahre

1

Phillip und seine Offiziere merkten bald, daß eine Ansiedlung an der Botany Bay nicht möglich war.

Nichts von dem, was man ihnen darüber gesagt hatte, stimmte, selbst die Angaben in Cooks Schiffstagebuch waren falsch. Sie hatten Grasland mit fettem, schwarzem Boden und weit auseinanderstehende Bäume erwartet, wo man Ackerbau treiben konnte, ohne Wälder roden zu müssen, reichlich Steine zum Hausbau und einen geschützten Ankerplatz. So hatte James Cook in seinem Logbuch unter dem 1. März 1770 die Bucht auch beschrieben. Allerdings war Joseph Banks bei der von ihm im August 1770 an Bord der *Endeavour* formulierten zusammenfassenden Darstellung der Küste von Neusüdwales skeptischer gewesen.

> »Man kann das Land öd nennen, und zwar in hohem Maße. Insgesamt steht der fruchtbare Boden in keinem Verhältnis zu dem von der Natur allem Anschein nach zu immerwährender Unfruchtbarkeit verurteilten. Wasser ist knapp, und an den beiden Stellen, an denen wir für das Schiff welches aufnahmen, geschah das aus Tümpeln, nicht aus Bächen. Man darf nicht erwarten, durch Ackerbau viel zum Unterhalt von Menschen beizutragen.«

Einige Seiten später schwächte er dies vernichtende Urteil ein wenig ab, indem er hinzufügte: »Im großen und ganzen möchten sich auf Neuholland . . . wohl Menschen, die das Unglück hätten, dort Schiffbruch zu erleiden, mit den Erzeugnissen des Landes und des Meeres am Leben erhalten können.«

Doch was Kapitän Phillip vom Deck seines Schiffes im grellweißen Licht des australischen Sommers aus sah, als es am Freitag, dem 18. Januar 1788, die Solanderspitze umrundete und in die Bucht einfuhr, war eine mit Gebüschen gesprenkelte ebene Heidefläche, auf der sich hier und da graugrüne Eukalyptusbäume erhoben. Die dürre Merkmalslosigkeit und Eintönigkeit der Landschaft paßte in keiner Weise zu Cooks Beschreibung. In der offenen und ungeschützten Bucht erzeugten die Brecher des Pazifiks eine heftige und fortdauernde Dünung; das Wasser war seicht und der Ankergrund schlecht.

Am Nachmittag brachte Phillip mit einigen Offizieren, unter ihnen Leutnant

Philip Gidley King, die Boote aus und machte sich auf die Suche nach Wasser. Es kam zu einer ersten zögernden Berührung mit den Aborigines, denen sie Glasperlen und Spiegel schenkten. King hatte den Eindruck, daß diese »zitternden« Wilden über das Aussehen der Ankömmlinge äußerst erstaunt waren. »Es läßt sich wohl sehr leicht ausmachen, wie lächerlich wir mit unserer Kleidung diesen armen Geschöpfen erscheinen müssen, die vollständig nackt sind.«

Im Lauf der nächsten Tage liefen die übrigen Schiffe der Flotte in die Bucht ein. Die Aborigines begannen, sich in größerer Zahl auf den felsbedeckten Landzungen und an den weißen Stränden zu versammeln. Als die *Sirius* die Solanderspitze umrundete, sah Kapitän John Hunter, wie sie ihre Speere schwangen, und hörte sie rufen: »*Warra warra!*« Diese Worte, die erste bekannte Aufforderung Schwarzer an Weiße in Australien, bedeuteten: »*Verschwindet!*«

Doch die Eindringlinge dachten nicht daran, sondern verließen in großer Zahl ihre Schiffe, stapften in ihren scharlachroten Uniformröcken umher und verfingen sich auf der Suche nach Wasser in Gebüsch und Zweigen. Beide Seiten tauschten Drohungen aus. Mit kehligen *Warra-warra*-Rufen warf einer der Ureinwohner »seinen Speer weit an uns vorbei, um zu zeigen, welche Reichweite er hatte«; er flog an die 35 Meter und blieb zitternd im Boden stecken. Ein anderer schleuderte den seinen geradewegs in die Menge, was ein Soldat mit einem Schreckschuß beantwortete, »woraufhin sie alle eilends davonliefen«.

Doch schon bald nahmen die Aborigines von Phillip Geschenke entgegen. Sie umschwärmten in Booten die Schiffe, zupften an den Kleidern der Weißen und stießen Rufe der Verblüffung und Freude aus, wenn jemand den Hut abnahm. Die allgemeine freundliche Stimmung war so,

> »daß die Schwarzen zu ihrem Genossen liefen, der den Speer in die Menge geschleudert hatte, und ihm mit Zeichen ihr Mißfallen über sein Verhalten kundtaten. Sie wiesen mit ihren Speeren auf ihn und sahen dann auf uns, so als warteten sie nur auf unseren Befehl, ihn zu töten. Wir jedoch gaben ihnen durch Zeichen zu verstehen, daß sie von ihm ablassen sollten, und schenkten dem Missetäter einige Glasperlen.«

Bald war der Vorrat an diesen Geschenken erschöpft, aber das gegenseitige »Beschnuppern« dauerte den ganzen Nachmittag an, denn immer mehr Stammesangehörige sammelten sich am Strand. King ließ zwei Aborigines Wein probieren, den sie ausspien. Man tauschte die Bezeichnungen von Gegenständen aus. Aber das große Rätsel für die Aborigines war das Geschlecht der Weißen. Sie machten sich so lange an den Hosen der Soldaten zu schaffen, bis schließlich King einem seiner Leute gebot, ihre Neugier zu befriedigen. Der verlegene Mann nestelte am Verschluß seiner Hose, und der erste weiße Penis wurde an einem australischen Strand gesichtet. »Ein allgemeiner Ruf der Bewunderung erhob sich«, schrieb King,

> »und sie wiesen zum Strand. Dort sahen wir eine Vielzahl von Frauen und jungen Mädchen mit kleinen Kindern auf den Schultern auftauchen – alle *in puris naturalibus,* nicht einmal ein Feigenblatt bedeckte ihre Blöße. Die unsere Boote umdrängenden Eingeborenen bedeuteten uns, wir sollten zu ihnen gehen, und gaben uns zu verstehen, daß wir uns ihrer Frauen bedienen konnten. Ich lehnte das jedoch ab.«

Statt dessen zog er sein Taschentuch hervor und band es einer der Frauen dort um, »wo Eva ihr Feigenblatt trug; danach ertönte ein weiterer lauter Schrei von den Eingeborenen«.

So lernten Schwarz und Weiß einander am Gestade der Botany Bay näher kennen. Zu Gewalttätigkeiten kam es nicht; die Sträflinge waren nach wie vor in den Transportschiffen unter Verschluß, und die Offiziere und Matrosen hatten von Gouverneur Phillip (diesen Titel hatte er mit der Landung in Neusüdwales automatisch erworben) strengen Befehl erhalten, die Eingeborenen in keiner Weise zu belästigen. Selbstverständlich konnte man niemandem befehlen, sie zu mögen. »Insgesamt ein Haufen äußerst dummer und dumpfer Wesen«, befand der Arzt Arthur Bowes Smyth, nachdem er sich über ihre »elenden Wigwams« und den ihnen entströmenden Fischgestank ausgelassen hatte.

Die Schwarzen wurden vor Neugier über die Weißen geradezu verzehrt. Einer verbrühte sich die Finger, als er einen Fisch aus einem Kochtopf am Ufer nehmen wollte, denn da sie Töpferei nicht kannten (von Eisengeschirr ganz zu schweigen), hatte er noch nie gesehen, wie Wasser in einem Gefäß zum Sieden gebracht wurde. Der Arzt White zeigte einer Gruppe Aborigines seine Pistole und durchschoß aus einer Entfernung von mehreren Schritten einen Rindenschild. Das rief Bestürzung hervor, und um die Wilden zu beruhigen, pfiff White ihnen die Melodie eines bekannten Liedes vor, die ihnen überaus zu gefallen schien, denn sogleich ahmten sie ihn mit großer Freude und Begeisterung nach.

Zwar war das alles schön und gut, doch war die Erste Flotte zunächst einmal gekommen, um eine Kolonie zu gründen. »Wenn wir uns hier ansiedeln müssen«, schrieb Leutnant Ralph Clark nach fünf Tagen in Botany Bay, »wird nach Ablauf eines Jahres keine Seele mehr am Leben sein.« Inzwischen war Phillip mit Hunter und einigen Soldaten aufgebrochen, um das einige Meilen weiter nördlich liegende Port Jackson zu erforschen. Cook hatte die Bucht, als er 1770 vorbeigesegelt war, gesehen und benannt, aber nicht erkundet. Der Trupp kehrte mit der Mitteilung zurück, jener Ort sei im Vergleich zu Botany Bay ein Paradies: ein natürlicher Hafen mit zahlreichen sich verzweigenden Armen, in denen Schiffe Zuflucht vor jedem Sturm finden konnten, mit viel Frischwasser und fruchtbarem Boden. Phillip gab der Flotte Befehl, erneut die Anker zu lichten.

Doch als die Schiffe am nächsten Morgen auslaufen wollten, strebten weit draußen am wolkenverhangenen Horizont zwei große und ganz offenkundig europäische Schiffe gegen eine steife Brise dem Ufer zu. Die Männer waren wie vom Donner gerührt. Sofern es sich um einen Zufall handelte, war das Zusammentreffen unglaublich, anderenfalls aber bedrohlich. Handelte es sich etwa um niederländische Kriegsschiffe, die ihre Flotte angreifen sollten? Am Abend verschwanden die fremden Schiffe, die nach wie vor vergeblich gegen den ablandigen Wind anzukreuzen versuchten, im Dunst, und am nächsten Morgen brach Phillip nach Port Jackson auf. Wer immer die Eindringlinge waren, er mußte den neuen Hafen vor ihnen erreichen – ihn einzubüßen würde das Scheitern der Gesamtexpedition bedeuten.

Eine kluge Erwägung, aber er hätte sich keine Sorgen zu machen brauchen. Die fremden Schiffe waren die *L'Astrolabe* und die *La Boussole* unter dem Kommando des Franzosen Jean-François de la Pérouse, der seit zweieinhalb Jahren von Brest aus den Pazifik erforschte. Er war vom Anblick der englischen Schiffe wohl ebenso verblüfft wie Phillip beim Anblick der seinen, aber er hatte in seinem Logbuch notiert: »So weit von zu Hause sind alle Europäer Landsleute.« Als er am Vormittag des 26. Januar in Botany Bay vor Anker ging, begrüßte ihn Hunter, der in größter Eile den Rest der Flotte nach Port Jackson zu verlegen suchte, recht herzlich und teilte ihm höflich mit, er könne ihm jede gewünschte Unterstützung zuteil werden lassen – soweit er nicht Lebensmittel, Vorräte, Segel, Munition oder dergleichen brauchte.

Nach dem Frühstück fuhr die *Sirius* der Flotte voraus. Ein leichter Südsüdost machte es den Schiffen so schwer, aus der Bucht zu gelangen, wie es für La Pérouse gewesen war, hineinzukommen. Bei dieser Gelegenheit boten die Engländer den Franzosen ein Schauspiel bemerkenswerter seemännischer Untüchtigkeit, denn die *Friendship* rammte die *Prince of Wales*, wobei sie ihren Klüverbaum einbüßte, die *Charlotte* lief fast auf die Felsen auf, kreuzte frei und donnerte in die *Friendship*, während es die *Lady Penrhyn* um ein Haar vermied, sie mitschiffs zu rammen. Aber um drei Uhr nachmittags hatten die Transportschiffe endlich Botany Bay hinter sich gelassen und arbeiteten sich nordwärts; als sich vier Stunden später allmählich der rötlichgraue Abendschein vom Horizont über dem Land erhob, umsegelten sie die Südspitze von Port Jackson und gingen auf Einlaufkurs in den Hafen, der bald den Namen Sydney Harbour bekam.

2

»Wir hatten die Genugtuung, den besten Hafen auf der Welt zu finden, in dem sich tausend Linienschiffe in größter Sicherheit aufhalten können.« Phillips geradezu jubilierende Worte an Lord Sydney lassen vermuten, daß er bereits über die Sträflingskolonie hinaus an den Tag dachte, da dieser natürliche Hafen ein vorgeschobener strategischer Posten Englands werden würde, Ausgangspunkt für die Beherrschung des Pazifiks. An ihrem Ankerplatz floß ein Bach in eine geschützte Bucht, in der Schiffe in tiefem Wasser dicht unter dem Land liegen konnten. Zu Ehren des Mannes, der sie ausgeschickt hatte, nannte Phillip diesen Arm Sydney Cove.

Rosablütige Eukalypten bewuchsen dicht seine Felsenufer, und Phillips staunte, wie sie in winzigen Felsspalten gediehen, aus dem kargsten Boden noch Nahrung zogen. Die Arbeitstruppen stolperten fluchend durch das Farnkraut, während sich, nach der langen Seereise nur natürlich, der Boden unter ihnen zu heben und zu senken schien. In den nächsten Tagen entstand allmählich eine Art militärischer Ordnung. »Jeder ging seiner Aufgabe nach«, berichtete Watkin Tench,

> »und die Szene hätte auf einen unbeteiligten Zuschauer gewiß äußerst malerisch und belustigend gewirkt. An einer Stelle fällte eine Gruppe Bäume, eine zweite errichtete eine Feldschmiede, eine dritte schleppte eine Ladung Steine oder Vorräte, hier schlug ein Offizier sein Zelt auf, während auf der einen Seite eine Abteilung exerzierte und auf der anderen Seite ein Koch sein Feuer anfachte.«

Die Soldaten mußten ein wachsames Auge auf fluchtwillige Sträflinge halten. Schon nach wenigen Tagen hatten einige der Gefangenen zu entkommen versucht, sich durch den Busch bis zur Botany Bay zu La Pérouses Schiffen durchgeschlagen und dem französischen Kommandanten »Schwierigkeiten und Beschwer« verursacht, indem sie ihn baten, er möge sie an Bord nehmen. Er schickte sie mit Drohungen zurück nach Sydney Cove, wo sie ausgepeitscht wurden. Wie sich zeigte, konnten sie von Glück reden, denn das Schicksal von La Pérouse und seinen Leuten war der Tod. Er verließ Botany Bay am 10. März 1788 nach sechswöchigem Aufenthalt, und erst dreißig Jahre später erfuhren die Franzosen, daß seine Schiffe vor der zu den Neuen Hebriden gehörenden Insel Vanikoro mit Mann und Maus zerschellt waren.

Die Anwesenheit der französischen Schiffe wies Phillip nachdrücklich auf die Notwendigkeit hin, auf der Norfolkinsel rasch eine Kolonie zu gründen, denn es wäre einer Katastrophe gleichgekommen, die Tannen und den Flachs an Frankreich zu verlieren. Immerhin hatte La Pérouse gesagt, daß er schon dort gewesen, allerdings durch die Brandung an einer Landung gehindert worden war. Mithin schickte Phillip die *Supply* mit 22 Mann unter dem Kommando des Zweiten Leutnants der *Sirius*, Philip Gidley King, zur Norfolkinsel. Sie hatten Vorräte für sechs Monate an Bord und bekamen den Auftrag, sofort Saatgut auszubringen und mit dem Rotten von Flachs zu beginnen. Gewiß war die Insel fruchtbarer als der Sandboden von Sydney Cove, in dem jetzt die Sträflinge herumkratzten.

Da es weder Pflüge noch Zugtiere gab, mußte der Boden mit der Hacke bearbeitet werden. Einige der gefällten Bäume waren riesige rote Eukalypten von mehr als acht Metern Stammumfang. Ihre Wurzeln auszugraben und aus der steinigen Erde herauszuhacken war für Männer, deren Muskeln nach Monaten auf See zu Pudding geworden waren, Schwerstarbeit. Einige Offiziere mußten an Land übernachten. »Ich habe in meinem ganzen Leben nie schlechter geschlafen als vergangene Nacht«, schrieb der heimwehkranke Leutnant Clark in sein Tagebuch, »und zwar nicht nur wegen des harten, kalten Bodens, sondern auch weil Spinnen, Ameisen und alles Ungeziefer, an das man nur denken mag, über mich kroch.«

Zwei Wochen vergingen, bis genug Zelte und Hütten für die weiblichen Sträflinge fertig waren. Am 6. Februar begann man damit, sie auszuschiffen, und den ganzen Tag hindurch pendelten die Beiboote mit ihrer Ladung von Frauen zwischen den Transportschiffen und der kleinen Bucht hin und her. Diejenigen, die noch über ordentliche Kleider verfügten, hatten sich herausgeputzt, so gut sie konnten. »Einige von ihnen«, notierte Bowes Smyth, herzlich froh, sie von seinem Schiff herunterzuhaben, »könnte man als gut gekleidet bezeichnen.« Die letzten gingen um sechs Uhr abends an Land.

Es war ein stürmischer Tag, Gewitterwolken waren über dem Pazifik aufgeschichtet; bei Einbruch der Dunkelheit brach das Gewitter los. Zelte wehten davon, und binnen weniger Minuten war der ganze Lagerplatz eine vom Regen gepeitschte Schlammwüste. Die Frauen rannten triefnaß wie Hühner unter einer Pumpe hin und her, verfolgt von männlichen Sträflingen, die darauf aus waren, sie zu vergewaltigen. Ein Blitzschlag spaltete einen Baum in der Mitte des Lagers und tötete mehrere Schafe und ein Schwein, die unter ihm Zuflucht gesucht hatten.

Inzwischen hatten die Seeleute an Bord der *Lady Penrhyn* den Schiffsführer, Kapitän William Sever, um eine Sonderration Rum gebeten, »damit wir es feiern können, daß die Frauen von Bord sind«. Die Trinkgefäße wurden hervorgeholt, der Rum floß, und schon bald beteiligten sich die betrunkenen Teerjacken an der Jagd der Sträflinge auf die Frauen. Bowes schrieb: »Unmöglich könnte ich hinlänglich beschreiben, welche Ausschweifungen während der Nacht folgten. Niemand schien sich im geringsten um das Unwetter zu kümmern, dabei tobte es so heftig, daß Gewitterschläge das Schiff schlimmer erschütterten, als ich es je erlebt habe.« Diese Massenbegattung von Paaren, deren Kleider vom roten Tonboden schlammig waren, dürfte wohl als Beginn der Sexualgeschichte des kolonialen Australiens anzusehen sein.

Seine politische Geschichte begann am Tag darauf. Am späten Vormittag, die Sonne stand über den Wipfeln, und der nasse Boden dampfte, trieben die Soldaten unter von einigen Pfeifen untermaltem Trommelwirbel alle Sträflinge am Ufer zusammen, damit sie der Einsetzung des Gouverneurs beiwohnten. Phillip stand an einem Klapptisch, neben ihm Robert Ross, sein Stellvertreter, der Richter David Collins, der Priester Reverend Richard Johnson sowie der Arzt John White. Vor sich hatte er zwei lederne Taschen mit dem Siegel König Georgs III. Sie enthielten die Dokumente zur Gründung der Kolonie. Die Sträflinge hockten im Kreis um die Herren und die Offiziere, hinter ihnen blieben die Soldaten mit geladenen Musketen stehen. Diese simple Choreographie faßte die Machtverhältnisse hinreichend zusammen.

Collins verlas die Anweisungen des Königs, die Phillip als Gouverneur die Vollmacht gaben, Eidesleistungen entgegenzunehmen, Offiziere zu ernennen, Straf- und Zivilgerichte einzuberufen und Gefangene freizulassen – das bei solchen Gelegenheiten übliche imperiale Ritual. Er durfte Armeen aufstellen, das Kriegsrecht verhängen und gründen, was er für nötig hielt – »Festungen, Befestigungsanlagen, Burgen, Städte, Dörfer«. Es scheint sich hier, wie Bowes Smyth anmerkte, um eine »deutlich weiter gehende Vollmacht zu handeln, als sie je zuvor einem Gouverneur unter der britischen Krone eingeräumt wurde«. Diese Ansicht vertraten auch andere Offiziere, unter ihnen Ralph Clark. »Ich habe noch nie davon gehört, daß einem einzelnen Menschen solche Vollmachten gegeben wurden.« George Worgan, der Schiffsarzt, der auf der *Sirius* das erste Klavier nach Australien gebracht hatte, schrieb, die Art, wie Phillip »voll tiefer Empfindung und Aufrichtigkeit« die Urkunde vorlas, stelle seiner Menschlichkeit ein schönes Zeugnis aus. »Wirklich schade, daß er über einen Haufen Verdammter gebietet, die ihm keine Gelegenheit geben werden, die Art Milde zu zeigen, mit der er sie ganz aufrichtig zu regieren wünscht.«

Jetzt wandte sich Phillip an die Sträflinge. Er ließ keinen Zweifel daran, daß er eine Wiederholung der Orgie der vergangenen Nacht nicht dulden würde und daß jeder Sträfling erschossen würde, der den Versuch unternahm, in die Frauenzelte zu gelangen. Vieh- und Hühnerdiebe würden ausnahmslos gehenkt – Zuchttiere waren für die Kolonie unendlich wertvoll. Nachdem er die Verbrecher bei der Arbeit beobachtet hatte, erklärte er sich davon überzeugt, daß »nichts als Strenge« bei ihnen wirken würde, damit sie sich »hinkünftig ordentlich« aufführten. Wer nicht arbeitete, sollte auch nichts zu essen bekommen. Bisher hatte erst jeder dritte Mann gearbeitet; daß sich das änderte, dafür würde eine Zucht sorgen, um die er sich selbst kümmern wollte. Abgesehen vom Vorbereiten des Bodens für die Aufnahme des Saatgutes bestand ihre Aufgabe darin, daß sie Unterkünfte bauten: zuerst für die Offiziere, dann für die Mannschaften und schließlich für sich selbst. *Gott schütze den König!* Die Matrosen feuerten drei Salven ab und führten die Sträflinge fort. Phillip setzte sich mit seinen Offizieren zu einem aus kaltem Hammelfleisch bestehenden Frühstück, und ihr angeregtes Geplauder wurde vom Umherschwirren der Zikaden untermalt. Leider erwies es sich, daß das Fleisch von Maden wimmelte, obwohl das Schaf erst am Vorabend geschlachtet worden war. »In diesem Lande hält sich nichts auch nur 24 Stunden«, merkte Leutnant Clark trübsinnig an.

Jetzt, da die schwere Arbeit begann, zeigte sich bald, wie unzulänglich die Siedler dafür ausgerüstet waren. Nicht nur fehlten an allen Ecken und Enden Fachkräfte, auch Werkzeug war nicht annähernd genug da. Außerdem war es, wie sich Phillip beschwerte, »das schlechteste, das man je gesehen hat«. Das einzige gute Bauholz lieferten die Kohlpalmen, die um den Bach in Sydney Cove üppig wuchsen. Ihre geraden und nahezu vollständig zylindrischen Stämme ließen sich leicht bearbeiten. Der gesamte Bestand wurde im Laufe eines Jahres gefällt und zu Hütten verarbeitet, Schachteln von gut 2,5 mal 3,5 Meter Grundfläche, mit spitzem Dach und zwei Fenstern links und rechts des Eingangs, wie Augen. Es waren Häuser, wie Kinder sie malen, deren Fassade einem Gesicht ähnelt. Als Ständer für die Wände dienten unmittelbar in den Boden gerammte Kanthölzer von fünfzehn Zentimeter Stärke; zwischen ihnen erhoben sich senkrechte Stützen im Abstand von neunzig Zentimetern. Die Zimmerleute setzten zwischen sie waagerechte Abschnitte von Stämmen junger Bäume, deren Enden zugespitzt waren, damit sie in die Nuten der Ständer paßten. In diesem Zustand sahen die Wände wie grobe Waschbretter aus. Anschließend wurden sie auf beiden Seiten mit Schlamm zugeschmiert – eine in England und Irland auf dem Lande übliche Bauweise.

Die Dächer wurden mit Schilf gedeckt, das die Sträflinge aus den dem Gezeitenfluß ausgesetzten Sümpfen der Rushcutters'-Bucht holten. Da in diesen Dächern ganze Kolonien von Insekten und Spinnen nisteten und sie überdies den Regen durchließen, wurden sie bald durch Schindeldächer ersetzt. Als die Winterregen einsetzten, wuschen sie den Schlamm aus den Wänden, und es wurde klar, daß die Kolonie Ziegel brauchte. Es dauerte nicht lange, bis geeigneter Lehm gefunden war. Einer der Sträflinge, James Bloodworth, der in England Ziegelmacher gewesen war, übernahm die Aufgabe der Produktion. Sträflinge vermischten den Lehm in natürlichen Vertiefungen des Sandsteins mit Wasser, wobei sie ein Stück Baumstamm als Stampfer benutzten, dann traten sie ihn barfuß und in Gruppen zu einem gleichförmigen Brei zusammen. Die Ziegel wurden gestrichen, auf Gestelle geschichtet, getrocknet und gebrannt. Da sie ungleichmäßig schrumpften, konnte man mit ihnen nur schlecht mauern. Die einzige Rohstoffquelle für Kalk zur Mörtelherstellung waren gebrannte Austernschalen. Sie wurden in mühevoller Arbeit von weiblichen Sträflingen gesammelt. Der Mörtel reichte gerade für ein ständiges Amtsgebäude des Gouverneurs, einen zweistöckigen Backsteinbau mit einem Ziegeldach, Ecken aus Naturstein und Fensterscheiben aus richtigem Glas – das erste echte Beispiel georgianischer Architektur in Australien, »einfach und ohne jeden Schmuck mit Ausnahme eines Ziergiebels vorn«, schrieb Thomas Watling. Alle anderen Gebäude mußten statt mit Mörtel mit einem Gemisch aus Schafshaar und Schlamm gemauert werden. Da der Regen diesen Behelfsmörtel rasch auswusch, stehen an Sydney Cove keine Ruinen dieser frühesten Sträflingsgebäude mehr. Es darf nicht wundern, daß die am Kap der Guten Hoffnung gekauften Schafe kein dichtes Vlies, sondern nur ein schütteres Haarkleid hatten, sie wurden ihres Fleisches und nicht ihrer Wolle wegen gezüchtet.

Möglicherweise gibt es auch eine psychologische Erklärung für die ärmliche Bauweise. Architektur steht für Dauer; sie manifestiert den Willen, zu bleiben. Keiner der Offiziere teilte Phillips Traum von einer Kolonie freier Siedler. Für die Sträflinge war jedes Wort über eine nationale Zukunft, ja über eine Nation, blanker Hohn. Warum aber sollte jemand, der von nichts anderem träumte, als dieser georgianischen Elendssiedlung zu entkommen, für die Zukunft bauen? »Jeder«, schrieb Ross, »der mit dem Plan hergekommen sein mag, in diesem Land zu bleiben, wünscht sich jetzt aufs sehnlichste, es verlassen zu dürfen.« Dieser Gedanke bestimmte das Leben in Sydney im nächsten Jahrzehnt – bis die wie Pech und Schwefel zusammenhaltende habgierige und rücksichtslose Kamarilla vom Rum Corps kam, Männer, die wild entschlossen waren, aus ihrem Leben in Neusüdwales herauszuschlagen, was sich herausschlagen ließ. Sie begriffen, was sich erreichen und wie sich das Erreichte durch Sklavenarbeit konsolidieren ließ.

Da die Offiziere der Ersten Flotte nicht annahmen, lange bleiben zu müssen, hoben sie in ihren Tagebüchern das Exotische und Besondere des Landes hervor: Tiere, Pflanzen und die Aborigines. Über die Sträflinge schrieben sie sehr wenig – schließlich waren die dorthin geschickt worden, um vergessen zu werden. Zwar wurde alles ordnungsgemäß aufgezeichnet – ihre Arbeitsleistung, ihre Verstöße und die ihnen dafür zugemessenen Strafen –, doch über sie als Menschen steht wenig in den Unterlagen. Was wollte etwa der erste in Sydney Gehängte, ein siebzehnjähriger Bursche von »übelstem Charakter« namens Thomas Barrett, wirklich sagen, als er stotternd, zitternd und »mit allen Anzeichen des Entsetzens« am Fuß der Leiter erklärte, er habe »ein äußerst gottloses Leben geführt«? Wieviel »Gottlosigkeit« konnte ein so junger Mensch in die kurze Spanne von seiner Geburt bis zu der verhängnisvollen Tat zwängen, die darin bestanden hatte, in Sydney Cove einige Trockenerbsen, etwas Butter und Pökelfleisch zu stehlen?

Die australischen Ureinwohner interessierten die Offiziere der Ersten Flotte weit mehr als die Sträflinge, und kein Bericht über die neue Diebeskolonie bei den Antipoden war vollständig ohne ein oder zwei Kapitel über deren »Indianer«. Diese wahrhaft spartanisch lebenden Steinzeitmenschen übten auf Männer mit neoklassischer Bildung eine Anziehungskraft aus, auch wenn sie, weniger ansprechend als die Bewohner Tahitis, dem Ideal des »edlen Wilden« nur wenig ähnelten. Gewiß wollten die Kolonisten diese lebenden Beispiele einer »harten Urkultur« weder vernichten noch versklaven, und anfänglich schien von ihnen auch keine Bedrohung auszugehen.

Dennoch wurden sie ausgerottet. Cholera- und Grippeerreger von den Schiffen machten damit den Anfang. Schon 1789 war es nichts Ungewöhnliches mehr, im Salzgras verwesende schwarze Leichen zu sehen. Die Epidemien waren nicht beabsichtigt, die Tage des Arsens und der absichtlich infizierten Wolldecke, die man Eingeborenen verkaufte, lagen noch in der Zukunft. Die Anweisungen des Gouverneurs über die Eingeborenen waren durchaus klar: Er wollte »ihre Zuneigung gewinnen« und forderte alle Untertanen auf, »in Freundschaft und Güte mit ihnen zu leben«, wo nicht, werde er jeden bestrafen, der ihnen Schaden zufügte. Diese Forderungen waren von der Vernunft diktiert: Warum den Schwierigkeiten, mit denen die Kolonie ohnehin zu kämpfen hatte, noch Krieg mit den Stämmen hinzufügen?

Auch wenn die Offiziere der Ersten Flotte die Aborigines ursprünglich vielleicht durch arkadische Klischees und auf Rousseau zurückgehende Phantasievorstellungen gefiltert gesehen haben, dauerte diese Täuschung nicht lange. Zwar ähnelten die Bewohner von Port Jackson in keiner Weise den an die Nymphen Arkadiens erinnernden verlockenden jungen Frauen Tahitis, doch sprachen junge Aborigines-Mädchen George Worgan, den Arzt der *Sirius*, in gewisser Hinsicht an. »Ich kann versichern«, schrieb er,

> »daß einige eine Weichheit und Rundheit von Leib und Gliedern aufweisen, die selbst in der kalten Brust eines Philosophen zärtliche und liebevolle Empfindungen wecken würde.«

Dennoch trat ihnen niemand zu nahe, denn sie starrten vor Schmutz, daß sie selbst auf an georgianische Hygiene Gewöhnte abstoßend wirkten. »Angesichts des stinkenden Fischöls«, beklagte sich Worgan,

> »mit dem sie ihre Leiber einzureiben scheinen und das sie mit dem Ruß vermischen, der sich auf ihrer Haut ansammelt, weil sie ständig über dem Feuer hocken, vergeht einem jegliche Neigung zu einem galanten Abenteuer wie auch jeder Gedanke an freundlichen Verkehr, den die Nacktheit jener Frauenzimmer sonst vielleicht erwecken möchte, zumal sich zu jenen lieblichen Düften noch der unaufhörliche Nasenausfluß gesellt, der auf der aufgeworfenen Oberlippe große Klumpen getrockneter Blasen bildet und durch ständiges Tropfen vermehrt wird.«

Ähnlich träumte auch Leutnant Daniel Southwell, Maat auf der »Sirius«, von palladischen Villen an den Stränden und auf den Inseln »dieses außergewöhnlichen Hafens – bezaubernde Wohnsitze, herrliche Gebäude, die eindrucksvollen Ruinen herrschaftlicher Paläste . . . Es wäre sehr zu wünschen, daß diese Erscheinungen nicht so flüchtig und vergänglich wären, wie sie es in Wirklichkeit sind.«

Allgemein beklagte sich jeder darüber, daß das Land nicht war, was es schien. Es wirkte fruchtbar und lieblich, erwies sich aber als unfruchtbar und setzte den Bemühungen der Siedler Widerstände entgegen. »Hier erhebt sich ein romantischer Felsen, über den sich ein kleiner Bach als Wasserfall stürzt, dort lockt weicher, grüner, schattiger Rasen das Auge. Dieser Art sind die Erscheinungen, die das Land um Port Jackson bietet. Es wäre für die Kolonie ein Segen, wenn sie nicht so trügerisch wären.«

Die lebhafteste Beschwerde über die Trugbilder der Landschaft um Sydney Harbour kam von einem schottischen Sträfling, dem jungen Thomas Watling aus Dumfries, der wegen der Fälschung von Guinea-Noten der Bank of Scotland deportiert worden war und 1792 mit dreißig Jahren auf der *Royal Admiral* eintraf. Er war Landschaftsmaler, und als erster europäischer Künstler in Australien merkte er bald, wie schwer es war, was es an der Sydney Cove an Eindrucksvollem zu sehen gab, mit den Mitteln festzuhalten, in deren Gebrauch er unterwiesen worden war. Zwar stimmte es, daß sich Australien dem Künstler oder Naturforscher als »Land des Zaubers mit einer schönen und elysischen Landschaft« darstellte. Aber zu Arkadien gehören nun einmal Muße und Überfluß, und die im Entstehen begriffene Kolonie hatte keins von beiden. Bald merkte Watling, daß es dort keinerlei Atempause gab. Der Boden war sandig, sumpfig oder voller Felsen; fruchtbaren Mutterboden gab es nur hier und da, und jeder Quadratmeter Boden war mit undurchdringlichem Buschwerk bestanden. Größere Bäche, Seen oder auch nur Teiche gab es nicht, und Regenwasser bildete auf dem unfruchtbaren Boden einfach Schlammlöcher. Sobald man sich vom Hafen entfernte, erschlug der Busch das Auge mit seiner Eintönigkeit. »Wohl vergeblich«, schrieb der arme Watling,

> »mag der Landschaftsmaler hier die Schönheit suchen, die sich aus der glücklichen Zusammenstellung von Kontrasten ergibt. Es wird lange dauern, bis sich dies sterile und armselige Land Neusüdwales je selbst unterhalten kann. Doch wird es sich das Land, das für seine Güte und freien Gefühle so berühmt ist, nicht nehmen lassen, seine Bemühungen hier fortzusetzen. Nachdem ich gesehen habe, wieviel boshafte Grausamkeit an Bord der *englischen* Gefängnisschiffe an armen Elenden verübt wurde, ohne die Spur von Gerechtigkeit, was darf ich da nicht alles schließen? – Weder die

französische Bastille noch die *spanische* Inquisition könnte größere Schrecken bereithalten.«

Am meisten widerstrebte es dem jungen Schotten, daß er schlimmer behandelt wurde als die Aborigines, gleichsam ein »barbarischer Bewohner Neuhollands«:

> »Vielen dieser Wilden wird für ihren Müßiggang gewährt, was man als den Anspruch eines freien Mannes bezeichnen darf. Man gibt ihnen gelegentlich Kleidung, derer sie sich bei erster Gelegenheit entledigen, da sie die Urwüchsigkeit nackter Natur bevorzugen; und man behandelt sie mit äußerster Zuvorkommenheit. Das ist löblich, doch gönnt man den armen Elenden, die immerhin als Christen gelten, auch nur einen Funken Menschlichkeit? Nein, ihnen wird häufig das zum Leben Nötigste verweigert! – Unter der quälenden Hitze einer brennenden Sonne sind sie dem Tode anheimgegeben oder werden mit einer oft nur wenig verdienten Zusatzstrafe belegt – das mag *Philosophie* sein, den Berechnungen unserer harten Herren entsprechen; aber ich denke, es ist die falscheste Art, von der ich je gehört oder erfahren habe.«

Zweifellos empfand die Mehrzahl der anderen Sträflinge ebenso, obwohl sie es nicht niederschreiben konnte. Acht Monate lang hatten sie auf einem Weg von 15000 Seemeilen nichts gesehen als den hin und her schwankenden Horizont über dem Meer, die Dunkelheit ihres Gelasses und bisweilen den Schwung einer fremdländischen Bucht. Jetzt taumelten sie in einem Land ans Ufer, in dem alles verkehrt herum war: Hochsommer im Januar, die Bäume behielten ihre Blätter, warfen aber ihre Rinde ab, gedrungene braune Vögel brüllten vor Lachen, und wie Skelette auf dem Theater bemalte, dürre, stinkende Schwarze verspotteten sie mit ihrer Freiheit. Die Schwarzen waren eine Erweiterung des Gefängnisses, sozusagen sein Vorwerk. Wer in den Busch floh, wurde von ihren Speeren durchbohrt, sie standen so auf der Seite der Offiziere wie diese auf ihrer.

In den Augen der Sträflinge taugten die Aborigines nur zu einem: Sie ließen die von ihnen verfertigten Werkzeuge und Waffen unbewacht herumliegen, so daß man sie an sich bringen und an die Seeleute verkaufen konnte, die sie gern als Souvenirs mit nach England nahmen. Der Verlust dieser Fischsspeere und Keulen »muß mit vielen Unbequemlichkeiten für ihre Eigentümer einhergegangen sein, da sie das einzige Mittel darstellten, mit dessen Hilfe sie ihre tägliche Nahrung beschaffen konnten«.

Die Beziehungen zwischen Eingeborenen und Sträflingen wurden bald gespannter. Im Mai 1788 tötete ein Speerwurf einen Sträfling, der östlich des in die Bucht mündenden Bachs auf einem Regierungsacker arbeitete, und eine Woche später fand man zwei zum Schilfschneiden ausgeschickte Sträflinge gespeert und übel zugerichtet auf, »der Kopf des einen war zu Brei geschlagen«. Vermutlich ein Racheakt dafür, schrieb ein Seemann, daß sie eines der Kanus der Eingeborenen an sich gebracht hatten. Niemand wußte, wer die Täter waren, und es war nicht zu erwarten, daß man sie aus ihrem Stamm herausfinden würde. »Trotz all unserer Geschenke«, schrieb ein weiblicher Sträfling in Port Jackson im November 1788, »tun uns die Wilden jeden Tort an, zu dem sie fähig sind, was die Aufgabe der Soldaten sehr erschwert und zu viel Unzufriedenheit unter den Offizieren führt. Ich weiß nicht, wie viele unserer Leute sie schon getötet haben.«

Vergeltung war leichter geplant als ausgeführt, denn Phillip verbot Strafexpeditionen. Zwar waren theoretisch Offiziere und Soldaten mit ihren Musketen besser bewaffnet als die Iora – aber bis man ein Steinschloßgewehr neu geladen hatte, konnte jeder von ihnen schon vier Speere geschleudert haben. Da die Sträflinge nicht bewaffnet waren, blieb ihr Wunsch nach Rache zur Ergebnislosigkeit verdammt. Im März 1789 machten sich sechzehn von ihnen mit Keulen auf, die »Indianer« dafür zu strafen, daß sie einen ihrer Freunde verletzt hatten. Die Iora lockten sie in einen Hinterhalt, töteten einen und verwundeten sieben. Nicht nur weigerte sich Phillip, den Befehl zu einem Vergeltungsangriff gegen die Schwarzen zu geben, er ließ auch die acht unverletzten Überlebenden mit je 150 Hieben auspeitschen und für ein Jahr in Fußeisen legen.

All das wurmte die Männer. In den Augen der britischen Regierung hatten die australischen Aborigines 1788 einen höheren Status als in den 150 Jahren danach, denn sie besaßen (theoretisch) die vollen Bürgerrechte und waren damit dem Gesetz nach, wenn schon nicht in Wirklichkeit, den Sträflingen überlegen. Vor allem dieser Gedanke erfüllte die Sträflinge mit Bitterkeit. Sie waren durch die Verbannung schon genug erniedrigt. Auf wen konnten sie herabsehen? Auf die Aborigines. Der Rassismus in Australien begann mit den Sträflingen, obwohl er nicht lange auf sie begrenzt blieb; er war das erste Merkmal der australischen Gesellschaft, das aus der Unterschicht nach oben wanderte.

Doch wenn die Sträflinge die Schwarzen haßten, dem Militär waren beide zuwider – und zwar aus ähnlichen Gründen. Als Phillip ohne Umschweife den Burschen eines Marineoffiziers mit fünfzig Peitschenhieben bestrafen ließ, weil dieser einem Sträfling im Tausch gegen ein Beuteltier eine Gallone Rum gegeben hatte, wütete Arthur Bowes Smyth gegen den Gouverneur:

> »Diese Regierung (wenn man sie so nennen kann) ist ein Hort der Anarchie und der Verwirrung; unter den verschiedenen Offizieren in der Siedlung herrscht offenkundige Unzufriedenheit. Matrosen und Seeleute werden für die lächerlichsten Vergehen mit größter Strenge zur Rechenschaft gezogen, während man den Sträflingen die schwärzesten Verbrechen nachsieht (oder zumindest milde ahndet). Ich nehme dabei nicht einmal Diebstahl aus, von dem der Gouverneur selbst erklärt hatte, er werde ihn mit dem Tode bestrafen

> lassen. Wozu eine so inkonsequente und parteiische Handlungsweise führen mag, wird die Zeit (und ich wage zu sagen: sehr bald) lehren.«

Den Matrosen erschien Phillips Gleichbehandlung als Voreingenommenheit. In den Hungerjahren der frühen Siedlung wurden Sträflinge wegen Nahrungsdiebstahls gehenkt – aber im März 1789 auch sechs einfache Matrosen. Warum, begehrten die Matrosen auf, wurde zur Auspeitschung der Sträflinge eine leichtere neunschwänzige Katze verwendet als die »Militärkatze«, die zur Bestrafung von Marineangehörigen diente? Warum bekamen Matrosen und Soldaten die gleichen Rationen wie Gefangene? Bagatellen wie die Streichung einer Rumzuteilung für die Ehefrauen der Matrosen wurden zu schwärenden Wunden. Vor allem war den Matrosen und Soldaten ihr Dienst als Bewacher der Sträflinge widerwärtig. Sie hatten sich nicht als Gefängniswärter gemeldet, und sie sahen es – nicht ohne Grund – als weiteren Beweis für die Unfähigkeit und Gleichgültigkeit der Regierung an, daß sie keine Zivilisten zur Beaufsichtigung der Arbeitskolonnen schickte.

Sie haßten das Land, in dem sie sich befanden, sie haßten die Sträflinge, die sie hergebracht hatten, und sie verachteten obendrein auch noch die Aborigines. »Ich stehe nicht an zu behaupten«, schrieb der Marinemajor Robert Ross, den Phillip zu seinem Stellvertreter ernannt hatte,

> »daß es auf der ganzen Welt kein schlimmeres Land gibt. Alles um uns herum ist so unfruchtbar und abweisend, daß man wahrlich sagen kann: *Die Natur ist hier auf den Kopf gestellt.* Falls aber nicht das, so ist sie nahezu erschöpft. Sofern der Minister eine zutreffende und wahre Beschreibung dieses Landes bekommt, wird er gewiß nicht darauf verfallen, weitere Menschen hierherzuschicken.«

Ross, nach Ansicht eines seiner Untergebenen »gewißlich der unangenehmste kommandierende Offizer, den ich je erlebt habe«, war ein Choleriker, der ein strenges Regiment führte, aber sich selbst gern beklagte. Er haßte Phillip und die Kolonie gleichermaßen und wäre vor nichts zurückgeschreckt, um Phillip in ein schlechtes Licht zu rücken. Doch die Mehrzahl der Kolonisten, ganz gleich, ob Marineangehörige oder Sträflinge, teilte seinen Pessimismus über die Zukunft von Neusüdwales.

3

Der schlimmste Gleichmacher war der Hunger. Dieses demokratische Urerlebnis in Australien verschonte niemanden. Er ließ die Mehrzahl der Kolonisten in Lethargie versinken und trieb einige von ihnen zum Wahnsinn, er zerrüttete die Disziplin und führte zu einer Vielzahl von Beweisen kleinlicher Tyrannei.

Die Erste Flotte hatte genug Lebensmittel an Bord, um die Menschen, die sie nach Australien gebracht hatte, zwei Jahre lang zu ernähren. Jede Woche bekamen Seeleute, Matrosen und Offiziere als Zuteilung:

Rindfleisch	4 lb.	Schiffszwieback	7 lb.
Schweinefleisch	2 lb.	Käse	12 oz.
Trockenerbsen	2 Pints	Butter	6 oz.
Haferschrot	3 Pints	Essig	1/2 Pint

Die männlichen Sträflinge bekamen zwei Drittel und die weiblichen etwas weniger als die Hälfte davon. Auf dem Papier waren das keine Hungerrationen, aber sie führten aufgrund ihrer Zusammensetzung zu Skorbut, und das zugeteilte Fleisch bestand größtenteils aus Knochen und Knorpel.

Zählte man die von einigen Offizieren in der Tafelbucht am Kap der Guten Hoffnung, dem letzten Anlaufhafen vor Australien, auf eigene Rechnung gekauften Tiere denen hinzu, die Phillip für die Regierungsherde erworben hatte, verfügte die Kolonie insgesamt über 2 Bullen, 5 Kühe, 29 Schafe, 19 Ziegen, 74 Schweine, 18 Truthühner und -hähne, 35 Enten, 35 Gänse, 209 Hühner und 5 Kaninchen. All diese Tiere wurden strengstens gehütet. Phillip hatte den Sträflingen unmißverständlich klargemacht: Das Leben eines Zuchttieres war ebensoviel wert wie das eines Menschen. Als im August 1788 ein für die Offizierstafel anläßlich des Geburtstages des Kronprinzen gemästetes Schaf aus dem Pferch verschwand, bot Phillip als Belohnung für die Nennung des Täters vollständigen Straferlaß und Freilassung an. Niemand meldete sich. Einer der Zuchtbullen wiederum geriet mit vieren seiner fünf Kühe in den Busch und ging mit ihnen verloren. Schafe verendeten an der Blähsucht, während Dingos und Sträflinge den Hühnerbestand dezimierten.

Da alle unterschiedslos von derselben eintönigen Kost aus Salzfleisch und auf einer Schaufel gebackenen, ledrigen Fladenbroten lebten, konnte die Qualität der Ernährung nicht als angemessenes gesellschaftliches Unterscheidungsmerkmal zwischen Freien und Unfreien dienen. »Unsere Ration ist sehr kärglich«, schrieb James Campbell, Kapitän der Seesoldaten auf der *Lady Penrhyn,*

»ich weiß nicht, warum es sich so verhält oder ob unsere Regierung das so beabsichtigt hat, daß der einzige Unterschied zwischen den Rationen der Offiziere und Sträflinge lediglich ein halber Pint (täglich) entsetzlicher Rio-Schnaps ist, der so ekelhaft riecht und so widerwärtig schmeckt, daß nur ein Trunksüchtiger etwas damit anfangen kann – aber so ist es nun einmal.«

Zum Überleben der Kolonie, das wußte Phillip, war es erforderlich, daß jegliche Statusvorteile entfielen. Besaßen die Offiziere erst einmal Nahrungsmittel in Hülle und Fülle, würden sie sich aristokratisch gebärden – aber so weit war es noch nicht.

Alle lebten fünf Jahre lang am Rande des Verhungerns. Die ersten Ernten fielen katastrophal aus, und die gesamte Ernte der zweiten Aussaat – erbärmliche vierzig Bushel – mußte als Saatgut aufgehoben werden.

Lediglich ein Drittel der Gefangenen war arbeitsfähig – 320 der 966 aus den allgemeinen Vorräten ernährten Männer. Mehr als fünfzig Sträflinge waren wegen ihres Alters oder unheilbarer Krankheiten für die Arbeit zu schwach, und zahlreiche andere – in den Slums der Städte aufgewachsen und ohne jede Vorstellung von der Landwirtschaft – »würden, sich selbst überlassen, verhungern«. Die Idealvorstellung, daß jeder für seinen Unterhalt aufkam, ließ sich in Neusüdwales nicht annähernd verwirklichen.

Einige der Offiziere hatten ihren eigenen Gemüsegarten, den Sträflinge bearbeiteten. Der Gemüseanbau für die Allgemeinheit erfolgte auf einer etwa 300 Meter vom Ufer entfernt im Hafen liegenden Insel; dort war das Gemüse vor den Gefangenen und Mannschaften einigermaßen sicher, die in ihrer Gier nach frischem Grün Rüben herausrissen, bevor diese Gelegenheit hatten zu wachsen, um die Blätter zu verschlingen. Dennoch war der Ertrag von der Garteninsel, wie sie bezeichnet wurde, kärglich – er genügte gerade für die Kranken in den Lazarettzelten. Die Offiziere bewachten ihre Privatbeete eifersüchtig, aber erfolglos. So bemerkte Leutnant Clark, der ein weiteres Inselchen im Hafen nutzen durfte (das noch heute Clark Island heißt), als er im Februar 1790 nach seinem Zwiebelbeet sah, daß »seit meinem letzten Aufenthalt dort ein Boot gelandet war und man den größten Teil an sich genommen hat. Man kann hier keinen Gartenbau treiben, denn bevor etwas gereift ist, wird es gestohlen.«

Die Siedler fanden nur wenige eßbare Pflanzen und kaum jagdbares Wild. Sie pflückten wilden Spinat und eine nach Lakritz schmeckende Rankenpflanze, *smilax glycophylla*, die sie »süßen Tee« nannten. Einige Offiziere hatten ihre Schrotbüchsen mitgebracht, aber es schien unklug, die begrenzten Pulvervorräte für die Jagd anzugreifen.

So war Fisch die einzige verläßliche Quelle für frisches Eiweiß. Allerdings paßte das nicht jedem. Statt 2 1/2 lb. gepökeltes Rindfleisch gab es 10 lb. Fisch. King merkte an: »Wären hier mehr Sträflinge, würden sie nicht dulden, daß man ihnen ihre Salzfleischrationen vorenthält, und hätten sie noch so viel Fisch gefangen.« In Sydney genoß das »Roast Beef of Old England« – sogar gesalzen und halb verfault – eine höhere Wertschätzung als jeglicher Fisch.

Noch im Oktober 1788 wußte Phillip nicht, ob Versorgungs- oder Entsatzschiffe zu ihnen unterwegs waren. Dabei reichten die Lebensmittel selbst bei strenger Rationierung nur noch für ein Jahr. Angesichts der ungeheuer langen Zeit für eine Schiffsreise zwischen England und Sydney mußte er eine Entscheidung treffen. Er kürzte die wöchentliche Mehlration um 1 lb. und schickte sein größtes Schiff, die *Sirius*, nach Kapstadt, das dort Vorräte einkaufen sollte.

Dessen Kapitän John Hunter setzte alles auf eine Karte und wählte eine längere, aber raschere Route, indem er vor den Westwinden um Kap Hoorn segelte. Eile war geboten, denn seine Männer litten unter Skorbut und Hunger. Die *Sirius* erreichte Kapstadt nach drei Monaten statt der fünf, die sie auf der Westroute gegen die vorherrschenden Winde vermutlich gebraucht hätte. Hunter belud das Schiff, rüstete es erneut aus und traf im Mai 1789 mit einer Ladung aus Weizen, Gerste und Mehl wieder in Sydney Cove ein. Zwar hatte niemand in Kapstadt etwas von Entsatzschiffen gewußt, aber die 56 Tonnen Mehl würden die Kolonie weitere vier Monate über Wasser halten, und das Saatgut konnte man in den Gärten um Sydney und auf den neuen, weiter im Inland bei Rose Hill gelegenen Äckern ausbringen.

Inzwischen ruhte der größte Teil aller landwirtschaftlichen Hoffnungen auf dem »Musterhof« des Gouverneurs bei Rose Hill oder Parramatta, wie die Aborigines den Ort nannten. Dort gab es reichen Mutterboden, und die Felder liefen hinab bis zu einem schiffbaren Fluß. Bis Ende 1789 hatte dieser Hof Australiens erstes landwirtschaftliches »Wundererzeugnis« hervorgebracht, einen Kohlkopf von knapp zwölf Kilo Gewicht, aber bis zu dem Tag, da man die gesamte Siedlung mit Gemüse versorgen konnte, würde es noch lange dauern.

Im Gegenteil, im folgenden Jahr gab man die Vorstellung, auf diesem Weg seien Fortschritte möglich, fast gänzlich auf, denn auch 1789 kamen keine Schiffe, und während das Jahr 1790 unerträglich langsam verging, versank die kleine Siedlung angesichts der Aussicht, langsam zu verhungern, in Verzweiflung und Tatenlosigkeit. »Gott helfe uns. Wenn nicht Schiffe kommen, weiß ich nicht, was wird«, schrieb Ralph Clark in sein Tagebuch, und Watkin Tench beschrieb die Stimmung, die sich jetzt über Sydney Cove senkte, so:

> »Hungersnot näherte sich mit Riesenschritten, und Niedergeschlagenheit und Trübsal lagen auf allen Gesichtern. Männer überließen sich den verzweifeltsten Gedanken und erwogen die seltsamsten Auswege.
> Dennoch warteten wir immer noch. Kaum rollte Donner in der Ferne oder hörte man eine Jagdbüchse lauter als sonst in den Wäldern, ertönte es von allen Seiten: ›*Eine Schiffskanone*‹, und gespannte Aufregung bemächtigte sich aller.«

Die Vorräte gingen so rasch zur Neige, daß Phillip beschloß, erneut ein Risiko einzugehen. Er schickte annähernd 300 Leute – mehr als ein Drittel der in der Kolonie befindlichen Sträflinge, von der Hälfte der Seesoldaten bewacht – auf der *Sirius* zur Norfolkinsel. Wenn die Leute abgesetzt waren, sollte das Schiff von dort nach Kanton weitersegeln und dringend benötigte Vorräte an Bord nehmen. Sträflinge wie Wächter, argumentierte Phillip, hatten auf der Norfolkinsel mit ihrem fruchtbaren Boden weit bessere Aussichten als in Sydney Cove; zumal es dort Fisch in Hülle und Fülle gab. Den Seesoldaten gefiel der Gedanke an diese Lösung gar nicht – die es Phillip obendrein ermöglichte, sich des ihm lästigen Major Ross zu entledigen –, aber sie hatten keine Wahl, und so segelte die *Sirius* mit ihrem Begleitschiff *Supply* im März 1790 ab. Jetzt waren die Siedler von Sydney ohne Verbindung zur Außenwelt. »Die kleine Gesellschaft hier war verstört«, schrieb David Collins, »und jeder schien schweigend über die trüben Aussichten zu grübeln, die vor ihm lagen.«

Am 1. April kürzte Phillip die Rationen »ohne Unterschied« auf 4 lb. Mehl, 2 ½ lb. gepökeltes Schweinefleisch und 1 ½ lb. Reis pro Woche. Das genügte gerade zum Überleben, aber kaum, um zu arbeiten, und so verfügte er humanerweise, daß die Arbeitszeit der Sträflinge auf sechs Stunden pro Tag begrenzt wurde, damit jeder der Männer nachmittags ein privates Gemüsebeet bearbeiten konnte.

Dann erschien am 5. April die *Supply* allein vor der Südspitze der Bucht. Als ihr Beiboot abstieß und sich dem Ufer von Sydney Cove näherte, sah Tench, wie der Kapitän

> »mit der Hand eine außergewöhnliche Bewegung machte, die nur zu deutlich zeigte, daß etwas Entsetzliches vorgefallen sein mußte. Ich konnte nicht umhin, mich zum Gouverneur zu wenden und zu sagen: ›Sir, machen Sie sich auf schlimme Nachrichten gefaßt.‹«

Die »schlimme« Nachricht entpuppte sich als Bericht einer Katastrophe: Die *Sirius* war vor der Norfolkinsel auf ein Riff gelaufen und mußte aufgegeben werden. Zwar hatte man alle an Bord, Besatzung wie Sträflinge, retten können, doch nun waren beide Siedlungen, sowohl die von Sydney als auch die auf der Norfolkinsel, nicht nur von der Außenwelt abgeschnitten, sondern – von der 170-Tonnen-Brigg abgesehen – auch voneinander. Die Unternehmung schien zum Scheitern verurteilt, denn um die Norfolkinsel stand es jetzt ebenso schlimm wie um Sydney.

4

Als zwei Jahre zuvor Philip Gidley King und seine aus 22 Kolonisten bestehende Gruppe vom stampfenden Deck der *Supply* aus einen Blick auf die Insel geworfen hatten, die zum schrecklichsten Ort in der englischsprechenden Welt werden sollte, wirkte das, was sie sahen, nicht gerade einladend.

Wohl war die Insel landschaftlich äußerst reizvoll, aber zugleich ein natürliches Gefängnis. Sie verfügte über keinen Hafen, ihre Küsten fielen in schroffen Klippen ab und waren von Riffen umgeben, an denen sich die lange Pazifikdünung mit ununterbrochenem eintönigem Dröhnen brach. King mußte fünf Tage im Lee der Insel warten, bis er am 4. März 1788 in der Ansonbucht einen Erkundungstrupp an Land bringen konnte. Die hohen Tannen wuchsen, von Ranken umschlungen, bis an die Klippen heran. King schätzte die höchsten von ihnen auf fünfzig Meter. Der Schiffsarzt verirrte sich in diesem Urwald und verbrachte eine Nacht darin. In der vom Schimmern phosphoreszierender Pilze unterbrochenen Dunkelheit unter den gotischen Bögen der Kohlbäume hörte er ein Nagen und glaubte sich von Kaninchen umgeben. Es waren Ratten.

King fand schließlich einen Durchlaß durch das Riff vor der Bucht und brachte am 6. März Sträflinge und Vorräte an einer Stelle an Land, wo heute Kingston liegt. Sie hißten die englische Flagge an einem jungen Baum. »Ich nahm Besitz von der Insel, trank auf ›Seine Majestät‹, ›die Königin‹, ›den Kronprinzen‹, ›Gouverneur Phillip‹ und ›Erfolg für die Kolonie‹.« Den schwächlichen Chor der Hochrufe riß ihnen der Pazifikwind von den Lippen, sie wurden in der blauen Unendlichkeit hinter der Mauer aus dunklen Tannen verschluckt. Zwei Tage später setzte die *Supply* wieder die Segel mit Richtung auf die tausend Seemeilen entfernte australische Küste.

Die Schuld daran, daß die ersten Ernten mißlangen, trugen Wind und Salzwasser. Die Ratten fraßen das Gemüse, ihnen folgten Eulenfalter- und andere Raupen sowie leuchtendbunte, kreischende und samenfressende Norfolkinsel-Papageien. Weil die *Sirius* verlorengegangen war, mußten mehr Münder gestopft werden als vorgesehen. Im März 1790 lebten auf der Norfolkinsel 425 Menschen (davon 200 Sträflinge), doch war die Zahl im November 1791 durch die Neuankömmlinge aus Sydney auf 959 angewachsen (davon 748 Sträflinge). Danach blieb die Bevölkerung, bis die erste Siedlung 1806 aufgegeben wurde, ziemlich gleichmäßig bei etwa tausend, wobei auf jeweils sieben Gefangene ein Wächter kam.

Trotz der dicken Schicht guter Muttererde hatten sie im März 1790 erst etwa fünfzig Acres Land unter die Hacke genommen. Zwar wimmelte es vor dem Riff von Schnapperfischen, doch konnten sich die beiden Boote der Siedler – ein Kutter und eine beständig leckende Jolle – nicht immer in die hämmernde Brandung hinauswagen. Ihrer aller Leben rettete der Möwen-Sturmvogel *ptero-*

droma melanopus. Er bevölkerte Mount Pitt, die höchste Erhebung der Insel, in so großer Zahl, daß die Flanken des Berges mit Nistbauten förmlich übersät waren. Die Vögel fielen Anfang März auf der Insel ein und blieben bis Ende August – beinahe den ganzen pazifischen Winter hindurch. »Ihr Fleisch ist sehr wohlschmeckend und fest, und sie haben viel Fett«, schrieb Ralph Clark im August 1790. »Ich denke (auch wenn ich kein Kenner bin), daß es so gut ist wie nur irgendein Fleisch, das ich je gegessen habe.« Der Vogel der Vorsehung, wie ihn die Offiziere nannten – bei den Sträflingen hieß er prosaischer Pittbergvogel –, schmeckte nach Öl und Fisch, so halbwegs zwischen Pinguin und Huhn. Die Vögel hatten offenbar noch nie Menschen gesehen, und Clark nannte ihre Unzahl geradezu biblisch:

> »Im allgemeinen umschwebten sie den Berg etwa eine Stunde lang, bevor sie sich niederließen wie ein Hagelschauer. Dieser Bericht wird dafür sorgen, daß man der alten Geschichte von Moses in der Wüste (2. Buch Mose 16, 13) etwas mehr Glauben schenkt, was die Wachteln angeht, die das Lager bedeckt haben. Jeder hier verdankt sein Dasein den Vögeln vom Mount Pitt.«

Hatten sie sich erst einmal niedergelassen, behinderten ihre langen Gleitflügel sie wie Albatrosse. Als für die allgemeinen Vorräte zuständiger Fourier führte Clark täglich Buch: mehr als hundertsiebzigtausend dieser Vögel wurden von April bis Juli 1790 abgeschlachtet, durchschnittlich vier pro Tag und Person. Einige Sträflinge gingen mit äußerster Brutalität vor, um an die beliebten Eier dieser Vögel zu gelangen.

> »Sie fangen die Vögel ein und lassen wieder fliegen, die keine Eier haben. Den anderen aber schneiden sie das Ei aus dem Leibe und lassen dann die armen Tiere wieder fliegen. Es ist wohl das Grausamste, wovon ich je gehört habe. Ich hoffe, daß einige von ihnen bei diesem unmenschlichen Tun gefaßt werden, damit man an ihnen ein Exempel statuieren möge.«

Dies Gemetzel konnten die Vögel der Vorsehung unmöglich überleben. War ihre Zahl 1796 schon deutlich vermindert, gab es acht Jahre später fast keine mehr, und 1830 hörte man auf der Norfolkinsel nichts mehr von *pterodroma melanopus.*

Unterdessen ging die mühsame Aufgabe des Rodens und Bauens weiter.

Wer Hunger hat, arbeitet langsam. Das bedeutete, es wurde weniger Boden gerodet, und das wiederum führte zu kleinen Ernten und noch mehr Hunger. Nur wenig Zeit oder Energie blieb für die Produkte, die man sich von der Insel eigentlich erhofft hatte, Tannen und Flachs.

Die Norfolktanne war ebenso trügerisch wie die ganze Natur auf den Antipoden, denn es erwies sich, daß ihr Holz nur zum Feuermachen und Hüttenbauen taugte. Für Schiffsmasten war es wegen seiner kurzen Fasern und geringen Gehalts an Harz nicht elastisch genug. Es ähnelte eher Buchenholz als europäischen Nadelhölzern und brach glatt durch.

Damit blieb nur noch die Flachspflanze, *phormium tenax*. Phillip hatte 1788 voller Zuversicht an Lord Sydney berichtet: »Die Pflanze wird den Siedlern Tauwerk und Segeltuch liefern wie auch einen beträchtlichen Teil ihrer Kleidung, sobald sie in der Lage sind, sie ordnungsgemäß zu verarbeiten.« Aber die Admiralität hatte mit der Ersten Flotte niemanden geschickt, der sich mit der Flachsherstellung auskannte. Rasch verblaßte Phillips in glühenden Farben ausgemalte Vorstellung von Siedlern und Sträflingen, die sich in selbstgesponnenes Leinen kleideten und ganze Schiffsladungen von Segeltuch nach England schickten. Er bat flehentlich London, einen Fachmann für die Verarbeitung von Flachs zu schicken, aber es dauerte zwei Jahre, bis ein solcher (ein straffälliger Verwalter namens Andrew Hume) die Norfolkinsel erreichte. Ihm gelang es 1791, für die Admiralität einige Quadratmeter groben Leinens herzustellen – vermutlich eine der teuersten Textilien, die der Mensch je gewoben hat.

Inzwischen erinnerte sich King, daß ihm Banks etwas über das von den Maori auf Neuseeland hergestellte Leinen erzählt hatte. Ein Maori mußte her – und etwa ein Jahr später gelang es, zwei wild um sich schlagende wütende Männer aus der Bay of Islands auf der neuseeländischen Nordinsel auf ein Schiff zu bringen und auf die Norfolk-Insel zu schaffen. Einer von ihnen war ein junger Häuptling namens Woodoo, der andere, mit Namen Tooke, Sohn eines Priesters. Keiner der beiden Vierundzwanzigjährigen hatte die blasseste Ahnung davon, wie man mit Flachs umgeht, denn solche untergeordneten Aufgaben waren Frauensache. Also strichen Tooke und Woodoo erhobenen Hauptes in der Siedlung umher und spähten von den Landzungen aus aufs Meer hinaus, »beinahe jeden Abend bei Sonnenuntergang beklagen sie ihre Ferne von daheim unter Tränen oder indem sie ihrem Kummer mit einem Lied Ausdruck verleihen, zuweilen recht anrührend«. Nach sechsmonatigem Exil auf der Norfolk-Insel brachte King sie nach Neuseeland zurück.

Auf dem Höhepunkt der Produktion stellten die Sträflinge (vorwiegend Frauen) pro Monat etwa hundert Meter eines groben Gewebes her. Bei diesem Arbeitstempo hätte es zwei Jahre gedauert, das Segeltuch für ein Linienschiff zusammenzubekommen. Das Projekt geriet immer mehr ins Stocken, und bis 1800 hatten sich all die großartigen Hoffnungen zerschlagen, die ihren Ursprung in Matras Lobpreis der Flachspflanze und in Cooks Begeisterung für die Tannen der Insel hatten. Man würde nichts für England erzeugen können, die Siedlung würde sich nie selbst zu tragen vermögen. Wie auf dem Festland versanken die Kolonisten in tiefste Niedergeschlagenheit.

5

Sobald Gouverneur Phillip vom Verlust der *Sirius* erfuhr, ließ er ein Inventar der Vorräte an der Sydneybucht erstellen. Dabei zeigte sich, daß sie nur noch für wenige Monate reichten, und so kürzte er die Rationen erneut. Täglich wurde eine Wochenration – jämmerlich wenig, denn es gab nur ein Drittel dessen, was eigentlich vorgesehen war – an Siebenergruppen ausgegeben, damit die Sträflinge nicht alles auf einmal verschlingen konnten. Manche Frauen gaben sich für einige Hände voll Mehl oder ein Stück knorpeliges Fleisch hin. Die meisten Männer der Arbeitskolonnen waren bereits so nackt wie die Aborigines, da sie ihre Kleidung gegen Eßbares eingetauscht hatten.

Es konnte keine Rede davon sein, daß die Sträflinge einander halfen – in Sydney Cove herrschte dasselbe Elend wie in den Slums der englischen Städte, und einer war des anderen Feind. Als im Mai 1790 ein älterer Gefangener umfiel und starb, ergab Collins' Autopsie, daß sein Magen völlig leer war. Er hatte seine Kochgerätschaft verloren oder verkauft; statt ihm auszuhelfen, hatten seine Mitgefangenen einen Teil seiner Ration als Leihgebühr dafür verlangt, daß sie ihn ihr Kochgeschirr mitbenutzen ließen, und so war er verhungert.

Zögernd setzte Phillip die Strafe für Nahrungsdiebstahl herauf, die bereits drakonisch war, aber die Hungernden nicht mehr abschreckte. Im Jahre 1790 wurde ein Mann zu dreihundert Peitschenhieben und sechs Monaten in Eisen verurteilt, weil er zwanzig Unzen Kartoffeln gestohlen hatte, ein anderer bekam tausend Peitschenhiebe dafür, daß er drei lb. der wertvollen Knollen an sich gebracht hatte.

Nach einer solchen Strafe war ein Mann sozusagen bei lebendem Leibe gehäutet und zu keinerlei Tätigkeit mehr imstande. Hohe Belohnungen (in Lebensmitteln, der einzigen brauchbaren Währung, da innerhalb dieses Gefängnisses kein Geld in Umlauf war) wurden den Sträflingen geboten, die mithalfen, Lebensmitteldieben das Handwerk zu legen. So bekam im Mai 1790 der Sträfling Thomas Yarsley sechzig lb. Mehl, weil er einen Mann beim Diebstahl von Gemüse aus dem Garten gestellt hatte. Solche Anreize, merkte Watkin Tench an, waren »verlockender als das Gold Perus oder Potosis«.

Hunger, Angst, Erschöpfung und das beständige Gefühl, verlassen zu sein, zerstörten, was noch an Wertvorstellungen unter den Sträflingen existiert haben mochte. Einer der wenigen auf uns gekommenen Briefe von einer unbekannten Frau spricht von »unserer trostlosen Lage in dieser einsamen Weite von Gottes Schöpfung, die sich kein Außenstehender ausmalen kann« und fuhr bezeichnenderweise fort: »Kurz gesagt ist jeder so mit seinem eigenen Elend beschäftigt, daß niemand mehr Mitleid für andere aufbringt.« Kein Wunder, daß sich im April 1790 der Kaplan der Siedlung, Reverend Richard Johnson, über die Teilnahmslosigkeit der Sträflinge gegenüber Gottes Wort beklagte. »Nur wenig erkennbarer Erfolg bisher unter den Sträflingen et cetera. O wären sie doch weise – aber leider scheint nichts sie zu locken oder zu beunruhigen.«

Die Wächter waren ebenso apathisch wie die Sträflinge. Sie wurden übellaunig, konnten selbst bei einfachen Dingen keine Entschlüsse mehr fassen, litten unter Halluzinationen. Leutnant Southwell spürte, wie sehr der ständige Hunger abstumpfte: »Ich gestehe, daß ich zu keinem Ergebnis komme. Zwar sehe ich eine Vielzahl von Möglichkeiten, bin aber nicht imstande, eine davon auszuwählen.« Gespräche, Freundschaft und Neugier, alles schwand dahin, weil nichts es am Leben erhielt. Der Drang, etwas über die neue Umgebung zu erfahren, dessen Ergebnisse mehrere Offizierstagebücher im ersten Jahr der Ansiedlung gefüllt hatte, schwand jetzt; für die Zeit von 1789–1790 finden sich nur noch etwa halb so viele Anmerkungen zu Flora, Fauna und »Indianern« wie für 1788. Eintönigkeit herrschte allenthalben. Die Klassen belauerten einander mißtrauisch, schrieb ein namenloser Sträfling in seiner Klage ihre »Robinson-Crusoe-ähnlichen Abenteuer«:

> »Wir fürchten die Soldaten, und ihnen gefällt es nicht, die zu sehen, die besser als sie selbst leben, noch uns, die wir schlechter leben. Wir haben so viele Enttäuschungen über das Eintreffen von Schiffen etc. erlebt, daß die mißmutige und überhebliche Zurückhaltung unsere Befürchtungen nur noch gesteigert hat. Einige der Unwissendsten können an nichts anderes denken, als daß sie von Soldaten und Schiffen allein zurückgelassen werden, um hier elend zugrunde zu gehen!«

Was es an Statussymbolen gegeben hatte, schwand dahin. Alle Uniformen waren fadenscheinig oder zerfetzt. Die meisten der Seesoldaten gingen barfuß; es gab keinen Drill, kein militärisches Ritual und keine Flick- und Putzstunde mehr – und das war nicht das einzige Anzeichen für eine nachlassende Disziplin.

Den Seeleuten paßte Phillips Befehl nicht, daß Sträflinge und Wächter die gleichen Rationen bekommen sollten. Als der Gouverneur seinen privaten Mehlvorrat – mehr als 300 lb. – den öffentlichen Vorräten einverleibte, schrieb Collins, diese Geste habe ihm »unsterbliche Ehre in dieser Zeit allgemeiner Verzweiflung eingetragen« – ein Urteil, dem man sich nur anschließen kann. Doch die Seeleute waren anderer Ansicht. Wenn der äußere Rang schon nicht an Kleidung und Verpflegung erkennbar war, sollte wenigstens das Handeln Zeugnis dafür ablegen. Man darf sicher sein, daß jeder Fluch, Tritt und Schlag, mit dem sie die erschöpften Männer bedachten, als Verstärkung ihrer Überlegenheitsgefühle gelten sollte und nicht einfach nur als Aufforderung zur Arbeit. Der wegen Fälschung deportierte Maler Thomas Watling faßte das so zusammen:

»Beispiele für Unterdrückung und gemeine Despotie sind so häufig und kraß, daß jemand wie ich jede Hoffnung auf Großzügigkeit und weltmännisches Gebaren fahrenlassen muß. Solange wir uns nicht den Schikanen und Torheiten unserer Oberen mit der erniedrigendsten Unterwürfigkeit fügen, ist nichts zu erwarten, und selbst ein solches Verhalten erfährt häufig seinen gerechten Lohn: Vernachlässigung und Verachtung.«

Um aus den mangelhaften gesellschaftlichen Voraussetzungen der Kolonie Kapital für ihr Überlegenheitsgefühl zu schlagen, mußten die Oberen launisch sein – sonst hätte man die Unterwürfigkeit der ihnen Untergebenen als Bestandteil eines Abkommens deuten können. Weder konnte Watling durch Auflehnung Würde gewinnen noch sich durch Katzbuckeln schützen. Diese Situation erwies sich für die gebildeteren und feinfühligeren unter den Sträflingen als äußerst demoralisierend, denn bislang hatten sie sich noch an die Vorstellung gehalten, daß sie keine ›gemeinen‹ Verbrecher seien. Für sie war Unterwürfigkeit – eben die Haltung, der sie durch ihre oft unbedeutenden Unterschlagungs- und Fälschungsversuche hatten entkommen wollen – in der Tat »erniedrigend«.

Mit Hilfe von Festigkeit, durch sein eigenes Beispiel und durch unerschütterliche Gleichbehandlung der Gefangenen, die alle Hoffnung aufgegeben hatten, und der Seesoldaten, die vor der Meuterei standen, brachte Phillip seine klägliche Ansiedlung durch diese Krisenmonate. »Wir werden nicht verhungern«, schrieb er, »obwohl sieben Achtel der Kolonie nichts Besseres verdienen; mit dem ersten Schiff, das kommt, wird die gegenwärtige Not vorüber sein.«

Am 3. Juni 1790, einem regnerischen, böigen Tag, wurde endlich das lange erwartete Segel gesichtet. Watkin Tench bemerkte es, als er durch den Eingang seiner Hütte sah, wie »Frauen mit kleinen Kindern auf den Armen völlig verstört hin und her liefen, einander beglückwünschten und die Kinder mit größter Wonne küßten«. Das Schiff war die elf Monate zuvor aus Plymouth abgesegelte *Lady Juliana*. Sie brachte die ersten Nachrichten aus der Heimat, die die Kolonisten seit fast drei Jahren bekamen:

»›Briefe! Briefe!‹ hörte man überall rufen. Sie kamen zum Vorschein und wurden mit zitternder Erregung aufgerissen. Neuigkeiten umgaben uns wie die Helle des Mittags einen Blinden. Wir wurden förmlich mit Nachrichten eingedeckt: öffentlichen, privaten, allgemeinen und besonderen. Erst nach Ablauf einiger Tage waren wir imstande, sie in einen Zusammenhang einzuordnen.«

Zum erstenmal erfuhren sie so, daß König Georg III. erkrankt war, hörten vom Prozeß gegen Warren Hastings, von George Washingtons Einsetzung als ersten Präsidenten der Vereinigten Staaten. Das verblüffendste aber war – und angesichts ihrer gesellschaftlichen Lage am bedeutungsvollsten – die Mitteilung von der Französischen Revolution, »jenem wundervollen und unerwarteten Ereignis«, wie Tench sie nannte.

Sie erfuhren auch, warum keine Lieferungen gekommen waren. Die mit Lebensmitteln und Vorräten für zwei Jahre beladene *Guardian* war auf einen Eisberg gelaufen und hatte sich mit Mühe und Not nach Kapstadt schleppen können, wo man sie aufgegeben hatte. Ihre gesamte Ladung war verloren, und wenn auch die *Lady Juliana* etwas Mehl an Bord hatte, so brachte sie doch auch in Gestalt von 222 weiblichen Sträflingen noch mehr unnütze Esser in die darbende Kolonie.

Zumindest waren sie gesund, was man von den anderen Gefangenen der Zweiten Flotte nicht sagen konnte. Von den mehr als tausend Eingeschifften war ein Viertel auf See gestorben – teils wegen der Brutalität der Schiffsführung, teils infolge der Unbilden der Seereise. Die Hälfte derer, die in Sydney Cove von den drei übrigen Schiffen *Neptune, Surprize* und *Scarborough* (die damit ihre zweite Reise nach Australien machte) an Land gingen, war so krank, daß sie sich nicht selbst helfen konnten. Die englischen Behörden hatten die Zweite Flotte einfach mit den Invaliden aus den Gefängnisschiffen und Gefängnissen gefüllt und sie damit der Vergessenheit überantwortet. Wütend schrieb Phillip an seine Vorgesetzten in London:

> »Indem man die Hilflosen und Kranken herschickt, leert man zwar die Gefängnisse und hilft möglicherweise den Gemeinden, aus denen sie stammen, aber es ist offenkundig, daß die Siedlung, statt eine Kolonie zu werden, die sich selbst tragen kann, auf Jahre hinaus dem Mutterland zur Last fallen wird, falls dies Verfahren fortgeführt wird.«

Bevor dieser Brief London erreichte, war jedoch die Dritte Flotte schon unterwegs, mit 1864 Sträflingen an Bord. Jeder zehnte von ihnen starb, und die Überlebenden kamen 1791 »so ausgemergelt und mitgenommen«, wie sich Phillip ausdrückte, an Land, daß sie zu jeder Arbeit unfähig waren und der Kolonie wie ein Mühlstein am Hals hingen.

Obwohl also die Schiffe gekommen waren, hatte sich nur wenig geändert. David Collins faßte in einem Brief an seinen Vater seine Lage so zusammen:

> »Hier verbringe ich die schönsten Jahre meines Lebens am fernsten Ende der Welt, ohne einen Nutzen davon zu haben: getrennt von meinen Angehörigen, meinen Verbindungen von der Welt, in ständiger Angst, zu verhungern. All diese Erwägungen veranlassen mich, die erste Gelegenheit zu ergreifen, die sich bietet, um aus einem Land zu entkommen, das nichts anderes ist als ein Verbannungsort für die Ausgestoßenen der Gesellschaft.«

Doch sollten die Seesoldaten bald abgelöst werden. Die Zweite Flotte brachte zwei Kompanien des New South Wales Corps, eine eigens für den Dienst in Australien zusammengestellte neue Wachkompanie. Ihre Offiziere wußten, daß sie zu Verwaltungsaufgaben herangezogen und bei Geschworenengerichten mitwirken sollten, Dinge, denen sich Major Ross und seine Männer widersetzten; und den Rekruten war es gleich, ob sie Häftlinge bewachten oder gegen die Franzosen kämpften. Als Soldaten waren die »Botany Bay Rangers« (wie ihr Spitzname bald lautete) selbst nach den damaligen niedrigen Maßstäben der britischen Armee recht minderwertig. Die meisten waren Abschaum, und für sie war der Dienst in Neusüdwales die beste Alternative zum Betteln oder zum Verbrechen. Und nur wenige der Offiziere waren besser als ihre Männer.

Doch die Wirkung, die das New South Wales Corps auf das Leben in Neusüdwales ausübte, stand in keiner Beziehung zu seinen Fähigkeiten als Streitkraft. Zwischen 1791 und 1808 war es *de facto* – wenn auch nicht *de jure* – der machtvollste von innen kommende Einfluß, der auf die Kolonie ausgeübt wurde. Aus ihm gingen die ersten Herrschaftsgruppen hervor, und 1808 stürzte es sogar den Gouverneur.

Die Ankunft der Zweiten und Dritten Flotte bewies eines: Wie ungünstig die Aussichten der Kolonie auch waren, zumindest hatte England sie nicht aufgegeben. Man würde immer wieder vor den Landspitzen der Hafeneinfahrt Segel auftauchen sehen. Einige gehörten zu Sträflings-, andere zu Versorgungsschiffen, und noch andere waren die ersten Vorboten des Handels auf jenem fernen Meer: Robbenfänger, Walfänger und Kauffahrer. Sie lockte der Verdienst, der sich durch ungeheuer überhöhte Preise bei den Kolonisten erzielen ließ – das Dreißig- bis Vierzigfache für »die einfachsten Gegenstände, die der Behaglichkeit oder der Bequemlichkeit dienten«, heißt es bei Collins.

So gab es gegen Ende 1791 Anzeichen dafür, daß die Siedlung Sydney aus eigener Kraft überleben konnte – wenn auch nicht, wie Phillip in seinen Berichten nach England betonte, allein mit Sträflingsarbeit. Die Gefangenen hatten keinen Anreiz, zu arbeiten, sie waren weniger aufrührerisch als unbeteiligt: »Weder Güte noch Strenge haben eine Wirkung, und obwohl ich sagen kann, daß sich die Sträflinge im allgemeinen gut aufführen, gibt es eine ganze Anzahl, die Strafe weniger fürchten als Arbeit.« Die einzige Hoffnung, betonte Phillip immer wieder, war eine Kolonie »aus Landwirten und Auswanderern, die an Arbeit gewöhnt sind und die die Früchte ihres eigenen Fleißes ernten wollen«.

Doch solche Freibauern waren nicht bereit, nach Neusüdwales zu kommen – vor 1800 wanderten ganze zwanzig freie Siedler dorthin aus. Also beschloß Phillip auszuprobieren, ob sich die arbeitswilligeren unter den Sträflingen, deren Deportationszeit abgelaufen war, die aber in Australien bleiben und dort ein neues Leben beginnen wollten, zu Freibauern eigneten. Er gab ihnen Land und stellte ihnen Werkzeug zur Verfügung. Sofern ihre Höfe gediehen, konnten sie sich von der allgemeinen Versorgung lösen, von den Rationen der Regierung unabhängig werden und schließlich ihre Ernteüberschüsse an die Magazine der Kolonialregierung verkaufen. Solche Männer konnten als Beispiel dienen und zeigen, daß die Deportation imstande war, Sträflinge zu bessern. Der erste Sträfling, der als selbständiger Landwirt Erfolg hatte, war Richard Phillimore. Er erntete im Januar 1791 auf der Norfolkinsel genug Getreide, um sich und zwei Arbeiter zu ernähren.

Doch der »Vater der australischen Landwirtschaft«, der erste Mann, der aus dem widerspenstigeren Boden des Festlands seinen Lebensunterhalt bestritt, war James Ruse, ein ehemaliger Bauer aus Cornwall, dem Phillip bei Parramatta etwas Buschland und einen gerodeten Acre Land gab. Ruse verbrannte Holz auf seinem kleinen Acker und grub die Asche, die reich an Pottasche war, unter, denn tierischen Dünger gab es nicht. Da er weder Pflug noch Pferd hatte, hackte er den Boden gründlich – »Nicht wie auf den Höfen der Regierung, wo nur ein bißchen gekratzt wird, sondern richtig«, teilte er Watkin Tench stolz mit –, und er wendete die Schollen, so daß sich Gras und Kräuter im Boden versetzten. Unmittelbar vor der Aussaat wendete er die Erde erneut um. Im Spätsommer (Februar 1791) gingen sein Weizen und Mais auf, und er teilte Phillip stolz mit, er könne sich nun selbst ernähren. Im Dezember 1791 war er imstande, auch Frau und Kind von den Vorräten der Regierung unabhängig zu machen.

Als Belohnung gab ihm Phillip dreißig Acres Land bei Parramatta – die erste Landüberschreibung in Australien. Der Hof bekam den Namen »Experiment Farm«. Im Jahre 1819 besaß Ruse 200 Acre, und obwohl er durch Pech (oder Rum) schließlich alles einbüßte und sein Leben als Aufseher bei einem anderen beendete, sind die Worte auf seinem Grabstein voll verständlichen biblischen Stolzes:

Meine Mutter zog mich zärtlich auf
Gab sich viel Mühe mit mir
Und als ich in dieser Kolonie eintraf
Säte ich das erste Korn und nun hoffe ich
für immer bei meinem himmlischen Vater
bleiben zu dürfen.

Ende 1792 konzentrierten sich alle wirtschaftlichen Hoffnungen der Kolonie auf Parramatta. Niemand quälte sich mehr mit dem mageren Boden von Sydney ab, und der Bach war ein »Morast«, dem die Siedler so übel mitgespielt hatten, daß Schiffe kein Wasser mehr aus ihm aufnehmen konnten. Doch bei Parramatta arbeiteten sich die Höfe allmählich in das von alters her bestehende Graugrün des Busches vor. Ende Oktober 1792 hatte Phillip an sechsundsechzig Leute um Parramatta und im nahe gelegenen Distrikt Toongabbie Land überschrieben, dreiundfünfzig von ihnen waren Sträflinge, deren Deportationszeit abgelaufen war. Doch unter ihnen gab es nicht viele wie Ruse. Wer geschickt war und schwer arbeitete, konnte genug Geld zusammensparen, um seine Reise zurück nach England zu bezahlen, oder er konnte seine Passage als Seemann und Schiffszimmermann abverdienen. Betrübt notierte Phillip: »So werden stets die Besten davongehen.« Vier Jahre nach der Landung konnte sich die Mehrzahl der Gefangenen nach wie vor nicht selbst ernähren und wurde wie Vieh an die Arbeit gestellt. Ein alter Knastbruder, der mit der Dritten Flotte angekommen war, Henry Hale, lieferte eine lebhafte Beschreibung der Arbeit bei Toongabbie:

> »Neun Monate habe ich für fünf Unzen Mehl am Tag gearbeitet, wenn man es nachwog, waren es kaum vier. In jener Zeit mußten wir, fünfundzwanzig in einer Kolonne, Bauholz schleppen. Die Joche, an denen die Baumketten hingen, waren sechs Fuß lang, sechs Männer gingen nebeneinander. Wir haben die Joche hinter uns gehalten und mit den Händen gezogen. Ein Mann, der zum Schleppen eingeteilt war, hat es nicht lange gemacht. Am Donnerstag hat er angefangen, und am Samstag ist er gestorben, während er eine Ladung den Verfassungs-Berg hinunter schleppte. Früher haben die Männer Baumstämme auf ihren Schultern getragen. Wie viele da gestorben sind!«

In Toongabbie fehlte ihnen alles Lebensnotwendige und suchte sie alles Leiden heim, das sie fürchteten. Es war nicht ungewöhnlich, daß sieben oder acht an einem einzigen Tag starben, oft während der Arbeit. Kein Wunder, daß die Sträflinge stahlen wie die Elstern. Während einer langen Dürreperiode im Jahre 1791 hatte die Ernte nahezu fünftausend Bushel Weizen ergeben, davon verschwand fast ein Drittel – auf dem Weg vom Feld zur Scheune.

Dennoch wurden Ende 1792 tausend acres öffentliches und fünfhundertsechzehn acres Privatland bearbeitet, mehr als viertausend weitere hielt Phillip in Reserve. Er hoffte, die Aufgabe werde freigelassene Sträflinge und Angehörige des New South Wales Corps ansprechen, sie alle sollten Sträflinge als Hilfskräfte zugeteilt bekommen. Das war der Keim des Arbeitsverpflichtungs-Systems, einer abgeänderten Form der Sklaverei auf der Australiens Wirtschaft in den Anfängen aufbauen sollte.

Ende 1792 hatte die junge Kolonie von Neusüdwales – vier kleine Fleckchen Erde, nämlich Sydney Cove, die Norfolkinsel, Parramatta und Toongabbie – der pedantisch genauen Buchführung des Kolonialamtes zufolge die Regierung König Georgs III. 67 194 £ 15 s. und 4 ¾ d. gekostet – nach heutigem Geld etwa 3 350 000 Pfund, also an die zehn Millionen Mark.

Welchen Gegenwert hatte die Krone dafür bekommen? Strategisch gesehen nicht viel. Die Hoffnung, Englands Ostindien-Flotte mit Masten und Leinwand von der Norfolkinsel auszurüsten, hatte sich als Seifenblase erwiesen. Andererseits würde die bloß Tatsache, daß man die australische Küste nicht nur beansprucht, sondern auch – mit wie schwachen Kräften auch immer – besetzt hatte, es den Franzosen erschweren, im Südpazifik Besitzansprüche geltend zu machen. Angesichts der Art der Machtverteilung zwischen beiden Ländern – Frankreich beherrschte den europäischen Kontinent und England die Weltmeere – war es zumindest denkbar, daß diese Kolonie im Rahmen der geopolitischen Zustände des 18. Jahrhunderts eine strategische Rolle spielen konnte.

Über die Deportation der Sträflinge behauptete William Pitts Tory-Regierung, mit den Ergebnissen nicht unzufrieden zu sein. Einige Kritiker wollten wissen, warum man die Verbrecher nicht wie in Frankreich oder Deutschland für Arbeiten von öffentlichem Interesse im Inland einsetzte. Pitt wischte diese Einwände mit dem ihm eigenen Hochmut vom Tisch und erklärte – durchaus wahrheitswidrig –, die großen Ausgaben für die Kolonie gehörten der Vergangenheit an, sie sei nun imstande, sich selbst zu erhalten, oder werde es gewiß binnen kurzem sein, außerdem sei die Deportation die bei weitem billigste Art, sich der Verbrecher zu entledigen.

So würde die Kolonie also weiterleben – allerdings ohne Arthur Phillip als Gouverneur. Am 10. Dezember 1792 ging er in Begleitung zweier Freunde – oder besser gesagt: »Vorzeige-Aborigines« – an Bord des Versorgungsschiffs *Atlantic* und segelte ein letztes Mal durch den Hafen. Er sehnte sich nach England zurück. 22 Jahre später starb er in Bath, ein gelangweilter pensionierter Großadmiral, der sich noch immer (wenn auch nur am Rande) mit den Angelegenheiten der Kolonie beschäftigte, die er mit ins Leben gerufen hatte.

6

Als das letzte Jahrzehnt des 18. Jahrhunderts zu Ende ging, sah die britische Regierung Australien und seine Sträflingskolonie nach wie vor mit den Augen einer Seefahrernation. Die an einem Hafen und auf einer Insel begründeten Ansiedlungen waren zur See und nicht zum Land hin gerichtet, ein (wenn auch schwacher) Stützpunkt für den Handel, die Ausrüstung von Schiffen und die Verteidigung. An eine Ausdehnung ins Binnenland war nicht gedacht. Die ersten vier Gouverneure von Neusüdwales waren ausnahmslos Marineoffiziere: die Kapitäne Phillip, Hunter, Leutnant zur See King sowie Kapitän William Bligh (von der berüchtigten *Bounty*). Von London aus gesehen, war die Sträflingskolonie ein an Land liegendes Gefängnisschiff von der Größe eines Kontinents.

Ab 1792 jedoch vermochte sie sich selbst zu unterhalten. Das war das Werk der New-South-Wales-Corps-Kamarilla. Beinahe drei Jahre lang, zwischen Phillips Abreise im Dezember 1792 und Hunters Rückkehr im September 1795, leiteten die beiden Offiziere Francis Grose und William Paterson die Kolonie praktisch allein. Sie führten die Grundsätze privatwirtschaftlicher Unternehmensführung sowie die Sklavenarbeit ein, die für den Reichtum der ersten Elite Australiens sorgten.

Francis Grose (1758?–1814) war aus dem Kampf gegen die Aufständischen im amerikanischen Unabhängigkeitskrieg schwerverwundet und invalide nach England zurückgekehrt. Zu einer Anstellung mit vollem Sold kam er wieder, indem er mithalf, das New South Wales Corps zu gründen und die Männer dafür zusammenzustellen. Als dessen Kommandant und als Statthalter von Neusüdwales nach Phillips Abreise sorgte er sogleich dafür, daß die meisten zivilen Angelegenheiten in die Hände des Militärs kamen. Friedensrichter ersetzte er durch Offiziere und ernannte einen energischen jungen Schotten, Leutnant John Macarthur, zum Zahlmeister des Regiments und Oberaufseher über die öffentlichen Arbeiten – diese Positionen gaben ihm die Möglichkeit, den Arbeitseinsatz von Sträflingen zu lenken.

Seine eigenen Untergebenen vergaß Grose keineswegs. Er schaffte Phillips Grundsatz gleicher Rationen für alle ab und gab den Soldaten mehr zu essen als den Sträflingen. Außerdem ließ er verkünden, jeder Angehörige des New South Wales Corps könne auf Wunsch 25 Acre Land umsonst haben. Doch seine für die Zukunft der australischen Landwirtschaft wichtigste Entscheidung war das Angebot, das er Offizieren des Korps machte: Sie sollten hundert Acre überschrieben bekommen sowie zur Arbeit zehn Sträflinge, die auf Regierungskosten unterhalten werden sollten. Diese Offiziere seien, berichtete Grose nach London, »die einzigen Siedler, auf die man sich verlassen kann. Ihre Bemühungen sind wahrhaft erstaunlich. Ich werde ihre Arbeit fördern, sosehr es in meiner Macht steht.«

Unter Grose waren die Offiziere wirtschaftlich bedeutend bessergestellt als die Zivilisten; sie konnten im Vorgriff auf ihr Gehalt Kredit bekommen und ernannten sich selbst zu den Verwaltern eines Monopols für die Mehrzahl der in Sydney Harbour eintreffenden Verbrauchsgüter. Das wichtigste davon war Rum, soziales Betäubungsmittel und die eigentliche Währung des frühen Neusüdwales. Die Gesellschaft Sydneys war durch und durch dem Alkohol ergeben, Männer wie Frauen, und jeder Tropfen ihrer Droge mußte eingeführt werden.

Anfang des Jahres 1793 lief ein amerikanisches Handelsschiff, die *Hope*, mit 7500 Gallonen Rum ein. Alle Waren und Vorräte, die sie an Bord hatte, wurden dringend benötigt. Der schlitzohrige Kapitän verlangte nicht nur stark überhöhte Preise, sondern machte zur Bedingung, kein einziger Nagel, kein Sack Mehl und kein Stück Stoff werde sein Schiff verlassen, wenn nicht die Kolonie seinen gesamten Bestand an Rum kaufte: an die 30 000 Liter Rum. Die Offiziere des New South Wales Corps taten sich zusammen und kauften die gesamte Ladung der *Hope*. John Macarthur als Zahlmeister stellte die durch das Vermögen des Regiments in England gedeckten Schuldscheine aus.

Dieser improvisierte Handel erwies sich als höchst einträglich, und das Monopol des »Rumkorps« (wie die Sträflinge das Regiment prompt nannten) durchzog bald wie ein roter Faden das Wirtschaftsleben der Kolonie. In den kommenden Jahren ging die Mehrzahl der Ladungen, die Sydney erreichten, durch die Hände des Korps und der von ihm abhängigen Trabanten, darunter mehrere ehemalige Sträflinge. Ein großer Teil des Erlöses wurde in Grund und Boden angelegt. Freigelassene Sträflinge und freie Siedler hatten ein gleiches Recht auf Ackerland. Zu Beginn des Jahres 1794 waren 22 Besitzüberschreibungen für Land auf den reichen Hochflächen am Hawkesburyfluß nordwestlich von Sydney erfolgt. Binnen weniger Monate siedelten dort 70 Kolonisten, ein Jahr später bereits 400. Unter ihnen befanden sich 54 ehemalige Sträflinge mit ihren Angehörigen. Doch im Jahre 1800 besaßen von jenen 54 nur noch acht Höfe dort – dabei war das Land um Hawkesbury das beste Ackerland in der Nähe Sydneys. Insgesamt bearbeiteten von den 274 Siedlern, denen bis 1795 Landbesitz in Neusüdwales übertragen worden war – die überwiegende Mehrheit von ihnen, nämlich 251, waren ehemalige Sträflinge – im Jahre 1800 nur noch 89 ihr eigenes Land.

Dafür gab es natürliche Gründe: Überschwemmungen, Feuer, Dürre – die ständigen schlimmen Wegbegleiter der Landwirtschaft in Australien. Aber es gab auch kulturelle Gründe: Viele der zu Bauern gewordenen ehemaligen Sträflinge waren im Unterschied zu James Ruse in der Landwirtschaft völlig unerfahren. Diesen frühen Prozeß zur Aufgabe der Höfe – der sich nach 1800 allerdings zugunsten der freigelassenen Häftlinge umkehrte – wurde sicherlich auch von den ungleichen Startchancen beeinflußt, die sie hatten, aber auch vom Rum. Ein Offizier konnte sich das beste Land überschreiben und die fähigsten Sträflinge zuteilen lassen, »Mechaniker« und frühere Landarbeiter. Dank des Rumkorps-Monopols auf Einfuhren kosteten ihn Gerätschaften, Saatgut und Zuchtvieh nur einen Bruchteil dessen, was ehemalige Sträflinge bezahlen mußten. Kaum verfiel ein ehemaliger Sträfling dem Trunk, tauchte ein Offizier des Rumkorps auf und kaufte ihm sein Anwesen ab.

»Die seit Gouverneur Phillips Abreise hier eingetretenen Veränderungen«, schrieb John Macarthur bereits 1793,

»sind so tiefgreifend und erstaunlich, daß man an meiner Wahrheitsliebe zweifeln könnte, wollte ich sie alle aufzählen. Es scheint kaum glaubhaft, daß sich die Kolonie, die stets am Rande des Verhungerns lebte, in so kurzer Zeit aus dem Zustand kläglicher Armut zu ihrer gegenwärtigen Gestalt entwickelt hat. Ich selbst besitze ein Anwesen von nahezu zweihundertfünfzig acres. Aus dem Verkauf der Erzeugnisse dieses Jahres habe ich vierhundert Pfund erlöst und dabei in meiner Scheuer noch mehr als tausendachthundert Bushel Getreide.«

Die Offiziere des New South Wales Corps besaßen 1799 32 Prozent des Viehbestandes in Australien, 40 Prozent der Ziegen, 59 Prozent der Pferde und 77 Prozent der Schafe. Habsüchtig, überheblich und eifersüchtig auf Vorrechte und Eigennutz bedacht, waren Macarthur und seine Freunde privilegiert und beabsichtigten, es auch zu bleiben. Den von der britischen Regierung eingesetzten Gouverneuren, die auf Grose und Paterson folgten – Hunter, King und Bligh –, fiel es äußerst schwer, sie zu kontrollieren.

So mächtig waren diese Männer, daß sie am 26. Januar 1808, dem zwanzigsten Jahrestag der Besiedlung durch die Briten, gegen Gouverneur Bligh rebellierten, ihn in einem Staatsstreich absetzten und Neusüdwales zwei Jahre lang als Militärjunta regierten. Keiner der Offiziere wurde für diese bemerkenswerte Meuterei ernsthaft bestraft.

In ihren Köpfen hatten sich zwei Vorstellungen festgesetzt: Erstens glaubte keiner von ihnen – schon gar nicht John Macarthur, der den Aufruhr aus einer Gefängniszelle anführte, in die ihn Bligh gesteckt hatte –, daß ein aus der Marine hervorgegangener Gouverneur jemals auf ihrer Seite stehen könne, und zweitens vertraten sie die Ansicht, die Sträflinge seien ausschließlich dazu im Lande, um ausgebeutet, keineswegs aber, um gebessert zu werden. Diese beiden Ansichten führten zu einer raschen Verhärtung der Haltung des New South Wales Corps gegenüber den Sträflingen, die das Lumpenproletariat der neuen Kolonie bildeten. Das Korps widersetzte sich beharrlich jedem Versuch, seine Art der Sträflingsbehandlung zu kritisieren oder auch nur näher untersuchen zu lassen. Besonders kraß sollte sich diese Haltung auf der Norfolkinsel zeigen.

7

Bevor die *Atlantic* Phillip 1792 mit nach England zurücknahm, hatte sie an der Norfolkinsel angelegt und Vorräte für deren verzweifelte Kolonisten ausgeladen. Die Besatzungsmitglieder und Seesoldaten, die an Land gingen, sahen mit Verblüffung, wie sich unter King die Bedingungen für die Gefangenen verschlimmert hatten. Ein Matrose namens John Easty notierte in seinem Tagebuch, wie

> »sich die Insel, die fast als die blühendste auf der ganzen Welt gegolten hatte, jetzt als elender Ort erweist, an dem alle Arten von Grausamkeit und Unterdrückung ausgeübt werden. So, wie man hier im Namen des Gouver-

neurs die Menschen zu Tode peitscht und prügelt, wäre es für die armen und unglückseligen Geschöpfe fast besser, man henkte sie. Der Statthalter [King] führt sich mehr als ein Wahnsinniger denn als ein Mann auf, dem die Regierung einer Insel anvertraut ist, die zu Großbritannien gehört.«

King war nach dem Verlust der *Sirius* im März 1790 zu einer kurzen Erholung nach England zurückgekehrt, aber im November 1791 mit seiner neuen Ehefrau, seiner Cousine Anna Coombe, wieder auf der Norfolkinsel. Er war zum Statthalter ernannt worden und sollte fünf Jahre lang ihr Kommandant sein.

Bewacht wurden die Gefangenen auf der Insel jetzt durch die Botany Bay Rangers. Die einfachen Soldaten gaben sich nicht die geringste Mühe, die Sträflinge auf Distanz zu halten. Sie wurden »sehr vertraut mit ihnen, lebten in ihren Hütten, aßen, tranken und spielten mit ihnen und verlockten fortwährend die Frauen, ihre Männer zu verlassen«.

Das führte natürlich zu Reibungen. Ehemalige Sträflinge beschwerten sich, daß die Soldaten ihre Ehefrauen verführten, und einer von ihnen, Dring, der Vormann der Insel, verprügelte einen Soldaten, der ihn mehrfach gehörnt hatte. King belegte den gekränkten Ehemann mit zwanzig Shilling Geldstrafe, was, wie er hoffte, »den Soldaten davon überzeugen würde, daß man ihn nicht ungestraft beleidigen durfte«. Doch die Soldaten waren der Ansicht, man hätte Dring auspeitschen müssen, und so sah man an Weihnachten 1793 vier Soldaten Drings Hof zustreben, wo sie mit einer Fackel sein Getreide in Brand setzen wollten. Als ein Bauer ihnen Einhalt zu gebieten versuchte, stieß ihm einer der Soldaten die Fackel kräftig ins Gesicht, »was ihn stark verbrannte und verletzte«.

Nicht einmal King konnte davor die Augen verschließen, und er ließ den Soldaten festnehmen. Am selben Abend gingen zwei andere Soldaten mit Knüppeln auf die Suche nach Dring. Man fand ihn später: halbtot, blutend und voller Wunden. Seine Angreifer wurden vor ein Militärgericht gestellt, und einer von ihnen, ein Mann namens Downey, wurde zu hundert Peitschenhieben verurteilt, außerdem sollte er Dring eine Gallone Rum als Versöhnungsgeschenk überreichen. Zu Kings großer Bestürzung baten ihn jetzt Dring und einige weitere ehemalige Sträflinge jedoch, den Soldaten zu begnadigen: Sie hatten Angst vor Repressalien durch das Korps. Ihr Wunsch wurde unter der Voraussetzung erfüllt – wie King streng anordnete –, daß sich die ehemaligen Sträflinge mit den Soldaten zusammensetzten und gemeinsam die Gallone Rum leerten.

Man hätte annehmen können, daß damit die Rache beendet wäre, das aber war nicht der Fall. Verbittert und kampflustig zogen die Rotröcke über die Insel, brachen Schlägereien vom Zaun, stießen dumpfe Drohungen gegen King aus – den sie verachteten, denn als Marineoffizier war er in ihren Augen ein Außenseiter – und sannen auf Meuterei. Im Januar 1794 erfuhr King von einem Zuträger unter den Sträflingen, daß die Soldaten geschworen hatten, »es nicht mehr hinzunehmen, wenn einer ihrer Kameraden für ein Vergehen gegen einen Sträfling bestraft würde«. Sie wollten sich in einem solchen Fall erheben und erst Dring und anschließend alle Gefangenen töten.

King begriff, daß es »äußerst delikat« sein würde, dagegen einzuschreiten. Man konnte nicht einfach auf bloßen Verdacht hin eine ganze Abteilung Soldaten entwaffnen, die einem lediglich zwei Schiffswochen entfernt auf dem australischen Festland residierenden Gouverneur unterstand. Dennoch gelang es King, die zehn mutmaßlichen Meuterer festzusetzen. Er bildete rasch eine Miliz aus 44 freien Siedlern, lauter frühere Seeleute und Seesoldaten (natürlich konnte man keinem freigelassenen Sträfling eine Waffe anvertrauen). Durch einen bemerkenswerten Zufall traf zwei Tage später ein Schiff mit Nachrichten aus Sydney ein – seit neun Monaten das erste, das man auf der Norfolkinsel zu Gesicht bekommen hatte. Die Meuterer wurden an Bord gebracht und zur Verurteilung auf das Festland geschickt.

Vor Wut schäumend, las Grose Kings ausführlichen Bericht über den Zwischenfall. Ohnehin machten ihm seine alten Wunden, die ihm nahezu zwanzig Jahre zuvor die Musketenkugeln der amerikanischen Miliz zugefügt hatten, in der erbarmungslosen Hitze des Sommers 1793/94 zu schaffen, und jetzt mußte er erfahren, daß sein der Marine angehöriger Untergebener es gewagt hatte, auf der Norfolkinsel eine aus Zivilisten bestehende Miliz zu bewaffnen. Das war in seinen Augen Subversion, und er griff zur Feder. »Keine von einem Soldaten ausgehende Provokation«, ließ er King wissen, »darf je als Vorwand dafür dienen, daß ein Sträfling einen Soldaten schlägt.« Kein Soldat durfte durch einen zivilen Richter verurteilt oder auch nur einem zivilen Konstabler in Gewahrsam gegeben werden. Vor allem aber mußte diesen klargemacht werden, »daß sie unter keinen Umständen einen Soldaten festnehmen oder verhaften dürfen, *nicht einmal dann, wenn er bei einer ungesetzlichen Tat entdeckt würde*«.

Mit diesem bemerkenswerten Brief stellte Grose dem New South Wales Corps eine Immunitätsgarantie aus. Das Wort Sträfling umfaßte in seinen Augen sowohl Kriminelle, die ihre Strafe verbüßten, wie auch freigelassene ehemalige Sträflinge. Da die Zahl freier Auswanderer vernachlässigbar gering war, meinte er mit Sträfling praktisch jeden Zivilisten in der Kolonie. Jetzt hatte die Zivilverwaltung keine Handhabe mehr gegen das Militär, die Soldaten hingegen konnten nach Belieben schalten und walten, da sie lediglich dem aus ihren eigenen Offizieren bestehenden Militärgericht unterstanden.

Allerdings ließ sich King von seinem Gouverneur, der unbeherrscht weit über das Ziel hinausgeschossen war, nicht einschüchtern. Er schickte seine eigenen Erklärungen an den Kolonialminister in London; sie wurden akzeptiert. Grose mußte von seiner Position abrücken und sich entschuldigen.

Doch als im Jahre 1800 King selbst die Nachfolge des schon recht alten Kapitäns Hunter als Gouverneur antrat, setzte er einen wahren Berserker aus dem Rumkorps als Kommandanten auf der Norfolkinsel ein, Major Joseph Foveaux (1765–1846). Unter ihm sollte die Verachtung des Militärs für die »Sträflinge« die Dimension des Wahnwitzes annehmen.

Die Unterlagen geben keine Auskunft über Joseph Foveaux' Eltern, doch soll sein Vater ein französischer Koch im Dienst des Earl of Upper Ossory in Ampthill Park in der Grafschaft Bedfordshire gewesen sein. Der Name seiner Mutter ist nicht bekannt. Jemand hatte es offensichtlich für der Mühe wert gehalten, ihm eine Erziehung angedeihen zu lassen und ihn in ein Regiment einzukaufen. Daß er innerhalb des New South Wales Corps rasch aufstieg – vom Hauptmann 1791 zum Major 1796, für einen jungen Mann bei einer unwichtigen Routineaufgabe an einem unbedeutenden Vorposten äußerst ungewöhnlich –, läßt einen machtvollen Beschützer im Hintergrund vermuten.

Foveaux' Briefen läßt sich nur wenig über seine Vorlieben und Neigungen entnehmen, mit Ausnahme einer Leidenschaft für militärische Korrektheit. Aber er scheint die Mentalität manches späteren Lagerkommandanten gehabt zu haben, und die Norfolkinsel setzte ihn in den Stand, seinen durch die größere Öffentlichkeit auf dem Festland in Grenzen gehaltenen Sadismus überreichlich auszuleben, wobei er ihm das fadenscheinige Mäntelchen des ›nötigen Durchgreifens‹ umhängte.

Bei seiner Ankunft Ende 1800 stellte er fest, daß die Moral unter den Sträflingen seit Kings Abreise vier Jahre zuvor stark abgenommen hatte. Zwar wurde noch Flachs angebaut, aber exportfähig war von der Produktion nichts. Fachkräfte waren rar, und die meisten Gebäude verfielen zusehends. Die Schleifsteine waren abgewetzt, die Sägen verrostet, und den Sägemeister hatte man wegen Faulheit und Frechheit abgesetzt. In der Siedlung wuselten nahezu 200 uneheliche Kinder umeinander, mehr als ein Fünftel der Gesamtbevölkerung. Sie waren ohne jede Schulbildung und konnten weder lesen noch schreiben. Der Lehrer saß wegen Schulden im Gefängnis, und der einzige Missionar schien »zum Amt eines Geistlichen nicht geeignet«. Es gab offensichtlich viel zu tun.

Foveaux hatte sich zu seinen Methoden im einzelnen nicht geäußert. Beschrieben werden sie von seinem Gefängnisoberaufseher, einem deportierten Straßenräuber namens Robert Jones (alias Robert Buckey, alias George Abrahams), der in oder um 1795 auf Kings Anregung hin von Gouverneur Hunter bedingt begnadigt worden war und sich entschlossen hatte, auf der Norfolkinsel zu bleiben.

»Major Foveaux«, schreibt Jones, »war einer der harten Männer, die mehr an die Peitsche als an die Bibel glauben.« Foveaux war entschlossen, feste Steinbauten zurückzulassen, wenn er die Insel verließ: ein Gefängnis, eine Kaserne, Wohnhäuser für die Offiziere. Die Tagesarbeit eines Sträflings bestand darin, fünf Wagenladungen Steine zu klopfen. Zerbrachen Hämmer und Hacken, was durchaus vorkam, da sie von schlechter Qualität waren, wurden ihre Benutzer ausgepeitscht. Die Arbeitszeit war lang und die Ernährung schlecht. (»Das Schweinefleisch war so weich, daß man den Finger hindurchstecken konnte, und stets verdorben.«) Die Gefangenen mußten vor Tag und Tau aufstehen und bei jedem Wetter ihre Strohsäcke vor die Zellen legen. Wenn es regnete, wurden die Sträflinge, die von der Arbeit zurückkehrten,

> »naß in die Zellen gesperrt, ohne Möglichkeit, ihre Kleidung zu trocknen. So lautete meine Anweisung, und wer sich beschwerte, wurde sogleich zum Dreibein geschickt und mit 25 Peitschenhieben bestraft. Für jede weitere Beschwerde gab es zusätzliche fünfzig.«

Das Schicksal eines rückfälligen Sträflings auf der Norfolkinsel war fortgesetzte, entsetzliche Folter:

> »Der Auspeitscher war ein sehr kräftiger Mann aus der Grafschaft Clare. Es bereitete ihm großes Vergnügen, seinem Opfer soviel Qual wie möglich zuzufügen, wobei er Ausdrücke benutzte wie: ›Hier, Kumpel, noch mal 'n halbes Pfund von den Rippen runter.‹ Gesicht und Kleidung sahen gewöhnlich aus wie bei einem Metzger, der Fleisch gehackt hat. Major Foveaux genoß solche Schauspiele und zeigte seine Befriedigung, indem er dem Auspeitscher ermunternd zulächelte. Gelegentlich ließ er das Opfer vor sich bringen und begrüßte es dann mit den Worten: ›Hallo, verdammter Schurke, macht es dir Spaß?‹ Dann hieß er es sich anziehen und unverzüglich an die Arbeit gehen.«

Ein Gefangener namens Joseph Mansbury war so häufig ausgepeitscht worden – etwa 2000 Hiebe in drei Jahren –, daß sein Rücken

> »gänzlich ohne Fleisch zu sein schien, und seine Schlüsselbeine lagen frei und wirkten wie polierte Elfenbeinhörner. Nur mit größter Mühe ließen sich Stellen finden, an denen man ihn noch auspeitschen konnte. Tony [Chandler, der Aufseher] schlug vor, wir sollten uns beim nächstenmal besser seine Fußsohlen vornehmen.«

Eine Strafe von zweihundert Peitschenhieben hieß im Jargon »Kostprobe« – es war eine, die man nicht vergaß. Die einzige medizinische Behandlung ausgepeitschter Sträflinge bestand darin, daß man ihnen einen Eimer Seewasser über den Rücken goß, ein Verfahren, das als »'nen salzigen Rücken kriegen« bekannt war. »Viele erlöste der Tod von dieser Behandlung«, schrieb Jones,

> »es wäre unmöglich, in Einzelheiten die Qualen aufzuzählen, die der Kommandant, seine Schergen und Aufseher den Sträflingen zufügten. Eine seiner Lieblingsstrafen war es, die Fußeisen allmonatlich etwas enger zu machen, so daß sie ins Fleisch schnitten.«

Es gab auch eine völlig finstere Isolierzelle mit einer Wassergrube unterhalb des Fußbodens. Gefangene, die dort nackt in Einzelhaft achtundvierzig Stunden lang eingesperrt wurden, wagten aus Angst vor dem Ertrinken nicht zu schlafen.

Nur zwei Wege führten aus der ›alten Hölle‹, wie der Ort im Sträflingsjargon hieß – der Tod oder eine schwerwiegende Straftat. Wie in späteren Jahrzehnten in Macquarie Harbour und an der Moreton-Bucht mußte, wer ein Kapitalverbrechen beging, zur Verhandlung nach Sydney geschickt werden, weil in den Strafaußenposten kein dafür zuständiges (Geschworenen)gericht gebildet werden konnte. »Manch ein Mordfall«, schrieb Jones, »ja, wohl die meisten wurden mit dem ausschließlichen Ziel begangen, nach Sydney zu kommen, die einzige Möglichkeit, den Himmel (Sträflingsjargon für das Festland) noch einmal zu sehen.« Einige Männer, unter ihnen auch ein gewisser Thomas Carpenter, mit dem sich Jones angefreundet zu haben scheint, starben schon bei der Auspeitschung, die dem Verfahren vorausging:

> »Seine zweihundertfünfzig haben ihn umgebracht. Es heißt, an Herzversagen ist er gestorben. Gott verzeih ihnen und auch ihm. Er war auf der Insel wohlgelitten. Da er aber merkte, daß er krank war und sein letztes Stündlein für gekommen hielt, schlug er seinen Offizier in der Hoffnung, so seine Freunde (in Sydney) noch einmal sehen zu können. Das hat er auch, es war aber zum letzten Mal. Bedenkt man, zu welchem Zweck diese armen Teufel vor Gericht gestellt werden, ist ihr Los um so beklagenswerter.«

Am meisten fühlte sich Foveaux auf der Norfolkinsel vom zivilen Rechtspfleger auf der Insel behindert, einem Anwalt namens Thomas Hibbins (1762–1816), der die Stelle durch Vermittlung des Earls of Morton bekommen hatte. Er war weder ehrgeizig noch klug (sonst hätte er kaum eine solche Stelle angestrebt), wohl aber besaß er Anstand und ein gewisses Mitgefühl für die Sträflinge. Da es seine Aufgabe war, auf der Insel den Rechtsvorschriften Geltung zu verschaffen – und darüber hinaus zu entscheiden, in welchen Fällen die Täter zur Verhandlung nach Sydney zu schicken waren –, kam es zu zahlreichen Zusammenstößen mit Foveaux, der in ihm nichts anderes sah als einen den Sträflingen freundlich gesinnten Trunkenbold.

Hibbins seinerseits scheint keinen Hehl aus seiner Abneigung gegenüber dem Kommandanten und dessen Methoden gemacht zu haben – Foveaux selbst bezeichnete sie als »wirksam, wenn auch nicht unbedingt gesetzeskonform«. Sie wendete er auf irische politische Gefangene an, die man ursprünglich wegen ihrer Beteiligung am Aufstand von 1798 nach Sydney deportiert hatte. Von dort wurden sie im Jahre 1800 nach entsetzlichen Auspeitschungen, bei denen jeder von ihnen bis zu tausend Hiebe bekam, lebenslänglich auf die Norfolkinsel geschickt – angeblich, weil sie in Parramatta in einen Aufstand verwickelt waren, der allerdings gar nicht stattgefunden hatte.

Die Iren zeigten sich von Anfang an widerborstig. Die Mehrzahl der bereits auf der Norfolkinsel befindlichen Sträflinge war gleichfalls irischer Abkunft, und die »Neuen« aus Sydney müssen sie mit ihren Berichten über den 98er Aufstand angesteckt haben. Am Vormittag des 14. Dezember 1800 erschien ein irischer Sträfling namens Henry Grady (der Vergewaltigung und nicht etwa des Aufstandes beschuldigt) »offensichtlich äußerst erregt« vor Foveaux' Wohnung. Für den Abend sei ein Aufstand vorgesehen, teilte er ihm mit, hundert Spieße seien bereits hergestellt. Foveaux schickte einen Soldaten an die von Grady bezeichnete Stelle, der den Wahrheitsgehalt der Behauptung überprüfen sollte, und dieser fand die Spieße an der angegebenen Stelle – lange, im Feuer gehärtete Stöcke, zwar ohne Metallspitzen, aber zweifellos als Waffen geeignet. Als Rädelsführer bezeichnete Grady zwei »Politische«, den vierundzwanzigjährigen John Wolloghan aus Munster und den vierzigjährigen Peter McClean aus Ulster. Wolloghan habe für die Herstellung der Spieße gesorgt und McClean die Rebellen zusammengebracht und sie schwören lassen, daß sie die englischen Offiziere und Wachmannschaften töten wollten.

Foveaux ließ die beiden in Arrest nehmen und rief Thomas Hibbins. Dieser erklärte, keinesfalls dürften die Männer von einem Offiziersausschuß zum Tode verurteilt werden, außerdem wisse er nicht, wie man eine Anklage gegen sie formulieren könne, da es auf der Insel keine Gesetzbücher gebe. Über diese »Pedanterie« erbost, rief Foveaux seine Offiziere zusammen, um sich mit ihnen über die »schrecklichen Folgen« klarzuwerden, »die sich ergeben, wenn man nicht solche gefährlichen und schurkischen Unternehmungen im Keim erstickt«. Ohne zu zögern, einigten sich die Offiziere, die eine Meuterei ebenso fürchteten wie Foveaux, einstimmig darauf, daß man nicht viel Federlesens machen und Wolloghan und McClean ohne Gerichtsverfahren hängen solle. Am selben Abend noch knüpften sie sie im Schein von Fackeln auf. Der Denunziant Grady bekam seine Reststrafe erlassen. »Wer solche Leute bestärkt«, schrieb Foveaux an King, »ist gut beraten.«

Eine einige Monate später der bloßen Form halber durchgeführte Untersuchung entlastete Foveaux; sein entschlossenes Vorgehen trug ihm sogar ein Lob ein, nicht nur von King, sondern auch vom Kolonialminister Lord Hobart, und er wurde 1802 zum Oberstleutnant befördert. Seine Ansichten zu der Angelegenheit faßte er in einem Memorandum an Lord Portland wie folgt zusammen:

»Dieser Ort unterscheidet sich in vielem so sehr von jedem anderen Weltteil, die hierhergeschickten Gefangenen sind von übelstem Wesen und im allgemeinen nur solche, die seit ihrer Deportation nach Port Jackson weitere Straftaten begangen haben, kurz, die meisten von ihnen machen der Menschheit Schande. Nach Abwägung dieser Umstände und der Situation auf der Insel sowie der äußerst geringen Unterstützung, die mir vom Richter hier zuteil wird, werden Euer Gnaden gewißlich verstehen, daß gelegentlich Exempel, wirksam, wenn auch nicht unbedingt gesetzeskonform, unerläßlich sind.«

Hibbins' Einwände fegte er beiseite. Wenn die Iren in Irland zum Kriegsrecht Zuflucht nehmen mußten, um ihrer Landsleute Herr zu werden, warum sollte man dann in Australien die Hefe jenes Volkes durch Zivilgesetze schützen? Dem Militär durfte man nicht mit Feinheiten kommen. Am meisten fürchtete er, irische Gefangene und eine französische Seestreitkraft könnten sich gegen diese schwache und ferne englische Kolonie verbünden. So zitiert Robert Jones, Foveaux' Gefängnisaufseher, ein Bruchstück aus einer offiziellen Ansprache seines Kommandanten – »Seiner Majestät König Georg hat es gefallen, all Seinen Untertanen vollständigen Schutz an abgelegenen Orten zu gewähren . . .« Er fährt dann fort: »Welcher Hohn, so etwas Sträflingen in Ketten vorzutragen. Er spricht von Schutz, dabei sind wir selbst ihr schlimmster Feind – meine Befehle lauten, alle mir unterstellten Gefangenen zu töten, sollte eine fremde Macht uns angreifen. Den Schutz soll der Teufel holen.«

Er bezog sich damit auf einen Zeitpunkt im Jahre 1804, als von dem französischen Kriegsschiff *L'Athénienne* eskortierte chinesische Handelsschiffe vor der Norfolkinsel erschienen war. Die Garnison hielt sie irrtümlich für eine Invasionsstreitkraft und rüstete sich zur Schlacht. Rotröcke mußten zerbrochene Rumflaschen einsammeln, und die beiden halbverrotteten Sechspfünder der Insel wurden »mit diesen Glasstücken geladen, die (so schwor der Kommandant) die Franzosen in Stücke schneiden würden«. Foveaux war nicht anwesend. Er war zwei Monate zuvor nach England gesegelt und hatte die Insel unter dem Kommando von Kapitän John Piper zurückgelassen, nicht ohne seinen zivilen Mitarbeitern, an deren Spitze Jones stand, strikte Anweisungen hinsichtlich der Iren zu hinterlassen. Als nun die Schiffe gesichtet wurden, trieben Jones und sein erster Konstabler, Edward Kimberley, an die fünfundsechzig irische Sträflinge im Gefängnis zusammen, verriegelten die Türen und schlossen die Fenster, damit die Insassen den Franzosen keine Zeichen machen konnten. Anschließend verwandelten sie mit Unmengen von Fichtenreisig, das sie auf einem rasch errichteten Gerüst um die Wände stapelten, das ganze Gebäude in einen Scheiterhaufen. »Die Soldaten«, heißt es bei Jones weiter, »sollten auf ein Zeichen von mir das Gefängnis in Brand setzen.« Wer dem Feuer entkam, war zu erschießen. Kapitän Piper, der in einigen Meilen Entfernung die Geschütze kommandierte, wußte nichts von diesen Vorbereitungen zu einer Massenverbrennung der »Politischen«, die glücklicherweise der ihnen von Foveaux zugedachten Einäscherung entgingen, da die Schiffe weitersegelten.

Obwohl kein Hinweis auf Foveaux' Sadismus seinen Weg in die offiziellen Berichte fand, läßt sich nur schwer vorstellen, daß Gouverneur King nichts vom Treiben seines Stellvertreters gewußt haben soll. Allerdings ließ Foveaux alle Briefe zensieren. »Niemand«, notierte Jones, »durfte Angaben über den Ort oder das machen, was hier geschieht. Es war den Leuten lediglich gestattet, mitzuteilen, wie zuvorkommend wir sie behandelten.« Die Norfolkinsel war von der Außenwelt so abgeriegelt, daß sich ihr Ruf unter den Sträflingen auf dem Festland ausschließlich auf mündliche Berichte gründete; man konnte nicht gut offiziell mit etwas drohen, was offiziell nicht existierte. In einer Gesellschaft, in der die Trennlinie zwischen Sträflingslos und Freiheit – durch Freilassung oder erneute Bestrafung – bereits unscharf wurde, fanden die Berichte der Sträflingssubkultur zwar in der Unterschicht rasche Verbreitung, aber die Oberen wurden daraufhin in keiner Weise tätig.

Sie sahen keinen Anlaß dazu. Das Zivilrecht war nur bruchstückhaft kodifiziert, und England hatte seine Kolonie nicht mit einem normalen Rechtsrahmen ausgestattet. Das sollte erst nach 1810 geschehen, und man war allgemein der Ansicht, in einem Gefängnis seien formgerechte Zivilgerichte nicht vonnöten. Nicht ein einziger der von England in den frühen Jahren ernannten Rechtspfleger hatte eine juristische Ausbildung. Der erste, David Collins, war ein Marineoffizier ohne juristische Erfahrung. Der nächste Amtsinhaber, Richard Dore, war ein unfähiger und mürrischer Tolpatsch, der sich kleinen Schmiergeldern gegenüber aufgeschlossen zeigte. Sein Nachfolger, Richard Atkins, war noch schlimmer: Er hatte sein Erbe als fünfter Sohn eines kleinen Landedelmannes durch die Kehle gejagt, sich ein Offizierspatent gekauft, es wieder verkauft und war auf der Flucht vor seinen Gläubigern aus England entwichen. Als er 1791 in der Kolonie eintraf, erreichte er es durch geschickte Erwähnung bekannter Namen und indem er sich bei den Mächtigen (vor allem bei Gouverneur Hunter) einschmeichelte, daß man ihn zum Rechtspfleger ernannte. Seine Amtsführung war so, daß ihn der nächste Gouverneur, Bligh, voller Abscheu »den Spott der Gemeinschaft« nannte:

> »Todesstrafen wurden im Zustand der Trunkenheit ausgesprochen, seine Entschlußkraft ist gering, seine Ansichten ändern sich beständig, seine Gesetzeskenntnis ist äußerst geringfügig, und er setzt sie zur Verfolgung privater Ziele ein.«

Wie wenig er sich den Interessen des Militärs in den Weg zu stellen beabsichtigte, sieht man vielleicht am ehesten daran, daß die Ehefrau dieses notorischen Trunkenboldes (»Sie hat wahrlich die Hosen an«, entnehmen wir dem Bericht des Sträflings John Grant, der eine Weile in ihrem Haushalt arbeitete) zwei der sechs Bankerte aufzog, die Major George Johnston vom New South Wales Corps mit verschiedenen Frauen gezeugt hatte.

Solche Männer setzten der Junta keinen Widerstand entgegen. Da das Korps das Zivilrecht praktisch nicht zu fürchten brauchte, nutzten die Offiziere das Militärrecht, um ihre Gruppeninteressen zu schützen. Man begreift, warum ein Foveaux auf der Norfolkinsel ungehemmt auspeitschen und töten konnte, ohne daß seine Offizierskollegen auch nur ein Wörtchen gegen ihn sagten. Zwischen der Abreise Arthur Phillips 1792 und Gouverneur Lachlan Macquaries Ankunft 1810 war es nicht der Mühe wert, in Neusüdwales die Frage nach den »Rechten« eines Sträflings zu stellen.

Inzwischen hatte sich die englische Kolonie in Australien ausgebreitet und gefestigt. Sie war kein winziger Vorposten am Rande des Kontinents mehr, in dem Hunger und Skorbut wüteten. Sydney war eine befestigte Stadt, und das Land dahinter, die Cumberlandebene, wurde zusehends mehr zu einem bunten Muster aus gerodeten, fruchtbaren Feldern. Sträflinge, die man de facto als Sklaven hielt, bearbeiteten sie mit unterschiedlicher Tüchtigkeit, sie trugen aber jedenfalls zur Selbstversorgung des Landes bei.

Zu Anfang des 19. Jahrhunderts unternahm man letztmals Versuche, Tannen und Flachs zu nutzen, die ursprünglich in den Augen der Marine Daseinsgrund der ganzen Kolonie gewesen waren. Die Regierung schickte eine Anzahl Sträflinge mit Schiffen der Königlichen Marine nach Australien. Damit diese ihre Rückreise nicht leer antraten, gab ihnen die Admiralität Zeichnungen ziemlich großer Holzspanten für drei Schiffsklassen mit, die in Neusüdwales hergestellt und nach England gebracht werden sollten. King erfüllte den Auftrag zum Teil, aber die Sache hatte keine weiteren Folgen. Es war gleichfalls King, der 1805 ein kleines Marineschiff, die *Buffalo*, mit aus dem Flachs der Norfolkinsel hergestellten Segeln aus der Frauenfabrik von Parramatta ausrüstete. Sie blieb das einzige Schiff, das je mit einer solchen Besegelung fuhr. Bis 1810 unternahm man hier und da weitere Anstrengungen, die Königliche Marine mit Schiffsbauholz aus Australien zu versorgen, doch war das nie mehr als eine Fußnote im Wirtschafsleben der Kolonie, das sich zunehmend der Landwirtschaft zu- und von der See abwandte.

Die Norfolkinsel mit ihren jetzt strategisch nutzlosen Tannen überließ man dem Niedergang. Da ihre Bevölkerung bis März 1810 auf weniger als 200 zurückgegangen war, bestand eine der ersten Amtshandlungen Lachlan Macquaries als Gouverneur von Neusüdwales darin, den menschenfreundlichen Kapitän Piper abzuberufen, der Foveaux als Kommandant nachgefolgt war. Die Insel sollte aufgegeben werden. »Es hat sich deutlich erwiesen«, hatte ihm der Kolonialminister, der Earl of Liverpool, mitgeteilt, »daß die ursprüngliche Ansiedlung unklug war.«

Im Jahre 1813 begann der Exodus. Die Holzhütten wurden niedergerissen und verbrannt (die Nägel allerdings sorgfältig aufgehoben), die Steinhäuser zerstört und alles Vieh (mit Ausnahme einiger Schweine, die entkamen) geschlachtet, gehäutet, zerlegt und eingepökelt. Nichts durfte bleiben, das einem vorbeifahrenden Schiff auffallen, nichts, was als Grundlage einer erneuten Ansiedlung dienen konnte. Man ließ sogar ein Dutzend Hunde zurück, in der Hoffnung, sie würden verwildern und durch ihre Nachkommen dafür sorgen, Besucher von einer Landung abzuhalten. Im Februar 1814 wurde die letzte Ladung auf die Brigg *Kangaroo* gebracht, und als sie ablegte, war die Insel so leer wie vor Cooks Ankunft. Das sollte sie zehn Jahre lang bleiben; als neue Heimat für das Elend war Vandiemensland weit im Süden ausersehen worden.

8

Nach höheren Maßstäben von Weltreichgründern war die Inbesitznahme von Vandiemensland durch die Engländer eine verworrene und entwürdigende Angelegenheit. Mit ihr einher gingen keine eindrucksvollen Schlachten, keine freundliche Besetzung, es gab keine Helden, keine Gewinne und keine Beute. Lediglich ein weiteres finsteres Loch von der Größe Irlands in der bei den Antipoden herrschenden Dunkelheit wurde geöffnet. Es sollte im Laufe der Zeit mehr als 65 000 männliche und weibliche Sträflinge aufnehmen – vierzig Prozent aller nach Australien Deportierten. Wieviel tasmanische Ureinwohner ums Leben kamen, während die weißen Eindringlinge diese Höhle für ihre Ansprüche herrichteten, ist nicht bekannt, weil niemand ihre ursprüngliche Zahl kennt. Besonders viele waren es wohl nicht: Am ehesten wird man 3000 bis 4000 einsetzen dürfen, die in kleinen Trupps von dreißig bis achtzig als Jäger und Sammler über die Insel zogen – eine Bevölkerungsdichte, die etwa derjenigen der Aborigines an der Küste von Neusüdwales entspricht.

Doch daß sie umkamen, daran gibt es keinen Zweifel – sie wurden abgeschossen wie Känguruhs, vergiftet wie Hunde, von europäischen Seuchen und Süchten dahingerafft, Laien machten Jagd auf sie, Priester wollten sie missionieren, und schließlich wurden sie aus ihren angestammten Gebieten in Lagern »zusammengezogen«, wo sie langsam starben. Weniger als 75 Jahre weißer Besiedlung genügten, um die Mehrzahl der Menschen auszulöschen, die Tasmanien an die 30 000 Jahre lang bewohnt hatten; der einzige wirkliche Völkermord in der englischen Kolonialgeschichte. Nach Pol Pots Maßstäben, von denen Josef Stalins oder Adolf Hitlers ganz zu schweigen, nur ein kleines Gemetzel, nicht aber in den Augen der tasmanischen Aborigines.

Viel Blut von Sträflingen und Schwarzen ist in den Boden dieses grünen, herrlichen Landes eingesickert – tatsächlich so viel, daß man an manchen Stellen glaubt, noch die Spuren zu sehen, Stellen, an denen der natürliche Bewuchs beeinträchtigt ist von den Rückständen der Geschichte, einem Salz, das für immer in der Erde bleiben wird. Dennoch ist es in Tasmanien schwierig, die Gewalt der aufgepfropften Kultur zu erkennen. Die Überbleibsel scheinen so bescheiden zu sein: eine Steinbrücke über dem Fluß bei Ross und daneben das Haus eines Steinmetzes, eines Sträflings, der für Beau Nash arbeitete; die geraden, autoritären Säulen eines Hobart-Regierungsgebäudes.

Dennoch bestanden, als die weißen Eindringlinge zum ersten Mal die Ufer des Flusses Derwent erreichten, heftige Zweifel daran, ob sie sich lange würden halten können.

Mit der Besetzung von Vandiemensland wollte man den Franzosen zuvorkommen, die zur großen Besorgnis des Gouverneurs King, der sich als Marineoffizier mit dem Seewesen auskannte, in den nur schlecht erkundeten Gewässern Südostaustraliens herumstöberten. Die Bass-Straße, die Vandiemensland vom Festland trennt, wurde 1797/98 entdeckt. Sie war von kleinen Inseln übersät, deren reiches Tierleben zwar den späteren Robbenhandel Australiens am Leben erhalten würde, die aber eine Gefahr für Schiffe bildeten – die Kinginsel im Westen, die Furneauxgruppe im Osten und eine äußerst unangenehme Ansammlung von Felsen und Riffen quer über die ganze Straße. Auch war das Wetter in der Bass-Straße gewöhnlich unfreundlich – aber sie verkürzte letztlich den Weg von England nach Sydney um Wochen, da man nicht mehr südlich um Vandiemensland herumzusegeln brauchte.

Die strategische Bedeutung dieses Seewegs war nicht zu übersehen, und so befand King, zu dessen Schutz sei eine Ansiedlung unerläßlich. Im Januar 1802 entdeckte Leutnant John Murray, der mit der *Lady Nelson* die Südküste des Festlands erkundete, in der Nähe der Bass-Straße eine Bucht, die sogleich Port Phillip Bay genannt wurde: der Hafen des heutigen Melbourne.

Drei Monate später, im April, erforschte Matthew Flinders die Küste von Westen nach Osten und stieß an einem Ankerplatz in der Nähe des heutigen Adelaide auf zwei französische Schiffe, *Le Géographe* und *Le Naturaliste*. Sie nahmen unter dem Kommando von Kapitän Nicolas Baudin die Gewässer für die französische Marine kartographisch auf. Trotz der Napoleonischen Kriege schien diese Expedition keinen unmittelbaren militärischen Zweck zu verfolgen. Wie Flinders, der die Bucht zur Erinnerung an dieses Zusammentreffen Encounterbucht nannte, versuchte Baudin zu erkunden, ob der Westteil Australiens mit dem von den Briten besetzten Ostteil von Neusüdwales eine Landmasse bildete. Er hatte schon mehr als einen Monat mit der Aufnahme der Südküste von

Vandiemensland zugebracht und auf seinen ungenauen Karten von Terre Napoléon, wie er die Südküste des australischen Festlands nannte, eine Reihe französischer Namen notiert. Baudin legte mit seiner erschöpften, kranken Besatzung im Juni 1802 im Hafen von Sydney an, wo sie mehrere Monate blieben. Während die Schiffe neu ausgerüstet wurden, zeigte Baudin Gouverneur King die von ihm angefertigten Karten.

King witterte Unrat. Die bloße Anwesenheit französischer Schiffe in diesen Gewässern war schlimm genug, aber französische Namen auf einer – wenn auch noch unbesetzten und unbeanspruchten – britischen Küste waren noch schlimmer. Die Vorstellung war ihm unerträglich, diesen Kontinent, wie groß auch immer er sein mochte, mit den Franzosen teilen zu müssen. Als Baudin erneut nach Süden segelte, war King sicher, er beabsichtige, Land in Besitz zu nehmen und die Trikolore zu hissen.

King hatte bereits in London gedrängt, Port Phillip so rasch wie möglich zu besetzen. Jetzt schickte er einen bewaffneten Schoner aus, der Baudin beschatten sollte. (Er holte ihn an der Kinginsel in der Bass-Straße ein, wo Baudin den Engländern einige entflohene Sträflinge übergab, die sich in Sydney als blinde Passagiere auf sein Schiff geschlichen hatten.) Da Baudin den D'Entrecasteauxkanal näher in Augenschein genommen hatte, während unerschrockene amerikanische Walfänger von der anderen Seite des Pazifiks bereits bis dahin vorgedrungen waren, wo die Pottwale, wie auch in der Bucht der Stürme an der Mündung des Derwent, ihre Jungen zur Welt brachten – womit sie eine Bedrohung der Fischerei darstellten, die eigentlich ein britisches Monopol hatte sein sollen – beschloß King, am Derwent zu siedeln.

Im August 1803 verließ ein kleiner Trupp von 49 Seelen, freie Siedler und Männer vom Rumkorps mit 21 männlichen und drei weiblichen Sträflingen, Port Jackson. Die Führung hatte ein dreiundzwanzigjähriger Leutnant aus der Grafschaft Devon, John Bowen (1780–1827), der soeben mit dem Sträflingstransporter *Glatton* in der Kolonie angekommen war. Mit genauesten Anweisungen von King ausgestattet, segelte Bowen die Mündung des Derwent hinauf und errichtete sein Lager an einer Stelle am Ostufer, die er Risdon nannte. Davon abgesehen, daß dort ein Bächlein frisches Wasser lieferte, hatte man einen herrlichen Blick auf einen beschneiten Berg. Sonst allerdings sprach nicht viel für diese Stelle, denn von diesem Berg, dem 1200 Meter hohen Mount Wellington, wehten beständig stürmische Winde, der Boden war schlecht, und der Bach versiegte, kaum daß längere Zeit Trockenheit herrschte – eine Erfahrung, die bei der Besiedlung Australiens immer wieder gemacht wurde.

Inzwischen hatten Kings Bitten, man möge die Bucht von Port Phillip besiedeln, damit die Bass-Straße vor den umherziehenden Franzosen geschützt sei, London erreicht, und England schickte HMS *Calcutta* von der Königlichen Marine mit 308 Sträflingen an Bord sowie einer geringen Anzahl Ehefrauen und

Kindern (Frauen durften als dienstverpflichtete Arbeitskräfte ihre deportierten Männer begleiten). Die Expedition stand unter David Collins' Kommando, eben des Marineoffiziers, der nach seiner Dienstzeit als erster Rechtspfleger in Phillips Ansiedlung Port Jackson nach England zurückgekehrt war und eins der ersten und besten Bücher über die im Entstehen begriffene Kolonie verfaßt hatte, seinen zweibändigen Bericht *Account of the English Colony in New South Wales*. Das trug ihm einen Ruf als Fachmann für australische Angelegenheiten ein, und da er bereits acht Jahre in Sydney verbracht hatte, forderte ihn die Regierung auf, Statthalter der neuen Kolonie in Port Phillip zu werden. Unter dem Druck seiner Schulden – eine Situation, die dadurch erschwert wurde, daß die Verwaltung seine Bezüge als Marineoffizier nur schleppend auszahlte – nahm Collins an.

Kaum wurde seine Ernennung in London bekannt, trat Jeremy Bentham an ihn heran, der soeben ein Buch herausgebracht hatte, in dem er sich des langen und breiten gegen die Deportation nach Neusüdwales wandte – er wollte, daß statt dessen Gefängnisse nach dem Muster des von ihm entworfenen Panoptikon gebaut wurden, bei dem der kreisrunde Grundriß und der in der Mitte liegende Wachtturm die ständige Beaufsichtigung der in einer Art Käfigen gehaltenen Insassen ermöglichte. Der von seinem Projekt inzwischen geradezu besessene Bentham forderte Collins in einem Schreiben sogar auf, er möge in Neusüdwales ein Panoptikon errichten. Zweimal aßen die beiden Männer miteinander zu Abend. »Ich gab ihm ein Exemplar des Panoptikon-Buches«, schrieb Bentham an seinen Bruder und fügte hinzu, daß Collins ihn auch um einen »Planungsentwurf für das Panoptikon bat . . . Ich erklärte ihm, daß ich hoffe, er könne mit dem Buch und ein wenig ›nous‹ (Verstand) in der Lage sein, auch ohne einen Plan auszukommen, . . . aber ich fürchte, es fehlt ihm an ›nous‹.« Trotz Benthams ungerechtfertigter niedriger Einschätzung von Collins' Intelligenz drang er weiter in ihn: »Ist es Ihnen wirklich ernst mit dem Vorhaben, ein Gefängnis zu errichten, und darüber hinaus ein Gebäude, das nach dem zentralen Aufsichtssystem errichtet ist?« Unmittelbar bevor sein Schiff auslief, gab Collins Bentham freundlich einen Korb. »Ich hatte in letzter Zeit so viel zu tun, daß keine Gelegenheit war, mit Ihnen über das Panoptikon-System zu sprechen, das Sie freundlicherweise für mich ausgearbeitet haben. Ich darf Ihnen versichern, daß mein Gefängnis kreisrund wird, sofern sich das einrichten läßt.« Selbstverständlich würde es an den Ufern der Port-Phillip-Bucht kein Panoptikon geben.

Die *Calcutta* lief, begleitet vom Transportschiff *Ocean*, im April 1803 aus und erreichte Port Phillip im Oktober. Die Bucht erwies sich als arge Enttäuschung. Sie wirkte auf die Ankömmlinge so schlimm (oder fast so schlimm) wie Botany Bay fünfzehn Jahre zuvor auf die Menschen der Ersten Flotte: unfruchtbarer Sandboden, wenig Wasser. Unablässig wehte ein heißer Nordwind, es gab

Schwärme von Stechfliegen, und widrige Gezeitenströmungen erschwerten das Einlaufen in die Bucht erheblich. Auch wenn sich nach sechs Monaten auf See alle an Bord nach festem Land sehnten, schwand die anfängliche Begeisterung rasch dahin. In der »Zeltstadt«, dem auf den Sanddünen errichteten Lager, maß Collins in seinem Zelt im Schatten 39 Grad, in der Sonne erreichte die Temperatur 55 Grad.

Das Land erschien ihnen »barbarisch«. Der Landmesser George Prideaux Harris schrieb nach dreimonatigem Aufenthalt dort an seinen Bruder, es gebe nichts als Sand, kein Wasser und so wenig Tiere, daß er einmal, um überhaupt Fleisch zu haben, gezwungen war, den Kadaver eines Schwanes zu verzehren, der eigentlich auf den Abfallhaufen gehört hätte. Der einzige kulinarische Lichtblick waren Hummer, die es so reichlich gab, daß die Sträflinge an einem Abend 500 davon fangen konnten. »Gewiß hat es nie ein unfruchtbareres Land gegeben«, schrieb ein Gefangener, der Fälscher James Grove, an seine Freunde im fernen England. »Ich glaube nicht, daß es zu irgendeinem vernünftigen Zweck dienen kann.«

Diese Ansicht teilten alle. Als die Seesoldaten nach einigen Wochen in den Lagern auf den Sandhügeln so vernehmlich murrten, daß man es kaum noch von einer Meuterei unterscheiden konnte, ließ Collins zur Abschreckung einige untere Dienstgrade brutal auspeitschen – einer bekam 700 Hiebe. Einige Sträflinge unternahmen einen Fluchtversuch, und ein wegen Fälschung deportierter ehemaliger Heeresoffizier namens Lee verfaßte Spottverse über Collins, die zwischen den Zelten umliefen. Als man ihm auf die Schliche kam, floh er in den Busch, nicht ohne das Jagdgewehr des Statthalters mitzunehmen. Man hat von ihm nie wieder etwas gesehen oder gehört. In Vierer- und Fünfergruppen verschwanden Männer in den Dünen, ihr Ziel war (wie sie meinten) China.

Zur großen Erleichterung aller traf darum eine Mitteilung von Gouverneur King aus Sydney ein, die Collins ermächtigte, Port Phillip aufzugeben, die Ansiedlung an den Derwent zu verlegen und sich dort mit Bowens winziger Gruppe zu vereinigen. Außerdem sollte er sich das an der Tamarmündung an der Nordküste von Vandiemensland liegende Port Dalrymple (wo das heutige Launceston liegt) auf seine Eignung als Vorposten ansehen, von dem aus man die Fischerei in der Bass-Straße vor amerikanischen Wal- und Robbenfängern schützen konnte. Collins teilte mit, das sei – zumindest noch – nicht möglich, da sich die Einfahrt in den Fluß als schwierig und die Schwarzen dort als allem Anschein nach äußerst kriegerisch erwiesen hätten.

Die Kampfkraft seiner Truppe war ohnehin gering. So viele Männer waren krank, daß er nicht einmal genug Wachen aufstellen konnte. Wäre auch nur ein weiterer Offizier erkrankt, hätte er nicht einmal die nötige Mindestzahl für ein Militärgericht zusammenbekommen. So war es ein Gebot der Klugheit, sich mit Bowen am Derwent zusammenzutun. Collins hatte den Eindruck, daß eine

Ansiedlung dort besser war als am Tamar: »Ihre Lage im Süden von Vandiemensland macht sie jedem in der Straße bisher entdeckten Hafen überlegen. Als Schutzhafen für Schiffe aus Europa, Amerika oder Indien, ganz gleich, ob sie zum Walfang oder aus anderen Gründen kommen, wird man sie häufig anlaufen.«

So wurde Port Phillip aufgegeben. Am Derwent angekommen, löste Collins Bowen ab und verlegte die Siedlung von Risdon ans Westufer der Mündung. Eine um 1805 angefertigte Skizze zeigt die im Entstehen befindliche und nach dem für Collins' Expedition verantwortlichen Kolonialminister Hobart benannte Stadt. Sie besteht aus einigen Zelten und Hütten, das Regierungsgebäude – kaum mehr als ein kleines Häuschen – liegt auf Battery Point, daneben die Hütten des obersten Aufsichtsbeamten, des Arztes und des Priesters; Fäßchen sind auf der im Hafengebiet liegenden Insel gestapelt, und ein Wimpel flattert an einem Mast vor dem Laden, in dem die Bewohner ihren Bedarf decken konnten. Überragt wird die ganze Szene durch die schneebedeckte, finster aufragende Wand des Mount Wellington.

Die Anlage muß 1805 sehr schwach und vorläufig ausgesehen haben, aber immerhin erinnerten die grünen Täler, die zum Wasser hinabliefen, die Gebüsche und Weiden den jungen Bowen an den Landsitz eines Edelmannes in dem England, das die Mehrzahl der Kolonisten nie wiedersehen sollte. In dieser tasmanischen Landschaft fand ihr Heimweh einen Gegenstand.

Doch erst einmal war das Leben am Lauf des Derwent für alle Siedler schwer, ob Sträflinge oder Freie. Das Gefühl, von der Welt abgeschnitten zu sein, das träge Vorsichhindämmern der frühen Tage Sydneys – alles wiederholte sich auf Vandiemensland, wie auch, daß die Menschen lange Zeit dem Hungertod nahe waren. »Da keine Schiffe kamen«, erinnerte sich Collins' Stellvertreter, Leutnant Edward Lord,

> »mußte die gesamte Ansiedlung durchaus ungewöhnliche Entbehrungen erdulden. Weder für den Gouverneur selbst, noch für die Offiziere und die anderen Bewohner der Siedlung gab es achtzehn Monate nicht Brot noch Gemüse, keinen Tee, Zucker, Wein, Schnaps oder Bier und auch keinerlei Ersatz dafür, so daß lediglich die unsichere Versorgung durch das im Lande vorhandene Wild blieb.«

Erinnerungen an diese Hungerzeit hatten ein zähes Leben. Noch dreißig Jahre später berichtete eine Frau aus Hobart, was sie als Kind in der ersten Ansiedlung miterlebt hatte: wie sie nach dem Verlassen des Schiffes erst unter einer nassen Wolldecke und später in einem hohlen Baumstamm geschlafen hatte; wie neugierige Aborigines, die noch niemand verfolgte und denen Weiße ihre Kleinkinder häufig anvertrauten, sie »freundlich behandelt« hatten, erinnerte sich, wie die Menschen »Botany-Bay-Gemüse« gegessen hatten (von den Felsen gekratzter und gekochter Tang), ja, sogar die von amerikanischen Walfängern über Bord geschaufelten und an den Strand gespülten ausgekochten Reste von Walfischspeck hatten sie in sich hineingeschlungen. Mit denselben öligen Resten wurden die wertvollen Schweine der Kolonie gefüttert, was den Geschmack ihres Fleisches verdarb.

Im Winter 1805 bekamen die Sträflinge eine Ration von knapp drei lb. Salzfleisch und vier lb. Brot pro Woche, die in normalen Zeiten kaum für zwei Tage gereicht hätte. Im Jahre 1806 stand die Kolonie kurz vor dem Hungertod. Collins hatte auf Lieferungen aus Sydney gehofft, doch im März 1806 wurden die Felder am Hawkesbury-Fluß, von denen die Versorgung Sydneys abhing, durch Überschwemmungen verwüstet. Das Wasser bedeckte sechsunddreißigtausend acres und vernichtete nicht nur die gesamte Ernte, sondern auch die Gerätschaften der Bauern, ihr Vieh und ihr Saatgut. Was übrigblieb, genügte nicht einmal für Sydney und Parramatta, so daß sich für Hobart nichts abzweigen ließ. Zwei Jahre später stand es in Hobart etwas – aber nicht viel – besser. »Bringt soviel Mehl und Weizen mit wie möglich«, schrieb ein schon bald aus politischen Gründen nach Vandiemensland Abgeschobener, der irische Lehrer William Maum an einen Freund, der 1808 im Begriff stand, nach Hobart zu ziehen,

> »und genug Mais für Tiere, die Du mitbringst, außerdem ein Dutzend gute junge Mutterschafe, vier oder fünf (möglichst) trächtige Sauen, denn Eber gibt es hier keine – soviel Geflügel, wie Du bekommen kannst. Außerdem Hacken und anderes Gerät, da das hier alles bemerkenswert knapp ist. Der Gouverneur ist nicht imstande, die Pläne der Regierung auszuführen, denn ihm fehlen Vorräte aller Art. Geflügel ist besonders wichtig, es läßt sich mit Geld überhaupt nicht bezahlen.«

Zwischen den Menschen fand sich nicht viel von dem Gemeinschaftsgefühl, das Entbehrungen erträglich macht. Der Mangel machte sie an dieser georgianischen Grenze hart und raffgierig, sie beraubten einander wie Schakale, die sich um ein geschlagenes Tier streiten, und sie betrogen die Regierung, wo sie konnten. Die Verwalter der Regierungsläden steckten mit den Bauern, die ihnen ihre Erzeugnisse verkauften, so sehr unter einer Decke, daß ein neuernannter Oberaufseher des Kommissariats Hobart 1816 erklärte, in den Unterlagen finde sich kein einziges Dokument und keine einzige Rechnung.

Angesichts all dieser Widrigkeiten hätte die Kolonie am Derwent ohne weiteres zusammen mit der im Oktober 1804 bei Port Dalrymple am Tamar unter Oberstleutnant Paterson errichteten kleineren Kolonie eingehen können. Sie beide rettete das Känguruh, das harmlose Beuteltier.

Im Busch von Vandiemensland lebte eine Vielzahl Känguruhs – weit mehr, als je um Sydney. Jeder rüstige Mann, der ein Gewehr abfeuern konnte, jagte sie, denn nicht Brot, Känguruhfleisch hielt die Menschen am Leben. Collins bemühte sich, den Markt unter strenger Kontrolle zu halten, und er verpflichtete die Jäger, das Fleisch an die Regierungsläden zu verkaufen. Sträflinge und wer sonst aus ihnen versorgt wurde, bekamen es kostenlos, die übliche Zuteilung betrug acht lb. pro Woche. Siedler, die von ihrer eigenen Arbeit lebten, mußten zwischen 6 d. und ls. 6 d. pro lb. bezahlen. Binnen sechs Monaten verzehrten die Siedler fünfzehntausend lb. Hüftstücke und Schwänze – das entsprach etwa tausend Känguruhs.

Dies Angewiesensein auf die Jagd sorgte für gewisse gesellschaftliche Besonderheiten, eine so schlimm wie die andere. Nicht nur wurde statt des Pfluges das Gewehr zum Zeichen des Überlebens auf Vandiemensland, die Situation bewirkte auch eine Stimmung des Opportunismus und einen Mangel an gesellschaftlicher Verantwortung. Kleinsiedler vernachlässigten die langfristigen Ziele des Ackerbaus und knallten statt dessen ab, was ihnen vor den Lauf kam. Schon bald gab es um Hobart keine Känguruhs mehr, und die Männer mußten mit ihren Hunden in größerer Entfernung jagen, was sie zu Konkurrenten der Aborigines machte. Damit begann das Hin und Her von Hinterhalt und Mord zwischen Weiß und Schwarz, das nach wenigen Jahrzehnten mit der nahezu völligen Ausrottung der tasmanischen Aborigines endete. Durch den Hunger waren Gewehre in die Hände von Sträflingen gelangt, was es in Neusüdwales nie gegeben hatte. Bald entstand eine Randschicht bewaffneter Buschläufer, die niemandes Disziplinargewalt unterstanden und in ihrer Mehrzahl die Aborigines als Ungeziefer betrachteten. Sie verbrachten mit ihren Känguruh-Hunden (halbwilde Bastarde mit Kiefern wie Schlagfallen) ganze Tage auf der Jagd und schossen auf alles, was sich bewegte. Es dauerte nicht lange, bis diese die Berge von Vandiemensland durchstreifenden Männer jeden Rest von Gehorsam ablegten, den sie dem System gegenüber einmal empfunden haben mochten. Sie wurden die ersten Buschklepper und Strauchdiebe. Sie behielten die ihnen anvertrauten Waffen, stahlen die Hunde ihrer Herren und blieben im Busch. Früher waren aus Sydney und Parramatta entlaufene Gefangene umgekommen, weil sie über keine Waffen verfügten, diese Känguruhjäger aber überlebten. Als Hobart und Port Dalrymple noch winzige Ansiedlungen waren und nur wenige Höfe sie umgaben, ließen sie sich in gewissem Maße im Zaum halten, und sei es nur, weil sie das von ihnen erlegte Känguruhfleisch größtenteils unmittelbar an die Regierung verkaufen mußten, wenn sie Munition haben wollten. Als sich aber die Siedlungsgrenze hinausschob, begannen Bauern und unter Dienstvertrag Stehende das Fleisch und die Felle gleich bei den Gesetzlosen zu kaufen. Da sich nur wenige Siedler ein Gewissen daraus machten, ihre Nachbarn zu betrügen, solange man es nicht merkte, traten sie auch als Hehler für das Fleisch von Schafen auf, die die Känguruhjäger auf anderen Schaffarmen gestohlen hatten, und erhielten sich deren Gunst, indem sie sie mit Munition, Tee und Rum versorgten. In dem Maße, wie der Bestand an Vieh und Schafen in der Kolonie wuchs, ging die Nachfrage nach Känguruhfleisch zurück, aber alle Welt brauchte Känguruhleder zur Herstellung von Schuhen, Hüten, Taschen, Jacken und Hosen. Wenn sie nicht gerade Känguruhs schossen, stahlen die Jäger ungestraft Schafe, solange Siedler sie nicht auf frischer Tat ertappten und niederschossen. Die Rotröcke hatten keine Aussichten, sie zu fangen, denn sie kannten den Busch nicht.

Zwar gab es während der Gründungsjahre auf Vandiemensland ein starres georgianisches Gesellschaftsmuster, in dem Rang und Macht die bestimmenden Faktoren waren, doch stellte es sich bei näherer Untersuchung als bloße Fassade heraus. Hunger, Not, die Zwänge des engen Aufeinanderwohnens, das bisweilen unzivilisierte Verhalten der Guten und der gelegentliche Anstand der Kriminellen rissen die offiziellen Schranken zwischen Militär und Zivilbevölkerung, Unfreien und Freien nieder. Es war in mancherlei Hinsicht das Ende der Welt, und alle litten in gleicher Weise unter dem großen Gleichmacher Langeweile. Kenntnisse aller Art waren selten, die Technik unterentwickelt, und »Kultur« existierte in anderem als dem plattesten Sinn fast gar nicht.

Suchte Collins, »ein gebildeter und ausgezeichneter Mann«, etwas Unterhaltung, um sich von seinem keineswegs angenehmen Amt ein wenig abzulenken, mußte er sich an den Fälscher James Grove und dessen Angehörige halten, was dazu führte, daß er »unter dessen Dach manche zweifellos geistig anregende Stunde erlebte«. Grove entwarf für Collins ein Haus, und als der Statthalter 1810 mit gerade 54 Jahren einem Herzanfall erlag, aufgerieben von der Belastung, seine stets vom Untergang bedrohte kleine Kolonie am Leben zu erhalten, sägte und hobelte Grove, »unausgesetzt mit Tränen in den Augen«, die gelblichen Fichtenbretter für seinen doppelten Sarg, half, den Leichnam hineinzulegen, gravierte die silberne Gedenkplatte und schraubte den Deckel fest.

Fünf Wochen später starb Grove selbst, an gebrochenem Herzen über den Verlust des Freundes und Gönners, der ihm hier am Rande der Welt seine Ehrbarkeit zurückgegeben hatte. »Ein vernünftiger, einfallsreicher Mann, wie ich nur je einen kennengelernt habe, vom Gouverneur und jedem Offizier in der Siedlung wegen seines gleichbleibend ausgezeichneten Wesens hochgeschätzt und geachtet« – so hatte das Urteil des Aufsichtsbeamten Harris über diesen Sträfling gelautet. Er wurde in unmittelbarer Nähe von Collins beigesetzt. Möglicherweise war die Freundschaft dieser Männer kennzeichnend, sie wies, ungewöhnlich, wie sie war, auf die gegenseitige Abhängigkeit von Gefangenen und ihren Herren hin. Wo immer in Australien neue Siedlungen in Angriff genommen und Felder urbar gemacht wurden, ruhte die Kolonie Englands auf den Schultern der Sträflinge; sie bauten die Nation auf jenem Kontinent auf. Wie Mary Gilmore 1918 über diese Gefangenen schrieb:

Ich Sträfling,
von euch in die Hölle gesandt,
um Wüste zu wandeln
in fruchtbares Land,
brach euch den Stein
und fällte den Baum,
ich verwirklichte euren Traum!

Diese Pioniere wider Willen müssen wir uns jetzt etwas näher ansehen.

Kapitel V

Die Überfahrt

1

Hiermit ordnet dies Gericht an und befiehlt, daß ihr über das Wasser nach jenseits der Meere deportiert werdet, an einen Ort, den Seine Majestät gemäß den Vorschlägen seines Kronrats für geeignet hält und dazu ausersieht – bis ans Ende eures natürlichen Lebens.« Oder auf sieben oder auf vierzehn Jahre; in jedem einzelnen Fall bedeutete das Urteil einen entsetzlichen Einschnitt. Denn wer durfte sicher sein, daß er anschließend nach England zurückkehren konnte? Vielen muß die Verurteilung zur Deportation – ganz gleich, auf wie lange – als Fahrt ohne Wiederkehr an den Rand der Welt erschienen sein.

Dem Schock, den der Angeklagte vor den Schranken des Gerichts erfuhr, folgte schon bald Verzweiflung. Angst spricht aus den wenigen auf uns gekommenen Briefen wie dem nachstehenden. Ihn schrieb ein Weber Thomas Holden aus der Grafschaft Lancashire, den man 1812 nicht nur gewerkschaftlicher Umtriebe für schuldig befand, er soll auch beim Kampf um seine Rechte einem Isaac Crompton aus Bolton, Lancashire, »einen falschen Eid« abgelegt haben. Holden, vermutlich ein »Luddite«, ein Maschinenstürmer, war glücklich verheiratet und schrieb aus seiner Zelle:

> »Meine liebe Frau, mit Bekümmernis muß ich Dir mitteilen, daß heute gegen mich verhandelt ward und ich die schwere Strafe von sieben Jahren Verbannung über die Meere bekommen habe. Mit einer noch so langen Zeit im Gefängnis würde ich mich abzufinden versuchen, aber aus meiner Heimat fortgeschickt zu werden, um sie vielleicht nie wiederzusehen, bedrückt mich mehr, als ich sagen kann, und es kommt mir vor, als müßte ich darob sterben. Von meiner lieben Frau und meinem Kind getrennt zu sein, von Eltern und Freunden, in der Blüte meiner Jahre dahinzuschwinden, ohne jemandem das geringste Unrecht getan zu haben – o mein schweres Geschick, möge Gott Mitleid mit mir haben.
>
> Dein bis zum Tode getreuer Mann.«

Ähnlich schrieb im April 1831 ein Peter Withers aus der Grafschaft Wiltshire, der sich gegen gesellschaftliche Ungerechtigkeiten aufgelehnt hatte, vom Gefängnisschiff *Proteus* aus an seine Frau Mary Ann:

»Meine liebste Frau, glaub mir, es bricht mir fast das Herz, wenn ich daran denke, daß ich Dich lassen muß. O meine Liebe, was soll ich tun, ich bin zutiefst betrübt beim Gedanken, von Dir zu scheiden, die ich so sehr liebe. Glaube mir, es schneidet mir ins Herz, jetzt, da ein Schiff in den Hafen von Portsmouth gekommen ist, das uns nach Neusüdwales bringen soll.«

Unvorstellbare Entfernungen liegen vor Withers, der bisher nicht einmal bis London gereist war, und er versucht, sie zu erklären und zu normalisieren, indem er eine Treue verspricht, die die Trennung zuschanden werden läßt:

»Man segelt etwa vier Monate bis in jenes Land, aber wir werden, bevor wir dort ankommen, in verschiedenen Ländern anlegen, um frisches Wasser an Bord zu nehmen. Ich denke, Du wirst im Verlauf von neun Monaten von mir hören. Du darfst dich darauf verlassen, daß ich mich von allen anderen Frauen fernhalte, denn nie werde ich zulassen, daß eine andere Platz in meinem Denken findet. Nur Du, meine Liebe, kannst mein Begehren stillen. Mich betrübt nicht so sehr, daß ich England verlassen muß, wohl aber meine liebe Frau und Kinder. Gott sei mir gnädig.«

Weniger tragisch klingt der Brief, den Richard Dillingham, ein Sträfling in Woolwich, im Dezember 1831 an das Mädchen schrieb, daß ihm einen Sohn geboren hatte, »meiner ewig angebeteten Betsey Faine«:

»Liebste Betsey, die Gedanken an dich machen mich froh, und obwohl wir getrennt voneinander sind, hoffe ich, daß Gott dich immer führen und beschützen wird. Der erste Buchstabe ist das B, ist strahlend und bringt Glück,
Dann kommt das F, du schöne Frau, ich kehrt so gern zurück. Adieu.«

Einem Sträfling, der sich auf seiner eisernen Koje hin und her warf, traten wohl zwanghaft sein Leben und die Fehler vor Augen, die er darin begangen hatte. So schreibt der 1841 wegen Diebstahls zu zehn Jahren Deportation verurteilte John Ward:

»Welch Elend! All meine Empfindungen und Gefühle stürmten mit einem Mal auf mich ein. Einen Augenblick lang füllte Reue meine Brust, und ich versank tief in die Bekümmernis des Herzens, der ich zum Opfer gefallen war. Die vielen Feinde, die es zu bekämpfen galt, standen dunkel und dräuend vor meinem inneren Auge.«

Zahlreiche Gefangene hofften, ihre Ehefrauen würden sie ins Exil nach Australien begleiten, doch das taten nur wenige. Es war schwer, einen Schiffsplatz dorthin zu bekommen, und der Preis für die Überfahrt überstieg die Mittel von Angehörigen der Arbeiterschicht. »Ich hoffe, Du wirst Dein Äußerstes tun, mich zu begleiten«, schrieb Thomas Holden seiner Frau Molly, als er zum Gefängnisschiff aufbrach, »und mich nicht allein ziehen zu lassen, denn bist Du bei mir, gilt es mir gleich, wohin ich gehe und was ich erleide.« Und später vom Schiff: »Meine Sorge wird dadurch vergrößert, daß ich von Dir scheiden muß. Welchen Trost gibt es für mein fast gebrochenes Herz, wenn wir getrennt sind? Ich wüßte gern, ob Du meinst, genug Geld für die Passage aufbringen zu können.« Sie fuhr ebensowenig mit wie Mary Ann, Peter Withers Frau, trotz seines herzzerreißenden Flehens:

> »Es heißt, daß wir in jenem Land unsere Freiheit bekommen, aber selbst dann wäre ich gewiß nie glücklich, außer ich erlebte die Freude, meine Tage mit Dir und meinen lieben Kindern zu enden. Ich glaube nicht, daß je ein Mann eine Frau so geliebt hat wie ich Dich liebe.
>
> Meine Liebe, ich hoffe, Du wirst zu den Herren gehen, damit sie Dir die Überfahrt zahlen, wenn ich nach Dir schicke. Wie glücklich werde ich sein zu hören, daß Du mir folgst. Glaube nicht, ich würde nach Dir schicken, wenn ich nicht einen behaglichen Ort für Dich bekommen kann. Ich möchte nicht, daß Du in Not lebst. Meinst Du, ich wollte meine Kinder strafen? Nein, meine Liebe, aber wenn ich einen behaglichen Ort finde, solltest Du dann nicht Deinem lieben Mann folgen, der Dich so gern hat?«

Darauf kam keine Antwort, und zwei Jahre später schrieb Withers aus Vandiemensland an seine Brüder: »Ich habe meiner Frau zwei Briefe geschrieben und bekomme keine Antwort von ihr. Das quält mich sehr, denn ich denke, sie hat mich ganz vergessen und einen anderen geheiratet. Sollte das so sein, laßt es mich bitte wissen.« Aber nach wie vor erfuhr er nichts von ihr, und es sollten elf Jahre ins Land gehen, bis Mary Ann tief betrübt an ihren Mann in Vandiemensland schrieb und ihn bat, ihr zu verzeihen. Sie bekam die Nachricht, daß Peter erneut geheiratet hatte (damals kam eine Scheidung für die niederen Stände nicht in Frage, man verließ sich einfach darauf, daß Unterlagen nicht zugänglich waren, und heiratete erneut), und zwar eine »stattliche, tugendhafte Frau«:

> »Ich habe keinen eigenen Besitz, wohl aber wird meine Frau binnen zwei Jahren etwas bekommen, und wir haben uns entschlossen, dann Dir und den Kindern zu helfen, wenn uns Gott so lange leben läßt.
>
> Sicher ist es für Dich ein schwerer Schlag zu hören, daß ich verheiratet bin, aber es wäre nicht recht, Dich zu belügen.
>
> Ich habe Dir viele Briefe geschickt, bevor ich eine Frau genommen habe, und da ich nichts von Dir hörte, meinte ich, für einen jungen Mann wie mich

sei es das Rechte, sich eine Gefährtin zu suchen, die ihm in seiner Gefangenschaft ein Trost sein kann. Ich habe nach Dir geschickt, daß Du zu mir in dies Land kämest, in dem Fall hättest Du mich umsonst freibekommen können, denn eine Frau konnte die Freilassung ihres Mannes erwirken. Jetzt dürfen wir nicht daran denken, wieder zusammenzukommen.«

Die arme reumütige Mary gab nicht auf. Als letztes erfuhr sie aus einem knapp gehaltenen Formbrief aus dem Büro des Kolonialministers in Whitehall im August 1847, er sei »am 30. September 1846 noch am Leben« gewesen, doch könne man »mit Bezug auf ihn keine weitere Auskunft geben«. Sicherlich hat es zahlreiche Variationen dieses kleinen Kolonialdramas gegeben.

In den Unterlagen des Kronrates finden sich zu Hunderten Briefe von Ehefrauen, die darum bitten, mit ihren Männern in die Verbannung nach Australien gehen zu dürfen. Im allgemeinen ließen die Behörden das nicht zu, es sei denn, der Sträfling konnte einen »Freibrief« (Bescheinigung über eine vorzeitige Entlassung zur Bewährung) vorweisen und den Nachweis führen, daß er imstande war, eine Familie in Australien zu ernähren. Nur selten bekam eine Frau die Erlaubnis, ihren Mann auf dem Schiff zu begleiten. In einigen dieser Briefe, teils in der adretten Handschrift eines Ortsgeistlichen, teils mit der bemühten Geduld der Bittstellerin selbst verfaßt, liegt viel Rührendes. Deborah Taylor aus Rochester in der Grafschaft Kent, deren Mann James wegen Diebstahls eines Lammes auf Lebenszeit deportiert worden ist, fügt zur Kenntnisnahme durch Peel ein für sie unendlich wertvolles Dokument bei: seinen Brief, in dem er sie bittet, zu ihm nach Australien zu kommen. Sie fleht Peel

»demütigst und inbrünstigst an, daß man mich hinschickt mitsamt meinen verbleibenden Kindern, einem Jungen von zehn und einem Mädchen von sechs Jahren, denn zwei habe ich seit meinem Antrag begraben. Meinem Gatten liegt, wie dem beigefügten Brief zu entnehmen ist, sehr daran, daß ich hinkomme. Ich hoffe in Demut, daß man mir die Gnade erweist, den Brief meines Gatten zurückzugeben, sollte ich keinen Erfolg haben; doch ich bitte Gott, daß ich Gnade finde.«

Sie scheint den Brief tatsächlich zurückbkommen zu haben (zumindest findet er sich nicht in der Akte), aber ihr Antrag wurde abgelehnt. »Die übliche Antwort«, hat Peels Sekretär auf die Rückseite ihres Briefes geschrieben, wie auf so zahlreiche andere.

Die Entschlossenheit einiger dieser Frauen war geradezu heldenmütig; sie sehnten sich nach ihren Männern und wollten sich mit dem Geschick des Verlassenseins nicht abfinden. Die dreißig Jahre alte Ehefrau eines deportierten Schuhmachers aus Manchester, Jane Eastwood, teilte Peel im April 1830 mit, ihr

Mann habe »mir mehrere Briefe von der Insel (sic) Sydney geschrieben, in denen er mich bittet, daß ich bei der Regierung vorstellig werde, um zu ihm dorthin geschickt zu werden. Ich bin entschlossen, zu ihm zu fahren, auf Gefahr meines Lebens.« Sie bat den Innenminister inständig, ihr zu ermöglichen, »daß ich glücklich werde, indem man mich wieder mit dem besten aller Männer vereint«:

> »Erspart mir die Schande, daß ich und mein Kind der Gemeinde zur Last fallen, denn Arbeit ist nicht nur knapp, sondern auch so schlecht bezahlt, daß es gänzlich außer meiner Macht steht, für mich und mein Kind den Lebensunterhalt zu verdienen. Ich kann mich auf nichts anderes stützen, als was ich mit meiner Nadel an Kleidern und Korsetts nähe.«

Auf weitere Briefe kann sie bei der enormen Postlaufzeit von den Antipoden nicht warten. Sie ist bereit, ihre eigene Passage mit dem zu bezahlen, was sie besitzt. »Ich weiß nicht, wie ich die Zeit überstehen soll, bis Nachricht von ihm kommt, das sind mindestens neun Monate. Lieber verkaufe ich meine Haushaltseinrichtung, was an die sechs oder acht Pfund ergibt. Diesen Betrag will ich bereitwilligst der Regierung überlassen, um zu den Kosten beizutragen, damit ich nach Sydney kann, vorausgesetzt, sie wäre so entgegenkommend, mich mit dem ersten Schiff zu schicken.« Sie ist sicher, daß ihre Fähigkeiten es ihnen zusammen mit den seinen ermöglichen werden, sobald sie dort ist, ohne Unterstützung durch die Regierung auszukommen. »Ich bin gründlich als Kleidermacherin ausgebildet und habe einige Jahre Schirme gemacht. Auch verstehe ich einiges von Schuhen und Stiefeln und kann ihm in jeder Hinsicht behilflich sein. Es kann kaum einen Zweifel daran geben, daß wir für die Kolonie keinerlei Last, sondern eher ein Gewinn wären.« Diesmal ließ sich die Regierung erweichen, und sie durfte nach Australien.

Viele Ortsgeistliche bemühten sich im Sinn der christlichen Nächstenliebe, solche Bitten zu unterstützen. So sammelte 1819 Charles Isherwood, der Geistliche von Brotherton, Unterschriften von zehn Amtsbrüdern zugunsten von Elizabeth Rhodes und bat, man möge es ihr und ihren beiden kleinen Kindern »gestatten, ihren unglücklichen Mann an seinen Verbannungsort zu begleiten«. Mitunter legten sich ganze Gruppen oder ein Teil der Gemeinde ins Mittel. »Ein Mann namens Mitchel wurde kürzlich zu 21 Jahren Deportation verurteilt«, schrieb Robert Downie, ein Friedensrichter aus Stirling in Schottland, an Peels Büro. »Die Menschen in Stirling sähen es sehr gern, wenn man ihm gestattete, seine Frau und drei Kinder mitzunehmen. Läßt die Regierung jemals solche Art Begleitung zu?« Auch die Mitglieder von Kirchengemeinden schrieben und versprachen, eine Kollekte am Ort zu veranstalten, um es einer Frau zu ermöglichen, daß sie ihren Mann begleitete; sie boten Kleidungsstücke, Lebensmittel und Bettzeug für die Überfahrt der Frau an.

Männer, ob verheiratet oder nicht, waren auch Söhne, und zu einer Zeit, als die Familienbande quer durch die Generationen den eigentlichen Mörtel der Gesellschaft bildeten, konnte die Not der Eltern eines Deportierten – und seine Scham ihnen gegenüber – unerträglich sein. Die Briefe von Sträflingen an ihre Eltern waren voller Versprechen der Besserung. »Ich kann Euch versichern, daß ich, seit ich hier bin, viel Muße gehabt habe, über meine früheren Missetaten nachzudenken«, schreibt ein Weber namens Richard Boothman an seinen Vater in Lancashire, »und ich kann Euch voller Aufrichtigkeit versichern, daß mein Leben, sofern es Gott gefällt, mir meine Freiheit wiederzugeben, dem Ziel dienen soll, mich zu bessern. Ich hoffe, daß ich noch die Möglichkeit habe, Dir die Augen in Frieden und Ruhe zu schießen und den letzten Teil Deines Lebens glücklich zu machen.« Aus seiner »unseligen Lage« teilt Richard Taylor seinem Vater mit, während er in der Burg von York auf den Abtransport zu einem der ausgemusterten Kriegsschiffe wartet: »Hätte ich doch nur Deinen Rat befolgt. Wenn ich höre, was meine Mitgefangenen sagen, wird mein Herz so kalt wie Lehm.« Aber kein Brief kommt vom Vater, und Taylor schreibt, da er fürchtet, zurückgewiesen und vergessen zu sein, ganz aufgeregt an seinen lieben Onkel:

> »Ihr müßt ihn wissen lassen, daß es mir sehr gut geht und er so wenig an mich denken soll, wie er kann, denn ich bin ganz und gar unschuldig und hoffe, daß Gott Mitleid mit mir hat und ich Euch alle wiedersehe. Wenn aber nicht, muß ich für eine bessere Welt leben. Meinerseits bin ich entschlossen, ein gottesfürchtiges Leben zu führen.«

Er beschwört die Zukunft herauf und versucht, seinen Eltern Mut zu machen. Er schreibt im Mai 1840 aus York, daß »die Gebete eines aufrichtigen Herzens vor Gott ebensoviel gelten, wenn sie aus dem elenden Gefängnis kommen als aus einem glänzenden Palast. Welch ein Segen diese Gewißheit eines armen, unglücklichen Sterblichen in meiner elenden Lage ist.« Er spricht von Wiederkehr:

> »Wenn ich meine zehn Jahre in einem fernen Land hinter mir habe, wie glücklich werde ich sein, wieder in mein Heimatland zurückkehren zu dürfen, und mit wieviel größerer Wonne werde ich heimkehren, läßt Gott meinen lieben Vater bis dahin leben, daß wir einander noch einmal begegnen und uns über himmlische Dinge unterhalten mögen – ja, mein lieber Vater, wenn er uns beiden dieses Glück vergönnt, wird es wie ein Vorgeschmack des Himmels selbst sein.«

Zwar waren solche Äußerungen durchaus ehrlich gemeint, aber sie konnten kaum die tiefe Furcht verdecken, daß eine Deportation die Familie auf immer zerreißen würde. Richard Boothman bittet seinen Vater inständig, »unbedingt meinen Schwager« und andere Verwandte zu grüßen, »und ihnen zu sagen, daß ich sie gern vor meiner Abreise wiedersähe, *da es möglicherweise das letztemal ist*«. Als er im Juni 1841 zu den Gefängnisschiffen gebracht wird, beklagt er sich, von seiner Verwandtschaft verstoßen zu sein: »Es kommt mir doch seltsam vor, daß Du meine Bitte nicht erfüllt hast, denn ich wäre wirklich glücklich gewesen, einige meiner Freunde zu sehen, bevor ich von hier fortgehe, nun ist es dazu zu spät.« Jeder tapferen Zusicherung einer Rückkehr (»Lieber Vater, ich hoffe, Du wirst Dir keine Sorgen machen und Dich grämen . . . Ich hoffe, Dich bald wiederzusehen) stehen zahlreiche Ausdrücke der Verzweiflung gegenüber. »Meine Stimmung ist so gedrückt, wenn ich bedenke, daß ich von meinem Heimatland fortgeschickt werde, und ich bin doch unschuldig«, schreibt Thomas Holden im Juni 1812. »Liebe Mutter, ich glaube nicht, daß ich Dich in dieser Welt noch einmal wiedersehen werde.«

Einige Sträflinge klammerten sich, meist vergeblich, an die Hoffnung, im letzten Augenblick begnadigt zu werden. Das Vorrecht der königlichen Gnade wurde zwar zum Tod durch den Strang Verurteilten häufig zuteil, vor allem wenn es sich um politische Täter handelte. So bewahrte 1831, auf dem Höhepunkt der Reformbestrebungen, eine über das Innenministerium an den König gerichtete Massenbittschrift Peter Withers und seinen Mitdemonstranten James Lush noch am Vorabend ihrer Hinrichtung vor dem Galgen. Doch war die Maschine der Deportation erst einmal in Gang gesetzt, konnte sich niemand mehr aus ihr befreien. Andererseits war das Leben in England so mit Beziehungen aller Art durchwoben, fanden sich in allen Bevölkerungsschichten, vom Erdarbeiter bis hinauf zum Herzog, Gründe für Gunst und Dankbarkeit, so daß Gefangene und ihre Angehörigen nach der Verurteilung jeder Möglichkeit nachgingen, eine Strafmilderung zu erreichen. So verwendet sich 1798 ein Herr namens C. M. Waller bei einem Bekannten in Sydney, dem irischen Dynasten und Hilfsarzt der Kolonie, D'Arcy Wentworth, in einem Brief für einen jungen Mann,

> »der für den unerheblichen Betrag einer halben Krone zur Deportation verurteilt wurde. Seine Lage ist um so bemitleidenswerter, als er nicht nur von wahrhaft gutem Charakter ist, sondern auch für den Unterhalt seines kränkelnden alten Vaters und seiner alten Mutter aufkam. Sie steht jetzt weinend vor mir und beklagt den Verlust eines Sohnes. Die einzige Gunst, die sie von Euch erbittet, Sir, ist, daß Ihr die Güte haben möget, ihm jeden Dienst zu tun, der in Eurer Macht steht, damit sein Los etwas erleichtert werde.«

Thomas Holden bittet 1812 noch am Vorabend des Tages, an dem sein Schiff auslief, seine Frau, sie möge »zu Mr. Fletcher und Mr. Watkin gehen und ihnen sagen, daß ich nach wie vor meine Unschuld beteure«; während das Schiff die Meere durchpflügt, hofft er, daß »Du trotz der großen Schwierigkeiten, einen Brief abzufassen, Bittschriften an die Regierung schickst, damit ich freikomme oder meine Strafe gemildert wird«. Richard Boothman schrieb 1841: »Gäben sich meine Freunde ein wenig Mühe, könnte mir das von großem Nutzen sein. Wenn ich je Hilfe brauchte, dann jetzt.« Der Sträfling und seine Angehörigen mußten unter den Honorationen – Grundbesitzer, Friedensrichter, Kaufleute, Kirchenmänner – so viele Leumundszeugen finden, wie ihnen nur möglich war. Über einen Schreiber, wie sich der flüssigen Schreibweise entnehmen läßt, wandt sich eine Frau aus Salisbury 1819 an das Büro des Innenministers:

> »Ich möchte Ihnen mitteilen, daß Silas Harris, der zur Zeit an Bord der *Laurel* vor Portsmouth auf seine Deportation wartet, mein Mann ist und sechs Kinder zurückläßt, die seinen Verlust bejammern. Sie leben in größter Not, und ein Herr hat mir versprochen, meinen Fall zusammen mit dem meiner hilflosen Familie Lord Sidmouth vorzulegen, damit dieser zu meiner Erleichterung etwas unternehme. Sofern Sie glauben, daß das beigefügte Leumundszeugnis von Nutzen ist, wäre ich überaus dankbar.«

Keineswegs ungewöhnlich war, daß sich das Opfer des Verbrechens zugunsten des Gefangenen ins Mittel legte, sobald ihm oder ihr klar wurde, welch entsetzliches Geschick dem Sträfling in Australien und seiner alleingelassenen Familie in England bevorstand. Zahlreiche Briten waren bestürzt über die Unverhältnismäßigkeit von Tat und Strafe und wollten nicht daran schuldig sein, daß wegen eines vergleichsweise unbedeutenden Eigentumsdelikts eine Familie zerstört wurde, vor allem wenn der Diebstahl aus großer Not erfolgt war. Ein Tagelöhner namens Thomas Tate hatte William Tidman, einem Bauern in St. Albans, einige Säcke Weizen entwendet. Dieser bat, während Tate in Woolwich auf seine »Deportation auf sieben Jahre« wartete, Viscount Sidmouth, jenem um seiner Frau und vier kleinen Kinder willen die Strafe zu erlassen, »da ich ihm gern vergebe«.

In ähnlicher Weise schrieb Mrs. Lycot, Gattin »eines Gentleman von beträchtlichem Landbesitz«, im Mai 1819 an den Friedensrichter von Minchin Hampton, Sir George Paul, und bat um Gnade für Thomas Barker, der im Lande umherzog und mit Kaninchenfellen handelte. Er war zur Deportation verurteilt worden, weil er einem Dienstboten aus Mrs. Lycots Haus entwendetes Silber abgekauft hatte. Sie bat, die Strafe zurückzunehmen, »angesichts seines Alters von 57 Jahren und der Wahrscheinlichkeit, daß er und seine Frau einander nie wiedersehen würden. Da es ihr nicht gutgeht, würde ihre Lage dadurch äußerst bedrückend.« Der Friedensrichter, der den Brief an Lord Sidmouth weitergab, merkte an: »Der Mann befindet sich bereits auf dem Schiff, es wäre nicht gut, ihn in *unser* Gefängnis zurückzuschicken, wo bereits *drei* Gefangene den Platz einnehmen, der für *einen* vorgesehen ist.« Bezeichnenderweise fügte er hinzu: »Was für Zeiten, da die öffentliche Meinung das Recht *all* seiner Schrecken zu berauben scheint!« Und so wurde Barker an die Unheilsküste geschickt, und seine Frau mußte zusehen, wie sie zurechtkam.

In Einzelfällen kam es vor, daß wegen einer gemeinschaftlich begangenen Straftat Mann und Frau gemeinsam zur Deportation verurteilt wurden. Die Angst, in verschiedene Weltteile geschickt zu werden, führte zu einer eigenen Art von Bittschriften. Aus dem Carltongefängnis in Edinburgh bat 1830 Helen Guild, man möge sie nicht von ihrem Mann trennen, mit dem sie seit sechs Jahren verheiratet sei, »und so erbitte ich Eure Genehmigung, daß er und ich einander so nahe wie möglich sein können, wie es der Anstand gestattet. Auch wenn es uns zugefallen ist, durch das Gesetz Gottes und der Menschen diese Heimsuchung zu erleiden, würde Ihre Genehmigung noch mehr aufrichtige Freude auslösen als meine Befreiung.«

Die Hoffnung auf einen Straferlaß durch Beziehungen war ein ebenso beständiges Thema wie die Furcht, Kontakte zu verlieren. Wer im Begriff stand, von der gesellschaftlichen Landkarte in die Leere der Antipoden zu verschwinden, neigte dazu, jede Verzögerung der Post als Zeichen der Ablehnung zu deuten. So schrieb der arme Thomas Holden an seine Mutter:

> »Nichts bereitet mir so viel Pein wie nichts von Dir zu hören. Ich habe seit meiner Verurteilung erst einen Brief empfangen, und zwar von meiner Frau. Gewiß hast Du mich nicht so bald vergessen. Laß mich wissen, wenn es eine Hoffnung darauf gibt, daß meine Zeit verkürzt wird. Ich hoffe, Dich vor meiner Abreise noch einmal zu sehen, falls nicht, wird es mir das Herz brechen, Dir mein letztes Lebewohl zu sagen, denn ich glaube nicht, daß ich Dich sonst je wiedersehen werden.«

Doch ob nun die Briefe und Besucher kamen oder nicht – der Tag der Verlegung auf das Gefängnis- oder Transportschiff kam unausweichlich. Holden wurde an Bord der abgetakelten *Portland* im Hafen von Langston gebracht und arbeitete bis zum auf fünf Monate später festgesetzten Aufbruch täglich zehn Stunden auf der Schiffswerft. Die Reise von Lancaster Castle nach Langston beschrieb er als »sehr naß und unbehaglich. Acht Tage und Nächte habe ich in meinen Kleidern geschlafen, und so kannst Du Dir selbst vorstellen, meine liebe Frau, in welchem Zustand ich mich befinde.« Die Mehrzahl der zur Deportation Bestimmten wurde nachlässig und schlecht behandelt, so daß der Unterhausabgeordnete Henry Bennett in einem für den Innenminister bestimmten Büchlein 1819 entrüstet von Sträflingen schrieb, die sich auf dem Weg zu den Schiffen befanden: »Unter ihnen waren mehrere Kinder, alle in schweren Eisen, abgerissen und krank. Auch die Frauen werden zusammengeschlossen auf den Dächern von Kutschen herangebracht, den Unbilden der Witterung, dem Gaffen der Müßiggänger und dem Spott der Grausamen ausgesetzt. Dergleichen erfüllt jeden mit Scham und Entrüstung, der ein Empfinden für das Wesen einer Strafe hat.« John Ward wurde 1841 vom Gefängnis in Northampton, mit Fußeisen an sechs weitere Gefangene gekettet, zu den Gefängnisschiffen vor Portsmouth gebracht. Wo immer der Wagen zum Pferdewechsel vor einer Gaststätte anhielt, bewirtete er seine Gefährten mit Gin und Ale, »was die Müdigkeit der Nacht vertrieb und unsere Lage erträglicher scheinen ließ«. Während er gut gekleidet war, hatten jene »kaum etwas auf dem Leibe, um ihre Blöße zu bedecken, sie besaßen alle miteinander nur achtzehn Pence«.

2

Der Anblick der Gefängnisschiffe vor Portsmouth, Deptford oder Woolwich war zu Recht berühmt. Sie lagen in Kiellinie, ein auf den grauen Wogen des Meeres eingerichtetes Elendsquartier des Verbrechens. Vor den Blicken der sich nähernden Gefangenen ragten hoch über den mit Eisengittern versperrten Stückpforten die gewölbten Eichenborde aus dem Wasser, überwuchert von Anbauten jeglicher Art, die förmlich aus dem eigentlichen Rumpf herauswuchsen; sie wirkten wie Slumwohnungen. Auf Leinen hing zwischen den Maststümpfen Bettwäsche zum Lüften. Die ehemaligen Kriegsschiffe schwankten auf den heranrollenden Wogen, und die dunklen Tangbehänge der verrottenden Flanken trieben in der Strömung. Einige der Schiffe waren von der französischen Marine erbeutet, doch die meisten hatten einst ihre Kanonenmündungen für England gegen den Feind gerichtet; die letzten Spuren ihres einstigen Glanzes waren die von Wind, Wetter und Wellen zernagten Galionsfiguren. Rostige Ketten, jedes Glied halb mannsgroß, hielten sie an ihrem letzten Ankerplatz. Sie waren auf dem Wasser treibende Ruinen, im Inneren beengt und feucht, dunkel und übelriechend.

Der Empfang der neuen Sträflinge lief immer nach dem gleichen Muster ab. Sie mußten auf dem Achterdeck antreten und alles Geld dem Kapitän zur Aufbewahrung abliefern. Anschließend fielen die »altgedienten« Bewohner der Gefängnisschiffe wie Heuschrecken über die neuen her:

> »Die Ankunft einer neuen Gruppe bedeutet für die bereits seit langem an Bord befindlichen geradezu einen Festtag. Jeden Neuling bestürmen die Umstehenden mit Fragen, zwanzig soll er gleichzeitig beantworten, und währenddessen wird er um all die kleinen Habseligkeiten gebracht wie Kämme, Messer, Klammern, Nadel und Faden, die ihm der Kapitän zu behalten gestattet hat – alles, was er an Besitz überhaupt das Glück hatte an Bord mitzubringen.«

Mansfield Silverthorpe, ein mittelloser Schauspieler, der in den dreißiger Jahren des 19. Jahrhunderts auf den Brettern gestanden hatte, wurde zur Deportation verurteilt, weil er einem schottischen Offizier einen Reisekoffer entwendet hatte. In Eisen geschlossen, brachte man ihn auf einem öffentlichen Dampfer die Themse hinab nach Woolwich, noch immer in seinem Spitzenjabot und mit seinen langen, sanft fallenden Locken. Er merkte, daß er auf der außer Dienst gestellten *Ganymede*

> »bald zu einem Tier von ganz anderem Aussehen wurde. Mein langes Haar fiel der Schere des *barbarischen Barbiers* zum Opfer, dann wurde ich in einen Zuber voll kalten Wassers gesteckt und anschließend mit der Uniform der Gefängnisschiffe bekleidet. Als uns der Steuermannsmaat die Kleidung fortnahm, sah ich, wie er durch jedes Stück ein Messer stieß – danach gelten sie als Eigentum der Krone. Bei meinen (die von bester Qualität sind) unterließ er diese Handlungsweise. Da mich mein Hemd sehr kratzte, bat ich ihn, das tragen zu dürfen, mit dem ich gekommen war, aber er drohte mir, mich für das auszupeitschen, was er meine Unverschämtheit nannte, und erklärte mir, alle meine Kleider würden verbrannt. Es überraschte mich überhaupt nicht, als ich in der folgenden Woche meinen eigenen Hut und Atlasschal als Zierde an ihm erblickte, Rock und Hose aber am Sohn des Kapitäns, einem jungen Mann von etwa meiner Größe.«

Gewöhnlich hatte der Kapitän ein Abkommen mit einem Altkleiderhändler: »Ein alter Jude kam von Zeit zu Zeit, um die Alltagskleidung der Männer aufzukaufen. Ganz gleich, wie neu ein Anzug sein mochte, stets hieß es: ›Eine halbe Krone, oder du kannst es wegwerfen.‹« Dafür erhielt der Sträfling Hemden, »die wie ein rauher Sack waren«, Segeltuchhosen, eine graue Jacke und Schuhe, die nicht paßten. »Um das zu ändern, mußt du einem deiner Kameraden zwei weiße Brote, die Ration für eine Woche, geben, dann tauscht er mit dir und du hast passende Schuhe.« So zitierte Ward in seinem Tagebuch.

Auf den ausgemusterten Kriegsschiffen blühte jede Art von Gaunerei. George Lee, wegen Fälschung einer Banknote zu vierzehn Jahren Deportation verurteilt, beklagte sich aus seiner Haft an Bord eines solchen Schiffs im Hafen von Langston, daß wegen der dort vorherrschenden unklugen Behandlung »Orte dieser Art in Wirklichkeit nicht zu Schulen der Reue und Besserung, sondern jeden Lasters werden, das die Menschennatur noch unter das wilde Tier hinabzieht«. Etwa die Hälfte der über 400 Männer, gutgläubige Burschen vom Lande, wurden von allen Offizieren, den Kapitän nicht ausgenommen, erbarmungslos betrogen. Nur der Schiffskaplan und der Arzt waren seiner Ansicht nach ehrliche Leute. »Wegen der Betrügereien von Agenten, Händlern und Kapitänen lagen eines Tages neun von den vierhundert Männern tot am Ufer, Bilder der Zerlumptheit, des Schmutzes und der Unterernährung.«

Den Gesetzesbrechern wurden 24 lb. schweres Eisen an den rechten Fuß genietet

– damit sie nicht schwimmend fliehen konnten. Einige waren in ihrer Bewegungsfreiheit ohne erkennbaren Grund noch mehr behindert: Bennett sah 1817, wie sich »ein sehr kleiner Junge von dreizehn Jahren« an Bord der *Leviathan* elend in doppelten Fußeisen dahinschleppte, während erwachsene Männer nur einfache trugen. Vermutlich hatte das Kind das vom Wärter verlangte Bestechungsgeld für »Erleichterung vom Eisen« nicht zu zahlen vermocht.

Sobald ein Straftäter in Eisen gelegt war, konnte er auf der Regierungswerft arbeiten. Man ruderte ihn bei Tagesanbruch hin und bei Einbruch der Dunkelheit zurück. Kettensträflingen in Portsmouth, Deptford oder Woolwich bei der Arbeit zuzusehen war ein beliebter Zeitvertreib von Touristen; der Anblick dieser Unglücklichen verschaffte ihnen eine Art von Befriedigung, die man der Öffentlichkeit Großbritanniens damit versagt hatte, daß man keine Neugierigen mehr in die Irrenhäuser ließ, wo sie über deren Insassen zu spotten pflegten. Kolonnen aneinandergeketteter Sträflinge wurden auch ungehorsamen Kindern als mahnendes Beispiel vorgehalten. Dies Angestarrtwerden verstärkte das Gefühl der Scham bei den Sträflingen, zumal viele von ihnen alle Beziehungen zu Freunden und Verwandten abgebrochen hatten. James Grove schrieb 1803 kurz vor seiner Abreise nach Vandiemensland, er habe »absichtlich möglichst spät von Portsmouth an Dich geschrieben, um zu vermeiden, daß Du weiterhin Kenntnis von mir nimmst. Es war mir nicht recht, von der Welt gesehen zu werden.« Mansfield Silverthrope war froh, als Kohlenarbeiter eingeteilt zu sein, da er auf diese Weise geschwärzt und unkenntlich war. John Mortlock, ein junger Cambridge-Absolvent und Heeresoffizier, erkannte kurz vor seinem Auslaufen zur Norfolkinsel in der Menge von Gaffern einen Mitstudenten aus Cambridge, einen Bankierssohn:

> »Unwillkürlich zuckte ich zurück, hätte mir aber keine Sorgen zu machen brauchen, denn sein Auge glitt über die Gruppe beschmierter und wie wandelnde Leichname aussehender Elendsgestalten hin, von denen ihm eine noch vor wenigen Wochen zugejubelt hatte, als er das Hindernisrennen in Bythorn gewann.«

Die Vorstellung, solche Art von Arbeit könne etwas anderes bewirken als eine Herabsetzung der Gefangenen, war, so fand Bennett, widersinnig: »Männer, die dazu verdammt sind, in der Öffentlichkeit Zwangsarbeit zu leisten, dem Blick und der Kritik aller Umstehenden ausgesetzt, der Selbsterniedrigung und dem Verlust jeden Stolzes, lassen sich moralisch nicht bessern.« Er erklärte, binnen weniger Monate habe sich der Ausdruck der Gefangenen »zur Wildheit verändert, in ihren Gesichtern zeigen sich unterdrückte Wut und schlimme Leidenschaften. Diesen entsetzlichen Blick sieht man überall, ob in den Kasematten

Neapels und Spaniens, auf französischen Galeeren oder englischen Gefängnisschiffen.«

Die Ernährung war ausreichend, sofern die Menschen auch wirklich die vollständige ihnen zustehende Ration bekamen. Das allerdings war nicht immer der Fall. An drei Fleischtagen pro Woche waren pro Person jeweils 400 Gramm frisches rohes Fleisch vorgesehen, doch bevor es den Sträfling erreichte, hatten Steward, Koch, Inspektoren, die Besatzungen der Boote, die die Lebensmittel an Land ruderten, und ganz zum Schluß der Aufseher an Land »ihren« Anteil abgeschnitten. Bekam der Sträfling schließlich ein Viertel seiner Ration zusammen mit 1 lb. »einer Art Brot«, konnte er sich glücklich schätzen.

In den ›Zellen‹ herrschte Dunkelheit, und die Luft würgte jeden im Hals. John Mortlock fühlte sich vor Portsmouth an Bord der *Leviathan* – ein Neunzig-Stück-Schiff aus Nelsons Trafalgar-Flotte, das durch Entbehrungen und scharfe Zucht »zahm wie Kaninchen« gemachte sechshundert Sträflinge beherbergte – an einen Vers aus den Klageliedern des Jeremias erinnert: ». . . die früher auf Purpur getragen wurden, die müssen jetzt im Schmutz liegen.« Sie litten zudem unter Nässe, denn um den Gefangenen das Leben zu erschweren, wurden die oberen Decks häufig so gereinigt, daß man sie mit Seewasser übergoß, statt sie mit Sand zu scheuern.

Die Zucht an Bord lieferte einen Vorgeschmack auf das, was die Sträflinge nach ihrer Ankunft in der ›Bucht‹ erwartete. ›Thema Nummer eins‹ war weniger Essen, Geschlechtliches oder (in einigen Fällen) die Freiheit, sondern Tabak. Sein Besitz wurde schwer bestraft, aber Nikotinsüchtige waren bereit, alle Erniedrigungen auf sich zu nehmen, um ihren ›Priem‹ zu bekommen. Silverthorpe kommentierte, wie dieser Kreislauf aus Sucht und Auspeitschen Gefangene zermürbte: »Sie werden gleichgültig . . . sinken immer tiefer, bis sie alle moralischen Hemmungen abgeworfen haben.« Er beschrieb das am Beispiel eines stillen harmlosen Mannes namens John Woolley, einer seiner Gefährten an Bord der *Ganymede*. Dieser war so auf Tabak erpicht, daß man ihn

> »ein Dutzend Mal ausgepeitscht und ins schwarze Loch gesteckt hatte, ohne daß es etwas nützte: ›Ich kann nichts dagegen machen, Sir‹, sagte er dem Kapitän. ›Dann schneide ich dir das Fleisch vom Rücken‹, gab der Kapitän zur Antwort, und tatsächlich legte der Bootsmann alles in seine Schläge und schwang die ›Katze‹ mit dem ganzen Gewicht seines Leibes so über dem unglücklichen Opfer, daß es bei jedem Schlag klang, als klopfe ein Pflasteter auf der Straße Steine. Schließlich verlor der arme Bursche (wie ich ihn oft habe sagen hören) *die Lust am Leben.* Er merkte, daß sein ansonsten tadelloses Verhalten ihn vor den Folgen dieses unerheblichen Bruchs der Disziplin nicht bewahren konnte . . . und wurde aus einem der Besten der übelste Mensch im ganzen Hafen. Als ich fortkam, war er im schwarzen Loch,

weil er dem Steuermannsmaat Mr. Gosling das vorderste Fingerglied abgebissen hatte, als dieser in seinem Mund nach Tabak suchte«.

Über das Leben der Gefangenen bestimmte ein Dickicht aus Vorschriften, die der Steuermannsmaat auslegte, wie es ihm gerade gefiel. »Gelegentlich war mein Eisen zu schmutzig – dann wieder zu glänzend. Einmal saß mein Hut nicht richtig auf dem Kopf, ein anderes Mal war mein Halstuch nicht vorschriftsgemäß geknotet.« Solche »Verstöße« ließen beliebig viel Raum für große und kleine Bestechungsgelder, die man sich von den Gefangenen oder ihren Angehörigen zahlen ließ. Drei Goldstücke sorgten dafür, daß Silverthorpe drei Monate lang, statt Kohlen zu schleppen, eine leichtere Arbeit ausführen durfte. Die Marineangestellten strichen für einen Betrag zwischen einem und sechs Pfund Namen von der Liste jener, die nach Australien geschickt werden sollten. Obwohl Gefangene kein Geld besitzen durften, gab es auf den Schiffen (wie in allen Gefängnissen) eine komplizierte und undurchschaubare Untergrundwirtschaft, bei der Sträflinge als Bankiers, Geldverleiher und sogar Agenten tätig waren, die alle möglichen Erleichterungen vermitteln konnten. »Wer Geld an Bord zu bekommen weiß, kann kaufen, was sein Herz begehrt. Es gibt so viele Kniffe und so viele Möglichkeiten, zu handeln und zu tauschen, daß es zu mühevoll wäre, wollte man sie alle aufzählen.« Selbst die Ärzte hielten die Hand auf, wie Mortlock feststellte. Starb ein Gefangener an Bord eines Gefängnisschiffs, wurde seine Leiche, statt auf der als Friedhof dienenden Schlammbank in der Flußmündung vor Portsmouth (im Jargon das »Rattenschloß«) begraben zu werden, mitunter für fünf oder sechs Pfund an die durch den Hafen streichenden Agenten der Sezierer verkauft. Und Häftlinge starben in großer Zahl, denn die Marineärzte fanden nichts dabei, einem kranken Gefangenen einen halben Liter Blut zuviel abzuzapfen. Rasch wurde in einem solchen Fall der Sarg zum »Rattenschloß« gerudert, wo ein Kaplan eilends das Totengebet über einer Kiste voller Sand und Steine sprach. So darf es nicht verwundern, daß die Gefangenen nur äußerst ungern auf das Lazarettschiff gingen.

Doch die große Mehrzahl überlebte, und für sie kam schließlich der Tag der Deportation. Dem Auslaufen des für die »Bucht« bestimmten Schiffs ging stets eine Vielzahl von Bitten um Geld, Kleidung, Tabak, Kämme und die Übermittlung von Nachrichten voraus; gelegentlich gelang es den Angehörigen eines Sträflings, ihm eine Kleinigkeit zukommen zu lassen. Häufig waren diese Fälle jedoch nicht, denn wer wäre zum Dieb geworden, hätte er genug Geld gehabt? Manche, »Mechaniker« oder gelernte Handwerker, nahmen ihr Werkzeug mit, als Grundstock für den Tag, an dem sie frei sein und wieder für sich selbst arbeiten würden. Wenn Verwandte kamen, um adieu zu sagen, spielten sich ergreifende Szenen ab. John Ward erinnerte sich, wie seine Mutter »diesen herzzerreißenden Abschied kaum zu überstehen vermochte. Wir wechselten nur wenige Worte, denn Kummer schnürte ihr die Kehle zu, und mich hieß das Gefühl meiner Schande schweigen.« John Nicol beschrieb, fünfzig Jahre nachdem er als Steward auf dem Frauentransportschiff *Lady Juliana* mitgefahren war, die Reaktionen der Eltern einer jungen Deportierten, Sarah Dorset, die von einem Londoner Lebemann ruiniert, wie Tausende anderer in die Prostitution getrieben und »als verlotterte junge Frau aufgegriffen« worden war:

»Die Eltern kamen an Bord, der Vater mit unsicherem Schritt, ich brachte sie zu meiner Kabine und holte Sarah Dorset. Als ich mit ihr zurückkam, sagte der Vater mit erstickter Stimme: ›Mein verlorenes Kind!‹, wandte sich ab und bedeckte sein Gesicht mit den Händen. Die Mutter umschlang sie schluchzend. Die arme Sarah stürzte ihren Eltern ohnmächtig zu Füßen, schließlich erholte sie sich und erflehte mit herzzerreißenden Worten die Vergebung ihrer Eltern.«

Einige Frauen waren entsetzlichen seelischen Qualen ausgesetzt gewesen, von denen sie sich so bald nicht erholen würden:

»Eine Frau hatte man oben auf einer Kutsche von Carlisle hergeschickt. Sie war im Gefängnis niedergekommen und stillte jetzt – man riß ihr das Kind von der Brust und brachte es ins Armenhaus der Gemeinde, mochte es dort getrost umkommen: in diesem Zustand körperlicher Qual und seelischer Pein wurde sie nach Newgate gebracht und zur Bucht deportiert. Ich sah sie an Bord, und sie konnte nicht von ihrem Kind sprechen, ohne daß ihr heiße Zähren des Schmerzes kamen.«

Wohl jeder der nach Australien deportierten 162 000 Menschen hat, während das Transportschiff die Anker lichtete und die lange Fahrt zu seinem unvorstellbaren Ziel begann, empfunden, was Simon Taylor in holprigen Versen für seinen Vater auszudrücken versucht hat:

»Ach, dem Blick entzieht sich Englands Küste,
Alle einst so hellen Ufer wirken düster,
Uns dräut ein hartes Leben in der Ferne.
O lebet wohl, der Heimat traute Sterne.
Weh' mir, was harret meiner fern vom Vaterland?
O wollte Gott, ich wäre arm, doch frei, am Strand.«

3

Wir wenden uns jetzt der Logistik der Deportation zu. Wie hat Großbritannien die von der Gesellschaft ausgespienen Menschen nach Australien geschafft? Wie alles andere im System ist das Verfahren im Lauf der Jahre ganz allmählich entstanden, und die Veränderungen, die sich dabei ergaben, wirkten sich unmittelbar auf Gesundheit, Geisteszustand und Überlebensaussichten der Gefangenen aus.

Zwischen 1787, als die Erste Flotte absegelte, und 1868, als der letzte Sträflingstransporter *Hougoumont* unterwegs war, schickte die britische Krone 825 Schiffsladungen Gefangener von England und Irland aus mit durchschnittlich 200 Sträflingen pro Schiff. Ihren Anfang nahm diese Welle eher als Rinnsal: Bis Ende 1800 hatten erst 42 Schiffe den Weg nach Australien gemacht. Weitere fünfzehn Jahre lang änderte sich nicht viel, da England zu sehr mit dem Krieg gegen Frankreich beschäftigt war, als daß es daran hätte denken können, sein Reich jenseits der Meere mit Diebeskolonien im Pazifik zu erweitern. In keinem der Jahre von 1801 bis 1813 ankerten mehr als fünf Sträflingstransportschiffe in Sydney, und erst 1814 trafen in einem Jahr tausend Sträflinge ein.

Nach 1815 stieg die Zahl erheblich an. Von 1831 bis 1835 schließlich brachten 133 Schiffe 26 731 Sträflinge nach Australien. Im Spitzenjahr 1833 transportierten 36 Schiffe 6779 Gefangene, davon waren an die 4000 für Neusüdwales bestimmt, der Rest für Vandiemensland. Jetzt begann sich das Deportationssystem einzuspielen, das unsicher und mit dem Verlust vieler Menschenleben begonnen hatte. Nicht nur war es leistungsfähig und einträglich (für die Schiffseigner, von denen die Regierung die Schiffe mietete), sondern auch recht sicher, jedenfalls nach den Maßstäben von Seereisen im 19. Jahrhundert. Angenehm allerdings hätte es wohl niemand genannt.

Die über einen Schiffsmakler gecharterten Schiffe der Ersten Flotte waren ausschließlich von Beauftragten der Marine ausgerüstet und mit Lebensmitteln versorgt worden; es hatte sich um eine alleinige Regierungsangelegenheit gehandelt. Zwar war die Angelegenheit, wie wir gesehen haben, verworren und grenzte an eine Katastrophe, hatte aber wohl ein besseres Resultat als alles, was durch den Rückgriff auf das Privatunternehmertum dabei herausgekommen wäre. Da aber die Marine nicht bereit war, beständig die Verantwortung für das System menschlicher Abfallbeseitigung auf sich zu nehmen, wurde, sobald die Richtlinien dafür festgelegt waren, jedes Sträflingstransportschiff, das nach 1788 England oder Irland verließ, von Privatfirmen ausgerüstet und verproviantiert. Es galt als billiger und war für die Regierung mit Sicherheit einfacher, da ihr so die mühevolle Einzelüberwachung erspart blieb. Warum sollten nicht angesehene Firmen angemessen daran verdienen, daß sie England von Verbrechern und Abschaum befreiten? Die einzigen, denen dies Verfahren nicht gefiel, waren die Sträflinge selbst, denn für sie bedeutete dies Vergabesystem viel Elend und häufig den Tod.

Gegen Ende des 18. Jahrhunderts sah sich der Privatunternehmer angesichts zunehmender Erfahrung mit den besonderen Schwierigkeiten, die darin bestanden, Gefangene um die halbe Welt zu transportieren, einer eindrucksvollen Liste von Anforderungen seitens der Regierung gegenüber. Immerhin kannte die britische Regierung schon von früher das Ausmaß der Probleme, denn sie hatte ganze Armeen auf dem Seewege transportiert und kampfbereit an Land gesetzt. Alles war genau festgelegt: von der Anzahl an Rettungsbooten bis zur Größe der Verpflegungsrationen, ganz zu schweigen von der Verantwortung, die Kapitän, Arzt und Offiziere den Sträflingen gegenüber trugen.

Diese Vorschriften verminderten Leiden und Tod an Bord (ohne sie aber auszuschließen). Stets haben Menschen auf See gelitten und den Tod gefunden, ob sie Gefangene waren oder nicht. In den Napoleonischen Kriegen ging die britische Marine davon aus, daß abgesehen von den in der Schlacht Gefallenen jeder dreißigste Matrose durch Krankheit oder einen Unfall auf See ums Leben kommen würde; stets war einer von sechs krank. Selbst von den freien Auswanderern nach Amerika, die eine unvergleichlich viel kürzere Überfahrt als nach Australien hatten, starb jeder dreißigste.

Nach den Maßstäben jener Zeit fuhren die Sträflinge gar nicht so schlecht, nachdem das System ihrer Deportation nach Australien erst einmal reibungslos funktionierte. Das galt für die Zeit nach 1815, als die durchschnittliche Sterbequote pro Überfahrt für männliche Gefangene in beliebigen Fünf-Jahres-Zeiträumen zwischen 1 zu 85 und (gegen Ende der Deportationen 1868) 1 zu 180 betrug. Auf dem Höhepunkt des Systems lag die durchschnittliche Sterblichkeitsquote durch Krankheit an Bord kaum höher als ein Prozent. Ihr Anstieg in den frühen dreißiger Jahren des 19. Jahrhunderts ging auf drei schwere Schiffsunglücke zurück. Als die *Amphitrite* 1833 in der Nähe von Boulogne auf Grund lief, bevor sie den Ärmelkanal überhaupt verlassen hatte, ertranken 106 weibliche Sträflinge, die *George III* sank 1835 im Kanal von D'Entrecasteaux in der Nähe von Hobart nach einer Überfahrt, auf der der Skorbut gewütet hatte. Da die Lukenverschalkung recht spät gelöst wurde, ertranken 127 männliche Gefangene. Im selben Jahr ging in der Bass-Straße die *Neva* verloren, wobei weitere 138 Frauen ums Leben kamen. Läßt man diese Todesfälle außer acht, zeigt sich, daß die Sterblichkeit der Sträflinge durch Krankheit und mangelnde Betreuung unterwegs nach den Maßstäben der Marine in den dreißiger Jahren des 19. Jahrhunderts stark abgenommen hatte.

Die Mängel des Vergabesystems zeigten sich bei der Zweiten Flotte, die im Januar 1790 aus Portsmouth auslief. Abgesehen von der *Lady Juliana* bestand sie aus lediglich drei von der Firma Camden, Calvert & King gecharterten Transportschiffen: der *Surprize*, der *Neptune* und der *Scarborough*. Vertreter der Firma an Bord war Thomas Shapcote. Das Unternehmen hatte sich verpflichtet, die Sträflinge für einen Pauschalsatz von 17 £, 7 s. 6 d. pro Kopf zu transportieren, zu bekleiden und zu beköstigen, ganz gleich, ob sie Australien lebend erreichten oder nicht.

Diese Reise der Zweiten Flotte erwies sich als die schlimmste in der gesamten Geschichte der Deportation. Von den 254 Sträflingen an Bord der *Surprize* starben 36 unterwegs, von den 499 auf der *Neptune* 158, und auf der *Scarborough*, die bei ihrer Überfahrt mit der Ersten Flotte keinen einzigen Todesfall zu beklagen hatte, kamen von 253 Sträflingen 73 um. Insgesamt starben von den 1006 Gefangenen an Bord 267 auf See und mindestens weitere 150 nach der Landung.

Camden, Calvert & King waren ursprünglich im Sklavenhandel tätig gewesen, und sie hatten die Flotte mit den für Neger aus Afrika konstruierten Beinschellen ausgerüstet. Das waren nicht etwa Ketten mit Fußeisen, die bei aller Grausamkeit eine gewisse Bewegungsfreiheit gewährten, sondern kurze Metallbolzen von etwa zwanzig Zentimeter Länge zwischen den Fußknöcheln, die völlig bewegungsunfähig machten. Wie William Hill, ein auf der *Surprize* mitsegelnder Offizier des New South Wales Corps, empört berichtete, war es den Sträflingen »nicht möglich, sich zu bewegen, wollten sie nicht beide Beine brechen«. Die *Surprize* war ein Veteran der Meere, und bei schwerer See lief Wasser durch ihre Zwischendecks. Die halbverhungerten Gefangenen lagen, vor Kälte zitternd, auf durchnäßten Strohsäcken, hatten keine körperliche Bewegung, waren mit einer Salzkruste, Exkrementen und Erbrochenem bedeckt, litten an Skorbut und hatten Furunkel am ganzen Leibe. Einer von ihnen, Thomas Milburn, beschrieb später die Überfahrt in einem Brief an seine Eltern, der in England als Flugblatt veröffentlicht wurde:

> »Wir waren zu zweit und zweit aneinandergekettet und während der gesamten Dauer unserer langen Reise im Schiffsinnern festgehalten. Die Verpflegung genügte kaum, uns am Leben zu erhalten, und es gab nur wenig Wasser; ich hätte ohne weiteres drei- oder viermal soviel essen können, als was wir bekamen, und Ihr wißt ja, daß ich nie ein großer Esser war. Starb einer der mit uns angeketteten Gefährten, hielten wir das so lange geheim, bis sich der Verwesungsgeruch nicht mehr verbergen ließ, damit wir seine Ration bekamen, und viele Male war ich glücklich, den Umschlag zu essen, den man mir auf das Bein gelegt hatte, so entsetzlich war mein Hunger. Ich war mit Humphrey Davies zusammengekettet, der auf etwa halbem Wege starb, und ich lag annähernd eine Woche neben seiner Leiche und bekam seine Ration.«

Hill hielt die Schrecken des Sklavenhandels im Vergleich damit für »gnädig« und wütete gegen die »Schurkerei, Unterdrückung und schamlose Geldschneiderei« Donald Traills, Kapitän der *Neptune*, und Nicholas Anstis' von der

Scarborough. Traill war ein pathologischer Sadist und Anstis nicht viel besser. Aber ihre Interessen deckten sich mit denen der Unternehmer, wie sich Hill empörte:

»Je mehr sie den Unglückseligen vorenthalten, desto mehr können sie auf fremden Märkten veräußern, und je früher auf der Überfahrt Menschen sterben, desto länger können sie an sich bringen, was den Toten zugestanden hätte, denn ich fürchte, nur wenige von ihnen sind ehrlich genug, die Sterbedaten ihren Auftraggebern ordnungsgemäß mitzuteilen.«

Als die Zweite Flotte Sydney erreichte, zählte der anglikanische Priester der Kolonie, Reverend Richard Johnson, die Kranken: 269 Menschen an Bord der *Neptune* waren arbeitsunfähig – das heißt, daß von den 499 an Bord genommenen Gefangenen nur 72 in einem annehmbaren Gesundheitszustand ankamen. Die Zahlen für die *Scarborough* und die *Surprize* waren kaum weniger schrecklich. Johnson hielt zwar den Zwischendeckgestank auf der *Surprize* aus, brachte es aber nicht über sich, in den Rumpf der *Neptune* hinabzusteigen. Jammernd und stöhnend, kaum in der Lage, eine Handbewegung zu machen oder sich auf die Seite zu wälzen, in geradezu unvorstellbarer Weise von Ungeziefer wimmelnd (Johnson schätzte bei einem Mann, daß sich auf seinem Körper an die 10 000 Läuse aufhielten), wurden die Sträflinge über Bord gehievt,

»als wären sie ein Faß, eine Kiste oder etwas in der Art. Einige verloren an der frischen Luft das Bewußtsein, manche starben an Deck und andere im Boot, bevor sie das Ufer erreichten. Dort angekommen, vermochten viele nicht zu gehen, zu stehen oder sich im geringsten zu rühren, und so wurden sie von anderen geführt. Manche krochen auf Händen und Knien, und manche wurden auf dem Rücken getragen.«

Die Hölle, der sie entronnen waren, hatte unter den Überlebenden, die das Ufer erreichten, alles kameradschaftliche Mitgefühl abgetötet. Johnson war entsetzt, zu sehen, wie

»jemandem, der kurz vor dem Sterben stand, der Nachbar ein Stück Brot, das man ihm zu essen gab, aus der Hand nahm und fluchend erklärte, der andere werde ohnehin sterben und daher nütze es jenem nichts. Kaum hatte jemand seinen letzten Seufzer getan, kamen andere und zogen ihn vollständig aus. Statt einander das Elend erträglicher zu machen, trieben sie es so, daß die Schwächsten umkamen. Nachts lagen sie auf dem Gras und hatten zu viert eine Decke, und da es zu dieser Jahreszeit [Juni, der australische Winter] sehr kalt ist, nahm der Stärkste der vier die Decke für sich und ließ die anderen unbedeckt liegen.«

Während 1790 in Sydney Cove die Dinge so standen, waren die Lords des zuständigen Gremiums eifrig damit beschäftigt, ihrem König Entwürfe für das Großsiegel von Neusüdwales zu unterbreiten. Auf der Vorderseite sah man, wie »Sträflingen bei der Ankunft in Botany Bay die Eisen abgenommen und sie von einer allegorischen Gestalt, den Gewerbefleiß darstellend, empfangen werden. Sie sitzt auf einem Warenballen mit ihren Kennzeichen: Kunkel, Bienenkorb, Spitzhacke und Spaten und weist auf Pflugochsen, eine wachsende Ansiedlung und ein Kirchlein auf einem Hügel sowie eine Befestigungsanlage zur Verteidigung des Ganzen.« Als Motto hatte man bei Virgil *Sic fortis Etruria crevit* entlehnt: »So wurde Etrurien stark.«

Als die Nachricht von den Zuständen auf der Zweiten Flotte durch Phillips Botschaften und Hills Briefe England erreichte, rief das eine gewisse Aufregung in amtlichen Kreisen hervor. Weder die Regierung noch die Öffentlichkeit hatte mit soviel Tod und Elend gerechnet, aber man vergaß schnell – schließlich waren die Opfer nur Sträflinge. Dem Agenten des Unternehmers Thomas Shapcote konnte man auch nichts anhaben, denn er war schon bald nach dem Auslaufen aus Kapstadt gestorben – der einzige Tod in der Zweiten Flotte, der an eine Gerechtigkeit glauben ließ. Zu der angekündigten scharfen Untersuchung kam es nie, obwohl man in London eine Menge Beweismaterial zusammentrug. Klugerweise hatte sich Kapitän Traill aus dem Staub gemacht, und man fand ihn erst 1792. Ihm und seinem Schiffsoffizier wurde wegen Mordes an einem einzigen Sträfling der Prozeß gemacht, beide wurde freigesprochen und kamen nicht erneut vor Gericht. Drei Jahre später bekleidete Traill eine herausgehobene Stellung in Kapstadt. Anstis ging völlig straffrei aus, und gegen die schändliche Firma Camden, Calvert & King wurde gar nicht erst Anklage erhoben – sie hatte bereits mit der Regierung einen Vertrag zur Vorbereitung und Ausrüstung der Dritten Flotte abgeschlossen, die 1791 aufbrach. Auch diese bestand aus alten, überfüllten und kaum seetüchtigen Schiffen, wieder waren nur unzulängliche medizinische Vorkehrungen getroffen, und die Behandlung der Gefangenen war kaum vorstellbar. Der Zweite Offizier der *Queen*, der den rund 150 männlichen und weiblichen Gefangenen an Bord die Rationen zuteilte, bediente sich gefälschter Gewichte und gab statt der vorgeschriebenen 132 lb. Rindfleisch pro Mahlzeit nur 60 lb. aus. Die Bedingungen waren so, daß 576 Sträflinge an Bord der Dritten Flotte bei ihrer Ankunft in Sydney ärztlicher Behandlung bedurften. Dennoch kamen von insgesamt 1869 Männern und 172 Frauen, die an Bord gegangen waren, nur 173 Männer und 9 Frauen unterwegs um – insgesamt etwas weniger als 9% oder ein Drittel der Todesfälle bei der

Überfahrt der zweiten Flotte. Später vergab die Regierung keine Verträge mehr an Camden, Calvert & King.

Da man jedoch befürchten mußte, daß die Mängel des Deportationswesens in der Öffentlichkeit ruchbar wurden, unterließ man eine öffentliche Untersuchung, wohl aber kam es zu einigen Verbesserungen. Die Regierung versuchte, mit gewissen Maßnahmen für die Ehrlichkeit der »niedrigen und barbarischen« Sachwalter zu sorgen. So wurde beispielsweise die Bezahlung aufgeteilt – soundso viel pro an Bord genommenen Sträfling, der Rest (gewöhnlich etwa ein Viertel), wenn er oder sie in einem annehmbaren Gesundheitszustand an Land ging. Den Schiffsführern und Ärzten mußte bei der Ankunft in Sydney der Gouverneur eine Bescheinigung ausstellen. Wurde ihnen darin »ordentliche Aufführung und Menschlichkeit« bestätigt, gab es bei der Rückkehr nach England vom Deportationsausschuß eine Zulage.

Einige Kapitäne konnte man damit nicht verlocken. So sollte 1798 die Vertragsfirma, die das Transportschiff *Hillsborough* zur Verfügung gestellt hatte, für jeden lebend an Land gelangten Sträfling, zusätzlich zu dem Betrag von achtzehn Pfund, der bei der Einschiffung pro Kopf gezahlt wurde, eine Zulage von £ 4 10 s. 6 d. bekommen. Doch Kapitän William Hingston gab den Gefangenen Hungerrationen, hielt sie fest angekettet, so daß sie nicht an Deck umhergehen konnten, und ließ sie nachts in doppelte Eisen legen. Hinzu kam, daß schon bald nach dem Auslaufen von Langston Typhus an Bord ausbrach und jeder dritte Sträfling starb. Gegen Hingston wurde kein Verfahren eröffnet. Einen lebhaften Bericht über die Reise verdanken wir einem Silberschmied aus der Grafschaft Shropshire, William Noah, den im April 1797 das Londoner Gericht in Old Bailey zum Tode verurteilte, weil der damals Dreiundvierzigjährige einem Bleidecker in Westminister zweitausend lb. Blei im Wert von dreiundzwanzig Pfund gestohlen hatte. Kapitän Hingstons Haltung den Sträflingen gegenüber geht aus der Art hervor, wie Noahs Frau behandelt wurde, als sie ihren Mann am 4. Dezember 1798 vor dem Auslaufen der *Hillsborough* besuchen wollte:

> »Ich sah mit großer Überraschung durch eine Stückpforte meine Frau auf einem Boot längsseits kommen. Sogleich schrieb ich an Kapitän Hingston und bat um die Erlaubnis, an Deck mit ihr sprechen zu dürfen, doch bekam ich keine Antwort. Da ich sie noch immer längsseits sah, schrieb ich ein zweites Mal und teilte dem Kapitän mit, daß sie eigens von London gekommen war, unter großen Leiden angesichts der Kälte, und daß es ein letztes Lebewohl sein könne, da ich in ein fernes Land verbannt war. Das erweichte sein Herz, und nachdem sie zwei Stunden lang in dem Boot neben dem Schiff gewartet hatte, wurde ich an Deck befohlen. Ungnädig genug wurde ihr gestattet, mit einer Schachtel, die sie mir mitgebracht hatte, heraufzukommen. Hingston fragte wütend, wie viele Schachteln ich haben wollte und schwor, wenn sie Werkzeug

enthalte, werde er das Ganze ins Wasser werfen. Unglücklicherweise hatte ich um einige Stichel und andere kleine Werkzeuge gebeten, die er zum größten Teil fand. Meine Frau mußte sogleich mitsamt dem Werkzeug das Schiff verlassen und mich brachte man unter übelsten Beschimpfungen wieder an meinen elenden Aufenthaltsort. Niemand kann die Schrecken eines unglücklichen Menschen nachempfinden. Ich war trostlos und fühlte mich grausamst mißhandelt.«

Das Regierungskomitee bemühte sich – gewöhnlich vergeblich – zu verhindern, daß die Vertragsfirmen ihre Schiffe mit Waren füllten, die sie mit riesigem Gewinn in Sydney verkauften.

Auch wurde ein der Regierung und nicht dem Unternehmen verantwortlicher Marinearzt an Bord eines jeden Schiffs beordert. Er hatte auf die Gesundheit der Sträflinge zu achten, Fehlverhalten der Schiffsoffiziere abzustellen und ein Auge auf pflichtvergessene oder unfähige Ärzte zu halten, die die Vertragsfirmen etwa an Bord gebracht hatten. Wenn auch Militärärzte, obwohl sie im Offiziersrang standen, einem Kapitän an Bord seines eigenen Schiffs nicht dreinreden konnten, wirkte sich ihre bloße Anwesenheit bereits wohltuend aus. Das erste Schiff, das unter dieser neuen Vorschrift auslief, war die *Royal Admiral* im Mai 1792; ihr folgten 1793 drei weitere Schiffe mit englischen und irischen Gefangenen, die solche Aufseher an Bord hatten, und von 670 Gefangenen starben lediglich vierzehn.

Die daraus zu ziehende Lehre war klar, doch 1795 hatten die Napoleonischen Kriege begonnen, und England konnte für die »Bucht« keine Marineärzte (und nur wenige Schiffe) entbehren. In den nächsten Jahren segelte lediglich eines der von einem Vertragsunternehmer gestellten Schiffe mit einem Marinearzt an Bord. Von 1792 bis 1800 gingen achtzehn Sträflingsschiffe von Großbritannien ab, und auf den ersten sechs (von 1792 bis 1794) fuhren Aufseher mit. Bei diesen Transporten gab es je einen Todesfall auf 55 Männer und 45 Frauen. Von den nächsten sechs Schiffen hatten nur zwei Marineaufseher oder -ärzte an Bord, und hier betrug die Sterblichkeit bei den Männern 1 zu 19, bei den Frauen 1 zu 68. Auf den letzten sechs Schiffen gab es keinerlei Aufsicht durch die Marine, auf ihnen starb jeder sechste Mann und jede 34. Frau.

Meist waren die Toten irische Sträflinge, häufig »Politische«. Sie wurden besonders schlecht behandelt, weil die Kapitäne Meutereien fürchteten. So tobte sich an Bord der *Britannia*, die gegen Ende 1796 mit 144 Iren und 44 Irinnen von Cork auslief, der Schiffsführer Thomas Dennott sadistisch aus. Er ließ einen als Rädelsführer bezeichneten Gefangenen, William Trimball, so lange auspeitschen, bis dieser die Namen von 31 Sträflingen nannte, die angeblich in eine geplante Meuterei verwickelt waren. Bei einer Durchsuchung des Schiffs nach Waffen wurden selbstgemachte Sägen, ein halbes Dutzend improvisierte Messer, einige Stücke Stahlband und eine Schere gefunden. Das genügte. Ein Sträfling, James Brannon, bekam an zwei aufeinanderfolgenden Tagen insgesamt 800 Peitschenhiebe, beim zweiten Teil dieser abscheulichen Bestrafung wurden in die neunschwänzige Katze noch frische Stücke Pferdehaut eingeflochten. »Das wird deinen Kadaver ja wohl aufreißen«, brüllte ihm Dennott zu, und so geschah es, wenn es auch mehrere Tage dauerte, bis der Unglückliche starb. Insgesamt ließ Dennott den Verdächtigen 7900 Peitschenhiebe verabreichen und brachte damit sechs von ihnen um. Der Schiffsarzt, ein halbverrückter, unfähiger Mensch namens Augustus Beyer, weigerte sich, ihre Wunden zu verbinden, und war aus Angst vor Kapitän Dennott nicht bereit, die Auspeitschungen zu überwachen. So hörte er aus seiner Kabine zu, wie die neunschwänzige Katze niedersauste und die Iren vor Schmerz schrien. Als eine arme Gefangene namens Jenny Blake Selbstmord zu begehen versuchte, ließ Dennott sie kahlscheren, schlug sie wiederholt mit einem Stock ins Gesicht und auf den Hals und ließ sie in doppelte Eisen schließen. Zwar führte die Regierung eine Untersuchung gegen Dennott und Beyer durch, unternahm aber in beiden Fällen nichts, sondern kam lediglich zu dem Ergebnis, Dennott habe »zu große Strenge an den Tag gelegt« und Beyer seine Pflicht »vernachlässigt«. Allerdings fuhr keiner von beiden wieder mit einem Sträflingstransportschiff.

Wenn auch diese Alptraumreise eine Ausnahme war, sollte es doch einige Jahre dauern, bis irische Sträflinge menschenwürdig behandelt wurden. Sir Jerome Fitzpatrick, der sich häufig für Reformen auf den Gefängnis- und Transportschiffen eingesetzt hatte, erreichte, daß auf zwei Schiffen, die 1801 aus Cork auslaufen sollten, der *Hercules* und ihrem Schwesterschiff *Atlas*, den Gefangenen nicht die ursprünglich für Sklaven vorgesehenen starren Beineisen, sondern die leichteren Ketteneisen angelegt wurden – »die sowohl aus politischen als auch aus menschlichen Gründen vorzuziehen sind«. Ihn entsetzte die Art, wie auf ihre Deportation wartende Gefangene behandelt wurden, und zwar in England wie in Irland. »Man schickt kranke und schwache Menschen auf Gefängnisschiffe, völlig blinde, Krüppel und so alte, daß ihre Arbeit niemandem nutzen kann. Es dient weder der Menschlichkeit noch dem Wohl der Kolonie, daß man sie nach Neusüdwales schickt.« In einem Brief an Lord Pelham beschrieb er 1801

> »ihr schlechtes und schmutziges Bettzeug, einige können nicht einmal den halben Leib damit bedecken; was sie essen, hat kaum Nährwert, denn ihrem Brei wird das Fett abgeschöpft; sie sind in der größten Kälte nur mangelhaft bekleidet; ungeachtet ihres Zustandes müssen sie arbeiten, sogar wenn ihnen schmerzvoll Brüche bis zu den Knien hängen – ohne Bruchbänder werden sie gemeinsam vor die Karren gespannt; ob sie Asthma haben, ob ihre Beine angeschwollen oder voller Geschwüre sind, alle werden herangezogen; sie

> müssen Kalk brennen, und ob ihnen die Augen davon schmerzen – insgesamt habe ich in der Art ihrer Beschäftigung selten einen Sinn erkannt, weder was den zu erwartenden Gewinn noch was die Anwendung von Grundsätzen der Menschlichkeit betrifft.«

Nach dem Auslaufen der *Hercules* aus Cork Ende 1801 meuterten die Sträflinge. Vierzehn wurden an Ort und Stelle erschossen, dreißig weitere starben an Krankheiten und Erschöpfung. Die Bedingungen auf der *Atlas* waren noch schlimmer, 65 starben auf der Überfahrt, zum großen Teil, weil sie für 2166 Gallonen Rum, die der Schiffsführer Kapitän Brooks in Sydney zu verkaufen gedachte, Platz machen mußten. Völlig zu Recht verweigerte ihm Gouverneur King die Erlaubnis, den Rum an Land zu bringen, doch bestraft wurde Brooks nicht, sondern führte mehrere weitere Sträflingsschiffe nach Australien und starb, ein angesehener alter Fahrensmann, als Friedensrichter in Sydney.

Es war schwer, solche Männer vor Gericht zu bringen. Um einen grausamen oder bestechlichen Schiffsführer in England zu belangen, hätte die Krone Sträflinge als Zeugen zurückbringen lassen oder in Australien gegen ihn verhandeln müssen. Dazu aber hätte ein Gericht in Neusüdwales die Genehmigung benötigt, über zu Besuch im Lande weilende englische Schiffskapitäne zu Gericht zu sitzen. So oder so hätte eine solche Verhandlung hohe Kosten verursacht, und das schreckte die Behörden. Nur ein einziges Mal wurden 1817 auf Veranlassung des vergleichsweise liberalen und für die Freisetzung der Sträflinge eintretenden Gouverneurs Lachlan Macquarie Sträflinge nach England zurücktransportiert, um gegen Kapitän und Offiziere der *Chapman* auszusagen. Sie wollte er zur Rechenschaft gezogen sehen, weil sie auf das bloße Gerücht von einer geplanten Meuterei hin drei unbewaffnete Sträflinge erschossen und 22 weitere mit Schüssen verwundet hatten. Zwar rechnete Macquarie nicht mit Verurteilungen, doch er hoffte, der Fall werde »in Zukunft Sträflinge auf ihrer Überfahrt vor der Grausamkeit und Gewalttätigkeit bewahren, der sie bisher ausgesetzt waren«. Das einzige, was er erreichte, war ein strenger Verweis durch die Regierung.

Fitzpatrick faßte die elende Lage der Sträflinge in einem Brief an den Sekretär Pelhams zusammen. »Ich bitte Sie erneut und immer wieder, Pelham klarzumachen, daß in dieser Zeit der Ränke, Selbstsucht und Käuflichkeit niemand ehrliche Berichte von Menschen erwarten darf, die in unmittelbarer Beziehung zu denen stehen, die entweder mit dem Gefängnis oder der Vergabe-Abteilung der Behörden zu tun haben«, schrieb er. Man dürfe nicht damit rechnen,

> »daß der Arzt je seine eigene Nachlässigkeit den Patienten gegenüber oder eine falsche Behandlung zugibt, oder daß Wärter die von ihnen verübten

Akte der Grausamkeit nennen, daß, wer Lebensmittel oder Kleidung liefert, sie anders als in einwandfreiem Zustand darstellt, oder daß die Zuständigen gegen jene einschreiten, die es zwar verdienen, aber mehr oder weniger in ihrem Auftrag handeln«.

Nach 1815 jedoch gab es kaum noch Höllenschiffe, die Zustände besserten sich bei den Sträflingstransporten durch eine erneute Änderung des Aufsichtssystems. Marineärzte hatten während der Napoleonischen Kriege in ihrer Kunst dazugelernt, obwohl nach heutigen Maßstäben die Militärmedizin damals noch eine entsetzlich primitive Angelegenheit war. Am meisten für die nach Australien bestimmten Sträflinge trat William Redfern (1774?–1833) ein, der »Vater der australischen Medizin«, selbst deportierter Sträfling und der geschickteste und beliebteste Arzt in Sydney. Er war Gouverneur Macquaries Hausarzt und als solcher in einer idealen Ausgangssituation, um das System zu reformieren. Macquarie erteilte ihm den Auftrag, auf drei Schiffen, die 1814 eintrafen, der *Surry, Three Bees* und *General Hewitt*, die unsagbar schlimmen Bedingungen zu untersuchen. Redferns Bericht leitete die Wende ein, denn er beeindruckte nicht nur Macquarie, sondern auch die Behörden in England. Darin hob er die Notwendigkeit der Belüftung der Unterkünfte, des nassen Wischens, sauberer Toiletten, der Desinfizierung mit Kalk und »Teeröl«, des Ausräucherns und der körperlichen Bewegung hervor. Außerdem bestand er darauf, daß jedes Schiff einen Marinearzt sowohl als medizinischen Betreuer wie auch als Vertreter der Regierung an Bord haben solle, »einen Offizier, dem es freisteht, nach seinem Ermessen zu handeln, ohne daß er der Macht des Schiffsführers untersteht«.

Die positiven Ergebnisse dieses Vorgehens zeigten sich sofort nach seiner Einführung. Nach 1815 stieg die Zahl der nach Australien deportierten Sträflinge um mehr als das Dreifache an – 78 Schiffe brachten zwischen 1816 und 1820 13 221 Menschen dorthin gegenüber 3847 auf 23 Schiffen in den vorausgehenden fünf Jahren. Von 1811 bis 1815 war durchschnittlich jeder 31. auf der Überfahrt gestorben. Die Verhältnis verminderte sich, nachdem Redferns Plan übernommen worden war, auf 1 zu 122 und überstieg später selten den Wert 1 zu 100, in keinem Fall aber 1 zu 85.

Hinzu kam, daß die Überfahrt jetzt kürzer und die Schiffe geräumiger waren, obwohl man auch das relativ sehen muß. Kein heutiger Reisender kann sich die entsetzliche Monotonie und die Reibung zwischen den Gruppen an Bord dieser Schiffe wirklich vorstellen. Nach Süden wurden die Transportschiffe bisweilen von nach Afrika oder Indien bestimmten Marinekonvois begleitet, doch bald war sich jedes der Transportschiffe in der blauen Unendlichkeit selbst überlassen, ein an seinem rotweißen Wimpel als Sträflingsschiff zu erkennender Fleck auf den Wassern. Die Route hing von den Lebensmittel- und Wasservorräten ab, die an Bord waren. Die erste Flotte brauchte nahezu achteinhalb Monate bis zur

»Bucht« und lag unterwegs nahezu zehn Wochen in Häfen. Da sie Proviant für mehrere Jahre mitführen mußte, waren die Vorräte für die Reise unterwegs ständig zu ergänzen. Doch nach 1810 brauchten die Schiffe nicht mehr alles für das künftige Überleben der Sträflinge Erforderliche mitzunehmen, und so segelten 1820 die meisten Kapitäne nach Rio und dann, bisweilen ohne unterwegs anzulegen, stracks ostwärts zur Südküste Australiens, wobei sie ihre Sträflinge entweder in Hobart absetzten oder nordwärts bis Sydney fuhren. In den dreißiger Jahren des 19. Jahrhunderts brauchte die Mehrzahl der Transportschiffe für die Strecke weniger als 110 Tage, aber nur vier weniger als hundert: die *Eliza I* (1820), die *Guildford* (1822) und die *Norfolk* (1829). Das schnellste von allen mit einer Passage von 95 Tagen war die *Emma Eugenia* (1838).

Mit Ausnahme weniger Marineschiffe waren sie alle mit zusätzlichen Kojen und Sicherheitseinrichtungen ausgerüstete Handelsschiffe. Sie waren so konstruiert, daß man aus den Tonnagevorschriften, die bis 1835 für die Berechnung der Hafenliegegebühren maßgeblich waren, möglichst viel Frachtraum herausholen konnte. Dabei wurde, grob gesagt, vorausgesetzt, daß die Tiefe des Rumpfes seiner halben Breite entsprach. Mithin bemühten sich die Eigner, die Liegegebühren zu drücken, indem sie die Schiffe so schmal und tief wie möglich bauen ließen. Der Fracht machte das nichts aus, aber für Menschen war es äußerst unangenehm, denn ein schmaler Schiffsrumpf ist weniger lagestabil als ein breiter und rollt entsetzlich.

Als in den dreißiger Jahren des 19. Jahrhunderts die freie Auswanderung nach Australien einsetzte, verringerte sich noch die Qualität der für Sträflingstransporte verfügbaren Schiffe – es war für die Schiffseigner weit gewinnbringender, zahlende Passagiere an Bord zu nehmen, als Charteraufträge der Regierung auszuführen. Die Kojen der Gefangenen waren gewöhnlich in zwei Reihen als Doppelstockkojen an der Rumpfwand angebracht, zwischen ihnen lief ein Mittelgang. Peter Cunningham, der fünf Reisen nach Australien als aufsichtführender Arzt auf Transportschiffen mitgemacht (und lediglich drei der ihm anvertrauten 747 Sträflinge verlor) hat, berichtete, »reichlich Raum« bedeute vier Sträflinge in einer hölzernen Koje von 1,80 Meter im Quadrat. Selten gab es im Raum Stehhöhe, und die einzige Luft kam aus den mit festen Gittern und schweren Vorhängeschlössern gesicherten Luken. Daher war die Belüftung immer äußerst schlecht, und wenn auch die Marineärzte die Kapitäne drängten, über den Luken Windsegel anzubringen, versagten diese primitiven Belüftungsanlagen genau dann, wenn Luft am dringendsten nötig war – wenn das Schiff bewegungslos in der erdrückenden Hitze der Kalmen lag.

Der 1868 auf der *Hougoumont*, dem letzten aller Sträflingstransporter, nach Westaustralien deportierte »Politische«, der Ire John Boyle O'Reilly, beschrieb, was sich im Rumpf dieser Schiffe abspielte:

»Die Luft war zum Ersticken. Durch die versperrten Luken strich kein Lüftchen. Die Sonne stach heiß herab. Das Pech rann aus den Nähten und verbrannte das Fleisch, wenn es herabfiel. Nur ein Wort wurde zwischen den Männern gesagt oder gedacht, in jedem Gehirn gab es nur einen sehnsuchtsvollen Gedanken: Wasser! Gut einen Liter am Tag bekam jeder Sträfling – eine übelriechende und blutwarme Flüssigkeit. Es griff ans Herz, zu sehen, wie die durstigen Seelen diese Ration hinunterstürzten.«

Bei schlechtem Wetter litt auf See jeder, doch die Sträflinge am meisten. George Prideaux Harris, der im Jahre 1803 mit Collins' Expedition zur Besiedlung der Port-Phillip-Bucht fuhr, schrieb, daß sie nach dem Auslaufen aus Rio

»beständig auf Böen, Regen, Gewitter und schwere, rollende Seen trafen, so daß wir viele Tage hindurch nicht am Tisch sitzen konnten, sondern uns an Kästen und ähnlichem auf dem Boden halten mußten. Nahezu all unser Geschirr war zerbrochen, außerdem waren viele Seen in die Kabine geschlagen und wir lebten in beständiger Dunkelheit, da die Kabinenfenster durch Seeschlagblenden verschlossen waren. Noch nie zuvor in meinem Leben war ich so trübe gestimmt. Keinen Trost gab es für Leib oder Seele – die Lebensmittel waren abscheulich – das Wasser stank – unser Viehbestand war durch Kälte und Nässe vernichtet, und jeder an Bord lief mit trübsinniger Miene herum.«

Die Sicherheitsvorkehrungen mußten über jeden Zweifel erhaben sein. Kapitän Alfred Tetens, ein deutscher Schiffsführer, der viele Jahre auf dem Pazifik gefahren war, brachte in der letzten Phase der Deportation eine Ladung von dreihundert Sträflingen auf der *Norwood* nach Fremantle. Ihre Zwischendecks waren »mit einer kugelsicheren Zwischenwand aus schwerem Holz umschlossen« und

»die vordere Luke und die Hauptluke durch acht Zentimeter starke Eisenstäbe gesichert; durch die kleine verbleibende Tür konnte sich jeweils nur ein Mensch mit einiger Mühe zwängen. An Deck war hinter dem Hauptmast eine Barrikade über die gesamte Breite des Schiffes errichtet. Auch sie hatte eine schmale Tür. Tag und Nacht befand sich hinten auf dem Achterdeck eine Wache aus zehn Soldaten mit geladenen Musketen. Vier mit Schrapnells geladene Kanonen waren nach vorn gerichtet, und eine Vielzahl von Waffen war dort angehäuft. Dieser ganze kriegsmäßige Anblick übte nicht nur eine beruhigende Wirkung auf die Gefangenen, sondern auch auf ihre Wächter aus«.

Die Nahrung der Gefangenen war derb und einfach, aber ausreichend, allerdings fehlte Gemüse. Nach wie vor gab es hauptsächlich gepökeltes Rindfleisch, das die Sträflinge als »Salzgaul« bezeichneten – was es zum Teil wohl auch war. Ein Offizier aus dem 50. Regiment, John Gorman, der 1851 auf der »Minden« nach Australien segelte, schrieb diesen Vers nieder:

»Salzgaul, Salzgaul, wie kommst du hierher?
Viele Jahre habe ich Torf geschleppt
von Limerick nach Ballyhack,
dann stürzte ich und brach das Rückgrat.
Dann wurde ich in Stücke zerteilt
und den Matrosen aufgetischt,
doch selbst sie verachten mich.«

Peter Cunningham bezeichnete die Rationen als »sowohl gut als auch reichlich«, sie entsprachen etwa zwei Dritteln der üblichen Marineration. Der Sträfling Mellish, der etwa um dieselbe Zeit (in den frühen zwanziger Jahren des 19. Jahrhunderts) nach Australien gebracht wurde, sah

»nicht viel Grund zur Klage; Sonntag Plum-Pudding mit Nierentalg darin, pro Mann etwa 1 lb., gleichfalls 1 lb. Rindfleisch; Montag Schweinefleisch (1 lb. mit Erbsen); Dienstag Rindfleisch und Reis; Mittwoch wie Sonntag; Donnerstag wie Montag; Freitag Rindfleisch und Reispastete; Samstag lediglich Schweinefleisch«.

Gegen den Skorbut bekamen die Sträflinge Limonensaft, Zucker und Essig. Zusätzlich gab es allabendlich etwa einen viertel Liter Portwein, um sie bei guter Stimmung zu halten. Das galt auf einigen Schiffen als großer Luxus, und auf manchen, wie zum Beispiel der *Woodbridge*, muß die Ausgabe des Portweins auf der Reise, die sie 1840 mit dem Sträfling Charles Cozens an Bord unternahm, geradezu ein Ritual gewesen sein. Er schrieb in seinem Tagebuch:

»Damit sich die Männer bewegten und als Vorbeugung gegen Krankheiten, trat jeder zur einen Tür auf dem Achterdeck herein, *tanzte* zum Faß, trank seine Ration und tanzte dann wieder davon, durch die gegenüberliegende Tür hinaus. Das ergab ein überaus belustigendes ›Ballett‹.«

Die Eisen wurden den Gefangenen abgenommen, wenn das Schiff blaues Wasser erreichte, obwohl auch an ihren Kojen gewöhnlich Ketten und Eisen angebracht waren, damit man Widerspenstige notfalls in Eisen legen konnte. Der im Dienst der Regierung tätige Arzt sorgte dafür, daß die Sträflinge so oft wie möglich an

Deck durften, um frische Luft und Bewegung zu bekommen. Sie bearbeiteten die Decks mit dem als »Gesangbuch« bezeichneten Scheuerstein, schrubbten und wuschen Wäsche und nahmen der Besatzung soviel Schmutzarbeit ab, wie die Disziplin zuließ. Messer durften sie nicht besitzen. Alles Eßbesteck mit Ausnahme der Löffel wurde zu jeder Mahlzeit erneut ausgegeben und anschließend wieder eingesammelt – aber sie konnten Nadeln bekommen und Knochen vom »Salzgaul«. So verbrachten sie die langen Wochen mit seemännischen Bastelarbeiten und »stellten aus Knochen Petschafte, Zahnstocher, Pfeifenstopfer und anderes her; einige Erfahrenere mit geschickteren Händen machten auch aus gewöhnlichen Knöpfen Ringe, Broschen und so weiter, was ihnen sehr wohl gelang«.

Sie angelten auch, indem sie an den Haken Schleppleinen befestigten, die sie aus mit Fett bestrichenen Segeltuchstreifen hergestellt hatten. Blaufische bissen an und wurden schwanzschlagend, wie silberschimmernde Melonen mit Flossen, in die Speigatten gehievt; sie waren als Speisefisch ebenso begehrt wie die Haie, die geduldig den Schiffen folgten. Ihr Fleisch galt als »ausgezeichnet; die unbedeutendste Abwechslung bei einer so langen und mühseligen Reise wurde begierig begrüßt und freudig genutzt«. Gelegentlich fingen die Seeleute mit Ködern und einer Harpunenleine Albatrosse, holten die kreischenden Vögel ein, schlachteten sie und balgten sie ab, da sie sich ausgestopft gut verkaufen ließen.

Verschiedene Schiffsärzte und freie Auswanderer haben über die Bemühungen der Sträflinge berichtet, etwas Freude in ihr tristes Leben zu bringen. Sie tanzten und brachten dabei (wenn sie Fußeisen trugen) einen klirrenden Rhythmus mit ihren Ketten zustande. An Weihnachten, beobachtete ein Schiffszimmermann, »herrschte unter den Sträflingen die größte Munterkeit; sie feierten den Geburtstag der christlichen Zeitrechnung (meisterlich) mit einer Fülle von Gesängen aller Art, vermutlich das Ergebnis ihrer verdoppelten Weinzuteilung«.

Sie spielten um alles, von Tabak bis zu Kleidungsstücken, und wenn niemand Karten an Bord hatte, zerlegten sie Bibeln und Gebetbücher, um sich Spielkarten daraus herzustellen, wie auf einem Transportschiff im Jahre 1819 ein Geistlicher zu seinem Entsetzen feststellte. Bisweilen inszenierten sie Laientheater oder verschafften ihrem angestauten Zorn dadurch Luft, daß sie an Deck ›Gericht‹ hielten – bei diesen Parodien trug der ›Richter‹ zusammengestückelte Decken als Robe, einen über den Kopf gekämmten Mop als Perücke, sein Gesicht war mit Mennige, Kalk und Ofenruß geschminkt, und er schleuderte dem vor ihm am Boden winselnden ›Gefangenen‹ wildeste Anklagen entgegen.

Eine große Feier an Bord fand jeweils beim Überfahren der Linie statt, wenn Neptun an Bord kam und allen, die den Äquator zum ersten Mal überquerten, die Äquatortaufe verabreichte. Furchteinflößend musterte der Gott der Meere die Neulinge, für die grinsende Teerjacken als ›Seejungfrauen‹ Eimer voll Seife und Schmiere bereithielten. Neptun trug eine Mop-Perücke und hielt einen Dreizack in der Hand, in seinen Bart verfilzt waren Muscheln und getrocknete Seesterne, und da er in eine Delphinhaut eingenäht war, stank er unter der senkrecht herabbrennenden Sonne bestialisch zum Himmel. Auf sein Geheiß stutzte man den Täuflingen mit Scheren das Haar, dann wurden sie mit einem großen Pinsel ›eingeseift‹ und schließlich in ein Faß mit Seewasser getunkt. Kein Wunder, daß die Zeremonie im Zeitalter des Massentourismus deutlich abgemildert worden ist. »Zwei Abende weilte Neptun an Bord, um Soldaten und Leute zu rasieren«, berichtete Leutnant William Coke vom Transportschiff *Regalia* 1826 an seinen Vater.

> »Er war ein mürrischer, alter Bursche und bedeckte seine neugeborenen Söhne von Kopf bis Fuß mit Teer. Nachdem er mit dem Rasieren fertig war, kam er mit seinen Gesellen in meine Kabine, um sich zu erkundigen, ob ich mit der Milde zufrieden sei, die er meinen Männern erwiesen hatte. Seine Majestät war aber ein solcher Trunkenbold, daß er mit seinen Gesellen drei Gallonen meines Whiskys trank, und ich bekam schreckliche Kopfschmerzen, weil ich verpflichtet war, beständig auf sein Wohl mit anzustoßen.«

Um 1820 hatte sich die Disziplin auf den meisten Schiffen so eingespielt, daß fast alles automatisch ablief. Kapitäne hielten ein wachsames Auge auf ihre menschliche Fracht, und Gerüchte von Meuterei führten zu pauschalen Strafen – wenn auch gewöhnlich nicht zu den Auspeitschungsorgien früherer Höllenschiffe wie der *Britannia*. Vier Dutzend Hiebe genügten gewöhnlich, der Sträfling wurde anschließend an eine Gräting gekettet, so daß die zusammengerufenen Gefangenen und Besatzungsmitglieder ihn in seinem Schmerz beobachten konnten. Wegen kleinerer Vergehen wurden die Männer in Eisen gelegt oder auf einige Stunden in eine enge Kiste gesperrt.

Der Gedanke an Meuterei spukte beinahe ständig in den Köpfen der Sträflinge. Leutnant Coke sprach davon, daß die irischen Gefangenen, die er an Bord der *Regalia* bewachte,

> »einen Plan geschmiedet hatten, das Schiff in ihre Macht und nach Südamerika zu bringen. Ich sollte mit all meinen Leuten umgebracht werden, der Arzt, der Kapitän und die Seeleute aber am Leben bleiben. Ein Glück, daß es nicht dazu kam, denn sonst wären die meisten von ihnen erschossen worden, und hätte auch nur einer der Soldaten den Tod gefunden, wären die übrigen so gereizt gewesen, daß sie jeden Sträfling an Bord ermordet hätten.«

Kam es jedoch zu einer Erhebung, mußte der Schiffsführer rasch und umsichtig handeln, wie Kapitän Tetens, der sich auf der *Norwood* Rebellen gegenübersah.

»Kaum hatte ich den mir zunächst stehenden Soldaten gesagt, worum es sich handelte, als ich mit gespannten Pistolen in der Faust mitten in die verblüffte Bande hineinstürmte. Trotz der schmerzenden Wunde, die der Anführer mit einem scharfen Instrument meinem Arm zufügte, ließ ich ihn nicht los. Ich hielt beide Hände fest um den Hals des Verbrechers, so daß er nicht geringe Schwierigkeiten hatte zu atmen. Ich hätte ihn nur in allergrößter Not erschossen, um die anderen nicht unnötig zu erbittern.«

Doch solche Meutereiversuche waren selten. Den auf der *Norwood* hatte eine Gruppe »ehemaliger Kapitäne und Lotsen, die ihre Schiffe selbst auf Grund gesetzt hatten«, angezettelt – gewöhnliche Sträflinge verstanden nichts von Navigation. Im allgemeinen stießen sie lieber leere Drohungen aus, als daß sie sich einer überlegenen Feuerkraft entgegenwarfen.

Während der gesamten Deportationszeit (1788–1868) gab es auf mehr als 800 Reisen nach Australien lediglich eine erfolgreiche Meuterei – bei einem Transport weiblicher Gefangener auf der *Lady Shore* (1797). Die Aufrührer allerdings waren nicht die Sträflinge, sondern ihre Bewacher, eine Abteilung des New South Wales Corps, das sich »im Namen der französischen Republik« erhob, das Schiff ohne viel Blutvergießen in ihre Gewalt brachte und es nach Montevideo segelte. Nachdem die Männer die verblüfften Frauen als Dienerinnen unter den spanischen Damen der Kolonie aufgeteilt hatten, wurden die Männer schließlich von Frankreich als politische Flüchtlinge anerkannt.

Behandelte ein Kapitän die Gefangenen an Bord gut – wie Tetens, der die Vorschriften »deutlich milder handhabte« als andere und sich lange mit den ihm Anvertrauten unterhielt, wobei sie ihm in Einzelgesprächen ihr Herz ausschütten konnten –, durfte er ihrer Dankbarkeit und sogar Zuneigung sicher sein. Am Ende der Überfahrt »bereiteten mir die Verbannten eine Überraschung, an die ich mich noch heute mit tiefer Rührung erinnere. Haß und Bitterkeit schienen geschwunden zu sein.« Bevor sie an Land gingen, stellten sie sich in Reih und Glied auf, erfaßten einer nach dem anderen Tetens Hand und übergaben ihm, »wobei alle sehr ernst dreinblickten«, einen von 270 der 300 Männer unterzeichneten Dankesbrief:

»Geehrter Herr!
Es ist unser tiefes Bedauern, daß wir nicht imstande sind, Ihnen einen größeren Beweis unserer Dankbarkeit und Achtung zu geben. Wir können Sie lediglich bitten, unseren aufrichtigen Dank für die Güte, Großzügigkeit und warmherzige Behandlung entgegenzunehmen, die sie uns auf der langen Reise nach Westaustralien stets haben angedeihen lassen. Dieser ernsten Bitte fügen wir den aufrichtigen Wunsch hinzu, möge Ihnen der Himmel jede irdische Freude und für alle zukünftigen Unternehmungen Erfolg gewähren

> und, während wir in einem unwirtlichen Land weit von Heimat und Angehörigen unserem unbekannten Geschick folgen müssen, die Hand des Allmächtigen Sie schützen und zu einem glücklichen Heim zurückführen.«

Gewöhnlich allerdings war der Vertreter der Menschlichkeit an Bord der von der Regierung bestallte Arzt, der nicht nur für die Gesundheit des Leibes zuständig war, sondern am ehesten das darstellte, was man einen Ombudsman der Sträflinge nennen konnte. Die meisten Kapitäne waren nicht wie Tetens, zwar nicht von Natur aus Sadisten, wohl aber harte, ungebildete Männer, die sich in der harten Schule der See nach oben gedient hatten und denen es kaum um die Behaglichkeit der Sträflinge ging. Auf einem Schiff ohne Arzt und Regierungsaufseher beklagte sich Thomas Holden (der aus politischen Gründen Verbannte aus Bolton) 1812: »Seit drei Wochen sind wir ohne saubere Unterwäsche, und als wir den Kapitän baten, uns welche zu geben, sagte er, sie könne noch nicht schmutzig sein, dabei trage ich Eisen an beiden Beinen. . . . Liebe geachtete Eltern, wenn Ihr nichts für mich tun könnt, und zwar bald, bin ich sicher, daß Ihr mich nie wieder lebend sehen werdet.« Im wesentlichen bestand also die Aufgabe des Arztes und Regierungsaufseheres darin, Härten und Unzuträglichkeiten an Bord zu verhindern. Zeigte er dabei »eine durch Mitgefühl gemilderte Härte«, vertrauten ihm die Sträflinge auch.

Der Arzt mußte sein Tagebuch in zwei Exemplaren führen und eines davon am Ende der Reise den Behörden übergeben. Je ereignisloser sich diese Tagebücher lesen, desto besser war der Ablauf der Reise für die Gefangenen. Als typisch läßt sich das Tagebuch des Arztes und Regierungsaufsehers John Smith auf der *Clyde* bezeichnen, die 1838 zweihundertfünfzehn Männer von Irland nach Sydney brachte. Darin geht es um Säubern und Schrubben, das Besprengen der Toiletten mit Chlorkalzium, das Überwachen der Wäscherei, Aufstechen von Abszessen; verlauste Wolldecken werden über Nacht in Urinfässer gesteckt, in der Hoffnung, auf diese Weise die gewünschten Tierchen abzutöten; die aus grobem Material hergestellten Hosen verursachen bei einigen Sträflingen »ein Abschürfen an Skrotum und Oberschenkeln«; Gefangene geraten in Streit und werden in die »Beruhigungskiste« gesteckt, jemand munkelt etwas von Meuterei und verbringt die Nacht in Handschellen an Deck; Soldaten prügeln sich wie die Besenbinder mit ihren Frauen – »selten hat es eine disziplinlosere, streitsüchtigere und lärmendere Ansammlung von Menschen gegeben, doch mit wenigen Ausnahmen verhalten sich die Gefangenen ruhig und ordentlich«. Smith gibt Rat, führt ab, läßt zur Ader und behandelt Furunkel; er bestattet die (wenigen) Toten und merkt mit stiller Befriedigung am Ende der Reise an, daß die angetretenen Gefangenen, als ein Beamter des Kolonialministeriums ihnen nach dem Einlaufen der *Clyde* in Sydney Cove die übliche Frage stellte, ob es Beschwerden über den Arzt gebe, wie aus einem Munde riefen: »Nein, nein, Gott schütze ihn«.

Auch einzelne Sträflinge bezeugten Smith ihre Dankbarkeit und hofften, er werde sie den Behörden in Sydney empfehlen, wie aus diesem Brief eines leidlich gebildeten Mannes in mittleren Jahren, Bernard Murray, hervorgeht, der seine Unschuld beteuert:

»Geld hat die Waagschale der Justiz beeinflußt, und der unglückliche Murray wurde verworfen – ja, Sir, aus der Gesellschaft ausgestoßen, aus seinem Heim vertrieben, von seinen Freunden und seinem Land, aber in Ihnen, Sir, habe ich einen mitfühlenden, wahren Herrn gefunden, Sie haben mehr getan, mein Unglück zu lindern, als ich je verdient hätte. Sie wußten nichts von mir, ich war Ihnen ein völlig Fremder, aber Ihre Menschlichkeit einem Gekränkten gegenüber, der jetzt nahezu vor dem Ende seines Lebens steht, Sir, Ihre überaus eindrucksvolle und gekonnte Ansprache vom vorigen Sonntag wird uns lange im Gedächtnis bleiben und, so Gott will, von mir Wort für Wort befolgt werden. Auch wenn ich ein Sträfling bin, so hoffe ich doch, Sir, mein graues Haar vom Verbrechen unbefleckt zum Grab zu bringen. Sollten Sie immer noch erwägen, mich hier am Ort zu empfehlen, gütiger Herr, dürfen Sie versichert sein, daß es bei mir nicht an Nüchternheit, Verläßlichkeit und Ehrlichkeit mangeln wird.«

Ein guter Regierungsarzt vertrat die Vorzüge des Systems: Er mochte kein besonders guter Mediziner sein, aber sein Anstand machte ihn in der Unterwelt der Deportation zu einem Ausnahmemenschen. Waren sie erst an Land, konnten nur wenige Sträflinge eine so anständige Behandlung wie von ihm erwarten. Während nach all den Monaten auf See der gestampfte Lehmboden von Sydney Cove oder Hobart Dock unter ihren Füßen schwankte, stand ihnen die Eingliederung in eine Gesellschaft bevor, deren System auf Willkür und vor allem auf Strafe aufgebaut war. Es war ein Lotteriespiel: Die Gewinner würden zu den Gründern Australiens gehören, das Los der Verlierer aber war nicht besser als das von Sklaven.

Kapitel VI

Wer waren die Sträflinge?

1

Noch vor einem Vierteljahrhundert mußte ein Australier in London damit rechnen, hämische Anspielungen auf seine kriminellen Vorfahren zu hören, doch starb dies Relikt der britischen Kolonialgeschichte schon damals allmählich aus. Dennoch gehörte diese Haltung bis etwa 1960, vor allem aber vor dem Zweiten Weltkrieg, zum üblichen Auftreten von Engländern gegenüber Australiern, und Angehörige der oberen Mittelschicht Australiens fühlten sich davon auf die peinlichste Weise betroffen. Niemand wollte Sträflinge unter seinen Vorfahren haben, aber nur wenige konnten ganz sicher sein, daß nicht irgendwo in ihrem Stammbaum ein Rechtsbrecher wie eine Krähe herumhockte. Vor fünfzig Jahren war der Sträflingsvorfahr ein Schandfleck, den man unbedingt verbergen mußte.

Angehörige der australischen Arbeiterklasse sahen diese Vergangenheit mit anderen Augen an. In der Kolonie geborene Kinder, deren Vorfahren häufig Sträflinge waren, wuchsen frei auf und waren möglicherweise Muster an Achtbarkeit. Doch die Erinnerungen lebten als gesellschaftliche Mythen fort, vor allem unter den Iren – sie vergaßen nie die Behandlung ihrer Ahnen, die als Sträflinge an die Unheilsküste gekommen waren. Wie wir sehen werden, brachte das System ungewollt die ersten Volkshelden Australiens hervor – die »Buschklepper«, meist entflohene Sträflinge. Die dem frühen kolonialen Australien eigene Klasseneinteilung – Aufseher gegen Gefangene – lebte als Vorbild für spätere Auseinandersetzungen fort. Sie war den Menschen bei Gewerkschaftsversammlungen und Streiks gegenwärtig, sie lieferte ein Schema der historischen Unterdrückung. Der »gute Grundbesitzer«, der »edelmütige Edelmann«, der »patriarchalische Peer«, all diese anständigen Menschen, deren Existenz dem schwarzweißen Bild der Beziehungen zwischen Herren und Dienenden im England des frühen 19. Jahrhunderts die Zwischentöne verleihen, haben keinen Eingang in die australischen Legenden gefunden. Statt ihrer gab es den »harten Aufseher«, den »undurchsichtigen Verbindungsmann«, den »unerbittlichen Offizier«, den »Sadisten mit der neunschwänzigen Katze« – sie alle waren Feinde des Sträflings.

Unter diesem zweifachen Druck des Vergessenwollens und der Mythologisierung entstand das im allgemeinen Bewußtsein Australiens verankerte Sträflingsklischee, demzufolge die Sträflinge unschuldige Opfer ungerechter Gesetze waren, die man für ein Fehlverhalten, das heutzutage kaum mit einer Geldstrafe geahndet würde, von ihren Angehörigen fortriß und am Rande der Welt in die Verbannung schickte. Die einzige Möglichkeit, ihre hungernden Kinder zu ernähren, bestand darin, daß sie Kaninchen wilderten oder Brot stahlen, denn die Herrschenden hatten die Geschicke Englands in so unfähiger Weise gelenkt, daß sie, zermalmt zwischen wirtschaftlichen Kräften, die sie nicht verstanden, und Gesetzen, die sie nicht verfaßt hatten, in einer zusammenbrechenden landwirtschaftlich bestimmten Wirtschaftsordnung als ehrliche Freibauern nicht mehr überleben konnten. Dies Klischee behauptet, die Deportierten entstammten dem Wurzelstock britischen Anstandes, den Freisassen des englischen Dorfes. Allegorische Gestalt gab ihm William Blake, dessen visionäre Darstellung des durch die Industrialisierung hervorgerufenen Elends sich mit Berichten über das vermischte, was er aus der Verbrecherkolonie des Pazifiks erfahren hatte, dem »Schreckensfelsen tief im Süden«, wo »die meiner Brust entrissenen Söhne vor mir hin und her ziehen« und wo

»Getreide zu Disteln wird, Äpfel zu Gift,
Und Singvögel zu mordenden Krähen . . .«

Am häufigsten findet sich in australischen Vorstellungen über die Identität der Sträflinge ein Bild aus Thomas Grays *Elegie, auf einem Dorfkirchhof gedichtet* (1750). In ihr macht sich der Dichter Gedanken über die Unbekannten unter den Toten des Dorfes und beschwört das Bild eines Freibauern herauf, der sich der Macht des ihn bedrängenden Gutsherrn widersetzt. So kommt es, daß J.L. und B. Hammond 1913 in ihrer einflußreichen Untersuchung *The Village Laborer, 1760–1832* schrieben: »Die dörflichen Helden jener Generation ruhen an den Gestaden von Botany Bay.« Von diesem Gedanken aus war es nur ein Schritt bis zur vollen Entfaltung des Mythos, den vor mehr als sechzig Jahren ein australischer Historiker, Arnold Wood, in der rhetorischen Frage formulierte: »Ist es nicht eine deutlich erkennbare Tatsache, daß die eigentlichen Verbrecher in England blieben, während ihre schuldlosen Opfer mannhaft die australische Demokratie begründeten?«

Nein, eine Tatsache war das nicht, wohl aber eine nachdrücklich vorgetragene und tröstliche Behauptung. Gegen die Schuldlosigkeit der Sträflinge als Klasse sprach sich zuerst Manning Clark in den fünfziger Jahren unseres Jahrhunderts aus, und schließlich verwies L.L. Robson 1965 sie mit statistischem Material ins Reich der Fabel. Indem er »wahllos« aus den Unterlagen des englischen Innenministeriums, die Namen, Alter, Gerichtsort und Straftat von etwa 150 000 der Deportierten aufführen, jeden zwanzigsten Fall herausgriff, konnte Robson nachweisen, daß die Hälfte bis zwei Drittel der Sträflinge keineswegs Ersttäter, sondern bereits vorbestraft waren. Vier Fünftel waren Diebe, und nur ein winziger Bruchteil ließ sich als »politisch« motiviert einstufen. Die Mehrzahl kam aus den großen Städten, und nahezu alle waren besitzlose Angehörige des Arbeiterstandes und nicht etwa Kleinbauern. Drei Viertel waren unverheiratet, und das Durchschnittsalter betrug rund 26 Jahre. Das Bild, das man sich aus den Berichten über die frühesten Deportationen von einem Sträfling machen mochte – eine alte Frau, die Käse gestohlen hatte, der harmlose Lehrling eines Perükkenmachers, ein halbes Kind noch, oder ein empfindsamer schottischer Maler wie Thomas Watling –, hat wenig mit der Wahrheit über die Mehrzahl der Sträflinge zu tun, die später kamen.

Wie wir gesehen haben, führten die Häufigkeit und die Schärfe, mit der im 18. Jahrhundert auf die Todesstrafe erkannt wurde, zu einer ungeheuren Vielzahl von Kapitalverbrechen. Der Milde des Gerichts oblag es, solche Strafen in eine Verbannung nach Australien umzuwandeln, und mithin gingen viele frühe Sträflinge bis etwa zum Ende der Napoleonischen Kriege wegen kleiner und oft lächerlich unerheblicher Taten an Bord der für die »Bucht« bestimmten Schiffe. Doch nach 1815 war die Deportation im allgemeinen (und selbstverständlich hat es Tausende von Ausnahmen gegeben) minder unerheblichen Taten vorbehalten. Um 1818 zeigten sich in England die ersten Regungen der Gesetzesreform, und ein parlamentarischer Ausschuß drängte darauf, daß bestimmte Arten von Diebstahl (doch keineswegs alle) mit der Deportation und nicht mit dem Tode zu ahnden seien und Fälschung nicht mehr als Kapitalverbrechen galt. Sir Robert Peels Versuche, die Strafgesetze in den zwanziger Jahren des 19. Jahrhunderts zu reformieren und durchgehend anwendbar zu machen, wirkten sich nach und nach auf Angeklagte vor Gericht aus. So wie die Zahl der mit dem Tode bedrohten Straftaten abnahm, wuchs die Zahl der mit Deportation bedrohten an.

Eine dritte Möglichkeit war nicht vorgesehen, denn England verfügte über kein Strafvollzugssystem, bei dem es die Straftäter im Lande behalten konnte – dazu bedurfte es erst der »Gefängnisgesetze« von 1835 und 1839. Folglich führte jede Liberalisierung des Strafrechts zu einem Anwachsen des Sträflingsstroms nach Australien, und nur erzkonservative Torys erhoben den Vorwurf, im Zeitraum von 1820 bis 1840 habe diese Liberalisierung ein »gefährliches« Ausmaß angenommen. Allmählich kam es zu einer Humanisierung, und um 1837 blieb die Hinrichtung durch den Strang in erster Linie auf Mordfälle beschränkt, wohingegen eine Straftat nach der anderen – Fälschung, Viehdiebstahl, Einbruch – mit der weniger entsetzlichen Strafe der Deportation belegt wurde. Schritt für Schritt erkannten die Behörden in England, wie falsch es gewesen war, daß sich ihre Vorgänger durch Schreckbilder dazu hatten bringen lassen, die Todesstrafe mehr oder weniger wie einen Fetisch zu handhaben.

Doch der wahre Anstieg der Deportation begann nicht mit dem Inkrafttreten des Gesetzes, sondern mit den neuen Männern, die dafür sorgten, daß ihm

Geltung verschafft wurde: den »Peelers«, der von Sir Robert Peel 1827 eingerichteten englischen Polizei. Ihre bloße Existenz führte zu einem unglaublichen Anstieg der Zahl an Festnahmen und Verurteilungen. In ähnlicher Weise sorgte nicht eine Abnahme der Kriminalität für das Ende der Deportation, sondern drei andere Faktoren: der zunehmende moralische und politische Widerstand, den in den dreißiger Jahren des 19. Jahrhunderts englische Sozialreformer gegen das System geltend machten, die allmähliche Verlagerung zu einem geänderten Strafvollzugssystem und der Widerstand der Australier gegen das Abladen weiterer Verbrecher in einem Land, das sie nach fünfzigjähriger Besiedlung als ihr eigenes betrachteten.

Eine Darstellung der Deportation nach Australien als Kurve würde von 1788 bis 1816 ziemlich eben (wenn auch mit steigender Tendenz) verlaufen, dann steil ansteigen, um die Mitte der dreißiger Jahre einen Höhepunkt erreichen und sich dann wieder abflachen. Nach 1850 war das englische Gefängniswesen soweit, daß nahezu alle von den Gerichten verurteilten Straftäter untergebracht werden konnten. Die Deportation nach Neusüdwales hörte 1840 auf, die nach Vandiemensland 1853, und 1868, als das letzte Sträflingsschiff aus England seine irischen Gefangenen an der Westküste des Kontinents ablud, war die Deportation teils eine unangenehme Erinnerung und teils eine unvernarbte Wunde.

So lassen sich grob vier Phasen der Deportation unterscheiden. Die erste – sozusagen »primitive« – dauerte von 1787 bis 1810. Wie wir gesehen haben, begann sie als Versuch, der Überfüllung englischer Gefängnisse und Gefängnisschiffe Herr zu werden und um aus strategischen Gründen britische Präsenz im Pazifik zu demonstrieren. Nur vergleichsweise wenige Sträflinge wurden während dieses Zeitraums verschifft: etwa 9300 Männer und 2500 Frauen aus England und Irland (nicht mehr als sieben Prozent der Gesamtzahl der insgesamt Deportierten). Anfänglich waren das etwa tausend Menschen pro Jahr, doch mit Beginn der Napoleonischen Kriege 1793 halbierte sich die Zahl, da Sträflinge für die Arbeit in den Häfen gebraucht wurden. Einige wurden auch in die Marine zwangsverpflichtet oder sogar in den uniformierten Haufen des britischen Heeres gepreßt. England konnte die Schiffe nicht erübrigen, die nötig waren, sie »über die Meere« nach Australien zu bringen.

Der zweiten Phase gehören die Jahrzehnte zwischen 1811 und 1830 an. Um 1811 begann die Zahl der Deportierten wieder zu steigen. Zwar waren Gefängnisse und Gefängnisschiffe nicht mehr überfüllt, doch die Regierung war der Ansicht, sie müsse von diesem Verbrecher-Beseitigungs-System, da es nun einmal existierte, auch Gebrauch machen. Einen scharfen Anstieg erlebte diese zweite Phase nach dem Jahre 1815, als die Napoleonischen Kriege beendet wurden und England von mehreren aufeinanderfolgenden inneren Krisen geschüttelt wurde. Die Bevölkerung des Landes wuchs unaufhörlich zwischen

1801 und 1841 von zehn Millionen auf nahezu achtzehn Millionen an. Das rascheste Wachstum in diesem Zeitraum lag zwischen 1811 und 1820. Die Arbeiter gerieten in die Schere zwischen sinkenden Löhnen und steigenden Preisen; die Mechanisierung der Handwerksberufe führte zu einer unabsehbaren Arbeitslosigkeit; und die zunehmende Praxis von Großgrundbesitzern, einst frei zugängliches Land einzufrieden, trieb immer mehr Menschen vom Lande in die Elendsviertel der Großstädte. Das trug zu der Verbrecherwelle bei, die Englands Herrscher nach dem Krieg so beunruhigte und das Parlament zur Annahme von Peels »neumodischem« Vorschlag zur Aufstellung einer Polizeitruppe veranlaßte. Kaum existierte sie, wurden zunehmend mehr Straftäter gefaßt, und damit entstand ein starker Druck hin zur Deportation – sowie auf der anderen Seite, in Australien, wo das Anwachsen des Weidelandes nach 1815 zu einer kaum zu befriedigenden Nachfrage nach Sträflingen als Arbeitskräfte führte, ein entsprechender Sog. Von 1811 bis 1820 kamen aus England und Irland an die 15 400 männliche und 2000 weibliche Sträflinge, von 1821 bis 1830 an die 28 700 und 4100. Mithin wurden in diesem zweiten Zeitabschnitt etwa 50 200 Menschen – also knapp ein Drittel der Gesamtzahl an Deportierten – nach Australien gebracht. Um 1830 hatte sich das System eingespielt und arbeitete reibungslos.

In der dritten Phase von 1831 bis 1840 erreichte es seinen Höhe- und Wendepunkt. In jenen Jahren gelangten 43 500 männliche und 7700 weibliche Sträflinge nach Australien – insgesamt 51 200 Menschen, mehr, als in den beiden Jahrzehnten zuvor an der Unheilsküste gelandet waren. Die größte Zahl an Nachkömmlingen sahen Sydney und Vandiemensland 1833 mit 6779 Gefangenen beiderlei Geschlechts. Zu jener Zeit galt der Mehrzahl der »achtbaren« Engländer die Deportation als die beste Lösung der Verbrecherfrage; der Strafvollzug in Gefängnissen existierte in England lediglich in der Vorstellung Benthams, obwohl ihn die Neuheiten gegenüber aufgeschlossenen Amerikaner jenseits des Atlantiks bereits praktizierten. Dennoch wurden in jenem Jahrzehnt die britischen Gefängnisgesetze verabschiedet, die das bevorstehende Ende der Deportation ankündigten. Gegen Ende der dreißiger Jahre regte sich bereits kräftiger Widerstand in der öffentlichen Meinung gegen die »Bucht« und fand in gegen die Sklaverei gerichteten Ansichten Nahrung. Je mehr englischen Liberalen über das System zu Ohren kam, desto entsetzter waren sie, vor allem, als 1838 der sensationelle und tendenziöse Molesworth-Bericht veröffentlicht wurde. Im Lande geborene Australier begannen allmählich das Kainsmal der Sträflingskolonie zu hassen – aber auch die Konkurrenz der von der Regierung zugewiesenen Sträflinge als Arbeitskräfte. Die Deportation nach Neusüdwales endete 1840.

Nun folgte die vierte und letzte Stufe. Nach 1840 war der Nutzen der Sträflinge als Pioniere nur noch gering, und sogar ihr Wert als unfreie Arbeitskräfte sank. England schickte sie nach wie vor nach Vandiemensland; 1847 waren in Neusüdwales lediglich 3,2 Prozent der Bevölkerung Deportierte, die ihre Strafe verbüßten, gegenüber 34,4 Prozent auf Vandiemensland, wohin von 1841 bis 1850 um die 26 000 Sträflinge geschickt wurden, eine Zahl, die das System bald lahmlegte und zu seinem Zusammenbruch auf der Verwaltungsebene führte. Die Deportation nach Vandiemensland wurde erst 1853 eingestellt. Als 1850 die im Entstehen begriffene Kolonie Westaustralien mit unbefangenem Opportunismus zu verstehen gab, daß man dort auch gern einige Sträflinge hätte – in jener Zeit konnte kaum etwas freie Arbeitskräfte dazu verlocken, an einen durch 5000 Kilometer Wüste und Busch von Sydney getrennten Ort zu gehen –, tröpfelte ein letztes Rinnsal ins Land: 9700 Straftäter kamen im Verlauf von acht Jahren aus Großbritannien, als letzte eine Gruppe irischer Fenier. Endgültig zu Ende war die Deportation 1868 – läßt man die gesellschaftlichen und seelischen Folgen außer acht. Sie aber waren erheblich.

2

Die in England üblichen Verbrechen unterlagen keinen »Modeströmungen«. Armut bedingt Diebstahl, das ist so voraussagbar wie eintönig. Jahr für Jahr fand sich das gleiche Verhältnis: Etwa vier Fünftel aller Deportationen erfolgte wegen »Vergehen gegen das Eigentum«. Von den männlichen Sträflingen in L.L. Robsons Untersuchung waren 34 Prozent wegen nicht näher genannter Diebstahlsdelikte deportiert worden, fünfzehn Prozent wegen Einbruchsdiebstählen, dreizehn Prozent wegen Diebstahls von Haustieren oder landwirtschaftlich genutzten Tieren (im Unterschied zu Wilderei, die weniger als drei Promille beisteuerte) und sechs Prozent wegen »Diebstahl von Kleidungsstücken« – eine Erinnerung daran, wie schlecht gekleidet die Armen Englands waren, bevor billige Textilien als Massenware auf den Markt kamen.

Kaum mehr als drei Prozent der männlichen Sträflinge wurden wegen »Vergehen gegen die Person« verurteilt, worunter alles von Körperverletzung, Vergewaltigung, Entführung und einigen statistisch vernachlässigbaren Verurteilungen wegen Homosexualität bis hin zu Totschlag und Mord zusammengefaßt war. Bloße vier Prozent waren wegen »Vergehen öffentlicher Art« verurteilt, wozu eine Vielzahl von angeblich gegen die Rechte oder das Ansehen des Landes gerichteter Taten gehörte – vor allem »die Herstellung und das Inverkehrbringen« schlechten Geldes (zwei Prozent), gefolgt von 1,5 Prozent wegen Verrat, Verschwörung zum Aufruhr, Mitgliedschaft in Gewerkschaften oder irischen Geheimgesellschaften wie etwa den »Whiteboys« (Männer, die als

Rächer gegen harte Grundbesitzer, Pfarrer usw. auftraten). Einige wenige Menschen kamen wegen Bigamie, Schmuggel und Meineid nach Australien.

Sieben von zehn der Deportierten hatten in England vor Gericht gestanden, vorwiegend bei den Schwurgerichtsverhandlungen in London und sechs wichtigen Grafschaften: Lancashire, Yorkshire, Warwickshire, Surrey, Gloucestershire und Kent. Von dort stammten vierzig Prozent der Deportierten, und etwa zwanzig Prozent der Verurteilten wurden in Irland abgeurteilt, die meisten in Dublin.

Die Zahl der Männer war sechsmal so hoch wie die der Frauen. Während der gesamten Deportationszeit wurden nur 24 960 Frauen nach Australien geschickt, jeweils die Hälfte nach Neusüdwales und Vandiemensland.

Etwa sechzig Prozent der männlichen Sträflinge aus England hatten Vorstrafen, von 35 Prozent ist belegt, daß sie vier Vorstrafen hatten, bevor sie an die »Bucht« kamen. Bei Frauen sah es ähnlich aus: Etwas mehr als zwanzig Prozent waren mit Sicherheit Ersttäterinnen, der vermutliche Anteil von Frauen, die eine oder mehrere Vorstrafen hatten, lag bei etwa sechzig Prozent. Vergleicht man diese Zahlen mit der in Australien gängigen Annahme, der »typische« Sträfling sei ein für ein einmaliges Abweichen vom Pfad der Tugend äußerst hart bestrafter schuldloser Mensch gewesen, sprechen sie für sich selbst. Dennoch sagen sie natürlich nicht alles. Zweifellos war das englische Strafrecht ebenso repressiv wie unwirksam, doch bedeuten schlechte Gesetze nicht zwangsläufig die Unschuld ihrer Opfer – selbst wenn diese nur die Interessen und Ansichten derer widerspiegeln, die sie erlassen.

Das System der Deportation nahm in den dreißiger Jahren des 19. Jahrhunderts deswegen ein solches Ausmaß an, weil die Verwaltungsmaschinerie wirksamer geworden war – das heißt, es wurden mehr Straftäter gefaßt und vor Gericht gestellt. Das ging nicht einfach auf eine katastrophale Zunahme der Kriminalität zurück, auch wenn man immer wieder von »Verbrechenswellen« hörte – das System funktionierte wohl nur deshalb weit besser als zuvor, weil es die gesellschaftlichen Wünsche achtbarer Briten auf so viel wirksamere Weise zu erfüllen vermochte. Es befriedigte einen tief verwurzelten Wunsch nach Verdrängung und Verallgemeinerung.

Nur wenige Menschen sind bereit, die unmittelbare Verantwortung für das Hängen eines Verbrechers auf sich zu nehmen; verständlicherweise sind ihnen abstrakte Begriffe – »der Lauf der Gerechtigkeit«, »Schuld der Gesellschaft gegenüber«, »exemplarische Bestrafung« – lieber als die konkrete Tatsache, daß ein ihnen unbekannter und völlig verängstigter Mensch am Ende eines Seils hängend erstickt. Eine ebensolche Abstraktion war die Vorstellung, das Auspeitschen bessere den Verbrecher. Die Wirklichkeit zeigte sich nur, wenn die neunschwänzige Katze auf die Haut klatschte, und weder der Mann, der in dieser Haut steckte, noch der andere, der die Katze schwang, dürfte angenommen haben, dabei finde ein Besserungsakt statt. Was stattfand, war ein rohes Ritual, ein magisches Handeln ähnlich der Teufelsaustreibung. Jede Bestrafung trachtet danach, ihre Ziele auf Abstraktionen zurückzuführen, so daß sich diese mit neuem Inhalt füllen lassen, der die Werte »guten« sozialen Verhaltens kennzeichnet. Doch soll die Haft in den Augen des achtbaren Bürgers vor allem den Rechtsbrecher isolieren und unschädlich machen.

Diese Forderung an ein Gefängnis erfüllte Australien in vollkommener Weise. Da es kein Gebäude, sondern ein Kontinent war, vermochte es eine ganze »Klasse« der Bevölkerung aufzunehmen – und immer noch blieb Platz. Und um eine Klasse handelte es sich, nicht einfach um eine Ansammlung einzelner Verbrecher, als die sie die englischen Behörden ansahen.

Um 1830 hatte eine neue Klassensprache in England Fuß gefaßt. Das frühere georgianische Vokabular gesellschaftlicher Unterschiede sprach von ›Ordnung‹, ›Stufe‹ und ›Rang‹, das heißt, es setzte eine durch ›vertikale Abhängigkeit‹ stabilisierte Gesellschaft voraus. Den Kitt zwischen den Schichten bildeten gemeinsame Interessen und der Schutz der unteren durch die obere. Die neue Sprache wies nicht einfach auf Unterschiede hin, sondern auf scharfe Abgrenzung und mögliche Gegenpositionen, wofür das Wort »Klasse« stand. Wohl mögen (zumindest denen, die oben waren) die Hierarchien der alten Ordnung ›natürlich‹ und durch Konvention geheiligt erschienen sein, doch in den Beziehungen zwischen den Klassen zeigten sich Gegensätze, und sie dürften sich eher auf das Abstimmen einander zuwiderlaufender Interessen als auf einen von allen gemeinsam anerkannten Pflichtenkatalog gegründet haben. Die bloße Vorstellung einer »Klasse« bedeutete eine sich wandelnde Gesellschaft in einer sich wandelnden Welt.

Wir setzen gewöhnlich eine von der Klasse geprägte Sprache für die Sprache der Arbeiterklasse – vielleicht, wie Gertrude Himmelfarb gesagt hat, »weil im allgemeinen Historiker der Arbeiterschicht und Sozialisten die Sozialgeschichte geschrieben haben«. Doch diese Sprache wurde in den dreißiger Jahren des vorigen Jahrhunderts vorwiegend von einer Mittelklasse erfunden und verwendet, der es darum zu tun war, die gesellschaftlichen Komplikationen um sie herum zu beschreiben, und sie entsprach nicht dem Schema einer Zwei-Klassen-Gesellschaft – Proletariat gegen Bourgeoisie –, das Engels später erfinden würde. Statt von einer Arbeiterklasse sprach man von Arbeiter*klassen:* eine Vorstellung, die dem Marxisten nach Aufspaltung und falschem Bewußtsein riecht, die aber zu jener Zeit die Vielzahl der Interessen in der arbeitenden Bevölkerung einzubeziehen schien. Selbst die Mitglieder der radikal-politischen, zumeist aus Arbeitern bestehenden Chartisten-Partei wie auch andere Radikale sprachen gewöhnlich von einer ›Mittelklasse‹ (Singular) und »Arbeiterklassen« (Plural). Inzwischen hatte die englische Mittelschicht lange vor den Arbeitern ein ›Klassenbewußtsein‹ entwickelt; mit dem Begriff ist ein Bewußtsein ihrer Eigenart, ihrer Wünsche und Hoffnungen gemeint. In den dreißiger Jahren des

19. Jahrhunderts besaßen sie, und nicht die zukünftige Linke, das Recht auf die Definitionen von »Klasse«, und in ihren Augen war das stets ein Plural.

Eine dieser Definitionen, so meinten die Behörden, bezog sich auf das Verbrechen. Kriminelle brauchten sich, um Klassenbewußtsein zu demonstrieren, nicht als Klasse zu bezeichnen, damit gesetzestreue Bürger das Recht in Anspruch nahmen, sie als »verbrecherische Klasse« einzustufen. Es gab eine scharfe Linie zwischen »würdigen« (sparsame, schwer arbeitende und schicksalsergebene) und »unwürdigen« (faule, sich nicht um die Zukunft kümmernde) Armen. Das Verbrechen kam zweifellos aus den Reihen der »unwürdigen«. »Mir liegt daran«, erklärte Henry Mayhew, der Reporter der Unterwelt, »daß die Öffentlichkeit nicht länger den ehrbaren Arbeiter, der für sich selbst aufkommt, mit den umherziehenden Bettlern und Plünderern dieses Landes verwechselt; und sie sollte erkennen, daß die eine Klasse ebenso achtbar und ehrenwert ist wie die andere tückisch und gemein.«

Die Vorstellung, es gebe eine Verbrecherklasse, wie die Engländer sie damals verstanden, bedeutete, daß eine genau umrissene gesellschaftliche Gruppe das Verbrechen so »produzierte« wie Hutmacher Hüte oder Bergleute Kohle. Sie war teils Pöbel, teils Sippe, teils Zunft und führte gleichsam eine Höhlenexistenz unter- und innerhalb der unteren Gesellschaftsschichten Englands. Die Verbrecherklasse hatte ihren eigenen Jargon, ihre Hierarchien, ihr überliefertes Wissen, bewahrte das Handwerk des Verbrechens und gab dessen Fertigkeiten vom Meister an den Lehrling weiter.

Dieser Gedanke ging auf die Ende des 18. Jahrhunderts vorherrschende Ansicht zurück, da das Verbrechen in England so rasch angestiegen war, habe es die Behörde nicht einfach mit einer zufällig zustande gekommenen, sondern mit einer *bewußt* ins Werk gesetzten Ansammlung von Straftaten zu tun. Die aufsehenerregenden Laufbahnen einzelner herausragender Krimineller erzeugten in der Öffentlichkeit ein Bild von »Generälen« des Verbrechens, Drahtziehern im Hintergrund. Dieses Phantasiegemälde erwies sich als dauerhaft, hielt sich das gesamte 19. Jahrhundert hindurch und erreichte seine vollkommenste Ausprägung im Bild des Superkriminellen aus der Zeit vor der Mafia: Arthur Conan Doyles Professor Moriarty.

Man versuchte abzuschätzen, wie groß diese Klasse sein mochte. Patrick Colquhoun meinte 1797, es gebe wohl 50 000 Huren und 10 000 Diebe in London. Sie trieben zusammen mit den eher spezialisierten Bewohnern der Halbwelt (Arme, die den Themseschlamm nach brauchbaren Gegenständen durchstöberten, sogenannte »Drecklerchen«, Keulenschwinger, also Wegelagerer, Beutelschneider und Dutzende von anderen Kategorien) die Gesamtzahl der Verbrecher auf etwa 115 000, mehr als zwölf Prozent der damaligen Bevölkerung der Stadt. Das entbehrte natürlich jeder Grundlage, und man machte sich selbst damals schon über seine Zahlen lustig. Die von den frühen Viktorianern aufgestellten Verbrechensstatistiken waren da schon zuverlässiger, aber immer noch irreführend, denn sie können uns über Straftaten und -täter im 19. Jahrhundert nur wenig sagen.

Die Hauptschwierigkeit sieht man leicht, wenn man einfach einen modernen Vergleich heranzieht: Wie viele Kokain-Händler gibt es in Manhattan? Zwar ist der Öffentlichkeit das Drogenproblem durchaus bewußt, und sie weiß über Herstellung, Vertrieb und Verbrauch von Kokain ungeheuer viel, dennoch kennt niemand wirklich die physiologischen und psychischen Auswirkungen der Droge, ihr Bild in der Gesellschaft, ihre Macht als Statussymbol und als sexuelles Stimulans, obwohl die Händler, die sie verkaufen, in der Gesellschaft vergleichsweise gut sichtbar sind, und sie als ›achtbar‹ eingestuft wird. Ebensowenig ist trotz spektakulärer Schätzungen durch Polizei und Regierung bekannt, wieviel Geld der Kokainhandel in New York pro Jahr umsetzt. Die Zahl der Verurteilungen hat nur ganz am Rande mit der Zahl der kriminellen Transaktionen zu tun. Dabei haben wir hier eine Straftat, die viele Amerikaner keineswegs als kriminell einstufen, es geht um ein Erzeugnis, das sie regelmäßig verwenden, und um Händler, die sie oft von Angesicht zu Angesicht treffen. Man projiziere das um hundertfünfzig Jahre in die Vergangenheit, in eine andere Kultur, und man begreift, wie unmöglich es ist, die Ausdehnung der englischen ›Verbrecherklasse‹ zur Zeit der Deportation abzuschätzen.

Die Angaben aus dem frühen 19. Jahrhundert werden überdies durch die Vorurteile derer verdunkelt, die sie seinerzeit interpretierten. Um 1800 galt der »Pöbel« durchaus mit Grund als gefährlich. Er lieferte den Brennstoff für eben das revolutionäre Feuer, das die Monarchie auf der anderen Seite des Ärmelkanals hinweggefegt hatte. Engländer, die über Besitz verfügten, empfanden dem Jakobinertum gegenüber Grauen, es rechtfertigte ihrer Ansicht nach jegliches Ausmaß an Unterdrückung, behinderte jeden Reformansatz und erschütterte zutiefst den Gleichmut, mit dem sie bisher den Unterschichten gegenübergetreten waren. Die Furcht der besitzenden Engländer vor der politischen Bedrohung führte zu wiederholter Übertreibung des kriminellen Elements. So konnte man ohne weiteres Randständigen, Ausgestoßenen und Umherziehenden verbrecherische Neigungen unterstellen – kurz jenen, die man als die englischen *sansculottes* ansehen mochte. So besaß man für den großen Teil der Bevölkerung, in dem die Besitzlosen dahinvegetierten und täglich neue Mittel finden mußten, um durchzukommen, wo List, ungesetzliches und gesetzwidriges Handeln übergangslos ineinander verschmolzen, nur einen Namen: die Verbrecherklasse.

Mitunter verstärkten die Methodisten den Hang der Besitzbürger, den um ihr nacktes Dasein Kämpfenden und unten in der Gesellschaft Angesiedelten die Aura des Verbrecherischen anzudichten. Angehörige der unteren Stände, die nicht genügsam, bescheiden und gottesfürchtig waren, nicht schwer arbeiteten, sich, ohne Reue zu empfinden, dem Schnaps und der Sinnenlust in all ihren Ausprägungen hingaben, Zoten rissen, unanständige Lieder sangen und von all den anderen Vergnügungen nicht lassen wollten, die das Leben am untersten Rande der Gesellschaft von Zeit zu Zeit erträglich machen, galten als auf der Seite des Teufels und nicht der Gottes stehend.

Diese gleiche Angst ließ dem guten Bürger »die deutlich erkennbare Gruppe der Diebe, deren Lebensziel und Trachten es ist, *einen entschlossenen Krieg gegen die bestehenden Mächte* zu führen«, die man »fast schon durch die Art, wie sie gehen, auf der Straße von anderen unterscheiden konnte«, als übertrieben fest zusammenhängend erscheinen. Gingen wirklich alle Straftaten auf ein so berufsmäßiges Verhalten zurück, wie es solche Sittenwächter glaubten? Nur eine Minderheit von Dieben dürfte tatsächlich Banden gebildet haben; zahlreiche Diebstähle erfolgten aus dem Augenblick heraus, waren der Verzweiflung entsprungene und häufig ungeschickte Versuche, Not und Hunger zu lindern. Auch Gewaltverbrechen waren nicht immer geplant. Zwischen dem »Gelegenheits«-Verbrecher, der ein Kaninchen oder einen Rock stahl, und dem unverbesserlichen Berufsverbrecher, an den man bei der Vorstellung von einer kriminellen Klasse am ehesten denken mochte, lag eine weite Grauzone. Letztere galten als auf Dauer entehrt, sie waren »Angehörige einer Art verbrecherischer *Rasse*«, wie es Sydney Smith' *Edinburgh Review* mit Nachdruck formulierte; die ersteren nicht. Obwohl hartgesottene Verbrecher nicht in die Achtbarkeit abtrieben, so trieben wohl achtbare Bürger ins Verbrechen ab, war doch die englische Morallehre des frühen 19. Jahrhunderts weit rigoroser als die unsrige. Im allgemeinen sucht man heute im Umfeld des Täters nach Entschuldigungen, vermutet die Wurzeln des Verbrechens nicht in seinem Wesen, sondern in den Umständen, unter denen er aufgewachsen ist – und damit liegen sie außerhalb seiner Verantwortung und Wahlmöglichkeit. Vor 150 Jahren vertrat man die Ansicht, Männer wie Frauen *entschieden* sich bewußt für ein Leben als Verbrecher. Den Weg dorthin sah man als nicht umkehrbare Abfolge von Schritten, die nach unten führten, es war der leichte Weg zur Hölle. Das paßte auch zur Grundüberzeugung der Konservativen, daß der Mensch nicht »von Natur aus« klug oder gut sei: Das Recht müsse uns im Zaume halten und drohende Strafe uns ängstigen.

Solche Vorstellungen, die im sozialen Umfeld eine scharfe Einengung bedeuteten, mögen zahlreiche Menschen dazu gebracht haben, den Kampf aufzugeben – einfach zu sein, was die Gesellschaft ohnehin von ihnen behauptete, und das einzige Milieu aufzusuchen, das ihnen keine Vorhaltungen machte: das des Verbrechens. Der Sohn eines wohlhabenden Ladenbesitzers auf dem Lande, der beim Apfeldiebstahl über die Mauer des Nachbargrundstücks ertappt wurde, bekam vielleicht eine kleine Geldstrafe und von seinem Vater eine ordentliche Tracht Prügel. Auf diese Weise gezüchtigt, konnte er der Achtbarkeit entgegenleben. Der in einem Londoner Elendsviertel beim Einwerfen eines Fensters gefaßte Sohn eines irischen Gelegenheitsarbeiters durfte in der Besserungsanstalt, in die man ihn steckte, auf eine solche Zukunft nicht hoffen. Alle Menschen werden, was ihnen die Gesellschaft voraussagt, vor allem aber die jungen.

Die Behauptung, es gebe eine »verbrecherische Klasse«, war auch auf andere Weise eine Aussage, die sich selbst erfüllte – vor allem, weil sie eine gesellschaftliche Eingliederung so schwierig machte. Wer einmal gestrauchelt war, fand kaum noch wieder ehrbare Arbeit. Die amtlichen Unterlagen waren 1830 vollständiger als 1770 und konnten von jedem Arbeitgeber eingesehen werden.

Zahlreiche Beobachter begriffen jedoch zunehmend, daß das Verbrechen nicht in einem gesellschaftlichen Vakuum entsteht. Ab 1800 versuchte eine umfangreiche Literatur, die Ursachen des Verbrechens zu beschreiben: Armut, Arbeitslosigkeit, Entwurzelung, menschenunwürdige Wohnbedingungen, Sucht, das Ende aller Hoffnung. Aber die zwischen 1815 und 1840 angestellten offiziellen Untersuchungen von Verbrechen, Trunkenheit sowie Gefängnis- und Deportationswesen neigten eher dazu, stets dieselbe Sehweise des Verbrechens zu bekräftigen: daß es vorwiegend klassenbedingt sei. Die verbrecherische Klasse stellte in den Augen eines Verfassers 1854 »einen neuen Stand dar, der sich von allen anderen Ständen aufs äußerste entfremdet hat«.

Wie stark aber war die von ihm ausgehende Bedrohung? Lag nicht in dieser Entfremdung und offenkundigen Verbundenheit Hoffnung für die Achtbaren? Der Unterschied zwischen den »Verbrecherklassen« Londons und den *classes dangereuses* von Paris war der, daß die Engländer nicht so gefährlich waren; Ereignisse wie der Gordon-Aufstand in London waren nicht die Regel, sondern die Ausnahme, und trotz der glühenden Beschwörungen mancher Tory-Extremisten hatte es nie eine, ob natürliche oder andere, Verbindung zwischen englischen Verbrechern und englischen Radikalen gegeben – im Gegenteil bemühten sich letztere, die ersteren aus ihren Reihen auszuschließen, weil es ihnen stets wichtiger war, ihre eigene Achtbarkeit als Arbeiter zu betonen.

Auch wenn in England – im Unterschied zu Frankreich, wo sich häufig Kriminelle den Aufrührern helfend zur Seite stellten – das Verbrechen für den Staat keine politische Bedrohung zu bedeuten schien, so bedrohte es doch die Bürger des Landes – und zwar in erster Linie die schwer arbeitenden Armen. Zwar richtete sich das Tun der »verbrecherischen Klasse« gegen das Eigentum der Mittelschicht, doch am meisten beunruhigte die Behörden die Ansteckungsmöglichkeit von Arbeitern und deren leicht beeindruckbaren Kindern, und daher versuchten sie, aus den unteren Klassen die Schlimmsten herauszufiltern, bevor diese die Guten verderben konnten. Das neue Armengesetz hatte sich bemüht, Arme, die sich mit ihrer Hände Arbeit selbst erhielten, von denen zu sondern, die das nicht taten. Mit der Deportation nun wollte man ein für allemal die

Verursacher der Ansteckung aus den an und für sich anständigen unteren Klassen ausmerzen und »jenseits der Meere« an einen Ort verpflanzen, von dem sie nicht ohne weiteres zurückkehren konnten. Dort sollten sie bleiben, für die Entwicklung der Kolonie Sklavenarbeit leisten und die Änderungen auf dem Weg zur Achtbarkeit durchlaufen, die Peitsche und Ketten vielleicht bei ihnen hervorrufen konnten. Wesentlich war nicht, was *dort* mit ihnen geschah, sondern daß sie nicht länger *in England* sein würden.

Letztlich war es also weniger das Ziel des Deportationssystems, einzelne Verbrecher zu bestrafen, als eine feindliche Klasse aus dem britischen Sozialgefüge herauszulösen. In diesem Vorgriff auf umfassendere und wirksamere Verfahren der Klassenzerstörung, wie sie ein Jahrhundert später in Rußland vervollkommnet werden würden, bestand die besondere Modernität des Systems. Doch erreichte man das angestrebte Ziel nicht, die Deportation setzte dem Verbrechen in England weder ein Ende noch verlangsamte es seine Entwicklung. Weder wurde die ›verbrecherische Klasse‹ durch die Deportation ausgemerzt, noch konnte sie das werden, denn sie bezog die Ursachen des Verbrechens nicht ein. Wir wollen hier eine Stimme aus dieser Klasse zu Wort kommen lassen. Der Brief der Frau eines schon früh zur Verbannung an die Unheilsküste bestimmten Diebes schildert in schlichter Sprache den Abstieg zu einer Verzweiflungstat, den Tausende von Sträflingen in einem England vollzogen haben dürften, das mit ›unwürdigen Armen‹ kein Mitleid kannte.

Den Angestellten Isaac Nelson hat 1789 das Schwurgericht in Stafford zu sieben Jahren Deportation verurteilt. Er befindet sich in Ketten in Portsmouth und soll mit der Zweiten Flotte nach Australien geschafft werden. Er hatte einem ehemaligen Arbeitgeber in Birmingham, Matthew Boulton, dem er »mit größter Treue« drei Jahre gedient hatte, »eine Anzahl Silberwaren« entwendet. Nach dem Ende seiner Arbeit bei ihm war er nach London gekommen und hatte verschiedene Stellungen bekleidet (alle Arbeitgeber unterschrieben den Brief als Leumundszeugen). Nelsons Frau – nur der Anfangsbuchstabe ihres Vornamens, S., erscheint auf dem Brief – legt Wert darauf, den Behörden zu versichern, daß ihr Mann, nachdem er seine letzte Tätigkeit bei einem Optiker in Piccadilly verloren hatte,

> »von Stund an das Unglück hatte, volle zwölf Monate lang keinerlei Arbeit zu finden. Zu jener Zeit litten wir das denkbar größte Elend. Ich selbst war beständig krank und einen langen und strengen Winter hindurch ohne alles, was zum Leben nötig war; mein Mann, der einzige Mensch, von dem ich Unterstützung erwarten konnte, ohne die Möglichkeiten, den Lebensunterhalt zu verdienen. In dieser beklagenswerten Lage wurde ich, um das Maß unseres Unglücks vollzumachen, von einem Knaben entbunden, der nach wenigen Tagen mangels ausreichender Ernährung starb, denn ich selbst war so schwach, daß ich ihm keinerlei Hilfe sein konnte.

> Denken Sie, gnädigster Herr, was ein Mann empfindet, seine Frau, die er zärtlich liebte und der er stets einen behaglichen Unterhalt zu verschaffen in der Lage war, in einer solchen Situation zu sehen, ohne die Möglichkeit, sie ihr zu erleichtern; ich hoffe in tiefster Demut, daß die Tore der Gnade vor ihm nicht verschlossen werden.«

Isaac Nelson kehrte nach Birmingham zurück und wurde für sechs Wochen bei Boulton mit einem Lohn von 10 s. 6 d. pro Woche eingestellt, die aber sogleich eingezogen wurden, um seine Fahrkosten nach Birmingham und einen Vorschuß des Arbeitgebers zurückzuzahlen. Seine Frau in London war nach wie vor mittellos und in größter Sorge, und so stahl er »in einem Anfall der Verwirrung« das Silber, das sein Arbeitgeber später zurückbekam. Mrs. Nelson fährt fort, den Innenminister zu bitten, er möge

> »in Menschlichkeit einem armen, unglücklichen Mann gegenüber den Fall Seiner Majestät vortragen, damit ihm dieser seine allerhöchste Begnadigung ausspreche oder die Strafe dahingehend mildere, daß es ihm gestattet sei, die Zeit seiner Bestrafung in England zu verbringen, oder der Bittstellerin die Gnade zu erweisen, daß sie ihren Mann in die Verbannung begleite, damit sie ihm ein gewisser Trost in all seinen Nöten sein könne, denn seine lange Einkerkerung hat zusammen mit all seinen anderen Schwierigkeiten, da er von schwacher Konstitution ist, zu einer schweren Schwindsucht geführt, die ihn fast an den Rand des Grabes gebracht hat«.

Georgs III. »unendliche Gnade und Güte« ging jedoch nicht so weit, und Isaac Nelson mußte mit der entsetzlichen Zweiten Flotte nach Australien.

Solche Lebensläufe bestätigen die Wahrheit von E. P. Thompsons bitterer Äußerung: Das schlimmste Vergehen gegen das Eigentum besteht darin, keins zu besitzen. Wir wissen nicht, wie viele Isaac Nelsons zu den »verbrecherischen Klassen« gehörten, und wir werden es nie erfahren. Eine Stufe höher auf der Skala der Schuld wurden Menschen für Taten deportiert, die das Gesetz zwar verurteilte, aber die Gemeinschaft, in der sie lebten, zu tolerieren pflegte. Manches Brauchtum stand dem Gesetz deutlich entgegen. Junge Leute verehrten Straßenräuber geradezu als Helden, und ganze Gemeinden in Cornwall und Devonshire taten sich nicht nur mit Strandräuberei hervor, sondern behaupteten geradezu, ein altüberkommenes Recht zum Ausplündern von Schiffen zu besitzen. In manchen Gemeinden an der Küste von Sussex blühte der Schmuggel, und die Menschen dort nutzten trotz der Androhung von Deportation und Galgen jede Möglichkeit, staatliche Abgaben auf Rum und Tee zu hinterziehen. Wilderei war eine weitere Straftat, die kaum ein Landbewohner, falls überhaupt einer, als unrechtmäßig ansah, denn die Wildereigesetze gehörten zu den korruptesten Englands; sie verboten einem Mann rundheraus, ein jagdbares Tier auf seinem eigenen Grundstück zu töten, sofern er nicht ein jährliches Einkommen von hundert Pfund aus dem Grundbesitz eines Freisassen nachweisen konnte. Da ein Tagelöhner im Jahre 1830 damit rechnen durfte, lediglich zwischen zehn und zwanzig Pfund im Jahr zu verdienen, waren die Wildereigesetze eine beständige Quelle des Klassenkonfliktes.

In der volkstümlichen Legende über die Deportation nach Australien heißt es noch immer, es habe unter den Deportierten zahlreiche verurteilte Wilderer gegeben, doch dem ist nicht so. Ihre Zahl war verschwindend gering und hatte etwa die Größenordnung wie die wegen Sodomie mit Schafen oder homosexuellen Delikten mit kleinen Jungen Verurteilter; wurde ein Wilderer tatsächlich nach Australien geschickt, hatte er sich gewöhnlich seiner Festnahme widersetzt oder einen Wildhüter angegriffen. In dörflichen Gemeinschaften Zeugen zu finden war äußerst schwer, doch daß die Behörden Landbewohner für solch moralisch unerhebliche Taten zur Rechenschaft zogen – und rasch damit zur Hand waren, diese Leute mit den ›sittenlosen Müßiggängern‹ und nicht mit der ›arbeitenden‹ Landbevölkerung gleichzusetzen –, zeigt, eine wie weitreichende und undurchdringliche Grauzone es auf dem Lande wie in der Stadt zwischen harmlosen Vergehen und wahrem Verbrechen gab. Beispielsweise wurde Schaf- oder Viehdiebstahl von allen Dorfbewohnern verurteilt.

3

Keinen Zweifel kann es daran geben, daß zahlreiche Briten ihren Lebensunterhalt ganz oder teilweise damit verdienten, daß sie gegen die Gesetze verstießen. Vor Gericht und erneut an Bord mußten die Gefangenen ihren Beruf oder ihrer Beschäftigung angeben; am zahlreichsten vertreten waren unter den Deportierten »Landarbeiter« (20%) und »Arbeiter« (19%). Nicht immer benutzten die Gefangenen selbst diese Begriffe; sie drückten sich unumwundener über die Art ihre Tätigkeit aus. Peter Cunningham beschrieb bei der Erinnerung an seine erste Reise nach Australien als Arzt und Regierungsaufseher an Bord des Transportschiffes *Recovery* 1819, wie ein Seemann, dem er den Auftrag erteilt hatte, die Berufe der an Bord befindlichen Gefangenen aufzunehmen,

> »mit zweifelndem Gesicht zu mir kam, sich den Bart kratzte und sagte: »Wenn ich sie nach ihrem *Beruf* frage, bekomme ich von drei Vierteln die Antwort ›ein Dieb, ein Dieb‹; soll ich *Arbeiter* hinschreiben, Sir?«

Auch wenn wir nicht mit der Selbstverständlichkeit der frühen Viktorianer von einer ›verbrecherischen Klasse‹ reden können, gab es auf den britischen Inseln, vor allem in London, mit Bestimmtheit eine Subkultur des Verbrechens. Sie fand ihren Ausdruck in gemeinsamen Interessen, einer allen gemeinsamen Redeweise, Spezialisierung und wechselseitigen Bindungen. Ihr Hauptmerkmal für den Außenstehenden war der unglaubliche Bereich der darin vertretenen ›Berufe‹, so, als habe die industrielle Revolution, die eine sich noch immer ausbreitende Vielzahl von Erzeugnissen und Spezialisten zu ihrer Herstellung hervorgebracht hatte, eine gleichgroße Armee von Spezialisten geschaffen, sie zu stehlen. Henry Mayhew hat mindestens hundert verschiedene Unterarten des Londoner Verbrechers mitsamt ihrer Bezeichnung in der Gaunersprache festgehalten.

Hier nur eine kleine Auswahl aus seiner Liste:

2. »Sneaksmen« – solche, die heimlich stehlen.
   - I. »Drag Sneaks« – diejenigen, die Waren oder Gepäck von Karren oder Kutschen stehlen.
   - II. »Snoozers« – diejenigen, die auf Bahnstationen kampieren und mit dem Gepäck der Reisenden verschwinden.
   - III. »Star-Glazers« – diejenigen, die Schaufensterglas aufschneiden.
   - IV. »Till Friskers« – diejenigen, die während der Abwesenheit des Ladenbesitzers die Ladenkasse ausräumen.
   - V. »Sawney-Hunters« – diejenigen, die Speck aus dem Schaufenster entwenden.
   - VI. »Noisy-Racket Man« – diejenigen, die Porzellan und Glas aus den Auslagen stehlen.
   - VII. »Area Sneaks« – diejenigen, die aus Häusern stehlen.
   - VIII. »Dead Lurkers« – diejenigen, die aus Fluren Mäntel oder Schirme entwenden.
   - IX. »Snow Gatherers« – diejenigen, die Kleidung von Hecken wegnehmen.
   - X. »Skinners« – Frauen, die Kinder oder Matrosen dazu bringen, mit ihnen zu gehen und ihnen dann ihre Kleider stehlen.
   - XI. »Bluey Hunters« – diejenigen, die von den Dächern Blei stehlen.
   - XII. »Cat and Kitten Hunters« – diejenigen, die in Gasthäusern Krüge aus den Regalen entwenden.

Wie jede Sondersprache errichtet auch die Gaunersprache eine Barriere zwischen denen, die sie benutzen, und den ›anderen‹. Die Sprache der englischen Verbrecher war für den Bürger unverständlich. Sie beschrieb Handlungsweisen, die in der achtbaren Gesellschaft, hoch oder niedrig, nicht existierten, wohl aber in der ›Familie‹ – das waren all jene, die mit kleinen oder großen Diebereien ihr Leben fristeten. Beispielsweise sagte man von jemandem, der das Brot aus dem Korb des Bäckers stahl, er »tauche unter den Weiden nach einem Delphin«. Es schien nichts zu geben, das nicht des Stehlens wert war: Säcke voll Ruß von Schornsteinfegern, Hunde, die man mit dem Stich eines spitzen Drahtes ins Herz tötete, um ihr Fell an Handschuhmacher zu verkaufen. Es gab sogar einen Markt für Menschenzähne, denn einige frühe Dentisten ersetzten damit ausgefallene Backenzähne ihrer Patienten.

Das waren die untergeordneten Tätigkeiten. Konnte aber jemand im georgianischen Zeitalter das *Bild des Königs zeichnen* oder im viktorianischen *die alte Frau abkupfern*, genoß er in seinen Kreisen ein ebenso hohes Ansehen wie ein *Mann mit zwei Spuckern und einem Galopper*, ein berittener Straßenräuber mit einem Paar Pistolen, der furchtlos Postkutschen überfiel.

Die geschicktesten aus den Reihen der Myriaden von Dieben – »Sankt Peters Söhne, jeder Finger ein Angelhaken« – waren die Taschendiebe. Dickens' Beschreibung von Fagin Diebsschule für kleine Jungen in *Oliver Twist* ist nicht erdichtet. Die größeren dieser Schulen waren bei Londoner Journalisten als Quelle für Genrebilder beliebt. In ihnen konnten zehnjährige Jungen lernen, wie man nichtsahnenden Passanten Taschentücher, Geldbeutel, die Uhr mitsamt Kette und Petschaften herauszog, und auch, wie man mit einem Rasiermesser die Taschen einer Frau aufschlitzte. Wer anstellig war, durfte mit einem Komplizen, dessen Aufgabe es war, das Opfer anzurempeln, um es abzulenken, unter den Menschenmengen von Piccadilly, den in Vauxhall Gardens herumschlendernden Dandies oder in Drury Lane seinem Gewerbe nachgehen, wo sich in den Pausen die Besucher der zahlreichen Theater dicht drängten.

George Barrington, ein überaus eitler, aber auch äußerst geschickter irischer Taschendieb, wurde gefaßt, als er bei einer Opernpremiere in Covent Garden dem russischen Fürsten Orlow in die Taschen langte; er wurde deportiert und beendete seine Tage in Parramatta als Freigelassener, dessen Grundbesitz von hundertzehn acres andere Sträflinge für ihn bearbeiteten. Er war so berühmt, daß unter seinem Namen eine Anzahl von Büchern erschien, von denen er allerdings keines selbst geschrieben hat – einschließlich einer frühen »Geschichte« von Neusüdwales.

Natürlich gewann man zum Umfeld des Verbrechens nicht einfach durch Erlernen der Gaunersprache Zugang – es bedurfte harter Arbeit, um sich einen Namen zu machen. Es ist nichts Unwahrscheinliches an den Worten, die Dickens dem jungen Charley Bates in den Mund legt, als dieser sieht, daß sein *beau idéal Gannef* wegen des Diebstahls einer Schnupftabakdose seiner Deportation entgegensieht. »Ach, hätte der doch einem reichen alten Herrn all seine Wertsachen abgeraubt und wär' dann wie ein Mann von Stande abgegangen, aber nicht wie ein simpler Taschendieb ohne Ehre und Ruhm!« . . . »Wie wird er denn im Kriminalbericht erwähnt werden? Vielleicht steht er überhaupt nicht mal drin!« . . . »Sehen Sie, mein Lieber, wie stolz sie auf ihren Beruf sind. Ist das nicht herrlich?«

Niemals hat es eine klassenlose Gesellschaft gegeben, und es wird auch nie eine geben. In jeder Gruppe gibt es unten und oben. Der feindselige Blick der Anständigen hinderte Männer und Frauen, die mit kleinen oder großen Diebereien ihr Leben fristeten, nicht daran, Hackordnungen einzurichten, die mit einer Genauigkeit abgegrenzt und eingehalten wurden, daß man sie fast des Versailler Hofes für würdig hätte halten können. Vom geringsten Dieb bis zum höchsten Mitglied der »Feinen« war alles genau abgestuft, im Verbrechermilieu ging es streng nach Verdienst, wobei allerdings eine Art Stammeszugehörigkeit eine wichtige Rolle spielte. Die Pyramide des Verbrechens war ein unterhalb der Gesellschaft verborgenes umgekehrtes Spiegelbild der Pyramide der Ehrbarkeit, und wer an der Grenzschicht lebte, an der beide aufeinanderstießen – Bettler und Menschen, die der Wohlfahrt zur Last fielen, weil ihnen Geschick oder Mut zu stehlen fehlte –, wurde von beiden verachtet. So merkte Mayhew an, ein Junge aus armer Familie könne »zum Teil wegen seines Ansehens zum Diebstahl gezwungen« werden. Die Liste der begangenen Straftaten war ein Hinweis auf die Stellung in dieser Schattengesellschaft. Bei einer Feier in einer Diebesküche mußte Mayhew erkennen daß

> »die Antworten auf die Frage, wie häufig jeder von ihnen im Gefängnis gewesen war, mit großem Beifall aufgenommen wurden. Dieser steigerte sich, je höher die Zahl der Bestrafungen war. Als es hieß, einer sei, obwohl erst neunzehn Jahre alt, neunundzwanzig Mal im Gefängnis gewesen, dauerte der Applaus mehrere Minuten, und alle Burschen erhoben sich, um den so Geehrten näher zu betrachten. Einige schrieben mit Kreide auf ihren Hut, wie oft sie im Gefängnis gewesen waren.«

Zwar mußte man jung anfangen, doch wird der Unerfahrene gefaßt. Der junge Dieb, darauf bedacht, sich selbst zu beweisen, war unvorsichtig und mithin, auch vor der Einführung der Fingerabdrücke, leichte Beute für die Polizei. Nach 1815 wurden erstmalig wegen Diebstahls Verurteilte nur selten deportiert, doch die Zahl der von Gewohnheitstätern begangenen Diebstähle bedeutete, daß weitere Verurteilungen und schließlich die »Bucht« folgen würden.

Illustratoren zeigten den »typischen Kriminellen« als gerissen, geistig unterentwickelt, aber wachsam. In Wirklichkeit gab es keinen Unterschied im Aussehen zwischen den Kriminellen Englands und den Angehörigen der Arbeiterklasse, der sie ja auch entstammten. Gegen den Ausdruck des »typischen Kriminellen« und das pseudowissenschaftliche Gewäsch der Phrenologen muß man die von Peter Gaskell 1833 verfaßte Beschreibung von Arbeitern in einer Baumwollfabrik halten:

»Eine häßlichere Ansammlung von Männern und Frauen könnte man unmöglich auf so kleinem Raum zusammenbringen. Ihre Gesichtsfarbe ist bleich und ungesund – die Züge wirken flach, weil ihnen eine hinreichende Menge an Substanz in ihrer Nahrung fehlt, die ihre Wangen runden könnte. Sie sind kleinwüchsig – im Durchschnitt nicht einmal einen Meter siebzig. Ihre Gliedmaßen sind schwach entwickelt, und sie bewegen sie ohne Anmut und Geschick. Viele haben krumme Beine.«

Die Körpergröße der Sträflinge wurde nicht in allen Fällen verzeichnet, aber sie waren im allgemeinen nicht groß. Beispielsweise werden auf einem 1850 in Hobart angeschlagenen riesigen Steckbrief, mit dem (im Verlauf von insgesamt zwanzig Jahren) 465 entwichene Sträflinge gesucht wurden, mehr als 80% der Männer als knapp über einssiebzig angegeben, wobei die größte Gruppe, an die 15%, lediglich einssechzig maß. Im Vergleich zur Mehrzahl der heutigen Australier irischer oder englischer Abstammung waren diese Männer ausgesprochen klein. Der Unterschied war ernährungsbedingt.

Sie hatten auch andere Merkmale mit den Angehörigen des Lumpenproletariats gemeinsam, vor allem eine Abneigung gegenüber der Staatsgewalt. Die »verbrecherischen Klassen« Englands waren apolitisch; in dieser Hinsicht stimmen alle Beobachter überein. Sie spielten bei den radikalen Zwischenfällen jener Tage keinerlei Rolle. Innerhalb der Gruppe waren die Bindungen gelegentlich geradezu fanatisch stark, und sie hielten zusammen gegen Polizei, Aufseher und den rosagesichtigen Pfarrer in seiner ›Quasselkiste‹, wie die Kanzel im Gefängnis hieß. »In einer kleinen Gemeinschaft wie der unseren . . . haben wir alle die Nummer Eins; das heißt, Sie können sich nicht als Nummer Eins betrachten, ohne daß Sie dasselbe mit mir und mit all den anderen jungen Leuten tun . . . Wir sind so miteinander verbunden und haben derart gleiche Interessen, daß es so sein muß.« Fagins Worte stehen gleichsam pogrammatisch für ein Ethos der Diebestreue, vergleichbar der sizilianischen *omertá*.

Dieser von Verachtung getragene Widerstand jedem und allem außerhalb der eigenen kleinen Gruppe gegenüber war eine der Wurzeln australischer Kumpelhaftigkeit. Aber kein Sträfling hatte je den Eindruck, daß alle anderen seine Brüder seien. Oft unterdrückten und drangsalierten sie einander, ihr Verhalten schwächeren Mitgefangenen gegenüber war bisweilen äußerst zynisch und unvorstellbar grausam, mitunter auch nicht – es gab keine feste Regel für die ›Sträflingssolidarität‹. Vom Standpunkt der Behörden aus gesehen hatte der Londoner Straßendieb etwas mit einem nordenglischen Viehdieb gemeinsam – beide hatten sich gegen das Gesetz vergangen. Doch die beiden Männer, die einer nichts vom Hintergrund des anderen wußten und einander sprachlich kaum verstehen konnten, empfanden keinerlei Gemeinsamkeit. Selbst Menschen, die wegen derselben Straftat vom selben Ort aus deportiert wurden, hielten keineswegs immer zusammen.

Die meisten waren auch – selbstverständlich mit Ausnahme der Iren – areligiös, denn beispielsweise ein glühender Methodist war mit größter Wahrscheinlichkeit nicht unter den zu Deportierenden zu finden. Pfarrer auf Transportschiffen und gläubige Menschen, die den Sträflingen auf den Gefängnisschiffen die frohe Botschaft zu verkünden versuchten, kamen sich vor wie Missionare unter feindlich gesonnenen weißen Heiden. Sie klagten über die Hartherzigkeit der Sträflinge, ihre Undurchdringlichkeit Gottes Wort, ihren Zynismus dem Gebet gegenüber sowie ihre Unfähigkeit, sich Gott, Himmel oder die Hölle vorzustellen. Sie waren ›verworfen‹, ›lasterhaft‹ und ›unbelehrbar‹, achteten weder Gott noch den Menschen und krochen schamlos vor beiden, wenn die Lage das ihrer Ansicht nach zu erfordern schien.

Kumpelhaftigkeit, Fatalismus, Verachtung ›guter Menschen‹ wie auch von ›Betbrüdern und -schwestern‹, eine trübselige Stimmung, eine opportunistische Grundhaltung, die Verachtung innerer Werte von auf bloßes Überleben Erpichten sowie eine Haltung den Behörden gegenüber, in der sich persönlicher Haß mit offenkundiger Resignation mischte – so sah das nicht besonders differenzierte und reichhaltige Wertesystem aus, das mit den Sträflingen nach Australien kam. Die Männer unter ihnen brachten überdies die ihnen aus Familie und Kneipe vertraute Phallokratie mit und die Frauen eine Art von zäher Passivität, eine Haltung, die vom Leben nichts erwartete. Was sie ihren im Lande geborenen Nachkommen hinterließen, sozusagen die Währung der Kolonie (im Unterschied zu den in England geborenen freien Siedlern), hat der australische Dichter James McAuley in den fünfziger Jahren unseres Jahrhunderts wie folgt zusammengefaßt:

> »In einer ansehnlichen Hülle ein Herz, das zu nichts taugt. Die Frauen mit harten Augen, freundlich, aber nichts in ihrem Inneren: Die Männer unabhängig, doch nicht frei«.

4

Obwohl nur wenige Sträflinge wegen politischer Straftaten des Landes verwiesen wurden, spielte die Deportation in der vom Staat ausgehenden Unterdrükkung in England eine bedeutende Rolle. Das Recht, »Politische« nach Australien zu schicken, wurde von der britischen Regierung eifrig genutzt. Es war den englischen Interessen nicht dienlich, Radikale zu Märtyrern zu machen – und auf der anderen Seite gab es ganz offensichtliche rechtliche Schwierigkeiten, wollte man einen nicht mit der offiziellen Lehrmeinung übereinstimmenden Geistlichen dafür hängen, daß er ein Exemplar von Tom Paines revolutionären Schriften besaß. Die Deportation jedoch schaffte dem Lande Menschen mit einer anderen Meinung vom Halse, ohne aus ihnen auf dem Schafott Helden zu machen. Sie verschwanden von der Landkarte in eine ferne Vorhölle, wo ihre Stimme ihnen ohne Echo vor die Füße fiel. Die Intellektuellen unter ihnen fanden nichts, wogegen sie sich wenden konnten; die Arbeiter keine Maschinen zu zerstören und die Tagelöhner keine Heuhaufen zu verbrennen. Mochten sie ruhig den Dieben und Kakadus Aufruhr predigen – oder dem Wind.

Die ersten politischen Agitatoren, die in Edinburgh verurteilten »schottischen Märtyrer«, wurden schon zu Beginn des Systems nach Australien geschafft.

Zwischen 1790 und 1795 liebäugelten englische Intellektuelle, die das System reformieren wollten, mit dem Jakobinertum. Damit solche Pfarrer, Anwälte und Pamphletisten mit ähnlich gesinnten Arbeitern in Berührung gelangten, wurden als »Korrespondenzgesellschaften« bekannte Diskussionsgruppen gebildet. Die Männer, die ihnen vorstanden, nannten sich zwar »Jakobiner«, waren aber in Wirklichkeit Verfassungsreformer, die Englands Arbeiter und Handwerker an ihre altüberkommenen Rechte erinnern wollten. Das waren die Kreise, in denen die Millionenauflage von Paines *Menschenrechte* in England vor allem verkauft wurde. Die Torys, die bei Jakobinertum automatisch an Guillotine und Septembermorde dachten, sahen diese Korrespondenzgesellschaften daher nur mit Schrecken und hatten deren Zerstörung auf ihre Fahnen geschrieben.

Am liebsten hätten sie einigen der englischen Jakobiner einen Schauprozeß gemacht – aber es war nicht sicher, ob die Geschworenen sie verurteilen würden. Also führten sie ihren Streich gegen die Gesellschaften in Schottland, wo sich Geschworenengerichte leicht manipulieren ließen. Das Schicksal ereilte einen jungen blauäugigen schottischen Anwalt namens Thomas Muir (1765–1799), stellvertretender Vorsitzender einer jakobinischen Diskussionsgruppe in Glasgow und glühender Verfechter der Verfassungsrechte. Sein Vergehen bestand darin, daß er sich für jährliche Parlamentswahlen und eine Ausweitung des Wahlrechts in Schottland aussprach. Dafür stand er 1793 in Edinburgh vor Gericht, »wegen Aufruhr«, wie es hieß. Alle Geschworenen waren handverlesene Mitglieder einer in der Wolle erzkonservativ gefärbten schottischen Tory-Organisation.

Der Hauptvorwurf gegen Muir lautete, er habe radikale Schriften verliehen, unter anderem von Thomas Paine. Das gab er zu, erklärte aber, er könne von jenem parteilich besetzten Gericht keinen ordentlichen Prozeß erwarten, ein Einwand, den der Richter – Lord Braxfield, Vizepräsident des Court of Justiciary in Schottland – weisungsgemäß nicht gelten ließ. Er war ein gerissener alter Trunkenbold ohne feinere Empfindungen, und seine Äußerungen in diesem Verfahren sind lange im Gedächtnis vieler lebendig geblieben. (Als einer der Jakobiner darauf hinwies, Christus selbst habe auch auf Reformen hingewirkt, lachte Braxfield vor sich hin und schnaubte: »Und 'n Dreck hat's ihm genützt – man hat ihn gehängt.« [sic!]) Einem solchen Mann konnte Muir kaum entrinnen, ganz gleich, wie geschickt er vor Gericht aufzutreten verstand.

Braxfields Anweisungen an die Geschworenen hätten kaum klarer sein können: Es verstand sich von selbst, daß die britische Verfassung nicht verbesserungsfähig sei; Muir hätte »unwissenden Landleuten« weisgemacht, sie müsse geändert werden, um ihre Freiheit zu gewährleisten, »von der sie ohne ihn nie gedacht hätten, daß sie in Gefahr sein könnte«. Und welches Recht hätte dieser »Pöbelhaufen« überhaupt, im Parlament vertreten zu werden? Keins, denn sie hatten keinen Grundbesitz. »Eine Regierung in diesem Land muß wie ein Unternehmen sein«, erklärte der Richter,

> »und aus Mitgliedern der landbesitzenden Schichten bestehen, die allein ein Recht haben, vertreten zu werden. Wie könnte sich die Allgemeinheit an den Pöbel halten, der nichts hat als seinen persönlichen Besitz? Solche Leute können alles, was sie haben, zusammenpacken und das Land in Windeseile verlassen; doch Landbesitz läßt sich nicht fortbringen.«

Das Gericht erklärte dann auch erwartungsgemäß Thomas Muir rasch und einstimmig für schuldig, und er wurde zu vierzehn Jahren Deportation verurteilt.

Einige Monate später kam in Perth ein weiterer »Radikaler« vor Gericht, ein Geistlicher, der eine »aufrührerische« Flugschrift in Umlauf gesetzt hatte, die Großbritanniens Motive im Krieg gegen Frankreich in Frage stellte. Außerdem hatte er einem Weber aus Dundee geholfen, einen »Aufruf an das Volk« über die Parlamentsreform zu veröffentlichen. Der Angeklagte – ein Engländer – hieß Thomas Fyshe Palmer (1747–1802), ein unitarischer Geistlicher und Mitglied des Queen's College in Cambridge, der seit zehn Jahren als einfacher Pastor in Dundee predigte. Das Urteil lautete auf sieben Jahre Deportation.

Diese Schuldsprüche riefen in England, und zwar keineswegs nur unter Jakobinern, Befürchtungen hervor. Eine Gruppe gemäßigter Vertreter einer Verfassungsreform mit Lord Lauderdale an der Spitze beklagte sich beim Innenminister Henry Dundas darüber und forderte das Parlament auf, die Urteile gegen Muir und Palmer zu kassieren. Das lehnte Dundas entschieden ab; er beabsichtigte auch, englische Radikale, die nicht in Schottland lebten, festzunehmen und vor Gericht zu stellen. Seine Stunde hielt er für gekommen, als sich im Oktober 1793 der »Nationalkongreß der britischen Reformbefürworter« in Edinburgh versammelte.

Dessen Londoner Delegierte waren zwei der Mittelschicht angehörige Dissidenten, Joseph Gerrald (1760–1796) und Maurice Margarot (1745–1815). Die Strafverfolgungsbehörde in Edinburgh bemühte sich sehr, Versammlungen zu sprengen, bei denen diese beiden sprachen, verhaftete den schottischen Sekretär des Kongresses, William Skirving (gest. 1796), in seiner Wohnung und beschlagnahmte seine Unterlagen. Gerrald und Margarot wurden mitten in der Nacht aus dem Bett gezerrt und später gegen Kaution freigelassen. Braxfields Gericht klagte Skirving des Aufruhrs an. Gerrald, der sich einstweilen auf freiem Fuß befand, kehrte nach London zurück und forderte »als Engländer, in dessen Person die geheiligten Rechte seines Landes verletzt worden sind«, öffentlich Dundas auf, zuzugeben, daß die nächtlichen Verhaftungen auf sein Betreiben zurückgingen. Man beachtete ihn nicht. Seine Freunde bestürmten ihn, die Kaution verfallen zu lassen und in das republikanische Amerika zu fliehen. Doch Gerrald war nicht bereit, seine Kampfgefährten im Stich zu lassen, deren Prozeß gerade in Edinburgh stattfand. Margarot wurde zu vierzehn Jahren Deportation verurteilt, und als Gerrald einen Monat später der Prozeß gemacht wurde, erhielt er gleichfalls vierzehn Jahre. Richter wie Angeklagter wußten, daß das Gerralds Todesurteil bedeutete, denn er litt an Tuberkulose.

Palmer, Muir, Skirving und Margarot wurden mit 83 weniger bekannten Sträflingen im Februar 1794 auf der *Surprize* nach Australien gebracht. Gerrald folgte ihnen ein Jahr später. Auf der Überfahrt denunzierte Maurice Margarot, der allem Anschein nach einen Nervenzusammenbruch erlitten hatte, dem Kapitän seine Kameraden als Beteiligte an einer Verschwörung zur Meuterei. Die davon enttäuschten »Märtyrer« verbrachten die letzten fünf Monate der Überfahrt bei gekürzten Rationen im Bordgefängnis. Kein Wunder, daß Muir nach ihrer Ankunft einem Freund nach London schrieb: »Palmer, Skirving und ich verstehen uns aufs beste; Maurice Margarot ist aus unserer Gemeinschaft ausgestoßen.«

So schlecht, wie sie es hinstellten, wurden sie in Sydney nicht behandelt. Sie brauchten keine Zwangsarbeit zu leisten, trugen keine Ketten und mußten nie die neunschwänzige Katze schmecken. Palmer und Muir bekamen Land zugewiesen und erwirtschafteten sogar Gewinn aus dem Rumhandel. Die Regierung wollte sie lediglich kaltstellen. Doch mußte man sie im Auge behalten, und der damalige Gouverneur Francis Grose versprach Palmer »jede erdenkliche Nachsicht«, vorausgesetzt, er unterlasse es, seine »politischen Ansichten vorzutragen, die zu dem Elend geführt haben, das ein Mann Ihrer Empfindungen und Fähigkeiten hier und jetzt fühlen muß«. Obwohl Skirving hundert Acre Land bekam und für Gerrald ein Haus am Hafen von Sydney gekauft wurde, ließ das Rumkorps die »Märtyrer« seine Feindseligkeit spüren: »Sie haben uns arm gehalten«, sagte Palmer, obwohl er sich damit möglicherweise nur über die Schwierigkeit beklagte, selbst in den Rumhandel einzusteigen. Politische Diskussionen standen außer Frage: »Sie sind einer wie der andere Aristokraten aus Unwissenheit, und entweder möchten sie nichts verstehen oder sind unfähig dazu.«

Die Deportation nahm den schottischen Märtyrern ihren politischen Glauben nicht, kühlte aber die Glut ihrer Begeisterung. Das zeigt sich auch in dem

Gedicht von Thomas Muir »The Telegraph: A Consolatory Epistle«, das er an den Reformer Henry Erskine in Schottland schickte. Es beginnt mit einer bedrückenden Schilderung der Landschaft: »Wo die stumpfsinnigen Sträflinge ihre schweren Ketten schleppen und Verzweiflung über der flachen Landschaft liegt.« Muir erinnert sich, daß er immer noch Jakobiner ist und

> »Das beste und edelste Privilegium in der Hölle / ist für Seelen wie unsere, edel Widerstand zu leisten, / die Revolution voranzutreiben und die süßen Früchte der Demokratie zu kosten. /
> Das heilige Recht der Auflehnung wird dort / vielleicht den alten Satan von seinem Thron stoßen, / und dieselben edlen Mittel werden vielleicht / ein Frankreich in der Hölle schaffen, / wie sie eine Hölle in Frankreich schufen.«

Im Lauf der Zeit erhoben sich sogar Zweifel. Führt nicht die Revolution zur Zerstörung der Verfassungsgrundsätze, für die sie alle eintraten? (Muir war so gemäßigt, daß er sogar nach Paris gereist war, um sich dort bei den richtigen Jakobinern für das Leben Ludwigs XVI. einzusetzen.)

Er machte sich ernste Gedanken über die Gefahren des Mobs und erfand eine neue Metapher für die Revolution: auf diese Weise findet ein australisches Buschfeuer Eingang in die englische Poesie – als Symbol für politische Leidenschaften, die von Dummheit entzündet werden. Er hatte selbst gesehen, wie eingeborene Jäger im Unterholz Feuer legten:

> »Ein nackter Wilder dort am fernen Strand
> mit schnellen Schritten in mein Blickfeld kommt.
> Ich denke dabei an dich und meine Freunde, Henry
> an diese teuren Freunde, die mit Herz und Hand
> gemeinsam die Flamme der Freiheit tragen durchs Land,
> und rastlos sich plagen, begeisterungsvoll
> jedes Herz mit der heiligen Flamme entzünden wollen. –
>
> Um das dunkle undurchsichtige Dickicht
> des Waldes zu lichten,
> entzündet der halbverhungerte Indianer
> die Glut,
> dann hebt er die Fackel und läuft
> über den Strand
> hoch über seinem Haupt hält er den
> glühenden Brand,
> von Busch zu Busch fliegt er mit
> schnellen Schritten,

Die Kehrseite des eleganten georgianischen Lebens, wie William Hogarth sie sah. OBEN: Der zum Strang Verurteilte bereut auf dem Schinderkarren, während sich die Menge um den Galgen von Tyburn drängt (1749).

RECHTS: Das durch Trunksucht heruntergekommene Proletariat, in *Gin Lane*, 1750/51. *(The Bettmann Archive)*

OBEN: Wie ein georgianischer Karikaturist den Aufbruch von Sträflingen in den neunziger Jahren des 18. Jahrhunderts sah. Zwei Ganoven nehmen Abschied von ihren tief betrübten Liebchen, während ein Regierungsbeauftragter mit finsterer Miene auf das vor Anker wartende Schiff deutet. Von einem unbekannten Künstler, *Leb wohl, Schwarzäugige Sue und süße Poll von Plymouth. (National Library of Australia, Canberra)*

UNTEN: Thomas Rowlandson, *Sich nach Botany Bay einschiffende Sträflinge,* etwa 1787/88. Im Hintergrund eine Alternative zur Deportation: ein Galgen mit in Ketten gehenkten Straftätern. *(National Library of Australia, Canberra)*

OBEN: Zwangsarbeit auf der Werft: Auf Gefängnisschiffen untergebrachte Sträflinge arbeiten 1777 an der Themse bei Woolwich. Links wird mit Muskelkraft das Flußbett vertieft, im Vordergrund arbeiten Sträflinge an einem Wellenbrecher. Das ausgediente Schiff, das ihr Gefängnis ist, ankert in der Flußmitte. *(National Library of Australia, Canberra)*

MITTE: Captain Arthur Phillip, Kommodore der Ersten Flotte und Gouverneur von Neusüdwales, in der Hand den Entwurf eines in der neuen Kolonie zu errichtenden Forts. Porträt von Francis Wheatley, 1787. *(Mitchell Library and Dixson Collections, Sydney)*

RECHTS UNTEN: Eine idealisierte Allegorie der in den Anfängen stehenden Kolonie: *Die Hoffnung ermuntert Kunst und Arbeit unter dem Einfluß des Friedens.* In Josiah Wedgwoods Fabrik hergestelltes Medaillon aus dem Ton von Sydney Cove. *(Mitchell Library and Dixson Collections, Sydney)*

Die *Sirius,* Flaggschiff der Ersten Flotte, mit ihrem Versorgungsschiff, der *Supply,* in Sydney Cove vor Anker und, zur Verzweiflung der Siedler, leckgeschlagen auf dem Riff vor der Norfolkinsel. Aquarelle von George Raper (1768?–1797), Kadett auf der *Sirius. (British Museum of Natural History, London)*

OBEN: Die Anfänge einer Stadt mit den im Vierteljahrhundert nach Ankunft der Europäer von Sträflingen gebauten Unterkünften und Wohnhäusern. John Eyre, *Eine nordöstliche Ansicht der Stadt Sydney von westlich Bennelong Point gesehen*, 1812. *(Mitchell Library and Dixson Collections, Sydney)*

UNTEN: Die Auseinandersetzungen zwischen Ureinwohnern und Weißen am Gestade der Bucht beginnen, als sich Iora-Krieger daranmachen, einen Sträfling zu speeren. »Port Jackson Painter«, *Der gejagte Binsenschneider*, etwa 1790. *(British Museum of Natural History, London)*

Der edle Wilde: Bei der ersten Berührung zwischen Cooks Expedition mit den Ureinwohnern von Botany Bay wollen zwei Krieger die Landung verhindern. Der Pflanzenzeichner aus Joseph Banks wissenschaftlicher Arbeitsgruppe hat sie in den Posen antiker Statuen festgehalten. T. Chambers nach Sydney Parkinson, *Zwei der Eingeborenen Neuhollands gehen zum Kampf vor*, 1773. *(Mitchell Library and Dixson Collections, Sydney)*

Die Weiterentwicklung der Ureinwohner in den Augen der Europäer.

OBEN: Der »Barbarische Bewohner Neuhollands« als häuslicher Wilder, von einem schottischen Sträfling gezeichnet: Thomas Watling, *Eine Gruppe am Nordufer von Port Jackson*, um 1794. *(British Museum of Natural History, London)*

RECHTS: Der komische Wilde, nach 25 weiteren Jahren der Besiedlung des Kontinents durch die Weißen: R. Browne, *Der lange Hans*, 1819. *(Mitchell Library and Dixson Collections, Sydney)*

OBEN: Die Hügel der Norfolkinsel, von einem Sträfling gesehen. Man beachte die zahlreichen Baumstümpfe; nach der ersten Besiedlung war der Urwald aus Norfolktannen bald dezimiert. John Eyre, *Anblick von Queensborough auf der Norfolkinsel,* um 1812. *(Mitchell Library and Dixson Collections, Sydney)*

UNTEN: Der in den siebziger Jahren des 19. Jahrhunderts zerfallende Gefängniskomplex von Kingston auf der Norfolkinsel, vom Hang des Telegraph Hill aus gesehen. Innerhalb der Umfassungsmauer lassen sich die Reste des fünfeckigen Gefängnisgebäudes erkennen. *(National Library of Australia, Canberra)*

RECHTS: Major Foveaux' Gefängnisaufseher erinnert sich, wie Anfang des 19. Jahrhunderts auf der Norfolkinsel die Zucht aufrechterhalten wird. *Charles Mahers Auspeitschung*, Aquarell in Robert Jones' »Recollections«. »Charles Mahers Auspeitschung hätte fast zu einer Meuterei geführt. Auf seinem Rücken war kaum noch Haut und Fleisch zu sehen. Der arme Kerl bekam zweihundertfünfzig Hiebe, und nach dem zweihundertsten weigerte sich Kimberley weiterzuzählen, weil er der Ansicht war, daß die Strafe genügte.« *(Mitchell Library and Dixson Collections, Sydney)*

UNTEN: Die Anfänge der Stadt Hobart am Fluß Derwent auf Vandiemensland mit dem dahinter aufragenden Mount Wellington. Federskizze, möglicherweise von dem Landmesser George Prideaux Harris, 1804. *(National Library of Australia, Canberra, Rex Nan Kivell Collection)*

»Sie lagen in Kiellinie, ein auf dem wogenden grauen Meer eingerichtetes Elendsquartier des Verbrechens.« Die Gefängnisschiffe – außer Dienst gestellte Kriegsschiffe – spielten eine wesentliche Rolle bei der Bewältigung des Sträflingsproblems in den frühen Jahren der Deportation.

OBEN: Louis Garnery, *Der Hafen von Portsmouth mit Gefängnisschiffen*, um 1820.

RECHTS: G. Cooke nach S. Prout, *Gefängnisschiff bei Deptford*, 1826. *(National Library of Australia, Canberra, Rex Nan Kivell Collection)*

Aufruhr und Flucht. OBEN: Die Erhebung der Iren von 1804 auf Castle Hill bei Parramatta, von einem unbekannten Maler festgehalten. »Tod oder Freiheit, Major«, ruft der Anführer des Aufstandes aus, und Major Johnston an der Spitze der Soldaten aus Botany Bay antwortet: »Schurke, dir werde ich Freiheit geben.« *(National Library of Australia, Canberra)*

LINKS: »Der Prügelpastor«, Samuel Marsden (1764 bis 1838), evangelischer Geistlicher, Missionar, Schafzüchter und unerbittliche Geißel der irischen Sträflinge. *(Mitchell Library and Dixson Collections, Sydney)*

OBEN: Die Gestrandeten von der Brigg *Cyprus*: Ein 1829 gedruckter Holzschnitt des Sträflings William Gould zeigt den am abweisenden Gestade von Macquarie Harbor klagenden Leutnant Carew, während zwei von Mrs. Carew unterstützte Sträflinge, Popjoy und Morgan, ein Weidenboot bauen, mit dem sie sich alle in Sicherheit zu bringen hoffen. *(Mitchell Library an Dixson Collections, Sydney)*

UNTEN: Eine Bleistiftzeichnung des irischen Kannibalen und entflohenen Sträflings Alexander Pearce im Leichenschauhaus von Hobart, nach seiner Hinrichtung durch den Strang, aus Thomas Bocks »Skizzen australischer Buschklepper«, 1823. *(Mitchell Library and Dixson Collections, Sydney)*

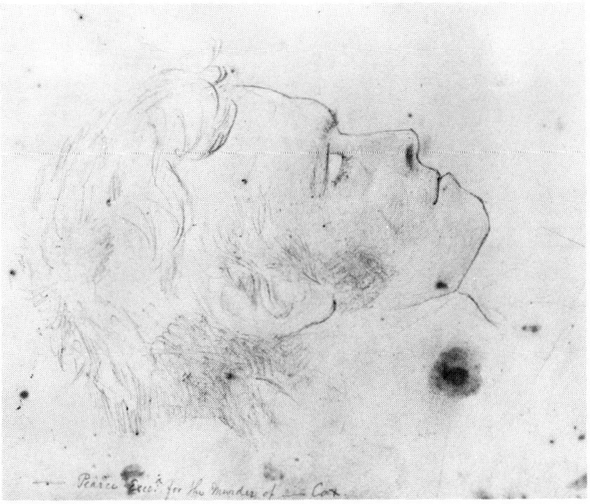

OBEN: James Taylor, *Die Einfahrt zu Port Jackson und Hafen der Stadt Sydney*, 1821. Man beachte links die mit dem Brechen von Sandstein beschäftigten Sträflinge, im Vordergrund müßig umherschlendernde Offiziere des New South Wales Corps und ein zahmes Känguruh. *(Mitchell Library and Dixson Collections, Sydney)*

UNTEN: Der große Störenfried und der patriotische Potentat. John Macarthur (links), der Offizier des New South Wales Corps, der eine Schafzüchterdynastie gründete und an der Spitze der »Exklusiven« stand, daneben Gouverneur Lachlan Macquarie (1762–1824), der frühere Soldat, der von 1810 bis 1821 Neusüdwales regierte und sich bemühte, den freigelassenen Sträflingen in der Machtstruktur der Kolonie Einfluß zu verschaffen. *(Mitchell Library and Dixson Collections, Sydney)*

Die georgianische Architektur kommt nach Sydney: das von Gouverneur Macquarie und seiner Gattin mit Hilfe eines Musterbuchs entworfene und durch den Erlös aus Rumverkauf finanzierte Krankenhaus an der Macquarie Street. *(Mitchell Library and Dixson Collections, Sydney)*

OBEN: Auf einem um 1819 entstandenen Aquarell Augustus Earles zeigt ein Aufseher zweien der zukünftigen Insassinnen die neue für Frauen vorgesehene Fabrik von Parramatta, die von Francis Greenway, einem Architekten unter Macquaries Sträflingen, geplant wurde. *(National Library of Australia, Canberra)*

UNTEN: Leutnant Ralph Clark von der Ersten Flotte und seine Frau Betsy Alicia Clark, »gewiß ein Engel und keine Frau«, wie er sie idealisierend im Gegensatz zu den »verdammten Sträflingsweibern« nannte, die zu beaufsichtigen man ihn abkommandiert hatte. *(Mitchell and Dixson Collections, Sydney)*

bis der ganze Wald in Flammen steht,
die zum Himmel züngeln.
Oft, es ist wahr, wenn diese Wahnsinnstat
vollendet ist,
beklagt er das Unglück, das seine
Hand angerichtet hat,
wenn die rote Feuersbrunst über
die Ebene stürmt,
kann keine Kunst sie aufhalten
keine menschliche Kraft sie bezähmen,
und er sieht von einem Fels aus
mit Verzweiflung
wie Frau und Kinder im Feuer verbrennen.

Stop, Henry, stop! frage dich ernstlich,
ob du das Feuer, das du entzündet
auch löschen kannst.
Denk an den wilden in meiner Geschichte,
der ein ganzes Land in Flammen
aufgehen läßt, nur um eine Mahlzeit zu jagen.«

Das intellektuell ungeschliffene Material von Sydney ließ sich von ihnen nicht formen. Sie versuchten einige Gefangene mit ihren Gedanken vertraut zu machen, fanden bei ihnen aber nur wenig Widerhall. Dann unternahm Muir einen Fluchtversuch. Es gelang ihm Anfang 1796, mit dem Kapitän eines amerikanischen Pelzhandelsschiffs, der *Otter*, Kontakt aufzunehmen, die im Hafen von Sydney ihre Vorräte ergänzte. Sobald es absegelte, brachte Muir ein Boot an sich und ruderte im Dunkel der Nacht zwischen den Landzungen aus der Bucht, wo ihn die Yankees einige Meilen vor der Küste an Bord nahmen. Monate später, als die *Otter* die Gewässer vor Alaska erreichte, erfuhr Muir, daß man ein Schiff der Königlich Britischen Marine dort gesehen hatte. Da er seine Gefangennahme befürchtete, ließ er sich an Bord eines dort kreuzenden spanischen Kanonenboots setzen, das ihn südwärts mitnahm, nach Monterey im spanischen Kalifornien.

Von dort aus schlug er sich über Mexiko-Stadt und Vera Cruz zur Karibik durch und erreichte am Ende des Jahres Kuba, von wo aus er sich seine Passage auf einem Schiff nach Philadelphia zu verdienen hoffte. Doch inzwischen war der Krieg zwischen England und Spanien ausgebrochen, und der spanische koloniale *jefe* steckte Muir mehrere Monate ins Gefängnis von Havanna. Schließlich wurde er fortgebracht, aber nicht in die Vereinigten Staaten – er kam auf eine nach Cadiz bestimmte Fregatte. Ein britisches

Geschwader griff sie nahe der Küste Spaniens an, eine detonierende Granate zerfetzte Muirs Gesicht und zerstörte sein linkes Auge. Er war so übel zugerichtet, daß ihn die britischen Offiziere, als sie erfuhren, er sei an Bord, nicht zu identifizieren vermochten. In Cadiz kam der unglückliche Muir in ein Gefängnislazarett, doch nach mehreren Monaten erfuhren die Franzosen von seiner Anwesenheit. Da er als englischer Republikaner Freunde in Paris hatte, erreichte Talleyrand seine Freilassung und brachte ihn im Dezember 1797 als Gast der Regierung nach Paris. Dort blieb er, eine nach und nach aus dem Bewußtsein der Öffentlichkeit schwindende Berühmtheit. Gelegentlich befragte man ihn über englische Invasionspläne, er faßte einen Bericht über seine Verbannung und seine Irrfahrten rund um die Welt ab, der nie veröffentlicht wurde und jetzt verloren ist, obwohl man ihn in Manuskriptform seinerzeit begierig las und über ihn redete. Muir starb am 26. Januar 1799 beklagenswert arm in Chantilly – genau elf Jahre nach der Gründung der Sträflingssiedlung an der Bucht von Sydney, Gegenpol seiner republikanischen Ideale. Man weiß nicht, wo sich sein Grab befindet.

Zwei weitere schottische Märtyrer, die nichts von seinem Geschick wußten, überlebten ihn nicht lange. Joseph Gerrald, der freundliche Gelehrte, erlag im März 1796 seiner Tuberkulose, und William Skirving folgte ihm drei Tage darauf. Beide wurden in Sydney beigesetzt, und Skirving bekam den Grabspruch: »Ein Aufrührer, aber ein Mann von lauterem Charakter.«

Thomas Palmer verbüßte seine Strafe in Australien zu Ende und wandte sich noch während dieser Zeit dem Schiffbau zu. Zwar verstanden er und sein enger Freund John Boston – gleichfalls »eingefleischter Jakobiner«, der freiwillig gemeinsam mit seiner Frau Palmer auf der langen Reise nach Sydney Gesellschaft geleistet hatte – wenig von der Sache, aber sie verfügten über einen einzigartigen Vorteil: sie besaßen die einzige Enzyklopädie in der Kolonie. Mit ihrer Hilfe brachten sie sich das Bierbrauen bei und lernten, wie man Seife macht. Als nächstes schlugen sie unter ›Segelschiff‹ nach, und es gelang ihnen, nach einigem Herumprobieren ein etwas merkwürdig aussehendes, aber durchaus seetüchtiges kleines Schiff zu bauen, mit dem sie, um Handel zu treiben, zur Norfolkinsel segeln konnten. Ihm folgte die Dreißig-Tonnen-Schaluppe *Martha.* Schließlich erwarb Palmer *El Plumier,* einst Kriegsschiff der spanischen Flotte, rüstete es neu aus und versuchte damit, über Ostindien nach England zu segeln. In der Nähe von Guam, einem fernen spanischen Vorposten auf den Marianen östlich der Philippinen, riß der verrottete Rumpf des Seelenverkäufers auf. Die Spanier nahmen die Überlebenden, zu denen auch Palmer gehörte, in Gewahrsam, und im Juni 1802 erlag Palmer der Cholera. Da die spanischen Priester ihm ein christliches Begräbnis verweigerten, als sie von seinen radikalen Ansichten erfuhren, wurde der zivilisierteste Mann von großer Seelengüte, der während der frühen Kolonialzeit australische Luft atmete, in einem Massengrab am Strand unter lauter Piraten beigesetzt, bis sich 1804 ein amerikanischer Kapitän (der selbst Reformideen anhing) die Mühe machte, Palmers Gebeine zu bergen und nach Boston zu bringen, wo sie in einer Kirche beigesetzt wurden.

Der einzige schottische Jakobiner, der in Australien blieb, war der sprunghafte Maurice Margarot, der ein undurchsichtiges Leben als Doppelagent zwischen den verschiedenen kolonialen Cliquen führte, über das man nur wenig weiß. Er scheint Gouverneur Hunter über die finanziellen Machenschaften und die politischen Unmutsäußerungen der Offiziere des New South Wales Corps auf dem laufenden gehalten zu haben, und einiges läßt darauf schließen, daß er sowohl Hunters Vorläufer Grose als auch dessen Nachfolger King über die Unterhaltungen seiner früheren Freunde, der Jakobiner, informierte. King vermutete, Margarot habe 1801 und dann wieder 1804 gemeinsam mit den irischen Sträflingen einen Aufstand geplant, fürchtete aber zugleich, Margarot könne über ihn ans Londoner Kolonialamt berichten. Nach siebzehn Jahren der Verbannung in Australien machte sich Margarot auf den mühevollen Heimweg nach England und starb fünf Jahre später in entsetzlicher Armut und politisch am Ende in London; die Freunde seiner ehemaligen radikalen Weggefährten mieden ihn und mißtrauten ihm.

So wie den schottischen Jakobinern sollte es im Verlauf des nächsten halben Jahrhunderts auch den Vertretern nahezu aller Protestbewegungen auf den Gebieten der Politik, der Industrie und der Landwirtschaft gehen – die Deportation würde sie der Regierung vom Halse schaffen. Zunächst aber nahm man sich die Iren vor.

5

Um die Jahrhundertwende wurden immer häufiger irische Regierungsgegner nach Australien geschickt. Ihre Anwesenheit dort belastete das System und schuf eine große Unsicherheit. Schon in den neunziger Jahren des 18. Jahrhunderts hatte man hie und da aufrührerische Iren nach Australien geschickt, doch zwischen 1800 und 1805 schwoll ihre Zahl an. Das hing mit dem Aufstand von 1798 zusammen, bei dem sich Irland erfolglos mit Frankreich in einem Aufruhr gegen England hatte zusammenschließen wollen.

Einige der Deportierten waren in aller Form vor Gericht gestellt und verurteilt worden, andere – der prominenteste von ihnen war »General« Joseph Holt (1756–1826), Anführer der Rebellion des Jahres 1798 in der Grafschaft Wicklow – hatten sich im Vertrauen auf die von Lord Cornwallis versprochene Amnestie ergeben und waren lieber freiwillig in die Verbannung gegangen, als im Gefängnis zu verfaulen. Andere hatte man kurzerhand auf

Transportschiffe gesteckt. Dem Statthalter in Dublin hatte London 1797 bedeutet, daß »eine leichte Bestrafung für Aufruhr zur Rache auffordert, statt Angst und Schrecken hervorzurufen. Es empfiehlt sich, alle in den Gefängnissen befindlichen Aufrührer zu deportieren und den Generälen Vollmachten zu erteilen.«

Bei ihrer Ankunft in Australien wurden die Iren als Gruppe für sich behandelt. Da sie mit dem Bazillus des Jakobinertums infiziert waren und als ideologisch und physisch gefährliche Verräter galten, unterdrückte man sie mit besonderer Umsicht und ungewöhnlich harten Strafen. Sie waren Australiens erste weiße Minderheit und sahen sich von Anfang an als doppelt kolonisierte Volksgruppe.

England hatte die Kolonisierung Irlands schon seit dem 12. Jahrhundert betrieben. Seinerzeit hatte der erste englische Papst, Hadrian IV., seinen anglonormannischen Landsmann König Heinrich II. in dessen Absicht bestärkt, Irland zu überfallen und »einem ungebildeten und unwissenden Volk die Wahrheiten der christlichen Lehre zu verkünden«. Als die englischen Ritter an Land gingen, um sich ihren blutgesäumten Pfad durch den Widerstand der Iren zu bahnen, war die Insel bereits seit 700 Jahren christlich gewesen; große Teile Europas waren von hier aus missioniert worden. Es dauerte nahezu volle hundert Jahre, um den irischen Clans das anglonormannische Feudalsystem aufzupfropfen, aber am Ende des 13. Jahrhunderts war es geschafft. Das neue Marionettenparlament in Dublin, das der englischen Krone treuepflichtig war, sollte 700 Jahre lang Bestand haben und erst durch das Unionsgesetz aufgelöst werden, das 1801 Irland mit Großbritannien vereinigte. Während dieser sieben Jahrhunderte konnte kein irischer Katholik von den Gesetzen des Landes Gerechtigkeit erhoffen. Je schärfer sie gehandhabt wurden, desto mehr schwanden die Rechte der Iren dahin; und am Ende des 18. Jahrhunderts reichten diese »Strafgesetze« in jeden Winkel des Lebens der katholischen Mehrheit. Sie machten die Katholiken auf gesetzgeberischem Weg zu den Heloten des Landes und teilten Irland, wie Edmund Burke 1792 schrieb,

> »in zwei deutlich voneinander geschiedene Teile, die weder Interesse, Mitgefühl noch Freundschaft verbindet. Der eine sollte alle Rechte, allen Besitz, alle Bildung haben, der andere ihm als Wasserträger und Torfstecher dienen. Überrascht es uns, wenn wir sie durch eine so gewaltsame Eroberung zu einem Pöbel herabgewürdigt haben?«

Aufgrund des Liegenschaftsrechts durfte ein Katholik weder wählen noch selbst ins Parlament gewählt werden, er durfte nicht unterrichten, als Geschworener fungieren oder Offizier werden. Die das Eigentum betreffenden

Gesetze wurden eigens umgeschrieben, um katholischen Besitz zu zerschlagen und protestantischen zu festigen. Protestanten durften ihren Grundbesitz ungeteilt den ältesten Söhnen hinterlassen, Katholiken mußten ihn zwischen allen Kindern teilen. Auf diese Weise verkamen katholische Landbesitzer binnen einer oder zwei Generationen zu Kleinpächtern.

Diese Gesetze schnitten durch alle Klassenschranken hindurch. Nicht nur stießen sie den katholischen Kleinbauern »in den Schlamm«, wie es hieß, sie knebelten und lähmten auch den katholischen Grundbesitzer, den Intellektuellen und den Unternehmer. Mithin einigten sie die irischen Katholiken stärker, als das bei milderen Gesetzen je möglich gewesen wäre, und ließen die Frage eines Klassenkampfes unter Katholiken gar nicht erst aufkommen.

Diese durch alle gesellschaftlichen Schichten gehende Abneigung gegenüber den Zwingherren führte dazu, daß die nach Australien deportierten politischen Gefangenen Irlands aus einem breiten gesellschaftlichen Spektrum vom Tagelöhner bis zum Rechtsanwalt kamen. Im März 1800 beklagte sich Gouverneur Hunter darüber, daß ein viel zu großer Teil der irischen Sträflinge »im vornehmen Leben erzogen« sei, und nachfolgende Gouverneure von Neusüdwales betrachteten die gebildeten irischen Sträflinge mit besonderem Argwohn, da sie die einfachen Leute mit ihren Ideen »verderben« konnten.

Die Lebensbedingungen in Irland trugen den Keim zum Aufruhr in sich. Zwar verließen sich die Engländer darauf, daß die Priester ihre Schäflein zu geduldigem Ertragen der Lebensumstände aufforderten. Das aber tat der Klerus nicht etwa aus Liebe zu den Briten, sondern aus christlicher Abneigung gegenüber der Gewalt und aus Angst um das, was das Militär den Menschen antun konnte. In Nordirland hatten sogar die Protestanten ihren Streit mit der katholischen Mehrheit begraben, denn man sah allgemein, daß die englischen Gesetze – vor allem die Handelsembargos, die die Ausfuhr irischen Leinens nach Amerika verhinderten, jeden angingen. Eine freie irische Republik schien im Interesse aller zu sein, doch was die Iren brauchten, war über den Graben der religiösen Teilung im Lande hinwegreichende Allianz, die sich auf Thomas Paine und sein Buch *Menschenrechte* stützte.

Von der Bauernschaft ausgehende Protestbewegungen hatte man mit Gefängnis, Verbannung und dem Galgen unterdrückt. Um 1761 tauchten in Tipperary Trupps von katholischen Landbewohnern auf, um Zäune niederzureißen, die die Grundherren um einstige Allmendeflächen herum errichtet hatten. Bei den 1772 in den nördlichen Grafschaften tätigen ›Stahlherzen‹ handelte es sich um Protestanten.

So etwas konnte nicht gutgehen, und gerade in den nördlichen Grafschaften Ulsters, wo die Bevölkerung je etwa zur Hälfte aus Katholiken und Protestanten bestand, bekämpften die beiden Konfessionen zur Belustigung der Landbesitzer einander mit Zähnen und Klauen. Es war Wolfe Tones Leistung, zusammen mit den siebenundzwanzig anderen protestantischen Begründern der Gesellschaft Vereinigter Iren, über alles Trennende hinweg ein gemeinsames Reformziel durchzusetzen, den Zusammenschluß zu einem irischen Nationalstaat, der ›Union‹. Schon bald reagierten die Engländer auf diese nationalistische Wühlarbeit.

Das erste Sträflingsschiff, von dem man weiß, daß es politische Gefangene von Irland nach Australien gebracht hat, war die *Marquis Cornwallis*, die im August 1795 mit 168 männlichen und 73 weiblichen Gefangenen an Bord von Cove absegelte. Kaum hatte das Schiff abgelegt, planten die Iren eine Meuterei, und als Denunzianten dem Kapitän diese Absicht hinterbrachten, machte er kurzen Prozeß und ließ mehr als vierzig Männer auspeitschen. Ebenso erging es zwei Soldaten vom New South Wales Corps, die den Meuterern beigestanden hatten, außerdem wurden sie mit Handschellen, Daumenschrauben und starren Sklavenbeineisen aneinandergefesselt. Als einer von ihnen, Ellis, nach neuen Tagen starb, ließ der Kapitän den anderen, Gaffney, von der Leiche losbinden und an einen der Meuterer ketten; so verbrachten sie die restlichen fünf Monate der Überfahrt.

Noch nach ihrer Ankunft in Australien machten die Iren Schwierigkeiten, und Gouverneur Hunter nannte sie 1796 »unruhige und wertlose Geschöpfe«, die er »streng« im Auge behalten werde. Er mußte neue Blockhäuser als Gefängnisse bauen, »da man es für richtig gehalten hat, solche entsetzlichen Menschen wie diese *irischen Freiheitskämpfer* herzuschicken. Ich gestehe, mir wäre es lieber gewesen, man hätte sie nach Afrika oder anderswohin geschickt.«

Die irischen Sträflinge hatten für ihre Unruhe, von den üblichen Leiden der Deportation abgesehen, gute Gründe. Die Mehrzahl ihrer bereits zwischen 1791 und 1793 aus Cork in die Kolonie gebrachten Landsleute verbüßten ihre sieben Jahre wegen gewöhnlicher Verbrechen, doch da man die Unterlagen nicht mitgeschickt hatte, wußte niemand, wie lange sie noch bleiben mußten oder wann sie für die Freibriefe in Frage kamen, die bei einer Strafe von sieben Jahren gewöhnlich nach vier Jahren guter Führung ausgestellt wurden. In einem Fall kamen die Listen für eine Schiffsladung politischer Gefangener erst nach achtzehn Jahren. »Sträflinge aus Irland werden in so ungeheuer sorgloser und unordentlicher Weise hergeschickt«, beklagte sich Hunter, »daß diese Menschen es als besondere Härte empfinden müssen.«

Iren galten allgemein als »wild« und »gesetzlos«, und die Behörden in Sydney, die mit den vergleichsweise leicht zu handhabenden englischen Gefangenen schon genug Schwierigkeiten hatten, waren keineswegs auf sie versessen. Als die *Marquis Cornwallis* eintraf, bezeichnete der Auditeur David Collins, selbst Halb-Ire, die Sträflinge kalt als »verzweifelt und zu jedem Anschlag bereit, der zu Gefahr und Zerstörung führen mag«. Die

Irinnen waren seiner Ansicht nach keine Spur besser; sie hatten den Plan gefaßt, »zerstoßenes Glas mit dem Mehl zu vermischen, aus dem die Seeleute ihre Speisen bereiten. Welch eine Ladung!« Verächtlich befand er: »Sie verdienen nicht, als Menschen bezeichnet zu werden.«

Die Spannung zwischen den erzürnten Iren und den englischen Behörden in Sydney wuchs, als im Mai 1797 die *Britannia* eintraf. Dieses Höllenschiff, eins der schlimmsten in der Geschichte der Deportation, brachte 134 Männer und 43 Frauen, die meisten von ihnen Freiheitskämpfer und Aufrührer gegen die englische Agrarordnung. Binnen weniger Monate hatten sie andere Iren zur Flucht ins Binnenland überredet. Sechzig von ihnen wurden gefaßt und ausgepeitscht; zwei wurden gehenkt. Andere versuchten es erneut und wurden gleichfalls ausgepeitscht, da es angesichts ihrer »Starrhalsigkeit und Unwissenheit kein besseres Argument als eine schwere körperliche Strafe geben konnte«.

Mitte 1798 befanden sich in Neusüdwales 653 irische Sträflinge, von ihnen etwa 265 politische Häftlinge. Keiner von ihnen wußte, daß seit ihrer Verbannung aus Irland in ihrer Heimat einiges vorgefallen war. Im Laufe des Jahres 1796 hatten sich die verschiedenen Interessengruppen insgeheim zusammengeschlossen, und ihr Wortführer Wolfe Tone war nach Frankreich gereist, um dessen Revolutionsregierung zur Abordnung einer Invasionsflotte nach Irland zu überreden. Er glaubte, bei ihrem Eintreffen werde sich die irische Mittelschicht zusammen mit den Landarbeitern erheben. Doch die Landung der Franzosen in der Bucht von Bantry 1796 war ein Fehlschlag, und die englischen Torys lösten einen Sturm von Repressalien aus, wobei sie Protestanten gegen Katholiken ausspielten.

Die Zeit für einen Zusammenschluß beider Gruppen unter der Fahne des Vereinten Irland war gekommen. Als in Ulster 1797 das Kriegsrecht verkündet wurde, begrüßte der Protestant William Orr, der drei Jahre später ohne Verhandlung auf der *Friendship* nach Australien geschickt werden sollte, das als ein Zeichen. »Jeder Anlaß zu Eifersüchteleien zwischen uns und den Katholiken ist jetzt aufgehoben«, erklärte er.

> »Uns haben die Engländer eine Reform und ihnen die Emanzipation versagt. Sie haben sie mit dem Strafrecht und uns mit dem Militärrecht unterdrückt. Es gibt nichts Gewisseres, als daß Iren aller Konfessionen sich miteinander erheben oder gemeinsam fallen müssen.«

Ende Mai 1798 erhoben sich die Anhänger eines vereinten Irland gegen die Besatzungsmacht. Sie waren militärisch besser organisiert, als sich die Engländer das hätten träumen lassen. Aus der Grafschaft Kildare wurde der Kampf weithin ins Land getragen, und im Juli galt in ganz Irland das Kriegsrecht.

Anfänglich waren die Aufrührer erfolgreich und erfochten Siege bei Three Rocks und Tubberneering, Wexford und Oulart, doch schließlich mußte die Pike der Muskete weichen. Der Schwung des 98er Aufstandes war bald gebrochen, und Lord Cornwallis, Vizekönig von Irland, forderte in einem Brief einen Bekannten in England auf, selbst zu urteilen, um wieviel schlimmer die Schrecken des Kriegsrechts wurden, wenn Iren dies Recht handhabten, »von Leidenschaft und Rachsucht erhitzt«, schuldig an »zahllosen Morden ohne jeden Prozeß und jede Untersuchung«. Besonders die Freiwilligentruppe hatte es ihm angetan, und über sie schrieb er:

> »Zwar haben sie das Land gerettet, aber jetzt schwelgen sie in Plünderung und Mord. Man hört von nichts anderem mehr reden als von Hängen, Schießen, Brandschatzen; und kommt dabei ein Priester ums Leben, freuen sich alle königlich. Soviel über Irland und meine unglückliche Lage.«

Diese Art Erinnerungen wurde auf den nächsten Sträflingsschiffen voll irischer Freiheitskämpfer nach Australien verpflanzt. Nach dem 98er Aufstand zur Deportation Verurteilte hatten ein vom Feuer zerstörtes Land verlassen. Dort hatten das Bajonett und der auf Rädern fahrbare Galgen geherrscht, ganze Grafschaften waren verwüstet. Nun konnten sich die Behörden eine gewisse Milde leisten. Wäre jeder Angehörige der Union wegen Verrats unter Anklage gestellt worden, hätte man sie alle miteinander hängen können – aber die Geschworenen würden in ihre Dörfer zurückkehren und unter den Bekannten der Angeklagten leben müssen, und daher mieden Geschworenengerichte die Todesstrafe. Wie ein Richter aus Omagh mitteilte: »Alle wegen Verrats festgenommenen Anhänger der Union werden geringerer Vergehen verklagt, damit man sie deportieren kann und niemand den Geschworenen einen Vorwurf macht.«

So fällt es angesichts der in den Unterlagen verzeichneten Anklage schwer, zwischen »politisch« und »sozial« motivierten Aufrührern zu unterscheiden – falls eine solche Unterscheidung in einer Zeit der Revolution überhaupt sinnvoll ist. Zahlreiche der wegen Vergehen gegen das Eigentum oder Körperverletzung nach Australien Geschickten mochten in ihren eigenen Augen ebenso politische Gefangene sein wie Joseph Holt, der Bauer, der sich an die Spitze der Aufrührer von Wicklow gestellt hatte, nachdem im Mai 1798 eine protestantische Milizeinheit sein Haus niedergebrannt hatte.

Die neun Schiffe mit den Verurteilten des 98er Aufstandes brachten die schlimmste Ladung an Bitterkeit mit, die das System je gesehen hatte. Von den 1067 Menschen waren 775 – vorsichtig geschätzt – aus politischen Gründen verbannt worden. Das führte zu einer neuen Schwierigkeit. Als Gefängnis für passive und apathische englische Straftäter war das Sydney des Jahres 1800 ziemlich sicher, wie aber sollte man mit den Iren fertig werden? Bereits 1798 hatte Hunter gebeten, man möge ihm weniger Aufrührer schicken, denn er befürchtete eine neue Rebellion: »Die noch im Wachsen begriffene Kolonie duldet es nicht, daß man sie mit den allerschlimmsten Charakteren anfüllt.« So schrieb auch Elizabeth Paterson, die Gattin des Gouverneurs, an ihren Onkel: »Vor etwa einem Monat kam die *Minerva* mit der ersten Ladung Rebellen. Sie haben bereits Komplotte geschmiedet – ich fürchte, sie werden uns viel Kopfzerbrechen bereiten –, und ich kann nicht sagen, daß ich mich hier annähernd so wohl fühle wie zuvor.«

Das Schiff enthielt nicht nur »Fußvolk« der Revolution, sondern auch einige kleinere Anführer: Joseph Holt sowie einen Arzt aus Cork namens Bryan O'Connor; zwei aufrührerische Lehrer, William Maum und Farrel Cuffe; einen Priester aus der Grafschaft Kildare, James Harold; und einen protestantischen Geistlichen, Henry Fulton. Gebildete und denkende Männer wie sie waren den Briten zwangsläufig ein Dorn im Auge, wenn sie nicht sogar als Gefahr angesehen wurden, und sogleich ging Gouverneur King gegen Maum vor, der aufrührerische Spottverse auf ihn verfaßt hatte: »Seine Grundsätze und Führung haben sich ebensowenig geändert wie die der anderen, auch können auf solch elende Charaktere weder Zeit noch Ort irgendeine Auswirkung haben. Wirrköpfe wie sie können wir mit Verachtung strafen.« Dabei hatte Gouverneur Hunter ihnen zuerst Mitgefühl entgegengebracht und Portland mitgeteilt, sie seien schwere körperliche Arbeit nicht gewohnt und in zivilisierten Lebensumständen aufgewachsen.

> »Wir können uns kaum des einfachsten Gefühls der Menschlichkeit soweit entkleiden, daß wir einem Arzt, einem einst angesehenen Sheriff einer Grafschaft, einem katholischen Priester oder einem protestantischen Geistlichen mitsamt seinen Angehörigen eine Hacke in die Hand geben oder sie vor den Langholzwagen spannen.«

Ab September 1800 kamen Gerüchte über eine Verschwörung der Iren auf, so daß Hunter eine gerichtliche Untersuchung anordnete. Nach Aussage von Denunzianten hatten die Iren über geheimen Schmiedefeuern eiserne Spieße hergestellt und sie in der Nähe von Toongabbie und Parramatta versteckt, damit sie für einen Aufstand der Pächter bereit waren. Angeblich gab es sogar vereinbarte Zeichen und Parolen. Obwohl man auch nach einer vollen Woche nichts Greifbares gefunden hatte – und schon gar keine Spieße –, befand das Gericht, »aufrührerische Zusammenkünfte« hätten stattgefunden, »um den Geist der Unzufriedenheit bis zu einer ernsthaften Revolte hin anzustacheln«. Fünf »Rädelsführer« wurden zu jeweils 500 Peitschenhieben verurteilt, und der katholische Priester, Father Harold, mußte der Auspeitschung »als besonderes

Zeichen der Schande« zusehen. Anschließend sollten alle zusammen mit »General« Holt und einem Dutzend weiterer Verdächtiger auf die Norfolkinsel geschickt werden, »wo ihr schlimmes Beispiel keinen weiteren Schaden anrichten kann«.

Möglicherweise hätte Hunter Gnade vor Recht ergehen lassen, doch zum Unglück der Sträflinge endete seine Amtszeit am 28. September, und sein Nachfolger, Philip Gidley King, befolgte die Anregung des Gerichts buchstabengetreu. Unterdessen stellte Reverend Samuel Marsden unter den Iren in Parramatta seine eigenen Untersuchungen an.

Marsden (1764–1838), ein glühender protestantischer Missionar mit breiten Schultern und dem Gesicht eines bockigen Rindviehs, war 1793 als Schützling von William Wilberforce, der ihn als Helfer des Kaplans der Kolonie empfohlen hatte, nach Neusüdwales gesegelt. Dort angekommen, ließ der Schützling nur wenig von der Milde erkennen, die wohl seinen Förderer auszeichnen mochte, konzentrierte statt dessen seine beachtlichen Energien darauf, Land in Besitz zu nehmen, auf dem er widerstandsfähige Suffolk-Schafe züchtete, donnernde Verdammungspredigten zu halten und (als Friedensrichter von Parramatta) Sträflingen drakonische Strafen zuzudiktieren – daher sein Spitznahme ›Prügelpfarrer‹. Bald wurde Marsden der bedeutendste anglikanische Kirchenmann in Neusüdwales. Sein Haß auf die irischen Katholiken kannte keine Grenzen, er tränkte seine Predigten, durchzog wie ein roter Faden seine Tischgespräche und wurde in einer schwadronierenden Aktennotiz an seine Kirchenoberen in London ausführlich formuliert. Sie kann sich, was Heuchelei betrifft, mit William Dampiers Gedanken über die australischen Schwarzen ohne weiteres messen.

> »Die Zahl der katholischen Sträflinge ist sehr hoch, und sie kommen im allgemeinen aus der untersten Schicht des irischen Volkes. Es ist die wildeste, unwissendste Rasse, der man je das Licht der Kultur gebracht hat, von klein auf mit jedem noch so abscheulichen Verbrechen vertraut. Diese Männer, die keinerlei religiöse oder moralische Grundsätze kennen, sind kalten Blutes zu den abscheulichsten Taten imstande, und da sie nie über die Folgen ihres Tuns nachzudenken, sondern stets Aufruhr und derlei im Sinn zu haben scheinen, sind sie äußerst gefährliche Angehörige der Gesellschaft. Man kann ihnen keinerlei Vertrauen entgegenbringen. Sie sind so abergläubisch, verschlagen und hinterhältig, daß es auch einer äußerst wachsamen und tätigen Regierung nicht möglich ist, hinter ihre wahren Absichten zu kommen. Brächte man den Katholiken Duldung entgegen, würden sie sich von überallher zusammenrotten, weniger vom Wunsch beseelt, die Messe zu feiern, als um das Elend und die Ungerechtigkeit ihrer Verbannung zu beklagen sowie die Unzuträglichkeiten, unter denen sie leiden, und einander für einen wilden Racheplan zu begeistern.«

Marsden wollte die Spieße um jeden Preis finden und schenkte bereitwilligst Aussagen Gehör, die die Schuld der Iren an einer Verschwörung zu belegen schienen. Die Muttersprache der meisten war gälisch, und viele sprachen nicht englisch, doch Marsden war sicher, daß sie etwas verbargen, und beschloß, einige von ihnen »überaus schwer bestrafen« zu lassen, bis sie redeten. Joseph Holz – den man als freiwillig in die Verbannung Gegangenen nicht ohne weiteres foltern konnte – wurde nach Toongabbie gebracht, um zuzusehen, wie Gottes Statthalter in Australien, der Prügelpfarrer, zu Werke ging. In seiner Beschreibung von Marsdens Verhören unter dem blauen australischen Himmel erkennt man, wie heroisch sich einige der Iren dem Tyrannen zu widersetzen entschlossen waren – und wie sie dafür zahlten, als die Peitschenschnüre ihr Rückgrat allmählich freilegten, so daß Luft und Schmeißfliegen ungehindert Zutritt hatten. Als erster war Maurice Fitzgerald an der Reihe, ein Bauer in mittleren Jahren aus Cork, der auf der *Minerva* zu lebenslänglicher Verbannung nach Australien gebracht worden war und jetzt dreihundert Peitschenhiebe bekommen sollte.

»Die Arme der Verurteilten wurden um einen dicken Baum gelegt und ihre Brust so gegen den Stamm gedrückt, daß die Männer nicht einmal zusammenzucken konnten. Zwei Auspeitscher gingen zu Werke, Richard Rice und John Johnson, der Henker von Sydney. Linkshänder und Rechtshänder, so standen sie nebeneinander, und ich habe nie zwei Drescher auf einer Tenne so erbarmungslos zuschlagen sehen wie diese beiden Menschentöter. In dem Moment, als sie loslegten, wandte ich mein Gesicht ab, aber einer der Wachtmeister kam auf mich zu und verlangte, daß ich hinschaute. Ich griff mit meiner rechten Hand in meine Hosentasche und zog mein Messer hervor, ich schwor, ich würde ihn vom Kinn bis zum Nabel aufschlitzen. Alle umringten mich und hätten mich fast zusammengeschlagen, aber ihnen wurde befohlen, mich in Ruhe zu lassen. Sie waren wie eine Hundemeute auf der Spur des Hasens, hechelnd vor Mordlust.
Ich stand nur wenige Schritte von ihnen entfernt, und Fleisch und Hautfetzen flogen mir von den Riemen der neunschwänzigen Katze ins Gesicht. Fitzgerald bekam seine dreihundert Hiebe. Dr. Mason – ihn werde ich nie vergessen – fühlte ab und zu nach seinem Puls und sagte lächelnd: ›Der hält noch lange durch – weiter.‹ Während all der Zeit sagte Fitzgerald kein Wort – außer: ›Nicht auf den Hals, schlagt anständig.‹
Als man ihn losband, gingen zwei der Schergen zu ihm und wollten ihn an den Armen festhalten. Ich stand dicht daneben. Er sagte zu ihnen: ›Laßt mich los‹, und stieß beide mit den Ellbogen so heftig in die Magengrube, daß sie zu Boden stürzten. Dann bestieg er den Wagen. Ich hörte Dr. Mason sagen, daß der Mann kräftig genug sei, zweihundert weitere Schläge zu ertragen.

Als nächster wurde Paddy Galvin festgebunden, ein junger Bursche von etwa zwanzig Jahren. Er sollte dreihundert Hiebe bekommen, und nach hundert auf den Rücken sah man seine Wirbelsäule zwischen den Schulterblättern. Daraufhin ordnete der Arzt an, daß er weitere hundert auf sein Hinterteil bekam. So geschah es, bis seine Hinterbacken zu Brei geschlagen waren und der Arz gebot, auf die Waden zu schlagen. Man verabreichte ihm hundert Schläge darauf, ohne daß er auch nur einen einzigen Laut von sich gab. Sie fragten ihn, ob er bereit sei zu sagen, wo die Spieße versteckt waren. Er erklärte, er wisse es nicht und werde nichts sagen. ›Ihr könnt mich ebensogut aufhängen‹, sagte er, ›denn von mir erfahrt ihr nichts.‹ Sie stellten ihn auf den Wagen und schickten ihn ins Krankenhaus.«

Der enttäuschte Marsden berichtete an Gouverneur King, er sei sicher, eher werde Galvin sterben, als daß er etwas sagte. (Übrigens überlebten beide, Galvin wurde von dem mitfühlenden Gouverneur Macquarie 1810, und Fitzgerald 1812 begnadigt.) King ordnete eine zweite Untersuchung an, erneut hieß es, die Sache sehe verdächtig aus, obwohl es keinerlei Verdachtsmomente gab. Mithin wurde angeordnet, noch einmal die Männer auszupeitschen, auf die der Verdacht gefallen war und sie lebenslänglich auf die Norfolkinsel zu schicken, wo sie der »strengsten Zucht unterworfen werden sollen, damit sie lernen zu gehorchen und sich unterzuordnen«. Also wurden die Iren Major Foveaux auf Gedeih und Verderb ausgeliefert.

Nichts von alldem vermochte allerdings die Befürchtungen der freien Siedler zu beschwichtigen. So schrieb Elizabeth Paterson im Oktober 1800 an einen Bekannten: »Unsere Garnison ist im Vergleich zur Zahl der Iren in der Kolonie sehr klein und noch dazu in sich gespalten. Alles mögliche kann uns geschehen, bevor Hilfe kommt, und es sind noch weitere Schiffe mit derselben Art Menschen an Bord auf dem Weg hierher.«

Immer mehr Transporte trafen in Sydney Cove ein. Die *Anne* brachte 1801 »137 der verzweifeltsten und teuflischsten Personen gemeinsam mit einem katholischen Priester von äußerst aufrührerischen und aufständischen Grundsätzen«, schrieb King. »Damit beläuft sich die Zahl der für ein vereintes Irland eintretenden Iren auf 600, die lediglich auf eine Gelegenheit warten, ihre teuflischen Machenschaften ins Werk zu setzen.« Die Leute hatten solche Angst, daß sie nicht einmal ihre Felder richtig bestellen konnten; die im Wachsen begriffene Kolonie wimmelte von »gewalttätigen Republikanern und wurde von immerhin drei irischen Priestern gefährdet, von denen der zuletzt angekommene, Father Peter O'Neil, ohne Verfahren deportiert worden war, nachdem man in einem Gefängnis von Dublin mit 275 Peitschenhieben auf den Rücken Aussagen von ihm hatte erpressen wollen«. (Später wurde er begnadigt und kehrte Ende 1802, von seinen Erlebnissen in Sydney und auf der Norfolkinsel zutiefst erschüttert, nach Dublin zurück.)

King hielt die Anwesenheit von Priestern in der Kolonie für ein Sicherheitsrisiko, die Iren hingegen legten diese Ansicht als erneute Verletzung ihres Rechts auf Messe und Sakramente aus. So baten sie King dreimal, er möge es Father Dixon, der zu Beginn des Jahres 1800 auf der *Friendship* angekommen war, gestatten, daß er für sie die Messe lese. Da King Dixons Verhalten als »beispielhaft« ansah, brauchte man bei diesem Hirten vielleicht nicht damit zu rechnen, daß er seine Herde mit aufrührerischen Worten anstachelte, und so erwog der Gouverneur die Sache. »Ein geschickter Priester kann Iren zu allem bringen, sei es gut oder schlecht.« Über ein Viertel der Sträflinge in Neusüdwales waren inzwischen Iren, und ihre religiösen Empfindungen verlangten nach einem Ventil. So gestattete er Father Dixon, einmal im Monat die Messe zu lesen, »mit genau festgelegten Einschränkungen« – das bedeutete Überwachung durch die Polizei. Die erste Messe und die erste katholische Eheschließung auf australischem Boden wurden am Sonntag, dem 15. Mai 1803, in Sydney gefeiert.

Inzwischen waren die Iren fest davon überzeugt, daß die Kapitäne der Sträflingstransportschiffe den Befehl erhalten hatten, sie durch Vernachlässigung auf der Überfahrt verhungern zu lassen. Zu dieser Annahme bestand durchaus Grund, denn als 1802 die *Hercules* aus Cork eintraf, waren 37 Prozent der Eingeschifften tot, und auf der *Atlas II* starben 65 von 181 irischen Sträflingen. King beklagte das als »Schande für die Menschheit«, doch waren alle Versuche sinnlos, den Iren klarzumachen, daß es unabsichtlich dazu gekommen war.

Nicht *daß* sich die Iren schließlich erhoben, überrascht, sondern daß es so lange dauerte, *bis* sie es taten. Erst 1804 kam es zum Aufstand, und da er schlecht geplant war, brach er bald in sich zusammen. In der Beichte, die einer der Rebellenführer, William Johnston, auf dem Sterbebett ablegte, sagte er, schon den ganzen Februar 1804 hindurch hätten die Iren von einer Erhebung gesprochen, aber kein genaues Datum dafür festgelegt. Man wollte die vergleichsweise schlecht bewachte und weit entfernt liegende Siedlung auf Castle Hill einnehmen, sich in den Besitz so vieler Waffen wie möglich bringen, mit irischen Sträflingen in Parramatta zusammenstoßen und gemeinsam mit ihnen auf Sydney marschieren. Eine Parole (»Sankt Peter«) wurde vereinbart, doch wegen schlechter Verständigung zwischen den Siedlungen gelang die Abstimmung der Pläne nicht recht. Schlimmer noch war, daß ein Ire namens Keogh, der in der Nähe von Hawkesbury ein Haus deckte und von einem Mitsträfling erfuhr, die Erhebung sei auf den 4. oder 5. März festgelegt, diese Neuigkeit sogleich in Parramatta ausposaunte, so daß schon bald alle Wachen in Sydney und Parramatta ihre Munition zählten.

Am Sonntag, dem 4. März, predigte ein protestantischer Geistlicher namens Hassall vor den »verzweifelten Personen« in Castle Hill, aber nur ein Bruchteil der 200 Sträflinge kam, um seine Predigt zu hören, »was mich stutzig machte«. Und richtig, um sieben Uhr abends erhoben sich die Iren in Castle Hill. Sie setzten als Fanal ihrer Revolte ein Gebäude in Brand und eilten dann von Haus zu Haus, um sich möglichst viele Waffen anzueignen – meist Sicheln und Äxte, doch waren auch einige Musketen darunter. Ein gewisser Philip Cunningham sprang auf einen Baumstumpf und feuerte seine Gefährten an, und auf dem Weg nach Parramatta sangen sie ihre aufrührerischen Lieder. Einige drangen unterwegs in die Hütte Duggins, des verhaßten Auspeitschers der Regierung, ein und prügelten ihn durch. Sie »stärkten« sich aus einem vollen Faß Rum, auf das sie stießen, teilten sich in Gruppen auf und verbrachten die Nacht damit, Bauernhöfe zu plündern und andere irische Sträflinge aufzufordern, sich ihnen anzuschließen. Vom Rum- und – wohl noch mehr – vom Freiheitsrausch beflügelt, sahen sie jubelnd zu, wie die Dachbalken der angezündeten Scheunen in die Flammen sanken, während irische Stimmen das Rebellenlied des 98er Aufstandes, »The Croppy Boy«, sangen:

»Es war sehr früh im Frühling
die Vögel sangen hell,
von Baum zu Baum erschallte
das Lied vom freien Irland.

Es war sehr früh am Abend,
mich jagte die Kavallerie,
ich konnte nicht entkommen,
Lord Cornwall nahm mich gefangen.«

Ihnen voraus lief der Angstschrei von Hütte zu Hütte: »*Die Iren kommen!*« Marsden stieg vorsichtshalber zusammen mit seiner Frau und Mrs. Elizabeth Macarthur in ein Boot und ließ sich den Parramatta-Fluß hinab auf Sydney zu treiben.

Unter Trommelwirbeln luden die Soldaten der Garnison in Sydney ihre Musketen und hielten besorgt Wache. Aus der Ferne leuchtete der Feuerschein brennender Schuppen und Hütten herüber. Inzwischen nämlich hatte ein Reiter die Stadt mit der Nachricht vom Aufruhr bei Castle Hill erreicht, so daß Gouverneur King um Mitternacht, nur fünf Stunden nach ihrem Beginn, von der Revolte erfuhr. Er ordnete sofort ein Kommando aus vier Offizieren und 52 Gemeinen des New South Wales Corps ab.

Zwar könnte man meinen, die Angehörigen des Rumkorps seien ein Haufen Unfähiger gewesen, aber in jener Nacht entledigten sie sich ihres Auftrags in untadeliger Weise. Unter dem Kommando von Major George Johnston brachen sie um halb zwei nachts auf und erreichten nach einem Gewaltmarsch mit voller Ausrüstung und Bewaffnung im Morgengrauen Parramatta. Bei ihrer Ankunft war die Stadt noch unversehrt, und nachdem sich die Männer mit einem Schluck Wasser und einem Bissen trockenen Brotes gelabt hatten, teilte Major Johnston seine Truppe in zwei Gruppen. Eine schickte er nach Castle Hill, die andere führte er im Eilmarsch die Straßen nach Toongabbie entlang. Doch auch dort waren die Iren nicht – sie hatten sich an die Ufer des Hawkesburyflusses zurückgezogen, so daß ihnen Johnston mit seinen Männern weitere fünfzehn Kilometer nachsetzen mußte.

Die Iren stellten sich, so gut sie konnten, auf einer kleinen Anhöhe zum Kampf. Sie bekam später nach dem berühmten Hügel, auf dem sechs Jahre zuvor in Wexford eine Schlacht der Aufständischen stattgefunden hatte, den Namen »Vinegar Hill«. Sie waren die ganze Nacht trinkend umhergezogen, und die erste Erregung hatte sich längst gelegt. So wußten sie nicht so recht, was sie tun sollten, als die Rotröcke in ihren schweißgetränkten Uniformen am Fuße des Hügels ausschwärmten und Major Johnston ihnen entgegenritt, begleitet von seinem Adjutanten und – zu Fuß – von Father Dixon, der ein Blutvergießen nach Möglichkeit verhindern wollte. Die irischen Anführer Philip Cunningham und William Johnston traten vor. Major Johnston erklärte, er sei zu Verhandlungen bereit, und Cunningham forderte ihn auf, sich dazu unter die Rebellen zu begeben,

> »was ich mit der Begründung ablehnte, daß ich in Pistolenschußweite sei und sie die Möglichkeit hätten, mich zu töten, und ihre Anführer nicht besonders mutig sein könnten, wenn sie nicht bereit seien, vorzutreten, um mit mir zu sprechen«.

Nun nahmen Cunningham und Johnston naiverweise an, der Major sei gekommen, um über einen Waffenstillstand zu verhandeln, und traten zu seinem Pferd. Daraufhin zogen Major Johnston und seine Begleiter sogleich ihre Pistolen, setzten sie den Rebellenführern an den Kopf und zwangen sie damit in die Reihen der Regierungssoldaten. Anschließend gab Major Johnston den Feuerbefehl.

Die Szene findet sich in einer zeitgenössischen Illustration ziemlich gut dargestellt. Cunningham ruft, in einer Hand den Hut und in der anderen das Schwert: »Tod oder Freiheit, Major!« worauf Johnston, ihm seine Reiterpistole entgegenhaltend, erwidert: »Schurke, ich werde dich befreien!« »Runter mit euch«, brüllt der Adjutant dem Aufrührer Johnston zu, und dieser erwidert: »Wir sind alle zugrunde gerichtet.« In der Ferne mahnt Father Dixon die Aufständischen: »Legt die Waffen nieder, meine irregeleiteten Landsleute.« Während ein Rotrock im Vordergrund einem der Aufrührer mit dem Ausruf:

»Rebellenhund!« eines überzieht, feuert in der Bildmitte die Linie der dicht an dicht stehenden Rotröcke ihre Salve, und der bunt zusammengewürfelte Haufen von Iren auf dem Hügel gerät in Unordnung, einzelne taumeln und fallen zu Boden.

Auf diese Weise veranlaßten kaum mehr als zwei Dutzend Soldaten 266 Aufständische innerhalb weniger Minuten zur Flucht. Da die Iren militärisch nicht ausgebildet, schlecht geführt und kaum bewaffnet waren – auf jeden zehnten Mann kam nur eine Muskete –, mußten sie aufgeben. »Nie habe ich mehr Einsatzfreude und Begeisterung gesehen als an diesem Tag, als die Offiziere und ihre Leute die Flüchtenden niederschossen oder gefangennahmen«, berichtete Major Johnston mit offenkundiger Genugtuung an den König.

Der im Handgemenge schwer verwundete Cunningham wurde ohne Gerichtsverfahren an der Treppe des Regierungsladens in Parramatta gehenkt. Das Kriegsrecht war ausgerufen, und in den nächsten Tagen durchkämmten die Rotröcke Buschland und Bauernhöfe und stöberten alle Aufständischen auf. Am 8. März rief King ein Kriegsgericht zusammen, um die Aufrührer John Brannon, John Burke, George Harrington, Charles Hill, Timothy Hogan, Samuel Humes, William Johnston, Bryan McCormack, John Neale sowie John Place abzuurteilen. Die Verhandlung war kurz. Sieben der zehn erklärten, man habe sie »gezwungen«, sich dem Aufstand anzuschließen, nur William Johnston bekannte sich in allen Anklagepunkten für schuldig.

Die meisten wurden dazu verurteilt, zum Zeichen besonderer Schande in Ketten zu hängen, und als einzige nicht gehenkt wurden Burke und McCormack. Die Hinrichtung fand für Hill, Humes und Place in Parramatta, für Johnston, Neale und Harrington in Castle Hill sowie für Brannon und Hogan in Sydney statt. Auf diese Weise ließ sich die exemplarische Bestrafung am besten propagandistisch ausschlachten, und in allen drei Siedlungen konnte sich jeder selbst davon überzeugen, was wirklich hinter dem irischen Schlachtruf »Tod oder Freiheit« steckte. Zur Abschreckung ließ man die verwesenden Leiber der Gerichteten noch monatelang an den kunstlosen Eisengestellen hängen. »Hingemetzelt in Mengen in New Wales, werden die Toten – durch mich – ihre traurige Geschichte erzählen«, schrieb John Grant, der erste nach Australien Verbannte, der Verse schrieb. Über seine Erfahrungen in der Gegend von Parramatta berichtete er:

»Der Weg . . . führt plötzlich auf eine Anhöhe, von der aus ich – oh wie oft – in das kleine Tal zu meinen Füßen, durch das ich gekommen bin, hinunterblickte. Hier oben hielten meine Schritte oft wegen des Anblicks und wegen des Geruchs eines Mannes mit Namen Johnston ein (der wegen seiner Teilnahme an der Rebellion im letzten März dort oben aufgehängt wurde und noch immer an Ketten von einem Baum hängt), ich konnte meine Augen kaum von ihm wenden, und oft vergoß ich Tränen . . . Der hervorragende Charakter dieses

Mannes trug nicht wenig zu meiner Erschütterung bei. Es gab einige Zurschaustellungen dieser Art, bis. Mrs. Kent mit ihrem Mann aus Indien eintraf und von Gouverneur King die Erlaubnis erwirkte, die Männer zu beerdigen, die für ihre Sache gehenkt worden waren.«

Andere Iren wurden nahezu zu Tode gepeitscht und an die Mündung des Hunter-Flusses nördlich von Sydney geschickt, wo sie in einem kürzlich entdeckten Flöz bei einer Ernährung, die kaum das Verhungern verhinderte, Kohle abbauen mußten. Die »minder Schuldigen« unter den Iren ließ King in weit voneinander entfernten Kolonnen am Rande der kleinen Kolonie arbeiten, wo sie erbarmungslos angetrieben wurden, »mit lediglich den Pausen, die man ihnen für die Mahlzeiten und zur Heiligung des Sabbats zugestehen muß«.

Auf diese Weise endete die einzige organisierte Erhebung von Sträflingen, die je auf dem australischen Festland stattfand, und damit waren die Aussichten auf einen Jakobineraufstand dahin. Das System hatte einige wertvolle Lehren daraus ziehen können – beispielsweise die Erkenntnis, daß man politische Agitatoren nie lange an einem Ort oder in derselben Gruppe lassen durfte. In Zukunft murrten die Iren zwar und brannten schwarz ihren Whisky aus Mais, aber zu einer weiteren Revolte kam es nicht mehr.

Die Engländer schickten weiter irische politische Gefangene nach Neusüdwales, denn von 1815 bis 1840 herrschte in Irland auf dem Lande ein mehr oder weniger fortwährender Bürgerkrieg. Mindestens tausendzweihundert, vermutlich aber noch viel mehr Aufbegehrende wurden nach Neusüdwales gebracht. Nach 1816 wurden in den Verschiffungsunterlagen politische Straftäter nicht mehr als solche aufgeführt. Die gefährlichste der zahllosen Gruppierungen, die es unter ihnen gab, waren nach Ansicht der Engländer die ›Whiteboys‹, die sich als Gewerkschaft zum Schutz der irischen Landarbeiter ausgaben, in Wirklichkeit aber gewalttätige Vorläufer der heutigen Provisional IRA waren. Sie taten die Schmutzarbeit (wie Augen ausstechen und Häuser niederbrennen), für die sich die Republikaner zu fein waren. Man nimmt an, daß zu Beginn der dreißiger Jahre des 19. Jahrhunderts die »Whiteboys« zwei Drittel aller englischen Spitzel in Irland getötet, verstümmelt oder auf andere Weise von ihrer Aufgabe abgebracht haben.

Doch weder sie noch die nach dem Aufstand von Castle Hill 1804 deportierten irischen Rebellen bedeuteten eine wirkliche Bedrohung des Systems, einfach, weil sie in einer in ständigem Wachstum befindlichen Kolonie verstreut waren. Die Siedler stießen von Parramatta aus westwärts über die Blauen Berge in die dahinter liegenden fruchtbaren Bathurst-Ebenen vor, nach Südwesten auf Berrima und Bowral zu und schließlich durch die breiten Schafweideflächen des hochgelegenen Monaro und kolonisierten das Tal des Hunter-Flusses von Newcastle aus. An all diesen Orten arbeiteten Sträflinge. Zu dritt und viert über das riesige Buschgelände verteilt, in der Isolation vorgeschobener Siedlungen fanden die politischen Gefangenen unter den anderen Sträflingen keinen Widerhall: die geographischen Bedingungen neutralisierten sie ebenso wie das Gesetz.

Dennoch blieb im Land die Geschichte der englischen Unterdrückung und des irischen Widerstandes im Gedächtnis der Allgemeinheit lebendig und existierte, noch lange nachdem das System selbst aus der allgemeinen Erinnerung geschwunden war, zählebig als eins der wichtigsten Vorbilder der Kultur der Arbeiterklasse fort. Die Iren hielten zusammen wie Pech und Schwefel, und sie vergaßen nichts. Stets glaubten sie, man bestrafe sie nicht wegen ihrer Taten, sondern weil sie Iren waren; und in Australien trug jeder Akt der Unterdrükkung wie in Irland zu einem kollektiven Gedächtnisfundus bei.

Noch in den achtziger Jahren des vorigen Jahrhunderts hielten die Iren die Erinnerung an das System am Leben, während die protestantische Mehrheit in Australien bereits damals den »verhaßten Makel« der Sträflingszeit verdrängt hatte. Verständlicherweise gaben sie sich auch der Täuschung hin, die meisten Iren seien aus politischen Gründen an die Unheilsküste geschickt worden, als habe es unter den 30 000 Männern und 9000 Frauen, die unmittelbar von Irland deportiert worden waren, keinerlei gemeine Diebe, Straßenräuber oder Vergewaltiger gegeben. Die Zahlen widerlegen den Mythos, vermutlich darf man höchstens ein Fünftel der deportierten Iren als Sozialrebellen oder politische Aufrührer ansehen; der harte Kern – die zwischen 1793 und 1840 wegen politischer Straftaten Deportierten – belief sich auf weniger als 1500.

Doch mit ihnen begann die Spaltung in der Politik Australiens, das Gefühl einer in englisch-protestantische »Besitzende« und irisch-katholische »Habenichtse« geteilten Gesellschaft, die die Machtverhältnisse im Leben Australiens auf weitere 150 Jahre beeinflußte.

6

Zwischen 1800 und 1850 wurden, äußerst vorsichtig geschätzt, etwa 1800 Menschen wegen politischer »Verbrechen« aus England nach Australien deportiert, unter ihnen Vertreter nahezu jeder der britischen Regierung bekannten Protestbewegung, von den Maschinenstürmern bis hin zu fanatischen Anhängern der »Cato-Street-Verschwörung«. Letztere hatten unvernünftigerweise gehofft, einen allgemeinen Aufstand der englischen Arbeiter herbeiführen zu können, indem sie die Angehörigen von Lord Sidmouth' Kabinett ermordeten, während sie sich zu Tisch setzten.

Auch »Politische« aus anderen Ländern waren darunter. So deportierte beispielsweise der Oberste Gerichtshof am Kap der Guten Hoffnung von 1828 bis 1838 jährlich dreißig bis vierzig Angehörige der von ihm als »erregbare Klassen« bezeichneten Menschen. Beispielsweise verdächtigte man südafrikanische Schwarze, obwohl sie allem Anschein nach keine politischen Vorstellungen hatten, gegen die Gesetze der Kapkolonie verstoßen zu haben, die den rassischen Primat der Weißen beanspruchten. Die Deportation diente auch als Drohmittel den Hottentotten und Buschmännern gegenüber.

Bei diesen Menschen handelte es sich nicht um die ersten schwarzen Sträflinge, die nach Australien kamen. Bereits in den neunziger Jahren des 18. Jahrhunderts tauchte in Sydney eine kleine Anzahl Schwarzer auf, meist Diener oder Sklaven, die man von den westindischen Inseln nach London gebracht und später wegen Diebstahls deportiert hatte.

Einer von ihnen, mit Spitznamen »Schwarzer Cäsar«, der mit der Ersten Flotte gekommen war, hatte sich 1789 mit einem gestohlenen Gewehr auf und davon gemacht und überfiel aus dem Busch Zelte und Gemüsegärten, so daß man ihn als Australiens ersten Buschklepper ansehen kann. Als dies »Tier«, wie David Coins ihn nannte, gefangen wurde, sah er dem Tod so gleichgültig entgegen, »daß er im Gefängnis erklärte, wenn er gehenkt werde, wolle er vom Schafott aus die Zuschauer zum Lachen bringen, indem er dem Henker einen Streich spielte«.

In Kanada kam es 1837 und 1838 zu zwei Aufständen gegen die Gesetzgebung der Tories, die anglikanische Kirche und deren allem Anschein nach unerschütterliche Macht über das Gesetz wie das Land: einer wurde von militanten Bürgern der französischsprachigen Provinz Quebec und der andere von englischsprachigen Ontario-Kanadiern getragen, Unterstützung bekamen sie von einigen Amerikanern von südlich der Grenze. Die britische Armee schlug beide von Händlern und Bauern getragenen Aufstände nieder, und um hundertfünfzig kanadische *patriotes* wurden nach Australien deportiert.

Selbstverständlich wurde von den wegen Gesetzesübertretungen im Zusammenhang mit Protesten vor Gericht gestellten Engländern nur ein winziger Bruchteil deportiert. Der Regierung ging es, insbesondere bis 1830, nicht darum, jeden politisch motivierten Engländer, der gegen die Gesetze verstieß, zu deportieren, sondern die Unterdrückungsmöglichkeiten zu demonstrieren und zugleich soweit wie möglich den Ruf der Justiz als »gnädig« aufrechtzuerhalten. Das aber war nur möglich, wenn man nicht auf extreme Strafen drängte.

Nie hatte es im einfachen Volk Englands eine tiefere gesellschaftliche Unruhe gegeben als zwischen 1810 und 1845; Hoffnungslosigkeit, Armut und tiefsitzender Groll fanden sich nach den Napoleonischen Kriegen allenthalben, was auch mit dem wirtschaftlichen Niedergang Englands zusammenhing. Auf dem Höhepunkt dieser Spannung wurde zwischen 1830 und 1845 mehr als ein Zehntel der arbeitenden Bevölkerung des Landes als »arm« eingestuft und war damit durch die Armengesetze auf die kaum den Lebensunterhalt sichernde Mildtätigkeit der Kirchengemeinden angewiesen. Angehörige der arbeitenden Schichten nahmen mit Grund an, daß sich die Regierung nicht um sie kümmerte, und Fabrikbesitzer beklagten sich, daß die amtliche Wirtschaftspolitik das Wachstum drossele. Eric Hobsbawn wies darauf hin, daß »in den nach-napoleonischen Jahrzehnten die Zahlen der Zahlungsbilanzen ein ungewöhnliches Schauspiel bieten: die einzige auf eine Industrie gestützte Wirtschaft auf der Welt, das einzige bedeutende Exportland von Industrieerzeugnissen, das nicht imstande ist, im Handel mit seinen Gütern einen Ausfuhrüberschuß zu erzielen.« Aber nicht nur daran lag es, daß Männer die einzige Arbeit verloren, die sie verstanden. Einen durch die Einführung von Maschinen arbeitslos gewordenen Seidenweber etwa erbitterte nicht nur seine Armut, sondern auch das Bewußtsein, daß eine ganze Handwerkstradition durch minderwertige Erzeugnisse der Vergessenheit anheimfiel. Seine Vezweiflung wurde durch die Gesetzlosigkeit des Lebens in den Städten verstärkt; die Maschine schuf mit ihrer beständigen Forderung nach neuen Arbeitskonzentrationen an neuen Orten eine Gesellschaft aus Menschen, die weder wußten, wer sie waren, noch, woher sie kamen.

Diese Art Unzufriedenheit ging so tief, daß die Regierungen, angefangen bei der Pitts bis hin zu der von Lord Sidmouth, zu ihrer Erklärung geradezu eine Dämonenlehre erfanden. Darin hieß es, ein »richtiger Engländer« würde nie so empfinden, überließe man ihn seinen natürlichen Neigungen; also mußte die Unzufriedenheit von ausländischen Agitatoren geschürt worden sein. Mithin »roch« jeglicher Protest nach Landesverrat. Von etwa 1795 bis 1825 fand sich die Regierung zunehmend durch den Apparat aus Spionen und Agenten behindert, den sie selbst eingesetzt hatte, um auf die Unzufriedenheit in der Arbeiterklasse zurückgehende Bewegungen zu unterwandern, und um so leichter konnte sie die eigentliche Bedeutung von deren Forderungen nach Reform übergehen oder mißverstehen. Das hilft zur Erklärung des oft bemerkenswerten Mißverhältnisses zwischen den harmlosen Vergehen politischer Täter und der Unerbittlichkeit, mit der sie zum gesellschaftlichen Tod durch Deportation verurteilt wurden. Es könnte auch eine Erklärung dafür liefern, warum so viele aus politischen Gründen deportierte Engländer im Unterschied zu den Iren ihre radikalen Ansichten abgelegt zu haben scheinen, sobald sie sich entschlossen, als Freigelassene in Australien zu bleiben und von den hohen Löhnen zu profitieren, die freie Fachkräfte dort verdienen konnten. Sie hatten gegen die Not protestiert, nicht gegen die Besetzung ihres Landes durch eine fremde Macht, und Not ließ sich in Australien lindern.

Ihren Höhepunkt erreichten die politisch begründeten Deportationen aus England in den dreißiger Jahren des 19. Jahrhunderts. Die zwanziger waren trotz eines gesunkenen Getreidepreises keineswegs friedlich gewesen, obwohl auf den verhaßten Lord Castlereagh der gemäßigtere George Canning gefolgt war und es den Arbeitern, vor allem in der Industrie, besser zu gehen schien. Die einst selbstbewußten Landbewohner waren in den Augen William Cobbetts – er hatte gerade aus seinem amerikanischen Exil Thomas Paines Gebeine in einer

Kiste mitgebracht und sich auf den langen Ritt durch die englischen Grafschaften gemacht, der ihm das Material für sein Buch *Ländliche Streifzüge in den Grafschaften Surrey, Kent, Sussex* liefern sollte – »Untertanen« und »Leibeigene«. Er schäumte wie Wilberforce gegen Anhänger der Sklavenbefreiung, die sich, wie er sagte, mehr um die Lebensbedingungen afrikanischer Sklaven in den Kolonien kümmerten als um das Geschick englischer Arbeiter in der Heimat. Die Mehrzahl der Tagelöhner auf dem Lande lebte mit einem Lohn von einem Shilling pro Tag oder weniger unterhalb der Armutsgrenze; einige verdienten sogar nur drei Shillings pro Woche. Doch die Tory-Politiker jener Zeit sahen die Schwierigkeiten ausschließlich unter dem Aspekt einer Ideologie, die sie geradezu hypnotisch fesselte: der Bevölkerungstheorie Thomas Robert Malthus'. Darin hieß es, Geld für die Unterstützung der Armen auszugeben sei sinnlos, denn das werde diese Menschen lediglich dazu anregen, sich weiter zu vermehren und damit die Schwierigkeiten zu verschlimmern. Sich selbst überlassen würde sich bei der Zahl der Armen zwischen Überlebenden und Verhungernden ein »natürliches« Gleichgewicht einstellen. Da die Arbeitslosen definitionsgemäß zur Erzeugung von Wohlstand nicht beitrugen, konnte es nicht Aufgabe der Regierung sein, für ihr Überleben zu sorgen.

Durch einen Rückgang der Wirtschaftstätigkeit und einen Preisanstieg bei den Preisen der Grundnahrungsmittel gegen Ende der zwanziger Jahre des 19. Jahrhunderts bedingt, wurde der Hintergrund der politischen Unruhe deutlicher, die dazu führte, daß nach 1830 die größte Einzelgruppe von Menschen, die gegen die bestehenden Zustände protestierten, nach Australien kamen. Die meisten wurden in Südengland, wo die Löhne in der Landwirtschaft am niedrigsten waren, vor Gericht gestellt und abgeurteilt. Ihnen wurde Komplizenschaft mit der sogenannten »Revolte der letzten Arbeiter« vorgeworfen. Die Galionsfigur, um die sie sich scharten, war eine ausgedachte, nicht existierende Führerfigur, die den Namen »Captain Swing« erhielt: in seinem Namen wurden im Schutz der Nacht Drohbriefe an Türpfosten angenagelt oder unter Haustüren durchgeschoben. Diese Briefe waren bekannt als »Swing«-Briefe, und die Unruhen, die sie ankündigten, hießen nur die »Swing«-Aufstände.

»Captain Swing« setzte sich für vieles ein. Er kämpfte gegen die unterschiedlichsten Mißstände, unter anderem gegen den Verlust des allen zugänglichen Nutzlandes durch Einfriedung sowie gegen hohe Weizenpreise. Die Getreidegesetze, die Englands Bauern schützen sollten, indem man billigen Festlandsweizen vom Markt fernhielt, wirkten sich in Zeiten der Knappheit selbstverständlich gegen die Armen aus, und so mußten 1830 zahlreiche Landarbeiter ohne ihr gewohntes Brot auskommen. Den Plan, sie mit Kartoffeln zu ernähren, wiesen sie empört zurück. Ihrer Ansicht nach rangierten sie mit ihrem Brot und Käse mehrere Stufen über den Haferbrei essenden Schotten oder den nach Wurzeln grabenden irischen Kleinpächtern; für sie ging der Laib Weißbrot auf ein

Naturrecht zurück. Daß Grundbesitzer und Landadel von solchen Überlieferungen nichts wissen wollten, schaffte diese Probleme nicht aus der Welt. Die Waffe derer, die gegen die Zustände protestierten, war das Feuer: Sie legten es an Heuhaufen.

Doch auch gegen die Mechanisierung wurde gekämpft. Die Einführung dampfbetriebener landwirtschaftlicher Maschinen wirkte sich für ungelernte Arbeitskräfte katastrophal aus. So konnte eine einzige gegen Leihgebühr von Hof zu Hof gefahrene Dreschmaschine hundert Saisonarbeiter um Lohn und Brot bringen. Der Wirtschaftstheoretiker betrachtet derlei heute als natürliche Folge der Technik; der Landarbeiter des Jahres 1830 sah darin eine grausame Verweigerung seines naturgegebenen Rechts auf Arbeit. Beide haben recht, der eine in der historischen Sehweise, der andere in der unmittelbaren Wirklichkeit. Wie schon zuvor die Maschinenstürmer gegen die mechanischen Webstühle, so gingen jetzt die Landarbeiter gegen die Landmaschinen vor, zerstörten Walzen, durchlöcherten Kessel, blockierten Zahnräder mit Brecheisen. Die meisten »Swing«-Drohungen gingen auf Mißstände auf dem Lande zurück. So schrieb am 20. Januar 1831 ein 18jähriger Anwaltslehrling namens Thomas Cook aus Whitchurch in Shropshire einen Drohbrief an William Churton, einen Tischler und Auktionator:

»Wir sind entschlossene, harte, kompromißlose Männer ohne jeden Skrupel, und wir sind übereingekommen, daß Euer Besitztum nicht von langer Dauer sein soll, ebensowenig Eure berufliche Existenz. Denn Ihr habt Euren Besitz auf betrügerische Weise angesammelt.

Betrug, Churton, war immer Eure Methode, seit Eurem ersten Lebenstag, aber das soll nicht so weitergehen.

Merkt Euch deshalb, daß die Zeit gekommen ist, da Euer Blut als Vergeltung für Eure unziemlichen und verdorbenen Taten fließen wird. Wir werden Euch auflauern und Eure Familie in den Ruin bringen, was sie – wie Ihr genau wißt – auch verdient hat . . .

PS, wir geben Euch diese Vorwarnung, damit Ihr Euch auf Euer schreckliches Ende vorbereiten könnt.

Unterschrift: Männer, die entschlossen sind, die Rechte der Unterdrückten zu erkämpfen. Agenten von Swing. London.«

Warum erhielt ein Tischler in der Provinz einen solchen Drohbrief? Der Grund lag darin, daß Churton, obwohl er selbst kein Grundbesitzer war, dabei geholfen hatte, Feuer zu löschen. Zwischen 1830 und 1831 hatte es nicht weniger als sechzehn Fälle von Brandstiftung gegeben, meist waren Scheunen oder Heuschober angezündet worden, und alle Brände hatten sich in der Umgebung von Whitchurch ereignet, offenbar einem Sammelbecken ländlicher politischer Unzufriedenheit. Churton gehörte zu den Honoratioren, die schärfere Polizeimaßnahmen und härtere Strafen für die Brandstifter gefordert hatten. Im März 1831 wurde Thomas Cook zu vierzehn Jahren in Australien verurteilt, wo er seinen bedeutenden Bericht über das System, »The Exile's Lamentations«, verfaßte.

Verglichen mit Irland dreißig Jahre zuvor, waren die Aufstände von 1830 und 1831 harmlos, außerdem waren sie gegen das Eigentum gerichtet, nicht gegen Menschen, doch verbreiteten sie sich im südlichen Landesteil rasch, wo die Löhne für die Landarbeiter nur ein Drittel des Landesdurchschnitts betrugen. Die Männer unternahmen Protestmärsche, zündeten Heuschober an und zerstörten Maschinen. Betroffen waren die Grafschaften Kent, Surrey, Shropshire, Lincolnshire, Berkshire, Wiltshire, Hampshire, Essex, Oxfordshire, Dorset und Norfolk. Lord Greys neue Whig-Regierung faßte diese »merkwürdig unentschlossenen und blutdürstigen Massen« scharf an, setzte für die Ergreifung von Brandstiftern und Maschinenstürmern eine für die damalige Zeit gewaltige Belohnung von 500 Pfund aus und schickte den Männern Heeresabteilungen und am jeweiligen Ort zusammengestellte Trupps »anständiger« Bürger entgegen. Einige Grafschaften im Süden Englands stellten ihre eigenen Schwadronen berittener Freisassen gegen sie auf, und Lord Melbourne ermahnte die Friedensrichter, »allen Forderungen gegenüber fest zu bleiben«.

Um die Protestierenden einzuschüchtern, verfolgte die Whig-Regierung sie unnachsichtig.

Von den in 34 Grafschaften vor Gericht gestellten nahezu 2000 Unruhestiftern wurden 252 zum Tode verurteilt, doch wegen der üblichen königlichen Gnadenpraxis nur 19 davon auch tatsächlich gehenkt. Die Strafen der anderen wurden in Gefängnis oder Deportation umgewandelt. Als Ergebnis dieser Verfolgung kamen 481 Anhänger der Protestbewegung auf sieben oder vierzehn Jahre nach Australien.

Sie waren im Durchschnitt älter als die gewöhnlichen Verbrecher – auf Vandiemensland 29, verglichen mit dem Durchschnittsalter der Kriminellen von knapp unter 26 Jahren. Mehr als die Hälfte von ihnen war verheiratet, und viele konnten von früheren Arbeitgebern Empfehlungsschreiben vorweisen. Eine ganze Anzahl hatte einen Handwerksberuf gelernt oder war Mechaniker – bessere Arbeitskräfte konnte sich Australien nicht wünschen. Den Richtern war unerfindlich, was ein Tischler, ein Hufschmied oder Mühlenbauer von Dreschmaschinen zu befürchten hatte, doch diese Fachkräfte konnten lesen und wußten, daß sie in Cobbett und Thomas Paine Verbündete hatten. Häufig waren solche Männer die ersten im Dorf, die von Rechten sprachen und unter ihren weniger kenntnisreichen und gebildeten Nachbarn die Unzufriedenheit schürten. Will man die wirkliche gesellschaftliche Bedeutung des Phänomens erfassen, muß man den Fall eines Radikalen aus der Grafschaft Hampshire, William Winkworth, ein Schuhmacher, der samstagabends einem Kreis von ›Bauerntölpeln‹ Cobbett vorlas, um viele hundert vermehren. Jetzt, da die Transportschiffe sie davontrugen, war das Leben dieser Menschen zerstört, ihre Hoffnung dahin, ihre Familien waren zerrissen.

Nicht einer von ihnen scheint sich dort politisch betätigt zu haben. Tatsächlich läßt sich aus den verbliebenen Briefen deportierter Protestierender der Jahre 1830 und 1831 – Richard Dillingham und Peter Withers auf Vandiemensland – ein Bild der Resignation und des relativen Wohlergehens entnehmen. Die dreißiger Jahre des 19. Jahrhunderts waren auf jener grünen, fruchtbaren Insel gute Jahre, und die Nachfrage nach Fachkräften war hoch. Dillingham war als Aufrührer deportiert worden, doch er scheint keine Verbindung zu organisierten Protestkundgebungen gehabt zu haben; für ihn war die Insel ein wahres Schlaraffenland. 1836 wurde er als Gärtner David Lambe, einem freundlichen Siedler, zugewiesen, der zu Anfang von Sir George Arthurs Regierungszeit den Posten eines Koloniearchitekten innegehabt hatte. Er teilte seinen Eltern durch einen Schreiber mit, daß er kaum mehr als einen Kilometer von Hobart entfernt »sehr angenehm untergekommen« sei:

> »Mein Leben ist besser, als ich es je erwartete, Gott sei Dank. In jener Hinsicht fehlt es mir an nichts. In Tee und Zucker könnte ich fast schwimmen. Pro Woche werden mir 2 lb. Zucker und ¼ lb. Tee zugestanden, dazu reichlich Tabak und gutes Weißbrot. Jeden Tag habe ich entweder Rind-, Hammel- oder Schweinefleisch. Im Jahr bekomme ich zwei Anzüge und drei Paar Schuhe.«

Peter Withers aus Wiltshire stößt in dasselbe Horn: »Ich habe es sehr gut getroffen«, teilt er seinem Bruder 1833 mit,

> »meine einzige Verpflichung besteht darin, daß ich jeden Sonntag, bevor ich zur Kirche gehe, beim Aufruf meinen Namen sage. Denke also nicht, daß ich hier versklavt sei, ganz im Gegenteil. Ich habe einen guten Herrn und eine gute Herrin, so reichlich zu essen und zu trinken wie nur einer in diesem Lande, und meine einzige Strafe ist der Gedanke, daß ich meine Freunde, meine Frau und meine lieben Kinder zurücklassen mußte, doch hoffe ich, das alte England wiederzusehen.«

Es wird sich zeigen, daß es nicht allen so gut ging; es war ein Lotteriespiel. Withers und Dillingham hatten gute Brotherren erwischt, Thomas Cook aus Neusüdwales, ein im März 1831 zu vierzehn Jahren Deportation verurteilter achtzehnjähriger Anwaltsgehilfe aus Whitchurch in Shropshire, litt unter einem schlechten. Sein Vergehen hatte darin bestanden, daß er einem biederen Bürger, der beim Löschen von Protestierenden gelegter Feuer half, einen Drohbrief geschickt hatte. »Mir fehlt nichts als die Freiheit«, merkte Dillingham an, »doch geht es keineswegs allen so gut wie mir.« Offensichtlich war dem System nicht daran gelegen, englische politische Sträflinge als *Gruppe* zu verfolgen, wie früher die Iren. Zwar mochten einzelne Arbeitgeber Anführer hart anfassen, weil sie auf ihrem eigenen Bauernhof Unruhe fürchteten, doch war das nicht die Regel.

Im allgemeinen verbüßten die Angehörigen der englischen Protestbewegung, gelernte Arbeitskräfte mit Familie, die durchaus wußten, was sie wert waren, ihre Strafe und lebten dann als Freigelassene in Australien weiter. Unter ihnen finden sich deutlich weniger Rückfällige als bei den gewöhnlichen Kriminellen. Sie hatten lange und schwer für ihre Überzeugungen gebüßt. Wie Peter Withers schrieb: »Sechzehn Jahre sind eine lange Zeit.« Sie waren weder Ideologen noch Berufsagitatoren, sondern Arbeiter und Handwerker, die nachdrücklich vertraten, was sie für ihre altüberlieferten Rechte hielten. Aber das Kainsmal des »politischen« Straftäters haftete lange: Australische Siedler waren noch konservativer als der englische Landadel, dessen Lebensweise sie allmählich nachzuäffen begannen.

Die meisten Angehörigen der englischen Protestbewegung lebten unauffällig in Australien weiter und taten die Arbeit, die man ihnen in England verweigert hatte. Sie hinterließen keine erkennbaren Spuren in der Politik ihrer neuen Heimat. Zwar vermochte in England auf Dauer nichts die Gewerkschaftsbewegung aufhalten, doch übte die Deportation kurzfristig sicherlich ihre Wirkung als Repressionsmittel aus und veranlaßte die Opfer dazu, den Kampf aufzugeben. In den Dörfern der Heimat stand sie warnend vor den Arbeitern, die kaum Möglichkeiten hatten zu erfahren, was mit den Deportierten wirklich geschehen war, denn Briefe fanden nur selten ihren Weg von der Unheilsküste in die Heimat. In Australien stempelte die Deportation den Protestierenden als politischen Eunuchen ab, ohne ihn zugleich zum Märtyerer zu machen. Die Ehefrauen Deportierter, verwitwet und doch nicht verwitwet, mahnten ihre Söhne, nicht dem Beispiel des irrenden Vaters zu folgen; manche wurden von ihren Männer sogar ausdrücklich zu diesem Verhalten ermutigt. Ein an den Erhebungen der Landbevölkerung beteiligter ehemaliger Unteroffizier, den man wegen politischer Wühlarbeit nach Vandiemensland gebracht hatte (von wo er wegen Fälschung eines Dokuments auf die Norfolkinsel kam), gab 1835 den Quäker-Missionaren James Backhouse und George Washington Walker einen Brief für seine Frau mit nach Hause. »Du und ich haben lange ohne Gott in unseren Herzen gelebt«, mahnte er sie. In der Knechtschaft hatte er begriffen, daß ihm sein Leiden »den Sinn meiner eigenen Sündhaftigkeit und Verworfenheit« vor Augen führen sollte:

»Du sorge dafür, daß unsere Kinder die von mir genannten Stellen der Heiligen Schrift lesen und befolgen. *Laß sie nie Texte politischen Inhalts*

> *lesen. Bewahre ihren Geist vor der Beschäftigung mit politisch tätigen Menschen und deren Hervorbringungen.* Das war, ich muß es dir nicht eigens sagen, der Ursprung all meines gegenwärtigen Elends.«

Vermutlich trifft das die Empfindungen deportiertrer Angehöriger der Protestbewegung einigermaßen. Eine im Entstehen begriffene radikale Haltung schwand bei den Antipoden dahin, es sei denn, sie fand, wie bei den Iren, in weit in die Vergangenheit reichenden Leiden des Volkes Nahrung und wurde durch enge Bindungen aufrechterhalten. Im Australien der Verbrecherkolonie obsiegte die Unterdrückung, wie auch sonst im Leben.

Kapitel VII

Strauchdiebe und Buschklepper

1

Die meisten Gefangenen des Systems fügten sich stillschweigend in ihr Los. Sie warteten ihre Zeit ab, denn sie kannten den Preis für eine Auflehnung: eine verlängerte und verschärfte Haft – mit »Dreibein« (ein Gestell aus drei in die Erde getriebenen Pfosten, an das sie zur Auspeitschung gebunden wurden), Zusammenketten und Verbannung auf die Norfolkinsel. Doch in jeder Gefangenenwelt läßt ein Hoffnungsschimmer an Flucht denken. Und je aussichtsloser sie erscheint, desto mehr Hoffnung flößt ein gelungener Versuch den anderen ein.

Flucht war in Australien leicht – schwer war das Überleben. So ungünstig die Aussichten dafür auch waren, Hunderte von Sträflingen setzten dennoch auf diese Karte. Einige versuchten, Australiens »Umfassungsmauer«, die See, zu überwinden: Sie verbargen sich als blinde Passagiere auf Schiffen, entführten oder stahlen Boote und bauten Flöße. Andere wandten sich dem Landesinneren zu, über das man noch weniger wußte als über die See. Zuerst nannte man diese entlaufenen Sträflinge »Banditti« (was an abgerissene, romantische Gestalten in dunklen Höhlen denken ließ), geläufiger aber war bald die Bezeichnung »Buschklepper«. Im Laufe der Zeit wurden sie zum Ideal der australischen Subkultur – Feind von Auspeitscher und Friedensrichter, gewalttätiger Freund des Armen, Symbol der Freiheit für eine Gesellschaft in Ketten.

Im letzten Jahrzehnt des 18. und im ersten des 19. Jahrhunderts wandte sich die Mehrzahl der Flüchtlinge landeinwärts. Nach kurzer Freude über den gelungenen Fluchtversuch kamen sie entweder um oder wankten, an Leib und Seele gebrochen, in die Ansiedlung zurück, »so abgezehrt«, wie es bei David Collins heißt, »daß nicht einmal die Krähen ihre Kadaver hätten fressen mögen«. Es wurde berichtet, man habe auf einem Tagesmarsch zur Botany Bay fünfzig von Dingos und Vögeln bis auf die Knochen abgenagte Skelette liegen sehen können.

Am beharrlichsten unternahmen die Iren Fluchtversuche. Sie hatten, unwissend, wie sie über das Land waren, einen Paradiesesmythos ersonnen, um sich ihr Fegefeuer auf den Antipoden erträglich zu machen. Sie schlichen sich aus der Ansiedlung fort, weil sie glaubten, wie einer von ihnen sagte,

»daß es ziemlich weit im Norden einen großen Fluß gibt, der dies Land vom rückwärtigen Teil Chinas abtrennt. Wer ihn überwindet (was möglich sein soll), findet sich unter kupferfarbenen Menschen, die ihn freundlich aufnehmen und behandeln.«

Die Vorstellung der Flucht nach China war eines der unausrottbaren Bilder aus der Frühzeit der Deportation. Sie ließ an junge gelbhäutige Schönheiten denken, an Tee, Opium und Seide, seltsame blaue Brücken und Weidenbäume wie auf Porzellan gemalt – leb wohl, Spitzhacke, Fußeisen, brennende Sonne und dumpfer Schmerz des Hungers! Für diesen Wunschtraum starben nicht wenige der »irregeleiteten Iren« an Ermüdung, Durst oder unter den Speeren der Schwarzen. Man fand ihre von den Krähen bearbeiteten Überreste, an denen noch zerfetzte Stücke der Sträflingskleidung und ein verrosteter Eisenring zu erkennen waren, im Busch zwischen Parramatta und Pittwater.

Die erste große Gruppe von »Chinareisenden«, wie man sie spöttisch nannte, brach im November 1791 von Rose Hill aus auf – zwanzig Männer und Frauen, irische Sträflinge von Bord der *Queen*. Sie trennten sich, stolperten tagelang ziellos durch den Busch und ließen sich, vor Hunger willenlos, leicht wieder einfangen. (Allerdings waren drei von ihnen so sicher, China fast erreicht zu haben, daß sie bald erneut davonliefen und umkamen.) Im Laufe der Zeit trat neben den Mythos von China eine andere Phantasievorstellung. Collins berichtet mit seiner üblichen Herablassung den irischen Kleinpächtern gegenüber, die daran glaubten: »Neben ihrem natürlichen Hang zum Laster entwickelten sie die Ansicht, es gebe eine Kolonie von Weißen, die in diesem Lande entdeckt worden sei, südwestlich der Siedlung, und bis dorthin seien es zwischen 500 und 700 Kilometern.« Dies paradiesische Traumland, in dem niemand je arbeiten mußte, hielt die Hoffnungen eine Weile am Leben.

Noch 1798 brachen die Iren »nach China« auf, manchmal sechzig auf einmal. Niemand besaß einen Kompaß (und nur wenige hätten gewußt, wie man sich seiner bedient), und so zogen sie mit einer merkwürdigen Nachbildung eines Kompasses aus: ein kunstlos auf ein Stück Papier oder Baumrinde gezeichneter Kreis, auf dem die Himmelsrichtungen eingetragen waren, doch die Magnetnadel fehlte . . .

King berichtete 1803, fünfzehn »verblendete« Iren seien von Castle Hill nach China aufgebrochen; sie blieben vier Tage fort und begingen »jede denkbare Untat mit Ausnahme von Mord«. Das Gericht verurteilte alle zum Tode, doch King ließ lediglich zwei hängen. Anschließend setzte er als Strafe für Fluchtversuche fünfhundert Hiebe fest sowie für den Rest der Strafdauer verdoppelte Ketten. Er drückte die Hoffnung aus, »die herumstreunenden Sträflinge mögen erkennen, daß ihre aberwitzigen Pläne, die Arbeit für die Öffentlichkeit aufzugeben, um in die Berge, nach China et cetera zu gehen, nur mit ihrer sofortigen Entdeckung und Bestrafung enden kann.«

Als sich die Ansiedlung dann langsam ins Buschland ausdehnte und dort grobe Wege angelegt wurden, mußte sich selbst der verblendetste Optimist sagen, daß die Skelette der Sträflinge, die immer wieder gefunden wurden, etwas zu bedeuten hatten. In dem Maße, wie klar wurde, daß der einzige Fluchtweg von jenem Gefängniskontinent nicht über Land führte, sondern über die See, schwand die Vorstellung, man könne direkt nach Peking marschieren.

Bald nach 1790 gab es eine dramatische Flucht zur See. Der Bericht darüber wurde in London ausgeschmückt, erreichte Botany Bay und erfüllte Fluchtwillige auf Jahre hinaus mit Mut. Mary Bryant (geb. 1765) – »das Mädchen von Botany Bay«, wie die englische Presse sie später nannte – brachte es fertig, mit ihren zwei kleinen Kindern, ihrem Mann und sieben weiteren Sträflingen ein gestohlenes Boot in knapp zehn Wochen von Sydney nordwärts nach Timor zu segeln, immerhin 3250 Seemeilen. Als seemännische Leistung ist das vergleichbar mit der sechswöchigen Reise, die William Bligh 1789 mit den Getreuen von der *Bounty* in einem Beiboot von Tahiti nach Timor unternommen hatte. Seit James Cook 21 Jahre zuvor mit seiner *Endeavour* die ganze Ostküste Australiens durch das trügerische Barrierriff entlanggesegelt war, hatte niemand diesen Versuch zu einem glücklichen Ende gebracht.

Mary Bryant, geborene Broad, Tochter eines Seemanns aus dem kleinen Hafen Fowey in Cornwall, war mit der Ersten Flotte nach Australien gekommen, zu sieben Jahren Deportation verurteilt, weil sie einen Mantel gestohlen hatte. Unterwegs gebar sie ein Mädchen und nannte es nach dem Transportschiff Charlotte. Bald nach der Ankunft in Port Jackson heiratete sie William Bryant, einen Sträfling, der Vater ihres zweiten Kindes wurde, des im April 1790 geborenen Emanuel. Er war Fischer, 31 Jahre alt, stammte wie sie aus Cornwall und war wie sie auf der *Charlotte* gekommen. Wie viele, die an der wilden Küste Cornwalls ein Boot besaßen, hatte er geschmuggelt und war 1784 verurteilt worden, weil er sich seiner Festnahme durch Zollbeamte widersetzt hatte. Bis zum Aufbruch der Ersten Flotte hatte er bereits drei Jahre auf Gefängnisschiffen verbracht und seine volle Strafe von sieben Jahren Deportation noch vor sich.

Einen Fischer konnte die halbverhungerte Kolonie gut brauchen. Gouverneur Phillip übertrug Bryant die Zuständigkeit für die Boote, die täglich im Hafen die Fischnetze einholten. Aber ein rechter Schmuggler aus Cornwall mochte sich die günstigen Schwarzmarktmöglichkeiten nicht entgehen lassen. Er wurde dabei gefaßt, wie er unter der Hand einen Teil seines Fangs verkaufte, statt alles im Regierungsladen abzuliefern, und bekam dafür hundert Peitschenhiebe. Sofern er nicht schon vorher einen Fluchtplan hatte, jetzt war er entschlossen. Wenn er schlimmstenfalls auf See rasch ertrank, war das besser, als langsam auf dem festen Land zu verhungern. Zwar hatte er Zugang zu den Booten, besaß aber weder Waffen noch Werkzeug, keine Navigationsinstrumente, Seekarten oder Verpflegung.

Im Oktober 1790 legte ein schwer mit Vorräten aus Djakarta beladener Kauffahrer der Ostindien-Gesellschaft, die *Waaksamheyd*, in Port Jackson an. Ihr holländischer Kapitän Detmer Smit, der sich dem englischen Sträflingssystem gegenüber in keiner Weise verpflichtet fühlte, hörte sich William Bryants Geschichte an und ließ sich von ihm einen Kompaß, einen Quadranten, Musketen, Lebensmittel und sogar eine Seekarte des Ozeans zwischen Sydney und Timor abschwatzen. Bryant verbarg seinen Schatz in Rindenrollen unter den Bodenbrettern seiner Hütte und begann, eine Besatzung zusammenzustellen. Den Zeitpunkt der Flucht wählte er mit Bedacht. Im März 1791 wurde die *Supply* nach der Norfolkinsel geschickt, und am Ende des Monats lief auch die *Waaksamheyd* aus, die ihre letzten Waren verkauft und ihre Reparaturen beendet hatte. Jetzt gab es in Port Jackson nichts mehr, womit man ein Fluchtboot überholen konnte. In der Nacht zum 28. März kletterten die Flüchtlinge bei Neumond in den mit sechs Riemen bestückten Kutter des Gouverneurs. Unter angespanntem Schweigen, bei jeder Berührung der Ruderblätter mit dem Wasser den Atem anhaltend, fuhren sie aus dem Hafen hinaus und ostwärts an der kleinen Insel Pinchgut vorbei dem Tor zum Pazifik zu. Der Ausguck an der Südspitze sah den Kutter nicht, der in der Dunkelheit vorüberschlich. Sie nahmen Kurs nach Norden auf Neuguinea zu.

Ihre Flucht rief am nächsten Morgen Bestürzung hervor. Die Offiziere konnten kaum glauben, daß keine einzige Frau ein Wort über den von langer Hand vorbereiteten Fluchtplan ausgeplaudert hatte, obwohl die meisten der geflohenen Männer Beziehungen zu weiblichen Sträflingen hatten. »Aus Treue zu jenen, mit denen sie lebten, sagten sie nichts«, ist David Collins' Kommentar dazu. Einer der Männer, der in seiner Freizeit schreinerte, ein gewisser James Cox – wegen Diebstahls von gut zehn Metern Spitze und eines Paars Strümpfe zu lebenslänglicher Deportation verurteilt –, ließ auf seiner Werkbank eine Mitteilung für seinen Schatz, Sarah Young, zurück. Mit diesem schlichten, liebevollen Brief hinterließ er ihr das wenige, was er nicht mitgenommen hatte, und beschwor sie, nicht den in der Siedlung üblichen Lastern zu erliegen. Als Grund für seine Flucht gab er die Aussichtslosigkeit seiner Lage an, ohne Hoffnung auf Verkürzung der lebenslänglichen Strafe, ohne die Möglichkeit, das Land je wieder zu verlassen.

Keinesfalls standen alle Wächter den Flüchtlingen feindlich gegenüber. »Sie sind ohne Schwierigkeiten davongekommen«, schrieb ein Marinesoldat, John Easty, in sein Tagebuch,

> »aber es ist ein verzweifelter Versuch, in einem offenen Boot 1600 oder 1700 Meilen zurücklegen zu wollen, schon gar für eine Frau und zwei kleine Kinder, von denen das älteste höchstens drei Jahre alt ist. Doch reicht der Gedanke, sich einem solchen Ort wie diesem zu entziehen, aus, daß ein

> Sträfling jedes Mittel erprobt, seine Freiheit zu erlangen. Solange sie in diesem Lande leben, sind sie allesamt wie die Sklaven.«

Zuerst ging alles glatt. Wo sie anlegten, fanden sie Palmen, deren Herzen eßbar waren, viel Fisch, »der uns sehr erfrischte«, und entweder freundliche oder eingeschüchterte Eingeborene. Doch dann begann der Regen unablässig zu strömen, die Wogen wurden höher, und fünf Wochen lang waren sie ohne Unterbrechung bis auf die Haut durchnäßt, konnten sie kaum ein Kochfeuer entzünden. Vor der langen Brandungsküste zwischen Port Macquarie und Brisbane trieb sie ein widriger Wind auf die See hinaus, und sie konnten drei Wochen lang weder in eine Bucht noch in eine Flußmündung einlaufen, »so daß es uns sehr an Wasser und Lebensmitteln mangelte«. Eine kurze Verschnaufpause ermöglichte ihnen die »Weiße Bucht auf dem 27. Breitengrad« – wahrscheinlich die Moretonbucht –, doch beim Auslaufen trieben heftiger Wind und starke Strömung sie hilflos auf die See hinaus,

> »so daß wir jeden Augenblick zu kentern erwarteten. Am nächsten Morgen konnten wir wegen der bergehohen Wogen das Land nicht sehen. Wir hielten jeden Augenblick für den letzten, die See brach so schwer über das Boot herein, daß zwei Leute fortwährend Wasser schöpfen mußten, und die ganze Nacht hindurch regnete es heftig. Am darauffolgenden Tag konnten wir nicht an Land gehen – man kann sich denken, wie schlimm unsere Lage war. Die Frau und die beiden kleinen Kinder waren in elendem Zustand, alles war so naß, daß wir kein Feuer in Gang brachten, und so hatten wir außer etwas rohem Reis nichts zu essen.«

Nach mehreren Tagen voller Tortur trieben sie an einer der vegetationslosen Inseln des Barrierriffs halbtot an Land. Auf Korallenbänken ringsum fanden sie Schildkröten, »eine herrliche Mahlzeit«, schlachteten ein Dutzend, schnitten das Fleisch in Streifen und trockneten es an der Sonne. So mit Lebensmitteln versehen, fuhren sie weiter nordwärts an der Küste entlang, nahmen Wasser an Bord, wo sie an Land gehen konnten, kalfaterten die Fugen des Kutters – sie waren durch das beständige Hämmern der Wellen undicht geworden – mit Seife und Schildkrötenfett und mußten Scharmützel mit feindlichen Eingeborenen überstehen. Ständig waren die Lebensmittel knapp, aber schließlich erreichten sie die Spitze der Kap-York-Halbinsel, den nördlichsten Punkt Australiens. Nun lagen 500 Seemeilen offenes Wasser bis Arnhemland vor ihnen und weitere 500 bis Timor. Einen Teil des Weges verfolgten Kannibalen in Kanus mit Mattensegeln sie, doch sie erreichten am 5. Juni Kupang auf Timor. Dem dortigen holländischen Gouverneur gegenüber gaben sie sich als Schiffsbrüchige aus. Neu eingekleidet und mit vollem Magen, warteten sie auf ein Schiff nach England – bis nach einigen Monaten, einem Bericht zufolge, Bryant aus einem unerklärlichen Grund dem holländischen Gouverneur die Wahrheit gestand. Vielleicht hatte er sich betrunken. »William Bryant stritt mit seiner Frau, ging hin und bezichtigte sich und uns alle, woraufhin wir sofort gefangengesetzt, in die Festung gebracht und streng verhört wurden.«

Mitte September trafen in Kupang wirklich englische Schiffbrüchige ein: Kapitän Edward Edwards, der mit der Fregatte *Pandora* die Meuterer der *Bounty* verfolgt hatte. Einige von ihnen hatte er auf Tahiti gefangengenommen, aber auf einem Riff südlich von Neuguinea sein Schiff verloren. Mit der Pinasse, einem Boot und zwei Jollen hatten er und 120 Überlebende die Arafurasee bis Timor überquert. Jetzt nahm Edwards die Bryants und deren Gefährten gefangen, sie wurden in Eisen gelegt, an Bord der *Rembang*, eines holländischen Ostindienfahrers, gebracht und nach Djakarta transportiert. Im Pesthauch jenes Hafens starben William Bryant und sein Söhnchen Emanuel kurz vor Weihnachten 1791 am Fieber.

Die Überlebenden wurden zum Kap der Guten Hoffnung gebracht. Drei der Männer starben auf See. Am Kap brachte man Mary Bryant mit ihrer Tochter und den vier verbleibenden Sträflingen – James Martin, William Allen, James Brown und Nathaniel Lucas – an Bord des Kriegsschiffs *Gorgon*. Es brachte die (soeben durch das neugebildete New South Wales Corps) ersetzte Wachkompanie aus Seesoldaten von Australien nach London zurück. »Alle Marineoffiziere kannten uns gut und freuten sich, daß wir nicht auf See geblieben waren«, notierte Martin. Daß er damit nicht übertrieb, geht aus den Anmerkungen Captain Watkin Tenchs von den Royal Marines hervor, der die Bryants und Martin bei der Überfahrt der Ersten Flotte kennengelernt hatte (»Sie zeichneten sich stets durch gutes Verhalten aus«) und der jetzt, da er sie an Bord der *Gorgon* wiedersah, seine Wertschätzung für sie nicht unterdrücken konnte. »Ich gestehe«, schrieb er, »daß ich diese Menschen nie ohne Mitleid und Erstaunen angesehen habe. Sie waren in einem heldenhaften Kampf um die Freiheit gescheitert, nachdem sie alle Unbilden besiegt und alle Schwierigkeiten überwunden hatten. Ich konnte nur voll Bewunderung an die seltsamen Umstände denken, die uns erneut wider alle menschliche Voraussicht zusammengeführt hatten.«

Mary Bryants Leiden war noch nicht vorüber. Am 5. Mai starb ihre dreijährige Charlotte und wurde auf See beigesetzt. In London wurde sie, entflohene Verbrecherin, die sie war, in Newgate eingekerkert und sollte erneut in Eisen nach Australien gebracht werden. Doch gewann sie bald Fürsprecher. Man erzählte sich Wunderdinge über dies unbezähmbare »Mädchen von Botany Bay«, die die natürliche Schwäche ihres Geschlechts überwunden und diese erstaunliche Fahrt zu Kannibalen, durch Korallenriffe, Fieberinseln und turmhohe See hinter sich gebracht hatte, vom Rand der Seekarte zurück bis England und zur Zivilisation. Konnte eine gerechte Regierung diese leidgeprüfte Heldin und ihre Gefährten zurück in die Diebeskolonie schicken? Auch der mildherzige Autor James Boswell dachte so und bestürmte Innenminister Dundas sowie den Staatssekretär im Kolonialamt Evan Nepean mit Bittbriefen, in denen er sich für ihre Begnadigung einsetzte. Im Mai 1793 wurde Mary Bryant auf freien Fuß gesetzt. Boswell setzte ihr eine jährliche Rente von zehn Pfund aus, und sie kehrte nach Cornwall zurück. Als auch ihren vier Gefährten im November 1793 Gnade widerfuhr, musterte einer von ihnen sogleich und unerwarteterweise im New South Wales Corps an und segelte erneut nach Australien.

Boswells Anteilnahme an Mary Bryant war so offenkundig, daß seine Freunde, an seine amourösen Eskapaden mit Frauen aus der Unterschicht gewöhnt, scherzten, Australien habe ihm eine neue Geliebte verschafft. Einer von ihnen, William Parsons, schrieb die »Heroic Epistle from Mary Broad in Cornwall to James Boswell, Esq., in London«. Mary verschmachtete fast in ihrem neuen Exil in Cornwall und sehnte sich nach dem Apollo von Auchinleck; sie träumt davon, sich schließlich mit ihrem Boswell zu vereinigen, im gemeinsamen Liebestod auf dem Galgen von Tyburn – eine ganz neue erregende Erfahrung für sie und auch für ihn:

»War es dafür, daß ich dem Tosen des Ozeans trotzte,
und 1000 Seemeilen mühsam zurücklegte?
Oh, lieber wäre ich geblieben, als wehrloses Opfer
von Schmerz und Hungersnot in der trostlosen Bay/Bucht
oder ertrunken, überrollt von den Wellen des Atlantiks,
oder, bei der Heimkehr, hätte doch mein Atem ausgesetzt
und ich wäre gestorben!
Herrlich im Leben und genauso herrlich im Tod
zu umarmen und umarmt zu werden, werden wir
unserem Schicksal gegenübertreten:
Ein glückliches Paar, das in höchster Seligkeit
eine Liebe, ein Band, ein Glück, ein Tod vereinigt!
Laß die Menschen mit zärtlicher Anteilnahme sehen
die höchste Form der Liebe in unserem Todeskampf!
Wir werden unter dem zitternden Galgen aushalten,
bis zu unserem letzten Atemzug!«

Doch nichts weist darauf hin, daß sich Boswells Interesse an ihr – die nach ihrer Rückkehr in die Heimat rasch aus den Zeitungsspalten und dem Bewußtsein der Menschen verschwand – auf etwas anderes als Mitgefühl gründete. Als einzige Erinnerung an sie (von einigen Quittungen für die Jahresrente abgesehen) besaß er ein Päckchen getrockneter australischer ›Süßtee‹-Blätter, von denen sie sich durch alle Fährnisse nicht getrennt und die sie ihm als Kuriosität geschenkt hatte. Jetzt liegen sie in den Archiven der Universität Yale, weit, weit von Botany Bay entfernt.

2

Nach der Flucht der Bryants mußten die Sicherheitsvorkehrungen in Sydney verschärft werden. Collins beschrieb im April 1791 die neuen Anordnungen: An jedem Kai von Sydney Cove stand nachts ein Wachposten, und keinem Boot war es gestattet, die Bucht ohne ausdrückliche mündliche Genehmigung des wachhabenden Offiziers zu verlassen, der außerdem eine Liste aller Personen besitzen mußte – ob Freie oder Sträflinge –, die nach Sonnenuntergang die Fischerboote benutzen durften. Der Hafen von Sydney war das Tor zu diesem kleinen Polizeistaat, und das mußte verschlossen bleiben. Das war anfangs einfach, als nur wenige Schiffe ein- und ausliefen, doch je mehr der Schiffsverkehr zunahm, desto weiter öffnete sich das Schlupfloch. Das Wagestück der Bryants machte Fluchtwilligen neuen Mut. »Die ihnen in England entgegengebrachte Milde und das Mitgefühl«, beklagte sich Hunter, »haben, wie ich fürchte, dazu beigetragen, ähnliche Versuche zu bestärken. Hätte man diese Menschen zurückgeschickt und ihnen in diesem Lande wegen der Wegnahme des Bootes den Prozeß gemacht, gäbe es jetzt keinerlei Pläne in dieser Richtung.«

Den Kapitänen amerikanischer Walfänger aus Nantucket und Sag Harbor war die Haltung der Engländer ihrer Strafkolonie gegenüber herzlich gleichgültig, und sie ließen Sträflinge als blinde Passagiere an Bord, wenn sie Besatzungsmitglieder brauchten. Auch einige für die Rückreise wieder in Handelsschiffe umgewandelte englische Transportschiffe ließen Sträflinge an Bord – nicht weniger als dreißig Flüchtige wurden von der *Hillsborough* geholt, als sie sich 1799 zum Auslaufen aus Sydney bereit machte. Sogar der französische Kapitän Nicolas Baudin fand, während er 1802/03 die Südküste Australiens kartographisch aufnahm, acht Sträflinge als blinde Passagiere an Bord. Er setzte sie in der Bass-Straße auf der Kinginsel an Land, obwohl kaum Hoffnung bestand, daß sie überlebten.

Zwischen Sträflingen und Seeleuten gab es natürliche Sympathien, denn einige tyrannische Kapitäne behandelten ihre Teerjacken kaum besser, als wären sie Gefangene. Mitunter versteckten Besatzungsangehörige Sträflinge in Leerräumen, die selbst den Offizieren unbekannt waren.

Jedes Schiff wurde vor dem Auslaufen aus Sydney oder Hobart von zahlreichen Konstablern gründlich untersucht, sie schlugen auf Fässer und stachen mit ihren Bajonetten in Ballen und Säcke. Vom Ufer aus sah man weißen Rauch aus den Belüftungs- und Fensteröffnungen der Schiffe steigen, ein Zeichen dafür, daß man Schwefelbomben entzündet hatte, um blinde Passagiere wie Kaninchen aus ihrem Bau auszuräuchern. Bei einer Durchsuchung des Handelsschiffs *Earl Spencer* förderte man 1814 28 Flüchtlinge zutage. Einige hatten sich in Mehl- und Käsefässern versteckt, und einer war in ein Reservesegel eingewickelt. Als sich zeigte, daß der Kauffahrer *Harriet* sechzehn entflohene Sträflinge aus Sydney nach dem Kap der Guten Hoffnung mitgebracht hatte, obwohl man ihn vor dem Auslaufen im Dezember 1817 »gründlich durchsucht« hatte, beklagte sich Gouverneur Lachlan Macquarie bei Lord Bathurst, es sei

> »kaum möglich, diese Flüchtigen zu finden, wenn die Seeleute mit ihnen unter einer Decke stecken und sie an Bord verbergen. Nur wenige Schiffe verlassen diesen Hafen, ohne daß auf diese Weise einige Sträflinge beiderlei Geschlechts an Bord gelangt sind. Stets sind diejenigen am meisten auf ihre Flucht bedacht, die die kürzeste Zeit in der Kolonie zu verbüßen haben.«

In einer für George Arthur, den Gouverneur von Vandiemensland, bestimmten Denkschrift aus dem Jahre 1826 werden einige der Sicherheitsprobleme in Hobart angesprochen. Der Robbenhandel in der Bass-Straße lag vorwiegend in den Händen von Entflohenen, die für Geschäftsleute auf dem Festland arbeiteten, meist selbst Freigelassene. Der Verfasser der Denkschrift beklagte »die Leichtigkeit, mit der ein Sträfling in kleinen Booten oder Segelschiffen aus der Kolonie entfliehen kann . . . Schon bald finden diese Sträflinge eine Anstellung auf einem Schiff und gelangen schließlich bis nach Neuseeland oder sogar noch weiter.«

Arthurs wahrhaft strenge Vorschriften hätten eigentlich bewirken müssen, daß sich nicht einmal eine Maus unerkannt aus dem Hafen von Hobart schleichen konnte. Auf allen im Fluß Derwent ankernden Schiffen mußte rund um die Uhr eine Offizierswache an Bord sein, bei Zuwiderhandlungen drohten dem Kapitän automatisch schwere Strafen. Alle auslaufenden Schiffe wurden »durchsucht und ausgeräuchert«, und jeder an Bord entdeckte Sträfling kostete alle Offiziere und Matrosen an Bord eine Geldstrafe in Höhe eines Monatslohns, die der Kapitän zu erlegen hatte, bevor das Schiff den Hafen verlassen durfte. Ausgenommen von dieser Vorschrift waren Spitzel. Wurde an Bord ein Sträfling entdeckt, bekam der Denunziant eine Hälfte der gesamten Strafsumme des Schiffs, der Suchtrupp die andere. Da ein Seemann, der solche Angaben machte – und anschließend die Heuer seiner Gefährten in der Tasche hatte –, nur ein äußerst kurzes und unangenehmes Leben erwarten durfte, wenn sein Schiff erst einmal den D'Entrecasteaux-Kanal hinter sich hatte, sahen Arthurs Vorschriften vor, daß ein Denunziant »auf seinen Wunsch abheuern« durfte.

Hobart war 1820 bereits Australiens Haupthafen für den Wal- und Robbenfang und Sydney der für den Sandelholz-, Perlmutt- und Trepanghandel mit den

Inseln des gesamten Südpazifiks, außerdem für den Handel mit Schiffsbauholz aus Neuseeland. Beide waren zugleich Gefängnis und Anlaufhafen – ein eigentümlicher Widerspruch. Ein Sträfling, der als blinder Passagier an Bord eines Schiffes ging, tauschte damit lediglich eine Art der Gefangenschaft gegen eine andere ein. Für Kapitäne allerdings lohnte sich die Sache, denn der Sträfling konnte weder in Neusüdwales noch auf Vandiemensland wieder an Land gehen, ohne Gefahr zu laufen, daß er am Galgen endete. Obwohl er zum Dienst gepreßt wurde, der in der beengten Welt an Bord jeglicher Romantik entbehrte, war es ein besseres Leben als in der Kettenkolonne. Etwa um 1830 waren die südlichen Buchten und andere versteckte Plätze, von der Bay of Islands in Neuseeland bis zum Recherche-Archipel an der Westküste Australiens, geradezu überfüllt mit kleinen, schäbigen Ansiedlungen und patriarchalisch strukturierten Sträflingsgruppen. Auf Handelsschiffen gelangten die Sträflinge sogar noch weiter. Der Sandelholzhandel sorgte dafür, daß der mittlere Pazifik sich mit entlaufenen Sträflingen bevölkerte. In den Jahren von 1812 bis 1816 durften infolge des britisch-amerikanischen Krieges keine amerikanischen Schiffe den Pazifik befahren, so daß die australischen Kaufleute, unter anderen William Campbell und Simeon Lord, sich fast ein Monopol im Sandelholzhandel, für den es in China einen großen Markt gab, erwerben konnten. Sandelholz wuchs vor allem auf den Inseln im zentralpazifischen Raum, auf den Marquesas und den Tuamotus. In den Jahren von 1811 bis 1821 transportierten Schiffe aus Sidney, darunter Campbells *Governor Macquarie*, etwa ein Viertel des Sandelholzes, das auf den Marquesas geschlagen worden war. Auf den Inseln kam es oft zu Plündereien. Wenn einem Kapitän die Tauschwaren für das Sandelholz ausgegangen waren, ließ er sie von einer Insel stehlen, um sie auf der nächsten Insel neu einzutauschen. So stahl John Martin, der Kapitän auf der *Queen Charlotte*, Boote auf Tahuata, um sie auf Nuku Hiva zum zweiten Mal zu verkaufen.

Kein Gesetz beschnitt die Vollmachten dieser Kapitäne, die ihre eigenen Besatzungen mit eiserner Hand zu regieren gezwungen waren. Dazu gehörte die Peitsche, die verschalkte Luke und die großkalibrige zweiläufige Pistole. Auch wenn entflohene Sträflinge einen Platz an Bord fanden, war es für sie eine Reise ohne Wiederkehr: Häufig wurden sie 3000 Seemeilen von Sydney entfernt an Land gesetzt und konnten zusehen, wie sie als Strandläufer ihr Dasein fristeten. Gelegentlich kam es vor, daß einen Kapitän ihre Gegenwart an Bord tatsächlich überraschte. Thomas Hammond, Kapitän des Pazifik-Kauffahrers *Endeavour*, wußte nicht, daß er fünf entflohene Sträflinge an Bord hatte, bis sie aus ihren Löchern im Zwischendeck gekrochen kamen. Er wollte sie in Neuseeland an Land setzen, das aber wollte man ihm lediglich unter der Bedingung gestatten, daß er Lebensmittel für sechs Monate für sie daließ. Also segelte er weiter und setzte sie am Strand der zu den Marquesas gehörenden Insel Hivaoa ab.

Nicht bekannt ist, wie viele entflohene Sträflinge so als Strandläufer auf der

Sandelholzinsel vor der Küste Javas endeten, und gewiß waren Hunderte von ihnen in den abgelegeneren Teilen des Pazifiks verstreut. »Fremde in ihrer neuen Umgebung und eine Schande für ihre alte«, trugen sie mit ihrer Gewalttätigkeit und ihrem Opportunismus, Eigenschaften, die durch das System noch verstärkt worden waren, zum Ruin der Inselkulturen bei. Um 1850 gab es keinen Platz im ganzen pazifischen Raum mehr, wo der Name von Botany Bay nicht einen sauren infektiösen Gestank auslöste – der Atem Englands, der im Doppelexil kariös geworden war. Obwohl es für Sträflinge weit schwieriger war, ein Boot zu stehlen, als sich auf einem Schiff zu verstecken, unternahmen manche dennoch den Versuch, doch schlugen solche Unternehmen meist fehl. Gerade wegen ihrer Einmaligkeit wurde die Flucht der Bryants legendär. Weit typischer als ihr Schicksal war das einer Gruppe von fünf Lebenslänglichen von der Zweiten Flotte, die im September 1790 einen Fluchtversuch unternahmen. Sie stakten mit einem vor Rose Hill entwendeten Flachboot den Parramatta-Fluß bis Sydney Harbour hinab, brachten vor der Beobachtungsstation an der Südspitze eine »sehr kleine und wenig seetüchtige« Schaluppe in ihre Gewalt und machten sich mit Nahrungsmitteln für eine Woche, drei eisernen Töpfen, etwas Bettzeug an Bord auf den Weg nach Tahiti. Einen Kompaß besaßen sie nicht, und niemand hat je wieder etwas von ihnen gesehen oder gehört. Ein verzweifelter Sträfling versuchte um 1800, Major Foveaux' Schreckensherrschaft auf der Norfolkinsel zu entkommen, indem er eine Tür stahl, zwei Beinlöcher hineinsägte und über das Kensington-Riff davonpaddelte, in der Hoffnung, irgendwie die tausend Seemeilen bis zum australischen Festland zu treiben. In aller Heimlichkeit bauten Männer Boote aus grünem Eukalyptusholz, das sich voll Wasser sog, so daß sie sanken. Obwohl bekannt war, daß die neunschwänzige Katze sie buchstäblich häuten würde, wenn man sie ertappte, verbargen sie kostbare Eisennägel im Mund, in den Achselhöhlen und im Anus, stahlen Garn und Nadeln, um sich kleine, mit Känguruhhaut bezogene Boote aus Rohrgeflecht zu bauen. Der schon früher erwähnte Thomas Cook, der mit *The Exile's Lamentations* eine unschätzbare Beschreibung des Systems verfaßte, löste sich wochenlang mit vier Komplizen ab, um beim Mondschein im Busch der Norfolkinsel verborgen ein Boot zu bauen.

»Manche schlaflose Nacht hindurch zerbrach ich mir den Kopf, wie eine Flucht zu bewerkstelligen sei. Alle Gedanken an die lange und gefährliche Reise von tausend Meilen in einem gebrechlichen Boot über das tiefe Meer ohne Karte oder Kompaß wurden durch den Gedanken an meine armen Eltern beiseite geschoben und die Unmöglichkeit, sie in dieser Welt je wiederzusehen. Die süße, gesegnete Freiheit, ohne die ich an einem Ort unvergleichlicher Qualen und Sünde zu leben verurteilt bin, erschien mir jetzt in all ihrem Glanz. In meinen Träumen kam es mir vor, als seien die, die ich lieb und wert hielt, durch die Freude über meine Gegenwart geradezu verzückt. Aber ach! Wie eitel all mein Hoffen! Auf eine mir unbekannte Weise kam man dem Boot auf die Spur.«

Das nahezu fertiggestellte Boot wurde aufgefunden und zerstört. Solche Pläne ließen sich nicht geheimhalten, schon gar nicht in der kleinen Welt der Norfolkinsel.

Mitunter, wenn auch nicht gerade oft, gelang es einer Gruppe von Sträflingen, ein ganzes Schiff zu kapern. So brachten 1797 irische Sträflinge, die Vorräte von Sydney zum Hawkesbury-Fluß brachten, die *Cumberland* in ihre Gewalt, eine in Sydney gebaute Schlup, mit den Worten Gouverneur Hunters das »größte und beste Schiff der Kolonie«. Sie nahm Nordkurs auf und wurde nie wieder gesehen, obwohl ihr Hunter ein Ruderboot voller Bewaffneter nachschickte, das sie sechzig Seemeilen verfolgte.

Im Mai 1808 kam eines späten Sonntagabends, als die Brigg *Harrington* im Hafen von Sydney still vor Anker lag, unter den Fenstern ihres Eigners, des Händlers William Campbell, eine »Gruppe von Desperados« – an die fünfzig Sträflinge – still in Booten längsseits und enterte. Bevor der Erste Offizier wußte, wie ihm geschah, sah er in die Mündung einer Pistole, die ihm der Anführer der Gruppe, Robert Stewart, unter die Nase hielt; andere Sträflinge schlichen sich nach vorn und überwältigten die Besatzung. Sie durchschnitten die Ankertaue und schleppten das Schiff mit Ruderbooten von Farm Cove bis zu den Landspitzen, die die Hafeneinfahrt begrenzen. Bei Morgengrauen waren sie schon weit draußen auf See, und dort setzte Stewart Offiziere und Besatzung in den Booten aus. Die acht Stunden, die sie brauchten, um nach Sydney zurückzurudern, genügten der *Harrington*, hinter der Kimm zu verschwinden. Man nahm an, niemand werde sie je wiedersehen – sie hatte genug Proviant für eine Reise nach den Fidschiinseln an Bord –, doch drei Monate später lief sie im Südchinesischen Meer auf ein Riff, und die *Phoenix*, eine nach Manila segelnde britische Fregatte, nahm sie als Prise. Robert Stewart wurde mit anderen Führern des Handstreichs nach Sydney zurückgebracht und gehenkt.

Trotz der weitverbreiteten Ansicht, Sträflinge, die ein Schiff in ihre Gewalt brachten, tobten ihre Rachsucht an deren unglücklichen Besatzungsmitgliedern und Passagieren aus, legten sie gewöhnlich Mäßigung an den Tag. Die Brigg *Wellington* wurde 1826 von den 26 Sträflingen genommen, die sie zur Norfolkinsel bringen sollte. Nachdem das Schiff in ihrer Gewalt war und Kurs auf Neuseeland genommen hatte, versorgten sie alle kleinen Fleischwunden, Abschürfungen und sonstigen Verletzungen, die einige der Wächter erlitten hatten – Tote waren nicht zu beklagen. Die Sträflinge setzten einen »Rat der Sieben« ein, der an Bord für Ordnung sorgen und vor allem etwaige Meuterer bestrafen sollte, die die einstigen Wachen schlecht behandelten. Wer sich auf diese Weise verging, wurde in Eisen gelegt und in Neuseeland an Land gesetzt, »statt sie mit an unser Ziel zu nehmen«. Es zeigte sich, daß einer der Sträflinge tatsächlich den Versuch zu einer »Revolte und Meuterei« unternommen hatte, indem er seine Mitgefangenen zur Rache anstachelte, und er wurde dazu verurteilt, den Rest der Überfahrt nach Neuseeland Tag und Nacht in Eisen geschlossen an Deck zu verbringen. Die neuen Herren der *Wellington* hielten solche Ereignisse im Logbuch fest, das stellenweise geradezu anheimelnd klingt:

»Da heute Weihnachten ist und Pflaumen das einzige waren, womit die Regierung uns zu versehen versäumt hatte, erging Befehl, falls jemand an Bord Pflaumen habe, müsse er sie für die Allgemeinheit hergeben. Pflaumen wurden beschafft, vier Gänse sowie drei Schafe geschlachtet, und wir haben einen sehr angenehmen Tag verbracht und mäßig Gin und Brandy genossen.«

Einem Walfänger in Neuseeland gelang es, die *Wellington* mit den an Bord befindlichen Flüchtlingen in seine Gewalt zu bringen, und sein Logbuch sprach bei der Verhandlung zu ihren Gunsten. Als ihre anständige Führung den früheren Wärtern gegenüber bekannt – und von denen sowie der Besatzung des Schiffes bestätigt – wurde, erhob sich eine Welle der Sympathie in der Öffentlichkeit, und von 23 zum Tode Verurteilten wurden nur fünf tatsächlich gehenkt.

Weniger Glück hatten die Gefangenen, die 1828 die Brigg *Cyprus* in ihre Gewalt brachten, obwohl ihre Flucht in der Überlieferung der Sträflingskolonie ebenso berühmt wurde wie die der Bryants. Anfang 1830 waren ihre Erlebnisse zum Thema einer Sträflingsballade geworden. Die Männer von der *Cyprus*, die in Vandiemensland wegen »kleiner Vergehen« verurteilt worden waren, wurden von Hobart in das Gefängnis von Macquarie Harbour gebracht, einen »Ort der Tyrannei«:

»In den Straßen von Hobart wurden wir zusammengetrieben
und auf die Brigg *Cyprus* gebracht,
die Segel wurden gehißt und der Anker gelichtet,
der Wind blies aus Nord-Nord-West und wir fuhren immer weiter,
bis wir die *Cyprus* in die Recherche Bay gesteuert hatten.«

Der Text der Ballade entspricht nicht ganz den Tatsachen. Die 31 Sträflinge, die auf der *Cyprus* nach Macquarie Harbour gebracht wurden, hatten sich nicht nur »kleiner Vergehen« schuldig gemacht. Sie waren zum Tode verurteilt worden, aber die Todesstrafe war aufgehoben worden. Der unerschrockenste von ihnen war William Swallow, ein ehemaliger Matrose. Swallow war ein wahrer

Houdini. 1810 hatte er einen Schoner in Port Jackson gekidnappt und war zur Strafe nach Vandiemensland geschickt worden. Das Schiff, das ihn dorthin bringen sollte, die *Deveron*, wurde in einem Sturm schwer beschädigt und war manövrierunfähig. Swallow, der »erkannte, daß sein eigenes Leben an einem seidenen Faden hing«, meldete sich freiwillig, auf den Mast zu klettern und einen Teil der Takelage zu kappen. Es scheint, daß die Besatzung der *Deveron* Swallow so dankbar für seinen mutigen Einsatz war, daß sie ihn nach der Landung in Hobart zurück an Bord schmuggelten. Auf diese Weise konnte er der Gefangenschaft entkommen. Er gelangte bis nach Rio, wo ihn die britischen Behörden schließlich wieder einfingen. Noch ein zweites Mal gelang ihm die Flucht, und er konnte sich auf einem Schiff nach London verstecken. In London wurde er aber wieder erkannt, eingesperrt und aufs neue nach Vandiemensland geschickt. Um diesen Mann handelte es sich also, der mit seinen Kameraden, »eingepfercht in einem düsteren Loch« auf der *Cyprus*, schließlich in der Nähe der Südspitze von Vandiemensland beschloß, einen neuen Fluchtversuch zu wagen.

»Er wollte die Brigg übernehmen und wenn es den letzten Mann kostete,
Der Plan wurde gebilligt und wir legten uns zur Ruhe,
am nächsten Morgen, Junge, machten wir die Probe aufs Exempel.
Der tapfere Jack Muldeamon geht die Stufen hinauf,
drei seiner Kameraden folgen ihm,
schnell haben wir die Wachen überwältigt und sie liegen in ihrem Blut:
»Freiheit, Freiheit wollen wir,
ergebt Euch oder das Meer wird euer Grab sein, Jungens!«

Nach kurzem Handgemenge überwältigten die Sträflinge die Wachen an Bord und setzten den diensthabenden Offizier, Leutnant Carew, dessen Frau, die Soldaten und dreizehn Sträflinge, die sich nicht an der Meuterei beteiligt hatten, an Land. Obwohl die *Cyprus* voller Vorräte für Macquarie Harbour war, die ausgereicht hätten, vierhundert Männer sechs Monate lang zu ernähren, ließen sie den fünfundvierzig Personen an Land eine kaum nennenswerte Menge Proviant zurück – ein lebendes Schaf, etwas Pökelfleisch, einen Sack Schiffszwieback und dreißig lb. Mehl, überdies weder Waffen noch ein Boot.

»Wir setzten die Soldaten, den Kapitän und die Mannschaft an Land,
riefen dreimal ›Es lebe die Freiheit‹ und fuhren davon:
William Swallow wurde zum Führer gewählt
und unter Freiheitsrufen stachen wir in See.
Greift zu den goldenen Trompeten, Jungens, und laßt sie erklingen!
Die ›Cyprus‹ segelt auf dem Meer, und die Gerechtigkeit treibt sie voran!«

Nachdem die Ausgesetzten lange Hunger gelitten und gefroren und pro Tag von einer Handvoll roher Muscheln und einem viertel Schiffszwieback gelebt hatten, erreichten sie schließlich Hobart. Möglicherweise wäre ihnen das ohne einen Sträfling namens Popjoy nicht gelungen. Er flocht aus Mimosenzweigen ein Boot von drei Meter sechzig Durchmesser, das er mit Hängemattenleinwand bespannte (Mrs. Carew hatte eine Nadel und nähte es zusammen) und mit Seife und Harz wasserdicht machte. Diese zerbrechliche Nußschale segelten Popjoy und Carew zwanzig Seemeilen weit bis zur Partridge-Insel, wo ein vorüberfahrendes Schiff sie aufnahm.

Inzwischen hatten die Piraten mit der *Cyprus* das Weite gesucht. Swallow nahm Kurs auf Tahiti, wandte sich dann nordwärts Richtung Japan und landete dort mit seiner Besatzung irgendwann 1829. Sieben der Sträflinge verließen bei Nacht und Nebel das Schiff. Mehrere Monate später erschienen Swallow und drei seiner Gefährten mit einem anderen Schiff vor dem chinesischen Handelshafen Whampoa. Die *Cyprus* hatten sie aufgegeben. Swallow erschlich bei den Behörden in Kanton für sich und seine Gefährten eine Heimreise nach England, indem er sich als Kapitän Waldron von der *Edward* ausgab und behauptete, Japaner hätten sein Schiff in Brand geschossen und versenkt. Unglücklicherweise kamen bald nach ihrer Abreise weitere Überlebende der *Cyprus* nach Kanton, und Swallows Geschichte wurde durchschaut. Er und seine Gefährten wurden später in England festgenommen, und Popjoy, der durch einen bemerkenswerten und für sie unglücklichen Zufall nach London zurückgekehrt war, nachdem man ihn wegen seiner Errettung der an der der Recherche-Bucht Ausgesetzten begnadigt hatte, identifizierte sie. Er ließ sich allerdings nicht von der Behauptung abbringen, die anderen Flüchtlinge hätten Swallow gezwungen, das Schiff zu navigieren, und das Gericht glaubte ihm. So wurden zwar Swallows Gefährten gehenkt, er selbst aber nicht, er mußte an Bord eines Transportschiffes die lange, trübselige Reise nach Australien erneut antreten. Von Hobart brachte man ihn sogleich nach Macquarie Harbour, und diesmal gab es keinen Ausweg. In der Strafkolonie Port Arthur, in die er 1834 nach Schließung von Macquarie Harbour verlegt worden war, starb William Swallow schließlich an Tuberkulose. Leider verfaßte er nie seine Memoiren wie James Porter, ein anderer Flüchtling.

James Porter, ein sechsundzwanzigjähriger Londoner, entführte 1833 zusammen mit anderen Sträflingen, unter ihnen ehemalige Matrosen, die Brigg *Frederick,* die sie im Regierungsauftrag gebaut hatten, von der Helling in Macquarie Harbour, setzte Besatzung und Wächter an Land und segelte das Schiff bemerkenswert mutig und gekonnt quer über den Pazifik. Vor der chilenischen Küste versenkten sie das Schiff und ruderten mit dem Boot an Land. Der chilenische Gouverneur in Valdivia, der sie für Piraten und keineswegs für arme Schiffbrüchige hielt, wollte sie erschießen lassen, doch es gelang

Porter, sich und seine Kameraden mit einem bemerkenswerten Bluff zu retten. Gemäß seinen eigenen späteren Aufzeichnungen erklärte er dem Gouverneur: »Als wir schiffbrüchig und verzweifelt endlich diesen Hafen anliefen, erwarteten wir, in christlicher Weise aufgenommen und nicht wie Hunde behandelt zu werden! Hättet Ihr uns genauso im Jahre 1818 behandelt, als die Briten für Eure Unabhängigkeit kämpften und ihr Blut im Kampf gegen die alten Spanier vergossen? Wenn wir Piraten wären, glaubtet Ihr wirklich, wir wären dann so schwach und hilflos, daß wir uns Eurer Tyrannei beugten? Niemals! Ich verlange, daß Ihr Euch klarmacht, daß für den Fall, daß Ihr uns erschießt, England davon erfahren und uns rächen wird . . . Und wenn Ihr Eure Hinrichtungsdrohung wahrmacht, werden wir Euch zeigen, wie man mit Anstand stirbt.« Offensichtlich beeindruckt von Porters Worten, ließ der Gouverneur die Männer unbehelligt und bat seine Vorgesetzten in Santiago, ihnen eine Aufenthaltserlaubnis auszustellen. Porter und seine Kameraden lebten für einige Zeit zufrieden in Chile. Aber als der Gouverneur abgelöst wurde, kam seinem Nachfolger der Verdacht, daß es sich bei den Engländern um entflohene Sträflinge handeln könnte, und alarmierte die britische Fregatte *Blond*. So wurden Porter und seine Leute wieder eingefangen, zunächst nach England gebracht und dann ein zweites Mal auf einen Transport nach Vandiemensland geschickt. Während dieser Fahrt wurde Porter von zwei seiner früheren Kameraden, Charles Lyon und William Cheshire, fälschlich der Meuterei bezichtigt. Mit dieser Anschuldigung hofften sie, sich beim Kapitän einzuschmeicheln und der eigenen Hinrichtung durch Erhängen wegen Piraterie zu entgehen, falls sie, was unausweichlich schien, in Hobart erkannt werden sollten. »Im Bewußtsein meiner Unschuld war ich wie versteinert«, schrieb Porter und fuhr fort:

> »Ich wurde von den Soldaten und Matrosen gepackt und angekettet – die Ketten wurden so fest angezogen, daß mein Blut herausspritzte –, und ein schwarzer Kerl peitschte mich aus, bis mein Kopf auf meine Brust sank. Wieviel Schläge ich einstecken mußte, kann ich nicht sagen, denn die Natur hatte ein Einsehen und ließ mich das Bewußtsein verlieren.«

Drei Wochen lang lagen Porter und sein Kamerad William Shires angekettet in einem Rattenloch unter Deck, und sie erhielten nur ein Viertel der täglichen Ration Wasser und Verpflegung, bis sie »mehr wie Skelette als wie menschliche Wesen« aussahen. »Ich wünschte mir nichts sehnlicher als den Tod«, schrieb Porter später, aber als er seine Hände wieder gebrauchen konnte, verfaßte er auf einem zerknitterten Zettel ein pathetisches Gedicht:

> »Wie verzweifelt ist die Seele eines Verbannten,
> wenn er auf Erden keinen Hoffnungsschimmer sieht,

vom Schmerz gebeugt, von Sklavenfesseln gebunden
und ohne Freund, der Trost spenden könnte.
Es ist wahr, der Mensch ist zum Leiden geboren,
und mein Schicksal ist viel Leid.
Die Angst zerreißt mein schmerzendes Herz,
fern von den Freunden und von aller Welt vergessen.
Die gefiederten Vögel in ihrer bunten Pracht
lassen aus ihren Kehlen dissonante Klänge ertönen,
in Freiheit springen sie von Zweig zu Zweig
und ich unglücklich Verbannter muß ihnen zusehen.
Leb wohl, meine Schwester und alle lieben alten Tanten,
nicht lange, und meine Lebensuhr wird abgelaufen sein,
vergießt eine mitleidsvolle Träne
für euren unglücklichen verbannten Sohn.
Mein klopfendes Herz, hör auf zu schlagen,
denn das Glück hat dich lange verlassen!
Mach dich auf in das schweigende kalte Grab,
und vereinige dich in der kalten Erde mit den Toten.«

Doch Porter mußte nicht sterben, noch nicht. Er überlebte die Fahrt und landete im März 1837 in Hobart, wo er sofort als einer der Entführer der *Frederick* identifiziert wurde. Vor Gericht gestellt, wurde er wegen Piraterie verurteilt, obwohl er sich geschickt zu verteidigen versuchte: Das Schiff sei offiziell noch gar nicht in Dienst gestellt gewesen »es war in Gestalt eines Schiffs zusammengefügtes Segeltuch und Holz, aber dem Buchstaben des Gesetzes nach gar kein Schiff« – deshalb könne die Übernahme möglicherweise als Diebstahl, doch keinesfalls als Piraterie gelten. Zu seinem Glück hatte der »blutdürstige Arthur« Vandiemensland bereits vor fünf Monaten verlassen, »und hätte das Land nicht der Regierung des humanen Sir John Franklin unterstanden, hätte ich nicht überlebt, um meine Geschichte zu erzählen«. Porter und Shires wurden nicht aufgehängt. Sie wurden nach der Norfolkinsel gebracht, wo Porter unter Aufsicht des freundlichen Kapitäns Alexander Maconochie seine Erinnerungen zu Papier bringen durfte.

Diese beiden waren die letzten Männer, die aus Macquarie Harbour fliehen konnten, aber sie waren nicht die ersten. Seit 1821, als dieses gefürchtete Gefängnis an der einsamen Westküste von Vandiemensland errichtet worden war, hatten immer wieder Sträflinge zu fliehen versucht, meist zu Fuß. In den Jahren 1822 und 1823 gelang einem von zehn Sträflingen die Flucht, 1824 stieg die Zahl sogar auf einen von sieben. Sie flohen ins Landesinnere und versuchten, die besiedelten Gebiete im Osten zu erreichen, aber die meisten von ihnen kamen um. In der langen Liste, die in Macquarie Harbour über die Entkommenen geführt wurde, findet sich in einem Zeitraum von sechs Jahren nur hinter acht Namen der Vermerk: »Soll das besiedelte Gebiet erreicht haben, Bestätigung steht noch aus.« Sonst verzeichnet die Liste nur Todesnachrichten, ab und an gewürzt mit sarkastischem Humor:

> »Timothy Crawley, Richard Morris, John Newton, 2. Juni 1824: Stahlen das Boot der Soldaten, mit Waffen und Verpflegung, wahrscheinlich auf dem Weg durch das Landesinnere ums Leben gekommen. Das Boot wurde später an einem Baumstumpf vertäut aufgefunden, auf dem Bug stand mit Kreide geschrieben ›zu verkaufen‹.«

Einem einzigen Mann gelang die Flucht aus Macquarie Harbour zweimal: Alexander Pearce (1790–1824). Dieser kleine, pockennarbige und blauäugige Ire aus der Grafschaft Monaghan war 1819 zu sieben Jahren Deportation verurteilt worden, weil er sechs Paar Schuhe gestohlen hatte. 1820 auf Vandiemensland angekommen, war er von Anfang an dadurch aufgefallen, daß er fortwährend stahl, sich betrank und davonlief. Bald wußte er genug über das Leben im Busch, um mit anderen Flüchtlingen drei Monate fortzubleiben. Da Auspeitschen bei ihm keinen Eindruck hinterließ, wurde er schließlich 1822, nachdem er einen Überweisungsauftrag über zwei Pfund gefälscht und sich seinem Dienst entzogen hatte, nach Macquarie Harbour geschickt. Im September 1822 brachte er mit sieben anderen Sträflingen ein offenes Boot in seine Gewalt. Sie ruderten es quer über den Hafen, zerstörten am Ufer seinen Boden mit einer gestohlenen Axt und machten sich zu Fuß auf den Weg. Zuerst ging alles glatt, und sie kamen in östlicher Richtung gut voran.

Vor ihnen lag, was sie nicht wußten, eine der dem Menschen feindlichsten Gegenden Australiens. Selbst heute wagen sich Buschläufer nur selten in die Berge zwischen Macquarie Harbour und den Ebenen weiter im Landesinneren, denn nicht nur die Landschaftsformationen machen dem Menschen zu schaffen, sondern auch das Wetter: Wind, Hagelschauer, kalter Regen. Nach etwa einer Woche hatten sie nichts mehr zu essen und waren so geschwächt, daß sie nicht einmal mehr Feuerholz zu sammeln vermochten. Sie gerieten in Streit, schließlich kratzte jeder ein paar Zweige zusammen, und nach einer Weile brannten acht kleine Feuer. Einer von ihnen sagte: »Ich bin so schwach, daß ich ein Stück Menschenfleisch essen könnte.«

Die ganze Nacht dachten die Männer über diese Äußerung nach, und »am Morgen«, heißt es in Pearces Bericht, »gab es für vier von uns ein Festessen. Bob Greenhill sagte, er habe so etwas schon einmal miterlebt und es schmecke wie Schweinefleisch.«

John Mather, ein junger schottischer Bäcker, hatte eingewandt, das sei Mord und außerdem nütze es nichts, da sie das Fleisch möglicherweise nicht hinunterbrächten. So wogte die Sache hin und her, und schließlich erschlug Greenhill den ehemaligen Soldaten Dalton gegen drei Uhr nachts im Schlaf mit der Axt.

> »Matthew Travers kam mit einem Messer, schlitzte ihm die Kehle auf und ließ ihn ausbluten. Wir zerrten ihn dann ein Stück beiseite, schnitten ihm die Kleider vom Leibe, rissen die Innereien heraus und trennten ihm den Kopf ab. Anschließend legten Matthew Travers und Greenhill sein Herz und seine Leber ins Feuer und aßen sie, bevor sie richtig gar waren. Sie fragten, ob die anderen etwas wollten, doch in jener Nacht lehnten sie es ab.«

Am nächsten Morgen allerdings siegte der Hunger, vier Tage hatten sie nichts gegessen. Daltons Fleisch wurde in sieben annähernd gleiche Portionen geteilt, und die Gruppe machte sich erneut auf den Weg.

Ein Mann namens »Little Brown«, dessen wirklicher Name unbekannt ist, wurde immer langsamer. Während er dahinhumpelte, muß ihm klargeworden sein, daß er als der Schwächste als nächster an die Reihe kommen würde. Da auch Kennelly, alias Bill Cornelius, der schon einmal einen Fluchtversuch unternommen hatte, um sein Leben fürchtete, blieben die beiden immer weiter zurück und verschwanden stillschweigend in den Wäldern, von wo sie nach Macquarie Harbour zurückzukehren hofften. Da den anderen klar war, daß sie in dem Fall alle miteinander hängen würden, versuchten sie, die beiden einzufangen, was ihnen aber nicht gelang. Am 12. Oktober wurden Brown und Kennelly vor Unterkühlung halbtot am Gestade von Macquarie Harbour aufgefunden – sie hatten noch einige Stücke des Menschenfleischs in den Taschen. Brown starb am 15. Oktober im Gefängnislazarett und Kennelly vier Tage später.

Zwei volle Tage versuchten die fünf übrigen, den von Regenfällen angeschwollenen Franklinfluß zu überqueren. Pearce, Greenhill und Mather gingen als erste und zogen die beiden anderen mit Hilfe eines langen Stabes nach. Obwohl Mather an Ruhr litt und die anderen sich auch »kaum bewegen konnten, so kalt und naß war es«, quälten sie sich weiter und erblickten am 15. Oktober ein lockendes Tal, vermutlich die Loddonebene. Dort, im hohen Gras am Ufer eines Bächleins, meldete sich wieder der Gedanke an frische Nahrung. Diesmal war der wegen Straßenraubs deportierte Bodenham als Opfer ausersehen, und während er schlief, schlug ihm Greenhill den Schädel ein. Als zehn Jahre später der erste Forscher im Regierungsauftrag die Loddonebene erreichte, stieß er in jenem Tal auf Menschenknochen.

Die vier Männer, die nun noch übrig waren, marschierten weiter und sahen um den 22. Oktober »eine herrliche Gegend voller Känguruhs, Emus und allerlei Wild« vor sich – doch sie besaßen keine Jagdwaffen. Es muß entsetzlich gewesen sein, so viele der grauen Beuteltiere vorbeihüpfen zu sehen, ohne eines davon erbeuten zu können. »Dann versprachen wir einander«, beschreibt

Pearce die Situation, »lieber alle gemeinsam zu sterben, als uns etwas anzutun.«

Doch Greenhill dachte nicht daran, zu sterben – mit wem auch immer –, und Mather hatte Angst. So ging er mit Pearce »beiseite, und Mather sagte: ›Laß uns allein weitergehen, du siehst ja, was für ein Schurke Greenhill ist. Eher würde er seinen eigenen Vater umbringen, als auch nur einen einzigen Tag lang zu fasten.‹« Doch konnten sie ihm auf der offenen Fläche (möglicherweise die King-William-Ebene) unmöglich entkommen. Da er die einzige Axt trug, die sie besaßen, war es nicht möglich, ihn außer Gefecht zu setzen, und keiner der halbverhungerten Männer vermochte rascher zu humpeln als die anderen. So zogen sie gemeinsam weiter, und etwa in der letzten Oktoberwoche (ab hier werden die Zeitangaben in Pearces Bericht ungenauer) machten sie an einem kleinen Bach ein Feuer, um zu verzehren, was von Bodenham noch übrig war. Mather brachte seinen Anteil nicht hinunter, er hatte einige Farnwurzeln gesammelt, die er kochte und verschlang, doch

> »sie wollten nicht in seinem Magen bleiben. Kein Wunder, nie könnte ein Sterblicher hoffen, dergleichen zu verdauen. Als er sich erbrechen mußte, ergriff Greenhill, der immer noch nicht von seiner Gewohnheit gelassen hatte, Blut zu vergießen, die Axt, schlich sich hinter ihn und schlug sie ihm auf den Kopf.«

Er traf ihn nicht tödlich, Mather sprang auf, rang mit Greenhill und entriß ihm die Axt. Für eine Weile gelang es Pearce und Travers, die beiden anderen zu beruhigen, doch Mathers Schicksal war besiegelt. Die Busenfreunde Greenhill und Travers waren entschlossen, ihn als nächsten zu verzehren, und Pearce war insgeheim auf ihrer Seite, ohne Mather das mitzuteilen. Er ging ein wenig beiseite und blickte sich um: »Ich sah, wie sich Travers und Greenhill ihn packten.« Pearce krümmte keinen Finger, um dem armen John Mather beizustehen, der sich jetzt daranmachte, weit von seiner Heimat einen christlichen Tod zu sterben.

> »Sie sagten ihm, sie würden ihm eine halbe Stunde Zeit zum Beten lassen, anschließend gab er mir das Gebetbuch, senkte den Kopf, Greenhill nahm die Axt und tötete ihn.«

Die drei übriggebliebenen Männer zogen weiter ostwärts, aber Travers' Kräfte schwanden. Eine Schlange hatte ihn in den Fuß gebissen, so daß er nicht mehr gehen konnte. Voller Angst, daß seine beiden Gefährten ihn essen könnten, bat er sie, ihn zum Sterben zurückzulassen – gewiß würden sie mit den Resten Mathers eine Siedlung erreichen. Greenhill weigerte sich, ihn allein zu lassen; und fünf Tage lang kümmerte er sich mit Pearce um den delirierenden Travers. Noch einige Tage schleppten sie sich mit ihm ab, doch es hatte keinen Zweck:

»Greenhill und Pearce begannen immer häufiger darüber zu sprechen, daß es unmöglich sei, ›Traviss‹ weiter mitzuschleppen, denn ihre Kraft war so erschöpft, daß es aussichtslos schien, eine Siedlung zu erreichen, wenn sie ihn nicht zurückließen . . . Andererseits wäre es verrückt, ihn zurückzulassen, denn sein Fleisch könnte wie das der anderen als Verpflegung dienen.«

Als Travers erwachte, konnte er trotz seiner Schmerzen ihre Worte hören.

Voll Verzweiflung bat er sie eindringlichst, nicht länger seinetwegen ihr Fortkommen zu verzögern, denn er sei physisch und psychisch nicht mehr in der Lage, mitzukommen, und deshalb wäre es sinnlos für sie, sich weiter mit ihm zu belasten . . . ›Traviss‹ Drängen verstärkte die Absichten seiner Gefährten.«

Sie erschlugen Travers mit der Axt. Das Opfer »streckte sich nur einmal vor Schmerz und war tot«.

Jetzt waren sie nur noch zu zweit, doch konnte es keinen Zweifel daran geben, daß früher oder später einer dem anderen zur Nahrung dienen würde. Greenhill hatte die Axt, und die beiden gingen in stets gleichbleibender Entfernung voneinander. Blieb Pearce stehen, tat Greenhill desgleichen. Setzte sich der eine, folgte der andere seinem Beispiel. An Schlaf war nicht zu denken. Man kann sich vorstellen, wie sie einander mißtrauisch beäugten, und es ist kein Wunder, daß Pearce eines Nachts die feste Überzeugung gewann, Greenhill habe es nunmehr endgültig auf ihn abgesehen. Er wartete, bis der Gegner kurz vor Morgengrauen einschlief. »Rasch rannte ich hin, zog die Axt unter seinem Kopf hervor, schlug auf ihn ein und tötete ihn. Dann nahm ich einen Teil seines Arms und Oberschenkels und zog einige Tage lang weiter.«

Jetzt war Pearce mutterseelenallein. »Danach wollte ich mich mit einem Ledergürtel aufhängen«, notiert er lakonisch, »überlegte es mir aber anders.« Nachdem er ein Stückchen weitergewandert war, hatte er zum erstenmal seit Macquarie Harbour Glück: Er stieß auf einen verlassenen Lagerplatz von Aborigines, die bei seinem Näherkommen geflohen waren; um ihre noch brennenden Kochfeuer lag Wildbret.

Pearce verschlang gierig das seit sieben Wochen erste Stück Fleisch, das nicht vom Menschen stammte, und das gab ihm die Kraft, mehrere Tage weiterzuziehen, bis er schließlich von der Kuppe eines Hügels herab den Tafelberg sah, der unmittelbar südlich des Halbmondsees liegt. Unter ihm floß die Ouse, ein bedeutender Nebenfluß des Derwent – und im Derwenttal trieben weiße Siedler Ackerbau.

Auf seinem Weg flußabwärts stieß Pearce zwei Tage später auf eine Schafherde. Er fing ein Lamm ein und zerlegte es. Während er das rohe Fleisch hinunterschlang, tauchte ein Sträfling aus dem Busch auf, der dort als Viehtreiber arbeitete, »und sagte, er würde mich erschießen, wenn ich nicht sofort aufhörte«.

Er hieß McGuire, war gleichfalls Ire und merkte bald, daß er den blutbeschmierten kleinen Mann kannte, auf den er da seine Flinte richtete, denn Pearce hatte vor seiner Verbannung nach Macquarie Harbour auf einer Schaffarm in der Nähe gearbeitet. McGuire »trug die Reste des Lammes und nahm mich mit in seine Hütte. Dort briet er mir das Fleisch und kümmerte sich in jeder Hinsicht um mich. Ich blieb drei Tage.« Keinesfalls hätte er einen Landsmann an die Behörden ausgeliefert, und noch mehrere Wochen lang versteckte sich Pearce in den Hütten McGuires und anderer irischer Sträflinge, die als Schaftreiber arbeiteten. Dann stieß er auf zwei Buschläufer, Davis und Churton. Sie gaben ihm Waffen, und zwei weitere Monate durchstreiften sie gemeinsam den Busch. Doch waren auf den Kopf seiner neuen Gefährten zehn Pfund ausgesetzt, und einer solchen Verlockung war die Solidarität von Sträflingen – der man ohnehin nicht trauen konnte – auf die Dauer nicht gewachsen. Am 11. Januar 1823 nahmen Soldaten des 48. Regiments auf einen Hinweis von Denunzianten hin die drei in der Nähe der Stadt Jericho fest und brachten sie nach Hobart in eine Sträflingskolonne.

Churton und Davis wurden zum Tode durch den Strang verurteilt, die übliche Strafe für Buschklepperei. Im Gefängnis bekannte Pearce dem zuständigen Friedensrichter, dem Pfarrer Robert Knopwood, die ganze Geschichte seiner Flucht einschließlich des Kannibalismus. Sie wurde zu Protokoll genommen und archiviert, aber niemand glaubte auch nur ein Wort davon. Die Behörden nahmen an – wie bei dem philosophischen Paradox von den lügenden Kretern –, da alle Sträflinge Lügner seien, wolle dieser lediglich seine »Kumpane« decken, die sich gewißlich noch in Freiheit befanden. Eine so aberwitzige Geschichte konnte nur dem Hirn eines typischen Verbrechers entsprungen sein. Da es weder lebende Zeugen des alptraumhaften Zuges von Macquarie Harbour zum Derwent noch ein *Corpus delicti* gab, wurde Pearce nicht hingerichtet. Statt dessen schickte man ihn nach Macquarie Harbour zurück, wo er im Februar 1823 eintraf.

Selbstverständlich erlangte er unter den Sträflingen Berühmtheit als lebender Beweis dafür, daß es möglich war, aus Macquarie Harbour zu entkommen. Ein Neuankömmling, ein junger Feldarbeiter namens Thomas Cox, bat ihn immer wieder, ihn beim nächstenmal mitzunehmen, denn nur Pearce kannte das Geheimnis, wie man die Strafsiedlung verlassen konnte. Schließlich ließ er sich überreden und beschloß, da er nicht noch einmal die Ostroute zu gehen bereit war, den Weg nordwärts nach Port Dalrymple zu nehmen – wieder durch vollständig unerforschtes Gebiet. Am 16. November 1823 entwichen die beiden.

Weit kamen sie nicht. Am 21. November sah die Uferwache der Sarahinsel von einem fernen Ufer aus Rauch aufsteigen. Auch von einem auf dem Weg zum Höllentor befindlichen Sträflingsschiff, der *Waterloo,* wurde das Feuer wahrgenommen, es ließ ein Boot zu Wasser, und die Uferwache schickte eine Barkasse. Noch vor Einbruch der Dunkelheit war der erschöpfte Pearce wieder in der Siedlung, wo er dem Kommandanten berichtete, er habe zwei Tage zuvor Cox getötet und von seinem Fleisch gegessen. Als Beweis zeigte er ein Stück Menschenfleisch vor, etwa ein halbes Pfund, und führte am nächsten Morgen einen Suchtrupp an ein Bachufer, wo Cox' Leichnam »schrecklich zugerichtet« lag, wie es in einem amtlichen Bericht heißt. »Die Leiche war in der Mitte zerteilt, der Kopf abgeschnitten, ebenso die Geschlechtsteile, wie auch alles Fleisch von den Beinen, den Hüften und den Armen, denn da sitze – nach Aussage des Unglückseligen – das beste Fleisch.«

Vermutlich hatte er Cox in einem Wutanfall umgebracht, zumindest klingt sein Bericht darüber glaubhaft:

> »Wir zogen mehrere Tage, von Pflanzenschößlingen abgesehen, ohne Lebensmittel weiter, bis wir zum Kings-Fluß kamen. Als Cox meine Frage, ob er schwimmen könne, verneinte, sagte ich, hätte ich das gewußt, wäre ich ohne ihn gegangen. Über die Frage, wie der Fluß am besten zu überqueren sei, gerieten wir in Streit, und ich erschlug ihn mit der Axt. Ich durchschwamm den Fluß, entschlossen, den Weg nach Port Dalrymple fortzusetzen, doch verließ mich der Mut, und ich kehrte zurück.«

Die Behörden taten das einzige, was sie konnten: Sie schickten Pearce auf der *Waterloo* nach Hobart. Dort verurteilte ihn das Gericht zum Tode, und er wurde gehenkt. Nach seinem Tode fertigte ein Maler eine Zeichnung von ihm an. Das Gericht hatte bestimmt, daß Pearce nach seinem Tode – zur Strafe für seine Gottlosigkeit – zerteilt und der Anatomie zur Verfügung gestellt werden sollte. Das geschah, und Mr. Crockett, der leitende Arzt im Hobart Colonial Hospital, präparierte den Kopf des Kannibalen. Er enthäutete ihn, entfernte alles Fleisch sowie die Augen und das Gehirn und kochte den Schädel in heißem Wasser aus. Dreißig Jahre später erhielt der amerikanische Phrenologe Dr. Samuel Morton den Schädel, der eine große Sammlung von mehr als tausend Schädeln und Schrumpfköpfen besaß, die unter dem Namen »das amerikanische Golgatha« bekannt war. Pearces Schädel wurde schließlich in einem Glasschrank in Philadelphia in der naturwissenschaftlichen Akademie ausgestellt, wo er heute noch betrachtet werden kann.

3

In den Anfängen von Neusüdwales, bis 1825, war ein entflohener Sträfling den Behörden lästig – aber selten mehr. Auf Vandiemensland jedoch wurde er zu einer gesellschaftlichen Kraft. Bis Mitte der zwanziger Jahre hatte die Regierung nur wenig Aussichten, sie zu fangen, denn sie gebot nur über wenige Soldaten, und keiner von ihnen kannte sich mit dem Leben im Busch aus.

Außerdem waren einige Siedler durchaus daran interessiert, die Buschläufer zu schützen. Je weniger die Bevölkerung auf Känguruhfleisch angewiesen war (allerdings bestand weiterhin Bedarf an den Fellen dieser Tiere, da diese die Hauptquelle für Leder waren), desto eher verlegten sich die Desperados auf den Schafdiebstahl. Sie verkauften das Fleisch gegen Zucker, Mehl, Tee und Schießpulver an freie Bauern und verschwanden erneut in der Wildnis. Daß sie Großgrundbesitzer bestahlen und an unaufrichtige Kleinbauern verkauften, trug ihnen den (in neun von zehn Fällen gänzlich unverdienten) Ruf der »edlen« Räuber ein. Manchmal brachten auch draußen zur Arbeit abgestellte Sträflinge Buschläufern Lebensmittel in ihr Versteck, und 1815 gab es auf Vandiemensland ein richtiges Netz von Spionen der Banditen – ein Buschläufer prahlte von seiner Bergfestung herunter, er halte die Zeitungen von Hobart fünf Stunden nach ihrem Druck in der Hand. Diese Bündnisse gründeten sich auf den gemeinsamen Haß dem System gegenüber.

Die Buschläufer zu verurteilen war noch schwieriger, als sie zu fangen. Zwar galt Schafdiebstahl als Kapitalverbrechen, und jeder Sträfling, dem eine zweite und möglicherweise mit dem Tode bedrohte Straftat zur Last gelegt wurde, mußte zur Gerichtsverhandlung nach Sydney gebracht werden. Doch ohne Zeugen keine Verhandlung, und Sydney lag so weit im Norden, daß ein klageführender Siedler seinen Hof auf Monate hinaus hätte verlassen müssen, um auf eigene Kosten dorthin zu reisen und gegen einen Schafdieb auszusagen. Das konnten sich nur wenige leisten.

Nicht einmal Edward Lord (1781–1859), der walisische Marineoffizier, der im Jahre 1803 das erste Privathaus in Hobart errichten ließ, der mächtigste Mann nach Collins – und außerdem der Mann mit dem größten Viehbestand der Siedlung, ein überheblicher, immer mehr Grundbesitz raffender Unruhestifter, der nach Collins' Tod im Jahre 1810 alle Regierungspapiere verbrannte, um die Spuren seiner unredlichen Geschäfte zu tilgen – vermochte gerichtlich gegen die Banditen etwas auszurichten, die ihm alljährlich etwa fünfhundert seiner Tiere stahlen.

Die Buschläufer, dieser in Höhlen wohnende Auswurf der Gesellschaft in der Strafkolonie, hatten gewöhnlich langes, verfilztes Haar, dichte Bärte, grob genähte Gewänder und Mokassins aus Känguruhfell. Sie stanken wie die Wiedehopfe, trugen eine Pistole im Gürtel und eine gestohlene Muskete in der Faust. Bei Überfällen schwärzten sie ihre Gesichter mit Holzkohle, und die meisten von ihnen töteten Menschen mit der gleichen Selbstverständlichkeit wie ein Känguruh.

Eine der ersten Banden in Vandiemensland bestand nur aus drei Männern: zwei Iren mit Namen Scanlan und Brown sowie dem Engländer Richard Lemon. Lemon gefiel es nicht, daß Scanlan und Brown Gälisch miteinander sprachen, wovon er kein Wort verstehen konnte. Eines Morgens, als Brown unterwegs war, um Känguruhs zu jagen, schlich Lemon sich hinter Scanlan, der am

Lagerfeuer saß, und schoß ihn durch den Kopf. Dann hängte er den Leichnam kopfüber an einen Baum, wie ein Känguruh, das enthäutet werden sollte. Als Brown zurückkehrte, begrüßte er ihn mit den trockenen Worten: »Da wir jetzt nur noch zwei sind, werden wir wohl in der Zukunft eine gemeinsame Sprache sprechen müssen.«

Zwei Jahre lang zogen die zwei daraufhin gemeinsam durch den Busch, ermordeten zwei Weiße und zahllose Schwarze, bis sie von einigen Sträflingsjägern gefangengenommen wurden. Lemon wurde bei der Festnahme erschossen und Brown wurde mit gezogener Pistole gezwungen, seinem Kameraden den Kopf abzuschlagen und diesen Kopf in einem Sack bis Hobart zu tragen.

Bis 1814 hatte das Buschläuferunwesen ein solches Ausmaß angenommen, daß Lachlan Macquarie beschloß, Gouverneur Thomas Daveys Ansehen zu retten, indem er allen Buschläufern Straflosigkeit zusagte, die sich bis zum 1. Dezember 1814 den Behörden in Hobart stellten. Die Proklamation war jedoch so unscharf formuliert, daß Buschläufer praktisch sechs Monate lang Zeit hatten, ungestört und ungestraft nahezu jedes Verbrechen außer Mord zu begehen, und sogleich nahmen Raubüberfälle, Körperverletzungen und Entführungen um ein Mehrfaches zu.

Als die Amnestiefrist dann ablief, hatten sich nur wenige Buschläufer gestellt, und die Siedler waren aufgebracht. Sie befürchteten einen Aufstand der Sträflinge (damals 1900). Wenn sich diese auf die Seite der Buschläufer schlugen, hätte das für Vandiemensland Anarchie bedeutet. Also reagierte Davey militärisch, rief das Kriegsrecht aus, verhängte eine streng überwachte Sperrstunde, widerrief alle Freibriefe, verbot den Verkauf von Känguruhhäuten und ordnete an, daß Känguruhhunde zu erschießen seien, sobald man ihrer ansichtig wurde. Damit hoffte er die Lebensgrundlage der Buschläufer zu vernichten. Da ein Kriegsgericht jeden hängen konnte, ohne Verbindung mit dem Gericht in Sydney aufnehmen zu müssen, ließ Davey so viele Banditen aufknüpfen, wie er konnte, und ihre Leichen in Ketten auf einer kleinen Insel vor Hobart hängen, bis sie sogar den sie umkreisenden Aasvögeln zu sehr stanken.

Wohl gebot dies rigorose Vorgehen (das Macquarie erboste, als er davon hörte) der Zunahme des Banditentums auf Vandiemensland etwas Einhalt, doch an manche Buschläufer kamen Daveys Truppen nicht heran. Unter ihnen ragte ein siebenundzwanzigjähriger Seemann aus Yorkshire namens Michael Howe hervor. Er war zweimal desertiert – aus der Handelsmarine und aus dem Heer – und wegen Straßenräuberei auf sieben Jahre deportiert worden. Kaum war er 1812 auf Vandiemensland angekommen, als er sich schon davonmachte, und bis 1814 hatte er mit seinem Mitsträfling namens Whitehead einen Trupp von 28 Buschkleppern zusammengebracht, die um New Norfolk am Derwent die Siedler in Angst und Schrecken versetzten. Am liebsten nahmen sie sich solche Landbesitzer vor, von denen es hieß, daß sie Sträflinge schlecht behandelten.

Einer von ihnen, der besonders verhaßte Adolarius William Humphrey, der in Pittwater, etwa 50 Kilometer von Hobart entfernt, lebte, verlor durch sie hunderte seiner Merinoschafe. Howe hatte in Humphreys Abwesenheit zugeschlagen, er und seine Gefährten hatten Humphreys Getreide verbrannt, seine Bediensteten terrorisiert und das Haus mit Eisenstangen voll Wut demoliert.

Auf ganz Vandiemensland zog Howe eine unübersehbare Spur. Nachdem man seinen Kumpan Whitehead in der Nähe von Launceston gefangengenommen hatte, stand er allein an der Spitze seiner Bande und warb neue Mitglieder als Ersatz für die an, die Daveys Amnestieaufruf gefolgt waren. Von Launceston im Norden bis in die Nähe von Hobart im Süden sengte und brannte er auf einem Gebiet von rund 1300 Quadratkilometern. Bei seinen prahlerischen Unterredungen mit den »Sklaven« auf den von ihm ausgeplünderten Besitzungen hob er immer wieder hervor, daß er wie Robin Hood die Reichen beraube, um den Armen zu helfen. Viele glaubten ihm, und so gewann er unter Sträflingen und Kleinbauern ein Netz von Zuträgern, über das er von Truppenbewegungen erfuhr, kaum daß sie begannen.

Howe war ein natürlicher Führer, er verfügte über eine ungeheure Vitalität und Organisationsgabe. Die Disziplin in seinem Trupp war fast wie in der Marine, und jedes Mitglied mußte einen Treueid auf ein Gebetbuch ablegen. Er nahm an, die Vorsehung habe ihn dazu ausersehen, im Namen der Sträflinge Rache am verhaßten System zu nehmen, und er war so fest davon überzeugt, ihm könne nichts geschehen, daß er 1816 einen überheblichen Brief an Davey schickte, weil er glaubte, der Gouverneur werde ihn und seine Leute begnadigen, sofern sie sich stellten. Er erklärte, seiner Ansicht nach sei Gott auf der Seite der Buschläufer, und forderte Davey auf, binnen zehn Tagen zu antworten und ehrliches Spiel mit ihm zu treiben. Dies Sendschreiben, eines von mehreren, die Howe an Davey und dessen Nachfolger William Sorell schickte, war mit Blut geschrieben (wie übrigens auch sein Tagebuch, in dem er seine Alpträume festhielt) und von zehn weiteren Buschläufern unterzeichnet.

Davey dachte nicht daran, die Forderungen zu erfüllen, und teilte Howe mit, in Fällen von Kapitalverbrechen Begnadigungen auszusprechen obliege ausschließlich dem Gouverneur. So ging das Räuber-und-Banditen-Spiel also weiter, wobei die Räuber bis zum Ende von Daveys Amtszeit und der Ankunft des neuen Gouverneurs, Colonel William Sorell, meist gewannen.

In jenem Jahr neigte sich Michael Howes Glück dem Ende zu. Er hatte eine ihm treu ergebene Aborigines-Frau zur »Gattin« genommen, die Schwarze Mary. (Eine solche Beziehung war selbstverständlich für einen Buschläufer von unschätzbarem Wert, da er von ihm freundlich gesinnten Schwarzen eine Vielzahl von Kniffen für das Überleben lernen konnte.) Als das Paar eines Tages in einen Hinterhalt von Soldaten geriet, lief Howe davon, doch die hochschwangere Schwarze Mary konnte nicht Schritt mit ihm halten. Bei einem Feuergefecht traf eine von Howes Kugeln sie, und die Soldaten, darauf bedacht, Howe als

Ungeheuer hinzustellen, behaupteten später, er habe absichtlich auf sie gefeuert, damit sie nichts ausplaudern könne. Howe jedoch erklärte beharrlich, es habe sich um einen Unfall gehandelt, und das dürfte auch stimmen.

Doch die von ihrem Geliebten angeschossene, zurückgelassene Schwarze Mary dürstete nach Rache. Nachdem sie genesen und von dem Kind entbunden war, erbot sie sich freiwillig, Jagd auf ihn zu machen. Aber selbst von ihren überragenden Fähigkeiten unterstützt, fingen ihn die Soldaten nicht, doch Howe merkte, daß sich die Stunde der Abrechnung näherte, und versuchte, mit Sorell zu verhandeln. Der neue Gouverneur bot ihm eine Begnadigung für alle seine Verbrechen mit Ausnahme von Mord an und sagte ihm zu, soweit wie möglich auch bei den Mordanklagen Gnade walten zu lassen, vorausgesetzt, er liefere seine Helfershelfer ans Messer. Howe stellte sich und begann nun auszusagen und nannte eine überraschende Anzahl »achtbarer« Siedler, die als Hehler für gestohlenes Vieh und Diebesgut tätig geworden waren. Peinlicherweise befand sich unter ihnen Hobarts Gottesmann, der Reverend Robert Knopwood, und Sorell begann dessen Beziehungen zu den Buschläufern zu untersuchen. Mag sein, daß an der Sache etwas war, denn eines Nachts verschwanden auf geheimnisvolle Weise alle protokollierten Aussagen.

Die zugesagte Begnadigung Howes blieb jedoch aus. Er wurde angesichts der Verzögerung nervös und floh im September 1817 erneut in den Busch. Ohne seinen Trupp, der während seiner Abwesenheit in plündernde Grüppchen zerfallen war, mußte er tief in die Bergtäler am Oberlauf des Shannon gehen, »eine trübselige Einsamkeit des Wolkenlandes«, wie jemand geschrieben hat, »die Felsenheimat einsiedlerischer Adler«. Von Zeit zu Zeit lauerte er Bauern auf – die in dieser abgelegenen Gegend völlig ohne Schutz waren, denn sie lag an der äußersten Siedlungsgrenze der Insel – und forderte unter entsetzlichen Drohungen Lebensmittel und Munition von ihnen. Im September 1818 entkam er nur knapp einem Kopfgeldjäger namens John McGill, einem ehemaligen Sträfling, der ihn mit Hilfe eines aus Sydney herbeigebrachten Aborigines-Fährtenlesers aufgespürt hatte.

Doch nur einen Monat später trieben ihn zwei Weiße namens Worrall und Pugh in seiner Hütte am Shannon in die Enge. Worrall und Howe standen einander mit schußbereiten Pistolen auf fünfzehn Metern gegenüber. »Erstaunt sah er mich an«, sagte Worrall später, »doch ich ihn auch, denn er war mit Fetzen von Känguruhfell bedeckt und hatte einen schwarzen Bart. Nach einem Augenblick rief er aus: ›Schwarzbart gegen Graubart für eine Million!‹ und feuerte« – aber daneben. Worrall schoß ihn nieder, und Pugh zerschmetterte ihm mit seinem Gewehrkolben den Schädel. Sie trennten den Kopf des Buschläufers vom Rumpf und brachten ihn nach Hobart, wo ihn Sorell aufgespießt öffentlich zur Schau stellte.

Weder Howe noch sein Trupp hätten länger als drei Jahre unbehelligt bleiben können, wenn nicht Sträflinge, Freigelassene und sogar freie Siedler, die ins Land gekommen waren, um reich zu werden, sie insgeheim gedeckt und bisweilen auch offen unterstützt hätten. Mit Howe entstand ein australischer Typus – der Buschläufer als Volksheld –, und als er dahin war, lebten seine Nacheiferer weiter, verspotteten offen das Gesetz und verursachten der Regierung großes Kopfzerbrechen.

Immerhin waren 1821 53 Prozent der Gesamtbevölkerung von Vandiemensland Sträflinge, und man befürchtete, daß sich der Bazillus des Widerstands unter ihnen ausbreiten könnte. Dutzende von Buschläufern trieben in der Gegend um Hobart ihr Unwesen, fünfzehn oder zwanzig waren ihren Herren oder aus den Regierungskolonnen in Launceston auf und davon gegangen und sieben oder acht aus dem Gefängnis in Hobart ausgebrochen. Die Vielzahl an Diebereien, Vieh- und Schafdiebstahl ließen, wie Sir John Wylde, Macquaries stellvertretender Richter, schrieb, »die Hoffnung als trügerisch erscheinen, ein erneuter Gnadenerweis könne bei ihnen eine grundsätzliche Besserung bewirken«. Im Klartext bedeutete das: »So viele wie möglich aufhängen.«

Und das geschah auch. Bei einem Besuch mit Wylde auf Vandiemensland unterhielt sich Macquarie mit Sorell und sorgte dafür, daß für die im Gewahrsam befindlichen und auf ihren Prozeß wartenden »grausamen und wilden, räuberischen Schurken« genug Seil zur Verfügung stand. In Launceston trat ein Gericht zusammen, und neun von dreizehn Buschläufern wurden gehenkt, in Hobart zehn von 26. »Nachdem jetzt auf diese Weise ein abschreckendes Exempel statuiert worden ist«, schrieb Macquarie nach London, »kann ich berichten, daß wohl für die Zukunft dem Buschläufer-Unwesen ein Ende gesetzt ist, höchstwahrscheinlich für viele Jahre.«

Er irrte. Buschklepper und Strauchdiebe trieben auch nach 1821 unbeirrt weiter ihr Unwesen und wurden nach wie vor von Sträflingselementen in der Bevölkerung unterstützt. Der nächste »Robin Hood«, der auf Vandiemensland zu Ruhm kommen sollte, war Matthew Brady (1799–1826), ein junger Mann aus Manchester, 1820 zu sieben Jahren Exil an der Unheilsküste verurteilt, weil er einen Korb mit etwas Schinken, Butter und Reis gestohlen hatte. Wutschnaubend unternahm er Fluchtversuch auf Fluchtversuch und erlitt die gesamte Stufenleiter der Strafen, bis hin zum absoluten Tiefstpunkt: Macquarie Harbour. In den ersten vier Jahren seiner Deportation bekam er 350 Peitschenhiebe.

Im Juni 1824 entkam er abermals mit dreizehn weiteren Sträflingen in einem Walfängerboot aus Macquarie Harbour. Noch im selben Monat erreichten sie den Derwent, gingen an Land, beraubten einen Siedler seiner Waffen und Vorräte und zogen durch den Busch. Schon bald kannte sie jeder. Colonel George Arthur, der neue Gouverneur von Vandiemensland, ließ die Eukalyptusbäume förmlich mit Aufrufen tapezieren, in denen er alle Siedler »aufs allerernsteste« aufrief, sich an der Jagd auf Bradys Trupp zu beteiligen und ihre der

Krone unterstehenden Arbeitskräfte aufzufordern, alles weiterzuleiten, was sie etwa erfuhren. Sträflinge, die bei freien Siedlern arbeiteten, verbargen Brady und seine Männer jedoch in Scheunen, gaben ihnen zu essen und zeigten ihnen, wo ihr Brotherr seine Waffen aufbewahrte. Als nächstes wandte sich Arthur daher an niedrigere Instinkte, indem er Belohnungen aussetzte: zuerst zehn Pfund pro Kopf für jedes Mitglied des immer noch anwachsenden Brady-Trupps, der, wie gerüchteweise verlautete, inzwischen hundert Mann stark war, dann 25 Pfund. Sofern ein Sträfling Angaben machte, die zur Festnahme eines dieser Banditen führten, wurde er freigelassen. Das einzige Ergebnis war eine Mitteilung, die sich eine Woche später an der Tür des Gasthofs »Royal Oak« in Cross Marsh angeschlagen fand:

»Es erfüllt Matthew Brady mit großer Sorge, daß ein gewisser Sir George Arthur noch frei herumläuft. Wer ihn mir übergibt, bekommt zwanzig Gallonen Rum.«

Kein Zweifel, der Junge war auf Draht – und auf seine Weise war er auch ritterlich. Nie tat er einer Frau etwas, und er ließ auch nicht zu, daß sich Mitglieder seines Trupps Übergriffe auf Frauen erlaubten. Als sein Kumpan McCabe die Frau eines Siedlers vergewaltigen wollte, schoß ihn Brady durch die Hand, peitschte ihn gnadenlos aus und verstieß ihn aus dem Trupp; zehn Tage später wurde McCabe von Arthurs Polizei gefaßt und gehängt. Ein als »das Ungeheuer« bekannter Psychopath namens Mark Jeffries, ein Henker und Auspeitscher der Regierung, war davongelaufen und hatte auf der Flucht die Frau eines Siedlers entführt. Das Schreien ihres Neugeborenen ärgerte ihn so sehr, daß er es an den Beinen nahm und mit dem Schädel gegen einen Eukalyptusbaum schlug. Später wurde er gefangen und in Launceston bis zur Verhandlung festgesetzt. Als Brady davon hörte, kostete es große Mühe, ihn von seinem Plan abzubringen, seinen Trupp offen gegen das Gefängnis Launceston zu führen, alle Gefangenen zu befreien, Jeffries mit Gewalt herauszuholen und zu Tode zu peitschen.

Da Brady wußte, daß seine Sicherheit von anderen Sträflingen abhing, achtete er streng darauf, daß kein von der Regierung einem Farmer als Arbeitskraft zugewiesener Sträfling in den von ihm beraubten Anwesen zu Schaden kam; damit sie aber später nicht vor der Polizei »singen« konnten, zwang er sie, so lange vom Whisky ihrer Herren zu trinken, bis sie sich nicht mehr erinnern konnten, was die Männer gesagt hatten oder in welche Richtung sie davongezogen waren. Mindestens ein unglücklicher Abstinenzler starb an dieser Kur, und andere fühlten sich – kein Wunder angesichts der miesen Qualität des Alkohols in der Kolonie – anschließend hundeelend.

In die Ecke getrieben, kämpfte der Trupp wie tasmanische Teufel und schoß sich kaltblütig den Weg aus manchem Polizeihinterhalt frei. Sie machten sich kein Gewissen daraus, Rache an Menschen zu nehmen, die sie als Unterdrücker ansahen – vor allem ›Prügelrichter‹ –, doch sie behandelten ihre Gefangenen anständig, wenn sich diese ihnen gegenüber zuvor anständig verhalten hatte. So fingen sie einen gewissen John Barnes, einen Arzt der Kolonie, während sie das Haus eines Richters in Coal River plünderten:

> »Einer der Männer, die mir auflauerten, war wenige Tage zuvor auf Befehl des Richters wegen einer unbedeutenden Beschwerde seines Herrn ausgepeitscht worden. Dem Mann ging es nicht sehr gut, und ich beendete die Auspeitschung vorzeitig und verlangte, daß ihm der Richter den Rest erließ. Daran erinnerte sich der Mann mit gewisser Dankbarkeit, sonst wäre es mir wohl übler ergangen.«

Sie nahmen seine Uhr, gaben ihm aber sein chirurgisches Besteck zurück, »mit den Worten, es könne ihnen im Laufe der Zeit von Nutzen sein.«

Aber Gouverneur Arthur ließ nicht locker und brachte Brady schließlich doch zur Strecke. Mit einer neu aufgestellten Polizeitruppe und zusätzlichen Soldaten des 40. Regiments holte er sich bei zahlreichen Scharmützeln einen Buschläufer nach dem anderen. Er setzte Belohnungen aus, denen niemand widerstehen konnte – 300 Guineen oder 300 Acre pachtfreies Land für den, der Brady brachte. Sofern das ein Sträfling war, wurde ihm eine bedingungslose Begnadigung und kostlenlose Rückkehr nach England zugesagt. Arthur schickte Polizeibeamte aus, die sich als entflohene Sträflinge ausgaben.

In einen Hinterhalt gelockt, bekam Brady in einem Gefecht bei Paterson's Plains außerhalb von Launceston eine Kugel ins Bein. Zwar entkam er, wurde aber einige Tage später humpelnd und erschöpft von einem Siedler namens John Batman (dem späteren Gründer Melbournes) eingefangen.

Matthew Brady wurde im Gefängnis von Launceston in Gewahrsam genommen und einige Tage später krummgeschlossen nach Hobart gebracht. Das Volk aber feierte Brady als seinen Helden, und Dutzende von Bitten um Gnade erreichten den Gouverneurssitz. Frauen vergossen Tränen um den »hübschen Jungen«, der sich ihrem Geschlecht gegenüber so ritterlich erwiesen hatte. Täglich füllte sich seine Zelle mit Besuchern, die ganze Körbe voll Blumen brachten, Briefe, Obst und frischgebackenen Kuchen. Wäre über sein Geschick abgestimmt worden, hätte er als freier Mann davongehen können.

Aber der Richter war entschlossen, ein warnendes Exempel zu statuieren. Am 4. Mai 1826 empfing Brady seine letzte Kommunion und bestieg das Schafott über einem Meer von Gesichtern – kummervoll die einen, die anderen ihm zujubelnd. Nur seine Feinde schwiegen. Die Regierung konnte seinen Namen nicht aus dem Gedächtnis des Volkes tilgen: Ein 1300 Meter hoher Berg in den

Western Tiers, der auf Arthur's Lake hinabsieht, heißt noch heute Bradys Ausguck, und es gibt hinter dem Tungatinah-Kraftwerk an der Lyell-Fernstraße einen Bradysee. Mike Howe hingegen hat man weniger bemerkenswerte geographische Denkmäler gesetzt: Man hat nach ihm eine Schlucht in der Nähe von Lawrenny und einen Sumpf östlich des Tafelbergs benannt.

Keineswegs war Matthew Brady der letzte Buschklepper Tasmaniens und auch nicht der letzte, der volkstümlich wurde. Doch er war der letzte politisch bedeutsame Bandit, das letzte drohende Grollen einer Sträflingsgegenkultur auf Vandiemensland. Ihre Reste schwanden bald unter dem geduldigen und systematischen Totalitarismus von Sir George Arthur dahin. Nach Bradys Tod war kein umherziehender Buschklepper mehr imstande, das Vordringen der Besiedlung Tasmaniens zu behindern oder gar zu bedrohen. Vandiemensland war eine kleine Insel, die bald bevölkert war, und das Siedlungsmuster sowie die intensive Nutzung beraubte die Buschklepper bald der ihnen günstigen Umgebung. Ab Mitte der dreißiger Jahre konnten sie nicht mehr aus urwüchsiger Wildnis heraus in einem Tagesmarsch oder -ritt einen Schlag gegen einen wohlhabenden Bauern oder eine Stadt führen. Sie hatten keine Deckung mehr, waren wie Füchse auf einem abgeernteten Feld. Tausendzweihundert Kilometer weiter nördlich auf dem Festland, auf den weit von der Küste entfernten riesigen Flächen von Neusüdwales, fuhren die Banditen jedoch fort zu plündern und das Gesetz herauszufordern, erinnerten Sträflinge und mahnten ihre Herren daran, daß Ketten dazu da sind, um zerbrochen zu werden.

4

Der im Volk lebendige Mythos des australischen Buschkleppers gewann nach 1825 auf dem Festland seine endgültige Gestalt in Erzählungen und Liedern. Während Gouverneur Arthur ihn auf Vandiemensland konsequent unterdrückte, gewann er in Neusüdwales Leben und setzte sich unauslöschlich fest.

Die Buschläuferei wurde dort später als auf Vandiemensland zu einem gesellschaftlichen Problem, weil Sydney und Parramatta in den ersten Jahren nie darauf angewiesen waren, zum Überleben Sträflinge als Känguruhjäger auszuschicken. Erst als die Kolonie über die schmalen Ebenen an der Küste hinauswuchs und sich über die Berge bis Bathurst ausdehnte (womit Gesetzlose zahlreiche Verstecke in den Schluchten und Höhlen der Blauen Berge fanden, die jetzt für ihre Überfälle nahe genug der neuen Verbindungsstraßen und Bauernhöfe lagen), begann die Buschklepperei in großem Maßstab. Daß sie Zulauf fand, dafür bürgte Gouverneur Ralph Darlings Verschärfung der Zucht unter den Sträflingen. Die meisten Buschläufer stammten aus den gefürchteten Kettenkolonnen: Arbeitskolonnen, bei denen in Ketten schuftende Männer die Große Straße nach Westen über die Blauen Berge wie auch die 1825 vermessene und 1831 vollendete Große Straße nach Norden vorantrieben. Sie verband über fast 300 Kilometer schroffer, unfruchtbarer Schluchten Sydney mit den aufblühenden Ackerlandbezirken von Maitland und dem Tal am Hunter-Fluß. Die Bezeichnungen für bestimmte Stellen an diesen Straßen sprechen für sich selbst: »Hungerebene«, »Keingrastal«, »Des Teufels Rückgrat«. Während sich die Sträflinge Fußbreit um Fußbreit durch den Sandstein vorankämpften, gab es reichlich Männer, die lieber alle Gefahren des Busches auf sich nahmen, als auch nur einen einzigen weiteren Tag zur Sklaverei verurteilt in der Kettenkolonne zuzubringen.

Zehn Jahre lang trieben auf den Straßen und in den zum Teil besiedelten Bezirken von Neusüdwales westlich von Parramatta und Bathurst sowie nördlich des Hunter-Flusses einzeln oder in kleinen Trupps Buschklepper ihr Unwesen. Romantisch war nichts an ihnen, und vereinzelten Harmlosen, die einfach des Sträflingsdaseins überdrüssig waren, stand die Mehrzahl derer gegenüber, die vom Verbrechen lebten. Ihre Opfer waren die Kleinbauern, nicht die Reichen, und sie gingen mit aller Brutalität zu Werke. Einige neigten – nicht ohne Grund – zu geradezu paranoidem Mißtrauen: Daniel »Mad Dog« Morgan (ca. 1830–1865), einer der Buschläufer, der Victoria und New South Wales nach der Sträflingsperiode terrorisierte, hatte so große Angst davor, vergiftet zu werden, daß er außer hartgekochten Eiern von den Siedlern, die er beraubte, keine Nahrungsmittel annahm.

Auch wenn sie eingefangen wurden, führten sich Buschklepper keineswegs wie Robin Hood auf. So nahm ein entflohender Sträfling namens John Jenkins – der 1834 Dr. Robert Wardell, Anwalt und einstiger Herausgeber der wichtigsten Zeitung der Kolonie, *The Australian,* in der Nähe von Sydney erschossen hatte – nach dem Schuldspruch auf die übliche Frage des Richters, ob er noch etwas zu sagen habe,

> »eine drohende Haltung ein und erklärte, man lasse ihm keine Gerechtigkeit widerfahren. Und ob er gehenkt werde oder nicht, sei ihm ebenso egal wie sämtliche Mitglieder des Gerichts, die abzuknallen ihm nicht das geringste ausmachen würde. Er griff dann unvermittelt seinen Mittäter an und schlug ihn so heftig ins Gesicht, daß er zusammenbrach. Der Richter saß baß vor Staunen da, und ein Dutzend Konstabler waren erforderlich, um den Mann zu bändigen und ihm Handschellen anzulegen.«

Erst 1839 konnten Reisende zuversichtlich sagen, daß es keine Buschklepper mehr gab, außer an für die berittene Polizei unzugänglichen Orten. Diese Polizeitruppe, deren einzige Aufgabe darin bestand, Buschläufer aufzuspüren und einzufangen, nahm 1825 ihren Anfang als kleine Dragonereinheit unter Gouverneur Brisbane. Selbst als Darling sie so vergrößerte, daß sie 1839 aus neun Offizieren, 156 Unteroffizieren und Gemeinen mit zusammen 136 Pferden bestand, genügte das nicht annähernd, um ein so großes Gebiet hinlänglich zu patrouillieren. Diese »Pferdepolizei« war kaum weniger unbeliebt als die Buschklepper selbst, und das galt auch für Sir George Arthurs Konstablertruppe auf Vandiemensland. Sie neigte zur Gewalttätigkeit im Umgang mit Kleinbauern, die ihr von vornherein selbst verdächtig waren. Da diese selbst früher Sträflinge waren, unterstellte ihnen die Polizei, Buschkleppern aus Solidarität Zuflucht zu gewähren. Freie Arbeiter haßten sie wegen des unter Darlings Buschklepper-Notverordnung von 1830 eingeführten »Paßzwangs«, der vorsah, daß jeder in der Kolonie, der nicht auf Aufforderung seinen Freibrief und seine Reisedokumente vorzeigen konnte, festgesetzt werden durfte, bis er zu beweisen imstande war, daß er *kein* entflohener Sträfling war. Trotz seiner Unbeliebtheit wurde die Gültigkeit dieses Gesetzes unter Gouverneur Bourke 1832 und erneut 1834 verlängert. Obwohl Bourke etwas liberaler war als Darling, tröstete er sich mit dem Gedanken, die Situation rechtfertige es, mit einem solchen Gesetz das britische Rechtsempfinden zu verletzen, und er sagte 1832 in London: »Ich denke, daß es unter den freien Bewohnern der Kolonie viel Unzufriedenheit gäbe, wollte man sie des Schutzes berauben, den dies Gesetz ihnen gewährt.«

Hinzu kam, daß die Kolonie ein wahrer Sumpf von Bespitzelung und Denunziation geworden war, denn Gouverneur Darling hatte wie Sir George für zur Ergreifung von Buschräubern führende Angaben Belohnungen ausgesetzt. So sahen sich die Angehörigen der unteren Stände als Opfer der gegen die Buschklepper gemünzten Gesetze, was eine Welle der Sympathie für die Gesetzlosen auslöste. Denn sosehr auch die freien Siedler die Buschräuber verabscheuen mochten, so war es doch nicht einfach, alle Spuren des Gemeinschaftsgefühls zwischen Menschen zu tilgen, die die Peitsche der Regierung gespürt hatten.

Gegen Ende der zwanziger Jahre hatte diese Sympathie bereits ihren Niederschlag in Volksballaden gefunden – leider ist keiner der Texte auf uns gekommen. Held eines Liedes zu sein war für einen Sträfling ein Stück Unsterblichkeit, überlegte der Arzt Peter Cunningham in *Two Years in New South Wales* (1827):

> »Das Vergnügen daran, daß man über ihn redet, verführt manchen Burschen, so glaube ich aufrichtig, zu solcher Art von Leben – es freut sie, daß andere ihre Taten in Liedern rühmen. Viele sind stolz darauf, daß ihr Name im Gedächtnis der Allgemeinheit weiterleben wird, noch lange nachdem sie von uns zu einer Strafkolonie aufgebrochen sind, sei es in dieser Welt oder der nächsten.«

Im selben Jahr, da Cunningham dies Buch herausbrachte, begann der »Modellheld« der australischen Sträflingsballade seine verzweifelte Laufbahn. Das ihm gewidmete Werk, das erste über einen Buschräuber, das bis in unsere Tage überlebt hat, beginnt schwungvoll:

»Herbei, ihr edeln Buschläufer, zieht durch das Land so frei,
Schluß mit der schnöden Sträflingsfron und mit der Sklaverei,
Beherzigt meine Worte, und hört aufmerksam zu,
Ich künde euch vom unvergleichlichen Jack Donohoe!«

Dieser »Kühne Jack« war ein 1823 in Dublin zu lebenslänglicher Deportation verurteilter kleiner, sommersprossiger, blonder und blauäugiger Ire namens John Donohoe (1806–1830). Bei seiner Ankunft 1825 war er auf die übliche Weise einem Siedler zur Arbeit zugeteilt worden. Er hatte wegen eines Vergehens beim Straßenbau in Ketten arbeiten müssen und war dann einem Arzt in Parramatta, Major West, zugewiesen worden. Die Ballade berichtet mit nur geringfügiger Übertreibung:

»Kaum hatte er in Australien ein Jahr gefront in Ketten,
Tat er sich, wie auch früher schon, auf die Straße retten.
Nahm Jacky Underwood und Webber und Walmsley mit dazu,
So heißen die wahren Gefährten des Kühnen Donohoe.

Dann wurde er wegen eines Vergehens gefangen,
Und verurteilt, am hohen Galgen zu hangen.
Doch unterwegs nach Sydney verschwand er flugs im Nu,
Und als sein Name verlesen wurde, fehlte Jack Donohoe.«

Das Vergehen, für das er gehenkt werden sollte, fand im Dezember 1827 statt: Donohoe überfiel zusammen mit zwei irischen Kumpanen namens Kilroy und Smith die Ochsengespanne, die auf der Windsor Road zwischen den Höfen und dem Markt hin und her fuhren – bei dieser Art von Straßenräuberei war wegen der Gemächlichkeit des Gefährts kein Pferd erforderlich. Bald wurden die drei Männer eingefangen und im März 1828 zum Galgen verurteilt. Kilroy und Smith ereilte ihr Geschick auch, doch Donohoe entfloh auf dem Weg vom Gericht zur Todeszelle. Binnen kurzem hatte er einen kleinen Trupp weiterer irischer und englischer Flüchtlinge zusammen. Sie stahlen Pferde und trieben in den nächsten achtzehn Monaten zum Schrecken der gesetzestreuen Bürger in einem riesigen Gebiet hinter den Blauen Bergen ihr Unwesen. Kaum eine Woche verging ohne einen Überfall, und im Busch, wo es schwer war, Waren zu bekommen, konnte Donohoe die Beute ohne weiteres losschlagen. Nach seinem

Tode zeigte sich bei Durchsuchungen der Polizei, daß nicht weniger als dreißig Kleinsiedler Abnehmer für sein Diebesgut gewesen waren.

Die Ballade berichtet weiter, wie eine Polizeipatrouille Donohoe bei Bringelly in der Nähe von Campbelltown, nicht weit von Sydney, stellte, und schmückt die Szene – wie das ihre Aufgabe ist – grell aus. Donohoe erklärt stolz, von ihm solle niemand sagen können, daß er sich einem Polizisten ergebe oder ein Sklave der Engländer werde – lieber werde er wie ein Dingo oder Känguruh durch die Wildnis streifen, als eine einzige Stunde für die Regierung arbeiten. Da ein so »edler« Räuber selbstverständlich nur der Heimtücke erliegen kann, heißt es weiter, die Polizei habe von allen Seiten, auch von hinten, auf ihn gefeuert, so daß schließlich eine Kugel das Herz des »Kühnen Jack Donohoe« durchbohrte. Zuvor aber:

»Er schoß neunmal und traf neunmal – neun Männer waren tot,
Bevor ihn die Kugel ereilte, die seine Brust färbte rot.
Er sagte dieser Welt adieu, bevor er die Augen tat zu,
Ermahnte die Gefährten: ›Betet für die Seele von Jack Donohoe.‹«

Natürlich hat Donohoe nicht neun Polizisten mit neun Schüssen getötet, und seine einzigen bezeugten Äußerungen im Augenblick der Schlacht waren ein Strom von Flüchen, mit denen er die »verdammten Mistkerle« aufforderte, zu kommen und sich eine Kugel in den Balg zu holen – oder etwas in der Art. Er wurde auch nicht ins Herz, sondern in den Kopf geschossen – und so weiter.

Balladen sind nicht Geschichte, dennoch vermitteln sie uns ein Gefühl der allgemeinen Meinung zu historischen Ereignissen, selbst zu unbedeutenden wie der Erschießung eines aufgeblasenen, fluchenden, kleinen Iren durch ein Kommando berittener Polizei unter den Eukalyptusbäumen an einem heißen Septembernachmittag des Jahres 1830. Im Tode wurde aus Donohoe mehr als die geringfügige Summe seiner Teile im Leben.

Dazu hätte es nicht kommen können, wäre Donohoe ein Sadist, ein Frauenschänder oder, wie Mark Jeffries auf Vandiemensland, ein Kindermörder gewesen. Die Australier bewunderten seine Kühnheit, und da die meisten Gouverneur Darling ohnehin nicht ausstehen konnten, sahen sie mit Vergnügen zu, wie ihm dieser Buschräuber auf der Nase herumtanzte. Für sie – zumindest die Freigelassenen und die Sträflinge, also die Mehrheit – bedeutete Donohoe keine Gefahr. Die Legenden, die sich um diese Phantasiegestalt ranken, verschafften der Unzufriedenheit der Australier mit ihrem eigenen, ewig gleichen Leben ein Ventil, und dies Empfinden hat seither stets am Anfang des Kultes um tote Buschräuber gestanden. Außerdem war Donohoe Ire, und in den Balladen wird der Haß des irischen Sträflings gegen den englischen Wärter deutlich: »Sklave eines Engländers werden oder sich der Polizei ergeben / das wird man beim Kühnen Donohoe nimmermehr erleben.«

Vor dreißig Jahren hat der australische Historiker Russel Ward auf die Unterschiede zwischen dem »Kühnen Jack Donohoe« und früheren Balladen wie zum Beispiel »Vandiemensland« hingewiesen. In ihnen zeigt sich eine deutlich gewandelte Haltung. Während die früheren das System im Namen der englischen Werte akzeptieren, widersetzen sich ihm spätere im Namen der irischen Werte, die zu australischen werden.

»Vandiemensland« ist eine Ballade, die sich warnend an eine englische Zuhörerschaft daheim wendet – »denn kenntest du mein Elend«, endet eine Version davon, »du würdest nie mehr wildern«. Den Aufruf zur Reue enthielten alle in England umlaufenden Balladen (ohne ihn hätten sie dort kaum gedruckt und unters Volk gebracht werden können). Es wird betont, daß die Sträflinge Opfer eines harten Geschicks sind, das sie aus eigener Kraft nicht zu ändern vermögen.

Auf keinen Fall stellen sie die Gesellschaftsordnung oder die Geltung von Gesetzen in Frage, wie es die Donohoe-Ballade tut. So ist auch die Unterscheidung zu verstehen, die australische Behörden seinerzeit zwischen gewöhnlichen Balladen und »Verratsliedern« machten, deren Singen (wie berichtet wird) verboten war; allerdings scheint es darüber keine Gesetze gegeben zu haben. Aus einigen dieser Balladen ertönt deutlich die Stimme des Aufruhrs gegen Auspeitscher und Tyrannen, wie es auch bei den letzten vier Versen von »Jim Jones« der Fall ist, wo auch Donohoe wieder erwähnt wird:

»Die Ketten klangen Tag und Nacht und wie Galeerensklaven
quälen wir uns bis in den Tod und enden im ehrlosen Grab.
Doch ich will meine Ketten sprengen und in den Busch entfliehen
ich will zu den tapferen Buschläufern und Jack Donohoe gehen.
Und eines Nachts, wenn die ganze Stadt schläft,
töte ich alle Tyrannen und werde ihre Helfer erschießen,
Ich werde die Gesetzeshüter erschrecken, sie werden es bedauern,
daß sie Jim Jones in Ketten nach Botany Bay verbannten.«

Ein weiterer bedeutender Unterschied zwischen den Balladen im Stil der Donohoe gewidmeten (und davon gab es viele) und den früheren, für das englische Publikum – häufig wohl auch von Moritatensängern in England selbst – verfaßten lag in ihren Aussagen über die Natur und die Weite Australiens. Bis etwa 1830 zeigen die Deportationsballaden und die Fliegenden Blätter den Busch als unfruchtbar und feindselig, seine Fauna (mit Ausnahme des Känguruhs, das abscheulich zu finden niemand fertigbrachte) als unheimlich, wenn nicht gar ekelhaft und widerlich. Die Unheilsküste ist in ihnen eine Wüstenei voller Schlangen und Kannibalen, unerträglich seltsam, die Welt auf den Kopf gestellt. »Um unsere Kojen Feuer, damit man schlafen kann / um Wolf und Tiger zu vertreiben auf Vandiemensland.« So heißt die Klage in der Ballade »Vandiemensland«, die getreulich den Charakter der Strafkolonie spiegelt, wo die Natur die Strafe auszuführen bestimmt war, der Busch das Gefängnis sein sollte.

Damit, daß der entkommene Sträfling den Busch zu seiner neuen Heimat erkor, erhob er ihn zum Symbol der Freiheit. Der Busch ist die Zitadelle des Neinsagers, des Aufrührers: und daher bezieht auch der Refrain aus dem »*Wild Colonial Boy*« für die Ohren irischstämmiger Australier seinen ergreifenden und wehmütigen Klang:

»So kommt denn, meine Brüder, auf, in die Berge so weit,
Gemeinsam laßt uns rauben und sterben, wenn's ist Zeit.
Durch Ebenen laßt uns reiten und durch die Täler ziehn
und spotten des Lebens in Ketten, der Knechtschaft wir entfliehn.«

Der Buschräuber ist die erste Gestalt im Untergrund der australischen Literatur, der mit den Tieren des Busches gleichgesetzt wird: »Eh'r streif' ich durch die Berge wie Dingo und Känguruh / Als daß mich knuten die Herren, rief der Kühne Donohoe.« Die Gleichsetzung des Buschräubers mit der Landschaft dauerte an, bis die Eisenbahn der Buschklepperei ein Ende setzte – das geschah 1880, als der Kelly-Trupp zerschlagen und ihr Anführer Ned bei Glenrowan gefaßt wurde. Indem er in den Busch ging, verließ der Sträfling England und betrat Australien. Das Gefühl des einfachen Volkes pries ihn (selbstverständlich aus sicherer Entfernung) noch 150 Jahre lang wegen seiner Umwertung der Landschaft.

Kapitel VIII

Ein buntes Gemisch

1

Vierundzwanzigtausend der zwischen 1788 und 1852 zu den Antipoden deportierten Sträflinge waren Frauen: ein Siebtel. Auch heute noch halten zahlreiche Australier die »Gründermütter« ihres Landes für Huren. Zweifellos waren einige das auch im Sinne des Wortes – das heißt, sie bestritten ihren Lebensunterhalt damit, daß sie regelmäßig oder gelegentlich Männern geschlechtlich zu Diensten waren. Gewöhnlich wird das etwa jeder fünften unterstellt. Wenn sich eine Frau bei der Gerichtsverhandlung als Prostituierte bezeichnete, darf man annehmen, daß sie die Wahrheit sagte.

Höchstwahrscheinlich wurde keine Frau wegen Prostitution deportiert, denn das war zu keiner Zeit eine mit Deportation bedrohte Straftat. Überwiegend, das heißt zu mehr als vier Fünfteln, verbüßten Frauen Strafen wegen – meist ziemlich unerheblichen – Diebstahls. Die Verurteilungen wegen Gewaltverbrechen machten nur etwa ein Prozent aus, so daß Strafen von mehr als sieben Jahren äußerst selten waren. Bedenkt man die Strenge der damaligen englischen Gesetze, läßt nichts von alldem auf besondere moralische Verworfenheit schließen – und dennoch findet sich kaum eine Äußerung über die Gesellschaft in der Kolonie, kaum eine Aussage vor den verschiedenen Parlamentsausschüssen zur Deportation, fast kein Tagebuch, kein Brief in die Heimat ohne einen Hinweis darauf, wie verworfen, lasterhaft und liederlich weibliche Sträflinge in Australien seien. Offiziere, Ärzte, Richter, Pfarrer, Gouverneure und selbstverständlich deren achtbare Gattinnen waren fest davon überzeugt. Ein Mann konnte sich letztlich durch Arbeit und tätige Reue aus dem Sumpf ziehen, eine Frau so gut wie nie; von gesellschaftlich Höherstehenden durfte sie eher Verachtung als Mitleid und von Männern ihrer eigenen Schicht eher Vergewaltigung als Hilfe erwarten.

Ursprünglich nahmen australische Historiker dies Klischee unbesehen hin. »Selbst wenn diese Zeitgenossen übertreiben«, schrieb A.G.L. Shaw, »ist das Bild der weiblichen Sträflinge äußerst wenig anziehend!« Später haben sich einige eher feministisch orientierte Historiker, allen voran Anne Summers und Miriam Dixon, bemüht, die in dieser Darstellung enthaltenen Vorurteile aufzulösen, indem sie darauf hinwiesen, daß einer Vielzahl der weiblichen Sträflinge, vielleicht sogar den meisten, die Prostitution durch eine tyrannische männliche

Machtstruktur aufgezwungen wurde. Die bedeutsamste Aussage in diesem Zusammenhang stammt von Anne Summers:

> »Sowohl die Behörden im Lande wie auch die Großbritanniens hielten es für erforderlich, eine Anzahl von Huren zur Verfügung zu haben, um die Männer, Sträflinge wie Freie, friedlich zu halten. Mit voller Absicht wurde das Klischee der Prostituierten als sexistisches Mittel gesellschaftlicher Kontrolle eingeführt, und anschließend tat man so, als trügen die in seinem Namen verurteilten Frauen selbst Schuld an ihrem Schicksal.«

Kurz gesagt, ein klassischer Fall von Beziehungsfalle. Die Schwierigkeit liegt in der Qualität der zeitgenössischen Meinungen, auf denen das Hurenklischee beruhte, das sowohl Reverend Samuel Marsden wie auch (allerdings aus ganz anderen Gründen) feministisch orientierte Historiker akzeptierten.

Die britische Regierung schickte Frauen aber nicht deshalb nach Australien, um Männer in irgendeinem politischen Sinn »friedlich« zu halten; dafür sorgte die Peitsche. Dennoch hatte die eher als Zuckerbrot denn als Peitsche anzusehende Anwesenheit von Frauen ihren gesellschaftlichen Nutzen. Selbst eine Hure konnte den bösen Adam vor der Homosexualität bewahren – eine wichtige Überlegung. William Pitt war wohl bereit, eine Kolonie mit Dieben zu besiedeln, nicht aber mit Homosexuellen. Selbstverständlich gab die Regierung keine Erklärungen des Inhalts ab, weibliche Sträflinge würden gleichsam als Zuchtvieh und zur gefälligen Bedienung durch den Mann nach Australien geschickt. Lord Sydneys ursprünglicher Besiedlungsplan von 1786 sah für diesen Zweck Sklavinnen vor,

> »von den Freundschaftsinseln, aus Neukaledonien usw., die in der Nähe liegen und von wo sich unschwer eine beliebige Anzahl beschaffen läßt. Es ist hinlänglich bekannt, daß es ohne einen ausreichend großen Anteil jenes Geschlechts unmöglich sein würde, die Siedlung vor schwerer Unordnung und vor Ausschreitungen zu bewahren.«

Es war klar, daß Arthur Phillip diesen Gedanken verwarf, denn entführte Tahitierinnen würden lediglich »im Elend dahinwelken«. Seine Forderung hieß: mehr weibliche Sträflinge an die »Bucht« – nicht wegen ihrer Arbeitskraft, sondern damit die Straffälligen einander heirateten und auf diese Weise im Lande geborene Freisassen aufzogen, die dann für die landwirtschaftliche Grundlage der Kolonie sorgen sollten. Er versuchte, den Heiratswillen durch Belohnungen und das Angebot von Freizeit zu steigern (einen zusätzlichen Tag pro Woche, um auf eigenem Land etwas zum Verkauf oder Tausch anzubauen). Manche dieser in aller Eile legitimierten Verbindungen erwiesen sich als bigamistisch, da eine Anzahl der Neuvermählten bereits verheiratet war, aber den Partner in England hatten zurücklassen müssen. Vom »achtbaren« Standpunkt aus wirkte diese Vorgehensweise als Farce, und die Eile, mit der man in die Ehe strebte, wurde lediglich als die Bemühung gewertet, sich beim Gouverneur lieb Kind zu machen. Bevor er nach Australien aufbrach, erwog Phillip kurz ein Projekt lizenzierter Prostitution in Neusüdwales, ein möglicherweise wegen der allgemeinen Promiskuität in der früheren Siedlung überflüssiger Gedanke. So schreibt beispielsweise Watkin Tench in *A Narrative of the Expedition to Botany Bay:* »Ihr Zusammenkommen zu verhindern war unmöglich, das daraus entstehende Übel konnte nur gelindert werden. Man empfahl die Eheschließung, und wer sich bessern wollte, nutzte solche Vorteile, was in großem Maße zur Ruhe in der Siedlung beigetragen hat.«

Der schottische Fälscher Thomas Watling, selbst Sträfling, schrieb dazu: »Ich denke, man kann vernünftigerweise nur wenig aus der Verbindung von *Huren* und *Halunken* erwarten.« Prostitution und Konkubinat fanden sich im Sydney der frühen Kolonialzeit weit häufiger als die Ehe. In diesem Punkt stimmt der »achtbare« Sträfling mit dem »achtbaren« Offizier und dem »achtbaren« Kleriker überein, weil ihre Urteilsgrundlage genau dieselbe war. »Kaum ein Mann ist ohne Geliebte«, klagte Watling und fügte voll Unkenntnis der sexuellen Gewohnheiten der englischen Arbeiterschaft hinzu: »Die Oberen zeigen es ihnen, und die Unteren machen es ihnen nach, um recht zu handeln.« Offiziere hatten bei der Auswahl der Frauen selbstverständlich den Vortritt, und eine Frau begriff rasch, daß ihre beste Überlebensaussicht als Sträfling darin bestand, sich dem »Schutz« eines mächtigen Mannes anzuvertrauen. Ironisch riet Watling »leichten Damen«, sich möglichst deportieren zu lassen:

> »Sie dürfen schon auf der Überfahrt jeglichen Entgegenkommens der humanen Offiziere und Seeleute sicher sein, und bei ihrer Ankunft wird man sie jubelnd begrüßen. Jede Frau, und sei sie von Ansehen oder Sitten her noch so verächtlich, darf sich hier darauf verlassen, daß sie sich besser kleiden und leichter und besser leben wird, als es ihr die Prostitution je zuvor ermöglicht hatte.«

Watlings Vorurteile beruhen darauf, daß er (wie alle Fälscher) als »achtbarer« Bürger schrieb, und so spiegelte seine Meinung über weibliche Sträflinge haargenau die Haltung der Mittelschicht wider, aus der er herausgefallen war. Achtbare Menschen in London – ganz zu schweigen vom kalten schottischen Norden, der Heimat des Moralisten John Knox – sahen zwischen Prostitution und Konkubinat nur einen geringen moralischen Unterschied. Für Patrick Colquhoun gehörte die weibliche Hälfte aller unverheirateten Paare zur Kategorie »Prostituierte«, als er festzustellen versuchte, wie groß die Zahl der Angehörigen der »kriminellen Klasse« Londons sei.

Bald wurde der Begriff »Prostitution« auf jede Art außerehelicher Beziehung angewendet, ob bezahlt oder nicht. Schließlich war der Unterschied durch das Gewicht der moralischen Mißbilligung, die die Mittelschicht der Unterschicht entgegenbrachte, so gering geworden, daß der unermüdliche Berichterstatter Henry Mayhew behaupten konnte: »Prostitution besteht nicht nur in wahllosen geschlechtlichen Beziehungen, denn auch eine Frau, die ihre Gunst nur einem erweist, kann selbst dann eine Prostituierte sein, wenn Sinnenlust und nicht die Entlohnung ihr Beweggrund ist.« So ermöglichte der moralisch geprägte Wortgebrauch der englischen Mittelschicht es den Freien in Australien, eine außereheliche Beziehung unter Sträflingen als »Prostitution« zu bezeichnen. Da eine Eheschließung weder durch die Art des Strafvollzugs noch durch das Leben der Pioniere begünstigt wurde, sahen die achtbaren Bürger allenthalben »Prostitution« – selbst in bewährten Zweierbeziehungen, die ohne Trauschein viele Jahre bestanden und aus denen zahlreiche Kinder hervorgegangen waren. Auch wenn amtliche Stellen immer wieder eine positive Haltung der Ehe gegenüber betonten, wogen die allgemeine Armut der Kleinsiedler und das unsichere Leben eines freigelassenen Arbeiters, der durch den Busch ziehen mußte, diese verbale Förderung mehr als auf. Wie der Historiker Michael Sturma zeigt, ist überaus zweifelhaft, daß Sträflinge dieselben Vorstellungen über das Sexualverhalten gehabt haben sollen wie die Höhergestellten:

> »Die Sitten in der Arbeiterschaft Englands unterschieden sich deutlich von jenen Ober- und Mittelschicht. In der britischen Arbeiterklasse herrschte das Konkubinat vor, und es ist äußerst unwahrscheinlich, daß Männern jener Schicht, insbesondere Sträflingen, das sexuelle Verhalten weiblicher Sträflinge in irgendeiner Weise als unmoralisch erschien. Das Klischee, alle weiblichen Sträflinge seien Prostituierte, entstammt einer Unkenntnis der Gewohnheiten in der Arbeiterklasse.«

Ein bekanntes Ergebnis solcher Denkweise war das von dem Geistlichen Samuel Marsden 1806 erstellte »Frauenregister«. Dies Zeugnis der Bigotterie stuft jede Frau in der Kolonie mit Ausnahme einiger Witwen entweder als »verheiratet« oder als »Konkubine« ein, so daß es nach Marsdens Zählung 395 Ehefrauen und 1035 Konkubinen gab. Als einzige gültige Ehe erkannte Marsden die vor einem Geistlichen der anglikanischen Kirche von England – im Idealfall von ihm selbst – geschlossene an. Folglich wurden alle nach dem Ritus ihrer Religion getrauten Katholikinnen und Jüdinnen automatisch als »Konkubinen« geführt. Entsprechendes galt für alle Frauen, die zwar in einer dauerhaften und festen eheähnlichen Beziehung lebten, aber eben nicht verheiratet waren. So wurde beispielsweise auch Mary Marshall als »Konkubine« bezeichnet, die seit achtzehn Jahren mit ihrem »Mann«, Robert Sidaway, zusammenlebte. Sarah Bellamy lebte schon sechzehn Jahre mit dem Baumeister der Kolonie zusammen, dem Maurer James Bloodworth oder Bloodsworth, der mit der Ersten Flotte gekommen war und den Bau der ersten dauerhaften Häuser Sydneys überwacht hatte. Sie hatte ihm sieben Kinder geboren, und keine Beziehung hätte achtbarer, hingebungsvoller oder dauerhafter sein können als ihre. Als er 1804 an Lungenentzündung starb, ließ ihn Gouverneur King in dankbarer Würdigung seiner Verdienste um die Entstehung der Kolonie mit militärischen Ehren beisetzen – dennoch nennt Marsden auch Sarah Bellamy in seiner Liste »Konkubine«, desgleichen ein zwölfjähriges Mädchen und eine vierundsechzigjährige Witwe. Trotz allem wurde dies geradezu groteske Dokument des Pharisäertums in London gelesen und allem Anschein nach auch von Lord Castlereagh und William Wilberforce geglaubt, denn es galt als maßgebliche Schrift über den Zustand der Moral in der Kolonie. So heißt es bei der Historikerin Portia Robinson:

> »Wenn nur wenige Frauen dem Gesetz nach verheiratet waren, bedeutete das nicht zwangsläufig, daß die Aufführung der anderen aus Neusüdwales ›einen Sündenpfuhl‹ gemacht hätte, sondern einfach, daß die diesen Frauen vertrauten moralischen Maßstäbe und Definitionen von Ehe nicht den von Samuel Marsden der Gesellschaft aufgepfropften entsprachen. Zeitgenossen haben seine Schlußfolgerungen über die Art der Frauen an der ›Bucht‹ übernommen, und moderne Historiker schließlich sich seiner Sehweise weiterhin an.«

Marsden stand mit seinen Vorurteilen nicht allein, und so, wie man die Menschen ansieht, so behandelt man sie auch. Es mag zweifelhaft sein, daß die britische Regierung beabsichtigte, für Frauen in Australien besondere Formen der Demütigung und Erniedrigung zu entwickeln, doch war das Hurenklischee, das die Oberschicht einer in sich erstarrten kleinen Kolonialgesellschaft unbesehen für bare Münze nahm, zweifellos von ungeheurer Prägekraft. Es blieb sogar, wenn auch mit allmählich nachlassender Wirkung, noch ein volles Jahrhundert nach der Abschaffung der Deportation im Bewußtsein der australischen Öffentlichkeit. Welche Haltung hinter diesem Klischee steht, wird im privaten Tagebuch Ralph Clarks (? – 1794) deutlich, Marineoffizier auf der *Friendship* in der Ersten Flotte.

Als er 1787 nach Australien segelte, ließ er seine hübsche junge Frau Betsy Alicia Trevan zurück, die einer Familie des Landadels der Grafschaft Devonshire entstammte, mitsamt ihrem strammen Stammhalter, Ralph Stuart Clark, noch nicht ganz zwei Jahre alt. Unterwegs peinigten Clark Gewissensbisse und Heimweh. War eine Beförderung diese Trennung wert? Er füllte sein Tagebuch mit den Zeugnissen seines Kummers und versuchte, das Bild seiner Familie heraufzubeschwören.

»Meine liebe, gute Frau, Alicia, meine Freundin, meine liebe Gemahlin, ich habe Deinen Wert verkannt. Mein hübscher kleiner Sohn, du süßer Junge, was gäbe Dein Vater für einen Kuß Deiner Mutter! Ich glaube gar, ich höre ihn ›Papa, Papa‹ rufen, während ich meinen Hut nehme, um hinauszugehen. Lieber, süßer Klang, Musik meinen armen Ohren. Die einzige Glückseligkeit, die ich habe, ist es, das liebe Bild meiner Betsy und die Haare meines kleinen Jungen, die sie mir geschickt hat, mit Küssen zu bedecken. Nicht für ein Kapitänspatent gäbe ich diesen Schatz her«.

Clark folgt mit dem »lieben Bild« einem kleinen Ritual: Jeden Morgen küßt er die kleine Miniatur unter Glas, an Sonntagen nimmt er das Bild sogar unter dem Glas hervor, um »meiner lieben Alicias Bild ohne Glasrahmen zu küssen« – damit ist es symbolisch freigelegt, dem wirklichen Leben näher. Dieser Akt ist gleichzeitig Gebet und Enthüllung, Heiligkeit und Sexualität sind ineinander verwoben. Manchmal sind auch seine Träume von Alicia sexuell gefärbt: »Mir träumte letzte Nacht, daß ich meine geliebte Alicia in meinem Bett sah und sie näher an mich heranzog«, aber meist reflektieren sie nur sein Schuldbewußtsein, daß er sie verließ, und seine Angst, sie zu verlieren. Ganz versteht er seine Träume nicht, aber sie zeigen ganz offenkundig, daß er unglücklich ist:

»Ich träumte, daß Alicia eine tote Laus auf ihrem Körper fand und sie mir gab. O ungückseliger Traum, denn oft sagte sie mir, daß tote Läuse Krankheit bedeuten.«

Alicia ist in Clarks Gefühlsuniversum der Fixstern des Wohlergehens. Ihr Name beschwört alles herauf, was er – vielleicht für immer – aufgegeben hat: Sicherheit, Treue, erlaubte geschlechtliche Freuden, mütterliche Zärtlichkeit, gesellschaftliche Beständigkeit. Die konventionelle Form, in der er diese Gefühle formulierte, kann nicht über ihre Intensität hinwegtäuschen. Er hatte nie die Absicht, sein Tagebuch zu veröffentlichen. Er war kein Autor, sondern ein heimwehkranker, junger Marineoffizier, der versuchte, seine tiefsten Empfindungen in eine Sprache zu fassen, die dem damals üblichen Bildungsstand entsprach.

»Heute habe ich den Schluß der ›Tragedy of Douglas‹ gelesen, es ist ein wunderbares Stück . . . Welche Gefühle bewegen sich in Lady Randolphs Brust, als sie die Züge ihres toten, verlorenen Gatten in dem jungen Norval wiedererkennt, und sie weiß noch nicht, die treue Mutter, daß es sich um ihren verlorengeglaubten Sohn handelt . . . Aber ich kann mir nicht vorstellen, daß sie mehr Liebe empfand als meine tugendhafte Alicia.«

Wollte man sagen, Ralph Clark habe seine Frau idealisiert, wäre das zuwenig: Sie monopolisierte sein Frauenbild förmlich. Eine Frau, die sich in unpassender Weise verhielt, befleckte Alicia, ein Hinweis darauf – ihm wohl kaum bewußt –, daß auch sie ›fehlen‹ konnte. So ist der scharfe Kontrast zu verstehen, den Clark zwischen Alicia und den weiblichen Sträflingen herausstrich, über die er gesetzt war. Er wurde für ihre Sünden damit gestraft, daß er seine angebetete Gattin verlor. »Nie hätte ich gedacht, daß es in England so viele liederliche Weiber geben könnte. Sie sind zehntausendmal schlimmer als die männlichen Sträflinge, und ich fürchte, wir werden mit ihnen viel mehr Schwierigkeiten haben.« Als er das schrieb, hatte das Schiff den Ärmelkanal noch nicht hinter sich. Im Juli wurden vier Seeleute der *Friendship* dabei ertappt, wie sie es mit vier weiblichen Sträflingen im Zwischendeck trieben, und der Kapitän ließ die Männer auspeitschen. Clark kommentierte das: »Ich als Schiffskommandant hätte die vier Huren gleich mit auspeitschen lassen.« Selbstverständlich hatte die liederliche Hure auch ein Schandmaul:

> »Die Gefangene Elizabeth Barber beschimpfte den Arzt auf die infamste Weise, sagte, er sei darauf aus, sie zu v... und belegte ihn mit den entsetzlichsten Ausdrücken. Dann begann sie Kapitän Merideth weit schlimmer zu beleidigen und verstieg sich zu der Behauptung, sie sei ebensowenig eine Hure wie seine Gemahlin . . . In meinem ganzen Leben habe ich noch nicht solche Ausdrücke gehört. Sie verlangte, Merideth solle kommen und ihre ›Vagina küssen‹, denn er sei, wie wir alle, nichts als ein elender Halunke. Ich wünsche zu Gott, sie wäre vom Schiff. Lieber hätte ich hundert mehr Männer an Bord als eine einzige Frau.«

Die Kluft zwischen so »liederlichen Weibern« und der fernen Betsy, »gewiß ein Engel und keine Frau«, ist unüberbrückbar, und Clarks Haß auf die unwürdigen Angehörigen der Unterschicht, die ihn von seiner Frau wegführten, löst in ihm gewalttätige Träume und Phantasien aus. »Käme ihnen abhanden, was ich ihnen zum Waschen gegeben habe, ich schnitte sie in Stücke«, schreibt er über die Frauen, die an Bord wuschen, und später träumt er: »Ich wollte nach Tregadock, um von meinen Angehörigen Abschied zu nehmen, bevor ich mich nach Botany Bay einschiffte, wurde aber von einem Pöbelhaufen überfallen, gegen den ich mich mit dem Degen scharf durchsetzen mußte.« Drei Jahre später, als er nach dem Schiffbruch der *Sirius* die Härte des Lebens auf der Norfolkinsel miterlebt, verfaßt er einen Nachruf von erschreckender Brutalität über den ersten Menschen, der dort eines natürlichen Todes starb, einen weiblichen Sträfling namens Ann Farmer: »Sie war schon mehr als halbtot, bevor man sie von England herschickte und auf jeden Fall das gottloseste Weibsstück, denn sie hat dafür gesorgt, daß mehr als zwanzig Männer und Frauen ein unzeitiges Ende fanden. Jetzt ist sie da, wo sie ihren wohlverdienten Lohn empfangen wird.« Bald wünschte er auch anderen weiblichen Sträflingen den Tod. »Wäre der Allmächtige doch nur so gnädig, uns einige von ihnen abzunehmen, denn wir kämen weit besser ohne sie aus.«

Schließlich durfte Clark in die Heimat zurückkehren und war ab Juni 1792 für kurze Zeit wieder mit seiner Betsy Alicia vereint. Dann bricht sein Tagebuch ab, ihm war kein erneutes Wiedersehen mit seinem »Engel« vergönnt. Im Dezember 1792 nahm er wieder Dienst im Krieg gegen Frankreich, und zu Anfang 1794 starb Betsy Alicia im Kindbett, das Kind war eine Fehlgeburt. Einige Monate später fiel in der Karibik Clarks lieber Sohn Ralph dem Gelbfieber zum Opfer, ein Kadett von neun Jahren. Er befand sich an Bord desselben Schiffs wie sein Vater, der am selben Tag bei einem Seegefecht mit einem französischen Schiff das Leben verlor. Damit aber war seine Linie nicht erloschen – er hatte noch ein Töchterchen von drei Jahren, das er kaum kannte. Die Mutter war Mary Branham, ein weiblicher Häftling von der Norfolkinsel, und sie hatte dem im Juli 1791 geborenen Kind auf Clarks Drängen hin den Namen Alicia gegeben. Auf die Mutter dieses Mädchens geht er im Tagebuch mit keiner Silbe ein.

2

Die Auswahl der weiblichen Deportierten, die mit der Ersten Flotte nach Australien geschickt wurden, erfolgte willkürlich, und so gab es an Bord halbe Kinder und alte Frauen. Der nächste Transport auf der *Lady Juliana* war systematischer zusammengestellt; er bestand aus jungen Frauen im »heiratsfähigen« Alter, »da die Kolonie zu jener Zeit großen Bedarf an Frauen hatte«. Zum Teil waren sie hartgesottene Berufsverbrecherinnen, wie Mrs. Barnsley, eine Ladendiebin, die sich rühmte, ihre Familie bestehe seit hundert Jahren aus Betrügern und Straßenräubern. Ihr Bruder, ebenfalls ein Krimineller, besuchte sie vor der Ausreise häufig an Bord, »so gut gekleidet und vornehm in seiner Erscheinung wie jeder feine Herr«. Viele hatte ihr Ruin – der Teufelskreis aus Armut, Schwangerschaft und Überleben durch Diebstahl und Prostitution – so demoralisiert, daß John Nicol, ein schottischer Steward auf der *Lady Juliana*, glaubte, sie seien gern an Bord. »Als ich sie befragte«, erinnert er sich,

> »antworteten sie: ›Wie sehr ist doch unsere gegenwärtige Lage dem Zustand vorzuziehen, in dem wir lebten, bevor wir wurden, wie wir sind. Die Verbannung ist für uns ein Segen. Waren wir nicht auch daheim schon längst verbannt – und gibt es Schrecklicheres? Wir wagten nicht, unsere Verwandten zu besuchen, über die wir Schande gebracht hatten. Fremde verschlossen ihre Türen vor uns. Es war, als hätten wir die Pest, so wurden wir gemieden und gehaßt!‹«

Wie sehr solche Empfindungen auch durch die literarische Darstellung verbrämt worden sein mögen, erinnern sie doch daran, wie die ohnehin nicht besonders hohe Moral weiblicher Sträflinge auf dem Weg nach Australien gelitten haben muß. Ob London oder die »Bucht« – für viele waren beide Pole der Welt gleichermaßen fremd und hoffnungsleer. »Unglückliche Geschöpfe, die niemandem etwas zuleide tun«, nannte sie Nicol, »Opfer der schurkischsten Verführung, eine weder gefährliche noch besonders boshafte Ladung, die gleichwohl Schwierigkeiten macht. Man könnte sagen, mehr Lärm als Gefahr.«

Kaum war die Zweite Flotte auf See, beschäftigten sich die Seeleute näher mit ihrer Fracht. Sicherlich kamen sich einige der Teerjacken wie Paschas vor, die über einen Harem zur See gebieten konnten, doch ist Nicols Satz zu beachten: »Jeder an Bord erwählte sich unter den weiblichen Sträflingen eine Gefährtin, und jenen war es nicht zuwider.«

Sosehr solche Paarungen später den Moralbegriffen der Mittelschicht zuwider waren, galten sie unter Arbeitern in Dörfern, in Hafenstädten und auch London selbst als völlig normal. Nicol dürfte seine »Gefährtin« Sarah Whitlam, die auf sieben Jahre nach Australien geschickt wurde, weil sie einen Mantel gestohlen hatte, kaum als Hure angesehen haben. Er dachte voll Achtung und Zärtlichkeit an sie und nannte sie eine

> »bescheidene und zurückhaltende junge Frau, so gütig und aufrichtig, wie nur ein Mensch sein kann. Ich habe länger als eine Woche um sie geworben und hätte sie vom Fleck weg geheiratet, wäre ein Geistlicher an Bord gewesen. Sie gefiel mir von dem Augenblick an, als ich auf dem Amboß das Niet aus ihren Eisen schlug, und ich war sogleich fest entschlossen, sie nach Ablauf ihrer Zeit als meine rechtmäßige Ehefrau mit nach England zu nehmen.«

Da es ihm aber nicht gelang, sie freizubekommen, kehrte er allein nach England zurück und ließ seine Sarah mit ihrem an Bord geborenen Söhnchen in Sydney zurück.

Mit Fug und Recht mag man bezweifeln, daß alle Seeleute den weiblichen Sträflingen mit derselben Achtung gegenübertraten, die Nicol seiner eigenen Aussage nach für seine Sarah empfunden hatte. Als Lord Auckland, der Vorsitzende des Parlamentsausschusses zur Untersuchung der Deportation des Jahres 1812, im Sommer des Jahres eine Brigg mit weiblichen Sträflingen besuchte, die in der Themse vor Anker lag (lange, nachdem die Arbeit des Ausschusses abgeschlossen war), fragte er den Kapitän, mit welchen Mitteln er »unpassenden Verkehr zwischen den Seeleuten und den Frauen« zu verhindern gedenke. Er bekam zur Antwort: »Jeder Seemann darf auf der Überfahrt mit einer Frau zusammenleben«. Auckland kommentierte das: »Wäre dem Ausschuß dies Verhalten bekannt gewesen, hätte er es auf das schärfste mißbilligt, denn es ist dazu angetan, einige dieser unglücklichen Frauen zur Prostitution und zu einem liederlichen Lebenswandel zu verführen und andere darin zu bestärken.«

Gewiß schickte niemand solche »unglücklichen Frauen« nach Australien, um England von einer sozialen Eiterbeule zu befreien. Nicht einmal dann, wenn sie alle miteinander Prostituierte gewesen wären, hätte ihre Verbannung am Verbrechen in England viel geändert. Doch für eine von sexueller Not gepeinigte keimende Kolonie bedeutete dieser Zustrom deportierter Frauen viel. Die Haltung der Regierung wird an deren Alter erkennbar – eben »heiratsfähig« sollten sie sein, wie man auch dem Deportationsausschuß von 1812 mitteilte:

»*Frage:* Welche Altersgrenze ist bei den Frauen vorgesehen?
Antwort: Im allgemeinen sehen wir zu, daß die Frauen möglichst zwischen 24 und höchstens 45 Jahre alt sind. Sie sind meist sehr jung, vor allem die aus London.«

»Eine alleinstehende Frau in einem Lande voller Halunken ist zu beklagen«, schrieb einer der Offiziere des Transportschiffs *Britannia* 1798. Kaum ankerte ein Schiff mit weiblichen Sträflingen in Sydney Cove, wurde sein Oberdeck zu einem »Sklavenmarkt«, denn breit grinsend und die Frauen frech musternd, strömten geile Siedler über die Reling an Bord und versuchten, sich den Kapitän mit einer Flasche Rum gewogen zu machen. Die Frauen – für diesen feierlichen Anlaß frisch gewaschen und in die Überbleibsel ihres englischen Putzes gekleidet – wurden vor ihnen zusammengetrieben und versuchten, dabei »einen möglichst günstigen Eindruck« zu machen. Offiziere hatten die erste Wahl, anschließend waren Unteroffiziere an der Reihe, nach ihnen Gemeine, und schließlich kamen als Siedler ansässige ehemalige Sträflinge zum Zuge, die als »achtbar« genug galten, daß der Gouverneur ihnen die Erlaubnis zum Halten einer weiblichen Arbeitskraft erteilte. (Diese Genehmigungen waren vor Macquaries Zeiten ein großer Gunsterweis, und auch die Gouverneure nach Phillip, nämlich Grose, Paterson, Hunter, King und Bligh, gaben sie als ungewöhnliche Belohnung nur äußerst selten.) Der Aussage eines früheren Sträflings zufolge wurde nicht jede den Offizieren zugeteilte Frau automatisch deren Geliebte – immerhin waren einige der Männer verheiratet und hatten ihre Frauen mitgebracht –, sondern »manche der Frauen wurden von den Offizieren eher als Prostituierte denn als Dienerinnen genommen«.

Einige Zeugen fanden das Schauspiel dieses Sklavenmarktes an Bord entwürdigend, da es die ganze Kolonie fast wie ein großes Bordell erscheinen ließ, sie sahen darin »einen Brauch, der das schlechteste Licht auf die britische Regierung in der Kolonie wirft«. Die Gouverneure zögerten dennoch, ihn zu unterbinden, weil sonst die Frauen – deren Arbeitskraft nicht viel wert war – der Regierung zur Last gefallen wären. Während Macquaries Gouverneurszeit jedoch endete der Markt, nachdem einige scharfe Verweise aus London gekommen waren.

Was die weiblichen Sträflinge vor allem niederdrückte, war das Gefühl ihrer Hilflosigkeit.

Da ein Siedler mangels gesetzlicher Vorschriften eine Frau, deren er überdrüssig war, einfach aus seinem Haus weisen konnte, gab es um Sydney Cove herum eine ungern gesehene und ständig wechselnde Ansammlung von Huren und »liederlichen Weibern« ohne Anhang, und bald geriet der westliche Arm der Bucht in den Geruch der übelsten und gefährlichsten Diebesküche in der Kolonie. Schon 1793 wirkten diese Frauen auf jeden, der sie sah, anstößig, so auch auf einen spanischen Leutnant von der *Atrevida*, ein Forschungsschiff, das in Sydney Zwischenhalt machte. Sie versuchten beständig, die Männer seiner Besatzung zu verführen, praktizierten ihnen Betäubungsmittel in die Getränke, raubten sie aus und waren »durch das Laster oder, besser gesagt, durch die Habgier so heruntergekommen, daß neben ihnen die notorischen Dockweiber von Teneriffa verblaßten«. Der wegen seiner Beteiligung am fehlgeschlagenen Aufstand von 1798 als politischer Gefangener deportierte Ire Michael Hayes aus Wexford schrieb 1802 an seine Schwester Mary und forderte sie auf, keinesfalls zu ihm zu kommen. Er warnte sie vor:

> »dem Elend, das im allgemeinen schutzlosen Frauen droht, die in diesen fernen Teil der Welt kommen. Selbst wenn du bei mir wärest, müßtest du ein einsames Leben fristen, es sei denn, du tätest dich mit Prostituierten zusammen. In diesem Land gibt es über tausend Frauen, von denen ich keine zwanzig tugendhaft nennen kann. Die übrigen bestreiten ihren Lebensunterhalt mit den Mitteln der Verworfenheit. Diese Lebensweise wird von der Regierung gebilligt, und zwar schon, seit das erste Schiff hier eintraf.«

Hayes nennt auch die Strafen, die der barbarischen Behandlung von Ehebrecherinnen in puritanischen Gesellschaften ähneln – man konnte weibliche Sträflinge wegen ihrer schwächlicheren Konstitution und der relativen Milde des Gouverneurs nicht so hart auspeitschen wie Männer:

> »Sie sind so an ihren liederlichen Lebenswandel gewöhnt, daß nicht einmal die schwersten Strafen sie davon abhalten können. Ich habe selbst gesehen, wie einige ausgepeitscht, andere vom Henker mit einem Seil um den Leib durch die Stadt geführt wurden, wobei ein Schild um ihren Hals von ihrer Straftat kündete. Die gegenwärtige häufigste Bestrafung besteht darin, daß man sie kahl schert und in Wasser untertaucht, anschließend werden sie zusammen mit den Männern zur Zwangsarbeit geschickt«.

Frauen, die über Geld oder sonstigen Besitz verfügten, wurde gewöhnlich schon bei der Ankunft ein Freibrief ausgestellt – jedenfalls bis zum Ende von

Macquaries Amtszeit. Ähnlich verfuhr man bei verheirateten Frauen, die zu ihren Männern nach Sydney gingen; war der Mann ein Sträfling, bekam er im allgemeinen seinen Freibrief, »damit er besser seinen Lebensunterhalt verdienen kann«. Auch als Sträfling konnte eine Frau ihren Freibrief schon am Hafen bekommen, wenn sie eine besondere Empfehlung des Kapitäns oder Schiffsarztes vorweisen konnte – das gab Schiffsoffizieren ein Druckmittel in die Hand, die Gunst der Frauen zu gewinnen. Allerdings verzichteten die meisten darauf, es zu nutzen.

Alle anderen weiblichen Sträflinge wurden per Schiff zur Fabrik von Parramatta gebracht, in der ausschließlich Frauen arbeiteten. Es waren Schwangere oder Mütter unterwegs geborener Kinder, die auf dem »Markt« keinen Abnehmer fanden, Arme, Häßliche, Alte, Verschrumpelte, solche, die nicht ganz richtig im Kopf waren. Der Weg nach Parramatta führte durch die lange, sich windende Mündung des gleichnamigen Flusses hinauf; es ging durch eine wilde und großartige Landschaft zwischen Ufern voller alter Eukalypten, wo mit einemmal grüne Wolken aus Wellensittichen über das Wasser wirbelten und weiße Kakadus flügelschlagend von Baum zu Baum flogen. Bei gutem Wind dauerte die Fahrt einen Tag, sonst länger. In einem solchen Fall wurde das Nachtlager nahe einem der verfallenen Gasthöfe aufgeschlagen, die hie und da am Fluß lagen, schlichte Hütten mit Strohschütten. Die Wirte – keine rundgesichtigen jovialen Gastwirte wie in der Alten Welt, sondern ehemalige Sträflinge mit harten Augen, die am Rumgeschäft verdient hatten – traktierten die Frauen bis zur Bewußtlosigkeit mit Alkohol und stahlen ihnen dann ihre wenigen übriggebliebenen Habseligkeiten. Der dem Transport beigegebene Konstabler tat meist so, als sähe er nichts.

Bei der Einfahrt in Parramatta bot sich den Ankömmlingen ein Bild des entsetzlichsten Schmutzes. Die Fabrik war im etwa zwanzig mal sieben Meter großen Dachgeschoß eines Gefängnisgebäudes untergebracht. Der Raum starrte vor Dreck, und sein Boden konnte nicht geschrubbt werden, da sich die Dielen so sehr verzogen hatten, daß das Wasser sogleich durch die Ritzen auf die Köpfe der Gefangenen in den darunterliegenden Zellen gelaufen wäre. Das Dach war undicht, die Toiletten stanken zum Himmel, und die Küche bestand im wesentlichen aus einer offenen Feuerstelle. Hier sollten die Frauen Wolle reinigen und zu Garn spinnen, aus dem sie das große »Parramattatuch« zu weben hatten, das zur Herstellung der Winterkleidung für die Sträflinge diente. Hatte eine Frau ihr Bettzeug vom Schiff nicht mehr, mußte sie auf Stapeln fettiger und stinkender Rohwolle schlafen, die von Zecken wimmelte und voller harter Wollklunker war, denn die Regierung gestand ihnen weder Matratzen noch Decken zu.

Die Fabrik bot lediglich einem Drittel der weiblichen Gefangenen Platz. Die übrigen mußten zusehen, wie sie bei den Siedlern am Ort unterkamen. »Unterkunft und Feuer« kostete gewöhnlich vier Shilling pro Woche, ein Betrag, den die meisten Frauen lediglich durch Prostitution aufbringen konnten. Ihre Hauptkundschaft waren Sträflinge, die selbst mittellos waren und das Geld entweder stahlen oder in ihrer Freizeit verdienten, nachdem sie ihren »Handschlag für die Regierung« geleistet hatten. Da die Mehrzahl den Diebstahl vorzog, war es kein Wunder, daß in Parramatta alljährlich mehr als 1560 Pfund gestohlen wurden, um die »Huren zu bezahlen«, wie sich ein verärgerter Siedler beklagte. Macquarie berichtete, man habe beinah allabendlich bis zu 300 Sträflinge beiderlei Geschlechts »völlig ungehindert« durch die Stadt streifen sehen können. Der Geistliche Samuel Marsden klagte:

> »Bei Nacht wird dem Bauern jede Metze Weizen oder Mais aus der Scheuer entwendet. Weder ist das Schaf in seinem Pferch sicher vor den Dieben noch das Schwein in seinem Koben – ja, nicht einmal die Kartoffeln, Rüben oder Kohlköpfe im Garten. Alles dient dazu, die Wünsche dieser verlotterten Frauen zu erfüllen, zu denen die Männer zu jeder Nachtzeit Zugang erlangen können.«

Der Aufseher der Fabrik begnügte sich damit, seinen Schutzbefohlenen die Rationen zuzuteilen und der Regierung zu versichern, unter den Frauen sei alles ruhig. Einer dieser Amtsinhaber, ein schmieriger Freigelassener names Durie, ging so weit, daß er nach einer gereizten Aktennotiz von Macquarie zugab, er habe Frauen außerhalb der Fabrik nächtigen lassen, jetzt aber »diese Gunst« widerrufen, so daß in Zukunft alle innerhalb der Fabrikmauern würden übernachten müssen. Allerdings war das bildlich gemeint, denn es gab außer denen, die das Dach trugen, keine Mauern, so daß Sträflinge beiderlei Geschlechts kamen und gingen, wie es ihnen beliebte.

Macquarie ließ 1819 von seinem Architekten, dem früheren Sträfling Francis Greenway, eine neue Fabrik entwerfen, ein ansehnliches dreistöckiges Gebäude im georgianischen Stil mit Uhr, Kuppel und einer Umfassungsmauer. Aber die Lebensbedingungen im Inneren waren nach wie vor unvollkommen. Als Thomas Reid, Arzt auf dem Transportschiff *Morley*, die ihm einst Anvertrauten im Frühjahr 1821 besuchte, fiel es ihm schwer, ihren »elenden Zustand« in Worte zu fassen. Die Frauen umdrängten ihn hemmungslos weinend, und er erfuhr, daß bei ihrer Ankunft am Vorabend Horden von Müßiggängern sie umringt hatten: Sträflinge mit Flaschen voll Schnaps, die »wie üblich« ein Bankett feiern wollten. Das aber sei lediglich ein Vorspiel zu Ausschweifungen gewesen, die der Anstand zu schildern verbiete.

In der neuen Fabrik wurden die Frauen in drei Kategorien eingestuft: »allgemein«, »lobenswert« und »kriminell«. Die »kriminelle« Gruppe der Unverbesserlichen trug zwar kein Abzeichen, doch war ihr Haar zum Zeichen der Schande kurzgeschoren. Als »lobenswert« galt, wer sich sechs Monate lang gut geführt hatte. Die »allgemeine« Klasse war die bei weitem größte, und sie ähnelte eher einem Krankenhaus, da ihr vorwiegend unglückliche junge Frauen angehörten, die während ihres Dienstes schwanger geworden waren. Niemand zwang sie, den Namen des Vaters zu nennen, und fragte jemand sie, bekam er gewöhnlich zur Antwort, es sei Reverend Samuel Marsden.

Die Fabrik war der wichtigste Heiratsmarkt der Kolonie, und Siedler gingen nach Parramatta, um ein »Fabrikmädchen« zu finden. Dazu brauchte man lediglich eine schriftliche Erlaubnis von Marsden, eine schriftliche Anweisung an die Aufseherin und genug Phlegma, um das Gehänsel und den Spott der Frauen zu ertragen. Ein merkwürdiges Bild: die Frauen in Reih und Glied in ihren groben Flanellkleidern, einige mit finsterer Miene, andere hoffnungsvoll zurechtgemacht. Der oft schon ältere Freier geht zögernd an ihnen entlang, die Aufseherin schnurrt die Angaben über die Frauen herunter. »Nachdem das unbeholfene ›Ja‹ gesagt ist«, erinnert sich jemand, der in den zwanziger Jahren diesem Paarungsritual beigewohnt hat,

> »fliegt die auserwählte Braut zu ihren Freundinnen, sagt ihnen hastig adieu, und der Bräutigam führt sie hinaus. ›In drei Monaten bist du wieder da‹, ruft die eine, und ›Da hast du aber das *große Los* gezogen, alter Brummbär!‹ ruft eine andere. Den Weg des Paares begleiten allgemeiner Wirrwarr und Geschäftigkeit. Die Frau bekommt ihre eigenen Kleider zurück, und nun eilt sie, endlich wieder wie eine Freie gekleidet, mit ihrem Begleiter zur Kirche. Als Mitgift gibt ihr die Regierung einen Freibrief, und sie steigt zu ihrem Mann auf den Wagen, der sie zu seinem Anwesen bringt.«

Solchen Verbindungen war nicht unbedingt Dauer beschieden. Die »Fabrikmädchen«, erklärte ein früherer Sträfling, wollten lediglich nach Sydney zurück und »sich gut kleiden, ausgehen, abends auf den Tanzboden, dann sind sie glücklich«.

> »Ich habe gesehen, wie junge Frauen, so hübsch man sie sich nur wünschen mag, einen möglichst unansehnlichen alten Kerl geheiratet haben, der an die zwanzig bis dreißig Meilen ins Land hinein wohnt. Im Umkreis von fünf oder sechs Meilen gibt es kein Haus, man ist mitten im Busch, wo es nichts als Bäume zu sehen gibt. Aber hinter ihrer Entscheidung steckt eine Absicht, denn der Mann ist frei, und nach der Heirat ist auch sie es. Sie bleibt einen oder zwei Tage und begibt sich unter einem Vorwand, um den eine Frau nie verlegen ist, nach Sydney, mit so viel Geld, wie sie aus ihm herausholen kann (der alte Tor!), aber sie kehrt nicht zurück.«

Die als »kriminell« eingestuften Frauen in der Fabrik von Parramatta – und ihrem keineswegs minder abstoßenden Gegenstück im Süden, der Fabrik in Hobart, die 1827 erbaut und bald so mit Frauen überbelegt war, daß sie wie der Laderaum eines Sklavenschiffes stank – wurden nicht so schwer bestraft wie die Männer. In den zwanziger Jahren sah man in Neusüdwales keine weiblichen Sträflinge mehr schwere Körbe voll Erde zum Brückenbau schleppen, und in der Regel brauchten auch »widerspenstige« Frauen keine eisernen Stachelhalsbänder mehr zu tragen und wurden auch nicht mehr unter Trommelwirbel ausgepeitscht. Doch wurde 1823 in Parramatta eine Tretmühle eingerichtet und 1837 eine weitere in Hobart. Frauen, die zur Arbeit darin verurteilt wurden, verspürten »einen entsetzlichen Schmerz in den Lenden«. Hinzu kam Strafe durch Demütigung, deren verhaßteste Form das Kahlscheren des Kopfes war. Das konnte zu Rebellionen führen, wie der Aufseher der Fabrik von Hobart 1827 erkannte, als er der zur Außenarbeit eingeteilten Ann Bruin eröffnete, sie solle kahlgeschoren werden, weil sie eine Nacht außerhalb des Hauses ihres Herrn verbracht hatte.

> »Sie schrie entsetzlich auf und schwor, niemand werde ihr Haar abschneiden. Dann kam sie kreischend und fluchend in mein Wohnzimmer, wo sie wie von Sinnen auf und ab rannte. Dabei hielt sie eine Schere in der Hand und begann, sich selbst die Haare abzuschneiden. Am Fenster angekommen stieß sie die geballte Faust nacheinander durch drei Scheiben. Mit einem Eimer zerschlug sie einige weitere Scheiben und das untere Rahmenholz.«

Natürlich sah man das als Handlungsweise einer verrückt gewordenen Megäre an und nicht etwa als Protest einer Frau, deren Recht auf körperliche Unversehrtheit brutal mißachtet wurde. In beiden Fabriken kam es zu mehreren Aufständen. Beinahe wären die Frauen ausgebrochen, und 1827 mußten Soldaten in Marsch gesetzt werden, weil die »Amazonen« zusammenhielten und »erklärten, wenn eine leide, wollten alle leiden«. Die Frauen der Fabrik in Hobart versuchten 1829 das ganze Gebäude mit durch die Lüftungsöffnungen geschleuderten »Feuerpaketen« niederzubrennen.

3

Die Begriffe »Hure« und »Prostituierte« wurden verwendet, um nachdrücklich die Moralbegriffe der Mittelklasse hervorzuheben, und weder männliche noch weibliche Sträflinge hielten es für entehrend oder auch nur für Unrecht, unverheiratet miteinander zu leben. Doch wurden in Australien alle weiblichen Sträflinge mehr oder weniger *als Frauen* unterdrückt – als Angehörige eines minderwertigen Geschlechts. Die Deportation brachte die sexistische Grundeinstellung der englischen Gesellschaft nach Australien und verstärkte sie dort durch die Umstände des Strafvollzugs. Eine Frau, die zur Verbüßung ihrer Strafe ins Land kam, brauchte ungewöhliche Charakterstärke, um davon nicht zermalmt zu werden. Ihre Erniedrigung drückte sich in der Sprache aus. So nannte man sie Vieh, eine Praktische, ein schickes Stück Hammel. Solche Begriffe bildeten den unteren Mühlstein, der obere war die aufgeblasene Phrasendrescherei der höheren Stände, sich moralisch entrüstet gebende gute Christen, die nichts dabei fanden, die Peitsche zu schwingen. Zwischen beiden zermahlen, braucht eine Frau schon ein ungewöhnliches Maß an Beharrlichkeit und Selbstachtung, wollte sie der Macht des Klischees widerstehen. Der allenthalben vorherrschende Glaube an ihr Hurentum und ihre Wertlosigkeit muß diese Frauen tief getroffen haben. Die Beziehungsfalle, in der sie sich befanden, beleuchtet die Äußerung eines schottischen Siedlers, Peter Murdoch, vor dem Parlamentsausschuß in London des Jahres 1838 aufs grellste: »Diese Weiber sind im allgemeinen so schlecht, daß kein Siedler es übers Herz bringt, sie anständig zu behandeln.« Der Mann besaß mehr als sechstausend acres auf Vandiemensland und hatte geholfen, die Strafstation auf der Maria-Insel zu errichten.

Die Unterdrückung der Frauen in der Kolonie war Ende der dreißiger Jahre bereits zu einem sozialen Reflex geworden. Den Erinnerungen von Robert Jones, Ober-Gefängnisaufseher bei Major Foveaux auf der Norfolkinsel, läßt sich entnehmen, daß Frauen nicht besser behandelt wurden als Vieh. »Für den Ersten Konstabler Ted Kimberley waren die Sträflinge von der Norfolkinsel ebenso wie Heiden und nicht wert, die Erde zu bevölkern. Frauen waren seiner Ansicht nach zur Lust der Männer geboren. Er war ein aufgeweckter und kluger Ire.« Was Jones dachte, klingt im fragmentarisch überlieferten Brief eines freien Siedlers auf der Norfolkinsel an, eines früheren Missionars names James Mitchell, der sich auf den Handel verlegt hatte: »Gewiß könnte kein gewöhnlicher Sterblicher eine so brutale Behandlung verlangen«, schrieb er um 1815.

> »Der Himmel gebe ihren müden Schritten und ihren gequälten Herzen einen besseren Platz zur Ruhe, denn hier ist keiner. Während der Amtszeit von Major Foveaux wurden männliche wie weibliche Sträflinge als Sklaven gehalten. Dafür, daß arme Frauen schändlich behandelt wurden, ist in erster Linie Gouverneur King verantwortlich.«

Die Formen der Werbung auf der Norfolkinsel waren, milde gesagt, schroff. So verfolgte der »aufgeweckte und kluge« Kimberley eine verheiratete Gefangene namens Mary Ginders mit einer Axt und drohte ihr, »wenn sie nicht komme und mit ihm lebe, werde er sie dem Major melden und einsperren lassen«. Major Foveaux spannte einem ihm untergebenen Offizier Ann Sherwin aus, die Frau, die er begehrte, indem er ihn unter einem Vorwand ins Gefängnis brachte. »Der arme Kerl hielt es für besser«, überlieferte uns die irische Rebellenführer Joseph Holt, damals Gefangener auf der Insel, »als er die Gefahr erkannte, sein Leben zu retten und seine Frau zu verlieren, als beide einzubüßen.« (Zumindest war die Beziehung von Dauer: Foveaux heiratete Ann Sherwin 1815 in England.)

In einer solchen Umgebung hatten die Frauen außer dem Recht auf Nahrung keinerlei Rechte, wohl aber der männliche Sträfling (wenn auch in abgeschwächter Form). Sie mußten sich gegen die Wärter ebenso behaupten wie gegen die männlichen Gefangenen. In einem seiner Anfälle von verspätetem Schuldbewußtsein schrieb Jones, als er an das Schicksal dreier wegen des »Verbrechens« der Abtreibung auf die Norfolkinsel geschickten Frauen denken mußte,

> »wurden sie nicht für Verbrechen hergeschickt, die mehr Mitleid als Strafe verdienten? Was würden unsere Edlen von unseren jungfräulichen Siedlungen und ihren weißen Sklaven denken? Die Frauen werden wie Sklavinnen behandelt, und wo es gute Ware gibt und ein Sträfling das Glück hat, eine solche zu besitzen, braucht er nicht viel Ermutigung, um entsprechend zu handeln.«

So waren die Frauen die Gefangenen von Gefangenen. Eine junge, gutaussehende Frau kostete, frisch vom Schiff aus Sydney, »oft ihre zehn Pfund«. Der Büttel der Insel, ein gewisser Potter, hatte sich das Recht gesichert, sie zu verkaufen. Während eine Frau auf der Insel ihre Strafe verbüßte, konnte sie verkauft werden, wobei Potter sie »meist für eine oder zwei Gallonen Rum hergab, bis sie sich in einem Zustand befanden, wo sie von wenig oder geringem Nutzen waren«. Die Verkäufe fanden in einem alten Laden statt, wo sich die Frauen völlig entkleiden und »durch den Raum rennen« mußten, wobei sich Potter gleichzeitig über ihre »jeweiligen Qualitäten« äußerte.

Doch das regelmäßige gesellschaftliche Vergnügen auf der Norfolkinsel war unter Foveaux der Donnerstagabend-Tanz in der Kaserne, wobei, wie Jones festgehalten hat,

> »alle Frauen den ›Meerjungfrauen-Tanz‹ tanzten. Dabei waren sie nackt und trugen Zahlen auf den Hinterbacken, damit ihre Bewunderer sie erkennen konnten, die in die Hände klatschten, wenn die von ihnen Bevorzugte, von einer oder zwei Gallonen Rum befeuert, ihre Verrenkungen machte. Solche Vergnügungen lieferten den Soldaten vorher und nachher tagelang Gesprächsstoff.«

Solche Szenen, bei denen die betrunkenen und schwankenden Leiber von Frauen wie Rinderhälften numeriert sind, zeigen uns das Sexualverständnis im Australien der Frühzeit deutlich zugespitzt. Frauen mußten sich anpassen, so gut sie konnten; das System sexueller Ausbeutung führte zum Wettbewerb unter ihnen, und sie kämpften wie Tigerinnen, um bei den Wächtern in Gunst zu bleiben. Mary Ginders, die Frau, mit der der Erste Konstabler zusammenlebte, »führte alle Tänze in der Kaserne an und war bei den Soldaten wohlgelitten«. Als ihr Bridget Chandler die Favoritinnenrolle streitig machen wollte, brach ihr die Ginders den Arm. James Mitchell gab trotz seiner moralischen Mißbilligung der auf der Norfolkinsel herrschenden Promiskuität seine Missionstätigkeit auf und nahm sich eine Geliebte, was Jones mit Neid erfüllt zu haben scheint,

> »eine schöne junge Frau namens Liza McCann, ebenso gerissen wie er selbst und trinkfester als der ausgepichteste Krieger. Sie nahm jede Gelegenheit wahr, sich den anderen Frauen von der schlechtesten Seite zu zeigen, so daß diese es nie wagten, in ihren Laden zu kommen. Ihr größter Stolz bestand darin, ein Seidenkleid und eine mit Federn geschmückte Haube zu tragen.«

Frauen wurden weder auf dem australischen Festland noch auf Vandiemensland häufig ausgepeitscht, auf der Norfolkinsel hingegen war diese Bestrafung an der Tagesordnung und scheint Major Foveaux' größte Freude gewesen zu sein. »Alle dort«, schrieb Mitchell, »werden sich daran erinnern, mit welchem Vergnügen er zusah, wie sich Frauen in Qualen wanden, während sie ausgepeitscht wurden. Gewöhnlich erließ er ihnen einen Teil der Strafe, sofern sie ihren Körper entblößten, und die armen Geschöpfe waren nur zu froh, ihr Fleisch zu schonen und sich die Pein zu ersparen.« Die Pistole in der einen und das Entermesser in der anderen Hand, ließ Foveaux die männlichen Sträflinge im Halbkreis antreten; die vollständig nackte Frau mußte an ihnen vorbeigehen, bevor sie am ›Dreibein‹ festgebunden wurde und der ›Häuter‹ oder ›Rückenkratzer‹ (wie man auf der Norfolkinsel den Auspeitscher nannte) an die Arbeit ging. Üblich waren fünfundzwanzig Hiebe, das ›Botany-Bay-Dutzend‹ – es konnten aber auch zweihundertfünfzig werden. Zu dieser Anzahl war die letzte auf Foveaux' Befehl 1804 dort ausgepeitschte Frau verurteilt, doch der Auspeitscher schreckte vor der Ausführung zurück und sagte, ihm sei übel. Kimberley, der die neunschwänzige Katze übernehmen sollte, rief laut Jones aus, »er peitsche keine Frauen. Diese Antwort versetzte den Major in große Wut, und er forderte einen der Soldaten, Mick Kelly, auf, die Bestrafung fortzusetzen, welchen Befehl dieser auch sogleich in einer Weise durchführte, daß auf ihrem Rücken nicht der kleinste Striemen zu sehen war. Das erboste den Major so sehr, daß er befahl, die Frau solle vierzehn Tage lang in eine Dunkelzelle gesperrt werden.«

Das also war der Mann, den Ellis Bent, Macquaries stellvertretender Auditeur, »verbindlich und aufmerksam« nannte. Die Beschreibung, welcher Art Foveaux' Vergnügungen waren, mag zeigen, wieviel vom wahren Wesen der Britenherrschaft im frühen Australien unter der glatten Sprache der Verwaltung verborgen lag. Verbrechen sterben mit ihren Zeugen – das gilt zweifellos für die Mehrzahl der in der Frühzeit der Kolonie gegen Frauen begangenen Ausschreitungen. Doch gibt es keinen Mangel an Hinweisen darauf, daß man während der gesamten Dauer des Strafsystems weiterhin Frauen als eine in zweifacher Weise kolonisierte Klasse behandelt hat. Noch fast vier Jahrzehnte später erregte ihr Geschick bei François-Maurice Lepailleur Abscheu und Verachtung. Er gehörte zu den wegen Aufruhrs gegen die englischen Kolonialbehörden aus Quebec deportierten und 1840 eingetroffenen achtundfünfzig kanadischen *patriotes*. Sie waren auf einem Strafgut im Wald von Longbottom untergebracht, auf halbem Weg zwischen Sydney und Parramatta, und zeigten sich alle, vor allem Lepailleur (dem es möglich war, insgeheim ein Tagebuch zu führen), angewidert von der Art, wie die freien Männer – Freigelassene, Wächter und Polizisten – mit ihren Frauen umsprangen. Lepailleur nannte die Polizei von Neusüdwales »eine Farce, sie besteht aus Trunkenbolden und Abschaum«. Nachts hallten die Hütten um die Palisaden herum von den Schreien der durchgeprügelten Frauen wider. Der Waldhüter in Longbottom, ein Mann namens Rose, band seine Frau an einen Pfosten und gab ihr mit einer neunschwänzigen Katze von der Art, wie sie im Strafvollzug verwendet wurde, fünfzig Hiebe; ein Portugiese erstach seine Frau und hängte sie an einen Eukalyptusbaum, ohne daß deshalb gegen ihn eingeschritten wurde. So überrascht es nicht, daß die Mehrzahl der Frauen, mit denen Lepailleur während seiner Verbannung in Australien zusammentraf, durch Beschimpfungen, Durchprügeln und Rum zugrunde gerichtete, dem Alkohol ergebene Schlampen waren.

Es hat den Anschein, daß einige Gefangene – vor allem jene, die sich, wie Lepailleur, für achtbare Opfer der Tyrannei hielten und damit für etwas Besseres als die »richtigen« Verbrecher – den weiblichen Sträflingen mit genau derselben Verachtung gegenübertraten wie die freien Zeugen, die sich vor dem Molesworth-Ausschuß 1838 so einstimmig über deren Aufführung äußerten. »Unverbesserlicher als die Männer unter den Sträflingen«, behauptete der katholische Prälat William Ullathorne (1806 – 1889), und fuhr fort: »Ist eine Frau verderbt, ist sie das im allgemeinen durch und durch«, und Peter Murdoch sagte aus: »Ich glaube nicht, daß eine Frau unter tausend die moralische Kraft hat, der Verlokkung zur Promiskuität zu widerstehen.«

Vertreter der Kirchen und Vorläufer unserer Sozialarbeiter berichteten, daß weibliche Sträflinge innerhalb wie außerhalb der Fabrik auf jedes Zeichen von Mitgefühl oder Zuwendung eingingen. Doch solche Äußerungen waren nur selten unvoreingenommen. Der 1834 zum Apostolischen Vikar für Neusüdwales ernannte Ullathorne ließ keine Gelegenheit aus, den Erfolg (und damit die Notwendigkeit) der katholischen Missionstätigkeit unter den Sträflingen herauszustreichen. Er hatte 1838 eine ganze Anzahl von Mitarbeitern, unter ihnen die ersten Nonnen, nach Australien gebracht. Er beschrieb, wie diese Frauen, fünf Barmherzige Schwestern aus Irland, voll Hingabe die Gefangenen an fünf Abenden pro Woche in der Fabrik in Parramatta besuchten. Ein Drittel jener Frauen, erklärte er, seien katholischen Bekenntnisses und die meisten von ihnen nur allzugern bereit, einem wohlmeinenden Menschen ihr Herz auszuschütten. »Es war mitunter schwierig, diese armen Geschöpfe daran zu hindern, daß sie den Nonnen die Beichte ablegten. Die Ehrerbietung, mit der sie diese betrachteten, war durchaus bemerkenswert, und der Einfluß, den die frommen Schwestern ausübten, fand in der ganzen Kolonie Widerhall.« Sollte es jemandem schwerfallen, das zu glauben, kann das nur daran liegen, daß die meisten anderen Aussagen über die weiblichen Sträflinge Ullathornes gefühlvolle Beschreibung Lügen straften. Es gibt nicht viel Grund anzunehmen, daß sie sanfter waren als die Männer – was natürlich nicht heißen soll, daß sie tatsächlich die verkommenen Geschöpfe waren, als die man sie von amtlicher Seite gelegentlich hinstellte. Offenkundig lag Ullathorne daran, mehr katholische Geistliche nach Australien zu bekommen, und in diesem Licht müssen seine Aussagen gesehen werden.

Sicherlich waren manche dankbar, wenn sich ihnen ein Ohr freundlich zuneigte. Die Gefängnisreformerin Caroline Anley besuchte 1834 die Fabrik und sprach mit zwei »jungen und äußerst hübschen« Frauen, die unter Alkoholeinfluß und in einem verzweifelten Wutanfall ihren tyrannischen Vorgesetzten – einen gewissen Captain Charles Waldron vom 39. Regiment – angegriffen und getötet hatten. Dies eine Mal verschaffte sich die öffentliche Meinung Gehör (und keiner der anderen Sträflinge sagte gegen sie aus), so daß ihre Todesstrafe zu drei Jahren Haft umgewandelt wurde. Dennoch sah man sie in der Fabrik als unverbesserliche Dämoninnen an, und Caroline Anley war die erste Besucherin des Gefängnisses, die deren Darstellung des Falles hören wollte. »Hätte man mich stets freundlich behandelt«, sagte eine der beiden durch die ersten Tränen, die sie seit der Verurteilung vergossen hatte, »wäre ich nicht, wie ich bin.«

Das Leben in der Fabrik – ob in Neusüdwales oder auf Vandiemensland – war für alle dazu verurteilten Frauen ein Quell des Elends. Ihr Geist verdorrte, weil er nicht gefordert wurde, auch wenn die meisten von ihnen lieber dieses von gelegentlicher, nicht besonders ergiebiger Arbeit am Handwebstuhl unterbrochene Dahindämmern ertrugen, als daß sie es hinnehmen mußten, von fluchenden Dienstherren »wie Hunde behandelt zu werden und wie Pferde arbeiten zu müssen«.

Die stetig wachsende Bevölkerung aus Freien und in der Kolonie geborenen Australiern wandte sich aus pragmatischeren Gründen gegen diese Fabriken. Wenn in einer unter Frauenmangel leidenden Kolonie die Frauen sozusagen kaserniert wurden, sank die Geburtenquote. So verteidigte *The Australian*, das Sprachrohr der Kolonisten, in einem Leitartikel 1825 die herkömmliche »Kolonialehe« – das Zusammenleben ohne Trauschein – als Friedensstifter für das

Leben im Busch, als Mittel gegen »lockere Sitten und Verbrechen«: »Wie viele Paare leben wohl heute zusammen, nur verbunden durch die Liebe und nicht durch das Gesetz? Wie viele Frauen gibt es, die nach Jahren guter Führung in diesem ›eheähnlichen Zustand‹ *ehrbare Frauen* geworden sind, die anderenfalls auf den Straßen herumvagabundieren würden? Wie viele haben durch gemeinsamen Fleiß und Anstrengung aus elenden Löchern ordentliche Wohnstätten gemacht? Wie viele Familien sind dort entstanden, wo sonst nichts als Wildnis zu sehen wäre? Wenn man den Dingen ihren Lauf gelassen hätte, auch wenn einiges dagegen einzuwenden wäre, wie viele Vagabunden, die bereits für die Gesellschaft verloren waren, wären wiedergewonnen worden, wären vielleicht ordentliche Siedler geworden . . . Aber wir leben in einem Zeitalter, in dem es modern ist, Zimperlichkeit zu zeigen, einen hohen Grad von Gottesfürchtigkeit und eine ganz ungewöhnliche edle Anständigkeit.«

Das war die Stimme des gesunden Alltagsverstandes, aber auf sie zu hören, waren die Vertreter der Strafbehörden nicht bereit – Gefangene ihrer eigenen Klischees, die von vornherein jeden Sträfling für moralisch verkommen und jeden weiblichen Sträfling für eine Hure hielten. Die Schranke des Klassendenkens war unüberwindlich, man maß das Sozialverhalten von der Arbeiterklasse angehörenden Sträflingen an den Idealvorstellungen der Mittelschicht in England und der Kolonie; und die Vertreter der Kirchen, von Quäkermissionaren bis hin zu katholischen Geistlichen wie Ullathorne, waren immer sogleich bereit, den Teufel der sexuellen Verkommenheit der Sträflinge an die Wand zu malen, denn ihnen war es darum zu tun, Mittel für ihre Bekehrungsprogramme in Australien lockerzumachen und Unterstützung dafür zu finden.

Überdies eignete sich die Situation auch, wie viele Seiten des Protokolls der vor dem Molesworth-Ausschuß gemachten Aussagen belegen, zu einer unvergleichlich nützlichen Waffe in den Händen derer, die sich für die Abschaffung der Deportation aussprachen. Um die Abscheulichkeit des Systems in aller Kraßheit zu zeigen, mußten sie betonen, wie sehr es Menschen zu erniedrigen vermochte.

Aus dieser Richtung stammt auch der Nachdruck, mit dem in der von Reformbestrebungen geprägten Epoche zwischen 1830 und 1840 von etwas noch »Abscheulicherem« gesprochen wurde: der Homosexualität unter Sträflingen.

4

Man darf als selbstverständlich annehmen, daß die Homosexualität in einer fernen Kolonie, wo das Zahlenverhältnis von Männern zu Frauen vier zu eins in der Stadt und zwanzig zu eins im Busch betrug, in voller Blüte stand. Das war auch der Fall, vor allem in Arbeitskolonnen und den abgelegenen Strafsiedlungen, doch hat sie in den amtlichen Unterlagen nicht viele Spuren hinterlassen.

Das lag nicht nur daran, daß sie als Kapitalverbrechen galt – sowohl in den Augen des Gesetzes wie auch nach allgemeiner gesellschaftlicher Übereinkunft. Vor allem die Arbeiterschaft Englands empfand sie als äußerst verabscheuungswürdig – »das Verbrechen, dessen Namen man nicht nennen darf«, was Oscar Wilde später in »die Liebe, die ihren Namen nicht zu nennen wagt«, abmilderte. Arthur Phillip, der erste Gouverneur, war nach den Maßstäben seiner Zeit und seines Amtes nicht besonders streng, sondern handelte im Gegenteil meist mit menschlichem Anstand. »Ich bezweifle, daß die Angst vor dem Tod je einen Mann ohne Grundsätze daran gehindert hat, eine Übeltat zu begehen«, erklärte er, bevor die Erste Flotte ablegte. Doch bei Mord und Homosexualität war er unnachsichtig. »Wer eins dieser beiden Verbrechen begeht, den würde ich am liebsten einsperren, bis sich eine Gelegenheit bietet, ihn den Eingeborenen von Neuseeland auszuliefern. Die Furcht, von ihnen verzehrt zu werden, hätte gewiß eine weit heilsamere Wirkung als die vor dem Tode.« Nicht nur sollte seiner Ansicht nach der Homosexuelle, »der sich gegen die Natur vergeht«, aus der Gesellschaft getilgt, sondern ihm sogar die geringe Genugtuung des Bewußtseins versagt werden, man werde ihn nach seinem Tod beerdigen. Dieser Plan, wenn er denn einer war, wurde weder ausgeführt noch je wieder erwähnt – die Kolonie konnte keine Schiffe entbehren, um die »Schwulen« über die Tasmanische See zu bringen, damit sie den Speisezettel der Maori bereicherten.

Homosexualität war in der Welt der Gefängnisschiffe und Strafsiedlungen ebenso allgegenwärtig wie in heutigen Gefängnissen. »Dies entsetzliche Verbrechen«, berichtete der Sträfling George Lee 1803 über die *Portland*, ein Gefängnisschiff in Langston Harbour, »treibt so gewaltige Blüten, daß der Arzt und ich mehr als einmal mit dem Tode bedroht worden sind, weil wir versucht haben, ihm Einhalt zu gebieten. Kein Vorgesetzter unternimmt etwas dagegen.« Jeremy Bentham behauptete, Gefangene, die auf die Gefängnisschiffe vor Woolwich kamen, seien ohne Umschweife vergewaltigt worden: »Es gilt als eine Art Einstand, wird ganz selbstverständlich gefordert. Wie der Bürgermeister von Portsmouth, Sir John Carter, sehr vernünftig sagt, *muß das eben sein.*«

1796 wurde in Australien gegen Francis Wilkinson erstmals Anklage wegen Homosexualität erhoben. Dieser Pionier sollte mit einem sechzigjährigen Siedler namens Joseph Pearce anal verkehrt haben (er wurde freigesprochen). In den ersten vierzig Jahren der Kolonie finden sich nur hie und da Hinweise auf homosexuelle Praktiken, sie werden in den Gerichtsunterlagen routinemäßig aufgeführt und von weltlicher und kirchlicher Seite ziemlich allgemein kommentiert. Nichts in den Berichten der Parlamentsausschüsse über die Sträflingssiedlungen und die Deportation der Jahre 1798 oder 1812 läßt sich als Hinweis auf Homosexualität deuten.

Nach 1830 aber sind die Dokumente voll davon – in jenem Jahrzehnt begann die Bewegung zur Abschaffung der Deportation an Einfluß zu gewinnen, die seit

Jeremy Benthams empörten Äußerungen unterschwellig gewirkt hatte. Ihre Vertreter wie Lord John Russell und Sir William Molesworth wollten zeigen, daß die Deportation nach Australien die meisten ihrer Opfer verdarb und niemanden besserte. Befürworter der Deportation – vor allem reiche australische Landbesitzer, für die der Verlust der billigen Arbeitskräfte auf dem Spiel stand – wollten nicht, daß die Homosexualität der Sträflinge zur Sprache kam; ihre Gegner aber nahmen kein Blatt vor den Mund. Indem man das Unaussprechliche nannte, konnte man das von William Ullathorne begonnene Bild Australiens als einer Gemeinschaft gefallener Seelen vervollständigen, deren »Anderssein« so schrecklich war, weil es sich bei ihnen um Weiße und nicht um Schwarze handelte. »Das Auge Gottes«, erklärte Ullathorne mit Nachdruck,

> »blickt auf ein Volk herab, wie es seit der Sintflut keines gegeben hat. Sie heiraten überstürzt und ohne Zuneigung, jeder lebt nur für seine Sinne. Es ist eine Gesellschaft ohne die Empfindungen der Gemeinsamkeit, ihre Männer sind verworfen, ihre Frauen schamlos und ihre Kinder unehrerbietig. Der nackte Wilde, der dort durch die endlosen Wälder zieht, kannte mit Ausnahme des Kannibalismus kein abscheuliches Verbrechen, bis ihn England durch seine Gefangenen in allen Schrecken unterwies. Die Beseitigung einer solchen Pest von der Erde geht das ganze Menschengeschlecht an.«

Kam Bischof Ullathorne auf Homosexualität zu sprechen, wurde seine Beredsamkeit wolkig. Er sprach vor dem Molesworth-Ausschuß von »Verbrechen, die, beschriebe ich sie, das Blut in Ihren Adern gefrieren machte, und schreckenvoll würde Ihr Haar sich auf dem bleichen Fleisch aufrichten«. Doch wie alle, die sich für eine Abschaffung der Deportation einsetzten, lieferte er mehr Eindrücke als Zahlen. Wir haben keine genaue Kenntnis – und werden sie wohl auch nie erhalten – darüber, wie verbreitet Homosexualität unter den Sträflingen in Australien war.

Ein Beispiel für die Schwierigkeit, Genaues festzustellen, liefern die Aufzeichnungen von Zeugenaussagen vor einem staatlichen Untersuchungsausschuß aus dem Jahre 1832. John Stephen, ein ehemaliger Richter in New South Wales, berichtete über den ersten Prozeß, an dem er in Australien teilnahm, in dem vier oder fünf Gefangene von der Norfolkinsel zum Tode verurteilt wurden: »Sie dankten dem Richter für das Todesurteil und erklärten, daß sie in so elenden Verhältnissen gelebt und das schlimmste Verbrechen, das unter Menschen bekannt ist, in zahllosen Fällen von morgens bis abends miterlebt hätten, daß sie den Tod dem weiteren Leben vorzögen.« Stephen gab auch zu Protokoll, daß im Verlauf eines weiteren Prozesses ein Zeuge »50 bis 60 Fälle von Sodomie pro Tag« auf der Norfolkinsel erwähnt habe, eine sexuelle Epidemie, »die Menschen so in die Verzweiflung gestürzt habe, daß sie lieber tot gewesen wären, als noch länger in einer Sträflingskolonie zu leben«. Da die Anzahl der Sträflinge auf der Norfolkinsel damals etwa 600 betrug, läßt diese Zahl auf eine erstaunliche sexuelle Energie bei den Sträflingen schließen, vielleicht infolge der Seeluft entstanden. Aber in den Aufzeichnungen des Untersuchungsausschusses findet sich auch die Aussage des Botanikers der Krone, Allan Cunningham, der im selben Jahr 1830 vier Monate auf der Norfolkinsel verbrachte. Befanden sich die Sträflinge in einem Zustand »schrecklichster Erniedrigung«? »Davon habe ich nichts gehört und gesehen«, antwortete Cunningham, der die Vorstellung, bei der Norfolkinsel handele es sich um ein meerumschlungenes Sodom, entschieden zurückwies. Diese Behauptung sei von der »radikalen« Presse aufgebracht worden, vor allem der »verrücktesten Zeitung« in der Kolonie, dem »Monitor«, der ständig Gouverneur Darling kritisierte. Nach Cunninghams Meinung »war das Verbrechen der Sodomie vielleicht ein- oder zweimal im Verlauf von zehn Jahren begangen worden, aber ich kann mir nicht vorstellen, daß es häufiger war.«

Einmal in zehn Jahren oder sechzigmal am Tag? So übertrieben Stephens Vermutung sein mag, so absurd war sicher auch Cunninghams Darstellung. Beide Behauptungen gingen eindeutig auf dieselbe Einstellung zurück. Weil die Tatsache an sich unaussprechlich war, durfte man sie nicht näher untersuchen. Es war leichter, sie entweder vollständig zu leugnen oder aber jede Horrorgeschichte darüber zu glauben. Alles was über die Norfolkinsel bekannt ist, legt allerdings nahe zu vermuten, daß Stephens Behauptung nicht all zu weit von der Wahrheit entfernt sein könnte, vor allem in den Jahren um 1840 unter Major Childs, als die Brutalität und laxen Kontrollen ihren absoluten Höhepunkt erreicht hatten.

Natürlich wurden die meisten »Täter« nie gefaßt, und daher nützen statistische Angaben aus der Epoche nur wenig, da sie ausschließlich auf Verurteilungen beruhen. Die Homosexualität gedieh im geheimen, und Gefangene bezichtigten Mithäftlinge nur selten. Folglich wurden nur wenige wegen einer solchen Tat vor Gericht gestellt oder gar verurteilt. Von 1829 bis 1835 gab es in Neusüdwales und auf Vandiemensland nur 24 Verfahren wegen »Verbrechens wider die Natur«. Zwölf der Männer wurden für schuldig befunden: Drei verbannte man nach der Moretonbucht oder auf die Norfolkinsel, fünf mußten Zwangsarbeit in Kettenkolonnen leisten, und vier wurden zum Tode verurteilt. Tatsächlich gehängt wurde allerdings nur einer.

Was ist der Grund für die geringe Zahl an Verurteilungen? Ernest Augustus Slade, der 1833 und 1834 Oberaufseher in den Sträflingsunterkünften von Hyde Park in Sydney war, sagte dazu aus: »In der Unterschicht der Sträflinge ist Sodomie so verbreitet wie jedes andere Verbrechen.« Obwohl sie unabdingbarer Bestandteil der Gefängniskultur war, ließ sich nur etwa jeder dreißigste Fall beweisen. Von älteren Männern belästigte Jugendliche beschwerten sich, waren jedoch vor Gericht nicht zu klaren Aussagen bereit. Geschworene aber ließen sich nur von handfesten Beweisen überzeugen. In der Abgelegenheit des Busches kam man solchen sexuellen Attacken noch weniger auf die Spur, denn wer hätte die zur Arbeit abgestellten Sträflinge überwachen sollen? Bischof Ullathorne nahm an, unter Schaftreibern, die gewöhnlich allein lebten, sei die Homosexualität weniger verbreitet als unter den Arbeitern auf Zuchtfarmen, »weit zügellosere Männer«. Sie begingen »dies Verbrechen häufig« und brächten es sogar den Aborigines bei, die es ursprünglich nicht gekannt hätten.

War kein Mann in der Nähe, behalf man sich mit Schafen. »Als Geschworener«, sagte ein Zeuge vor dem Ausschuß aus, »habe ich viele Verhandlungen miterlebt, in denen es um widernatürliches Verhalten ging, vor allem mit Tieren. Ich halte sie für weit häufiger als in jedem anderen Land, in dem Engländer wohnen.«

Aus den Aussagen vor dem Molesworth-Ausschuß entsteht das Bild einer von den Statistiken jener Zeit nicht erfaßten Halbwelt. Die Homosexualität war im Gefängnis von Hyde Park in Sydney an der Tagesordnung. Dort trafen Neuankömmlinge von den Schiffen ein, und alte Kerle wurden mit jungen Burschen zusammengelegt. Wie immer und überall, seit es Gefängnisse gibt, spielten die Jungen die passive Rolle, um den Schutz eines in der Gruppe angesehenen Mannes zu genießen; sie trugen Mädchennamen wie Kitty oder Nancy. Nur wenige von ihnen besaßen laut Ullathorne frühere homosexuelle Erfahrungen. Seine Angaben beruhten keinesfalls nur auf Vermutungen, denn als Priester hatte er Tausenden von Gefangenen die Beichte abgenommen. Um bei seiner Aussage nicht das Beichtgeheimnis zu verletzen und in keinen Gewissenskonflikt zu kommen, verallgemeinerte er. Völlig verstört hatte ihm ein junger Mann sein Leid geklagt: »Von so etwas weiß in Irland niemand etwas.«

Den einzigen Bericht eines Sträflings von der Homosexualität in der Strafkolonie Australien verdanken wir dem bereits früher zitierten *The Exile's Lamentations* des Mannes aus Shropshire, Thomas Cook. Er kam mit ihr in Berührung, als er mit der Straßenbaukolonne in die Blauen Berge abgeordnet wurde. »Zu jener Zeit«, schrieb er, »begann mein wahres Elend«, dessen »ekelerregende Einzelheiten« er dem Leser ersparen wollte.

Um sich zu wärmen, legten sich die Männer zu zweit oder dritt in eine Koje, ein Verhalten, das »mir ganz und gar widerwärtig erschien«, und schon bald hatte die schwere Arbeit und der Schlafmangel Cook so zugrunde gerichtet, daß ihn ein Arzt einer anderen Arbeitskolonne in größerer Nähe Sydneys, am Victoriaberg, zuwies. Doch auch dort ging nachts das Betastetwerden weiter. Der einzige Unterschied war, daß die Männer dort »bei ihrem Erweisen brutaler Zuneigung weniger öffentlich waren«. Naiv, wie er war, versuchte Cook, einen

Mann abzuweisen, dessen Wohlgefallen er erregt hatte. »So außergewöhnlich es scheinen mag«, schrieb er empört,

> »ist es dennoch wahr, daß ein Appell an ihre besseren Empfindungen mit Sicherheit zu Kränkungen und Spott führte, womit sie ihren weniger verkommenen Mitgefangenen reichlich überschütteten. Beharrte er dennoch darauf, vor allen die Äußerungen ihrer abscheulichen Neigungen zurückzuweisen, wurde er getreten, geschlagen und auf andere Weise mißhandelt.«

Es hatte keinen Sinn, sich an Vorgesetzte zu wenden, da die Aufseher der Straßenbaukolonnen selbst Sträflinge waren und meist, laut Cook, selbst homosexuell. »Wehe dem Mann, der es wagt, sich abfällig über die verächtlichen Gegenstände ihres entsetzlichen Strebens zu äußern! Er würde wie ein Lamm zur Schlachtbank geführt!« Die Aufseher konnten Sträflinge, gegen die sie einen Groll hegten, zum Gericht am Wallawarangberg schicken, wo sie ohne langes Federlesen »ordentlich durchgepeitscht« wurden.

Unerschütterlich tugendhaft arbeitete Cook einige Monate in der Arbeitskolonne am Victoria-Berg, bis er einem zudringlichen Homosexuellen gegenüber die Beherrschung verlor und ihn »ziemlich erbarmungslos« verprügelte. Dafür wurde er zu einem Jahr Straßenbau in einer Ketten-Kolonne verurteilt – an der Palisade Nr. 2, wo die übelsten aller Aufseher tätig waren, »ohne Ausnahme die herrschsüchtigsten und verkommensten Schurken, die man im ganzen Bergdistrikt finden konnte«, schrieb Cook voll Wut und Abscheu.

Dort konnten sich Sträflinge bisweilen mit einem Schmiergeld oder mit Tabak von einer Auspeitschung freikaufen. Wer keins von beiden besaß, hatte nur die Möglichkeit, sich selbst den Aufsehern anzubieten und sie auf diese Weise zu besänftigen. Ein Teufelskreis der sexuellen Tyrannei hielt sich selbst am Leben, weil Cook zufolge die Aufseher der Ketten-Kolonnen aus den Sträflingen der Arbeitskolonnen gewählt wurden, die nicht in Eisen geschlossen waren. Empfohlen wurden sie von den Aufsehern jener Kolonnen, und da sich gern gleich zu gleich gesellt, wurden die den Aufsehern Gefügigsten mit einer gewissen Macht über die Ketten-Kolonnen belohnt, und verhängten über jeden, der sich weigerte, an ihren Ausschweifungen teilzunehmen, »Hunger, Auspeitschung und unerträglich schwere Arbeit«. Cook erklärte, er habe während seiner in diesen Straßenbaukolonnen verbrachten Zeit lediglich zwei Aufseher kennengelernt, die nicht homosexuell waren.

Obwohl die Homosexualität in Cooks Augen wie denen der meisten Engländer jener Zeit schon an und für sich ekelhaft war, lag der tiefere Grund seiner Ablehnung in der Rolle begründet, die sie in der Welt der Strafkolonie spielte, denn sie vervielfachte die von der Macht ausgehende Ungerechtigkeit. Sie bedeutete die Möglichkeit, den Willen anderer zu mißbrauchen und über sie zu herrschen, was häufig bis zur Vergewaltigung ging. Sofern jene Kerkergesellschaft der dreißiger Jahre des vorigen Jahrhunderts auch nur im entferntesten der in heutigen Gefängnissen ähnelte, müssen wir eingestehen, daß zahlreiche der von Cook miterlebten Szenen nicht zum Kapitel ›Liebe‹ gehören, sondern Akte sadistischer Demütigung waren, bei denen die Sexualität lediglich als Instrument einer tiefgreifenden Gewalttätigkeit diente – die Starken zerbrachen die Schwachen. Nichts hatte Cook auf derlei vorbereitet, und so erlebte er die verschiedenen Gruppen innerhalb des Systems – vom Straßenbau in den Bergen bis Port Macquarie und von dort bis zur Norfolkinsel – voller Verblüffung und rückhaltloser Empörung. Er beschrieb in einer Sprache, die ihrem Gegenstand kaum gerecht zu werden vermag, wie aus sexuellen Beziehungen im Gefängnis Machtstrukturen entstehen.

Cook vertrat die Ansicht, daß das System die Homosexualität begünstigte und daß sie in Australien gedieh wie sonst nirgendwo – nicht einmal auf den englischen Gefängnisschiffen und in den Gefängnissen Großbritanniens. Wird das »Natürliche« – das für Cook die Vorstellung von Naturrecht oder Justiz einschloß – durch Tyrannis pervertiert, unterliegen auch andere Bereiche, einschließlich des sexuellen, diesem negativen Einfluß. Als Cook Jahre später in der relativen Ruhe und Sicherheit von Alexander Maconochies Herrschaft auf der Norfolkinsel darüber nachdachte, überlegte er, daß das System die Homosexualität wohl *absichtlich* bestärkte und die beständige Drohung des Gedemütigt- oder Vergewaltigtwerdens als eine der automatischen Strafen für den nichtsahnenden Sträfling nutzte.

Darin irrte er, doch man kann verstehen, was ihn zu dieser Ansicht brachte. Bis Maconochie 1840 sein Amt auf der Norfolkinsel antrat, hatte sich kein Amtsinhaber im System auch nur ansatzweise um eine Rehabilitierung der Gefangenen bemüht, samt und sonders hatten sie ausschließlich als Funktionäre der Unterdrückung und Bewacher der Abfallgrube gewirkt. Wenn nun die Männer in dieser Grube Möglichkeiten besaßen, einander zu erniedrigen, warum sollte man ihnen da in den Arm fallen? So schreit Cook zu Beginn der vierziger Jahre seine Anklage gegen das »Alte System« der dreißiger heraus:

> »Für sie gibt es keine Aussicht auf die Liebe einer Frau – ohne die Hoffnung auf den Himmel oder die Furcht der Hölle wurde ihre bereits umdüsterte Vernunft noch mehr getrübt. Ihre laxe Moral hielt nicht stand, und mit offenkundigem Vergnügen gaben sie jeder schmutzigen und unnatürlichen Neigung nach. Nur wer stark und zur Vernunft fähig war, wem man schon früh moralische Gewohnheiten anerzogen hatte, oder wessen Herz voll früher Zuneigung war, konnte sich vor dem Absinken in die tiefsten Tiefen der Schmach bewahren, aus denen man nie wieder auf die Stufe des Menschen

emporstieg. *Drakons Gesetze* einzuführen wäre besser als eine Rückkehr zum *Alten System.*«

Zwischen Cooks Vorwürfen erhascht man Blicke auf das Funktionieren der homosexuellen Gesellschaft unter den Sträflingen. Gewiß gab es viel Solidarität:

»Manche wurden für die abscheuliche Tat bestraft, und so unglaublich es scheinen mag, man brachte diesen Elenden im allgemeinen Mitgefühl entgegen und strafte mit Verachtung, die gegen sie Klage erhoben hatten. Nur sehr wenige konnten sich später mit ihnen zeigen.«

Cook weist auch auf die Stärke der Bindungen zwischen Männern auf der Norfolkinsel hin, die homosexuelle Beziehungen zueinander pflegten. Bestätigt wird das durch die mißbilligende Aussage, die Thomas Arnold, stellvertretender Kommissar auf der Norfolkinsel, vor dem Molesworth-Ausschuß machte: »Es mag unglaublich klingen, doch zeigen jene heruntergekommenen Elenden Gefühle der Eifersucht, wenn sie sehen, daß der Junge oder junge Mann, mit dem sie diesen abscheulichen Verkehr treiben, mit anderen spricht.« Acht Jahre später beschrieb ein von Robert Pringle Stuart, einem für Sträflingssachen zuständigen Richter in Norfolk, verfaßter Bericht, wie sich Sträflinge selbst als »Mann und Frau« bezeichneten. Darin heißt es weiter, wahrscheinlich habe es hundertfünfzig solcher Paare gegeben – wobei die weniger dauerhaften Bindungen ausdrücklich ausgenommen blieben –, und sie hätten eine Trennung nicht ertragen: »Die Zuneigung dieser Menschen ist von ihrem natürlichen Ziel ganz und gar abgelenkt, und sie zeigen ein ebenso ernstes Bestreben, beieinander zu sein, als gehörten sie dem anderen Geschlecht an.« Als Bischof Ullathorne die Norfolkinsel 1835/36 besuchte, erfuhr er aus zweiter Hand (von einem protestantischen Geistlichen, dem es ein von der Todesstrafe bedrohter Gefangener gesagt hatte), »zwei Drittel der Insel seien in homosexuelle Aktivitäten verstrickt«. Er vermutete, man dürfe an der Moreton-Bucht und in anderen Strafstationen denselben Anteil annehmen.

Gewiß verminderte sich der sexuelle Zwang auf der Norfolkinsel nicht, außer vielleicht in den Jahren von 1839 bis 1843, während Maconochies kurzer Amtsperiode. Mitte der vierziger Jahre hatte er sogar noch zugenommen, vor allem, weil man sich keine Mühe gab, die abgebrühten Verbrecher von den Neuankömmlingen getrennt zu halten. »Geile Böcke mit widernatürlichen Neigungen unterwerfen sich junge Leute und machen sie zu ihren Opfern«, berichtete Thomas Naylor, von 1841 bis 1845 Kaplan auf der Norfolkinsel:

»Mit solchen Schurken wird der englische Landarbeiter, der in Versuchung geratene und ihr erlegene Mechaniker, das verdächtige, aber unschuldige

Opfer eines Meineides oder eines Irrtums ohne Ansehen der Person in einen Topf geworfen. Unter ihnen befinden sich Chinesen aus Hongkong, Aborigines aus Neu-Holland, Schwarze aus Westindien, Griechen, Kaffern und Malaien, desertierte Soldaten, Idioten, Verrückte, Schweinediebe und Taschendiebe. Am hellichten Tag drangsalieren die Starken die Schwächeren und rauben sie aus. Bei Nacht sind die Schlafsäle Schauplatz unerhörter Laster. Mir stehen keine nüchternen Worte zu Gebote, um die Ungeheuerlichkeit dieses Übels angemessen auszudrücken. Ich habe den Vorgang der Erniedrigung mit angesehen, war Zeuge, wie Jungen dort unrettbar mit hineingezogen wurden und wie anständige und achtbare Männer, ja Herren, mit dem elendesten Abschaum vermengt und durch deren bestialische Behandlung gequält wurden.«

Ähnlich aufgebracht berichtete Robert Pringle Stuart seinen Vorgesetzten auf Vandiemensland 1846, daß unter Major Childs' schwacher Hand die Norfolkinsel eine Hochburg der Homosexualität geworden war:

»Wie kann man anderes erwarten? Hier sind achthundert Männer von sechs Uhr abends bis zum Sonnenaufgang eingepfercht, ohne Licht, ohne Aufsicht durch die Offiziere. Abscheulichkeiten der entsetzlichsten und schändlichsten Art werden dort begangen, und das widernatürliche Verbrechen findet im Übermaß statt. Die Jungen haben keine Aussicht, dem zu entkommen, denn selbst Zwang wird angewendet. Man darf kaum erwarten, daß sich in einer so beklagenswert schutzlosen Lage jemand widersetzt. Eine entschlossene Herrschaft des Schreckens sorgt dafür, daß, wer sich beklagt, aufs schärfste dafür büßen muß.«

Stuart sah die Homosexualität der Sträflinge als das Hauptübel an, und andere Reformer und Amtsinhaber schlossen sich, furchtsam in jene von England geschaffene Grube starrend, deren Bodensatz die Bewohner der Norfolkinsel bildeten, seiner Meinung an. Die Gefahr schien darin zu bestehen, daß sich diese »Pest« wie eine Epidemie von der Insel über das australische Festland ausbreitete, so daß, mit Stuarts Worten, »in künftigen Jahren den Menschen dieses Landes möglicherweise ein unauslöschlicher moralischer Makel anhaftet und auf England zurückgeführt wird«. Nicht nur Stuart kann diese Furcht empfunden haben. Die Teile seines Berichtes, in denen es um die Homosexualität unter Sträflingen ging, wurden durch die Zensur aus der veröffentlichten Fassung gestrichen, doch dürften im Lauf der Jahre Mitteilungen und Gerüchte über solche Vorgänge auf der Norfolkinsel und in anderen Strafstationen ihren Weg in die Kolonie gefunden und zu der Atmosphäre unsagbaren Übels und namenloser Erniedrigung beigetragen haben, die dem Sträflingssystem in den Augen der achtbaren Bürger anhafteten. Das führte unvermeidlich zu einer härteren Haltung gegenüber allen Homosexuellen in Australien. Ihre sexuellen Praktiken wurden zweifach verdammt: einmal, weil sie dem Gesetz nach ein Verbrechen war, und zum anderen, weil die sie Ausübenden vorwiegend bereits Sträflinge waren.

Es konnte keinen besseren Nährboden für die geradezu bösartige Bigotterie geben, mit der Australier aller Schichten Homosexuelle noch lange nach der Aufgabe der Norfolkinsel und des ganzen Systems ansahen. Das wiederum schien ein Akt der Säuberung zu sein – denn die Homosexualität war einer der unausgesprochenen, krassen und unterschwellig vorhandenen Bestandteile des »Sträflingsmakels«, dessen Beseitigung sich die australischen Nationalisten ab 1840 so angelegen sein ließen.

5

Die dritte »Minderheit« im Australien der Strafkoloniezeit war nach Zahlen gar keine Minderheit, denn bis 1845 dürfte es auf dem Kontinent mehr Aborigines gegeben haben, als sich Weiße in den Küstensiedlungen zusammendrängten. Doch die Gruppen der Ureinwohner waren stets klein und weit im Lande verstreut, während sich die Weißen (außer in den Randbezirken Viehzucht treibender Siedlungen) dicht zusammenballten. Am Ufer von Sydney Harbour war die Zahl der Weißen von dem Augenblick an, da die Erste Flotte einlief, höher als die der Schwarzen. Unmöglich konnte einer der Schwarzen je so viele Menschen gesehen haben. Man neigt dazu, Sydney mit seinen Strafaußenposten von Hobart und Launceston im Süden bis zur Moretonbucht im Norden als klein und schwach anzusehen. Das stimmt zwar, doch auf die Aborigines wirkten diese Orte merkwürdig und eindrucksvoll, und das von ihnen ausgehende bösartige Gravitationsfeld machte sich daran, ihre Kultur zu zerstören.

Das Geschick der australischen Ureinwohner war aufs innigste mit dem System verknüpft. Eine ihre Grenzen immer weiter hinausschiebende auf Sklavenarbeit gegründete Gesellschaft, über der die Drohung äußerster Gewalttätigkeit schwebte und in der scharfe gesellschaftliche Abgrenzungen bestanden, war nicht dazu angetan, die Aborigines mit Mitgefühl oder auch nur mit Anstand zu behandeln. Zwischen der offiziellen Haltung und der Wirklichkeit lagen Welten. In den Anweisungen des Königs an jeden Gouverneur Australiens von Arthur Phillip im Jahre 1788 bis hin zu Thomas Brisbane 1822 fand sich als immer wiederkehrender Grundtenor: Die Ureinwohner dürfen nicht belästigt werden. Wer sie »mutwillig« tötete oder »bei ihrem Tun unnötig störte«, war zu bestrafen. Das Ziel der Beziehungen zwischen den Rassen war »Freundschaft und Güte«. Die Absicht, sie zum Christentum zu bekehren, wurde zwar erst

1825 mit dem Eintreffen von Ralph Darling als Brisbanes Nachfolger im Amt des Gouverneurs Bestandteil der offiziellen Haltung, doch obwohl die Ansiedlung der Weißen ohne eine Politik der Rassenverfolgung begann, erwies sie sich als Katastrophe für jeden Schwarzen.

Die gesetzliche Stellung der Aborigines und ihre »Ansprüche« – wie weiße Behördenvertreter interessanterweise sagten – auf die Gebiete, in denen sie sich rund 18 000 Jahre lang bis zur Ankunft der Weißen aufgehalten hatten, schienen nahezu unlösbare Schwierigkeiten zu bereiten. Zuvor waren Kolonien stets dort angelegt worden, wo die »Eingeborenen« einen Begriff vom Eigentum hatten und es verteidigten. In Virginia wie in Afrika, auf Neuseeland wie auf den Ostindischen Inseln waren die Briten auf ackerbautreibende Menschen gestoßen, die Häuser, Dörfer und genau umgrenztes Land besaßen. Diese Hinweise auf Vorbesitz konnte der weiße Mann mißachten (und tat es häufig auch), aber keinesfalls einfach leugnen oder so tun, als gebe es sie nicht. Selbst die Anweisungen Karls II. über die Führung der englischen Kolonie in Virginia hatten eingeräumt, da die neue Siedlung an die Ländereien der Indianer »anstieß«, müsse deren Gebiet geachtet werden, denn »Frieden ist nicht zu erwarten, ohne daß ihnen Gerechtigkeit widerfährt«.

Doch die australischen Ureinwohner zogen als Jäger und Sammler durch das Land, ohne Grenzen abzustecken oder feste Siedlungen zu errichten. Sie wußten nichts von Ackerbau oder Viehzucht, trieben keine Vorratswirtschaft, lebten ausschließlich in der Gegenwart und wußten in den Augen der Weißen so wenig von Besitz und Eigentum, daß sie ihnen kaum mehr als intelligente Tiere zu sein schienen, »deren einzige Überlegenheit dem blöden Vieh gegenüber«, wie ein zu Besuch weilender Marinearzt sagte, »im Gebrauch des Speers bestand, in ihrer ungeheuren Wildheit und darin, daß sie zur Zubereitung ihrer Speisen Feuer verwenden«. Nicht nur die Weißen dachten so. Als ein Maori namens Tipahee auf Aufforderung Gouverneur Kings um 1800 mit seinem Sohn Sydney besuchte, bildeten sich beide Krieger »die verächtlichste Meinung« von der Nacktheit der Aborigines, ihrer unterentwickelten Technik, den geringen Bequemlichkeiten, die sie hatten und ihrer »tändelnden Kriegführung«.

Macquarie hoffte, ihnen abzugewöhnen, daß sie nackt herumliefen, und er wollte überdies Bauern aus ihnen machen. So versuchte er 1815, sechzehn männliche Ureinwohner auf einem kleinen Hof in Sydney Harbour anzusiedeln, der über Hütten und ein Boot verfügte. Doch sie würdigten die Hütten keines Blicks und zogen wieder in den Busch.

Von dem Zeitpunkt an galt es als ausgemacht, daß »die Aborigines als Arbeitskräfte« unbrauchbar waren, und daher wurde das im Empire gewöhnlich auf eingeborene Arbeitskräfte in den Kolonien angewendete Recht nicht auf sie übertragen. Die Kolonie hing in den Anfängen so übermäßig von der Sklavenarbeit der weißen Sträflinge ab, daß es nicht der Mühe wert war, die nomadisierenden Schwarzen auch nur für die niedrigsten Tätigkeiten auszubilden. Die Sträflinge mochten Abschaum sein, aber da sie im Unterschied zu den Schwarzen einen wirtschaftlichen Wert darstellten, waren jene weniger als Abschaum.

Der Verfall der am Rand der weißen Stadtkultur lebenden Aborigines – die Überbleibsel der Iora, Gammeraigal und Dharuk – war unerbittlich und allumfassend. Die Art ihres Dahinsiechens erinnerte den mitfühlenden Beobachter an eine Seuche; Rassisten hingegen belustigte sie. Mit dem billigsten Rum betäubt, mit jeder neuen Krankheit, von der Tuberkulose bis zur Syphilis, angesteckt, bettelnd und in der Gossensprache der Sträflinge lallend, waren sie Karikaturen des Elends. Die Weißen parodierten sogar ihre überkommenen Autoritätsmuster, indem sie herablassend einigen Älteren »Ausweise« in Gestalt halbmondförmiger Kupferschilde gaben, auf denen ihre Stellung als Häuptling eingraviert war – auf englisch.

Dennoch war den Ureinwohnern des Landes, wie der russische Forschungsreisende Kapitän Bellinghausen 1820 über einige Aborigines von Sydney schrieb,

> »durchaus ihre einstige Unabhängigkeit bewußt. Einige meldeten Ansprüche auf gewisse Landstücke an und wiesen darauf hin, daß sie ihren Vorfahren gehört hätten. Trotz der ihnen angebotenen Entschädigung (!) glimmt in ihren Herzen immer noch ein Funke der Rache.«

Worin manifestierte sich dieser Anspruch auf ihren Besitz? Lediglich in ihrem eigenen kollektiven Gedächtnis und in mündlichen Überlieferungen, auf die die Weißen nichts gaben. Sie schienen in kleinen verlorenen Gruppen ziellos durch das Gebiet zu schweifen, blieben nie lange an einem Ort, tauchten unversehens aus dem Wald auf und verschwanden ebenso plötzlich wieder darin. Sie trugen mit sich, was sie brauchten, und töteten die Kinder, die sie nicht mitnehmen konnten. Die im Denken der Aborigines verankerten komplexen und weit in die Vergangenheit zurückreichenden Vorstellungen über das Territorium, die mehr mit dem Land als dem »Besitz« mythischer Vorfahren zu tun hatten als mit dem materiellen Besitz im Hier und Heute, waren den Weißen völlig unverständlich und wären es ihnen auch ohne die Sprachschranke geblieben. Die Aborigines hatten keine erkennbare politische Struktur, und sicherlich waren sie nicht als Volk mit gemeinsamen Interessen organisiert: Im Australien der frühen Kolonialzeit gab es wohl an die 500 von Ureinwohnerstämmen gesprochene Sprachen und Dialekte. Darüber hinaus lebten sie nahezu unablässig im Kriegszustand Stamm gegen Stamm, den wegen des Nomadenlebens unvermeidbare zufällige Kontakte verschärften. Ein australischer Historiker vermutete vorsichtig, daß die Todesrate aus diesen blutigen Zusammenstößen – an denen auf beiden

Seiten selten mehr als jeweils fünfzig Männer beteiligt waren – »für kein Volk Europas in keinem der letzten drei Jahrhunderte höher« läge. Wenn diese sonderbaren Menschen untereinander so wenig solidarisch waren, welche ihnen allen gemeinsamen Rechte sollten ihnen dann die Eindringlinge gewähren?

In der Praxis bekamen sie so gut wie keine. Die englische Regierung erklärte einfach alles Land in Australien zum Besitz der Krone, und den Gedanken, Aborigines könnten, durch früheren Besitz bedingt, Gebietsansprüche haben, wies 1836 zur vollständigen Zufriedenheit der Weißen ein Gerichtsurteil in Neusüdwales zurück. Darin hieß es, die Zahl der Ureinwohner sei zu gering, und sie seien zu schlecht organisiert, als daß man sie »als freie und unabhängige Stämme« ansehen könne, die das Land, auf dem sie lebten, zu eigen hatten. Selbst humanitär gesinnte Weiße konnten ihr Gewissen mit der Überlegung beruhigen, daß die Aborigines letzten Endes Nomaden waren – und für solche Menschen ist »ein Stück Land ebensogut wie ein anderes«. Dies absurde Mißverständnis des nomadischen Lebens bedeutete, daß man die Aborigines leichten Herzens vom Gebiet ihrer Väter verjagen und sie neuen Konflikten in die Arme treiben konnte, nicht nur mit den Weißen, sondern auch mit anderen Stämmen.

Gleichzeitig aber galten die Ureinwohner als britische Untertanen; die frühen Gouverneure wollten sogar, daß man sie zu Christentum und Ackerbau bekehrte, um sie, wenn schon nicht genetisch, so doch gesellschaftlich in die Unterschicht der Kolonie aufnehmen zu können – eine Vorstellung, vor der jeder Weiße erschauderte, ganz gleich, welcher Klasse er angehörte. So war anfangs die bezüglich Zusammenstößen zwischen Siedlern und Aborigines herrschende Linie äußerst unklar. Gouverneur King hielt es 1802, nachdem nahezu sieben Jahre lang der Stamm der Dharuk am Hawkesbury-Fluß ohne Kriegserklärung bekämpft worden war – Guerilla-Überfälle durch Eingeborene, Folter und Ermordungen durch Weiße –, für richtig, die Siedler daran zu erinnern, daß die Tötung von Aborigines »mit der ganzen Schärfe des Gesetzes bestraft« werde, doch brauche »der Siedler Übergriffe auf sein Eigentum oder eine Gefährdung seiner Existens nicht hinzunehmen«. Er wandelte die Todesstrafe für fünf Siedler, die zwei Jahre zuvor am Hawkesbury-Fluß Aborigines getötet hatten, um, und 1805 vertrat Kings Auditeur die Meinung, man könne Aborigines, wolle man nicht »das Verfahren zur Farce« machen, weder strafrechtlich verfolgen noch als Zeugen vereidigen, da sie kein Verständnis für so grundlegende Begriffe des englischen Rechts wie Beweismittel, Schuld oder Eid besäßen. Mithin sei es das beste, ohne formales Verfahren »die Strafen gegen sie anzuwenden, die sie verdienen«. Ein Siedler hätte blind oder ein Heiliger sein müssen, um nicht zu begreifen, worauf das hinauslief, und so begann das Elend der entschädigungslosen Enteignung.

Die australische Wollproduktion und der mit ihr einhergehende unersättliche Hunger auf Land trieb die Enteignung in den folgenden dreißig Jahren auf den Höhepunkt, auch wenn sie noch weit über die Zeit des »Systems« der Strafkolonie hinaus andauerte. Zwischen 1800 und 1830 wurde die Siedlungsgrenze unablässig vorangetrieben: südwärts nach Goulburn und zu den Monarohochebenen, westwärts über die Blauen Berge zum »goldenen« Grasland um Bathurst und Mudgee herum und nordwärts bis zum Tal des Hunterflusses.

Alle Berührungen mit den Aborigines verliefen gleich: Eine auf Privateigentum gründende weiße Kultur stieß mit einer schwarzen des »Urkommunismus« zusammen, in der niemandem irgendwelche Mittel als Privateigentum gehörten, am allerwenigsten Land. In einigen Fällen zogen die Aborigines weiter, gewöhnlich aber griffen sie an und führten so lange einen Kleinkrieg, bis die Feuerwaffen der Siedler so viele ihrer Krieger niedergemäht hatten, daß der Stamm hilflos war. Leisteten sie nachhaltigen Widerstand, konnte man das Kriegsrecht über sie verhängen: Die Viehzüchter um Bathurst herum brachten 1824 Gouverneur Brisbane dazu, daß er Soldaten schickte, um die Schwarzen in ihrem Gebiet zu »befrieden«. Brisbane, der noch einige Jahre zuvor Missionare mit seinen auf liberalen Grundsätzen fußenden Erklärungen der Besorgnis um die Aborigines beeindruckt hatte (»Sofern für diese armen und in erbärmlichen Verhältnissen lebenden Geschöpfe nichts getan wird, werden sie aussterben: ihre Rasse wird an Entbehrungen dahinsiechen!«, sagte er zu einem methodistischen Geistlichen), schickte Armee und Eingeborenenpolizei, und niemand zählte den Tribut an Toten, den dies Vorgehen forderte.

Bis vor kurzem haben Historiker nicht hinreichend beachtet, wie entschlossen australische Eingeborenenstämme mit den europäischen Eindringlingen um den Besitz ihres Landes gekämpft haben. Dabei ging es um einen beharrlichen und oft durchaus organisierten Widerstand, von massierten Frontalangriffen über Guerillakrieg bis hin zu Fällen, da einzelne Europäer aus Rache wegen an Angehörigen des Stammes begangener Verbrechen sorgfältig aufgespürt und ermordet wurden. Weiße gaben meist, wenn auch zögernd, die taktische Überlegenheit der Aborigines zu. Diese stahlen Gewehre und lernten, mit ihnen umzugehen, sie unterminierten die wirtschaftliche Grundlage mancher von Weißen besiedelter Gebiete durch vernichtende Angriffe gegen Schafe, Rindvieh und Pferde, Überfälle auf Bergwerke sowie das Niederbrennen von Wohnstätten.

Dieser Widerstand zeigte sich nicht immer sogleich. Die Eingeborenen schienen sich – zumindest in der Frühzeit der Kolonialisierung, bevor sie alle begriffen hatten, wie habgierig die Europäer waren – nicht enteignet zu fühlen. Wenn sie häufig auf ein Eindringen in ihr Land nicht reagierten, lag das daran, daß sie seiner nicht gewahr geworden waren. Sicherlich glaubten sie nicht, daß ihr Land plötzlich nicht mehr zu ihnen und sie nicht mehr zu ihm gehörten. Die bloße Anwesenheit der Europäer, wie bedrohlich sie auch sein mochte, konnte eine so tief in den Gebräuchen und im Bewußtsein der Aborigines verwurzelte Gewißheit nicht untergraben. Viele Stämme waren von der Unwissenheit und Schwäche der Weißen überzeugt – anfangs. Nicht daß sie gekommen waren, rief Widerstand hervor, sondern, daß sie immer wieder Ansprüche auf das Land erhoben und durchsetzten.

In einigen Gebieten leisteten die Ureinwohner immerhin zehn Jahre lang Widerstand, aber es war ihnen nicht bestimmt zu siegen. Die europäische Technik war gegen sie, und die Verminderung ihrer Jagdgründe durch die Einführung der Viehwirtschaft verstärkte deren Wirkung. Schafe und Rinder vertrieben Känguruhs und anderes jagdbares Wild, Zäune versperrten alte Wege und Wechsel. Wälder wurden gefällt, ganze Pflanzenfamilien starben aus. Und immer, überall innerhalb der sich ausweitenden Grenzen der Siedlung, sah man den Ureinwohner als lästiges Lebewesen an, wie ein Dingo oder ein Känguruh. Man konnte ihn bedenkenlos töten – und da die Einzelsiedlungen weitab lagen, Polizei nur selten auftrat und im übrigen von rassistischer Grundeinstellung war, bestand kaum die Gefahr, entdeckt und bestraft zu werden. Solange kein Weißer eine Aussage machte, hatte der Arm des Gesetzes nicht einmal dann eine Möglichkeit zur Strafe, wenn Aborigines in großer Anzahl von Europäern erschossen wurden. Jemand hörte einen Besitzer großer Schaf- und Rinderherden sagen, es sei »nicht schlimmer, einen Eingeborenen zu erschießen als einen Hund«, und ein anderer berichtete voller Stolz, er habe mit einer Gruppe von Männern, die nach einem »Viehwegtrieb« Schwarze verfolgten, bestimmt mehr als hundert von ihnen erschossen, und er erklärte, daran sei nichts Unrechtes, und es sei abwegig anzunehmen, sie hätten eine Seele.

Wie viele Tote dieser sich lang hinziehende Grenzkrieg forderte, läßt sich nur schätzen. Vermutlich verloren zwischen 2000 und 2500 europäische Siedler und mehr als 20 000 Aborigines ihr Leben.

Am bezeichnendsten dürfte ein Blutbad sein, das 1838 in Neusüdwales auf dem Besitz von Henry Dangar an einem Ort namens Myall Creek in der Nähe des Gwydirflusses als Vergeltungsmaßnahme gegen Viehdiebstahl und »Viehwegtrieb« stattfand. Dabei wurde unter den Tieren eine Panik ausgelöst, so daß sie in wilder Flucht davonstoben, was die Viehhüter vor allem deshalb fürchteten, weil die Tiere dabei an Gewicht verloren, was wiederum den Verkaufserlös verminderte.

Niemand ahnte im entferntesten, wer die Schuldigen waren, doch als die Viehtreiber sechzig Kilometer von der Stelle entfernt ein harmloses Lager mit Aborigines fanden, griffen sie es an. Bewaffnet trieb ein Dutzend von ihnen unter Anführung eines Weißen, der die vergangenen drei Wochen bei dem kleinen Stamm gelebt hatte, 28 unbewaffnete Männer, Frauen und Kinder zusammen, band sie mit Stricken aneinander und schlachtete sie alle miteinander an einer »geeigneten« Stelle in der Nähe mit Musketen und Entermessern ab. Dann zerhackten sie einige Leichen, verstümmelten einige weitere und verbrannten alle auf einem Holzstoß. Einer der Mörder sagte später als Zeuge gegen die anderen elf aus. Obwohl die Geschworenen bei der ersten Verhandlung alle freisprachen, führte eine zweite Verhandlung zu Schuldsprüchen gegen sieben, die gehenkt wurden, vier verließen das Gericht als freie Männer.

Der Fall enthielt politischen Zündstoff und wäre wohl nie vor Gericht gekommen, hätte sich nicht Gouverneur George Gipps selbst eingeschaltet. Zuvor hatten Siedler bereits Tausende von Aborigines ausgerottet, ohne daß einer dafür hätte hängen müssen. So groß war der Widerwille der Öffentlichkeit gegen diese »Gefühlsduselei«, als die man einen solchen Eingriff in den Kodex der Grenze, das Faustrecht, ansah, daß ein Verteidigungsfonds für die Mörder eingerichtet wurde, wobei ein Friedensrichter federführend war.

Trotz einer vorübergehenden Abscheureaktion hatte das Massaker vom Myall Creek keinerlei Auswirkung auf die Mehrheit jener, die fest überzeugt waren, daß wilde Völker in dem Maße verschwinden *müssen*, wie die Zivilisation vorrückt. Keinesfalls dürfe, so hieß es, die Sicherheit von Forschern und Siedlern dadurch aufs Spiel gesetzt werden, daß man auf Leute hörte, die von der Sache nichts verstanden, und es sei am besten, mit der Schußwaffe gegen die »schwarzen Brüder« vorzugehen. Zehn Tage nach Myall Creek (die Nachricht davon war selbstverständlich noch nicht durchgesickert) drängte der Verfasser eines Artikels in einer Zeitung in Sydney, über Gipps' »Nachgiebigkeit« aufgebracht, weil dieser keine militärische Strafaktion gegen die Schwarzen im Huntertal durchgeführt hatte:

> »Wenn man den Aborigines mit entschlossenem Auftreten ihre Schwäche vor Augen führt und sie davon überzeugt, daß der Kampf gegen Weiße sinnlos ist, werden sie sich unterwerfen und ihre Angriffe einstellen, und das kann viel Blutvergießen ersparen. Geschieht nicht bald etwas, werden diese dunklen ›Herren des Landes‹ die Bleichgesichter noch von ihrem Gebiet vertreiben.«

Am lautesten schrien die Sträflinge nach dieser Endlösung. Weder überraschte es jemanden, daß von den zwölf weißen Myall-Creek-Mördern nur einer (der Zeuge) in der Kolonie geboren und alle anderen entweder Sträflinge oder ehemalige Sträflinge waren, noch, daß keiner der elf bereit war, gegen die anderen auszusagen. Der Haß der Sträflinge gegen die Aborigines war inzwischen fest verwurzelt.

Im vierten Kapitel wurde gezeigt, wie es in der Kolonie zu den ersten Zusammenstößen zwischen Schwarz und Weiß kam. Die Sträflinge stahlen den Aborigines die Waffen, um sie als Andenken zu verkaufen, drangen beim Versuch zu fliehen in deren Gebiet ein und haßten die Schwarzen, nicht nur wegen ihrer Freiheit, sondern auch, weil Regierungsvertreter, die sich damit an ihre Anweisungen hielten, sie freundlich behandelten. Stahl ein Sträfling ein Huhn, wurde er ausgepeitscht, ein Ureinwohner, der dasselbe tat, ging straffrei aus. Dergleichen machte böses Blut, vor allem, da die Sträflinge die Schwarzen bald als wilder Auswuchs des aus einer unendlichen Weite bestehenden Gefängnisses ansahen. Wer in den Busch entkam, mußte damit rechnen, entweder zu verhungern oder unter den Keulen und Speeren der Schwarzen umzukommen. So nahm unter den Sträflingen die Überzeugung zu, daß die Aborigines, auch wenn sie nicht gerade mit ihren verhaßten Kerkermeistern verbündet waren, doch zumindest auf deren Seite standen. Nahrung fand diese Ansicht, als in den zwanziger Jahren die Wächter der Strafsiedlungen von Newcastle und an der Moreton-Bucht dazu übergingen, Eingeborene dafür zu belohnen, daß sie entflohene Sträflinge einfingen, zusammenschlugen und zurückbrachten. In den dreißiger Jahren hatte sich das Bild der Sträflinge vom australischen Ureinwohner als eines geschickten verräterischen Feindes durch die systematische Verwendung schwarzer Spurenleser – Eingeborene, die im Auftrag der den Sträflingen nachsetzenden Polizei ihre überlegenen Fertigkeiten nutzten, einem Mann zu folgen – verfestigt. Diejenigen, die ihn nicht als Feind betrachteten, sahen in ihm einfach den Untermenschen – eine spindeldürre nomadisierende Elendsgestalt, ein Waisenkind der Natur. Jeder, auf dem herumgehackt wird, braucht jemanden, auf dem er selbst herumhacken kann, damit er seinen Platz in der Hackordnung akzeptiert. Zu dieser passiven Rolle – und zu sonst nichts – taugten die Aborigines in den Augen der Sträflinge. Die Grausamkeit des Strafvollzugs gegenüber den Weißen staute sich im Lumpenproletariat der Sträflinge auf und kehrte sich gegen die Schwarzen – wenn auch nicht immer so spektakulär wie am Myall Creek und an anderen Orten, wo es zu Massakern kam.

Die Ureinwohner ihrerseits scheinen die Sträflinge verachtet zu haben. Immerhin sahen sie diese Weißen unter Bedingungen arbeiten, die ihr eigener Stolz nie hingenommen hätte, sie waren Zeuge, daß man sie wie besiegte Angehörige eines feindlichen Stammes behandelte, was sie in gewissem Sinne ja auch waren. Man trieb sie zur Arbeit an, trat und beschimpfte sie, peitschte sie aus und brachte sie auch gelegentlich um.

Ohne Angaben von seiten der Aborigines läßt sich nur vermuten, was die Struktur des Systems zu ihrer Meinung von den Weißen beitrug, doch ihr Verhalten zeigte, daß sie sich, wenn überhaupt mit jemandem – wie kurz oder aus welchen opportunistischen Beweggründen auch immer – am ehesten mit den Kriegern der Weißen verbündet hätten. Den Männern im roten Rock, die über die Macht, den Tabak und die Wolldecken verfügten, brachten sie Achtung entgegen. Die Annahme, die Schwarzen könnten aus Solidarität mit gleichfalls verachteten Kreaturen ein »natürliches« Mitgefühl für den unterdrückten Sträfling haben, ist eine völlig unbegründete Spekulation. Über den kulturellen

Abgrund zwischen ihnen hinweg war ein Bündnis nicht möglich, und von wenigen Ausnahmefällen abgesehen – wenn Sträflinge, denen die Flucht geglückt war, das Leben der Ureinwohner teilten – kam es auch nicht dazu. Der berühmteste dieser Männer war William Buckley, ein englischer Milizionär aus der Grafschaft Cheshire, der barfuß einen Meter achtundneunzig maß und 1802 lebenslänglich deportiert worden war, weil er gestohlenes Tuch als Hehlerware gekauft hatte. Er verschwand 1803 aus der winzigen Ansiedlung von Port Phillip in Victoria und hatte das Glück, auf einen Stamm von Ureinwohnern, die Wattourong, zu stoßen, die ihn für den reinkarnierten Geist ihres toten Häuptlings hielten. Fast alle Aborigines glaubten, ganz gleich, welchem Stamm sie angehörten, daß die Geister der Abgeschiedenen in Gestalt aschfarbener oder grauer, »geschälter« Männer wiedererschienen. Die Farbe Weiß wurde also mit Tod und Wiederauferstehung in Verbindung gebracht. So lebte Buckley zweiunddreißig Jahre bei den Wattourong, bevor er sich stellte. Die geradezu unglaubliche Unwahrscheinlichkeit des Falles ließ in Australien einen Ausdruck entstehen, der noch heute benutzt wird. »Buckleys Chance haben« bedeutet, daß etwas aussichtslos ist.

Auch nachdem Sträflinge begnadigt und wieder frei waren, hörten sie nicht nur nicht auf, Aborigines zu verachten und zu fürchten, eher im Gegenteil. Da alles Siedlungsland in der Nähe der Städte schon vergeben war, mußte, wer mit wenig oder keinem Kapital sowie, sah man von einem Stück noch urbar zu machenden Buschlandes ab, auch ohne Regierungshilfe ein neues Leben beginnen wollte, seine Hütte in den Randzonen der weißen Besiedlung errichten. Das brachte ihn und seine Familie in Kontakt mit Stammesgruppen, die erneut das Muster von schwarzem Widerstand und »Verrat« begannen, was ihnen die Weißen bis hin zum Mord vergalten. Auf diese Weise sorgte das Leben an einer immer weiter vorgeschobenen Grenze dafür, daß sich die Haltung der Sträflinge gegenüber den Ureinwohnern über Generationen hinweg von versklavten Eltern auf freie Kinder vererbte. Als in den vierziger Jahren ein freier Neusiedler einem früheren Sträfling und Soldaten Vorwürfe machte, weil jener einen unbewaffneten Ureinwohner erschossen hatte, »sah mich dieser wie eine Art gefährlichen Irren an, weil ich mir Gedanken über das Leben einiger weniger Schwarzer machte, über die er offenbar nach Gutdünken verfügen zu dürfen glaubte, solange ihn das nicht in Konflikt mit dem Gesetz brachte«. Mochten Missionare und Stadtleute menschenfreundliches Zeug über die Schwarzen plappern – sie hatten nichts mit ihnen zu tun, brauchten nicht ihre Hütten und Weidegebiete gegen sie zu verteidigen und wußten nicht, wie gefährlich und unberechenbar sie sein konnten. In einigen Teilen Australiens ist diese Haltung, wie jeder Reisende bestätigen kann, noch heute lebendig.

Sträflinge haßten deswegen schon intensiver, weil sie mehr zu fürchten hatten. Ein aus freien Stücken ins Land gekommener Neusiedler besaß meist gute Waffen – ein soeben vom Gouverneur begnadigter Freigelassener, wenn er Glück hatte, eine alte Muskete oder eine verrostete Reiterpistole. Wahrscheinlicher aber war, daß er, der Sträfling, mit nichts als einem Entermesser und einer Axt bewaffnet in die Wildnis aufbrach. Dabei war ein Weißer selbst mit einem Gewehr in der Hand gegenüber mit Speeren bewaffneten Ureinwohnern im Nachteil, vor allem im dichten Busch. Er konnte nicht rasch genug laden und feuern, und ohnehin waren nur wenige Sträflinge so weit militärisch ausgebildet oder sonstwie im Umgang mit Waffen erfahren, daß sie gute Schützen abgaben. Wenn die Feuerstöcke auf das Hüttendach prasselten und die Schindeln zu glimmen begannen, kam keine koloniale Kavallerie über die Hügelkuppe galoppiert. Sie war weit fort – genau gesagt: in Amerika. So kam es, daß die übliche Form des Grenzscharmützels in Hinterhalten und kleinen wahllosen Massakern im Stil des Blutbads von Myall Creek bestand. Weiße lauerten Aborigines auf und schossen sie in den Rücken. Schwarze schlichen sich in die Hütte des Siedlers und schlugen mit ihren Keulen ihm und seiner Frau den Schädel ein.

Andere Faktoren trugen dazu bei, daß diese lange bittere Beziehung der Eingeborenen zu vom Sträflingssystem vertierten Männern verschlimmert wurde. Überreste der von den Gewehren der Siedler dezimierten Aboriginesgruppen lebten, von den Weißen mehr oder weniger geduldet, in der Nähe der Schafstationen, wie die großen Weidegüter genannt wurden, von Almosen und Gelegenheitsarbeiten (beispielsweise spürten sie verirrte Tiere wieder auf). Die einzige Gegenleistung, die sie Europäern bieten konnten, waren ihre Frauen. Das aber führte nicht nur zu verheerenden Ausbrüchen von Geschlechtskrankheiten, sondern auch durch die Geburt halbblütiger Bastarde zu einer weiteren Schwächung ihrer rudimentären Stammesstruktur. Missionare beklagten es oft, daß die »Weißen der unteren Klassen« – ehemalige Sträflinge und ihre Abkömmlinge – bewußt ihre Bemühungen unterliefen, die am Rande der weißen Siedlungsgebiete lebenden Aborigines zu bilden und zu bekehren. Rum und Prostitution ließen sich mit Nähkränzchen zur Herstellung von Kleidungsstücken für wohltätige Zwecke und Bibelstunden nicht bekämpfen. Politiker wiederum, die bei der Mehrheit der weißen Siedler ankommen wollten, hatten gar keine andere Möglichkeit, als die Hilfe der Regierung und der Missionare für die Schwarzen als Einmischung rührseliger Spinner abzustempeln.

William Wentworth, in früheren Jahren der Fürsprecher der ehemaligen Sträflinge, inzwischen aber überall als »der Lord der Peitschen« bekannt, soll 1844 in einer Rede vor der australischen gesetzgebenden Versammlung gesagt haben:

»Er könne keinen Anlaß für die Regierung sehen, sich um die Weißen kümmern zu müssen, die das Land in Besitz nehmen. Zweifellos werde es immer wieder Kämpfe zwischen den Siedlern und den Grenzstämmen geben, aber die Regierung brauche sich in diese Kämpfe nicht einzumischen. Zivilisierte Menschen seien in das Land gekommen, und deshalb müßten die Wilden weichen. Die Weißen müßten ihre Vorherrschaft durchsetzen, und daher könne er nicht sehen, daß irgendeine Maßnahme zum Schutz der Schwarzen vernünftig oder auch nur hilfreich sei, da sie ja doch nicht standhalten könnten . . . Es sei nicht die Politik der neuen Regierung, das Überleben der Eingeborenen in New South Wales zu schützen . . . Sie müßten vor den Waffen der zivilisierten Welt und auch vor ihren Krankheiten kapitulieren – und diese Kapitulation müsse geschehen, noch bevor sie die Macht der zivilisierten Völker erreicht haben.«

Man sieht: Für die australischen Ureinwohner bedeutete die Deportation der Sträflinge eine Katastrophe. Vielleicht hätten sie weniger gelitten, wäre Neusüdwales von freien Neusiedlern kolonisiert worden, die zumindest ansatzweise weniger brutal und weniger darauf aus waren, eine unterlegene Klasse zu knuten. Je opportunistischer die Siedler waren, je mehr ihr Bewußtsein, der armen weißen Unterschicht anzugehören, nach einem Ventil verlangte, desto mehr sprachen sie von Zivilisation und rassischer Überlegenheit, spekulierten darauf, daß selbst ihre Krankheiten den Untergang des Schwarzen begünstigten, ihrer Ansicht nach die einzig logische Entwicklung für ihn.

Es war für sie ein schwacher und bitterer Trost, aber nahezu der einzige, den das System seinen weißen Untertanen am Ende ihrer eigenen Entwurzelung zu bieten vermochte.

Kapitel IX

Der Handschlag für die Regierung

1

Die Ankunft eines Sträflingsschiffs ließ in Sydney niemanden kalt – bedeutete es doch für die Menschen, die es in wie Nußschalen auf den Wellen tanzenden Ruderbooten umdrängten, Nachrichten von daheim, wenn nicht gar den Anblick eines vertrauten Gesichts. Für die Siedler aber bedeutete das einen Zustrom des kostbarsten Gutes, das es damals in Australien gab: Arbeitskräfte. Für jeden Sträfling gab es zwei Möglichkeiten: Er konnte entweder der Krone dienen oder – in ihrem Auftrag – für eine bestimmte Anzahl von Jahren einem privaten Arbeitgeber. Nach dieser Zeit gab es eine Begnadigung oder einen Freibrief. Beides erlaubte es den Freigelassenen, die eigene Arbeitskraft nach Gutdünken zu verkaufen und den Arbeitsplatz frei zu wählen. Englische Kritiker der Deportation – von denen die meisten nie in Australien gewesen waren und über keine Kenntnis des Systems aus erster Hand verfügten – vertraten die Ansicht, die Krone bediene sich der Sträflinge als Sklaven, bis man sie für würdig hielt, Siedler zu werden.

Die Gleichsetzung von Sträflingen und Sklaverei war bei Angriffen auf das System unvermeidlich. Auch wenn sich einige Schlüsselpersonen in der Sträflingsverwaltung diese Gleichsetzung zu eigen gemacht hatten – wie beispielsweise der den Torys zuzurechnende George Arthur, der von 1824 bis 1836 Gouverneur auf Vandiemensland war –, hörte man sie vor allem von den Befürwortern der Abschaffung. Ihre lange Reihe begann mit Jeremy Bentham und William Wilberforce und führte Ende der dreißiger Jahre zu William Molesworth und Lord Russell. Doch stimmte diese fünfzig Jahre lang wiederholte Behauptung überhaupt, waren Sträflinge tatsächlich Sklaven? Und ließ sich die Frage ihrer Rechte – oder deren Nichtexistenz – tatsächlich unter den großen moralischen Schirm der englischen Bewegung zur Abschaffung der Sklaverei bringen, die mit so ungeheuren Kosten und Mühen die Sklaverei der Schwarzen aus dem britischen Weltreich verbannt hatte und sich in den dreißiger Jahren des 19. Jahrhunderts eifrig darum bemühte, die beharrlich praktizierte Sklaverei unter Afrikanern und Arabern zu unterdrücken? Die liberalen englischen Reformer waren fest davon überzeugt – heute ist man da weniger sicher.

Theoretisch gesehen ist der Gesellschaftsvertrag der Sklaverei einfach, starr und einseitig, denn es geht um bloße Machtausübung und offene Willkür. Der

Herr *besitzt* den Sklaven: seine Arbeit, seine Zeit, seine Person. Sklaven sind Eigentum, sie werden ge- und verkauft. Ihre Rechte beginnen und enden mit ihrem Status als bewegliche Habe. Sie haben kein Recht, zu verhandeln, die Dauer oder das Tempo ihrer Arbeit zu bestimmen, sich zu organisieren oder zu protestieren. Sklaverei ist auf Dauer angelegt und setzt sich von Generation zu Generation fort; Sklave zeugt Sklave. Werden Sklaven befreit, handelt es sich um ein Entgegenkommen – oder eine Revolution.

Keine dieser Voraussetzungen galt für die von Großbritannien nach Australien verbannten Sträflinge. Jeder von ihnen verbüßte eine genau festgelegte Strafzeit und wurde dann frei. Niemand war die bewegliche Habe eines Herrn, und jeder hatte, mit gewissen Einschränkungen, das Recht, einen Teil seiner Arbeit auf dem freien Markt anzubieten. So hart und streng ihre soziale Welt oft war, so gründete sie doch auf Begriffen von Recht und Gesetz. Die Sträflinge konnten als Zeugen vor Gericht auftreten, vor Zivilgerichten klagen und Bittschriften an den Gouverneur richten, die gewöhnlich rasch und vollständig bearbeitet wurden. Ihre Dienstherren durften sie nicht auspeitschen; eine solche Strafe konnte lediglich der Friedensrichter auferlegen; in späteren Jahren war dazu sogar der Spruch zweier Friedensrichter erforderlich. Ein Sträfling konnte seinen Arbeitgeber vor Gericht bringen, wenn ihn dieser schlecht behandelte. Oft bekamen Sträflinge nach Verbüßung ihrer Strafzeit Land, und man wies ihnen ihrerseits dienstverpflichtete Sträflinge zu. Ihre Kinder wurden als Freie geboren; und daß sie nicht das Wahlrecht besaßen, hatten sie in Neusüdwales bis in die Zeit nach 1840 mit jedem anderen Bewohner der Kolonie gemeinsam. Sofern es sich bei diesem System, wie seine Kritiker nicht müde wurden zu behaupten, tatsächlich um Sklaverei handelte, ähnelte sie in nichts der auf Barbados oder in Atlanta praktizierten – von Athen, Rom oder Luxor in der Antike ganz zu schweigen.

Es war ein völlig eigenständiges System mit einem eigenen Namen: *Abtretungs-* oder *Zuweisungssystem*. Die meisten Sträflinge wurden an Siedler »abgetreten«, das heißt, die Regierung lieh sie als dienstverpflichtete Arbeitskräfte an Siedler aus. Einige, vielleicht jeden zehnten, behielt sie für Zwangsarbeit an öffentlichen Vorhaben zurück: Sie mußten Gräben ausheben, Tunnel, Wellenbrecher, Gefängnisse, Gerichtsgebäude und Läden bauen, aber auch Straßen durch den Busch. So konnte ein »Regierungsmann« – in einer Gesellschaft, die das Wort »Sträfling« vermied – der Krone unmittelbar dienen und der englischen Gesellschaft seine Schuld zurückzahlen. Die Arbeit für die Regierung galt als schlimmste Strafe, während in der Kolonie in den ersten fünfzig Jahren der Besiedlung durch Europäer die Abtretung der Stab des Lebens war. Sie gestaltete die Kolonie, bildete ihre gesellschaftlichen Institutionen heraus und war einer der Hauptgründe dafür, daß überhaupt freie Neusiedler kamen – wenn nicht der einzige.

Australien lag zu weit entfernt, war zu unheimlich und zu sehr mit einem Makel behaftet, als daß sich viele freie Einwanderer aus der Arbeiterklasse von diesem

Kontinent angezogen gefühlt hätten. Doch hoffte die Regierung, kapitalkräftige Siedlungswillige damit ins Land zu locken, daß sie ihnen Land, wovon die Kolonie geradezu unermeßlich viel besaß, ebenso kostenlos anbot wie Arbeitskräfte. Noch in den dreißiger Jahren des 19. Jahrhunderts war erstklassiges Weideland nur 150 Kilometer von Sydney entfernt für zwei Shilling pro Acre zu haben.

Weil es so wenig freie Männer gab, die einen Beruf erlernt hatten, war ihre Arbeitskraft weit wertvoller als Grund und Boden, und sie konnten ihren Preis selbst bestimmen. Brachte ein hoffnungsvoller Siedler seinen freien Diener mit nach Australien, lief ihm dieser häufig davon:

> »Mein eigener Diener, der in England acht Jahre lang für mich gearbeitet hatte, erreichte meine neue Behausung nicht. Etwa einen Monat nach unserer Ankunft fehlte er eines Morgens. Noch vor Abend bekam ich einen Brief, in dem er mir mitteilte, er habe sich in der Nähe des Hunterflusses Pachtland geben lassen, und er hoffe, wir seien ›als Freunde geschieden‹. Er ist jetzt einer der wichtigsten Männer in der Kolonie, ist ungeheuer dick geworden, nährt sich von fetttriefenden Leckereien, trinkt Portwein und wahre Ozeane von Porter in Flaschen, flucht auf den Gouverneur und schwört bei all seinen Göttern, daß diese Kolonie bald unabhängig sein müsse.«

Billiger Grundbesitz und kostenloses Pachtland bedeutete für jeden, der zupakken konnte, die Möglichkeit, sein eigener Herr zu werden. Da das Zuweisungssystem trotz der Mängel, mit denen es behaftet sein mochte, die einzigen zuverlässigen Arbeitskräfte lieferte, war die Abtretung Dienstverpflichteter für das Australien der Kolonialzeit ebenso bedeutend wie die Sklaverei der Schwarzen für die amerikanischen Südstaaten vor dem Bürgerkrieg. Beide hatten praktische Nachteile gemeinsam.

Negersklaven leisteten nur selten soviel wie bezahlte Freie. Diese Unproduktivität hängt mit der Auswirkung der Sklaverei auf die Seelen der Menschen zusammen. Wer gezwungen wird, tut seine Arbeit widerwillig und damit schlecht, und diese niedrige Arbeitsmoral vermindert das allgemeine Produktivitätsniveau. Die meisten Sklaven wurden nicht etwa auf Pflanzungen von der Größe Taras aus *Vom Winde verweht* beschäftigt, sondern in Gruppen von einem bis zehn auf Höfen von bescheidener Größe.

Die Sklaverei ist der Fließbandarbeit vergleichbar, wo jeder eine unveränderte, genau umrissene Aufgabe immer wiederholt, und paßt auch zum ländlichen Vorläufer des Fließbandes, der Latifundie mit einem riesigen Arbeitskräftereservoir. Auf einem kleinen Anwesen hingegen muß der einzelne vielerlei tun, und dort wirken sich die Nachteile der Sklavenarbeit – mangelnde Fertigkeiten, fehlende Initiative – deutlich aus. Sklaverei ist ihrem Wesen nach statisch. Kein

Sklave dürfte je ein neues landwirtschaftliches Gerät ersonnen oder eine bessere Möglichkeit gefunden haben, ein altes zu benutzen.

Gerade diese Nachteile aber konnte eine Pioniergesellschaft nicht brauchen. Doch das Abtretungssystem war offener und flexibler als die Sklaverei und ließ der Initiative des einzelnen Sträflings einen gewissen Spielraum (wenn schon nicht bei der Arbeit für den Herrn, dann zumindest in der »eigenen Zeit«). Nur in den Strafaußenposten an der Moretonbucht, in Macquarie Harbour oder auf der Norfolkinsel fand sich die wenig produktive Form der sturen Gefängnisarbeit, zogen Männer statt Tiere Wagen und wurde anstelle des Pfluges die Hacke verwendet. Die Wirtschaft auf dem Festland war dynamischer.

Trotz einer gewissen Beweglichkeit aber gab es dort für die Sträflinge ein Minimum an Arbeit, das sie leisten mußten. Sie nannten es »den Handschlag für die Regierung«. Wer ihn tat, konnte nicht ausgepeitscht werden, und jeder sah, daß man arbeitete, aber das war auch alles. Das Australien der Kolonialzeit kam nur langsam voran: wegen seiner Kapitalknappheit, der Einsamkeit des Landes, der großen Entfernungen, der geringen Besiedlung und weil Gefängnisse ihrem Wesen nach konservativ sind. Das Hauptproblem aber war, daß die dienstverpflichteten Arbeitskräfte so wenig Anreiz hatten.

Die mindere Qualität der Sträflingsarbeit trieb die Löhne der freien Arbeiter hoch. »Man darf sich auf Sträflingsarbeit als dauernde Einkommensquelle nicht im geringsten verlassen.« Diese Aussage war unrichtig, wohl aber stimmte, daß ein Dienstherr, für den zugewiesenene Sträflinge tätig waren, nicht das gelassene Selbstbewußtsein des Sklavenhalters hatte, denn die Regierung konnte sie zurückrufen. Kein Bauer oder Schafzüchter war Eigentümer der Sträflinge, die für ihn arbeiteten, sie waren nicht Teil seines Kapitals.

Außerdem sah kein Arbeitgeber in ihnen moralisch neutrale Wesen wie zum Beispiel schwarze Sklaven. Sträflinge waren definitionsgemäß Verbrecher, sie mußten streng beaufsichtigt und zu unbedingtem Gehorsam angehalten werden. Je weiter entfernt von der Stadt der Arbeitgeber lebte, desto mehr nahm gewöhnlich seine Wachsamkeit zu, es sei denn, er war selbst einst Sträfling gewesen und behandelte die ihm zugewiesenen Leute »sanft« – ein Entgegenkommen, das nach Ansicht der Konservativen in der Kolonie lediglich zur Auflösung der Ordnung führte.

Doch bedeutete die Tatsache, daß die Arbeit der Sträflinge weniger produktiv war als die freier Männer, keineswegs, daß sie unproduktiv war; ganze Vermögen wurden auf ihr errichtet. Sträflinge stellten zwar kein Kapital dar wie Sklaven, aber ihrer Hände Arbeit bewirkte dasselbe Ergebnis wie der Einsatz von Kapital. »Das Strafsystem hat das Gesicht des Landes, in dem es eingeführt wurde, verändert«, äußerte sich der Verfasser eines 1851 veröffentlichten Handbuchs für Auswanderungswillige, »wie Dünger ein Feld.« Auf dieser

Grundlage ließen sich keine schwindelerregenden Überschüsse erzeugen, wohl aber verhieß sie einem vernünftig wirtschaftenden Siedler soliden Wohlstand. Jeder, der in den dreißiger Jahren des 19. Jahrhunderts Camden Park besuchte, den stolzen Sitz der Familie Macarthur mit seinen sechzigtausend Acres und seinem eleganten, von John Verge entworfenen Haus im Regency-Stil, mußte sehen, wozu das System imstande war. Und so sah ein ›typisches‹ Anwesen von achthundert Acres auf Vandiemensland in den vierziger Jahren aus:

»Das Haus ist aus Stein, weiträumig und behaglich. Die landwirtschaftlichen Gebäude sind groß, gleichfalls aus Stein erbaut, und haben feste Dächer. Die Gerätschaften sind vom besten und einwandfrei in Ordnung gehalten. Der Viehbestand umfaßt 30 Wagenpferde, 50 Zugochsen, 100 Schweine, 20 Zuchtstuten, 100 Stück Hornvieh und 25 000 Schafe, die eine hervorragende Wolle geben. Auf diesem Anwesen hat ein Brotherr 70 Arbeiter gleichzeitig beschäftigt. Nahezu alle waren Sträflinge. Nichts dergleichen hätte auf dieser Insel bestehen können, wären nicht Sträflinge hergebracht und bei ihrer Ankunft Siedlern zugewiesen worden, die sie als ihre Sklaven nutzen durften.«

Diese Idylle fand sich auf der kleinen, fruchtbaren Insel Vandiemensland häufiger als in den Weiten von Neusüdwales.

Da das Abtretungssystem genormte Arbeit begünstigte und da einflußreiche Männer die Fachkräfte bekommen konnten (womit der »Bodensatz« für den »Bodensatz« blieb), funktionierte es für Großgrundbesitzer besser als auf einer kleinen Klitsche. Doch vom Regierungsstandpunkt aus gab es in beiden Fällen eine Reihe nicht zu verachtender Vorzüge.

Erstens war das System billig. Es sorgte dafür, daß die Sträflinge nicht mehr der britischen Regierung zur Last fielen, und sparte ihr Tausende von Pfund pro Jahr, weil die Kosten für ihren Unterhalt den Bürgern in der Kolonie aufgebürdet waren, in deren Dienst die Sträflinge arbeiteten.

Zweitens veranlaßte es wohlhabende freie Siedler, eine Auswanderung nach Australien zu erwägen. Wo sonst auf der Welt konnten »verantwortliche und kapitalkräftige Siedler« auf kostenlose Arbeitskräfte rechnen? Die Behörden in Neusüdwales und in England strichen diesen Vorzug gehörig heraus. Der erste kapitalkräftige Neusiedler, der auswanderte, war ein Freund von Joseph Banks namens Gregory Blaxland, ein betuchter Grundherr aus der Grafschaft Kent, der den größten Teil seines Besitzes in England verkauft hatte, um in Australien zu investieren. Er traf 1805 ein. Die Behörden, denen klar war, daß mit ihm (endlich) der erste Siedler von untadeliger Achtbarkeit ins Land gekommen war, überschütteten ihn mit Beweisen ihrer Gunst. Gouverneur King gab ihm 4000 Acre »auf alle Zeiten an einer Stelle seiner eigenen Wahl« und vierzig Sträflinge, die es bearbeiten sollten. Alle wurden während der ersten achtzehn Monate ihrer Abtretung an Blaxland auf Kosten der Krone ernährt und gekleidet, eine Belastung von 1300, nach heutigem Geld mehr als 50 000 Pfund. Offensichtlich lag der Krone wie auch der Regierung der Kolonie sehr an verläßlichen Siedlern, doch in jenen Jahren kamen nur wenige.

Die Dienstverpflichtung hatte für das System noch einen dritten Vorteil: Es verteilte die Sträflinge über ganz Neusüdwales und Vandiemensland, so daß keine große Zusammenschlüsse möglich waren, die zum Aufruhr führen konnten. Überdies bot sie der Regierung die Möglichkeit, sich des Wohlverhaltens der Siedler zu versichern – sie konnte den einen bestrafen, indem sie ihm keine Sträflinge zuwies, und einen anderen belohnen, indem sie ihm welche überließ. Das lenkte politisch abweichende Meinungen freier Siedler in gemäßigte Bahnen, ähnlich, wie man Sträflinge durch die Drohung mit der Peitsche und das Versprechen der Freiheit bei der Stange halten konnte.

Besonders energisch handhabte Gouverneur Arthur diese Macht von 1824 bis 1836. Zu jener Zeit hing, wie es der wohlhabende Siedler George Meredith schilderte, die Zuweisung von Arbeitskräften an einen Siedler »nicht von dessen Wünschen ab, sondern davon, wie es dem Gouverneur gefällt, die politischen Ansichten und das Verhalten des Bewerbers zu beurteilen«. Arthurs Günstlingswirtschaft nahm solche Ausmaße an, daß 1832 die Hälfte der ausgebildeten Handwerker unter den Sträflingen auf Vandiemensland einem Zehntel der Siedler zugeteilt waren, meist Angehörige seiner eigenen Clique aus Inhabern verschiedener Regierungsämter. Wer den Gouverneur reizte, mußte damit rechnen, daß ihm schon eine Woche später die Arbeitskräfte entzogen wurden, denn »was dem Siedler gegenwärtig vom Gesetz zugestanden wird, ist eine bloße *Gunst*, ein vorläufiges und widerrufliches Ausleihen von Dienstleistungen«.

Dem Gesetz nach unterschied sich die Abtretung von Sträflingen in Australien von ihrer früheren Form in Amerika. Viele achtbare Amerikaner wüteten über den Zustrom von Gesetzesverbrechern, die ihrer Ansicht ihre Gesellschaft beschmutzten. »Womit kann uns Britannien größere Verachtung zeigen«, schrieb ein erboster Bewohner Virginias 1751, »als indem es seine Gefängnisse in unsere Siedlungen entleert. Ebenso könnten sie den Inhalt ihrer Abortgruben über unsere Tische gießen!« Dennoch ergriffen die meisten Bauern und Kaufleute in Maryland oder Virginia die Gelegenheit beim Schopfe, wenn man ihnen Sträflinge als Arbeitskräfte anbot – und zahlten beachtliche Beträge dafür. Der amerikanische Siedler war Eigentümer der Arbeitskraft seiner ihm vertraglich übergebenen Sträflinge. Er war für ihren Transport über den Atlantik aufgekommen und erwartete mit Fug und Recht, gegen finanzielle Verluste gesichert zu sein, wenn sie durch eine »unvorhergesehene Ausübung der Königlichen Gnade« freikamen. Sträflinge waren, wie Sklaven, Kapital und seit dem frühen 17. Jahrhundert als solches gehandelt worden. »Unser größter Reichtum besteht in Dienern«, schrieb 1619 der Siedler John Pory in Virginia. Die Deportationsgesetze des 17. und frühen 18. Jahrhunderts verpflichteten daher die Krone, den Eigentümer eines Sträflings zu entschädigen, falls sie diesen begnadigte. Ein solcher Akt war unwahrscheinlich, aber möglich.

Nun waren Virginia und Maryland keine Strafsiedlungen, sondern freie Kolonien, die sich der Arbeitskraft als Sklaven genutzter Rechtsbrecher bedienten. In Australien, das als Gefängnis besiedelt worden war, hat kein freier Siedler für die Überfahrt eines Sträflings von England bezahlt – in den Augen der Regierung Grund genug, dem Siedler den Anspruch auf ein Eigentumsrecht an der Arbeit des Sträflings zu verweigern. Alle solche Rechte gehörten der Regierung. Dennoch erregten sich Menschen in der Kolonie noch jahrzehntelang über das »Recht« von Siedlern, ihre Sträflinge weiterzuverkaufen oder ihrerseits an Dritte abzutreten.

2

In den ersten Jahren der Kolonie unter Gouverneur Phillip arbeiteten die Sträflinge ausschließlich für die Regierung. Diese hatte ein Monopol auf alle Ernteerträge, lagerte sie für die Gemeinschaft ein und teilte jedem Siedler seinen Anteil zu. Die bis 1800 praktizierte erste Stufe des Zuweisungssystems war daraus hergeleitet. Der Gouverneur stellte freien Siedlern Sträflinge als Arbeitskräfte zur Verfügung, kleidete und ernährte diese auf Kosten der Regierung und hatte im Gegenzug das Recht, alle Ernten zu festen Preisen aufzukaufen. Der Regierungsladen war der einzige Markt. In Neusüdwales arbeiteten im Jahre 1790 38 solche »zugewiesenen« Sträflinge auf privaten Höfen, 1800 waren es 356 und im Dezember 1825 bereits 10 800.

Als die Erinnerung an die »Hungerjahre« schwand und die Wirtschaft der Kolonie wuchs und sich verzweigte, gab der Regierungsladen sein Monopol auf landwirtschaftliche Erzeugnisse auf. Da die Regierung den Markt nicht mehr steuern konnte, wollte sie auch nicht weiterhin für den Unterhalt dienstverpflichteter Sträflinge aufkommen, und so änderte Gouverneur King durch einen Erlaß im Oktober 1800 das System. In dieser zweiten Stufe mußten die Arbeitgeber für Unterkunft, Verpflegung und Kleidung ihrer Arbeitskräfte sorgen. Die Regierung schoß aus ihren Vorräten Lebensmittel und Kleidung vor, die bis Jahresende zurückzuzahlen waren. Die Versorgung eines Sträflings kostete pro Jahr etwa 13 £ 13 s.

Die Sträflinge fielen auf diese Weise dem Laden nicht mehr zur Last, kosteten also die Regierung nichts mehr. Von 1800 bis 1806 bemühte sich Gouverneur King sehr, die laufenden Kosten für die Verwaltung der Sträflinge weiter zu senken. Einen Teil der Einsparungen erzielte er mit einer erneuten Änderung der Zuweisungsvorschriften. Nach 1804 mußte sich jeder Siedler, der Sträflinge übernahm, schriftlich verpflichten, sie mindestens zwölf Monate lang zu behalten und sie zu genau denselben Bedingungen kleiden, beköstigen und arbeiten lassen, die für von der Regierung beschäftigte Rechtsbrecher galten. Konnte ein Siedler den Sträfling nicht unterhalten und schickte ihn zurück, mußte er der Regierung für jeden verbleibenden Tag des Jahres einen Shilling zahlen, eine Strafe, die nur wenige Kleinpächter ohne weiteres aufzubringen imstande waren.

Dafür arbeitete der Sträfling ebensolange wie im Regierungsauftrag: montags bis freitags zehn Stunden und sechs am Samstag. Das ergab eine 56-Stunden-Woche – keineswegs unmäßig viel. Doch jeder Gefangene, ganz gleich, ob für die Regierung oder einen Siedler tätig, mußte sein Pensum erledigen. Daß die Arbeit nach erledigten Pensen und nicht nach der damit verbrachten Zeit gemessen wurde, hing mit der häufigen Arbeitsunwilligkeit der Sträflinge zusammen. Es war äußerst schwierig, sie den ganzen Tag an der Arbeit zu halten, und es gab in den Anfängen der Siedlung mit Ausnahme des Militärs keine den ganzen Tag verfügbaren Wachen. Die Soldaten aber fungierten nur ungern als Gefängnisaufseher, und so verfiel Phillip schon sehr bald darauf, eine bestimmte Menge Arbeit als tägliche Norm festzulegen. Nun konnten sich die Sträflinge ihre Zeit einteilen, wie sie das für richtig hielten, obwohl sie, wie Collins klagte, »am liebsten die Stunden, die sie nutzbringend hätten verwenden können, müßig zubrachten«. Diese leistungsorientierte Arbeit ähnelte der Handwerksarbeit, wie sie in England üblich war und gaukelte einen höheren Status als den des Stundenlöhners vor.

So kam es, daß in der im Entstehen begriffenen Strafkolonie fast von Anfang an Verhandlungen über die Arbeitsleistung geführt wurden – keineswegs etwas, was man in einem Gefängnis und schon gar nicht in einer »Sklavenhaltergesellschaft« erwarten würde. Im Jahre 1800 legte Gouverneur King einige typische »Akkord«-Sätze fest: Pro Woche mußte ein Sträfling den Baumbestand eines Acre fällen, 500 Pfähle von je 1,5 Meter Länge spalten oder achtzehn Bushel Weizen dreschen.

In den »Hungerjahren« hatte man den Sträflingen gestattet, um drei Uhr nachmittags mit der Arbeit aufzuhören, damit sie ihre eigenen Feldfrüchte anbauen konnten. Diese Entbindung von den Pflichten wurde zu einem Gewohnheitsrecht und sowohl für im Privat- wie im Regierungsdienst Tätige auch nach Ende der Notzeit beibehalten. Bald wurden Sträflinge für Arbeiten bezahlt, die sie außerhalb der Pflichtstunden leisteten. Sie konnten diese Überstunden an jeden verkaufen, vorausgesetzt, ihr Arbeitgeber war nicht selbst bereit, dafür zu zahlen. Arbeitete ein Sträfling regelmäßig den ganzen Tag für seinen Herrn und nicht nur die zehn von der Regierung vorgegebenen Stunden, hatte er für die überschießende Zeit einen Anspruch auf einen Shilling pro Tag oder etwa achtzehn Pfund pro Jahr. Er konnte auch gelegentlich Prämien in Form von Rum bekommen. »Mechanikern« oder gelernten Handwerkern (Hufschmieden, Schuhmachern, Schneidern) war es möglich, in ihrer eigenen Arbeitszeit weit mehr zu erzielen, bisweilen vier oder fünf Pfund die Woche. Da das Recht der Sträflinge, in ihrer »eigenen« Zeit Überstunden zu machen, an die zwanzig Jahre, bis nach 1804, grundlegender Bestandteil des Zuweisungssystems war, ist die Frage nach der Kaufkraft interessant. Damit stand es schlechter, als man hätte annehmen sollen. Zwar legten die jeweiligen Gouverneure den Preis für die in der Freizeit von den Sträflingen geleistete Arbeit fest, doch hatte die Krone für die Kolonie nicht genug bares Geld bereitgestellt, da in einem Gefängnis kein Geldumlauf vonnöten war, und schickte erst 1812 zehntausend Pfund in Silbermünzen nach Australien. Dies Geld aber floß, wie es der Untersuchungsausschuß über die Deportation düster vorhergesagt hatte, durch die ungünstige Handelsbilanz der Kolonie bedingt sofort wieder aus der Kolonie ab. Erst Macquaries Erfindung des »Löchrigen Dollars« – eine spanische Münze mit dem Abbild Karls III., deren ausgestanztes Mittelstück 1s 3d wert war, während der »Ring« einen Nennwert von fünf Shilling besaß – bewirkte, daß Münzgeld in der Kolonie blieb.

Diese Umstände bewirkten, daß die Währung in den ersten fünfundzwanzig Jahren des Wirtschaftslebens in Australien ein heilloses Durcheinander aus Tauschhandel, Schuldschein-Ausstellung und einer bunt zusammengewürfelten Münzwährung war – von den Besatzungen fremder Schiffe ins Land gebrachte Guineen, Gulden, Rupien, spanische Dukaten und so weiter. Die amtlichen Preise waren in Sterling-Währung festgesetzt, doch nur bei zwei Papieren entsprach der Sterling-Wert dem Nennwert: Regierungswechsel auf das britische Schatzamt und durch die Regimentskasse in England abgesicherte Zahlungsanweisungen der Zahlmeister an die Offiziere des New South Wales Corps.

Obwohl die Regierung bei der Begleichung von Schulden bis zu dreihundert Pfund die Verwendung ihres eigenen Zahlungsmittels erzwingen wollte, waren von diesen beiden die Noten des Rumkorps weit begehrter als die Wechsel. Sie wurden im Vergleich zu Kupfermünzen mit Aufschlägen bis zu einem Viertel gehandelt – von persönlichen Schuldscheinen ganz zu schweigen, denen niemand traute und deren Verwendung als Umlaufwährung Gouverneur Bligh schließlich untersagte.

Die Leidtragenden dieses Systems waren selbstverständlich die Sträflinge, die durch die Art der Bezahlung erbarmungslos ausgebeutet wurden, da sie vorwiegend in Naturalien erfolgte, und zwar zu von den freien Siedlern festgesetzten Preisen. Bisweilen zwang man sie, an Zahlungs Statt Importwaren zu akzeptieren, die sie überhaupt nicht brauchten: beispielsweise weiße Baumwollstrümpfe, wie man sie zur Paradeuniform trug, oder aus Kapstadt eingeführte Lammfelle. Als das Rumkorps auf der Höhe seiner Macht stand, kostete Zucker sieben

Shilling pro lb., Tee sechs Shilling pro Unze und Alkohol ein Pfund pro Flasche. King hatte Zeiten erlebt, in denen Rum bis zu acht Pfund pro Gallone kostete.

Auch wenn ein Sträfling seinen Lohn in bar bekam, zahlte man ihn nicht in Sterling-Währung aus, sondern in der minder angesehen ›Währung‹ der Kolonie, die zudem von geringerem Wert war. Kurz nachdem sich Gouverneur Macquarie darangemacht hatte, die Preise zu senken, die im ersten Jahrzehnt des 19. Jahrhunderts schwindelnde Höhen erreicht hatten, schrieb der Sträfling Thomas Holden, ein Weber, 1814 an seine Eltern in Bolton:

> »Liebe Mutter, alles in diesem Land ist sehr teuer, ein Hut kostet £ 2 2 s., Strümpfe kosten 10 s. und Schuhe 16 s. pro Paar. Der Preis für Zucker ist 3 s. pro lb. und für Butter 7 s. pro lb. Trotzdem sind wir froh, diese Waren überhaupt zu bekommen, zu welchem Preis auch immer.«

Als Dienstverpflichteter, fügte Holden hinzu, verdiente er zwanzig Pfund pro Jahr, doch war das Geld, das ihm bar ausgezahlt wurde, an der Sterlingwährung gemessen, nur zwölf Pfund wert. Im allgemeinen bekam ein zugewiesener Mann Überstunden um 1820 in Naturalien vergütet, deren Preis auf vierzig bis siebzig Prozent über den Großhandelspreisen und auf fünfundzwanzig bis fünfunddreißig Prozent über den Einzelhandelspreisen festgesetzt war. Er konnte gerichtlich Einspruch gegen diese Halsabschneiderei einlegen (und einige taten das auch), doch die Friedensrichter, selbst Siedler, hatten natürlich ein Interesse daran, dafür zu sorgen, daß die Kosten für Arbeitskräfte bei ihnen wie bei anderen niedrig blieben. Stets bezahlten sie Häftlinge lieber mit Waren aus dem Laden als mit Barem.

Die begehrteste aller Waren war der Rum. Dies Wort stand für Alkohol aller Art – Arrak, *aquardiente*, schwarz gebrannter Whisky und so weiter –, speziell aber für den aus Bengalen eingeführten. In dieser kleinen Gemeinschaft (die 1799 aus weniger als 5000, 1805 etwa 7000 und 1817 gut 20 000 Menschen bestand) waren de facto alle Männer und die meisten Frauen trunksüchtig. Vor allem zwischen 1790 und 1820 wurde in Australien das Rumtrinken zu einer die ganze Gesellschaft erfassenden Sucht. Sie zerstörte Familien, lähmte den Ehrgeiz und schmiedete eine eiserne Kette von Abhängigkeiten. Viele Siedler tranken, weil sie vergessen wollten, entschlossen, die Härte ihres Lebens hinabzuspülen. Auf dem Höhepunkt des Rummonopols, erinnerte sich William Bligh,

> »war der Durst nach Alkohol so ausgeprägt, daß die Siedler alles opferten, um ihn kaufen zu können. Die Preise wurden vom Monopol so hoch angesetzt, daß viele dieser armen Leute daran zugrunde gingen.«

Gouverneur Bligh, dem die sich abrackernden Kleinbauern sehr am Herzen lagen und der sie gelegentlich gegen die Offiziere des Rumkorps unterstützte, begriff, daß der Rum mit seiner demoralisierenden Wirkung der Oberschicht half, an der Macht zu bleiben. Siedler reisten wegen einer Gallone Alkohol über sechzig Kilometer weit nach Sydney, was hin und zurück vier Tage beanspruchte, wendeten dafür zehnmal soviel auf, wie er wert war, und vergeudeten ihre Arbeitszeit, statt sie in der Landwirtschaft nutzbringend einzusetzen.

Möglicherweise sind die Vorwürfe, die den »Unteren« in der Kolonie von den »Oberen« wegen ihrer Trinkgewohnheiten gemacht wurden, mit Vorsicht aufzunehmen. Wären alle ständig betrunken gewesen, hätte die Kolonie nicht überleben können. Dennoch kann es kaum einen Zweifel daran geben, daß der Rum die aufblühende Gesellschaft von Neusüdwales fest in den Krallen hielt und die Pastoren, erst Richard Johnson und später Samuel Marsden, nicht imstande waren, ihm Einhalt zu gebieten.

Der Wunsch der meisten Sträflinge, sich lieber mit Rum als mit etwas anderem bezahlen zu lassen, gab dem reichen Landbesitzer viel Einfluß, konnte er doch mit einem angebrochenen Fäßchen beliebig viele Überstunden erkaufen. Als Gouverneur King Major George Johnston vom New South Wales Corps für die Niederschlagung des Irenaufstandes von 1804 mit 2000 Acre belohnte, gab dieser den dienstverpflichteten Arbeitskräften für das Roden Alkohol statt Geld, obwohl es nicht immer leicht war, die Erlaubnis des Gouverneurs zum Kauf so vieler Fässer »flüssigen Ansporns« zu erwirken, wie er haben wollte.

Natürlich fanden kluge Arbeitgeber einen Mittelweg zwischen der Menge an Alkohol, die sie ihren Männern als besondere Gunst zukommen ließen, und der am nächsten Tag zu leistenden Arbeit. An Bier lag damals in Australien niemandem etwas: Der Rum bestimmte darüber, ob jemand reich oder arm wurde. Obwohl Militär wie Zivilbehörden den Rumhandel in der Hand hatten, da alle eintreffenden Ladungen erst zu ihnen gelangten und sie den Alkohol zum Sechsfachen ihres Einstandspreises weiterverkauften, versuchte mancher kleine Geschäftsmann, sich an dem Geschäft zu beteiligen, aber auch Richter, Anwälte, Ärzte, Pfarrer und Missionare.

Noch lange nachdem das »Rumkorps« 1810 nach England zurückbeordert worden war, blieb die aufkeimende Wirtschaft von Neusüdwales und Vandiemensland an eine Art Rumwährung geknüpft. Auf Qualität kam es dabei kaum an. Zum Preis von sechs Shilling pro Gallone angelandeter echter Jamaikarum erreichte die Kleinsiedler und Sträflinge zu einem Preis von zwei bis vier Pfund. Er fiel zwischen 1800 und 1810 als erster Kings und Blighs Bemühungen zum Opfer, den Rumpreis zu reglementieren, denn die von ihnen festgelegten Spannen ließen den Gewinn der Verschiffer schrumpfen, so daß nach Verkauf der Ladung gelegentlich sogar Verluste entstanden. Es lohnte sich nicht mehr, Alkohol aus England herzubringen, denn es gab zum halben Preis Schnaps aus Bengalen.

Sein Verkauf lohnte sich trotz der Einschränkungen immer noch, und er hat in sämtlichen Schichten der Kolonie unabschätzbaren gesellschaftlichen Schaden angerichtet.

Nicht nur Sträflinge flohen in die Traumwelt des Alkohols, sondern auch Mitglieder der Kolonialverwaltung. Beispiele dafür reichen von Richard Atkins (1745–1802), Gouverneur Kings stellvertretendem Auditeur, bis zu William Gore (1765–1845), der mit Palmerston bekannt und unter Bligh Generalprofoß von Neusüdwales war. Er gab sich (mit den Worten eines späteren Gouverneurs) »so völlig dem Trunk hin, daß ich fürchte, er ist auf immer für die Gesellschaft verloren«. Dies Wrack von einem Menschen wurde in die Strafsiedlung von Newcastle gebracht, weil er einen Soldaten des 48. Regiments beim Hausfriedensbruch erschossen hatte. Er starb mit achtzig Jahren völlig mittellos und mißachtet; seine Leiche blieb mehrere Jahre neben der seiner Frau unter einem Haufen von Pfahlwerk auf seinem Anwesen liegen. Sydneys Vorort Gore Hill erinnert an ihn.

Über die Sträflinge schrieb einer von ihnen namens John Broxup: »Unmäßiger Alkoholgenuß ist der größte Fluch unseres Landes« und behauptete, auf ihn gingen »drei Drittel [sic] aller Verbrechen zurück«. Brachte es ein junger dienstverpflichteter Sträfling fertig, nüchtern zu leben, war das ein Grund zum Jubel und wurde in Briefen nach Hause ausdrücklich erwähnt: »Ihr Sohn Richard, kann ich sagen, ist sehr mäßig, denn obwohl Alkohol äußerst billig ist« – wir schreiben das Jahr 1832, und der Preis für Rum ist auf zwei Shilling pro Pint gefallen – »und er sowohl die Mittel als auch Gelegenheit hätte, sich welchen zu beschaffen, trinkt er nie mehr, als ihm guttut«, fügte ein als Schreiber tätiger Sträfling einem Brief des Sträflings Richard Dillingham von Vandiemensland nach Hause hinzu.

Doch die Mehrzahl der Sträflinge hätte im »Rumlied«, das vermutlich aus der Zeit der Strafkolonie stammt, ihre Hymne gefunden:

»Mit Wonne laß' ich peitschen meinen Rücken
Zum Trommelfell sogar die Haut mir gerben
Ich leide hundert Hiebe voll Entzücken
Und bin bereit, am Galgenholz zu sterben.
In Eisen hängt mich an den Fels und schließt mich krumm,
tut alles, was ihr wollt – doch gebt mir Rum!«

Einige maßgebliche Männer sahen die einzige Lösung des Problems in der Prohibition, und Gouverneur Thomas Brisbane versuchte sie auch 1824 bei den Siedlern von Newcastle und im Tal des Hunter-Flusses durchzusetzen. Unumstritten ist, daß die englischen Behörden selbst die Trunksucht nach Australien deportiert hatten, denn wenn auch die schweren Lebensbedingungen in der Kolonie die Menschen dazu veranlaßten, dem Alkohol reichlich zuzusprechen, war doch die Beziehung zwischen Trinken, Lohn und Arbeit schon längst in England verwurzelt. Beispielsweise hatte Benjamin Franklin voll Staunen gesehen, daß sich in London seine Berufskollegen, die Drucker, jeden Arbeitstag eine ganze Gallone Starkbier genehmigten, die ihnen als Teil des Lohnes zustand. Der Brauch schließlich, Arbeiter und Handwerker samstagsabends auf einem Gasthaustisch zu entlohnen – womit sichergestellt war, daß bis auf Menschen, die dem Alkohol völlig entsagt hatten, jeder einen Teil seines Verdienstes vertrank, bevor er heimkehrte –, wurde in London erst in den zwanziger Jahren des 19. Jahrhunderts aufgegeben. Sicherlich empfanden es nur wenige Sträflinge als Beschneidung ihrer Rechte, wenn ihre Arbeitgeber ihnen einen Teil ihres Lohns in Form von Rum auszahlten, und keiner beschwerte sich darüber.

3

Der Mann, der mit alldem aufräumte, war Lachlan Macquarie (1762–1824), der letzte als militärischer Verwalter nach Neusüdwales geschickte Statthalter. Mit seinem Mut, seinem aufrechten Wesen und seinem patriarchalischen Sinn für Gleichbehandlung, aber auch mit seiner Selbstgerechtigkeit und dickköpfigen Eitelkeit war Macquarie ein Musterbeispiel für eine bestimmte Gruppe schottischer Verwalter, die das 19. Jahrhundert hindurch den Maschinenraum des Empire unter Dampf hielten. Sohn eines Pächters auf den Hebriden, über seine Mutter mit dem schottischen Hochadel verwandt, wurde er zum Herrn über Neusüdwales eingesetzt und regierte dies Lehen von Januar 1810 bis Dezember 1821 – die längste Amtszeit aller in Australien tätigen Statthalter.

Als Karriereoffizier hatte er sich nahezu zwanzig Jahre lang in Indien und dem Mittleren Osten ausgezeichnet und mit vierzig Jahren reichlich Erfahrung im Empire gesammelt. Er konnte organisieren, war sofortigen Gehorsam gewöhnt, leicht verärgert, wenn man ihn kritisierte, hatte aber auch ein gutes Auge für die Bedürfnisse der Menschen in seinem Machtbereich.

Auch wenn er nicht unbedingt als gewandter gesellschaftlicher Plauderer galt, war er doch geschickt genug, sich um seine Karriere zu kümmern. Als er 1807 zu den 73. Highlanders kam, erfuhr er, daß sein neues Regiment nach Neusüdwales verlegt werden sollte, um nach dem vom »Rumkorps« 1808 gegen Gouverneur Bligh angezettelten Aufstand Ordnung zu schaffen. Sein Kommandant sollte Gouverneur der Kolonie werden, denn die Meuterei gegen Bligh hatte gezeigt, daß sich ein aus der Marine hervorgegangener Gouverneur nicht unbedingt auf die Armee verlassen konnte. Da der kommandierende Offizier des 73. nicht bereit war, in die Kolonie zu gehen, begann Macquarie für den Posten zu antichambrieren. Lord Castlereagh bestätigte 1809 seine Ernennung zum Gouverneur für Neusüdwales, und so segelte Macquarie mit seiner Frau und seinem

Regiment im Mai desselben Jahres nach Sydney, wo er am 1. Januar 1810 vereidigt wurde.

Sein Auftrag lautete, die Anführer des »Rumaufstandes« – John Macarthur und den stellvertretenden Kommandeur des Korps, den naiv-aufrührerischen Major George Johnston, der Bligh festgenommen und das Kommando über die Kolonie an sich gebracht hatte – festzunehmen und ins Mutterland zu schicken, damit ihnen dort der Prozeß gemacht werden konnte. Als Macquarie eintraf, waren sie bereits nach England aufgebrochen, um der Regierung ihren Fall vorzutragen. Bligh selbst kam zwei Wochen nach Macquaries Ankunft aus seinem Exil auf Vandiemensland nach Sydney zurück und wütete in seiner ausdrucksstarken Seemannssprache gegen die Rebellen. Macquarie nahm keine Notiz von ihm, jetzt war *er* Gouverneur. Bligh reiste bald nach England zurück, ohne jedoch das Blut zu sehen, das er erhofft hatte, denn Johnston wurde dienstenthoben, aber nicht gehenkt, und Macarthur, »der große Störenfried«, kehrte 1814 mit der Auflage nach Neusüdwales zurück, sich aus öffentlichen Angelegenheiten herauszuhalten, was ihm die Flügel (wenn auch nur für eine Weile) stutzte.

Macquarie widerrief alle zivilen und militärischen Ernennungen, Begnadigungen, Pacht- und Landüberschreibungsverträge, die in Sydney zwischen dem 26. Januar 1808, dem Tag des »Rumaufstandes«, und seiner eigenen Ankunft vorgenommen oder bestätigt worden waren. Er setzte alle entlassenen Offiziere wieder ein und ersetzte Macarthurs Trunkenbold von Auditeur, Richard Atkins, durch Ellis Bent (1783–1815). Er war auf demselben Schiff wie Macquarie gekommen und der erste Berufsanwalt mit einer angemessenen Ausbildung, der in Australien dies Amt innehatte. Fest im Sattel sitzend und die Zügel straff in der Hand haltend, machte sich Macquarie daran, Schritt für Schritt das Gefängnis in eine Kolonie umzuwandeln.

Es war keine leichte Aufgabe. Beispielsweise konnte er die Abhängigkeit der Menschen in der Kolonie vom Rum nicht durch einen bloßen Willensakt abschaffen. Zwar war das »Rumkorps« fort, doch der Durst war geblieben. Je mehr freie Siedler kamen, je mehr freigelassenen Sträflingen Land zugeteilt wurde, in dem Maße, in dem neben der Landwirtschaft an der Küste andere Wirtschaftszweige Fuß faßten – vor allem Wal- und Robbenfang –, desto mehr diversifizierte sich die Wirtschaft von Neusüdwales und ließ sich durch ein simples Kartell nicht länger leiten. Mithin waren die Tage der Rummonopolisten ohnehin gezählt, aber Macquarie beschleunigte dies Ende durch eine Reihe von Erlassen: Schenken mußten an Sonntagen geschlossen bleiben, den Sträflingen wurde der Kirchgang zur Pflicht gemacht, und die Zahl der Schanklizenzen wurde drastisch vermindert; und in der Hoffnung, das Alkoholproblem über den Preis zu besiegen, wurde Importschnaps mit hohen Zöllen belegt. Dieser Schritt allerdings blieb, wie vorauszusehen, wirkungslos, trotz Macquaries optimistischen Berichten über eine Besserung der Moral, und führte lediglich dazu, daß sich mehr Siedler als zuvor durch Trinken in Schulden stürzten.

Wichtiger als Macquaries Krieg gegen die Trunksucht war seine Haltung den Sträflingen gegenüber. Er räumte mit der Vorstellung auf, Sträflingsarbeit sei als Quelle der Bereicherung für Offiziere und einige privilegierte Siedler gedacht. Zwar sollten die Deportierten ihre Strafe verbüßen, aber auch durch ihre Arbeit wieder in die Gesellschaft eingegliedert werden. Da die Zahl der Freigelassenen die der freien Einwanderer deutlich überstieg, begriff Macquarie, daß Australien unausweichlich ein Land von Freigelassenen werden mußte, dessen politische Wirklichkeit sie und ihre Nachkommen bestimmen würden.

Nach Verbüßung der Strafe wurde der Sträfling in die achtbare Gesellschaft entlassen, die ihn wieder aufnehmen mußte. Macquarie teilte Castlereagh mit, die Freilassung sei

> »der stärkste Ansporn für die Besserung der Bewohner der Kolonie. Im Verein mit Rechtschaffenheit und über einen langen Zeitraum bewiesenem Wohlverhalten müßte sie einen Mann wieder an die Stelle in der Gesellschaft führen, derer er verlustiggegangen ist, und, soweit sein Fall es zuläßt, rückblickend alles frühere schlechte Verhalten vergessen machen.«

Damit die Strafentlassenen ihre bürgerlichen Pflichten wieder erfüllten, mußte man ihnen schon im Larvenstadium der Sträflingsleibeigenschaft zeigen, daß sie Rechte besaßen. Macquaries Achtung für die in den Sträflingen steckenden Möglichkeiten war aller Ehren wert, doch war sie der Anlaß seines politischen Ruins durch die *Merinos* (die Spitzen der Gesellschaft in Australien) und deren Verbündete in England, die nur an der rücksichtslosen Ausbeutung der Sträflinge interessiert waren; und so starb er als gebrochener Mann im ständigen Kampf gegen seine Verleumder und ihre ungezählten üblen Nachreden.

Das aber lag noch in der Zukunft. Was Sydney am Anfang sah, war der durchsetzungsfähige Sachwalter Ende Vierzig, dem kein Gegenstand zu unbedeutend war. Wann immer ein Transportschiff seine Ladung ausspie, war Macquarie am Hafen von Sydney, um sie in Empfang zu nehmen. Ein Sträfling erinnerte sich an die Zeremonie, mit der die an Land gegangenen Sträflinge begrüßt wurden:

> »Gouverneur, Oberaufseher, Arzt et cetera erscheinen; der Gouverneur hält eine Ansprache und sagt, in welch schönes, fruchtbares Land sie gekommen seien und was er für sie tun werde, wenn ihre Aufführung das verdiene; ebenso sagte er, sie sollten sich sogleich an den zuständigen Friedensrichter wenden, wenn sie in irgendeiner Weise ihrem Brotherrn gegenüber Grund zur Klage hätten, dieser werde dann Abhilfe schaffen.«

Alle Sträflinge hieß der Gouverneur mit dieser väterlichen Ansprache in Australien willkommen. Indem er den Neuankömmlingen sagte, »was er für sie tun werde«, ließ Macquarie keinen Zweifel daran, daß Wohlwollen ebenso herrschte wie die Strenge des Gesetzes. Ganz gleich, welchem Herrn sie zugewiesen waren, stets würden sie für die Regierung arbeiten.

Anfangs beklagte sich Macquarie über die Knappheit an Arbeitskräften und forderte von der Regierung weitere Sträflinge an. Aber in den ersten fünf Jahren seiner Amtszeit konnte England wegen des Kriegs gegen Napoleon nicht genug Schiffsraum entbehren, und so sah er sich einer schwierigen Aufgabe gegenüber. Soweit erforderlich, wies er freien Siedlern Leute zu; er verstand, daß Landwirte Arbeitskräfte brauchten. Zugleich aber war er davon überzeugt, daß sich Sträflingsarbeit am sinnvollsten im Dienst der Regierung nutzen ließe, weil dann die Behörde ihren Ansporn wohlabgemessen einsetzen und die Besserung jedes einzelnen selbst erkennen konnte und nicht nur aufgrund von Berichten aus zweiter Hand.

Sydney entsetzte ihn: eine unansehnliche und planlose Ansammlung von Schuppen »im Zustand übelsten Verfalls«, und das am Rande der vielfach geschwungenen, amethystglänzenden Bucht. Der Amtssitz des Auditeurs war »ein rechter Schweinekoben«, und die Unterkünfte der Sträflinge in Sydney und Parramatta riefen in Macquarie Widerwillen und Abscheu hervor. Es gab kein richtiges Krankenhaus, besonders aber widerstrebte ihm, daß die Kirchen nichts als Hütten waren, denn er war der festen Überzeugung, die Ausübung der Religion führe Sünder auf den rechten Weg zurück. Die Straßen der Stadt waren im Sommer staubige Pisten und nach Regenfällen verschlammt; Abzugsgräben existierten nicht. Jenseits der Stadtgrenze waren die Wege (mit Ausnahme einer gebührenpflichtigen Straße nach Parramatta) für Fuhrwerke kaum befahrbar.

Mit einer Mischung aus Naivität, Eifer und schöpferischer Antriebskraft ging Macquarie daran, aus diesem städtebaulichen Wirrwarr eine georgianische Stadt zu machen. Von Architektur hatte er nur wenig Ahnung, aber er hatte Bauten von Nash, Soane und Wood gesehen, und deren Art, sich auszudrücken, schien ihm für die Architektur des Empire gerade richtig zu sein. Von den Techniken des Bauens verstand er nichts, doch hatte – wie bei einem sich nach der Elite ausrichtenden intelligenten Statthalter nicht anders zu erwarten – der Zeitgeschmack auf ihn abgefärbt. Ein von seiner Gattin Elizabeth mitgebrachtes Album mit Bau- und Städteplänen wurde zur Quelle für Macquaries Stadterneuerungspläne.

Als erster erließ er Vorschriften, in denen genau festgelegt wurde, wie breit die Straßen Sydneys sein und welche Mindestbodenfläche Häuser aufweisen mußten. Auf Pachtgrundstücken der Krone sollte es keinerlei Elendsquartiere mehr geben. Das von ihm festgelegte Siedlungsmuster ist noch heute in der

Stadtmitte Sydneys zu erkennen. In fünf Siedlungen am Hawkesburyfluß ordnete er an, daß die zentralen Plätze dem Gericht, der Schule und der Kirche vorbehalten blieben und daß die Baupläne aller Häuser dem für den Bezirk zuständigen Kronbeamten zur Genehmigung vorzulegen seien.

Als Macquarie daranging, die Pläne zu verwirklichen, traf er auf neue Hindernisse. Die britische Regierung wollte, daß er sparsam wirtschaftete. Das bedeutete: keinerlei »Extravaganzen«, keine Bauwerke, außer für Einrichtungen des Militärs oder des Strafvollzugs – und selbst die mußten bescheiden gehalten sein. Die Regierung weigerte sich, einen Architekten in die Kolonie zu schicken, doch Macquarie hatte Vollmachten für Notfälle. Da er meinte, den Begriff »Notfall« so großzügig auslegen zu können, daß er mit vollendeten Tatsachen späterer Kritik entgegenzutreten vermochte, umging er das Bauverbot der britischen Regierung.

Seinen ersten Bau, ein neues Krankenhaus, hat er vermutlich zusammen mit seiner Frau entworfen. Es ist das bei weitem größte je in der Kolonie errichtete Gebäude, ein ansehnlicher dreistöckiger Bau mit großzügigen Veranden (sie entstammen nicht der Architektur des englischen Regency, er hatte sie in Indien abgeschaut). Finanziert hatte Macquarie den Bau mit Rum, ähnlich wie 150 Jahre später die Regierung von Neusüdwales ihr immens teures Opernhaus teilweise mit Lotterien finanzieren würde. Dazu räumte er seinen Bauunternehmern ein Handelsmonopol über 45 000 Gallonen Alkohol ein. Die Regierung bekam pro Gallone drei Shilling an Steuern, und die 6750 Pfund, die das ergab, flossen den Baufirmen zu, ohne durch die Bücher zu gehen. Das bewährte sich nicht, denn bittere Anschuldigungen, in denen es um Bereicherung und Betrug ging, prasselten aus allen Richtungen auf ihn nieder. Das »Rumkrankenhaus« aber, wie es unvermeidlich hieß, wurde fertig, das erste vorzeigbare öffentliche georgianische Gebäude in Australien. Zwei seiner drei Baukörper bestehen noch heute, allerdings ist ihre Substanz schlecht, weil die Bauunternehmer möglichst viel daran verdienen wollten.

Diesem Bau folgten weitere. Da Macquarie unter seinen freien Siedlern keinen Architekten hatte, suchte und fand er einen unter den Sträflingen: Francis Howard Greenway (1777–1837). Er stammte aus einer Familie von Baumeistern und Steinmetzen aus dem Westen Englands und war bei Nash zum Architekten ausgebildet worden. Da er ein schlechter Geschäftsmann war, machte er in Bristol bankrott und wurde wegen Fälschung eines Kontrakts zum Tode verurteilt, aber, wie inzwischen üblich, zu vierzehn Jahren Deportation ›begnadigt‹. Als Macquarie 1814 von Greenways Ankunft erfuhr, zog er sogleich unauffällig Erkundigungen über ihn ein. In England hätte Greenway wegen seiner bescheidenen Begabung und seines mangelnden Geschicks im Umgang mit Auftraggebern möglicherweise nie bedeutende Aufträge bekommen, doch in Australien war er John Soane und Beau Nash zugleich – was seine Konkurrenz anging, hätte er ebensogut Gianlorenzo Bernini sein können. Macquarie übertrug ihm ab 1816 Planung und Errichtung aller Bauprojekte der Regierung.

Im Verlauf der nächsten sechs Jahre entstand auf diese Weise eine Anzahl Bauwerke unterschiedlicher Qualität. Die besten von ihnen setzten architektonische Maßstäbe für die junge Kolonie, wie etwa die 1819 errichtete Frauenfabrik in Parramatta und – Greenways Meisterstück bei den Profanbauten – die Sträflingsunterkünfte für Männer am Hyde Park in Sydney (1819). Gleichfalls bemerkenswert sind verschiedene Kirchen, vor allem St. Matthew's in Windsor (1817–1820) und St. James' in Sydney (1820–1824). Auch wenn die Fabrik nie groß genug war, wurden durch sie doch einige Frauen von den Straßen Parramattas ferngehalten. Die Hyde-Park-Unterkünfte – für deren Errichtung er ebensowenig eine Erlaubnis von London hatte wie beim Allgemeinen Krankenhaus – hielt Macquarie für einen uneingeschränkten Erfolg. In ihnen sollten alle in Sydney für die Regierung arbeitenden Sträflinge Platz finden.

Es war ein kitzeliges Unterfangen, sie dorthin zu verlegen, denn jetzt konnten sie nicht mehr behaupten, auf das in ihrer Freizeit erarbeitete Einkommen angewiesen zu sein, um ihre Unterkunft bezahlen zu können, die ihnen die Regierung zuvor nicht zur Verfügung gestellt hatte. Daher belegte Macquarie die dort untergebrachten achthundert Sträflinge, ein knappes Drittel der Gesamtzahl der in der Stadt lebenden, während ihrer gesamten Arbeitszeit mit Beschlag. Damit sich die Sträflinge nicht dagegen auflehnten, mußte er allerlei Anreize aufbieten, von Sonderrationen bis zu freien Wochenenden. Die zusätzliche Aufsicht tat ihnen nur gut, glaubte Macquarie, und er sagte 1820 zu Bathurst: »Seit die Sträflinge in der neuen Unterkunft leben, wird nicht einmal mehr der zehnte Teil der früheren nächtlichen Diebstähle und Einbrüche begangen.«

Für Projekte dieser Art wurden Fachkräfte benötigt: Maurer, Steinmetzen, Dachdecker, Schmiede, Glaser und Bautischler. Solche »Mechaniker«, der Bodensatz des ungeheuren handwerklichen Potentials, auf dem die architektonischen Leistungen Englands gründeten, waren in der Kolonie stets knapp und selten besonders gut. Die Regierung wählte sie daher unter den Neuankömmlingen aus, kaum daß sie eintrafen. Warf ein Transportschiff Anker, stellte der Oberaufseher eine Liste mit Namen und Berufen der Sträflinge auf und schöpfte für die Regierung den Rahm unter den Männern ab. Da die meisten bereits wußten, daß es ein Gelernter bei einem privaten Arbeitgeber besser hatte, als wenn er für die Regierung arbeitete, führte die Befragung an Bord stets zu einem Lügenwettstreit, bei dem sich beispielsweise Wagner und Küfer als einfache Bau- und Landhilfsarbeiter ausgaben. Von 1814 bis 1820 übernahm die Regierung 1587 (65 Prozent) der 2418 in Australien angekommenen »Mechaniker« und 3000 (32 Prozent) der Hilfsarbeiter. Den Höhepunkt erreichte der Bedarf an

Fachkräften 1819, als Macquaries Bautätigkeit in voller Blüte stand. Zu jener Zeit nahm die Regierung achtzig Prozent der Handwerker in ihre Dienste. Verständlicherweise ging das den freien Siedlern gegen den Strich, denn sie brauchten selbst Handwerker.

Da die Regierung außerdem ungelernte Kräfte benötigte, übernahm sie von 1814 bis 1820 rund 4600 der in Australien eingetroffenen 7200 Sträflinge. Technisch war Macquaries Australien zurückgebliebener als Cromwells England. So verfügte man dort noch nicht über Dampfkraft und hatte kaum Zugtiere. Da es in der Nähe Sydneys keine hinreichend zuverlässigen Wasserläufe zum Betrieb von Wasserrädern gab, bediente man sich durchgehend der Maschine mit dem geringsten Wirkungsgrad von allen: des menschlichen Körpers. In Kolonnen hoben die Männer Baugruben aus, sägten Balken, brachen Steine und transportierten den Abraum Tonne auf Tonne – alles von Hand. Macquarie brauchte zur Verwirklichung seiner Pläne Straßen.

Ab 1813 wurde es in der Kolonie allmählich eng. Den Hawkesburyfluß entlang und auf den fruchtbaren Ebenen von Parramatta war jeder Zollbreit Boden verpachtet und vergeben. Siedler hatten sich südwestwärts nach Stonequarry aufgemacht (heute Picton und Bowral) sowie zum unfruchtbaren trockenen Gürtel des Bargo Brush. Aber die große Barriere lag im Westen – die Bergkette, die man von Sydney aus am Horizont erkennen konnte. Die »Blauen Berge«, wie man sie nach ihrer Farbe nannte, waren ein allgegenwärtiger Beweis für die Undurchdringlichkeit und Feindlichkeit des Kontinents, an dessen Rand sich die Siedler klammerten. In 25 Jahren hatte sie noch niemand überquert. Selbst die Ureinwohner erklärten sie für unüberwindlich. Einige Sträflinge, die sie zu bezwingen versucht hatten, weil sie glaubten, hinter ihnen liege China, starben Hungers in ihrem unendlichen Sandsteinlabyrinth, wo Glockenvögel ihren Ruf erschallen ließen und lange Wasserfäden unerreichbar von fernen Klippen blitzten.

Dann machten sich 1813 drei wohlhabende Siedler, Gregory Blaxland, William Lawson und W. C. Wentworth, daran, einen Weg über das Hindernis zu suchen. Mit ihnen zugewiesenen Sträflingen, Hunden und Pferden kämpften sie sich drei Wochen lang vorwärts, bis sie einen Gipfel erreichten, heute Mount Blaxland. Was sie von dieser Stelle aus sahen, verglichen sie, ähnlich früheren Erforschern Amerikas, mit Arkadien und Kanaan. Vor ihnen erstreckte sich, wogend wie die See, »genug Grasland, um das Vieh der ganzen Kolonie dreißig Jahre lang zu füttern«. An Weideland würde es also nie wieder fehlen, aber ein dauerhafter Zugang dorthin war erforderlich.

Macquarie unternahm 1815 eine Inspektionsreise auf der Route der Erkunder und gab den schöneren unter den Aussichtspunkten Namen: »Das Tal der Prinzregenten«, »Schwarze Heide«, »Pitts Amphitheater«. Um die malerische Schönheit dieses Zugangs zum Lande Gosen aufzuzeichnen, nahm er sogar einen

Maler mit, John Lewin. Landmesser folgten, und Macquarie, der entschlossen war, von Parramatta bis jenseits der Blauen Berge »unverzüglich einen guten befahrbaren Karrenweg« zu bauen, wählte sechzig Sträflinge aus, »die eine gewisse Zeit in der Kolonie verbracht, sich gut geführt und daher Anspruch auf gewisse Vergünstigungen hatten«. Er versprach ihnen einen bedingten Straferlaß für ihre »schwere Arbeit«, wenn sie die Straße – immerhin an die 200 Kilometer – in sechs Monaten fertigstellten. Sie schafften es und wurden freigelassen. Um den Termin einzuhalten, mußten täglich gut ein Kilometer Straße gebaut und von der Emuinsel bis zum Macquariefluß mehr als ein Dutzend Holzbrücken errichtet werden – eine Leistung, die beweist, wozu Gefangene imstande waren, wenn man ihnen verlockendere Anreize als die Peitsche bot. Der Bau dieser Straße war auch die erste staatliche Konstruktion, die in Versform gepriesen wurde. Macquarie hatte einen Sträfling zum »Hofdichter« ernannt: Michael Massey Robinson (1744–1826), einen ehemaligen Anwalt, der in Oxford studiert hatte und der zu lebenslanger Verbannung verurteilt worden war, weil er versucht hatte, einen Londoner Eisenwarenhändler zu erpressen, indem er ihm gedroht hatte, Spottverse über ihn zu veröffentlichen. Es gehörte zu Robinsons Pflichten, jedes Jahr vor dem Haus des Gouverneurs in Sydney eine Ode zum Geburtstag zu rezitieren. Über die neue Straße verfaßte er folgendes Gedicht«

»Sehet, wie der Industrie kühne Hand
verändert hat das so düstere Land,
die einsamen Hügel mit Grün bedeckt
und Bäche hervorgeholt, die lange versteckt,
über dunkle Wildnis ein strahlendes Licht geschickt
und endlose Gegenden unserem Blick geöffnet!«

Beinahe sieht man Macquarie vor sich, in seiner goldverzierten Uniform, stolz und zufrieden die Verse mit wohlwollendem Nicken begleitend. Denn seine Eitelkeit stand seiner Energie nichts nach. Je größer die Kolonie wurde, um so mehr Orten gab er seinen Namen, ein harmloser Tick, über den viele Scherze gemacht wurden, nachdem (nicht vorher) er die Kolonie verlassen hatte. 1823, ein Jahr nach Macquaries Abreise, schrieb der presbyterianische Pfarrer John Dunmore Lang, ebenfalls ein Schotte:

»Daß jeder Stein hier einen Namen trägt,
in New South Wales, finden die Leute richtig,
aber jeder Stein scheint denselben Namen zu tragen,
es scheint nur ›Macquarie‹ zu geben.

Der alte schottische Gouverneur liebte den Ruhm
Macquarie Street, Place, Port, Fort, Town, Lake, River,
es lebe Macquarie, Esq., der Gouverneur, auf ewig!«

Bei dieser Straße gab es nur eine größere Schwierigkeit: manche Stellen, vor allem die Abfahrt vom Mount York, waren so steil, daß beladene Ochsenkarren sie abwärts nur mit hinten als Bremse angeketteten Baumstämmen bewältigen konnten; bergan mußte das Fuhrwerk in Etappen mit einer Kette emporgezogen werden, die durch im gewachsenen Fels befestigte Eisenringe lief. An sie war ein zweites Ochsengespann geschirrt, das abwärts zog. Macquarie wies Bathurst gegenüber darauf hin, daß es mit freien Arbeitern oder dem »Handschlag für die Regierung« unmotivierter Gefangener statt sechs Monaten drei Jahre gedauert hätte, die Straße zu bauen.

Es war richtig, daß sich Macquarie bei solchen Projekten nicht auf die Privatinitiative verließ. Seine Kritiker in London und Neusüdwales wurden allerdings nicht müde, darauf hinzuweisen, wie teuer es die Krone kam, daß so viele Sträflinge für die Regierung arbeiteten statt für die freien Siedler. Während Macquaries Amtszeit von 1810 bis 1821 kostete das ferne Australien England etwa drei Millionen Pfund – viel für eine Kolonie, die keine Waren ins Mutterland schickte und deren Rolle recht negativ war, da sie ein Verlies für die Gesellschaft bilden sollte. Doch kostete es 1810 hundert Pfund pro Jahr, einen Mann zu deportieren und auf Regierungskosten zu ernähren, während die Kosten, als Macquaries öffentliche Arbeiten in vollem Gange waren – also zwischen 1816 und 1821 –, weniger als dreißig Pfund betrugen.

Insgesamt hatten die Bruttokosten des Deportationssystems tatsächlich zugenommen: im Zeitraum zwischen 1810 und 1812 beliefen sie sich auf £ 579 000, von 1816 bis 1818 auf £ 717 000, und von 1819 bis 1821 auf £ 1 125 000. Das machte der britischen Regierung Sorgen und veranlaßte Lord Bathurst, auf die Kritiker zu hören, die die Ansicht vertraten, die Sträflinge sollten ausschließlich oder vorwiegend für private Arbeitgeber tätig sein – insbesondere für freie Siedler, deren Zahl (einschließlich ihrer Familienangehörigen) von etwa vierhundert im Jahre 1810 auf nahezu zweitausend im Jahre 1820 gestiegen war.

Der Druck Englands auf seinen Statthalter war so groß, daß Bathurst 1819 zur Überprüfung von Macquaries Amtsführung einen Untersuchungsbeauftragten in die Kolonie entsandte, John Thomas Bigge. Dieser, ein arbeitsamer und äußerst hochnäsiger Anwalt, der den Torys zuneigte, hielt Sträflinge rundweg für Abschaum und stellte sich ohne Zögern gegen die Kleinbauern und Freigelassenen auf die Seite der ausgewanderten kapitalkräftigen Großgrundbesitzer. Er überwarf sich mit Macquarie, freundete sich mit den Macarthurs an, und so ist es nicht verwunderlich, daß sein Bericht das »Versagen« des Gouverneurs in den grellsten Farben schilderte – für Macquarie eine Katastrophe.

Dabei hatte er durchaus sparsam gewirtschaftet. In die Höhe getrieben hatte die Gesamtkosten die schiere Zahl – die Flut von Sträflingen, die nach 1815 mit dem Ende der Napoleonischen Kriege ins Land strömte. In England gab es mehr Verbrechen – und mehr Schiffe, um die Verurteilten nach Australien zu bringen; wohl hatte Macquarie um mehr Sträflinge gebeten, doch nicht um so viele. Die weiße Bevölkerung von Neusüdwales und Vandiemensland verdoppelte sich von 1812 bis 1817 nahezu von 12 471 auf 20 379. Die meisten von ihnen waren Sträflinge; 1818 kamen so wenige freie Siedler – und die am Hawkesburyfluß wohnenden hatte eine entsetzliche Überschwemmung 1817 so heimgesucht –, daß man kaum einen von acht Sträflingen an private Arbeitgeber zuweisen konnte. »Inzwischen bleibt mir keine Möglichkeit, als sie in großen Kolonnen bei den öffentlichen Arbeiten der Regierung einzusetzen«, protestierte Macquarie.

In seinem letzten Amtsjahr, also 1821, arbeiteten insgesamt 4001 Sträflinge für die Regierung – mehr als doppelt so viele wie 1825 unter seinem Nachfolger, Sir Thomas Brisbane (1853). Außerdem hatte er den von Schatzamt für jeden einzelnen Sträfling aufzuwendenden Betrag von sechzig Pfund im Jahre 1810 auf weniger als fünfzehn gesenkt.

Kein noch so sparsamer Schotte hätte es besser machen können, doch die britische Regierung sah nur den Gesamtbetrag, keine Einzelposten, und außerdem paßte ihr Macquaries angebliche Freundlichkeit den Sträflingen gegenüber nicht ins Konzept. Bathurst ließ Bigge vor dessen Abreise ohne Umschweife wissen, daß Australien »zum Gegenstand wirklichen Schreckens werden« müsse, und dieser Aspekt genieße Vorrang vor allen Fragen der Wirtschaftlichkeit oder des sozialen Wachstums Australiens als Kolonie. Da sich Macquaries Vorgehensweise auf seine Überzeugung gründete, daß das soziale Wachstum Australiens von zukünftiger Bedeutung war und das Land nur wachsen konnte, wenn eine gewisse Freizügigkeit den starren Rahmen der auf Unterdrückung ausgerichteten Gesetze lockern würde, entsprach das Bild von der Kolonie als einem Schauplatz des Schreckens für ein aus der Ferne zusehendes Publikum nicht seinen moralischen Vorstellungen.

So kann abschließend gesagt werden: Sein Ruf, verschwenderisch zu sein, ging darauf zurück, daß ihm seine eigene Regierung mehr Sträflinge gesandt hatte, als die Kolonie aufnehmen konnte – und sein Ruf zu großer Milde darauf, daß er sich als einziger der frühen Gouverneure von Neusüdwales wirklich Gedanken über die Rechte dieser Gefangenen gemacht hatte.

4

Die Frage der Rechte im Zuweisungssystem war kniffliger, als sie aussah. Dem Gesetz nach war ein Sträfling kein Sklave, sondern britischer Bürger, der sich mit Zwangsarbeit in Australien durch tätige Reue den Weg zurück in die Freiheit bahnen sollte. Er besaß gewisse Rechte – das Recht auf Nahrung, Unterkunft und Schutz vor Bestrafung durch den Arbeitgeber ohne vorangegangenen Prozeß. Andere Rechte gestand man ihm gewohnheitsmäßig zu, wie beispielsweise das, die Erzeugnisse der in seiner »eigenen Zeit« geleisteten Arbeit zu verkaufen. Für die Krone waren alle Sträflinge vom Zeitpunkt ihrer Ankunft in Australien bis zu ihrer Freilassung juristisch tot. Weder konnten sie jemanden verklagen noch zivilrechtlich verklagt werden und auch vor Gericht nicht als Zeugen aussagen. Daß in der Kolonie diese Einschränkungen einfach übersehen wurden, ließ sich nicht vermeiden. Eine ausschließlich aus gegenwärtigen oder früheren Sträflingen bestehende Gesellschaft, von denen die meisten Geschäfte betrieben, Schulden eintreiben und auf andere Weise Forderungen geltend machen mußten, konnte gar nicht anders funktionieren. Doch das Recht auf die Arbeit der Sträflinge lag bei der Regierung – bis die Strafe verbüßt oder erlassen war.

Das brachte die abgetretene Arbeitskraft in eine merkwürdige Beziehung zum Brotherrn. Die Regierung trat nur dann zwischen sie, wenn es um den Schutz ihrer eigenen Rechte ging, sie beaufsichtigte die Art und Weise, wie ein Arbeitgeber die ihm überlassenen Sträflinge behandelte, weil im Strafsystem jeder von ihnen Beauftragter der Regierung war. In diesem System ging es nicht darum, die Arbeitskraft von Menschen zu nutzen, deren Verbrechen bereits durch die Deportation gesühnt waren. Die Dienstverpflichtung war ihre Strafe – daher hatte die Regierung das Recht, deren Bedingungen festzulegen und einzuschreiten, wenn ein Arbeitgeber zu hart oder zu milde war. Am stärksten wurde das auf Vandiemensland unter Sir George Arthurs Amtsführung betont, aber grundsätzlich war es überall in Australien die Hauptregel des Systems.

Die Grundvoraussetzung, daß der Siedler für die Regierung tätig wurde, wenn er einen Sträfling als Arbeitskraft übernahm, führte zu Unzuträglichkeiten. Beispielsweise konnte kein Siedler eine ihm zugewiesene Arbeitskraft bestrafen, solche Fälle mußten vor den Richter gebracht werden. War der Siedler selbst Friedensrichter, durfte er seine eigenen Männer nicht auspeitschen oder auspeitschen lassen; sie hatten Anspruch auf eine Gerichtsverhandlung. Fühlte sich ein Sträfling schlecht behandelt, konnte er sich seinerseits vor einem Richter beklagen. Auf diese Weise wollte die Regierung ihre Rechte an der Arbeit der Gefangenen schützen, doch waren weder Arbeitgeber noch Arbeitskräfte stets bereit einzusehen, daß die Vorschriften dazu da waren, die Interessen der Regierung über ihre eigenen zu stellen.

Obwohl die Regierung die Fachkräfte für ihre eigenen Projekte einspannte und den verbleibenden Bodensatz an die Siedler weitergab, war es unter frühen Gouverneuren wie Grose, Paterson und Hunter üblich, privilegierten Siedlern einen Teil der Creme zukommen zu lassen. Maurice Margarot war davon überzeugt, daß den einfachen Siedlern »nur die übelsten Halunken« zugewiesen würden, »denn es liegt nicht im Ineresse der Offiziere, daß Siedler vorankommen«.

Ein wohlhabender etablierter Landbesitzer konnte gewöhnlich damit rechnen, daß er die Sträflinge bekam, die er brauchte. So schreibt Robert Townson (1763–1827), ein gelehrter Freund von Joseph Banks, der Bücher über Botanik und Mineralkunde veröffentlicht hatte, bevor er in Neusüdwales siedelte, 1822 an die Regierung und bittet um »drei Männer von den ersten Schiffen« für sein Mustergut Varro Ville in der Nähe von Minto. Ihm ging es um »Schäfer, Gärtner und Pflüger – aber *Engländer oder Schotten*, da ich bereits übermäßig viele Iren habe. Die letzten drei waren irische Taugenichtse – einer ein desertierter Soldat – und ein anderer der Laufbursche eines Krämers aus Dublin.«

Das Gesetz ließ sich auch den Erfordernissen anpassen. Neusiedler sollten eigentlich als erste Arbeitskräfte bekommen, damit sie mit der Arbeit beginnen konnten. Der liberale Whig-Gouverneur Richard Bourke (1831–1837) wollte sich vergewissern, daß die Sträflinge den Siedlern im Verhältnis zum von ihnen bearbeiteten Grund und Boden zugeteilt wurden. Unglücklicherweise sagte das Gesetz nichts darüber, ob es dabei um Eigen- oder Pachtland, gerodetes Acker- oder Buschland ging; diese klaffende Gesetzeslücke wurde erst 1835 geschlossen. Ein Großgrundbesitzer konnte zum Schein an seine eigenen Angehörigen Land verpachten und pro Pachtvertrag bis zu acht ›Ausleiharbeiter‹ bekommen, wohingegen leer ausging, wer sich genau an die Vorschriften hielt. Man konnte auch seinen Anspruch dadurch vergrößern, daß man Buschland als bereits bestelltes Land deklarierte, für das Arbeitskräfte erforderlich waren.

Um diese und andere Mißbräuche abzustellen, mußte das Zuweisungssystem von der Verwaltung schärfer überwacht werden. Gouverneur Darling setzte einen Ausschuß ein, dem alle Anträge auf Zuweisung von Arbeitskräften vorgelegt werden mußten; er beauftragte dessen Mitglieder, Siedler, die sich ihren Leuten gegenüber einwandfrei verhalten hatten, zu begünstigen und Anträge von solchen abzulehnen, die sich entweder als zu grausam oder zu lässig erwiesen hatten. Unglücklicherweise bearbeiteten als Bürokräfte eingesetzte Sträflinge, die selten ein Schmiergeld verschmähten, die Akten. Dennoch trugen die Amtszeiten Darlings und Bourkes viel dazu bei, die Zuweisung dienstverpflichteter Arbeitskräfte an Privatleute objektiver zu gestalten. Doch auch sie konnten die Qualität der Arbeit eines Sträflings nicht garantieren.

Solange das System bestand, war die Wahrscheinlichkeit groß, daß der durchschnittliche Siedler einen in einer Stadt geborenen und aufgewachsenen unqualifizierten, arbeitsunwilligen Sträfling bekam, der den Unterschied zwischen einer Hacke und einer Schaufel nicht kannte, denn nur jeder fünfte Sträfling war Landarbeiter gewesen. Doch konnten Siedler unfähige Sträflinge im Unterschied zu freien Arbeitern nicht entlassen und auch nicht an die Regierung zurückschicken. Dieser Stand der Dinge war, wie Gouverneur Richard Bourke 1832 anmerkte, »durchaus unbefriedigend«.

»Der Sträfling tut im allgemeinen so wenig er nur kann. Einen großen Teil seiner Zeit verbringt er mit dem Weg vom oder zum Krankenhaus oder zu einem Richter, wo er sich über die Behandlung durch seinen Brotherrn beklagt, oder um sich wegen Vorwürfen zu rechtfertigen, die dieser wegen dessen Nachlässigkeit, Trunkenheit oder Aufsässigkeit erhoben hat. Viele sind auch für jegliche Arbeit ungeeignet.«

Inzwischen hatte die Art, in der einige Siedler mit den ihnen zugewiesenen Sträflingen umgingen, in England eine gewisse Besorgnis erregt. So tauschten Bauern unfähige Sträflinge bei Kollegen ein oder überließen sie in der Stadt ihrem Schicksal. Der Zeit- und sonstige Aufwand, den es bedeutete, einen Sträfling vor ein womöglich drei Tagesreisen vom Hof entferntes Gericht zu zerren, ließ es nicht geraten erscheinen, sein Recht auf dem vorgeschriebenen Weg zu suchen. Also ließ man den unfähigen Arbeiter einfach zusehen, wie er zurechtkam. Den Behörden blieb nichts anderes übrig, als die auf diese Weise Ausgestoßenen ins Gefängnis zu sperren und ihnen eine kärgliche Ration von Wasser und Brot zuzuteilen, bis sie entweder einen neuen Arbeitgeber fanden oder in eine Arbeitskolonne der Regierung aufgenommen wurden.

Das war für die Sträflinge demoralisierend und für die Regierung ärgerlich; aber zumindest in Neusüdwales schien es keine Möglichkeit zu geben, dieser Praxis Einhalt zu gebieten. Zehn Jahre, nachdem Bigge das Problem in seinem Bericht aufgegriffen hatte, beschäftigte sich die Krone noch erfolglos damit. Als im Jahre 1831 an die 13 400 zugewiesene Arbeitskräfte über ganz Neusüdwales verstreut waren, wurde es zum Alptraum der Verwaltung, ihren Verbleib zu verfolgen. Obwohl natürlich dem Gesetz nach kein Arbeitgeber einen Sträfling weiterverkaufen durfte, schloß Gouverneur Bourke einen Kompromiß: er gestattete, daß sie im vereinfachten Verfahren einem neuen Dienstherrn zugewiesen werden konnten. Damit entfiel das mühselige Geschäft, sie nach Sydney zurückzubeordern, ihre Papiere zu ändern und sie wieder in den fernen Busch zurückzuschicken. Nur noch eine formale Übergabeerlaubnis war erforderlich, die »tatsächlich selten verweigert wird, da es so nicht nur bequemer ist, sondern auch Kosten spart«.

Wer dabei ertappt wurde, daß er ohne diese Erlaubnis dienstverpflichtete Arbeitskräfte weitergab, kam auf eine Schwarze Liste und bekam in Zukunft keine Arbeitskräfte mehr zugewiesen. Doch konnten weder Bourke noch seine Vorgänger etwas an der unter Landbesitzern allgemein üblichen Haltung ändern, daß Sträflinge, ganz gleich, was die Krone über ihren Anspruch auf deren Arbeit *sagen* mochte, *de facto* Sklaven waren, und man die Art ihrer Behandlung den Arbeitgebern überlassen mußte.

Ganz ohne gesetzliche Grundlage waren solche Ansichten keineswegs. Sir Francis Forbes, der erste Oberrichter am Obersten Gericht von Neusüdwales, vertrat, auf Präzedenzfälle aus dem Amerika des 17. Jahrhunderts gestützt, die Meinung, Arbeitgeber hätten einen Rechtsanspruch auf die Arbeitsleistung der ihnen zugewiesenen Arbeitskräfte. Diese Ansicht machten sich die Siedler nur allzugern zu eigen, doch die Krone wies darauf hin, daß seinerzeit die Siedler in Amerika für die Überfahrt der Sträflinge gezahlt und damit jenes Recht erworben hatten – das aber war in Australien nicht der Fall.

Im Vergleich mit der Haltung, die einige Jahre später William Charles Wentworth einnahm, war die von Forbes vertretene noch zurückhaltend. Wentworth war dadurch zu Macht und Einfluß in der Kolonie gekommen, daß er für die Rechte der Freigelassenen eintrat (siehe Kapitel X). Tatsächlich machte er 1839 den Vorschlag, das Zuweisungssystem abzuschaffen und die Sträflinge einfach meistbietend zu verkaufen. Er ging noch darüber hinaus und verlangte die Einführung von Kollektivstrafen für solche Sträflinge. Beging einer von ihnen auf einem Anwesen einen Rechtsbruch, sollten alle anderen dort arbeitenden durch eine automatische Verlängerung ihrer Strafe dafür mit herangezogen werden, es sei denn, sie denunzierten den Schuldigen. Damit glaubte Wentworth, das Hauptproblem zu entschärfen, das Siedler mit ihnen zugewiesenen Arbeitskräften hatten – wie bekam man sie dazu, einander zu ›verpfeifen‹?

Die Sträflinge glaubten ihrerseits, Rechte zu haben, und zwar kraft ihrer Arbeitsteilung. Sträflinge waren sie von Sonnenaufgang bis zum Nachmittag, die darüber hinausgehende Arbeitszeit gehörte ihnen. Je gesuchtere Fähigkeiten jemand besaß, desto mehr konnte er für solche zusätzliche Arbeit herausschlagen. Auf diese Weise wurden einige Arbeitgeber nach und nach zu Zugeständnissen gezwungen, sogar im Rahmen der ungleichen Klassenbeziehungen der Kolonie.

Wie waren diese Rechte beschaffen? Einige gingen auf das Herkommen zurück: jeder Mensch hatte ein Anrecht auf Nahrung, Kleidung und Gesundheitsfürsorge. Bei den ersten beiden Punkten achtete die Regierung streng auf die Einhaltung ihrer Vorschriften, dem dritten stand sie keineswegs gleichgültig gegenüber. In den dreißiger Jahren waren die Brotherren gehalten, bis zu dreißig Tagen pro Tag einen Shilling zum Unterhalt eines für sie arbeitenden Mannes im Krankenhaus beizutragen – nicht gerade üppig, aber Ursache mancher Unzufriedenheit unter den Siedlern.

Bis 1830 mußte der Arbeitgeber jeder ihm zugewiesenen Arbeitskraft jährlich zehn Pfund Lohn zahlen, was die Kosten für Bekleidung und Bettzeug deckte. Gouverneur Darling änderte das 1831, indem er festsetzte, der Arbeitgeber müsse anstelle des Lohnes Wolldecken, Strohsäcke und Kleidung unmittelbar zur Verfügung stellen. Die Ernährung der Dienstverpflichteten war derb und eintönig. »Niemand in England würde eines Blickes würdigen, woraus sie sich eine Mahlzeit machen«, schrieb der Sträfling John Broxup. Im Jahre 1823 wurde in Vandiemensland ein Siedler, Gilbert Robinson, beschuldigt, seinen Männern Elstern vorgesetzt zu haben, doch auf den meisten Höfen aßen die Arbeitskräfte dasselbe wie ihre Brotherren. Die Zuteilung war auf drei Hemden pro Jahr, zwei aus Jacke und Hose bestehenden Anzüge (grobe Wolle für den Winter und leichte Wolle oder Baumwolle für den Sommer) sowie ein festes Paar Lederschuhe festgelegt. Die wöchentliche Lebensmittelration bestand aus zwölf lb. Weizen (den die Sträflinge selbst in kleinen Handmühlen mahlten), sieben lb. frischem Rind- oder Hammelfleisch sowie je zwei Unzen Salz und Seife. Waren Getreide oder Frischfleisch knapp, konnte der Arbeitgeber sie durch Maismehl und Pökelfleisch ersetzen. Trotz der Eintönigkeit und des fehlenden Gemüses war diese Ernährung durchaus angemessen; wer fast ein Pfund Fleisch am Tag bekommt, muß nicht verhungern.

Ein Arbeitgeber gab vielleicht den bei ihm beschäftigten Sträflingen, wenn sie gut gearbeitet hatten, Tee, Zucker, Milch oder auch ein wenig des übelriechenden, im Lande gezogenen Kolonialtabaks als ›Vergünstigung‹, doch konnte daraus im Lauf der Zeit ein von den Sträflingen eingeforderter Anspruch werden. Das geschah vorwiegend nach den zwanziger Jahren, als Macquaries Nachfolger – die Gouverneure Brisbane und Darling – die in Geld ausgezahlten Löhne und das Recht auf die ›eigene Arbeitszeit‹ für zugewiesene Sträflinge abschafften. An deren Stelle wurde ein nicht genau festgelegtes System aus Belohnungen und Anreizen gesetzt. Die Dienstherren konnten nach Gutdünken Männer damit belohnen, daß sie ihnen leichte Aufgaben zuwiesen oder sie bestraften, indem sie ihnen schwere Arbeit gaben; man konnte ihnen etwas zu tun geben, wobei sie handwerkliche Fertigkeiten lernten, oder sie mit den ödesten und abstumpfendsten Aufgaben beschäftigen. ›Luxusgüter‹ wie Tee, Zucker und Seife, ein halber Liter Rum oder ein Abendessen in der Küche des Wohnhauses, begehrte Statussymbole, die als eine Art Bezahlung galten, traten an die Stelle der von Brisbane und Darling gestrichenen Löhne und der Möglichkeit, in der Freizeit etwas hinzuzuverdienen. Sicherlich glaubten manche, sie hätten ein Recht auf Tee, Zucker und Tabak und teilten das ihren Brotherren auch lautstark mit. Als man 1836 einem Sträfling in Port Macquarie namens William Larissey mitteilte, er bekomme keinen Zucker und Tee mehr, packte er seinen Arbeitgeber am Genick und schrie: »Der Teufel soll mich holen, wenn ich mir den Tee und den Zucker nicht von dir hole – oder das Geld dafür.« Für diesen Ausbruch bezahlte er mit zwölf Monaten Arbeit in Ketten.

Nicht alle Sträflinge waren so aufbrausend, doch in den Gerichtsakten finden sich zahlreiche Fälle von Männern, denen man wegen ›Aufsässigkeit‹ bei Auseinandersetzungen mit ihren Brotherren um Lebensmittelrationen und Kleidung den Prozeß gemacht hatte. Bisweilen – wenn auch weit seltener – brachte ein Sträfling seinen Arbeitgeber vor Gericht. Im Bezirk Scone im Norden Sydneys standen 1833 über zweihundert Klagen von Brotherren oder Aufsehern gegen zugewiesene Arbeiter lediglich sechs von Sträflingen gegen ihre Arbeitgeber gegenüber – sie allerdings wurden von den Richtern ausnahmslos als berechtigt anerkannt. Dabei ging es um den Männern vorgesetztes faules Fleisch, um unzulängliche Unterkünfte und im Fall von Simon Lewis, der einem seinen Besitz in Abwesenheit bewirtschaftenden Herrn zugewiesen war, darum, daß er von ihm seit vier Jahren weder eine Decke noch eine Matratze bekommen hatte.

Nur ganz selten schlossen sich Sträflinge zusammen, um für das einzutreten, was sie als ihre Rechte ansahen. Häufiger schon arbeiteten sie im Schneckentempo (nachdem sie ausgelotet hatten, wie der Brotherr wohl darauf reagieren würde), entweder, um ihm einen Tort anzutun oder in der Hoffnung, einem anderen Arbeitgeber zugewiesen zu werden. Als der Sträfling George Taylor auf Vandiemensland erkannte, daß er es mit einem »rechten Sklaventreiber« zu tun hatte, begann er, »von dem mir Aufgetragenen nur zu erledigen, was mir richtig erschien und gab meinem Herrn bald eine Gelegenheit, mich vor den Richter zu bringen. Das geschah noch zwei- oder dreimal, doch ich merkte, daß ich auf diese Weise nicht von ihm fortkam.«

Es war für Sträflinge keineswegs unmöglich oder immer schwierig, vor dem Richter ihre Unbotmäßigkeit oder Heftigkeit zu rechtfertigen, sofern sie nachwiesen, daß der Brotherr sie provoziert hatte. Häufigster Klagegrund war mangelnde Verpflegung und die Anwendung körperlicher Gewalt durch die Arbeitgeber. So bezeugte 1829 der Sträfling James Davis, der in New South Wales einem Mr. David Hayes zugeteilt war, »mit einem Eid, daß ich seit vorigen Freitag außer etwas Brot nichts zu essen bekommen habe; wir mußten uns zu fünft einen zweipfündigen Laib Brot teilen«. Vier Mitsträflinge bestätigten seine Aussage, und er bekam recht. Im selben Jahr sollte der einem Metzger in Sydney namens William Merritt zugewiesene Thomas Argent dessen Fuhrwerk mit warmem Wasser säubern und anschließend nach Parramatta fahren, um Vieh zu holen. »Argent sagte, er sei schwach vor Hunger, da er seit Freitag nichts zu essen bekommen habe, und wollte nicht gehen. Mr. Merritt sprang auf, faßte ihn mit einer Hand an der Brust und schlug ihn zweimal mit der anderen, zerrte ihn dann aus der Hütte, nahm einen Zaunpfosten zur Hand und drohte, ihm damit den Schädel einzuschlagen.« Der zu Tode erschrockene Argent erklärte, er werde sich unter den Schutz der Polizei begeben, woraufhin Merritt sein Pferd bestieg und ihn niederzureiten versuchte.

Das Gericht schickte Argent zu einem besseren Herrn. Der Regierung lag nichts daran, Sträflinge Drangsalierern zuzuweisen, doch schienen einige der Arbeitgeber nicht imstande zu begreifen, daß die ihnen Zugewiesenen Menschen im üblichen Sinne waren. Das galt auch für eine Mrs. Ramus aus Hamilton auf Vandiemensland, deren dienstverpflichteter Sträfling, George Willey, 1833 wegen Aufsässigkeit zu fünfundzwanzig Peitschenhieben verurteilt worden war. Die Strafe sollte im örtlichen Gefängnis vollzogen werden, und Willey stritt sich mit Mrs. Ramus' Bruder, ob er Anspruch darauf habe, Verpflegung mit dorthin zu nehmen. Im Bericht des Richters von Hamilton heißt es,

> »Mrs. Ramus' Bruder habe dann befohlen, Willeys Hände mit Riemen hinter dem Rücken zu fesseln und ihm eine schwere Bullenkette um den Leib zu legen. Von ihr führte eine weitere Kette zu einem Joch Ochsen. So brachte er, auf einem Pferd hinterherreitend, den Mann über eine Entfernung von fünf Meilen zu meinem Haus, wo ich sogleich anordnete, daß man ihn in Freiheit setzte.«

Die Behörde forderte Mrs. Ramus zur Herausgabe sämtlicher bei ihr tätiger Dienstverpflichteten auf. Daß jemand auf diese Weise seine Arbeitskräfte einbüßte, war in den dreißiger Jahren auf Vandiemensland wegen Arthurs Strenge, die er hoch wie niedrig gegenüber gleichermaßen handhabte, eine gewisse Gefahr, doch auch in Neusüdwales konnte ein Siedler seine Arbeitskräfte verlieren, wenn er sie schlecht behandelte – vor allem, wenn er nicht über »Beziehungen« verfügte.

Am häufigsten entzündete sich der Streit um die Rechte von Sträflingen am Freibriefsystem. Das Gesetz sah drei Möglichkeiten vor, wie ein Sträfling aus der Knechtschaft freikommen konnte: Am seltensten war eine bedingungslose Begnadigung durch den Gouverneur, die dem Sträfling alle Rechte zurückgab, einschließlich des Rechts auf Rückkehr nach England; eine bedingte Begnadigung gab dem Deportierten die Bürgerrechte in der Kolonie, ohne daß er nach England zurückkehren durfte; und die dritte Möglichkeit war der Freibrief.

Hatte ein Sträfling ihn bekommen, brauchte er weder als Dienstverpflichteter für einen Privatmann zu arbeiten noch Zwangsarbeit für den Staat zu leisten. Er konnte bis zum Ende seiner Strafzeit seine Arbeit frei wählen und innerhalb der Kolonie seinen Wohnsitz nehmen, wo es ihm beliebte. Der Freibrief, der jeweils für ein Jahr galt und erneuert werden mußte, war jederzeit widerrufbar. Er war ein wirksames Mittel, die Einordnung und Eigenverantwortlichkeit des Sträflings zu fördern, während es ihn gleichzeitig fest an der Leine hielt.

Da jedermann einen Freibriefinhaber denunzieren konnte, lebten diese Menschen ständig in Unsicherheit. Ein Leitartikel in der *Sydney Gazette* formulierte diesen Zustand so:

> »Ein Freibrief steht für die empfindlichste Art Freiheit, die man sich denken kann; man ist zugleich frei und unfrei. So wie der Freibrief gegenwärtig gehandhabt wird, braucht sein Besitzer zwar nicht mehr für andere zu arbeiten, ist aber dafür der Sklave Hunderter. Friedensrichter und der einfachste Bezirkspolizist sehen in ihm fortwährend einen Gegenstand möglicher Verhaftung.«

Des Freibriefs ging verlustig, wie Gouverneur King 1804 erklärte, wer untätig, »einem Offizier, Soldaten oder Konstabler« gegenüber aufsässig war oder für die in der freien Zeit erbrachte Arbeit zu hohen Lohn verlangte. Trotz aller Einschränkungen war der Freibrief Ziel der Sehnsucht eines jeden Sträflings in der Kolonie und wurde von den meisten als etwas angesehen, auf das sie einen Anspruch hatten und worauf sie hinarbeiten konnten. Ein Dienstherr konnte einem ihm zugewiesenen Sträfling nichts Schlimmeres antun, als daß er ihn daran hinderte, seinen Freibrief zu bekommen.

Genau das versuchten die skrupelloseren unter den Siedlern gelegentlich. Am einen Ende des Systems kamen immer mehr Sträflinge – von den Transportschiffen – herein, als es am anderen – durch den Freibrief als Freigelassene – verließen. So trafen in Australien von Januar 1826 bis Dezember 1828 6032 männliche Sträflinge ein, während die freie Bevölkerung durch den Ablauf der Strafzeit oder die Gewährung von Freibriefen um 4140 Männer zunahm.

Dennoch verminderte das die Nachfrage nach Dienstverpflichteten nicht, da zahlreiche derer, die ihre Freiheit erlangt hatten, selbst begannen, Land zu bewirtschaften, und somit Arbeitskräfte brauchten. »Die Arbeit der Sträflinge ist so ungeheuer wertvoll geworden«, berichtete Gouverneur Gipps 1838 dem Kriegs- und Kolonialminister,

> »daß häufig Klage darüber geführt wird, wie Brotherren ihre Arbeitskräfte daran hindern, einen Freibrief zu erlangen, da sie nicht bereit sind, deren Arbeitskraft einzubüßen. Das hat (in einigen Fällen) sogar dazu geführt, daß sie für ihre Männer Strafen erwirkten, nur um sie weiter im Dienst behalten zu können. Jede Bestrafung eines Dienstpflichtigen schiebt die Gewährung seines Freibriefs um ein volles Jahr hinaus. Ich möchte sehr hoffen, daß es sich dabei um nur wenige Fälle handelt.«

Wahrscheinlich kam es weit häufiger vor, als sich Gipps einzugestehen bereit war. Nahezu vierzig Jahre vergingen, bis die Regierung das überhaupt amtlich zur Kenntnis nahm. Der Gefangene Thomas Cook beschrieb das Schicksal eines Sträflings, der zu Beginn der dreißiger Jahre einem »brutalen und übelwilligen Mann« in White Rock in Neusüdwales zugeteilt war. Ursprünglich zu vierzehn Jahren Deportation verurteilt,

»hatte er schwer gearbeitet und sich fünf Jahre und neun Monate dieser Zeit so verhalten, daß keine Klage gegen ihn kam; doch als er sich dem Ende der Bewährungszeit (sechs Jahre) näherte, deren Ablauf ihm einen Anspruch auf einen Freibrief gegeben hätte, bezichtigte ihn sein Dienstherr, um weiterhin in den Genuß von Blut und Schweiß eines schwer arbeitenden Sklaven zu gelangen, er sei ihm gegenüber aufsässig gewesen und habe ihm gedroht.«

Das bedeutete eine vom Richter auferlegte Strafe von fünfzig Peitschenhieben und die Hinauszögerung des Freibriefs um ein Jahr. Als das Jahr fast um war,

»brachte ihn sein grausamer Herr ohne ein Zeichen von Mitgefühl oder Dankbarkeit erneut wieder auf die Anklagebank und beschuldigte ihn wiederum einer ungebührlichen Aufführung, woraufhin er wieder zu fünfzig Hieben verurteilt wurde. So verzweifelte der Bedauernswerte daran, je einen Augenblick der Freiheit zu erleben, bevor sein Herr starb oder seine Strafe endete. Er war von der schweren Arbeit und der grausamen Behandlung schon fast verblödet.«

Ein Arbeitgeber konnte einen Dienstpflichtigen einfach dadurch zur Unbotmäßigkeit oder Gewalttat aufstacheln, daß er ihn mit Beleidigungen überschüttete. Die *Sydney Gazette* beklagte 1826 den »nur allzu üblichen Brauch«,

»kräftig über Leben und Wesen eines unglücklichen Mitgeschöpfes herzuziehen, wobei diesem nur die Wahl bleibt, entweder stillschweigend solche üble Kränkung zu erdulden oder sich durch unbotmäßige Sprache und Aufführung dagegen zu wehren, was ihm fünfzig Peitschenhiebe einträgt, da es die Richter im allgemeinen für angebracht halten, sich auf die Seite der Macht zu stellen«.

Bezirksgerichte in der näheren Umgebung Sydneys behandelten Sträflinge gewöhnlich gerecht und anständig, zum Teil, weil ihre Richter dem Auge der Öffentlichkeit mehr ausgesetzt waren. Das Stonequarry-Gericht war für seinen Anstand bekannt, und der Friedensrichter Henry Antill, ein Siedler aus New York, der die Tochter eines Freigelassenen geheiratet hatte und im neugegründeten Bezirk Picton am meisten Land besaß, war keineswegs der einzige gegen jedermann gerechte Friedensrichter in Neusüdwales.

Doch je weiter ein Anwesen im *Outback* lag, wie man das Landesinnere bezeichnete, desto mehr mußte man mit tyrannischer Behandlung rechnen, und desto größer war die Wahrscheinlichkeit eines Einverständnisses zwischen Siedlern und Richtern. George Loveless glaubte aufgrund seiner eigenen Erfahrungen, niemand, der nicht zur Dienstleistung an einen so fernen Ort verpflichtet worden war, könne sich »einen richtigen Eindruck vom System« verschaffen:

»Ein Friedensrichter bringt seine Männer einem benachbarten Friedensrichter zur Aburteilung. Häufig stattet er ihm zuvor einen Privatbesuch ab, in dessen Verlauf er mitteilt, er werde den oder jenen Mann oder die oder jene Männer vor ihn bringen und wünsche die und die Strafe. Wird dann die Klage vorgebracht und fragt der Richter, was sie dagegen vorzubringen haben, unterbricht er sie häufig schon beim Versuch einer Antwort mit den Worten: ›Ich werde kein Wort glauben und dich zu soundsoviel Peitschenhieben verurteilen.‹«

Zwar bekamen die Arbeitgeber meist dann recht, wenn sie ihre Arbeitskräfte wegen Ungehorsam oder Aufsässigkeit vor Gericht brachten, doch darf man daraus nicht einfach schließen, daß das auf ein in der gemeinsamen Klassenzugehörigkeit gründendes Einverständnis zwischen Arbeitgebern und Richtern zurückging. Die Friedensrichter waren gewöhnlich sowohl was Besitz wie Bildung angeht herausgehoben und frei von persönlichen Bindungen oder Verpflichtungen gegenüber den mittleren und kleinen Bauern, die Sträflinge beschäftigten. Wie hätten sie ihren höheren Status besser demonstrieren können als dadurch, daß sie der Klage eines Sträflings gegen einen Kleinbauern gründlich nachgingen und vielleicht sogar den Brotherrn tadelten oder ihm gar den Arbeiter fortnahm? Scharf reagierten die Richter in Fällen von eigenmächtiger Bestrafung durch den Arbeitgeber, und häufig hatten Sträflinge mit ihrer Klage dabei Erfolg – zum Teil, weil der Anschein (Verletzungen und Striemen) vor Gericht deutlich für die Berechtigung der Klage sprach. Wer in den besiedelten Bezirken arbeitete, hatte bessere Aussichten, seine Klage einem Gericht vorbringen zu können, als im Outback lebende, die einen Fußweg von achtzig Kilometern oder mehr zurücklegen mußten – immer vorausgesetzt, der Dienstherr gab ihnen die erforderliche Erlaubnis, das Anwesen für mehrere Tage zu verlassen.

Niemand kann sagen, wie vielen Sträflingen der Freibrief zu Unrecht vorenthalten wurde. Vermutlich haben die Siedler solche Fälle heruntergespielt und die Sträflinge sie übertrieben dargestellt. Unbezweifelbar ist die unterschiedliche Sehweise des Freibriefs bei Siedlern und Sträflingen – dem einen war er (entsprechend der Vorgabe der Regierung) eine *Gunst*, der andere beanspruchte ihn stets als ein ihm zustehendes *Recht*. Beispielsweise schrieb Thomas Cook, die Knechtschaft in White Rock habe den Sträfling zu seinem Freibrief »berechtigt«. Die extreme Gegenposition dazu vertrat der zivile Oberrichter Francis Forbes mit der Ansicht, kein Sträfling habe einen Anspruch darauf, solange er als Dienstpflichtiger bei einem Privatmann arbeite. Zum Glück für die Sträflinge konnte Forbes die Regierung nicht zu dieser Ansicht bekehren.

Daß die Sträflinge von ihrem Recht auf den Freibrief überzeugt waren, hängt mit ihrer Erwartung zusammen, auf dem Gefängniskontinent Australien werde das Wertesystem des herkömmlichen englischen Arbeitsmarktes Geltung behalten. Es schloß das in England praktizierte Verfahren keineswegs aus, bei dem freie Arbeitskräfte, Erwachsene wie Lehrlinge, an ihre Arbeitgeber gebunden waren und schwere Strafen von Geldstrafen bis zur gesellschaftlichen Ächtung gewärtigen mußten, wenn sie davonliefen. Zumindest in dieser Hinsicht war das Zuweisungssystem in England keineswegs so unbekannt, wie man annehmen könnte.

Gelegentlich waren die Berichte über ein und dieselbe Einrichtung, durch verschiedene Augen gesehen, wie Schwarz und Weiß. So lobte der für die Abschaffung der Deportation eintretende J. D. Lang, gewiß kein Freund des Zuweisungssystems, die Art, wie Gouverneur Darlings Privatsekretär, Colonel Henry Dumaresque (1792–1838), seinen Besitz St. Heliers betrieb, dreizehntausend Acres in der Nähe von Muswellbrook in Neusüdwales: »Eins der bestgeführten Güter in der Kolonie. Belohnungen, keine Strafen. Die Männer sind nüchtern, fleißig und zufrieden.« Auch einem sich besuchsweise dort aufhaltenden Quäker namens James Backhouse schien St. Heliers ein Muster für den Umgang mit Sträflingen zu sein, und dem späteren Forscher Edward J. Eyre, einem Mann von unbestreitbarer Aufrichtigkeit und Offenheit, wollte es als »bestgeführte Anlage am Hunter-Fluß« erscheinen. Dennoch erhob im Jahre 1850 einer der auf Langs Seite für die Abschaffung Streitenden, John Goodwin, den Einwand, all dies Lob gelte lediglich »für die Zeit der Amtsführung des seligen Mr. Whiteman«, der (nach 1830) auf St. Heliers Aufseher war, denn sein Vorgänger sei »ein wahrer Teufel« gewesen:

> »Er pflegte die Männer in Hand- und Fußeisen zu legen und sie in ein Verlies zu werfen, wo sie im allgemeinen drei Tage ohne Fleisch oder etwas zu trinken blieben. Er machte sich gar nicht erst die Mühe, seine Männer vor Gericht zu bringen, sondern verurteilte sie selbst wegen des lächerlichsten Vergehens, wie es ihm seine Laune eingab. Beispielsweise ließ er sie unter seinen Augen auf der Veranda Holzstücke von fünfzig bis hundert lb. auf den Schultern hin und her tragen. Er verließ das Haus nie ohne ein Paar Pistolen und am Gürtel baumelnde Handschellen. Captain Dumaresque [sic], ›der freundliche Herr‹, hat meines Wissens so viel Blut aus den ihm zugewiesenen Männern herausgepeitscht, daß er darin hätte schwimmen können.«

James Brine, ebenfalls einer der ›Märtyrer von Toldpuddle‹, wurde einem Friedensrichter namens Robert Scott in Glindon am Hunter-Fluß zugewiesen. Dieser wies ihn an, Pfostenlöcher zu graben, obwohl seine bloßen Füße so wund waren, daß er sie nicht auf den Spaten setzen konnte. Schließlich nahm Brine »ein Stück eisernen Reifen und legte es mir um den Fuß, damit ich darauf treten konnte«, doch ein halbes Jahr lang (der Zeitraum, nach dem die Kleidung erneuert werden mußte) gab ihm Scott weder Schuhe, Kleider noch Bettzeug. Als Brine, der siebzehn Tage lang in einem Bach stehend Schafe gewaschen hatte, wegen seiner schweren Erkältung um eine Decke bat, wurde ihm vorgehalten:

»Nein, nichts vor Ablauf der Zeit. Womit würden eure Herren in England ihre Blöße bedecken, hätte man euch nicht hergeschickt? Soweit ich sehe, wolltet ihr sie ermorden und alles um euch herum verbrennen und zerschlagen. Da man euch zur Strafe hergeschickt hat, braucht ihr keine Gnade zu erwarten. Falls du mich vor Ablauf der sechs Monate um etwas bittest, peitsche ich dich aus, so oft es mir gefällt. Du verd. . . Sträfling! Weißt du nicht, daß dir nicht einmal das Haar auf deinem Kopf gehört?«

E. J. Eyre, dem der Anblick »narbiger und blutiger Rücken von Mitmenschen, auch wenn es Sträflinge sind, äußerst widerwärtig« war, beeindruckte es, wie fügsam Dienstpflichtige, über die Klage geführt wurde, ohne Aufsicht zu dem als »Gericht« dienenden Gebäude zogen. Es erschien ihm

»bemerkenswert, daß Männer, von denen man sagt, sie seien die wertlosesten ihrer Gattung und die rücksichtslosesten Halunken, so ohne den geringsten Widerstand eine Entfernung von fünf, zehn, zwanzig oder gar sechzig Meilen gehen, obwohl sie wissen, daß ihrer am Ende des Weges gewißlich die Peitsche harrt. In den wenigen Fällen, da sie flohen oder nicht vor Gericht erschienen, nahmen sie beinahe willig die Strafe dafür auf sich – hatten sie doch eine Tage lang müßig umherziehen und mit den Menschen plaudern können, die ihnen unterwegs begegneten.«

Manche Arbeitgeber begannen liberal und endeten als strenge Zuchtmeister. Einer von ihnen war »der Laird von Shoalhaven«, ein schottischer Siedler aus der Grafschaft Fife namens Alexander Berry, der nahezu die gesamte Deportationszeit miterlebte, denn er war 1808 in Sydney angekommen und starb 1873 im Alter von hundertundzwei Jahren als Besitzer von vierzigtausend Acres. Zuerst war er gegen das Auspeitschen:

»Es ist albern, gegen einen Menschen etwas zu haben, weil er ein Halunke ist, wo doch alle wegen ihrer Verbrechen herkommen. Mir liegt an nichts anderem als daran, kräftige Männer zu haben – im übrigen können sie von mir aus in der Hölle geboren und aufgewachsen sein. Mit Freundlichkeit und Menschlichkeit werde ich noch den Widerborstigsten erkennen lehren, daß es zu seinem Vorteil ist, wenn er sich wohlverhält. Männer auspeitschen zu lassen, weil sie sich schlecht aufführen, ist äußerst kindisch.«

Letztere Einsicht stimmte sicherlich, denn wer darauf zurückgriff, zeigte, daß er auf eine höhere Autorität – die unbeugsame Macht des Gerichts – angewiesen war, womit man vor den Dienstpflichtigen sein Gesicht verlieren konnte. Zwei Jahre später aber rief Berry nach Eisen und neunschwänzigen Katzen: »Wir haben uns bei dem Versuch zerrieben«, schrieb er seinem Teilhaber Edward Wollstonecraft, »das Leben Undankbarer und unwiderruflich Verworfener behaglicher zu gestalten, als es je gewesen ist«.

Doch ein zufriedener Sträfling arbeitete besser als ein hungriger und störrischer, und so war es, wie John Macarthurs Sohn James dem Unterhausausschuß zur Frage der Deportation 1837 vernünftigerweise vorstellte, am besten, »einen Mann, der sich ordentlich aufführt, möglichst vergessen zu lassen, daß er ein Sträfling ist«. Eine der ersten Abhandlungen über den Ackerbau in Australien (1826) riet den Siedlern: »Der Bauch ist weit verletzlicher und empfindlicher als der Rücken« – also Zuckerbrot statt Peitsche, zwar Festigkeit, aber keine unnötige Härte, möglichst ohne die Gerichte auskommen, denn die ständige Anrufung einer höheren Macht untergräbt die eigene Autorität. Man muß Löhne und abgestufte Belohnungen festsetzen, die erstrebenswert erscheinen, dann wird deren Vorenthaltung »weit größeren Eindruck machen als die Hiebe des Auspeitschers«. Einerseits durfte der Dienstherr mit den Sträflingen nie vertraulich werden oder bei ihnen den Eindruck erwecken, er sei auf ihre Arbeit angewiesen, andererseits durfte er nie vergessen: »Es sind Menschen, die, wie tief auch immer sie gesunken sein mögen, denoch dieselben Gefühle und Leidenschaften haben wie man selbst.« Die richtige Mischung war die wohlabgewogene patriarchalische Haltung, mit der der englische Gutsherr instinktiv seinen Leuten gegenübertrat, denn so erwartete der englische Arbeiter von seinem Vorgesetzten behandelt zu werden. Mit Freundlichkeit, Festigkeit und Distanz, rühmte sich ein neuer Siedler, der 1835 mit zehn zugewiesenen Männern in der Yass-Ebene arbeitete, erreiche er alles, »und sie sind so zutraulich wie ›*zahme Füchse*‹. Ich war nie genötigt, auch nur einmal zur Peitsche zu greifen.«

Die meisten von der Regierung privaten Arbeitgebern im Busch zugewiesenen Männer sahen ihr Los, wenn sie schon nicht damit zufrieden waren, doch realistisch. Ihnen war klar, daß Aufbegehren, Aufsässigkeit oder offenkundige Arbeitsverweigerung ihre Strafe verlängern und die Ausstellung ihres Freibriefs um Jahre verzögern konnten. Außerdem wußten sie nur allzugut und aus Erfahrung, wie wirkungsvoll das »Paßsystem« verhinderte, daß ein Flüchtiger lange unentdeckt blieb. (Ein Sträfling, der wann oder zu welchem Zweck auch immer das Anwesen seines Herrn verließ, mußte eine schriftliche Bescheinigung mitführen und auf Verlangen vorzeigen, aus der sein Name hervorging, Aufbruchs- und Zielort sowie die genaue Zahl der Tage oder sogar Stunden, die er unterwegs sein durfte.) So beobachtete Edward J. Eyre 1834, als er in der Nähe des heutigen Canberra siedelte, daß sie sich »als Klasse bewundernswert« verhielten und »ausgezeichnete, sorgfältig arbeitende, fleißige und vertrauenswürdige Dienstboten« wurden. Selbst die schlimmsten von ihnen würden, auch wenn sie einen Besucher oder einen neu eingetroffenen Dienstverpflichteten ausrauben mochten, »selten ihre eigenen Herren bestehlen«, und man konnte sie überall hinschicken.

> »Ich weiß von zwei Sträflingen, die häufig mit einem Ochsenfuhrwerk voll Wolle über 200 Meilen nach Sydney geschickt wurden. Nachdem sie ihre Ladung beim Händler abgeliefert hatten, kehrten sie mit Kleidungsstücken, Mehl, Tee, Zucker, Tabak und anderen Waren zurück – Luxusgüter für den Brotherrn, sogar Wein, Bier und Schnaps, und obwohl diese Unternehmung eine Abwesenheit von fünf oder sechs Wochen bedingte, in deren Verlauf die Männer beständig durch das Vorhandensein von so viel Waren und die Leichtigkeit, sie sich anzueignen, verlockt waren, gibt es nur sehr wenige Fälle, in denen es zu Diebstahl kam oder auf andere Weise Verluste eingetreten sind.«

Vertrauen führte zur Besserung. Wurden im fernen Australien die aus der Heimat vertrauten Beziehungen auf dem Lande beibehalten, waren die Sträflinge dankbar, denn es war für sie von großer Bedeutung in einem Lande, wo alles neu und merkwürdig war – die hüpfenden Tiere, die auf dem Kopf stehenden Sternbilder, die Schwarzen, die auf die Eindringlinge nicht gut zu sprechen waren, und die ins Fleisch beißenden Hiebe der neunschwänzigen Katze. Außerdem sah sich, wer in den dreißiger Jahren einem anständigen Dienstherrn auf dem Lande zugewiesen war, mit Eyres Worten, »in einer besseren Lage als die Hälfte der ordentlichen Arbeiter in England. Kein Wunder, daß sich die Sträflinge wohl verhielten und sich dadurch, daß sie sich als nützliche Mitglieder der Gesellschaft erwiesen, die Achtung anderer verdienten und auf diese Weise lernten, sich selbst zu achten.«

Die Gefühle wurden oft in »Sträflingsliedern« ausgedrückt. In einer Ballade, die Ende der zwanziger Jahre des 19. Jahrhunderts kursierte, einer der vielen Versionen von »Vandiemensland«, äußert der Erzähler zunächst seine Verzweiflung beim Anblick

> »meiner mitleidenden Gefährten,
> ich kann gar nicht schildern, wie elend es ihnen erging,
> manche waren vor eine Egge, manche vor einen Pflug gespannt.
>
> Sie hatten keine Strümpfe und keine Schuhe,
> keine Hüte, keine ledernen Hosen,

sie gingen baren Hauptes und mit nackten Füßen,
eingespannt in Paaren wie Pferde,
und der Kutscher drohte ihnen von oben mit der Peitsche.

Doch als wir nach Hobart kamen,
nahm mich unverzüglich ein Farmer in Dienst,
ich wurde sein Wildhüter und bleibe in diesem Beruf.
Mein Herr liebt mich, meine Freude ist grenzenlos,
ich kann es nicht beschreiben.«

Häufig drückten Dienstverpflichtete und ihre Verwandten einem guten Arbeitgeber gegenüber ihren Dank aus. Der wegen politischer Proteste deportierte Weber aus Bolton, Thomas Holden, bekommt einen anständigen Herrn, schreibt über sein Glück nach Hause und erfährt 1814 von seinen Eltern: »Wir haben ganz den Eindruck, daß der Mann, bei dem Du wohnst, ein *Herr* ist. Bitte sag ihm, wie dankbar wir sind, daß er sich herabgelassen hat, Dich in seine Dienste zu nehmen.« Seine Frau, die zusammen mit den anderen Ehefrauen radikaler Weber erfolglos den Prinzregenten gebeten hat, zu ihrem Mann nach Australien gehen zu dürfen – »Ob es Dir im Leben wohl oder übel ergeht, es wäre mir sehr lieb, mit Dir die Mühsal zu teilen, aber ob es je unser Geschick sein wird, einander in Neusüdwales zu begegnen oder nicht, vermag ich nicht zu sagen« –, schließt sich an:

»Wir hören mit größter Freude, daß Du einen Freund gefunden hast. Da er so viel Vertrauen in Dich setzt, halten wir es für unsere Pflicht zu sagen, daß wir nicht im geringsten daran zweifeln, Du werdest Dich bemühen, Dir seine künftige Gewogenheit zu verdienen.«

Vom Standpunkt der Behörden aus gesehen konnte man hier von einer idealen Beziehung zwischen Sträfling und Arbeitgeber sprechen. Diese hing, wie John Bigge erläutert hat, von einem gleichmäßig funktionierenden Markt ab: Nur ständige Arbeit sorgte dafür, daß Straffällige zu müde waren, sich etwas zuschulden kommen zu lassen, und wo zwischen Herrn und Arbeiter nicht der durch die Klassenzugehörigkeit bedingte nötige Abstand gewahrt blieb, bestand die Gefahr, daß alles nichts nützte. Frostig merkte Bigge an, es sei freigelassenen Siedlern nicht leicht gefallen, bei ihnen Arbeitende bestrafen zu lassen: »Dies Mitgefühl rührt daher, daß sie einst in derselben Lage waren, und es wird sich erst ändern, wenn sie über eigenen Besitz verfügen.« Viele Sträflinge arbeiteten lieber für einen armen Freigelassenen als für einen reichen Weidegutbesitzer. Gouverneur Bourke bestätigt das mit seinen Worten: »Ein Sträfling ißt lieber deren derbe Kost, als daß er bei einem reicheren Herrn besser genährt und gekleidet wird und dafür weniger Freiheiten hat.« Wie sich in Bigges Bericht zeigt, sprachen sich die konservativen Kräfte in der Kolonie offen dafür aus, daß man Sträflingen reichen Siedlern zuwies und nicht den Freigelassenen, der armen, weißen Unterschicht von Neusüdwales.

Wer einen wohlwollenden Herrn gefunden hatte, zog sein Leben als zugewiesener Sträfling bei weitem dem Elend vor, das er in England gekannt hatte. Wer heimschreiben konnte, hob hervor, wie gut es ihm ging, beruhigte seine Angehörige und bat sie, sich keine Sorgen zu machen. So schreibt William Vincent, ein Sträfling aus Parramatta, 1829 an seine Familie in der Grafschaft Sussex: »Manche haben geglaubt, daß sie mich in große Not gebracht hätten, und einige von denen wären sicher froh, wenn es ihnen so wohl erginge wie mir. Auch Du sollst froh sein, Mutter, denn ich lebe am Tisch des Gouverneurs mit den anderen Dienern.« Zwei Jahre später bekommt er den begehrten Posten eines Aufsehers und berichtet jubelnd: »Ich habe keinen Tag lang gearbeitet, seit ich im Lande bin, so daß mir die Arbeit keine Pein bereitet.« Aber Vincent war auch kein zugewiesener Arbeiter. Als erfahrenen Landwirt hatte sich ihn die Regierung gleich bei der Landung herausgepickt, »denn es gibt nur wenige im Lande, die viel vom Ackerbau verstehen«. Er drängte sogar seine Brüder auszuwandern: »Käme ich frei in dies Land, könnte ich neunzig Pfund im Jahr dafür bekommen, daß ich mich um Grund und Boden kümmere.«

Der Hinweis, welch gutes Leben in Australien einen Freien erwartete, durchzieht viele Briefe, und wenn man bedenkt, in welch entsetzlichem Zustand sich die Landwirtschaft in England befand – immerhin wäre es dort in den dreißiger Jahren des 19. Jahrhunderts fast zu einer Revolte der Landbevölkerung gekommen –, mußten die billigen Nahrungsmittel und hohen Löhne in Australien großartig erscheinen. Die Vorstellung von Australien als einem Arbeiterparadies wird zuerst vom Arbeiter selbst formuliert. Allerdings verbreitete sich die Kunde über Möglichkeiten, die das Land bot, rasch, und so enthielten um 1830 die Archive des Kronrats bereits zahlreiche Bittschriften wie diese von Thomas Jones, einem Sträfling, der auf dem Gefängnisschiff *York* schmachtete:

> »Schon zahlreiche Anträge, dies Land zu verlassen, habe ich gestellt, ich verbüße vier Jahre und länger meine Strafe . . . Die Freunde haben mich verlassen, ich bin ein gebrochener Mann und schaudere zu denken, wie es mir ergehen wird, wenn ich wieder frei bin und mich niemand beschäftigen will. Ich habe nichts zum Leben. Haben Sie die Güte, mich mit dem ersten Schiff nach Neusüdwales zu schicken, ich zweifle nicht, daß ich mich dort bewähren kann.«

Acht Jahre zuvor hatte Bigge in seinem Bericht darauf hingewiesen, daß die Kürze der Strafen – für die meisten »bloße« sieben Jahre – zusammen mit dem Freibriefsystem und der hochbezahlten Arbeit dazu führen könnte, den Strafcharakter der Deportation zu untergraben. Für Deportierte war eine siebenjährige Strafe »zu kurz«, sie konnten zu früh mit dem Gedanken spielen, sich anzusiedeln und wurden dadurch weniger leicht regierbar. Um 1820, meinte Bigge, zeigte sich bei ihnen schon eine gewisse Anmaßung, und »die Deportation nach Neusüdwales wird eher als Auswanderung denn als Bestrafung angesehen«. Diese Kritik am System hörte man in den dreißiger Jahren des 19. Jahrhunderts häufig, und 1833 schrieb der Dubliner Erzbischof, Richard Whately, ein glühender Befürworter der Abschaffung der Deportation, die Verbrecher würden

> »in ein Land gebracht, dessen Klima herrlich ist und in großer Fülle alles hervorbringt, was man zum Leben braucht und manches darüber hinaus. Ihr Lebensunterhalt ist gesichert, sie sind besser gekleidet, genährt und untergebracht, als sie (durch *anständige* Mittel) je waren. Sie können sich allen Luxus leisten, an dem ihnen liegt und dürfen sogar noch vor Ablauf ihrer Strafe Siedler auf fruchtbarem Land werden. Es sieht gewiß nicht aus wie eine schreckliche Bestrafung.«

Als Thomas Potter Macqueen, ein englischer Friedensrichter, dem Gouverneur Brisbane 1823 zehntausend Acres Land überschrieben hatte, die er aus der Ferne bewirtschaftete, mit der Behauptung, in Neusüdwales gehe es dienstverpflichteten Sträflingen besser als Landarbeitern in Bedfordshire, ins selbe Horn stieß, verwahrte sich ein anonymer australischer Siedler scharf dagegen:

> »Die Arbeit in diesem neuen Land ist äußerst mühsam: Bäume müssen gefällt werden, und ihr Holz ist so hart, daß in England hergestellte Werkzeuge unter den Hieben des Holzarbeiters wie Glas zerbrechen. Die gefällten Bäume müssen verbrannt werden, und das Feuer muß man hüten, auch wenn in der Tagesmitte das Thermometer acht Monate im Jahr gewöhnlich dreißig Grad und darüber anzeigt; anschließend sind die Stubben mit den Wurzeln auszugraben – wie schwer das ist, würde einen englischen Holzarbeiter erstaunen; und schließlich muß dies harte Holz noch zu Pfosten und Planken geschnitten, müssen Zäune daraus errichtet werden. Worin soll eigentlich die besondere Begünstigung des Sträflings bestehen? In dieser Sklaverei, die noch schlimmer ist als die des westafrikanischen Negers?«

Die Landarbeit in Australien war stets schwer, und wenn man die psychische Belastung mit berücksichtigt, war am schwersten wohl die Arbeit des Schaftreibers. Je mehr die Merino-Hybridenschafe zur Grundlage des australischen Wohlstands wurden, desto mehr Dienstverpflichtete mußten sich auf das einsame Leben im Busch einrichten. Sie lebten am Rande abgelegener Besitzungen, der Schafstationen im Outback, und selbst in der Nähe von Bathurst oder im Tal des Hunterflusses war 1830 noch ein Teil des Landes unberührter Busch, nicht viel gezähmter als 500 Kilometer weiter die »wirkliche« Wildnis des Outback. Ein Schaftreiber mußte damit rechnen, an vorderster Front die Rache von Ureinwohnern zu spüren zu bekommen, die das beständige Hinausschieben der Siedlungsgrenze aus ihren Jagdgründen vertrieben hatte. Konnten Schwarze ein Anwesen nicht offen angreifen, war es ihnen doch ohne weiteres möglich, sich mit ihren lautlosen Speeren an einem einsamen Schaftreiber schadlos zu halten, zumal dienstverpflichtete Sträflinge nicht bewaffnet waren. Selbst wenn die Eingeborenen dem Weißen, der das Land dort bewirtschaftete, nichts Besonderes vorzuwerfen hatten, aßen sie doch gerne Schaffleisch und waren durchaus bereit zu töten, um daran zu gelangen. So lebte ein als Schaftreiber tätiger Sträfling in beständiger Furcht vor dem Tode.

Seine Herde konnte 200, aber auch 3000 Köpfe zählen. Die Arbeit klingt einfach: Er brauchte lediglich die Tiere jeden Tag auf der Suche nach Weideland weiterzutreiben, darauf zu achten, daß sich keines von der Herde entfernte, und sie abends zurückzubringen. Aber nur selten hatte er ein Pferd und oft auch keinen Hund. Darüber hinaus gab es in Neusüdwales seinerzeit nicht soviel Weideland wie heute. Millionen Acre sanft geschwungenen Landes bedeckte eine mittelgroße Eukalyptusart ohne wirtschaftlichen Wert, deren Wurzeln durstig jeden Tropfen Oberflächenfeuchtigkeit aus dem Boden sogen und damit das Wachstum von Gras verhinderte. Spätere Siedler verfielen auf die Lösung, die Borke ringförmig einzuschneiden, wovon der Baum abstarb, ohne daß man ihn eigens fällen und die Stubben ausgraben mußte. Anschließend wuchs in diesen gespenstischen Landschaften voll sinnlos aufragender toter Bäume reichlich Gras. Doch während der Deportationszeit hatte sich dies Verfahren des ringförmigen Einschneidens noch nicht allgemein durchgesetzt, und der Schaftreiber mußte große Entfernungen zurücklegen, um für seine Tiere genug Gras zu finden. Verirrte er sich oder kamen die Schafe abhanden, konnte es Tage dauern, bis er sie wieder beisammen hatte, und so lange mußte er draußen bleiben, auch wenn ihm sein Herr beim Aufbruch nur Verpflegung für einen Tag mitgegeben hatte, um zu verhindern, daß er die Herde im Stich ließ und davonlief.

Verstärkt wurde die Einsamkeit des Hirtenlebens durch die Notwendigkeit, Herden (und damit ihre Hirten) aus veterinärmedizinischen Gründen voneinander getrennt zu halten. Der Schrecken eines Schafzüchters war neben den Wildhunden, den Dingos, eine äußerst ansteckende Schafräude, die, wie Eyre aus bitterer Erfahrung wußte, die Wolle verdarb, die Zucht gefährdete und praktisch unheilbar war:

»Eine noch so unbedeutende Unachtsamkeit des Hirten kann in einem Augenblick alle Hoffnungen seines Arbeitgebers zunichte machen. Und was wäre natürlicher, als daß es zu solchen Zwischenfällen kommt – der Mann treibt, darauf bedacht, einen Plausch zu halten, seine Herde so nahe wie möglich an die Grenze seines Bezirks heran, der Hirte der infizierten Tiere tut es ebenso, und während die beiden Männer miteinander reden, vermischen sich die Herden, und das gefürchtete Unheil ist geschehen.«

Es hat durchaus Fälle gegeben, in denen ein rachsüchtiger Sträfling es seinem Herrn damit heimzahlte, daß er absichtlich für eine Infektion von dessen Herde sorgte.

Auf buschbestandenem Gebiet, das sich kilometerweit ausdehnen konnte, verlor man Schafe leicht aus den Augen. Die *eucalyptus dumosa* waren so hoch, daß man nicht einmal aus dem Sattel über sie hinwegsehen konnte. Leicht wurde ein Sträfling in einem solchen Irrgarten, wo die Dingos nicht weit entfernt heulten – man sprach nicht ohne Grund vom »Dingobusch«, denn dort konnten sich die Feinde des Schafhirten gut verstecken –, »sonderbar«, wie man sagte, wenn jemand in harmloses Irresein verfiel. Je größer die Viehzuchtstationen wurden, desto mehr benötigte man das Gras in der Nähe der Wohn- und Stallgebäude für die Zuchtpferde und Zugochsen. Also mußte der Schaftreiber die Herden fünf, acht oder fünfzehn Kilometer weit forttreiben und, statt jeden Abend zurückzukehren, die Nacht im Busch verbringen.

John Standfield beschrieb die Auswirkungen dieses Lebens auf seinen Vater, der einem Grundbesitzer namens Nowlan in der Nähe von Maitland, etwa 240 Kilometer von Sydney entfernt, zugewiesen worden war. Nach drei Wochen dort war er

»ein Bild des Schreckens, von Kopf bis Fuß mit Schwären bedeckt und so schwach und hilflos wie ein Kind. Er schlief in einem Wachhäuschen, nicht ganz zwei Meter lang und keinen halben Meter breit, wo er auf einem schmalen Bett mit einer Decke liegen und zum Sternenhimmel emporschauen konnte. Der Wind pfiff zu einer Seite hinein und zur anderen hinaus, und nichts schützte vor dem erbarmungslosen Gewitter. Außerdem mußte er gut sechs Kilometer gehen, um sich seine Verpflegung abzuholen, und zwar nachts.«

Diese »Märtyrer« (und einige andere »Politische«) scheint man in Australien besonders hart herangenommen zu haben. Doch selbst in guten Zeiten konnte das Leben in der Wildnis auf frisch aus England Eingetroffene alptraumhaft befremdlich wirken. Ein Besucher im Bezirk Maitland merkte in den dreißiger Jahren des 19. Jahrhunderts an, daß die Unterkünfte der Sträflinge im Busch eine Kreuzung zwischen einem Zoo und einer irischen Häuslerkate waren, denn dort gab es

»eine Vielzahl kreischender Papageien, die zum Verkauf bestimmt waren; Opossums und zahme Känguruhs, ein buntes Gewimmel von Känguruh-, Wind- und Schäferhunden; auf dem Feuer kochte in einem riesigen Kessel das Fleisch eines Känguruhs, dicht daneben hingen die Hinterviertel eines weiteren dieser Tiere. In einer Ecke stand eine riesige Schüssel Milch, in einer anderen hing eine Anzahl teilweise getrockneter Felle, während dicht über dem Erdboden die schmutzstarrenden Betten oder Kojen der Menschen standen.«

Das Innere war voll Mief aus getrocknetem Schweiß und dem Gestank der Felle, alles war von Kakadukot und Schmeißfliegen bedeckt. Die Landschaft wirkte unendlich und bedrückend; es war, als sehe man vom Rande einer Welt in eine andere:

»Dic unwirkliche Stille, die hier herrscht, geht fast über das Vorstellungsvermögen des Menschen hinaus. Man sollte meinen, ein Aufenthalt in solcher Einsamkeit führe zu einer Veränderung im Denken und in den Gewohnheiten eines jeden, der ihr ausgesetzt ist, und es wäre aufschlußreich, ihre Wirkung auf die Schafhirten unter den Sträflingen zu erkunden, die wochenlang keine Gelegenheit haben, mit einem Weißen zu sprechen, außer ihrem einzigen Gefährten, denn eine Hütte bewohnen stets ihrer zwei.«

Diese Einsamkeit hatte durchaus Auswirkungen. Sie förderte die Paarbindung, das Gefühl des Angewiesenseins auf den »Kumpel«, noch heute Wurzel der Männergesellschaft in Australien. Da es im Busch keine weiße Frauen gab, führte das auch – wie gegen Ende der dreißiger Jahre einige Regierungsstellen widerwillig bestätigten – zu homosexuellem Verhalten. Am wichtigsten war in den Augen einiger Beobachter, daß das Leben im Busch den für die Gesellschaft nutzlosen Verbrecher Fertigkeiten lehrte und ihm Zeit zum Nachdenken gab, wobei die »Besserung« von der Wirkung der Landschaft unterstützt wurde – so jedenfalls sah man im 19. Jahrhundert die Natur. Der unveränderte Fingerabdruck des Schöpfers vermochte als moralische Lehre für die Besserung eines gefallenen Mannes zu dienen. Der Sträfling wird zum Einsiedler, dessen Seele die Wüste läutert:

»Dies eintönige und einsame Leben gibt den Gedanken des ihm Ausgesetzten eine neue Richtung und hat einen besseren Einfluß auf ihn, als es sich der gedankentiefste Metaphysiker hätte ersinnen können. Einsamkeit und

> Nichtstun in einer Zelle stumpfen den Geist vollständig ab, führen zu Wahnsinn und Selbstmord oder bewirken eine seelische Verhärtung . . . Die Verbindung der *Hirtentätigkeit* mit der Einsamkeit hingegen bietet die beste Aussicht auf Erfolg, indem sie ihn dessen entwöhnt, was er früher tat.«

Etwa einem Fünftel der Arbeitgeber auf Vandiemensland und in Neusüdwales lag ernstlich daran, die ihnen zugewiesenen Arbeitskräfte zu bessern, und zwei weitere Fünftel »bestärkten die Sträflinge zu ihrem eigenen Besten«. Auch wenn letztere sie vielleicht wie landwirtschaftliche Geräte behandelten, brachten sie ihnen zumindest Fertigkeiten bei und hielten sie von schlechter Gesellschaft fern. Draußen im Busch, wo es keine Schenken, Huren oder verbrecherische Ränkeschmiede gab, führten die Sträflinge »ein gesundes, nützliches Leben der Arbeit, waren gut gekleidet und wohlgenährt und hatten Aussicht, ihre Freiheit zu erlangen«, schrieb Eyre. »Die Deportation von Sträflingen in ein gesundes Land und ihre Zuweisung an Siedler ist das wahre Mittel, die Verbrecher zu bessern.«

Brotherren wie Regierungsstellen glaubten im allgemeinen, daß es für einen überlassenen Sträfling weit schwieriger war, in einem Metzgerladen oder als livrierter Dienstbote in Sydney auf den rechten Pfad zurückzufinden. Die Stadt war der Ort des Lasters, im Busch gab es mehr zu tun und weniger Gesellschaft, und dort mußte der Herr einen großen Teil mehr Beschwernisse selbst ertragen als in der Stadt. In Sydney oder Hobart fühlte sich der gute Bürger veranlaßt, sein Leben von dem des Straftäters durch übertriebene Beweise von Klassenüberlegenheit abzugrenzen, was den Eindruck bestätigte, daß sich Sträflinge überhaupt nicht bessern ließen. Doch der Klassenfrage kam in Australien zur Zeit der Strafkolonie großes Gewicht zu – es war eine von verwirrend raschen Statusveränderungen einzelner gekennzeichnete Gesellschaft, in der beständig weitere Männer und Frauen aus der Knechtschaft entlassen und zu Bürgern mit all ihrer Verantwortung wurden, aus bitterer Armut zu neuem Wohlstand gelangten. In den dreißiger Jahren des 19. Jahrhunderts war Australien ebenso von Klassenfragen durchdrungen wie jede andere Gesellschaft auf der Welt.

Kapitel X

Die Herren von Neusüdwales

1

Wer in den zwanziger Jahren des vorigen Jahrhunderts in Sydney eintraf, dem bot sich vom Deck seines Schiffs aus ein leuchtendes Bild: Jenseits des blau blitzenden Hafens lag in der ungeheuren Klarheit des südlichen Himmels ein hübsches Städtchen aus sauber getünchten oder aus Bruchstein errichteten Häusern mit schattigen Veranden. Ihre Gärten waren voneinander und auch vom die Stadt noch immer umgebenden Busch mit Holzzäunen oder gestutzten Geranienhecken abgetrennt, und in ihren Küchengärten fanden sich kulinarische Köstlichkeiten zuhauf. Doch verflog, wie der Marinearzt Peter Cunningham in seinen Erinnerungen an das Leben in Neusüdwales berichtet, das Gefühl heimeliger Vertrautheit, sobald man das Land betrat. Denn alles beherrschte die Kulisse der schweigenden Sträflinge:

> »Die im Gänsemarsch kolonnenweise zu und von der Arbeit trottenden Sträflinge oder auch einzelne, die hier und da mit ihren weißwollenen Parramattaröcken und -hosen oder graugelben Jacken über Baumwollarbeitsanzügen hin und her eilen (an den verschiedenen Bekleidungsarten erkennt man, wer schon länger im Land und wer später gekommen ist). Alles ist mit auffälligen Pfeilen und verschiedenen schwarzen, weißen und roten Ziffern bedeckt. Vielleicht kommt auch noch eine mürrische Sträflingsrotte mit ihren klirrenden Beinketten vorüber – das ganze Bild erzählt eine so klare Geschichte, daß man sie nicht mißverstehen kann.«

Die Ungleichheit hörte mit den Kettenkolonnen nicht auf. Dafür, daß im Australien der Strafkoloniezeit die Klassenfrage alles in geradezu krankhafter Weise durchdrang, hatte die Entfernung von England gesorgt. Trotz ihrer geringen Größe (1807 wohnten etwa 7500 Menschen in Neusüdwales, 1812 waren es 10 500, 1820 24 000 und 1828 bei der ersten Volkszählung im November 36 598) wurde die Kolonie von aus der Isolierung rührender Langeweile zerfressen und von törichten Blutfehden sowie einem übersteigerten Klassenbewußtsein beherrscht. Die Atmosphäre in Neusüdwales am Ende der Deportationszeit hat 1839 »ein Siedler« zusammengefaßt, der ohne Namensnennung, aber mit großem Scharfblick im *Sydney Morning Herald* schrieb:

»Menschen sind hergekommen, um bessere Lebensbedingungen zu finden, viele mit begrenzten Mitteln. Ihr anfänglicher Schwung ist um einiges gedämpft durch Entbehrungen und enttäuschte Erwartungen (denn alle erwarten zuviel), abgeschnitten von den Banden der Familie, alter Freundschaften wie von liebgewordenen Bindungen, strebten alle danach, weiterzukommen. Keinen, der darüber nachdenkt, überrascht es, daß sie einander dabei in die Quere kommen und anrempeln. *Niemand kennt seine eigene Stellung so gut wie früher zu Hause.*«

Man spricht von »Koloniejunkern«, so als habe es in den Anfängen Australiens Herren gegeben – das aber war nicht der Fall. Wo sich Grenzen bewegen, werden Herren umgebracht, verstümmelt, verschwinden einfach. Ohnehin gibt es für fest auf Grundbesitz wurzelnde Menschen keinen Anlaß, in ein neues, unbesiedeltes Land aufzubrechen. Sie haben die Möglichkeit, dort später zu investieren, und brauchen sich nicht sogleich im Lande abzurackern. Wer an der Siedlungsgrenze erfolgreich sein wollte, mußte einen kaum zu unterdrückenden Besitztrieb haben, wie ihn nur Versagen oder Mittelmäßigkeit im früheren Leben hervorbringen konnte.

Die Männergesellschaft des frühen Neusüdwales ließ sich grob in drei Gruppen einteilen: die Opportunisten, die gern als Herren gelten wollten; Sträflinge und Ausgestoßene, die darauf warteten, Opportunisten werden zu dürfen; und schließlich die Versager, aus denen nie irgend etwas würde. So kennzeichneten mit der Kosmetik feinen Benehmens nicht ohne weiteres zu kaschierende häßliche Züge das Gesicht der Gesellschaft. Die Mischung aus Ellbogenmentalität und »feiner« gesellschaftlicher Attitüde war manchem Besucher schnell zuwider. Die Art, wie sich die Oberschicht der Kolonie mit Zähnen und Klauen gegen einen möglichen Aufstieg der Unteren sperrte, beeindruckte Charles Darwin in ihrer unerfreulichen Unverfrorenheit, als er 1836 auf der *Beagle* in Sydney eintraf.

Diese Oberschicht hatte sich nach 1800 einer Art Vornehmheit verschrieben, die in England, wenn sie schon nicht dahinschwand, so doch gewiß aus der Mode geriet. Auf feudale Vorstellungen und die sozialen Verflechtungen des Landlebens gegründet, paßte sie eher in die zwanziger Jahre des 18. als des 19. Jahrhunderts. Diese Menschen parodierten ein Ideal des Privilegiertseins, das sie nie gekannt hatten, und sie zeichneten sich darüber hinaus durch eine vollkommene Unfähigkeit zur Gelassenheit aus.

Diese »Exklusiven« waren im Verlauf einer oder zweier Generationen aus dem Nichts aufgetaucht – im Unterschied zum englischen Landjunker, über dem der Hochadel und unter dem die Bauernschaft und die dienenden Klassen standen. Sie waren fest entschlossen, jedem, der gleich ihnen aus dem Nichts kam, vorzuenthalten, was sie selbst bekommen hatten. Aus dieser Quelle stammt ihr beharrlicher Widerstand gegen die an Stoßkraft zunehmenden Forderungen der Freigelassenen und ihrer in Australien geborenen Kinder, der *Currency*, und sie trieben ihren Kampf auf die Spitze.

Außer sich waren die Exklusiven, als Gouverneur Lachlan Macquarie, der mit Recht unter den Freigelassenen einige der fähigsten Männer in der Kolonie vermutete, 1819 vier von ihnen zum Abendessen in den Gouverneurssitz einlud. Er ging noch weiter und setzte zwei von ihnen, den Kaufmann Simeon Lord und den Landbesitzer Andrew Thompson, als Treuhänder und Regierungsbeauftragte der neuen zwischen Sydney und dem Hawkesburryfluß zu erbauenden gebührenpflichtigen Straße ein, was den als dritten Treuhänder vorgesehenen Reverend Samuel Marsden (oberster anglikanischer Geistlicher der Kolonie und einer der größten Landbesitzer, zudem ein Pharisäer, wie er im Buche steht) in seiner geistlichen Würde angeblich so tief verletzte, daß er seine Mitarbeit aufkündigte. Das führte zu einem der Tobsuchtsanfälle des alten Haudegens Macquarie, und der Streit, der fortan zwischen den beiden schwelte, vergiftete die Beziehungen zwischen Kirche und Staat in Neusüdwales bis ans Ende seiner Amtszeit.

Zwar definierten die provinziellen Exklusiven vornehmtuerisch ihr Klassenempfinden gegenüber den verachteten Freigelassenen, doch wie es dabei zuging, entnehme man dem Bericht, den in den vierziger Jahren Louisa Anne Meredith, Gattin eines Geistlichen, über ihre fünf Jahre in Australien (1839–1844) verfaßte:

> »Die Unterscheidungen, die hier in der Gesellschaft gemacht werden, erinnern mich an die Schilderungen bei Dickens. Beauftragte der Regierung kennen keine Kaufleute, diese keine Krämer, und ich zweifle nicht daran, daß auch jene genau festgelegt haben, wie sie sich von kleinen Handwerkern abheben, seien sie Metzger oder Pastetenköche. Dieser Stolz auf die eigene Position ist so lächerlich und in einer solchen Gemeinschaft so unangebracht, daß man darüber lächeln könnte, stünde dahinter nicht soviel Boshaftigkeit.«

Alle in der Kolonie geltenden Maßstäbe stammten aus England. Bis weit in die zwanziger Jahre des 19. Jahrhunderts war das Wort »Australier« ehrenrührig. Man konnte es günstigstenfalls herablassend gebrauchen, denn in ihm schwang die Vorstellung von etwas Zwielichtigem am Rande des Pazifiks mit. Die Gesellschaft Sydneys strebte der von der königlichen Familie verkörperten Sonne zu – in ihrer Wirkung durch die Ferne eher noch verstärkt. Sie spiegelte sich im Vizekönig, dem Gouverneur. Er stand als Autokrat einem Polizeistaat mit gewissen sozialen Zugeständnissen vor, seine Macht war allumfassend, wie es sich für den Mann an der Spitze eines Kontinents gehörte, der zugleich ein Gefängnis war. Diese Haltung ging auf das Jahr 1788 zurück, als Arthur Bowes

Smyth bei der Verlesung von Captain Phillips Ernennung in Sydney Cove befand, sie gebe ihm eine »deutlich weiter gehende Vollmacht, als sie je zuvor einem Gouverneur unter der britischen Krone eingeräumt wurde«, und auch Ralph Clark hatte angemerkt, er habe »noch nie davon gehört, daß einem einzelnen Menschen solche Vollmachten gegeben wurden«.

Alle politischen Entscheidungen traf der Statthalter der englischen Krone. Er bestimmte, wer Land haben sollte, wieviel und wo; wer Arbeit bekam, wer begnadigt, freigelassen oder in eine Strafsiedlung geschickt wurde, welche Glaubensgemeinschaften außer der Kirche von England Gottesdienst feiern durften, wer Verwaltungsposten bekleidete, was die noch kaum entwickelte Presse der Kolonie drucken durfte – tausend Dinge, Bedeutendes und Bagatellen, bis hin zu der Frage, welche Straßenseite der chaotische und immer noch zunehmende Verkehr Sydneys benutzen sollte (Macquarie entschied sich nach dem Vorbild Englands für links). Nirgendwo im britischen Weltreich besaß ein Statthalter eine so weitgehende, prägende Macht über die Gesellschaft wie in der Strafkolonie Australien.

So fand das Klassensystem der Kolonie in der Person des Gouverneurs seine Grundlage und seine Sicherheit. War er den kleinen Leuten wohlgesinnt und neigte den Kleinbauern oder ehemaligen Sträflingen zu, trug ihm das die Feindschaft der Exklusiven ein. Der Fanatismus, mit dem sich das runde Dutzend Clans, die zwischen 1800 und 1840 die führenden freien Familien Australiens bildeten (wie beispielsweise die Macarthurs und ihre Verbündeten wie Samuel Marsden), gegenüber anderen Menschen abzugrenzen versuchte, war grenzenlos.

John Macarthur (1767–1834), Sohn eines Kurzwarenhändlers und Korsettmachers aus Plymouth, und seine Frau Elizabeth, geborene Veale (1767–1850), wurden in der Kolonie Begründer und Urbilder der landbesitzenden vornehmen Schicht. Er war ein Choleriker, der nach Höherem strebte, witterte überall Anschläge und Beleidigungen und vergeudete, empfindlich wie ein Sizilianer, die Hälfte seines Lebens mit Streitigkeiten. Unter den Freigelassenen als ›Jack Schnürleib‹ bekannt – ein Spitzname, der ihn in Harnisch brachte – und bei seinen Feinden in der Verwaltung als ›der Störenfried‹, legte er sich beständig mit Richtern, Geistlichen, Kapitänen und Handelsleuten an sowie mit einer ganzen Reihe von Gouverneuren von Hunter bis hin zu Darling. Aus dem Gefängnis dirigierte er 1808 den Putsch des Rumkorps gegen Gouverneur Bligh.

Seiner Streitsucht hatte er es zuzuschreiben, daß er, mit Ausnahme von vier Jahren, die er in Australien verbrachte, von 1801 bis 1817 in England leben mußte. Während jener Zeit verwaltete seine ausnehmend tüchtige und kluge Frau die großen Weidegüter am Nepean-Fluß in Camden. Macarthur war ein schlechter Geschäftsmann, da er sich von seinen Vorlieben wie von seinem Haß leicht mitreißen ließ. Selten sah er eine Trennlinie zwischen privatem und öffentlichem Interesse, außer, wenn es um das Verhalten seiner Feinde ging.

Nahezu alle seine Versuche, seine Geschäftsinteressen über die Schafzucht hinaus auszuweiten, schlugen so gründlich fehl, daß 1812 seine unklugen Investitionen in den Pazifikhandel seine im Wollgeschäft gemachten Gewinne fast aufgezehrt hatten. Niemand durfte erwarten, von ihm als Gleichgestellter behandelt zu werden. Er rühmte sich, er habe »bisher noch jeden Mann zugrunde gerichtet, der sich mit mir angelegt hat«. Nicht einmal, daß er mit Regierungsunterstützung in Australien ein Wollmonopol errichten konnte, half ihm, und obwohl das Unternehmen im Norden von Sydney eine Million Acres bekam und durch private Subskriptionen eine Million Pfund aufbrachte, bugsierte Macarthur es binnen vier Jahren in den Bankrott, und seine hundert-Pfund-Aktien notierten 1828 nur noch mit acht Pfund. Er starb im Irrsinn, doch gilt er bis heute als Vater der australischen Weidewirtschaft und als Nestor ihrer konservativen Fraktion.

Macarthur war als Fähnrich im New South Wales Corps 1790 mit seiner Frau, ihrem Söhnchen und einem Dienstmädchen auf der Zweiten Flotte ins Land gekommen. Der aus dem Heer hervorgegangene Gouverneur Francis Grose hatte eine Schwäche für ihn und machte ihn zum Zahlmeister des Rumkorps. Macarthur begann als kleiner Züchter mit einer Herde von etwa tausend Hybridschafen. Von Grose und dessen Nachfolger Paterson bekam er Land und Sträflingsarbeiter zugewiesen, soviel er wollte, doch die nächsten beiden Gouverneure, Hunter und King, die aus der Marine kamen, sahen keinen Anlaß, Macarthur besonders zuvorkommend zu behandeln oder anderen vorzuziehen, und das betrachtete ›Jack Schnürleib‹ als Kriegserklärung. Seine Flüsterkampagnen gegen den Mann in der Gouverneursresidenz gipfelten im September 1801 in einem Streit, der zu einem Pistolenduell Macarthurs mit seinem eigenen Obersten führte, den er gegen Gouverneur King auszuspielen versucht hatte. Macarthur verletzte den Obersten an der Schulter, und King, vom Treiben dieses »Störenfrieds« aufgebracht, ließ ihn festnehmen. Allerdings hütete er sich, ihn in Sydney vor das Kriegsgericht zu bringen, da er vermutete, dessen Offizierskollegen würden nur allzugern der Marine mit einem Freispruch eins auswischen. Also schickte er Macarthur zur Verhandlung nach England, und das erwies sich, durch einen der merkwürdigen Glücksumstände, die häufig das Leben in der Kolonie zu bestimmen schienen, als erster Schritt zu dessen späterem Vermögen.

Kings Schachzug hatte nicht den gewünschten Erfolg, denn das Kriegsgericht in England sprach Macarthur frei, und so war dessen ganze Bestrafung für die Schießerei ein Freifahrschein nach England. Er hatte Wollmuster mit dorthin genommen und vor seiner Abreise von einem Offizierskollegen, Major Foveaux, weitere tausendzweihundertfünfzig Hybridschafe gekauft, was ihn zum größten Schafhalter Australiens machte.

Ursprünglich war die erstklassige Wolle für die ständig anwachsende englische Textilindustrie von den Merinoherden Sachsens und Spaniens gekommen, doch wegen der Kontinentalsperre befand sich die englische Wollindustrie in der Krise. Es sah ganz so aus, als werde keine Merinowolle mehr ins Land kommen. Macarthur hätte daher den Zeitpunkt, zu dem er mit seinen Mustern in England ankam, nicht günstiger wählen können – trotz der groben Wolle. Die Regierung war mehr als gern bereit, die Zucht guter Wollschafe in Australien zu unterstützen, und mit Erlaubnis des Schatzamtes erwarb Macarthur einige Merinoschafe aus einer kleinen Musterherde im Besitz von König Georgs III. Lord Camden machte ihm eine besondere Landzuteilung, damit er diese edlen Tiere züchten konnte – zweitausend Acres um Mount Taurus in der Nähe des Nepean-Flusses, das beste Weideland in Neusüdwales. 1805 kehrte Macarthur im Triumph auf seinem eigenen Walfänger zurück. Er hatte ihn *Argo* genannt, nach dem Schiff, mit dem Jason das Goldene Vlies gesucht hatte.

Vor zweihundert Jahren war das reinblütige Merinoschaf, das wie eine wandelnde Allongeperücke aussah, empfindlich und schwierig zu halten, weder die australische Hitze noch das australische Gras bekamen ihm. Sein Vorzug lag in der Größe des Vlieses und der Qualität seiner Wolle. Um in Australien zu gedeihen, mußte die Art eingekreuzt werden. Obwohl Macarthur diese Rasse nicht, wie er sich oft rühmte, in Neusüdwales eingeführt hat (schon vor ihm besaßen ›Little Jack Palmer‹ und Reverend Samuel Marsden sowohl reinrassige als auch eingekreuzte Merinoschafe), machte er es doch zur Grundlage der australischen Exportwirtschaft. Er kreuzte es mit anspruchsloseren und widerstandsfähigeren Rassen – bengalischen und afrikanischen Fettsteißschafen –, und behielt zugleich eine reinrassige Herde bei, um die Zuchtergebnisse ständig zu verbessern.

Schon bald nannte man in der Kolonie Angehörige der Schafzüchtererlite, die Schafbarone, an deren Spitze die Macarthurs standen, »reinrassig Merino«. Als Macarthur 1808 nach England fliehen mußte, wo er volle neun Jahre blieb, und den Zuchtbetrieb seiner Frau Elizabeth und den heranwachsenden Söhnen überließ, war er der bedeutendste Schafmagnat in Neusüdwales. Während seiner Abwesenheit erweiterte seine Frau den Besitz durch Zukauf weit über die ursprüngliche Größe auf sechzigtausend Acres, baute und züchtete unermüdlich weiter.

Man sollte annehmen, daß nur wenige Berufe ein ausgeglicheneres Wesen, größere Beharrlichkeit und finanzielle Umsicht verlangen als der eines Viehzüchters. Merkwürdigerweise waren beide Begründer der australischen Schafzucht das genaue Gegenteil des in sich ruhenden Landedelmannes. Der Ire Alexander Riley (1788–1833) war meist so munter, wie es den Iren nachgesagt wird, doch versank er gelegentlich ebenso tief in Trübsinn wie Macarthur. Er war seinen beiden mit Offizieren des Rumkorps verheirateten Schwestern von Irland nach Australien gefolgt, hatte sich als Gemischtwarenhändler niedergelassen und nebenbei in der Nähe von Liverpool Schafe gezüchtet. Seine Großtat, mit der er die australische Weidewirtschaft grundlegend veränderte, bestand darin, daß er sächsische Elektoralschafe ins Land holte. Diese Tiere, robuster als Macarthurs feinwollige spanische Landschafe – die ursprünglichen Merinos –, stammten von den Merinos ab, hatten aber durch erfolgreiche Weiterzüchtung eine bessere Wolle als diese. Er ließ 1825 eine ganze Herde davon kommen, jedes Tier wie ein wollbehangener Pascha in seinem eigenen ausgepolsterten Verschlag. Der Regierung entlockte er eine Zuteilung von zehntausend Acres besten Weidelandes weiter landeinwärts, in der Nähe von Yass, an der Westgrenze des damaligen Siedlungsgebietes. Jede der wichtigen und heute üblichen Zuchtrassen australischer Schafe geht auf seine und Macarthurs Kreuzungen zurück.

In einer Hinsicht unterschieden sich die beiden Männer grundlegend. Macarthur mit seiner Sklavenhaltermentalität konnte die Hände nicht von der Politik lassen, während sich Riley aus öffentlichen Angelegenheiten heraushielt und damit rechnete, das Sträflingssystem werde im Laufe der Zeit enden und an seine Stelle eine Gesellschaft freier Männer treten, an deren Spitze die Schafzüchter standen. Gewiß ähnelten die Vorstellungen der meisten wohlhabenden freien Männer im Australien der frühen Kolonialzeit eher denen Macarthurs als denen Rileys, zumal nur wenige von ihnen Iren waren.

Wie sah nun der ideologische Hintergrund der »Merinos« und jener aus, die danach strebten, zu ihnen zu gehören – der Exklusiven ganz allgemein? Maßgeblich dafür war, verstärkt durch die Lehre der Staatskirche, im wesentlichen die konservative Grundhaltung der Torys in ihrer reinsten Form. Wie die Landedelleute Englands, denen sie nacheiferten, haßten sie alles Französische und behandelten jede Forderung Freigelassener als hemmungsloses Jakobinertum.

Nicht nur hielten sie sich selbst für in einzigartiger Weise geeignet, die Macht in der Kolonie zu übernehmen – sie waren sogar fest davon überzeugt, daß außer ihnen niemand dazu tauge. Keinesfalls kamen dafür Freigelassene oder deren Abkömmlinge in Frage, denn das »Schandmal« des Sträflingstums wurde als unauslöschlich und erblich angesehen – Viehzucht führt zu starren Ansichten, was die Weitergabe von Erbmerkmalen betrifft.

Ebensowenig wie jenen billigte man der wachsenden Klasse der Händler und Unternehmer in den Städten Fähigkeiten in dieser Hinsicht zu, ganz gleich, wieviel Geld sie verdienten. Handel galt im Vergleich mit Viehzucht und Landbesitz als unwürdige Beschäftigung, doch konnte man bei einer ansehnlichen Mitgift über manches hinwegsehen.

Auch die Neusiedler, die nach 1820 in wachsender Zahl ins Land strömten, galten als ungeeignet, denn ihre Wurzeln in Australien gingen nicht tief genug, und sie verfügten nicht über große Ländereien. Wenn die frühen Exklusiven schon keine Möglichkeit hatten, ihren Ursprung zu idealisieren, so betrachteten sie sich zumindest als eine Insel der Ordnung in einer See aus Emporkömmlingstum und Verbrechen. Ihrer Überzeugung nach war auch gut für das Land, was gut für sie war.

Bedroht fühlten sie sich von Neureichen, die durch Handelsgeschäfte sowie An- und Verkauf von Land zu Geld gekommen waren. Um sich wirtschaftlich abzusichern, verheirateten sie ihre Kinder klug mit denen aus Familien der Großkaufleute, geradeso wie sie ihre Schafe miteinander kreuzten.

Weniger erfolgreich verlief ihr Versuch, die Freigelassenen politisch kaltzustellen.

War ihre konservative Haltung also nichts anderes als eine ausbeuterische »unaustralische« Variante des aus England bekannten *laissez-faire* des Landadels? Freigelassene prägten ab 1815 das Klischee vom Schafbaron als Pseudojunker in einer Antipodenlandschaft, der das Land zwar besaß, aber nicht zu ihm gehörte.

Diese Kritik fand allerdings in erster Linie rein rhetorisch ihren Niederschlag, und erst in den dreißiger Jahren wurde aus den Wortgefechten ein erbitterter Streit zwischen den Konservativen in der Kolonie – vor allem Landbesitzern, die in den Zwanzigern im Tal des Hunter-Flusses gesiedelt hatten – und ihrem liberalen Gouverneur Richard Bourke, dessen Amtszeit von 1831 bis 1837 dauerte und den die Whigs in England favorisierten. Er hatte eine Anzahl von Reformen durchgesetzt, die ihm bei den Freigelassenen Ansehen verschafften. Vor allem ein neues Gesetz, das es nicht nur ab 1833 gestattete, Strafverfahren vor aus Zivilisten bestehenden Geschworenengerichten durchzuführen, sondern das auch ehemaligen Sträflingen die Geschworeneneigenschaft zugestand, erfüllte die Konservativen mit Entsetzen. Sie fürchteten, von Gerichten, bei denen Straffällige über Verbrecher urteilen durften, müsse Anarchie ausgehen. Außerdem beschnitt Bourke die Macht der Landbesitzer über die ihnen zugewiesenen Arbeitskräfte mit einem Erlaß, der das Auspeitschen von Sträflingen als Bestrafung für Vergehen gegen die Arbeitsvorschriften regelte. Jetzt mußten statt zuvor einem Friedensrichter zwei eine solche Strafe anordnen; gleichzeitig wurde die höchstzulässige Zahl der Hiebe von hundert auf fünfzig herabgesetzt. In besiedelten Bezirken waren ohne Schwierigkeiten zwei Richter für eine Verhandlung zu bekommen, doch im Tal des Hunter-Flusses beispielsweise kostete das Zeit und Mühe. Die dort ansässigen Großsiedler mit ihrer Pflanzermentalität waren über Bourkes »Laxheit« erzürnt, Freigelassene und Liberale in der Kolonie jedoch nahmen Partei für ihn und stellten in dem nunmehr tobenden Kreuzfeuer aus Beleidigungen und Schmähungen Bourkes Kritiker als unverbesserlich Gestrige hin, als Männer, die sich als Sklavenhalter am Mississippi wohler gefühlt hätten als in Neusüdwales.

Ihr Vorreiter war der reiche »Major« James Mudie (1779–1852), ein geschaßter Marineleutnant, der jetzt das Amt eines Friedensrichters in der Kolonie bekleidete. Er nannte sein Herrenhaus ›Schloß Forbes‹ und behandelte dem

Vernehmen nach die ihm zugewiesenen Arbeiter so schlecht, daß sie sich gegen ihn zusammenrotteten. So wird berichtet, daß 1833 sechs entlaufene, in der Mehrheit Mudie zugewiesene Sträflinge ›Schloß Forbes‹ überfielen. Unter Anführung John Pooles, seines Zeichens gelernter Zimmermann, der als Sträfling gewisse Vorrechte genoß, raubten sie das Haus aus, schossen auf Mudies Schwiegersohn, plünderten eine weitere Besitzung im Bezirk und peitschten den Besitzer eines dritten Gutes aus. Sie wurden bald gefaßt, und aus der Sache wurde eine *cause célèbre*. Konservative sahen im Aufruhr auf ›Schloß Forbes‹ einen Beweis für die Anarchie, die Bourkes liberale Haltung zwangsläufig zeitigen mußte. Freunde Bourkes unter den Freigelassenen sowie freie Auswanderer stellten sich gegen diese Behauptung und argumentierten, die Sträflinge seien durch Auspeitschen und Nahrungsentzug zum Aufstand getrieben worden. Unglücklicherweise erwies es sich, daß die Verpflegung auf ›Schloß Forbes‹ gut und die Behandlung mäßig streng war (etwa die Hälfte der sechzig dort tätigen Dienstverpflichteten waren noch nie ausgepeitscht worden). Die Unzufriedenheit ging eher auf die Unfähigkeit von Mudies Schwiegersohn, John Larnach, zurück, der das Gut während Mudies langer Abwesenheit verwaltete. Dennoch blieb an Mudie auf immer ein gewisser Ruf haften, gegen den er sich heftig zur Wehr setzte. Gouverneur Bourke jedenfalls stellte er als oberflächlichen und von Humanitätsduselei irregeleiteten Mann hin, der es noch dahin bringen werde, daß in der Kolonie hemmungsloses Verbrechen und Anarchie herrschten, ja, daß sie sich gewaltsam und unter Blutvergießen vom Empire löse. (Mäßigung dem Gegner gegenüber war nicht üblich, schon gar nicht bei Mudie.) Bourke schlug 1836 zurück, indem er Mudie (sowie sechsunddreißig weiteren Siedlern) das Friedensrichteramt entzog. Dieser Verlust des äußeren Zeichens gesellschaftlicher Macht war für Mudie zuviel, er verkaufte seinen Besitz und kehrte wutschnaubend und auf Rache sinnend nach England zurück. Eilends verfaßte er ein Buch, mit dem er sich gegen die gesamte »kriminelle Bevölkerung« der Kolonie wandte, wozu er ausdrücklich die Freigelassenen zählte, ganz gleich, wie wohlhabend oder in ihrem Beruf angesehen sie sein mochten. Diese Menschen, erklärte er, müsse man als »künftigen Vertrauens unwürdig auf immer ächten« und sie daher samt ihren Nachkommen auf alle Zeiten von den Rechten freier Bürger ausschließen. Es bestand nicht die geringste Aussicht, daß Mudie mit seinem Machwerk die gesellschaftlichen Beziehungen in der Kolonie beeinflussen konnte oder außerhalb einer kleinen Gruppe von Menschen ernst genommen wurde, doch lieferte es Wasser auf die Mühlen der Freigelassenen, die behaupteten, Männer wie Mudie seien in Neusüdwales Fremdlinge und stünden außerhalb der gesellschaftlichen Realität im Lande.

Doch wie habgierig und hochnäsig auch immer die Exklusiven sein mochten, die meisten von ihnen identifizierten sich mit Australien, auch wenn sie ihre Hierarchiemodelle aus England bezogen. Sie waren mehr als »australisierte

Engländer«, wie man aus einem Brief von James Macarthur aus dem Jahre 1829 an seinen alternden Vater entnehmen kann:

> »Ich werde mich jetzt in Frieden und behaglich inmitten unserer Schafherden und im Schatten unserer Feigenbäume niedersetzen. Unseren eigenen Bemühungen traue ich mehr als den Bekanntschaften und Verbindungen hier im Lande, denn diese haben selbst zu viele Schwierigkeiten, als daß sie sich mit den Klagen armer Australier beschäftigen könnten. Es gibt nur wenige Menschen in England, mit denen ich gern tauschen würde.«

Der Garten Eden in Privathand? Dieser Aussage dürfte die breite Volksmasse kaum zugestimmt haben, aber sie kann ihre australische Eigenart nicht leugnen.

Ohnehin hatte niemand den Anspruch auf Ehrgeiz oder Habgier gepachtet. Was die Aufteilung des kolonialen Kuchens betraf, waren die Liberalen nicht die Spur besser als die Konservativen, Ehemalige ebenso raffgierig wie Exklusive. So kam keiner der »Merinos« auch nur von fern an die Größenordnung der Transaktion heran, mit der 1840 Wentworth, einst von ihnen als »Republikaner, Jakobiner und Gleichmacher« geschmäht, und einige Bundesgenossen sieben Maori-Häuptlinge dazu brachten, ihnen ein Drittel Neuseelands zu verkaufen – das größte private Landgeschäft in der Geschichte. (Es wurde allerdings von der Regierung für ungültig erklärt.)

2

Die erste Generation der Siedler erlebte nicht mehr den Aufstieg der Wolle zum beherrschenden Faktor in der australischen Volkswirtschaft, der erst spät in den dreißiger Jahre erfolgte. Die Wolle wurde für ein ganzes Jahrhundert zu einem so bedeutenden Ausfuhrartikel und nahm einen so wesentlichen Platz im australischen Denken ein, daß man sie sich nur schwer als zweitrangig vorstellen kann. Genau das aber war sie während des größten Teils der Geschichte von Neusüdwales als Sträflingskolonie. Zwischen den fehlgeschlagenen Plänen, das Land solle die britische Marine mit Flachs und Bauholz versorgen, und der Vorrangstellung der Schafe – das heißt etwa während des ersten halben Jahrhunderts der Besiedlung durch die Weißen – erzielte Australien den größten Teil seiner Ausfuhreinnahmen aus dem Wal- und Robbenfang. Beide wurden von Freigelassenen und ihren in Australien geborenen Söhnen betrieben.

Für diese beiden Industriezweige lieferte das Meer eine heute kaum mehr vorstellbare Fülle. Es war ein riesiges und bis dahin in keiner Weise gestörtes Reservat von Pelzrobben, Schwarz- und Pottwalen. Alljährlich zogen die riesigen Meeressäuger aus dem antarktischen Meer millionenfach nordwärts, um sich in den ruhigen Buchten und Mündungen an den Küsten von Neuseeland, Vandiemensland und Südostaustralien zu paaren und ihre Jungen zur Welt zu bringen. Die Flußmündung vor Hobart war zu Beginn des 19. Jahrhunderts für kleine Boote gefährlich, da diese zwischen den zahlreichen dort kalbenden Walen kaum manövrieren konnten. Walfänger konnten mit flachbödigen offenen Ruderbooten, wie sie für den Leinenfang verwendet werden, zwischen sie fahren und zu Tausenden abschlachten. Da man Walfang in den Buchten ohne große Schiffe betreiben konnte, war er Freigelassenen mit geringen Kosten möglich. Er war seit den neunziger Jahren des 18. Jahrhunderts in den Küstengewässen vor Australien und Neuseeland üblich; die ersten professionellen Waljäger kamen mit der Dritten Flotte.

Natürlich konnte man den Walfang in australischen Gewässern nicht für die Bewohner der Kolonie reservieren, und als 1803 die Regierung Pitt den gesamten Pazifik östlich des 180. Längengrades für Walfänger ohne Lizenz freigab, kamen Dutzende stinkender und von Stürmen gebeutelter Walfangschiffe, die schon vor Jahren aus Nantucket und Sag Harbour ausgelaufen waren, von ihren eiskalten Reedern, durchweg Quäker, dorthin beordert. Die Walfänger der Kolonie lernten schnell von den amerikanischen Kapitänen, jenen besessenen Vorfahren des Moby-Dick-Jägers Ahab, und in den zwanziger Jahren konnte man mit dem Erlös des exportierten Walöls und Fischbeins einen Großteil der Waren bezahlen, die die Kolonie einführen mußte: Eisen, Textilien, Werkzeug, Salz, Tee, Rum und Luxusgüter aus dem Fernen Osten. Und was die Erträge des Walfangs nicht deckte, wurde mit Gewinnen aus dem Robbenfang bezahlt.

An jedem Strand der Tasmansee, jedem wilden Vorgebirge der Bass-Straße und auf jedem Felsen westlich der Känguruhinsel vor der südaustralischen Küste tummelten sich in großer Zahl Robben und Seelöwen. Sie, die keine natürlichen Feinde hatten und den Menschen (von vereinzelt jagenden Ureinwohnern abgesehen) nicht kannten, wurden in weniger als dreißig Jahren millionenfach abgeschlachtet.

Die Robbenfänger arbeiteten das ganze Jahr und töteten ihre Beute mit Keulenschlägen. Da es keine Schonzeiten gab, fiel dieser Mordorgie auch eine Unzahl von Muttertieren zum Opfer, und die Robbenbabys gingen ohne deren Milch kläglich ein. Bald hörten die Robben auf, sich zu vermehren, und verließen die angestammten Gründe, weniger weil man sie so dezimierte, sondern weil dort Tausende verwesende Kadaver zum Himmel stanken – die Robbenschläger nahmen nur die Felle und ließen alles andere liegen. »Diesem ganzen wertvollen Handel droht rasche und völlige Vernichtung«, warnte 1826 ein Kronbeamter Gouverneur Arthur.

Selbstverständlich war es absurd, an die Vernunft der Robbenfänger zu appellieren. Sie rekrutierten sich überwiegend aus dem Abschaum des Systems, waren entflohene Sträflinge, die sich an einem unwirtlichen Gestade förmlich in Wilde verwandelt hatten:

> »Die Inseln bieten entlaufenen Sträflingen und Verbrechern des schlimmsten Kalibers beständigen Schutz und sichere Rückzugsmöglichkeiten. Nahezu jeden Felsen an der Meerenge bewohnen einer oder mehrere der Verzweifeltsten und Gesetzlosesten, die die Menschheit hervorgebracht hat. Dort finden sich Gewalttätigkeit und Verbrechen aller Art. – Eingeborene, vor allem schwarze Frauen, werden gelegentlich vom Festland gestohlen und den Anführern buchstäblich verkauft. Gegenwärtig kann man auf den verschiedenen Inseln zwischen zehn und fünfzehn Kinder sehen. Abkömmlinge dieser armen Geschöpfe und ihrer Unterdrücker.«

In Wirklichkeit gab es viel mehr. Die Gesetzlosen, die dort mit eiserner Hand über private Inselkolonien herrschten, entführten Hunderte schwarze Frauen – ihre genaue Zahl läßt sich nicht annähernd schätzen – nicht nur zur Befriedigung des Geschlechtstriebs, sondern auch weil viele der Ureinwohner an den Küsten erfahrene Robbenjäger waren. Das bewirkte zweierlei: zum einen unauslöschlichen Haß der Eingeborenenstämme auf die Weißen sowie eine verminderte Nachkommenschaft. Gerade das sicherte – so paradox es klingt – andererseits das Überleben der tasmanischen Ureinwohner. Nach deren Ausrottung auf der Hauptinsel bestand weiterhin eine kleine Gruppe von Abkömmlingen auf der Cape-Barren-Insel in der Bass-Straße.

Es war für Sträflinge leicht, von Vandiemensland auf Robbenfängern zu entkommen. Um 1820 war Hobart der Haupthafen und -markt für den gesamten Wal- und Robbenfang im Südmeer. Nur schwer ließ sich überwachen, wer an und von Bord welchen Schiffes ging, und mit einem gefälschten Freibrief konnte sich jeder Sträfling an den Kaiwachen vorbeimogeln. Daß durch dies Schlupfloch Hunderte von Männern in den Robbenfang entkamen, konnte den Schiffsführern nur recht sein. Da sich der Sträfling an Land nicht wieder zeigen durfte, ohne den Galgen zu riskieren, wurde er in eine andere Art von Gefangenschaft schanghait, die sich als Freiheit ausgab. In den dreißiger Jahren des 19. Jahrhunderts wimmelte es in den Buchten südlich der Bay of Islands auf Neuseeland bis zum Archipel Recherche an der Westküste Australiens von verbrecherischem Strandgut aus dem im Niedergang befindlichen Wal- und Robbenfanggeschäft.

Als erster Siedler verdiente ein freier schottischer Kaufmann, Robert Campbell – kein Verbündeter Macarthurs – Geld mit dem Wal- und Robbenfang. Gouverneur Bligh nannte ihn »gerecht und menschlich, außerdem ein Herr«. Zum Schutz ihres Monopols verlangte die Ostindien-Kompanie, daß kein Händler unmittelbar aus Australien Erzeugnisse des Wal- oder Robbenfangs nach

London exportierte. (Andere, »Südwalfänger«, deren Stützpunkt nicht in Australien lag, betraf diese Vorschrift nicht.) Campbell war entschlossen, dies wettbewerbswidrige Handelshindernis zu beseitigen, das Neusüdwales lediglich die Aufgabe einer Strafkolonie zubilligte. Er fuhr mit seiner Familie auf seinem Schiff *Lady Barlow* 1805 nach England, den Frachtraum angefüllt mit Tausenden von Seehundsfellen und Öl aus See-Elefanten-Speck. Einige Monate später segelte die mit vierunddreißigtausend Fellen beladene *Honduras Packet*. Wie vorauszusehen, reagierte die Ostindien-Kompanie damit, daß sie Schiff und Ladung beschlagnahmte. Den anschließenden Rechtsstreit gewann Campbell mit Leichtigkeit, und damit war der Weg für Ausfuhren von Australien nach England ohne Einschaltung der Ostindien-Kompanie frei. Campbell kehrte als Held des Handels und »Vater der Kaufmannschaft« nach Neusüdwales zurück.

Der freie Handel der Kolonie sorgte dafür, daß es nicht wieder zu einem Rum-Monopol kam. Einige Freigelassene konnten ihre Gewinne aus dem Wal- und Robbenfang in Landbesitz anlegen und wurden – zumindest in der Bilanz – den Exklusiven gleichwertig.

Zu Anfang des 19. Jahrhunderts beherrschten drei Männer den größten Teil des Robben- und Walfangs in den Gewässern um Australien: Henry Kable, Simeon Lord und James Underwood, einer wie der andere ehemalige Sträflinge. Kable (1763–1846) war wegen Einbruchs verurteilt worden und mit einer in vierzehn Jahre Deportation umgewandelten Todesstrafe auf der Ersten Flotte ins Land gekommen. Er wurde erst Aufseher und dann Rumhändler, der Schnaps an Sträflinge verkaufte, denn dafür waren sich die Offiziere zu schade. Genau damit aber schufen sie die gesellschaftliche Anomalie, vor der sie Angst hatten.

Er lernte James Underwood (1776–1844) kennen, ein weiterer Sträfling, der über das unschätzbar nützliche Wissen verfügte, wie man Boote baute. Wasserfahrzeuge aller Art waren in der Kolonie damals knapp. Kable und Underwood bauten eine Schaluppe namens *Diana* und rüsteten sie für den Robbenfang in der Bass-Straße aus. Bald schon arbeiteten sechzig Männer für sie und zogen 30000 Robben im Jahr das Fell über die Ohren.

Im Jahre 1805 nahmen sie mit Simeon Lord (1771–1840) einen dritten Teilhaber auf. Er war 1790 wegen Diebstahls von mehreren hundert Metern Kaliko und Musselin deportiert worden – eindeutig eine Jugendtorheit, denn er wurde nie wieder straffällig. Auch er war im Rumhandel groß geworden. Lord war ein Unternehmergenie, schnell wie ein Dingo und härter als Stein. Er besaß 1798 sein eigenes Lagerhaus und 1799 sein erstes Schiff. Er pflegte Umgang mit wichtigen Leuten auf dem Londoner Seehundfellmarkt. Daraufhin gab Lord das wenig angesehene Rumgeschäft auf und stieg auf Eisen und Bauholz um. Anschließend wurde er Fabrikant und stellte in von dienstverpflichteten Sträflingen betriebenen Werkstätten die Verbrauchsgüter her, die nach wie vor nur selten und – wenn – zu überhöhten Preisen ihren Weg nach Sydney fanden:

Kerzen, Seife, Brillen, Strümpfe, Textilien, Zuggeschirre, Stiefel und Lederhüte. Zwischen 1806 und 1809 setzten Lord, Kable und Underwood in London mehr als 127 000 Seehundfelle ab und weitere in China und Kalkutta.

Simeon Lord ließ sich 1803 in Sydney aus Sandstein, den importierter Mörtel zusammenhielt, das größte Privathaus in der Kolonie bauen. Es war dreistöckig, unterkellert und besaß eine auf schlanken Säulen über die Straße hinausragende elegante Veranda. »Lords Palast« war für die Kaufmannschaft, was Macquaries Gut für die Landbesitzer war. Gesellschaftlich Höhergestellte rümpften die Nase, wenn sie daran vorüberkamen, ohne jedoch diesen unwiderleglichen Nachweis der gesellschaftlichen Durchlässigkeit übersehen zu können. »Mr. Lord (weiland ein Pferdedieb) hat sich für 20 000 Pfund ein Haus gebaut, in dem er wohnt«, gab ein Marinearzt 1810 hochmütig von sich, »dennoch würde sich kein freier Siedler herablassen, mit solchen Männern an einem Tisch zu sitzen, denn sie werden verachtet, haben doch die meisten von ihnen ihr Geld mit dem *Handel* verdient.«

»Solche Männer« waren aber keineswegs ausschließlich männlichen Geschlechts. Mary Haydock (1777–1855), im zarten Alter von dreizehn Jahren wegen eines in Lancashire begangenen Pferdediebstahls verurteilt und deportiert, heiratete 1794 einen jungen freien Kaufmann und Reeder namens Thomas Reibey, arbeitete sich in das Geschäft ihres Mannes ein, zu dem auch der Robbenfang gehörte, und erweiterte es, als er 1811 starb und sie mit sieben Kindern zurückließ, auf geradezu hemdsärmelige Weise. Ihr gehörten Lagerhäuser, Handelsschiffe, landwirtschaftliche Betriebe am Hawkesburyfluß und zahlreiche Gebäude in der hektisch wachsenden Stadt Sydney. Diese wache und bemerkenswert zähe Frau war die Ausnahme von der Regel, die da hieß: Weibliche Sträflinge hatten in der von Männern beherrschten Gesellschaft des damaligen Australiens keinen Geschäftserfolg, und sie unternehmen auch erst gar keinen Versuch in dieser Richtung. Vermutlich hätte es auch Mary Haydock trotz aller Antriebsstärke und Gerissenheit ohne ihren Mann nicht geschafft.

Der faszinierendste unter den Kaufleuten aus den Reihen ehemaliger Sträflinge und der am meisten von den Exklusiven verabscheute war Samuel Terry (1776–1838). Diesen des Lesens und Schreibens unkundigen Hilfsarbeiter aus Manchester, der zu sieben Jahren Deportation verurteilt worden war, weil er 400 Paar Strümpfe gestohlen hatte, kannten seine Zeitgenossen als den »Rothschild von Botany Bay«. Er wurde 1807 freigelassen und ließ sich in Sydney als Gastwirt und Geldverleiher nieder. Über die Art, wie er Betrunkene, Freigelassene und Freibriefinhaber ausbeutete, sind viele häßliche Geschichten im Umlauf, und einige von ihnen dürften auch wahr sein (bewiesen jedoch ist keine). So heißt es, er habe die Männer tage- und wochenlang auf Kredit trinken lassen und dann ihren landwirtschaftlichen Besitz an Zahlungs Statt einbehalten. Ob nun durch schmutzige Tricks dieser Art, Sparsamkeit oder eine kluge Mischung aus beidem, jedenfalls betrug sein Grundbesitz 1820 19 000 Acre, ein Zehntel dessen, was alle 800 Freigelassenen, denen Grund und Boden zugewiesen worden war, zusammen besaßen. Außerdem hatte er mehr Hypotheken als die Bank von Neusüdwales, an deren Aktienkapital er maßgeblich beteiligt war. Später wandte er sich der Mildtätigkeit und der Politik zu und trat leidenschaftlich für die Rechte der Freigelassenen ein.

Die Sträflinge, die bei ihm arbeiteten, erinnerten sich gern an ihn, weil er sie nie auspeitschen ließ und nie vergaß, woher er selbst gekommen war. Als er 1838 starb, wurde für ihn die prunkvollste Beisetzungsfeier ausgerichtet, die es bis dahin in Australien gegeben hatte. Zum Entsetzen seiner Feinde wand sich ein wahrer Lindwurm durch die stillen, von Menschenmassen verstopften Straßen Sydneys, voran die Kapelle des 50. Regiments. »Für Englands Verbrecher«, hieß es in einem Brief an die Londoner *Times*, »ist es gewiß eine bedeutende Nachricht, daß militärische Ehren den Rahmen für die Begräbnisfeier eines ihrer erfolgreichsten Kumpane abgegeben haben.«

Doch sind die Terrys, Reibeys und Lords gerade deshalb bemerkenswert, weil sie Ausnahmen waren. Nach 1821 brachten es nur sehr wenige ehemalige Sträflinge zu großem Vermögen, wohl aber zahlreiche ihrer freigeborenen Nachkommen. Die meisten der Freigelassenen lebten als Reparaturhandwerker weiter, waren »Mechaniker«, Metzger, Bäcker oder Kleinbauern. Sie krallten sich an ihrem Boden fest, bis sie ihn wegen Dürre, Schulden oder Trunksucht aufgeben mußten. In ihren Gärten zogen sie Gemüse und Obst und hielten Hühner, wofür sich die »Merinos« – außer zur Deckung des Eigenbedarfs – zu gut waren. Sie fürchteten die Weite und Trübseligkeit des Busches und blieben in der Nähe von Sydney, während sich unternehmungslustigere und mit Sklavenarbeitern besser versehene Siedler weiter landeinwärts im *Outback* niederließen. Häufig vertranken sie das wenige, was sie hatten, und starben völlig verarmt. Dennoch bahnten sie, wie Peter Clunnigham anmerkte, »gleich den amerikanischen Hinterwäldlern« – um die sich 1825 auch noch keine Legenden rankten – »als Pioniere einer gesünderen Bevölkerung den Weg«: ihren eigenen Kindern.

Nicht nur das Wirtschaftsleben in der Kolonie, auch die freien Berufe und die Kultur, hingen von den ehemaligen Sträflingen ab. Während Macquaries Amtszeit gab es in Australien nicht einen Anwalt, der als freier Mann dorthin gekommen war. Keinem honorigen Rechtsanwalt wäre es eingefallen, dort seine Kanzlei zu eröffnen. Da es im Leben der Kolonie zahlreiche, oft bitter geführte Rechtsstreitigkeiten gab, mußte die Vertretung der Parteien häufig gestrauchelten Anwälten übertragen werden, denen die Ausübung ihres Berufs in England und Irland untersagt war.

Vorsichtig gesagt, war ihr Status als Rechtswahrer unsicher. Da aber Ellis Bent, stellvertretender Auditeur Macquaries, mit der weitschweifigen und laienhaften Art, in der Kläger wie Beklagte ihre Sache vortrugen, nicht viel Zeit vergeuden wollte, gestattete er zögernd einstigen Anwälten unter den freigelassenen Sträflingen, in Fällen, die das Strafrecht nicht berührten, vor Gericht aufzutreten. Zwei davon verdienten sich eine Zeitlang eine goldene Nase damit. Einer von ihnen war der nach vierundzwanzig Jahren tadelsfreier Tätigkeit als Anwalt wegen Meineides deportierte George Crossley (1749–1823), der nach dem Hinscheiden eines Geistlichen dessen Testament zugunsten eines seiner Freunde gefälscht hatte. Es heißt, er habe vor Gericht bekräftigt, zur Zeit, da das Testament verändert wurde, sei in dem Gottesmann noch »Leben« gewesen. Dafür hatte er gesorgt, indem er ihn eine lebende Fliege in den Mund gesteckt, diesen geschlossen und dem Mann dann eine Feder in die leblose Hand gedrückt hatte, mit der die Unterschrift vollzogen wurde. Erstaunlicherweise sprach ihn das Gericht frei, doch bald schon war er wegen Meineids in einem weiteren Fall berufsständischen Fehlverhaltens zum Antritt einer siebenjährigen Strafe auf dem Weg nach Australien. Gouverneur King begnadigte ihn nach zwei Jahren 1801 zur Bewährung, und schon 1803 besaß er mehr als vierhundert Acres am Hawkesbury-Fluß. Trotz einer Flut gegen ihn gerichteter Zahlungsbefehle von neuen Gläubigern vertrat er Siedler und beriet Gouverneur Bligh, der vom Seerecht mehr verstand als vom Zivilrecht, in seinen Rechtshändeln mit dem Rumkorps. Macarthurs Clique ließ ihn nach ihrem Putsch gegen Bligh im Jahre 1808 als Helfershelfer des »Tyrannen« festsetzen und schickte ihn zur Zwangsarbeit in die gefürchteten Kohlengruben nahe Newcastle. Macquarie sorgte für seine Freilassung und dafür, daß er erneut Zivilfälle vertreten konnte, doch 1821 war Crossley durch Schulden und eine erneute Verurteilung wegen Meineids am Ende – mit zweiundsiebzig Jahren. Er starb zwei Jahre später. Sein Kollege Edward Eagar (1787–1866), ein wegen Fälschung auf Lebenszeit deportierter Anwalt aus Dublin, fuhr etwas besser. Nach seiner 1813 erfolgten bedingten Begnadigung praktizierte er zwei Jahre lang, bis der Richter des neugeschaffenen Obersten Zivilgerichtshofs, Jeffery Bent, sein und Crossleys Recht kassierte, vor Gericht aufzutreten.

Dieser Bent erwies sich als hochmütige Drohne, und seine extrem konservative Haltung war sogar einigen der Exklusiven peinlich. Da er und Macquarie einander vom ersten Augenblick an nicht ausstehen konnten, führte die Reibung zwischen ihnen dazu, daß das neue Gericht nicht funktionsfähig war. Nach Bents Meinung waren Freigelassene Heloten auf Lebenszeit, und nichts konnte ihn dazu bringen, frühere Sträflinge als Anwälte zu akzeptieren – für Männer wie Eagar und Crossley natürlich eine Katastrophe. Macquaries Protest blieb vergeblich, und im Mai 1815 wurde angeordnet, kein in England mit Praxisverbot belegter Anwalt dürfe in Australien vor Gericht auftreten. Daraufhin schrieb Macquarie an den Kolonialminister, Lord Bathurst, und drohte seinen Rücktritt für den Fall an, daß London Jeffery Bent und dessen kränkelnden Bruder Ellis, Auditeur der Kolonie, nicht abzog. Bathurst gab nach, da er sah, daß Regierungsanwalt und Justiz unheilbar zerstritten waren. Ellis Bents Tod löste einige Monate später das Problem zur Hälfte, und bald danach verließ sein Bruder Jeffery Australien. Dennoch dauerte es eine ganze Weile, bis Freigelassene als Anwälte vor australischen Gerichten plädieren und sicher sein durften, daß man sie ernst nahm. Diese Behinderung war eine der mächtigsten Waffen zur gesellschaftlichen Diskriminierung Freigelassener aus dem Arsenal der Exklusiven.

Den Ärzten unter den ehemaligen Sträflingen ging es besser. Männer wie Eagar und Crossley, so sehr man beklagen muß, daß sie drangsaliert wurden, kann man kaum als Begründer des australischen Rechtswesens bezeichnen, doch gewiß war William Redfern (1774–1833), gleichfalls ein einstiger Sträfling, der Vater der australischen Medizin.

Ein von ganzer Seele auf das Wohl anderer bedachter Mann, begann Redfern seine Laufbahn als Marinearzt und kam 1797 vor Gericht, weil er eine Meuterei britischer Seeleute am Nore unterstützt hatte. Er wurde als Rädelsführer vor Gericht gestellt, obwohl sein ganzer Beitrag zu dem Aufstand darin bestanden hatte, daß er die Teerjacken gemahnt hatte, »untereinander geeinter zu sein«. Er wurde zum Tode durch den Strang verurteilt, doch wegen seiner Jugend begnadigt. Er verbrachte vier Jahre im Gefängnis, bevor man ihn 1801 nach Neusüdwales deportierte.

In einer Kolonie, in der es kaum Ärzte gab, wohl aber schwere Ernährungsmängel, lediglich rudimentäre Vorstellungen von Hygiene und zahlreiche Arbeitsunfälle, wo sich die Gesetze zu ihrer Durchsetzung auf das Aufpeitschen stützten, hatte Redfern reichlich zu tun. Er begann als Assistenzarzt auf der Norfolkinsel, wurde von Gouverneur King 1803 bedingungslos begnadigt und kehrte 1808 nach Sydney zurück. Dort übernahm er das schmutzstarrende und chaotische Krankenhaus und leitete ab 1816 Macquaries neues »Rum-Hospital«. Seither war seine Praxis die größte und gesuchteste in der ganzen Kolonie.

Auf Redfern wurden die gegen ehemalige Sträflinge gerichteten Vorurteile kaum angewendet. Zum einen war er der beste Arzt in der ganzen Kolonie, und da überdies Geburtshilfe sein Spezialgebiet war, sahen sich alle Familien, ob sie nun den »besseren Schichten« angehörten oder nicht, auf ihn angewiesen. Er brachte 1814 Gouverneur Macquaries einzigen Sohn Lachlan zur Welt und war auch der Hausarzt der Macarthurs. Die Achtung von Redferns Leistung war eines der wenigen Dinge, über die Macquarie und Macarthur wirklich einer Meinung waren. Trotz der intensiven Beziehung zu diesen beiden Männern gab sich Redfern keineswegs mit der Rolle eines »Modearztes« zufrieden. Er vergaß nie, daß er wie die übrigen Sträflinge in Ketten nach Australien gekommen war und verbrachte ebensoviel Zeit mit der Behandlung von Durchfall, Beinbrüchen, Augenleiden, vereiterten Peitschenwunden der Sträflinge wie mit den Wehwehchen der Reichen, brachte die Kinder der einen wie der anderen zur Welt. Er war stets ansprechbar und betrieb im Rum-Krankenhaus eine ambulante Klinik für Kolonnenarbeiter. Vor allem galt sein Kampf einer Verbesserung der Bedingungen auf den Sträflings-Transportschiffen. Am Anfang des öffentlichen Gesundheitswesens Australiens steht Redfern, und daß ihn zahlreiche Sträflinge und Freigelassene als ihren Erretter betrachteten, stellte das spätere politische Wirken dieses schroffen, aber hilfsbereiten und unbestechlichen Mannes auf eine feste Grundlage.

Das Kulturangebot im Sydney der frühen Kolonialzeit war kümmerlich; gelegentlich fand in den Zirkeln der »besseren Leute« ein Vortragsabend statt, malte jemand ein Aquarell, doch empfanden Besucher wie Bewohner das Leben als geistlos und provinziell. »Ein Land ohne Tradition«, beklagte sich Richter Barron Field, der 1816 als Nachfolger Bents gekommen war. In seinen Augen stellte sich das Land als solche Einöde dar, daß es, mit Ausnahme einiger Merkwürdigkeiten wie das Känguruh, kulturell unsichtbar war:

». . . wo die Natur prosaisch ist,
Unmalerisch, unmusikalisch und wo
Noch keine Kunst entstand, die die Natur spiegelt,

Bleibt uns nichts als Vorwegnahme,
Besser (denke ich) als äußerste Selbstsucht,
Doch zu anmaßend – zu amerikanisch;
Wo es keine Vergangenheit gibt, ist die unwissende Gegenwart alles.«

Sydney sah er als »kirchturmlose, weltliche Stadt«. Das einzige, was sein Auge anspricht, ist ein Schiff:

». . . die reine Poesie,
Da ich aufrichtig hoffe, mich werden seine Schwingen
Recht bald aus diesem stumpf-prosaischen Lande bringen.«

Der einzige freie professionelle Maler, der das frühe Australien besuchte, war John Lewin (1770–1819), ein Naturmaler, der meinte, das Interesse der Engländer am Exotischen lohne eine Reise. Unter den Sträflingen der Kolonie befand sich eine große Anzahl wegen eines eng mit ihrer Kunst verwandten Verbrechens deportierter Maler – Fälschung. Außerdem gab es Dilettanten unter den freien Siedlern: Schiffsmaler wie der der mit der Ersten Flotte gekommene unbekannte »Port Jackson-Maler«, sowie George Raper; außerdem beschäftigten sich einige Armeeoffiziere mit Freizeitmalerei, wie beispielsweise Captain

James Wallis vom 46. Regiment. Lewin begann im Jahre 1800 mit der Arbeit an zwei großartigen (und inzwischen äußerst seltenen) illustrierten Büchern, dem *Prodromus Entomology* (1805) über australische Schmetterlinge und Falter sowie *Birds of New Holland* (1808). Lachlan Macquarie betrachtete diesen bescheidenen und mit allem zufriedenen jungen Mann gleichsam als seinen »Hofmaler« und ließ von ihm Aquarelle der Szenen seiner Besichtigungsreise anfertigen, die er 1815 auf der von Sträflingen erbauten neuen Straße quer über die Blauen Berge unternahm; außerdem gab er ihm Gemälde für dem Ballraum im Gouverneurssitz in Auftrag. Er setzte ihm für seine Arbeiten erst vierzig und später achtzig Pfund pro Jahr aus, indem er ihn zum Kronbeamten machte – fast schon eine unmittelbare Subventionierung der keimenden Künste.

Gebildete Sträflinge waren stolz darauf, daß sie lesen und schreiben konnten, und hielten sich von der dumpfen Masse der gewöhnlichen Verbrecher fern. Für sie war Lewin eine Quelle des Trostes, seine Gegenwart vermittelte ihnen den Eindruck, nicht gänzlich von der Kultur abgeschnitten zu sein. Ein weiterer Maler unter den Sträflingen, Joseph Lycett (etwa 1774–?), der dieser Gruppe angehörte, wurde ebenfalls von Macquarie gefördert. In England war er ein bloßer Porträt- und Miniaturmaler gewesen und ein hilfloser Alkoholiker, der 1811 vierzehn Jahre wegen Fälschung zudiktiert bekommen hatte. In Sydney wurde er als Postangestellter beschäftigt und hatte Zugang zur kleinen Druckpresse des Postamts. Er besorgte sich einige Kupferplatten und einen Grabstichel, und schon bald überschwemmten gefälschte Fünf-Shilling-Noten die Kolonie. So kam er in die Strafsiedlung Newcastle. Zu seinem Glück war deren Kommandant, Captain James Wallis, selbst Freizeitmaler, und statt unter Tage Kohle hauen zu müssen, durfte Lycett eine Kirche entwerfen und für ihren Altar ein heute verschollenes Triptychon malen.

Nachdem Wallis 1819 für Lycett eine bedingte Begnadigung erwirkte, ermutigte Macquarie ihn – wie immer darauf bedacht, die Schönheiten Australiens herauszustreichen und freie Ansiedler anzulocken –, durch die Kolonie zu ziehen und deren Landschaften abzubilden. Aus seinen Aquarellen wurde ein Band mit kolorierten Stichen, *Views of Australia*, der ab 1824 in Fortsetzungen erschien. Er war dem Kolonialminister Lord Bathurst gewidmet und zeigte Australien als ein Arkadien, das man kaum von einem malerischen Park oder einer Baumlandschaft Englands zu unterscheiden vermochte.

Vieles von dem über die Malerei Gesagten gilt auch für das Schreiben, das, sieht man von amtlichen und privaten Briefen ab, kaum existierte. Es gab unter den Sträflingen einige Balladendichter und eine Vielzahl von Urhebern anonymer Spottverse gegen die Obrigkeit.

Als erster australischer Verleger trat ein ehemaliger Ladendieb in Erscheinung, George Howe (1769–1821), dessen unehelicher Sohn später die erste Zeitung auf Vandiemensland gründen sollte.

Das erste in Australien gespielte Theaterstück war George Farquhars Restaurationskomödie *Der Werbeoffizier*, das eine ausschließlich aus Sträflingen bestehende Truppe 1789 aufführte.

»Wir kommen aus der Ferne, übers Meer,
Kein Trommelwirbel rollt vor uns daher,
Wir kamen dennoch, weil uns die Heimat lieb,
Ihr Vorteil uns an dies Gestade trieb.
Uns hat kein Eigennutz ins Land gebracht,
Wir haben uns um Engeland verdient gemacht,
Und niemand wird bezweifeln: Daß wir kamen,
Geschah zum höhern Ruhm von Englands Namen.«

Dieser Prolog zum Stück stammte angeblich von einem namenlosen Barden unter den Sträflingen, und er wurde in und um Botany Bay berühmt. Leider zeigte sich später, daß ein Londoner Gelegenheitsschreiber namens Henry Carter sein Autor ist: Er hat den Prolog verfaßt, nachdem er von der Aufführung des Stücks erfahren hatte, außerdem setzte er die Legende in die Welt, der berüchtigte Taschendieb George Barrington habe den Vorspruch vorgetragen.

Der bedeutendste Schöpfer kultureller Werte aus den Reihen der Sträflinge war jedoch der Architekt Francis Howard Greenway. Er war empfindlich, überheblich, ein Mann von pedantischer Genauigkeit, der keine Kompromisse einging: Eigenschaften, die Quelle seiner Erfolge wie seiner Mißerfolge wurden. Ohne seine beharrliche Ich-Bezogenheit hätte sein Talent kaum die Demütigungen des Sträflingslebens unbeschadet überstehen können. Auf der anderen Seite machte er sich durch die Offenheit, mit der er den schlechten Geschmack kritisierte, der um ihn herum vorherrschte, wie auch die Sucht, sich zu bereichern, die Unfähigkeit anderer und die schlechte Qualität der von ihnen geleisteten Arbeit so viele Feinde, daß seine Laufbahn endete, kaum daß sein Schirmherr Macquarie nach England zurückgekehrt war. Wer Greenway aber als unschuldiges Opfer sieht, verdreht die Tatsachen; ein großer Teil dessen, was über seine Habgier und seine Extravaganzen berichtet wird, beruht auf Tatsachen. Beispielsweise präsentierte er dreist, obwohl er für sechs Jahre als Macquaries Baumeister Gehalt bezogen hatte, eine Rechnung über 11 000 Pfund, eine ihm angeblich zustehende Provision für Regierungsaufträge (etwa fünf Prozent der Gesamtkosten) – nur hatte er sie bereits kassiert. Nach Macquaries Abreise verlor er seine öffentliche Anstellung und bekam nach 1828 keine nennenswerten Aufträge mehr. Zehn Jahre später starb Australiens bester Architekt der Georgianischen Epoche als armer Mann und wurde an heute unbekannter Stelle beigesetzt.

Drei größere Gebäude haben in der von ihm beabsichtigten Gestalt überdauert: die St.-Matthew's-Kirche in Windsor sowie die Hyde-Park-Unterkünfte und die St.-James'-Kirche in Sydney, deren ernste und mit wenigen Gipfelfeldern verzierten Fassaden einander am Südende der Macquarie Street gegenüberstehen. Greenway besaß die geniale Gabe, den in der Kolonie herrschenden Mangel an architektonischen Hilfsmitteln in positive Merkmale umzumünzen. Da gelernte Holzschnitzer fehlten, mußte er auf Schmuckelemente verzichten und statt dessen auf die Proportionen und die Wirkung des sichtbaren Materials vertrauen. So heben beispielsweise die schlichten (aber ganz bewußt eingesetzten) Portikus im Stile Palladios zusammen mit einfach gehaltenen Pfeilern – bei den Gefangenenunterkünften aus Backstein und aus braunem Sandstein an der St.-James'-Kirche – die Maßverhältnisse des Mauerwerks hervor. Seine Imitation des dorischen Stils, gerade und männlich, paßte sich ebensosehr der klaren Härte des Lichts in Australien an wie den handwerklichen Beschränkungen der als Maurer und Steinmetzen eingesetzten Sträflinge. Wie in frühen amerikanischen Kirchen verstärkte die Aussage von Greenways Idiom den Inhalt des Ritus: nichts Papistisches, nichts Verspieltes. Unmißverständlich drückt die einzige Inschrift in der Kartusche des Giebelfeldes von St. James' die politische Bindung zwischen Kirche und Staat aus. Es ist kein Motto und kein Bibelwort, sondern einfach Lachlan Macquaries Name – wie an derselben Stelle der Gefangenenunterkünfte keine hundert Meter entfernt.

Architektur ist gesellschaftliche Kunst *par excellence.* Ein Bürger sieht, ob er will oder nicht, Tag für Tag die Gebäude seiner Stadt; ihre Sprache ist leise, aber eindringlich. Greenways öffentliche Bauten stellten für jedermann sichtbar eine der »geschmacklosen« Tatsachen des Lebens in Australien heraus – daß die freie Geburt keineswegs ein Talentmonopol bedeutete. So besessen die Exklusiven von Statusfragen waren und trotz der scharfen Klassenschranken gegen die Freigelassenen, mußten die Freien einen ehemaligen Sträfling beschäftigen, um ihrem Wunsch nach urbaner Eleganz und einem feierlichen Raum Gestalt zu verleihen. Daß Gottesdienst in einem Gebäude gehalten wurde, das ein Fälscher errichtet hatte, während gegenüber weitere Verbrecher in einem Bau von ähnlicher Eleganz gefangengehalten wurden, bildete einen pikanten Widerspruch, bei dem man sich besser nicht lange aufhielt. Er faßte die besondere Unsicherheit der Gesten zusammen, mit deren Hilfe sich die »achtbaren« Bewohner Sydneys von den »anderen« zu unterscheiden trachteten.

Bei ihrem Streben nach Statussymbolen entwickelten die Australier der Kolonialzeit einige sonderbare Vorstellungen, womit sie den Gedanken ins Reich der Legende verwiesen, ferne Gesellschaften seien in erfrischender Weise frei von Dünkel. In Wirklichkeit trifft das Gegenteil zu: Da es das Schicksal der Provinz ist, ferne Vorbilder nachzuahmen, legt sie besonderen Wert auf Stil und »passendes« Verhalten. So versteht man, warum die besseren Stände in der australischen Frühzeit so übersteigerten Wert auf Form legten und verächtlich auf das Geld der neureichen Freigelassenen herabsahen. Louisa Anne Meredith hat in ihren Notizen aus dem Wohnzimmer bei den Antipoden dem Gegenstand des aufgestiegenen Sträflings eine ihrer eindrucksvollsten Darstellungen abgewonnen:

> »Wohlstand, so allmächtig er sein mag – und viele dieser Freigelassenen gehören zu den reichsten Männern in der Kolonie –, kann das Vorurteil gegen sie nicht gänzlich vergessen lassen, wenn es auch in einigen Fällen durch gesellschaftliche Klugheit stark vermindert wird. Da für viele die fehlende Bildung eine unüberwindbare Schranke darstellt, geben sie sich der Liebe zum Geld hin – und ihre Abkömmlinge dürften nur wenig besser werden als das Vorbild, das ihnen die Eltern bieten. Nicht selten ist der Anblick eines Mannes von ungeheurem Wohlstand, wie er in seiner feinen Kutsche von seiner täglichen Arbeit heimfährt, Gesicht, Hände und Kleidung so schmutzig und ungepflegt wie bei einem gewöhnlichen Mechaniker, während sich seine Frau und Töchter nach der letzten Mode kleiden. Den Sohn eines solchen Mannes hat man gesehen, wie er mit einem Dutzend protziger Ringe an seinen groben Fingern, mit Ketten und vor Juwelen blitzenden Hemdennadeln weitere teure Juwelen kaufte, aber weder Socken noch Strümpfe anhatte. Zwischen den *Schuhen* aber, an denen er *Sporen* trug, und den Hosenbeinen blieb reichlich Platz. Sporen und Schuhe bilden, vermute ich, unter seinesgleichen eine besondere Mode, die in jenen Kreisen sehr beliebt zu sein scheint.«

Wie nur sollte man sich von solchen Menschen abheben? Auf diese Frage wurde viel Nachdenken verwendet. Abgesehen vom Trinken, gesellschaftlichen Aufstieg und der Unzucht waren die Vergnügungen der Oberschicht in Neusüdwales nicht dieselben wie heute, und meist nicht von besonders »australischer« Art. Angehörige der höheren Stände schwammen beispielsweise nicht im Meer, sie gingen nicht einmal an den Strand. Solchem Tun haftete ein Sträflingsgeruch an, denn die Gefangenen Sydneys wuschen sich gewöhnlich im Salzwasser der See. Eine Frau mit sonngengebräunter Haut stürzte aus den Höhen der feinen Welt in die Tiefen des Ordinären, denn das erinnerte an Sträflingsarbeit und den verächtlichen schwarzen Wilden.

Der Wunsch, in jeder Hinsicht anders zu sein als die Sträflinge, beeinflußte sogar die Eßgewohnheiten. Mrs. Meredith verstand nicht – wie sie in ihren Briefen schrieb –, warum ihre Gastgeberin nicht bereit war, trotz Vielfalt und überwältigender Qualität des Angebots auf dem Fischmarkt in Sydney mittags oder abends frischen Fisch auf den Tisch zu bringen. Statt dessen gab es aus England eingeführten Räucherlachs oder getrockneten Kabeljau. Damit er sich um jeden Preis von den Sträflingen abhob, die gewöhnlich frischen Fisch und Pökelfleisch bekamen – denn frisches Rind- oder Lammfleisch konnten sich nur die Besitzenden leisten –, mußte der Freie unbedingt neben frischem Fleisch Fischkonserven essen!

Wer Geld und Macht besaß, konnte im Sydney der Frühzeit glänzend leben. Das extreme Beispiel dafür war Captain John Piper (1773–1851), ein alles andere als sparsamer schottischer Lukull, der mit dem New South Wales Corps ins Land gekommen war und den einträglichen Posten des obersten Marineoffiziers in Sydney bekleidete. Diese Position gab ihm den Anspruch auf einen gewissen Prozentsatz aller auf Alkohol und eingeführte Waren erhobenen Abgaben, was sich auf jährlich mehr als 4000 Pfund belief. Von diesem Geld baute er auf seinem in der Nähe des Hafens gelegenen Vorgebirge von knapp 200 Acre, das ihm Macquarie zugewiesen hatte und das heute als Point Piper bekannt ist, Henrietta Villa – der heutige Naval Pavilion. »Er lebt in einem schönen Haus«, berichtete George Thomas Boyes, einer von Gouverneur Brisbanes wichtigsten Mitarbeitern,

> »und es steht ganz allein; in der ganzen Kolonie hat es nicht seinesgleichen. Nichts war ihm zu teuer, um diesen Feenpalast zu schmücken, und gewiß hat er ungeheure Beträge dafür aufgewendet. Seinen Gästen schickt er vierspännige Kutschen oder Boote für solche, die gern auf dem Wasser fahren, und er bringt sie auf die gleiche Weise zurück. Er hält sich eine Musikkapelle, und allabendlich gibt es unter den geräumigen Veranden Quadrillen. Auf den Tisch kommt eine Fülle jeglicher Köstlichkeiten aus den vier Kontinenten, denn Sie müssen wissen, daß dieser fünfte, der Taschendiebkontinent, nichts eigenes dazu beiträgt . . . Es ist keine Ehre, mit Piper zu dinieren, denn er lädt jeden ein, der kommt.«

Die »achtbaren« Stände beschäftigten sich mit Pferdezucht und Pferderennen. Sie gaben verschwenderische Bälle, und manche Viehzüchterfamilien kamen über 300 Kilometer weit herbeigeritten, um daran teilzunehmen, denn immerhin waren sie die Hauptereignisse des Heiratsmarktes in der Kolonie. Getanzt wurde getrennt, mitunter spielten sogar verschiedene Kapellen auf – Freigelassene an einem Ende des Saales, Exklusive am anderen. Einige Herren taten es dem englischen Landadel nach und veranstalteten Fuchsjagden. Da es in Australien keine Füchse gab, funktionierte man die Hatz quer durch den australischen Busch auf eine Jagd nach Dingos um, und nur selten kann Oscar Wildes Definition der Fuchsjagd als »die Unsäglichen bei der Verfolgung des Uneßbaren« innerhalb des britischen Empire so uneingeschränkt Gültigkeit gehabt haben.

Man bemühte sich, so englisch wie möglich zu sein, und sprach von England als der »Heimat«. Doch konnten die Siedler mit den Veränderungen der Mode in

England nicht Schritt halten, der große zeitliche Abstand bis zu den Antipoden kam ihrer konservativen Grundhaltung störend in die Quere. Schiffe brachten veraltete Zeitschriften und Zeitungen, überholte Hofnachrichten, Damenkleider, die längst aus der Mode waren, und viel zu teure Luxuswaren. Es bereitete kein besonderes Vergnügen, sich über die Schulden des Thronfolgers das Maul zu zerreißen, wenn sie vielleicht schon bezahlt waren, bevor man von ihnen hörte, oder über die zur Unzeit eingetretene Schwangerschaft einer reichen Erbin, wenn das Kind höchstwahrscheinlich schon zur Welt gekommen war. Die Ärmlichkeit der Konversation konnte einen intelligenten Besucher zur Verzweiflung treiben. Louisa Meredith klagte, daß niemand aus der Elite der Kolonie irgend etwas gelesen zu haben schien:

»Apathische Gleichgültigkeit scheint vorzuherrschen; eine völlige Abwesenheit einer über das Alltagsgeplausch hinausgehende Anteilnahme – der Schnitt eines neuen Ärmels, die Gäste bei einer kürzlich veranstalteten Gesellschaft. ›Spielen Sie?‹ und ›Zeichnen Sie?‹ sind die Fragen, die jede neu angekommene Dame unvermeidlich gestellt bekommt. ›*Tanzen* Sie?‹ wird für überflüssig gehalten, denn alle Welt tanzt, doch hört man keine Frage mit Bezug auf die englische Literatur oder Malerei und erst recht keine Anmerkung zu politischen Ereignissen, ganz gleich, wie wichtig sie sein mögen – keine Silbe, die einen *Gedanken* erkennen läßt.«

So wurde das Bild Englands allmählich zu einer verklärten Schimäre, einem Schattenbild, an das man sich unvollkommen erinnerte. Was den eigenen Horizont füllte, waren – wie stets in kleinen, abgeschiedenen Gemeinden – lokale Neuigkeiten. Die Sträflinge bildeten die unerläßliche Niedrigwassermarke, an der man alle gesellschaftlichen Höhen maß. Die besseren Schichten brauchten sie nicht nur als Arbeitskräfte, sondern auch zur Selbstdefinition.

4

Allenthalben sah man Sträflingskolonnen. Überall in der Umgebung Sydneys, auf den Straßen, die zu den Blauen Bergen führten oder südwärts nach Bowral, Goulburn und den Monaroebenen, hörten Besucher das Kolonialglockenspiel klirrender Fußeisen, das Leder und grobe Wolle zum Teil dämpften. Kettensträflinge bearbeiteten den Sandstein und gingen, durch die Fußfesseln behindert, als wateten sie in der Luft. Freie Siedler hatten sich an den Anblick gewöhnt und blickten durch diese schwitzenden und schlurfenden »anderen« hindurch. Sie kannten sie nicht, sahen lediglich gelbe Uniformen, Löcher in der sozialen Landschaft, die Männern ähnlich sahen.

Die wenigsten Skizzen und Gemälde dieser Landschaft, selbst wenn sie von Sträflingen stammen, zeigen Sträflinge. Ist das einmal doch der Fall, wie bei der Zeichnung des früheren Beutelschneiders Charles Rodius, *»Sträflinge bauen die Straße nach Bathurst«*, 1833, dienen sie lediglich als unauffällige Staffage vor dem Hintergrund der großen Westlichen Ebene, die sich vielversprechend dem Blick öffnet. Äußerst selten sind Zeichnungen wie Augustus Earles etwas ältere *Ansicht vom Gipfel des Mount York zur Bathurst-Ebene hinab* (um 1826). Sie rückt die Straßenarbeiterkolonne in den Vordergrund, widmet deren Arbeit und Kleidung ebensoviel Anteilnahme des Zeichners wie der sich hinter ihnen erstreckenden endlosen Landschaft: Ein Mann in Eisen trägt Wasser, drei bearbeiten Sandstein, ihnen gebietet eine – wenn auch in Earles Zeichnung ziemlich schlaff wirkende – Handbewegung des sie bewachenden Soldaten. Anders als der neapolitanische Fischer oder der provenzalische Bauer wurde der arbeitende Sträfling zu keiner Zeit malerischer Bestandteil der Landschaft, für die er als typisch galt. Ihn auf Bildern darzustellen war peinlich, da sein bekannter Hang zum Bösen jede Art von Idealisierung verbot, seine Verbrechernatur war ihm geradezu auf die Haut geschrieben, und Reisende überlief ein Schauer, wenn sie an solchen Arbeitskolonnen vorüberkamen.

Die Andersartigkeit des Sträflings wurde verstärkt durch seine Sprechweise. Sein Jargon zeigte seine Herkunft aus einer anderen Gesellschaft an. Die Sprachschranken zwischen den Klassen waren im Australien der Strafkolonialzeit unüberwindbar – ganz im Gegensatz zu heute, da sich jedermann der gleichen robusten Umgangssprache bedient. Seine Sprechweise stigmatisierte den Sträfling ebenso deutlich wie breite Pfeile, die seine Kleidung von oben bis unten bedeckten. Den Gegenpol zum brutalen Jargon bildeten Euphemismen, denn bei Freigelassenen und ihren Nachkommen rief das Wort »Sträfling« Empfindlichkeiten wach. In den zwanziger Jahren des 19. Jahrhunderts war die Umschreibung *Regierungsmann* üblich, später trat an ihre Stelle *Verbannter* oder gar *Erbauer des Empire.* Derlei entsprach einer Übereinkunft, den Status der Sträflinge sprachlich abzumildern; es gehörte sich nicht, jemanden mit der Nase darauf zu stoßen, daß er sich in der Knechtschaft befand. Bis zum Ende der Deportation wäre wohl kein Auswanderer nach Neusüdwales auf den Gedanken gekommen, sich als »Australier« zu bezeichnen – ebensogut hätte sich ein britischer Offizier in Bombay »Inder« nennen können. Man war Brite, und das eigene Ansehen hätte in den Augen von Landsleuten gelitten, hätte man so getan, als sei Neusüdwales wesentlich anders als eine *normale* Gemeinschaft von Menschen. Selbstverständlich war sie das, aber damit niemand das merkte und die Freisiedler sich nicht als Schmarotzer eines Gefängnisses empfanden, mußten die Sträflinge nicht nur dem Gesetz nach, sondern auch mit sprachlichen Mitteln als ihr zugehörig erscheinen. Für die Menschen, die dort siedelten, war Neusüdwales *kein* Gefängnis, sondern eine freie Gemeinschaft mit einem überwiegenden Anteil an Gefangenen.

Dieser allem Anschein nach kasuistische Standpunkt führte zu wichtigen gesellschaftlichen Konsequenzen. Sie erkennt man beispielsweise in der Haltung von Gouverneuren, die sich hüteten, Gefangene willkürlich und ohne Zustimmung der Siedler, denen sie als Arbeitskräfte zugewiesen waren, in Strafsiedlungen zu schicken. Bevor jemand seine Rechte als Mitglied der Gemeinschaft einbüßte und auf die Norfolkinsel kam, mußte man ihn vor Gericht stellen und rechtskräftig verurteilen. Hätte Neusüdwales also als Gefängnis gegolten wie die Norfolkinsel, hätte es keiner Verhandlung bedurft. In dem Fall wäre es ein reiner Verwaltungsakt gewesen, so als verlege man einen Gefangenen aus einer Zelle in eine andere. Bei Tatverdacht in Untersuchungshaft genommene Sträflinge hatten in Neusüdwales Anspruch auf die Rechte der Habeaskorpusakte, und ein Richter des Obersten Gerichts namens John Stephen sagte, als er das bekräftigte: »Die Rechte Gefangener sind dem Gesetz ebenso heilig wie die freier Männer.« Das war keine bloße Redensart. Im selben Geist bürgerlicher Versöhnlichkeit konnten Richter in Neusüdwales (besonders beim Obersten Gericht) die Rechte ihre Strafe verbüßender wie auch ehemaliger Sträflinge besonders sorgfältig abwägen – das ging so weit, daß 1831 ein Richter die Frage des Kronanwalts an einen Zeugen: »Aus welchem Grund sind Sie hergeschickt worden?« für unzulässig erklärte. Das, erläuterte der Richter, nötige den Zeugen, sich vor dem Gericht herabzusetzen. Später durften nicht einmal solche Zeugen nach ihrer Vergangenheit befragt werden, von denen bekannt war, daß es sich um ehemalige Sträflinge handelte.

In der Privatsphäre bestand ein besonders empfindlicher Kontaktbereich zwischen Unfreien und Freien dort, wo Sträflinge als Dienstmädchen, Kinderschwestern, Hausdiener oder gar Lehrer eingesetzt wurden. Der bloße Gedanke, sie Privatleuten als persönliche Dienstboten zuzuweisen, verursachte späteren Gouverneuren Unbehagen, doch da kein Londoner Butler oder Stallknecht bereit war, nach Sydney auszuwandern, um dort seinen Beruf auszuüben, gab es keine gesellschaftlich annehmbare Alternative. Für den Dienst in Stadthaushalten setzte man die Präferenzen anders als bei schwerer körperlicher Arbeit. Ein Bauer weit draußen im Binnenland mochte die Arbeitskraft eines Pferdediebs oder Heuschober-Brandstifters wünschen, doch in Sydney erfüllte die Vorstellung durch den Salon tapsender ungehobelter »Bauernlümmel«, die das teure Porzellan zerbrachen, Hausfrauen mit Entsetzen. Mithin bestand dort Nachfrage nach Sträflingen aus der Stadt – vorzugsweise Fälschern, denn sie konnten lesen und schreiben, verfügten über eine gewisse Bildung und wußten deshalb, von welcher Seite was serviert wurde. Wer keinen Fälscher bekommen konnte, wollte zumindest einen Dieb haben, da dieser imstande war, das Eigentum seiner Herrschaft zu schützen:

> »Nur äußerst selten werden Diebe ins Landesinnere geschickt, da die meisten der Herren in Sydney wohnen und als Diener lieber jemanden nehmen, von

dem sie wissen, daß er daheim ein Dieb war, als einen Bauerntölpel. Der Grund dafür? Man weiß, daß man sich auf sie verlassen kann, denn sie werden nicht dulden, daß sich jemand am Eigentum ihrer Herrschaft vergreift und auch selbst die Finger davon lassen. Man hört nie, daß sich ein Dieb in dieser Hinsicht gegen das Gesetz vergeht.«

Die Dienstbotenfrage war »bei den Damen ein ebenso alltäglicher Gesprächsgegenstand wie das Wetter«, notierte 1838 der katholische Prälat William Ullathorne. Über trunksüchtige und trampelige Dienstboten und solche, die nicht wußten, wie man sich benahm, gab es mehr als genug Schauergeschichten zu berichten.

Nicht nur mußte die Dame des Hauses alles unter Verschluß halten: Weinkeller, Speisekammer, Frisierkommode, Schreibtisch, Nähzeug, sondern sich gelegentlich auch von ihren weiblichen Dienstboten Beleidigungen anhören, die ihr aus England unbekannt waren. Da eine wirkliche Dame die von ihnen verwendeten obszönen Ausdrücke nicht vor ihrem Mann zu wiederholen vermocht hätte – und erst recht nicht als Zeugin vor einem Richter –, konnte man die Schandmäuler nicht belangen.

Lieber wären den Siedlern freie Dienstboten gewesen. Sir John Franklin schlug 1837 während seiner Amtszeit als Gouverneur auf Vandiemensland vor, alle Dienstverpflichteten – einschließlich der in Haushalten beschäftigten – sollten durch ein Abzeichen oder einen Aufnäher auf ihrer Kleidung kenntlich gemacht werden. Gouverneur Sir George Gipps führte das in Neusüdwales deshalb nicht ein, weil er von den reichen Siedlern, die nicht wollten, daß dies Schandmal die glanzvollen Uniformen ihrer Domestiken befleckte, ein negatives Echo befürchtete.

Eine geringe Anzahl von Siedlern auf Vandiemensland brachte es fertig, im Haushalt ausschließlich freie Dienstboten zu beschäftigen, doch sie waren sehr knapp und kündigten gewöhnlich Knall auf Fall. Ohnehin war der qualitative Unterschied bei Dienstboten zwischen Sträflingen und Freien gering. Weibliche Sträflinge allerdings schienen besonders schwer lenkbar zu sein, doch schlugen Versuche, achtbare Frauen als Krankenschwestern oder Gouvernanten ins Land zu bringen, bis in die Mitte der dreißiger Jahre meist fehl, sosehr man sie sich wünschte, denn man befürchtete, als Kindermädchen und Gouvernanten tätige weibliche Sträflinge würde ihre Kinder, die unschuldigen Garanten der australischen Zukunft, verderben. Ohnehin war es für ein Kind merkwürdig genug, in einer Strafkolonie aufzuwachsen, und es ist klar, daß in einer Gesellschaft, in der gegen den Menschen gerichtete Gewalttätigkeit an der Tagesordnung und sogar institutionalisiert war, Kinder die seltsamen Gewohnheiten der Erwachsenen nachahmten und Auspeitschen oder Gerichtsverhandlung spielten – so wie später ihre Kinder Buschräuber.

Die Kindheit wurde in Australien noch mehr zu einer Zwangsjacke als in England. Auf der einen Stufe konnten Kinder den Dienstboten ihrer Eltern mit einer grotesk wirkenden Allmacht gegenübertreten: Wo sonst konnte ein boshaftes Gör einer Kinderschwester oder einem Butler mit 25 Peitschenhieben drohen? Die Haltung der Kinder den Sträflingen gegenüber beeinflußte und verstärkte ihr späteres Verhalten. »Da sie sehr viel in den Händen dienstverpflichteter Dienstboten sind«, erklärte Ullathorne, »ist ihnen die Position dieser Menschen selbstverständlich, und sie sehen voller Verachtung auf sie hinab. Das führt bei diesen Kindern früh zur Gewohnheit, über sie gesetzte Menschen zu verachten, und schafft eine aufsässige Haltung gegenüber den Erwachsenen.«

Angeblich bestand die Rache weiblicher Sträflinge darin, den kleinen Kindern schlechtes Benehmen beizubringen, vom Fluchen bis hin zu frühreifen sexuellen Handlungen. »Sie fügen der heranwachsenden Generation viel Schaden zu«, sagte John Russell vor dem Unterhausausschuß zur Frage der Deportation 1838, »da sie im allgemeinen in tückischer Weise versuchen, die Töchter von Siedlern zu verführen oder zu verderben.« Die Zeugen des Ausschusses, darauf bedacht, das Land bei den Antipoden als ein wahres Sodom und Gomorrha darzustellen, berichteten, wie die Töchter von Siedlern gesehen hatten, daß weibliche Sträflinge mit ihren satyrähnlichen Liebhabern »beisammen« waren und wie ein solches Urerlebnis die drei Töchter einer Familie derart verstört habe, daß sie alle miteinander hingingen und schwanger wurden, »durch ein eigenes Beisammensein, als Ergebnis dessen, daß man sie der Unterweisung eines Dienstmädchens ausgesetzt hatte, die ein Sträfling war«.

Kein Wunder also, daß gebildete Sträflinge als Diener hochgeschätzt und begehrt waren. Da solche Leute nicht eben zahlreich waren (während der gesamten Geschichte Australiens als Strafkolonie konnte weniger als die Hälfte, wahrscheinlich nicht mehr als ein Drittel, der ins Land gebrachten Gefangenen seinen Namen schreiben), waren sie für die Regierung von Wert, die um die Mitte der zwanziger Jahre des 19. Jahrhunderts ein kleines Heer von Bürokräften brauchte, um die Sträflingsakten auf dem laufenden zu halten. Fast die gesamte Verwaltung von Neusüdwales und Vandiemensland bestand aus Fälschern, von denen keiner ein Schmiergeld ablehnte. Gouverneur Darling beklagte sich, diese Menschen seien »aller möglichen Praktiken schuldig, sie ändern und verfälschen die Unterlagen und lassen sich davon durch keine Angst vor Bestrafung oder Ungnade abbringen. Einer Bestechung vermögen sie nicht zu widerstehen.« Doch es gab kaum freie Schreiber, und so führte der Bedarf der Regierung dazu, daß nur wenige der gebildeten Sträflinge Privatleuten zugewiesen wurden.

Dennoch war privater Einfluß keineswegs unwirksam. Beispielsweise rühmten sich verschiedene reiche Familien ihrer aus Sträflingskreisen rekrutierten Lehrer, die den Kindern beibrachten, *mensa* zu deklinieren oder den von Eukalyptusduft durchdrungenen Nachmittag auf einem leicht verstimmten Flügel zu verklimpern. Sydneys erste Lateinschule betrieb der mit 46 Jahren wegen Fälschung einer Zehn-Penny-Briefmarke deportierte irische Geistliche Laurence Halloran (1765–1831). Vermutlich war er ein besserer Pädagoge als John Mortlock, ehemals Offizier der britischen Armee, der in Indien gedient hatte und in den fünfziger Jahren die Leitung einer kleinen Lateinschule in Hobart übernahm: »Um mir selbst ein Gefühl meiner Würde zu geben und mich in bessere Stimmung zu versetzen, prügelte ich sogleich einige der Jungen durch (vor allem solche, deren Eltern nicht deportiert worden waren). Das munterte mich auf und tröstete mich.«

Da sie ein achtbares Leben kannten, fand es die Mehrheit der gebildeten Sträflinge äußerst schwierig, ihr Geschick hinzunehmen, und blickten auf die »anständige« Gesellschaft von Neusüdwales und Vandiemensland herab. Einige von ihnen waren fest von ihrer Unschuld überzeugt und nicht bereit, sich als Rechtsbrecher anzusehen: Wie konnte man eine leichte Veränderung eines Dokumentes mit einem Einbruch oder einem Überfall vergleichen? Der Schock der Deportation führte zu einem Reflex des Bestreitens, so daß sie sich einer betrübten Überlegenheitshaltung dem Abschaum der Sträflinge gegenüber hingaben und sich einredeten, die Deportation habe ihrer gesellschaftlichen Stellung nicht geschadet.

Einer von ihnen war ein Möchtegern-Dichter, John Grant (1776–?), dessen Wesen kennzeichnend war für das gelegentlich bei seinesgleichen zu findende Gefühl der Unwirklichkeit. Sohn eines Gutsbesitzers in der englischen Grafschaft Buckinghamshire, hatte er, um sein Los zu verbessern, um eine reiche Erbin von Adel geworben und mit ansehen müssen, wie ein Anwalt aus seinem eigenen Familienkreis seine Bemühungen vereitelte. In einem Wutanfall schoß er diesen am hellen Tag auf einer Londoner Straße mit einer Pistole ins Hinterteil. Die Beziehungen seiner Angehörigen retteten sein Leben, eine Bittschrift an die Töchter Königs Georgs III. bewirkte, daß er nicht gehenkt, sondern auf ein Transportschiff gebracht wurde. Er kam im Mai 1804 in Sydney an und bat schon nach wenigen Monaten Gouverneur King um einen Freibrief. Als dieser ihm verweigert wurde, schrieb er erneut: »Warum zögern Sie, Gouverneur King, einen Akt der Gerechtigkeit zu vollziehen? Hätten Sie mir gleich bei der Ankunft in der Kolonie die Freiheit gegeben, hätten Sie lediglich einen vielgekränkten Herrn vor Straßenräubern und Einbrechern bewahrt.« King nahm keine Notiz davon. »Du mußt mit mir fühlen«, beklagte sich Grant seiner Mutter gegenüber,

> »wie grausam es ist, auf einer Stufe mit Straßenräubern zu stehen, denn so sieht mich hier das Auge des Gesetzes an. In dieser Kolonie trachtet man danach, jeden zu demütigen, der kommt, von ziviler wie auch von militärischer Seite.«

Wer über den letzten Satz nachdenkt, den kann nicht überraschen, daß Gouverneur King Grant für verrückt hielt. Es konnte nicht ausbleiben, daß sich seine Aussage bewahrheitete – King verbannte ihn auf die Norfolkinsel, wo er den Kormoranen seine Unschuld klagen und seinen Hang zum Besseren beteuern konnte. Unter der Belastung der dreijährigen Isolation und der schlechten Behandlung in dieser abgelegenen Strafsiedlung brach Grant zusammen und wurde 1808 als Invalide nach Sydney zurückgeschickt. Macquarie begnadigte ihn in seiner Güte, und er kehrte 1811 nach England zurück.

Gelegentlich demonstrierten gebildete Sträflinge ihre Überlegenheit über die anderen mit Hilfe der Ironie. »Unsere Gesellschaft hat jetzt einen gewissen Zuwachs bekommen. Zwar habe ich noch nichts von Marine- oder Armeeoffizieren gehört und auch nichts von Strafverteidigern oder Ärzten«, schrieb der wegen Mordversuchs an seinem Onkel, einem Geistlichen von Christ's College in Cambridge, deportierte John Mortlock,

> »doch konnte ich schon zwei protestantische Geistliche unter den Sträflingen ausmachen, darunter ein Doktor der Theologie, mehrere Anwälte, einer von ihnen weiland Bürgermeister, und eine ganze Anzahl von Mitgliedern der sich als ›Chartisten‹ bezeichnenden radikalen Partei. Welche Sensation, würde ein Bischof deportiert! Auch wurde die Kolonie durch die Ankunft eines einstigen Unterhausabgeordneten geehrt, eines Herrn, den man zu keinem Zeitpunkt als gewöhnlichen Straftäter behandelt hat.«

Da die Mehrzahl der gebildeten Sträflinge auf ihre einfacheren Leidensgenossen, die körperlich schwer arbeiten mußten, affektiert und überheblich wirkten, waren sie meist nicht beliebt und in Einzelfällen sogar ausgesprochen verhaßt. Die Behörden konnten mutmaßlichen Freidenkern das Leben schwermachen, und es erfüllte »gewöhnliche« Straffällige mit besonderer Freude, diese aufsässigen Schöngeister erneut verurteilt und mit einer Strafkolonne zum Straßenbau in die Blauen Berge oder nach Port Macquarie abkommandiert zu sehen. »Viele von ihnen sahen auf andere herab«, formulierte ein Sträfling, dessen Erinnerungen unter dem Pseudonym »Woomera« erschienen sind:

> »Ihre Hände waren sehr weich. Sie intrigierten und vergeudeten ihre Zeit. Oft habe ich gehört, wie sie sich bei der Arbeit über die guten Weine unterhielten, die sie in einigen der großen Londoner Schenken getrunken haben wollten – dabei hatten manche von ihnen ihr Lebtag noch keinen Wein geschmeckt. Bei Einbruch der Nacht begannen sie dann, sich zu rühmen, wie sie ehrbare Kaufleute in England um kleine oder große Beträge geprellt

hatten. Jetzt in der Straßenbaukolonne hatte sich das Blatt gewendet, denn sie bekamen kaum je einmal Geld zu sehen.«

Wahrscheinlich half die Abneigung der einfachen Sträflinge gegenüber den gebildeten das Vorurteil zu verfestigen, das in Australien lange Bestand hatte und das Geistesarbeiter als Schmarotzer der Gesellschaft ansah. Wie auch immer sich das verhalten mag, die Frage der gebildeten Sträflinge (die immer nur eine winzige Minderheit ausmachten) hat unmittelbar mit der vielbeschworenen Frage der Solidarität unter Sträflingen zu tun.

Australische Historiker haben viel Tinte auf die Frage verwendet, ob Sträflinge im allgemeinen nicht nur miteinander sympathisierten, sondern diese durch das gleiche Leiden geläuterte Sympathie zu einer »Klassensolidarität« entwickelt haben oder nicht. Hielten sie als Angehörige einer unterdrückten Klasse zueinander, oder war ihre Loyalität durch das Eigeninteresse so aufgeweicht, daß sich keinerlei Kollektivbewußtsein entwickelte?

Es kam unter der Einwirkung von Hunger und anderen Belastungen durchaus vor, daß sich Sträflinge gegeneinander rücksichtslos verhielten. Unter den Geknechteten gingen die Schwachen ebenso vor die Hunde wie unter den Freien. Reverend John Morison hörte einen Sträfling auf Vandiemensland die bedeutungsvollen Worten äußern: »Wozu taugt ein Freund, wenn man ihn nicht ausnutzen kann?« – »Eine sehr tröstliche Lehre«, fuhr er fort, »und die Freundschaft mancher ist mehr zu fürchten als ihre Feindschaft.«

Man hat gesehen, wie Sträflinge der Kettenkolonnen und in den Strafaußenstellen wie Macquarie Harbour, Moreton Bay und der Norfolkinsel einander besonders brutal behandelten. Dort funktionierte die Taktik der Behörden, das Vertrauen innerhalb der Gruppe zu zerstören, indem man Denunzianten unter den Sträflingen in ihrem Tun bestärkte.

Zu Aufsehern ernannte »vertrauenswürdige« Sträflinge waren ebenso hemmungslos wie die Bewacher – zum Teil sogar noch schlimmer. Menschen werden so, wie man sie behandelt. Doch kam nur ein winziger Bruchteil der nach Australien Deportierten an diese Schreckensorte, die Mehrzahl lebte unter Bedingungen, die ihr Gefühl, unterdrückt zu werden, am Leben erhielt und oft sogar noch steigerte. So war es vom Anfang der Besiedlung an nicht ungewöhnlich, daß ganze Gruppen von Gefangenen schwiegen, statt einen der Ihren auszuliefern, ganz gleich, welche Belohnungen die Behörden boten und welche Druckmittel sie einsetzten. Als gegen Ende der neunziger Jahre die einzige Kirche Sydneys niedergebrannt wurde, bot der Gouverneur John Hunter einen mehr als verlockenden Anreiz: bedingungslose Begnadigung, eine Überfahrt nach England sowie fünfzig Pfund in bar für den, der den Schuldigen nannte. »Man hätte das Angebot für unwiderstehlich halten sollen«, erinnerte er sich einige Jahre später, »doch führte es zu nichts. Ich habe nie erfahren, wer der Täter war.«

Da es um eine anglikanische Kirche ging, dürfte der Brandstifter unter den Iren zu suchen gewesen sein. Sie hatten auf den Transportschiffen ein »urtümliches« Gemeinschaftsgefühl mitgebracht, das nichts mit Ideologie zu tun hatte (obwohl es hundert Jahre später das Aussehen der sozialistischen Bewegungen in Australien deutlich beeinflussen sollte), wohl aber viel mit Sippe und Großfamilie. Die englischen Behörden in Australien sahen in den Iren Menschen mit für das Arbeitsethos des protestantischen Individualismus undurchdringlichen Stammesbindungen und verachteten sie deswegen. Sie galten als »unvorstellbar heruntergekommen, tückisch und gerissen«, so jedenfalls äußerte sich Reverend Samuel Marsden aus den Tiefen seiner Bigotterie. Ihre Treue zueinander war unerschütterlich:

> »Ihre Pflichten gegeneinander gelten ihnen als heilig, und hat einer von ihnen ein Kapitalverbrechen begangen, lassen sie sich eher umbringen, als daß sie ein Sterbenswörtchen über ihre Mittäter verraten. Noch unter dem Galgen leugnen sie ihre Schuld mit dem letzten Atemzug. So leben und sterben viele von ihnen mit einer verhärteten und unbußfertigen Seele.«

Die Iren waren die größte weiße Minderheit in der Strafkolonie Australien, und ihre Werte hinterließen im Verhalten aller Sträflinge und deren Abkömmlinge einen tiefen Eindruck. Einem von außen kommenden Druck kann man sich am besten durch inneren Zusammenhalt widersetzen, und die unauflösliche Solidarität der Iren scheint von vielen Nicht-Iren unter den Sträflingen als Möglichkeit begriffen worden zu sein, der Machtfülle der staatlichen Disziplinierungsorgane Widerstand entgegenzusetzen. Da sich Rechtsbruch definitionsgemäß gegen die Gesellschaft richtet, stellen sich Rechtsbrecher außerhalb der Gesellschaft. Doch wie Russel Ward anmerkt: »Ist aus dem Verbrecher ein Sträfling geworden, der eine lange Strafe zu verbüßen hat, sind seine Möglichkeiten, die Gerissenheit des einzelnen einzusetzen, stark eingeschränkt, und zugleich nehmen die Kräfte zu, die ihn zu einem sozialen und gruppenkonformen Verhalten (innerhalb seiner eigenen Gruppe) veranlassen.« Aus dieser Kollektivhaltung heraus, die sowohl gegen die unwirtliche Umgebung im Lande wie auch gegen die Bedingungen des Strafvollzugs gerichtet war, entstanden die grundlegenden Merkmale der australischen »Kumpelhaftigkeit«.

Es besteht kein Zweifel daran, daß die Sträflinge unter dem von außen einwirkenden Druck häufig feste Freundschaften eingingen. Die Belege dafür sind so zahlreich, daß ein Beispiel für alle genügen mag. Als ein Sträfling namens Mellish seine Zeit in Macquaries Neusüdwales verbüßt hatte, ging er als Diener zu einem freigelassenen Ehepaar, das mit seinem in Neusüdwales erworbenen Vermögen nach England zurückkehrte. Bald merkte er, daß sich auf dem Schiff als blinde Passagiere sechs flüchtige Sträflinge verborgen hatten, von denen er mit zweien befreundet war. »Ich war unglücklich, weil ich mich diesen Männern gegenüber nicht so verhalten konnte, wie ich es gern getan hätte. Ich mußte jeden Abend etwas zusammenstehlen, um ihnen Lebensmittel zukommen zu lassen, und Werkzeug mitnehmen, damit ich die Verschlüsse an den Fleischfässern lösen konnte.« Einen Monat lang stahl er unter größter Gefahr für sie, bis man ihm auf die Schliche kam und ihm sechs Wochen lang, in der Dunkelheit des Frachtraums angekettet, schreckliche Entbehrungen auferlegte, an deren Folgen er noch lange litt. Dennoch wird an keiner Stelle seiner Erinnerungen eine Klage gegen die Mitsträflinge laut, die er am Leben erhalten hatte. »Vor diesen Männern empfand ich große Achtung, und ich bin der Ansicht, daß niemand Freunde im Stich lassen darf, die sich aus der Knechtschaft befreien wollen.«

Besuchern in Australien fiel auf, wie sehr Männer einander vertrauten, die zu zweit im einsamen Busch arbeiteten – die typische Situation von Sträflingen, die als Schaftreiber auf abgelegenen Stationen eingesetzt waren.

Da sie dieselbe Knechtschaft erlitten hatten, fiel es ihnen leicht, dies Vertrauen ineinander zu setzen und sich gegenseitig anzuerkennen. Alexander Harris beschrieb, wie er auf seinen Streifzügen durch den Distrikt Hawkesbury einen Freigelassenen kennenlernte, der eine Landwirtschaft und eine Schenke betrieb, und fand ihn, wie das bei Menschen, die aus eigener Anstrengung nach oben gekommen waren, häufig der Fall ist, von einer Art offener und herzhafter Männlichkeit, die angenehm auf ihn wirkte.

> »Für ihn arbeiteten verschiedene Sträflinge, und ich sah, daß er sie durchaus anders als jene behandelte, die ich unter freien Siedlern in Illawarra kennengelernt hatte. Jene waren ihren Männern gegenüber so launisch und herrisch, daß sie ihnen nicht über den Weg trauen konnten, diese Siedler hingegen, die einst selbst Gefangene gewesen waren, schienen sich auf einen bereitwilligen Gehorsam stützen zu können, zweifellos, weil er ihren Anstand und ihre Vernunft achtete. Das wiederum führte dazu, daß sie ihren Leuten auch dann trauen konnten, wenn sie selbst nicht da waren.«

Gouverneur Bligh berichtete 1812 dem Unterhausausschuß in London, daß sich »die Sträflinge aneinander anschließen und sehr gut miteinander auskommen«. Der Regierungsbeauftragte Bigge wies 1822 darauf hin, daß Freigelassene, die sich angesiedelt hatten, ihnen zugewiesene Männer gewöhnlich nicht bestraften, aus »Mitgefühl mit dem Zustand, in dem auch sie sich einst befanden«. Zehn Jahre später hatte sich daran nichts geändert, und Gouverneur Bourke berichtete 1832, daß die Mehrzahl der Privatleuten zugewiesenen Arbeitskräfte hoffte, für Freigelassene arbeiten zu können, auch wenn sie bei ihnen vielleicht schlechter aßen und schlechter gekleidet gingen als bei einem reicheren Herrn, der dafür ihre Freiheiten beschnitt. Derlei läßt nur den Schluß zu, daß die Beziehung zwischen den Sträflingen während des gesamten Systems gewöhnlich über die persönliche Freundschaft hinausreichte.

5

Es konnte gar nicht ausbleiben, daß sich Australien mit Ruhm bedeckte, wie ein Witzbold einmal gesagt hat (und Generationen haben es ihm nachgeplappert), war doch seine Bevölkerung von Englands besten Richtern handverlesen worden.

Auf jeden Fall gehörte die Fähigkeit, sich fortzupflanzen, zu dem, was die Leute am besten konnten. Eine nicht sehr genaue Zählung ergab in Neusüdwales 1807 eine Gesamtbevölkerung von 7563, davon 1430 Frauen, meist Sträflinge oder Freigelassene. Obwohl nur jede dritte Frau verheiratet war, lag die Zahl der Kinder sehr hoch: 807 eheliche und 1025 nichteheliche. Jeder vierte Bewohner der Kolonie war ein Kind, über die Hälfte von ihnen nichtehelich und die meisten Abkömmlinge von Sträflingen.

Die erste amtliche Zählung von 1828 zeigte, daß es in Neusüdwales endlich mehr Freie (20 870) gab als Deportierte, die ihre Strafe verbüßten (15 728). Nahezu die Hälfte der freien Bevölkerung bestand aus einstigen Sträflingen, die im Lande geblieben waren. Die Mehrzahl der übrigen war in Australien geboren, ihre Eltern waren entweder ehemalige Sträflinge oder freie Siedler – Soldaten, Marineangehörige, hohe und einfache Beamte, Landwirte . . . Diese erste Generation von im Lande geborenen Australiern war zwar frei geboren, wuchs aber in einem Polizeistaat auf. Die Bezeichnung für sie war »Currency«, also »Währung«. Mit diesem Begriff wurden die Münzen und Geldscheine bezeichnet, die nur in der Kolonie Geltung hatten. Ihm haftete – in der Vorstellung der Oberschicht, die als »Sterling« bezeichnet wurde – eine gewisse Verwegenheit und Unzuverlässigkeit an.

Für Engländer ließen sich diese Menschen leicht einordnen: Man begriff sie schlicht als »Kinder der Sträflinge«. Erben »verkommener« Gene, von denen man nicht viel Gutes erwarten durfte. Daß die Eltern vieler von ihnen keine Sträflinge waren und eine Anzahl von Kindern Deportierter nicht von sprichwörtlichen Halunken und Huren aufgezogen wurde, daß es kein »Verbrechergen« gibt – all das berührte die öffentliche Meinung in England nur wenig. Sünde zeugt Sünde, und die »Diebeskolonie« war nun einmal dazu verdammt, auf ewige Zeiten am äußersten Rande der Welt in immer schlimmerer moralischer Finsternis zu existieren.

Deutlich herausgestellt hat diesen Gedanken 1819 einer der zahlreichen »Fachleute«, die nie dort gewesen waren, Reverend Sydney Smith, der kluge

Geistliche, der den *Edinburgh Review* gegründet hatte und den leider Premierminister Peel zuweilen in Fragen konsultierte, die die Kolonie betrafen:

> »Es kann nur eine Meinung geben. Neusüdwales ist ein Pfuhl der Verderbtheit, der die überwältigende Mehrheit der Sträflinge beiderlei Geschlechts um ein Vielfaches verworfener macht, als sie bei ihrer Ankunft waren, denn in einer solchen Gesellschaft ist es unmöglich, daß das Laster nicht zunimmt.«

Nahezu alles, was bis etwa 1835 in England und von englischen Besuchern in Australien über die im Lande Geborenen gesagt wurde, gründete sich auf die Annahme, die »Kinder der Sträflinge« bildeten eine homogene Gruppe. Doch so sahen sich die im Lande Geborenen keineswegs – nicht etwa, weil sie die Tatsache ihrer Geburt in der Kolonie bestritten hätten, sondern weil ihre Gesellschaft ein weit enger verflochtenes Gewebe bildete als das in England vorherrschende Bild von Australien als einer Abfallhalde für Sträflinge, als einer durch das Verbrechen definierte Gesellschaft das zuließ. In der Wirklichkeit waren die Kinder der Freien auf allen gesellschaftlichen Ebenen und in allen wirtschaftlichen Beziehungen mit denen der Freigelassenen unauflöslich vermischt. Nicht alle Armen hatten Sträflingseltern, nicht alle Reichen waren frei; Hilfsarbeiter und Leute vom Schlage der Macarthurs waren als Freie ins Land gekommen, unter den Deportierten gab es ungehobelte Krösusse und nüchterne Händler sowie am untersten Ende der sozialen Leiter des Lesens und Schreibens unkundige Heloten. Manche Sträflingskinder mußten sich um Brotrinden balgen, andere hatten Hauslehrer oder besuchten Privatschulen in Parramatta. Da die im Lande Geborenen Söhne und Töchter von Menschen aller Schichten waren, Freien wie Knechten, fand man sie im Australien des Jahres 1825 auf allen Stufen der Gesellschaftspyramide, sie ließen sich nicht als eigene »Klasse« einstufen.

Wer in der »Currency« einfach die »Kinder der Sträflinge« sah, setzte sie herab. Schon dem bloßen Wort »Sträfling« wohnt eine starke moralische Verurteilung inne. »Abscheuliche« Verbrechen hatten die Eltern nach Australien gebracht, und wie sich das auf die im Lande Geborenen auswirkte, war vorauszusehen. Nur wenige Beobachter des Lebens in der Kolonie, ob eher verständnisvolle wie Peter Cunningham oder befangene Tories wie John Bigge – von cholerischen Heuchlern wie James Mudie ganz zu schweigen –, bezogen in ihre Erwägungen ein, daß man zahlreiche Angehörige der Elterngeneration wegen Bagatellvergehen deportiert hatte. Sie waren keineswegs Gewohnheitsverbrecher und gehörten schon gar nicht jenem Phantasieprodukt, der »Verbrecherklasse« an – es waren ganz gewöhnliche Rechtsbrecher, denen so recht keine Wahl geblieben war, Menschen, die einmal gegen das Gesetz verstoßen hatten und gefaßt worden waren. Für jene Moralapostel aber war die bloße

Tatsache, daß sich jemand gegen seinen Willen in Australien aufhielt, hinlänglicher Beweis seiner sittlichen Verworfenheit.

Insbesondere die gegen Frauen unter den Sträflingen mobilisierten moralischen Vorurteile und Klischees – daß sie alle tranken, sich wahllos jedem hingaben, aufsässig und zur Mutterschaft ungeeignet waren – verzerrten das Bild des Familienlebens der Freigelassenen und legten die Annahme nahe, im Lande geborene Kinder würden mit Rum aufgezogen und im übrigen ihrem Schicksal überlassen. Die kleinste Gruppe der im Lande Geborenen übernahm dies Vorurteil gegenüber denen, die gesellschaftlich »unter ihnen« rangierten: Söhne und Töchter der »Merinos«, der Exklusiven, der hohen Beamten und der wohlhabenden freien Siedler, die sich für die Aristokraten der Kolonie hielten.

Die in den fünfziger Jahren des vorigen Jahrhunderts von einem Richter in der Kolonie geäußerte Vorstellung, »Verbrechen *vererbt sich* ebenso gewiß wie körperliche Merkmale und das Temperament«, bildete die Grundlage für die Annahme einer Verbrecherklasse wie auch den Hauptgrund für alle gesellschaftlichen Diskriminierungen Freigelassener durch die »achtbaren« Australier. Doch nichts davon stimmte. Trotz aller Vorurteile erwiesen sich die ersten Generationen der in Australien Geborenen als die gesetzestreuesten und moralisch konservativsten Menschen im Lande. Das wahrhaft fortdauernde Erbe des Sträflingssystems unter ihnen war nicht das Verbrechen, sondern der Abscheu davor: der Wunsch, so anständig wie möglich zu sein, den Sträflingsmakel zu überwinden und auszulöschen – selbst um den Preis des geschichtlichen Gedächtnisverlustes.

Die Bestätigung dafür findet man in der Kriminalstatistik von Neusüdwales. Als sich 1835 W. W. Burton, Richter am Obersten Gericht von Neusüdwales, ausführlich zum Thema der Kriminalität ausließ, erklärte er, es komme ihm vor, als befinde sich »die ganze Kolonie fortwährend auf dem Weg zu den Gerichten«. Doch erklärte er fünf Jahre später, als er über seine Erfahrungen in der Kolonie nachdachte – und über die sensationellen Enthüllungen über das Laster in Australien, mit denen man die Ohren des Molesworth-Ausschusses gefüllt hatte –, der Molesworth-Bericht spiegele ebensowenig »den wahren Zustand der Gesellschaft in Neusüdwales wider wie eine Untersuchung der entsetzlichen Einzelheiten in einem schlecht geführten Gefängnis Englands den Zustand der Gesellschaft in der Grafschaft, in der dies Gefängnis liegt«.

Nicht nur wuchsen die im Lande geborenen Australier keineswegs in sittlicher Verkommenheit auf, sie legten auch die geringste Straffälligkeitsquote aller Gruppen an den Tag. Von den 1833 bis 1838 vor Gericht gestellten 827 Männern verbüßten 450 (54 Prozent) als Deportierte ihre Strafe, 241 (29 Prozent) Freigelassene, 50 (6 Prozent) freie Auswanderer und lediglich 30 (4 Prozent) »Currency«. Außerdem stand kein einziger von ihnen wegen Mordes, schweren Diebstahls oder Vergewaltigung vor Gericht. Von den dreißig Tätern waren dreizehn (nahezu die Hälfte) des Pferde- oder Rinderdiebstahls beschuldigt – das aber galt einem gewöhnlichen Australier kaum als Straftat, ähnlich wie seinerzeit die Wilderei einem Engländer.

Wie kam es, daß der verrottete Stamm englischer Kriminalität in Australien solch frische grüne Sprößlinge hervorbrachte? Beobachter wie Bigge dachten darüber nach und fanden eine Theorie. Die Kinder empfanden gegenüber dem Bild, das die Sünde ihrer Eltern bot, eine »natürliche Abneigung«. Weder erbten sie »deren Laster noch deren Empfindungen«, schrieb er 1822, sie verachteten »Laster und Verkommenheit der Sträflinge, *selbst wenn sie sich in den eigenen Eltern äußern*«. Vor allem die jungen Frauen, nahm auch Cunningham an, waren »darauf bedacht, achtbare Tätigkeiten auszuüben, um sich dem Einfluß ihrer häufig lasterhaften Eltern zu entziehen«.

Es muß also eine tiefe Kluft zwischen der Eltern- und den Kindergenerationen gegeben haben. Die »Currency« war mehrheitlich vom Verhalten ihrer aus England verbannten Eltern so verletzt, daß sie sich entschlossen, ihnen sowenig wie möglich zu ähneln und ein anständiges Leben zu führen, ganz gleich, wie schwer das sein mochte. So konnte man der »Lasterhaftigkeit und Faulheit« der Eltern »Ehrenhaftigkeit und Fleiß« der Kinder entgegenstellen.

Doch es gibt nur wenig, das diese Annahme stützt. Nicht nur war Australien ein Land, das den Spitzen der Gesellschaft beste Gelegenheit bot, schwere Arbeit wurde auf *allen* Stufen und in einer Weise belohnt, wie sich das Arme aus England oder Irland nie hätten träumen lassen. Der arbeitslose Hufschmied, den daheim mangelnde Berufs- und Lebensaussichten zu kleinen Diebereien getrieben hatten, konnte in Sydney, war seine Strafe verbüßt, schon bald ein Händler mit blühendem Geschäftsgang werden. Hoffnung, harte Arbeit und Glück ermöglichten Tausenden von Freigelassenen einen neuen Start im Leben, und dieser bot ihnen mehr Aussichten als alles, was sie aus England kannten. Am größten war der Unterschied bei ungelernten Arbeitern, deren Möglichkeiten in England gleich Null gewesen waren.

Wer statt dessen, was die Oberen wie Bigge und Cunningham über diese Menschen gesagt haben, liest, was sie über sich selbst zu sagen hatten, bekommt einen anderen Eindruck. Hauptquelle dieser Äußerungen sind die schriftlichen Bitten um Landzuweisung an den Gouverneur, denen selbstverständlich Leumundszeugnisse von Friedensrichtern und Geistlichen beigefügt werden mußten. Zur Zeit der ersten Zählung, 1828, besaß jeder dritte im Lande Geborene Grund und Boden, und aus den noch existierenden Bittschriften ergibt sich ein gleichbleibendes Bild der Familienbeziehung: die Eltern baten für ihre Söhne um Grund und Boden, die Söhne wollten in der Nähe des väterlichen Hofes siedeln. Allein das spricht schon gegen die Annahme, die Eltern hätten die im Lande Geborenen vernachlässigt. Die Bittschriften nennen die Väter immer wieder »zärtlich«, »achtbar«, »liebend« und »ehrlich«, die Söhne »würdig«, »nüchtern«

und »eifrig«. Gewiß gehört solch blumige Ausdrucksweise zum Repertoire von Menschen, die bei amtlichen Stellen etwas erreichen wollen, und wohl niemand würde erwarten, daß jemand in einer Petition den Gouverneur bittet, dem »faulen, viehischen und unwürdigen« Sohn eines »hartherzigen« ehemaligen Sträflings, »eines Trunkenbolds von lockeren Sitten« sechzig Acres zuzuweisen. Doch man darf wohl annehmen, daß die Formulierung auch auf gesellschaftlichen Tatsachen gründete.

Auch wenn nicht alle Angehörigen der »Currency« eigenen Landbesitz anstrebten, wollten sie doch keinesfalls Landarbeiter sein, denn gemeinsam mit dienstverpflichteten Sträflingen zu arbeiten verbot ihnen der Stolz. Niemand sollte sie für Sklaven halten, und aus demselben Grund fuhren sie auch nicht zur See. In ihren Augen hätten die an Bord eines Schiffes herrschende scharfe Zucht, die absolute Macht des Kapitäns und die Art, wie er mit einem Tauende über seine Männer herrschte, zuviel Ähnlichkeit mit dem Leben von Sträflingen gehabt.

Sie sahen ihre Aussichten als gelernter Arbeiter und kleine Handwerker. Wer als Landwirt Erfolg haben wollte, brauchte Geduld, doch für Zimmerleute, Tischler, Maurer, Wagner, Küfer, Schuhmacher oder Grobschmiede lag der Erfolg in der Kolonie Australien greifbar nahe. Für andere Handwerksberufe als solche allerdings, die mit Transportwesen, Bauwesen und Lagerhaltung zu tun hatten, gab es kaum Bedarf; zwar konnte die Kolonie beliebig viele Zimmerer brauchen, aber nur wenige Elfenbeindrechsler, Parfümeure oder Buchbinder. Ende der zwanziger Jahre konnte ein guter Zimmermann in Sdyney pro Tag 7 s. 6 d. verdienen, um die Hälfte mehr, als sein Kollege in London bekam. Das war der Hauptgrund, warum radikale Ideen in der Kolonie nicht Wurzel schlugen und weder Freigelassene noch im Lande Geborene die Gründung von Gewerkschaften betrieben, obwohl es doch eine gewisse Anzahl »politischer« Angehöriger der Arbeiterklasse gab, die man wegen ihrer Proteste gegen die Arbeitsbedingungen in England deportiert hatte. In Neusüdwales hörte man weder etwas von Ausbeutung noch von Auswüchsen der Kinderarbeit; ausgebeutet wurden lediglich die Sträflinge. Arbeitsbedingungen und Löhne für Fachkräfte waren um so viel besser als in England, daß diese, relativ gesehen, keinen Grund zur Klage hatten.

Die »Currency« sah anders aus als ihre Eltern und Großeltern, die dunklen und oft kleinwüchsigen Produkte englischer Elendsquartiere und Fabriken. Sie bekamen als Kinder reichlich zu essen, wenn auch einfache Kost, hielten sich viel an der Sonne auf und wuchsen zu langgliedrigen, biegsamen Gestalten heran. »Wie die Amerikaner«, erklärte der im Lande ansässige Marine-Wundarzt Dr. Peter Cunningham in den zwanziger Jahren des 19. Jahrhunderts, »im allgemeinen blond und blauäugig.« Sie waren ehrlich bis auf die Knochen, von nüchternem Wesen und besaßen »eine offene, männliche Schlichtheit des Charakters, den die bei ihren Eltern so deutlich hervortretenden Laster nicht befleckten«.

Die Männer waren sehr »kumpelhaft«; zu ihren Grundwerten gehörten das Zusammengehörigkeitsgefühl und die Solidarität innerhalb der Klasse. Sie prügelten sich häufig auf der Straße, und dann beteiligten sich alle: »Bricht ein Soldat mit einem von ihnen einen Streit vom Zaum, eilt diesem der ganze Haufen zu Hilfe, und so manches Mal sind sie zur Weihnachtszeit ausgezogen und haben die Rotröcke buchstäblich in ihre Kaserne geprügelt.« Die jungen Mädchen waren meist hübsch, eher linkisch und leichtgläubig, sexuell frühreif (Jungfräulichkeit hatte auf dem Heiratsmarkt der Strafkolonie Australien in der Unterschicht keinen besonderen Stellenwert), aber durchaus gewieft, wenn es darum ging, ihr Los durch die Ehe zu verbessern. Sie heirateten früh »und scheinen dem System des Konkubinats nichts abzugewinnen, das unter den aus England Gekommenen so beliebt ist«. Sie verbrachten viel Zeit am Strand und schwammen wie die Fische.

Außerdem war die »Currency« von durchaus patriotischer Gesinnung. »Man kann sich nicht vorstellen«, schrieb George Thomas Boyes, der einfühlsame und leicht erregbare Tagebuchverfasser aus Vandiemensland, im Oktober 1831 an seine Frau Mary im fernen England,

> »welch schönes Geschlecht hier in der Kolonie heranwächst. England bedeutet ihnen nichts, und der Gedanke, dorthin zu gehen, ist ihnen unerträglich. Die leidenschaftliche Liebe, die sie für das Land ihrer Geburt empfinden, ist außerordentlich. Hier herrscht eine Freiheit, die man sich auf Eurer Seite des Äquators wohl kaum vorstellen kann. Das ganze Land ringsumher, Berge und Täler, Flüsse und Wälder scheinen ihr eigenes Reich zu sein; sie jagen Opossum und Känguruh, reiten, angeln und biwakieren in den Wäldern, fangen und zähmen Papageien. Kurz gesagt, sind sie so frei wie der Vogel in der Luft und der Eingeborene im Busch. Sie verstehen sich auf Pferde, Rindvieh, Schafe, Schweine und Wolle, und all das, bevor sie zu sagen vermögen, daß zwei und zwei vier sind.«

Dies Thema sollte sich in Zukunft bei allen Besuchern wiederholen: Inmitten all der Zwänge, die nun einmal in einer Strafkolonie herrschen, hatten die im Lande Geborenen für sich ein Gefühl der *körperlichen* Freiheit und des Einsseins mit der Landschaft entwickelt – ähnlich den Australiern in den fünfziger Jahren unseres Jahrhunderts, die allerlei Zensur und die übermäßige Macht der Polizei erleiden mußten und sich dennoch für das freieste Volk auf der Erde hielten, weil sie zu Mittag wellenreiten gehen konnten.

Der Wundarzt Peter Cunningham war verblüfft zu sehen, daß die Mehrzahl von ihnen Australiens »elend aussehende« Eukalypten für schöner hielten als jede Eiche oder Ulme. (Das muß ansteckend gewesen sein, denn nach einer Weile schrieb er: »Ich selbst habe, so ist die Macht der Gewohnheit, begonnen, sie mit Vergnügen anzusehen.«) Ein junger Australier auf Besuch in England konnte es kaum abwarten heimzukehren und seinen Freunden zu berichten, wie langweilig es gewesen war, wie dünn das Bier und wie langsam die Pferde. Die meisten wollten gar nicht erst nach England, weil sie meinten, dort wimmele es von Dieben.

Häufig litt die »Currency-Jugend« wie ihre Eltern unter der Haltung der Exklusiven der Arbeit gegenüber. Ein Ergebnis der Sträflingswirtschaft war, daß jene Leute hochnäsig jede körperliche Arbeit verachteten und Sträflingen alle Rechte absprachen, doch als am unerträglichsten wurden die Einschränkungen der Bewegungsfreiheit empfunden. Viele junge »Currency-Burschen« zogen beständig durch das Land. Sie schnürten ihr Bündel, durchquerten Neusüdwales von einem Ende zum anderen und arbeiteten, wo sich eine Gelegenheit dazu ergab. Die meisten von ihnen führten keine Ausweispapiere mit, wozu sie als Freie auch nicht verpflichtet waren. Außerdem wollten sie keine Papiere vorzeigen müssen, denn der Freibrief des ehemaligen Sträflings war wie der Paß des Sträflings ein ebenso deutliches Merkmal der Knechtschaft wie ein narbiger Rücken. Doch hatte in den dreißiger Jahren die Furcht vor entwichenen Sträflingen zu einem engen Netz von Vorschriften geführt, von denen die wichtigste das Buschläufergesetz war. Es sah vor, daß jeder bei bloßem Verdacht, entflohen zu sein, festgesetzt werden durfte. Die schlechten Verbindungen im Outback (sowie die lückenhaften Unterlagen in den Städten) machten es sehr schwer, zu beweisen, wer man war. Da die Polizei im Lande weit verstreut war, nahmen von ihren Arbeitgebern damit beauftragte »vertrauenswürdige« Sträflinge die Mehrzahl der Festnahmen vor. Sie durften auf Strafverkürzung hoffen, wenn sie einen entflohenen Sträfling einfingen.

Das führte zu einer Vielzahl willkürlicher Verhaftungen. Unschuldige wurden, ohne daß man ihnen die Rechte der Habeaskorpusakte gewährte, in grob zusammengezimmerten Verschlägen auf Bauernhöfen und Viehstationen in Eisen geschlossen festgehalten. Alexander Harris, dessen Buch *Settlers and Convicts* die einzige ausführliche Darstellung des Lebens in Australien zur Zeit der Strafkolonie vom Standpunkt des freien Arbeiters aus war, berichtet über einen »Currency-Jungen«, der unter dem Buschläufergesetz innerhalb von drei Monaten volle sieben Wochen in Handschellen verbrachte. Ein Bauernkonstabler hatte ihn in einem abgelegenen Gebiet am Hunterfluß festgenommen, und er mußte, an den Steigbügel von dessen Pferd gefesselt, 400 Kilometer zu Fuß nach Sydney zurücklegen. Als sich seine Harmlosigkeit herausgestellt hatte, machte er sich in der entgegengesetzten Richtung auf den Weg, wurde erneut festgenommen und wieder nach Sydney gebracht, um noch einmal zu beweisen, wer er war. Obwohl derlei häufig vorkam, erhob keiner der Betroffenen Klage wegen unrechtmäßiger Festnahme – schließlich hatten sie als Angehörige der arbeitenden Bevölkerung kein Geld für Gerichtsverfahren. Knurrend nahmen sie ihr Geschick so hin, wie das für den Australier kennzeichnend werden sollte: auf die Behörden schimpfend, aber gehorsam. »Ganze Scharen von Männern, Einwanderer wie Freigelassene, ziehen täglich zur Identifizierung zwischen Polizeiwachen hin und her«, merkte Harris an, »und doch habe ich nie auch nur eine Silbe darüber geschrieben gesehen.«

Solche Unzuträglichkeiten führten dazu, daß am Ende von Macquaries Gouverneurszeit Freigelassene und Currency Schulter an Schulter gegen die Exklusiven standen. Die englandfreundliche »Aristokratie« wurde als dünne pseudoelitäre Schicht verhöhnt, von deren Werten die in Neusüdwales entstehende Volkskultur nur wenig lernen konnte. Die Currency hatte den Eindruck, man enthalte ihr ihre Rechte vor, und die Freigelassenen wußten, daß es an dem war. Schließlich fand die öffentliche Unzufriedenheit einen Volkstribun in dem Rotschopf William Charles Wentworth (1790–1872). Durch seine Abstammung saß er in der Kolonie zwischen sämtlichen Stühlen: Sein Vater, der Freisiedler D'Arcy Wentworth, hatte mehr als genug Besitz, um zur Oberschicht zu zählen, doch da Williams Mutter als Deportierte ins Land gekommen war, galt er in den Augen der Konservativen ebensowenig wie ein Freigelassener.

Die Wentworth' stammten aus Yorkshire und waren mit einer der bedeutendsten englischen Familien, den Fitzwilliams, verwandt. D'Arcy Wentworth, Sohn eines protestantischen Schankwirts aus Nordirland, war um 1762 in der Grafschaft Armagh geboren worden. Er war munter, gesellig und hatte liberale politische Ansichten. Nachdem er als Fähnrich bei den irischen Freiwilligen gedient hatte, ging er nach London, um seine Ausbildung als Mediziner fortzusetzen. Die Fitzwilliams führten ihn in der Gesellschaft ein, und bald lebte dieser umgängliche junge Mann weit über seine Verhältnisse. Er wurde 1787 wegen drei Fällen von Straßenraub angeklagt und freigesprochen, aber 1789 erneut wegen Straßenraub vor Gericht gezerrt. Wentworth, der von seiner Schuldlosigkeit nicht besonders überzeugt gewesen sein kann, bat bei Prozeßbeginn seinen Anwalt, er möge dem Richter mitteilen, daß er ohnehin im Begriff stehe, als Wundarztgehilfe nach Australien aufzubrechen. Zwar wurde er ein viertes Mal freigesprochen, mußte aber die Reise antreten, da er sein Wort gegeben hatte. Er segelte auf der *Neptun*, dem Höllenschiff der Zweiten Flotte, von dessen 500 Sträflingen ein Drittel unterwegs umkam. Wentworth überlebte, wie auch eine Zwanzigjährige namens Catherine Crowley, die wegen Tuchdiebstahls deportiert wurde. Am Ende der Reise war sie von D'Arcy Wentworth hochschwanger. Ihr Sohn, William Charles, wurde vermutlich auf See geboren, auf dem Weg zur Norfolkinsel, wo sein Vater im Krankenhaus der Gehilfe des Wundarztes wurde.

Mit Land, Rum und Handel machte D'Arcy Wentworth ein Vermögen. Als Arzt war er mittelmäßig, aber als Persönlichkeit des öffentlichen Lebens galt er in der winzigen Kolonie etwas. Als er 1827 starb, war sein Leichenzug gut eineinhalb Kilometer lang. Sorgfältig und taktvoll war er sein Leben lang

Streitigkeiten aus dem Weg gegangen, und persönliche Kränkungen übersah er geflissentlich. Auf Frauen muß er Eindruck gemacht haben, denn immerhin zeugte (und unterhielt) er mindestens sieben weitere Kinder von verschiedenen Geliebten im Lande, und auf seinem Grabstein stand schlitzohrig, aber bibelfest: »In meines Vaters Hause sind viele Wohnungen.«

Von Anfang an lehnten ihn die Exklusiven wegen seines liederlichen Lebenswandels, seiner liberalen Ansichten und auch deshalb ab, weil er in ihren Augen kein wirklich freier Bürger war, sondern um ein Haar als Sträfling ins Land gekommen wäre. Seinen Sohn William Charles, der den Vater vergötterte, erboste das Gewisper der »Merinos«. Er ging in England zur Schule und kam 1810 nach Neusüdwales zurück, gerade rechtzeitig für die ersten Zusammenstöße zwischen Macquarie und den Exklusiven wegen des Rechts der Freigelassenen, als Geschworene und Friedensrichter eingesetzt zu werden. Wentworth verfaßte Schmähschriften gegen John Macarthur und den Gouverneur, Oberstleutnant George Molle vom 46. Regiment, den er für einen heuchlerischen Feind der Freigelassenen hielt. Darin drohte er ihm »einige Arschtritte« und eine »Hammelfaust auf Deine verdammte Nase« an, aus dem Munde des bulligen Wentworth zweifellos keine leere Drohung. Da die Verse anonym und nicht gedruckt waren, konnte Molle nicht viel gegen ihren Verfasser unternehmen.

W. C. Wentworth unterdessen ging es um Größeres – genau gesagt, um die Überquerung der Blauen Berge, die ihm zusammen mit Blaxland und Lawson 1813 gelang. Inzwischen kannte ihn die ganze Kolonie. Er war einer ihrer größten Landbesitzer (Macquarie, der gern als Gönner auftrat, hatte ihm 1811 1750 Acre in Parramatta und für die Überquerung des Gebirges weitere tausend gegeben). Im Jahre 1816 reiste er erneut nach England, um dort die Rechte zu studieren. Er hatte hochfliegende Pläne: Er wollte nach dem Muster der britischen eine Verfassung für Australien entwerfen, und außerdem hoffte er, John Macarthurs Tochter Elizabeth heiraten und auf diese Weise in der Kolonie eine große Dynastie gründen zu können, »Merino« mit »Currency« gekreuzt. Doch daraus wurde nichts, der alte John Macarthur wußte sehr wohl, daß der junge Wentworth vor seiner Abreise aus Neusüdwales eine anonyme Schmähschrift gegen ihn verfaßt hatte.

Wenn es um seinen Vater ging, konnte W. C. Wentworth sehr empfindlich reagieren. Als der Unterhausabgeordnete Henry Bennett in einer öffentlichen Äußerung den Anschein erweckte, D'Arcy Wentworth sei als Sträfling nach Australien deportiert worden, zwang ihn William Charles, das öffentlich zurückzunehmen. Der künftige »Freund der Freigelassenen« konnte bei der bloßen Andeutung explodieren, er sei Sohn eines Freigelassenen – offenbar war er insgeheim ebenso fest vom Sträflingsmakel überzeugt wie jeder Engländer oder Exklusive und wäre wohl am liebsten Engländer gewesen. Übrigens schlug sein später gefaßter Plan fehl, nach dem Modell der Aristokratie Englands mit König

Georg als Schirmherr in Australien einen neuen Adel zu schaffen, den seine Gegner als ›Hochstapler-Adel‹ verspotteten.

Anfangs also waren die Freigelassenen weniger seine Freunde als die Feinde seiner Feinde, doch erkannte Wentworth, daß ihn die Frage ihrer Rechte rasch ins Bewußtsein der Öffentlichkeit rücken konnte, da die Zahl der im Lande geborenen jungen Leute die der aus England stammenden bei weitem übertraf. So legte er in einer Abhandlung dar, Australien solle kein Gefängnis mehr sein und statt dessen eine freie Kolonie mit einer gewählten Regierung werden und eine ebensolche Anziehungskraft auf englische Auswanderer ausüben wie Nordamerika.

»Ein Kind von Neusüdwales«, nannte er sich auf dem Titelblatt – zum erstenmal hatte sich ein Autor als Australier bezeichnet. Er wollte, daß einstige Sträflinge im von ihm vorgeschlagenen System mit einer gesetzgebenden Versammlung das aktive und passive Wahlrecht für alle Ämter bekamen. Allerdings wehrte sich Wentworth' konservative Grundhaltung gegen den Grundsatz, jeder Stimme gleich viel Gewicht zu geben. So sollte die von ihm vorgesehene gesetzgebende Versammlung »viele Ähnlichkeiten mit dem Oberhaus aufweisen und Grundbesitz der einzige Maßstab sein, an dem sich in irgendeinem Land das Recht, zu wählen oder gewählt zu werden, vernünftig orientieren kann«. Er verteidigte Macquaries Unterstützung der Freigelassenen und griff die Exklusiven erbittert an:

> »Insgeheim wollen diese Männer aus der Schande der Vielzahl der Menschen eine erbliche Deformation machen. Wenn es nach ihnen ginge, müßte sich das Kainsmal vom Vater auf den Sohn vererben, so daß auf ewig eine Schranke zwischen ihren eigenen Nachkommen und denen der unglücklichen Sträflinge errichtet würde.«

Sein Buch erlebte in Sydney drei Auflagen, hatte aber in England keinerlei Erfolg. »Über ein Parlament an der ›Bucht‹ würde man Witze machen«, spöttelte Reverend Sydney Smith im *Edinburgh Review*, und was Geschworenengerichte betraf – welche Ansiedlung in Neusüdwales war denn überhaupt imstande, vier Dutzend Männer aufzubringen, die als Geschworene dienen konnten?

Dennoch begann Wentworth, den Boden in London zu bestellen. Bald nach seiner Ankunft hob die King's Bench, eine Abteilung des Obersten Gerichts für allgemeine streitige Gerichtsbarkeit, sämtliche von früheren Gouverneuren in Neusüdwales ausgesprochenen Begnadigungen auf, bedingte wie bedingungslose. Für die Sache der Freigelassenen war das ein schwerer Schlag (allein schon, weil alle ihre Besitzansprüche ungültig wurden), und 1821 setzten sie gemeinsam eine Petition an die Krone auf, in der sie einmal auf die »unendliche Gefahr« hinwiesen, der sie das aussetzte, und zum anderen die Wiedereinsetzung in ihre

Rechte verlangten. »Durch ihre Arbeit, Anstrengungen und ihren Fleiß«, erlaubten sich die ehemaligen Sträflinge, König Georg IV. zu erinnern, »wurde in dieser Eurer Majestät Kolonie aus einer unfruchtbaren, baumbestandenen Wildnis ein blühendes britisches Gemeinwesen.« Gouverneur Macquarie schickte das Dokument nach London und setzte sich selbst wärmstens für die darin vertretene Sache ein. Es trug fast 1400 Unterschriften – das entsprach einem Viertel der Freigelassenen von Neusüdwales.

Sekretär des Ausschusses, der das Dokument entworfen hatte, war Edward Eagar, ein ehemaliger Sträfling und Anwalt. Er brachte die Bittschrift nach London; seine Überfahrt bezahlte der Arzt William Redfern, gleichfalls ein Freigelassener, der selbst mitfuhr. Wentworth setzte sich bei der Regierung dafür ein, die in der Kolonie ausgesprochenen Begnadigungen wieder für gültig zu erklären, den Menschen dort Verfahren vor eigenen Geschworenengerichten und eine repräsentative Regierung zu gestatten. Es gelang nicht – jedenfalls nicht sogleich –, doch die Anwesenheit dieser Männer in London bereitete dem Bewußtsein den Weg, daß Freigelassene nicht einfach minderwertige gesellschaftliche Abstraktionen in einer fernen Kolonie waren, sondern Menschen britischen Blutes mit einer Sache, für die sie fochten. Daß Briefe und der persönliche Kontakt zu Unterhausabgeordneten bei der Herausbildung der offiziellen englischen Haltung gegenüber Australien eine große Rolle spielten, war das unbeabsichtigte Ergebnis der Einrichtung einer auf Gewalt gegründeten Strafkolonie dort. Neusüdwales hatte weder eine freie Presse noch ein Parlament, englische Beamte vermuteten, daß die Berichte der Gouverneure nicht die vollständige soziopolitische Situation beschrieben, und so fanden bald nichtamtliche Briefe von den Antipoden an einflußreiche Männer ihren Weg in die höheren Ränge der Tories und der Whigs. Nur eine freie gesetzgebende Versammlung in Australien hätte diese übertriebene Macht der Privatkorrespondenz vermindern können, weil sie Unterlagen über Debatten zu strittigen Fragen produziert hätte. Da es diese Möglichkeit nicht gab, mußten die Interessenvertreter die Fäden ziehen, die zur Verfügung standen.

Wentworth beendete 1823 seine Rechtsstudien in London und ging nach Cambridge, offenbar einfach, um dort gewesen zu sein, denn er arbeitete nicht auf einen Abschluß hin. Seine Zeit verwendete er auf ein längeres Poem, das er bei einem Wettbewerb einreichte, der in jenem Jahr – durch einen glücklichen Zufall bedingt – »Australasien« zum Gegenstand hatte. Falls er ihn gewönne, sagte er sich, werde er nicht nur Rechtsanwalt und aufstrebender Politiker sein, sondern auch eine literarische Größe – der dreiunddreißigjährige Byron von den Antipoden. Leider belegte er nur den zweiten Platz, doch war das, vor allem von Sydney aus gesehen, besser als nichts. Das Gedicht, in dem England in Dekadenz versinkt, während die alten britischen Tugenden in Australien in neuem Glanz erstrahlen, wurde in Australien noch jahrelang rezitiert:

»Oh, Britannien! Wenn du despotische Herrscherin des Ozeans,
nicht mehr auf den Kämmen der Brandung reitest –
wenn der stolze Löwe seine frühere Kraft verloren hat
und, zahm geworden, nicht mehr der Schrecken jeder Schlacht ist,
wenn diese dunkle unglückselige Stunde jemals kommt,
wenn dich der Luxus verweichlicht hat und du dem
Mächtigeren weichen mußt,
wenn du, nicht länger die Freieste der Freien
vor dem stolzen Sieger deine Knie beugen mußt,
dann soll all dein Ruhm in einer neuen Sphäre wieder erleuchten,
und heller scheinen als jemals zuvor,
dann soll dein jüngstes Kind sich erheben,
um dein Herz zu erfreuen und dich Mutter zu grüßen!
Australasia wird auf den Wellen reiten mit wehender Flagge
ein neues Britannien in einer neuen Welt.«

In England verschwand das Gedicht sang- und klanglos von der Bildfläche, zusammen mit der Widmung an Lachlan Macquarie und seiner trotzigen Kennzeichnung »von W. C. Wentworth, einem *Australasier*«.

Er kehrte 1824 mit einer Druckpresse nach Sydney zurück und gründete dort eine Zeitung, *The Australian*, das erste einer Reihe nationalistischer, für Currency und Freigelassene kämpfender Blätter, dessen Erbe schließlich in den neunziger Jahren *The Bulletin* antreten sollte. Sein Gegner war die in den letzten Zügen liegende *Sydney Gazette*, deren Texte Wort für Wort vom Gouverneurssitz freigegeben wurden.

Zwei Jahre zuvor war Lachlan Macquarie, bei seiner Abreise als »Haupt der Patrioten« bejubelt, nach England zurückgekehrt, wo er seine zeitraubenden und geradezu besessenen Bemühungen wiederaufnahm, der Kritik durch die Verbündeten der Exklusiven, vor allem Bigge und Marsden, etwas entgegenzusetzen. Sein Nachfolger im Amt des Gouverneurs war ein weiterer schottischer Schützling Wellingtons, Brigadegeneral Sir Thomas Brisbane (1773–1860). Sein Hauptziel war es auftragsgemäß, Bigges Empfehlungen folgend Sicherheit und Disziplin in der Kolonie zu stärken, damit aus ihr wieder ein Ort des Schreckens wurde und nicht für die Armen Englands ein Land der Verheißung. Macquaries Verleumder hatten ihn beschuldigt, zu früh zu viele Freibriefe ausgestellt zu haben – Brisbane sollte deren Zahl verringern und darauf achten, daß Strafen vollständig verbüßt wurden. Gleichzeitig begriff er jedoch, daß die Kolonie eine Größe erreicht hatte, die es unmöglich machte, jede Einzelheit vom Gouverneurssitz aus im Auge zu behalten. Zur Bestürzung der Exklusiven befreite er die Presse vom Maulkorb, und damit reichte er Wentworth einen kleinen Finger.

Dieser ergriff sogleich die ganze Hand. In wenigen Monaten wurde *The Australian* so populär, daß die Mehrzahl der im Lande geborenen Australier und alle Freigelassenen das Blatt als ihr Sprachrohr ansahen. Nie zuvor hatte jemand in Australien eine politische Basis so fest gegründet oder so rasch erobert. In Reden und Leitartikeln focht Wentworth unermüdlich für die Geschworenengerichte und die politische Vertretung von Currency und Freigelassenen, schäumte gegen die Vorurteile und Ansprüche der Exklusiven.

Am 26. Januar 1825, dem 37. Jahrestag der Besiedlung Australiens durch die Weißen, kamen achtzig führende Angehörige der Currency in einem Hotel von Sydney zu einem Bankett für Wentworth und Redfern zusammen. Michael Massey Robinson, der von Macquarie zu seinem »Hofdichter« ernannte Sträflingsbarde (ein Amt, das Brisbane zu Robinsons Ärger nicht erneuert hatte), war inzwischen 79 Jahre alt und von vielen Jahren des Rumtrinkens senil geworden, doch er erhob sich und brachte in hallenden Versen einen Toast auf die Freigelassenen aus. Darin hieß es, die Freigelassenen seien Briten, die ihre angestammten Rechte einforderten. Gnade und Justitia traten als Allegorien auf und beschlossen, die Pläne der Exklusiven zuschanden werden zu lassen.

In gewissem Rahmen hatte Brisbane für solche Gefühle Verständnis. Wohl verschärfte er seine Haltung Sträflingen gegenüber, doch mit Bezug auf die Freigelassenen führte er Macquaries Politik praktisch fort. Nicht nur hielt er die Vorstellungen der Exklusiven für übersteigert, sondern auch angesichts der Zusammensetzung von Australiens Bevölkerung für undurchführbar. Auch in den religiösen Angelegenheiten war er tolerant. Zwar hatte er für die irischen Katholiken nichts übrig, deren »barbarischer Unwissenheit« er »jeden Mord und jedes teuflische Verbrechen« zuschrieb, »das seit meiner Ankunft in der Kolonie begangen wurde«, doch war er der Ansicht, am besten könne man sie vor der Barbarei bewahren, wenn die Regierung den lange verschleppten Bau der Diözesankirche in Sydney mit dreitausend Pfund subventionierte. Diese Absicht löste bei den Protestanten das blanke Entsetzen aus. Auch Marsdens Zorn lenkte Brisbane auf sich, denn er regte an, die protestantische Geistlichkeit solle von ihren Gehältern leben statt vom Handel. Wegen seiner verwegenen Projekte, aber auch wegen seiner Leidenschaft für die Astronomie, nannten ihn die Exklusiven ›Sterngucker‹ und bombardierten ihre einflußreichen Kontaktleute in London mit Briefen, die ihn schmähten. Als er Ende 1825 nach England zurückberufen wurde, zeigte er, ohne es ausdrücklich zu formulieren, was er von den Macarthurs und Marsdens hielt, indem er zuließ, daß Wentworth und dessen Freunde in Sydney eine öffentliche Versammlung abhielten, bei der eine Abschiedsrede auf ihn gehalten wurde.

Dabei handelte es sich um die erste politische Zusammenkunft auf australischem Boden, und Wentworth nutzte die Gelegenheit weidlich. Er forderte vor diesem Forum »die gelben Schlangen der Kolonie« (die Exklusiven) auf, aus ihren Löchern hervorzukommen. Sie hatten Macquarie und jetzt Brisbane mit »tödlicher Feindseligkeit« verfolgt, hatten geradezu eine Hexenjagd entfesselt, private Verleumdungen aller Art ausgestreut und Öffentlichkeit wie Ministerien in England zu Adressaten ihrer »üblichen und elenden Tatsachenverdrehungen« gemacht. Wo waren sie jetzt? Statt ihm und seiner Mehrheit »mannhaft« entgegenzutreten, schmollten sie im Hintergrund. All das und noch weit mehr druckte *The Australian* getreulich nach.

Doch die von Freigelassenen wie Currency gewünschten Reformen ließen auf sich warten. Immerhin hatte 1823 eine britische Parlamentsakte für Vandiemensland und Neusüdwales getrennte gesetzgebende Versammlungen ins Leben gerufen. Das war ein kleiner Erfolg, denn es bedeutete, daß der Gouverneur nicht mehr unumschränkt herrschen konnte. Doch diese Versammlungen bestanden nur aus ganz wenigen Mitgliedern, wurden vom Gouverneur ernannt und hatten lediglich eine beratende Funktion. Ausschließlich der als Statthalter der Krone fungierende Gouverneur konnte in der Kolonie neue Gesetze anregen. Im Jahre 1828 vergrößerte ein weiteres Gesetz die Zahl der Angehörigen der gesetzgebenden Versammlung auf fünfzehn, von denen keiner gewählt, sondern alle ernannt wurden.

Erst 1842 durften Mitglieder dieser Versammlung öffentlich Fragen zur Debatte stellen — 24 von 36 Männern. Doch mußte jeder von ihnen Landbesitz im Wert von mindestens 2000 Pfund nachweisen, so daß sie, wenn sie schon nicht alle »in der Wolle gefärbte Merinos« waren, doch ebenso reich sein mußten wie diese, damit man sie wählen konnte. Nach demokratischen Vorstellungen war dies Parlament noch stark verbesserungsbedürftig. Wentworth, ein Meister der spitzen Zunge und ein Kenner der Geschäftsordnung, wurde de facto der Mann an seiner Spitze. Doch die Deportation nach Neusüdwales war 1840 eingestellt worden, und der Anteil der Sträflinge, der zur Zeit von Brisbanes Abreise bei 45 Prozent der gesamten weißen Bevölkerung gelegen hatte, war auf bloße zwölf Prozent gesunken. Jetzt, da die sozialen Spannungen vermindert waren (wenn auch nicht auf Vandiemensland), war die Tribüne der Freigelassenen nicht mehr von großem politischen Nutzen. Die Frage ihrer Rechte versandete, bevor die Freigelassenen eine australische Demokratie zu schaffen vermochten.

In der Zwischenzeit waren die Aussichten für die Sträflinge selbst deutlich ungünstiger geworden. Brisbane hatte die Wende eingeleitet, Australien war wieder ein Ort des Schreckens für die Angehörigen der untersten Schichten Großbritanniens. Er blieb nicht der einzige: von 1825 bis 1840 wurde in den voneinander unabhängigen Kolonien Neusüdwales und Vandiemensland das Strafsystem verfeinert, ausgeweitet und noch wirksamer und schärfer gehandhabt. Zwei militärische Zuchtmeister widmeten sich dieser Aufgabe: Generalleutnant Sir Ralph Darling, von 1825 bis 1831 Gouverneur von Neusüdwales, und Oberstleutnant Sir George Arthur, der von 1824 bis 1836 Vandiemensland verwaltete. Zwischen diesen beiden Männern lagen Welten, was ihr Wesen, ihre Ideale und ihre Vorgehensweisen betraf, doch durch die Art der von ihnen geübten Unterdrückung und ihre Vorstellungen von Reformen nahm Australien in den letzten Jahren der georgianischen Herrschaft Gestalt.

Kapitel XI

»Auf Vandiemensland pflügen«

1

Bei den Sträflingen hatte die Insel Vandiemensland wegen der Härte, mit der sie dort behandelt wurden, stets den denkbar schlechtesten Ruf. Die bloße Nennung ihres Namens ließ jeden erschauern, und das fand seinen Niederschlag in der australischen Volkskultur. In dort entstandenen frühen Balladen schwingt eine Angst mit, die den trotzigeren Sträflingsliedern von Neusüdwales abgeht. Vandiemensland war die Verkörperung der Strafe:

»Ihr braven Wild'rer alle, vernehmet jetzt mein Lied, wenn ihr
mit Hund und Falle durch Englands Wälder zieht. Fasanen in der Tasche,
den Hasen in der Hand, mit keiner Silbe denkend an Vandiemensland.

Drei kühne Männer waren wir, die furchtlos einst die Beute
In Englands Wäldern jagten, bis uns dann die Leute
Des Waldbesitzers faßten. Sie lauerten im Sand –
Auf vierzehn Jahre mußten wir nach Vandiemensland.

Kaum war'n wir auf der Insel, verkauft' man uns wie Pferde,
In Reih und Glied, so standen wir da auf der harten Erde;
Wir mußten wie die Ochsen am unheilvollen Strand
Den harten Boden pflügen dort auf Vandiemensland.

In einer alten Hütte aus Soden und aus Lehm,
Auf faulem Stroh als Bettstatt lebt sich's nicht angenehm,
Und jede Nacht ward Feuer rings um uns abgebrannt
Zum Schutz vor Wolf und Tiger auf Vandiemensland.

Oft, wenn ich nächtens schlafe, kommt mir ein süßer Traum,
mit meiner Allerliebsten streif' ich am Waldessaum
entlang, wie ich's gern hatte daheim im Vaterland,
dann wach ich auf, mein Herz steht still: hier ist Vandiemensland.

Drum merket auf, das ist mein Rat, er gilt den Wild'rern allen:
Laßt Büchse, Hund und Schlinge fahr'n, verzichtet auf die Fallen.
Denn jeden man faßt, bringt gnadenlos man her,
Jetzt wißt ihr, wie es uns erging – drum wilderet nicht mehr.«

Seinen Ruf als Sträflingshölle hatte Vandiemensland nicht von Anfang an, es erwarb ihn allmählich. Ursprünglich wirkte sie, wie jede neue Siedlung auf australischem Boden, auf Freie wie Unfreie gleichermaßen bedrückend: unwirtlich, gefahrvoll und vom Mangel bedroht. Der Ruf der Strenge kam erst mit dem Statthalter Thomas Davey (1758–1823), der von 1813 bis 1816 amtierte.

Er stammte aus der Grafschaft Devonshire und war ein Vierteljahrhundert zuvor als eifriger junger Leutnant der Seesoldaten mit der Ersten Flotte in der »Bucht« angekommen. Zwar kehrte er 1792 nach England zurück, doch ließ ihn der neue Kontinent nicht los, und als er 1810 hörte, daß sein alter Kamerad David Collins, der zweite Statthalter auf der Insel, in Hobart gestorben war, fand er, es könne für ihn bei den Antipoden eine Aufgabe geben. Er brachte Lord Harrowby, einen eher liberalen Toryminister, der aus demselben Dorf wie er selbst stammte, dazu, ihn bei seiner Bewerbung um den Posten des Statthalters von Vandiemensland zu unterstützen. Er hatte Erfolg und traf 1812 in Sydney ein, mit John Beaumont, dem Sohn seines Gönners, als Sekretär im Schlepptau, aber ohne sein Gepäck. Es war auf ein anderes Schiff geladen worden und mit ihm einem amerikanischen Freibeuter zum Opfer gefallen.

Rechtlich gesehen war Vandiemensland ein Anhängsel der Kolonie Neusüdwales und der Statthalter als Stellvertreter dem Gouverneur von Neusüdwales nachgeordnet. Mithin hing viel von guten Beziehungen zwischen Davey und Lachlan Macquarie ab. Verständlicherweise konnten die beiden Männer einander vom ersten Augenblick an nicht ausstehen: Davey hielt Macquarie für einen schottischen Frömmler, und dieser betrachtete den neuen Mann als Verschwender und Trunkenbold, der »ein außergewöhnliches Maß an Frivolität und Clownerie an den Tag legt«.

Damit hatte er nicht unrecht. Davey gestaltete seine Ankunft in Hobart im Februar 1813 durchaus bemerkenswert. Er torkelte zur Gangway des Schiffs, nahm mit glasigem Blick Kenntnis von seinem neuen Reich und leerte eine Flasche Portwein aus. Dann zog er mit der Erklärung, es sei »so heiß wie im Hades«, seinen Uniformrock aus und marschierte in Hemdsärmeln den Hügel zu seinem Amtssitz hinauf. Die Siedler belegten ihn später mit dem Spitznamen »der verrückte Tom«, wohl auch weil er es sich zur Gewohnheit machte, an Geburtstagen im Königshaus vor seinem Amtssitz ein Faß Rum anzustechen und dessen Inhalt Vorüberkommenden schöpflöffelweise zu kredenzen.

Man sagte ihm nach, er habe in die Regimentskasse gegriffen. Macquarie jedenfalls, der von London ausdrückliche Anweisung bekommen hatte, Davey unter keinen Umständen ungehindert mit öffentlichen Geldern schalten und walten zu lassen, machte sich ein Vergnügen daraus, diese Aufforderung bis aufs I-Tüpfelchen zu befolgen. Weder durfte Davey ohne seine ausdrückliche Billigung Wechsel auf das Schatzamt ziehen noch Gebäude errichten oder Schiffskontrakte abschließen. Angesichts der Entfernung zwischen Hobart und Sydney konnte die Einholung dieser Genehmigung Monate dauern. So versteht man Macquaries Zorn darüber, daß Davey in seinem Eifer, das Buschklepperunwesen einzudämmen – das 1814 die Staatsgewalt auf Vandiemensland lahmzulegen drohte –, eigenmächtig über die ganze Insel das Kriegsrecht verhängte. Davey war überzeugt, Macquarie gängele ihn aus purer Schikane, lähme die Wirtschaft der Insel, indem er Weizen statt von Vandiemensland in Indien kaufte, benutze die Insel als Abladestelle für Hunderte wegen ihrer Widersetzlichkeit, Faulheit oder Roheit in Neusüdwales unerwünschter Sträflinge aus Sydney und verstehe die Schwierigkeiten der »Unter«-Kolonie nicht. Letzteres muß man angesichts Macquaries ungeschickt formulierten Amnestieangebots an die Buschklepper vom Mai 1814 tatsächlich annehmen, denn damit gestand er ihnen unabsichtlich das Recht zu, bis zum Jahresende ungestraft jede Art von Verbrechen (mit Ausnahme von Morden) zu begehen.

In alldem steckte ein wahrer Kern, doch Macquarie bombardierte Downing Street so lange mit negativen Berichten über Davey, bis »der verrückte Tom« 1816 amtsenthoben und ihm Gelegenheit gegeben wurde, sich als Farmer zu bewähren, was aber fehlschlug. Er ließ, und daran war er wie auch Macquarie schuld, eine zunehmend unregierbare »Unter«-Kolonie zurück, die als Hort der Gewalttätigkeit galt und in der das Buschkleppertum so verbreitet war, daß es an einen allgemeinen Sträflingsaufruhr grenzte.

Der nächste Statthalter der Insel, William Sorell (1775–1848), der seit 1790 im 31. Regiment diente, hatte die Aufgabe, den Schaden zu beheben. Er faßte ihren Zustand in einer pessimistischen Denkschrift zusammen, in der er formulierte, auf der Insel lebe »ein größerer Teil der verkommensten und skrupellosesten Menschen auf der Welt als je in einem Land vergleichbarer Größe« und sie leide insbesondere

> »unter einem seit Jahren bestehenden Bandenunwesen, das weit ins Land greift; der Weiterdeportation der schlimmsten Sträflinge aus Sydney; dem großen Zustrom an Sträflingen in eine Kolonie von so begrenzter Aufnahmefähigkeit und ihrer Verbreitung über die ganze Insel; der Schwierigkeit, Schwerverbrechen zu bestrafen, weil kein ordentliches Gericht vorgesehen ist. Hinzu kommt, daß die Polizei ungenügend besetzt ist und (weil sich bei der gegenwärtigen Bezahlung die Dienste achtbarer Menschen nur schwer gewinnen lassen) zwangsläufig zu viele Sträflinge beschäftigt.«

Sorell brachte für seine Aufgabe auch weit bessere Voraussetzungen mit als Davey, denn als ehemaliger stellvertretender Generaladjutant der britischen Truppen am Kap der Guten Hoffnung besaß er Verwaltungserfahrung. Geschickt, taktvoll und geduldig, aber unbeugsam, schien er bestens geeignet, Vandiemensland mit seiner aufsässigen Bevölkerung zu regieren. Seine einzige Schwäche, die Macquarie zögernd übersah, war ein Hang zum Weibe; er hatte seine Frau und sieben Kinder verlassen und am Kap mit einer Mrs. Kent angebändelt, der Frau eines Offizierskameraden, die ihm mehrere Kinder gebar und zum Entsetzen vieler mit ihm im Amtssitz des Statthalters Wohnung nahm.

Damit, daß Sorell Michael Howes Buschklepperbande zerschlug und die Mehrzahl ihrer Mitglieder hängen ließ, setzte er dem Banditentum ein Ende, das alle gesetzestreuen Menschen von der Insel zu vertreiben gedroht hatte. Mit Hilfe von Militär und Polizei sorgte er dafür, daß das fruchtbare Ackerland am Oberlauf des Derwent und Clyde für Siedler zumindest annähernd sicher war. Er systematisierte die Landvergabe und säuberte den von Davey hinterlassenen Augiasstall der Buchführung von Regierungsausgaben. Er versuchte auch, den chaotischen Wertverfall des schlechten Geldes aufzuhalten, doch das gelang ihm nicht. Er ließ Sträflingsunterkünfte errichten und legte den Grundstein zum System der beständigen Überwachung von Sträflingen, dessen Vollendung das Meisterwerk seines Nachfolgers George Arthur werden sollte. Während seiner Amtszeit nahm die freie Bevölkerung auf Vandiemensland (einschließlich der Freigelassenen) von 2546 im Jahr 1817 auf 6525 im Jahr 1824 zu; die Gesamtbevölkerung von 3114 auf 12 464. Das bedeutete eine enorme proportionale Steigerung des Sträflingsanteils. Er machte zu Beginn von Sorells Amtszeit nicht ganz achtzehn Prozent der weißen Bevölkerung aus und lag 1822 bei 58 Prozent. Neue Einschüchterungsmaßnahmen mußten her, um die Sträflinge »zahm« zu halten, und Sorell verfiel auf ein sehr wirksames: Er gründete 1827 in Macquarie Harbour eine kleine Strafsiedlung als »Ort der äußersten Verbannung und Strafe« für in der Kolonie erneut straffällig Gewordene, von denen man befürchten mußte, daß sie sich der Buschklepperei zuwandten. Zehn Jahre lang sollte das der schlimmste Ort in der englischsprechenden Welt sein.

2

Macquarie Harbour liegt an der Westküste Tasmaniens auf 42° 14′ südlicher Breite und 145° 10′ östlicher Länge. Nähert man sich dem Ort, weichen an Backbord See und Land in grellweißem Licht zurück, das durch den Dunst des unaufhörlich heranrollenden Ozeans verschwommen wirkt. Alles ist Sandbank und Untiefe, der sich zum nördlichen Horizont erstreckende Strand ein wahrer

Wal- und Schiffsfriedhof voller Wracks. Dort hat nie ein Mensch gelebt, und so wird es wohl auch bleiben. An Steuerbord liegt eine Ansammlung schroffer Felsen.

Wer in den Hafen einlaufen will, muß zwischen dieser vorgelagerten Landzunge und einem weiteren Felsen, der Einfahrtsinsel, hindurch, der die südlichste Spitze der Sandbänke anzeigt, zwischen denen knapp fünfzig Meter liegen. Bei Flut glänzt das Wasser in dieser engen Durchfahrt für die Augen des Seemanns tückisch. Da Macquarie Harbour mit etwa 240 Quadratkilometer Fläche einer der wenigen großen Seewasserhäfen der Welt ist, dessen flaschenhalsenge Einfahrt nach Westen liegt, die Winde überdies vorwiegend aus Nordwesten kommen und die Wellen des Südmeeres ihre Kraft fast über den ganzen Erdumfang aufbauen können, bevor sie sich auf diese öde Küste stürzen, entstehen machtvolle Seen, wenn die Flut gegen den Wind läuft und pro Minute Millionen von Tonnen Wasser durch die enge Zufahrt donnern. Schlimmer noch ist, daß quer zu ihr eine Sandbarre liegt, die bei Springflut nur 3,30 Meter Tiefgang gestattet. Aus diesem und anderen Gründen heißt dieser Ort »das Höllentor«. Er war das erste, was vor 160 Jahren irische und englische Sträflinge zu sehen bekamen, wenn ihr Transportschiff in den Hafen einlaufen wollte.

Sorell gab sich keine Mühe, den Zweck von Macquarie Harbour zu beschönigen, und stattete den ersten Kommandanten der Strafsiedlung, Leutnant John Cuthbertson vom 40. Regiment, mit allen Vollmachten eines Richters und Friedensrichters aus, so daß er Sträflinge nicht nur aburteilen, sondern sie auch mit Einzelhaft bis zu vierzehn Tagen und mit Auspeitschungen bis zu hundert Hieben bestrafen konnte. Die Siedlung sei, schrieb Sorell, »den unbelehrbarsten und zuchtlosesten Sträflingen« vorbehalten, gegen die das System »streng und einheitlich« vorgehen müsse. In einem seiner schriftlich ausgegebenen Befehle hieß es:

> »Es ist darauf zu achten, daß eine ständige, aktive, nicht nachlassende Beschäftigung jedes einzelnen mit harter körperlicher Arbeit der Hauptzweck der Siedlung ist. Die Sträflinge müssen allein schon die Vorstellung, dorthin geschafft zu werden, fürchten . . . Es muß um jeden Preis harte Arbeit gefunden werden, selbst wenn es sich nur darum handelt, Löcher auszuheben und sie hinterher wieder mit Erde zu füllen . . . Sträflinge haben vor Gericht geäußert, daß sie lieber sterben würden als sich nach Macquarie Harbour zurücksenden zu lassen. Dieses Gefühl des Schreckens und der Angst möchte ich unbedingt erhalten.«

Um den »Hauptzweck« zu erfüllen, wurden die Sträflinge für Macquarie Harbour schon in Hobart in Schiffe verladen, auf denen es weder Schlafkojen noch Hängematten gab, sie mußten sich, so gut es ging, auf dem steinigen Ballast im Bauch des Schiffes niederlegen:

»Wenn sie eine Decke besaßen, ging es noch einigermaßen, aber ich glaube, von den 35 Männern hatten nicht mehr als vier einen Decke. Ich erinnere mich an eine Fahrt, . . . da gab es einen Sträfling, der besaß weder Jacke noch Hose, und der kommandierende Offizier gab ihm ein Stück Segeltuch. Oft sah ich in Macquarie Harbour Männer in diesem unglückseligen Zustand, die mehr als fünf oder sechs Wochen auf dem Schiff verbracht hatten.«

So lange dauerte die Reise nach Macquarie Harbour gegen die vorherrschenden Nordwinde, und je nach Windrichtung kam es durchaus vor, daß ein Schiff dann noch tagelang vor dem Hafen warten mußte, bis es einlaufen konnte.

Der Quäkermissionar James Backhouse fuhr Mitte des Winters 1832 dorthin und hat eine Beschreibung der Fahrt durch das »Höllentor« geliefert. Sein Schiff, schreibt er, mußte mit dichtgerefften Segeln vor der Sandbarre warten, während der Semaphor auf der Zufahrtinsel seine Botschaft über Relaisstationen an die ferne Siedlung weitergab. Endlich erschien der Hafenlotse in einem von sechs Sträflingen geruderten Boot, und als er an Bord kam,

»befahl er Frauen und Kindern, nach unten zu gehen, und riet mir, es ihnen gleichzutun. Ich antwortete, ich wolle zumindest etwas sehen, wenn ich schon untergehen mußte, denn der Anblick war schaurig-schön. Der Lotse ging zum Bug, und jetzt war durch das Donnern von Wind und Wogen nichts mehr zu hören, außer seinen Zurufen an den Rudergänger und dessen Antworten sowie die Stimmen der Männer in Ketten, die mit der Lotleine in der Hand die Wassertiefe unter dem Bug aussangen.«

Albatrosse umkreisten das Schiff, dann war die Sandbarre als blasser, verschwommener Walrücken im dunklen Wasser erkennbar.

»Die Wassertiefe nahm ab und wurde nicht mehr in Faden, sondern in Fuß angegeben: 7½, gar nur 7, dann waren es wieder 11.
In diesem Augenblick trug uns eine riesige Woge auf ihrem Rücken ins tiefe Wasser.
Die Miene des Lotsen entspannte sich. Er sah aus wie ein Mann, der dem Galgen entrinnen durfte. Er kam nach hinten und beglückwünschte jeden einzelnen zu seiner sicheren Ankunft im Hafen von Macquarie, indem er allen die Hand schüttelte.«

Hat man die Einfahrt sowie einen weiteren roststreifigen Felsen namens Bonnetinsel hinter sich, öffnet sich der Hafen dem Blick. Er ist so lang, daß sein jenseitiges Ende im grauen Dunst nicht sichtbar ist. Das Wasser ist tabakbraun mit Schaum wie auf Urin. Die Farbe stammt von dem Torf und der Baumborke, die Australiens letzter von Menschenhand ungezähmter Fluß, der Gordon, am Ostende in den Hafen trägt. Himmel und Landzungen sind grau und weichen wie Papierkulissen in den Hintergrund zurück. Die Landschaft ist urtümlich, Strahlen bleichen Lichts brechen aus dem tiefhängenden Himmel, Nebelschwaden steigen aus undurchdringlichen Tälern empor, unaufhörlich kommt Wasser fein verteilt herunter und dampft in ewigem Kreislauf zurück. Der Hafen von Macquarie ist der nasseste Ort in Australien, dort fallen jährlich 1960 Millimeter Regen.

Die Strafsiedlung selbst lag dreißig Kilometer von der Hafeneinfahrt entfernt. Den Weg dorthin begleiteten Landmarken, deren Namen zynisch klingen: Freiheitsspitze, Freiheitsbucht, Letzte Freiheit. Während sich das Schiff langsam an seinen Ankerplatz schob – jetzt gab es keine Eile mehr, denn an die Stelle der Zeit in der wirklichen Welt war die Gefängniszeit getreten –, muß den Sträflingen allmählich klargeworden sein, daß sie nun in einer großen Weite endgültig eingekerkert waren. Damals wuchsen die schrecklich eintönigen Büsche am Ufer so dicht, daß kaum eine Katze an Land gehen konnte; die von Eisenerz starrenden Felsen rissen die Haut von den Fußsohlen. Dahinter erhoben sich die Bergketten, eine über der anderen, beherrscht vom gut 1400 Meter hohen Gipfel der *Franzosenmütze* – benannt nach der phrygischen Kopfbedekkung, die eine Generation zuvor für Frankreich Freiheit, Gleichheit und Brüderlichkeit verkörpert hatte. Unter ihrer den größten Teil des Jahres von Wolken verhangenen, glatten, basaltenen Halbkuppel begann der Baumwuchs.

Holz war der wirtschaftliche Zweck der Siedlung, und bevor die Sträflinge kamen, hatte kein Mensch diese Bäume je berührt. Am geschätztesten war die Huontanne, *dacrydium cupressinum*, die in großen Beständen am Gordonfluß wuchs. Sie erreichte eine Höhe von 21 und einen Umfang von 4,5 Metern, und einige Exemplare waren noch Schößlinge gewesen, als Kaiser Augustus ein Kind war. Die Huontanne lieferte das beste Schiffsbauholz auf der Welt – leicht zu bearbeiten und so beständig, daß noch heute in den zwanziger Jahren des 19. Jahrhunderts gefällte Stämme mit Axtmarken der Sträflinge in bestem Zustand am Ufer von Macquarie Harbour liegen. In einem Jahr wurden nahezu 3000 von ihnen geschlagen, zersägt und nach Hobart verladen.

Untergebracht wurden die Gefangenen auf einer Insel in der Mitte des Hafens, die damals Sarahinsel hieß und heute Settlement Island genannt wird. In den zwanziger Jahren des 19. Jahrhunderts war sie vollständig abgeholzt und mit Gebäuden bedeckt, mit Palisadenzäunen eingefaßt und durch hohe Windzäune aus Lattenwerk vor den Nordoststürmen geschützt. Auf ihr gab es Sägegruben und Schiffswerften, ein steinernes Gefängnisgebäude, ein Backhaus, eine Gerberei sowie ordentlich gehaltene Sträflingsunterkünfte. Inzwischen haben die Bäume wieder Besitz von ihr ergriffen, und fast alle rosa Ziegel der Gebäudemauern haben den Übergang zu ihrem Ausgangsmaterial Lehm zurück bereits wieder vollzogen. Hier und da erkennt man den Grundriß einer Zelle oder eines Durchgangs, und Stücke behauener Tür- und Fensterstürze liegen wie Überreste einer untergegangenen Kultur in den sie überwuchernden Dickichten. Von allen Orten, die man sich um den Hafen von Macquarie herum hätte zur Ansiedlung auswählen können, war diese Insel der windumtosteste und ödeste – selbst Wasser und Brennholz mußten mit dem Schiff hingeschafft werden. Doch es war auch der sicherste Ort!

Jeden Tag wurden die Sträflinge um sechs Uhr morgens mit Booten zum Bäumefällen auf die Hauptinsel gebracht. Zugtiere besaß die Siedlung nicht – Pferde und Ochsen überlebten die Überfahrt von Hobart aus nur selten, und es hätte ohnehin nicht genug Gras zu ihrer Ernährung gegeben. So mußten die schweren Stämme, die bis zwölf Tonnen wogen, mühevoll auf einer primitiven, aus Baumstämmen errichteten Rutschbahn über den Waldboden geschleift werden. Am Ufer wurden sie – bis zu hundert auf einmal – zu Flößen zusammengekettet und von Walbooten über den Hafen zu den Sägegruben gebracht. Trafen diese Flöße an der Sarahinsel ein, begann der härteste Teil der Arbeit: Die Sträflinge mußten die Stämme mit Handspaken an Land bringen und dabei mitunter mehrere Stunden bis zur Hüfte im eiskalten Wasser stehen.

Eine geringe Anzahl der Sträflinge, die mehr Glück hatten, baute unter der Aufsicht von Mr. Hoy, dem Schiffsbauer, auf der Helling der Sarahinsel Boote. In den elf Jahren ihrer Existenz produzierte die Siedlung im Hafen von Macquarie eine überraschend große Zahl von Wasserfahrzeugen, alle aus dem an Ort und Stelle gewonnenen Holz. Hoy allein war verantwortlich für den Bau der 200-Tonnen-Barke *William IV*, von vier je 130 Tonnen großen Briggs, drei 50-Tonnen-Kuttern, fünf 25-Tonnen-Schonern, 22 Barkassen von fünf bis zehn Tonnen und 46 kleineren Booten und Schiffen verschiedener Art.

Als Tagesration bekamen die Sträflinge 1 lb. zwei oder drei Jahre altes Pökelfleisch vom Rind oder Schwein, 1¼ lb. Brot, 4 oz. Hafer- oder Maismehl und Salz. Der Wundarzt Barnes erklärte, das Fleisch habe häufig vernichtet werden müssen, »da es für den Verzehr durch die Sträflinge zu schlecht war«. Er selbst, fährt er fort, habe in achtzehn Monaten in Macquarie Harbour nur insgesamt sechsmal Frischfleisch bekommen.

Die Offiziere versuchten, ihren Speisezettel mit dem Abschießen von Känguruhs abwechslungsreicher zu gestalten, auch war die Jagd eine willkommene Unterbrechung des eintönigen und stumpfsinnigen Dienstes. Sie aßen auch Wombats, die sie wie Ferkel brieten (»Ein geradezu delikates Gericht«, schrieb ein Besucher), und Ameisenigel, deren Geschmack mit einer Füllung aus Salbei und Zwiebeln – wenn man die Augen schloß – von fern an Gänsebraten erinnerte. Wegen des durch den Gordonfluß herangeführten Torfs gab es im Hafen von Macquarie keine Fische, doch im Fluß selbst fanden sich große Aale und eine riesige Süßwasserkrebsart, *astacopsis gouldii,* benannt nach dem Sträfling William Buelow Gould, der als erster ein solches Tier gezeichnet und beschrieben hat, sowie Schlammkrebse mit nahezu vierzig Zentimeter langen Scheren.

Selbstverständlich bekamen die Sträflinge weder jemals frisches Fleisch noch Gemüse, von den exotischeren Genüssen Macquarie Harbours ganz zu schweigen. Sorell drängte Cuthbertson, »als sicheres Mittel zur Verhütung von Skorbut« soviel Gemüse wie möglich anzubauen, doch der unaufhörliche Regen machte die meisten Versuche zunichte, auf dem mageren Kiesboden der Siedlung Gartenbau zu treiben, und so war der Skorbut eine Grundtatsache des Lebens in der Siedlung. Gegen Mitte 1822 besserte sich diese Lage etwas, als aus Hobart Limonensaft und Kartoffeln eintrafen, doch schon im Januar 1823 »nahm der Skorbut rasch wieder zu, und bald gab es nur wenige, die nicht darunter litten«.

Auf zur Sarahinsel, die nur über wenig guten Boden verfügte, transportiertem Mutterboden und Humus zogen die Sträflinge Gemüse »von einer Qualität und Größe, die sich auf den Marktständen von Covent Garden nicht übel ausgemacht hätte«, doch war diese kleine Ernte ausschließlich Offizieren und Angehörigen der Zivilverwaltung vorbehalten. Da die Phillipinsel, etwa vier Seemeilen von der Siedlung entfernt, über besseren Boden verfügte, konnten dort Kartoffeln angebaut werden – etwa vierzig Tonnen pro Jahr –, doch auch davon bekamen die Gefangenen nichts. »Wasser durften sie trinken, soviel sie wollten«, fügte der Wundarzt Barnes ohne erkennbare Ironie hinzu, »doch sonstigen Luxus oder Annehmlichkeiten konnte man ihnen wegen der abgelegenen Lage nicht gewähren.«

So sah der Alltag, die normale Bestrafung, in Macquarie Harbour aus. Einem widerspenstigen oder aufsässigen Sträfling wurde das Fleisch gestrichen, dennoch mußte er dieselbe Arbeitsleistung erbringen wie sonst. Das war der zweite Grad. Im dritten wurden ihm Fußeisen angelegt, deren Gewicht von 12 über 18 bis hin zu 45 lb. reichte. Sie wurden um die Fußknöchel festgenietet und waren mit einer Kette verbunden. Damit die Eisenringe nicht ins Fleisch schnitten, gab es dazu Ledergamaschen, doch schon bald rief das Scheuern des harten Leders Geschwüre hervor und schürfte die Haut bis auf die Knochen ab.

Die mit Abstand schlimmste Arbeit bestand darin, in Ketten unter Wasser Pfähle für die Hellinge einzutreiben. Sofern ein Sträfling davon nicht gebrochen war, ließ man ihn die Nacht auf der winzigen Grummetinsel verbringen, eine halbe Seemeile von der Sarahinsel entfernt. Nach dem Bericht eines Sträflings, der sich Davies nannte und mehrere Jahre in Macquarie Harbour verbrachte, handelte es sich dabei um einen

> »senkrecht abfallenden Felsen, etwa fünfzig Fuß über dem Meer. Er war an die 35 Yard lang und 8 breit. Eine grob in die Felsen gehauene Treppe ist der

einzige Zugang zu einer wahrhaft elenden, aus Brettern und Schindeln errichteten Baracke, in der häufig 79 Männer so eingepfercht waren, daß sie sich kaum auf die Seite drehen konnten – auf dem Rücken zu liegen war völlig unmöglich.«

Die Nacht auf diesem Felsen verbringen zu müssen war nach Ansicht des Wundarztes Barnes »wirklich schlimm, obwohl es als geringfügige Strafe galt«. Da niemand dort an Land gehen konnte, ohne von Kopf bis Fuß von den Seen durchnäßt zu werden, mußten die Männer, die weder Feuer noch Decken hatten, entweder nackt oder in ihren nassen Kleidern schlafen.

Obwohl sie halb verhungert und bis auf die Knochen durchgefroren waren, obwohl man sie zwang, im Winter zwölf und im Sommer sechzehn Stunden täglich zu arbeiten, obwohl sie den unaufhörlichen Regenfällen des Südmeeres ausgesetzt auf einem nassen Felsen schlafen mußten und ihre Glieder vor Rheuma schmerzten, die Ruhr in ihren Eingeweiden tobte, sie unter Skorbut und Geschwüren litten, blieben einige Sträflinge dennoch störrisch. Daher war das Auspeitschen an der Tagesordnung, und Davies notierte die Strafen, die Cuthbertson verhängte, »der wohl entmenschteste Tyrann, den die Welt seit Neros Zeiten hervorgebracht hat. Unterdrückung und Schreckensherrschaft waren sein Panier, er kannte den nackten Hungernden und Elenden gegenüber weder Gerechtigkeit noch Mitgefühl, und Menschlichkeit existierte für ihn nicht.« 25 Hiebe waren die Strafe sowohl für nachlässige Arbeit wie für Unbotmäßigkeit. Wer eins seiner Kleidungsstücke verlor, bekam fünfzig Peitschenhiebe und wurde drei Monate in Eisen geschlossen, selbst wenn es ihm ein anderer Sträfling gestohlen hatte. Da in jener abgelegenen Ansiedlung Werkzeug unersetzbar war, bekam jeder, der »Säge, Axt, Spaten, Ruder oder welches Werkzeug auch immer« zerbrach, fünfzig Hiebe und drei Monate in Eisen – dabei war es unerheblich, wie es dazu gekommen war, denn Cuthbertson ließ Unfälle nicht gelten, sondern führte grundsätzlich jeden Verlust auf Sorglosigkeit zurück. Wer sich an den Vorräten vergriff, einen Fluchtversuch unternahm oder einen Aufseher schlug, bekam hundert Peitschenhiebe und sechs Monate in Eisen zudiktiert. In Davies' Beschreibung finden wir ein lebendiges Bild des täglichen Blutrituals:

»Die neun Schwänze, besser besagt: Peitschenschnüre, der Katze waren jeweils vier Fuß lang und dreimal so dick wie in Hobart. Jeder Schwanz hatte sieben Knoten und an seinem Ende entweder Drahtspitzen oder gewachste Spitzen. Es war die Entscheidung des Kommandanten, welche verwendet wurden.
Die Auspeitschungen fanden an einer tiefliegenden Stelle, fast auf Seewasserhöhe, statt. Unmittelbar über der Hochwassermarke lag ein Bohlenweg von hundert Yard Länge. An das auf halbem Weg danebenstehende ›Dreibein‹

wurde der Mann so gebunden, daß seine Seite zur Plattform zeigte, auf der der Kommandant und der Arzt auf und ab gingen, so daß sie abwechselnd Gesicht und Rücken des Mannes sehen konnten.
Gewöhnlich gingen sie zwischen zwei Hieben die volle Länge des Weges, so daß, wer hundert Hiebe bekam, zwischen einer und eineinviertel Stunden festgebunden war. Sobald die Strafe vollzogen war, wurde er, außer zur Essenszeit oder bei Nacht, unverzüglich an die Arbeit geschickt, mit einem Rücken, der aussah wie Ochsenleber, und mit Schuhen voll Blut. Die Krankenstation durfte er erst am nächsten Morgen aufsuchen. Dort wusch ihm der Arztgehilfe den Rücken, verstrich etwas Schweineschmalz darauf, und wieder ging es an die Arbeit. Es kam häufig vor, daß derselbe Mann am folgenden Tag wegen nachlässiger Arbeit erneut ausgepeitscht wurde.«

Durchschnittlich befanden sich während der fünf Jahre von 1822 bis 1826 245 Gefangene in Macquarie Harbour. Über zwei Drittel von ihnen wurden aus verschiedenen Gründen ausgepeitscht, meist wegen Aufsässigkeit, Unverschämtheit oder Arbeitsverweigerung. Insgesamt gab es 33 723 Peitschenhiebe – 6744 pro Jahr, das heißt etwas mehr als vierzig pro Mann. Im Berichtsbuch des Kommandanten ist jeder einzelne Hieb genauestens festgehalten.

Die Männer mißtrauten einander, da das System nicht nur so raffiniert war, Sträflinge als Bewacher einzusetzen, auch die Polizeiaufgaben wurden von Sträflingen wahrgenommen, die der Militärkommandant zu dieser Aufgabe gepreßt hatte. Ebenso wurden die Auspeitscher und die Aufseher für die Arbeitskolonnen rekrutiert. Das Ergebnis war »das tyrannischste System, das man sich denken kann«. Unterließ es ein als Polizist fungierender Sträfling, eine Unbotmäßigkeit weiterzumelden, erfuhr der Militärkommandant gewöhnlich davon und ließ den Mann auspeitschen. Machte er aber Meldung, und wurde der aufsässige Sträfling ausgepeitscht, haßten die anderen Gefangenen den Verräter noch mehr. Das Schlimmste, was einem solchen Mann widerfahren konnte, war, daß ihn die Militärverwaltung seines Ranges entkleidete und ihn schutzlos unter die anderen Sträflinge zurückversetzte. Um ihr bloßes Überleben zu sichern, mußten diese Hilfspolizisten ein besonderes Maß an Wachsamkeit und Härte entwickeln; die Lust an willkürlich ausgeübter Macht war ein Lebenselixier für Männer, denen sonst keinerlei Selbstachtung geblieben war:

»In Macquarie Harbour gab es einen Mann namens Anderson, der es zu genießen schien, wenn er sah, wie seine Mitsträflinge bestraft wurden. Ich glaube, kaum ein Tag verging, ohne daß vier, fünf und in Einzelfällen sechzehn oder siebzehn Männer ausgepeitscht wurden, weil er sie gemeldet hatte. Wem er nicht grün war, den denunzierte er beim kommandierenden Offizier und schwor, der Mann habe nicht ordentlich gearbeitet, und selbstverständlich wurde der Mann ausgepeitscht.«

Die Offiziere waren gewöhnlich überforderte mittelmäßige Männer, deren Fähigkeiten nach Ansicht der Armee keine bessere Belohnung verdiente. Niemand ging freiwillig nach Macquarie Harbour, denn es war überall besser, und mithin ließen sich Männer für die Aufgaben dort äußerst schwer finden. Je willkürlicher das System vorging, desto besser »funktionierte« es, da es die Sträflinge durch ihr gegenseitiges Mißtrauen als Gruppe demoralisierte und schwächte.

Die Bewacher fanden immer neue Methoden, »Keile zwischen die Sträflinge zu treiben«, um ihre Fluchtpläne zu vereiteln: »Nur wenn man ihre Köpfe und Körper ständig beschäftigt, kann man verhindern, daß sie Verbrechen begehen. Wir haben herausgefunden, daß die ständig neue Pläne schmieden, Fluchtpläne oder Angriffe gegen andere Sträflinge, wenn sie nichts zu tun haben. Deshalb teilten wir ihnen nicht nur viel Arbeit zu, sondern ließen sie auch immer wieder in anders zusammengesetzten Gruppen antreten, so daß jemand, der heute mit einer Gruppe zusammen war, am nächsten Tag zu einer ganz anderen Gruppe eingeteilt wurde.«

Es gab durchaus Grund, die Sträflinge im Auge zu behalten, denn es kam immer wieder vor, daß einer seine Kameraden anstachelte und einen Streik anzuzetteln versuchte. So berichtete der Kommandant James Butler 1825 in Arthur, in einer aus zwanzig Männern bestehenden Holzfällerkolonne sei ein Ire namens William Pearse vorgetreten und habe die anderen aufgefordert, die Arbeit niederzulegen. Der Kommandat werde sie »nicht auspeitschen lassen, sondern nur einsperren, und das mache ihnen, im Unterschied zu einer Auspeitschung nichts aus. Deswegen, und weil Pearse die Aufseher »eine verdammte Schurkenbande« genannt hatte, ließ ihm Butler fünfundzwanzig Hiebe geben.

Um von Macquarie Harbour zu entkommen, und sei es auch nur für kurze Zeit, nahmen die Sträflinge Unglaubliches auf sich. Beispielsweise vereinbarten zwei Männer, der eine solle den anderen mit der Axt oder Hacke verletzen. Dann wollte das Opfer Anzeige erstatten, andere Sträflinge würden als Zeugen vortreten, und da es in Macquarie Harbour kein Gericht gab, würde man sie alle zur Verhandlung nach Hobart bringen müssen. Dort wollten sie vor Gericht widersprüchliche und ungenaue Aussagen machen, so daß die Anklage niedergeschlagen werden mußte. Da dem Gesetz nach wegen geringerer Vergehen weder ausgepeitscht noch auf andere Weise bestraft werden durfte, über wessen Kapitalverbrechen nicht verhandelt war, wurden die Häftlinge frech und aufsässig, während sie auf das Schiff nach Hobart warteten. Damit aber lieferten sie »ein für eine Siedlung wie die unsere äußerst schlechtes Beispiel«.

Hatte ein Mann das Glück, als Zeuge eines Kapitalverbrechens nach Hobart geschickt zu werden, standen seine Aussichten nicht schlecht, nie nach Macquarie Harbour zurückkehren zu müssen. Wer einen Kameraden angezeigt hatte, mußte nahezu sicher damit rechnen, daß ihn die anderen zusammenschlugen oder gar töteten. So wurden 1827 zwei Gefangene des Mordes an einem besonders verhaßten »Hilfspolizisten«, George Rex, bezichtigt und nach Hobart gebracht. Als sich zeigte, daß die Anklage wegen eines Verfahrensfehlers nicht aufrechterhalten werden konnte, baten die fünf Zeugen der Anklage Gouverneur Arthur sogleich, in andere Siedlungen geschickt zu werden, denn »unsere Lage ist gegenwärtig sehr kritisch, und wir sind keineswegs sicher, wenn wir erneut nach Macquarie Harbour müssen – man würde uns dort schlimm zusetzen, wenn nicht gar unserem Leben ein Ende bereiten«. Drei von ihnen kamen »durch Vermittlung von Freunden«, die Arthur kannte, in andere Strafsiedlungen, die beiden anderen kehrten nach Macquarie Harbour zurück, wo ihre Mitgefangenen sie tatsächlich umbrachten.

Andere töteten einen Aufseher oder Mitgefangenen, damit man sie in Hobart hängte. Thomas J. Lemprière (1796–1852), eine Weile Lagerverwalter in Macquarie Harbour, hat geschrieben, wie sich einer von ihnen, ein gewisser Trennam, die Argumente dafür zurechtgelegt hatte. Er hatte auf der Grummetinsel einen Mithäftling erstochen und wartete im Gefängnis auf den Transport nach Hobart, wo er gehängt werden sollte. Warum, fragte ihn der Geistliche, habe er die Tat begangen? Weil er seines »Lebens müde« gewesen sei, gab Trennam zur Antwort, und gehängt zu werden hoffte. Warum er sich dann nicht einfach ertränkt habe, statt einem Mitmenschen das Leben zu nehmen?

»›Oh‹, antwortete er, ›das ist etwas ganz anderes. Nehme ich mir das Leben, fahre ich sofort in die bodenlose Tiefe, wenn ich aber einen anderen töte, bringt man mich nach Hobart und sitzt über mich zu Gericht. Erklärt man mich für schuldig, steht mir der Pfarrer bei, und dann komme ich gewißlich in den Himmel.‹ Er wurde gefragt, ob er gegen sein Opfer irgendeinen Groll gehabt habe, was er verneinte. Hätte er auch einen der Offiziere umgebracht? Selbstverständlich, sofern er dazu eine Gelegenheit gehabt hätte. Und den Geistlichen, der ihn befragte? ›Ja, ebensogut wie jeden anderen.‹«

Das von Macquarie Harbour erzeugte moralische Vakuum führte zu noch krasseren Auswüchsen. Während ein Trupp Gefangener im Gänsemarsch durch den Wald zog, schlug einer von ihnen ohne erkennbaren Grund dem vor ihm Gehenden mit der Axt den Schädel ein und erklärte später, es gebe in der Ansiedlung keinen Tabak, und da er sein Leben lang geraucht habe, wolle er lieber sterben als ohne Tabak leben. Unter den Qualen des Nikotinentzugs habe er den Mann getötet, um selbst gehängt zu werden, denn er werde ja wohl in Hobart, bevor er sterben müsse, etwas Pfeifentabak bekommen.

Da sich solche Vorkommnisse häuften, ordnete der Kommandant mit Erlaubnis des Gouverneurs in Macquarie Harbour eine öffentliche Hinrichtung durch den Strang an. Der Galgen wurde errichtet, alle Sträflinge mußten antreten, und die drei Todeskandidaten wurden vor sie geführt. Doch rief die Macht des Gesetzes und die moralische Ausstrahlung des Schauspiels nicht unbedingt das gewünschte Ergebnis hervor, denn

> »ihre Hinrichtung hinterließ einen, ich möchte sagen ekelhaften Eindruck. Die zum Tode Verurteilten waren so munter und schienen sich so wenig aus ihrem Geschick zu machen, daß es sie völlig unbeeindruckt ließ. Das Ganze war mehr wie das Abschiednehmen guter Freunde, die wohl auf eine weite Reise gingen, aber keineswegs vor einer Trennung ohne Wiederkehr standen. Man hörte sie beispielsweise rufen ›Mach's gut, Bob‹, ›Mach's gut, Jack‹, und aus der Menge schallten ähnliche Rufe zu denen zurück, die gehenkt werden sollten.«

Noch eine Weile blieb Macquarie Harbour sozusagen der Nadir der Bestrafung in der Kolonie, bis die Siedlung aufgelöst und ihre Schrecken später durch die der Norfolkinsel übertroffen wurden. Sorell verließ Vandiemensland 1824 mit einem durch Gerüchte schwer angeschlagenen Ruf. In Umlauf gesetzt hatte sie insbesondere ein böswilliger ehemaliger Offizier des Rumkorps, Anthony Fenn Kemp, der als Viehzüchter und Händler auf Vandiemensland zu Wohlstand gekommen war und Sorell aus bloßer Rankünе bekämpfte. Ob sich die englischen Behörden von den in Kemps Briefen an sie genüßlich aufgezählten Beispielen für die Laxheit der Sexualmoral des Statthalters beeindrucken ließen, oder was auch immer der Grund war, Sorell bekam im britischen Empire nie wieder einen Verwaltungsposten und starb 1848, nach vierundzwanzig Jahren erzwungenen Müßiggangs.

Sorells Nachfolger stand bereits fest, bevor er Hobart verließ. Er war Sir George Arthur (1784–1854), noch heute eine der umstrittensten Gestalten der frühen australischen Geschichte. Er war das Urbild des starken Mannes in der Kolonie, der getreulich den Auftrag der Regierung seiner Majestät ausführte, die Deportation zu einem Schrecken für die verbrecherischen Klassen Großbritanniens zu machen. »Die mächtigste, gerissenste und rücksichtsloseste Gestalt in der Kolonie«, heißt es in L. L. Robsons Urteil über ihn, »die Siedler auf Vandiemensland haßten ihn mit geradezu neurotischer Hingabe.«

Arthur war durch und durch Soldat. Er hatte um das ganze Mittelmeer herum von Kalabrien bis nach Ägypten gegen Napoleon gekämpft; war 1815 Kommandant in Britisch-Honduras geworden, einem Sklavenstaat, dessen Gesellschaft gewisse Ähnlichkeiten mit der aufwies, über die er später auf Vandiemensland regieren sollte. Während seiner acht Jahre dort zeigte er sich reformwillig, und wenn ihm die Sklaven auch nicht gerade zujubelten, stand er sicherlich mehr auf ihrer Seite als auf der ihrer cholerischen und überheblichen Besitzer. Berichte über seine dort geleistete Arbeit trugen ihm die Bewunderung von William Wilberforce ein.

Er kehrte 1822 nach England zurück. In Honduras hatte er Geschmack an der Kolonialverwaltung gewonnen, zu ihr fühlte er sich berufen. Welche andere Aufgabe hätte ihm denselben Handlungsspielraum, dieselbe Möglichkeit gegeben, das Leben in einem kleinen, fernen Land auf eine Weise umzugestalten, die sowohl dem König als auch Gott wohlgefällig war? An Arthurs Frömmigkeit war nicht die Spur von Heuchelei. Er hielt es für seine Pflicht, den Menschen Moral zu bringen – ganz gleich, ob sie oben oder unten standen – ein Evangelist, der seine Mission als Soldat erfüllte.

Als er über Bekannte in London hörte, daß das Amt des Statthalters auf Vandiemensland zur Verfügung stehe, wurde er nach eifrigem Antichambrieren im Kolonialministerium schließlich zu Sorells Nachfolger ausersehen. Da er aus der Ferne begriffen hatte, daß die chaotische Disziplin unter den Sträflingen auf die fehlende Entscheidungsbefugnis des Amtes zurückging, bestand er darauf, Vandiemensland wie eine eigenständige Kolonie zu führen und die Vollmachten eines Gouverneurs zu bekommen, auch wenn er dem Titel nach nur Statthalter oder stellvertretender Gouverneur war. Er brachte das Kolonialministerium dazu, seine Ernennung so abzufassen, daß er Gesetze erlassen, Siedlungsland verteilen, den Geldumlauf unmittelbar steuern, Begnadigungen aussprechen, Strafen erlassen, seine eigenen Mitarbeiter ernennen und ohne den Umweg über den Gouverneur in Sydney unmittelbar an die Regierung in London berichten durfte.

Die Krone ging 1825 sogar noch weiter und machte aus Vandiemensland eine von Neusüdwales unabhängige Kolonie mit einem eigenen gesetzgebenden Rat – de facto ein Blankoscheck für Arthur, der nunmehr sein utopisches Reich der Strafe und der Besserung autokratisch regieren konnte.

3

Als Arthur am 12. Mai 1824, einige Monate vor seinem vierzigsten Geburtstag, in Hobart an Land ging, wirkte er abwesend und kalt. Er ging gebeugt, und trotz der auf See verbrachten Monate war sein Gesicht bleich. Die Winkel seines schmallippigen Mundes hingen hinab, er lächelte in der Öffentlichkeit selten und faßte im Gespräch sein Gegenüber scharf ins Auge. Zwar ging von ihm der Eindruck unerschütterlicher moralischer Gelassenheit aus, doch nicht der von unerbittlicher Härte. Wenn es in Australien je einen Gouverneur gegeben hat, dem es nicht schwerfiel, Recht von Unrecht zu unterscheiden, war es George Arthur.

Das lag nicht nur an seinem militärischen Hintergrund, sein Gleichmut gründete sich auch in seiner Religiosität. Es gefiel ihm nicht, als »Methodist« bezeichnet zu werden, das klang ihm zu sehr nach Begeisterung und damit nach Unvernunft, außerdem ließ es an Kontakte zu Menschen der unteren Schichten denken, doch seit er in der Tropenhitze von Honduras eine Glaubensoffenbarung erlebt hatte, wußte er, daß Gott der große Befreier war. Sein Kalvinismus war für ihn nicht Privatangelegenheit, er weilte auf Erden, um anderen seine Werte zu vermitteln – darin lagen Bürde und Pflicht seines Führertums.

Er stand in Christi Nachfolge und war fest davon überzeugt, alle gesellschaftlichen Vergnügungen, die seinem Wirken im Sinne des Erlösers im Wege standen, meiden zu müssen. »Hätte sich Christi Vorläufer«, fragte er seine Schwester in einem Brief aus Honduras, »je die Verrücktheit der Quadrillen gestattet?« (Offensichtlich überstieg die Vorstellung, wie Johannes der Täufer bei einem Regimentsball in Honduras mit wehenden Ziegenfellen über das Parkett hüpfte, Arthurs Vorstellungsvermögen.) Wie Fundamentalisten meist, war er in kulturellen Dingen von abweisender Strenge. Er las hauptsächlich, um abzulehnen: Der Philosoph David Hume war für ihn ein »elender Ungläubiger«, und Alexander Popes lehrhafte Satiren verleiteten nach seiner Ansicht die jungen Leute zu Zynismus und Selbstgerechtigkeit.

Einladungen der Familie Arthur in den Amtssitz des Statthalters waren mit Gebet und Bibellesung verbunden, serviert wurde Tee, höchstens daß Arthur mit dem Kolonialsekretär hin und wieder ein Gläschen Portwein trank. Dieser strenge Zuchtmeister und seine stärkeraschelnde Gattin ließen die Siedler rasch erkennen, daß die Tage des »verrückten Tom« Davey und des ehebrecherischen Sorell ferne Vergangenheit waren.

Arthur war fest entschlossen, alle Schlupflöcher im System der Bestrafung zu schließen und aus der Insel einen »idealen Polizeistaat« mit unaufhörlicher und lückenloser Überwachung zu machen; sein neues System aus Strafe und Ansporn sollte so unparteiisch wie eine Maschine sein. Arthur hielt sein System für so weitgehend mechanisch organisiert, daß es Fehler selbst ausmerzen würde. Ein Sträfling bestimmte sein Geschick ausschließlich selbst – durch das Maß seiner Bereitschaft, zu gehorchen und am großen Ganzen mitzuwirken. Die zuständigen Beamten mußten die Maschine nur noch warten und mit Papier in Gang halten. Solange sie lief, erfolgte die Behandlung der Sträflinge automatisch, und ebenso automatisch wurde auch deren Strenge geregelt. Da Maschinen teilnahms- und gefühllos sind, wollte Arthur aus seiner alles entfernen, was mit Empfindungen zu tun hatte. Schwäche verleitet zu Rachsucht und Grausamkeit, keins von beiden stand einem Mann Gottes an.

In einer Hinsicht war Arthur überraschend modern. Er sah im Verbrechen eine Art Krankheit. Für ihn litten Verbrecher an einem »geistigen Delirium«, zu dem es kam, weil sie die Wirklichkeit »durch ein falsches Medium« sahen, einen diese verzerrenden Schleier von Illusionen. Man mußte sie durch Zucht und Ordnung und auch damit auf den rechten Weg lenken, daß man ihnen im täglichen Leben keinerlei Wahlmöglichkeit ließ. Mehr als einmal verglich er seine Gefangenen mit noch nicht eingerittenen Pferden und sah schwere Arbeit, vor allem aber die aus der Wiederholung geborene Langeweile, als einzige Möglichkeit an, Sträflinge in den passiven Zustand zu versetzen, in dem man ihnen die Lehre, die sie bessern sollte, nahebringen und ihr »Delirium« vertreiben konnte.

Zu diesem Ziel ersann Arthur ein ungewöhnliches vollständiges System gesellschaftlicher Steuerung. Er gab unumwunden zu, daß Vandiemensland ein Polizeistaat war, in Wirklichkeit wurde es unter ihm zur (wenn auch kleinen und in gewisser Hinsicht funktionsuntüchtigen) totalitärsten Gesellschaft, die innerhalb des britischen Empires je existierte. Er wollte vollständige Gewalt über seine Insel haben, über Siedler wie Sträflinge. Alles, was geschah, ging auf seine Grundannahme zurück, und die hieß, daß Vandiemensland in erster Linie ein Gefängnis war. Freie, die dort lebten und dessen Vorzüge – kostenlose Landzuteilung und billige ihnen überlassene Arbeitskräfte – genießen wollten, hatten sich mit den Unzuträglichkeiten einer Strafgesellschaft abzufinden und das System aus Polizei, Spionen, Reiseerlaubnissen und Handelsbeschränkungen ebenso in Kauf zu nehmen wie Einschränkungen der Versammlungsfreiheit und eine gegängelte Presse.

Er teilte Vandiemensland in neun Polizeibezirke ein. In jedem war ein Polizeirichter mit einer Anzahl von Konstablern und Feldjägern dem Oberrichter in Hobart verantwortlich, und dieser wiederum Arthur persönlich. In seinem Bezirk jedoch herrschte jeder Polizeirichter unumschränkt, denn er war Richter, Kronbeamter und der »Engel«, der die guten und bösen Taten der Menschen aufzeichnet. Er führte genauestens Buch über Geburten, Verhalten und Tod bei Freien wie Unfreien, stellte für Sträflinge Reiseerlaubnisse aus, und alle Anträge von Siedlern auf Zuweisung von Arbeitskräften wie auch alle Bitten von Sträflingen um Vergünstigungen – wie Strafnachlaß und Freibriefe – gingen durch seine Hände. Er stand an der Spitze der Polizeikräfte des Bezirks, wobei die Hilfspolizisten oder »Feldjäger« aus den ihre Strafe verbüßenden Häftlingen ausgewählt wurden. Der Feldpolizei zugeteilt zu werden galt als erstrebenswerte Vergünstigung, und es war Arthur durchaus klar, welche Wirkung diese Opportunisten im Dienste der Regierung auf die Moral der Sträflinge haben würden: »Unter den Gefangenen hatten sich bereits Mißtrauen und Eifersucht breitgemacht, was den freien Bewohnern Sicherheit vermittelt.« Über jeden Sträfling war, darauf bestand Arthur,

> »regelmäßig und genauestens Buch zu führen wie über Soldaten in ihrem jeweiligen Regiment. Ihr gesamtes Verhalten – die Tätigkeit, der sie zugeteilt werden, von der sie entlassen werden, die Strafen, die sie bekommen, wie

> auch ihr Wohlverhalten – ist vom Tag ihrer Ankunft bis zum Tag ihrer Freilassung oder ihres Todes genauestens zu vermerken.«

Er ordnete 1826 an, daß ein deportierter Gerichtsschreiber namens Edward Cook unter Anleitung eines Archivars damit begann, all diese Angaben über die 12 305 Gefangenen zusammenzustellen, die seit Gründung der Kolonie durch Collins auf Vandiemensland eingetroffen waren. Das Ergebnis war das *Schwarze Buch* – gewaltige, an die neunzig Zentimeter hohe ledergebundene Folianten, die Namen, Personenbeschreibung, Urteil, Einzelheiten über die Deportation und die ausgeführten Dienste als Ausleiharbeiter, Berichte des Gefängnisses und des Wundarztes, Angaben über die Bestrafung und das Verhalten eines jeden Gefangenen auf Vandiemensland enthielten. So besaß 1830 diese Strafkolonie von allen menschlichen Gemeinschaften auf der Erde die vollständigsten Unterlagen über ihre Bewohner, ob frei oder unfrei, eine auf dem Elend gescheiterter Menschen, die durch die verschiedenen Stufen von Arthurs System stiegen oder fielen, gegründete papierene Mastaba.

Arthur ließ jeden Sträfling bei seiner Ankunft befragen, so daß die Behörde alles über alle wußte. Zur Zeit Daveys und Sorells war das wegen nachlässiger Führung der Unterlagen in England nicht immer der Fall gewesen, und so waren ganze Schiffsladungen von Gefangenen ohne schriftliche Unterlagen über die Art ihres Verbrechens und ihrer Strafe an den Derwent gekommen. Das ging so weit, daß Arthur 1827 klagte: »Wir sehen uns einer für eine Strafkolonie einzigartigen Schwierigkeit gegenüber: Wir vermögen nicht zu *beweisen*, daß die aus England hierherdeportierten Rechtsbrecher *tatsächlich* Sträflinge sind.« Oft begrüßte er die Ankommenden selbst, und dem Quäkermissionar James Backhouse verdanken wir einen Bericht über die Art Ansprache, die ihnen Arthur dabei hielt:

> »Er kam darauf zu sprechen, wie tief sie durch ihr eigenes Verschulden gesunken waren, und verglich diesen Zustand zu Recht mit dem der Sklaverei. Er sagte ihnen, man werde ihr Verhalten genauestens überwachen und sie schwer bestrafen, sollte es schlecht sein, entweder mit Arbeit in einer Kettenkolonne oder durch Überweisung in eine Strafsiedlung, wo sie äußerst harte Zucht zu gewärtigen hätten, wo nicht gar ihre Laufbahn auf dem Schafott ende. Wer sich hingegen gut verhalte, der bekomme nach Ablauf einer gewissen Zeit einen Freibrief und könne, sofern sein Wohlverhalten von Dauer sei, eine bedingte Begnadigung erwirken, mit der er sich in der Kolonie frei zu bewegen vermöge. Wer dann auf diesem rechten Wege fortfahre, dem eröffne sich die Möglichkeit einer bedingungslosen Begnadigung, die ihn in den Stand setze, in die Heimat zurückzukehren.«

Arthurs System aus Belohnung und Strafe sah sieben Stufen zwischen den Extremen der Freiheit und des Schafotts vor. Sie hießen: 1. Freibrief, 2. Zuweisung an einen Siedler, 3. Arbeit an öffentlichen Projekten, 4. Arbeit im Straßenbau in den besiedelten Gebieten, 5. Arbeit in einer Kettenkolonne, 6. Verbannung in eine isolierte Strafsiedlung und 7. Arbeit in Ketten in einer solchen Siedlung.

Bei dieser Art »Mensch-ärgere-dich-nicht«-Spiel fiel ein Gefangener durch schlechtes Verhalten zurück und kam durch gutes voran – nach einer Weile. Aber stets mußte er einen Teil der Strafe ordnungsgemäß verbüßen, bis er Aussicht auf einen Freibrief hatte. So konnte ihn ein zu sieben Jahren Verurteilter nach vier Jahren nachweislich guten Verhaltens beantragen, wer zur vierzehn Jahren verurteilt war, nach sechs, und wer lebenslänglich bekommen hatte, nach acht. Er konnte seine Strafe auch durch besondere Dienste verkürzen – beispielsweise indem er einen entflohenen Mitsträfling oder mißliebige Ureinwohner einfing oder indem er als Konstabler in Arthurs verhaßter Feldpolizei diente.

Vorrücken oder Rückstufung der Sträflinge hingen von lückenlosen Berichten über ihr Verhalten ab. Sie wurden auf der für den jeweiligen Bezirk zuständigen Polizeiwache zusammengestellt und an Arthurs Kolonialsekretär weitergeleitet. Als Quellen dafür dienten Siedler, Polizeirichter und andere Zeugen. Über jedes Vergehen und jede Strafe, jeden Wechsel von Arbeitsplatz und Art der Arbeit wachte »ein aufmerksames, aber mildes Auge«, das zugleich prüfte, wie sich der Sträfling Vorgesetzten gegenüber und bei der Arbeit führte, ob er Reue zeigte und wieviel. Niemand konnte sich diesem alles sehenden Auge entziehen.

Arthur glaubte felsenfest an sein System, und es betrübte ihn zutiefst, wenn dessen Funktionieren von außen beeinflußt wurde. Der Quäkermissionar George Washington Walker fand Arthur, als er ihn 1834 eines Tages in seinem Amtssitz besuchte, »äußerst bekümmert« über eine gerade mit dem Transportschiff *Moffatt* eingetroffene Anweisung des Kolonialministers Smith Stanley, in der es hieß, er solle dreißig der 400 neu angekommenen Gefangenen sieben Jahre lang in Ketten arbeiten lassen und sie nicht etwa Siedlern zuweisen, was eine deutlich mildere Strafe gewesen wäre. Durch diese ebenso drakonische wie willkürliche Maßnahme hoffte Stanley in England den Namen Vandiemensland mit Schreckensvorstellungen zu verbinden. Keiner der Unglücklichen hatte etwas getan, um sie zu verdienen, sie alle waren auf der Überfahrt ruhig und fügsam gewesen, so daß Arthur nicht wußte, was er ihnen sagen sollte. »Natürlich fragen sie: ›Warum werden wir so behandelt? Was haben wir getan?‹« schrieb Walker.

> »Doch alles, was der Statthalter zu sagen vermag, ist: ›So lauten meine Befehle aus England, und es steht nicht in meiner Macht, euch zu helfen. Laßt

mich als euer Freund euch raten, fügt euch darein: Widerstand würde eure Lage nur verschlimmern, und ich werde heimschreiben und mich bemühen, eine Milderung eurer Strafe zu erlangen, sofern nicht Aufsässigkeit hier in der Kolonie mir zeigt, daß ihr sie verdient.‹ Diese Art, mit den Sträflingen zu sprechen, geht auf das Billigkeitsgefühl des Statthalters zurück, von seiner Menschlichkeit ganz zu schweigen.«

Arthurs strenge Zucht verband sich mit einer nicht immer leicht zu ertragenden Frömmigkeit, aber er war in keiner Weise Sadist. Diesen Vorwurf, den später eine feindselige Presse in der Kolonie gegen ihn erhob, festigte die Literatur noch lange nach seinem Tod. Sein eigentliches Ziel auf Vandiemensland war Besserung der Sträflinge – nicht Rache an ihnen.

Alle Sträflinge begannen ihre Laufbahn auf der Stufe 2 als zugewiesene Arbeitskräfte. Wer nicht Siedlern zugewiesen war, wurde bei öffentlichen Projekten beschäftigt, für die beständig Arbeitskräfte gebraucht wurden, denn da die Sträflingsbevölkerung stetig zunahm und die Siedlung unaufhörlich wuchs, benötigte Vandiemensland immer noch mehr Gefängnisse, Unterkünfte, Anleger, Brücken und Straßen. Nach dreijähriger Amtszeit wurden auf Vandiemensland 2500 Männer auf den Stufen 3 bis 7 mit Zwangsarbeit an öffentlichen Projekten beschäftigt, das entspricht 43 Prozent der gesamten Sträflingsbevölkerung (verglichen mit 577 Männern oder 32 Prozent im Jahre 1820). Das erklärt den dringenden Bedarf an neuen öffentlichen Gebäuden aller Art.

Doch die meisten Sträflinge befanden sich in jenem wie in allen anderen Jahren (1827 2750 oder 46 Prozent) als zugewiesene Arbeitskräfte auf der Stufe 2. Die Zuweisung war das Rückgrat von Arthurs System, zugleich aber – und das war ihm durchaus bewußt – dessen schwache Stelle. Es war utopisch, zu glauben, *irgendein* System könne übergangslos und automatisch aus einer undifferenzierten Verbrechermasse die dauerhafte Unterschicht reuiger und williger Kleinsiedler machen, die das ideale Endprodukt der Deportation nach Vandiemensland sein sollte.

Um die Wirklichkeit zu sehen, muß man sich einmal von der Verwaltung ab- und einem ihrer vielen Untertanen zuwenden. Er verdient deshalb Aufmerksamkeit, weil er im Unterschied zur überwiegenden Mehrheit seiner Mitsträflinge heimlich einen ungewöhnlich offenen Brief verfaßte, der glücklicherweise auf uns gekommen ist.

George Taylor wurde 1826 auf Lebenszeit nach Vandiemensland deportiert, weil er eine Brieftasche gestohlen hatte. Er versuchte 1832, einen Brief, in dem er beschrieb, wie es ihm ergangen war, an seinen »lieben Bruder« John Thompson zu schmuggeln, einen Sträfling, der in Macquarie Harbour seine Strafe verbüßte. Nach der Ankunft in Hobart hatte man ihm Arbeit in einem Gemüsegarten der Regierung zugewiesen, »unter der Oberaufsicht eines grausamen und rachsüchtigen Tyrannen; dort blieb ich vierzehn Tage«. Dann kam er zu einem freien Siedler namens Tennant. »Hier war ich erneut unglücklich, obwohl mir der Gefängnisbeamte ein gutes Leumundszeugnis ausgestellt hatte, in dem es heißt, daß ich schwer arbeite und fleißig bin. Kaum war ich bei meinem Dienstherrn eingetroffen, da entpuppte er sich als hartherziger Halunke.« Nach sieben Monaten versuchte Taylor verschiedenes, um dem Dienst zu entkommen. Er hoffte, seinen Brotherrn provozieren zu können, damit ihn dieser wegen eines minder schweren Vergehens vor den örtlichen Polizeirichter brachte. Also begann er langsamer zu arbeiten und tat nur »soviel, wie ich für richtig hielt«. Tennant schleppte ihn in der Tat »zwei- oder dreimal« vor den Richter, aber die Anklage wog nicht schwer genug, um Taylor wieder für die Regierung arbeiten zu lassen. Also änderte er seine Taktik, täuschte Krankheit vor und verlangte, was sein Recht war, zum Arzt geschickt zu werden. Dieser merkte, »daß ich unter falscher Flagge segelte, und gab mir für meinen Dienstherrn eine diesbezügliche Mitteilung mit«. Taylor öffnete, las und vernichtete den Brief. Er hielt sich drei Tage lang in der Hütte eines Mitsträflings auf und flunkerte seinem Dienstherrn nach der Rückkehr vor, er sei im Krankenhaus gewesen. Selbstverständlich kam die Wahrheit beim nächsten Zusammentreffen Tennants mit dem Arzt an den Tag. Tennant brachte seinen Sträfling vor den Polizeirichter, und dieser verurteilte Taylor zur Arbeit in der Kettenkolonne bei Bridgewater. Dort verwirklichten Sträflinge auf den Stufen 3 bis 5 im Schweiße ihres Angesichts eins von Colonel Arthurs Lieblingsprojekten: eine befahrbare Brücke über den Derwent, die ein Teil der Hauptstraße von Hobart nach Launceston werden sollte. Zu den Einrichtungen, die Männer wie Taylor dort bessern sollten, gehörten Zellen, die eher Tierkäfigen ähnelten, gut zwei Meter lang und kaum neunzig Zentimeter hoch. Nachts krochen die Männer hinein und wurden mit ihren Ketten an ein kräftiges Gitter geschlossen, so daß sie weder zu stehen noch zu sitzen vermochten. Da Taylor nach zwei Monaten in Bridgewater noch nicht hinreichend geläutert wirkte, kam er ganz automatisch eine Stufe »höher« und wurde in Ketten zur Arbeit an einer Mole in Hobart und im Straßenbau eingesetzt. »Du darfst sicher sein, daß meine Lage nicht beneidenswert ist«, schrieb er seinem Freund, »denn ich denke nur noch mehr als zuvor an meine Freiheit und bin entschlossen, die erste Gelegenheit wahrzunehmen, die sich bietet, um sie zu erreichen.«

Zu seinem Pech fiel dieser Brief den Behörden in die Hände, und Arthur verurteilte Taylor nach einer gründlichen Untersuchung zur Stufe 6 – Verbannung in eine isolierte Strafsiedlung. Später kam er wegen guter Führung wieder in Stufe 5, diesmal in einer Kettenkolonne bei Launceston. Doch noch immer brannte in ihm der Drang nach Freiheit, und er verschwand 1836. Die letzte Eintragung in Arthurs Unterlagen heißt lakonisch »Entlaufen«. Was auch immer Arthurs System bei Taylor bewirkt haben mochte, sanftmütiger hatte es ihn jedenfalls nicht gemacht – und Männer seines Schlages gab es viele.

Dennoch wollte Arthur sein System so vollkommen und einheitlich gestalten, wie er konnte. Da er nach John Bigges Empfehlung an die britische Regierung eine Strafinsel zu leiten hatte, einen Ort, vor dem Englands Verbrecher zitterten, war es seine Aufgabe, dafür zu sorgen, daß die Abordnung nach Vandiemensland nicht mehr in Form der »schlecht kontrollierten Lotterie« stattfand, zu der sie in Neusüdwales geworden war.

Ohne die Zuweisung von Sträflingen an Siedler hätte es auf Vandiemensland keine Kolonie geben können, denn wie in Neusüdwales waren sie die einzigen verfügbaren Arbeitskräfte. Mithin deutete Arthur die bloße Anwesenheit freier Siedler in einer Strafkolonie dahin gehend, daß sie bereit waren, die Werte der in einer solchen Strafkolonie herrschenden Zucht ungeprüft zu übernehmen. Die Siedler waren unabdingbarer Bestandteil von Arthurs Strafmaschinerie: Sie dienten als Polizisten oder Regierungsbeauftragte. Die Zuweisung eines Sträflings war ein Handel mit der Regierung, und wer deren Regeln nicht befolgte, büßte die Sträflinge ein, die bei ihm dienten. Diese Regeln waren bei weitem strenger als in Lachlan Macquaries liberalerem (und Bigges Ansicht nach undurchschaubarem) System in Neusüdwales. Durchgesetzt wurden sie von einer immer stärker anwachsenden Polizeitruppe, und sie gingen mit einer völligen Verweigerung politischer Einflußnahme durch Freigelassene wie durch freie Siedler Hand in Hand. Während seiner ganzen Amtszeit, die genausolang war wie die Macquaries in Neusüdwales – nämlich zwölf Jahre, von 1824 bis 1836 –, verlor George Arthur nie den Grundsatz aus den Augen, daß jemand, der die Arbeitskräfte eines Landes steuern kann, auch dessen politisches Leben in den Händen hält, und so war Arthurs »Rote Liste« von Siedlern, denen keine Sträflinge zugewiesen wurden, der Absicht wie der Wirkung nach eine gesellschaftliche Waffe von beträchtlicher Schlagkraft.

Ganze Gruppen kamen automatisch auf diese Liste, denn selbstverständlich gab es unter den Freien ebensolche Unterschiede wie unter den Sträflingen: Hitzköpfe, Phlegmatiker und Ausbeuter – sowie Menschenfreunde, die die Sträflinge mit am selben Tisch essen ließen. Unter Arthur gab es für Freigelassene keine der Hilfen, wie sie Macquarie ihnen in Neusüdwales gewährte, was sich genau mit Bigges Ansicht deckte. Ehemalige Sträflinge waren in seinen Augen schlechte Dienstherren, und selbstverständlich ließen sich Beispiele für die Richtigkeit dieser Annahme finden. Entweder waren sie zu milde und wollten nichts von der Polizei wissen, womit sie Arthurs »objektive« Strafmaschinerie hemmten, oder das Bedürfnis, nach Jahren der Knechtschaft und Erniedrigung selbst Macht auszuüben, ließ sie zu Sadisten werden, damit aber schwanden die Besserungsaussichten der für sie Arbeitenden dahin. So bekam mit ganz wenigen Ausnahmen auf Vandiemensland niemand, der selbst Sträfling gewesen war, Sträflinge als Arbeitskräfte zugewiesen. Damit versuchte Arthur das Ideal Bigges und der Exklusiven durchzusetzen – das einer etablierten herrschenden Klasse freier

Abkunft, deren Heloten die Nachkommen der Sträflinge sein sollten. Daß den Freigelassenen auf Vandiemensland Arbeitskräfte verweigert wurden, konnte die Kluft zwischen den reichen (oder zumindest »makellosen«) Exklusiven und der von Sträflingen abstammenden Mehrheit nur vertiefen. Bei Arthurs Ankunft gab es auf ganz Vandiemensland nur drei Sträflinge, die als einigermaßen wohlhabend gelten konnten, und Arthur hatte nicht die Absicht, weiteren dazu zu verhelfen. David Lord beispielsweise hatte von seinem Vater James, der als Sträfling ins Land gekommen war, einen Besitz im Wert von 50 000 Pfund geerbt, und es hieß, er habe ihn bis 1827 so vergrößert, daß er »nicht wußte, wieviel er besaß«. Nicht nur war er ein geschworener Feind Arthurs, sondern auf der Insel auch ein einmaliger gesellschaftlicher Sonderfall.

In einigen Berufen war es schwer, Sträflinge zu bekommen. Arthur hielt gleichermaßen wenig vom Rum wie von Menschen, die damit handelten, und er teilte nur selten einem Schankwirt einen Sträfling zu. Da er die Stadt für verworfener als das Land hielt – angesichts der Zahl von Schenken und »lockeren« Frauenzimmern eine gewiß nicht falsche Einschätzung –, wies er Sträflinge lieber Bauern als Händlern in der Stadt zu.

Er erwartete, daß Dienstherren ihre Arbeitskräfte zum Gebet und zur Heiligung des Sonntags anhielten. Männern, die lesen konnten, mußten sie Bibeln kaufen, das aber tat kaum einer. Nur weniges erzürnte Arthur mehr, als wenn ein Dienstherr bei seinen Sträflingen nicht auf die Entwicklung religiöser Gewohnheiten achtete. Am liebsten hätte er gesehen, daß Vandiemensland am Ende seiner Amtszeit mit zahlreichen anglikanischen Kirchen und methodistischen Andachtshäusern bedeckt gewesen wäre. Er tat alles, was in seinen Kräften stand, um Geistliche, Missionare und sonstige Verbreiter des Wortes ins Land zu holen. Die Methodisten zeichneten sich besonders dadurch aus, daß sie zum Tode Verurteilten am Fuß des Schafotts Beistand gewährten – Gelegenheit dazu hatten sie unter Arthur reichlich. Ein Prediger, Reverend Carvosso, half binnen dreißig Stunden vierzehn Männern dabei, sich durch die Schlinge den Pforten der Ewigkeit zu nähern.

Wo immer in den besiedelten Bezirken von Vandiemensland eine Stadt gegründet wurde, bestand Arthur auf dem Bau eines Kirchleins, gewöhnlich ein schnörkelloser steinerner Kasten mit Spitzbogenfenstern und steilem Dach. Als er 1824 auf Vandiemensland eintraf, gab es dort vier Kirchen; als er die Insel verließ, waren es achtzehn.

Kirche und Polizeiwache waren die architektonischen Zeugnisse seines Wirkens, und die eine diente der anderen. Die Staatsreligion war zugleich Mittel des Strafvollzugs. Die Pflichtversammlung der Sträflinge an Sonntagen hatte mit einem Gottesdienst und der Ansprache eines Geistlichen zu enden. Es war allerdings nicht leicht, darauf zu achten, daß sich Dienstherren wirklich um die moralische Besserung der ihnen Anbefohlenen kümmerten. Manche ließen ihre

Sträflinge sonntags arbeiten, duldeten ihren Hang zum Laster und spornten sie mit Rum zu höherer Leistung an. Erfuhr Arthur davon, zog er die Männer sofort ab und überließ die Siedler dem wirtschaftlichen Ruin.

Freundschaftliche Beziehungen zwischen Freien und Unfreien unterband er, wo er konnte. Ein Siedler kam auf die »Rote Liste«, weil er am Weihnachtsabend seine Sträflinge mit der Familie zusammen hatte essen lassen. Als 1831 einer der führenden Männer unter den Siedlern, George Meredith, entgegen der strengen polizeilichen Anweisung seinen Männern an Silvester Alkohol ausschenkte, ließ ihn Arthur durch seinen Kolonialsekretär darauf hinweisen, eine Wiederholung werde »zum sofortigen Abziehen aller seiner Dienstboten führen«.

Kam Arthur durch seine Bezirkspolizei zu Ohren, daß ein Siedler ein Verhältnis mit einem weiblichen Sträfling hatte, wurden dessen Arbeitskräfte ohne Ausnahme anderen Dienstherren zugewiesen. Selbst wenn ein Freisiedler einen weiblichen Sträfling heiratete – und die meisten der Frauen auf Vandiemensland waren nun einmal Deportierte, so daß es für die Kleinsiedler kaum eine andere Möglichkeit gab –, büßte er sogleich die ihm zugewiesenen Arbeitskräfte ein. Verwandten, wie es in Neusüdwales üblich war, wurden Sträflinge auf Vandiemensland nur selten zugewiesen. In Einzelfällen gestattete Arthur die Einwanderung der Ehefrau eines Sträflings, vorausgesetzt, der Mann besaß seinen Freibrief oder dessen Dienstherr beschäftigte die Frau in seinem Haushalt. Aber für ihre Überfahrt kam er natürlich nicht auf.

Zögernd wurde für »Ikey« Solomon eine Ausnahme gemacht, den berühmten jüdischen Taschendieb und Hehler, der Charles Dickens angeblich als Vorbild zur Gestalt des Fagin in seinem *Oliver Twist* gedient hat. Seine Frau Ann war wegen Hehlerei deportiert worden, und sie kam 1828 in Hobart mit vier Kindern zwischen drei und neun Jahren an. Sie wurde einem höheren Polizeibeamten als Aufwartung zugeteilt. Der unerschrockene »Ikey«, den man 1827 wegen Diebstahls festgenommen und verurteilt hatte, war entflohen und gelangte über Dänemark, die Vereinigten Staaten und Rio schließlich unter falschem Namen nach Hobart, um mit seiner Frau zusammenzusein. Er kaufte Land, ein Haus und begann einen Handel, der bald blühte. Jedermann in der Kleinstadt Hobart, die voll seiner früheren Kollegen war, wußte, wer er war, doch rettete ihn eine Besonderheit des englischen Strafrechts. Arthur, der stets streng nach Vorschrift verfuhr, hatte vom Kolonialministerium in London keine Aufforderung erhalten, Isaac Solomon festzunehmen, und konnte daher nichts gegen ihn unternehmen, bis eine solche Mitteilung eintraf. Mit Unterstützung einiger anderer Händler brachte Solomon eine Kaution von tausend Pfund auf, und Arthur ließ widerstrebend zu, daß ihm seine Frau zugewiesen wurde. Als Arthur im November 1829 endlich den Haftbefehl aus England erhielt, war das Solomonsche Familienidyll schlagartig zu Ende. Zwar unternahm der »Ur-Fagin« noch einen letzten Versuch, vom Haken loszukommen, und bewarb sich mit einer Unverfrorenheit, die seines

Ebenbildes in der Literatur würdig ist, aus der Gefängniszelle um einen amtlichen Auftrag:

»An Seine Exzellenz Oberst George Arthur,
Statthalter von V D Land &c &c &c

Sir,
ich bitte um die Genehmigung, folgendes erklären zu dürfen. Vor einer Weile entdeckte ich einen Mann mit einer gefälschten Note der Bank of the Derwent. Ich sorgte für seine Festnahme, er wurde verurteilt und nach Mackquarrey Harbour geschickt. Ich möchte gleichfalls erklären, daß eine Vielzahl gefälschter Noten in Umlauf war, bevor ich diesen Mann entdeckte, und ich habe nichts davon gehört, daß seither solche Noten aufgetaucht wären. Daher biete ich hiermit der Regierung meine Dienste an, solche Vergehen aufzudecken oder andere Aufgaben zu erledigen, welche die Regierung mir zuweist, und ich versichere Ihnen, daß ich mit allen Kräften danach streben werde, sie zu erledigen.
Ich habe die Ehre, zu unterzeichnen als Euer Exzellenz untertänigster Diener
Isaac Solomon.«

Aber Arthur ließ sich nicht beeindrucken. »Ich nehme an«, schrieb er kühl auf die Rückseite, »diese Mitteilung stammt von dem als ›Ikey Solomon‹ bekannten Manne – von ihr braucht keine Notiz genommen zu werden.«

So wurde Isaac Solomon nach England zurückgeschickt, unter dem Protestgeschrei von Hobarts oppositioneller Presse, die in diesem Vorgehen einen Verstoß gegen die Vorschriften der Habeaskorpusakte sah. Dort wurde er zu vierzehn Jahren Deportation verurteilt; Ende 1831 war er wieder in Hobart, bekam 1835 seinen Freibrief und war 1835 wieder mit seiner Familie vereinigt. Unglücklicherweise konnten sich die Solomons da nicht mehr ausstehen. Isaac stritt unaufhörlich mit seiner Frau, und als sie 1840 begnadigt wurde, lösten sie ihre Beziehung. »Ikey« starb zehn Jahre später. Seine alte Gabe, Geld zu verdienen, hatte ihn verlassen. Er war nicht – wie die Legende behauptet – an der Gründung der ersten Synagoge auf Vandiemensland beteiligt, und was er hinterließ, hatte lediglich einen Wert von siebzig Pfund.

Unter Arthur hatten Siedler, denen Sträflinge zugewiesen wurden, streng darauf zu achten, daß diese seine Vorschriften genauestens befolgten. Da sich aktiv an Arthurs Strafvollzug beteiligen mußte, wer solche Arbeitskräfte bekommen wollte, wurden alle freien Siedler zu Gefängniswärtern. Von »Rechten« war keine Rede, man erwartete, daß sie zu Hause blieben und taten, was von ihnen verlangt wurde. Einem Dienstherrn konnten die ihm zugewiesenen Arbeitskräfte entzogen werden, wenn er sie müßiggehen ließ, Sträflinge als Aufseher einsetzte oder an andere Siedler auslieh. Wohl verlor seinen Sträfling, wer ihn beschimpfte, denn sie hatten das Recht, sich jederzeit beim Polizeirichter zu beschweren, doch andererseits war es nicht gestattet, ihnen zu weit entgegenzukommen. Brachte ein Dienstherr einen störrischen, aufsässigen oder rückfälligen Sträfling nicht vor den Richter, bekam er mit Sicherheit Schwierigkeiten.

Schlüssel zu Arthurs Überwachungsstaat war selbstverständlich die Qualität der Polizei. Um zu erreichen, daß stets möglichst viele Angaben zur Verfügung standen, hatte Arthur dafür gesorgt, daß seine Polizeitruppe von Männern geführt wurde, die weder den Siedlern noch den Häftlingen gegenüber verpflichtet und nur ihm verantwortlich waren. Auch die ihm so Unterstellten durften keiner Seite zuneigen. Um das zu erreichen, ernannte er Heeresangehörige zu Bezirksrichtern und auf dem Weg der Besserung befindliche Häftlinge zu Angehörigen der Feldpolizei, als Belohnung für gute Führung und als Schritt in die Freiheit. Das erwies sich als Meisterstreich, denn die Konstabler aus den Reihen der Sträflinge konnten nicht nur durch die leiseste Androhung der Rückstufung zum alten Status bei der Stange gehalten werden, sie waren auch darauf bedacht, sich auszuzeichnen, und wußten, daß diese Aufgabe für sie eine einmalige Gelegenheit bedeutete. Auch hatten sie zweifellos ein gewisses Vergnügen daran, die Siedler herumzukommandieren, und man konnte von ihnen den Gehorsam und gleichzeitig die Wildheit dressierter, aber scharfer Hunde erwarten. Möglich, daß den aus den Reihen des Militärs stammenden Polizeirichtern das bürgerliche Recht unvertraut war, und gewiß sahen sie häufig geringschätzig auf die Siedler und mit Verachtung auf die Sträflinge hinab, aber da sie über die Kritik von Zivilisten erhaben waren, machten sie sich nichts aus der Presse. Ihr Werdegang hatte sie für den bei der Verwaltung unerläßlichen Papierkrieg gerüstet, sie führten Arthurs mannigfaltige und unerbittliche Befehle mit militärischem Eifer genauestens aus und glaubten ebenso unverbrüchlich wie dieser selbst an die von oben nach unten reichende Befehlskette.

Nicht alle hatten etwas gegen die Methoden von Arthurs Polizei einzuwenden. Immerhin gab es dadurch keine Buschklepper mehr, waren die Brady-Bande zerschlagen und die Straßen für Händler sicherer geworden; einmal ganz davon abgesehen, daß Tausende von Menschen nachts ruhiger schliefen. Dennoch vergifteten sie die Atmosphäre in der Gesellschaft durch Angst vor Denunziation und dem ständigen Herumspionieren. Um 1830 stand Vandiemensland im Begriff, »eine Gemeinschaft aus Verleumdern und Sklaven« zu werden.

Überdies betrieb Arthur eine ausgedehnte Vetternwirtschaft. Ihm war klar, eine wie geringe Zahl von Verwaltungstalenten er auf Vandiemensland zur Verfügung hatte, und er brauchte Menschen, denen er trauen konnte – Loyalität statt Vorstellungskraft. Autokrat war er zum Teil deshalb, weil ihn die große Entfernung dazu gemacht hatte. Anweisungen aus London trafen mit einer Verzögerung von einem vollen Jahr ein, und selbst solche aus Sydney brauchten bis zu vier Monaten. Damit, daß er durchgesetzt hatte, von ihnen weitgehend – zu seinem Leidwesen nicht vollständig – unabhängig zu seien, besaß er letztlich weitergehende Vollmachten als der Gouverneur von Neusüdwales, und er nutzte sie mit überlegener Mißachtung »liberaler« und »demokratischer« Grundsätze. Nie bat er um Entschuldigung, nie sah er einen Anlaß, Anweisungen zu erläutern.

Offen ließ Arthur die Sonne seines Gönnertums über Männern scheinen, die aus den Reihen des Militärs stammten, wofür man ihn angesichts der Fähigkeiten einiger der ihm von der Krone geschickten Zivilbeamten kaum tadeln kann. Dudley Fereday (1789–1849), Sohn eines bankrott gegangenen Kohlemagnaten, 1824 durch Vermittlung eines englischen Lords Polizeichef von Vandiemensland geworden, erwies sich als rücksichtsloser Wucherer, der Geld zu fünfunddreißig Prozent auslieh. Arthur entledigte sich seiner umgehend, ebenso wie seines unnachgiebigen Kronanwalts Arthur Gellibrand und jedes anderen, der entweder nicht zur Zusammenarbeit bereit war oder moralisch zweifelhaft erschien. Er verfolgte den Zollbeamten Rolla O'Farrell, der mittellos in Hobart angekommen war und durch seine Käuflichkeit ein Vermögen von mehr als fünfzehntausend Pfund angesammelt hatte. Mit diesem Mann, teilte Arthur nach London mit, könne er nichts anfangen, da er ein Wüstling und Sittenstrolch sei, der mit einer der auf der *Princess Royal* angekommenen Prostituierten zusammenlebte und mit Geldstrafen belegt worden war, weil er weibliche Sträflinge bei sich untergebracht und verführt hatte. England schickte Arthur 1831 einen Richter, Alexander Dandy Baxter (1798–1836), dessen Unwissenheit und geradezu paranoischer Sadismus von solcher Art waren, daß Arthur ihn in seiner Kolonie nicht dulden mochte. So hatte er während seiner Dienstzeit als Darlings Kronanwalt in Neusüdwales seine Frau mit einem Schürhaken verprügelt, nachdem sie Zwillinge zur Welt gebracht hatte. Arthur sah in der Anwesenheit dieses Mannes eine »Verletzung allen öffentlichen Anstandes«. Als sein erster Kolonialsekretär traf 1826 John Burnett (1781–1860) ein – ein nervenschwaches Männchen, das jede Aufregung aufs Krankenlager warf. Nicht ohne Schwierigkeiten ersetzte ihn Arthur durch John Montagu (1797–1853), einen draufgängerischen ehemaligen Offizier des 40. Regiments, Veteran der Schlacht von Waterloo, und – das sei nicht nur am Rande vermerkt – Ehemann einer von Arthurs Nichten.

Bei Ernennungen setzte sich Arthur geradezu brutal durch. Boyes schrieb: »Dem Namen nach liegt die Regierungsgewalt in der Kolonie beim Statthalter und einem Exekutivrat. Ich sage ›dem Namen nach‹, da der Rat machtlos ist, denn die wahre Regierungsgewalt besteht aus Oberst Arthur und seinen beiden Neffen.« Mit diesen »Neffen« waren Montagu und der oberste Polizeirichter Matthew Forster (1796–1846) gemeint, ein halbblinder ehemaliger Hauptmann im 85. Regiment, der so klug gewesen war, eine weitere Nichte Arthurs zu heiraten.

Ein weiterer Günstling Arthurs war Roderic O'Connor (1784–1860), ein Ire reinsten Wassers, Sohn eines reichen Landbesitzers, der 1824 mit zwei unehelichen Söhnen auf seinem eigenen Schiff nach Hobart gesegelt war. Er war zäh, offen heraus, pragmatisch und überheblich – ein Mann, den Arthur trotz dessen Atheismus und Vorliebe für den Grog brauchen konnte. Er berief ihn in den Landvermessungs-und-Bewertungs-Ausschuß, dessen Aufgabe es war, die Aufteilung von Vandiemensland in Grafschaften und Gemeinden zu überwachen, den Wert ungenutzten Kronlandes zu schätzen und die Trasse für die von Sträflingen zwischen Hobart und Launceston zu bauende Nord-Süd-Hauptstraße festzulegen, das Rückgrat der Kolonie. Wer diesem Ausschuß angehörte, konnte zu Landbesitz kommen. Arthur gab O'Connor 1824 1000 Acre, 1828 besaß dieser bereits 4000, und ihm standen so viele Sträflinge als Arbeitskräfte zur Verfügung, wie er wollte – wenn es darum ging, seinen Favoriten Leute zuzuschanzen, war Arthur nie kleinlich. Als der Statthalter 1836 Vandiemensland verließ, gehörte O'Connor zu den sechs reichsten Männern der Kolonie und war ein geschworener Gegner jeder Änderung des Systems der Sklaverei, auf dem sein Reichtum gründete. Man mochte ihn nicht, aber fürchtete ihn. Bei seinem Tod besaß er 65 000 Acre Land auf Tasmanien und hatte 10 000 weitere von der Regierung gepachtet.

Doch vorerst blühte unter Arthurs organisierender Hand die Wirtschaft von Vandiemensland auf. Bei seiner Ankunft 1824 hatte die Zahl der weißen Bevölkerung 12 000 betragen und der Gesamtexport 45 317 Pfund. Die Exportleistung belief sich 1836, im Jahr seiner Abreise, auf 540 221 Pfund, bei einer Bevölkerung von 40 000 Weißen. Die Siedler waren vorwiegend Männer, die ihr Kapital eingesetzt hatten, denn Arthur widersetzte sich der Einwanderung freier Arbeiter nach Vandiemensland, selbst wenn sie qualifiziert waren; ein freier Arbeitsmarkt hätte das gesellschaftliche Steuerungsinstrument entwertet, das er mit der Zuweisung der Sträflingsarbeitskräfte besaß. Wohlhabende Siedler standen an der Spitze der Gesellschaftspyramide und sahen auf bloße Händler und Kaufleute hinab. 1830 gab es auf Vandiemensland einen Wollboom, einen Weizenboom, einen Boom in Bauland und landwirtschaftlich genützten Grundstücken – und Ärger mit Kredithaien. Es hieß, Angehörige von Arthurs eigenem gesetzgebenden Rat liehen Geld zu ungesetzlichen Wucherzinssätzen von fünfzehn bis fünfzig Prozent aus. Der Oberst selbst, der alle Projekte schon im Vorstadium kannte, scheffelte ein Vermögen durch kluge Investitionen in Grund und Boden. Er lebte wie ein teetrinkender, psalmensingender Nabob und verstieß nie gegen den Buchstaben des Gesetzes, das allerdings damals in derlei Angelegenheiten weniger streng gehandhabt wurde. Als er die Brücke über den Derwent zusammen mit der Rampe für die Straße Hobart–Launceston bei Bridgewater errichten ließ, besaß er den größten Teil des umliegenden Landes; und als der neue Anleger in Hobart gebaut wurde, warf man ihm vor, durch die Wahl von dessen Lage habe er den Wert seines unmittelbar danebenliegenden Grundstücks von 800 auf 12 000 Pfund gesteigert.

Die Erniedrigung der um Sydney lebenden Ureinwohner mit ihren billigen, englischen Konfektionsfetzen und Rumflaschen hält Augustus Earle um 1830 mit seiner Lithographie *Eingeborene von Neusüdwales* fest. *(Mitchell Library and Dixson Collections, Sydney)*

OBEN: Eine Sträflingskolonne in Fußeisen vor ihrer Unterkunft in Sydney, von Augustus Earles unfreundlichem Auge gesehen, etwa 1830. *(National Library of Australia, Canberra)*

UNTEN: Eine Sträflingskolonne im Busch nahe Sydney, um 1838. Wahrscheinlich ist der verkniffene und mürrische Ausdruck der zu Kolonnen zusammengefaßten Gefangenen näher an der Wirklichkeit als die klischeehafte Darstellung brutaler irischer Typen auf Earles Lithographie.

OBEN: Kolonnenarbeit an der Großen Straße nach Westen über die Blauen Berge. Augustus Earles *Blick vom Gipfel des Mount York* auf die Bathurst-Ebene, um 1826. *(National Library of Australia, Canberra)*

UNTEN: Die Straße nähert sich der Vollendung, und »endlose Weiten öffnen sich unserem Blick«. Charles Rodius, *Sträflinge bauen die Straße nach Bathurst*, 1833. *(National Library of Australia, Canberra)*

OBEN: »Der Ort der Tyrannei« – Macquarie Harbor. Die Ruinen des steinernen Gefängnisbaus auf der Sarahinsel, Foto von J. W. Beattie aus den sechziger Jahren des vorigen Jahrhunderts. *(National Library of Australia, Canberra)*

LINKS MITTE: Die Sarahinsel von Süden, vom Sträfling C. H. T. Costantini um 1830 gezeichnet. In der Mitte die Bootswerft. Man beachte die hohen Palisaden-Sicherheitszäune. *(Allport Library and State Museum of Fine Arts, Hobart)*

LINKS UNTEN: Sträflinge transportieren ein Floß aus Tannenstämmen zur Sägegrube auf der Sarahinsel, Macquarie Harbour. Rechts liegt die Grummetinsel mit ihrer primitiven Strafhütte, darunter die finstere Höhle im Felsen, die als Isolierzelle diente. Zeichnung von T. J. Lemprière, um 1830. *(Allport Library and State Museum of Fine Arts, Hobart)*

OBEN: *Ein Blick auf die Stadt Hobart auf Vandiemensland,* um 1823, von George W. Evans. Im Vordergrund Sträflinge bei ihrer offenbar nicht sehr ernsthaft betriebenen Arbeit – zwei Männer in der Mitte unterhalten sich und rauchen – unter Aufsicht eines Architekten. Der Gouverneur Arthur bemühte sich, dieser laschen Arbeitsauffassung entgegenzuwirken. Den Maler dieses Bildes, Evans, enthob er wegen des Vorwurfs der Bestechlichkeit seines Postens als Landvermesser auf Vandiemensland. *(National Library of Australia, Canberra)*

RECHTS: Der unnachgiebige Statthalter von Vandiemensland, Sir George Arthur (1784 bis 1854). Anonyme Miniatur. *(Mitchell Library and Dixson Collections, Sydney)*

OBEN: Port Arthur in den sechziger Jahren des vorigen Jahrhunderts. Das vierstöckige Gebäude mit den Dachgauben ist Teil der riesigen, 1857 in ein Gefängnis umgewandelten Getreidemühle. Der runde, mit Zinnen versehene Turm auf halber Höhe des Hügels (links) diente als Wachhaus. *(National Library of Australia, Canberra)*

LINKS: »Unbestechliche Gerechtigkeit, so teilnahmslos, als habe das Geschick sie verhängt.« Captain Charles O'Hara Booth (1800–1851), Kommandant in Port Arthur von 1833 bis 1840. Porträt von T. J. Lemprière. *(Tasmanian Museum and Art Gallery, Hobart)*

RECHTS: Sir John Lady und Franklin inspizieren die lange Reihe Wachhunde an Eaglehawk Neck. *(Mitchell Library and Dixson Collections, Sydney)*

UNTEN LINKS: »Der Ritter vom Pol.« Der Gouverneur Sir John Franklin (1766 bis 1847). Anonyme Miniatur. *(Mitchell Library and Dixson Collections, Sydney)*

UNTEN RECHTS: »Auch ich war in Arkadien« – Insignien der Verwaltung und der Zucht in Port Arthur, umgeben von wilden Blumen des Landes. Postkarte von J. W. Beattie, wie sie um 1870 an Touristen verkauft wurde. *(Mitchell Library and Dixson Collections, Sydney)*

OBEN: Eaglehawk Neck, die einzige Landbrücke zur Tasmanischen Halbinsel, in den siebziger Jahren des 19. Jahrhunderts von J. W. Beattie fotografiert. Im Vordergrund sind Wachhäuser zu sehen. *(Launceston Museum and Art Gallery, Tasmania)*

UNTEN: »Die unzerstörbaren Tore zur Hölle« – Cape Raoul an der Zufahrt zu Port Arthur mit seinen schroff aufragenden, seltsam gezackten schwarzen Basaltwänden. *(Launceston Museum and Art Gallery, Tasmania)*

OBEN: Die von Kommandant Booth eingerichtete erste australische Eisenbahn mit »Sträflingsantrieb« ermöglichte Besuchern eine Fahrt durch den Urwald der Tasmanischen Halbinsel. *(National Library of Australia, Canberra)*

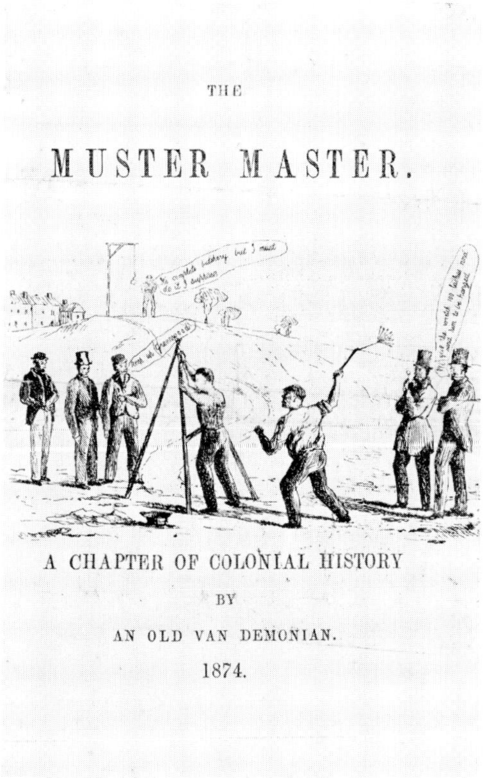

THE

MUSTER MASTER.

A CHAPTER OF COLONIAL HISTORY

BY

AN OLD VAN DEMONIAN.

1874.

RECHTS: Propaganda gegen die Erinnerung an das System. Auf dem Titelblatt dieses dreißig Jahre nach dem Ende der Deportation nach Tasmanien veröffentlichten Buchs (Titel etwa: »Der Herr zeigt es dem Sklaven«) wird ein Sträfling ausgepeitscht, während ein subalterner Beamter ihn ermahnt, sich »zusammenzureißen«. Rechts erklärt ein Friedensrichter: »Der Bursche kriegt hundert Hiebe und wird dann gehängt.« Der Henker vor dem Galgen auf dem Hügel ruft aus: »Es ist zwar die reinste Metzelei, aber was bleibt mir anderes übrig?« In Wirklichkeit war eine solche Kombination aus Prügel- und Todesstrafe unzulässig. *(Mitchell Library and Dixson Collections, Sydney)*

OBEN: Benjamin Duterreaus »Nationalgemälde« *Die Aussöhnung,* um 1835. Man sieht, wie George Augustus Robinson die überlebenden Aborigines der tasmanischen Hauptinsel den Weißen zuführt. Die links von ihm sitzende Trucanini weist auf den Mann, dem das Verdienst an der Versöhnung zukommt, und zieht einen widerstrebenden Stammesangehörigen zu ihm hin. Man beachte die in naiver Weise durch das Nebeneinander eines Wallabys und einiger Känguruhhunde ausgedrückte Verbildlichung der »Versöhnung«. *(Tasmanian Museum and Art Gallery, Hobart)*

LINKS: Die letzten reinblütigen Ureinwohner der tasmanischen Hauptinsel, die, auf europäische Weise herausgeputzt, dem Ende entgegensehen. Von links nach rechts: Trucanini, William Lanney und Bessie Clarke, 1866 von J. W. Beattie fotografiert. *(National Library of Australia, Canberra)*

Arthurs Haltung gegenüber den Beziehungen zwischen den Rassen, um 1828: Eine öffentlich angeschlagene Tafel, die sich an Aborigines wendet und Schwarz wie Weiß Gleichbehandlung vor dem Gesetz zusichert. *(Tasmanian Museum and Art Gallery, Hobart)*

OBEN: Das Ritual der neunschwänzigen Katze, eine Auspeitschung in Moreton Bay aus William Ross' Flugschrift gegen Captain Logans Herrschaft, *Der üble Tyrann* oder *Der leidende Sträfling*, 1836. *(Mitchell Library and Dixson Collections, Sydney)*

UNTEN LINKS: Der Zuchtmeister des australischen Festlandes, Sir Ralph Darling (1775–1858), Gouverneur in Neusüdwales von 1824 bis 1831, betrieb die Ausweitung von »Sekundär«-Strafkolonien von Newcastle bis Moreton Bay und die erneute Verwendung der Norfolkinsel als »*ne plus ultra* der Erniedrigung der Sträflinge«. Porträt von John Linnell. *(Mitchell Library and Dixson Collections, Sydney)*

UNTEN RECHTS: »Jubelt, Mitgefangene / Mögen all solche Ungeheuer einen Tod wie er finden« – Captain Patrick Logan vom 57. Regiment, Kommandant von Moreton Bay. Anonymes Porträt. *(Mitchell Library and Dixson Collections, Sydney)*

OBEN: Die Überreste einer »Isolierzelle« im Hauptgefängnis von Kingston auf der Norfolkinsel. Man beachte die dicken Wände, durch die kein Laut dringen konnte. Seit diese Aufnahme (um 1870) entstand, wurde die ganze Anlage eingeebnet, so daß kaum Spuren dieser Gebäude erhalten geblieben sind. *(Launceston Museum and Art Gallery, Tasmania)*

RECHTS: Grabstein eines nach dem Sträflingsaufstand von 1834 gegen Kommandant Morisset auf der Norfolkinsel gehenkten Meuterers. *(Sammlung des Autors)*

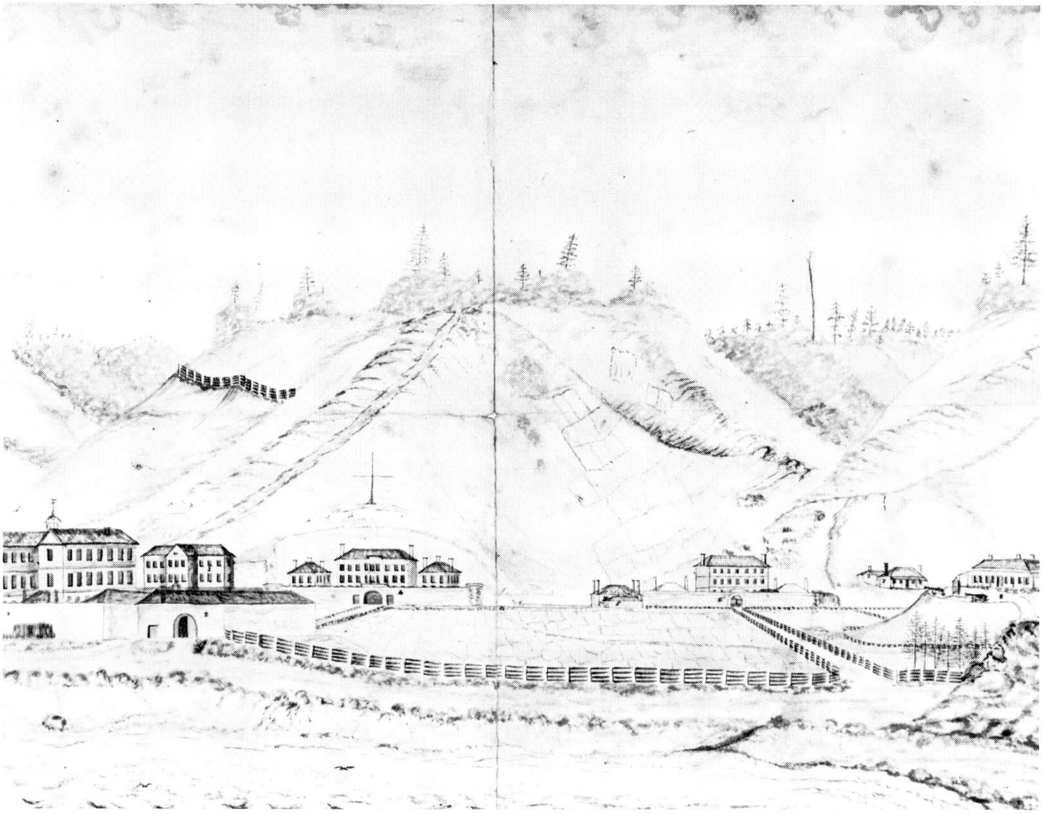

OBEN LINKS: »Der Mörderhügel« – das Massengrab neben dem geweihten Boden des Friedhofs der Norfolkinsel, in dem die Teilnehmer an der Sträflingsmeuterei von 1846 beigesetzt wurden. *(Launceston Museum and Art Gallery, Tasmania)*

UNTEN LINKS: Captain Foster Fyans (1790–1870), Kommandant Morissets Stellvertreter auf der Norfolkinsel, der den Aufstand von 1834 niederschlug. *(Mitchell Library and Dixson Collections, Sydney)*

UNTEN RECHTS: »Einer der in der Vorstellung Australiens unvergessenen Unmenschen« – John Giles Price (1808–1857), Kommandant auf der Norfolkinsel von 1846 bis 1853. *(Royal Society of Tasmania)*

OBEN RECHTS: Darstellung der Hauptsiedlung Kingston auf der Norfolkinsel durch einen unbekannten Zeichner, 1838. Die Gefangenenunterkünfte liegen links, hinten am Fuß des Hügels die Kaserne der Soldaten, rechts der Gouverneurssitz. *(Mitchell Library and Dixson Collections, Sydney)*

RECHTS: Maconochie gesteht den Toten Würde zu. Der von Sträflingen behauene Grabstein des wegen seiner Beteiligung an einem Entführungsversuch des Gouverneurs Phillip erschossenen Samuel Jones, 1842. *(Sammlung des Autors)*

Produkte des Systems: Einige der letzten Sträflingsveteranen in Port Arthur, 1874 aufgenommen. *(National Library of Tasmania, Hobart).*

Nach einigen Jahren diktatorischer und gottesfürchtiger Vetternwirtschaft hagelte es Vorwürfe und Anfragen: von Siedlern, denen die Übergriffe seiner Polizei zuviel wurden und die wütend darüber waren, daß Arthur wegen Verstößen gegen seine Vorschriften Arbeitskräfte abzog, aber auch von Kaufleuten, die von Arthurs »Landadel« herablassend als Geldscheffler betrachtet wurden, und letztlich von allen, die als Engländer in einer fernen Kolonie die von der Verfassung garantierten Rechte in Anspruch nehmen wollten, was ihnen ihr »Tyrann« verweigerte. Sie hatten nichts dagegen, die Arbeitskraft von Sträflingen zu nutzen, aber sie wollten selbst nicht in einem Gefängnis leben. Vandiemensland konnte nicht auf alle Zeiten wie ein Zuchthaus geführt werden, doch Arthur war entschlossen, erst von seiner Linie abzuweichen, wenn die Krone den ihm erteilten Auftrag änderte. Da die Stimme der schwachen Opposition im Amtssitz des Statthalters ungehört verhallte, verschaffte sie sich Gehör durch die von Arthur verabscheute Presse, die sich bisweilen in Schmähreden und Tiraden förmlich überschlug.

Die Berichterstattung der Zeitungen von Vandiemensland war ungehobelt und cholerisch, ohnehin stand nicht viel in ihnen – einige Spalten mit Nachrichten und Leitartikeln, eine Handvoll Briefe, die eine oder andere amtliche Bekanntmachung und eine Menge Anzeigen. Die Blätter waren, kurz gesagt, kläglich und primitiv, aber als einziges Forum der öffentlichen Meinung in der Kolonie las sie jeder.

Die von ihnen betriebene Art des Journalismus reizte Arthur bis aufs Blut, und er versuchte, 1827 mit einem Lizenzgesetz die Pressefreiheit auf der Insel zu unterdrücken. Mit einem solchen Gesetz hätte der Statthalter das Recht eines Herausgebers, etwas zu veröffentlichen, nach Belieben zu beschneiden vermocht. Für diesen Zweck bemühte Arthur die Rechtfertigung, die er für alles und jedes parat hatte: Vandiemensland war ein Gefängnis, und in einem Gefängnis darf eine Opposition keine Stimme haben. Angesichts des vorrangigen Bedürfnisses nach »Sicherheit und Ruhe« müsse der einmütige Wunsch der freien Siedler nach einer freien Presse unerfüllt bleiben. In Wirklichkeit steckte natürlich Arthurs maßlose Eitelkeit dahinter; er vertrug keine Kritik irgendwelcher Art, schon gar nicht, wenn sie von Zivilisten oder gar von ehemaligen Sträflingen kam.

In seinen Augen waren die Journalisten der Insel nicht eine vierte Kraft, die um die Pressefreiheit kämpfte, sondern ein Schwarm halbkrimineller Stechfliegen, die eigens geschickt waren, um ihn zu ärgern. Zu ihnen gehörte der ehemalige Soldat Robert Murray (1777–1850), dem Vernehmen nach ein 1815 wegen Bigamie deportierter unehelicher Sohn eines englischen Hochadligen. Ab 1825 gab er die *Hobart Town Gazette* heraus und verfaßte unter dem Pseudonym »Ein Bewohner der Kolonie« scharfe Angriffe – oder, je nachdem, auf welchen Standpunkt man sich stellt, schamlose Verleumdungen – gegen Arthurs Vorgehensweise. (Nach 1832 allerdings schwenkte er auf Arthurs Linie ein und wurde sein williges Werkzeug.)

Dann war da der 1810 wegen Einbruchdiebstahls ins Land gebrachte Andrew Bent, Herausgeber der *Colonial Times*: in Arthurs Augen ein hemmungsloser Volksverhetzer. Henry Melville, ein vom Okkultismus geradezu besessener exzentrischer Freimaurer, gab 1830/31 den ersten im Lande handelnden australischen Roman heraus: *Quintus Servinton*, sein Autor war der deportierte Fälscher Henry Savery. Melville verfaßte zu Arthurs großem Mißvergnügen ein ganzes Buch gegen dessen Amtsführung, *History of the Island of Van Diemen's Land from the Year 1824 to 1825*, das aus der Kolonie herausgeschmuggelt und in England gedruckt werden mußte. Neben ihnen ist noch William Goodwin, der Herausgeber des *Cornwall Chronicle*, zu erwähnen, einst despotischer Kapitän von Transportschiffen, dessen geifernde Angriffe gegen Arthur und andere Stützen der Gesellschaft auf Vandiemensland im Unterschied zu denen der anderen Zeitungsherausgeber einer wirklichen Grundlage entbehrt zu haben scheinen.

Einzelne dieser Männer hatten unverkennbar persönlich ein Hühnchen mit Arthur zu rupfen. Zu ihnen gehörte beispielsweise der Mulatte Gilbert Robertson, Sohn eines schottischen Zuckerpflanzers in Britisch-Guayana, der zweimal als Landwirt gescheitert war: erst in Schottland (wo ihn fallende Weizenpreise zugrunde gerichtet hatten) und dann auf einem Besitz von 400 Acre auf Vandiemensland. Er wurde 1824 wegen seiner Schulden gefangengesetzt und arbeitete als Aufseher einer Regierungsfarm für Arthur. Im Jahre 1829 machte er sich auf Woodburn, einem schönen Stück Weideland im Bezirk Richmond, erneut selbständig. Diesmal schien er mehr Glück zu haben, Arthur hatte ihn zum Bezirkskonstabler gemacht, und das Anwesen blühte. Doch im Februar 1832 beging Robertson den Fehler, seinen Sträflingen zu weit entgegenzukommen. Damit sie die Ernte feiern konnten, stiftete er ihnen ein Faß Wein, lud weitere acht Sträflingsarbeiter von umliegenden Besitzungen ein und ließ die 25 Sträflinge sich amüsieren, während er seinen Polizeiaufgaben nachging. Sie betranken sich, und einer wurde bei einer Schlägerei tödlich verwundet. Arthur reagierte mit für ihn ungewöhnlicher Milde: Statt die Robertson zugewiesenen Männer abzuziehen, setzte er ihn lediglich auf die »Rote Liste«, was bedeutete, daß er keine weiteren bekommen konnte. Das aber genügte dem cholerischen Schotten, sich auf den Journalismus zu verlegen, um sich an Arthur zu rächen. Mit der Tageszeitung *The True Colonist* als Sprachrohr brachte Robertson es fertig, während Arthurs letzten beiden Jahren immer wieder den Vorwurf der Veruntreuung, der Unterschlagung öffentlicher Gelder, des Nepotismus und der Tyrannei gegen ihn zu erheben.

Arthurs Kampf gegen die Presse dauerte während seiner gesamten Amtszeit an. Die britische Regierung war nicht bereit, ihm das Lizenzgesetz zu genehmigen, um das er eingekommen war, und so blieb Arthur keine andere Möglichkeit, als seine Kritiker wegen Verleumdung vor Gericht zu zerren. Er deckte sie so methodisch und unablässig mit Klageschriften ein, daß sie keine Gelegenheit mehr hatten, ihre Breitseiten gegen ihn abzufeuern. Murray, Robertson, Melville und Bent kamen hinter Gitter. Sie protestierten mit und ohne Druckerschwärze gegen die Art ihrer Behandlung. Es gibt einen besonders empörten Brief von Henry Melville an Arthur, in dem sich dieser gegen die ihm im Gefängnis von Hobart zuteil gewordene »Folter« auflehnt:

> »Ich schreibe dies aus der Zelle, die dem notorischen Menschenfresser Pierce und ein paar Dutzend anderen Mördern als Unterkunft gedient hat. In ihr habe ich (von britischen Sträflingen hier eingesperrt!) die Nacht mit Schwärmen von Wanzen verbracht, so daß es mir unmöglich war, zu schlafen.
> Ich verlange eine passende Unterbringung, vor allem wegen meiner Frau, die ihre Entschlossenheit bekundet hat, so viele Stunden wie möglich bei mir zu verbringen. Wenn schon die Behörden an einem politischen Gegner ihr Mütchen kühlen wollen, sollte doch auf jeden Fall der oberste Landesherr ein gewisses Mitgefühl für eine harmlose Frau aufbringen, die mehr unter der Einkerkerung ihres Mannes leidet als er.«

Selbstverständlich sah man in diesen Männern Märtyrer. Andrew Bents Verteidiger apostrophierte 1830 seinen Mandanten vor Gericht als »Nimrod der Drucker und Benjamin Franklin der südlichen Halbkugel«. Arthur konnte ihn zwar ins Gefängnis schicken, aber mit all seiner autokratischen Macht nicht auf immer dort halten.

Besonders ärgerte Arthur die Haltung seines eigenen Kronanwalts, Joseph Tice Gellibrand (1786–1837), ein enger Freund Robert Murrays, der sich mehrfach rundheraus weigerte, im Namen der Krone Anklage wegen übler Nachrede zu erheben; ja, er war Murray sogar bei der Abfassung von Leitartikeln für seine Zeitung behilflich. Das ging Arthur über die Hutschnur, und er versuchte, Gellibrand in England anzuschwärzen. Da dieser einer der wenigen wahrhaft fähigen und aufrichtigen Rechtswahrer war, die im Australien der Frühzeit amtierten, konnte er ihn nicht wegen seiner Amtsführung belangen; also erhob er nebulöse Vorwürfe bezüglich Gellibrands Steuerehrlichkeit, und so wurde der Kronanwalt 1826 abberufen. Sein Nachfolger war ein Niemand, ein gewisser Thomas McCleland, den Arthur unschwer manipulieren konnte. Gellibrand wurde darauf umgehend Herausgeber von *The Tasmanian* in Hobart.

So sah sich Arthur bald aufgrund seiner moralischen Überheblichkeit und seiner Unfähigkeit, die Empfindungen von Zivilisten zu verstehen oder sich ihnen anzuschließen, einer mißtönenden Phalanx oppositioneller Blätter gegenüber. Teil ihrer Strategie war es, dem kalten und strengen Statthalter den leidenden Sträfling gegenüberzustellen. Um den »Tyrannen« ins schlechteste Licht zu rücken, berichteten sie unermüdlich über den gefürchteten Tiefpunkt von Arthurs System, die Strafsiedlungen innerhalb der Strafkolonie: Macquarie Harbour und Port Arthur.

4

Bis 1832 war Macquarie Harbour der einzige Ort auf Vandiemensland, an dem sich die letzten Stufen von Arthurs Strafsystem verwirklichen ließen. Dorthin kam, wer nach der Ankunft in der Kolonie schwere Verbrechen begangen hatte. Die bloße Nennung des Namens rief bei den Sträflingen Angst und Schrecken hervor. Im Laufe der Zeit entdeckte Arthur aber Mängel an der Siedlung, und diese traten immer deutlicher hervor, je mehr ihre Bevölkerung und die Zahl der Neuverurteilungen anwuchs.

Trotz seines Reichtums an Huontannen war Macquarie Harbour teuer. Wegen der großen Entfernung von Hobart konnte man die Siedlung nur mit Mühe am Leben erhalten. Schiffe brauchten bis zu sechs Wochen dorthin, und ein Weg über Land war nicht bekannt. Dadurch, daß die Sandbarre am »Höllentor« allmählich verschlickte, wurde die Zufahrt noch gefährlicher, als sie ohnehin schon war. Arthurs Anordnungen trafen erst spät in der Strafsiedlung ein, und die Antworten des Kommandanten kamen mit Verzögerung. Lebensmittel waren knapp, ständig herrschte Skorbut, die Unterkunft auf der Sarahinsel mit einem Fassungsvermögen von knapp 400 Gefangenen war zu klein. Darüber hinaus sah es ganz so aus, als beabsichtige ein als »Van Diemen's Land Company« firmierendes Unternehmen, die Westküste für die Viehzucht zu erschließen. Das hätte das Ende der Abgeschiedenheit von Macquarie Harbour bedeutet, die sein größter Vorzug war.

Es gab noch eine andere, weit weniger strenge Strafsiedlung auf der Mariainsel, drei Seemeilen vor Vandiemenslands Ostküste. Arthur hatte sie 1825 für Sträflinge eingerichtet, »deren Verbrechen nicht so flagrant sind, daß man sie nach Macquarie Harbour schicken müßte«. Die Männer, die das »Glück« hatten, an diesen geradezu idyllischen Ort geschickt zu werden, woben Stoff und machten Schuhe, und obwohl Auspeitschen wie Einzelhaft an der Tagesordnung waren, gab es in ihrem Leben nichts vom Elend derer in Macquarie Harbour.

Doch der Betrieb zweier Strafsiedlungen war weder vernünftig noch wirtschaftlich vertretbar, zumal Arthurs System keine milde Bestrafung an abgelegenen Orten vorsah. Also beschloß er, beide zu schließen und an der wilden Spitze der Tasmanischen Halbinsel, näher an Hobart, eine neue zu eröffnen. Sie bekam den Namen Port Arthur und ist sein Denkmal – möglicherweise das eindrucksvollste aller britischen Statthalter.

Heute erreicht man Port Arthur leicht auf dem Landweg, über die Straße ist es hundert Kilometer von Hobart entfernt, und zu jeder Jahreszeit strömen Tausende von Touristen in Bussen und Autos über die Arthur-Fernstraße unterhalb des Mount Forestier dorthin, um einen Blick auf die von dunklen Landspitzen eingerahmte Blackman- und Norfolkbucht zu werfen, deren Wasser wie poliertes Zinn leuchtet und auf denen Sonnenstrahlen Glanzpunkte setzen. Die Dörfchen an dieser trüben Küste mit ihren grünen und gelben Häuschen, vor deren überdachten Autostellplätzen Gartenzwerge den Rasen zieren, wirken auf dieser Halbinsel wie Fremdkörper, ihre zögernden Übergriffe auf das sie umgebende Land passen nicht so recht, und man vergißt sie rasch. Man sieht hinab auf das Mosaik des Gestades der Piratenbucht, gesprenkelt mit durch die Erkaltung der Lavamassen entstandenen sechseckigen Steinchen, oder späht in die schwindelerregende Tiefe des Blowhole hinab, wo die See unter einem schlank aufragenden natürlichen Felsbogen sechzig Meter tiefer über die Basaltplatten auf den Höhlenboden donnert und die Luft ständig mit klebrigem Dunst erfüllt.

Selbstverständlich führte zur Zeit der Sträflinge keine Straße zur Tasmanischen Halbinsel – gerade diese Unzugänglichkeit empfahl sie dem System. Das begreift man am besten, wenn man sich ihr wie die Gefangenen über die See nähert. Von Hobart aus geht es die Trichtermündung des Derwent hinab, dann in die Sturmbucht, wo einst Tausende von Schwarzwalen kalbten. Vom Richtungskap aus, von wo noch immer Australiens ältester Leuchtturm seinen Strahl herüberschickt, erkennt man am südöstlichen Horizont das Höckerprofil der Tasmanischen Halbinsel. Ihre weit vorgeschobene Südspitze ist Kap Raoul, das sich, während man es umrundet, als westlicher Arm der Maingonbucht entpuppt, des Tores zur See, das den Weg nach Port Arthur öffnet – ihr östlicher Arm ist das Pfeilerkap. Beide Kaps bestehen aus hoch aufragenden, kannelierten Basaltsäulen, die wie Rutenbündel in den lebenden Fels hineingebunden sind, oben laufen sie spitz turmförmig zu und weisen Zinnen auf. Seevögel schweben, kaum hörbare Schreie ausstoßend, vor den schwarzen Wänden dahin, vorbei an den noch schwärzeren Schatten. Die sich brechende Dünung schleudert ihre Wasserschleier empor. Wenn die Wolken von der Tasmansee herbeiziehen und schwerer Regenschwall auf das Gestein einstürmt, können diese Klippen tatsächlich wie das unüberwindliche Tor der Hölle wirken.

Doch in der Bucht von Port Arthur schwindet dieser Eindruck bald, jedenfalls für einen heutigen Besucher. Er sieht grüne Rasenflächen, die efeubewachsenen Überreste einer im neugotischen Stil erbauten Kirche und die ungeheure Masse des Gefängniskomplexes, mit den sanften Farben der schon weitgehend zerbröselten Backsteine eine geradezu mütterliche Ruine. Die Sträflinge haben das anders gesehen, aber der Schauder, den dieser Anblick im heutigen Touristen unfehlbar erweckt, rührt vom Kontrast zwischen der friedlichen und lieblichen

Gegenwart – *et in arcadio ego* – und den Legenden der Vergangenheit. Es gibt in Australien viele Parkplätze, aber nur wenige Ruinen, und wenn wir auf die Ruine eines alten Gebäudes stoßen, ist unser erster Impuls, es entweder ganz abzureißen oder daraus, sofern sie groß genug ist, ein Kulturzentrum, ist sie klein, ein Restaurant zu machen. Port Arthur bietet in Australien das einzige größere Beispiel für eine aus geschichtlicher Zeit stammende Ruine, die allgemeine Wertschätzung genießt und um ihrer selbst willen erhalten wird. (Allerdings haben Unternehmer am Ort – bisher vergeblich – versucht, sie analog zu Disneyland als »Sträflingsland« herauszuputzen.) Sie ist zugleich unser Paestum und unser Dachau. Weit mehr als Macquarie Harbour oder gar die Norfolkinsel hat Port Arthur stets die historische Vorstellungskraft im Volk beflügelt, als *das* Symbol für das Elend der Deportation, »die Hölle auf Erden«.

Hinzu kam, daß sein Ruf vom ersten Augenblick an entsetzlich war. Wer dort eine gewisse Zeit verbüßte, trug ein unauslöschliches Mal mit sich herum. Arthurs Nachfolger, Sir John Franklin, sagte: »Jemandem, der aus Port Arthur kommt, haftet etwas Erniedrigendes an.« Doch geht aus den Unterlagen deutlich hervor, daß Port Arthur, auch wenn die Siedlung für die dort untergebrachten Gefangenen ein Ort des Elends war, keinesfalls so schlimm war wie Macquarie Harbour oder die Norfolkinsel.

Der Hauptunterschied zwischen dieser und anderen Strafsiedlungen lag in der unerbittlichen Regelmäßigkeit der dort gehandhabten Zucht. »Unaufhörlich ist von den Sträflingen Arbeit zu fordern«, hoben Arthurs Anweisungen hervor, »und sie sind mit größter Aufmerksamkeit zu überwachen.« Doch diese Vorschriften galten mit der gleichen Strenge für die Bewacher. Die Befehlsgewalt des Kommandanten war unumschränkt, und er war dem Gouverneur durch den Kolonialsekretär in Hobart unmittelbar verantwortlich. Er konnte Strafen ohne Verhandlung sogleich nach einem Vergehen anordnen und tat das auch, damit der Sträfling unverzüglich »seine Lektion lernte«. Die Abfolge von Tat–Entdeckung–Strafe muß von maschinenähnlicher Regelmäßigkeit gewesen sein, der Rachsucht und Mitleid gleichermaßen fremd waren. Arthurs Vorschriften ließen keinen Raum für sadistische Praktiken durch das Gefängnispersonal, die das Leben eines Sträflings in Macquarie Harbour oder auf der Norfolkinsel so unerträglich machten. T. J. Lemprière, Gerichtsbeauftragter in Port Arthur, hielt es für übertrieben, daß Arthurs Feinde die Siedlung eine »Hölle auf Erden« nannten. Doch Ausdrücke wie »ein Ort des Elends« schienen ihm wohl angemessen. »Diesem Beinamen widersprechen wir nicht«, erklärte er mit einem gewissen Realismus, denn

> »eine Strafsiedlung ist ein Ort des Elends und sollte es auch für die sein, deren Verbrechen sie von der Gesellschaft ihrer Mitmenschen abgesondert hat. Wäre es ein Ort des Wohlergehens, könnte die Absicht, mit der solche

Einrichtungen geschaffen werden, nämlich die Bestrafung und Besserung von Übeltätern, in ihr Gegenteil verkehrt werden.«

»*Und* Besserung« – das war der entscheidende Begriff. Port Arthurs Daseinsgrund war die Bestrafung der Männer mit dem Ziel, die starre Struktur von Arthurs Gesellschaftssystem am Grund zusammenzuhalten.

Arthur hatte schon 1827 an jenen Ort gedacht, als die Brigg der Kolonie, die *Opossum*, dort auf dem Rückweg von der Mariainsel nach Hobart vor einem Sturm Zuflucht gesucht und mit der Mitteilung zurückgekommen war, dort gebe es eine tiefe geschützte Einfahrt, umgeben von ungeheuren Wäldern. Arthur schickte den Kapitän des Schiffs in Begleitung eines Landvermessers erneut hin, um sich ein genaues Bild machen zu können: Wie sah es mit der Eignung als Hafen aus, wie stand es mit der Wasserversorgung, und, vor allem, was war über den Waldbestand zu sagen? Der Bedarf an Holz für den Bau von Häusern und die Herstellung von Möbeln nahm zu, und die schwere Arbeit als Holzfäller eignete sich geradezu ideal als Strafe.

Da der Bericht günstig ausfiel, beschloß Arthur, eine Siedlung an der Bucht anzulegen, der man »aus tiefer Achtung heraus« seinen Namen gegeben hatte. Keineswegs sollten alle Sträflinge aus Macquarie Harbour auf einmal dorthin verlegt werden. Einige der weniger üblen unter ihnen konnte man sozusagen zur Bewährung hinschicken. Doch in erster Linie sollten wegen kleinerer Vergehen erneut Verurteilte sowie soeben aus England gekommene Sträflinge die Bevölkerung Port Arthurs bilden.

Die erste Gruppe, 34 frisch aus dem Mutterland eingetroffene Gefangene, die von fünfzehn Soldaten unter dem Kommando Dr. John Russells, Wundarzt des 63. Regiments, bewacht wurden, ging im September 1830 dort an Land. Weitere Sträflinge folgten, und um die Mitte des Jahres 1831 betrug ihre Zahl an die 150. In Dr. Russells Darstellung liest sich das »Sträflingsinventar« so:

> »Da war der berühmte Ikey Solomon, dann Collins, der alte Seemann, der einen Stein nach dem König geworfen hat – er starb in Port Arthur –, wie auch Männer, die wegen Unruhestiftung unter der Landbevölkerung deportiert worden waren, weil sie wohl 1830 oder 1831 Heuhaufen angesteckt hatten; des weiteren befanden sich dort ein Geistlicher aus Schottland und ein Anwalt aus Irland sowie eine Anzahl von Jungen, die geschickt worden waren, um ein Handwerk zu erlernen.«

Eine bunt zusammengewürfelte Bewohnerschaft – und sie hatte, wie stets bei neuen Strafaußenposten, große Schwierigkeiten, überhaupt zu überleben. Die Verpflegung war äußerst knapp, und der Skorbut grassierte. Die medizinische Versorgung war so unzulänglich, daß der Arzt einmal zur Operation einer

Harnröhrenverengung statt des Skalpells ein Stück zugeschärftes Fischbein verwenden mußte. Da es nicht genug Uniformen gab, gingen die Sträflinge halbnackt. »Es ist mir äußerst schwergefallen, die Männer zu bestrafen«, erinnerte sich Russell, »schließlich lebte ich selbst im Busch und habe daher jedem, der hinkam, die Eisen abgenommen und sie nur, als Strafe, wieder angelegt, wenn sich jemand etwas zuschulden kommen ließ.« Da es keine Zellen gab, konnte er anfänglich keine Einzelhaft verhängen, und später erwies sich als wirksamste Bestrafung Zwangsarbeit in Eisen und Absonderung zu den Mahlzeiten und während der Ruhestunden.

Russells Bitten an Hobart verhallten ungehört – Arthur war zu sehr mit der Ausarbeitung seines Plans beschäftigt, wie er am besten die verbleibenden schwarzen Stämme von Vandiemensland zusammentreiben konnte. Als die erste Sträflingsgruppe aus Macquarie Harbour nach Port Arthur verlegt wurde, erkannte Russell bald, welchen Einfluß diese Männer auf die soeben aus England gekommenen Gefangenen hatten: »Sie tyrannisierten sie vollständig, und binnen kurzem waren diese ebenso verstockt und unverbesserlich wie sie selbst.« Dadurch, daß Arthurs Aufmerksamkeit auf andere Dinge gelenkt war, verdarb die Kolonialregierung die Moral, indem sie den weniger heruntergekommenen Gefangenen gegenüber ihr Wort nicht hielt:

> »Manchmal versprach der Kommandant Männern, die sich gut führten, daß ihre Strafen erlassen würden, daß sehr gute Führung die Männer für die Siedlung nützlicher mache, und dann hielt die Regierung sie weit länger fest. Als nun die Männer merkten, daß gute Führung nichts bewirkte, verfielen sie erneut in ihre alten Gewohnheiten.«

Allmählich entstand um Port Arthur eine kleine Siedlung. Als Ende 1832 Oberstleutnant Logan vom 63. Regiment eine Inspektionsreise zur Tasmanischen Halbinsel unternahm, berichtete er, Port Arthur könne die Stelle Macquarie Harbours einnehmen, sobald es über ein rasches Patrouillenboot verfüge, das vor der Küste zu kreuzen und nach entlaufenen Sträflingen Ausschau zu halten vermöge.

Zwei Monate später, im Februar 1833, schiffte sich in Hobart mit einem Kommando der 21. Füsiliere der Mann ein, der das Gesicht von Port Arthur als Strafsiedlung prägen sollte, Charles O'Hara Booth. Er hatte, mit Arthurs Worten, »den Auftrag, die Vergeltung durch das Gesetz an die äußersten Grenzen dessen zu führen, was der Mensch zu ertragen vermag«. Er war elf Jahre lang Kommandant in Port Arthur. Als er 1833 seinen Posten übernahm, gab es auf der Tasmanischen Halbinsel 475 Gefangene, 1835 bereits 950. Insgesamt trafen bis 1844, dem letzten Jahr von Booth' Amtszeit, 6002 Häftlinge dort ein. Etwa 6000 weitere wurden bis 1853 dorthin gebracht, dem Jahr, da die

Deportation nach Vandiemensland endgültig beendet wurde. Insgesamt verbüßten während des halben Jahrhunderts, in dem Port Arthur als Strafsiedlung diente, an die 12700 Gefangene ihre Strafe dort – annähernd jeder sechste der 53500 nach Vandiemensland Deportierten. (Einige wurden allerdings mehrfach hingeschickt.) Mithin war der Ort innerhalb des Strafsystems von großer Bedeutung und spielte bei der Bestrafung von Gewohnheitsverbrechern oder Rückfalltätern eine weit größere Rolle als Macquarie Harbour oder auch die Norfolkinsel.

Charles O'Hara war unnachgiebig, wach und äußerst konservativ. Er gab sich keinen Täuschungen über die Aussichten hin, die Sträflinge in Port Arthur zu bessern. Seine Aufgabe war es, sie zu disziplinieren und zur Arbeit zu veranlassen – falls sie sich tatsächlich zum Besseren änderten, war das eine unerwartete Dreingabe. Diese Ansicht äußerte er 1839 gegenüber einem französischen Besucher, Kapitän Laplace. Wie hatte er, wollte dieser wissen, als sie die nächtliche Runde durch die Siedlung machten, mit so geringen Mitteln solche Ruhe erreicht – standen ihm doch zur Überwachung mehrerer hundert Männer lediglich ein Dutzend Bewacher und ein nicht besonders gesichertes Gefängnisgebäude zur Verfügung? »Durch strenge Bestrafung«, antwortete er, »völlige Gleichbehandlung aller, unermüdliche Wachsamkeit und die Forderung absoluter Ruhe.« Er fügte hinzu, er achte darauf, daß Sträflinge nie beleidigt und nur aus berechtigten Disziplinargründen ausgepeitscht würden. Er zog Einzelhaft vor, denn diese werde gefürchtet und bringe die Männer durch die Langeweile zur Räson. Zwar kämen sie »besser heraus als hinein«, doch halte diese Wirkung nicht lange vor, denn das schlechte Beispiel ihrer Kameraden lasse sie bald ihre guten Vorsätze wieder vergessen, und sie würden ebenso gefährlich wie zuvor.

Gelegentlich litt Booth, wenn er krank war, an Niedergeschlagenheit, und dann beschlichen ihn Zweifel. »Zutiefst betrübt von der Vielzahl der Jungen, die ich bestrafen mußte«, notierte er 1838 in seinem Tagebuch nach einem besonders ders anstrengenden Tag unter den widerspenstigen Jugendlichen von Point Puer. »Hätten wir doch Leute zur Verfügung, die fest, aber geduldig mit ihnen arbeiten. Mir selbst fällt es rasch schwer, es ist wirklich sehr mühselig, doch ließe sich mit Güte und unerschütterlicher Beharrlichkeit viel Gutes bewirken.«

Das war die einzige in Port Arthur seinen Tagebüchern anvertraute Äußerung zu den Zielen des Strafvollzugs, ansonsten enthielten sie Anmerkungen über die Jagd, die er gern betrieb: an einem Tag sechzehn Paar Wachteln erlegt, an einem anderen neun Känguruhs, Entenschießen auf dem See; die Herstellung eines Geldbeutels aus dem Skrotum eines Känguruhs. Es findet sich kaum eine Spur des Nachdenkens über sein Tun und die damit verbundenen moralischen Werte. Booth war kein Grübler

Die ihm Unterstellten schätzten ihn wegen seiner Gerechtigkeit und sogar Menschlichkeit. »Wir wissen, daß er das Auspeitschen verabscheut«, schrieb

Lemprière, »und wenn er es anordnet, dann ungern und nur, weil ihn die Notwendigkeit, strenge Zucht zu halten, dazu zwingt.« Ließ er aber jemanden auspeitschen, dann richtig: er diktierte den Sträflingen bis zu hundert Peitschenhieben zu. Die neunschwänzige Katze von Port Arthur galt den Sträflingen als ungewöhnlich grausam – obwohl das gleiche über ihr Gegenstück in Macquarie Harbour gesagt wurde. Einer der politischen Gefangenen in Port Arthur, der Anhänger der Chartistenbewegung John Frost (zum Tode durch den Strang und anschließendes Vierteilen verurteilt, weil er einen schlecht bewaffneten Haufen aufrührerischer Bergleute aus den Hügeln von Monmouthshire gegen die Stadt Newport geführt hatte, nachdem es dort 1839 zu einer Massenverhaftung von Chartisten gekommen war. Man hatte seine Strafe später in lebenslängliche Verbannung umgewandelt), behauptete, fünfundzwanzig Hiebe in Port Arthur verursachten mehr Leiden als dreihundert in der Armee. Auf Vandiemensland waren »Politische« in den vierziger Jahren des 19. Jahrhunderts vergleichsweise privilegiert, und Frost wurde nie ausgepeitscht, doch seine Beschreibung des abscheulichen Vorgangs, bei dem »der Auspeitscher jedes Mittel in seiner Macht nutzt, um den Geist seiner Opfer zu brechen, während diese entschlossen sind, die Strafe zu ertragen, ohne mit der Wimper zu zucken«, ist von hinreichender Lebhaftigkeit:

> »Die Peitsche wurde aus den härtesten Schnüren geflochten und war von ungewöhnlicher Größe. Man legte die Schnüre in Salzwasser, bis sie sich vollständig vollsogen, dann ließ man sie an der Sonne trocknen, und dadurch wurden sie wie Draht, so daß die einundachtzig Knoten ins Fleisch schnitten, als habe man es mit einer Säge aufgerissen.«

Frost behauptete, Charles O'Hara Booth sei häufig »mit ebensolcher Teilnahmslosigkeit Zeuge dieser Bestrafung gewesen, als betrachte er ein interessantes Experiment«.

Er ließ auch die Sträflinge antreten, damit sie bei Auspeitschungen zusahen, ein Verfahren, von dem die Quäkermissionare Backhouse und Walker meinten, es bringe die »Zuschauer schier zur Verzweiflung« und könne trotz der Militärwachen einen allgemeinen Aufstand hervorrufen, denn immerhin seien dabei »zwischen sechs- und siebenhundert Gefangene und lediglich vierzig Wächter anwesend«.

Booth ließ Einzelzellen bauen, außerdem stockdunkle Isolierzellen von sieben auf vier Fuß, in denen »der Insasse nicht einmal ein Messer benutzen darf, um seine Nahrung zu sich zu nehmen. Sie werfen ihm, als wäre er ein Hund, etwas zu essen in die Dunkelheit, und er hat nichts als eine alte Decke als Unterlage. Sofern er naß ist, muß er bis zum nächsten Morgen in seinen nassen Kleidungsstücken bleiben.« Die Nächte sind auf der Tasmanischen Halbinsel kalt. Für weniger »wilde« Rechtsbrecher gab es kistenförmige Unterkünfte wie Hundehütten, in denen der Gefangene angekettet wurde, dann mußte er auf einem Haufen vor ihm liegende Steine brechen. Meinte man, die Fußeisen seien für seine Tat nicht schwer genug, wurde ihm ein schweres Vierkantholz, das er beim Gehen nachschleppte, daran gekettet.

Wer die Strafunterlagen von Port Arthur näher in Augenschein nimmt, sieht einen Mikrokosmos brutaler, bürokratisch verwalteter Langeweile. Ihre Schrekken entstammen nicht hemmungsloser Grausamkeit (wie es die über den Strafvollzug dort umlaufenden Legenden und Horrorgeschichten behaupten), sondern eher deren Gegenteil, der mechanischen Zuteilung streng bemessener Strafen, deren Absicht es war, jeden Gefangenen zu stumpfer Hinnahme seines Geschicks zu bringen – Arthurs Kriterium für moralische Besserung. Es ist, als werfe man einen Blick in das Gedächtnis einer gelangweilten Gottheit, die unaufhörlich an den Fingern gestorbene Sperlinge herzählt.

Als Beispiel dafür mögen drei Jahre aus den Strafunterlagen eines schottischen Pferdediebs namens Robert Williamson stehen, der 1812 geboren, in Inverness 1832 zu vierzehn Jahren Verbannung verurteilt wurde, 1834 mit der *John Barry* auf Vandiemensland ankam und noch im Verlauf desselben Jahres zu sieben Jahren Port Arthur verurteilt wurde, weil er unklugerweise Arthurs früherem Kronanwalt Algernon Sidney Montagu, leidenschaftlicher Freizeitsegler und inzwischen Richter am Obersten Gericht, eine Bordjacke und andere seemännische Ausrüstungsteile entwendet hatte:

1835

3. Januar	Besitzt eine Feile: 6 Wochen Kolonnenarbeit in Ketten.
21. Februar	Pflichtverletzung bei der Arbeit: 6 Wochen Kolonnenarbeit in Ketten.
28. März	Bricht aus und verläßt die öffentlichen Arbeiten in Port Arthur ohne Erlaubnis, bleibt abwesend, bis er heute von einer Gruppe Konstabler und Soldaten am Sympathy Point festgenommen wurde: 75 Hiebe.
28. März	Derselbe Tag – hat mehreres an regierungseigenem Werkzeug in seinem Besitz, das ihm bei der Flucht aus dem Gefängnis dienen soll (Einbruch in die Werkstatt der Siedlung): 10 Tage Einzelhaft in einer Zelle beim Kohlenbergwerk.
4. September	Entfernt sich von seiner Kolonne: 10 Tage Einzelhaft.
6. November	Entfernt sich mehrere Stunden von seiner Kolonne: 10 Tage dito.
3. Dezember	Versucht, Gefangene zur Flucht aufzuhetzen: 6 Monate in Eisen.

19. Dezember	Macht sich an seinem Fußeisen zu schaffen: 36 Peitschenhiebe.

1836

13. August	Angelt entgegen seinen Befehlen: 3 Wochen in Eisen.
6. September	Hat Gemüse in seinem Besitz: 1 Monat Kolonnenarbeit in Ketten.
20. September	Ist müßig: 3 Tage Einzelhaft.
10. Oktober	Ist müßig: 10 Nächte in der Zelle.
20. Oktober	Prügelt sich bei der Arbeit: 48 Stunden Einzelhaft.
28. Dezember	Entfernt sich ohne Erlaubnis von seiner Kolonne: 14 Tage Arbeit in Ketten bei der Kolonne Nr. 1.
29. Dezember	Besitzt unerlaubterweise ein Messer: 3 Tage Einzelhaft.

1837

15. Juli	Besitzt unerlaubterweise ein Handtuch: 14 Tage Arbeit in Ketten in der Kolonne Nr. 2.
18. September	Verwendet einem Mitgefangenen gegenüber äußerst unanständige Ausdrücke und verhält sich ihm gegenüber boshaft: 10 Tage Einzelhaft.
4. Oktober	Entfernt sich auf dem Weg zum Krankenhaus: 1 Monat in Ketten in der Kolonne Nr. 2.
28. November	Besitzt einen Krebs und versucht, ihn ins Gefängnis zu schmuggeln: 1 Monat in Ketten in der Kolonne Nr. 2

Charles O'Hara Booth war unermüdlich zu Fuß und zu Pferde im Busch der Tasmanischen Halbinsel unterwegs, um seine Lieblingsprojekte zu verwirklichen: ein Kohlenbergwerk, einen optischen Telegrafen, über den er Verbindung mit Hobart aufnehmen konnte, sowie die erste australische Eisenbahn – nicht durch Dampfkraft, sondern von Sträflingen angetrieben. Zuerst mußte er sich aber um die Sicherheit am Eaglehawk Neck kümmern, wo Arthur 1831 einen ständig besetzten Wachposten eingerichtet hatte, nachdem es dort zwei Jahre vor Booth' Ankunft zu mehreren Fluchtversuchen gekommen war. Über diese keine hundert Meter breite Landenge zwischen der Brandung der Piratenbucht und dem ruhigen Wasser der Norfolkbucht führte und führt der einzige Weg zu Lande auf die Tasmanische Halbinsel – und von ihr weg. Also richtete sich der geradezu besessene Erfindungsreichtum der Sträflinge darauf, sie zu überqueren. Sie gingen, krochen, rannten, wateten – und hüpften. Einer, ein früherer Schauspieler namens William Hunt, »der in seinen jüngeren Tagen zu einer

Truppe umherziehender Marktschreier« gehört hatte, verkleidete sich als Riesenkänguruh und hatte den Isthmus schon fast überquert, als zwei Wachposten, die ihn tatsächlich für ein solches Beuteltier hielten, auf es anlegten. Sogleich schrie es zu ihrer Verblüffung ängstlich auf: »Nicht schießen, ich bin nur Billy Hunt!«

Bald schon schob Booth solchem Treiben einen Riegel vor. Seine Maßnahmen, formulierte Lemprière voll Anerkennung, »verurteilen jeden Fluchtversuch zum Scheitern, und es sieht nicht so aus, als sei irgend jemand hinübergekommen«. Zahlreiche Sandhügel boten auf Eaglehawk Neck einem robbenden Flüchtigen Deckung, und wegen der Brandung hörte man keine Schritte. Noch vor Booth' Ankunft hatte 1832 der diensthabende Fähnrich der Wache den klugen Einfall, neun angeleinte Hunde in einer Reihe quer über die Landenge anzuordnen. Er fügte eine Reihe von Öllampen hinzu, die ihr Licht auf einen weißen Streifen gemahlener Muschelschalen warfen. Diese einfachen »Suchscheinwerfer« erschwerten eine Flucht im Schutze der Dunkelheit selbst dann, wenn jemand unbehelligt an den Hunden vorbeigekommen war, da sie den Schatten des Fliehenden auf den Streifen warfen. Booth verstärkte die Wache auf 25, baute Wachhäuser und Schilderhäuschen und verdoppelte die Anzahl der Hunde. »Ob nun Port Arthur eine ›Hölle auf Erden‹ ist oder nicht«, formulierte Lemprière mit spitzer Feder, »auf jeden Fall hat der Ort seinen Zerberus. Diese Hunde bilden eine unüberwindliche Sperre.« Als die Sträflinge versuchten, sie durch das Wasser zu umwaten, ließ Booth vor dem Ufer Plattformen errichten und auf ihnen Hunde postieren. Auch an der Legende, die Wächter hätten vom Ufer aus Innereien und Blut ins Wasser geschüttet, um Haie anzulocken, kann ohne weiteres etwas Wahres sein, denn auf Forestiers Halbinsel, die in der Nähe lag, stand ein Schlachthaus. Vielleicht aber wollten sie den Sträflingen damit auch nur Angst einjagen.

Um Hobart über entflohene Sträflinge oder Krisen in Port Arthur zu informieren, aber auch um von dort aus Mitteilungen zu bekommen, errichtete Booth eine ganze Kette von Signalstationen, das erste Langstrecken-Kommunikationssystem in Australien. Es handelte sich dabei um einen optischen Telegrafen, der mit je drei Doppelarmen ähnlich wie bei Eisenbahnsignalen arbeitete. Sie waren an hohen Masten auf Hügeln und Inseln angebracht, und über ein Kettensystem ließ sich jeder ihrer Arme einzeln in unterschiedlichen Stellungen arretieren. Jedem Winkel war ein Zahlenwert zugeordnet. Die Zahlengruppen ergaben mit Hilfe eines Signalbuchs Wörter und ganze Sätze. Booth verbrachte die Abendstunden ganzer Jahre über seinem Signalbuch, bis es schließlich Tausende von Zahlengruppen enthielt, die Angaben machten über Namen, Wetter, entflohene Sträflinge, Vorräte, Werkzeug, Waffen, Krankheiten, Lebensmittel, Orte, Maße und Entfernungen. Es enthielt 1844 über 11 000 Signale, die über 22 Relaisstationen nach Hobart weitergeleitet wurden. Bei guter Sicht konnte man von

Booth' Sendeturm aus, der, hoch wie ein Schiffsmast, die ganze Siedlung überragte, eine Nachricht in weniger als einer Stunde nach Port Arthur durchgeben. Über Winkarme auf der Tasmanischen Halbinsel ließ sich der Fluchtversuch eines Sträflings in einer einzigen Minute aus Port Arthur nach Eaglehawk Neck melden.

Etwa 25 Kilometer von Eaglehawk Neck entfernt lag auf der westlichen Seite der Norfolkbucht tief im Sandstein ein Kohlenflöz. Welche schärfere zusätzliche Bestrafung konnte es geben, als Sträflinge im Dunkel von Bergwerksstollen in äußerster Beengtheit Kohle abbauen zu lassen, wobei sie stündlich fürchten mußten, daß das Hangende herunterkam? So mochte Arthur gedacht haben, und er beauftragte Booth, Schächte abzuteufen, in denen die widerspenstigsten Sträflinge arbeiten sollten. Schon bald ließ der Kommandant eine große steinerne Unterkunft für 170 Männer errichten. Noch heute grüßen ihre aprikosenfarbenen, von Wind und Wetter zerfressenen Ruinen zusammen mit den halb eingestürzten engen Isolierzellen malerisch über die Norfolkbucht herüber. Die Arbeit in den dahinterliegenden, längst geschlossenen Stollen war sehr gefürchtet. Nur elf Männer konnten gleichzeitig vor Ort arbeiten, und jeder mußte pro Tag siebzig Loren voll Kohle brechen, das entspricht zweieinhalb Tonnen. Der tiefere der Stollen lag dreißig Meter unter dem Meeresspiegel, und Sickerwasser bereitete ständig Schwierigkeiten. Die Port-Arthur-Kohle brannte »unglaublich lange«, doch splitterten die Brocken beim Anzünden und schleuderten »in großer Anzahl kleine Stückchen umher, was Teppichen, Möbeln und den Kleidungsstücken der Damen und so weiter sehr übel bekommt«. Dennoch wurde das Brennmaterial in Hobart zu einem Drittel des Preises für Kohle aus Neusüdwales verkauft und war sehr gefragt.

Booth' Erfindungsgeist jedoch strahlt am hellsten aus seiner Eisenbahn. Sie war ein wahres Kuriosum, ein kleines Wahrzeichen in der Geschichte der Deportation. Sie führte über insgesamt gut sieben Kilometer hügelauf und hügelab durch dichten Eukalyptuswald von der Spitze der Norfolkbucht über Eaglehawk Neck zur Hauptsiedlung von Port Arthur. Mit ihrer Hilfe ließen sich Material und Menschen ohne den langen Umweg über See um die Halbinsel herum zur Kohlengrube und zur Landenge bringen. Auf in Lehm gebettete Schwellen waren Hartholzschienen von etwa fünfzehn mal acht Zentimetern genagelt, und hölzerne Brücken überwanden die Schluchten. Eine Lokomotive gab es nicht, für den Antrieb sorgten Sträflinge, die, gegen vorn und hinten angebrachte Querhölzer drückend, im Trab die auf gußeisernen Lorenrädern rollenden Wagen schoben, von denen jeder vier Fahrgäste faßte. So also sah die erste Personeneisenbahn Australiens aus.

Einigen Besuchern war diese Art der Beförderung unbehaglich, doch war sie, vor allem für die Damen, besser, als zu Fuß gehen. Bergab erreichte Booth' Eisenbahn an die fünfzig Stundenkilometer, ein geradezu atemberaubendes

Tempo zu einer Zeit, da die Menschen selten rascher vorankamen als ein trabendes Pferd. Ein Oberst Godfrey Mundy, der Port Arthur 1851 besuchte, hat beschrieben, wie die Sträflinge den Wagen an den Scheitelpunkt vor einer »langen Abfahrt« schoben:

»Von da an ratterten sie mit – jedenfalls für schwache Nerven – erschreckender Geschwindigkeit bergab. Dabei klirrten und rasselten die Ketten um die Knöchel der Männer, während sie im Laufschritt schoben. Schließlich sprangen die Läufer in recht unangenehmer Nähe der Fahrgäste auf die Wagen, und so sausten Freie und Unfreie ruckend und schaukelnd bergab. Ein hinten sitzender Mann brachte es mehr oder weniger fertig, ein Rad mit einem hölzernen Hebel zu sperren, als die Fahrt so schnell wurde, daß Gegenmaßnahmen angezeigt schienen.«

In weniger aufgeräumter Stimmung fuhr Gouverneur Sir William Denison 1847 anläßlich einer offiziellen Besichtigungsreise auf der Tasmanischen Halbinsel mit einer ähnlichen Bahn an Ralph Bay Neck entlang: »Ich muß gestehen, daß es mir nicht besonders angenehm war, von diesen elenden Sträflingen geschoben zu werden, während ich im Wagen saß. Es war mir schmerzlich, sie im Zustand von Sklaven zu sehen, was sie in Wirklichkeit ja auch sind, wie sie da bis zu den Knien im Wasser auf mich warteten.«

Auch Kinder dürfte das nachdenklich gestimmt haben, denn Port Arthur war nicht nur ein Gefängnis für Erwachsene, die auf die schiefe Bahn geraten waren, sondern auch eine Schule für Jungen.

5

Kaum einer derer, die in den dreißiger und vierziger Jahren des vorigen Jahrhunderts Port Arthur besuchten, unterließ eine Bootsfahrt über die Opossumbucht an eine Landenge namens Point Puer, wo er eine Anzahl zerlumpter und blaßgesichtiger Jungen in den Felsen herumklettern sehen konnte.

Die Siedlung Point Puer trug ihren Namen zu Recht, denn das lateinische Wort *puer* bedeutet Junge. Sie war ein Gefängnis für Knaben und Burschen zwischen neun und achtzehn Jahren, die als Opfer des unerbittlichen Mechanismus der britischen Gesetze nach Vandiemensland deportiert worden waren. »Kleine, heruntergekommene Schurken«, nannte sie Arthur. Um die Mitte der dreißiger Jahre kamen sie in bestürzender Anzahl, so waren von 1434 zwischen Januar und September 1834 an Land gegangenen Sträflingen 240 Jugendliche. Insgesamt waren mehr als 2000 von ihnen nach Vandiemensland deportiert und in die »Besserungsanstalt« von Point Puer gebracht worden.

Die Schwierigkeit für Arthur und seinen dreiköpfigen Zuweisungsausschuß bestand darin, daß sie nicht recht wußten, was man mit ihnen anfangen konnte. Einer wie der andere waren sie entweder zu jung oder zu unwissend, um einen Beruf gelernt zu haben. Viele waren dagegen schon richtige abgefeimte Verbrecher, und da es für sie im Zuweisungssystem keinen Platz gab, bedeuteten sie eine Belastung der Regierung.

68 dieser Jungen vegetierten 1833 in den Gefangenenunterkünften von Hobart dahin, und Arthur, der erklärt hatte, ihnen allen gelte sein Mitgefühl, schickte sie auf die Tasmanische Halbinsel. Dort trafen sie im Januar 1834 ein, einer so betrunken wie der andere, denn auf dem Schiff hatten sie eine Kiste mit sechs Dutzend Flaschen Wein aufgebrochen und den Inhalt mit den erwachsenen Sträflingen an Bord geteilt. Nach einem scharfen Verweis von Kommandant Booth kamen sie fürs erste in eine strikt von der Hauptsiedlung getrennte große und zugige Unterkunft, damit die erwachsenen Häftlinge keine Gelegenheit hatten, »sie zu verderben«. Point Puer war nach außen ausgezeichnet abgeschirmt, denn die Küste bestand hauptsächlich aus zwanzig Meter hohen Klippen, die See brodelte um im Wasser aufragende Felsen und war voller gefährlicher Strömungen, kurz, es war ein »elender, trüber, unfruchtbarer Fleck ohne Wasser, Holz oder Brennstoff oder auch nur einen Zoll Boden, der nicht völlig wertlos wäre«. Das sollte sich mit den Bewohnern bessern, jedenfalls nahm das System das an.

Die jugendliche Bevölkerung in Port Arthur nahm rasch zu. Ende 1834 hatte Booth 161 Jungen unter sich, 1836 waren es bereits 271, 1837 wurde gar auf Lord John Russells Anregung hin ein besonderes Transportschiff mit 139 Jungen und zehn erwachsenen Aufsehern an Bord von England aus geschickt, die *Frances Charlotte*, und so befanden sich 1842 auf dieser düsteren Landenge, wo ein Durcheinander aus Unterkünften sowie Arbeits- und Unterrichtsräumen entstanden war, 716 junge Männer.

Sie sollten Schulwissen erwerben, ein Handwerk lernen, in der Wahrheit des Christentums unterwiesen und – bestraft werden. »Denken Sie stets daran, daß diese Jungen sehr verkommen sind«, schrieb Arthur 1834 an Booth, »man muß ihnen mit Nachdruck den abscheulichen Zustand vorhalten, in dem sie sich befinden, zugleich aber auch alles daransetzen, um ihre schlechten Gewohnheiten abzustellen.« Er wollte nicht, daß zuviel Zeit darauf verschwendet würde, »die Jungen im Lesen und Schreiben zu unterweisen«. Sie brauchten praktische Fertigkeiten, damit sie brauchbare Diener des Systems würden.

Ihr Tagesablauf war hart: aufstehen um fünf Uhr, Hängematten zusammenlegen, versammeln, Bibellesung und Gebet, Frühstück um sieben, Hygienekontrolle, antreten, Unterricht in praktischen Arbeiten wie Tischlerei oder Schuhmacherei von acht bis zwölf. Zu Mittag waschen und erneut Kontrolle, um halb eins essen, von halb zwei bis fünf weitere Lehrlingsarbeit, nach erneutem Waschen mit erneuter Überprüfung Abendessen um halb sechs, Antreten zum Unterricht um Viertel nach sechs, anschließend eine Stunde Unterricht, daraufhin Abendgebete und Bibellesung, zu Bett um halb acht. Später wurde die Zeit für den abendlichen Schulunterricht auf zwei Stunden ausgedehnt, doch bewirkte das wenig, denn bis dahin waren die meisten Jungen so müde, daß sie nichts mehr aufnehmen konnten.

Am erfolgreichsten bei alldem war die Unterweisung in handwerklichen Fertigkeiten, von denen eine bemerkenswerte Vielfalt angeboten wurde, 1837 beispielsweise: Bäcker, Schuhmacher, Zimmermann, Schneider, Gärtner, Nagelschmied und Grobschmied. Die Aufnahme in die Handwerksklassen war begrenzt, und die meisten Jungen wollten hinein. »Sobald Stellen frei werden«, berichtete Booth, »werden die Geeigneten für eine der Handwerkstätigkeiten ausgewählt, die sehr begehrt sind.« Die Jungen waren darauf bedacht, aus den Arbeitskolonnen herauszukommen, in denen jeder Neuankömmling auf Point Puer den Gebrauch von Spaten, Spitzhacke und Hacke lernte. Diese Jungen erledigten auf Point Puer die Routineaufgaben und die Knochenarbeit. Sie mußten putzen, Botengänge und Transportaufgaben erledigen und wurden dabei hart herangenommen. Es ist wohl kein Zufall, daß von den 38 Jungen, die zwischen 1834 und 1843 dort starben, 22 untergeordnete Arbeiten verrichteten. Wer als Säger oder Tischler beschäftigt wurde, war weit besser dran, und er konnte außerdem freie Arbeit von der nachstehenden Art für die Regierung verrichten:

> »Herstellung von Schubkarren, vier Zellen, fünf Särgen, 390 Hammerstielen, sechs Hockern, 13 Schultischen, 4 Gartentoren sowie eines Fußblocks und eines Prangers.
> Drehen von 216 Steinmetz-Klöpfeln, 20 Hutnadeln, 50 Belegnägeln, 2 Bettpfosten und 243 Schiffs-Blöcken.
> Anfertigen von 17 Paar Schaftstiefeln zu je 11 s., 24 Pr. halbhohen Stiefeln zu je 5 x., 2 Pr. Damenschuhen zu je 3 s. und 1788 Pr. Schuhe für Gefangene zu je 4 s.«

Die Jungen an Point Puer stellten Nägel her, nähten Sträflingsuniformen, strichen Zäune, schmiedeten Äxte und schnitzten Stiele für Vorschlaghämmer; die Steinmetzen unter ihnen bearbeiteten mühevoll die Bruchsteine für die runden Wachtürme von Port Arthur, meißelten die Verzierungen und Schlußsteine für die steinernen Bögen zurecht und behauten die Winkel von Tür- und Fenstergiebeln. In der Bautischlerklasse wurden die reichverzierte Kanzel und die Bänke für die große, im neugotischen Stil errichtete Kirche hergestellt, und 1844 fertigten die vierunddreißig Ziegelmacher 155 000 Backsteine an, von denen noch einige – deutlich sind die Abdrücke der Daumen darauf zu sehen, mit denen die Ziegel aus der Form gestoßen wurden – in den Ruinen von Point Puer verstreut liegen.

Keine Frage, die Jungen erhielten dort eine ebensogute Handwerksausbildung, wie sie sie damals in England zu bekommen hoffen konnten (vermutlich sogar eine bessere), aber ihre Schulbildung blieb rudimentär. Noch 1842 fiel es einigen Jungen, die seit zwei oder drei Jahren da waren, schwer, einsilbige Wörter zu lesen, und das Rechnen ging keineswegs besser. Einziges Lesematerial waren von einer methodistischen Mission gestiftete Bibeln, es gab wenige – und nie genug – Buchstabierbücher und Fibeln, und für achthundert Schüler stand nur »eine sehr kleine und selten benutzte Tafel« zur Verfügung, und nicht einmal eine Weltkarte. Um den Religionsunterricht war es nicht viel besser bestellt. Anfänglich hatte er in den Händen von Methodisten gelegen, die 1836 berichteten, man »wende beträchtliche Aufmerksamkeit auf die religiöse Unterweisung der Jungen, von denen verschiedene schon unter den rettenden Einfluß des Evangeliums gebracht wurden«. Die zu Besuch dort hingekommenen Quäker Backhouse und Walker widersprachen dem heftig, sie betrachteten die moralische Entwicklung der Jungen als »äußerst bedauerlich«. Anstelle der Methodisten kam 1837 ein eifriger junger anglikanischer Katechet, Peter Barrow, der zuvor in einem Waisenhaus für schwarze Findlingskinder an der Küste von Sierra Leone gearbeitet hatte. Er glaubte, die Hälfte oder gar zwei Drittel der Jungen an Point Puer seien zu retten, doch sein Vorhaben mißlang ihm. Zwar waren fünf Jahre später einige der Jungen imstande, Teile des anglikanischen Katechismus nachzuplappern, doch nicht einer vermochte die Zehn Gebote in der Reihenfolge herzusagen oder zeigte eine mehr als oberflächliche Kenntnis der biblischen Geschichte. Selbst das Singen von Kirchenliedern war kläglich.

Die Wahrscheinlichkeit, an einem solchen Ort gute junge Christen heranzubilden, war gering. Wie in jeder Besserungsanstalt und jeder Internatsschule gab es an Point Puer nicht ein gesellschaftliches System, sondern zwei: das vom Kommandanten und dem Geistlichen auferlegte offizielle und das von den Jungen selbst entwickelte, dessen Rituale eher denen von Eingeborenenstämmen ähnelten. Benjamin Horne, der 1842 über Point Puer berichtete, sprach von »einer Art Tyrannei der öffentlichen Meinung unter ihnen, der sich jeder Junge dort sklavisch unterwerfen muß. Der Kodex verlangte, daß Aufseher und andere Amtspersonen mit so vielen Lügen abzuspeisen seien, wie es für den einzelnen und die Gemeinschaft erforderlich war.«

Wer gegen Kameraden aussagte, wurde von den anderen gequält und fast zu Tode gehetzt. Noch mehr als die Bedingungen dort – die zwar nicht schlechter, aber auch kaum besser waren als in englischen Waisenhäusern oder den von privater Wohltätigkeit unterhaltenen Armenschulen für Kinder, die auf der Straße aufwuchsen – erfüllten die als Aufseher beschäftigten Sträflinge die

Jungen mit Haß, weil diese sie tyrannisierten. Nickte einer von ihnen bei der Schlafsaalwache nachts ein, löschten die Jungen das Licht und gossen ihm den gemeinsamen Abtrittkübel über den Kopf. Ein besonders unbeliebter Aufseher wurde bei einer nächtlichen Rauferei so zugerichtet, daß er drei Monate im Krankenhaus verbringen mußte, einen anderen Aufseher, Hugh McGine, ermordeten 1843 zwei Vierzehnjährige namens Jenry Sparks und George Campbell.

Sofern ein Junge in Point Puer einen Mittelweg zwischen den Zwängen der offiziellen Herrschaft und dem Druck der Kameraden fand und es ihm gelang, ein Handwerk zu erlernen, mochte er am Ende allerdings bessere Aussichten haben, ein »normales« Leben zu führen als die Mehrheit der zugewiesenen Männer – anderenfalls zermalmte ihn das System. Das war der Fall bei Thomas Willetts, einem zurückgebliebenen Sechzehnjährigen aus Warwick, der 1834 deportiert worden war, weil er Strümpfe und Gemüse gestohlen hatte. Binnen fünf Jahren bekam er in Point Puer und Port Arthur insgesamt fünfunddreißig Hiebe mit der für die Erwachsenen vorgesehenen neunschwänzigen Katze, hundertdreiundachtzig Schläge mit dem Rohrstock auf das Hinterteil und neunzehnmal Einzelhaft.

THOMAS WILLETTS Nr. 1809
verhandelt am 12. März 1833,
Ankunft auf Vandiemensland August 1834.

Beruf: ohne	Größe: 1,50 Meter
Teint: dunkel	Kopf: klein
Haar: braun	Backenbart: ohne
Gesicht: klein	Stirn: mittelhoch
Augenbrauen: braun	Augen: grau
Nase: klein	Mund: mittelbreit
Kinn: klein	

Besondere Merkmale: Pockennarben, Narbe auf rechtem Arm.

Ankunft auf Vandiemensland August 1834.
Deportation auf 7 Jahre.
Verurteilt in Warwick, deportiert wegen Strumpfdiebstahl.
Charakter – *sehr schlecht.*

1834

30. Dezember	Angriff auf Mitgefangenen und Versuch, ihm sein Brot zu stehlen: 24 Hiebe auf das Hinterteil.

1835

9. September	Nach Port Arthur verlegt.
28. September	Unanständige und ungebührliche Aufführung in der Zelle: 15 Hiebe auf das Hinterteil.
21. Oktober	Fluchen usw: 7 Tage Einzelhaft.
18. November	Besitzt Tabak: 5 Tage dito

1836

22. Februar	Besitzt Rüben: 5 Tage Einzelhaft.
3. November	Aufsässiges Verhalten gegenüber einem Aufseher: 4 Tage dito.
7. November	Spricht in der Zelle: 3 Tage dito
26. Dezember	Äußerst unpassendes Verhalten gegenüber dem Hilfskonstabler in der Ausübung seiner Pflicht: 36 Schläge.

1837

26. Januar	Prügelt sich im Klassenraum: 3 Tag Einzelhaft bei Wasser und Brot.
18. Februar	Am Sonntag ungebührliches Verhalten in der Schule: 5 Tage dito, dito.
20. März	Besitzt ein Paar Manchesterhosen, äußerst ungebührliches Verhalten gegenüber dem Hilfskonstabler: 36 Schläge auf das Hinterteil.
Am selben Tag	Äußerst ungebührliches Verhalten, indem er sogleich nach Verlassen des Büros im Anschluß an die Strafe für die vorangehende Missetat lacht: 7 Tage Einzelhaft bei Wasser und Brot.
29. Mai	Besitzt unzulässigerweise ein Paar Stiefel: 4 Tage Einzelhaft.
26. Juni	Raucht entgegen der Vorschrift in seiner Hütte: 3 Wochen in der Kolonne Nr. 2.
2. September	Grobes Fehlverhalten und Gewalttätigkeit gegenüber dem Lehrer: 36 Schläge auf das Hinterteil.

1838

17. Januar	Aufsässig: 3 Tage Einzelhaft bei Wasser und Brot.
16. März	Grobe Unverschämtheit: 7 Tage dito.
19. April	Ungebührliches Verhalten gegenüber einem anderen Jungen: 10 Tage dito.
25. Juni	Spricht während des Gottesdienstes in der Kirche: 48 Stunden Einzelhaft bei Wasser und Brot.
7. Juli	Schlägt einen Mitgefangenen: 36 Schläge auf das Hinterteil.
28. Juli	Spricht in der Zelle und ist bei Ermahnung aufsässig: 3 Tage Einzelhaft bei Wasser und Brot.
3. August	Hat sein Gesicht in schamloser Weise entstellt: 48 Stunden Einzelhaft.
16. August	Grobe Ungehörigkeit auf dem Weg in die Zelle: 4 Tage dito.
1. Oktober	Verläßt unerlaubt seine Arbeit in Port Arthur und bleibt fort, bis man ihn einfängt und zurückbringt: 7 Tage dito.

1839

5. März	Fluchtversuch: 35 Hiebe.
20. März	Fluchtversuch: 2 Jahre schwere Kolonnenarbeit in Ketten, Port Arthur – Verhalten an Gouverneur berichten.
18. Juli	Unordentliche Aufführung: 24 Stunden Einzelhaft.
9. Oktober	Besitzt unerlaubterweise einen Seidenstrumpf: 1 Monat in der Kolonne Nr. 2.
5. Dezember	Vernachlässigt den Dienst und verweigert die Arbeit: 1 Monat dito.

An Gestalten wie ihm traten die Mängel von Arthurs System überdeutlich zutage, doch wie hart man die »Unverbesserlichen«, »Widerspenstigen« und »Störrischen« in Port Arthur auch anfaßte, ihr Leiden war nichts, verglichen mit dem, was die Ureinwohner Tasmaniens unter Arthurs Herrschaft litten.

6

Oberst Arthur und die Ureinwohner Tasmaniens bereiteten einander großes Kopfzerbrechen. Als er 1824 eintraf, tobte bereits seit zwei Jahrzehnten ein heimtückischer und allem Anschein nach endloser Kleinkrieg zwischen ihnen und den Weißen. Die ersten Schüsse waren 1804 bei Risdon Cove gefallen, wenige Monate nach der ersten Landung. Jahre später sagte Edward White, ein ehemaliger Sträfling, vor einem Ausschuß für die Angelegenheiten der Ureinwohner, wie es dazu gekommen war. Am 3. Mai 1804 bearbeitete er den Boden mit einer Hacke, als an die 300 Aborigines, Männer, Frauen und Kinder, in einem Halbkreis aus dem Busch kamen und Känguruhs in Richtung auf das Wasser vor sich hertrieben. Sie hatten Keulen, doch keine Speere, und White sah, daß sie keine Krieger waren. Sie wollten lediglich das in die Enge getriebene Wild töten, Feuer machen und einen Schmaus abhalten. Er erinnerte sich, daß sie ihn keineswegs drohend ansahen und er keinerlei Angst vor ihnen hatte. Dennoch eilte er zu den Soldaten, diese luden ihre Musketen und marschierten gegen die Jäger. »Die Eingeborenen haben die Soldaten nicht angegriffen und hätten ihnen auch nichts getan.« Trotzdem feuerten die Soldaten aus kürzester Entfernung Schrapnells auf sie ab. Niemand hat gezählt, wie viele der unbewaffneten Schwarzen abgeschlachtet wurden, doch legte nach dem Massaker der Wundarzt der Kolonie, Jacob Mountgarrett, aus einer anthropologischen Laune heraus ihre Knochen in zwei Fässern ein und schickte sie nach Sydney.

Bei der ersten Landung der Weißen mag es auf Vandiemensland an die 4000 Aborigines gegeben haben; zu Arthurs Zeit waren es weit weniger, obwohl man ihre genaue Zahl wohl kaum je wird schätzen können. Für jeden Weißen, der getötet wurde, mußten zehn, vielleicht auch zwanzig Schwarze daran glauben. Zuerst tobte der schmutzige kleine Krieg um Hobart und die Ufer des Derwent herum, während sich die Siedler in den Hungerjahren mit den Ureinwohnern um die Känguruhs stritten. Es kam vor, daß Weiße ohne jeden Grund Aborigines töteten, und 1806 machten sich zwei frühe Buschklepper, John Brown und Richard Lemon, einen.Spaß daraus, sie aufzuspießen und als lebende Zielscheiben für ihre Schießübungen zu benutzen. Ein weiterer entflohener Sträfling, James Carrott oder Carrett, entführte in der Nähe der Austernbucht die Frau eines Eingeborenen, tötete ihren Mann, als dieser ihn verfolgte, schnitt ihm den Kopf ab und zwang sie, diesen »als Spielzeug« in einem Behälter um den Hals zu tragen. Man hörte gerüchtweise, daß Känguruhjäger Aborigines erschossen, um Hundefutter zu haben. Zwei Weiße schnitten einem Eingeborenenjungen eine Wange heraus und zwangen ihn, sie zu kauen und herunterzuschlucken. In Oatlands, nördlich von Hobart, banden als Viehtreiber beschäftigte Sträflinge Eingeborenenfrauen mit Ochsenketten an ihre Hütten und hielten sie so als Sklavinnen, um ihre sexuellen Bedürfnisse abzureagieren. An der Küste der Bass-Straße boten marodierende Robbenfänger Eingeborenenstämmen für ihre Frauen vier oder fünf Robbenfelle pro Kopf. Waren die Aborigines zu dem Handel nicht bereit, wurden sie erschossen und die Frauen mitgenommen. Wenn eine ihnen davonzulaufen versuchte, fesselte man sie, schnitt ihr die Ohren ab und etwas Fleisch aus dem Oberschenkel und zwang sie, das zu essen. All das und mehr, sagte der einstige Sträfling und spätere Pionier James Hobbes, »war den Stämmen bekannt, und sie handelten danach« – gewiß sehr zurückhaltend formuliert.

Im Jahr 1815 hatte die Gewalttätigkeit zwischen Ureinwohnern und Weißen auf Vandiemensland ihren Höhepunkt erreicht, obwohl die jeweiligen Statthalter die Siedler ermahnten, die Aborigines weder zu provozieren noch zu verfolgen, da sie unter dem vollen Schutz der englischen Gesetze standen. Damit jedoch vermochten sie an der bestehenden Situation nichts zu ändern: Die Weißen befanden sich auf dem Gebiet der Aborigines und brachten davon soviel in ihren Besitz, wie sie konnten. Kein Siedler war bereit, diesen »zweibeinigen Tieren« ältere Rechte zuzugestehen.

So wurde aus den Scharmützeln ein Vernichtungskrieg, je weiter sich Siedlungen und Weideflächen ausdehnten. In den späten zwanziger Jahren begann die Schafzucht einen breiten Raum einzunehmen, und die Wollausfuhr wuchs lawinenartig an. Die Mutterschafe mancher Züchter lammten dreimal in zwei Jahren. 1827 hatte es auf Vandiemensland 436256 Schafe gegeben, 1830 waren es bereits 682128, eine Steigerung um mehr als die Hälfte, und 1836 war es noch einmal ein Drittel mehr, nämlich 911357 Schafe – zwanzig für jeden Weißen in der Kolonie. Die Ausfuhrzahlen in Pfund Sterling sprechen eine deutliche Sprache:

Jahr	*Wert der Gesamtausfuhren*	*Wert der Wollausfuhr*
1825	44498	12543
1827	59912	9089
1830	141745	57724
1832	152967	63145
1836	540221	220739

Dieser neue Wohlstand blieb nicht ohne Einfluß auf das Leben auf Vandiemensland, und Richard Stickney, ein eingewanderter Quäker, schrieb 1834 an seine Schwester Sarah:

»Der Handel blüht unglaublich. Es gibt ganze Reihen von Läden, wie man sie in London nicht besser findet, und elegante Häuser schießen wie Pilze aus dem Boden. Die Jagd auf Pottwale ist fürwahr ergiebig, und Wolle wird ein immer wichtigerer Ausfuhrartikel. Die Äste der Pfirsichbäume biegen sich vor Früchten, ohne daß sie der Hilfe eines Gärtners bedürften. Ich glaube nicht, daß England noch eine Kolonie besitzt, wo alles so sehr wie daheim wirkt: Es gibt kaum schwarze Eingeborene, die Straßen sind ausgezeichnet, die Bewohner gehen nach der neuesten Mode gekleidet, und es gibt zahllose Kutschen und gute Pferde. Nichts wirkt wie in einer Kolonie, sondern eher wie in einem vor Leben pulsenden englischen Hafen. Ein Fremder könnte sich ohne weiteres in England wähnen.«

Es gab 1829 aber durchaus noch eine ganze Anzahl schwarzer Eingeborener, und man wollte keineswegs zulassen, daß sie dem Wachstum im Wege standen. Da aber die Schafe die Lebensgrundlage der Aborigines zerstörten, indem sie Känguruhs und anderes jagdbares Wild verdrängten, waren gegen Ende der zwanziger Jahre Vergeltungsüberfälle von Eingeborenen eine ständige Plage geworden. Sie speerten die Tiere und ließen sie tot liegen – zum Zeichen der Verachtung –, sie beraubten fernab von Siedlungen stehende Hütten und brannten sie nieder; und obwohl offene Angriffe auf Wohnsiedlungen selten waren, hielten sie die als Schaftreiber tätigen Sträflinge in ständigem Schrekken. Um 1829 glaubte man, aus diesen einzelnen Übergriffen eine allgemeine Strategie herauslesen zu können, und der Erzdiakon Broughton, Vorsitzender eines 1830 von Arthur einberufenen Ausschusses, der die Ursachen der Feindseligkeit der Aborigines gegen die Weißen ermitteln sollte, kam zu dem Ergebnis, daß sie das Gefühl für die Überlegenheit des weißen Mannes wie auch die Angst vor seinen Feuerwaffen verloren hatten.

Die Eingeborenen hatten gelernt, nicht massiert anzugreifen, weil sie sonst lediglich Ziele für die Gewehre der Siedler boten. Statt dessen führten sie Zermürbungsangriffe gegen die Siedlungsränder und die Hütten der Viehhirten. Im ersten Quartal des Jahres 1830 wurden fast dreißig solcher Zwischenfälle gezählt, bei denen acht Weiße ums Leben kamen. Die Eingeborenen setzten Reetdächer in Brand, um die Weißen ins Freie zu treiben, lockten Viehtreiber von ihren Hütten fort in den Busch, um sie dort leichter töten zu können. War schließlich die schutzlose Hütte ausgeplündert und niedergebrannt, verschwanden die Ureinwohner einfach in den Bergen, wo nur wenige Weiße sie aufzuspüren vermochten. Ein Siedler, Gilbert Robertson, klagte: »Es gibt keine wirksame Möglichkeit zu ihrer Verfolgung. Sie zerstreuen sich über die ganze Insel, stellen regelmäßig Wachen auf und kennen Wege über gefährliche Stellen und entlang an tödlichen Abstürzen.« Er hielt nicht viel von der Fähigkeit der Soldaten, die schwarzen Marodeure zu verfolgen, und erklärte sie für völlig nutzlos, »denn sie geben sich keine Mühe«.

Siedler, Polizei und Sträflinge hatten da schon mehr Erfolg. Manchmal trieben sie zu Pferde Stammesgruppen zusammen wie Känguruhs und schossen auf sie; doch am besten folgte man ihnen nachts, dann konnte man sie frühmorgens mit Hilfe ihrer Lagerfeuer aufspüren. Eine Gruppe von fünf oder sechs Konstablern aus Campbell Town legte Robertson zufolge (doch haben andere Weiße diese Geschichte empört zurückgewiesen) einer Eingeborenengruppe in einer Schlucht einen Hinterhalt und schlachtete siebzig von ihnen ab. Als sich der Pulverrauch verzogen hatte, stiegen sie zwischen den Felsen hinab, zerrten die verschreckten Frauen und Kinder hervor und schlugen ihnen die Schädel ein. Auf diese Weise, glaubte Robertson, sei der ganze Stamm vernichtet worden.

Wenn Weiße dergleichen taten, legten sie »die nötige Strenge« an den Tag, warfen Aborigines aus dem Hinterhalt ihre Speere, bewiesen sie damit »ihre niedrige Gesinnung«. Weiße »verteidigten ihre berechtigten Interessen«, während Aborigines »Greueltaten« oder »grundlos grausame Akte der Roheit« begingen. Der Widerstand der Aborigines ängstigte die Siedler, doch Arthur fand, sie sollten sich Gewehre besorgen und lernen, damit umzugehen, »die einzige Sicherheit, die sie haben, denn schließlich kann man nicht neben jedes Haus einen Militärposten stellen«.

Dem von Arthur eingesetzten Ausschuß für die Angelegenheiten der Aborigines waren die eigentlichen Gründe für diese abscheuliche Situation durchaus bekannt, und der Statthalter erklärte, man müsse den »unwissenden, herabgewürdigten und zum Nachdenken unfähigen« Ureinwohnern mit großer Mäßigung und Duldsamkeit entgegentreten, denn »Schurken, die unserem Namen und unserem Volk Schande machen«, hätten ihnen weidlich unrecht getan. Andererseits müsse man jedoch zugeben, daß »die Eingeborenen die an ihnen verübten Untaten nicht jene entgelten lassen, die sie begangen haben, sondern eine andere und *völlig schuldlose* Gruppe von Menschen«. Darin spiegelte sich Arthurs irrige Annahme, allein entflohene Sträflinge, Robbenfänger und anderer Bodensatz der Kolonie seien für die Morde an den Aborigines und die ständigen Provokationen verantwortlich – keinesfalls aber hätten die anständigen Siedler etwas damit zu tun, die, wie er meinte, »stets Güte und Menschlichkeit« bewiesen hätten.

Einige dieser »Unschuldslämmer« gaben an Deutlichkeit nicht zu überbietende Ansichten darüber zum besten, wie man mit den Ureinwohnern umzugehen habe: »Einfangen oder ausrotten muß man sie«, geiferte der Kaufmann John Sherwin, dessen Haus am Clyde in der Nähe von Bothwell gerade niedergebrannt worden war. Er sagte, andere (nicht aber er) hätten den Vorschlag gemacht, Lockhütten aufzustellen, in denen als Köder, »kräftig mit Gift durchmischt, Mehl und Zucker« ausgelegt werden sollten. Er behauptete, von Ausschreitungen Weißer gegen Aborigines nichts zu wissen, alles werde übertrieben dargestellt. Doch wenn man nicht bald etwas unternehme und aus Sydney Bluthunde und Männer bringe, die Erfahrung im Aufspüren von Eingeborenen hatten, werde niemand im Busch leben können, denn »sie wollen das Land für sich selbst haben«. Sein Mitsiedler, George Espie, schlug vor, 150 bewaffnete Sträflingne gegen die Eingeborenen zu schicken und jedem von ihnen für jeweils zwei oder drei Ureinwohner, die er brachte, einen Freibrief zu versprechen: »Sie würden mehr schießen als einfangen.« Roderic O'Connor, ein heißblütiger Ire, der während seiner Amtszeit als Friedensrichter und Landbeauftragter unter Arthur riesige Parzellen Land in seinen Besitz gebracht hatte, hatte die Idee, Stoßtrupps aus bewaffneten Sträflingen auszuschicken. Er wußte von einem Mann namens Douglas Ibbets zu berichten, der mit seiner doppelläufigen Schrotflinte allein einen halben Aboriginestrupp zur Strecke gebracht habe. »Am besten schickt man ihnen einige der übelsten auf den Hals.« Ein älterer Farmer namens Brodribb erklärte, er kenne keinen vernünftigen Grund für die erneut ausgebrochene Wildheit der Aborigines, denn die meisten Siedler behandelten sie freundlich, und er könne sich nicht denken, daß die Inbesitznahme des Landes durch die Weißen sie in irgendeiner Weise irritiere – und so weiter.

In Wirklichkeit war es das letzte Aufbegehren der Aborigines. Im Jahre 1828 berichtete Arthur an Goderich: »Die Siedler haben mich nachdrücklich aufgefordert, Maßnahmen zu ergreifen, um sie vor diesen lästigen Angriffen zu schützen.« Er meinte, »Entscheidendes unternehmen« zu müssen, und als beste Lösung schwebte ihm vor, alle Eingeborenen von Vandiemensland zusammenzutreiben und auf eine der Inseln in der Bass-Straße zu bringen. Dort wollte er ihnen Vorräte für eine gewisse Zeit geben, ihnen Ackerbau beibringen und sie mit Gewalt vom Nomadentum der Jäger und Sammler weg zu einer »ortsgebundenen Zivilisation« führen. Doch war ihm selbst klar, daß das scheitern mußte:

> »Sie beklagen sich bereits, daß die Weißen ihr Land in Besitz genommen, ihre Jagdgründe verkleinert und ihre natürliche Nahrungsquelle, das Känguruh, ausgerottet haben. Zweifellos wären sie im höchsten Maße entsetzt, würde man sie ganz und gar aus ihrer Umgebung reißen, und sie würden wohl nur ungern Unterweisungen von ihren Unterdrückern empfangen, so daß jeder Versuch, sie zu zivilisieren, fehlschlagen muß.«

Außerdem war es Arthur durchaus klar, wo der Fehler lag: »Alle Aggression kam ursprünglich von den Weißen, und wir müßten uns noch viel von den Schwarzen gefallen lassen, bis wir sie als wirkliche Feinde der Regierung ansehen dürften.«

Statt sie also auf eine Insel und in ihren elenden Untergang zu schicken, schlug Arthur eine frühe Form der Apartheid vor, mit der er sie aus dem Siedlungsgebiet herauszuhalten hoffte. Dazu mußte man sie zusammentreiben und an die Nordostküste von Vandiemensland bringen, »den geschütztesten und wärmsten Teil des Landes«, wo die Regierung sie ernähren und kleiden und vor der vernichtenden Wut der weißen Siedler schützen würde.

Er gab einen Aufruf heraus, in dem alles wiederholt wurde, was jedermann ohnehin wußte: daß die Weißen (insbesondere die Sträflinge unter ihnen, die als Viehtreiber, Schafhirten und Robbenfänger tätig waren) mit den Übergriffen begonnen hatten. Da aber der Widerstand der Aborigines »besser organisiert und systematischer« werde, müsse man Mittel und Wege finden, den Verkehr zwischen Weiß und Schwarz einzuschränken, und zwar am besten »durch eine dauerhafte, gesetzgeberische Maßnahme«. Darunter verstand er, daß man ihnen im Nordwesten des Landes jenseits der Siedlungsgrenze eine »Heimstatt« geben wollte. Bis dahin sollte eine Linie von Militärposten an der Siedlungsgrenze stationiert werden, an denen die Aborigines, von ausdrücklich aufgeführten Sonderfällen abgesehen, unter keinen Umständen vorbei durften. Weiter hieß es in diesem Aufruf:

»Hiermit befehle ich strengstens, daß alle Aborigenes sich sofort aus den besiedelten Gebieten zurückziehen und diese verlassen und sie keinesfalls und unter keinem Vorwand – außer den noch zu erwähnenden – wieder betreten, noch Teile des besiedelten Landes, das von irgend jemand kultiviert oder bewohnt wird. Zuwiderhandlungen werden mit sofortiger Vertreibung und anderen für notwendig befundenen Strafen geahndet.«

Dieser schwungvoll formulierte Aufruf war für die Ureinwohner bedeutungslos, da sie nicht lesen konnten, und so schlugen sie weiterhin nach Kräften gegen ihre weißen Quälgeister zurück, woraufhin sie die »unausweichlichen Folgen« zu spüren bekamen.

Schließlich rief Arthur im besiedelten Mittelteil der Insel das Kriegsrecht gegen die Aborigines aus. Es galt nicht in den äußeren Bezirken, von denen er hoffte, daß sie sich dorthin zurückziehen würden – die Tasmanische Halbinsel, die Nordost- und Südwestspitze und alles Land südlich des Mount Wellington bis zum Meer einschließlich der Brunyinsel sowie die gesamte Westküste. Arthur ist das wohl als anständige Lösung erschienen, denn es gab in den besiedelten Gebieten nur noch wenige Känguruhs, und damit war das herkömmliche Leben der Aborigines nicht mehr gewährleistet.

In den vom Kriegsrecht ausgenommenen wilden und unerschlossenen Gegenden hingegen – die man wahrscheinlich nie besiedeln würde – wimmelte es von Wild. Doch obwohl diese Flächen etwa die Hälfte des Gebietes von Vandiemensland ausmachten, erschien den Aborigines diese Lösung nicht als annehmbar.

Inzwischen fuhren die Weißen fort, die Aborigines, gewöhnlich zuerst Frauen und Kinder, mit Muskete und Jagdgewehr, Enterbeil und Axt abzuschlachten. Um 1830 mögen noch 2000 Aborigines auf Vandiemensland gelebt haben. Einige Siedler betrachteten das von Arthur ausgerufene Kriegsrecht als Erlaubnis zum hemmungslosen Töten, so daß sie Arthurs Kolonialsekretär im Februar 1830 zur Mäßigung auffordern mußte. Er erklärte:

»Die wiederholten Befehle, die diese Regierung erließ, müssen den Eindruck erweckt haben, daß es eine Horde von Wilden in Vandiemensland gibt, deren Tapferkeit ihren Rachegefühlen entspricht. Jeder Siedler sollte sich aber dessen bewußt sein, daß seine Feinde aus einer nur kleinen Gruppe Angehöriger einer schwächlichen Rasse bestehen, die weder über große physische Kräfte noch über viel Kampfgeist verfügen.«

Doch der Druck auf Arthur, die »schwarze Frage« zu lösen, war ungeheuer, und er muß sich wohl selbst überlegt haben, daß es hier eine Möglichkeit gab, etwas gegen seine große Unbeliebtheit bei den Siedlern zu tun. Es ist nun einmal so, daß die Menschen einen Autokraten dann lieben, wenn sie sich von ihm ihr Heil erhoffen. Die Unterdrückung der Aborigines war die einzige größere Aufgabe, bei der jeder Siedler auf Vandiemensland bereit war, mit Arthur und dem Militär an einem Strang zu ziehen.

Der Kolonialsekretär im Kolonialamt, Sir George Murray, hatte, als er in London Arthurs Berichte las, eine Vorahnung: »Es ist möglich, daß in nicht allzu ferner Zukunft die gesamte Rasse der Aborigines auf Vandiemensland ausstirbt. Eine Vorgehensweise, die offen oder insgeheim auf eine Ausrottung der Eingeborenen abzielt, muß unweigerlich einen unauslöschlichen Makel auf der britischen Regierung hinterlassen.«

Arthur beschloß, alle Weißen – Siedler wie Soldaten – zu einer gemeinsamen Bemühung zusammenzufassen, um die Eingeborenenstämme aus den Siedlungsgebieten der Insel zu vertreiben, wo sie für Europäer zu einer solchen Bedrohung geworden waren, und sie auf der Tasmanischen Halbinsel zwischen Forestier's Neck und Eaglehawk Neck zu konzentrieren. Dort konnte eine kleine Garnison an den beiden Landengen sie auf alle Zeiten in Schach halten. Der Kodename für diese Unternehmung war »Schwarze Linie«.

Möglicherweise hat Arthur nicht wirklich mit einem Erfolg dieses Unternehmens gerechnet, doch, wie Robson mit Recht sagte, »war es eine ausgezeichnete Möglichkeit, den Siedlern zu zeigen, daß dem so unbeliebten Arthur ihr Wohlergehen sichtlich am Herzen lag«. Ihm blieb also keine Wahl, wenn er wirklich wollte, daß die Siedler zu ihm standen. In der Bevölkerung hatte die Angst vor einem Blutbad im bevorstehenden Frühling geradezu hysterische Ausmaße angenommen. Offenkundig waren den Siedlern die Stämme vom Big River und der Austernbucht inzwischen so feindlich gesinnt, daß man »gegen sie die schärfsten Maßnahmen ergreifen« mußte. In einer Sitzung des Exekutivrats gab Arthur gegen Ende August 1830 dem Druck nach und stimmte einer Frühjahrsoffensive gegen jene Stämme zu.

Die Offensive hatte Ähnlichkeit mit einer riesigen Fasanenjagd. Unter dem Kommando von Major Douglas vom 63. Regiment beteiligte sich an ihr, wie Arthur nach London meldete, jeder Weiße auf Vandiemensland »mit eifrigster Bereitwilligkeit«. Die Hauptlinie der Jäger erstreckte sich über zwei Drittel der Insel, von St. Patrick's Head an der Ostküste bis Quamby Bluff im Westen. Unterstützt wurde sie von einer Flanke im Osten und einer anderen im Südwesten; sie sollten einfangen, wem es gelang, an den Enden der Hauptlinie vorbeizuschlüpfen. An die 2200 Männer bildeten die »Schwarze Linie« – 550 Soldaten vom 17., 57. und 63. Regiment und 700 Sträflinge, die übrigen waren freie Siedler. Sie waren mit 1000 Musketen, 30000 Schuß Munition und 300 Paar

Handschellen ausgerüstet und brachen am 7. Oktober 1830 auf. Die Rotröcke schwitzten in ihren wollenen Uniformen unter der Last von Tornistern und Musketen, Dragoner kämpften sich lederknarrend und stahlklirrend voran, kräftige Bauern, die Jagdbüchse auf der Schulter, bemühten sich mit den Soldaten, eine Linie zu bilden, und arbeiteten sich langsam über von den Offizieren im voraus festgelegte Pfade zur Tasmanischen Halbinsel vor. Mit Horrido, Hussa und unter vielen Flüchen wurden die Büsche nach Ureinwohnern durchsucht, Musketen in die Luft abgefeuert, und laut erschollen Signalhörner. Nachts flammten allenthalben im Busch Wachfeuer auf, und jeder dritte Mann ging Wache, um ein »Entkommen des gerissenen Feindes« zu verhindern.

Es dauerte volle sieben Wochen, bis die Enden der »Schwarzen Linie« auf der Halbinsel zusammentrafen, es war wie das Zusammenziehen eines Fischnetzes. Einige Aborigines wurden erspäht, und es gab einige kurze Scharmützel. Man fing zwei Angehörige des Stammes von der Austernbucht ein und erschoß zwei weitere, doch Arthur war sicher, daß die Hauptmasse vor der »Schwarzen Linie« der Tasmanischen Halbinsel zustrebte. Entsprechend berichtete er am 20. November 1830 aus der Stadt Sorell: »Die Streitkräfte gehen jetzt mit der Hoffnung auf Erfolg voran.«

Als das Netz zugezogen wurde, zeigte sich, daß bis auf einen Mann und einen kleinen Jungen alle Aborigines durch seine Maschen geschlüpft waren. Das Unternehmen war ein grandioser Schlag ins Wasser, und Arthurs sonst so wortreichen Berichte nach London waren diesmal knapp, nahezu ausweichend. Dennoch war es gelungen, den Stamm vom Big River in eine vergleichsweise abgelegene Gegend im Westen zu treiben, die Männer vom Austernbuchtstamm waren aus ihrem angestammten Gebiet vertrieben und aufgesplittert. Man konnte das als strategischen Sieg ansehen, wenn auch bei dem Unternehmen nicht annähernd das herausgekommen war, was sich Arthur erhofft hatte. Darüber hinaus zeigte es, daß es in den besiedelten Gegenden weniger Aborigines gab, als Major Douglas vermutet hatte. Diese Erkenntnis bewirkte für die Moral der Siedler Wunder, und Arthur glaubte, von einer militärischen Lösung abrücken und eine »Befriedung« anstreben zu können. Dazu diente ihm ein aus London stammender freier Bauunternehmer, George Augustus Robinson (1788–1866), der »Vermittler«.

Diesem hatte das Wohl der Aborigines vom Augenblick seines Eintreffens auf Vandiemensland am Herzen gelegen. Er hatte eine philanthropische Vision: Er wollte diese erzürnten und rachsüchtigen Menschen durch Milde und Verständnis in die Welt der Weißen eingliedern, ihnen deren Recht und Religion bringen – doch erst nachdem er, im Unterschied zu allen früheren Missionaren und anderen, die sich um eine Vermittlung bemüht hatten, ihre Sprache und ihre Sitten kannte. In der Atempause vor den letzten, verzweifelten Vergeltungsschlägen der Aborigines hatte Arthur 1828 öffentlich nach jemandem gesucht, der imstande sei, sie zu beschwichtigen. Robinson hatte sich darauf gemeldet und war angenommen worden. Er versuchte 1829, die Aborigines auf der Brunyinsel zu missionieren, doch seine wirkliche Aufgabe begann im Jahr danach, als er in einer mühevollen achtmonatigen Unternehmung in der Wildnis an der Südwest- und Westküste nach überlebenden Stammesgruppen von Aborigines suchte. Ihn begleiteten eine Gruppe zuverlässiger Sträflinge, ein Aborigines-Häuptling von der Brunyinsel namens Woorrady und ein weiterer aus dem Swanportbezirk namens Eumarrah sowie sieben schwarze Stammesangehörige, vier Männer und drei Frauen.

Eine von ihnen war Trucanini, ein kluges Mädchen von etwa achtzehn Jahren, auch sie von der Brunyinsel. Abgesehen von ihren ausgeprägten Wangenlocken und ihrem ungewöhnlich kleinen Wuchs – sie maß nur etwa 1,30 Meter – war sie in jeder anderen Hinsicht, darin stimmen alle weißen Zeugen überein, bemerkenswert anziehend – für eine Eingeborene. Als Kind hatte sie zusehen müssen, wie ihre Mutter bei einem nächtlichen Überfall von Weißen erstochen worden war; später hatte ein Robbenfänger namens John Baker zwei ihrer Stammesschwestern und ihre Blutschwester Moorina in die Sklaverei der weißen Piraten entführt, die auf der Känguruhinsel lebten, weit westlich vor der Küste Südaustraliens. Ihre Stiefmutter war von den Sträflingen entführt worden, die auf der Brigg *Cyprus* gemeutert hatten, und ist wohl bei deren Zug auf der Suche nach China ums Leben gekommen – jedenfalls hatte nie wieder jemand von ihr gehört. Um 1828 ruderten zwei als Holzfäller tätige Sträflinge Trucanini und mehrere Männer ihres Stammes, von denen sie einem versprochen war, zur Brunyinsel, packten auf halbem Weg die schwarzen Männer und warfen sie über Bord. Als sich diese am Dollbord festklammerten, um wieder ins Boot zu gelangen, hackten ihnen die Weißen mit ihren Holzfälleräxten die Hände ab, so daß sie untergingen, ruderten dann das Mädchen ans Ufer und vergewaltigten es. Nach diesen Erlebnissen hätte Trucanini jeden Grund gehabt, die Weißen zu hassen – doch statt dessen suchte sie deren Gesellschaft förmlich, lungerte, von der Gonorrhöe unfruchtbar, in der Nähe von Robbenfängerlagern herum und gab sich für eine Handvoll Teeblätter und Zucker wahllos jedem hin, bis Robinson und sein Führer Woorrady sie überredeten, sie auf ihrer langen und sonderbaren »Versöhnungsreise« zu den verbliebenen Stämmen von Vandiemensland zu begleiten.

Der Trupp brach, schlecht ausgerüstet und schlecht verproviantiert, im Winter 1830 auf. Alle litten entsetzlich unter Kälte, Hunger und Skorbut. Doch sie kämpften sich um die Westküste herum, von Port Davey nach Macquarie Harbour und weiter nach Kap Grim, der nordwestlichsten Spitze von Vandiemensland. Von dort aus erreichten sie, der Küste ostwärts folgend, Anfang Oktober Launceston, unmittelbar nachdem sich Arthurs »Schwarze Linie« auf den Weg nach Süden gemacht hatte.

Robinson nahm an fünf weiteren solchen Expeditionen teil und war Ende 1834 mit jedem Stamm und jeder Gruppe von Aborigines in Berührung gekommen, die noch auf Tasmanien lebten. In allen Fällen war das Vorgehen gleich: Es gab Geschenke und Nahrungsmittel. Robinson gewann mit Woorradys und Trucaninis Hilfe das Vertrauen der zurückhaltenden oder feindlichen Aborigines, stellte den Grundwortschatz zusammen, machte Aufzeichnungen von ihren Zeremonien und religiösen Gewohnheiten, soweit sie zu erkennen waren. Meist folgte ein freundlicher Abschied und anschließend ein neuer Besuch mit der Zusage einer schützenden Zuflucht. Der »Vermittler« versprach diesen furchtsamen und vor der Ausrottung stehenden Überbleibseln ihrer Rasse, man werde ihnen, sofern sie mit ihm kämen, einen sicheren Ort zuweisen, wo sie kein Weißer behelligen und wo man sie verköstigen, kleiden und in Frieden lassen würde. Allmählich folgten ihm die Aborigines, und als er mit den letzten der einst gefürchteten Krieger der Stämme vom Big River und der Austernbucht in Hobart einzog – eine klägliche Gruppe von sechzehn Menschen –, wurde er wie ein römischer Triumphator gefeiert. Ein Maler der Kolonie, Benjamin Duterreau, bildete ihn ab, wie er mit »seinen« Aborigines posierte. Das Mädchen zur Rechten, das einen noch zweifelnden Eingeborenen bei der Hand führt und mit der anderen auf Robinson weist, ist Trucanini, die Erzverräterin an ihrem Volk.

So waren also bis 1834 die letzten Aborigines von Vandiemensland ihrem evangelisierenden Rattenfänger in ein auf der Flindersinsel in der Bass-Straße eingerichtetes Konzentrationslager gefolgt, wo man ihnen wohlwollte. Robinson plante, sie dort zu europäisieren. Sie bekamen Kleidung, neue Namen, Bibeln und eine elementare Schulbildung, man zeigte ihnen, wie man etwas kauft und verkauft, damit sie das Eigentum achten lernten, und sie durften ihre eigene Polizei wählen. Die meisten jedoch starben einfach – an Entkräftung, Entwurzelung und neuen Krankheiten, so daß es 1835 nur noch 150 von ihnen gab. Auch diese schwanden allmählich dahin, und ihre Seelen trieben über das Wasser. Robinson verließ 1839 die Flindersinsel und kehrte auf das australische Festland zurück. Seine Nachfolger verwalteten die Siedlung wie ein Gefängnis und behandelten ihre immer mehr schwindende Bewohnerschaft aus Aborigines, als seien sie Gefangene. Gelegentlich wurde ein junges Mädchen ausgepeitscht, doch nur bei Verstößen gegen die Moral. Im Jahre 1843 lebten noch 54 Aborigines. Drei Jahre später wurden die Überlebenden auf die Hauptinsel zurückgebracht und in Oyster Cove am D'Entrecasteaux-Kanal in der Nähe von Hobart angesiedelt, was in der Presse der Kolonie zu finsteren Prophezeiungen neuer Kriegszüge führte. Doch die Aborigines ließen sich mit Rum vollaufen, den ihre Wärter vorausschauend bereithielten, stellten sich vor ihren heruntergekommenen Hütten teilnahmslos den Fotografen und warteten auf den Tod. Eine 1855 durchgeführte Zählung der Ureinwohner ergab, daß noch drei Männer, zwei Jungen und elf Frauen am Leben waren – unter ihnen Trucanini.

Der letzte Mann starb 1869, er hieß William Lanne und wurde als Trucaninis Ehemann bezeichnet, obwohl er 23 Jahre jünger war als sie. Da sich die Wissenschaft der Weißen für seine Überreste interessierte, stritten sich Vertreter des Royal College of Surgeons in London und der Royal Society in Tasmanien um sein Skelett. Ein für das Royal College of Surgeons tätiger Dr. William Crowther schlich sich in die Leichenhalle, trennte Lannes Kopf vom Rumpf, häutete den Schädel und ersetzte ihn durch den einer weißen Leiche. Diese abscheuliche Tat wurde bald entdeckt, und die dergestalt hintergangenen Vertreter der Behörden beschlossen, dem Royal College of Surgeons nicht das ganze Skelett zu gönnen. Man hackte der Leiche Hände und Füße ab und warf sie fort, anschließend wurde der verstümmelte und geschändete Leichnam des letzten Stammeskriegers offiziell beerdigt. In der folgenden Nacht exhumierten ihn Vertreter der Royal Society in aller Heimlichkeit und beraubten ihn seines Skeletts, »eine schmutzige Arbeit«, wie einer von ihnen mit einer gewissen Untertreibung erklärte. Danach verschwand Lannes Skelett wie auch der Schädel, den Crowther auf dem Seeweg an das Royal College of Surgeons geschickt hatte. Vermutlich hatte ihn der nichtswürdige Arzt in eine Robbenhaut verpackt, und als die Sache zum Himmel stank, hat man wohl das Ganze einfach über Bord geworfen.

Als Trucanini das Geschick von Lannes Leichnam erfuhr, war sie untröstlich, weinte und tobte. Schon lange hatte sie Angst vor dem Tode und dem bösen Geist Rowra, der die Rache der von ihr verratenen toten Stämme an ihr vollziehen würde; jetzt kam eine weitere Angst hinzu. Sie bat einen Geistlichen, dafür zu sorgen, daß man sie nach ihrem Tode in einen mit Steinen beschwerten Sack steckte und an der tiefsten Stelle des D'Entrecasteaux-Kanals versenkte – »denn ich weiß, wenn ich sterbe, will das Tasmanische Museum meine Leiche haben«. Als 1873 die letzte ihrer schwarzen Gefährtinnen gestorben war, brachte man Trucanini nach Hobart, wo sie als koloniale Berühmtheit dahinsiechte, »Königin der Aborigines«, wie die Weißen sie nannten. An einem Maiabend 1876 hörte man sie aufkreischen: »Missus, Rowra holt mich, Rowra holt mich!« Ein Schlag lähmte sie, und sie lag fünf Tage im Koma. Als sich schließlich der schwarze Schleier einen Augenblick lang vor ihrem verängstigten Bewußtsein hob, waren ihre letzten Worte: »Sie sollen mich nicht zerschneiden, sondern mich hinter den Bergen beerdigen.«

Die Regierung richtete ihr am 11. Mai 1876 einen Leichenzug aus. Riesige Menschenmengen säumten die Straße, um zuzusehen, wie ihr kleiner, nahezu quadratischer Sarg vorbeigeführt wurde; sie folgten ihm zum Friedhof, wo man ihn ins Grab hinabließ – doch in Wahrheit war er leer. Aus Angst vor Störungen hatte die Regierung Trucanini in der Nacht zuvor in einer Gruft der protestantischen Kapelle im Gefängnis von Hobart beisetzen lassen. So fand sie ihre letzte Ruhe nicht »hinter den Bergen«, sondern in einem Gefängnis. 1878 exhumierte man ihre Leiche, löste das Fleisch vom Skelett, kochte die Knochen aus und lagerte sie einige Jahre lang in einer zugenagelten Apfelkiste, von der niemand wußte, was sie enthielt. Als sie fortgeworfen werden sollte, las ein Mitarbeiter des Tasmanischen Museums das verblaßte Etikett, die Knochen wurden zusammengefügt, und Trucaninis Skelett kam im Museum in eine Vitrine. Dort blieb es, bis man es 1947 aus einem gewissen Gefühl für Pietät und Menschenwürde in den Keller verbannte. Die tasmanischen Behörden ließen es 1976 – da sie nicht wußten, was sie sonst mit dieser lästigen Leiche im Keller anfangen sollten – zur hundertsten Wiederkehr ihres Todes einäschern und die Asche im D'Entrecasteaux-Kanal über dem Wasser verstreuen. Der Tag, an dem sich der tugendhafte und unbeugsame Statthalter Sir George Arthur weinend auf der *Elphinstone* eingeschifft hatte und unter dem Jubel von Hunderten freier Bewohner Vandiemensland Englands, seiner Erhebung in den Adelsstand und dem verdienten Dank der Krone entgegengesegelt war, lag gerade hundertvierzig Jahre zurück.

Bleibt noch, ein Mißverständnis aufzuklären. Lyndall Ryan hat in *The Aboriginal Tasmanians* dankenswerterweise die – allem Anschein nach unausrottbare – Legende widerlegt, derzufolge man Trucanini für die »letzte Eingeborene« Tasmaniens hält. Den Irrglauben, mit ihr seien die Aborigines der Insel ausgestorben, haben mit unterschiedlichem Nachdruck Historiker, Anthropologen und Journalisten mehr als ein Jahrhundert lang nachgebetet, mit dem Ergebnis, daß die konservativen Weißen Tasmaniens die auf ihrer Insel überlebenden Aborigines – gegenwärtig an die 2500 – als inexistent oder Unpersonen behandelten, den liberalen hingegen, denen das Märchen von ihrem »Ausgestorbensein« gerade recht kam, war ihre Existenz peinlich. Unter diesen Umständen ist es nicht verwunderlich, daß die Regierung Tasmaniens weder die ethnische Identität der auf ihrem Gebiet überlebenden Aborigines noch irgendeinen ihrer Ansprüche auf das Land ihrer Vorfahren oder heilige Stätten anerkennt – im Gegensatz zu anderen australischen Staatsregierungen, die das den Aborigines auf dem Festland zugestehen, wenn auch nicht immer besonders willig.

Ryan zeigt in Einzelheiten, was geschehen ist: Zahlreiche Aborigines überlebten auf den Inseln in der Bass-Straße, wo sie sich mit Abkömmlingen weißer Robbenfänger vermischten, vor allem auf der Cape-Barren-Insel. Dort siedelten 1847 dreizehn Familien mit zusammen etwa fünfzig Angehörigen. Deren Nachkommen, auch wenn sie ebensowenig reinrassig sein mögen wie die meisten der amerikanischen Schwarzen oder der australischen Aborigines auf dem Festland, bilden die gegenwärtige schwarze Bevölkerung Tasmaniens. Erwähnenswert ist weiterhin, daß Trucanini nicht einmal die letzte reinblütige Angehörige der Aborigines war; als sie gilt Suke, eine von Robbenfängern von Kap Portland in Tasmanien zur Känguruh-Insel vor der südaustralischen Küste gebrachte alte Frau, die bis 1888 lebte.

Kapitel XII

Metastasis

1

Noch 1815, im Jahr von Napoleons endgültiger Niederlage, da England seine Kraft erneut auf den Ausbau seines Weltreichs wenden konnte, war die Besiedlung von Neusüdwales durch die Weißen auf einer Weltkarte lediglich als winzig kleiner Fleck zu erkennen, der aus Sydney und Parramatta bestand. Alles andere war leer, war noch kaum durchdrungener, endloser, graugrüner Busch, durch den sich wie Kapillargefäße wenige Wege zu Einzelsiedlungen im Outback wanden.

Im Jahre 1825 war das schon anders. An der Küste nördlich von Sydney hielten über 1500 Kilometer verteilte Ansiedlungen – Newcastle, Port Macquarie, Moreton Bay – durch Schiffe mühevoll Verbindung untereinander, und die auf Macquaries Befehl hin aufgegebene Norfolkinsel wurde erneut besiedelt.

Nicht auf die Hoffnungen von Siedlern waren all diese kleinen Ansiedlungen gegründet, sie waren als Orte der Strafe entstanden. Eine wachsende Sträflingsbevölkerung und zunehmende Strenge der Behörden hatte sie ins Leben gerufen. Sie waren, einem damals üblichen Ausdruck zufolge, »die Botany Bay von Botany Bay« – Enklaven der Verbannung in einem Land des Exils. Jetzt begann der Zustrom von Sträflingen nach Australien erst richtig. Zu keiner Zeit zwischen 1820 und 1831 sank die Zahl der dort ihre Strafe verbüßenden Sträflinge unter den Wert von zwei Fünfteln der Gesamtbevölkerung. Die Gründung dieser Strafaußenposten war eine Reaktion auf die Krise, wenn auch in der Praxis weniger als ein Zehntel der Gefangenen je in einer von ihnen seine Strafe verbüßte. Wenn Englands Verbrecher Angst vor Australien bekommen sollten, mußten diese Orte die Sträflinge in der Kolonie in Angst und Schrecken versetzen.

Die englischen Behörden wußten 1825 bereits – und sie hatten sich mit dieser Erkenntnis abgefunden –, daß sich diese Art, dem Verbrechen zu begegnen, bisher als erfolglos erwiesen hatte und voraussichtlich in Zukunft auch weiterhin erfolglos bleiben würde. Da die Verbrechensquote in England nicht abgenommen hatte, konnte die Schlußfolgerung nur heißen, daß die Deportation keine abschreckende Wirkung ausübte. Die Frage der Besserung war von untergeordneter Bedeutung, da kaum einer je aus Australien zurückkehrte. Beispielsweise entschloß sich 1826 lediglich jeder vierzehnte der nach Verbüßung ihrer Strafe in Freiheit gesetzten Häftlinge, nach England zurückzukehren – ein beredter Hinweis darauf, wie sie ihre Aussichten dort einschätzten.

Das Strafvollzugssystem war geradezu süchtig nach der Deportation, allerdings gab es auch keine wirkliche Alternative. Wohl hatte die Regierung in London mit Kosten von einer halben Million Pfund am Themseufer 1821 ein Versuchsgefängnis für 800 Insassen errichten lassen – Kleinkriminelle beiderlei Geschlechts, die sonst auf sieben Jahre deportiert worden wären. Es bewährte sich aber nicht. In den kalten Zellen und wegen der mangelhaften sanitären Anlagen starben die Gefangenen wie die Fliegen. Weder Regierungskreise noch die öffentliche Meinung konnten sich für eine Strafvollzugsreform an Haupt und Gliedern erwärmen, und das keineswegs nur, weil die Deportation deutlich billiger war als der Bau neuer Gefängnisse. Der Gedanke des Strafvollzugs im Gefängnis galt überdies als amerikanische Erfindung, und nachzuahmen, was aus der aufrührerischen ehemaligen Kolonie kam, war kein Tory und kaum ein Whig bereit.

Als sich der erzkonservative Lord Castlereagh 1822 in einem Anfall von Schwermut das Leben nahm, wurde Sir Robert Peel Innenminister. Da er dafür sorgte, daß für einige Straftaten die Androhung der Todesstrafe aufgehoben wurde, kam es zwar zu weniger Hinrichtungen durch den Strang, aber dafür wurden noch mehr Menschen deportiert. Peel war kein visionärer Reformer, und als es darum ging, die praktischen Folgen des Vorgehens gegen Verbrecher zu durchdenken, ließ ihn seine Vorstellungskraft im Stich. »Ich gebe zu, daß die Deportation nach Botany Bay unzulänglich ist, aber die ganze Sache steckt voller Schwierigkeiten«, schrieb er an Reverend Sydney Smith. »Ich kann mir neben dem gegenwärtigen System des Strafvollzugs kaum etwas anderes vorstellen.« Die Gefängnisschiffe barsten förmlich, immerhin enthielten sie 4000 bis 5000 Rechtsbrecher. Kettenkolonnen konnte Peel nicht gut vor aller Augen in Großbritannien einsetzen, weil das die öffentliche Meinung aufgebracht hätte; und da das Gefängnis als Strafvollzugsanstalt versagt hatte, blieb nur Australien als Mittel zur Bekämpfung einer immer noch anwachsenden Kriminalität. »In Wahrheit ist die Zahl der Sträflinge bei weiten zu groß für die Möglichkeiten einer angemessenen und wirksamen Bestrafung.«

Doch angesichts der überschwappenden Verbrechenswelle mußte es einen Ort des Schreckens geben, wohin man die Straftäter deportieren konnte. Zwischen 1810 und 1814 wurden pro Jahr 678 von ihnen nach Australien geschickt. Dies tröpfelnde Rinnsal fand ohne weiteres Aufnahme im Zuweisungssystem, das die Sträflinge als ungelernte Arbeiter beschäftigte. Doch zwischen 1815 und 1819 verdreifachte sich der jährliche Durchschnitt auf 2090 und stieg von 1820 bis 1824 auf 2756 an. Da die britische Regierung nicht einmal dann die Deportation hätte einschränken können, wenn sie gewollt hätte, suchte sie nach Möglichkeiten, sie zu verschärfen – niemand sollte glauben, es gehe dabei, wie ein Lord-Oberrichter gesagt hatte, um »einen Picknickausflug«. Keiner der politischen Entscheidungsträger war je in Australien gewesen, alle sahen den Kontinent ausschließlich in den von dort eintreffenden Rückmeldungen gespiegelt. Als *die* maßgebliche Quelle galten John Bigges detaillierte und von einem unbeugsamen Klassenstandpunkt aus formulierte Berichte, und sie bestärkten die Regierung in ihrer ursprünglichen Absicht: Australiens späteres Geschick als eine Gemeinschaft freier Bürger war zweitrangig, verglichen mit seiner augenblicklichen Aufgabe, dem Mutterland als soziale Fäkaliengrube zu dienen. Die Torys wollten einen Gouverneur, der sich weniger – weit weniger – Gedanken über die spätere Wiedereingliederung der Sträflinge in die Gesellschaft machte als über ihre Bestrafung.

Für diese Aufgabe schien Sir Ralph Darling (1775–1858) wie geschaffen: ein unbeugsamer und engstirniger Veteran des von spanischem Boden aus gegen Napoleon geführten Krieges. Er traf 1825 mit fünfzig Jahren in Sydney ein. Moralisch und intellektuell war er langweiliger als George Arthur. Auch er konnte auf Erfahrungen als Statthalter eines im Umbruch befindlichen Sklavenstaates in heißen Zonen verweisen, war er doch vier Jahre lang britischer Militärgouverneur auf Mauritius gewesen, einer Kolonie des geschlagenen Frankreich, und hatte dort – mehr oder weniger wie ein Diktator – tapsig sein möglichstes versucht, die wenigen Rechte der 70000 auf den Zuckerpflanzungen fronenden Schwarzen gegen ihre französischen Herren zu schützen. Er verlangte sofortigen Gehorsam und war es gewohnt, Entscheidungen zu fällen, ohne lange zu fackeln.

Da er in Australien nicht anders handelte, stieß er bald bei allen auf Ablehnung – mit Ausnahme der Exklusiven, denen seine devote Haltung London gegenüber natürlich ebenso recht war wie seine tiefgreifende Abneigung gegenüber allem, was nach Demokratie, Reform oder (soweit es Sträflinge betraf) gewöhnlicher Barmherzigkeit schmeckte. »Ein kalter, steifer, kranker Mensch« war Sir James Dowlings Ansicht, ein neuer Gerichtsbeisitzer von Neusüdwales, nachdem er Darling 1828 zum erstenmal begegnet war. »Von der Offenheit und Selbstverständlichkeit eines Soldaten hatte er nichts an sich, und ich erstarrte in seiner Gegenwart förmlich.«

Wie Arthur auf Vandiemensland wollte Darling in Neusüdwales die Anregungen des Bigge-Berichts buchstabengetreu befolgen und Macquaries Liberalismus entgegenwirken, von dem sich unter Gouverneur Brisbane noch Reste erhalten hatten. Statt die Gefangenen entsprechend ihrer Führung zu behandeln, verlangte er eine starre, gleichmäßige Bestrafung aller »im Hinblick darauf, daß in der Heimat Verbrecher abgeschreckt werden sollen«.

Diese Gleichbehandlung erfolgte durch die neunschwänzige Katze, deren Pfeifen und dumpfer Aufschlag im damaligen Australien ebenso an der Tagesordnung war wie das Lachen des *kookaburra*, eines Vogels, der als »Lachender Hans« bekannt ist. »Die Auspeitschung ist hierzulande«, teilte ein Altgedienter in den zwanziger Jahren dem neu angekommenen Alexander Harris mit, »so selbstverständlich, daß sich niemand etwas dabei denkt. Ich habe kleine Kinder an einem Baum Auspeitschen spielen sehen, so wie Kinder in England Reiter und Pferd spielen.«

Inzwischen war die Zahl der Hiebe bei Auspeitschungen in der Mehrzahl der Fälle auf fünfundzwanzig, fünfzig, fünfundsiebzig, hundert, oder, sehr selten, hundertfünfzig beschränkt. Im Vergleich mit früheren Zeiten, da Gestalten wie Foveaux und Marsden bis zu fünfhundert Hiebe verhängten, mag man das als milde ansehen, doch trügt der Schein, denn ein Richter konnte für verschiedene Aspekte derselben Tat mehrere Auspeitschungen anordnen.

Jeder einzelne Schlag wurde notiert, und die Unterlagen darüber wurden sorgsam aufbewahrt. Eine 1838 durch den Gouverneur Sir George Gipps, Long Glenelg vorgelegte Liste der von 1830 bis 1837 in Neusüdwales ausgeführten Züchtigungen sieht wie folgt aus:

	Zahl der Auspeitschungen	*Gesamtzahl der Hiebe*	*Durchschnittliche Zahl der Hiebe pro Auspeitschung*	*Zahl der männlichen Sträflinge im Lande*
1830	2985	124 333	41	18 571
1831	3163	186 017	58	21 825
1832	3816	164 001	43	24 154
1833	5824	242 865	41	23 357
1834	6328	243 292	38	25 200
1835	7103	332 810	46	27 340
1836	6904	304 327	44	29 406
1837	5916	268 013	45	32 102

Alexander Harris' *Settlers and Convicts or Recollections of Sixteen Years' Labour in the Australian Backwoods* (1847) liefert eine lebhafte Schilderung dieses alltäglichen Ereignisses:

> »Werden Offiziere, vor allem junge, zu Friedensrichtern ernannt, ärgern sie sich darüber, wie hart die Männer sind, die zu verachten sie beschlossen haben; und da dem Soldaten die ›Katze‹ als natürliches Zuchtmittel erscheint, stürzen sie sich förmlich darauf.
>
> Man schickte mich zum Gerichtsgebäude von Bathurst. Auf dem Weg dorthin kam ich am Dreibein vorüber, wo seit Stunden unaufhörlich Auspeitschungen stattgefunden hatten. Ich sah einen Mann über den Hof gehen, dessen Blut, das von seinem zerfetzten Rücken gelaufen war, bei jedem Schritt aus den Schuhen hochschoß. Ein Hund leckte Blut vom Dreibein, und die

Ameisen trugen große Stücke Menschenfleisch fort, das die Peitschenschnüre überall auf dem Boden verstreut hatten.
Diesen Boden hatte der Fuß des Züchtigers richtig aufgewühlt, durch den Schwung, mit dem er sich zur Seite warf, um die Peitsche auf den bebenden und eine blutige Masse bildenden Rücken klatschen zu lassen, aus dem die Sehnen weiß, zerfetzt und geschwollen hervorstanden. Ein Mann sollte hundert Schläge in Abständen von je einer halben Minute bekommen, so daß die Bestrafung nahezu eine Stunde dauerte. Der Tag war so heiß, daß man schon ohnmächtig werden konnte, wenn man so lange in der Sonne stand. Ich weiß von verschiedenen armen Burschen, die diese erbarmungslose Auspeitschung für den Rest ihres Lebens zu Krüppeln gemacht hat.«

Schon das berüchtigte *Botany Bay-Dutzend,* also fünfundzwanzig Peitschenhiebe, bedeuteten eine unmenschliche Folter, die den gehäuteten Rücken eines Mannes mit knotenförmigen Narben übersäte.

Der durch die Auspeitschung verursachte seelische Schaden war schlimmer als der körperliche, und seine Nachwirkungen waren mindestens ebenso dauerhaft. »Es hat die Männer ganz und gar demoralisiert«, sagte ein ehemaliger Wundarzt von Macquarie Harbour, John Barnes, vor dem Molesworth-Ausschuß aus; »mir ist kein einziger Fall bekannt, in dem ein Sträfling von der Auspeitschung einen Nutzen gehabt hätte«. Die neunschwänzige Katze bewirkte nicht etwa Disziplin, sondern lediglich, daß man erkannte, wie ohnmächtig man der Behörde ausgeliefert war, und das rief Feindseligkeit hervor. Nur Gewalttätigkeit half dagegen, lediglich der Tod konnte die Schmach der Auspeitschung tilgen. Neben der Homosexualität war sie das demütigendste körperliche Erlebnis, das einem Mann widerfahren konnte. Nichts in der Erfahrung eines gewöhnlichen Menschen war mit dem Ritual der »Katze« vergleichbar: der Gefangene wurde entkleidet und an das Gerüst gebunden, wie man einen Eulenbalg an ein Scheunentor nagelt; durch einen aufwühlenden Schmerz hörte er den Unter-Quartiermeister langsam die Schläge zählen, bis er sich schließlich, am Tiefpunkt angekommen, hilf- und wertlos fühlte und sich selbst haßte. Barnes sprach von Sträflingen, die von ihrer ersten Auspeitschung »so erniedrigt waren, daß mir einige sagten, sie seien erst zufrieden, wenn sie für ein weiteres Vergehen hingerichtet würden; *sie sahen das Auspeitschen als eine äußerst unmännliche Form der Bestrafung an«* [Hervorhebung durch den Verfasser].

Der narbenbedeckte Rücken wurde ein Rangabzeichen, und das gleiche galt für das Schweigen. Wer am Dreibein jammerte und schrie, galt als Memme, doch wer die Strafe schweigend ertrug, wurde als *Eisenmann* bewundert. Er entkleidete sich mit dem Ausdruck der Verachtung und spie nach dem letzten Hieb dem Mann vor die Füße, dem er sein *rotes Hemd* verdankte. Es gab mehr Memmen als Eisenmänner. Ernest Augustus Slade, Superintendent der Hyde Park Barracks in

Sydney von 1833 bis 1834, war davon überzeugt, daß jeder Sträfling unter der Peitsche zusammenbreche. Dem Molesworth-Komitte gab er zwei Beispiele:

»James Clayton von der ›Phoenix‹ erhielt 50 Schläge wegen unerlaubter Abwesenheit und Pflichtvernachlässigung. Bei dem fünften Hieb wurde die Haut angerissen, und etwas Blut trat heraus. Der Sträfling biß in seine Lippen, um den Schmerz zu unterdrücken. Die Haut dieses Mannes war ungewöhnlich dick, und sowohl sein Körper als auch seine Psyche waren von früheren Strafen abgehärtet. Doch wenn alle seine Bestrafungen so hart durchgeführt worden wären wie diese, wäre seine Widerstandskraft schon lange gebrochen worden.«

Einen Gegensatz dazu bildete die Haltung des armen James Kenworthy, eines Diebes aus Camden:

»Schon der erste Schlag ließ diesen Sträfling laut aufschreien, beim achtzehnten floß das erste Blut, beim fünfundzwanzigsten floß es stärker, bis es schließlich, beim zweiunddreißigsten, in Strömen seinen Rücken hinabrann. Schon mit dem fünfundzwanzigsten Schlag wäre er ausreichend bestraft gewesen. Er bekannte, noch nie zuvor ausgepeitscht worden zu sein . . . Er war sehr fett, hatte aber eine dünne Haut. Sein Leiden wurde noch dadurch verstärkt, daß sein Körper kaum Muskeln besaß, er konnte die Strafe kaum aushalten.« In den dreißiger Jahren entwickelte das System, was die Hervorbringung des Schmerzes betraf, eine Vorliebe für bürokratische Genauigkeit. In den Gouverneur Bourke, Darlings Nachfolger, 1833 vorgetragenen zahlreichen Klagen von örtlichen Gerichten, hieß es nicht nur, fünfzig Hiebe, die Höchstzahl, die ein Friedensrichter für eine einzige Straftat verhängen durfte, seien zuwenig, sondern auch, daß die von der Regierung vorgesehenen »Katzen« zu schwach seien. Sogleich verlangte ein Rundschreiben von allen Polizeirichtern in Neusüdwales, dem ein Exemplar einer »Normkatze« zur praktischen Erprobung beigegeben wurde, einen Bericht über deren Eignung und Bewährung.

Die einlaufenden Antworten waren widersprüchlich. George Holden, Polizeirichter in Campbelltown, konnte keine »eindeutige Aussage« zur Normkatze machen, außer, daß sie von schlechter Qualität sei, denn sie habe nur hundertfünfzig Hiebe ausgehalten. Die neun Schwänze müßten steifer und leichter sein, aber

> »die Entscheidung, wieviel Qualen man von Gesetzes wegen einer Gruppe von Männern systematisch zufügen soll, bringt eine entsetzliche Verantwortung mit sich, die ich nicht übernehmen mag. Ich kann nicht behaupten, daß ich die Kraft besitze, einer solchen Bestrafung unbewegt zuzusehen.«

Im übrigen schien dieser Auspeitscher die Katze mit »jenem besonderen Schwung zu handhaben, wie er in den Hyde Park-Unterkünften üblich ist und den Schmerz erheblich steigert«.

Dem Drakon der Unterkünfte in Hyde Park, Ernest Slade, schien die übliche Katze durchaus angemessen (»vorausgesetzt, sie wird richtig gehandhabt«), doch erinnerte er den Kolonialsekretär daran, daß man den Auspeitscher nicht überbeanspruchen dürfe — nicht mehr als hundertfünfzig Hiebe pro Tag —, und daß sie wegen ihrer wenig angesehenen Aufgabe besonderen Schutzes bedürften.

Ein »Friedensrichter« aus Bathurst teilte mit, die Schnüre der »Katze« lösten sich an den Enden auf und schnitten nicht genug in die Haut ein. Auch die Polizei von Goulburn beschwerten sich über die »Katze«. Die Griffe lösten sich schon nach 20 Schlägen, und die Enden seien nicht fest genug, »so schmerzten die Schläge zwar, aber nur selten käme Blut, so daß der Ausgepeitschte kaum die Schmerzen ertragen müsse, die die Strafe vorsehe«. Die Schwänze sollten deshalb vor allem aus härterem Material bestehen und »es wäre wünschenswert, wenn sie in einem Knoten endeten«.

Für Darling und seine Nachfolger in den dreißiger Jahren bedeutete das Auspeitschen lediglich den gelegentlichen Höhepunkt der Bestrafung innerhalb einer gleichbleibenden Umgebung des Elends. Jeder männliche Sträfling wurde bei seiner Ankunft in Eisen gelegt und für eine Weile zur Zwangsarbeit bei öffentlichen Aufgaben geschickt, bevor man ihn Siedlern zuwies. Dahinter stand die Absicht, ihnen durch die Arbeit beim Straßenbau die Zuweisung an die Siedler als »wünschenswerte Erlösung aus einer schmerzlichen und erniedrigenden Lage« erscheinen zu lassen, so daß sie sich, aus Angst, anderenfalls dorthin zurückgeschickt zu werden, bei ihren Dienstherren gut führten.

Diesen Plan konnte Darling nicht verwirklichen, weil die Nachfrage nach zugewiesenen Arbeitskräften zu groß war, doch er beschäftigte weit mehr Sträflinge in Arbeitskolonnen der Regierung und ließ sie Straßen bauen. Er stellte 1828 stolz fest, daß er in den Straßenbaukolonnen von Neusüdwales 1260 Rückfalltäter beschäftigte, mehr als in allen Strafsiedlungen zusammen. Und all das, meldete er nach London, kam den Staat sehr billig: Die aus den Reihen der Sträflinge rekrutierten Aufseher bekamen pro Jahr eine Gratifikation von rund sechzehn Pfund, und die für den Bau der Straßen gezahlten Gesamtlöhne beliefen sich zusammen mit den Gehältern für die freien Aufseher 1827 und 1828 lediglich auf £ 1621 18 s. 9 d. Kein privater Bauunternehmer hätte mit zugewiesenen Arbeitskräften so billig arbeiten können.

Der Memoirenschreiber unter den Stäflingen, Thomas Cook, merkte, wie das Leben in der Straßenbaukolonne war, als man ihn zur Zwangsarbeit an der Großen Straße nach Westen über die Berge nach Bathurst abordnete. Sie mußten sich bei Honeysuckle Flat durch Busch und Sandstein kämpfen:

»Da ich lediglich eine Borkenlage als Bett, eine halbe fadenscheinige Wolldecke als Zudecke und einen Baumstamm als Kissen hatte, setzte mir der Frost so sehr zu, daß ich meine Gliedmaßen nur mit Mühe bewegen konnte, und auch dann nur, wenn ich allnächtlich in gewissen Abständen das Feuer aufsuchte. Als ich mich nach all den Schrecken einer ruhelosen und bitterkalten Nacht erhob, waren die wilden Berge mit Schnee bedeckt, und das eiskalte Werkzeug starrte mir ins Gesicht, bevor die Sterne noch vom Himmel verschwunden waren. Wie manche Träne habe ich beim Gedanken an mein hartes Los und an die geringfügige Tat vergossen, um derentwillen ich verurteilt wurde, in so hohem Maße die Bitternis eines Lebens im Elend zu schmecken.«

Cook begann in einer der Kolonnen, die unter erleichterten Bedingungen, nämlich ohne Eisen, den größten Teil der Straßen in Neusüdwales bauten.

Obwohl nach 1828 stets 1200 bis 1500 Sträflinge in ihnen arbeiteten, waren sie entsetzlich unproduktiv. Die Mehrzahl von ihnen hatten entweder Siedler als für deren Arbeit ungeeignet zurückgewiesen, oder sie verbüßten kurze Strafen (sechs Monate oder weniger) für kleinere, in der Kolonie begangene Vergehen. »Die bloße Tatsache, daß sie in einer Gemeinschaft, die so dringlich und lauthals nach Arbeitskräften ruft, der Regierung zurückgegeben werden«, schrieb Richard Bourke, Darlings Nachfolger, mußte bedeuten, daß solche Männer »notorisch faul und wertlos« waren. Die als Aufseher tätigen Sträflinge waren korrupt und stellten »handverlesene Gruppen« von Kolonnenarbeitern zusammen, die nachts zum Lebensmitteldiebstahl auszogen. Cook berichtete, wie einige Mitglieder seiner Kolonne am Mount Victoria zwei fette Ochsen über einen Felsabsturz trieben, indem sie Felsen zu ihnen hinabrollten, bis sie vor Angst davonliefen; anschließend aßen sie tagelang Steak.

Selbst aus diesen Kolonnen, die nicht in Eisen arbeiteten, entflohen immer wieder Häftlinge in den Busch, lebten eine Weile (wenn auch in der Regel nicht besonders lang) von der Buschklepperei, und wurden wieder eingefangen. Da es so viele von ihnen gab, waren Reisen, insbesondere über die Blauen Berge, gefährlich, denn auf kaum einen von ihnen traf das Bild der menschenfreundlichen Robin Hoods zu, das sich die australische Volksmeinung von ihnen gemacht hatte – sie hatten Hunger und wollten essen.

Offensichtlich waren Verbesserungen im System dringend erforderlich, und Darling wie Bourke richteten ihre Hoffnung auf die Kettenkolonnen. Ihnen gehörten ausnahmslos zweimal Verurteilte an, die in Eisen arbeiteten und schliefen. Bourke berichtete, daß 1834 in ihnen mehr als 800 Männer Strafen von sechs Monaten bis drei Jahren verbüßten.

Dem Fortschritt der Straße entsprechend schleppten die Arbeiter dieser Kolonnen ihre nächtlichen Gefängnisse mit sich – Hütten auf Rädern, für jeweils achtzehn bis vierundzwanzig von ihnen. Gelegentlich standen etwas dauerhaftere von Palisaden umzäunte Lager mit festen Hütten zur Verfügung, von wo aus die Arbeiter in Eisen zur Arbeit marschierten. Manchmal ließ der Superintendent sie auch in der Hälfte der Zeit zu ihrem Arbeitsplatz laufen, bedroht von den

Bajonetten der Soldaten. Thomas Cook, der zu einem Jahr in Ketten verurteilt worden war, beschrieb seine Leiden und die seiner Gefährten:

»Zehn bis fünfzehn Tage ging es in dieser Weise, bis die Männer, die inzwischen so schwach und deren Beine von den Ketten so blutig gescheuert waren, daß sie es kaum noch ertragen konnten, entschlossen Widerstand leisteten . . . daraufhin kam es zu heftigen Auseinandersetzungen, in denen viel Blut floß – durch die Bajonette der Soldaten und die neunschwänzigen Katzen der Wachen.«

Über die Strafen berichtete Cook weiter:

»Der Prozeß war eine Verhöhnung der Gerechtigkeit. Ich habe Fälle erlebt, in denen der Offizier nicht einmal nach der Anklage fragte, sondern vom Rücken seines Pferdes aus 14 oder 15 Männer, die entfernt standen, eine ganze Gruppe, zu je 100 Peitschenhieben verurteilte, ohne daß die verbrecherischen Ankläger mehr als zehn Worte sagen oder gar einen Eid schwören mußten.«

Nicht alle rückfälligen Sträflinge konnte man allerdings in Kettenkolonnen stecken, da für diese zu viele Wächter erforderlich waren – ein Argument für die Einrichtung von Strafsiedlungen. Ihre Abgelegenheit ließ Fluchtversuche nicht angeraten erscheinen, und die dort geübte Strenge würde, so hoffte man, zu »heilsamem Schrecken« führen.

Die Notwendigkeit solcher Ansiedlungen hatte John Bigge in seinem Bericht ausführlich dargelegt. Er nahm den die Landwirtschaft betonenden Standpunkt der Exklusiven ein, bezeichnete Sydney als Brutstätte des Verbrechens und behauptete, 1820 sei dort auf drei Sträflinge ein zusätzliches Verbrechen gekommen – verglichen mit einem Verhältnis von eins zu acht in Windsor und weit weniger in den entfernten Bezirken des Outback. Mithin, befand er, bestehe die Lösung darin, ihre Strafe verbüßende Rechtsbrecher aus den Städten heraus ins Landesinnere zu schaffen und die Rückfalltäter in ferne Strafsiedlungen zu bringen. Dort hatten sie keine Möglichkeit, die anderen zu verderben, und überdies würden die Berichte über deren Leiden dort allen als abschreckendes Beispiel dienen. Nur auf diese Weise, glaubte Bigge, konnte die Regierung den »ständigen Druck durch die Neuankömmlinge« lindern wie auch »das Unbehagen, das ich bei der Ankunft von immer noch mehr Sträflingsschiffen empfand«. In Sydney verkamen die Sträflinge, vermischten sich zu sehr mit den Freien und straften den »Schrecken« der Deportation Lügen. »Die Hauptursache für den verminderten Nutzen der Deportation stammt aus der Zunahme der Deportiertenzahl«, argumentierte Bigge.

Außerdem erschien Bigge das Leben für die Arbeitskolonnen der Sträflinge in den besiedelten Bezirken rund um Sydney beinahe zu behaglich, und er hielt es für »aussichtslos«, zu erwarten, daß sie dort »alle Härten, Entbehrungen und Unzuträglichkeiten« erführen, die das Leben außerhalb besiedelter Bezirke mit sich brachte. Solchen Sträflingen durfte man keinen Freiraum zubilligen und ihnen nur so eintönige Aufgaben zuweisen wie beispielsweise das Ausroden der riesigen Wurzelstöcke von Eukalyptusbäumen, die frühere Landnahmegruppen im Boden gelassen hatten. An der gesamten Nordküste gab es genug Knochenarbeit, und dorthin, drängte Bigge die Regierung, müsse man die Kolonnen schicken. In der Hitze des südlichen Wendekreises würde die Kombination aus unwirtlichem Busch und feindlichen Eingeborenen vor Fluchtversuchen hinreichend abschrecken. Sobald der Busch gerodet war, würden die Sträflingskolonnen weiterziehen, und Siedler könnten sich dort niederlassen.

Dieser Plan einer Kolonisierung in Richtung Norden wurde von Lord Bathurst gebilligt, Gouverneur Brisbane verwirklicht und Gouverneur Darling vervollkommnet.

2

Als erster Strafaußenposten auf dem Festland wurde Newcastle gegründet, gut hundert Kilometer nördlich von Sydney an der Mündung des Hunterflusses in den Pazifik. Ursprünglich war das ein Sumpfgebiet gewesen, und über die flachen Felsen am Fuß der Kreideklippen tobten grün und blau die Wasser des Meeres um die Stümpfe versteinerter Bäume, deren Jahresringe noch zu erkennen waren. Von größerem Interesse für die frühen Siedler war jedoch ein weiteres Überbleibsel jenes Sumpfes: ein neunzig Zentimeter mächtiges Kohlenflöz, das fast auf Höhe des Meeresspiegels durch Nobby's Head lief, die südliche Landzunge an der Huntermündung. Dies 1795 entdeckte Flöz gab dem Ort seinen ersten Namen: Coal Harbour.

Gouverneur King schickte 1801 sechzehn besonders widersetzliche Sträflinge unter militärischer Bewachung zum Kohleabbau dorthin. Sie wurden bald abberufen, da sich die Versorgung dieses winzigen Vorpostens als zu schwierig erwies, doch nach dem Aufstand der Iren von Castle Hill schickte King 1804 35 von ihnen zur Arbeit im Flöz an die Klippe. Die Sträflingsbevölkerung von Newcastle, wie der Ort bald genannt wurde, wuchs ungleichförmig. Ihre Zahl betrug Ende 1804 128, 1817 waren es bereits 553 und 1821 1169, unter ihnen eine Handvoll freier Siedler und freigelassener ehemaliger Sträflinge. Da aber war schon nicht mehr die Kohle, sondern das Holz wirtschaftliches Rückgrat der Siedlung.

Riesige Bestände an Zedern, das Rohmaterial für die Tischlerei im Australien der Kolonialzeit, standen im Tal des Hunterflusses. Ihr Fällen war ein Monopol der Regierung. Bauunternehmer segelten mit ihren Schiffen nach Newcastle und kauften rotgoldene, schwere, leicht duftende Tafeln, wie es sie heute nicht mehr gibt, die aber damals so alltäglich wie Fichtenholz waren, von den

Sträflingen fertig zugesägt zum Preis von drei Pence pro Quadratfuß. Die Füllungstüren in Macquaries Sydney, die hölzernen Gesimse, Wandbekleidungen sowie Schränke und sogar die Fußböden bestanden daraus.

Die meisten Sträflinge in Newcastle arbeiteten in den Zedernkolonnen, und so waren 1820 die Uferwälder bereits so stark abgeholzt, daß man über hundert Kilometer flußaufwärts gehen mußte, um große Zedern zu finden. Solche Expeditionen dauerten einen Monat und mehr und wurden selbstverständlich von Militärwachen beaufsichtigt. Die Männer arbeiteten im Akkord, und von einer Kolonne aus dreißig Mann wurde pro Monat eine Leistung von etwa hundert Bäumen erwartet. Die gefällten und entästeten Stämme wurden jeweils zu einem riesigen Floß zusammengebunden, auf dem die ganze Kolonne, vor den Unbilden der Witterung in einer rohgezimmerten Hütte auf »Deck« geschützt, majestätisch nach Newcastle zurückkehrte.

Mit streng überwachten Befehlen sorgten die Gouverneure dafür, daß keine Besucher in die Siedlung kamen. Legte ein privates Schiff ohne ausdrückliche Erlaubnis dort an, wurde es auf Grund gesetzt und die Besatzung gefangengenommen. Jedes Schiff, das mit Erlaubnis eintraf, mußte sein Steuerruder aushängen und dem Hafenmeister übergeben. Auf diese Weise wurden nicht nur Fluchtversuche, sondern auch Holzdiebstähle verhindert.

Das Leben in Newcastle war schwer, und die wechselnden Kommandanten hatten Anweisung, darauf zu achten, daß dies auch so blieb. Die in den Kinderschuhen steckende Stadt bestand aus parallelen Reihen von Hütten und Unterkünften für 250 als gefährlich geltende Männer. Dort schliefen jeweils drei von ihnen in kaum mehr als 1,20 Meter breiten Abteilen. Mit dieser Maßnahme hoffte man »unaussprechliche Verbrechen« zu verhüten. Im Sommer stieg das Thermometer in diesen Elendsquartieren auf gut und gern vierzig Grad im Schatten, und unter dem Einfluß des glühendheißen Nordwindes gelegentlich auch auf 46. Ein junger Wachoffizier, Leutnant William Coke, fand das Klima mörderisch:

> »Oft können wir um halb acht abends den Uniformrock nicht mehr am Leibe ertragen und legen uns nach Atem ringend nieder. Wenn wir eine Viertelstunde später die Messe verlassen, zittern wir vor Kälte und wünschen, wir hätten ein Feuer. Diese plötzlichen Wetterstürze bringen viele um. Soldaten und Einwohner sterben hier sehr rasch, einmal, weil sie trinken, und zum anderen, weil sie diesen plötzlichen Klimaumschwüngen ausgesetzt sind.«

Gerade weil an Newcastle alles entweder langweilig oder erschöpfend zu sein schien, sahen die Behörden den Ort als besonders geeignet an. Nicht einmal die Tierwelt machte eine Ausnahme. »Ein Schlangenbiß«, schrieb Coke nach

England, offenkundig in der Absicht, seine Schwester zu erschrecken, »führt zum sofortigen Tod; eine der tödlichsten und hier am häufigsten vorkommenden Schlangen ist so giftig, daß ein von ihr Gebissener nach kurzem Zittern tot umfällt.« Darüber hinaus gab es Stechfliegen, Moskitos, Cholera, Ruhr, Katarrh und, als zusätzliche Heimsuchung, eine riesige Wanderdüne. Unklugerweise hatte man sie allen Bewuchses beraubt, damit sich fliehende Sträflinge nirgendwo verstecken konnten. Das Ergebnis war, daß man sie immer wieder, wenn sie die Stadt zu überwandern drohte, zurückschaufeln mußte.

Im Bergbau eingesetzte Sträflinge, die zum Teil schon in England Bergleute gewesen waren, arbeiteten zehn bis zwölf Stunden am Tag. Das alte, freiliegende Flöz war nach 1817 aufgegeben worden, weil man befürchtete, der untertunnelte Sandstein darüber werde in die See stürzen. Jetzt wurden die Bergleute mehr als dreißig Meter tief an einer Winde in einen Schacht hinabgelassen. Die Bedingungen waren entsetzlich: Wasser sickerte von der See herab, es gab Gesteinsstürze, und die Bewetterung der Grube war schlecht. Die Bergleute, deren Fußeisen im Dunkeln klirrten, litten an Silikose, Asthma und Rheuma. Nach der Schicht konnten sie sich nicht umziehen und bekamen manchmal nicht einmal Wolldecken. Ihr Fördersoll pro Tag war auf zwanzig Tonnen festgesetzt.

Eine noch verhaßtere Arbeit als der Kohleabbau war das Kalkbrennen. In und um Sydney gab es keinen für die Mörtelherstellung geeigneten Kalk, wohl aber lagen einige Kilometer nördlich von Newcastle riesige Austernbänke. Dort ließ man die hartgesottensten unter den Sträflingen die Schalen einsammeln und verbrennen, wobei sie den ganzen Tag barfuß durch mit messerscharfen Austernschalen gespickten Schlamm waten und Körbe mit ungelöschtem Kalk über die bei Ebbe freigefallenen Flächen zu den wartenden Booten tragen mußten. Gelangten Wasserspritzer in den Kalk, verbrannte ihnen dieser die ungeschützten Augen und den geschundenen Rücken. Bei Bigge heißt es dazu, die Augen der Kalkbrenner hätten zwar gelitten, »aber nicht mehr als in England«, und er äußerte die Vermutung, daß sich die Sträflinge selbst blendeten, um arbeitsunfähig zu scheinen. Als hätte die Kranken im Gefängnislazarett Behaglichkeit erwartet! Es war ein einfacher Schuppen ohne die erforderlichen Mittel und Einrichtungen oder auch nur Seife (die mußten sich die Gefangenen aus Asche und Fett selbst herstellen). Im Jahre 1816 gab es dort nur für jeden achten Patienten genug Decken.

Um die Kalkbrenner zu größerer Anstrengung anzustacheln, besuchte Lachlan Macquarie 1818 die Austernbänke in voller Gouverneursuniform mit einer fünfzigköpfigen Begleitung und einer vierköpfigen Kapelle. Die Musiker bliesen und fiedelten drauflos, der Gouverneur inspizierte, doch kein Bericht sagt, was die Sträflinge dachten. Er legte dann mit Musikuntermalung den Grundstein für einen Wellenbrecher, der seinen Namen tragen sollte. Monatelang häuften die Sträflinge unter Wasser Felsen an, um diese verhaßte Anlage zu errichten, fertig allerdings wurde sie nie.

Die Sträflinge in Newcastle dachten an kaum etwas anderes als Flucht. Als Gegenmaßnahme ließen die Kommandanten die Eingeborenen durch ihre Offiziere gut behandeln und schmeichelten sich bei ihnen mit kleinen Geschenken wie Tabak, Zucker oder – zur Belohnung für besondere Dienste – Wolldecken ein. Auf diese Weise waren die Aborigines, wie Bigge anmerkte, »äußerst aktiv« beim Wiedereinfangen von Gefangenen:

> »Sie begleiten die zur Verfolgung ausgeschickten Soldaten. Durch die ihnen eigene ungewöhnliche Sehkraft können sie auf große Entfernung und mit verblüffender Genauigkeit menschliche Fußabdrücke erkennen. Sie scheuen sich auch nicht davor, den Flüchtigen in den Wäldern allein, ohne Soldaten entgegenzutreten, wenn sie ihnen nachgeschickt werden. Sie machen sie kampfunfähig, entkleiden sie und bringen sie als Gefangene zurück. Obwohl sie Rache von den Sträflingen befürchten müssen, die sie wieder einbringen, leben sie weiterhin in Newcastle und der näheren Umgebung. Es zeigt sich aber, daß sie die Gesellschaft der Soldaten jener der Sträflinge vorziehen.«

So wurden die ersten schwarzen Hilfspolizisten in Australien rekrutiert, ein neuer Grund für den zunehmenden Haß weißer Sträflinge auf die Aborigines.

Die Sträflinge entwichen einzeln und in Gruppen. Einige erreichten den Bezirk von Hawkesbury, wo sie bei freien Siedlern zugewiesenen Schaftreibern Zuflucht zu finden hofften. Sie kamen nackt und ausgemergelt dort an, in ihren Eingeweiden wütete die Ruhr, und sie waren kaum noch imstande, sich auf den Beinen zu halten, nachdem sie sich drei Wochen lang von Käfern, Wurzeln und rohem Schlangenfleisch ernährt hatten. Manche Männer versuchten, kaum, daß sie eingefangen waren, erneut zu fliehen; von einem Sträfling war 1810 in Newcastle bekannt, daß er fünf Fluchtversuche unternommen hatte. Bestraft wurden wieder eingefangene Flüchtlinge »mit größerer Strenge als in anderen Siedlungen«, berichtete Bigge. Dazu gehörte Kolonnenarbeit in Ketten; Frauen mußten demütigende, mit Stacheln versehene Halseisen tragen, die zusammengenietet wurden. Zwar kamen sie im allgemeinen nicht in Strafstationen, doch hatten nach einer Neuverurteilung einige ihren Weg nach Newcastle gefunden.

Auf Rangunterschiede wurde geradezu eifersüchtig geachtet. Gefangenen mußten zum Beispiel auf der Norfolkinsel (wollten sie nicht wegen »Mißachtung« ausgepeitscht werden) nicht nur jeden vorüberkommenden Soldaten grüßen, sondern auch gewisse mit dem Soldatenstand zusammenhängende Gegenstände – beispielsweise ein leeres Schilderhäuschen. Den Befehl dazu hatte Major James Morisset gegeben, der Captain Wallis als Kommandant in Newcastle nachgefolgt war.

Sofern der junge Leutnant Coke in seinen Briefen nach Hause nicht übertrieb, scheint das Militärgericht in Newcastle Todesstrafen ziemlich leichthin ausgesprochen zu haben:

> »Leutnants und Fähnriche haben hier nichts zu tun, außer daß sie über Gefangene zu Gericht sitzen und zusehen, wie Männer gehenkt werden. Das Geschworenengericht besteht hier aus 7 Offizieren, und jeden Sitzungstag bekommen wir 15 Shilling für unsere Mühe. Im allgemeinen besteht das Gericht aus einem Richter, einem Anklagevertreter und den Zeugen; kaum je zeigt sich ein Zuschauer, und die Gefangenen lassen sich nur selten verteidigen. Es kommt vor, daß wir fünf am Tag zum Tod durch den Strang verurteilen: das Ganze ähnelt mehr einer Inquisition, da die Gefangenen fast nie Zeugen benennen und ohne große Umschweife verurteilt werden.«

Als außergewöhnlich fällt an dieser sachlichen Darstellung Cokes Annahme auf, daß die Gefangenen keine Rechte hatten. Warum unternahmen sie nichts zu ihrer Verteidigung? Weil sie davon überzeugt waren, daß bei den »Beratungen« dieser militärischen Sternenkammer entlastende Argumente ohnehin keine Aussichten auf Gehör hätten. Nicht alle Todesurteile scheinen vollstreckt worden zu sein; gegen Ende der zwanziger Jahre war das übliche Verfahren, daß man sie umwandelte oder zum drittenmal straffällig Gewordene in einigen Fällen auf die Norfolkinsel schickte – eine Strafe, die in mancherlei Hinsicht schlimmer war als das Hängen. Doch sieht man daran auch, wie das System entarten konnte, wenn subalterne Beamte den Eindruck hatten, einem Gouverneur wie Ralph Darling seien die Rechte der Sträflinge unwichtig.

In den zwanziger Jahren begann der Nutzen von Newcastle als Ort der »sekundären« Bestrafung zu schwinden. Abgeschieden war er nicht mehr, weil sich immer mehr freie Siedler danach drängten, die fruchtbaren Ebenen im Tal des Hunterflusses zu beackern. Die Zedernwälder schwanden dahin, und obwohl die Sträflinge – unter ihnen einige politische Gefangene, Anhänger der Chartistenbewegung – auch noch in den dreißiger Jahren Kohle förderten, konnten die Bergwerke nicht übermäßig viele Arbeitskräfte aufnehmen. Darüber hinaus, fand Bigge in seinem Bericht an die Regierung, machte das gute Ackerland am Hunterfluß das Leben der Sträflinge »zu leicht«. In früheren Jahren, als sich die Siedlung nur zwei bis drei Kilometer ins Umland erstreckte, mußte dem kargen, sandigen Küstenboden jede Ernte abgerungen werden, so daß die Natur im Verein mit den Behörden »dafür sorgte, daß schwere Arbeit eine unerläßliche Bedingung des Lebens war«. Daß der Boden fruchtbar war, widersprach dem erklärten Zweck der Siedlung, und so wurde Newcastle 1823 freien Händlern und Siedlern zur Verfügung gestellt. Zwar blieben die Sträflinge dort – 1827 waren es mehr als 1600 –, aber der Ort war nicht mehr nur ein Gefängnis für zweimal Verurteilte.

Diese Rolle übernahm eine neue, 1821 rund 400 Kilometer nördlich von Sydney gegründete Siedlung: Port Macquarie.

Port Macquarie (nicht zu verwechseln mit Macquarie Harbour) sollte unverbesserliche, zu »lebenslänglich« verurteilte Gefangene aufnehmen, die in Neusüdwales erneut straffällig geworden waren. Die Zucht unter seinem ersten Kommandanten, Francis Allman, war streng; für den bloßen Versuch, einen Brief hinauszuschmuggeln, konnte man hundert Peitschenhiebe bekommen oder einen Monat in der Zelle für den Besitz eines Stücks Schreibpapier. Hier wird verständlich, daß es keine Tagebücher und nur wenig Lebenserinnerungen von Sträflingen gibt. Ein ehemaliger Angehöriger der Kettenkolonnen von Port Macquarie erinnerte sich:

> »Die Berge, durch die wir uns arbeiteten, waren so steil, daß schon ein nicht an den Füßen Gefesselter Schwierigkeiten hatte, hinaufzugelangen – von Männern mit Fußeisen ganz zu schweigen, deren Rücken noch dazu die Spuren der letzten Auspeitschung trug. Es waren schwere Zeiten, die Arbeit war hart, und wir waren halb verhungert.«

Wenn die Fußeisen zu heftig scheuerten, sagten die Männer in Port Macquarie sarkastisch: »Das gibt ordentlich Eisen im Blut.«

Unter den Häftlingen dort war ein hoher Anteil gebildeter Gefangener, von den anderen als die »Feinen« verspottet. Da Darling befürchtete, sie würden in Sydney Unruhe stiften und den von Wentworth sowie der Zeitung *Monitor* geführten wortgewaltigen Kampf noch anstachelten, ließ er sie nach Port Macquarie schicken. Manche waren harmlos, wie der Ire James Bushelle, der gemeinsam mit einem Franzosen in London mit Gummi an den Fingerspitzen als »polnischer Prinz« von einem Juweliergeschäft zum anderen gezogen war und echte Diamanten durch falsche ersetzt hatte. Er wurde auf Lebenszeit nach Neusüdwales verbannt, und als man ihn in Port Macquarie erneut einer Straftat überführte, fand er eine Nische als Lehrer bei den vereinzelten freien Siedlern, die ab 1830 ins Land kamen. Er unterrichtete »junge Damen, ob verheiratet oder nicht«, wie er schrieb,

> »in Musik, Tanz, Französisch und Italienisch. Auch kamen sie gelegentlich zusammen, um die Wonnen eines Walzers oder einer spanischen Quadrille in dieser dem Wald abgetrotzten Ansiedlung zu genießen, wo man bisher weder den Klang von Musik noch muntere Stimmen gehört hatte, sondern höchstens das Rufen und Heulen der Schwarzen, das Stöhnen der Sträflinge unter der Peitsche oder das Kreischen wilder Kakadus.«

Auf diese Weise machten sich die Musen in Port Macquarie zum erstenmal, noch etwas unsicher, vernehmbar.

Doch im Normalfall bemühten sich die »Feinen«, jedes Privileg zu nutzen, das sie bekommen konnten. Sie krochen vor der Staatsgewalt und erwiesen sich als wahre Tyrannen, wenn man sie zu Aufsehern machte. Ein Gemeinschaftsgefühl mochte zwischen Gefangenen auf der Flucht entstehen oder zwischen Männern, die das Zuweisungssystem durchlaufen hatten; in den Strafstationen kam es selten dazu. Sträflinge als Aufseher an solchen Orten – und in den Ketten-Kolonnen – waren von notorischer Grausamkeit. »Nichts Schlimmeres kann einem Mann widerfahren, als unter jemandem arbeiten zu müssen, der selbst ins Land deportiert wurde. Solche Aufseher waren weit schlimmer als Männer, die frei ins Land gekommen waren.«

Wie in Newcastle waren Fluchtversuche an der Tagesordnung, doch nur wenige gelangen, zumal die Aborigines nur allzu bereit waren, beim Einfangen von Flüchtigen zu helfen. Als das Gebiet Ende der zwanziger Jahre für freie Siedler geöffnet wurde, ließen die Sicherheitsvorkehrungen nach, und nach 1830 wurde der Ort eine eigentümliche Mischung aus Gefängnis und Krankenstation. Man schickte außer den »Feinen« Verkrüppelte, Geistesgestörte und Blinde dorthin, und so rühmte sich Port Macquarie Ende der dreißiger Jahre einer Arbeitskolonne einarmiger Steinbrecher und einer anderen aus Blinden. Letztere hatten einen ausgezeichneten Ruf als Diebe und waren so geschickt, daß sie einem Schlafenden die zusammengerollte Hose unter dem Kopf wegziehen und die Münzen aus der Tasche nehmen oder im Mondschein unbemerkt Melonen vom Gartengrundstück eines Offiziers stehlen konnten. Wer sich bei ihnen unbeliebt machte, fand womöglich den Kopf einer riesigen Tigerpython mit aufwärts weisenden Giftzähnen in seinem Stiefel.

Am meisten Aufsehen erregten Beinamputierte mit einem Holzbein, die anderweitig in der Kolonie zur Kolonnenarbeit nicht brauchbar waren. Sie dienten als Austräger und schleppten für freie Siedler Lasten ins Binnenland. Hatten sie nichts zu tun, lagen sie in der Sonne, sahen auf die See und tranken Rum, an dem in Port Macquarie kein Mangel herrschte, da ihn Sträflinge verbotenerweise aus Zuckerrohr brannten. Ein richtiger Mann trank diesen Fusel mit Tabaksaft versetzt, eine Mixtur, von der man glaubte, daß sie den Schmerz der Auspeitschung betäubte.

Sie vertrieben sich die Langeweile, die in Port Macquarie herrschte, mit Streichen. Beispielsweise döste eines Tages der Aufseher der aus Einarmigen bestehenden Steinbrechbrigade, ein Jude mit zwei Holzbeinen, betrunken in der Sonne. Flugs sammelte ein anderer jüdischer Gefangener

> »eine Menge trockener Maisstengel und anderen Brennmaterials und zündete die Holzbeine an. Sie brannten aber noch nicht lange, als er erwachte und

feststellte, daß eines kürzer war als das andere. Es war ein Anblick für die Götter zu sehen, wie er davonhumpelte und jedem, den er traf, sein Leid klagte: ›Der Judenhund dahinten hat mir beinahe die Beine abgebrannt.‹«

Ein Brueghel hätte dort gewiß Themen genug gefunden.

Die Disziplin war in den dreißiger Jahren äußerst streng. Thomas Cook, der im Sommer 1835 aus der Ketten-Kolonne als »Feiner« hingeschickt worden war, traf auf einen Kommandanten, der sich (wie er meinte) kein Gewissen daraus machte, alte Männer und Krüppel auspeitschen zu lassen und sich rühmte, mit seinem kolonialen Allheilmittel, der Peitsche, dafür zu sorgen, »daß die Tauben hören, die Stummen reden, die Lahmen gehen, die Blinden sehen und die Dummköpfe verstehen«. Schon bald nach seiner Ankunft bekam Cook Ruhr, meldete es aber nicht dem Wundarzt, »da er unter meinen Mitgefangenen den Ruf hatte, ein Schlächter zu sein«. Zur Strafe dafür wurde er schwer in Eisen gelegt und bekam vom Kommandanten »mit Donnerstimme« zusätzliche Arbeit zudiktiert, bei der ihn der Hauptauspeitscher Roach überwachen sollte. Doch hatte dieser Mitleid mit ihm, denn nicht alle diese Männer waren die blutrünstigen Sadisten, als die sie in den Berichten der Sträflinge erscheinen. So sagte er zu Cook, er solle sein Werkzeug schwingen, bis der Kommandant ausritt, woraufhin er seine Arbeit tun wolle.

»Als nach etwa einer Stunde der Kommandant die Siedlung verließ, arbeitete der Auspeitscher mit allen Kräften, um mich vor der Strafe zu bewahren, die mich sonst unfehlbar ereilt hätte.«

Dennoch war Cook sicher, daß es ihm bestimmt sei, in Port Macquarie zu sterben, und er beschloß zu fliehen, »weil ich meinte, es gebe eine gewisse Hoffnung, nach England zu entkommen«. Sie erwies sich als trügerisch. Er verließ die ganz und gar vom Busch umschlossene Siedlung und ging an die hundertdreißig Kilometer nach Süden, bis er merkte, daß er sich verlaufen hatte. Er litt an Roter Ruhr und ernährte sich eine Woche lang von Wurzeln und wilden Pflanzen, bis ihn die Aborigines einfingen und einem bewaffneten Suchtrupp aus Konstablern übergaben. Das allerdings schreckte Cook nicht ab; er unternahm – jedesmal erfolglos – insgesamt drei Fluchtversuche von Port Macquarie.

3

Gouverneur Brisbane beschloß, eine weitere Strafsiedlung auf dem Festland zu gründen. Sie sollte so abgelegen sein, daß die Gefangenen dort jeglichen Gedanken an Entkommen aufgaben. Dafür schien sich der »hohe Norden« zu eignen, wie die Australier Queensland nennen. Dort würde die Hitze der Sonne, wie man annahm, die Sünde aus ihnen herausbacken und -braten. So schickte Brisbane 1823 unter seinem obersten Landvermesser John Oxley einen Spähtrupp aus, der die Moretonbucht über 700 Kilometer nördlich von Sydney näher ins Auge fassen sollte. Sie war Cook fünfzig Jahre zuvor aufgefallen und lag weit genug entfernt, um jeden Mut zu einem Fluchtversuch zu nehmen. Sofern es an jener großen Bucht einen Fluß gab, sollte dort eine Siedlung gegründet werden.

Die Männer erreichten die Moretonbucht auf dem Seeweg ohne Zwischenfälle und prüften den Ort auf seine Eignung. Sie fanden einen Fluß, guten Boden, viel Süßwasser und ihnen freundlich gesinnte Aborigines. Die seichte Bucht wimmelte von Fischen; man konnte hinauswaten und mit bloßen Händen Meeräschen und Schnappschildkröten fangen. Die Mangroven waren mit kleinen Austern in gewellten Schalen dicht besetzt, und im Schlamm zwischen ihren Wurzeln lebten ganze Regimenter von riesigen, köstlichen Schlammkrebsen. Flußaufwärts sah es aus, wie sich ein früherer Sträfling später erinnerte, »als seien schon vor uns Menschen dagewesen und hätten diesen wahren Garten Eden angelegt«. Die Flußufer grenzten an tropischen Dschungel und waren mit blau-weiß blühenden Ranken gesäumt; majestätisch entwuchsen in großen Massen weiße Lilien dem Gezeitenschlamm. Ganze Kolonien schwarzer Gelbohr-Rabenkakadus äugten neugierig herab und erhoben sich gelegentlich wie krächzende Regenschirme mit schwerfälligem Flügelschlag in die Luft. Bunt gefiederte Eisvögel zuckten durch die dunklen Schatten.

Für Sträflinge sah das alles beinahe zu gut aus, das Überleben dürfte an einem solchen Ort keine Schwierigkeiten bereiten.

Zu ihrer großen Verblüffung stießen Oxley und seine Leute auf zwei nackte, sonnenverbrannte und mit Narben bedeckte Weiße, die eineinhalb Jahre zuvor an jener Küste Schiffbruch erlitten hatten. Dank der Aborigines, die sich ihrer angenommen hatten, waren sie gesund und wohlgenährt. So ermutigend war Oxleys nach London gesandter Bericht über die Moretonbucht, daß Lord Bathurst beschloß, das Gebiet sogleich freien Siedlern zur Verfügung zu stellen. Doch dauerte es Monate, bis diese Mitteilung Sydney erreichte, und inzwischen hatte Gouverneur Brisbane den Auftrag gegeben, dort eine Strafsiedlung für eine große Zahl von Menschen zu errichten. Daß die Sklavenarbeit der Sträflinge eine gute Möglichkeit bot, dem Zuzug freier Siedler den Weg zu ebnen, hatte sich am Beispiel von Port Macquarie deutlich gezeigt. Brisbane unterstellte die Siedlung Leutnant Henry Miller vom 40. Regiment, und dieser segelte im

September 1824 mit fünfzig Siedlern nordwärts. Dreißig von ihnen waren Sträflinge, die sich freiwillig gemeldet hatten, weil sie hofften, auf diese Weise bald einen Freibrief zu erlangen. Sie begannen mit der Arbeit am Rand der Moretonbucht, wo heute Redcliffe liegt.

Gouverneur Brisbane rechnete damit, daß sich die neue Siedlung binnen zwei Jahren durch Maisanbau selbst ernähren konnte. Dazu aber kam es nicht, bedingt durch den geringen Wirkungsgrad der Zwangsarbeit. Man kann nicht zügig ein Wirtschaftssystem errichten, wenn die Arbeit von dessen Erbauern dazu dienen soll, diese zu bestrafen. Rasche Arbeit war keine hinlängliche Strafe, sie mußte auch »mühevoll« sein. Miller ließ die Sträflinge zwölf Stunden am Tag von der Morgen- bis zur Abenddämmerung arbeiten. Pferde, sonstige Zugtiere und Pflüge waren nicht zugelassen. Wie in Sydneys Hungerjahren mußte jeder Zentimeter Boden mühselig mit Hacken bearbeitet werden, deren Stiele immer wieder brachen; tierischer Dünger stand nicht zur Verfügung. Die Sträflinge bekamen Skorbut, und wegen der unhygienischen Lebensbedingungen starben sie an durch Schmutz ausgelösten Krankheiten wie Ruhr und Bindehautgranulose.

Eine Vorhut von Siedlern hatte es schwer genug – unter solchen Bedingungen zu arbeiten war unsinnig. Das Bild der Moretonbucht als Garten Eden schwand rasch dahin, wie stets in solchen Fällen in Australien. Der Boden bei Redcliffe war karg, und die ersten Aussaaten gingen nicht auf. Es gab nicht genug Bauholz, und selbst das Gras zum Decken der Dächer mußte kilometerweit herangeholt werden. Die Medikamente gingen zur Neige, dabei gab es dort eine Unzahl von Fliegen, Zecken, Skorpionen und Giftschlangen. Obwohl Leutnant Miller der Verzweiflung nahe war, gab er nicht auf:

> »Nichts geschah ohne meine Planung und ohne meine Aufsicht, so daß ich buchstäblich unter einer brennenden Sonne mein Brot im Schweiße meines Angesichts aß. Ich verbrachte mühevolle und entsetzliche Tage, ruhelose Nächte voller Sorgen und litt größere Entbehrungen als je in den Jahren meines Militärdienstes.«

Gegen Ende des Jahres 1824 beschloß Gouverneur Brisbane bei einem Besuch des nach ihm benannten Flusses, die Siedlung an dessen Ufer zu verlegen, und gab Miller im Februar 1825 den Auftrag dazu. Stück für Stück wurden die Hütten abgebaut – jeder eiserne Nagel wurde herausgezogen, geradegeklopft und aufgehoben –, und auch das als Bausatz aus Sydney herbeigebrachte Häuschen, das dem Kommandanten als offzieller Amtssitz diente, wurde zerlegt und auf Boote verladen. Im Juli brachten die Männer alles gut vierzig Kilometer weit flußaufwärts an die Stelle, wo heute Brisbane liegt, die Hauptstadt von

Queensland. »Die Schwierigkeiten dieser Aufgabe«, stöhnte Miller, »erwiesen sich angesichts dessen, daß meine wenigen Sträflinge von Krankheit geschwächt und kaum arbeitsfähig waren, als so groß und zahlreich, daß sich niemand eine Meinung darüber bilden kann, der nicht selbst dabei war.« Der Gouverneur enthob ihn seines Amtes. »Man hat mich abgesetzt, um die Fehler anderer zuzudecken«, beklagte sich Miller, und so verhielt es sich auch: Brisbane brauchte einen Sündenbock für sein eigenes Versagen, die Siedlung ordnungsgemäß einzurichten.

Millers Nachfolger, Hauptmann Peter Bishop vom 40. Regiment, war nach den in der Kolonie geltenden Maßstäben recht human. Er erkannte, daß die Sträflinge unter der strengen Zucht und der quälenden Hitze nur gut arbeiten würden, wenn sie »dafür eine kleine Belohnung« bekamen, zum Beispiel eine oder zwei Unzen Tee oder Zucker. (Solche Gaben hatten auch die guten Beziehungen zu den Aborigines um Brisbane herum gefestigt, die, wie auch in Newcastle und Port Macquarie, bald lernten, entlaufene Sträflinge einzufangen und zurückzubringen.) Allerdings verfügte er lediglich über 200 Sträflinge, von denen nur wenige gelernte Handwerker waren. Obwohl einige der Aussaaten gediehen, wurden nur zwölf Acre bebaut, weil niemand genug Erfahrungen mit der Landwirtschaft hatte, um den Ackerbau zu überwachen. Als Bishop im März 1826 Brisbane verließ, bestand der Ort nach wie vor nur aus einer Ansammlung windschiefer und undichter Bretterhütten, besaß weder eine Krankenstation noch einen Getreidespeicher oder gar ein Gefängnis. Das änderte sich unter dem neuen Kommandanten, Hauptmann Patrick Logan vom 57. Regiment. Seine Amtsführung zeigt, mit welch eiserner Strenge der neue Gouverneur Ralph Darling, der ihn eingesetzt hatte, die Gefangenen Australiens zu regieren entschlossen war.

In den vier Jahren zwischen seiner Ankunft in Moreton Bay und seinem gewaltsamen Tod dort wurde Logan zu einer legendären Gestalt bei den Sträflingen – der einzige Kommandant einer Strafkolonie, dem eine ganze Ballade gewidmet wurde: »The Convict's Lament of the Unfortunate Death of Patrick Logan«, die auch kurz »Moreton Bay« hieß:

»Eines Sonntagsmorgens, als ich an der Küste bei Brisbane entlangging,
traf ich auf einen Sträfling, der sein Schicksal beklagte:
›Ich stamme von Erin, aber wurde an dieser Küste verbannt,
fern von meinen alten Eltern und dem Mädchen, das ich verehre.

Ich war Sträfling in Macquarie Harbour, Norfolk Islands und Emu Plains,
in Castle Hill und dem verfluchten Toongabbie, überall in Ketten,
aber von all diesen unglückseligen Plätzen, allen Sträflingskolonien
in Neusüdwales,
gleicht keiner dem schrecklichen Moreton Bay: dort herrscht Tyrannei.

Drei lange Jahre wurde ich viehisch gequält, mit eisernen Ketten an den
Füßen, Mein Rücken war von der Peitsche vernarbt und oft blutig
gefärbt, mancher meiner Kameraden liegt verhungert in der Erde,
wo Logan uns in Moreton Bay mit dem Dreibein mißhandelte.

Wie die alten Ägypter und Hebräer drückte uns Logans Joch, bis ein
eingeborener Schwarzer aus dem Hinterhalt Logan fällte.
Jubelt, meine Kameraden, daß Monstern ein solcher Tod beschieden ist,
und wenn wir endlich frei sind, werden die Leiden aus unserer
Erinnerung schwinden.‹«

Diese Ballade überlebte in zahlreichen Varianten und war wahrscheinlich das populärste antiautoritäre Lief des kolonialen Australiens. Ned Kelly, der letzte und größte Volksheld, faßte das Thema noch einmal in Prosa in seinem »Jerilderie Letter«. 1879 schrieb er an die Bewohner von Australien:

»Port MqQuarrie Toweringabbie Norfolk Island und Emu Plains – an diesen Stätten der Tyrannei und Verdammung starben viele tapfere Iren unter der Peitsche und in Sklavenketten, statt sich dem Joch der Angelsachsen zu beugen.«

Logan hatte von allen australischen Lagerkommandanten den Ruf der größten Grausamkeit. Er soll eigenhändig Männer zu Tode gepeitscht und Hunderte dadurch umgebracht haben, daß er sie in Ketten arbeiten ließ, bis sie tot umfielen.

Die Sträflinge sahen in ihm ein Monster, ebenso in seinen Bediensteten. Grausige Geschichten – sicher nicht der Wahrheit entsprechend – kursierten über seinen obersten Auspeitscher, einen Mann mit verkrüppelten Beinen, der angeblich die blutigen Enden der neunschwänzigen Katze in Wasser auswusch, das er hinterher trank.

»Wer sich widersetzte«, so schrieb William Ross, ein ehemaliger Sträfling in Moreton Bay, nach dem Tode Logans in einem Pamphlet, »wurde mit der Peitsche und der Sklaverei gefoltert, bis der letzte Funken Leben aus seinem Körper gewichen war. Dann wurde er wie ein Hund verscharrt . . . Dieses Verhalten war furchtbar und hätte nicht erlaubt werden dürfen, aber unglücklicherweise hatte Logan die besten Beziehungen zu dem unvergessenen Gouverneur Darling, der ihm bei jeder Tyrannei den Rücken deckte.«

Später bemühte man sich, ihn seines Rufs als Sträflingsschreck zu entkleiden und als das zu zeigen, was er sicherlich auch war: ein fähiger Mann, der unter unvorstellbar ungünstigen Bedingungen hatte antreten müssen. Auch das beste überlieferte Bild von Logan bietet keine Erklärung. Was sollte man aus seinem strengen Gesicht mit den hohen Backenknochen, dem geradeaus gerichteten Blick und dem leicht schiefen Mund entnehmen? Nur daß er autoritär aussieht, wie auch viele andere seiner Zeit, seines Ranges und Berufes. Soldaten ließen sich gerne auf diese Weise abbilden – und Logan war ein Soldat, lange bevor er irgend etwas anderes wurde.

1792 wurde er in Schottland geboren, mit 18 Jahren schloß er sich dem 57. Regiment an. In den folgenden 15 Jahren diente er seinem König auf der ganzen Welt: gegen Napoleon in Spanien und Frankreich, im Krieg gegen die amerikanischen »Rebellen« und in einer Garnison in Irland, bis er schließlich 1825 mit 33 Jahren nach Australien entsandt wurde. Da der Dienst in der Armee sein ganzes Leben geprägt hatte, übernahm er – wie nahezu jeder andere Berufsoffizier – deren Ansichten zur Natur des Menschen ungeprüft. Die wichtigste davon war am Anfang des 19. Jahrhunderts, daß man den wüsten Haufen der einfachen Soldaten lediglich mit eiserner Zucht zusammenhalten konnte, wozu die Auspeitschung und die Androhung der standrechtlichen Erschießung gehörten. Durch Drill und die »Katze«, keineswegs aber durch Feingefühl oder einen Appell an den Korpsgeist, war die Maschine entstanden, der Napoleon unterlegen war. Logans Regiment war für seine Härte bekannt – warum sollte man dies bewährte System für schlimmeren Abschaum als die Soldaten, nämlich die Sträflinge, mildern?

In der Theorie waren die Vollmachten des Kommandanten durchaus begrenzt. Logan konnte Auspeitschungen bis zu fünfzig Hieben anordnen, doch hieß es in seinen Befehlen ausdrücklich, daß zusätzliche Arbeit und Einzelhaft der Peitsche vorzuziehen seien. Die genaueren Anweisungen allerdings, die er 1829 von Gouverneur Darling empfing, unterwarfen jeden seinen Befehlen, ob frei oder unfrei, und billigten damit offiziell eine unübersehbare Tatsache: Es gab keine Möglichkeit, an fernen Orten wie der Moretonbucht einem Kommandanten auf die Finger zu sehen, und so konnte er in seinem kleinen Reich der Qualen als absoluter Despot herrschen. Da er der einzige Richter war, lag in seinen Händen die Rechtspflege – mit Ausnahme von Verhandlungen wegen neuer Straftaten, die vor einem vollständig besetzten Gericht in Sydney stattfinden mußten.

Seine Offiziere standen auf jeden Fall hinter ihm, wenn Klagen gegen ihn laut wurden, und im Regelfall auch die freien Siedler (besonders da Logan die Möglichkeit hatte, sie nach Gutdünken zurückzuschicken). Sträflinge hatten selbstverständlich keine Stimme, und keiner von ihnen durfte hoffen, ein Gericht in Sydney von der Tyrannei des Kommandanten zu überzeugen. Die meisten konnten weder lesen noch schreiben, außerdem mußten alle eidesstattlichen Aussagen vor ihm abgelegt werden.

Logan standen bei seiner Ankunft rund hundert Sträflinge als Arbeitskräfte zur Verfügung. Diese Zahl hatte sich bis Ende 1826 verdoppelt; 1828 waren es 415 und im Februar 1829 772, 1831 erreichte die Sträflingsbevölkerung ihren Höchststand mit 1020. Obwohl also während Logans Amtszeit die Zahl der Arbeitskräfte deutlich zunahm, gab es für seine ehrgeizigen Bauprogramme davon nie genug. Verschärft wurde diese Schwierigkeit durch Darlings zögerliche Haltung – er konnte sich nicht entschließen, ob er freie Siedler dorthin schicken sollte oder nicht. Unter diesen Bedingungen war für Logan eine langfristige Planung nicht gut möglich, dennoch hatte er bis Mitte 1827 120 Acre mit Weizen bestellt und weitere 300 für die Maisaussaat vorbereitet, während am Ufer des Brisbaneflusses eine Stadt entstand mit einem Schachbrettmuster aus Lehmwegen, die vom Stiefelgetrappel der Soldaten und den darübergeschleppten Eisen der Sträflinge fest geworden waren. Es gab in ihr eine Krankenstation, eine Gefangenenunterkunft, Lagerräume für Vorräte und Lebensmittel und inmitten der elenden Holzhütten sogar einige Häuschen aus Stein.

Den Preis dafür zahlten die Sträflinge. Viele von ihnen arbeiteten in der glühenden Sonne nackt wie die Aborigines, trugen nichts am Leibe als ihre Eisen, mußten Schlangen essen sowie »an Krankheit krepierte Schweine, Kohlblätter und jeden Unrat, der auf die Straßen geworfen wurde«. Ein altgedienter Sträfling, der ursprünglich wegen einer kleinen Dieberei zu sieben Jahren Deportation verurteilt worden und so häufig geflohen war, daß er insgesamt sechsundzwanzig Jahre verbüßte, davon sieben an der Moretonbucht, schrieb:

> »Ich verlor eins meiner Augen, wie auch durch die Mißhandlungen der Aufseher den Gebrauch meiner beiden Hände – sie haben mit allem geschlagen, was gerade zur Hand war. Ich habe große Qualen gelitten, weil ich nicht imstande war, die mir zugewiesene Arbeit zu tun, und die Strafe dafür war sehr schwer. Die meisten Männer in der Siedlung trugen Eisen; ich hatte 4 Jahre lang Ketten an den Beinen.«

Obwohl die Strafregister für Moreton Bay aus Logans Zeit nicht mehr existieren, scheint klar zu sein, daß er Gefangene gewöhnlich in Eisen arbeiten ließ, ganz gleich, wie ihre eigentliche Strafe aussah. Auch die Peitsche spielte bei ihm eine große Rolle. Eine Liste mit von ihm verhängten Auspeitschungen existiert noch, ein als Schreiber tätiger Sträfling hat sie in einem Tagebuch für den Oberaufseher Peter Spicer festgehalten. Aus ihr geht hervor, daß Logan von Februar bis Oktober 1828 zweihundert Auspeitschungen mit insgesamt elftausendeinhundert Hieben angeordnet hat.

Die Zahl der Auspeitschungen wird sich nach Oktober 1828 schon nicht drastisch vermindert haben, denn damals sah sich Logan in seiner Strafsiedlung einer kitzligen Lage gegenüber. Im Sommer 1828/29 war die Ernte ausgefallen, und die Sträflinge siechten wie die Fliegen an der Ruhr und der Bindehaut-Granulose dahin. Die Sterbequote stieg auf 35‰ je Monat, und just zu jener Zeit setzte Logan die Siedlung nicht nur auf halbe Ration, sondern sorgte für eine starke Zunahme der Zahl jener Häftlinge, die wegen eines an der Moretonbucht besonders häufig auftretenden Leidens stationär behandelt werden mußten, das die Unterlagen zurückhaltend mit dem lateinischen Wort »*flagellatio*« beschreiben.

Seine Untergebenen waren Logan keine große Hilfe. Peter Spicer war völlig unfähig, und Henry Cowper, der Wundarzt der Siedlung, schien seinem 1830 neu angekommenen Assistenten

> »ein äußerst ungehobelter Bursche zu sein. Er raucht im Übermaß, trinkt unmäßig viel Grog und ist der unbeherrschteste und streitsüchtigste Mann, den ich je gesehen habe. Ich glaube wirklich, daß er halb verrückt ist. Allerdings ist er sich seines Zustandes bewußt, denn er spricht darüber und sagt, er sei sicher, daß er im Irrenhaus enden werde.«

Belegt ist, daß Spicer die Küchenaufseher aufforderte, die verschlissenen Kupferböden der Kochkessel durch Holz zu ersetzen. »Sir«, antwortete einer von ihnen perplex, »die brennen doch sofort durch, und dann fällt das Essen der Gefangenen ins Feuer.« »Macht nichts«, soll ihm Spicer geantwortet haben, »dann lassen Sie eben die Tischler jeden Tag neue Böden machen, Holz gibt es ja in der Siedlung genug.«

Kein Wunder, daß die Gefangenen zu fliehen versuchten. Jede Gelegenheit dazu, wie unsicher sie auch sein mochte, war dem Leben in dieser georgianischen Schlangengrube vorzuziehen, wo noch die Exkremente der Gefangenen daraufhin untersucht wurden, ob sie unverdaute Körner von (gestohlenem) Mais enthielten. Etwa jeder zehnte versuchte sich mit den geringen Vorräten an Mehl, Fett und Mais, die sie sich vom Munde abgespart und zusammengestohlen hatten, nach Süden durchzuschlagen. Insgesamt hundertsechsundzwanzig von ihnen nahmen bewußt die Gefahr auf sich, von den Aborigines umgebracht (und, wie die meisten von ihnen glaubten, aufgefressen) zu werden. Neunundsechzig wurden halbtot vor Erschöpfung in die Strafsiedlung zurückgebracht, wo auf sie hundert, zweihundert oder gar dreihundert hautzerfetzende Hiebe der Katze warteten und wo sie zur Arbeit Eisen von nahezu zehn Kilo Gewicht tragen mußten, und zwar für den Rest ihrer Strafzeit, die Logan als der zuständige Richter gewöhnlich um drei weitere Jahre verlängerte. Selbstverständlich war das gesetzwidrig, und Logan überschritt damit seine Vollmachten, doch trug es ihm keinen Verweis durch Darling ein. Das Geschick der übrigen Flüchtlinge ist nicht bekannt, doch dürften die meisten ums Leben gekommen sein, denn man hat offiziell von keinem Gefangenen erfahren, der von der Moretonbucht aus die Freiheit gewonnen hätte. Denkbar, daß es einigen gelungen ist, denn immerhin gelangten einzelne an der Küste bis Port Macquarie, bevor sie wieder eingefangen wurden.

Inzwischen verschlechterten sich die Beziehungen zu den Aborigines, deren anfänglich neugierige Haltung den Kolonisten gegenüber bis Ende der zwanziger Jahre in offene Feindseligkeit umgeschlagen war. Sträflinge fanden nichts dabei,

Aborigines zu töten, denen sie im Busch begegneten, wenn sich eine Gelegenheit dazu bot. Die Gewalttätigkeit griff immer mehr um sich, und Anfang 1828 mußte Logan berichten, daß bis zu fünfzig Männern starke bewaffnete Gruppen von Aborigines die Maisfelder überfielen. Doch mag es eine Sträflingslegende sein, daß sich Logan für solche Vorfälle rächte, indem er einen Eingeborenen erschoß und dessen ausgestopfte Haut zur Abschreckung in den Maisfeldern aufhängen ließ. Ähnliches war in Neusüdwales durchaus vorgekommen.

Gouverneur Darling stützte Logans Vorgehensweise voll und ganz. Daß gerüchtweise Einzelheiten darüber durchsickerten, war vermutlich Absicht, denn die Siedlung mußte unter den Sträflingen einen schrecklichen Ruf bekommen, wenn sie abschreckend wirken sollte. Schwierigkeiten bereitete weniger Logans Strenge als seine angebliche Launenhaftigkeit, und gegen 1830 verlangten in Sydney einzelne zu wissen, was an der Moretonbucht wirklich vor sich ging. Besonders tat sich dabei Edward Smith Hall (1786–1860) hervor.

Hall war der Sohn eines kleinen englischen Bankiers und 1811 nach Neusüdwales ausgewandert. Er war mit dem Gegner der Deportation, William Wilberforce, befreundet und hatte sich bereits in England in einer religiösen Gemeinschaft aktiv um die Linderung sozialer Mißstände bemüht. Das empfahl ihn in Lachlan Macquaries Augen, und so wies er ihm im Lauf der Jahre mehr als 2000 Acre Weideland zu, doch versagte Hall als Viehzüchter auf der ganzen Linie, und seine Leistungen als Verwalter der im Entstehen begriffenen Bank of New South Wales waren nicht viel besser. Aber die Strafkolonie Australien bot – vor allem nach Macquaries Weggang – für einen Mann mit einem empfindlichen Gewissen und einer philanthropischen Ader ein weites Betätigungsfeld, und so verlegte sich Hall auf das Zeitungswesen, denn von dieser Tribüne aus konnte er Mißstände anprangern. Mit einem Teilhaber gründete er 1826 in Sydney den *Monitor*, der ähnliche politische Ziele wie Wentworth' *Australian* verfolgte: zivile Geschworenengerichte, Regierung durch eine Volksvertretung und Schutz der Bürgerrechte vor der Willkür Darlings. Noch mehr als dem *Australian*, der sich in erster Linie um die Freigelassenen kümmerte, lagen dem *Monitor* die Leiden der Sträflinge am Herzen, ganz gleich, ob freie Siedler sie als zugewiesene Arbeitskräfte mißhandelten oder die Staatsmacht sie in den Kettenkolonnen und den Strafsiedlungen zugrunde richtete.

Für Hall war Darling ein rotes Tuch, und er griff ihn und seine Tyrannis in Neusüdwales in seinen Leitartikeln rücksichtslos an. Durch den *Monitor* und in einer Reihe offener Briefe an den Kolonialminister in England warf er Darling Vernachlässigung seiner Amtspflichten vor, Mißachtung der in England bestehenden verfassungsmäßigen Rechte, persönliche Bereicherung, Günstlingswirtschaft reichen Siedlern gegenüber, die Manipulation von Schwurgerichten,

Gleichgültigkeit gegenüber Fällen erwiesener Folter durch Behördenvertreter und schließlich, daß er »seine Amtsmacht und seinen Einfluß als Gouverneur zur Befriedigung privater Rachegefühle« ausnutze.

Der erste große Zusammenstoß mit Darling, bei dem es nicht um Grundsatzfragen, sondern um einen Einzelfall ging, kam 1826. Joseph Sudds und Patrick Thompson, gemeine Soldaten im 57. Regiment, waren (wie zahlreiche ihrer Kameraden in Neusüdwales) zu der Ansicht gekommen, das Leben eines Sträflings sei, so elend es war, immer noch dem eines einfachen Soldaten vorzuziehen. Wer in Australien als Soldat ein Verbrechen beging, wurde zur Deportation in eine Strafsiedlung verurteilt, und so raubten die beiden, um aus der Armee herauszukommen, in Sydney einen Laden aus und widersetzten sich der Festnahme nicht. Sie wurden zu sieben Jahren in einer Strafsiedlung verurteilt.

Darling tobte. Wenn sich herumsprach, daß Seiner Majestät Soldaten das Leben eines Sträflings für weniger hart hielten als das in der Armee, mußte entweder letzteres als unerträglich oder die Deportation als milde erscheinen, und so würden sich Männer entweder davon abhalten lassen, zu den Fahnen zu eilen, oder sich in ihrem verbrecherischen Tun bestärkt fühlen. Völlig rechtswidrig kassierte er die Gefängnisstrafen der beiden und verurteilte sie zu sieben Jahren in Kettenkolonnen. Dem Ganzen ging eine Degradierungszeremonie voraus: Vor dem angetretenen Regiment wurden die in die gelbgraue Uniform der Sträflinge gekleideten Sudds und Thompson, die durch sechs Kilo schwere Ketten mit ihren Fußeisen verbundene Stachelhalsbänder trugen, feierlich aus ihrem Regiment ausgestoßen und ins Gefängnis gebracht, wo sie krummgeschlossen wurden. Zu Darlings großem Ärger vertrug Sudds diese Behandlung in keiner Weise, und er starb einige Tage später. Darling hatte nicht gewußt, daß Sudds an Wassersucht litt. Unabhängig davon, daß er den Tod des Mannes nicht gewollt hatte, wirkte diese »exemplarische« Strafe drakonisch und rief bei den Freigelassenen eine Welle des Abscheus hervor. Durch das Sprachrohr des *Australian* und des *Monitor* bezichtigten Wentworth und Hall den Gouverneur offen des Mordes, der Folter und geradezu neronischer Rechtsbeugungen.

Unbeholfen wehrte sich Darling, so gut er konnte, nannte Wentworth einen ordinären ungebildeten Kerl und Hall einen prinzipienlosen Gesellen und abtrünnigen Missionar. Ab sofort galt jede Kritik als aufrührerisch. »Die oppositionellen Blätter«, beklagte Darling sich Bathurst gegenüber, »unterminieren das Vertrauen, das die Menschen im allgemeinen in die Regierung setzen müssen, und bewirken in einer Kolonie wie der unseren, sofern man ihnen nicht entgegentritt, Anarchie und Aufruhr.« Er begriff, was jeder sehen konnte, daß nämlich der Fall Sudd/Thompson für die »Demokraten« ein gefundenes Fressen war, ihren Forderungen nach einem Gerichtsverfahren vor gewählten Geschworenen und einer Vertretung des Volkes aus gewählten Abgeordneten Nachdruck zu verleihen. So unternahm er einen plumpen Vorstoß gegen die oppositionelle Presse und versuchte, dem *Australian* wie dem *Monitor* durch die Einführung von Zeitungslizenzen einen Maulkorb umzuhängen. Die Lizenz sollte einem Blatt sofort entzogen werden können, das »gotteslästerliche oder zum Aufruhr auffordernde Verleumdungen« druckte. John Macarthur regte an, die Auflage mit einer Stempelsteuer von 4 d. pro Exemplar zu drücken. Beide Maßnahmen hatte bereits früher der Autokrat von Vandiemensland, George Arthur, angeregt, doch alles, was mit gesetzgebenden Maßnahmen zusammenhing, mußte dem Zivilen Oberrichter der Kolonie, Sir Francis Forbes, vorgelegt werden.

Dieser nun erklärte unverblümt, der engstirnige eifernde Gouverneur wisse wohl »weniger von den Gesetzen seines Landes als jeder in diesem hohen Amt, den ich bisher kennengelernt habe«. Er entschärfte Darlings Gesetzesanträge so weit, daß er damit die Presse nicht mehr mundtot machen, sie aber durchaus in Schwierigkeiten bringen konnte. Hall blieb bei seinen Schmähungen Darlings und der »Merinos« und wurde siebenmal wegen strafbarer Verleumdung vor Gericht gestellt. Endlich gelang es Darling 1829, ihn ins Gefängnis zu bringen, doch Hall gab den *Monitor* weiterhin von der Zelle aus heraus und schrieb lange, gegen den Gouverneur gerichtete Eingaben an Beamte in England. Hier im Gefängnis von Sydney bekam Hall im März 1830 dann das Dokument in die Hände, von dem er sicher war, daß er damit Captain Logan stürzen, Darling in Mißkredit bringen und an der Moretonbucht eine Reform erzwingen könne.

Dabei handelte es sich um ein Manuskript, das ein Sträfling namens Thomas Matthew in der Todeszelle des Gefängnisses von Sydney versteckt hatte, bevor man ihn zur Hinrichtung herausholte. Er war ein »schwieriger« Sträfling gewesen, hatte auf dem Weg von Sydney zur Moretonbucht an Bord des Transportschiffs *City of Edinburgh* eine Meuterei angezettelt, die lediglich dadurch verhindert worden war, daß ein Mithäftling mit Namen John Carrol die Anführer verraten hatte. Matthew wartete einen günstigen Zeitpunkt zur Rache ab und schlug Carrol an der Moretonbucht mit einer Spitzhacke den Schädel ein. Daraufhin brachte man ihn nach Sydney zurück, stellte ihn vor Gericht und verurteilte ihn zum Tode.

In seinem Brief bezeichnete er sein eigenes Leben als für ihn wertlos, angesichts der Bedingungen, die an der Moretonbucht herrschten, unter »einer Gruppe von Tyrannen, wie sie noch nie zuvor an einem Ort versammelt waren«. Obgleich die Aufseher aus den Kreisen der Sträflinge grundlos manchen von ihnen »gemordet« hätten, sei es jenen nicht möglich gewesen, Klage gegen sie zu erheben, weil alles Logan vorgetragen werden müsse. Der Aufseher der Arbeitskolonne des Gefängnisses, ein gewisser Trenand, hatte – so schrieb der Verzweifelte – vor zehn Sträflingen als Zeugen einen Gefangenen mit einem Spaten getötet, »doch keiner von ihnen wagte, ein Wort darüber zu sagen, aus Angst, sonst zu Tode gepeitscht zu werden«. Aufseher stahlen den Gefangenen das Brot, Männer starben auf den

Feldern und in den Zellen, »weil sich niemand um sie kümmerte und sie nichts zu essen bekamen«, und wurden zu Tode gepeitscht, »weil sie einen Maiskolben gestohlen« hatten. Einige Sträflinge seien so schwach gewesen, daß sie zur Feldarbeit kriechen mußten, und Logan habe in einem seiner »Anfälle von Wahnsinn« alle Krüppel aus dem Hospital zerren und sie »auf ihren Krücken« auspeitschen lassen. Matthew behauptete, Männer gesehen zu haben, die von der ersten Hälfte der ihnen zugedachten Peitschenhiebe so entkräftet waren, daß man sie am nächsten Tag auf einer Schubkarre zum Dreibein gefahren habe, um sie für die zweite Hälfte dort festzubinden.

Diesen Brief veröffentlichte Hall am 27. März 1830 im *Monitor*. Er erklärte außerdem vom Gefängnis aus, er werde gegen Captain Logan wegen Mordes an einem Sträfling namens William Swann Anklage erheben, der 1827 an der Moretonbucht den Folgen einer Mißhandlung erlegen wäre. Doch in dem Punkt hatte er zumindest unrecht, denn Swann war auf der Krankenstation an Ruhr gestorben – das jedenfalls bestätigte der Wundarzt Cowper in einer eidesstattlichen Erklärung. Sogleich verlangte Logan in einem geharnischten Brief vom Kolonialsekretär, Hall sei wegen strafbarer Verleumdung vor Gericht zu stellen. Im Juni verhörte der Exekutivrat sowohl Reverend Vincent, den früheren Kaplan der Siedlung Moreton Bay, wie auch den Wundarzt Cowper. Dieser bestritt, daß es dort je zu Grausamkeiten oder gar Mord gekommen sei, und sagte, einen Aufseher namens Trenand habe es dort zu keiner Zeit gegeben. Der Geistliche erinnerte sich zwar an Trenand, »von dem es hieß, er sei grausam gewesen und habe gewöhnlich die Gefangenen geschlagen und beschimpft«, fügte aber hinzu, ihm sei nie etwas davon zu Ohren gekommen, daß er einen Gefangenen mit einem Spaten umgebracht habe. Auf die Frage, ob Bewacher außerhalb des gesetzlichen Verfahrens Sträflinge getötet hätten, äußerte er sich zurückhaltend. »Mit Sicherheit nicht so, daß die Behauptung in der Zeitung gestützt werden könnte« war seine merkwürdige Antwort. Weder konnte sich einer der beiden Zeugen erinnern, gesehen zu haben, daß man Krüppel ausgepeitscht hatte, noch bestätigten sie die darüber hinausgehenden Anschuldigungen willkürlich ausgeübter Folterung in Matthews »Galgenbrief«. Auf Darlings Anregung hin empfahl der Exekutivrat dem Kronanwalt nun, gegen Edward Hall wegen strafbarer Verleumdung Anklage zu erheben, da dieser ganz offensichtlich den Aufruhr betreibe.

Der Fall kam nie zur Verhandlung. Logan stand im Begriff, nach Indien abzureisen – seine Ablösung war inzwischen durch den schrecklichen Ruf erforderlich geworden, den die Presse der Freigelassenen über seine Herrschaft an der Moretonbucht verbreitet hatte. Schon im Oktober 1830 arbeitete sich sein Nachfolger im Amt des Kommandanten, Hauptmann James Clunie vom 17. Regiment, vor Ort ein, doch Logan sollte Australien erst verlassen, nachdem er selbst in der Verhandlung gegen Hall und den *Monitor* eidlich ausgesagt hatte. Während er darauf wartete, daß man ihn nach Sydney rief, vertrieb er sich die Zeit mit Ausritten ins Tal des Brisbaneflusses, um die Gegend näher zu erkunden. Bei einer solchen Gelegenheit verloren ihn seine Gefährten im dichten Unterholz aus den Augen.

Vier Tage später fand ein Suchtrupp seinen Sattel, dessen Steigbügelriemen mit einer Steinaxt durchtrennt waren. Sträflingstrupps durchkämmten, von Cowper und anderen angeführt, eine ganze Woche lang den Busch und fanden schließlich auf einer Lichtung, die von Eingeborenenfüßen zertrampelt war, als habe dort ein wilder Tanz stattgefunden, einige in das trockene Gras getretene Blätter von Logans Notizbuch zusammen mit einem blutbefleckten Fetzen seiner Weste und einem Teil seines Kompasses, den wohl neugierige Steinzeitfinger zerbrochen und fortgeworfen hatten. Am nächsten Vormittag entdeckten die Männer knapp zwei Kilometer von dort entfernt den Kadaver von Logans Pferd aufgedunsen in einem Bachbett liegen. Er war mit Hölzern bestreut; niemand wußte, was das sollte. Am oberen Ende des steilen Flußufers fanden sie schließlich ein flaches Grab. Logans nackte Füße sahen, zum Teil abgefressen, aus dem Erdboden heraus, seine Stiefel lagen daneben. Die Schwarzen hatten ihn mit Speeren getötet und mit dem Gesicht nach unten beerdigt, doch die wilden Hunde hatten ihn teilweise ausgegraben. Als Logans inzwischen von Fliegen bedeckter Leichnam nach Moreton Bay zurückgebracht wurde, jubelten die Sträflinge bei der Nachricht von seiner Ermordung »geradezu irrsinnig vor Freude und sangen die ganze Nacht trotz des Verbots durch die Wärter«.

Offenbar lag ihnen so sehr daran, seinen Tod als Ergebnis ihrer Rache hinzustellen, daß sie eine andere Geschichte erfanden: Den verhaßten Kommandanten, heißt es darin, hätten ihm als Diener zugewiesene Sträflinge in ein Gebüsch gezerrt, fast zu Tode gepeitscht, schließlich mit einem Stein getötet und mit dem Gesicht nach unten beerdigt, »damit er zur Hölle sieht, wohin er ohnehin fahren muß«. Nach seinem gewaltsamen Tod wurde Patrick Logan unter den Sträflingen zu einer Legende und so populär, daß ihm als einzigem Kommandanten einer australischen Strafsiedlung eine ganze Ballade gewidmet wurde: »Moreton Bay«. Sie besingt die rücksichtslose Härte, mit der er die Sträflinge »wie die Kinder Israels unterjochte«.

Edward Hall wurde nicht verurteilt, und überdies ordnete Gouverneur Darling, wohl in der Hoffnung, den ununterbrochen von der Presse der Kolonie gegen ihn geschleuderten Verdächtigungen ein Ende zu bereiten, in der einzigen versöhnlichen Geste seiner Amtszeit im November 1830 dessen Haftentlassung an, schon bald nachdem die Nachricht vom Mord an Logan in Sydney eintraf.

Doch dankbar war Hall nicht, und die Demokraten Sydneys sahen in dieser Geste keinen angemessenen Ausgleich für Darlings Günstlingswirtschaft oder seine Grausamkeit gegenüber Sträflingen. Er hätte sich möglicherweise trotz seiner Feinde in der Kolonie im Amt halten können – denn da ihn die Australier nicht eingesetzt hatten, konnten sie ihn auch nicht absetzen –, doch England selbst wollte mit der in Darling verkörperten extremen Toryhaltung nichts mehr zu tun haben. Man sah in ihm nur noch den Soldaten, der als Steigbügelhalter von Premier Wellingtons erzreaktionärer Regierung diente.

Bis 1830 hatte sich im Lande der Drang nach einer Parlamentsreform aus der Arbeiterklasse bis zur Mittelschicht emporgearbeitet, die sich noch 1819 der Vorstellung einer »Reform« widersetzt und gleichgültig oder ängstlich auf das Peterloo-Massaker reagiert hatte. Dabei hatten die Behörden von Manchester eine Zusammenkunft von fünfzig- bis sechzigtausend Menschen untersagt, bei der der Radikale Henry Hunt sprechen sollte. Als sie trotzdem stattfand, hatte man die Kavallerie hinbeordert, das Ergebnis dieses Einsatzes waren elf Todesopfer und etwa vierhundert Verwundete. Je mehr sich die Mittelschicht Englands der unvorstellbaren systemimmanenten Ungleichheit bewußt wurde, die im Lande herrschte – kennzeichnend dafür waren die Leiden der Landbevölkerung nach dem Krieg und der Skandal der »rotten boroughs«, der wegen ihrer geringen Besiedlung überrepräsentierten Wahlkreise –, desto breiter wurde die gesellschaftliche Grundlage der Reformbewegung, und die Whigs konnten unter Anführung von Lord Charles Grey gegen das Machtmonopol der Tories antreten. Hinzu kam das Beispiel der Französischen Revolution von 1830, die einige liberale Whigs zu der Ansicht bekehrte, vom Volk getragene Bewegungen unter Führung der Bürgerschicht müßten nicht unbedingt – wie die Tories seit 1789 unaufhörlich gewarnt hatten – zum Jakobinertum mit all seinen Ausschreitungen bis hin zum Schinderkarren führen. Lafayette und Louis-Philippe konnte man nicht gut mit Marat und Robespierre vergleichen.

Im November 1830 war Wellingtons Regierung selbst am Ende, und der neue König, William IV., beauftragte Lord Grey mit der Regierungsbildung. Unter Grey wurden dann notwendige und vom Bürgertum vehement geforderte Reformgesetze – wenn auch nur mit denkbar knapper Mehrheit – durchgebracht.

Dabei war Grey keineswegs ein Liberaler: »Niemand wendet sich schärfer gegen jährliche Parlamente und das allgemeine Wahlrecht als ich«, sagte er vor dem Unterhaus, »mein Ziel ist es nicht, solche Hoffnungen und Pläne zu fördern, sondern ihnen ein Ende zu bereiten.« Doch sein Sohn, Henry George Grey, der als Viscount Howick bekannt wurde, teilte nicht alle Ansichten seines Vaters. Insbesondere hatte ihn Wilberforces Feldzug gegen die Sklaverei beeindruckt, und er war sich der Parallelen durchaus bewußt, die die öffentliche Meinung zwischen der Sklaverei und der Deportation von Sträflingen sah. Durch Nepotismus kam Howick unter Viscount Goderich 1830 als Staatssekretär für die Kolonien in das seinem Vater unterstehende Ministerium.

Er lieh den Klagen aus Australien über Gouverneur Darling ein williges Ohr. Die Dinge standen nicht mehr ganz wie zuvor, und nicht einmal an den äußersten Rändern des Empires war jetzt noch Platz für Männer wie Darling, die mehr von der Peitsche als von der Wahlurne hielten. Vor allem mißfielen Howick Darlings Versuche, in Neusüdwales die Meinungsfreiheit zu unterbinden. Als Darling 1831 nach Ablauf seiner sechs Jahre keine zweite Amtszeit als Gouverneur angeboten wurde, verließ er Australien.

Bei seiner Abreise jubelten die Freigelassenen geradezu ekstatisch, es gab kaum Tränen, und in England erwarteten ihn keine neuen Ämter. Die oppositionellen Blätter schlossen sich dem frenetischen Jubel an. So hieß es im *Australian:* »Gott sei Dank – endlich sind wir den *Inkubus* los!«, und der Herausgeber des Blattes, Wentworth, lud alle Freigelassenen der Kolonie auf seinen Besitz ein, den ein flacher Graben voll irischer Erde umgab, die die australischen Schlangen fernhalten sollte. An die 4000 Menschen folgten der Einladung und kamen, hoch zu Roß oder auf Schusters Rappen, zu Vaucluse House, von wo der Blick ungehindert über den Hafen von Sydney schweifte. Zu dem Fest, das dort stattfand, hatte eher Gargantua als Lucullus Pate gestanden. Ein ganzer Ochse wurde am Spieß gebraten, außerdem verschwanden zwölf Hammel, Tausende von Broten und ungezählte Mengen von Bier und Schnaps in den Mägen der Freigelassenen und der Currency, so daß man sagen könnte, sie haben in jener Nacht mit den Bäuchen abgestimmt.

Unter Darlings vergleichsweise liberalem Nachfolger Richard Bourke wurde das Leben der Sträflinge an der Bucht von Moreton etwas besser – aber nur etwas. Da die Siedlung dank Logans Sklaventreiberei inzwischen über bessere Gebäude und eine funktionierende Wasserversorgung verfügte (die Leitungen waren mühevoll aus eisenharten Stämmen herausgeschlagen worden), nahm die Zahl der Erkrankungen ab, wenn auch noch ein halbes Jahrhundert lang Sträflinge und arme Siedler am Brisbanefluß unter Bindehautgranulose litten. Logans Nachfolger Clunie regierte zwar gleichfalls mit der Peitsche, war aber weniger launisch als sein Vorgänger, und den Sträflingen erschien er nicht so tyrannisch. Der Grund für den Rückgang der Fluchtversuche lag allerdings darin, daß sie die Hoffnung auf ein Entkommen aufgegeben hatten. An der Moretonbucht hatten sich die Beziehungen zwischen Weiß und Schwarz so sehr verschlechtert, daß die Sträflinge damit rechnen mußten, von umherziehenden Stämmen auf dem Weg nach Süden getötet zu werden, wenn sie in den Busch gingen. Alan Cunningham, der 1828 und 1829 dort gewesen war, berichtete später, entflohene Sträflinge hätten sich bei den Aborigines-Frauen »Freiheiten herausgenommen«. Diese Vergewaltigungen dürften der letzte Tropfen gewesen sein, der das Faß zum Überlaufen brachte.

Andere Sträflinge versuchten ihr Heil im Norden. Sie hofften, China zu erreichen, und zumindest einer von ihnen überlebte nicht nur, sondern wurde wegen seiner Flucht berühmt (China allerdings sah er nie). Das war John Graham, ein findiger Ire, der 1824 deportiert worden war, weil er einem

Leinweber einige Pfund Hanf gestohlen hatte. Er wurde zunächst einem Siedler in Parramatta zugewiesen, freundete sich mit den Aborigines dort an und lernte von ihnen einige Kniffe, mit deren Hilfe man im Busch überleben konnte. Wegen einer zweiten Straftat wurde er 1827 an die Moretonbucht deportiert und entzog sich nach einigen Monaten dort Logans brutaler Behandlung durch die Flucht. Auf seinem Weg nach Norden gelang es ihm, den Aborigines auszuweichen, und er lebte ohne fremde Hilfe von dem, was das Land bot. Als er schließlich doch mit einem Stamm zusammenstieß, hatte er das unwahrscheinliche Glück, von einer der Frauen als der »weiße Geist« ihres verstorbenen Mannes, eines Kriegers, begrüßt zu werden. Er wurde in den Stamm aufgenommen und lebte von 1827 bis 1833 mit ihm zusammen, bevor er nach Moreton Bay zurückkehrte und sich dem überraschten Clunie stellte. Mit Ausnahme Buckleys in Victoria hatte kein Sträfling je eine so genaue Kenntnis des Lebens und der Riten der Aborigines erworben. Dennoch bewies Graham ihnen gegenüber nach seiner Rückkehr zu den Weißen nicht besonders viel Mitgefühl. Er verleumdete sie als »abscheuliche Bande von Menschenfressern und Wilden«, in der Hoffnung, auf diese Weise die Behörden davon zu überzeugen, daß er unter ihnen Schreckliches gelitten hatte, damit seine Strafe nicht verlängert wurde.

Unter Clunie wuchs allmählich eine Stadt an der Moretonbucht heran, die Keimzelle des heutigen Brisbane. Außer der stupiden Zwangsarbeit der Sträflinge gab es jetzt die Leistung von allerlei Handwerkern aus der »ersten Klasse« der Deportierten – Männer, die sich mindere Straftaten zuschulden kommen lassen und während der ersten Jahre tadelsfrei verhalten hatten: Schneider, Schuster, Gerber und Kerzenmacher, Schmiede, Küfer, Tischler und Stellmacher. Mit ihrer Hilfe entstand ein richtiges aufblühendes Wirtschaftsleben. Die Sträflinge aßen jetzt besser und legten großen Wert auf Luxusgüter wie Zucker und Tee, auch wenn dieser voller Blattstiele war und der braune klebrige Zucker den Scherznamen »Kohlenteer« trug.

Als Ende 1835 Hauptmann Foster Fyans vom 4. Regiment Clunie als Kommandant ablöste, waren die Hungerzeiten unter Logan zwar zur Erinnerung verblaßt, doch im Gedächtnis der Sträflinge fest verwurzelt. Im übrigen aber stand das Leben nach wie vor unter dem Schatten des Dreibeins, auch wenn inzwischen die Bestrafung an der Moretonbucht nicht mehr vorwiegend durch Auspeitschung erfolgte, sondern in der Tretmühle.

Logan hatte zwei Jahre nach einer Windmühle (sie steht noch heute, dient als Observatorium und ist eins der wenigen noch existierenden Gebäude aus der Sträflingsperiode Brisbanes) 1829 eine Tretmühle errichten lassen, damit die Sträflinge auch Getreide mahlen konnten, wenn der Wind nicht wehte. Sie diente zugleich als Instrument der Massenbestrafung. Das Rad sah aus wie ein großes Wasserrad, nur daß es zwölf Meter breit war und Holzstufen mit einer

Trittfläche von 23 Zentimeter Tiefe besaß. Bis zu fünfzig Sträflinge konnten darin ihre Strafe gleichzeitig abarbeiten. Vor Arbeitsbeginn stiegen sie eine Treppe empor und stellten sich nebeneinander auf eine der Stufen, vor sich eine Geländerstange, an der sie sich festhalten konnten. Der Aufseher zog einen eisernen Bolzen heraus, und das Rad begann sich zu drehen. In englischen Gefängnissen waren Tretmühlen seit 1818 in Betrieb, und obwohl man wußte, daß es eine völlig sinnlose Maschine war und die Männer darin lediglich »Luft mahlten«, wie sich die Gefangenen ausdrückten, bejubelten manche Reformer sie als wunderbare und heilsame Erfindung, als Triumph des Menschengeistes. Sie stand für den Fortschritt im Strafvollzug, verkörperte die Rationalisierung der Bestrafung, galt als humaneres Instrument als die neunschwänzige Katze.

Ab 1835 änderte sich der Charakter des Ortes Brisbane und der umliegenden Siedlungen; die Zeit als Strafkolonie war vorüber. Zwar hörte man gelegentlich noch die Peitsche und sah die Tausendfüßler von in Eisen zur Arbeit ziehenden Kolonnen, aber ihre Zahl nahm ab. Als Fyans sein Amt antrat, gab es nur noch rund 400 männliche Sträflinge dort, und 1840 stand die Gefangenenunterkunft wie auch die von Frauen betriebene Fabrik leer. Alle Gefangenen, die ihre Strafe noch nicht verbüßt hatten, waren nach Sydney zurückberufen worden, und es gab auch keine zugewiesenen Arbeitskräfte mehr. Jetzt mußten sich die freien Siedler in Brisbane ohne die von der Regierung zur Verfügung gestellte Sklavenarbeit behelfen, denn die Siedlung war nicht mehr abgelegen. Nicht nur gab es ein Postamt, sondern man hatte 1840 einen Viehtriebweg nach Norden zu den fruchtbaren Ebenen der Darling Downs entdeckt, womit die Weidewirtschaft des modernen Queensland beginnen konnte. Daß Moreton Bay nicht mehr als Strafsiedlung diente, bedeutete: Siedler und Besucher konnten sich frei bewegen, die Militärherrschaft über die letzte Strafstation auf dem australischen Festland war zu Ende.

Als einige Jahre später das erste Parlament von Queensland zusammentrat, geschah das ironischerweise – vielleicht hätte Logan die Vorstellung gefallen – im größten Gebäude der Stadt: der alten, für tausend Männer vorgesehenen Sträflingsunterkunft. Doch schon bald wurde wie so viele andere Gebäude, die Zeugen von Australiens dunkler Epoche waren, auch diese ungeliebte Erinnerung dem Erdboden gleichgemacht.

Jetzt war die Norfolkinsel der Ort, der das Wesen der Strafe verkörperte. Gouverneur Brisbane hatte 1824, im Jahr der Ansiedlung an der Moretonbucht, sein Augenmerk darauf gerichtet. Nach der Lektüre des Bigge-Berichts hatte Lord Bathurst Brisbane angewiesen, für die Unverbesserlichen des Systems einen Ort des nicht mehr zu steigernden Schreckens, des *ne plus ultra* der Erniedrigung für Sträflinge zu schaffen. Da auf dem Festland Fluchtversuche nicht ausgeschlossen werden konnten, erteilte Bathurst Brisbane den Auftrag, auf der Norfolkinsel erneut eine Kolonie zu errichten, nachdem man diese zehn

Jahre zuvor auf Wunsch des menschenfreundlichen Gouverneurs Macquarie hin aufgegeben hatte. Wieder einmal sollte dieser in der unendlichen Wüste des Pazifiks tausend Seemeilen östlich von Sydney und vierhundert nördlich von Neuseeland gelegene Fleck Erde als »großes Gefängnis« dienen, Nadir des englischen Strafvollzugs sein. Früher war es dort schlimm genug gewesen, denn schon Gouverneur Hunter hatte 1812 erklärt, daß die Gefangenen den Aufenthalt auf der Insel als äußerst schwere Strafe empfanden und lieber tot wären, als dort zu sein. Jetzt sollte sich das Entsetzen noch steigern, niemand würde von Besserung reden; und diesen Ruf der Insel sollte jedermann erfahren, auch wenn kein Sträfling sie verlassen konnte. Auf diese Weise sollte die ›alte Hölle‹, wie die Sträflinge sie nannten, durch Abschreckung das Verbrechen auf dem Festland eindämmen.

Brisbane schickte einen Entwurf seiner neuen »Kakatopie« nach England. Besonders vielen Sträflingen bot die Insel keinen Unterhalt, und so mußte darauf geachtet werden, daß die Übelsten der vom System mehrfach Ausgespienen dorthin kamen, vorwiegend Männer, die in der Kolonie wegen Kapitalverbrechen zum Tode verurteilt und deren Strafen zu lebenslänglicher Haft umgewandelt worden waren. »Wer dorthin geschickt wird, ist auf immer von aller Hoffnung auf eine Rückkehr abgeschnitten«, und während Sträflinge auf dem Festland, die für die Regierung oder freie Siedler arbeiteten, gewisse gesetzlich verbriefte Rechte besaßen, hatten die auf der Norfolkinsel »jeden Anspruch auf den Schutz des Gesetzes verwirkt«, denn deren ausschließlicher Daseinszweck war Abschreckung. Um sicherzustellen, daß dieser Zweck erfüllt wurde, regte Brisbane an,

> »sofern es nicht zu sehr im Widerspruch zu den Gesetzen Englands steht, erschiene es mit angebracht, die Norfolkinsel vollständig unter Kriegsrecht zu stellen. Das wäre nicht nur an sich schon ein Teil der Strafe, sondern würde auch die komplizierte Maschinerie ziviler Gerichte einsparen, und man müßte auch keine Leute zur Verhandlung nach Sydney schicken. Meine Erfahrung sagt mir, daß im Umgang mit Sträflingen nichts so wirksam ist wie ein kurzer Prozeß«.

So weit, daß er ihm diese Forderung erfüllte, mochte Bathurst nicht gehen; doch waren in der Praxis die Vollmachten späterer Kommandanten der Norfolkinsel, wenn man davon absieht, daß sie niemanden hängen lassen konnten, so weitreichend, daß man ihre Herrschaft als absolut bezeichnen darf.

Den Gefangenen wurde nichts versprochen, und sie bekamen nur ein ganz verschwommenes Gefühl für ein Ziel, auf das sie hinarbeiten konnten (»Keinesfalls darf ihnen Hoffnung auf eine Minderung ihrer Strafe gemacht werden«). Sie konnten die Insel frühestens nach zehn Jahren verlassen, wobei untadeliges

Verhalten in den letzten fünf Jahren Bedingung war. Selbstverständlich konnte die bloße Laune eines Offiziers oder die Einflüsterung eines Denunzianten jede Hoffnung wie ein Kartenhaus zum Einsturz bringen. Hatte ein Häftling seine Strafe auf der Norfolkinsel verbüßt, mußte er nach seiner Rückkehr aufs Festland dort den Rest seiner ursprünglichen Strafe vollständig verbüßen. *Lasciate ogni speranza, voi ch'entrate* – gebildeten Besuchern der Norfolkinsel (viele davon gab es allerdings wohl nicht) kamen Dantes Worte über dem Tor zur Hölle in den nächsten fünfzehn Jahren geradezu zwangsläufig von den Lippen. Die Insel war eine Maschine, die Hoffnungen zunichte machte.

Für diesen Zweck eignete sie sich in geradezu idealer Weise, denn sie verkörperte geradezu das Gefühl einer trügerischen Schönheit, die innen hohl und tückisch wurde, wenn man sie näher in Augenschein nahm. Ähnliche Erfahrungen hatten die Briten schon seit Ankunft der Ersten Flotte in Australien immer wieder gemacht. Von einem sich nähernden Schiff aus liegt die Norfolkinsel eindrucksvoll da, wie ein sanft geschwungenes Kap mit grünen Matten und hoch aufragenden Bäumen, das sich auf Basaltpfeilern aus dem Pazifik erhebt, so als biete eine unendliche Bläue es der anderen dar. Einen Hafen gibt es dort nicht. Die Küste besteht weithin aus steil abfallenden, mit roten Oxidspuren durchzogenen schwarzen Felsflächen. Es gibt nur zwei Anlegeplätze, einmal die Kaskadenbucht im Nordosten, wo Boote mitsamt ihrer Besatzung von einem Ausleger auf das Wasser gesetzt und wieder an Bord gehievt werden müssen, die andere, zur Zeit der Strafkolonie vorwiegend benutzt, an der Sydneybucht, wo sich die Ruinen der Strafsiedlung Kingston erheben. Da ein Riff die Zufahrt zum Ufer versperrt, gingen Schiffe auf Reede und ließen ihre Fracht von Kettensträflingen in Walboote umladen, die durch die kochende See über das Riff gerudert werden mußten – für jeden, der kein altgedienter Seemann war, eine schreckliche Heimsuchung.

Wer schließlich an Land kam, hatte den Eindruck, im Paradies zu sein. Ein kleiner, halbmondförmiger, mit weißem Sand bedeckter Strand säumte einen Arm des Riffs, davor leuchtete das Wasser in aquamarinfarbener Klarheit. Grüne Hügel umrahmten die ebene, sumpfige Stelle, an der vierzig Jahre zuvor die erste Siedlung entstanden war; ihre Ausläufer stießen bis an die See, und an ihren Flanken hinab rann helles Wasser im Schatten von Hibiskus und Palmen. An Stielen so dick wie das Handgelenk eines Mannes hingen große Jasmintrauben von den Ästen der Norfolktannen. Zuckerrohr, Feigen, Guaven und Limonen wuchsen dort, verwilderte Abkömmlinge von Pflanzen, die 1788 die Erste Flotte aus Rio und vom Kap der Guten Hoffnung mitgebracht hatte. Die Vögel wußten nicht mehr, daß der Mensch je den Fuß dorthin gesetzt hatte und ließen sich wie Beeren von den Büschen pflücken. Noch heute ist ein Spaziergang entlang der Klippen ein rechtes Seelenlabsal. Grüne Matten ziehen sich bis dicht an den Rand des Steilabfalls, der beständig vom Pazifik her wehende Wind verzerrt die Büsche zu Formen, die an eine von einem Landschaftsgärtner hergestellte Kopie von Hokusais *Großer Woge* erinnern. Man nimmt nichts wahr als die Elemente: Luft, Wasser, Fels und die von deren machtvoller Reibung erzeugten Muster. Die Morgenstimmung könnte von Turner sein, die Abendstimmung von Caspar David Friedrich: Angenehm und friedlich senkt sich das Licht zum feierlichen Horizont hinab. »Mein Ziel«, schrieb Gouverneur Darling 1827, »war es, die Siedlung als einen Ort zu führen, an dem die Bestrafung erst kurz vor dem Tode halt macht.«

Die erste Sträflingsgruppe – siebenundfünfzig wegen ihrer handwerklichen Geschicklichkeit ausgewählte Männer – landete im Juni 1825 und begann, mit Steinen und Brettern, die sie aus der aufgegebenen Siedlung Kingston geholt hatten, Unterkünfte zu errichten. Im Verlauf der nächsten fünf Jahre wuchs die Bevölkerung an, und eine Reihe von Offizieren, von denen keiner besonders bemerkenswert war, leitete die Siedlung.

Erst 1829 entschlossen sich die Behörden, einen Kommandanten länger als für ein Jahr zu ernennen, und entschieden sich für einen neunundvierzigjährigen Oberstleutnant aus dem 80. Regiment, James Thomas Morisset (1780–1852). Er war, das kann man nicht anders sagen, der rechte Mann am rechten Ort. Morisset war ein altgedienter Soldat, ein Berufsoffizier im Wortsinne, denn seine Familie hatte kein Geld gehabt, ihm ein Offizierspatent zu kaufen. Mit achtzehn Jahren war er in die Armee eingetreten und in Indien und Ägypten unaufhaltsam auf der Karriereleiter emporgestiegen. Während der Napoleonischen Kriege hatte er als Hauptmann in Spanien gekämpft und war bei La Albuera durch eine in seiner Nähe detonierten Mine schwer verwundet worden. 1817 hatte man ihn mit seinem Regiment nach Neusüdwales verlegt, damit er Hauptmann James Wallis als Kommandant der Strafsiedlung Newcastle ablöste. Er wurde bald zum Schrecken der Sträflinge, die seine Strafen fürchteten. Da er als Kommandant in Personalunion Polizeirichter war, reiste er, damit die Siedler am Oberlauf des Hunter-Flusses nicht eigens nach Newcastle kommen mußten, um ihre Anklagen gegen ihnen zugewiesene Sträflinge vorzutragen, mit zwei Auspeitschern und einem transportablen Dreibein auf einem Boot flußaufwärts, um an Ort und Stelle kurz und bündig die Strafen zu vollziehen.

Ein Porträt Morissets ist uns nicht überliefert, und seine Erscheinung hätte wohl auch die schwach entwickelten Fähigkeiten der in der Kolonie lebenden Maler überfordert. Er war schlank, elegant gekleidet und besaß eine Vorliebe für Goldstickerei, mit der sogar seine Fellmütze bedeckt war. Doch den Anschein des militärischen Dandy strafte sein Gesicht Lügen. Die Mine hatte es so zugerichtet, daß es wie die Maske eines Ungeheuers wirkte. Sein Mund lief schräg nach oben und gab beim Sprechen eigentümliche, pfeifende Geräusche von sich. Ein Auge war normal, doch das andere stand wie ein blickloser Kiesel vor und schien sich nie zu bewegen. Kiefer und Jochbein waren auf einer Seite zerfetzt worden und hatten sich ohne kosmetische Chirurgie zu einer geschwollenen Masse gebildet, »wie eine große, gelbe, überreife Melone«. Beim Gespräch stieß er diese Wange trotzig vor, als wolle er prüfen, ob sein Gegenüber beiseite sah. Morisset war ein tapferer Mann, und stellte entschlossen seine Wunde als bitteres Ehrenzeichen in den Augen von seinesgleichen und seiner Vorgesetzten heraus.

Für ihm unterstellte Sträflinge verbarg dieses Äußere schlimmere Drohungen. Er »kannte« sie und konnte sie nicht vergessen, als er nach acht Jahren Dienst in Australien – die beiden letzten als Kommandant in Bathurst, jenseits der Blauen Berge – auf Urlaub nach London zurückkehrte, er war von ihnen förmlich besessen. Täglich suchte er in der Bow Street die Londoner Polizeiwache auf und lernte dort den Jargon der Unterwelt. »Ich bin der Mann, der diesen Abschaum bändigen kann«, rühmte er sich später. »Ich versichere Sie, Sir, wenn der Herzog von Wellington die gesamte Armee Großbritanniens durchforschen ließe, er könnte nicht meinesgleichen finden – ich kenne sie in- und auswendig.« Während dieses Londoner Aufenthalts besuchte er Lord Bathurst und erbat von ihm das Kommando über die Norfolkinsel.

Bathurst, der sich Sorgen machte, weil den Kriminellen des Landes die Deportation nicht mehr abschreckend erschien, erkannte das Talent des Mannes. Zu viele Briefe Freigelassener wie von dienstverpflichteten Sträflingen, die angenehme Dienstherren gefunden hatten, priesen das Leben in Neusüdwales und auf Vandiemensland in den höchsten Tönen und hoben hervor, daß man dort gut verdiente und sich mit seiner Hände Arbeit ein neues Leben aufbauen konnte. Unter keinen Umständen sollte Australien seinen Ruf als Verbrecherkolonie einbüßen, und Morisset schien Bathurst gerade der rechte Mann zu sein, im Verein mit Darling die Seelen der Sträflinge mit neuem Schrecken, mit Terror, zu erfüllen. Beginnen mußte dieser (das Wort ›Terror‹ verwendete Bathurst in Mitteilungen an Darling häufig) von unten im System, und damit war die Norfolkinsel gemeint. Also kehrte Morisset 1827 als Oberstleutnant nach Australien zurück. Bei seiner Weiterreise nach der Norfolkinsel kam es zu einer gewissen Verzögerung. Morisset hatte 1826 eine junge Frau namens Emily Vaux geheiratet, doch Darling wollte auf der Insel keine Frauen, weil er der Ansicht war, ihre Anwesenheit werde die strenge Zucht auf jenem Berg Athos des englischen Elends stören. »Es ist eine feste Regel«, erklärte Darling, »daß keine Frauen in die Siedlung geschickt werden sollten, und die wenigen freien Frauen, die dort waren, sind dementsprechend zurückberufen worden.« Er zögerte zuzulassen, daß nur eine einzige Frau, die Gattin des Kommandanten, dort Wohnung nahm. Andererseits schien es ihm wohl nicht recht, Morisset von seiner jungen Frau zu trennen, die er – angesichts seines Äußeren wohl nicht ohne gewisse Schwierigkeiten – gewonnen und dann bis Australien mitgebracht hatte. So segelten im Februar 1829 die Morissets mit ihren beiden kleinen Kindern zur Norfolkinsel. Dort sollten diese Kinder merkwürdige Dinge zu sehen bekommen.

Kapitel XIII

Die Norfolkinsel

1

Als Oberstleutnant Morisset im Februar 1829 mit seiner jungen Frau Emily und zwei kleinen Kindern aufbrach, um sein neues Amt als Kommandant anzutreten, brachte der *Monitor* in Sydney einen Leitartikel über seine Zukunft auf der »Norfolkinsel, einst Gomorrhainsel«, und ermahnte ihn darin, mit Milde und Zurückhaltung zu regieren. Den machtlosen Sträflingen, hieß es weiter, werde er »wie ein Gott sein«, und so

> »soll er sich auch an die Stelle einer Gottheit versetzen und sich vom Geist der Großmut tragen lassen, angesichts dessen, daß ihm seine Macht nicht zu seinem eigenen Nutzen und Vergnügen gegeben ist, sondern zum Besten der Elenden unter seiner allgewaltigen Herrschaft (denn so steht es um den Willen des Kommandanten in Strafsiedlungen).
> Er möge die beißende Geißel nur selten anwenden und dann mit gnädigem Maß; und möge kein anderer Körperteil eines Engländers dieser alten und brutalen Qual unterworfen werden als sein *Rücken.*«

Ob Morisset diesen Rat nun gelesen hat oder nicht, ist ziemlich unerheblich, denn er wußte, was sein Vorgesetzter, Gouverneur Darling, vom *Monitor* und dessen Herausgeber hielt. Oft heißt es, auf Strafe gründende Systeme beschäftigten Sadisten, doch ist Grausamkeit häufig ein Appetit, der erst beim Essen kommt. Nur wenige Menschen erleben eine abstrakte Offenbarung ihres eigenen Sadismus, sie müssen zunächst ihre Opfer sehen. So darf man kaum annehmen, daß Morissets Gepflogenheiten von vornherein bekannt waren und ihm das Kommando über die Norfolkinsel deshalb übertragen wurde. Äußerstenfalls konnten die Behörden aus seiner Führung in Newcastle schließen, daß er gewissenhaft und streng war, ohne ungerecht zu sein. Immerhin hatte Lachlan Macquarie, der »Freund der Freigelassenen«, für sein Wirken dort lobende Worte gefunden (und sogar 1821 eine Lagune nach ihm benannt; 150 Jahre später sollte, und das paßt wohl eher, ein Irrenhaus seinen Namen bekommen). Die *Sydney Gazette* pries ihn als Gegner des Hängens, und sowohl Bathurst in London wie auch Darling in Sydney waren sicher, in Morisset einen zähen, zuverlässigen Offizier gefunden zu haben, der die Siedlung zwar streng, aber nach dem Buchstaben des Gesetzes leiten würde.

Zwischen »Subjekt« (gleich freier Untertan Seiner Majestät des Königs) und »Objekt« (also Gefangener) wurde nicht willkürlich unterschieden, dahinter stand eine Grundhaltung. »Die Verbrecher auf der Norfolkinsel haben jeden Anspruch auf den Schutz des Gesetzes verwirkt«, schrieb Gouverneur Brisbane 1825 und meinte das Wort für Wort. »Port Macquarie ist für erste schwere Rechtsbrüche, Moreton Bay für die, die von dort zu entfliehen versuchen, und die Norfolkinsel das *ne plus ultra.*« Diese Insel sollte eine Endstation sein, eine Insel stumpfen Trotzes und steinernen Schweigens. Dies Schweigen sollte auf der Norfolkinsel gebrochen werden.

Am 26. Mai 1829 ging Morisset an Land; eineinhalb Jahre später kam der irische Sträfling Laurence Frayne dort an, dem wir den einzigen Augenzeugenbericht über das Leben unter Morisset verdanken.

Frayne wurde im sechsten Jahr seiner Deportation auf die Norfolkinsel geschickt. Man hatte ihn im Oktober 1825 in Dublin des Diebstahls für schuldig befunden, Ende 1826 mit 129 weiteren irischen Sträflingen auf dem Transportschiff *Regalia* nach Sydney gebracht, 1828 erneut verurteilt, weil er »verschiedene Fluchtversuche unternommen hat«, und zur Moretonbucht geschickt. Auch von dort versuchte er immer wieder zu entkommen und war so unbezähmbar, daß man ihn im Januar 1830 nach Sydney sandte, wo ihn das Oberste Gericht noch einmal verurteilte, diesmal zum Tode. Seine Strafe wurde umgewandelt, und man schickte ihn auf das Gefängnisschiff *Phoenix,* wo er auf die Deportation zur Norfolkinsel wartete.

Die *Phoenix,* ein nicht mehr seetüchtiges ehemaliges Transportschiff, lag in der Lavendelbucht vor Anker und hatte seit 1824 als »Wartezimmer« für die weitab liegende Strafsiedlung gedient. Die Wärter ließen die Gefangenen an Bord nahezu verhungern und verkauften die ihnen vorenthaltenen Rationen an Mehl und »Salzgaul« an Land. Der Oberwärter war Alkoholiker und starb später im Delirium tremens. Frayne versuchte auch von diesem ortsfesten Höllenschiff zu entfliehen, wurde aber gefaßt, als er sich an der Bordwand hinablassen wollte, und bekam fünfzig Peitschenhiebe. Daraufhin fluchte er dem Aufseher und bekam 150 dazu. Anderen Sträflingen auf dem Schiff ging es nicht besser. So ertappte der Oberwärter Thomas Cook, der im Mai 1836 auf dem Weg zur Norfolkinsel dort festgehalten wurde, dabei, wie er mit seinen Zellengefährten eine Pfeife Tabak teilte. Die zehn Männer wurden vollständig entkleidet,

> »und nachdem jedem einzelnen die Hände hinter dem Rücken gefesselt waren, band er die Beine, die in schweren Eisen lagen, oben an den eisernen Ständer der Zelle fest, so daß die ganze Nacht hindurch das vollständige Gewicht unserer Ketten und Leiber auf unsere Schulterblätter drückte, wobei

wir vollständig nackt waren. Am folgenden Morgen und noch zwei Tage darauf konnte ich meine Arme kaum benutzen.«

Gefangene wurden mit einem Knebel zum Schweigen gebracht oder indem man sie mit Salzwasser übergoß, was im Winter zu Lungenentzündung führte. Auf der Überfahrt zur Norfolkinsel ging die brutale Behandlung weiter. James Lawrence, der Sohn eines Londoner Diamantenhändlers, 1836 wegen Betrugs deportiert und fast gleich nach seiner Ankunft in Sydney zur Norfolkinsel weitergeschickt, erinnerte sich, daß auf der tausend Seemeilen langen Reise auf der Brigg *Governor Phillip* »57 von uns krummgeschlossen waren. Man hatte uns die Kleidung, mit Ausnahme der Hemden, fortgenommen und dann in einem kleinen Gelaß angekettet, so daß wir kaum atmen konnten, unsere Überfahrt war äußerst schrecklich.«

Der von der Peitsche förmlich in Stücke geschnittene Frayne mußte es ertragen, daß auf seiner Überfahrt zur Norfolkinsel im Oktober 1830 auf der *Lucy Ann* Maden in seinem Rücken herumkrochen und er keine Gelegenheit hatte, sich zu waschen oder zu verbinden:

»Meine Schultern verfaulten förmlich, ich konnte selbst den Gestank nicht ertragen. Wie mußte ich erst meinen Leidensgefährten erscheinen? In diesem Zustand sollte ich unmittelbar nach meiner Landung gepökeltes Rindfleisch auf dem Rücken tragen, wobei mir nicht nur die Lake in den Wunden brannte, sondern auch der Druck mein geschundenes Fleisch schmerzen ließ. Ich wäre wirklich am liebsten auf der Stelle gestorben.«

Gleich nach der Landung in Kingston gingen die Sträflinge an die Arbeit. Da auf der Norfolkinsel keine freien Siedler lebten und mithin das System der Dienstverpflichtung entfiel, arbeiteten die Sträflinge ausschließlich für die Regierung. Sie trieben Ackerbau oder errichteten Gebäude, was um so mühsamer war, als es unter diesen zweifach verurteilten »Unverbesserlichen« nur wenige gelernte Steinmetzen und Maurer gab. Sie strichen Ziegel, brannten Kalk aus Korallen, um Mörtel zu haben, und zersägten die Norfolktannen zu Brettern. Die Strafkolonne, die aus etwa 35 in einer Elendsunterkunft nahe der Mole untergebrachten Mehrfachtätern bestand, brach in doppelten oder gar dreifachen Eisen Steine im Steinbruch. Als besondere Strafe wurden Männer dem »nassen Steinbruch« zugewiesen, einem Riff am Rande des Friedhofs, das die See teilweise überspülte. Dort mußten sie unter Wasser Steine brechen.

Der Arbeitstag dauerte von Sonnenaufgang bis Sonnenuntergang mit einer Stunde Mittagspause. Morgens und abends wurden alle Eisen daraufhin untersucht, ob sich die Männer an ihnen zu schaffen gemacht hatten – Kratzspuren,

Aufweiten des Fußrings, ein loses Niet. Zu beliebigen Stunden mußten die Sträflinge antreten, wurden gezählt und gefilzt. Als Ration gab es täglich 1½ lb. Maismehl, 1 lb. gepökeltes Rindfleisch, 1 oz. Zucker, ½ oz. Salz und ein winziges Krümelchen Seife. Eigentlich sollte der Aufseher zum Abendessen jeder der jeweils aus sechs Männern bestehenden Gruppen ein Besteck aushändigen (Messer, Gabel, Löffel und einen kleinen Napf), das sie nacheinander benutzten und wieder zurückgeben sollten. Doch waren nie genug Bestecke da, so daß die Männer auf eine Weise essen mußten, die »auf jeden Menschen mit dem geringsten Anstand ekelerregend wirkt. Das Essen wurde den verschiedenen Kolonnen in hölzernen oder großen Blechschüsseln gebracht und vor sie hingestellt wie vor einen Hund oder ein Schwein, und sie mußten es essen.« Wagte jemand, sein eigenes Besteck herzustellen, vor allem ein Messer, wurde er sogleich ausgepeitscht und eingesperrt.

Die Grundlage der Disziplin war der Denunziant. Auf der Norfolkinsel wurde der Grundsatz, einen Keil zwischen die Sträflinge zu treiben, damit aus der Solidarität gegenseitiges Mißtrauen wurde, auf die Spitze getrieben. Mit Recht vermutete die Staatsgewalt, ein blutiger Aufruhr, wenn nicht gar ein allgemeines Massaker, werde die Folge sein, gäbe man den Gefangenen die kleinste Gelegenheit, sich zusammenzuschließen. Daher war es im Grunde bereits verdächtig, wenn jemand *nicht* denunzierte, und kaum eine Woche verging, ohne daß raffinierte Anschläge aufgedeckt wurden, da sich die Sträflinge gegenseitig den Rang abliefen, um sich bei Morisset und seinen Offizieren durch Anschwärzen von Kameraden beliebt zu machen. »Vergünstigungen«, notierte Frayne, »gab es nur für solche, die auf diese Weise mit Menschenblut handelten.« Denunzianten waren »zu jeder Schand- oder Bluttat imstande, ganz gleich, wie abscheulich sie sein mochte«. Jeder Gefangene konnte auf bloßen Verdacht hin ausgepeitscht werden, sofern ihm jemand etwas anhängte, und da die Gefangenen ohne Formalitäten von einem Militärgericht abgeurteilt wurden und keinen Anspruch auf eine Verhandlung vor einem Geschworenengericht hatten, gab es für sie keinerlei Möglichkeit zu ihrer Verteidigung. Auf diese Weise wurde das »normale« Verhältnis zwischen Schuld und Sühne zu einer ununterbrochenen sadistischen Rechtsbeugung pervertiert, deren einziges Ziel es war, beständigen Terror zu säen.

Frayne hat beschrieben, wie solche Strafen aussehen konnten. Er wurde vor Morisset gebracht, weil er im Steinbruch eine Steinplatte zerbrochen hatte. »Wie stets mußte ich feststellen, daß meine Verteidigung sinnlos war«, und er wurde zu hundert Peitschenhieben verurteilt:

»Danach sagte ich dem Kommandanten im Gericht ins Gesicht, daß er ein Tyrann sei. Er erwiderte, noch nie habe ihn jemand so genannt. Ich sagte, daß jeder die Folgen nur zu gut kannte und es deswegen nicht tat. ›Aber

ich sage Ihnen unumwunden, daß Sie ein so großer Tyrann sind, wie es Nero je war.‹
Sogleich wurde ich zu weiteren hundert verurteilt und dazu, lebenslänglich in einer Zelle krummgeschlossen zu werden und nie wieder das Tageslicht zu sehen.«

Die Auspeitschungen erfolgten in gewissen zeitlichen Abständen. Frayne bekam fünfzig Hiebe auf den Rücken. Nachdem die Wunden vier Tage später zum Teil verschorft waren, bekam er weitere fünfzig, am achten Tag fünfzig auf das Hinterteil und am zwölften Tag die letzten fünfzig. Morisset beaufsichtigte den Vollzug persönlich und achtete darauf, daß der Auspeitscher sein Bestes gab, außerdem

»waren zu meiner Bestrafung ausdrücklich neue und schwerere Katzen beschafft worden. Dem Auspeitscher wurde gedroht, man werde ihn selbst auspeitschen, wenn er nicht heftiger schlage. Er antwortete, er gebe sein Äußerstes und könne nicht stärker zuschlagen.«

Morisset suchte neue Vorwände, um den Widerstand dieses starrhalsigen jungen Iren zu brechen, der ihn ins Gesicht hinein geschmäht hatte. Neun oder zehn Wochen später stand Frayne wieder vor ihm, weil er einen Denunzianten namens Harper angegriffen haben sollte. Auf die Frage des Kommandanten, was er zu sagen habe, erklärte Frayne, daß es ohnehin gleich sei, was er sage, und er selbst dann bestraft werde, wenn dem Kommandanten seine Schuldlosigkeit bekannt sei.

»Auch wenn Sie mich wegen des Angriffs freisprechen, werden Sie mich für das auspeitschen lassen, was ich jetzt gesagt habe, aber ich mache mir nichts aus Ihnen und allen Strafen, die Sie mir zudiktieren können.
Als nächstes sagte er: ›Ich gebe dir 300, du verdammter Schurke.‹
Ich sagte: ›Ich bin ebensowenig ein Schurke wie Sie, aber *ich glaube nicht, daß ich die Strafe ertragen kann.*‹ Das sagte ich aus Spott und grinste dabei zum Obersten hin.
Ich und der andere wurden hinausgebracht und bekamen unsere ersten hundert ganz langsam und mit schweren Katzen aufgezählt. Die Auspeitscher waren beinahe ebenso mit Blut beschmiert wie wir.«

Frayne und der andere Sträfling wurden eine Woche lang eingesperrt, bis ihre Rücken verschorft waren, dann schickte Morisset den Wundarzt der Insel, Dr. Gamack, um festzustellen, ob sie für das zweite Hundert bereit seien. Frayne bat den Arzt, mit der Bestrafung fortzufahren.

»Gamack sagte: ›Wollen Sie unter der Peitsche sterben?‹ Ich sagte: ›Ich will es hinter mir haben und nicht mehr daran denken müssen. Daß ich hier bin, schmerzt mich mehr als die Auspeitschungen.‹«

Er bekam erneut hundert Hiebe und mußte ohne jede ärztliche Versorgung in die Einzelhaft zurück. Um die Schmerzen seines geschundenen Rückens zu lindern, goß Frayne seine Wasserration auf den Steinfußboden der Zelle, urinierte, um die Pfütze zu vergrößern, und legte sich

»mit den wunden Schultern genau auf die Stelle, wo das Wasser stand. Mein Rücken wimmelte buchstäblich von Maden und Ungeziefer, und ich konnte nichts dagegen unternehmen. Ich war so heruntergekommen, daß ich schon mein eigenes Aussehen verabscheute. Das wenige an Seife, das mir zustand, damit ich mich und meine Hemden waschen konnte, wurde mir vorenthalten, wahrscheinlich, damit ich mich dazu verleiten ließ, die Gefängniswärter zu beleidigen und daraufhin Opfer neuer Grausamkeit zu werden, denn sie alle kannten meinen Jähzorn.«

Der dritte Teil seiner Strafe blieb ihm erspart, denn der Kolonialsekretär in Sydney erließ eine Anordnung, die alle Auspeitschungen auf hundert Hiebe begrenzte. Daraufhin ließ ihn Morisset auf zwei Monate in die Isolierzelle bringen, eine völlig dunkle Steinkammer, in die kein Geräusch drang. Kaum sah er erneut das grelle Licht der Pazifiksonne, als er schon wieder Schwierigkeiten bekam.

Zwei dienstverpflichtete Frauen arbeiteten als Dienerinnen im Haus des Gouverneurs. Sie hatten wegen einer unbedeutenden Tat eine kurze Gefängnisstrafe bekommen. Eine von ihnen war nicht nur Irin, sondern stammte sogar aus Fraynes Heimatort. Sogleich beschloß Frayne, dafür zu sorgen, daß man ihn wieder einsperrte, damit er versuchen konnte, zu ihnen zu gelangen.

»Während sie im Hof umhergingen, zeigte ich mich durch die Stäbe. Ich sagte ihnen, sie dürften damit rechnen, daß ich ihnen trotz aller Gefahr einen Besuch machte und die Folgen auf mich nähme, und sollten es 300 werden.«

Es gelang ihm tatsächlich, sich in der Nacht in die Zelle der Frauen zu schleichen und unter ihrem Bettzeug zu verstecken. »Sie wußten nur zu gut, wie der Oberst zu mir stand, und sie waren ebenso darauf bedacht wie ich, ihn zu ärgern.« So genossen Frayne und die beiden Frauen eine Nacht lang ihre gegenseitigen Tröstungen, vielleicht die einzigen, die sie je in Jahren bekommen oder gegeben hatten. Selbstverständlich blieb das nicht verborgen, und Frayne wurde erneut vor Morisset zitiert.

»Ich sagte dem Kommandanten ganz offen, daß es die einzige Gelegenheit war, die ich je hatte und vielleicht auch je haben würde, eine Nacht in der Gesellschaft von Frauen zu verbringen, und daß es in zweierlei Hinsicht eine sehr natürliche Sache sei.
›Was meinst du mit zweierlei Hinsicht?‹ fragte der Kommandant.
›Die erste‹, sagte ich, ›ist so offensichtlich, daß man nicht darüber reden muß, die zweite ist, daß beide Ihre Dienerinnen sind – jetzt können Sie mit mir tun, was Sie wollen, mehr habe ich nicht zu sagen.‹
›Nun denn‹, sagte der Kommandant, ›ich lasse dir ganz langsam hundert Peitschenhiebe aufzählen, als Preis dafür, daß du dich in die Zelle der Frauen geschlichen hast.‹
Ich sagte: ›Ich hoffe, Sie schicken mich gleich anschließend ins Gefängnis zurück, und Sie können mir morgen für dieselbe Tat noch einmal hundert geben, wenn Ihnen das Spaß macht oder Sie befriedigt.‹«

Frayne bekam seine hundert aufgezählt, und zwar langsam. Und so ging es weiter. Er begehrt nach wie vor gegen Morissets Tyrannei auf, das verdient die Peitsche, Folter verlangt nach Widerstand, beide Seiten verteidigen eisern ihr Gebiet, keiner will weichen. Wie viele Männer wie Frayne mag es unter den 700 Gefangenen auf der Norfolkinsel während Morissets Amtsführung 1834 gegeben haben? Wieviel unversöhnlicher, hoffnungsloser Mut wurde gegen diese eiserne Maschinerie der Disziplin aufgebracht? Frayne verbrachte drei Jahre »mit außergewöhnlich schweren Eisen« in der Strafkolonne des Gefängnisses und wurde jede Nacht angekettet. Gewiß können nur wenige Sträflinge gewesen sein wie er – anderenfalls wäre die Insel unregierbar gewesen.

Normaler waren die Erlebnisse des John Holyard, der mit demselben Schiff wie Frayne 1830 auf die Norfolkinsel gekommen war, auch er mit einer umgewandelten Strafe wegen eines Kapitalverbrechens. Er begriff bald, daß Ducken Überleben bedeutete, und so wurde er zum Denunzianten. Im Elend des Gefängnisschiffs *Phoenix* lernte er »eine Lektion, die ich gewißlich nie wieder vergessen werde, nämlich Unterordnung unter die Macht«. Er betrat die Norfolkinsel unter Tränen, wegen der »übertriebenen Berichte, die über das Elend dort in Umlauf waren«. Doch er merkte

»zu meiner unsäglichen Erleichterung, daß man sogar auf der Norfolkinsel einem Gefangenen freundlich gegenübertritt, der sich gut führt. Sicherlich leiden die meisten unter dem Elend, aber dessen wahre Quelle sind sie selbst. Auch wenn es hier Härte und Entbehrungen gibt, ist die Siedlung nicht annähernd so unerträglich, wie ich befürchtet hatte.«

Das schrieb Holyard an einen Geistlichen, der dienstverpflichtete Sträflinge beschäftigte und ihm ein Leumundszeugnis für einen der Offiziere auf der Norfolkinsel geschrieben hatte, daher kann man sich denken, warum er so schreibt. Sicherlich war Frayne nicht der einzige, der den Eindruck hatte, daß die Vorschriften und die Art ihrer Anwendung die Männer in einer Weise quälen und peinigen sollten, »die dem Gesetz Großbritanniens Hohn spricht und mit ihm nicht vereinbar ist«. Die Amtsgewalt war absolut und launisch; zwischen dem, was sie verbot und den Strafen, die sie für die Übertretung der Verbote verhängte, bestand kein Verhältnis. Es war Frayne klar, daß er als Prügelknabe diente, und allmählich begann er trotz seiner unvorstellbaren inneren Kraft zu verzweifeln, weil er glaubte, Gott selbst sei gegen ihn:

> »Ich begann zu denken, der Allmächtige habe beschlossen, daß mein Leben zu einem Dasein der Schande und der Erniedrigung werden sollte. Mir erschien dieser Ort als schlimmer denn die schwärzesten Höhlen und Verliese der Hölle, und ich begann in meinem verstörten Geist die unendliche Gnade Gottes, ja, seine Gerechtigkeit, anzuzweifeln.«

Doch vor diesem Gedanken schrak er zurück und erinnerte sich daran, daß Gott »mir so nachdrücklich wie möglich die Wahrheit der Heiligen Schrift zeigte«. Also suchte er seine Zuflucht in der Bibel, vor allem im 88. Psalm, den er auswendig kannte. Auf den steinernen Boden des Gefängnisses angekettet, sagte er ihn, während die Wogen des Pazifiks unablässig gegen das Riff von Kingston donnerten und dabei jedesmal die Steine leicht erbeben ließen, immer wieder vor sich hin:

> »Ich bin denen gleich geachtet, die in die Grube fahren,
> ich bin wie ein Mann, der keine Kraft mehr hat.
> Ich liege unter den Toten verlassen,
> wie die Erschlagenen, die im Grabe liegen,
> derer du nicht mehr gedenkst
> und die von deiner Hand geschieden sind.
> Du hast mich hinunter in die Grube gelegt,
> in die Finsternis und in die Tiefe.«

Schlagartig konnte der Selbstmord aus diesem Elend führen. »Wäre mir je in den Sinn geommen, daß ein Selbstmörder das Heil erlangen kann, ich hätte nicht ein Zehntel des Elends auf mich genommen, das ich ertragen habe.«

Selbstmord wäre für manche dieser Verzweifelten eine Erlösung gewesen. Und doch vermochten es die meisten der Gefangenen, die wie Frayne ihres eigenen Lebens nicht mehr froh waren, trotz allem nicht, sich das Leben mit eigenen Händen zu nehmen, denn das bedeutete in ihren Augen den Tiefstpunkt menschlicher Erniedrigung. So waren sie zwischen Gott und dem Kommandanten gefangen, verdammt von ihrem eigenen Willen zu überleben. Gerade den Iren ließ der Glaube diesen Ausweg nicht zu.

Und doch entstand in Morissets Amtszeit auf der Insel ein erstaunlicher Brauch: Selbstmord wurde zu einem Akt der Solidarität. Eine Gruppe von Sträflingen wählte zwei Männer aus, indem sie Strohhalme als Lose ziehen ließ; einer sollte sterben, der andere ihn töten. Die übrigen sahen als Zeugen zu. Da Kapitalverbrecher auf der Norfolkinsel nicht abgeurteilt werden konnten, mußten sie samt Zeugen zur Verhandlung nach Sydney geschickt werden – für die Behörden lästig, für die Gefangenen aber eine Wohltat, denn für sie war es eine Erleichterung, der »Hölle im Ozean« zu entkommen, und sei es auch nur, um auf dem Festland am Galgen zu enden. Immerhin gab es in Sydney gewisse Aussichten zu fliehen. Das Opfer selbst konnte nicht wählen, offensichtlich mußte jedes Gruppenmitglied bereit sein zu sterben, und den Vorteil, der sich aus seinem Tod ergab, teilten alle Überlebenden gleichermaßen.

Es gibt aus den dreißiger Jahren verschiedene Hinweise auf solche Fälle von »Selbstmord«. So stellte William Ullathorne, der katholische Generalvikar für Australien, bei einem Besuch der Insel 1834 fest:

> »Das Leben selbst war ihnen so gleichgültig geworden, daß sie kaltblütig Morde begingen; anschließend erklärte der Täter, er hege keinen Groll gegen sein Opfer, das Ziel sei ausschließlich sein eigener Weggang von der Insel. Sie warfen sogar das Los, und der, auf den es fiel, beging die Tat, seine Kameraden dienten als Zeugen, wobei es um nichts anderes ging, als nach Sydney gebracht zu werden.«

Ein vollständiger Bericht eines solchen Rituals existiert noch. Er stammt von Morissets Stellvertreter, Hauptmann Foster Fyans, der die Überlebenden dazu befragt hatte.

Im Jahre 1832 oder 1833 wurde eines Tages eine Kolonne von sechzehn Sträflingen aus der Unterkunft in Kingston zur Straßenbaustelle geführt. Dort überwältigten sie ihren Aufseher und fesselten ihn mit Handschellen an den einzigen Außenseiter der Kolonne, einen jüdischen Gefangenen, dessen Name nicht bekannt ist, mit der Erklärung: »Juden kann man nicht trauen.« Der Kolonnenführer, Fitzgerald, holte ein selbstgefertigtes Messer hervor und richtete das Wort an seine Gefährten:

> »›Jetzt an die Arbeit, meine Herren. Ihr alle kennt den Ablauf, ist jemand dagegen? Niemand. Ich habe sechzehn Strohhalme in meiner Faust – wer den längsten zieht, gewinnt einen Preis, und der mit dem kürzesten ist sein

> Geselle. Und hier ist ein hübsches Stück Eisen, so scharf, daß man damit den Bischof rasieren könnte – nichts geht über ehrliches Spiel, wer zieht für Lazarus?‹
> ›O großer Gott, verschont mein Leben‹, rief der arme Jude.
> ›Nichts geht über ehrliches Spiel, komm, Herr Jude, du sollst den ersten Preis haben.‹
> ›Gott steh' mir bei, verschon mich‹ – der Jude wurde ohnmächtig, als alle riefen, der Aufseher solle für den Juden ziehen. Mit Mühe wurde er unter Tritten und Drohungen dazu gebracht, er zog, die anderen taten es ihm nach.«

Schließlich hatte Fitzgerald den längsten Halm und ein anderer den kürzesten, einer von beiden mußte an Ort und Stelle einen grausamen Tod erleiden. Jetzt mußte das Los entscheiden, wen von beiden es traf. Fitzgerald zog das Todeslos und hielt seinen Gefährten eine kurze Ansprache:

> »Es tut mir leid, Jungs, daß ich euch verlassen muß. Ihr werdet Spaß haben, bevor ihr nach Sydney kommt, und außerdem Gelegenheit zu verschwinden. Denkt an mich, Jungs, und sagt dem alten Richter Dowling, es war mein eigener freier Wille, daß mich Pat Larkins ersticht. Ich bin jetzt bereit. Beeil dich und sieh zu, daß du mir sowenig wie möglich weh tust.«

Danach trieb Pat Larkins das aus einem Faßreifen gemachte Messer »bis zu seiner Faust« in Fitzgeralds Unterleib und schlitzte ihm so im Staub der Straße den Bauch auf. Die Kolonne lief davon, der Jude und der Aufseher fanden den Schlüssel zu ihren Handschellen in der Tasche des Sterbenden und befreiten sich damit; nach zwei Tagen qualvollen Leidens erlag Fitzgerald im Krankenhaus seiner Wunde. Später wurde der größte Teil der Kolonne »zusammen mit einigen jungen Anwärtern auf den Galgen« für das Gerichtsverfahren nach Sydney gebracht. Fyans war offensichtlich von dem stoischen Mut beeindruckt, den Fitzgerald bei seinem Sterben an den Tag gelegt hatte; er als Soldat empfand Achtung vor dem Zusammengehörigkeitsgefühl der Männer.

Wir wissen nicht, wie viele solche Todespakte auf der Norfolkinsel abgeschlossen wurden. Aus der Art, wie Fyans formuliert, kann man entnehmen, daß es sich dabei um ein Ritual gehandelt hat. Beispielsweise läßt er Fitzgerald seine Ansprache mit den Worten beginnen: »Ihr alle kennt den Ablauf.« Solche Rituale entwickeln sich allmählich, sie werden nicht einfach erfunden. Um den Selbstmord seines Stigmas zu berauben, verschleierten sie ihn. Offiziell mußte das Opfer als von anderen Sträflingen ermordet gelten. Möglicherweise ging es auch in anderen Fällen, in denen eine Gruppe von Gefangenen einen Sträfling tötete, der nicht offenkundig ein Denunziant war, in Wirklichkeit um diese Art von Selbstmordabkommen.

Tötungen von Sträflingen durch ihresgleichen waren gegen Ende 1833 auf der Norfolkinsel so sehr an der Tagesordnung, daß Gouverneur Richard Bourke zu dem Ergebnis kam, er müsse das juristische Schlupfloch schließen. »Es gibt hinlänglichen Grund zu der Annahme«, schrieb er nach England,

> »daß auf der Norfolkinsel Kapitalverbrechen aus einer verzweifelten Entschlossenheit heraus begangen wurden, die Aussicht, in Sydney zum Tode verurteilt und hingerichtet zu werden, gegen die Aussichten auf eine Flucht zu setzen, die sich Angeklagten wie Zeugen auf dem Weg zur Verhandlung nach Sydney bieten möchten. Die Zahl solcher Fälle ist durch die schlimmen Bemühungen der Sträflinge, solche Vorladungen zu erlangen, stark angestiegen.«

Er regte an, man möge auf der Insel bei Bedarf eine Sitzung des Obersten Gerichts abhalten, wobei jeder vor Gericht zugelassene Anwalt mit dreijähriger Berufspraxis als Richter fungieren und fünf Offiziere die Geschworenen bilden sollten – wenn je ein Gericht den Namen »Scheingericht« verdient hätte, dann dieses. Dem Vorschlag wurde nicht stattgegeben, doch von Zeit zu Zeit besuchte ein von einem Anklagevertreter der Krone, einem Pflichtverteidiger und einem Henker begleiteter Richter die Insel als Vertreter des Obersten Gerichts. Die erste Sitzung dieser Art fand im September 1833 unter James Dowling, dem zweiten Oberrichter von Neusüdwales, statt. Er befand mehrere Sträflinge des Mordes für schuldig und ließ sie hängen. Von Stund an wurden keine Sträflinge mehr von der Norfolkinsel zur Gerichtsverhandlung nach Sydney geschickt.

2

Jetzt blieb den Gefangenen, wollten sie Morissets Herrschaft entkommen, nur noch die offene Rebellion. Nur wenige kann es gegeben haben, die nicht gelegentlich wie Laurence Frayne von Rache träumten:

> »Sicherlich hätte ich sein Leben nehmen können, und manches Mal habe ich gebetet, wenn ich überhaupt wußte, was beten heißt, ihn möchten die schwersten Heimsuchungen befallen, die der allmächtige Gott je einem verderbten Menschen zugedacht hat, denn Blut dürstet nach Blut, und in keiner Tiefe der Erde oder der See können wir es begraben. So schrie das Blut mehrerer meiner Mitgefangener laut und oft zum Himmel, er möge seine Rache über diesen Massenmörder und verabscheuenswerten weißen Wilden kommen lassen.«

Den ganzen Sommer 1833 und 1834 hindurch munkelte man in der Unterkunft der Gefangenen gerüchtweise von einem bevorstehenden Ausbruch. Frayne zufolge stand Morisset im Begriff, Geständnisse aus ihm und anderen Sträflingen herauszuprügeln, wie es dreißig Jahre zuvor Reverend Samuel Marsden mit den Iren in Parramatta getan hatte, doch redete ihm der Kommandant der Garnison, Hauptmann Charles Sturt – zu dessen Großtaten als Erforscher des australischen Hinterlandes auch die Entdeckung des Murrayflusses, des größten Flusses des Kontinents, gehörte und der wegen seines Anstandes gegenüber den Sträflingen bekannt war –, diese Absicht aus.

Morisset konnte kaum noch seine Pflicht erfüllen. Eine alte Kopfwunde schmerzte so unerträglich, daß es ihn aufs Lager warf, wo er kein Wort herausbrachte. Er stand vor dem Scheitern, ein Mann von 51 Jahren, der nichts besaß, außer seinem weitab aller Zivilisation liegenden Posten, einer Schar unverheiratbarer Töchter und einer Maske aus Narbengewebe, über die sich sogar die Sträflinge lustig machten. Er beschloß, sein Offizierspatent zu verkaufen, und teilte nach Sydney mit, er müsse seine Töchter unbedingt von diesem für sie ungeeigneten Ort fortbringen. Er fragte an, ob der Kolonialsekretär für ihn nicht einen besseren Posten in der Zivilverwaltung habe. Dann legte er sich erneut zu Bett, sah mit seinem wie ein Hühnerei vorstehenden Auge zur holzgetäfelten Decke empor und lauschte auf das einschläfernde Rauschen des Seewindes in den Tannen.

Nunmehr oblag seinem Stellvertreter Foster Fyans die Verwaltung der Insel. Dieser bekam seine Informationen von zwei Hauptdenunzianten: einem Gefangenen namens Bullock und einem Aufseher, Constable Price. Fyans machte sich Sorgen, weil er wußte, daß »etwas im Busch war«. Eine anonyme Mitteilung in der Soldatenunterkunft warnte vor einem Giftanschlag, und Fyans erinnerte sich nur zu gut an einen Plan, den zwei Jahre zuvor einer der Sträflinge auf einem Schiff unterwegs zur Norfolkinsel ausgeheckt hatte: John Knatchbull, alias Fitch (1792–1844), eins von zwanzig Kindern, die ein Baronet aus der Grafschaft Kent in seinen drei Ehen gezeugt hatte. Da er kein Erbe zu erwarten hatte, war Knatchbull zur Marine gegangen und während der Napoleonischen Kriege bis zum Captain aufgestiegen. Im Frieden verließ ihn sein Glück; er wurde, weil er in London einem Nachtschwärmer die Brieftasche mit zwei Pfund Sterling gestohlen hatte, festgenommen und 1824 zu vierzehn Jahren Deportation verurteilt. Im Jahre 1826 war er an der Western Road bei Bathurst Hilfspolizist und bekam 1829 seinen Freibrief, weil er acht entlaufene Sträflinge wieder eingefangen hatte. Zwei Jahre später jedoch fälschte er einen Scheck, wurde gefaßt und zum Tode verurteilt. Die Strafe wurde dann umgewandelt und er 1832 zur Norfolkinsel gebracht. An Bord verschwor er sich mit fünfzehn anderen Sträflingen, die Speisen der Besatzung und der Wächter mit Arsen zu versetzen, das Schiff in ihre Gewalt zu bringen und zu fliehen. Ein Denunziant verriet den Plan, und ein ganzes Pfund des tödlichen Giftes wurde in der Unterkunft der Sträflinge gefunden. Da niemandem etwas geschehen war, kam Knatchbull nicht vor Gericht. Es erschien zu aufwendig, die Verschwörer nach Sydney zurückzubringen, und so blieben sie auf der Norfolkinsel und sonnten sich in der Bewunderung ihrer Gefährten.

Mit seinem Verdacht gegen Knatchbull hatte Fyans recht. Der einzige Weg von der Insel führte über das Meer, und außer ihm war kein Gefangener mit der Führung eines Schiffes vertraut. Knatchbull lag am 1. August 1833, unmittelbar vor dem Zapfenstreich, auf seiner Pritsche, als sich ein Sträfling namens George Farrell neben ihn legte und ihm erklärte, er werde bald etwas hören. Daraufhin gesellte sich ein zu lebenslänglicher Verbannung verurteilter achtzehnjähriger Ire zu ihnen, ein gewisser Dominick McCoy.

»›Was meinst du damit?‹ fragte Knatchbull.
›Sag's ihm‹, forderte McCoy den Jungen auf.
›Die Männer draußen‹, begann Farrell, ›sind alle verrückt nach ihrer Freiheit, es wäre ein richtiges Geschenk, vor allem, seit das letzte Schiff fort ist.‹«

Er erläuterte den Plan. Beim morgendlichen Antreten auf dem Hof vor der Sträflingsunterkunft wollten sie sich auf Fyans und dessen Soldaten stürzen und sie überwältigen. Sollte es den Wärtern gelingen, sich im Wachhaus zu verbarrikadieren, wollten die Gefangenen Feuer daran legen und sie auf diese Weise ausräuchern. Inzwischen würde die Strafkolonne (die in einer baufälligen alten Hütte 150 Meter entfernt untergebracht war) beim Antreten vor dem Aufbruch zur Arbeit im Steinbruch ihre eigenen Wachen überwältigen. Auch sie waren »jederzeit bereit, alles für ihre Freiheit zu tun«. Anschließend würden die Sträflinge zum Haus des Kommandanten marschieren, Morisset festsetzen, die achtzehnpfündige Kanone in ihre Gewalt bringen, sie herumdrehen und auf die Soldatenunterkunft richten. Soldaten, die sich ergaben, sollten verschont, die anderen gehängt werden, zusammen mit allen Hilfspolizisten, Aufsehern und Denunzianten. Die Sträflinge wollten Morissets Signalbuch entwenden, damit sie dem nächsten Schiff, das kam, falsche Signale senden konnten. Bevor dessen Besatzung begriff, worum es ging, würden sie in den Uniformen der Aufseher an Bord sein und das Schiff in ihre Gewalt bringen. Ihre Rache an Morisset würden sie auskosten: Erst wollten sie ihn »genüßlich zu Tode quälen«, mit seiner eigenen neunschwänzigen Katze häuten, ihn drei Tage lang aufhängen, dann vierteilen und die Überreste an vier Bäume hängen, bis die Seevögel alle Knochen blankgepickt hätten. Die auf der Insel befindlichen Frauen wollten die Anführer »nehmen und verteilen«, Knatchbull hatte für sich Morissets schüchterne Ehefrau Emily ausersehen. Nach den Orgien wollten die Sträflinge eine geschlossene Barkasse bauen, die vierzig oder fünfzig Menschen Platz bot. Auf ihr wollten sie nach Neuschottland segeln, während Knatchbull das gekaperte Schiff nach Amerika brachte. Er war davon überzeugt, daß die Amerikaner sie nicht ausliefern würden.

So nahm der von Rachegelüsten genährte unwahrscheinliche Plan Gestalt an. Der bloße Gedanke an Flucht, wie weit hergeholt es auch scheinen mochte, erfüllte die zu langen Strafen verurteilten Männer der Norfolkinsel mit neuer Hoffnung. (Von den später wegen Meuterei angeklagten 137 Männern hatte rund die Hälfte lebenslänglich und ein weiteres Drittel vierzehn Jahre zu verbüßen.)

Die Gerüchte von einer bevorstehenden Rebellion erreichten Fyans durch seine Denunzianten. Da sie nichts Genaues über Zeit und Vorgehen sagten, wies Morisset das Gemunkel verächtlich als Aufschneidereien zurück. Fyans hingegen nahm sie ernst und schlief schlecht. Er zergrübelte sich den Kopf über die 200 Namen auf der Liste, die ihm seine Denunzianten gegeben hatten, Männer, die sie miteinander hatten flüstern sehen, gegen die sie einen Groll hegten oder die einfach Iren waren. Von den Sträflingen selbst kam vor dem 15. Januar nicht das geringste Anzeichen eines Aufstandes.

Jener Tag, ein Mittwoch, dämmerte in Nebel und fahlem grauem Licht herauf. Schon bald nach der Weckglocke, die um fünf Uhr geläutet wurde, ging über Kingston ein Wolkenbruch hernieder. Durch den Regen hörten Fyans und seine Männer in der Militärunterkunft deutlich von seewärts Fußeisen klirren. Sehen konnten sie nichts. Rufe ertönten, eine Muskete wurde abgefeuert, dem einzelnen Schuß folgte eine Salve. Die Meuterei hatte begonnen.

Der Zeitpunkt hätte kaum besser gewählt sein können. Beim morgendlichen Appell in der Gefangenenunterkunft hatte sich eine ungewöhnlich große Zahl von Männern – insgesamt 38 – krank gemeldet, und ein Wächter, John Higgins, brachte sie zur Krankenstation. Dort überwältigten sie ihn, sperrten ihn in einem Krankenzimmer ein und durchsuchten die restliche Krankenstation. Ein Sträfling namens William Groves fand den Hilfspolizisten des Lagers in Longridge, einem Außenposten, krank im Bett. »Hier ist der alte Hund Howley«, rief Groves, »wir sollten jetzt gleich mit ihm abrechnen.« Die Anführer der Revolte auf der Krankenstation, Dominick McCoy, Lawrence Duggan und Henry Drummond, befahlen Groves jedoch, den Kranken zufriedenzulassen.

Bald nahmen sie sich gegenseitig die Eisen ab und bewaffneten sich mit allem, was zur Hand war: Stuhlbeinen, Skalpellen und einem Schürhaken, einige fanden auch Äxte. Sie rotteten sich am Eingang der Krankenbaracke zusammen und erwarteten schweigend das Kommen der Gefängniswache, bereit, über sie herzufallen.

Hundert Meter weiter hatte diese Wache die Strafkolonne in Marschordnung am Gefängnistor, gleich beim Galgen, antreten lassen – etwa dreißig Sträflinge unter Aufsicht eines Korporals mit zwölf gemeinen Soldaten vom 4. Regiment. In diesem Augenblick warf einer der Wärter zufällig einen Blick zum Strand und sah, wie Laurence Frayne zusammen mit einem Aufseher einen Nachteimer ins Meer goß. Frayne rief zu den Sägegruben hin: »Seid ihr bereit?« In dem Augenblick gab der Korporal den Gefangenen den Befehl zum Abmarsch. Sie rührten sich nicht und rasselten mit ihren Ketten: ein Signal. Sekunden später rannte unter lauten Rufen eine Gruppe von Sträflingen, die sich in den Sägegruben verborgen gehalten hatten – an die vierzig oder fünfzig Männer –, um die Ecke des Gefängnisses hinter die Wachen, während die Gruppe von der Krankenstation aus ihrem Versteck hervorbrach und sie von vorn angriff. So überrascht waren die Soldaten, daß sie nicht einmal dazu kamen, ihre Musketen auch nur anzulegen. Die Sträflinge, erinnerte sich einer von ihnen, »standen vor den Bajonetten der Wache, bevor diese etwas davon gemerkt hatte«. Die vom Kolbenende bis zur Bajonettspitze nahezu 1,80 Meter langen Musketen waren für ein Handgemenge nicht geeignet, und einige Augenblicke lang rangen Sträflinge und Wächter miteinander um den Besitz der Waffen. Zwei Sträflinge stießen den einfachen Soldaten William Ramsay zu Boden und versuchten, ihm die Muskete zu entwinden. Einer der beiden, der auf einem Arm des Soldaten kniete, versprach, ihn zu schonen, wenn er die Waffe losließ. Das tat er und überlebte, so daß er später aussagen konnte. Snell, derjenige, der ihm Schonung versprochen hatte, wurde daraufhin sofort von dem Soldaten James Oppenshaw erschossen und mit dem Bajonett durchbohrt. Robert Douglas konnte dem Soldaten Pearson die Muskete abnehmen. »Erschieß ihn, erschieß ihn!« schrien die Sträflinge, aber das Gewehr versagte. Douglas fiel über einen verhaßten Aufseher namens Phipps her und schlug sechs oder siebenmal mit dem Hammer auf ihn ein, ohne sichtbares Ergebnis. Mit der Muskete floh Douglas anschließend in das Zuckerrohr, aber Phipps blieb ihm auf den Fersen. Henry Drummond, ein anderer der Anführer, entriß dem Soldaten William Parham seine Muskete und richtete dabei ein Messer auf seine Kehle. In dem Handgemenge zerbrach die Muskete, aber Parham konnte sich befreien, nahm den Griff der Muskete und erschlug damit einen anderen Sträfling namens Wilson.

Die Wachen, die sich von ihrer Überraschung erholt hatten, begannen zu feuern, und die Schüsse alarmierten die Männer in den Unterkünften jenseits des Sumpfes. Die Wachen zogen sich in das Gefängnistor zurück, luden und schossen, während ihre Kameraden die Gefangenen, die sich auf sie stürzten, mit blanken Säbeln in Schach hielten. Mehrere Sträflinge wurden getroffen, und so plötzlich, wie das Handgemenge begonnen hatte, hörte es auch wieder auf. Vom Musketenfeuer eingeschüchtert, zogen sich die Häftlinge in den Schutz des Gefängnishofes zurück. Später beklagte sich der Aufrührer George Farrell bitter, daß ihre Feigheit zum Scheitern der Meuterei geführt hätte. Die übrigen

Sträflinge, die von der Wache zurückgetrieben wurden, zogen sich in Richtung auf Longridge zurück, vom Wasser fort.

Der Zusammenstoß hatte nur wenige Minuten gedauert. Knapp einen Kilometer entfernt waren Foster Fyans und seine Leute halb angezogen aus ihren Unterkünften gestürzt. Im Laufen legten sie ihre Patronengurte um, ihnen war nicht einmal Zeit geblieben, ihre Stiefel zu schnüren. Sie eilten zur Straße, um die Meuterer abzufangen, und formierten sich, atemlos keuchend, auf einer kleinen Anhöhe, vermutlich dort, wo heute das Kriegerdenkmal der Norfolkinsel steht. Als die Sträflinge näher kamen, schwand beim Anblick der auf sie gerichteten Musketenläufe ihre Entschlossenheit. Fyans gab den Befehl zu feuern, und als sich der ganze Pulverdampf verzogen hatte, lagen fünfzehn Aufrührer am Boden, während sich die meisten anderen in das Zuckerrohrdikkicht neben der Straße geflüchtet hatten. Lediglich die Überbleibsel der Strafkolonne standen da und ergaben sich; ihre Fußeisen hinderten sie am Davonlaufen. Auf jeden Rebellen, der versuchte, bergauf Longridge zu erreichen, wurde geschossen. Soldaten folgten den Flüchtigen in die Gemüsegärten und in das Zuckerrohrdickicht. »Den Männern«, erinnerte sich Fyans, »hat es richtig Spaß gemacht.« Er überließ sie ihrer Aufgabe und führte einen Teil der Truppe nach Longridge.

Die Sträflinge hatten dort Posten aufgestellt, die die Gefangenenunterkünfte von Kingston sehen und den Beginn der Meuterei mitteilen konnten. Walter Bourke, der Anführer der Rebellen auf Longridge, schärfte gerade im Werkzeugschuppen Hacken, als die Männer mit dem Ruf durch die Tür brachen: »Raus mit euch, Leute, jetzt ist die Stunde der Freiheit.« Jubelnd drängten sich die Sträflinge im Schuppen. Mit dem Schlag einer Hacke zerschmetterte Bourke das Schloß der großen Werkzeugkiste und teilte Äxte und Mistgabeln an die Männer aus. »Folgt mir, Jungs«, rief er, und mit dem Ruf »Tod oder Ruhm«, »Freiheit oder Tod« und »Ein Hurra für die Freiheit!« stürmten etwa achtzig Sträflinge den Weg zum Flagstaff Hill entlang hinter ihm her, kaum daß sie sich Zeit nahmen, einander mit den Äxten die Fußeisen zu lösen.

Foster Fyans und seine Männer hörten die Hurrarufe über die Hügelkuppe schallen, bevor sie die Sträflinge von Longridge sahen. Diese hatten wohl erwartet, ihnen werde die siegreiche Menge ihrer Mitaufrührer entgegenströmen, und sahen jetzt statt dessen zwei Männer den Hügel hinauftaumeln. Einer von ihnen war verwundet, und die Rotröcke waren ihnen auf den Fersen. Die Hurrarufe erstarben den Männern auf den Lippen, und aus der Euphorie wurde Panik. Die Soldaten feuerten einige Schüsse ab, aber die Entfernung war zu groß. Schon bald umzingelten sie die Rebellen und trieben sie nach Longridge zurück, wobei sie 28 gefangennahmen. Obwohl Fyans seinen Leuten verbot, die Aufrührer an Ort und Stelle mit den Bajonetten niederzustechen, traten, schlugen und stachen die Soldaten so heftig auf sie ein, daß Fyans seinen Säbel im Bemühen zerbrach, sie mit dessen flacher Klinge daran zu hindern. Später äußerte er die Ansicht, seine Milde sei »möglicherweise unangebracht« gewesen.

Nach wenigen Stunden waren sämtliche Aufrührer von Longridge überwunden und wurden von den Soldaten, an ein langes Seil gefesselt, den Hügel hinab nach Kingston gebracht. Am Fuß von Flagstaff Hill fanden sie den jüngsten der Anführer, Dominick McCoy, sterbend auf dem Boden liegen. Nicht nur war er von mehreren Musketenkugeln getroffen, sondern er hatte auch Bajonettstiche in Lunge, Leber und Zwerchfell. Fyans gab den Befehl, ihn ungeachtet der Einwände Dr. Gamacks an seinen Ketten zum Polizeibüro zu schleppen. Dabei schlug McCoys Kopf auf einer Strecke von 200 Metern auf Steine und wurde durch Schlamm gezerrt. Soldaten mit blutunterlaufenen Augen drohten, den Arzt niederzuschießen, weil dieser verlangte, McCoy sollte zur Krankenstation getragen werden.

Gegen Mittag hatte Fyans die Meuterer im Hauptgebäude des Gefängnisses untergebracht, »nahezu tausend Halunken«, schrieb er später, obwohl es eher an die 200 gewesen sein dürften. Einige fehlten noch, unter ihnen Robert Douglas. Ihn fand man später auf der gegenüberliegenden Seite der Insel an der Anson's-Bucht, wo er sich im Besitz einer Muskete mit neunzig Schuß Munition, die er in ein Palmblatt gewickelt hatte, vorantastete. Ein Bajonettstich hatte sein linkes Auge zerstört und eine Infektion einige Tage darauf das andere seiner Sehkraft beraubt. Fyans verhörte ihn täglich in der Krankenbaracke, aber Douglas schwieg beharrlich. Alles in allem war die Zahl der Opfer gering: Fünf Rebellen waren tot und etwa fünfzig verwundet. Bis zum Abend nach der Meuterei verlor kein Wachsoldat sein Leben, doch dann stießen zwei Militärpatrouillen auf der Suche nach in Freiheit befindlichen Rebellen in einem Maisfeld aufeinander, hielten sich gegenseitig für Sträflinge und eröffneten beide das Feuer. Dabei fielen ein Polizeikonstabler und ein junger Soldat vom 4. Regiment, Thomas York, einem Querschläger zum Opfer.

So endete die Meuterei auf der Norfolkinsel 1834. Seit Castle Hill 1804 war es die erste Massenerhebung von Sträflingen in der Geschichte der Deportation nach Australien gewesen. Sie war schlecht geplant und schlecht ausgeführt. Zwar war sie nach sieben Stunden vorüber, aber die Rache der Behörden dauerte noch Monate. Als Hauptmann Fyans schweißbedeckt und zerzaust, die doppelläufige Flinte auf der Schulter und einen verrosteten Dragonersäbel in der Hand, Oberst Morisset (der noch mit Migräne im Bett lag) Bericht erstattete, gab ihm dieser – wie sich Fyans erinnerte – mit den Worten freie Hand: »Ich bin nur froh, daß ich nicht verantwortlich bin. Tun Sie, was Ihnen beliebt.«

Fyans und die Soldaten des 4. Regiments brachten sich bei den Sträflingen mit einer sadistischen Orgie so nachdrücklich in Erinnerung, daß diese wünschten, sie wären nie geboren. Die Schmiede brauchten neun Tage, um für die Gefangenen neue Fußeisen zu machen: sie waren zwei- und dreimal so schwer wie die üblichen und auf der Innenseite gezackt, damit das Fleisch aufgerissen wurde. Die im Gefängnis auf den Prozeß wartenden Rebellen wurden unbekleidet so dichtgedrängt in einem Innenhof zusammengetrieben, daß nicht ein Drittel von ihnen gleichzeitig sitzen konnte. In den folgenden fünf Monaten blieben die Aufrührer, während man die Antwort auf den nach Sydney erstatteten Bericht sowie einen Richter erwartete, an eine lange Kette gefesselt und wurden »jeden Tag vier Stunden lang mit gestreckten Armen und Fingern nackt gezüchtigt. Wer nur den geringsten Schmerzenslaut von sich gab, wurde entweder von den Soldaten mit dem Bajonett bearbeitet oder an Ort und Stelle ausgepeitscht.«

Die Peitsche spielte trotz aller anderen sadistischen Quälereien die Hauptrolle. In den Wochen nach der Meuterei wurde so viel gepeitscht, daß die neunschwänzigen Katzen der Beanspruchung nicht standhielten. Fyans, dem die Sträflinge in jener Zeit den ihm noch lange anhaftenden Spitznamen »Folter-Fyans« beilegten, verlangte die Anfertigung neuer, widerstandsfähigerer »Katzen«, mit denen er den Schrecken buchstäblich in die Gefangenen hineinprügeln wollte. Die Massenauspeitschungen dauerten bei Fackelschein bis weit in den Abend, und einige Sträflinge planten, ihrer »unerträglichen Leiden« müde, einen gemeinsamen Selbstmord: sie wollten die Wachen mit Steinen bewerfen »und damit die tödlichen Kugeln herausfordern«. Doch das gelang ihnen nicht.

Es dauerte fünf Monate, bis Fyans und seine Leute alle Zeugen befragt und deren Aussagen für die Verhandlung niedergeschrieben hatten. Selbstverständlich gab es auch zahlreiche Aussagen von Denunzianten, die sich selbst ins beste Licht rückten.

Anklage wegen Meuterei wurde gegen 137 Männer erhoben, aber nur ein gutes Drittel von ihnen kam vor Gericht, weil der Kronanwalt nicht bereit war, die Aussagen notorischer Denunzianten zu verwerten. Der Oberrichter, ein tiefreligiöser Anglikaner namens William Westbroke Burton, kam im Juni 1834 mit Chambers, dem Kronanwalt, auf der Norfolkinsel an. Bei seiner Ankunft war Burton sehr verwirrt von der Diskrepanz, die die Landschaft und die Bestimmung des Ortes boten. Warum, so fragte er sich, »hat diese zarte Schönheit des Landes . . . keine Wirkung auf die Herzen der Menschen, die noch nicht völlig vom Laster verdorben sind?« Warum erleben die Sträflinge »keine seelische Erhöhung durch die Schönheiten der Schöpfung um sie herum, warum wird zur Hölle, was ein Paradies sein könnte?« Der romantische Glaube an die therapeutische Kraft der Landschaft, eine verbreitete Vorstellung der gebildeten Schichten in den Jahren um 1830, mußte aufgegeben werden – für den Richter eine traurige, jeder Normalität widersprechende Erkenntnis. Der Prozeß dauerte bis Ende Juli, und Burtons Abscheu vor den Hauptstützen der Anklage, den Denunzianten, nahm zu.

Ihn rührte die offenkundige Ehrlichkeit der Aufrührer, die in krassem Gegensatz zu der Fragwürdigkeit der Zeugen stand – insbesondere Knatchbulls, der versucht hatte, jeden anderen zu belasten, um seine eigene Haut zu retten. Von der Absicht des Kronanwalts, Knatchbull unter Anklage zu stellen, wollten die als Geschworene fungierenden Militärs nichts wissen, und so unterblieb es. Burton erteilte Fyans einen schweren Verweis, weil er überhaupt Aussagen von Knatchbull entgegengenommen hatte: »Er war das Haupt der Verschwörer, ihn hätten sie an erster Stelle als Angeklagten benennen müssen. Sie haben sein Leben gerettet oder zumindest verlängert. Es wird kein gutes Ende mit ihm nehmen.« Diese Prophezeiung sollte sich bewahrheiten, und Knatchbull endete 1844 in Sydney am Galgen, nachdem er noch in der Todeszelle seine Erinnerungen niedergeschrieben hatte. Nach seiner Entlassung von der Norfolkinsel bekam er 1839 seinen Freibrief, heuerte hin und wieder auf Schiffen an und ermordete schließlich in Sydney eine Witwe um ihrer Ersparnisse willen.

Einige der Rebellen flehten das Gericht an, sterben zu dürfen, und einer erklärte in schlichten Worten, man habe ihn und seine Freunde schon früher zum Tode verurteilt, begnadigt und auf die Insel geschickt: »Es wäre uns lieber, man hätte uns damals hingerichtet. Es war keine Gnade, uns hierherzuschicken. Ich bitte nicht um mein Leben, ich möchte nicht verschont werden. Ein Leben wie das unsrige hier ist nicht lebenswert.«

Andere Sträflinge baten darum, man möge ihnen die Beichte abnehmen: »Euer Ehren, ich habe manches Verbrechen begangen, für das ich den Tod verdient habe, aber schicken Sie mich nicht aus dieser Welt, ohne daß ich zuvor einen Priester sehe.« Doch auf der Norfolkinsel gab es keinen katholischen Priester, und später sah Burton, wie der betreffende Ire in seiner Zelle »in schrecklicher Qual ein grobgezimmertes Kruzifix umarmte und den Kopf dagegen schlug«.

Inzwischen hatte er den Eindruck gewonnen, das System sei schlimmer als dessen »Objekte«. Das Verfahren hatte in ihm eine Gewissenskrise hervorgerufen, er empfand Mitleid – wer würde unter solchen Umständen nicht aufbegehren? Die Geschworenen erkannten dreißig der 35 Aufrührer für schuldig, doch Burton brachte es nicht über sich, sie zum Tode zu verurteilen. Er beschloß, wofür es keinen Präzedenzfall gab, den Prozeß auszusetzen, bis er die Angelegenheit dem Gouverneur Richard Bourke selbst vortragen und einen katholischen Priester auf die Norfolkinsel bringen konnte, damit dieser den Todeskandidaten das letzte Sakrament spenden könne.

In Sydney schilderte Burton dem Gouverneur und seinem Exekutivrat den Fall so beredt, daß die Todesstrafe für sechzehn der dreißig für schuldig befundenen Meuterer zu lebenslänglicher Zwangsarbeit umgewandelt wurde. Die übrigen vierzehn jedoch sollten hängen, und so wurden zwei Geistliche – ein katholischer und ein anglikanischer – in Marsch gesetzt. Das sollte für das System weitreichende Folgen haben, denn der katholische Priester war der Generalvikar für Australien, William Ullathorne, später ein Hauptzeuge bei der

Untersuchung, die dazu führte, daß die Deportation nach Neusüdwales eingestellt wurde.

Er kam im September an und ging sogleich ins Gefängnis; man gestand ihm fünf Tage zu, um die Rebellen auf den Tod vorzubereiten. Der Türschließer forderte ihn auf zurückzutreten und öffnete die erste Zelle. »Ihr entquoll eine gelbe Wolke, die Hervorbringung der dort eingesperrten Leiber«, schrieb Ullathorne später.

> »Mein unerwartetes Auftauchen war für sie wie eine Vision. Ich fand sie in drei so kleinen Zellen zusammengedrängt, daß sie sich kaum gleichzeitig niederlegen konnten. Sechs Monate lang hatten sie ihr Los erwartet. Das Leben durfte ich allen bis auf dreizehn verkünden – jenen mußte ich nach einigen Worten der Vorbereitung mitteilen, daß ihnen der Tod bestimmt war. Daraufhin weinten diejenigen, die weiterleben sollten, bitterlich, während die zum Tode Verurteilten ausnahmslos auf die Knie fielen und mit trockenen Augen Gott dafür dankten, von einem solchen Ort erlöst zu werden. Wer kann ihre Empfindungen beschreiben?«

Ullathorne nahm durch Taufe vier weitere Männer in die katholische Kirche auf; alle beteten erst mit ihm und dann allein, während er gedankenverloren am Friedhof vorbeiging, »auf drei Seiten von dichten, trüben Manzanilla-Hainen eingefaßt, während die vierte zur rastlosen See hin offen ist«.

Die Hinrichtungen fanden am 22. und 23. September statt. Jedesmal mußte die Hälfte der Gefangenen vor dem Galgen antreten, während die andere Hälfte aus dem Obergeschoß der Gefangenenunterkunft zusah. Die verurteilten Männer »zeigten eine außergewöhnlich glühende Reue«, schrieb Ullathorne. »Sie empfingen kniend die Strafe als den Willen Gottes. Als man ihnen die Ketten gelöst hatte, fielen sie in den Staub und küßten vor überquellender Dankbarkeit die Füße, die ihnen Frieden gebracht hatten.« In einem Schweigen, das lediglich die Schreie der Seevögel und der Anprall der Brandung auf das Riff von Kingston unterbrach, erstiegen sie das Schafott. Der älteste der Männer, Henry Knowles, war 29 Jahre alt, der jüngste, William McCullough, gerade 21 geworden.

Die Kapuzen wurden ihnen über den Kopf gezogen. »Ihr Leben war kurz«, schrieb der Priester, »und so unruhig und rastlos wie die Wogen, die sich jetzt zu ihren Füßen brechen und deren Klang ihr einziges Requiem ist.«

3

Zu jener Zeit war Morisset schon lange nicht mehr auf der Insel. Monate zuvor war er aufs Festland zurückgekehrt, ein Genesender, der inoffiziell in Ungnade gefallen war. Er verkaufte sein Offizierspatent und investierte den Erlös, der seine gesamte Habe darstellte, in die neugegründete »Bank of Australia«. Als diese zusammenbrach, stand er mit leeren Händen da. Er bekleidete den Posten eines Polizeirichters in Bathurst und mußte von den sechs Pfund, die er pro Woche verdiente, einen Teil abzweigen, um seine Gläubiger zu befriedigen. Bei seinem Tod 1852 hinterließ er vier Söhne, sechs Töchter und seine Frau Emily völlig mittellos. Er schrieb nicht eine Zeile der Erinnerungen über die Norfolkinsel.

Sein Nachfolger dort war Major Joseph Anderson (1790–1877) vom 50. Regiment, auch er ein Veteran aus dem Krieg gegen Napoleon, der sich in der Armee emporgedient hatte, ein wachsamer und frommer Schotte mit einem Gesicht wie ein reizbarer Fischadler – tiefliegende Augen, eine messerscharfe Nase, ein drahtartiger weißer Backenbart. »Kartoffel-Joe« Andersons Kommando über die Norfolkinsel dauerte von März 1834 bis Februar 1839.

Die Meinungen über ihn waren geteilt. Ullathorne, der kein Freund der Grausamkeit war, lobte ihn, weil er gute Gefangene ermutigte, ganz im Gegensatz zur »willkürlichen Tyrannei« Morissets. In seinen eigenen Erinnerungen behauptete Anderson, die Auspeitschungen von Morissets tausend Fällen pro Jahr auf bloße 70 oder 75 vermindert zu haben. Diese Aussage hätte vermutlich die Sträflinge überrascht, denn Thomas Cook, der 1836 auf der Norfolkinsel eintraf und während des größten Teils von Andersons Amtszeit dort blieb, hielt seine Maßnahmen für

> »äußerst streng und quälend. Das Denunziantentum blühte, und seinem System genügte schon der Hauch des Mißtrauens. Es unterschied nicht zwischen Wohlverhalten und notorischer Halsstarrigkeit.«

Einmal ließ Anderson fünf Männern vor dem Frühstück tausendfünfhundert Peitschenhiebe verabreichen, und manche Gefangenen brachten es auf beträchtliche Bestrafungen, wie beispielsweise William Riley, der nach dem Gefangenenaufstand zwei Jahre lang schwere Eisen trug:

100 Hiebe	weil er »O mein Gott« gesagt hatte, während er wegen der Meuterei angekettet war
100 Hiebe	weil er gelächelt hatte, während er angekettet war
50 Hiebe	weil er sich Feuer zum Rauchen besorgt hatte
200 Hiebe	wegen Aufsässigkeit einem Soldaten gegenüber

100 Hiebe	weil er nach einem Aufseher geschlagen hat, der ihn gestoßen hatte
8 Monate Einzelhaft, angekettet	wegen Arbeitsverweigerung
3 Monate dito	wegen Gehorsamsverweigerung
3 Monate Gefängnis	weil er sich in einer geringen Entfernung von der Siedlung befunden hat
100 Hiebe vor aller Augen im Gefängnis	wegen Aufsässigkeit gegenüber der Schildwache
100 Hiebe	weil er gesungen hat
50 Hiebe	weil er einen Wärter um Kautabak gebeten hat
100 Hiebe	wegen Vernachlässigung der Arbeit

Insgesamt kam er damit in zwei Jahren auf tausend Peitschenhiebe, elf Monate Einzelhaft und drei Monate Einkerkerung. Ein weiterer Gefangener, Michael Burns, bekam unter Anderson in weniger als drei Jahren die unglaubliche Zahl von zweitausend Hieben: zu seinen Verbrechen gehörte, wie bei Riley, »Singen« – vermutlich eins der irischen »Verräterlieder«.

Anderson ließ die Gefangenen unmäßig schwer arbeiten. Beim Hacken eines Feldes begann beispielsweise eine Reihe Sträflinge über die ganze Breite verteilt, dabei wurden die stärksten Männer als Schrittmacher an die Enden der Reihen gestellt und die in der Mitte bestraft, wenn sie zurückblieben, außerdem mußten sie noch nach dem eigentlichen Ende der Arbeitszeit weiterarbeiten, bis sie buchstäblich umfielen.

Anderson hatte auch ehrgeizige Bauprojekte. So plante er ein neues Gefängnis anstelle des menschenunwürdigen und baufälligen, in das die Meuterer gepfercht worden waren. Damit die Fundamente höher lagen als der Sumpf zwischen dem Meer und den Militärgebäuden, ließ er allen Abraum von den Ausschachtungen sämtlicher Gebäude, die unter ihm errichtet wurden, an die Baustelle für das neue Gefängnis bringen. So mußten die Gefangenen, nachdem sie aus einem Hügel eine hundert Meter tiefe, zwölf Meter hohe und fast 250 Meter lange Flanke herausgehackt hatten, über 100000 Kubikmeter Erde mehrere hundert Meter weit in Schubkarren transportieren. Von einigen Stellen der Straßen durch die Blauen Berge abgesehen, war das wohl die härteste Arbeit in der Geschichte des australischen Sträflingssystems.

Das Ziel der Arbeit war Strafe, nicht Produktion, und die Bedingungen, unter denen sie erfolgte, beraubten die Anstrengung ihres Sinnes. Pflüge waren auf der Norfolkinsel nicht zugelassen, »damit die Arbeit für die Gefangenen mühevoll sei«, und so begnügten sich alle Gefangenen mit dem »Handschlag für die Regierung«. Trotz der über ihnen schwebenden Drohung einer Auspeitschung bewegte sich jeder, so langsam er konnte, und das Ergebnis war eine geradezu lächerlich geringe Leistung. Je stärker Aufseher und Wärter drangen, desto mehr nahm das Simulantentum zu. Die Sträflinge erklärten, sie seien krank, oder sie vergifteten sich mit Lauge und Beeren von Nachtschattengewächsen, bekamen Magengeschwüre von Manzanillasaft und ließen sich von Freunden Zehen abhacken. Anderson ließ solche Leute auspeitschen, erwischte aber bisweilen wirklich kranke, die dann an den Folgen der Strafe starben. Beispielsweise wurde im Oktober 1836 ein Gefangener namens Barrett, der an schwerer Ruhr litt, als »Simulant« zu zweihundert Peitschenhieben verurteilt. Nach den ersten fünfzig brach er zusammen und starb.

Durch die Grausamkeit und das Elend um den Verstand gebracht, blendeten sich einige der Männer, weil sie glaubten, man werde sie dann für den Rest ihres Lebens zufriedenlassen.

Dies war eine passive Methode, die moralische Anarchie auf der Norfolkinsel zu beenden, die aktive Methode bestand darin, die Sträflinge zu »dämonisieren«. Laurence Frayne beschrieb es folgendermaßen:

> »Wenn man versucht, einem Sträfling das Selbstvertrauen, das man in jedem menschlichen Wesen ehren sollte, zu nehmen, beginnt man mit der Demoralisierung, und diese wird mit der Auslöschung eines jeden Gefühls in der menschlichen Brust enden. Man bringt den Sträfling dazu, nicht mehr an sich zu denken, er fürchtet keine Folgen mehr, wenn er anderen Schaden zufügt . . . Es gibt eine Grenze, bis zu der jeder Furcht empfinden kann, wenn man diese Grenze überschreitet, wird jeder skrupellos.«

Die Norfolkinsel, so argumentierte Frayne, zerstörte den Sozialvertrag. Jeder, ob Heiliger, oder Sünder, akzeptiere die Autorität wegen ihrer Allmacht – sie ist gottgleich in ihrer Gnade und ihrer Gerechtigkeit. Ist die Autorität aber böse, dann zerstört sie jede Hoffnung, jeden Glauben an Hierarchie:

> »Sie verlieren jede Beherrschung und allen Respekt vor Gott und den Menschen und betrachten jeden über sich als jemanden, der widerrechtlich an sein Amt kam. Sie werfen der Autorität vor, Sklaven aus ihnen zu machen und widersetzen sich jeder Anordnung.«

Den Missionaren auf der Norfolkinsel fiel auf, in welchen Zustand die Unterdrückung die Seelen der Sträflinge versetzt hatte. Richter Burton, der bei seiner Ankunft den Widerspruch zwischen der Schönheit der Insel und den Taten, über die zu urteilen er gekommen war, nicht fassen konnte, hatte sich von der Insel ebenso fasziniert gezeigt wie Ullathorne, dem die Bäume im Glanz der Abendsonne »wie die bronzefarbenen Türme einer riesigen Kathedrale voll goldenen Lichts« erschienen waren. Beide fragten sich, warum solche Schönheit die Seelen der Menschen nicht bessere – eine Antwort wußten sie nicht.

Ullathorne schrieb:

»Der Gottergebene, wird wie David Seine Werke bewundern, aber die Verdorbenen werden nie das Schöne sehen. Die schönsten Länder werden immer wieder von den schlimmsten Verbrechen heimgesucht. Die fünf verbrecherischen Städte, auf die der Herr seine Flammen und seinen Zorn ausgoß, lagen in einem herrlichen Land, und Norfolk Island ist die moderne Form dieser schuldbeladenen Städte.«

In sexueller Hinsicht ähnelte die Norfolkinsel sicherlich Sodom, aber noch mehr kam hinzu: Dort gab es jene unendliche Verzweiflung, die für Theologen die schlimmste Tortur der Hölle darstellte. Es war ein Platz, wo – in den Worten von Milton, wie sie Edmund Burke in einer Debatte im Unterhaus verwandte – »alles Leben erstirbt und nur der Tod lebt«. Selbst die Sprache war pervertiert und in ihr Gegenteil verkehrt:

»In ihrer Sprache hieß ›böse‹ ›gut‹ und ›Gutes‹ ›Böses‹. Ein anständiger Mann wurde ›verderbt‹ genannt, und der Lasterhafteste ›tugendhaft‹. Das menschliche Herz scheint pervertiert zu sein und das Gewissen auf den Kopf gestellt.«

Wer konnte solchen Männern helfen? Die Katholiken (etwa ein Drittel der Gefangenen zur Zeit von Ullathornes zweitem Aufenthalt dort im Jahre 1835) waren überaus dankbar für den Besuch eines Priesters, denn nur ein solcher konnte ihre Beichte hörten und dafür sorgen, daß sie im Zustand der Gnade starben. Die Protestanten praktizierten ihren Glauben nicht mehr, denn es gab bis 1836 für sie auf der Insel keinen Geistlichen, da niemand bereit war, auf einem so fernen Altar seine Laufbahn zu opfern. Der erste, der dorthin ging, war ein nicht ordinierter Missionar, Reverend Thomas Atkins, ein junger Mann von achtundzwanzig Jahren. Er stellte sich angesichts der von der Obrigkeit geübten Grausamkeit vom ersten Tag an auf die Seite der Gefangenen, stritt sich beständig und empört mit Major Anderson herum und bezichtete ihn des Sadismus und der Bereicherung. Gouverneur Bourke stempelte ihn als »äußerst unpassend« ab, doch der Sträfling Thomas Cook nannte ihn »den hellsten Stern, der je diese elende Insel beschienen hat«. Anderson blieb weniger als drei Monate.

Immer wieder gab es Fluchtversuche, doch keiner gelang. Einige Männer versuchten, Boote in ihre Gewalt zu bringen und über das Riff von Kingston die offene See zu erreichen, doch entweder versenkten Musketenschüsse ihre Boote, oder man jagte sie und fing sie ein. Andere versuchten insgeheim, nachts in verborgenen Höhlen auf der Insel Fluchtboote zu bauen, sie wurden stets von Denunzianten verraten.

Diese Form der Behandlung der Gefangenen dauerte auch unter Andersons Nachfolger, Major Bunbury vom 80. und Major Ryan vom 50. Regiment, im Prinzip fort. Sie erleichterten zwar das Los der Gefangenen ein wenig (beispielsweise ersetzte Bunbury die Hacke durch den Pflug, was die landwirtschaftliche Produktion im ersten Jahr nahezu verdoppelte, und sie verlangsamten das Bautempo), dennoch ging das System seinen Gang. Es war zu tief in der Vorstellung verankert, daß man die Sträflinge verwalten und bewachen mußte, Aufseher und Offiziere die Schlüsselfiguren waren, als daß einige Milderungen grundlegenden Wandel hätten schaffen können.

Außerdem mußte der Ruf der Norfolkinsel unbedingt erhalten bleiben. Dort befanden sich tausend Sträflinge – ihr wirklicher Daseinszweck aber war die Einschüchterung Zehntausender. Wenn die Insel nicht »dämonisch« war, wäre sie als Abschreckungsmittel ebenso nutzlos gewesen wie ein Galgen ohne Strick. Gnade auf dem Festland brauche den Hintergrund des Schreckens an anderer Stelle – so sah die offizielle Position aus. Sie wurde von denen, die eigentlich Gnade hätten predigen müssen, durchaus bestärkt. Der so freundliche und gesellige Reverend Sydney Smith vom *Edinburgh Review* hatte, zweifellos im Namen von Tausenden ähnlich Denkender, die Ansicht vertreten, ein Gefängnis müsse »ein Ort der Strafe sein, vor dem Menschen schreckenvoll zurückweichen – ein Ort wirklichen Leidens, das sich der Erinnerung qualvoll einprägt, das der Vorstellung grauenvoll erscheint, ein Ort des Jammerns und der Klage, den man nur mit Schrecken betritt«.

Doch in England änderte sich die öffentliche Meinung, vor allem bei den Whigs. Ab 1835 schlossen sich Stimmen wie die Ullathornes voll moralischer Empörung einem immer zahlreicher werdenden Chor liberalen Aufbegehrens gegen das System der Deportation an. Ein System, das eine Norfolkinsel hervorzubringen vermochte – ganz gleich, einen wie geringen Anteil der Sträflinge man vom Festland tatsächlich dorthin schickte –, erweckte den Eindruck der Ungerechtigkeit und verdiente, abgeschafft zu werden. Doch während die Reformer der Oberschicht ihren Glauben verkündeten, die Deportation müsse aufhören, neigte die Meinung der unteren Klassen mehr der Gegenrichtung zu. Die Annahme oder die Hoffnung, ein Sträfling könne in Australien ein Vermögen machen (oder zumindest seinen Unterhalt besser verdienen als in England), hatte sich in der Öffentlichkeit festgesetzt. Inzwischen gewannen die Reformer nach und nach an Boden.

Im Jahre 1840 endete die Deportation nach Neusüdwales, und im selben Jahr übernahm ein neuer Kommandant das Amt auf der Norfolkinsel, ein prophetischer Reformer, ein edler Sonderfall auf dem südlichen Schauplatz von Terror und Strafe: Alexander Maconochie.

Kapitel XIV

Der Weg zur Aufhebung

1

Der Mann, der Arthur auf Vandiemensland ersetzen sollte, war ein soeben aus Ultima Thules sturmdurchtosten Weiten zurückgekehrter Held der frühen Viktorianischen Epoche, Sir John Franklin (1786–1847). Als Junge war er 1801 mit einem Onkel, Matthew Flinders, auf der *Investigator* nach Australien gesegelt. Bei dieser dreijährigen Entdeckungsreise wurde die unbekannte Südküste von der Großen Australischen Bucht bis zur gegenwärtigen Grenze des Staates Victoria kartographisch aufgenommen. Auf jenen bis dahin unerforschten Wassern, wo die dicke rote Tafel der australischen Wüste schroff endet und im Süden nur noch die Antarktis liegt, entstand die Leidenschaft des jungen John Franklin für Geographie, Hydrographie und Forschungsreisen, die ihn bis zu seinem Tod verfolgen sollte.

Ende 1804 diente er der königlichen Marine unter Nelson bei Trafalgar. Nach dem Friedensschluß folgten Routineaufgaben, doch 1818 übernahm er das Kommando eines der Schiffe von Kapitän Buchans Nordpolexpedition auf der Suche nach der »Nordwestpassage« zwischen Nordatlantik und Nordpazifik. Sein vom Eis eingeschlossenes Schiff mußte umkehren, doch ließ ihn der Norden nicht mehr los. Später leitete Franklin zwei weitere Expeditionen in die Arktis – 1819 bis 1822 die Landexpedition von der Hudsonbai zum Nordpolarmeer, über 8000 Kilometer voll unvorstellbarer Entbehrungen, und von 1824 bis 1828 unternahm er eine neue Reise, um eine schiffbare Durchfahrt von der Mündung des Mackenzieflusses zur Beringstraße zu finden. Über beide Reisen berichtete er in Büchern, die das Publikum förmlich verschlang. Kaum älter als vierzig, wurde dieser tapfere englische Forscher zum Ritter geschlagen und zum Kommandanten eines Linienschiffes ernannt. Außerdem wurde er als gesellschaftliche Berühmtheit herumgereicht.

Inzwischen war er zum zweitenmal verheiratet, seine erste Gattin war gestorben, während er sich in der Arktis befand. Lady Franklin (1791–1875) war eine unruhige, unermüdliche, wißbegierige und äußerst kluge, Dame, Tochter eines Seidenwebers, die gern großen Projekten nachjagte – in erster Linie ging es ihr dabei um die Förderung des Rufes, den ihr Mann als Held genoß. Nach 1833 wurden keine Seekriege mehr für das Reich gefochten, doch Franklin brauchte einen Posten, der seinen Gaben entsprach. Lord Glenelg, Melbournes Kriegs-

und Kolonialminister, ließ sich davon überzeugen, daß niemand für die Verwaltung von Vandiemensland besser geeignet sei als Sir John Franklin, und so ging dieser im Februar 1837 in Hobart an Land, zusammen mit Lady Jane und seinem Privatsekretär Kapitän Alexander Maconochie.

Sein Ruhm war seinem Schiff *Fairlie* vorausgeeilt, und man begrüßte ihn mit Erleichterung und viel gutem Willen. Es gab zu seinen Ehren Bälle, Teegesellschaften und Lobreden, und als er am nördlichsten Punkt seiner ersten Inspektionsreise über die Insel den Ort Launceston erreichte, eilten ihm 300 Reiter und siebzig Kutschen entgegen, um ihm das Geleit zu geben. Nachdem er die von Alexander Maconochie für ihn geschriebenen Ansprachen abgespult und jedesmal dröhnenden Beifall eingeheimst hatte, fühlte er sich »vom Jubel des Volkes zugleich bedrückt und entzückt«.

Wohl war Franklin arglos und stellte (anfänglich) die Motive der Siedler, über die zu herrschen er geschickt worden war, nicht in Frage, doch er war nicht blind und begriff bald, daß hinter diesen Huldigungen der Mittelschicht von Vandiemensland etwas anderes stand. Viele freie Siedler hatten – lediglich von ihrem Wunschdenken dazu verleitet – angenommen, der »Polritter« sei gekommen, um ihnen die repräsentative Demokratie zu bringen. Arthurs und seiner willfährigen Diener waren sie überdrüssig, und sie erwarteten, Franklin werde die Grundsätze von Arthurs Herrschaft außer Kraft setzen und aus der Insel eine Demokratie machen – ohne zugleich die Vorzüge zu beseitigen, die ihnen die Dienstverpflichtung der Sträflinge bot. Dazu bestand kein Anlaß, und das sagte ihnen Franklin auch. Möglicherweise hätte er Vandiemensland gern eine eigene Regierung gegeben, aber die Krone hatte ihm keine Vollmachten erteilt, die Verfassung zu ändern.

Außerdem mußte er mit den von seinem Vorgänger übernommenen Beamten arbeiten. Auch wenn sie in der Bevölkerung ziemlich verhaßt waren, bildeten sie gewiß eine fähige Mannschaft von Verwaltungsfachleuten, die Vandiemensland weit besser kannten als er. Zu ihnen gehörten Matthew Forster, Arthurs oberster Polizeirichter, der für die Sträflinge zuständig war, ein brutaler Mann und listenreicher politischer Überlebenskünstler (Lady Franklin hörte ihn einmal sagen: »Wenn ich jemandem meine Harpune in den Leib stoße, ziehe ich sie nicht wieder heraus.«), der Kolonialsekretär John Montagu, der Finanzverwalter der Kolonie, John Gregory, sowie Sir John Pedder, der Oberrichter. Alle vier verdankten ihr Geld wie ihre Macht der Arbeit dienstverpflichteter Sträflinge und Arthurs Vetternwirtschaft: keiner von ihnen hatte etwas für den luftigen Liberalismus eines neuen Gouverneurs übrig, der, wie unerschrocken auch immer er in der Arktis gewesen sein mochte, bei den Antipoden nicht nur gegenüber den Sträflingen Samthandschuhe zu tragen, sondern auch unter dem Pantoffel der bei allem mitredenden Lady Franklin zu stehen schien. Während sich Arthurs Gattin mit keiner Silbe in die Angelegenheiten der Kolonie gemischt hatte, teilte Lady Franklin unaufhörlich den Gästen am Amtssitz des Gouverneurs ihre Ansichten mit und erfragte deren eigene. Sie zeigte ein unwillkommenes Interesse an den Erlebnissen und sogar am Wohlergehen der Sträflinge, korrespondierte ausführlich mit der als ›Engel der Gefängnisse‹ bekannt gewordenen bedeutenden englischen Sozialreformerin Elizabeth Fry und schickte ihr regelmäßig (keineswegs schmeichelhafte) Berichte über Vandiemensland. Besonders lagen Jane Franklin die weiblichen Sträflinge am Herzen, die man in der Fabrik von Hobart geradezu schändlich behandelte und die als Dienstverpflichtete oft nichts anderes waren als von der Regierung subventionierte Huren. Sie gründete 1841 eine ›Gesellschaft der Damen von Tasmanien zur Besserung weiblicher Gefangener‹, die von den Zeitungen Hobarts unbarmherzig lächerlich gemacht wurde, zwei Jahre lang einschlief und 1843 – allerdings ohne großen Erfolg – wiederbelebt wurde.

Lady Franklin stellte außerdem eine Vielzahl von Fragen (zu viele, fand man allgemein) über das System, und als sie im März 1837 ihren Gatten bei dessen erstem Besuch nach Port Arthur begleitete, verblüffte sie die Regierungsvertreter dort mit ihrer Bitte, probehalber die Eisen anlegen zu dürfen, wie Häftlinge sie trugen. Der Regierungskommissar Lemprière brachte diensteifrig ein paar leichte Handschellen herbei und umschloß ihre Handgelenke damit. Nachdem sie sie eine Weile getragen hatte, ließ sie sich von dieser Last erlösen.

Doch das war noch nicht alles. Sie kümmerte sich auch um die Bebauung und sogar die Ökologie von Vandiemensland. Als sie erfuhr, daß es auf der Insel von Schlangen wimmelte, bot sie Sträflingen einen Shilling für jeden Schlangenkopf, in der Hoffnung, auf diese Weise die Insel schlangenfrei zu bekommen. Es heißt, diese Aktion habe die Regierung sechshundert Pfund gekostet – und ihr große Popularität bei den Gefangenen eingetragen –, bis sie abgebrochen wurde, denn auf Vandiemensland gab es mehr Schlangen als Shillinge. Erfolgreicher waren ihre Bemühungen um das Geistesleben. Sie veranstaltete Lesungen und förderte die schönen Künste in Hobart (wenn auch der beste Maler des Landes, der unglückliche Sträfling Thomas Griffiths Wainewright, einst Aussteller an der Londoner Royal Academy, vom Amtssitz des Gouverneurs aus nicht unterstützt wurde). Sie gründete zu Ehren der Seeleute, von denen die Kolonie abhing, eine Regatta auf dem Derwent, die jährlich abgehalten wurde, und überredete ihren Mann, die Schirmherrschaft für eine gelehrte Gesellschaft zu übernehmen, die 1848 zur ersten königlichen Gesellschaft für wissenschaftliche Forschung in der Kolonie wurde. Da sie sich für Naturgeschichte interessierte, gründete sie außerhalb von Hobart einen botanischen Garten; er rühmte sich eines naturgeschichtlichen Museums in Form eines dorischen Tempels, den man nach der Rückkehr der Franklins ins Mutterland mangels Unterstützung »von oben« in ein Lagerhaus für Äpfel umwandelte. Als gute Bekannte des großen Dr. Arnold vom Eliteinternat Rugby kümmerte sie sich auch um die Förderung des Bildungswesens in der aufstrebenden Kolonie und gründete deren staatliches College (wenn auch dessen tatsächliche Eröffnung durch die erbitterten religiösen Fehden, die auf Vandiemensland tobten, um mehrere Jahre verzögert wurde). Als Reisende suchte sie ihresgleichen: nicht nur legte sie als erste Frau die Strecke von Melbourne nach Sydney zurück, sie war auch die erste, die den Mount Wellington bestieg und auf dem Landweg die überaus beschwerliche Reise von den besiedelten Gebieten nach Macquarie Harbour zurücklegte (allerdings trugen Sträflinge sie einen großen Teil des Wegs in einer Art Sänfte auf den Schultern). In ihren Briefen erweist sie sich als entschlossen, neugierig, idealistisch gesonnen und ihrem Gatten rückhaltlos treu ergeben – genau die richtige Löwin, die dieser, bisweilen naiv und in Verwaltungsdingen zu zurückhaltend, brauchte. Es war vorauszusehen, daß die konservativeren unter den Siedlern Jane Franklin als Blaustrumpf ablehnen und ihren Einfluß auf Sir John mißbilligen würden.

Statt also unter den Arthur-Getreuen eine Säuberung vorzunehmen, was ihm bei ihnen möglicherweise einen gewissen widerstrebenden Respekt verschafft hätte, befand er, ihm bleibe keine Wahl, als mit dem vorhandenen Beamtenapparat zu arbeiten. Die Fähigkeiten, die ihn am Nordpol so ausgezeichnet hatten, schienen ihn im Süden verlassen zu haben. So kam es, wie es kommen mußte: Die Arthur-Getreuen verachteten ihn als eitlen, gutmütigen Schwächling, während die Arthur-Gegner unter den Siedlern den Eindruck gewannen, man habe sie verraten und verkauft. Lady Franklin hatte recht, als sie in einem Brief an eine Bekannte schrieb, auf Vandiemensland müßten die Menschen »Herzen von Stein und Knochen von Stahl« haben.

Für Sir John Franklin, der als junger Seekadett nicht imstande gewesen war, einer Auspeitschung an Bord ohne Zittern zuzusehen, war diese Sträflingskolonie eine Herausforderung. Der englische Beamte George Boyes stellte nach dreißigjähriger Erfahrung fest, daß die Kolonisten

> »sehr den Amerikanern in ihrer Arroganz, Überheblichkeit und Einbildung ähneln. Sie halten sich für die Mächtigsten auf dem ganzen Globus und sind davon überzeugt, daß ihre kleine Insel ›die Krone der Schöpfung‹ darstellt. Sie sind Radikale der übelsten Sorte, und ihre Kinder werden mit der Anschauung aufgezogen, daß alle Regierungen schlecht sind – daß sie ihrer Rechte beraubt werden, daß sie vom Mutterland unterdrückt sind und daß die Beamten, die von England geschickt werden, um sie zu regieren, sich über sie lustig machen. Ihre Ansichten sind höchst beschränkt und selbstsüchtig. Sie sind zu großherzigen Gefühlen nicht fähig und immer bereit, den anderen Kolonisten die niedrigsten Motive zu unterstellen.«

Eine Lawine von Verwaltungsproblemen türmte sich vor der Regierung auf. Von bitterer Ironie ist es, daß sie ausgerechnet der Mann lostrat, den Franklin, von seiner Frau abgesehen, in der Kolonie als seinen besten Verbündeten hätte ansehen dürfen: sein Privatsekretär, der unbestechliche Kapitän Alexander Maconochie (1787–1860), der während der gesamten Geschichte der Deportation als einziger eine weitsichtige Strafvollzugsreform in Australien bewirkte.

2

Alexander Maconochie war in Edinburgh als Sohn eines Anwalts zur Welt gekommen. Als er neun Jahre alt war, starb sein Vater, und so zog ihn ein Verwandter auf, Allan Maconochie, später Lord Meadowbank. Das erwies sich als Glücksumstand, denn dieser ermöglichte ihm eine überdurchschnittliche Bildung und Erziehung. Der junge Maconochie sollte Anwalt werden, da er aber lieber zur See gehen wollte, diente er ab 1804 als Seekadett in der königlichen Marine mehrere Jahre unter Admiral Cochrane in der Karibik.

Als Leutnant auf der Brigg *Grasshopper* hatte er 1810 das möglicherweise entscheidende Erlebnis seiner Laufbahn. Das Schiff erlitt Heiligabend 1811 vor der holländischen Küste Schiffbruch, und Maconochie wurde mit allen anderen an Bord gefangengenommen und den Franzosen übergeben. Sie mußten in der bitteren Winterkälte von Holland nach Verdun marschieren, wo sie ein elendes Kriegsgefangenendasein von mehr als zwei Jahren erwartete. Das gab Maconochie einen Einblick in das Gefangenenleben, den er nie vergessen sollte. Im übrigen war er der einzige höhere Beamte des Deportationssystems, der auf eine solche Erfahrung zurückblicken konnte.

Nach Napoleons Abdankung 1814 entlassen, stieß Maconochie wieder zur englischen Marine und focht mit ihr als Kapitän des Kanonenbootes *Calliope* gegen Amerika. Unmittelbar vor dem Friedensschluß 1815 wurde er zum Korvettenkapitän befördert. Die nächsten dreizehn Jahre verbrachte er in Edinburgh, beschäftigte sich mit Geographie und Geopolitik und verfaßte lange Abhandlungen über die Kolonisierung im Pazifik und über die Dampfschiffahrt. (Zu jener Zeit war sein Interesse am Pazifik noch sehr theoretisch, da er nie dort gewesen war.) Er heiratete 1822, zog 1828 nach London und wurde 1830 der erste Geographieprofessor am University College London sowie der erste Sekretär der neugegründeten Königlichen Geographischen Gesellschaft.

Diesen Schreibtischarbeiten entriß ihn 1837 Sir John Franklin mit seinem Angebot, den Pazifik und Englands fernste Kolonie aus eigener Anschauung kennenzulernen. Maconochies Bekannte in der »Gesellschaft zur Verbesserung der Zucht in den Gefängnissen« baten ihn – da es vor Ort kaum Beobachter gab, die nicht selbst handfeste Interessen im System verfolgten –, für sie einen 67

Punkte umfassenden Fragebogen über die Behandlung von Gefangenen auf Vandiemensland auszufüllen. Da Maconochie keine fertigen Theorien über das System hatte, durfte man annehmen, daß er unvoreingenommen war. Er versprach, den Bericht abzufassen, wogegen weder Franklin noch Sir Henry George Grey, Staatssekretär für die Kolonien, etwas einzuwenden hatten, solange er ihn durch Franklin an Grey und nicht unmittelbar an seine Auftraggeber weiterleitete.

Maconochies Schwierigkeiten begannen fast schon mit seiner Ankunft in Hobart. Er sah, daß die gerissenen Siedler »Franklin im ersten Augenblick durchschaut hatten«, während dieser ihrer Schmeichelei gegenüber viel zu verwundbar war.

Da die Arthur-Getreuen rasch erfaßten, daß Maconochie ein möglicher Gegner war, dessen Einfluß auf den neuen Gouverneur tunlichst ausgeschaltet werden mußte, versuchten sie, ihn bei Franklin anzuschwärzen. Sie stellten ihn als »Radikalen« hin – würde er sonst einen Bericht für eine englische Reformgesellschaft abfassen? –, und schon bald entfremdeten sich Franklin und sein Privatsekretär voneinander. Das lag zum Teil daran, daß Franklin die Arthur-Getreuen auf seiner Seite zu haben wünschte, zum Teil an Maconochies schottischer Unverblümtheit, vor allem aber daran, daß Franklin durch seinen Amtseid gezwungen war, einem System vorzustehen, das Maconochie entsetzte. »Dies System«, erklärte er offen in dem Bericht, den Franklin im Oktober 1837 an das Kolonialamt weiterleitete,

> »ist grausam, unergiebig und verschwenderisch. Es vermag Menschen weder zu bessern noch ihnen ein gutes Beispiel zu geben, und es läßt sich nur durch äußerste Strenge aufrechterhalten. Da einige seiner wichtigsten gesetzlichen Vorschriften systematisch von der Regierung selbst gebrochen werden, mißachtet sie selbstverständlich auch die Gemeinschaft.«

In Maconochies Augen erniedrigte das System Freie wie Unfreie, und wenn sein Bericht auch weithin soziale Eindrücke und moralische Erwägungen verarbeitete, so enthielt er doch einen harten Kern von Tatsachen. Bei deren Beschaffung waren ihm verschiedene Menschen behilflich gewesen. So hatten ihm die Quäkermissionare James Backhouse und George Washington Walker, die von 1832 bis 1834 Vandiemensland bereist und für Arthur über die Kettenkolonnen berichtet hatten, ihre Unterlagen geöffnet, außerdem hatte ihn der schottische Landvermesser Alexander Cheyne (1785–1858) beraten, der unter Arthur seit 1835 Leiter des Straßen- und Brückenbaus war und von Franklin 1838 mit der Leitung des neugebildeten Amtes für öffentliche Arbeiten betraut worden war. Man erkennt Cheynes Hand an Maconochies Kritik der Sträflingsarbeit bei Regierungsprojekten, bei denen durch Verschwendung wie durch Abzweigen von Beträgen in private Taschen mehr als die Hälfte des Geldes in falsche Kanäle gelangte. An Arthurs abgestuftem Zuweisungssystem fand Maconochie nur wenig Empfehlenswertes, denn es besserte Sträflinge nicht, führte zu gesellschaftlichen Unzuträglichkeiten und stumpfte die moralischen Empfindungen ab. »Es zerstört Leib und Seele, Herrn und Knecht, den Charakter der Kolonie und, könnte ich sagen, unseren Ruf als Nation.« Die Sträflinge, führte er in bewegenden Worten aus, hätten Ansprüche an die Gesellschaft,

> »die um so heiliger sind, als diese Menschen hilflos in unsere Hände gegeben sind. Wir verurteilen sie zu unserem eigenen Vorteil. Wir haben kein Recht, sie von uns zu werfen. Selbst ihr körperliches Leiden muß in Grenzen gehalten werden, und die moralische Qual, die wir ihnen damit zufügen müssen, ist so zu dosieren, daß man sie möglichst bessert und nicht verdirbt.«

Seinen Bericht übergab Maconochie Franklin, der ihn nach der Lektüre bat, die in scharfer Form vorgetragene Kritik etwas abzumildern, was Maconochie auch tat. Die so bearbeitete Fassung schickte Franklin dann an die wichtigsten Beamten der Kolonie. Cheyne unterstützte den Bericht, die anderen sprachen sich heftig dagegen aus. Franklin schickte deren Kommentare zusammen mit seinen eigenen mit dem Bericht an Lord Glenelg. Aus der Besorgnis heraus, der Papierberg, der inzwischen mehrere hundert Seiten umfaßte, könne im Kolonialamt verlorengehen, schrieb Maconochie eine getrennte Zusammenfassung seiner Stellungnahme und schickte sie an Lord Grey, wie er es ihm versprochen hatte, zusammen mit einem Begleitschreiben, in dem er ihn bat, den Bericht Lord John Russell zu zeigen, dem für den Strafvollzug in Großbritannien zuständigen Innenminister. Franklin las diese Zusammenfassung Maconochies nicht, nahm aber an, er wisse, was darin stand. Nach anfänglichem Zögern gab er Maconochies Bitten nach und leitete sie weiter. In einem Begleitbrief an Grey bat er ihn dringlich, nichts von dem Material an die »Gesellschaft zur Besserung der Zucht in den Gefängnissen« zu schicken, bevor das Kolonialamt die Sache gründlich überprüft habe, weil sonst »zahlreichen Bürgern hier Unzuträglichkeiten entstehen« könnten.

So kam es, daß im Februar 1838 gleich zwei Berichte aus Vandiemensland mit demselben Schiff in London eintrafen: der von Maconochie bearbeitete ausführliche, den Franklin gelesen hatte, und die schärfer formulierte Zusammenfassung, die er nicht kannte. Grey las diese und gab sie am 5. März 1838 an Lord Russell weiter. Wenn man von irgendeinem Augenblick sagen kann, er kennzeichne Höhepunkt und bevorstehenden Niedergang der Deportation nach Australien, dann hat ihn diese unscheinbare Tat gekennzeichnet.

Maconochie konnte wegen der langen Verzögerungen bei der Weiterleitung amtlicher Mitteilungen zwischen England und Australien unmöglich wissen, daß Russell, ein glühender Kritiker der Deportation, inzwischen zum Mitglied des unter Vorsitz des noch dogmatischeren Gegners der Deportation, Sir William Molesworth, stehenden Untersuchungsausschusses ernannt worden war. Dieser Molesworth-Ausschuß war im April 1837 zusammengetreten, und seine Mitglieder wußten zu jener Zeit über Maconochies auf dem Weg nach England befindliche Kritik am System ebensowenig wie dieser über den Ausschuß.

Da Russell Munition brauchte, ließ er Maconochies Zusammenfassung sofort von der Regierungsdruckerei veröffentlichen. Auf diese Weise gelangte eine private Denkschrift in die amtlichen Unterlagen. Zur Unterstützung der in ihr vorgetragenen Argumente ließ Russell einen Monat später außerdem den vollständigen Bericht mit den Kommentaren dazu veröffentlichen.

Beide Dokumente riefen in der englischen Presse eine Sensation hervor. Das aber war nichts, verglichen mit dem Echo, das die Zeitungen sechs Monate später auf Vandiemensland auslösten, als sie im September 1838 Hobart erreichten.

Mit einemmal fanden sich die braven Bürger der Insel in einer Parlamentsdrucksache als tückische Sklavenhalter verunglimpft, als Herrscher eines auf den ausgebeuteten Leibern von Sträflingen errichteten Kleinkönigtums. Das genügte, um – jedenfalls für eine Weile – das Kriegsbeil zwischen Arthur-Getreuen und Arthur-Gegnern zu begraben. Jeder, für den jemals ein Sträfling gearbeitet hatte, hatte jetzt einen Anlaß, Maconochie zu hassen, der diese »Verleumdungen« (so berichtete man es sich in Hobart) hinter Franklins Rücken unter dem Deckmantel amtlicher Korrespondenz aus dem Lande geschmuggelt und damit Franklin hintergangen habe.

Dessen war sich Franklin nicht sicher. Die im Bericht vertretenen Ansichten waren Maconochies eigene und nicht als amtliche Darstellung vorgetragen worden. Schließlich aber sah Franklin keine Wahl, als Maconochie zu entlassen, ließ ihm jedoch mitsamt seiner Frau und seinen sechs Kindern das Wohnrecht im Amtssitz des Gouverneurs, bis sie eine andere Unterkunft gefunden hatten. Lady Franklin bedauerte diese Entfremdung, denn nicht nur war ihr Maconochie, wie sie ihrer Schwester schrieb, als jemand erschienen, der nicht nur frei von allen in der Kolonie üblichen negativen Merkmalen wie Mißtrauen, Engstirnigkeit, persönliche Rachsucht und Feindseligkeit war, sondern dem es auch weniger um seine eigenen Interessen als um die Sache zu gehen schien.

Die Ächtung, die Maconochie von seiten der Siedler entgegenschlug, verhärtete seinen Widerstand nur. Endlich hatte er seinen Lebenszweck gefunden, und er schrieb nach London:

»Diesen Weg gehe ich zu Ende, und ich werde keinesfalls stillschweigend zusehen, wie man so viele meiner Mitmenschen moralisch zugrunde richtet;

hingegen werde ich *alles* tun, was möglich oder nötig ist, dabei Abhilfe zu schaffen.«

Er bekam Rückendeckung. Der Molesworth-Ausschuß hatte das Deportationssystem verurteilt, die öffentliche Meinung in England schlug um. Trotz seiner Isolierung in Hobart hatte Maconochie, mehr als 20000 Kilometer entfernt, die Verbündeten gefunden, die er brauchte.

3

Zusammengetreten war der Molesworth-Ausschuß, um »das System der Deportation, seine Wirksamkeit als Strafe, seinen Einfluß auf den moralischen Zustand der Gesellschaft in den Strafkolonien zu untersuchen sowie festzustellen, inwieweit es sich verbessern läßt«. Er begann 1837 mit seinen Anhörungen und legte im August 1838 dem Unterhaus seinen Abschlußbericht vor.

So objektiv sich der Ausschuß gab, in Wirklichkeit fand ein Schauprozeß mit voraussagbarem Ausgang statt. Ihn führten die Whigs gegen ein System, dessen Untergang beschlossene Sache war. Die eigentlichen Drahtzieher waren der Innenminister Lord John Russell und der Staatssekretär für die Kolonien Lord Grey in Abstimmung mit dem Kolonialamt. Der damals dreiundsechzigjährige Grey sollte unter Lord Russell Leiter des Kolonialamtes werden und machte zu keinem Zeitpunkt ein Geheimnis aus seinem Abscheu vor dem Zuweisungssystem.

Für diese Männer wie auch für die britische Regierung waren die Angelegenheiten Australiens im Grunde nicht von großer Bedeutung; sie rangierten weit hinter denen Kanadas, Maltas, Gibraltars und der Kapkolonie. Doch hatte Russell bereits 1836 seine Absicht verkündet, das Strafrecht zu liberalisieren, die Zahl der mit der Todesstrafe bedrohten Verbrechen zu vermindern und die Deportation als Bestrafung einfachen Diebstahls abzuschaffen – allein damit wäre die Zahl der Deportierten schon auf die Hälfte gesunken. Ihm erschien die Deportation als archaische Maßnahme, und er bevorzugte wie andere »fortschrittliche« Parlamentarier (zumindest für gängige Straftaten) einen Strafvollzug in Modellgefängnissen auf englischem Boden. Lord Russell und Lord Glenelg hatten bereits gemeinsam beschlossen, die Zuweisung abzuschaffen und die freie Auswanderung nach Australien zu fördern, bevor der Molesworth-Ausschuß auch nur einen einzigen Zeugen angehört hatte.

Mithin war dieser Ausschuß gebildet worden, um die Notwendigkeit einer bereits getroffenen Entscheidung nachträglich zu bestätigen. Russell wählte für ihn einen Vorsitzenden von flammendem Idealismus aus, einen jungen Mann, der darauf brannte, sich die Sporen zu verdienen: den sechsundzwanzigjährigen Sir William Molesworth, Unterhausabgeordneter für Cornwall. Er war ein

»philosophischer Radikaler«, Anhänger Benthams und Hobbes' (dessen *Gesammelte Werke* er 1839 herausgab) und überdies eingefleischter Gegner der Deportation.

Der Ausschuß lud zwei Dutzend Zeugen vor, von denen die meisten, wie der schottische Geistliche und Politiker John Dunmore Lang, ein unermüdlicher Förderer der freien Auswanderung von Protestanten nach Australien, bereits wohlbekannte Feinde der Deportation waren. Andere, wie James Mudie, vertraten den Sträflingen gegenüber eine so bigotte Haltung, daß ihre Ansichten von vornherein als unzuverlässig erschienen. Selbst Bischof Ullathorne verfolgte seine eigenen Ziele, wenn er gegen die Schrecken des Atheismus und der »Sodomie« bei den Antipoden wetterte, denn ihm lag daran, der katholischen Mission in Australien mehr Einfluß zu verschaffen. James Macarthur, der vierte Sohn des schlimmen alten John, der vor dem Ausschuß ausführlich aussagte, vertrat die Meinung, man könne ohne weiteres auf die Sträflingsarbeit verzichten (die seiner Familie in Camden unermeßlichen Reichtum verschafft hatte), sofern die Krone der Kolonie gestatte, Kulis aus Asien ins Land zu holen, und die Einwanderung freier Siedler aus Großbritannien subventioniere.

Wenn auch ein Teil der Aussagen für den Historiker heute noch aufschlußreich ist – denn die Mehrzahl der Zeugen sagte im Rahmen ihrer Kenntnisse die Wahrheit –, waren sie tendenziös, denn sie spiegelten nicht die ganze Wahrheit. Der Ausschuß war darauf bedacht, Australien als von einer ansteigenden Verbrechenswelle bedrängte und durch ihre Abhängigkeit von der Sklaverei der Verbrecher gelähmte Kolonie hinzustellen. Er wollte die Vorbedingungen für eine von Molesworth' geistigem Ziehvater, Edward Gibbon Wakefield, erdachte und von der Regierung gesteuerte Auswanderung schaffen, bei der das Kronland in Australien an wohlhabende junge Auswanderer zu »hinreichenden« oder hohen Preisen verkauft würde, damit keinesfalls einstige Sträflinge ohne weiteres imstande waren, Grund und Boden zu erwerben. Molesworth malte die Schrecken des Lebens in einer Kolonie in grellen Farben aus, in der harmlose Auswanderer mit Frau und Kindern täglich Zeugen der Abscheulichkeiten des Systems würden:

> »In Sydney zu wohnen wäre dann nicht besser als in den elendesten Vierteln von London, wo Trunksucht und schamloses Laster daheim sind. Alle feineren Empfindungen des Menschen werden ständig durch den fortwährenden Anblick der Strafe und des Elends beleidigt – durch die häufige Anwendung der Peitsche, durch die Kolonnen von Sklaven in Eisen, durch die entsetzlichen Vorfälle in Strafsiedlungen. Das geht so lange, bis das Herz des Einwanderers allmählich den Leiden seiner Mitmenschen gegenüber abstumpft und er endlich ebenso grausam wird die anderen Wärter dieser gewaltigen Gefängnisse. Das ganze System der Deportation verletzt die

Empfindungen des Erwachsenen, verdirbt die Gewohnheiten und Grundsätze der nachwachsenden Generation, und das Ergebnis ist, mit den Worten einer Zeitung, *Sodom und Gomorrha.*«

Aufrüttelnde Worte, und genau diese Wirkung war auch beabsichtigt. Nur ließ man dabei außer acht, daß Zigtausende freigelassener Sträflinge für sich und ihre Kinder in Australien eine Existenz geschaffen hatten, glücklich waren und die Gesetze achteten, übersah geflissentlich, daß längst nicht jeder »achtbare Bürger« ein opportunistischer Sklaventreiber und das Land keineswegs ein Sammelbecken des Atheismus und ererbter krimineller Neigungen war.

Der Hauptvorwurf des Ausschusses gegen das Zuweisungssystem war dessen Willkürlichkeit als »merkwürdige Lotterie«, die zwischen den »Extremen des Wohlergehens und Elends« pendelte und bei der, wie Gouverneur Bourke sagte, eine Vielzahl von Varianten – Wesensmerkmale des Dienstherrn, Art und Ort der Arbeit – »Auswirkungen auf den körperlichen und geistigen Zustand des Sträflings haben, die keinerlei Vorschriften voraussehen können«. Die abschreckende Wirkung, erklärte der Ausschuß, gehe nicht vom Schicksal des Sträflings in Australien aus, sondern von der Art und Weise, wie es Verbrecher in England *wahrnähmen:*

»Die Mehrzahl der Menschen hier kennt das wirkliche Ausmaß des Leidens nicht, dem Deportierte ausgesetzt sind, und unterschätzt daher dessen Schwere. Jene entdeckten bei ihrer Ankunft in der Kolonie, daß die ihnen übermittelten Berichte sie in tragischer Weise getäuscht haben und ihre Lage weit entsetzlicher ist, als sie erwarteten. Gewöhnlich schreiben solche Sträflinge an ihre Bekannten, die in der Lotterie der Bestrafung das große Los gezogen haben, und sie malen alles in den buntesten Farben aus; wer wirklich die Schrecken der Deportation erlebt und wen das beständige Gefühl der Erniedrigung heimsucht, neigt selten dazu, seine Leiden weiterzuberichten, es sei denn, er habe mächtige Freunde, von denen der Hilfe erwarten kann.«

Die Hauptmerkmale der Deportation, faßte der Ausschuß bitter zusammen, seien »die Unwirksamkeit der Abschreckung vor dem Verbrechen und eine bemerkenswerte Fähigkeit, diejenigen weiter zu verderben, die der Strafe unterzogen werden«, das aber lasse sich unter keinen Umständen bessern.

Doch was war mit den wirtschaftlichen Ergebnissen in der Kolonie? Auch sie stellten sich dem Ausschuß in düsterem Licht dar. Bedingt durch die Arbeit freigelassener Sträflinge, hieß es da, »wurde in kürzerer Zeit größerer Reichtum angesammelt als möglicherweise in irgendeiner anderen Gemeinschaft derselben Größe auf der Welt«. Doch handele es sich dabei um eine künstliche Wirtschaftsblüte, die kaum andauern werde. »Neusüdwales leidet ausnehmend unter einem Arbeitskräftemangel. Die Schafherden sind doppelt so groß, wie sie sein sollten; viele der Tiere gehen mangels Pflege ein; die Klagen der Siedler über diesen Gegenstand sind laut und allenthalben vernehmbar.« Neusüdwales benötige, hieß es, 10 000 Landarbeiter, doch nur 3000 Sträflinge würden 1838 dort eintreffen, kaum genug, um die durch Tod, Krankheit oder Ausstellung von Freibriefen aus ihren Reihen Abgegangenen zu ersetzen. Mithin mußte es eine andere Quelle für Arbeitskräfte geben. Macarthurs Vorschlag, Kulis aus Asien einzuführen, wies der Ausschuß zurück; das schmeckte ihm zu sehr nach Sklaverei nordamerikanischer Prägung.

Blieb als einziger Ausweg, wie von Wakefield vorgeschlagen, die freie Auswanderung zusammen mit dem Verkauf von Kronland in Australien. Auch dafür war das Ende des Systems erforderlich, denn »die Deportation neigt ihrem Wesen nach dazu, den moralischen Vorzügen der Auswanderung entgegenzuwirken, während die Auswanderung dazu neigt, der Deportation ihren Schrekken zu nehmen«. Angesichts knapper Arbeitskräfte, billigen Ackerlandes und hoher Löhne in Neusüdwales war es für freie Landarbeiter nur allzu leicht, unabhängige Kleinbauern zu werden – was sie aus mehr als den üblichen Gründen anstrebten, denn »die Beschäftigung von Sträflingen als Sklaven bringt die Arbeit in Mißkredit«. Man würde also mit der Einstellung der Deportation den Preis des Kronlandes, der bei lediglich fünf Shilling pro Acre lag, um mindestens das Dreifache auf ein Pfund anheben müssen, damit die Landarbeiter die Hände nicht in den Schoß legten.

Was die Siedler erboste, waren weniger diese Erwägungen als die Äußerungen des Berichts zu ihrer Moral. Noch bevor der vollständige Text in Australien eintraf, war durchgesickert, was einige der Zeugen, insbesondere Bischof Ullathorne, gesagt hatten; das rief großen Unwillen hervor, und im Mai 1838 baten mehr als 500 achtbare Bürger den gesetzgebenden Rat von Neusüdwales, etwas gegen das Gerede von Sodom, Gomorrha und die zunehmende Kriminalität zu unternehmen. Im Juli gab der Rat eine lange Entschließung heraus und erklärte, die falschen Darstellungen Molesworth', Russells und ihrer Kollegen im Parlament hätten »dem Ansehen dieser Kolonie grundlos geschadet«, freie Auswanderer und die heranwachsende Generation der im Lande geborenen Australier bildeten eine Gruppe von Menschen, die »der Kolonie insgesamt durch die Art, wie sie ihr Leben führen, den Stempel der Achtbarkeit aufdrücken«; viele Sträflinge habe das Zuweisungssystem inmitten der »Einsamkeit und Entbehrungen« des Outback gebessert, und die Zuweisung erzeuge den Reichtum, der es Siedlern erst gestatte, Kronland zu kaufen und damit der Regierung ein Einkommen zu verschaffen, mit der diese die Einwanderung fördern konnte, so daß »deren Fortdauer notwendig auf der Fortdauer der Zuweisung von Sträflingen beruht«.

Zu Recht befürchteten die Siedler, niemand werde mehr nach Australien kommen wollen, wenn es den Whigs gelingen sollte, ihre Moral als unzureichend hinzustellen, dann aber würde es in der Kolonie weder Sträflinge noch freie Arbeitskräfte geben. Sie fühlten sich vom Mutterland grundlos zurückgewiesen. Hatten sie nicht ihre gesellschaftliche Selbstachtung auf eine strenge Abgrenzung zwischen sich selbst und den Sträflingen gegründet, hatte nicht sogar die Currency binnen einer oder zwei Generationen ihre Herkunft aus den Kreisen der Sträflinge verdrängt? Und auf einmal hieß es, das Verbrechen nehme rascher zu als die Bevölkerung, es sei »eine fortschreitende Demoralisierung der unfreien wie der freien Bewohner« zu beobachten, was ja wohl bedeutete, daß man in England zwischen beiden keinen großen Unterschied machte. Kein Wunder, daß die Exklusiven – die stets betont hatten, den Nachkommen von Sträflingen hafte im Gegensatz zu ihnen ein erblicher Makel an – Mutter England wilde Vorwürfe machten und beschlossen, die Klassenschranke zwischen Sträflingen und »Achtbaren« in Neusüdwales noch schärfer zu ziehen. Von einem Tag auf den anderen schlug die Presse in Sydney, die bis 1838 geradezu ein Trommelfeuer von Schauergeschichten über die Zunahme der Kriminalität in Neusüdwales abgefeuert hatte, eine neue Linie ein; den bloßen Gedanken an eine Verbrechenswelle verketzerten die im Lande ansässigen Torys als von englischen Whigs erfundenes »monströses Zerrbild«.

Der Bericht trieb die Siedler förmlich dazu, eine Kolonialmentalität zu entwickeln. Viele von ihnen, die englischer sein wollten als die Engländer und sich die Billigung ihres Tuns durch das unversöhnliche Mutterland erhofft hatten, erbitterte es, daß ihnen Molesworth ihren unauslöschlichen Makel nicht nur vorhielt, sondern geradezu um die Ohren schlug.

Nachdem sich jedoch die Aufregung um den Molesworth-Bericht gelegt hatte, kam das Ende der Deportation und des Zuweisungssystems in Neusüdwales ganz unspektakulär und ohne große politische oder wirtschaftliche Belastung. Noch bevor der Bericht in der Kolonie eintraf, gab der Premierminister Anweisung, das Zuweisungssystem einzustellen und statt dessen Sträflinge in für die Regierung tätigen Kolonien Zwangsarbeit leisten zu lassen. Im Oktober 1838 ächtete Bourkes Nachfolger, Gouverneur Sir George Gipps, der einige Monate zuvor sein Amt übernommen hatte, die Zuweisung von Sträflingen »für die Arbeit im Hause oder aus Gründen des Luxus und in Städten«, wohl aber waren sie noch wichtig als Arbeitskräfte auf den außenliegenden Stationen von Viehhaltern.

Gipps, ein tapferer Veteran des Krieges gegen Napoleon und ein erstaunlich umsichtiger und humaner Gouverneur, tat alles, was in seiner Macht stand, um den Einschnitt zu erleichtern, den die Abschaffung der Sträflingsarbeit für freie Siedler bedeutete. Dazu trug das vom Kolonialamt 1837 gebilligte Prämiensystem beträchtlich bei: Jedes arbeitsfähige Auswanderer-Ehepaar unter dreißig

Jahren bekam dreißig und jedes seiner Kinder fünf Pfund; unverheiratete Männer, die von Siedlern angefordert wurden, bekamen je zehn Pfund, und »achtbare« unverheiratete Frauen zwischen fünfzehn und dreißig Jahren (sofern sie in Begleitung eines Ehepaars waren) fünfzehn Pfund. Schon bald waren unter diesem System 18 000 freie Einwanderer in Neusüdwales eingetroffen sowie mehr als 40 000 auf eigene Faust – mehr als genug, um den Mangel an Arbeitskräften zu beheben. Die *Eden I*, das letzte Sträflingstransportschiff, das unter dem alten System nach Neusüdwales kam, setzte am 18. November 1840 in der Sydney Cove seine 269 männlichen Passagiere an Land.

Doch wohin jetzt mit Englands Kriminellen? Zwar waren Molesworth und Russell von den amerikanischen Gefängnissen beeindruckt, nur hatte England 1838 keine. Also mußten welche gebaut werden – und das kostete Millionen. Dennoch würde das, über die Jahre verteilt, wahrscheinlich billiger sein als die Deportation, die die Krone pro Jahr zwischen 400 000 und 500 000 Pfund kostete. Der Ausschuß drängte die Regierung, sich von den Kosten nicht abschrecken zu lassen. Kurze Strafen konnten in Gefängnissen in England verbüßt werden, längere in eigens dafür auf geeigneten Inseln zu errichtenden – in diesem Zusammenhang wurden Malta, Korfu und die Falklandinseln erwähnt –, doch keinesfalls fern bei den Antipoden.

Bis es soweit war, mußten die Sträflinge nach wie vor ins Ausland gebracht werden. Da man sie nach der unverzüglichen Abschaffung des Zuweisungssystems weder nach Neusüdwales noch in die besiedelten Teile von Vandiemensland bringen durfte, schlug der Ausschuß vor, zu kurzen Strafen Verurteilte einstweilen auf die Bermudas zu bringen. Als einziger Aufnahmeort für zu langen Strafen Verurteilte blieben, bis die Gefängnisse gebaut waren, jene übel beleumdeten Stätten an den äußeren Rändern Australiens – die Norfolkinsel und die Tasmanische Halbinsel, beide von freien Siedlungen getrennte, »natürliche« Gefängnisse.

Und dort, beharrte der Ausschuß, könnten Alexander Maconochies Anregungen für eine neue Gefängnisdisziplin, die auf Ansporn und klaren Zielen für die Zukunft gründeten, »zumindest teilweise mit Nutzen erprobt werden«. Maconochie hatte, während er in Australien eine neue Anstellung suchte, von Hobart aus Russell unermüdlich mit Denkschriften bombardiert, die seine ausführlich formulierten Theorien zur Besserung der Strafgefangenen enthielten. Der Ausschuß zeigte sich davon beeindruckt, und im Bericht hieß es:

> »Es wäre ratsam, durch einen Versuch festzustellen, wie sich ein System von Belohnung und Strafe auswirkt, das nicht auf die Aussicht sofortiger Qual und sofortiger Belohnung gegründet ist, sondern auf die Hoffnung, *in der Zukunft liegende Vorteile* zu gewinnen oder einzubüßen. Das große Ziel eines guten Systems für die Verwaltung der Sträflinge müßte es sein, daß man sie

lehrt, den Blick auf die Zukunft zu richten, und ihnen zeigt, welch weitreichende Auswirkungen ihr eigenes Verhalten haben kann. Auf diese Weise leitet ihre Vernunft sie in ihrem Tun und nicht einfach ihre animalischen Instinkte und Wünsche.«

Damit betete der Ausschuß lediglich Maconochies Worte nach, dessen Gedanken – die bei ihrer Erprobung auf der Norfolkinsel zwischen 1840 und 1844 ihrer Zeit so weit voraus waren und so manchen Grundsatz des modernen Strafvollzugs enthielten – wir jetzt näher in Augenschein nehmen wollen.

4

Alexander Maconochie wollte im Strafvollzug das Schwergewicht von der Strafe hin zur Besserung verlagern. Selbstverständlich stimmte auch er der Ansicht zu, daß der Staat strafen konnte und mußte, aber die Strafe als solche, erklärte er, sei gesellschaftlich bedeutungslos, wenn nicht zusätzlich etwas unternommen werde: »Wir strafen ohne genaue Vorgabe, wägen lediglich zwischen einander widerstrebenden Impulsen ab. Auf der einen Seite steht Strenge zum angeblichen Nutzen der Gesellschaft und auf der anderen Milde zum vorgeblichen Nutzen des Straftäters; und in beiden Fällen irren wir häufig.« Er sah keinen Sinn darin, einen Rechtsbrecher wegen seiner Vergangenheit zu bestrafen, wenn man ihm nicht zugleich Anreize und Ausblicke für die Zukunft bot.

Ausschließlich auf Strafe ausgerichtet, hatte das bisherige System die von ihm betroffenen Menschen vorwiegend zerstört, verbittert und mit Haß auf die Gesellschaft erfüllt; der Funke des Lebens und der Hoffnung war in ihnen erloschen. So jedenfalls stellte sich Maconochie die Lage dar. Eine exemplarische Bestrafung galt ihm als ausschließlich von der Rache diktiert; sie erniedrigte seiner Ansicht nach sowohl den Sträfling wie auch dessen Wärter. Begriffe wie »Gnade« und »Straferlaß« seien aufzugeben. »Wir wollen unseren Gefangenen nicht Vergünstigungen bieten, sondern *Rechte* nach festgelegten und unveränderlichen Bedingungen.«

Wie aber sollte das geschehen? Maconochie behauptete zu keinem Zeitpunkt, besonders originelle Theorien zum Strafvollzug zu haben, aber er besaß etwas, das »Originellere« wie Jeremy Bentham nicht hatten – eine Erfahrung mit dem Gefängnisdasein aus erster Hand und ein menschliches Verständnis für die Insassen von Gefängnissen. Den Grundgedanken seines Systems hatte erstmals der in Cambridge lehrende Theologe William Paley in seinem Werk *Moral and Political Philosophy* (1785) angesprochen. Dieser frühe Vertreter des Utilitarismus regte an, die Strafe für Rechtsbrecher solle nicht nach dem Ablauf der Zeit gemessen werden, sondern an der geleisteten Arbeit, »um den Häftling zur Arbeit williger zu machen«.

Binnen weniger Jahre fand dieser Gedanke in Amerika weite Verbreitung und wurde auch von Richard Whately vertreten, der bald zum Erzbischof von Dublin ernannt wurde. Er drängte 1829 in der *London Review* darauf, Sträflinge sollten dem Staat eine meßbare Arbeitsleistung zur Tilgung ihrer Schuld zur Verfügung stellen, damit sie um so rascher freikämen, je schneller und besser sie arbeiteten. »Mit jedem zusätzlichen Schritt in der Tretmühle taten sie einen Schritt aus dem Gefängnis – durch jeden weiteren Spatenstich bereiteten sie sich den Weg für eine Rückkehr in die Gesellschaft.«

Solche Vorstellungen fanden ihren Weg zu den Quäkermissionaren James Backhouse und George Walker und über sie zu Maconochie. Auch sie vertraten den Gedanken einer Bestrafung über eine festgesetzte Arbeit statt über die verbrachte Zeit und verwiesen darauf, daß ein Strafrechtsreformer, da die meisten Sträflinge »moralisch gesehen Kinder seien«, Anregungen aus »aufgeklärten« Schulen gewinnen könne, die lieber gutes Verhalten belohnten, statt schlechtes zu bestrafen. Bei jedem monatlichen Appell würde der fleißige Sträfling einen Gutschein bekommen und der faule einen oder mehrere einbüßen. Wer drei Gutscheine besaß, konnte seine Strafe um einen Monat verkürzen.

Aus diesam Grundsatz, statt der Peitsche das Zuckerbrot zu verwenden, entstand Maconochies »Gutschriftensystem«. Er erklärte, Strafen dürften nicht zeitlich festgelegt werden – statt sieben, zehn, vierzehn Jahre oder »lebenslänglich« zu verbüßen, mußten die Sträflinge eine bestimmte Anzahl von »Gutpunkten« für gutes Verhalten und schwere Arbeit erwerben, um entlassen zu werden. 6000 dieser Punkte sollten einer Siebenjahresstrafe entsprechen. 7000 einer solchen von zehn Jahren, 10 000 lebenslänglich. Mit diesen Gutpunkten konnten sich die Sträflinge den Weg aus dem Gefängnis freikaufen – und wer kaufen wollte, mußte sparen.

So hing die Dauer der Strafe – in gewissen Grenzen – vom Sträfling selbst ab. Gutpunkte waren gegen Waren oder gegen Zeit eintauschbar. Der Gefangene konnte mit seinen Gutpunkten von der Gefängnisverwaltung »Luxusgüter« erwerben – zusätzliche Lebensmittel, Tabak, Kleidung und dergleichen. Das hatte den Rang von »gerechten Gehältern, die gleichermaßen zur Sorgfalt, Anstrengung, Sparsamkeit und Treue anhalten werden«. Maconochie hoffte, die vorgegebenen festen Rationen abzuschaffen, »deren moralische Auswirkung stets ungünstig ist, weil man damit die Sorge für den Unterhalt eines Mannes aus seinen Händen nimmt«. Im Idealfall würde der Sträfling für alles, was über die bloße Überlebensration aus Wasser und Brot hinausging, mit den von ihm verdienten Punkten bezahlen.

Maconochie betrachtete sein System als objektiv. Wie die Dinge standen, waren die Gefangenen ihren Aufsehern im bezug auf »Vergünstigungen« auf Gedeih und Verderb ausgeliefert. Die Möglichkeit der Behörden, Strafen zu erlassen, verleitete die Sträflinge zu Lüge und Katzbuckelei, macht sie servil, schwer festzulegen oder beides zugleich. Nur mit meßbaren Handlungsweisen war eine meßbare Besserung zu erzielen:

> »Der Begriff ›Straferlaß‹ muß fallen. Es darf auch derlei nicht geben, denn wenn die Strafdauer durch die Art der Führung und nicht durch den Ablauf der Zeit meßbar geworden ist, braucht es die Willkür nicht, einen Teil davon zu erlassen; auf der anderen Seite darf es keine verminderte Gewißheit des Ergebnisses von guter Führung geben. *Das Geschick eines jeden Mannes soll vorbehaltlos in seinen eigenen Händen ruhen. Gunsterweise soll es unter keinen Umständen geben.*«

Beim Eintritt in dies System würde es eine kurze, strenge Zeit der Gefangenschaft mit Zwangsarbeit und religiöser Unterweisung geben. Das diente als Strafe für die Vergangenheit und als moralische Vorbereitung auf die Aussöhnung mit der Gesellschaft.

Die nächste Phase, ein Weg in die Zukunft, würde mit dem durch die verschiedenen Stadien des Gutschriftsystems beginnen, wobei ein Sträfling alles mit seiner Arbeit und seinem Gehorsam erkaufen mußte, die in Punkte umgerechnet und in die unbestechlichen Bücher des Lagerkommandanten eingetragen wurden. Je mehr sich sein Verhalten besserte und die moralische Lektion des Gutschriftsystems – von nichts kommt nichts – sich dem Sträfling einprägte, um so mehr änderte sich schrittweise seine Umgebung: Zuerst gab es Einzelhaft, später »gemeinschaftliche Arbeit« am Tage und getrennt Haft in der Nacht, daraufhin »gemeinschaftliche Behandlung tags wie nachts« und so weiter. Der Sträfling stieg automatisch von einer Stufe zur nächsten auf, ohne daß Kommandant oder Richter eingriffen. Alles hing ausschließlich vom jeweiligen Punktekonto ab. Natürlich würden einige zurückgleiten, Punkte verlieren oder vergeuden, darin aber spiegelte sich lediglich das wirkliche Leben. Doch ebenso, wie es in Maconochies System keine Begünstigung gab, war der Verlust von Punkten auch die einzige Strafe – die milde, unausweichliche Buchhaltung, die alles sah und ihre aufmerksamen Parallelen zwischen Zeit und Geld zog, Einheiten, deren man sich durch seine Arbeit oder die Art seines Verhaltens würdig erwiesen hatte.

Sobald der Gefangene gelernt hatte, die Beziehung zwischen Moral und Eigeninteresse zu erkennen, war er für die dritte Stufe des Gutschriftsystems bereit: die Gruppentherapie. Maconochie wollte, daß »entwickelte« Gefangene in Sechsergruppen lebten, gemeinsam arbeiteten und aßen. Jedes Mitglied der Gruppe war für die Gutpunkte der anderen ebenso verantwortlich wie für seine eigenen. Fiel einer zurück und büßte dadurch Punkte ein, galt das für alle anderen mit. Auf diese Weise sollten die Gefangenen begreifen, daß sie voneinander abhängig und vor der Gesellschaft verantwortlich waren.

Weder in England noch in Amerika waren solche Verhaltensweisen je an Sträflingen erprobt worden – und schon gar nicht in der Strafkolonie Australien. Derartige Vorstellungen des Gefängnisses als einer moralischen Heilanstalt fanden erst in unserem Jahrhundert weithin Anerkennung. Einzelheiten von Maconochies System – beispielsweise, daß Gefangene über einen Ombudsman unmittelbaren Zutritt zum Kommandanten erlangen konnten oder Beamte sich persönlich um einzelne Sträflinge zu kümmern hatten – waren ihrer Zeit um ein volles Jahrhundert voraus.

Ohne den Molesworth-Ausschuß, der Maconochies Plan mit Ausnahme der Gruppentherapie unterstützte, wäre das Gutschriftsystem graue Theorie geblieben. Empfehlungen wurden ausgesprochen, die Dinge kamen in Fluß – langsam, aber es bewegte sich etwas. Im Mai 1840 regte das Kolonialamt an, man möge Maconochie auf die Norfolkinsel schicken. Gipps leitete den Vorschlag an Franklin auf Vandiemensland weiter.

Diese Lösung erschien dem Gouverneur als zweifach nützlich. Zum einen war auf diese Weise Vandiemensland seinen schwierigen und idealistischen Eiferer los, und Franklin konnte die Arthur-Getreuen beschwichtigen, auf die er sich mangels eigener Initiative immer mehr stützte. Zum anderen bekam Maconochie damit eine Gelegenheit, sein visionäres Strafvollzugssystem unter realistischen Bedingungen zu erproben. Schlug der Versuch fehl, würde Maconochie untergehen, doch auch im Erfolgsfall würde sich auf Vandiemensland kaum etwas ändern – jedenfalls nicht während Franklins Amtszeit. Also bot er Maconochie das Amt an.

Diesem schien die Insel für sein Experiment keineswegs ideal geeignet, und das teilte er Gouverneur Gipps auch ausführlich mit. Er wies darauf hin, daß es dort bereits 1200 erneut bestrafte Rückfalltäter gab, hartgesottene Burschen, die sich wütend gegen ein zweites und milderes System für Neuverurteilte wenden würden. Die praktischen Schwierigkeiten, in so großer Nähe voneinander an zwei verschiedenen Gruppen von Gefangenen zwei verschiedene Systeme zu praktizieren, würden sich als unlösbar erweisen, und es sei äußerst grausam, Neuankömmlinge mit den alten Bewohnern der Norfolkinsel zu vermengen, da diese die neuen »durch Ansteckung« verderben würden. Außerdem liege die Norfolkinsel für seine Zwecke zu weit ab, und ihr Boden war (ein sehr puritanischer Gedanke) so fruchtbar, daß sich »Belohnungen ohne Anstrengung« einstellen konnten. So bat Maconochie Gipps, eine neue Versuchtsstation auf der Tasmanischen Halbinsel, der Mariainsel oder notfalls sogar auf der Kinginsel in der Bass-Straße errichten zu dürfen statt auf der Norfolkinsel. Aber davon wollte Gipps nichts hören.

Doch stand er weder Maconochie noch dessen Plan feindselig gegenüber. Ihm waren die Mängel des alten Systems durchaus bekannt, und dessen Schrecken bereiteten ihm große Pein. Er war kein Zyniker, aber er mußte realistisch sein, und es gab nun einmal keinen Ort für die 1200 zweimal Verurteilten von der Norfolkinsel. Nach Neusüdwales konnten sie nicht zurück, weil die Deportation dorthin aufhörte. Brächte er eine so große Zahl von Angehörigen des zweifach verdammten Abschaums des Systems auf das Festland zurück, würde die Öffentlichkeit darin einen Akt der Mißachtung gegenüber den Bemühungen der freien Bürger sehen und mit einem empörten Aufschrei antworten. Andererseits konnten die Altgedienten auch nicht nach Vandiemensland, da Franklin nicht bereit war, sie aufzunehmen, und zwingen konnte ihn Gipps dazu nicht.

Also bekam Maconochie den ganz und gar unrealistischen Auftrag, die Alteingesessenen und die für seinen Versuch auf die Insel gebrachten »Neuen«, so gut es ging, voneinander getrennt zu halten. Als er sich mit seiner Familie und 300 neuen Sträflingen (die alle frisch aus England gekommen und nicht einmal in Sydney ausgeladen worden waren) auf den Weg zur Norfolkinsel machte, war er so voller Begeisterung, daß alle Schwierigkeiten wie Wachs vor ihm dahinzuschmelzen schienen. Er war seines Erfolgs so sicher, daß er es nicht abwarten konnte, mit seinem Versuch zu beginnen.

Einige Tage nach seiner Landung ließ er die »alten« Sträflinge auf dem Hof des Gefängnisses von Kingston Aufstellung nehmen und trat vor die 1300 Männer hin, die für ihn namenlos waren, bloße Masken des Verbrechens und der Flucht, von der Sonne gebräunt und vom Elend gezeichnet, zweimal verurteilt und zweifach verdammt. Er schrieb später: »Eine dämonischer dreinblickende Versammlung ließe sich nicht vorstellen, und nahezu der eindrucksvollste Anblick, den ich je gesehen habe, war das Meer von Gesichtern, das sich mir entgegenreckte.« Sie sahen ihren neuen Kommandanten mit äußerster Skepsis an, als er, von dem Gedanken beflügelt, damit tiefe Wunden zu heilen, das Ende des alten Systems verkündete und sein System der Gutpunkte beschrieb. Einer der Sträflinge hat später berichtet, er habe gesagt, er sei nicht gekommen, um sie zu quälen, habe aber auch keine Vollmacht, das System der Gutpunkte auf sie, die alten Bewohner der Insel, anzuwenden. Das dürfe er nur bei den neuen tun. Dennoch

> »zögerte er nicht, zu sagen, er werde wohl unschwer diese Erlaubnis bekommen und wolle uns daher zusammen mit den aus England gekommenen Gefangenen in dies System einbeziehen. Der Jubel der Männer war betäubend. Vom selben Augenblick an hörte jede verbrecherische Tat auf. Von Stund an waren die Altgedienten wie umgewandelt. Ihre irrige Vorstellung, das Ergebnis einer harten und grausamen Behandlung, unter der sie viele Jahre lang gestöhnt hatten, war nahezu vollständig ausgelöscht, als sie sich wie ›Menschen‹ behandelt fühlten.«

Auf einmal regten sich wieder alte, längst verschüttete patriotische Gefühle in den Sträflingen:

> »Kaum hatten sie den Sinn seiner Botschaft von Ihrer Majestät der Königin richtig begriffen – dieser Herrscherin, die sie vergessen hatten, weil sie das Land ihrer Gefangenschaft regierte, das Land, in dem so viel Blut vergossen worden war –, da wurde sie wieder zur Königin ihrer Herzen.«

Maconochie war ein fanatischer Eiferer. Er erkannte, daß an diesem schrecklichen Ort das Gefühl einer Bindung an England und den Monarchen verschwunden war. Die Männer hatten alle Hoffnung aufgegeben, weil sie sich von ihrem Heimatland verlassen glaubten. Außerhalb des Gefängnisses gab es für sie niemanden, an den sie sich wenden konnten. Indem er ihnen die Königin wieder als verehrungswürdige Herrscherin vorstellte, mit allen Attributen ihrer Jugend, ihrer Weiblichkeit und ihrer mütterlichen Gefühle, zeigte er, daß er die Probleme der Sträflinge verstand.

Maconochies erstes Zusammentreffen mit den Altgedienten schien seine letzten Zweifel zerstreut zu haben. Ab sofort konnte ihnen nichts helfen als die rascheste und grundlegendste Therapie. Pflichtschuldig verfaßte er einen Bericht an Gipps, in dem er ankündigte, er werde nicht, wie ihm befohlen, die alten und neuen Gefangenen nach unterschiedlichen Systemen behandeln. Das erweckte in Gipps die schlimmsten Befürchtungen. Hatte er mit diesem Visionär jemanden ernannt, der das alte System zugrunde richten würde, ohne etwas Brauchbares an seine Stelle zu setzen? Er erteilte Maconochie einen strengen Verweis.

Dieser Verweis traf am 24. Mai 1840 auf der Insel ein, fünf Tage vor dem Geburtstag der jungen Königin Victoria. Da der neue Kommandant an der Reaktion der Gefangenen, die augenscheinlich in der Monarchin ein längst vergessenes Bindeglied zwischen Heimat und Kolonie wiederentdeckt hatten, Reste vaterländischer Gesinnung zu erkennen glaubte, hatte er den Montag, den 25. Mai, zum Feiertag für jedermann erklärt, ob frei oder gefangen. Beim ersten Morgenstrahl stieg zusammen mit dem Union Jack eine Vielzahl von Signalwimpeln am Flaggenmast empor, während vom Hügel hinter den Offiziersquartieren her ein einundzwanzigschüssiger Salut über Kingston hallte. Beim Aufstehen sahen Altgediente wie Neuankömmlinge in Longridge höchst erstaunt, daß die großen Tore der von Mauern umgebenen Gefängnisse weit offenstanden. Sie konnten nach Herzenslust über die Insel wandern, im Meer schwimmen, sich in den Sand legen und muntere Spiele treiben – vorausgesetzt, wie Maconochies Ansprache ihnen klarmachte, sie bewiesen »durch Rückkehr in ihre Unterkünfte beim Klang der Signalhörner, daß man ihnen trauen dürfe«. So heißt es in Cooks Erinnerungen: »Diese Männer, die seit Jahren unter der eisernen Fuchtel gelebt und Hunderte von Peitschenhieben bekommen hatten, wenn sie sich nur wenige Schritte von ihrer Unterkunft entfernten, durften bei dieser Gelegenheit die Siedlung verlassen, ohne im geringsten befürchten zu müssen, damit etwas Strafwürdiges zu tun.«

Es gab besonderes Essen, unter anderem eine großzügige Ration frisches Schweinefleisch, das sie an offenen Feuern selbst brieten. Den ganzen Vormittag hindurch wanderte Maconochie unter den Männern umher und unterhielt sich freundlich mit ihnen. Als sie sich zum Mittagessen niederließen – an Tischen draußen im Freien, wie Menschen, nicht wie Schweine vor einem Trog –, stellten sie verblüfft fest, daß sie Rum mit Zitronensaft bekamen, damit sie auf ihre junge Königin anstoßen konnten. Maconochie hatte ihn aus eigener Tasche bezahlt. Nach »drei mal drei« Hurrarufen stießen sie noch lauter auf die Gesundheit ihres Kommandanten an.

Nach dem Essen fand eine Aufführung statt, deren handgeschriebenes Programm noch existiert. James Lawrence (1795–?), ein gebildeter Sträfling und Sohn eines Londoner Diamantenhändlers, der 1836 wegen Unterschlagung auf die Norfolkinsel transportiert worden war, spielte die Hauptrolle des Don Caesar in der »vielbewunderten Komischen Oper ›Die Burg in Andalusien‹«. Zehn weitere Schauspieler wurden mit Namen genannt, außerdem spielte die übliche Menge von »Banditen« in Nebenrollen. Lawrence hatte offenbar besondere Freude an Amateuraufführungen. In der Vergangenheit hatte Major Anderson ihn einmal zu 50 Peitschenhieben verurteilt, als er in den Sträflingsquartieren ein Lied angestimmt hatte, denn der Major »war ein sehr strenger Mann und hatte keinen Sinn für das Theater«. Doch an diesem Tag konnte Lawrence sein ganzes Talent ausspielen, unter dem Begeisterungsgebrüll der Sträflinge. Nach der Oper wurde ein musikalisches Potpourri vorgeführt, unter anderem trug James Lawrence die Ballade »The Old Commander« vor – vielleicht als verschleierte Referenz an den verhaßten Anderson. Ein anderer Sträfling, James Porter (1807–?), der zu den Gefangenen aus Macquarie Harbour gehört hatte, die die Brigg *Frederick* gekapert und über den Pazifik nach Chile gesegelt hatten, bis sie gefaßt wurden, sang das Lied »The Light Irishman«. Michael Burns, dessen Rücken etwa 2000 Narben von Peitschenhieben aufwies, tanzte zum Dudelsack, und ein anderer Sträfling rezitierte aus »Richard III«. Den ganzen Nachmittag hindurch vergnügten sich die Häftlinge, allerdings streng getrennt, die neuen in Longridge und die alten in Kingston. Bei Einbruch der Dunkelheit gab es ein Feuerwerk – wie der Rum von Maconochie bezahlt –, und als nach dem Blitzen und Krachen der letzte Funke in der Dunkelheit verglüht war, notierte Maconochie befriedigt, es sei zu »keiner einzigen Unregelmäßigkeit oder auch etwas auch nur annähernd Ähnlichem gekommen. Jedermann kehrte still in seine Unterkunft zurück; einige sogar früher, als nötig gewesen wäre.«

Als die guten Siedler in Sydney von diesem ungewöhnlichen Tag erfuhren, der so gänzlich anders verlaufen war als jeder bisherige in den vergangenen fünfzig Jahren der Kolonialgeschichte, brach über Maconochie eine Welle der Verwünschungen herein. Da ließ der Kommandant doch tatsächlich den Abschaum des Systems frei auf der Insel der Verdammten herummarschieren, singen und tanzen und spendierte ihnen obendrein noch Rum und Feuerwerk. Welche Ungeheuerlichkeit war als nächstes zu erwarten? Was würden die Sträflinge auf dem Festland tun, wenn sie von diesem »Halunkenpicknick« erfuhren? Wann würde man diesen schottischen Liberalen mit dem weichen Herzen zurückpfeifen?

Nicht so bald, wurden sie beschieden. Zwar war es Gipps in keiner Weise recht, daß sich Maconochie über seine Anweisungen hinwegsetzte, aber er war ein Mann von Grundsätzen, und er hatte dem Reformer sein Wort gegeben. »Mein Wunsch, Capt. Maconochies System auf ordentliche und gerechte Weise erprobt zu sehen, hat sich nicht gewandelt«, schrieb er im Juni 1840 an Lord Russell und fügte Abschriften der »ziemlich unfänglichen« Berichte seines Schützlings bei, ohne aus seiner Überraschung ein Hehl zu machen, daß jener

> »binnen einer Woche nach seiner Ankunft auf der Norfolkinsel bereits alle Unterscheidungen zwischen den beiden Klassen aufgehoben und gleichermaßen für alle ein System äußerster Zuvorkommenheit eingeführt und nahezu ohne Unterschied den Männern Hoffnungen gemacht hat, sie würden bald ihre Freiheit erlangen. Obwohl Capt. Maconochie meine Mißbilligung seines Verhaltens am 20. Mai empfangen hat, habe ich bisher daraufhin von ihm keinerlei Mitteilung bekommen. Hingegen hat er wenige Tage nach Eingang meiner Mißbilligung alle Sträflinge der Insel mit Punsch traktiert und sie mit der Aufführung eines Theaterstücks unterhalten.«

Unterdessen hatte Russell umgekehrt an Gipps geschrieben, weil er sich die Sache mit Maconochie anders überlegt hatte. Er gab dem Gouverneur die Vollmacht, den Reformer abzuberufen, sofern er das für richtig hielt:

> Trotz meiner Einwände Captain Maconochies Theorie gegenüber, daß Besserung das einzige Ziel des Sträflingssystems sei, möchte ich immer noch, daß der Versuch unter seiner Aufsicht erfolgt, doch mögen Sie ihn immerhin jederzeit abziehen, wenn Sie den Eindruck haben, daß aus seiner Amtsführung Schaden erwächst.«

Auf Gipps' Bericht von der Geburtstagsfeier der Königin auf der Norfolkinsel hin ließ Russell in seinem nächsten Brief mehr Besorgtheit erkennen:

»Ich sehe keine andere Möglichkeit, als Sie anzuweisen, Maconochie keine Aufsicht über Gefangene zu geben, die mehr als drei Jahre zu verbüßen haben, bis sie ihren Freibrief bekommen. Die übrigen Sträflinge auf der Norfolkinsel sollten Schritt für Schritt seiner Zuständigkeit entzogen werden. Ergreifen Sie die nötigen Maßnahmen, um gemeinsam mit Sir John Franklin diese Sträflinge auf der Tasmanischen Halbinsel aufzunehmen.
Ich habe Sie bereits ermächtigt, Kapitän Maconochie von der Norfolkinsel abzuberufen. Ich bin überzeugt, daß es notwendig ist, die Entscheidung über diesen Offizier ausschließlich in Ihren Händen zu lassen.«

Unbekümmert um alle Vorurteile der Siedler setzte Maconochie seine Pläne für eine Besserung der ihm anvertrauten Männer ins Werk – auf kultureller wie auf moralischer Ebene. Als Beispiel mag eine von ihm an Gipps geschickte Anforderungsliste dienen, die nach den seinerzeit geltenden Maßstäben des Strafvollzugs einfach überzogen war. Beispielsweise wollte er Bücher – eine Enzyklopädie, Fachzeitschriften zu Gebieten der Technik, des Handwerks und des Ackerbaus, für Brauerei und Bäckerei. Mit ihrer Hilfe wollte er den Männern handwerkliche Fertigkeiten beibringen, die sie entweder nie besessen oder vergessen hatten. Er verlangte außerdem ein Exemplar von *Robinson Crusoe*, um ihnen »Tatkraft, Hoffnung in schwierigen Lagen sowie Sorge um und Zuneigung für unsere Brüder in der Wildnis et cetera« zu vermitteln. Er wollte, daß die Sträflinge Reise- und Forschungsberichte lasen. Den Anfang machte er mit Cooks Reisen, da »die gesamte weiße Bevölkerung auf dieser Halbkugel ihre Haltung gegenüber den Ureinwohnern sittigen muß«. In der Hoffnung, »dem ganzen Land und den einzelnen Haushalten wertvolle und anregende Vorbilder liefern zu können, die unseren unteren Klassen und unseren Kriminellen für ihre individuelle Entwicklung sehr fehlen«, ließ er Bücher über englische Geschichte und Gedichtbände kommen – Robert Burns, Georg Crabbe, die gefühlvollen Schilderungen des englischen Landlebens von Mary Mitford sowie Walter Scotts »Waverley Novels«, um auch den schottischen Sträflingen Nationalstolz zu vermitteln. Für die Iren wurde aus demselben Grund die Satire »Castle Rackrent« (1800) bestellt. Weiterhin stattete er die Sträflingsbibliothek mit zahlreichen Büchern über Religion und Moral aus, einige sogar, wie er selbst sagte, »zweifelhaften Gehaltes«, denn er wollte, daß die Sträflinge dadurch zum Denken und Diskutieren angeregt wurden, statt in ihren Zellen zu verrotten:

»Polemische Diskussionen können zwar manchmal störend sein, aber ich scheue sie nicht, denn sie haben fast immer, meiner Meinung nach, einen positiven Lerneffekt. Wo man Geschmack an solchen Diskussionen hat, zum Beispiel in Schottland, der Schweiz etc., gibt es auch viele andere positive Erscheinungen, wo man sie dagegen nicht schätzt, wie zum Beispiel in Frankreich, oder wo man sie sogar unterdrückt, wie in Spanien, scheint der Charakter des ganzen Volkes zu leiden . . . Ich habe keine Angst vor kontroversen Diskussionen, nicht einmal in einem Gefängnis.«

Dabei vergaß er auch die Werke Shakespeares nicht, auch wenn er Zweifel an der Besserungskraft des Theaters hatte, »das englische Drama ist oft sehr freizügig, aber im wesentlichen hat es moralische Ziele«, und er war der Ansicht, eine schauspielerische Betätigung könnte den Sträflingen helfen, ihre Leidenschaften im Zaum zu halten. Aus diesem Grund auch hatte er gestattet, daß einige Sträflinge zum Geburtstag der Königin ein Stück aufführten.

Die wichtigste Therapieaufgabe fiel der Musik zu; gewißlich würde Orpheus' Leier, wurde sie erst einmal auf der Norfolkinsel vernommen, die wilden Bestien des alten Systems verzaubern und besänftigen. Musik galt Maconochie als »herausragende gesellschaftliche Beschäftigung«. Sie lehrte die Notwendigkeit des Zusammenwirkens und zuchtvollen Gehorsam, da sie auf strenger Ordnung und Unterordnung beruhte, außerdem impfte sie den Hörern, sofern sie »national gesinnt und schwermütig« war, patriotische Gefühle ein. »Bisweilen heißt es, sie verführe zum Trinken«, schrieb dieser ernste Schotte, der Einwände von höherer Stelle voraussah, »doch das gilt, wenn überhaupt, für *gewöhnliche*, nicht aber für verfeinerte Musik. Die musikalischsten Völker wie beispielsweise die Italiener oder Deutschen sind daher eher nüchtern als betrunken.« (Maconochie hatte keines der beiden Länder je besucht.) Er verlangte eine Trompete, Pfeifen, Hörner, Trommeln, Zischbecken und zwei Seraphinen (ein in den dreißiger Jahren erfundener Vorläufer des Harmoniums, der in kleinen Kirchengemeinden, die sich keine Orgel leisten konnten, äußerst beliebt war). Er gab 46 Pfund Regierungsgeld für einen großen Vorrat an Notenpapier aus: Alte, schwächliche und verkrüppelte Gefangene sollten die Noten und Partituren kopieren.

Gipps befürchtete, nur wenig dagegen tun zu können, daß Maconochie auf der Insel nach Belieben schaltete und waltete – es sei denn, daß er ihn abrief. Zu weit lag die Insel vom Festland entfernt. So diktierte er seinem Kolonialsekretär E. Deas Thomson einen scharfen Verweis:

»Ihre Irrtümer scheinen die Folge *Ihres eigenen zu sanguinischen Temperaments* gewesen zu sein. Es will seiner Exzellenz scheinen, daß Sie, tief beeindruckt von der Wahrheit Ihrer eigenen Grundsätze und, wie man nicht ohne Grund annehmen darf, beschwingt von der Aufmerksamkeit, die man Ihren Schriften in England entgegengebracht hat, mit dem Gedanken zu Werke gegangen sind, es werde sich Ihnen alles fügen.«

Er berichtete auch eine Woche später an Russell, obwohl er es noch nicht für gerechtfertigt halte, Maconochies System als gescheitert anzusehen, so zweifle er doch, daß es ihm gelingen werde, es durchzusetzen,

»da die Nichterfüllung der Erwartungen, die er bei den Häftlingen geweckt hat, unbedingt seinen Einfluß auf sie vermindern muß«.

Geradezu provozierend leichthin erwiderte Maconochie, er habe seine Befehle mißachtet, um alle neuen Sträflinge einer als Strafe zu betrachtenden Arbeit zu unterziehen, bevor er sie in das Gutschriftsystem einbeziehe, denn »man kann kaum daran zweifeln, daß diese Vorschrift aufgehoben wird. Ich hatte diese Anweisungen nie als verbindlich angesehen, sondern stets als tote Buchstaben.«

Die ihm durch Thomson erteilte Anwort Gipps' faßte die Situation eindeutig zusammen. Es ging nicht darum, wie gut Maconochies Maßnahmen auf der Norfolkinsel funktionierten, sondern um ihre Auswirkungen auf dem Festland:

»Die Frage heißt nicht, ob das alte System gut oder schlecht war; es hat dafür gesorgt, daß die Deportation nach jener Ansiedlung die Sträflingsbevölkerung von Neusüdwales in tiefem und heilsamem Schrecken hielt. Wollte man diesen zerstören, bevor ein Ersatz für die Deportation auf die Norfolkinsel gefunden ist, würde man damit diese Kolonie Gefahren aussetzen, für die der Gouverneur die Verantwortung nicht übernehmen kann. Ich habe daher den Auftrag, Ihnen mitzuteilen, daß Ihre Anweisungen hiermit wiederholt werden.«

Gipps saß in der Zwickmühle zwischen seiner Hoffnung, Maconochies System werde Erfolg haben, und seiner Angst vor der Mehrheit der einflußreichen Siedler – bigotte, jähzornige Männer, die in der Furcht vor einem »Sklavenaufstand« lebten und überzeugt waren, Sträflinge seien mit eiserner Faust zu regieren und man dürfe ihnen nicht einmal den kleinen Finger reichen. Unter dem Druck, eine öffentliche Erklärung abzugeben, kritisierte der Gouverneur in einer Rede vor dem gesetzgebenden Rat von Neusüdwales zögernd Maconochie. Das stachelte die Kritik der konservativen Presse am Kommandanten der Norfolkinsel zu einem wahren Wortgewitter auf. Schon bald war, wie Gipps selbst berichtet,

»jeder gegen ihn, alle Welt verspottete sein System. Das Gefühl, das sich gegen ihn richtete, war, wenn auch nicht so stark und wohl eher gerechtfertigt, ähnlich dem, das sich vor einem Dutzend Jahren auf den Westindischen Inseln gegen jeden Versuch erhob, dort den Zustand der Sklaverei zu bessern.«

Doch tausend Seemeilen entfernt fuhr Maconochie unbeirrt mit seinen Bemühungen fort. Er setzte sich mit heftigen Worten gegen den ihm durch Gipps weitergeleiteten Wunsch Russells zur Wehr, »meine Männer«, die sich ihren Freibrief verdient hatten, zur vollständigen Verbüßung ihrer Strafe nach Vandiemensland zu schicken.

> »Nichts schiene mir ihnen gegenüber ungerechter und würde mit größerer Sicherheit zu einer erneuten Straffälligkeit führen. Käme es dahin, kann ich mir ihr weiteres Geschick nur mit größter Betrübnis ausmalen.«

Maconochie bestürmte Gipps weiterhin um Geld und um die Vollmacht, sein Gutschriftsystem weiter auszubauen. Angesichts seiner langatmigen und mit theoretischen Erwägungen gespickten Briefe erreichte Gipps' Geduld ihr Ende, und im Juli 1842 hieß es in einem Schreiben Thomsons:

> »Seine Exzellenz kann nicht zulassen, daß Sie sich einfach aus öffentlichen Mitteln bedienen. Er kann Sie nicht zu dem machen, worum Sie in einem Ihrer Briefe gebeten haben – einem Diktator. Nach einem Briefwechsel von mehr als zwei Jahren hält sich Seine Exzellenz für hinreichend vertraut mit Ihrem System, um jegliche Diskussion über dessen Grundsätze überflüssig zu machen, und er kann nicht umhin, anzumerken, wenn auch äußerst ungern, daß die häufige Darstellung theoretischer Gründe in Ihren Mitteilungen die öffentliche Korrespondenz ermüdend und unbefriedigend wirken läßt.«

Offenkundig war Maconochie in Schwierigkeiten. Er konnte den Sträflingen im Rahmen seines Systems nicht die Freiheit versprechen, weil er nicht sicher sein durfte, daß die Regierung sein Wort einlösen würde. Seine Vollmachten waren keineswegs klar umrissen, es fehlte an Geld, und beide Gruppen von Gefangenen auf einer kleinen Insel in getrennten Systemen zu halten erforderte einen ungeheuren Verwaltungsaufwand. Doch Maconochie ließ nicht locker und beschrieb sein allgemeines Verhältnis zu den Gefangenen in optimistischen Worten: »Ich kann wohl den Anspruch erheben, nahezu vollständigen Erfolg zu haben«, jubelte er in einem langen Brief vom Juni 1842 an Gipps. »Ich habe fast aus Schwarz Weiß gemacht.« Über seinen täglichen Umgang mit den Sträflingen äußerte er sich so:

> »Ich habe in allem stets das größte Vertrauen gezeigt; bin unter ihnen gewandelt, habe ohne Bedeckung meine Frau und Kinder an jede Stelle der Insel mitgenommen und die Gitter vor den Fenstern meines Hauses entfernen lassen.

Ich habe sie aufgefordert, sich wie Männer zu erheben, ganz gleich, mit wem sie sprechen. Früher wurde ein Gefangener, der einem gegen ihn aussagenden freien Zeugen widersprach, wegen Aufsässigkeit bestraft.
Ich habe sogar häufig öffentlich im Gefängnishof Verhandlungen gegen Straftäter geführt und dabei Gefangene als Geschworene, Ankläger und dergleichen verwendet. Das hat sogleich zu dem unschätzbaren Vorteil geführt, daß keine falschen Aussagen mehr gemacht werden und die Männer sich für das Rechtssystem interessieren. Früher kannten sie kein anderes Ziel, als es zu hintergehen, jetzt aber haben sie angefangen, sich auf dessen Seite zu stellen. Wiederholt habe ich ihnen gesagt, daß ich an ihnen keine Wunder wirken könne, ich nicht als ihr Wärter gekommen sei, sondern, wenn möglich, als ihr Besserer und auf diesem Wege viel vermöchte, sofern sie mir dabei helfen, doch ohne ihre Unterstützung nichts. Ich habe mithin nichts von dem unterlassen, womit ich ihre Herzen und Empfindungen anrühren zu können glaubte, und sie damit auf den Pfad zu Höherem gelenkt.«

Maconochie ließ den Galgen abreißen, der als beständiges Mahnmal des Schreckens vor dem Tor der Gefangenenunterkunft gestanden hatte. Er warf die von den Auspeitschern verwendeten, besonders angefertigten, schweren neunschwänzigen Katzen mit doppelten Knoten weg. Zuvor hatte die Insel keine Kirche besessen, doch jetzt ließ Maconochie zwei errichten: eine für die Katholiken und eine für die Protestanten; in jeder fanden 450 Männer Platz. Dem runden Dutzend jüdischer Bewohner der Strafsiedlung, die ebenso unter dem Antisemitismus der anderen Sträflinge litten wie darunter, daß sie keine Möglichkeit hatten, ihren eigenen Gottesdienst zu halten, wies er einen Raum in der Unterkunft als Behelfssynagoge an. Jeder Mann bekam eine Parzelle des fruchtbaren Bodens, wurde von ihm in Gemüse- und Obstanbau unterwiesen und ermuntert, Überschüsse an die Offiziere zu verkaufen. »Auf diese Weise wollte ich unter ihnen einen gewissen Besitz verteilen, woraus sie einen Sinn und einen Wert für die damit einhergehenden Rechte gewinnen konnten.« Die Zahl der Kleindiebstähle ging dadurch stark zurück. Er gestattete es den Männern, ihren eigenen Tabak anzubauen und zu rauchen, »um eine Gewohnheit zu legalisieren, die sich unmöglich verhindern ließ und der außer durch ein Verbot keinerlei moralischer Makel anhaftete«.

Sogar mit Bezug auf Tod und Gedenken führte er Neuerungen ein. Bisher hatten nur wenige Sträflinge Grabsteine bekommen – gewöhnlich Aufrührer, wie beispielsweise die nach dem Aufstand von 1834 Hingerichteten; als nachdrückliche Mahnung an die Folgen des Ungehorsams für andere. Die Inschriften einiger dieser Grabsteine kann man heute noch auf dem Friedhof der Norfolkinsel lesen. Doch war es auch für gewöhnliche Menschen von großer Bedeutung, daß man ihrer nach dem Tode gedachte, und so gestattete Maconochie das Aufstellen von Grabsteinen oder, besser gesagt, bemalten Planken auf den Sträflingsgräbern,

> »ein Privileg, über das früher nur die Freien verfügten. Unser Friedhof war ein recht romantischer Platz . . . in der Nähe des Meeres, und es wurde immer seltener, daß man nicht einen oder zwei Besucher antraf, die die Inschriften lasen und über ihre strengen und anrührenden Worte nachdachten.«

Wohl sind diese hölzernen Gedenktafeln verschwunden, doch legen einige Grabsteine aus Maconochies Amtszeit mit ihrer sorgfältigen Ausführung Zeugnis für Maconochies Weigerung ab, den Toten ihre Würde zu versagen – selbst wenn es Meuterer waren. Zu den eindrucksvollsten Grabsteinen gehören die der 1842 beim gescheiterten Kaperversuch der Brigg *Governor Phillip* Erschossenen.

Der Grabstein von James Saye trägt eine ernste Inschrift:

> »Halt ein und meditiere, Christ,
> wie traurig dieses Schicksal ist.
> Auf Erden schlägt nicht mehr sein Herz,
> er lebte in Hoffnung doch starb in Schmerz.«

Der Stein für Bartholomew Kelley (ein irischer Sträfling aus Kilmurray in Cork, der schon als Kind mit zwölf Jahren 1831 auf die Insel gebracht wurde und 1852, im Alter von 26, zum Piraten wurde) ist dagegen mit den Emblemen der Gnade geschmückt, zwei Tauben, die Olivenzweige in ihren Schnäbeln tragen, darüber erhebt sich ein Engelskopf und darunter ist ein Schädel mit gekreuzten Knochen zu sehen.

Den Stein von Samuel Jones, den man elf Jahre, bevor er auf der *Governor Phillip* einer Kugel zum Opfer fiel, als Junge wegen Kaninchendiebstahls aus Warwick deportiert hatte, schmückt ein Engel, der die Trompete der Auferstehung bläst, während sich vom Boden aus Stein gehauene Schößlinge mit Blattknopsen emporwinden – ein Hinweis auf die Erneuerung des Lebens jenseits des Grabes. Seit 1788 war den Sträflingen keine solche Art der Totenehrung zuteil geworden; für sie bedeutete schon ein einfacher Feldstein viel. So durfte Laurence Frayne, der so schrecklich unter Morissets Schreckensherrschaft gelitten hatte, zum Gedenken an seinen Dubliner Mitbürger William Storey einen Stein errichten. Dieser Storey galt als »aufrührerischer Charakter« und wurde 1838, ein Jahr vor Maconochies Amtsantritt, nach seiner Flucht in den Busch erschossen. »Diesen Stein hat Laurence Frayne zum Gedenken an ihn errichtet«, heißt die einfache verwitterte Inschrift, ein Zeugnis für die

Solidarität zwischen den beiden irischen Sträflingen, eine Bindung, deren öffentliche Äußerung erst Maconochie gestattete.

Als die Männer sahen, daß ihnen endlich jemand Vertrauen entgegenbrachte, dankten sie Maconochie, der sie von der unaufhörlichen Folter durch die neunschwänzige Katze erlöst hatte und sie wie Menschen behandelte, geradezu überschwenglich. Die letzten hundert Seiten von Cooks *The Exile's Lamentations* sind der Beschreibung und einem eindrucksvollen Loblied auf Maconochies Gutschriftssystem gewidmet. Andere Gefangene faßten sich kürzer, hatten aber keineswegs minder intensive Gefühle. »Uns hat ein Engel mit seinen Angehörigen erlöst«, schrieb James Lawrence, »der wohlbekannte und geachtete Captain Maconochie, menschlich, gütig, fromm. Nun sieht uns Gerechtigkeit ins Angesicht, der Allmächtige hat uns erhört – kein Gefängnis, keine Auspeitschungen.«

Es scheint zu Maconochies Grundsätzen gehört zu haben, daß er des Lesens und Schreibens kundige Sträflinge darin bestärkte, ihre Erlebnisse niederzuschreiben, zum einen, weil sie sich damit ihre Schrecken aufarbeiten konnten, zum anderen wohl, um nichtamtliche Belege über das Leben am untersten Rande des alten Systems zu bekommen. Dafür kann ihm der Historiker nur dankbar sein, denn hätte Maconochie ihnen nicht Zeit und Mittel zur Verfügung gestellt, die Hölle zu beschreiben, die sie durchlebt hatten, wäre deren Wirklichkeit inzwischen im Wust amtlicher Beschönigungen, Auslassungen und Lügen untergegangen.

Im allgemeinen hielt man die Erlebnisse der Sträflinge nicht für wert, Zeit darauf zu verschwenden, und es ist beachtlich, daß nicht nur das eine oder andere Manuskript wie Cooks vollständig weitergegeben wurde, sondern daß noch andere auf uns gekommen sind, wenn auch beschädigt oder redigiert. Die meisten haben vermutlich Archivare oder Abkömmlinge der Verfasser fortgeworfen, denen die Lebensgeschichte ihrer Vorväter peinlich war. So enden beispielsweise die wahrscheinlich unter Maconochies Ägide geschriebenen Erinnerungen eines Sträflings namens Jones aus Liverpool (geboren 1813) schon nach wenigen Seiten, bevor das Transportschiff außer Sicht der weißen Klippen von Dover gelangt ist. Auf der letzten Seite findet sich eine offenbar später hinzugefügte Anmerkung: *»Jones – Dieb.* Bis zu seiner Deportation in die Kolonien nichts Erwähnenswertes. Exzerpt 1867.« Diese fehlenden Seiten würde man gern sehen!

Maconochies Menschlichkeit zeigte sich auch an der Art, wie er Männer behandelte, die von Grausamkeit und neurotischem Verhalten so gebrochen waren, daß man sie für hoffnungslose Fälle hielt. Der eindrucksvollste war möglicherweise der Charles Andersons, eines geistig gestörten Sträflings, der Jahre des Elends hindurch jedem Sadisten in der Kolonie in Sydney zur Zielscheibe gedient hatte. Als Waise hatte man ihn mit neun Jahren aus dem

Arbeitshaus in die Marine gesteckt. Er wurde in einer Schlacht verwundet und erlitt dabei einen unheilbaren Hirnschaden. Hatte er ein oder zwei Gläser getrunken, wurde er, vor allem unter seelischer Belastung, gewalttätig und feindselig. Bei einem solchen Anfall – Anderson war damals achtzehn Jahre alt – zerschlug er auf Landurlaub einige Schaufenster und wurde wegen Einbruchs verhaftet. Das Gericht verurteilte ihn zu sieben Jahren in Australien. Bei seiner Ankunft in Sydney tobte er derart vor Haß, daß man ihn auf der Ziegeninsel, einem Felsen im Hafengebiet von Sydney, isolierte. Im Lauf der folgenden Jahre versuchte er dreimal schwimmend das Ufer zu erreichen und bekam insgesamt tausendfünfhundert Peitschenhiebe für »Vergehen« wie »bei der Arbeit aufgesehen«, »auf einem Dampfer im Fluß gesehen« usw. Er verbrachte zwei Jahre nackt und von der Sonne verbrannt mit einer Kette an den Fels geschmiedet. Seine einzige Unterkunft war eine sargförmige Vertiefung im Sandstein. In sie legte er sich nachts, und die Wärter befestigten bis zum nächten Morgen einen mit Luftlöchern versehenen, hölzernen Deckel über ihm. Sein Essen wurde auf den Felsen gelegt und ihm wie einem wilden Tier mit einem Stock zugeschoben. Gefangenen, die mit ihm sprachen, drohte die Auspeitschung. Die von der »Katze« in seinen Rücken gerissenen Wunden verheilten nie und wimmelten von Maden. Er stank nach Verwesung, und die Bewohner Sydneys machten sich einen Spaß daraus, an seinen Felsen heranzurudern, ihm Brotrinden und Abfall hinzuwerfen und zuzusehen, wie er alles begierig in sich hineinschlang. Schließlich sorgte Gouverneur Bourke, dem dies öffentliche Schauspiel peinlich wurde, dafür, daß Anderson an die Kalköfen nach Port Macquarie kam. Von dort entfloh er, schloß sich einem Eingeborenenstamm an, wurde eingefangen und entsetzlich ausgepeitscht. Daraufhin tötete er einen Aufseher, in der Hoffnung, man werde ihn hängen. Die Behörden schickten ihn statt dessen auf die Norfolkinsel, und dort war er noch immer – ein junger Mann mit vierundzwanzig Jahren, der zwanzig Jahre älter aussah und von den altgedienten Gefangenen mitleidlos gequält wurde –, als Maconochie sein Amt antrat.

Dessen Therapie war einfach: er gab dem armen verstörten Mann eine Aufgabe und vertraute ihm einige halbwilde Ochsen an, für die er fortan verantwortlich war. Den grausamen Späßen der anderen entzog er ihn, indem er dafür sorgte, daß er sich jeden Tag mit den Ochsen außerhalb der Reichweite der Unterkunft aufhielt. Maconochie hatte die etwas merkwürdig anmutende Hoffnung, die Eigenschaften des Rindviehs würden sich Anderson mitteilen und ihn umgänglicher machen. Doch der Mann zähmte die Tiere und erlebte – zum erstenmal, seit er aus England fortgeschafft worden war –, daß ihn jemand lobte und freundlich mit ihm sprach. Anschließend vertraute ihm Maconochie eine andere Aufgabe an, nämlich die Bedienung der Signalstation auf Mount Pitt, die er »äußerst gewissenhaft« erfüllte. Vollständig wieder eingliedern ließ sich Anderson nicht – dafür war sein früherer Hirnschaden zu schwer –, doch als Gouverneur Gipps 1843 die Norfolkinsel besuchte, äußerte er seine Verblüffung darüber, daß das einstige wilde Tier von der Ziegeninsel mit offenem und freiem Gesicht in einer Matrosenuniform umherstolzierte, wieder Mensch geworden war. Das war der erstaunlichste – wenn auch nicht einzige – Erfolg von Maconochies Beschäftigungstherapie, im damaligen englischen Strafvollzug etwas Unerhörtes.

Ein Mann mit solch radikalen Ansichten mußte sich natürlich Feinde machen, und es konnte gar nicht ausbleiben, daß man sein System angriff. Die erste Beschwerde eines untergeordneten Beamten auf der Norfolkinsel behauptete – ausgerechnet –, Maconochie sein ein Tyrann, weil er bei der Anwendung seines Systems die Vorschriften offen mißachtete. Im August 1842 leitete Gouverneur Gipps einen Brief eines »halbamtlichen« Mitarbeiters auf der Norfolkinsel nach London weiter, eines für die Verpflegung zuständigen Angestellten namens J. W. Smith. Darin hieß es:

> »Captain Maconochie hält sich selbst für die höchste und unumschränkte Macht. Hier muß gründlicher Wandel geschaffen werden. Die Insel ähnelt ebensowenig einer Strafsiedlung wie ein Theater einer Kirche. Aus Mangel an Arbeitskräften werden die öffentlichen Arbeiten vernachlässigt, die Straßen, die unter so viel Qualen [*sic*!] gebaut wurden, verfallen. Die Ernte reicht in keiner Weise hin, um die Siedlung zu ernähren. Müßiggang und Unbotmäßigkeit sind an der Tagesordnung.«

Weder die Lebensmittelknappheit noch der Rückgang an Arbeitskräften gingen auf Maconochies Konto. Die Ernte der Hauptnahrungsmittel auf der Norfolkinsel fiel 1841 der Braunfäule zum Opfer, und der Hunger steigerte die Anfälligkeit der Sträflinge für Krankheiten. Einer Ruhrepidemie fielen einige der »Neuen« aus England zum Opfer. Nichts davon hatte Smith in seinem Brief erwähnt.

Gerüchte von durch das neue System erleichterter Flucht und Beinahe-Aufständen machten die Runde, ohne daß man von der Norfolkinsel aus etwas gegen sie unternehmen konnte. Obwohl sie der Grundlage entbehrten, wurden sie in den Händen von Maconochies Gegnern zu Argumenten. Als 1842 eine Gruppe von zwölf Sträflingen (ausnahmslos Rückfalltäter aus dem alten System) die Brigg *Governor Phillip* für eine halbe Stunde in ihre Gewalt brachte, bis die Militärwache im Gegenstoß fünf von ihnen erschoß und die übrigen gefangennahm, mußte Gipps sogleich einräumen, daß dieser Akt der Piraterie nicht auf Maconochies System zurückzuführen war, sondern ausschließlich auf die Nachlässigkeit der Schiffsführung und der Wachen, denn das Schiff lag mehrere Seemeilen vor der Küste.

Für Gouverneur Gipps war es schwer, eine verbindliche Vorgehensweise für die Norfolkinsel festzulegen. Lord Russell hatte angeordnet, von Neusüdwales sollten keine zum zweiten Mal verurteilten Täter mehr dorthin geschickt werden, weil die Insel ausschließlich als Gefängnis für frisch aus England eingetroffene Ersttäter vorgesehen war, an denen Maconochie sein System erproben konnte. Schön und gut – doch wohin mit den jährlich rund zweihundertfünfzig neuen Rückfalltätern, die man sonst auf die Norfolkinsel gebracht hätte? Zwar hatte Russell gemeint, man könne sie auf die Ziegeninsel im Hafen von Sydney bringen, doch lag diese nicht nur weniger als eine Seemeile von Sydney Cove entfernt, sie beherbergte inzwischen auch das Arsenal, so daß die Anwesenheit von Sträflingen dort »zu großen Befürchtungen unter den Siedlern führen« würde. Gipps überlegte, ob man sie nicht auf der Kakaduinsel im Hafen von Sydney nördlich von Balmain unterbringen konnte, die von tiefem Wasser umgeben war und sich unmittelbar unter den Augen der Staatsgewalt befand. Da es sich bei ihr um eine Felseninsel handelte, konnte Sträflingsarbeit für Sydney Baumaterial liefern, wie die Steinbrüche von Sing Sing für die Stadt New York. Zu den Bauwerken, die Gipps dort von den »schweren Jungs« errichten ließ, gehörten zwanzig in den gewachsenen Sandstein gehauene flaschenförmige Getreidesilos.

Doch da die Kakaduinsel höchstens vier Fünftel der Rückfalltäter aufnehmen konnte, blieb die Frage: wohin mit den übrigen? Keinesfalls würde der gesetzgebende Rat von Neusüdwales zulassen, daß »Alte« erneut ins Land kamen, um es zu verderben, sondern sie nach Vandiemensland schicken. Doch davon würde Gouverneur Franklin nichts wissen wollen. Blieben aber die tausendzweihundert »Alten« auf der Norfolkinsel, war nicht gewährleistet, daß man Maconochies System unter realistischen Bedingungen erprobte. Aber funktionierte es überhaupt? Sollte man es nicht einfach aufgeben? Gipps fühlte sich zwischen der Scylla der Siedler und der Charybdis seiner Sympathie für Maconochie zerrieben.

Pflichtschuldig leitete Gipps dem Kolonialamt alle gegen Maconochie und sein System vorgetragenen Kritikpunkte weiter. Russell hatte ihn 1840 ermächtigt, Maconochie abzusetzen, »sofern das öffentliche Wohl eine solche Handlungsweise verlangt«. Mitte 1842 war er fast davon überzeugt, daß er keine andere Wahl hatte, und erklärte, es sei schwer, angesichts der Boshaftigkeit von Maconochies Kritikern und der Selbstsicherheit des Kommandanten die Wahrheit zu erkennen. Unbestreitbar hatte das System positive Resultate gezeitigt, es gab unter den Gefangenen weniger Mord und Gewalttätigkeit, und Maconochies Milde hatte »das von der Natur in sie gesenkte Gute« geweckt. Strafen waren selten, die Pflichtarbeit war leicht, aber die »Neuen« wirkten »träge und lustlos«, die »Alten« »undurchschaubar und raffiniert«. Maconochie hatte zu viele Freibriefe ausgestellt, so daß weniger Arbeit für die Regierung geleistet wurde – lieber eilten die Sträflinge zu ihren Gemüsegärten. Daß die Gültigkeit dieser Freibriefe auf die Norfolkinsel beschränkt war, führte zu einem weiteren Problem: Sofern ihre Inhaber nach Vandiemensland gebracht wurden, gingen sie ihrer relativen Freiheit verlustig. Gipps hielt die »Währung« der Bestrafung zwischen Vandiemensland und der Norfolkinsel nicht für austauschbar, und so teilte er Lord Stanley, dem Staatssekretär für die Kolonien, mit, er werde, sofern ihm bis März 1843 keine gegenteiligen Anweisungen vorliegen, alle »Neuen« von der Norfolkinsel nach Vandiemensland schikken und Maconochies Versuch abbrechen. »Das Beste, was man mit der Norfolkinsel tun kann, ist, sie wieder das werden zu lassen, was sie bis 1840 war«, schloß Gipps und versetzte dem Gutschriftsystem mit der Feder gleichsam den Todesstoß.

Doch da er ein Mann von Ehre war, belastete ihn der Gedanke, Maconochies Plan mit einem Federstrich zunichte zu machen, nur weil sich dessen Feinde gegen ihn aussprachen, und so beschloß er, unmittelbar vor Ablauf der von ihm selbst gesetzten Frist die Norfolkinsel zu besuchen – ohne den Kommandanten zuvor davon in Kenntnis zu setzen. Als er im Pazifikherbst des Jahres auf der *Hazard* eintraf, war er angenehm überrascht. Weit davon entfernt, ein anarchisches Ferienlager für verbrecherische Müßiggänger zu sein, wie die Kritiker die Insel dargestellt hatten, machte sie ihm in jeder Hinsicht einen einwandfreien Eindruck. Die Sträflinge wirkten auf ihn »ruhig und anständig«. Er befragte »jeden, der ein Amt innehatte, und sei es noch so gering«, in Maconochies Abwesenheit und machte sich Notizen, die der Kommandant nicht zu sehen bekam. Während seines sechstägigen Besuchs inspizierte er »aufs genaueste« jedes Gebäude von einiger Bedeutung und sprach mit vielen Sträflingen.

Alles wies in eine Richtung: Maconochies Kritiker hatten größtenteils unrecht, und das neue System funktionierte trotz seiner Mängel in mancherlei Hinsicht besser als das alte. Daß Krankheit die Hauptquelle der Schwierigkeiten der Verwaltung der Insel war, konnte keinem Kommandanten angelastet werden. Von den als Maconochies Versuchskarnickeln 1840 aus England geschickten »Neuen« in der Siedlung Longridge war in den vergangenen drei Jahren jeder neunte an der Ruhr gestorben. Die Mehrzahl derer, die die Krankheit überlebt hatten, wirkte antriebsschwach und hoffte (verständlicherweise), nach Vandiemensland geschickt zu werden – alles war besser als der Tod durch die Ruhr. »Als ich ihnen erklärte«, berichtete Gipps,

> »daß sie wegen des Mangels an Arbeit auf Vandiemensland dort vermutlich kein besseres Leben zu erwarten hatten, antworteten sie: ›Vielleicht nicht‹, dennoch wollten sie den Ort verlassen, wo sie so viele Kameraden hatten sterben sehen. Auf keinen Fall wollten sie auf der Norfolkinsel bleiben.«

Das schien gegen den Maconochie gemachten Vorwurf der Verhätschelung zu sprechen, dennoch konnte Gipps »keine endgültige Meinung« über die alles entscheidende Frage äußern, ob sich die »Neuen« nach drei Jahren der Behandlung durch Maconochie außerhalb der Norfolkinsel besser aufführen würden als eine wahllos aus der Sträflingsbevölkerung von Neusüdwales herausgegriffene gleich große Zahl von Männern. Die Sträflinge schienen das Gutschriftsystem nicht gerade mit Jubel zu begrüßen; sie meinten, das Anhäufen von Punkten werde ihnen wenig nützen, außer daß sie dadurch vielleicht früher von der Insel herunterkämen. Die Mehrzahl der Neuen, 509 von 593, hatte die für einen Freibrief erforderlichen 6000 bis 8000 Punkte zusammen, und manche von ihnen hatten Tausende von Punkten darüber hinaus, die theoretisch nach Entlassung bar mit einem Penny pro Punkt vergütet werden sollten. Doch Gipps bezweifelte, ob die Regierung dabei mitspielen werde; immerhin ging es im Fall eines besonders tugendhaften Sträflings, eines Mühlenbauers namens Elliott, um einen Betrag von 37£10s.

Ihre Haltung, fand Gipps, war nicht überwältigend, wenn man bedachte, daß die »Neuen« nicht unter der zuvor üblichen brutalen Härte gelitten hatten. Sie schienen ihm mehr als die »Alten« dem Glücksspiel ergeben, und Homosexualität, stellte er fest, war weit verbreitet: Zwischen fünf und zwölf Prozent der »Neuen« praktizierten sie (was Maconochie bestritt), und zwar angeblich nahezu ausschließlich Gefangene englischer Herkunft. »Die Iren sind (das muß zu ihrer Ehre gesagt werden) im allgemeinen davon nicht befallen.«

Gipps erhob den Einwand, das »soziale System« sei noch nicht wirklich erprobt worden, und erklärte vernichtend, Maconochies leicht entflammbare Begeisterung über die Besserung der Sträflinge habe ihn »von den strengeren Teilen seines eigenen Systems, die dennoch die Grundlage des Ganzen sind«, ferngehalten.

> »Kapitän Maconochie hat nichts deutlicher formuliert, als daß der Bewährung die Strafe vorausgehen soll – daß Gefangene, bevor sie gemäß seinem System nach dem Grundsatz der gegenseitigen Verantwortlichkeit in soziale Gruppen eingegliedert werden, eine Zeit strenger, allerdings nicht der Rache dienender Strafe unterworfen sein sollen. Doch er hat sogleich den zweiten Teil seines eigenen Systems begonnen und den ersten ganz und gar außer acht gelassen – das ist um so bemerkenswerter, als es ebensosehr gegen die ausdrücklichen Anweisungen der Regierung Ihrer Majestät wie gegen die seines eigenen Systems verstieß.«

Gipps nahm an, die Währung von Maconochies »Gutpunkten« sei durch dessen Gutmütigkeit inflationär geworden, und er zu großzügig damit umgegangen. Einige Gefangene hatten »wie die Tiger« gearbeitet, um die Punkte zusammenzubekommen, die sie zu freien Männern machen würden – »doch als sie das Ziel erreicht hatten und merkten, daß sie dennoch nicht von der Insel fortkamen, ließ der Anreiz nach, und sie begannen, die Punkte als wertlos anzusehen«. Enttäuschung und Zynismus waren die Folge.

Die »Versuchsgefangenen« waren also mit dem neuen System gar nicht so gut gefahren. Doch äußerte sich Gipps mit »nahezu uneingeschränktem Lob« über dessen Auswirkungen auf die »Alten«: »Diese Männer hatten gelitten, und zwar sehr. Folglich befand sich ihre Seele in einem Zustand, in dem Beweise von Güte von seiten ihrer Beherrscher den denkbar besten Eindruck machen konnten.« Die Veränderungen waren »großartig und wohltuend«: Die »Alten« arbeiteten doppelt so schwer wie die »Neuen«, waren sauberer, gesünder, unter ihnen herrschte eine bessere Moral, und sie hatten die von Maconochie angebotene religiöse Unterweisung angenommen: »Ich kann nur mit Hochachtung von ihnen sprechen und Zeugnis davon ablegen, welche menschlich günstige Wirkung der Gottesdienst hervorzubringen scheint.« Ihre gebesserte Moral, vermutete Gipps, ging weniger auf die verringerte Verwendung von Eisen und Peitsche zurück als auf viele kleine Freundlichkeiten, »deren Bedeutung jemand, der nicht auf der Insel war, wohl kaum zu ermessen vermag«. Sie konnten sich frei bewegen, in der See angeln und schwimmen, gelegentlich außerhalb der Unterkünfte schlafen, auf ihren eigenen Gartenstücken Gemüse anbauen und sogar Messer bei sich führen.

Diese »Milde«, meinte Gipps, sei durch das grundlegende Elend der bloßen Anwesenheit auf dieser fernen Insel gerechtfertigt,

> »so von der Gesellschaft anderer, ja sogar von ihrem Anblick, abgeschnitten, insbesondere von der Gesellschaft der Frauen. Es ist unbeschreiblich, wie sich ihre Herzen nach Gesellschaft sehnen; darin besteht ihre eigentliche Qual. Es ist eine Strafe, schwerer als die Peitsche und schwerer als jede andere, die ihnen ein Mensch zufügen kann. Zwar sind auch dienstverpflichtete Sträflinge Sklaven, aber immerhin Sklaven in *Gesellschaft* anderer.«

Hier zeigte Gipps, vielleicht ohne es selbst richtig zu merken, was ihm an Maconochies Art, die Insel zu führen, nicht behagte – daß nämlich die Gefangenen nicht zuerst bestraft wurden. Diesen Punkt klärte Maconochie einige Jahre später auf:

> »Man könnte mir vorhalten, ich hätte das große Ziel – das der Strafe – aus den Augen verloren oder gar aufgegeben, doch ich habe es dem Geist des Gesetzes wie auch seinem Buchstaben nach erreicht, nur dazu nicht mehr getan, als nötig war. Die Strafe für diese Männer hieß: Kerker und schwere Arbeit; die Insel war ihr Kerker, und jeder mußte täglich die ihm zugewie-

sene Arbeit für die Regierung tun, bevor er Zeit auf seinen Garten oder seine Bildung verwenden durfte. In Wirklichkeit habe ich den Männern lediglich eine unnötige Demütigung erspart.«

Gipps wollte das Gutschriftsystem allerdings nicht »unterschiedslos« auf die »Alten« angewendet sehen, denn selbst wenn sie genug Punkte zusammenbekämen, um ihre zweite, in der Kolonie begangene Straftat zu tilgen, und dann aufs Festland zurückkehrten, würden sie dort nach wie vor ihre erste Strafe in der üblichen Weise verbüßen müssen. Er hatte Angst vor den Auswirkungen auf die Gesellschaft, die es zeitigen mußte, wenn mit einemmal eine Vielzahl von Straftätern von der Norfolkinsel nach Neusüdwales kam. »Ich kann die Möglichkeit ihrer Rückkehr nicht ohne Beunruhigung erwägen und bin sicher, daß die Siedler nur mit Schrecken daran denken würden.«

Doch die Zahl der Sträflinge auf der Norfolkinsel verminderte sich so rasch, daß Gipps zweifelte, ob sich die Siedlung überhaupt weiterhin selbst erhalten konnte. Seit 1840 hatte man aus Neusüdwales keine zum zweitenmal Verurteilten mehr dorthin geschickt. »Alte« kamen nach Vandiemensland, und so war ihre Zahl auf der Norfolkinsel binnen drei Jahren von 1278 auf 876 gefallen. Auch die »Versuchskaninchen« für Maconochies Reformbemühungen sollten nach Vandiemensland gebracht werden. Wenn nicht bald eine große Gruppe neuer Sträflinge auf die Norfolkinsel kam, würden Maconochie keine Arbeitskräfte zur Verfügung stehen, »um die Insel zu kultivieren und die zahlreichen Gebäude in gutem Stand zu halten«.

Welche Pläne verfolgte nun die Regierung Ihrer Majestät mit der Norfolkinsel? »Eine Entscheidung muß dringend gefällt werden.« Sofern die Insel Strafkolonie blieb, durfte es auf ihr nur ein System geben, so wie Maconochie es von Anfang an gewollt hatte, auch wenn ihm die Insel nach wie vor für sein System »wenig geeignet« erschien. Gipps fügte hinzu: »Ich muß noch einmal betonen, daß man es ihm ermöglichen sollte, sein System – sofern man ihm dazu überhaupt Gelegenheit geben will – an einem Ort zu erproben, den er selbst billigt.« Außerdem »möchte ich betonen, daß es mir leid tun würde, zu sehen, wenn man alle bisher damit gemachten Erfahrungen außer acht ließe. Der Kommandant gibt unumwunden zu, daß er bei der Verteilung von Gutpunkten (der große Anreiz in seinem System) bisher zu großzügig verfahren ist.«

So hatte Maconochie doch endlich Gipps' Billigung erreicht – wenn auch mit Vorbehalten. Der Gouverneur erkannte, daß die Höhe der Kosten für die Verwaltung der Insel nicht – wie von Maconochies erbittertsten Kritikern behauptet – auf irgendeine systemimmanente Verschwendung zurückging, sondern einfach durch Mißernten bedingt war. Auf derlei hatte kein Kommandant einen Einfluß. Im Jahre 1840 hatte es 10£ 18s. 4d. gekostet, auf der

Norfolkinsel einen Sträfling zu unterhalten, 1843 waren das 13£3s. 11d., ein Anstieg um ein Fünftel. Durch Rekordernten bedingt, hatten die jährlichen Kosten 1838 pro Sträfling lediglich 4£14s. 2d. betragen, wohingegen 1839, im Jahr von Maconochies Ankunft, die Ernte katastrophal ausgefallen war, so daß alle Lebensmittel eingeführt werden mußten, was die Kosten auf 17£19s. 10d. hochtrieb – ein Anstieg auf etwa das Vierfache.

Gipps schickte seinen langen Bericht am 1. April 1843 an Lord Stanley. Maconochie durfte hoffen, daß nunmehr die britische Regierung nicht mehr auf die Kritiker hören und seinem System volle Unterstützung angedeihen lassen werde – doch das genaue Gegenteil traf ein.

Mächtige Fürsprecher der Arthur-Getreuen hatten im Verlauf des Jahres 1842 die Regierung davon überzeugt, daß Franklin als Gouverneur schlimm und Maconochie als Kommandant der Norfolkinsel geradezu untragbar sei. Ohnehin hatte das Kolonialamt Gipps' anfängliche Kritik an Maconochie ernst genommen, und so kam der günstige Bericht zu spät, um Stanley von seiner Entscheidung abzubringen – er war entschlossen, Maconochie abzuberufen. Das Kolonialamt wurde vom Schatzamt gedrängt, die Kosten des Deportationssystems zu verringern, und Sir James Stephen, der Staatssekretär für die Kolonien, vermochte Maconochies Theorien zu einer Reform des Strafvollzugs nichts abzugewinnen. Wozu sollte das dienen, wo es sich auf der anderen und dunklen Seite der Erde abspielte? Niemand im Kolonialamt setzte sich für Maconochie ein, und auch Lord Russells Interesse an dessen Ideen war erkaltet – immerhin lag es sechs Jahre zurück, daß sein Bericht dem Molesworth-Ausschuß geholfen hatte. Maconochie sollte fallengelassen werden.

Am 29. April 1834, bevor noch das Schiff, das Gipps' Bericht nach England brachte, den Äquator überquert hatte, erteilte Stanley dem Gouverneur den Auftrag, das Gutschriftsystem zu beenden und Maconochie abzuberufen. Darin hieß es salbungsvoll, doch zugleich kühl, man erkenne Maconochies Einsatz und Redlichkeit »höchlich« an wie auch, daß »seine Bemühungen durch eine Verminderung gewalttätiger Verbrechen und durch die Zunahme menschlicher und würdiger Empfindungen bei denen belohnt worden zu sein scheinen, für die er zu sorgen hatte« – das war der Gnadenstoß.

Für die Gefangenen, »Alte« wie »Neue«, enthielt das Schreiben eine frohe Botschaft. Alle, denen Maconochie für das Ende ihrer Strafzeit die Entlassung versprochen hatte, würden sie bekommen, und jeder, der einen »Insel-Freibrief« besaß, durfte sich zur Bewährung auf Vandiemensland ansiedeln, wo er nach einem oder zwei Jahren einwandfreier Führung einen vollgültigen Freibrief bekommen würde.

Mit demselben Schiff wie Maconochies Abberufung kam der von Stanley ausersehene neue Kommandant. Es war Joseph Childs (1787–1870), Major der Seesoldaten, ein schroffer Mann mit dem ausdrücklichen Auftrag, aus der Insel erneut einen Ort exemplarischer Abschreckung zu machen. Doch es sah ganz so aus, als hätte Maconochies mildes Wirken mehr zur Besserung der Männer auf der Norfolkinsel getan als noch soviel Terror. Während seiner Amtszeit hatte er 920 der zweimal verurteilten Gefangenen in ein neues Leben nach Sydney entlassen. Trotz der geifernden Angriffe aus der Öffentlichkeit gegen frühere Sträflinge und insbesondere solche von der Norfolkinsel hatte man bis 1845 nur zwanzig von ihnen – lediglich zwei Prozent – erneut vor Gericht stellen müssen.

Dennoch war das Ende der Reform beschlossene Sache. Alexander Maconochie machte sich mit seiner Familie auf den langen Weg zurück nach England. Er war jetzt 56 Jahre alt und für immer der Möglichkeit beraubt, seine Mitmenschen aus der Erniedrigung zu erheben. Obwohl der Hang zur Deportation rasch abnahm, kämpfte er in England unbeirrt weiter für eine Gefängnisreform. Die Behörden aber wollten von seinen Ansichten nichts wissen, ihnen erschien Bestrafung ohne eine abschreckende Wirkung nicht sinnvoll.

Der Grund dafür ließ sich leicht ausmachen: Wieder einmal sah sich die Regierung im Lande einer angsterregenden Verbrechenswelle gegenüber. In weniger als zwei Jahrzehnten hatte sich die Zahl der wegen schwerer Vergehen verurteilten Männer nahezu verdoppelt (1824 170 pro 100000 Einwohner, 1842 bereits 326). Im selben Zeitraum hatte man sich im Inland wie in Australien bemüht, mit einer beständigen Verschärfung der Zucht in den Gefängnissen die kriminelle Subkultur zu zerschlagen und den einzelnen Sträfling der Unterstützung durch seinesgleichen zu berauben. Inzwischen hatte auch das Zuchthaus seinen Einzug in England gehalten, und zwar in zwei Ausprägungen, beide nach ihrem amerikanischen Vorbild benannt: das Auburn-System und das Philadelphia-System. Beim ersteren, das auch das »stille« hieß, mußten die Sträflinge unter völligem Stillschweigen in Kolonnen arbeiten, wobei der geringste Vorstoß gegen das Schweigegebot ohne Umschweife mit Auspeitschung geahndet wurde. Das Philadelphia- (oder »Absonderungs-System«) hingegen stützte sich auf die Einzelhaft, nahm den Gefangenen Identität und Vergangenheit, machte ihn zur bloßen Nummer. Nicht einmal der Wärter, der ihm das Essen brachte, kannte seinen Namen oder die ihm zur Last gelegte Tat. Den Kopf beim Hofgang unter einer schwarzen Kapuze versteckt, führte er ein trübes Dasein ohne Besucher und ohne Post, sah nie das Gesicht eines anderen Menschen als seiner Wärter. Er durfte nicht zu Mitgefangenen reden, und um seine Anwesenheit noch mehr einer Geisterexistenz anzunähern, waren sogar seine Schuhe mit Filz besohlt. Im alten Gefängnis von Newgate waren alle Insassen miteinander in einer großen Zelle eingesperrt gewesen, hatten sich unterhalten, geweint, gejammert und Pläne geschmiedet. Im neuen Zuchthaus gab es dies Gefühl einer *Gemeinschaft* nicht mehr: für den einzelnen in seiner Zelle waren alle anderen

Gefangenen stille, unsichtbare Abstraktionen. Der junge Charles Dickens zeigte sich von den großen Zuchthaus in Philadelphia entsetzt, das er 1842 besuchte, um mit eigenen Augen die Maschine der »wohlwollenden« Bestrafung in Funktion zu sehen.

»Ich denke, daß nur wenige Menschen abzuschätzen vermögen, eine wie große Qual und Pein diese schreckliche Bestrafung über Jahre hinweg den Menschen auferlegt. Keiner, der nicht darunter leidet, kann ihre Tiefe ausloten, und mir erscheint diese langsame und allmähliche Qual unendlich schlimmer als jede Folter des Leibes. Gerade weil ihre entsetzlichen Zeichen und Spuren für das Auge nicht so leicht zu erkennen sind wie Narben auf dem Fleisch, die Wunden nicht an der Oberfläche zu sehen sind, klage ich es um so mehr als eine geheime Bestrafung an, der die Menschlichkeit keine Dauer gestatten sollte.«

So sah die vom Utilitarismus ins Leben gerufene neue Besserungsmaschine aus, die den englischen Behörden inzwischen lieber war als die Ungewißheit der Deportation. Die Umwandlung der Gefängnisse aus bloßen Orten der Einkerkerung in Einrichtungen, deren Insassen durch Einzelhaft, Schweigezellen, monotone Arbeit und die Tretmühle einer Gehirnwäsche unterzogen wurden, dauerte die gesamten dreißiger Jahre hindurch fort. Die große Besserungsanstalt von London in Coldbath Fields verdoppelte im Jahre 1834 die Zahl ihrer Wächter im Verhältnis zu der der Insassen und übernahm ein System beständigen Schweigens und unablässiger Überwachung. Andere Gefängnisse schlossen sich dem an, und 1842 besaß England sein erstes Panoptikon. Endlich hatten Jeremy Benthams Vorstellungen ihren langen Weg über den Atlantik nach Philadelphia und zurück beendet und führten zur Entstehung des »Mustergefängnisses« an der Caledonian Road im Norden Londons mit seinen vierhundertfünfzig Zellen, das als Pentonville bekannt wurde.

All das verdrängte Maconochies humanere Vorstellungen. Der Daseinszweck von Pentonville war es, den Willen seiner vierhundertfünfzig Insassen durch einen ganz und gar starren Tagesablauf, vollständige Isolation und eine immer gleichbleibende Arbeit zu brechen, wobei jeder Sträfling einen Zwölfstundentag hindurch weben oder Schuhe machen mußte. Wer seine Zelle zum Appell oder Hofgang verließ, mußte sich eine mit Augenschlitzen versehene Wollmaske über den Kopf ziehen, damit ihn niemand erkannte. Die Kapelle von Pentonville, in der die Gefangenen täglich zur Andacht zusammenkamen, wies für jeden Mann ein eigenes »Abteil« auf. Hölzerne Trennwände und eine Tür in jedem von ihnen sorgten dafür, daß niemand den linken oder rechten Nebenmann sehen konnte, sondern lediglich den Prediger auf der Kanzel. Alle Hauptmerkmale von Pentonville – Schweigezellen, Türspione, Isolation, Masken und Kapelle – wurden nach 1853 im tasmanischen »Mustergefängnis« von Port Arthur detailgetreu kopiert. Allerdings hatte es nur einen Bruchteil von dessen Fassungsvermögen, nämlich in drei Flügeln angeordnet achtundvierzig Einzelzellen. Der vierte Flügel des kreuzförmigen Gebäudes war die Kapelle.

Da niemand Maconochie Gehör schenkte, beschloß er schließlich, ein Buch zu schreiben: *Crime and Punishment, The Mark System, framed to mix Persuasion with Punishment, and Make their Effect Improving, yet their Operation severe* (1846). Obwohl es später zu einem der Klassiker der Strafvollzugsreform wurde, beachtete es zu seinen Lebzeiten kaum jemand – mit Ausnahme von Charles Dickens.

Maconochie wurde 1849 durch die Freundschaft des obersten Stadtrichters von Birmingham, ein liberaler Anwalt namens Matthew Hill, Direktor eines neuen Gefängnisses in Birmingham, aber da er nicht imstande war, seinen sadistischen Stellvertreter, einen Marineoffizier namens William Austin, zur Räson zu bringen, nach zwei Jahren beständiger Querelen und Demütigung mit 64 Jahren entlassen. Um seine Gesundheit stand es nicht besonders gut, er war vorzeitig gealtert, ein bitter enttäuschter Mann, der zu stolz war, sich dem Selbstmitleid hinzugeben. Wie unbekannt er blieb, mag man daran sehen, daß sein Tod, als er 1860 im Alter von 73 Jahren starb, in der *Times* unkommentiert bekanntgegeben wurde.

5

Der Undank des Systems traf Maconochie hart, seinen einstigen Vorgesetzten Sir John Franklin jedoch noch weit härter.

Die noch aus Arthurs Amtszeit stammende Beamtenschaft, mit deren Hilfe Franklin hatte regieren wollen, hielt ihn für schwach – allen voran sein fähiger, aber heimtückischer Kolonialsekretär John Montagu. Da er ihnen nicht trauen konnte (was er aber, wie das bei vertrauensseligen Menschen häufig der Fall ist, zu spät merkte) und Maconochie nicht mehr da war, verließ er sich verständlicherweise immer mehr auf den Rat des einen Menschen in der Kolonie, auf den er bauen konnte – seine Frau. Doch diese Vorstellung entsetzte die Arthur-Getreuen ebensosehr wie die Mehrzahl der anderen Siedler, die vom Bewußtsein der männlichen Überlegenheit durchdrungen waren, ganz gleich, wie intelligent Lady Jane Franklin sein mochte. Daß der Statthalter zur Milde und Güte neigte – nicht nur Sträflingen, sondern auch den aussterbenden Aborigines gegenüber –, sah man als Beweis seiner »Schlappheit« an. Die Vertreter von Interessengruppen belagerten ihn förmlich, und mit jedem Gefallen, den er einem tat, sicherte er sich dessen Undank und die Unzufriedenheit von zehn weiteren.

Am schlimmsten war, daß man ihm Dinge anlastete, auf die er wenig oder gar keinen Einfluß hatte. Die Wirtschaft von Vandiemensland glitt ab 1840 in einen fünf Jahre währenden Niedergang. Banken und Firmen machten Bankrott. In Hobart, Launceston und den Kleinstädten dazwischen wimmelte es von Arbeitslosen. Gleichzeitig bedeutete das Ende der Deportation nach Neusüdwales, daß das gesamte Jahresaufkommen von Sträflingen nach Vandiemensland ging. Es hatte 1839 weniger als 1500 Sträflinge zugewiesen bekommen, doch 1842 betrug die Zahl weit über 5000. Die für sie vorgesehenen Einrichtungen waren diesem Ansturm nicht gewachsen, und die Insel konnte sie nicht aufnehmen.

Am schlimmsten war, daß Franklin inmitten all dieses Durcheinanders die Sisyphusarbeit übertragen wurde, den gesamten Apparat der Sträflingsverwaltung umzustrukturieren. Das Kolonialamt hatte unter der neuen Leitung von Lord Stanley angeordnet, daß ab 1842 eine Zuweisung von Sträflingen an Siedler auf Vandiemensland nicht mehr zulässig war. An die Stelle dieses Systems sollte etwas treten, das sich Lord Stanley am grünen Tisch in Whitehall ausgedacht hatte: das sogenannte »Bewährungssystem«. Dabei sollten alle in über die ganze Insel auf Außenposten verteilten Regierungskolonnen arbeiten. Jetzt konnten die Siedler John Franklin nicht nur den wirtschaftlichen Niedergang in die Schuhe schieben, sondern außerdem über ihn schimpfen, weil er ihnen die Arbeitskräfte nahm, auf denen das Wirtschaftssystem der ganzen Insel ruhte.

Es wäre zu weitschweifig, wollte man alles aufführen, was John Montagu und seine Kollegen in London gegen den Statthalter von Vandiemensland vortrugen. Montagu hatte Franklin Anfang 1842 einen impertinenten Brief geschrieben, in dem er ihm kaum verhüllt vorwarf, er sei nicht mehr recht Herr seiner Sinne. Jetzt war es mit Franklins Geduld vorbei, und er setzte Montagu als Kolonialsekretär ab. Daraufhin reiste der »Jago vom Derwent« nach England, erlangte Zugang bei Lord Stanley und klagte, Franklins »Hörigkeit« seiner Frau gegenüber sei die Ursache zahlloser Mißlichkeiten, die die Verwaltung von Vandiemensland behinderten. Man glaubte ihm, Franklin mußte einen scharfen Verweis einstecken, und seine Abberufung kam 1843.

Bei seiner Ankunft in England stellte er fest, daß ihm die Gerüchte von seinem »Pantoffelheldentum« vorausgeeilt waren — eine tiefe Demütigung für einen Mann, der seine Frau liebte, der aber auch ein tapferer Seemann und ein unermüdlicher Forschungsreisender gewesen war.

Um den Makel von seinem Namen zu tilgen, wandte sich Sir John Franklin seiner alten Liebe zu, der kalten Arktis, die er gekannt hatte, bevor ihn sein Land zu den elenden Antipoden geschickt hatte. Die Admiralität rüstete 1847 eine neue Expedition aus, die die Nordwestpassage suchen sollte. Mit 59 Jahren war Franklin zwar für eine solche Aufgabe eigentlich zu alt, doch sein Dämon ließ ihn nicht ruhen. Zögernd, aber aus dem Gefühl heraus, ihm verpflichtet zu sein, übertrug ihm die Admiralität das Kommando. Diesmal hatte er zwar Erfolg, verhungerte jedoch mitsamt der Besatzung an Bord der vom Eis eingeschlossenen *Erebus*, das Ziel vor Augen.

So hatte er nicht nur die Scharte seines Versagens auf Vandiemensland ausgewetzt, sondern schließlich Aufnahme in das Pantheon der bedeutenden englischen Forschungsreisenden gefunden. Seine Leistung lebt in Gestalt einer Heldenlegende der Arktis weiter – alles in allem mehr, als sein glückloser Nachfolger am anderen Ende der Welt erreichte.

Kapitel XV

Eine besondere Geißel

1

Lord Stanley kannte weder Australien, noch hatte er je einen Sträfling gesehen, doch er war voller Zuversicht, den moralischen Tiefpunkt in der Kolonie heben zu können. Nützen wollte er damit in erster Linie England, in zweiter den Sträflingen – Vandiemensland kam in seinen Plänen nicht vor.

Ihm erschien die Frage der Zucht unter den Sträflingen als »äußerst wichtig«, ihr gegenüber fielen die Interessen der ortsansässigen freien Siedler nicht so sehr ins Gewicht. Mochten sie sich ruhig darüber beklagen, daß sie keine billigen Arbeitskräfte mehr bekamen, das ging das Kolonialamt nichts an. Er hatte kein anderes Ziel, als die Verbrecher billig aus England hinauszuschaffen, damit der unüberhörbare und stimmgewaltige Chor aus Unterhausabgeordneten, Geistlichen und Zeitungsherausgebern zum Schweigen gebracht wurde, deren Mehrheit das Zuweisungssystem auf alle Zeiten beendet sehen wollte.

Stanley setzte seinen Plan im November 1842 ins Werk und traf Anfang 1843 in Hobart ein. Er versperrte den Sträflingen mit dem Zugang zur Landwirtschaft den letzten Weg zur Dienstverpflichtung. Künftig sollten sie über fünf Stufen gebessert und zur Freiheit »emporgehievt« werden. Die erste Stufe sah vor, sie, gewöhnlich für ein Jahr, auf die Norfolkinsel zu bringen, damit sie dort Zucht lernten. Da die Insel pro Jahr lediglich 750 neue Sträflinge unmittelbar aus England aufnehmen konnte, blieb sie Männern mit langen Strafen vorbehalten, hauptsächlich Lebenslänglichen. Sie waren Stanleys Ansicht nach aussichtslosere Fälle als andere und brauchten daher mehr Abgeschlossenheit und Zucht, um sie umgänglich zu machen. Die übrigen sollten sofort nach Hobart gebracht werden, wo sie gemeinsam mit denen, die ihre Zeit auf der Norfolkinsel hinter sich hatten, in die zweite Stufe eintraten: die Bewährungskolonnen.

Jede von ihnen sollte aus 250 bis 300 Männern bestehen und in den unbesiedelten Bezirken mit langwierigen und schweren Regierungsprojekten beschäftigt werden. In erster Linie ging es dabei um Straßen- und Brückenbau, Holzfällen auf der Tasmanischen Halbinsel sowie das Roden von Kronland, damit auf diese Weise dessen Handelswert gesteigert wurde. Die Kolonnenarbeiter würden eine besondere religiöse Unterweisung brauchen, dafür sollte Franklin weitere Geistliche anwerben. Bei langfristigen Projekten sollten sie ihre eigenen Nahrungsmittel anbauen dürfen.

Wenn England pro Jahr 4000 Männer hinschickte (die tatsächlichen Zahlen waren ziemlich nahe daran: 1842 = 4819, 1843 = 3048 und 1844 = 3959) und jeder in der Kolonne durchschnittlich achtzehn Monate lang Bewährungsarbeit leistete, würden zwanzig Kolonnen für alle genügen. Der Transport nach Vandiemensland war mit etwa 18 Pfund pro Kopf angesetzt und die Verpflegung mit rund 27 Pfund pro Jahr. Nahm man Kosten von 35 000 Pfund für die Norfolkinsel und Gemeinkosten von 10 000 Pfund an, konnte das Bewährungssystem, wie Stanley meinte, etwa 35 000 Sträflinge für weniger als 300 000 Pfund im Jahr im Dienst der Regierung bei einer fortwährenden Strafe beschäftigen – die Hälfte dessen, was der Bau von Zuchthäusern für sie alle gekostet hätte.

Weitere Ausgaben würden England nicht entstehen. Nach der Bewährungsarbeit sollte der Sträfling einen »Bewährungspaß« bekommen, mit dem er gegen Entlohnung für einen von der Regierung anerkannten Siedler oder für die Regierung von Vandiemensland tätig werden konnte, ohne daß die Krone zu den Gehältern etwas hätte beisteuern müssen. Ob die Sträflinge Arbeit hatten oder verhungerten, ging ausschließlich sie und ihre künftigen Arbeitgeber etwas an. Auf den »Bewährungspaß« folgten dann die beiden letzten Stufen des Strafvollzugs: der normale Freibrief (der es einem Mann gestattete, sich seinen eigenen Dienstherrn zu suchen, ohne daß jemand in Hobart dagegen hätte Einwände erheben können) und zum Schluß eine bedingte oder auch eine bedingungslose Freilassung.

Damit war für die Männer gesorgt. Weniger gern wandte sich Stanley den Problemen der Frauen und Kinder zu. Straffällig gewordene Jungen begannen mit einer Haftstrafe von zwei bis drei Jahren im Gefängnis von Parkhurst. »Jeder Junge, der dorthin kommt«, erklärte ein Untergebener Stanleys in Whitehall den dortigen Gefängnisbehörden mit Worten, die nach Eisen und kalten Gängen klangen,

> »ist zur Deportation verurteilt; dieser Teil der über ihn verhängten Strafe ist unabänderlich. Er muß aller Hoffnung, die Heimat zu besuchen, Eltern oder Gefährten der Kindheit wiederzusehen, auf lange Lebewohl sagen. Diese Hoffnungen und Freuden hat er sich durch seine Taten selbst verscherzt. Wie sich seine Zukunft gestaltet, hängt ausschließlich von seiner Führung in Parkhurst ab.«

Wer sich ordentlich führte, bekam gleich bei der Landung auf Vandiemensland einen Freibrief und war damit »praktisch begnadigt«. Allerdings nahm man sich nicht die Mühe, zu erläutern, wovon der so »Begnadigte« danach leben sollte. Gab das Verhalten eines Jungen weder zu Lob noch zu Tadel Anlaß, bekam er als erstes einen Bewährungspaß, »womit es bis zu seiner Freiheit noch eine Weile dauert«. Wer negativ auffiel, kam in die Jugendlichen vorbehaltene Strafsiedlung Point Puer bei Port Arthur, wo diese Jungen »jede Erniedrigung und Härte erwartet und wo sie sehr leiden werden«.

Über die Bestrafung der Frauen nachzudenken, überließ Lord Stanley im November 1842 Franklin. Obwohl sie ebenso »verkommen« waren wie die Männer, konnte man sie nicht gut in Bewährungskolonnen schwere körperliche Arbeit tun lassen. Die Regierung konnte sie höchstens auf Vandiemensland einsperren oder ihnen gestatten, sich »auf die eine odere andere Weise« der Bevölkerung anzuschließen. Aber »achtbare« Siedler wollten sie nicht, und sofern man sie dem »weniger moralischen Teil der Gemeinschaft« anvertraute – damit waren Freigelassene gemeint –, würden sie sich »fortwährender Aufforderung zur Unzucht, schlimmer Unterdrückung und häufig auch Gewalttaten ausgesetzt« sehen.

Andererseits konnte Franklin sie auch nicht in den Frauen-Fabriken von Hobart und Launceston weiterbeschäftigen, wahre Brutstätten des Elends und des Bösen (so hatte Stanley erfahren). In ihnen gab es drei Klassen weiblicher Sträflinge: die, die man von vornherein niemandem zuweisen konnte, von den Dienstherren der Regierung zur Bestrafung zurückgeschickte sowie hilflose Schwangere. Bei ihnen nahm man als selbstverständlich an, daß die Regierung die Verantwortung für sie wieder übernahm. Die an solchen Orten wie auch in der Waisenschule in Hobart, die uneheliche Kinder unterrichtete, herrschenden Bedingungen »ließen das Blut in den Adern erstarren«, wie der Reverend Robert Crooke (1818–1888) schrieb. Er hatte 1843 als Katechet in der Sträflingsverwaltung gearbeitet und das Leben der 700 Insassen der Waisenschule beschrieben. Bleich und krank wurden diese jungen Gefangenen von ihren Altersgenossen ferngehalten, bekamen wenig und unbekömmliche Kost und wurden häufig bestraft.

> »Das kleinste Vergehen, ob von einem Jungen oder einem Mädchen begangen, wurde mit unbarmherziger Auspeitschung bestraft. Einigen der Wärter dort, vorzüglich aber Wärterinnen, scheint das Zufügen von Körperstrafen große Freude bereitet zu haben. Die Aufseherin pflegte Mädchen, manche schon fast junge Frauen, mit in ihr Schlafzimmer zu nehmen, sie wegen unbedeutender Vergehen nackt auszuziehen und mit einer Reitpeitsche oder einem schweren Lederriemen so lange zu schlagen, bis deren Leiber von Striemen übersät waren.«

Da all diese Einrichtungen bis auf den letzten Platz belegt waren, blieb dem Gouverneur nichts anderes übrig, als für die neu eintreffenden weiblichen Sträflinge feste Häuser in Hobart zu mieten. Die einzige Alternative bestand darin, das Schiff, mit dem sie kamen, nicht zurückzuschicken und sie an Bord zu lassen, »bis dauerhaftere Vorkehrungen getroffen werden können«. Der langfristige Plan, den Franklin verwirklichen wollte, sah vor, dreißig Kilometer von Hobart entfernt ein Gefängnis für mindestens 400 weibliche Insassen zu errichten, für dessen Bau die Regierung in England aufkommen sollte. Dort würde jeder weibliche Sträfling nach der Ankunft mindestens sechs Monate verbringen und anschließend einen Bewährungspaß bekommen. Das Gefängnis wurde nie gebaut.

Stanleys Bewährungssystem wirkte in der Theorie eindrucksvoll und vernünftig, erwies sich aber als grausamer und erbärmlicher Fehlschlag, weil es weder die wirtschaftlichen Gegebenheiten von Vandiemensland noch die Besonderheiten von dessen Regierung einbezog. Für ein Gelingen war zumindest eine gedeihende Wirtschaft und eine enge Zusammenarbeit zwischen Gouverneur und Siedlern erforderlich. In den letzten Jahren von Franklins Amtszeit aber war keine dieser beiden Bedingungen erfüllt. Stanleys wählte, damit niemand seinen Plan zunichte machte, als Franklins Nachfolger jemanden aus, der so wenig Initiative entwickelte, daß er »kaum einen Schatten warf«.

Sir John Eardley Eardley-Wilmot (1783–1847) war ein sechzigjähriger Baronet aus der Grafschaft Warwickshire, von dem im öffentlichen Leben Englands außer seinem Beschützer Stanley kaum jemand gehört hatte, und dieser nannte in unvorsichtigerweise (wenn auch nicht in der Öffentlichkeit) »einen wirren Dummkopf«. Bis zu seiner Ernennung im August 1843 hatte Eardley-Wilmot nie auch nur eine Sekunde lang einen Gedanken an die Kolonien im allgemeinen oder an Vandiemensland im besonderen verschwendet. Dreierlei sprach für ihn: Durch seine Arbeit als Grafschaftsrichter zeigte er ein dilettantisches väterliches Interesse an einer Gefängnisreform und an jugendlichen Rechtsbrechern; da er mit Stanley gemeinsam in Oxford studiert und die Whigs verlassen hatte, um sich Stanleys im Entstehen begriffener dritter Partei anzuschließen, gehörte er zum Netz der Etablierten, und überdies hatte er so wenig Vorstellungskraft, daß ihm Illoyalität völlig unmöglich war. Zu seiner Unterstützung ernannte Stanley als Überwachungsbeauftragten für die Sträflinge ein Überbleibsel aus Arthurs Tagen, den harten und cholerischen Captain Matthew Forster. Mit dieser Mannschaft also wollte er einerseits das Strafvollzugssystem leiten und andererseits die Siedler von Vandiemensland im Zaum halten, die tobten, weil man ihnen Arbeitskräfte wie Selbstbestimmung vorenthielt.

Unter solchen Voraussetzungen hätte sich wohl sogar der Erzengel Gabriel als Gouverneur unbeliebt gemacht, und so verwundert es nicht, daß Eardley-Wilmot, als er mit seinen drei Söhnen Augustus, Charles und Robert, die bald darauf öffentliche Ämter auf Vandiemensland bekleideten, in Hobart auftauchte, wenig begeistert empfangen wurde.

Er konnte die Siedler nicht davon überzeugen, daß London wußte, was es der Regierung des Landes antat, oder daß es sich überhaupt Gedanken darüber machte. Der wirtschaftliche Rückgang, der 1841 auf Vandiemensland eingesetzt hatte, verschlimmerte sich so sehr, daß Eardley-Wilmot eines schwarzen Tages 1843 in seiner Schatulle nur noch 800 Pfund vorfand. Er war genötigt, von Banken und vom Militär 20 000 Pfund zusammenzuborgen, um die Gehälter der für die Regierung tätigen Paßinhaber zahlen zu können. Die Einnahmen der Regierung auf Vandiemensland gingen jährlich um 20 000 Pfund zurück, und Eardley-Wilmot mußte bei jedem Anleihen aufnehmen, der bereit war, ihm etwas zu geben. Jenseits der Bass-Straße, in Neusüdwales und Port Phillip, lockten ungeheure billige und fruchtbare Ländereien den Siedler – auf Vandiemensland war Weideland teuer. Da das beste ohnehin bereits vergeben war, nahm die Regierung aus dem Verkauf von Kronland nur verschwindend geringe Beträge ein.

Auf dem privaten Sektor sah es nicht anders aus als auf dem öffentlichen. Es war 1844 billiger, Vieh vom Festland zu importieren, als auf der Insel gezüchtetes zu kaufen. Sydney führte Weizen aus Valparaiso ein, belegte aber Getreide von Vandiemensland, der »Insel mit dem Makel«, mit einem Einfuhrzoll. Die Bauern konnten ihre Höfe nicht verkaufen, denn es gab keine Käufer, sie konnten keine Arbeitskräfte beschäftigen, denn ihnen fehlte das Geld, um deren Löhne zu zahlen. Für sie war es noch schwieriger als für die Regierung, die durch Stanleys Bewährungssystem verfügbare ungeheure Zahl an Arbeitskräften aufzunehmen. Auf dem Tiefpunkt von Eardley-Wilmots Amtszeit gab es auf der Insel 16 000 unbeschäftigte Gefangene und ehemalige Gefangene – 7000 von ihnen besaßen Bewährungspässe, 5000 Freibriefe, und 4000 waren bedingt begnadigt.

Inzwischen hatte der Strom der Einwanderung nachgelassen. Waren 1842 noch 2446 Menschen auf Vandiemensland angekommen, so betrug die Zahl im Jahr darauf nur noch 26, und 1844 kam genau einer. (Nach Neusüdwales dagegen waren 1843/44 von England 3618 Menschen ausgewandert.) Allein in Launceston standen 264 Häuser leer, deren Besitzer auf das Festland geflohen waren, um von vorn anzufangen. Im ersten Halbjahr 1845 verließen 1628 Siedler Vandiemensland, etwa fünf Prozent der freien Bevölkerung.

Hinzu kam, daß im Lande große Unruhe herrschte; man hatte Angst vor den aus Bewährungskolonnen entflohenen Männern, von denen es hieß, sie durchstreiften ungehindert die ganze Insel, plünderten und verbreiteten Elend und Laster, wohin sie kamen. Einige von ihnen waren tätowiert wie Kapitäne aus der Südsee und wären in »anständiger« Gesellschaft stark aufgefallen. Die Beschreibung auf einem »Gesucht«-Aushang für Charles Stagg, einem Flüchtling, der im März 1843 aus der Besserungsstation Seven-Mile Creek entwichen war, zählt alle seine Tätowierungen auf, die die Initialen fast aller seiner Angehörigen sowie seiner zahlreichen Geliebten umfaßten:

»Mary Stagg, Thomas Stagg, Kreuz, fünf Punkte, Schuh, Kreuz, WS, Mann mit Stock, HK, Hund, Gwynson, X Mary Robinson, Freiheit, Armband am rechten Handgelenk, Eliza Smith, O Sonne und blaue Punkte und Ringe überall auf der rechten Hand, Mann und Frau, zwei kämpfende Männer, TS WS LS LHHS 1842, Anker, MSCS auf linkem Arm, blaue Punkte und Ringe auf den Fingern der linken Hand, H Stagg, William, Kreuz, Sonne und Mond auf der Brust, ABCDEFGH auf dem linken Bein, große Narbe auf dem rechten Oberarm.«

Vermutlich aber waren diese Berichte maßlos übertrieben.

Eine weitere Unzuträglichkeit für die freien Siedler bestand darin, daß Eardley-Wilmot bei ihnen Pachtrückstände eintreiben sollte. Diese Kleinbeträge waren, da es sich durchweg um Land handelte, das unter Arthur oder sogar noch früher zugeteilt worden war, über Jahre hinweg nicht gezahlt worden und hatten sich so addiert, daß sie über die Zahlungsfähigkeit der Siedler hinausgingen. Stanley nahm an, man könne mit ihrem Eintreiben den Einnahmerückgang aus dem Verkauf von Kronland ausgleichen. Noch schlimmer aber war die den Siedlern vorgelegte Forderung, Steuern für den Unterhalt von Justiz und Polizei zu zahlen. Im Vergleich zur freien Bevölkerung verfügte Vandiemensland über eine geradezu gigantische Polizeistreitkraft, und die Kosten dafür wie auch die für die Rechts- und Armenpflege beliefen sich auf 52 437 Pfund im Jahr, nahezu ein Pfund für jeden Bewohner der Insel, ob Mann, Frau, Kind, freier Bürger oder Gefangener.

Die Kolonie trieb dem Bankrott entgegen. Die Schuld daran schob man allgemein Eardley-Wilmot zu, so daß er noch verhaßter wurde als seinerzeit Arthur. Dabei empfand er Mitgefühl für das Elend der Siedler und stellte sich in seinen Mitteilungen an Lord Stanley zu dessen großem Ärger immer wieder auf deren Seite. So drängte er ihn, den Mindestpreis von Kronland auf weniger als ein Pfund pro Acre anzusetzen, damit neue Siedler angelockt würden, und versuchte Kredite aufzunehmen, um ansonsten arbeitslose Inhaber von Bewährungspässen bei öffentlichen Aufgaben zu beschäftigen, die im Namen Großbritanniens ausgeführt wurden, aber im Laufe der Zeit durch Benutzungsgebühren bezahlt werden sollten. Außerdem beschwor er das Schatzamt, die Kosten des Gefängnis- und Polizeisystems zu übernehmen, bis es schließlich 1846 zustimmte, das zu zwei Dritteln zu tun.

Diese Geste jedoch kam zu spät, als daß sie die Siedler noch hätte besänftigen können. Zwischen Oktober und November 1845 sah sich Eardley-Wilmot in seinem gesetzgebenden Rat einer politischen Krise gegenüber. Dieser Rat war keine gewählte Körperschaft, hatte sich seit Arthurs Zeiten gewöhnlich mit der Rolle dessen begnügt, der zu den Beschlüssen des Gouverneurs ja und amen sagte, und bestand aus dem Gouverneur, sechs Regierungsbeamten sowie acht

Mitgliedern aus den Reihen der freien Bürger – gewöhnlich der wohlhabenden unter ihnen. Sechs davon – die »Patriotischen Sechs«, wie ihre Anhänger sie nannten – traten über der Frage der Polizeifinanzierung zurück, so daß der Rat beschlußunfähig war. Als Begründung gaben sie an, nicht nur habe man ihnen den Einblick in die Ausgabenliste der Polizei und der Sträflingsverwaltung verweigert, sondern Eardley-Wilmot wie auch die beamteten Mitglieder des Rates hätten sie, als sie darauf bestanden, »illoyal« und »aufrührerisch« genannt. Zwar gelang es Eardley-Wilmot, die sechs zu ersetzen, nicht aber, die Forderung nach einer repräsentativen Vertretung und dem Ende der Deportation zu unterdrücken; diese beiden Punkte waren zu einer unaufschiebbaren Frage des politischen Lebens auf Vandiemensland geworden.

Doch davon wollte man in London nichts wissen, so daß Eardley-Wilmot nach zwei Jahren beständig vorgetragener Bitten nichts vorweisen konnte als einen ausführlichen schriftlichen Verweis Stanleys, in dem dieser bemängelte, daß ihm über das Funktionieren des Bewährungssystems keine hinreichenden Berichte eingereicht worden seien.

Inzwischen besaß Vandiemensland sechzehn Bewährungsstationen: vier, in denen auf der Tasmanischen Halbinsel vorwiegend Bergbau und Holzwirtschaft getrieben wurde, fünf landwirtschaftliche an der Küste des Entrecasteaux-Kanals, eine, die damit beschäftigt war, das Frauengefängnis an der Austernbucht zu errichten, zwei auf der Mariainsel, eine an der Ostküste und drei, die im Inneren der Insel Straßen und Brücken bauten. Eardley-Wilmot, der gar nicht daran dachte, sich selbst an Ort und Stelle ein Bild von der tatsächlichen Arbeit der Kolonnen zu machen, begnügte sich häufig damit, zu den genauen statistischen Berichten seines Überwachungsbeauftragten Forster Begleitbriefe zu verfassen. Doch Stanleys Klagen hörten nicht auf. Er sah Vandiemensland nicht als komplexe kleine Gesellschaft mit schweren wirtschaftlichen Problemen, sondern als etwas Abstraktes – ein Gefäß, ein gesellschaftliches Vakuum, dessen einziger Zweck es war, Kriminelle aufzunehmen. Er wollte nicht hören, daß »seine« Sträflinge in »seiner« Kolonie keine Beschäftigung finden *konnten.* Da er aber begriff, daß das Bewährungssystem ein Fehlschlag war und man ihm die Schuld daran geben werde, traf er flugs Anstalten, Sir Eardley-Wilmot den »Tasmanischen Teufeln« zum Fraß vorzuwerfen. Lord Stanley wollte dafür sorgen, daß man das Chaos auf Vandiemensland nicht den Fehlern seines Systems anlastete, sondern denen seines Statthalters.

Er übergab den Entwurf seiner äußerst kritischen Stellungnahme der Regierungsdruckerei, die sie im Februar 1846 für das Unterhaus veröffentlichte. Entsetzen über Stanleys agiles Manöver erfaßte Eardley-Wilmot, als er sie zu Gesicht bekam, denn für ihn gab es keine Möglichkeit, eine Erwiderung drucken zu lassen. Jetzt stand er vor Regierung wie Presse als unfähig, faul und schwach da.

Gerade als ihn das Kolonialamt entlassen wollte, gab Lord Stanley 1845 dessen Leitung um höherer politischer Aufgaben willen ab, und an seine Stelle trat der sechsunddreißigjährige Staatssekretär William Ewart Gladstone, der sein gesamtes Wissen über australische Angelegenheiten von Sir James Stephen bezog, ständiger Staatssekretär im Kolonialamt und einer der herausragenden Beamten des 19. Jahrhunderts.

Dieser war der Ansicht, Großbritannien habe Vandiemensland zu Unrecht mit Sträflingen förmlich überschwemmt, und stand Stanleys Bewährungssystem äußerst skeptisch gegenüber. Ebenso fest war er aber auch von Eardley-Wilmots Unfähigkeit überzeugt und nahm die Sache in die Hand, denn er wußte, daß der moralische Musterknabe Gladstone Partei gegen den bereits stürzenden Gouverneur ergreifen würde.

Schon von Beginn des Bewährungssystems an hatten Interessenvertreter immer wieder dem Unterhaus wegen einer der viktorianischen Vorstellung von öffentlicher Moral besonders widerwärtigen Angelegenheit in den Ohren gelegen: daß Vandiemensland, weil dort zahlreiche ausschließlich aus Männern bestehende Arbeitskolonnen weitab von allen Ansiedlungen im Busch arbeiteten, geradezu eine Brutstätte der Homosexualität sei. Briefe und Zeugen kamen über die Meere nach London und bestätigten den »Zusammenbruch aller moralischen Werte auf jener schauderhaften Insel«. Ihnen zufolge stand es unter Eardley-Wilmot auf Vandiemensland unendlich viel schlimmer als einst unter Kaiser Tiberius auf Capri.

Am meisten Gewicht hatte die Stimme Francis Russell Nixons, Bischof auf Vandiemensland. Dies widernatürliche Verbrechen, versicherte er Lord Grey, müsse, wenn man seiner Ausbreitung nicht strengstens Einhalt gebot, »nicht nur die moralische Erniedrigung der Kolonie mit sich bringen, sondern auch die Rache Gottes auf sie lenken«. Nixon war fest davon überzeugt, daß die Sträflinge aus den Bewährungskolonnen ausnahmslos schlimmer herauskamen, als sie hineingingen. Er zitierte aus Briefen verzweifelter Kolonnen-Kaplane an ihn: »Ich kann die Schrecken nicht beschreiben, die hier täglich von elenden Männern begangen werden. Wohl wissen sie es besser, vermögen sich aber ihrem elenden Zustand nicht zu entziehen.« In den nahe Port Arthur gelegenen Kohlebergwerken hatten zwei Männer einen Jungen vergewaltigt, »eine Tat, von der, so glaube ich, bisher in einem christlichen Land niemand gehört hat«. Sie wurden dafür gehängt. Der für die Bergwerke zuständige Arzt, Dr. Motherwell, stellte fest, daß zwanzig Männer an »von widernatürlichen Verbrechen verursachten« Krankheiten litten. Die Ausbreitung der Rektalgonorrhöe, ließ Bischof Nixon wissen, sei »eine besondere Geißel« Gottes, »ein Zeichen seines großen Zorns wegen der begangenen Ungeheuerlichkeiten«.

Das Übel machte keineswegs vor den Frauen halt. In der Fabrik von Hobart wimmelte es geradezu von Lesbierinnen, und im August 1841 hatte Franklin einen Untersuchungsausschuß eingesetzt, der Möglichkeiten zur Disziplinierung weiblicher Gefangener in diesem überbelegten und ungesunden Gebäude finden sollte. Der halbvertrauliche Bericht dieses Ausschusses erschien im Februar 1843 und beschrieb, wie weibliche Sträflinge »die Leidenschaften der anderen erregten – am Tag des Herrn im Hause Gottes –, während Gottesdienst gehalten wurde«. Die Presse der Insel veröffentlichte Berichte über die weite Verbreitung dieser Praktiken in den Fabriken, und im November 1843 teilte Eardley-Wilmot seinerseits in einem Geheimbericht über diesen Gegenstand Stanley mit, Frauen in den Fabriken hätten »ihre Favoritinnen, an denen sie mit ebensolcher Glut hängen, als gehörten sie dem anderen Geschlecht an, und sie masturbieren in weitestem Umfang«.

Zumindest ein Sträfling, der wegen chartistischer Umtriebe verbannte John Frost – und er kann mit seiner Meinung kaum allein gestanden haben –, war fest davon überzeugt, daß die britische Regierung die Bewährungskolonnen mit all ihrer Verderbtheit ausschließlich deshalb beibehielt, um den Klassenwiderstand zu brechen. »Die Behörden auf Vandiemensland zeigten sich diesem Vergehen gegenüber völlig gleichgültig«, berichtete er einige Jahre nach seiner Entlassung einer entsetzten englischen Zuhörerschaft. »Rauchen galt als schlimmeres Vergehen denn das Gomorrhas und wurde mit größerer Strenge geahndet.«

Eardley-Wilmot, der in Hobart weit vom Schuß saß, protestierte. Zwar, gab er zu, existiere das in den Unterlagen des Parlaments durch Sternchen gekennzeichnete Laster auf Vandiemensland, doch finde es sich auch in der Armee und der Marine sowie bei allen »großen Ansammlungen von Männern«. Vergeblich leitete er die von seinem Überwachungsbeauftragten so sorgfältig zusammengetragenen Ansichten der Ärzte über die Bewährungs- und Anheuerstationen an Stanley weiter. Sie führten bei 10000 in den Kolonnen beschäftigten Männern lediglich siebzig Fälle der durch Geschlechtsverkehr hervorgerufenen Krankheit an. Zwar wollte er gern eingestehen, daß sieben auf tausend zuviel seien, andererseits belegten seiner Ansicht nach diese Tatsachen, Neider und Kritiker hätten die Berichte zu Schauermärchen aufgeblasen, um das Bewährungssystem in Verruf zu bringen.

All das vermochte weder die Presse im Lande, die Geistlichkeit, die Siedler noch das Kolonialamt zu besänftigen. Im Juli 1846 unterzeichneten 25 Geistliche auf Vandiemensland (die Mehrzahl der dort befindlichen anglikanischen Priester) eine Eingabe an Grey, mit der sie ihn baten, das Bewährungssystem zu beenden, da es die Homosexualität begünstige. In London kursierten schon seit einer Weile peinliche Berichte in der Presse. So hatte ein Anonymus in der *Naval and Military Gazette* im Oktober 1845 geschrieben:

»Um Vandiemensland steht es schlecht. Die allerschrecklichsten Verbrechen sind an der Tagesordnung. Alle Frauen haben den Busch verlassen und in den

Städten Zuflucht gesucht, denn sie sind jeder Art von Kränkung ausgesetzt. Sir Eardley-Wilmot selbst liefert ein schlechtes Beispiel, und niemand von einigem Anstand betritt den Amtssitz des Gouverneurs, wenn er dort nichts zu erledigen hat. Für Damen ist er kein geeigneter Aufenthaltsort.«

Es ging nicht etwa darum – begannen jetzt die namenlosen Zungen zu flüstern –, daß der Gouverneur diesen entsetzlichen Stand der Dinge billigte oder gar selbst bei der Einsamkeit, die er ohne Frau dort in der Ferne empfinden mußte, vom heißen Atem jenes unsagbaren Leidens angerührt wurde. Er gab allerdings Anlaß zu dummem Gerede über Verhaltensweisen, die, obgleich zweifellos harmlos, ein schlechtes Licht auf seine Amtsführung warfen. So gab er während der Fastenzeit Abendgesellschaften, was Bischof Nixon empörte, der sich bereits mit Eardley-Wilmot über das Recht des Gouverneurs in den Haaren gelegen hatte, die Männer zu ernennen, die in den Bewährungskolonnen den Religionsunterricht erteilen sollten. Man hatte gesehen, wie er auf dem Sofa in seinem Amtszimmer Mädchen einen Arm um die Schultern gelegt und bei einer offiziellen Abendeinladung mit Julia Sorell geflirtet hatte, der Enkelin eines der führenden Siedler (und Aldous Huxleys späterer Großmutter). Da mußte doch eine Beziehung zwischen dieser Leichtfertigkeit am Amtssitz des Gouverneurs und den unaussprechlichen Vorgängen in den Bewährungskolonnen bestehen! Wenn ein Fisch zu stinken beginnt, tut er das am Kopf.

Gladstones Reaktion auf all das ließ sich leicht voraussehen. Entrüstet verfaßte er Ende April 1846 zwei Entlassungsschreiben an Eardley-Wilmot. Das erste, öffentliche, enthob den Gouverneur angesichts seines Versagens, die Moral der Sträflinge unter dem Bewährungssystem zu gewährleisten, seines Amtes. Daß es, wie von Eardley-Wilmot berichtet, keinerlei äußere Zeichen des sodomitischen Lasters gab, bedeute, ließ Gladstone ihn mit eindrucksvoller Unlogik wissen, wie tief verwurzelt es war und wie gut vor den Blick der Öffentlichkeit verborgen. Man konnte den Eindruck gewinnen, Eardley-Wilmots Entlassung gehe nicht auf seine Unfähigkeit zurück, den Übergang vom Zuweisungssystem zur Bewährung auf die richtige Weise zu vollziehen (so als hätte das jedem widerfahren können), sondern auf seinen an den Tag gelegten Mangel an »Sorge, Umsicht und Eifer« beim Betreiben der moralischen Besserung der Sträflinge. Als Ersatz beorderte Gladstone Charles La Trobe, den Leiter der Polizei von Port Phillip, bis zur Ernennung eines neuen Statthalters als kommissarischen Amtsverweser nach Hobart.

Im zweiten Brief, der privat, kurz und noch unangenehmer war, ließ Gladstone Eardley-Wilmot wissen, er dürfe angesichts von nicht näher genannten Personen in Umlauf gesetzter Gerüchte hinsichtlich seiner Führung außerhalb des Amtes, über die sich näher auszulassen »vielleicht unnötig« sei, mit keinem neuen Amt rechnen.

Zwar versuchte sich das Opfer von Gladstones Frömmlertum zu verteidigen, begehrte gegen die krassesten Verleumdungen auf, die je gegen einen englischen Gentleman vorgebracht wurden, gegen die »ungewöhnlichste Verschwörung, die je den Ruf eines Staatsdieners in den Schmutz gezogen hat«, bat Gladstone, seine Ankläger und die Vorwürfe zu nennen, die sie gegen ihn erhoben, machte Eingaben, auf denen ihm zahlreiche achtbare Männer einen lauteren Charakter bescheinigten – vergeblich. Im Februar 1847, wenige Wochen vor seinem vierundsechzigsten Geburtstag, entrann Sir John Eardley Eardley-Wilmot dem Einfluß seiner Quäler im Kolonialamt. Er starb in Hobart, wie es hieß, an gebrochenem Herzen.

Sogleich sprach die *Colonial Times* von Mord. Mit einemmal schwenkten die Siedler, die ihn zu Lebzeiten verabscheut und beschimpft hatten, auf eine ganz andere Linie um und gaben ihm ein Staatsbegräbnis, wobei sich anglikanische und katholische Geistliche in ihrem Bemühen überschlugen, dem Sarg vorausgehen zu dürfen. Anschließend legten die Bürger eine Subskription für ein neugotisches steinernes Denkmal auf, das größte Grabmal, das je zum Gedenken an einen Gouverneur auf australischem Boden errichtet worden war. Bis es an Ort und Stelle stand, war der Interimsgouverneur, Charles La Trobe, nach Vandiemensland gekommen, und, nachdem er eilends seinen Bericht verfaßt hatte, sichtlich erleichtert über die Bass-Straße nach Port Phillip zurückgekehrt. Er teilte Lord Grey mit, was inzwischen inner- und außerhalb der Kolonie ohnehin jeder wußte – daß das Bewährungssystem ein Schlag ins Wasser sei und sein einziges Ergebnis, »welche Grundsätze der Besserung auch in der Theorie es enthalten möge«, in der Praxis eine Erniedrigung der Männer bedeutete und man dies »zum Scheitern verurteilte Experiment« im Interesse des Volkes und der Menschheit beenden solle, je rascher, desto besser. So setzte 1846 die Regierung Ihrer Majestät jegliche Deportation von Sträflingen nach Vandiemensland auf zwei Jahre aus.

Inzwischen war der letzte Gouverneur, der auf dieser Insel dem System vorstehen sollte, Sir William Denison, in Hobart eingetroffen, um sich in die Aufgaben einzuarbeiten, über die Eardley-Wilmot gestolpert war. Auch er konnte sie nicht lösen, wie sich im Laufe der Zeit zeigte. Zu den dornigsten von ihnen gehörte die Führung der Norfolkinsel.

2

Die Aufsicht über die Norfolkinsel ging 1844 von Neusüdwales auf Vandiemensland über. Inzwischen wehte ein böser Wind durch die Unterkünfte von Kingston und Longridge. Nach Captain Alexander Maconochies Abberufung war 1843 an seine Stelle aus Neusüdwales der letzte Militärkommandant jener übel beleumdeten Felseninsel gekommen: Major Joseph Childs, ein sechsundfünfzigjähriger Marineoffizier. Er war in jeder Beziehung Maconochies Gegenteil – ein einfallsloser und unentschlossener Kommißkopf. Das einzige, was ihn auszeichnete, war seine Strenge.

An Strenge aber war Lord Stanley gelegen. Sie sollte sich vor allem gegen das »gewaltlose Verbrechen« richten, womit die Homosexualität gemeint war. Gipps' Berichten aus zweiter Hand, die er geschrieben hatte, bevor er sich endlich selbst von Maconochies Wirken überzeugte, entnahm Stanley, daß die neue »Milde« auf der Norfolkinsel allerlei Verbrechen hervorrief, insbesondere das »unaussprechliche«. Nach seinem Besuch auf der Insel im Februar 1843 hatte Gipps seine Ansicht geändert – zu spät, um bei Stanley etwas zu bewirken. Im wesentlichen wollte er mit der ersten Stufe seines Bewährungssystems, dessen Einzelheiten er Gipps übermittelte, erreichen, daß die Männer auf der Norfolkinsel arbeiteten, bis sie erschöpft umfielen. Wer aus der Reihe tanzte, bekam bei lebendigem Leibe das Fell über die Ohren gezogen, und vor allem durfte es keine Ausnahmen geben. »Nichts als beständige Wachsamkeit und unbeugsame Strenge bei der Durchsetzung der angemessenen Strafen sind imstande, das unmoralische Verhalten einzudämmen, um das es hier geht.«

Die merkwürdig abstrakte Vorstellung, man könne 2000 Männer, die meisten von ihnen zwischen 20 und Mitte 35, auf einer fernen Insel ohne Kontakt zu Frauen festsetzen und sie erst so hart behandeln, daß sie seelischen Trost bei ihresgleichen suchen, und sie anschließend durch unaufhörliches Auspeitschen von der Homosexualität »abhalten«, erschien London realistisch. Stanley war der festen Überzeugung, alle üblen Neigungen, einschließlich der sexuellen, ließen sich in der Spannung zwischen einer »heilsamen Furcht und einer Hoffnung, die ihnen Kraft gibt«, zum Verschwinden bringen. Viel Hoffnung gab es aber auf der Norfolkinsel nicht.

Mit dem Augenblick, da sich Childs im Februar 1844 über das Riff vor Kingston durch die schäumenden Wasser von der *Maitland* herüberrudern ließ, war das Vertrauen dahin, das Maconochie unter so großer Mühe zwischen den Sträflingen und den Behörden geschaffen hatte. Niemand bekam mehr Zutritt zum Kommandanten, und niemand hatte mehr den Eindruck, etwas Sinnvolles zu tun. Was Childs' in der starren Tradition der britischen Marine entstandene Vorstellung von Autorität nicht zerstörte, fiel seiner Gewohnheit zum Opfer, die Auspeitschungen, bei denen kurzer Prozeß gemacht wurde, den Aufsehern und dem besoldeten Polizeirichter der Insel, Samuel Barrow, zu überlassen. Dieser war bei seiner Ankunft auf Vandiemensland im August 1845 28 Jahre alt und zuvor in London Nebenanwalt gewesen. Da er weniger für Redeschlachten vor Gericht begabt war, wohl aber zu einem unmäßigen und willkürlichen Sadismus neigte, war er in gewisser Hinsicht der rechte Mann am rechten Platz und zur rechten Zeit. Childs zufolge waren sie »die schlimmsten

Beispiele für alle Laster, die sich in den Annalen der Kriminalgeschichte finden lassen«.

Um der Wahrheit die Ehre zu geben, muß gesagt werden, daß Childs nicht alle mit gleicher Schärfe behandelte. Ein Sträfling, der frühere Offizier John Mortlock, nannte Childs einen »tapferen Schiffsoffizier«, der sich bei den Sträflingen mit der Art seiner Leistung nichts als Achtung erworben habe. Vielleicht liegt diesem Urteil nichts anderes zugrunde, als daß alle Offiziere dieselbe Vorstellung von Disziplin hatten. Bemerkenswert ist noch, daß Mortlock – im Unterschied zu vielen seiner früheren Bordgenossen – nie ausgepeitscht wurde. Dennoch, so erinnerte er sich, war es »nur der herrlichen Landschaft und dem wunderbaren Klima« auf der Norfolkinsel zu verdanken, »daß ich nicht auf die Zeit meines Aufenthaltes dort mit unsagbarem Schrecken zurückblicke«.

»Viele meiner Kameraden wurden täglich ausgepeitscht«, berichtete Mortlock, »im Hof, unter meinem Fenster, oft auf Grund von falschen, bösartigen Anschuldigungen. Auch wenn ich meine Augen schloß, hörte ich das schreckliche Geräusch, wie die ›Katze‹ auf das nackte Fleisch niedersauste, und es quälte mich aufs Furchtbarste.«

Thomas Rogers, ein im September 1845 als einziger Lehrer für Religionsunterricht entsandter katholischer Priester aus Dublin – Stanleys Bewährungssystem sah diesen Posten vor –, berichtete, Childs habe in den letzten sechzehn Monaten seiner Amtszeit 26000 Peitschenhiebe angeordnet, so daß an manchen Vormittagen der Boden, auf dem die Männer am Dreibein standen, von menschlichem Blut geradezu getränkt war.

Doch das wahre Gesicht der neuen Herrschaft zeigte sich in den Auspeitschungen, die Barrow und seine Henkersknechte vornahmen, ohne daß Major Childs die Fälle überhaupt vorgetragen wurden. Die »Katze« allein war nichts, für sie hatten die »Eisenmänner« nichts als Verachtung übrig. Für »heilsamen Schreck« war mehr nötig. Childs sah beiseite, wenn Barrow und seine Schergen (»Das Rückgrat muß man sehen« war ihr Motto) auf eigene Möglichkeiten verfielen, Disziplin zu erzwingen. Zu ihnen gehörten der »Röhrenknebel«, der »Adler«, das »Tier mit dem krummen Rücken« und die »Wassergrube«.

Der »Röhrenknebel« war eine Abänderung eines alten englischen Folterinstruments für zänkische Frauen, des »Keifzaums«. Er ähnelte einem kleinen ledernen Kopfgeschirr, außer daß daran statt einer Gebißstange ein Hartholzzylinder angebracht war, zehn Zentimeter lang und knapp vier Zentimeter stark. Er stieß gegen einen breiten Lederriemen, der mit einer Schnalle vor dem Gesicht geschlossen wurde. Trieb man dem Opfer diesen Knebel in den Mund und zog die Riemen des Geschirrs an, konnte der Mann nur äußerst mühsam durch eine winzige Bohrung in dem Holzstopfen atmen und stieß, nach den Worten des Reverend Rogers, dabei ein »pfeifartiges Geräusch« aus, das oft, wenn dem Sträfling bereits durch den Knebel einige Zähne ausgeschlagen worden waren, auch noch von blutigem Schaum begleitet war. Der erste Sträfling, an dem in Rogers Beisein der Knebel angewandt wurde, war blind; weil er im Schlaf geredet hatte, war er aus seiner Zelle geschleppt worden. Ihm wurde der »Röhrenknebel« in den Mund gestopft und dann mußte er drei Stunden lang angekettet an einem Pfosten stehen – aus seinen leeren Augenhöhlen strömten die Tränen.

Der »Adler« war einfacher und wurde häufig zusammen mit dem Knebel verwendet. Man fesselte den Gefangenen mit dem Gesicht zur Wand bei ausgestreckten Armen und geschlossenen Füßen an drei eiserne Ringe und hielt ihn sechs bis acht Stunden auf Zehenspitzen in dieser Stellung. Von dieser Tortur waren manche noch Tage danach gelähmt. Eine raffinierte Variante bediente sich eines senkrechten Eisengestells von 1,80 Meter auf sechzig Zentimeter, an das das Opfer so gebunden wurde, daß Kopf und Hals lose von einem Ende hingen. Wer versuchte, den Kopf oben zu halten, bekam Muskelkrämpfe, wer ihn hängen ließ, Erstickungsanfälle.

Beim »Tier mit dem krummen Rücken« wurde dem Sträfling der Kopf zwischen die Knie gebunden, und er blieb in dieser Stellung so lange sitzen, bis er vor Schmerz ohnmächtig wurde.

Als »Wassergrube« diente eine bis auf Hüfthöhe mit Salzwasser gefüllte unterirdische Zelle, in der man Männer tagelang ununterbrochen in völliger Finsternis schmachten ließ, wobei sie aus Angst zu ertrinken nicht schliefen.

Kein Wunder, daß jeglicher Sinn für eine Zusammenarbeit mit der Obrigkeit dahinschwand und die Insel in Anarchie verfiel. Reverend Thomas Rogers' Vorgänger, ein anglikanischer Geistlicher namens Thomas Begley Naylor, von 1841 bis September 1845 Kaplan auf der Norfolkinsel, schrieb einen ausführlichen Bericht über Childs' Amtsführung an Lord Grey. »Abscheuliches ist geschehen, stillschweigend und ohne daß man hätte Abhilfe schaffen können«, Dinge, die sich durch nichts erklären ließen »als durch die vollständige Abgeschiedenheit der Insel.«

Childs' System beruhte vollständig auf Günstlingswirtschaft und Denunziantentum, und entgegen seiner Behauptung, er habe eine durch Maconochies fehlgeleitete Leidenschaft verlorengegangene Ordnung wiederhergestellt, herrschten Willkür und Chaos. Den ausdrücklichen Vorschriften zuwider wurden manche Verbrecher in der Verwaltung mit der Führung der Akten beschäftigt, während harmlose und selbst unschuldige Gefangene, wie der unglückliche Rechtsanwalt William Henry Barber, den man zu Unrecht wegen eines Betrugs an der Bank von England deportiert hatte (später wurde er vom Unterhaus rehabilitiert), die schlimmsten und erniedrigendsten Arbeiten tun mußten. Childs stand kein »bewußt oder intelligent gehandhabtes« System der Zucht zu Gebote, alles, was er tat, war, daß er die Sträflinge nährte, kleidete und nach außen hin den Anschein erweckte, sie hätten zu tun.

Weit davon entfernt, die Homosexualität zu unterdrücken, schrieb Naylor, verstärkte die Überbelegung der Norfolkinsel sie geradezu. »Nach außen hin sieht es aus, als sei die Trennung gewährleistet, aber sie haben alle Zugang zueinander, bisweilen sogar uneingeschränkt.« Naylor beklagte, daß Neuankömmlinge mit wahren Veteranen des Verbrechens zusammenkamen, und warnte: »Der Fluch des allmächtigen Gottes muß früher oder später in verzehrendem Zorn über ein Volk kommen, das die Fortdauer so dämonischer und widernatürlicher Zustände duldet.«

Naylors Bericht entsetzte Lord Grey, und seine Wirkung auf Downing Street war ungeheuerlich. Immerhin hatte ein Geistlicher den Bericht mit seinem Namen unterzeichnet, und seine Enthüllungen, meinte Lord Grey, klängen »zu wahrscheinlich«, als daß man darüber zur Tagesordnung hätte übergehen können. Der neue Gouverneur, Sir William Denison, stand im Begriff, von Hobart nach Portsmouth abzusegeln, und bekam Ende September 1846 Anweisungen von Grey. Ihrer Majestät Regierung durfte keinesfalls riskieren, daß so entsetzliche Übel weitergingen. Denison bekam den Auftrag, die Norfolkinsel zu räumen und alle dort befindlichen Gefangenen »mit der geringstmöglichen Verzögerung« auf die Tasmanische Halbinsel zu bringen. Doch im November überlegte es sich Lord Grey anders und ließ Denison wissen, »praktische Schwierigkeiten, die sich auf diese Entfernung nicht voraussehen lassen«, könnten die Sache behindern. So war es dann auch, und die Strafkolonie auf der Norfolkinsel wurde ein weiteres Jahrzehnt lang nicht aufgelöst.

Doch inzwischen hatte Eardley-Wilmot, bevor ihn Gladstones Axthieb fällte, selbst einen Bericht angefordert. Er wußte nichts von Naylors verdammendem Brief, zeigte sich aber von den Gerüchten in der ihm feindlich gesinnten Kolonialpresse beunruhigt. Sein eigener Ruf stand auf dem Spiel, und er konnte es sich nicht leisten, mit Verspätung auf die Anwürfe zu reagieren. Im April 1846 wies Eardley-Wilmots Überwachungsbeauftragter für Sträflinge, William Champ, einen Ermittlungsbeamten an, auf die Insel zu fahren und, wie er vorsichtig formulierte, über die zahlreichen Punkte zu berichten, »die verständlicherweise Major Childs' Aufmerksamkeit nicht erregen mögen«. Der Ermittlungsbeamte, ein Friedensrichter namens Robert Pringle Stuart, erreichte die Norfolkinsel im Mai 1846. Binnen zwei Wochen schloß er seine Untersuchung ab, und Eardley-Wilmot hielt Ende Juni seinen umfangreichen Bericht in Händen.

Seine Ergebnisse paßten zu dem, was Naylor gesagt hatte. Schon dem Äußerlichen nach war der Zustand des Systems auf der Insel beklagenswert – die Rationen der Sträflinge hatten nicht das vorgeschriebene Gewicht, das Getreide war verdorben, das Fleisch von schlechtester Qualität, das Maismehlbrot kaum eßbar. Der Zustand der Räumlichkeiten, von den Küchen bis hin zu den vernachlässigten Latrinen, rief in Stuart Ekel und bei den Gefangenen beständigen rebellischen Widerstand hervor. Bindehautentzündung, Gonorrhöe und Ruhr waren weit verbreitet. Das eigentliche Gefängnisgebäude war ein unbelüfteter Schweinestall, und die Hauptunterkunft von Kingston kaum besser: Mehr als 800 Männer wurden jeden Abend nach der Arbeit dort eingesperrt, und was nach dem Löschen des Lichts geschah, ging die Wächter nichts an. Stuart stattete ihm an einem heißen Abend um acht Uhr einen überraschenden Besuch ab und sah, wie Männer eilends aus fremden Betten in die eigenen stiegen. »Offensichtlich war ihnen darum zu tun, daß nichts herauskam.« Prostitution war an der Tagesordnung (junge Burschen verkauften sich für Tabak, neue Stiefel oder ein Stück mit Fett zusammengeknetetes Brot) und Vergewaltigung geradezu unvermeidbar.

Stuart entsetzte vor allem, daß auf der Norfolkinsel die züchtigen Formen des Sexuallebens parodiert und pervertiert wurden – es gab nicht nur Vergewaltigung und Prostitution, sondern sogar die Ehe. »Die Vereinigung wird von den Sträflingen nicht als ungewöhnlich angesehen. Einige achten sie der Beziehung zwischen den Geschlechtern gleich, und sie ist ebenso die Quelle von Eifersucht, Rivalität, Intrige und Konflikten wie auch sonst.« Die Wirkung seiner Aussage auf die Behördenvertreter, die seinen Bericht lasen, mag man danach bemessen, daß nahezu alle Hinweise auf Homosexualität gestrichen waren, als der Bericht schließlich 1847 für das Ober- und Unterhaus veröffentlicht wurde.

Trotz der Gewaltanwendung durch die Verwaltung der Insel war die Disziplin insgesamt sehr schlecht. Beim Morgenappell ging es sehr leger zu, »einige Gefangene standen mit verschränkten Armen, andere mit den Händen in den Taschen. Alle unterhielten sich oder taten sonst, was ihnen gefiel.« Wenn Neulinge aus England eintrafen, brachen Gruppen von zwanzig bis dreißig Altgedienten die Schlösser zu ihrer Abteilung auf, stürzten sich hinein, verprügelten und bestahlen sie. Niemand unternahm etwas dagegen, nicht einmal, als eine Gruppe völlig verwirrter Neulinge, die gerade das Transportschiff *Mayda* verlassen hatten, auf dem Weg hinab zur See, wo sie sich waschen sollten, »trotz der Bemühungen der Konstabler« am Strand ausgeplündert wurde. Sträflinge beschimpften ihre Wärter ungestraft auf die unflätigste Weise, Häuser wurden am hellen Tag ausgeraubt, und ein Altgedienter (so berichtete Naylor) schlug den Kommandanten selbst zu Boden, wobei dieser Abschürfungen erlitt. Vor allem aber wurde häufig gestreikt. So weigerte sich ein harter Kern von etwa hundert offen, zu arbeiten, und lenkte erst ein, als »die Bedingungen zu ihrer Zufriedenheit geändert worden waren«. Keiner von ihnen wurde wegen der Arbeitsverweigerung bestraft oder auch nur angeklagt.

Den Anlaß lieferten meist ungenießbare Nahrungsmittel, doch am 25. Februar 1846 traten die Sträflinge aus einem anderen Grund in den Streik: Es war für die Katholiken ein Feiertag, Aschermittwoch. Erst als ein Trupp Soldaten die Musketen anlegte und auf sie zu schießen drohte, waren sie bereit, an die Arbeit zu gehen. Childs' Zivilbeamte waren außerstande, den Vorschriften ohne Hilfe des Militärs Geltung zu verschaffen, das aber nicht jeden Tag herbeigerufen werden konnte. Resigniert stellte Stuart fest: »Wenn Ungehorsam nicht bestraft wird, verstärkt er sich und wird von den anderen nachgeahmt.« Die hartgesottensten Männer trugen offen Messer, bedrohten die Aufseher und rächten sich skrupellos an »Verrätern«: sie wurden entweder getötet oder verstümmelt, indem man ihnen die Nase und die Ohren abschnitt.

Da Wächter und Aufseher wenig Einfluß darauf hatten, was in den Unterkünften vorfiel, konnten die Sträflinge weitgehend ungehindert ihre eigenen Gesetze aufstellen. In einem allseits von Mauern umgebenen Hof, in der Nähe der Hauptunterkünfte und der Küche, wohin nur wenige Wächter oder Aufseher zu gehen wagten, befand sich das Zentrum der Sträflingsjustiz. Dort herrschte der »Ring«, eine mafiaähnliche Sträflingsorganisation, deren Kontrolle über das Leben der Gefangenen unbeschränkt und hart war. Die Mitglieder des »Rings« scheuten sich nicht, sogar Aufseher umzubringen: einer, dem Verrat vorgeworfen wurde, wurde tot in einem Gebüsch in der Nähe von Longridge aufgefunden, sein Bauch war aufgeschlitzt und seine Eingeweide herausgenommen, ersetzt von denen eines Schafes. Spätere Berichte, die von Markus Clarke und Price Warnung zusammengestellt wurden, umgaben den »Ring« mit dem schauerlichen Glanz einer Geheimgesellschaft, einer Bruderschaft des Bösen, in der es Initiationsriten, Tätowierungen und eine Eidesformel gegeben haben soll:

»Hand in Hand,
auf Erden und in der Hölle,
krank oder gesund,
zur See, an Land,
für ewig.

Steif oder voll Leben,
gefesselt oder frei,
Du und ich,
im Leben oder im Tod,
am Kreuz – nie!«

Dies sind nicht mehr als romanhafte Verbrämungen, dennoch gibt es keinen Zweifel daran, daß der »Ring« tatsächlich seit Ende der dreißiger Jahre des vorigen Jahrhunderts auf der Norfolkinsel existierte und Furcht und Schrecken verbreitete. Stuart schrieb dazu:

»Er verschaffte den Verderbtesten eine höchst tyrannische Macht über die Mehrheit der Sträflinge, von denen viele, nach meiner festen Überzeugung, wünschten, sich anständig zu betragen, aber es fehlte ihnen an der nötigen

Courage, den Drohungen standzuhalten und der verbrecherischen, zu allem entschlossenen Vereinigung Widerstand zu leisten, die sie unterdrückte. Es gibt keine Möglichkeit, einen Mann zu schützen, der sich wegen seines anständigen Verhaltens verdächtig gemacht hat . . . oder gegen ein Mitglied des ›Rings‹ Beschuldigungen erhob. Eine elendere Situation als die eines solchen Mannes kann man sich gar nicht vorstellen.«

Stuart fand noch manches andere, und als er seinen fertigen Bericht Champ übergab, der ihn Eardley-Wilmot »mit tiefstem Bedauern« vorlegte, berief dieser am 1. Juli 1846 eine Sondersitzung des Exekutivrates ein, um darüber zu beraten. Sie bedeutete das Ende von Major Childs' Amtszeit als Kommandant, denn der Rat sprach sich einstimmig dafür aus, sich seiner sofort zu entledigen. Auch Eardley-Wilmot wurde trotz seiner Proteste fristlos abgesetzt, damit die Dinge nicht noch schlimmer würden und die Insel nicht »alle Schrecken einer offenen Meuterei« erlebte.

Tatsächlich brach auf der Norfolkinsel gerade an jenem 1. Juli eine Meuterei aus, und zwar wegen der Lebensmittelfrage. Die Gefangenen hatten nie genug zu essen, und das wenige, was sie bekamen, verursachte Ruhr.

Wie immer wurde am 1. Juli die halbjährliche Kontrolle sämtlicher Ausrüstungsteile und Vorräte durchgeführt. William Forster war für die Inventur verantwortlich und ging am 30. Juni in die Küche, um die Vollständigkeit der Bestände zu überprüfen. Er wollte keine unnötigen Schwierigkeiten machen, hatte aber schon bei flüchtiger Untersuchung den Eindruck, daß zahlreiches Gerät und Besteck fehlte (die Gefängnisinsassen zerteilten große Metallgefäße und stellten daraus kleine her, die sie an Wächter oder Mitgefangene verkauften). Er beschloß zurückzukommen, nachdem die 800 Sträflinge in ihrer Unterkunft eingeschlossen waren, und fand »eine große Zahl« von Töpfen, Pfannen und Messern in der Umgebung des Holzhofs nahe der Küche versteckt, zusammen mit Lagern von Maismehl, das Mitglieder des »Rings« von den Rationen für sich abgezweigt hatten. Forster ließ all das ins Proviantlager der Sträflingsunterkunft schaffen und für die Nacht einschließen, damit es bei der Inventur mit aufgenommen werden konnte.

Als die Gefangenen am nächsten Morgen zum Frühstück herauskamen, stellten sie fest, daß »ihre« Gerätschaften zusammen mit »ihren« Mehlvorräten verschwunden waren. Die Führer des »Rings« schäumten, und sie umdrängten den Aufseher, der den Appell abhielt, Patrick Hiney, mit drohenden Ausdrücken und Gebärden. Als die Männer dann sahen, daß das Tor zum Holzhof nebenan offenstand, stürmten sie hin, brachen die Tür zum Vorratslager für die Unterkunft auf, zerstörten die Schlösser und kehrten im Triumph mit dem Mehl und den Kochgerätschaften zurück. Als sie sich daranmachten, Wasser zu sieden und Maisbrei zu kochen, schritt keiner der Wärter ein, und als sich eine halbe Stunde später Konstabler und Aufseher vor den Toren versammelten, um die Gefangenen an ihre Arbeitsstelle zu bringen, ertönte ein Ruf aus dem Holzhof: »Los, wir bringen das Schwein um.« Zum zweitenmal an jenem Vormittag stürmte ein Trupp von fünfzig oder sechzig Männern in größter Erregung durch die Tore, diesmal von einem der härtesten Männer des »Rings« angeführt, einem sechsundzwanzigjährigen zweimal verurteilten Buschklepper aus Vandiemensland namens William »Jacky-Jacky« Westwood. Sie ergriffen alles, was irgendwie als Waffe dienen konnte – Äxte, Schaufeln, Holzstücke –, und stürmten, sie wütend schwingend, zu den Hütten der Konstabler und anschließend zum Haus des verhaßten Polizeirichters, Samuel Barrow. Vier Tote blieben auf ihrem Weg liegen, Männer, die kaum Gelegenheit hatten, einen Finger zu rühren, bevor ihnen die Meuterer den Schädel einschlugen. Aber sie hatten keinen Plan, und als sie fluchend und keuchend auf Barrows Haus zustürmten, sahen sie eine Kette von Soldaten mit angelegten Musketen und aufgepflanzten Bajonetten gegen sie vorrücken. Die Meuterer verließ der Mut, und sie kehrten zum Holzhof zurück, ihrer einzigen Zuflucht.

Der blutige Zwischenfall hatte nur Minuten gedauert, aber die Bestrafung war exemplarisch. Barrow ließ über fünfzig der Männer festnehmen und steckte sie in das alte Gefängnis (das seit Morissets Tagen völlig unverändert geblieben war). Die meisten wurden ohne Prozeß zu einem Jahr Zwangsarbeit in Ketten verurteilt, die mutmaßlichen Rädelsführer in Eisen gelegt und mit den Fußeisen an eine lange Kette geschlossen; so sollten sie die Ankunft ihres Richters abwarten, der ermächtigt war, die vorgeschriebene Verhandlung zu führen. Schon vor der Meuterei waren neun Männer wegen Kapitalverbrechen festgesetzt worden, und Childs hatte bereits nach einem Richter geschickt. Dieser, Francis Burgess, kam wenige Wochen später auf der *Lady Franklin*, und da er von der Meuterei nichts wußte, war er auf den Anblick mehrerer Dutzend Angeklagter nicht vorbereitet. Mit ihm an Bord war bereits der neu ernannte Kommandant der Norfolkinsel, John Price.

Da Burgess wenige Tage nach Beginn der Verhöre erkrankte, mußte er auf der *Lady Franklin* nach Hobart zurückkehren, und das Gericht trat Ende September unter einen anderen Richter, Fielding Browne, erneut zusammen. Inzwischen hatten Barrow und Price gemeinsam die Anklage als Gelegenheit genutzt, den »Ring« zu zerschlagen. Sie erhoben gegen alle bekannten »Ring«-Mitglieder Anklage, bei denen sie eine Möglichkeit dazu sahen; von den 26 Männern wurden vierzehn in fünf Fällen von Mord und Beihilfe angeklagt. Trotz der Proteste des Kaplans Thomas Rogers gab man keinem von ihnen einen Verteidiger bei, und als Rogers den Gefangenen bei der Abfassung eines Gesuchs an den Richter half, in dem sie baten, man möge ihnen einen Verteidiger stellen, wurde diese Bitte stillschweigend übergangen. Mehrere der Angeklagten waren Analphabeten und daher nicht imstande, die Anklageschrift zu lesen.

Das »Geschworenengericht« bestand aus einem Tribunal von fünf Offizieren. Es vernahm zwölf Zeugen der Anklage, doch keine Zeugen der Verteidigung. Schließlich wurden am 5. Oktober zwölf der vierzehn Männer zum Tode verurteilt. Zu einer Begnadigung kam es nicht, obwohl »Jacky-Jacky« Westwood für Reverend Rogers eine letzte Erklärung abfaßte, die vier der Angeklagten entlastete:

> »Ich, William Westwood, möchte im Tode die Gnade Gottes durch Jesus Christus, unseren Herrn, erlangen. Ich erkenne an, daß meine Strafe gerechtfertigt ist, möchte aber sagen, bevor ich sterbe, daß ich überzeugt bin, vier von denen, die jetzt leiden sollen, haben die ihnen zur Last gelegte Tat nicht begangen, nämlich Lawrence Cavenagh, Henry Whiting, William Pickthorne und William Scrimshaw. Ich glaube, daß ich mit Cavenagh am Morgen der Aufstände kein Wort gewechselt habe, und die drei anderen Männer waren an den Tötungen nicht beteiligt.«

Rogers hatte Westwood und andere Verurteilte dazu überredet, ihre letzten Aussagen niederzuschreiben, statt sie vom Schafott herab mündlich zu machen, wie das üblich war; Price, Barrow und die Wächter fürchteten, solche Ansprachen könnten einen erneuten Aufstand auslösen.

Am 13. Oktober wurden die Männer vor den angetretenen Sträflingen gehängt. Insgesamt kamen im Verlauf der Woche siebzehn Männer wegen verschiedener Verbrechen an den Galgen; einige von ihnen hatten mit der Julimeuterei nichts zu tun. Es war die größte Massenhinrichtung, die je auf der Norfolkinsel stattgefunden hat, und eine der größten in der Geschichte Australiens als Strafkolonie. Das gesamte auf der Insel verfügbare Militär stand mit geladenen Musketen bereit, um jede Unruhe im Keim zu ersticken. Keine Stimme außer denen der Verurteilten, die gemeinsam ein Kirchenlied sangen, erhob sich. Rogers hatte mit ihnen die ganze Nacht gebetet; er und der katholische Kaplan Bond begleiteten die Männer zum Schafott, wo ihnen die Fußeisen abgenommen wurden; die Arme aber blieben »schwer gefesselt«. Nachdem sich die Falltür geöffnet und die stürzenden Leiber die Seile gestrafft hatten, wurden die Meuterer losgeschnitten, in Särge gelegt, ohne große Umschweife auf Ochsenkarren geladen und von ihnen hinab in eine alte Sägegrube gestürzt, die außerhalb der geweihten Erde des Friedhofs am Rande der See lag; anschließend wurde das Massengrab zugeschaufelt, die Erde über ihm wölbte sich zum »Mörderhügel«.

3

Mit dieser Massenhinrichtung begann die Laufbahn des berüchtigtsten aller Kommandanten der Norfolkinsel.

John Giles Price (1808–1857) war der Sohn eines Baronets aus Cornwall, Sir Rose Price of Trengwainton. Die Familie hatte mit Zucker- und Sklavenhandel in der Karibik ein Vermögen erworben, das ihr aber wieder zwischen den Fingern zerronnen war, so daß John Price nichts anderes war als eins von vierzehn Kindern eines kleinen Landadeligen. So suchte er 1836 sein Heil in den Kolonien, ein Mann Ende Zwanzig mit guten Empfehlungsschreiben, aber wenig Kapital. Doch vermochten in Hobarts geradezu krankhaft snobistischen Gesellschaft Briefe und ein Schuß blaues Blut mancherlei. Gouverneur Arthur gab Price ein beträchtliches Stück Land am Huonfluß und wies ihm mehr Arbeitskräfte zu, als die meisten Neuankömmlinge erwarten durften. Price ehelichte 1838 Mary Franklin, eine Nichte von Arthurs Nachfolger, die ihm in rascher Folge fünf Kinder gebar. Seine Landwirtschaft gedieh, und wegen seiner weithin bekannten Fähigkeit, mit zugewiesenen Sträflingen umzugehen, bekam er einen Posten in der Sträflingsverwaltung und wurde anschließend zum zweiten Polizeirichter ernannt. Trotz einer längeren Krankheit, die ihn befiel, nachdem er nach Hobart gezogen war, um seine Verwaltungsaufgaben wahrzunehmen, war seine Zukunft in der Kolonie gesichert. Man pries ihn wegen seiner klassischen Bildung wie auch wegen seiner sportlichen Fähigkeiten (er war ein guter Ruderer); er konnte darüber hinaus tischlern, drechseln, schmieden, schlossern und sogar kochen und nähen; außerdem liebte er Kinder, ganz wie gewisse Lagerkommandanten in Europa ein Jahrhundert später. Sein Ruf der Härte und Unbeugsamkeit ließ Eardley-Wilmot bei seiner Suche nach jemandem, der die Norfolkinsel vom Elend erlösen konnte, das durch Childs' Unfähigkeit über sie gekommen war, auf ihn verfallen. Er bekam mit Price mehr, als er hatte haben wollen. John Price ist seit mehr als einem Jahrhundert bis heute in der Vorstellung der Australier als das schauerlichste Monster des Landes lebendig geblieben. Das liegt vor allem daran, daß er das Vorbild für den brutalen Inselkommandanten Maurice Frere in dem bekannten australischen Roman aus dem neunzehnten Jahrhundert »His Natural Life« von Marcus Clarke abgegeben hatte. Clarke hätte kaum einen schillernderen Bösewicht erfinden können als seinen Frere, aber er brauchte es auch gar nicht. Die Charakterzüge jenes Mannes, den die Australier vor allem haßten, können mühelos in der offiziellen Korrespondenz der Norfolkinsel aufgespürt werden, in den zornigen Briefen des Reverend Thomas Rogers, Prices großem Gegner, und in den Parlamentsunterlagen, die sich auf ihn beziehen oder seine Ansichten über Sträflingsbehandlung enthalten. Clarke stützte sich sehr gründlich auf diese Dokumente, vor allem auf Rogers' »Correspondence Relating to the Dismissal of the Rev. T. Rogers from his Chaplaincy at Norfolk Island« (1849), die eine Quelle eindeutig negativer

Informationen über Price darstellt. Die Eigenschaften des Romancharakters Frere sind grundsätzlich dieselben wie die des Prototype Price, auch in der äußeren Erscheinung sind sie einander gleich: etwa 1,80 Meter groß (erstaunlich groß für einen Engländer des 19. Jahrhunderts), mit breiten Schultern, einem kräftigen Stiernacken, gerötetem Gesicht, rotblondem Haar, das ölig gelockt war, und einem kalten, grauen Blick, der durch ein Monokel noch kälter wirkte. Ein früherer Norfolkinsel-Sträfling mit Namen Henry Beresford Garrett konnte Price nicht aus seiner Erinnerung verdrängen und schrieb noch im Jahre 1870, lange nachdem er und auch Price die Norfolkinsel bereits verlassen hatten, über ihn in einer Schrift, der er den Title »Der Dämon« gab:

»Auf seinem runden Kugelkopf saß ein eitler Strohhut, dessen blaues Band bis auf die Schultern herabhing. In einem Auge steckte ein Monokel, ein schwarzes Seidentuch war um seinen Stiernacken gebunden. Er trug keine Weste, aber ein kurzes Jackett, das über seinen Schultern spannte. Ein Paar ziemlich enger Hosen vervollständigte seine Aufmachung, die von einem breiten Ledergürtel gehalten wurde und in denen deutlich sichtbar zwei Revolver steckten. Umgeben von Soldaten und Wachen trat er vor die Sträflinge hin, verschränkte selbstbewußt seine Arme und sagte:

»Ihr kennt mich, was? Ich bin gekommen, um zu regieren, und das werde ich, bei Gott, tun. Entweder zähme ich euch, oder ich bringe euch um. Ich weiß, daß ihr feige Hunde seid, und ihr sollt vor mir winseln.«

Das waren die ersten Worte, die Price an seine »Schafe« richtete, als er zum erstenmal die Sträflingsunterkünfte in Kingston im Jahre 1846 besuchte.

Als Clarke in seinem Roman seinem Helden den Namen Frere gab, war das kein Zufall. »Frere« heißt natürlich »Bruder«, und Clarke war fasziniert von der besonderen Beziehung, die Price zu seinen Sträflingen unterhielt.

Zu den Merkwürdigkeiten um diesen Mann gehört es, daß er in ihrem Jargon mit ihnen sprach, so daß sich jeder fragte, woher er ihn kennen mochte. Viele der Sträflinge auf der Norfolkinsel äußerten die Ansicht, er habe selbst einmal »gesessen«, und man berichtete sich auch hinter vorgehaltener Hand, er habe in »den Hafenspelunken Hobarts ein Jekyll-und-Hyde-Leben geführt und sei dort von den Berufsverbrechern als ihresgleichen akzeptiert worden. In seinem Lebenslauf fehlte der Zeitraum von 1827 (als er sich in Oxford einschrieb; er legte jedoch kein Examen ab) bis 1836, dem Jahr seiner Abreise nach Vandiemensland. Vielleicht war Price homosexuell – wenn auch die Hinweise darauf nicht eindeutig sind –, und er hatte die Ganovensprache durch Kontakte gelernt, die ihm diese Neigung eingetragen hatte.

Vom Schauspiel des Bösen, das die Sträflinge boten, abwechselnd gefesselt und angewidert, entwickelte Price, wie sein Biograph John Barry schreibt, »eine psychopathologische Haßliebe« zu ihnen. Er mußte sie nach seinen eigenen Maßstäben beherrschen, um zu zeigen, daß er auch ohne den Rückhalt des Systems ihr Herr war. Daher dürfte seine Besessenheit stammen, über sie alles möglichst genau zu wissen: die Art, wie sie sprachen, ihre Denkweise, ihre Wünsche. Er demoralisierte sie, indem er ihnen zeigte, daß ihm ihre Welt offenstand, wohingegen ihnen seine verschlossen blieb. Mit Sicherheit war Price schlecht, vielleicht auch verrückt, aber auf keinen Fall dumm.

Er hatte keine Zeit für Maconochies »Verzärtelungssystem«, auf das er die Auflösungserscheinungen zurückführte, die er auf der Norfolkinsel vorfand. Er herrschte durch Schrecken, Denunziantentum, die Peitsche und die öffentlich zur Schau gestellte Macht seines eigenen unbezähmbaren Wesens. Er ging unbegleitet in den Holzhof und brachte im Angesicht von 500 feindseligen Männern einen Sträfling zur Räson, der sich aufsässig zeigte.

Das Denunziantensystem war auf der Norfolkinsel schon lange vor Prices Ankunft ebenso selbstverständlich gewesen wie die Peitsche. Wer Price beurteilen will, muß also abschätzen, wie weit er in seinem despotischen Mißbrauch dieser Mittel über das Maß »verantwortungsbewußter« Brutalität hinausging, das die Regierung von einem Kommandanten der Norfolkinsel erwartete.

Dafür gibt es im wesentlichen zwei Zeugen aus dem geistlichen Stand. Einer von ihnen ist Thomas Rogers, der die ersten Monate von Prices Herrschaft miterlebte, bis ihn Anfang 1847 Dr. J. S. Hampton, der neue Überwachungsbeauftragte, abberief, der Price schätzte und abschirmen wollte. Als es Rogers nach seiner Entlassung aus der Sträflingsverwaltung nicht gelang, die Behörden zu einem Eingreifen gegen Price zu bewegen, und diese ihn gar als verleumderischen Querulanten behandelten, unterstützten ihn doch einige seiner Kirchenoberen. Er veröffentlichte 1849 seine *Correspondence*, in der er weitschweifig, empört, aber überzeugend beschrieb, was er auf der Norfolkinsel erlebt hatte. Es ist bezeichnend, daß sich weder Price noch Denison bemühten, diese Vorwürfe zurückzuweisen, obwohl Rogers – ohne Erlaubnis, wofür er einen Verweis erhielt – amtliche Dokumente herangezogen hatte.

Der zweite Zeuge für Prices Schreckensherrschaft war Robert Willson (1794–1866), ein Priester aus der Grafschaft Nottinghamshire, der 1844 erster römisch-katholischer Bischof Tasmaniens geworden war. Er begab sich dreimal auf die Norfolkinsel: 1846 (als Childs noch Kommandant war), 1849 und 1852. Bei seinem zweiten Besuch stellte er überrascht fest, wie erfolgreich Price die Folgen der Mißwirtschaft beseitigt hatte, und äußerte erst 1852 in einem langen und erschreckenden Bericht, den er Denison vorlegte, seine Zweifel an den dabei verwendeten Methoden. Price scheint ihn gebeten zu haben, diesen Bericht nicht abzusenden. »Mit Bedauern sehe ich, daß sie sich von den Darstellungen dieser Männer haben mitreißen lassen; Sie wissen, was für ein elender Haufen sie sind. Lassen Sie sich nicht von dem beeindrucken, was sie Ihnen mitteilen.« Willson war empört: »Bei meinem letzten Besuch in England habe ich die Regierung aufgefordert, ein Drittel der Sträflinge von der Insel zu nehmen, und jetzt werde ich ihr empfehlen, alle fortzubringen.« Bei diesen Worten soll Price in Tränen ausgebrochen sein und Willson gebeten haben, ihn nicht zugrunde zu richten.

Rogers' erster Vorwurf war die zynische Behandlung der Sträflinge. Price hielt Besserung für unmöglich, Wohlverhalten für Heuchelei und jedes Wort, das ein Sträfling über seinen eigenen inneren Zustand oder seine moralischen Fortschritte sagte, für Lüge. »Jedesmal, wenn mir der Wundarzt oder der Priester einen Burschen empfiehlt«, erklärte Price, »sehe ich ihn als den größten Heuchler des ganzen Haufens an.« Als 1846 das Transportschiff *John Calvin* seine knapp 200 Gefangenen auf der Norfolkinsel auslud, damit sie dort ihren mühseligen Weg durch das Bewährungssystem antraten, empfahl der Wundarzt einen von ihnen als »harmlosen Mann mit sehr feinen Empfindungen«, worauf Price antwortete: »*Die* werde ich ihm bald austreiben!« In Rogers' Bericht heißt es dazu:

> »Als er eines Tages Leute für die Polizei suchte, fragte Mr. Price einen Mann, was er zu Hause für einen Beruf gehabt habe. Der Mann antwortete, er habe auf einer Farm gearbeitet. ›Nun‹, habe daraufhin Price bemerkt, ›dann bist du nicht genügend Dieb für mich.‹ Ein anderer aber, der bekannte, ›ein ehrlicher Reisender‹, d. h. ein berufsmäßiger Dieb, gewesen zu sein, wurde zum Polizisten gemacht.«

Solch Auswahlverfahren verteidigte Price mit dem Argument, nur ein erfahrener Dieb könne einen anderen Dieb fangen. Die Hartnäckigkeit, mit der er Kriminellen Ämter verschaffte und Leute, die sich nur kleinerer Vergehen schuldig gemacht hatten, unberücksichtigt ließ, grenzte an Perversität.

Entsprechend verhielt er sich bei der Säuberung unter den zivilen Angestellten. Wer sich seiner autokratischen Herrschaft zu widersetzen schien, wurde amtsenthoben oder nach Hobart zurückgeschickt, bis niemand mehr zwischen ihm und den Gefangenen stand. Rogers notierte, bevor er 1847 die Insel verlassen mußte, den von Price begünstigten allumfassenden Denunziantenterror wie auch die Launenhaftigkeit, mit der Gefangene bestraft wurden. So bekam einer die Peitsche, weil er seine Schuhbänder verlegt hatte, und ein Mann namens Peart wurde sieben Tage in Ketten gelegt, weil er zu einer falschen Person »guten Morgen« gesagt hatte. Der Führer eines Ochsengespanns, dem zur Last gelegt wurde, »einen zahmen Vogel« zu besitzen, bekam sechsunddreißig Peitschenhiebe. Ein anderer wurde von einem Wächter dabei erwischt, wie er mit einem Zweig wedelte. Auf die Frage, was das sollte und wohin er ginge, antwortete der Sträfling: »Vielleicht will ich einen Papagei fangen.« Auch er wurde zur Strafe ausgepeitscht. Wieder ein anderer Sträfling mit Namen Higson kam an einem kleinen Garten vorbei, als ihn der Gärtner bat, »diesem Baum einen Tritt zu geben, denn er soll den Hügel hinabrollen, damit ich mit seinem Holz den Zaun flicken kann«. Der Sträfling tat, wie ihm geheißen, aber ein Wächter sah ihn und klagte ihn an, »er habe einem Baum einen Fußtritt versetzt«. Price verurteilte ihn zu 36 Hieben auf den Rücken und 36 weiteren auf die Geschlechtsteile. In weniger als zwei Wochen darauf wurde derselbe Sträfling noch zweimal ausgepeitscht, einmal sogar mit 100 Hieben, weil er im Besitz von Tabak gewesen war und sich im Busch versteckt hatte. Sträflinge wuschen ihren ausgepeitschten Kameraden den Rücken, drückten die zerfetzte Haut flach und legten zur Kühlung Bananenblätter darauf – Price ließ jeden, in dessen Besitz ein Bananenblatt gefunden wurde, kurzerhand auspeitschen.

Die Strafen für minder unerhebliche Vergehen waren entsprechend, und Prices Erster Konstabler, ein gewisser Alfred Essex Baldock (1821–1848), der bereits seinen Freibrief besaß, befolgte die Anordnungen seines Herrn und Meisters aufs genaueste. Rogers nannte ihn »äußerst prinzipienlos, tückisch und seinen Mitgefangenen gegenüber gefühllos, in allem die servile Kreatur des Kommandanten«. Einige Männer wurden nach dem Auspeitschen in eine Zwangsjacke gesteckt und mit dem Rücken nach unten eine oder zwei Wochen lang an eine eiserne Bettstatt gefesselt, damit sich die Wunden nicht schlossen. Natürlich begannen sie zu faulen und stanken entsetzlich. Andere wurden, ohne daß man sie auspeitschte, »niedergebunden«, dafür aber bis zu sechs Wochen hintereinander, wonach das Opfer »mehr einem bleichen, aufgeblähten Leichnam als einem Lebewesen glich und seine Stimme kaum zu hören war«. Einen Sträfling namens Leon prügelten die Hilfspolizisten mit Knüppeln besinnungslos, weil der Baldock geschlagen hatte, er bekam den »Röhrenknebel« in den Mund gesteckt und wurde, mit den Armen hinter dem Rücken – einer davon war gebrochen – an einen Pfahl gefesselt. Die Zellen wurden häufig getüncht, damit man das Blut nicht sah, das, wie Rogers behauptete, die Wände bis zu einer Höhe von über zwei Metern bespritzt hatte. In einer übelriechenden Strafzelle pflegte Price bei Außentemperaturen um vierzig Grad ein Dutzend Männer mit einem Latrineneimer auf einer Grundfläche von drei Meter fünfzig mal sieben Meter einzusperren. »Als ich sie zum ersten Mal betrat«, gestand Rogers, »mußte ich auf den Hof hinausgehen, um nicht ohnmächtig zu werden.« Männer wurden dazu verurteilt, »am Riff« zu arbeiten, das bedeutete, sie mußten mit ihren sechsunddreißig lbs. schweren Fußeisen bis zur Hüfte im Wasser stehend Korallen schneiden; man verurteilte sie zu zwei Wochen Einzelhaft, weil sie »ein aufgetrenntes Stück einer alten Hose« besaßen oder »beim Läuten auf dem Klo waren«.

Price verteidigte seine »Maßnahmen«, selbstverständlich ohne näher auf sie einzugehen. Als Begründung gab er an, die Gefangenen seien wilde Tiere, die sich sogleich erheben und die Insel in Besitz nehmen würden, käme man ihnen nur im geringsten entgegen. Rogers widersprach dem: seiner Ansicht nach ließen sich die zweitausend Gefangenen, abgesehen von zwanzig oder dreißig »gemeinen Schurken« mit Hilfe der »üblichen Verfahren gerechter und fester Herrschaft ebenso leicht lenken wie die Bauern der Grafschaften Kent oder Devonshire«.

Zwar hatte der Kommandant Frau und Kinder auf der Insel, doch sein »ständiger Begleiter« war Rogers zufolge ein gewisser Baldock. Dieser Konstabler ritt mit ihm zu Außenposten und Schäferhütten im Busch, »war ständig um ihn und beriet ihn in allem«. Rogers scheint eine homosexuelle Beziehung zwischen diesen beiden Männern vermutet zu haben, und das erklärte in seinen Augen auch, warum Baldock von Price nichts zu befürchten hatte. Auf Vandiemensland versicherten Männer, die früher als Aufseher in Baldocks Bewährungskolonne tätig gewesen waren, »man verdächtige ihn so sehr des Hangs zum widernatürlichen Verbrechen, daß ihm befohlen wurde, sich nachts in einer der Schlafzellen aufzuhalten«. Es gibt keinen Nachweis für eine solche Verbindung zwischen Price und Baldock, doch als der Erste Konstabler (zur unbändigen Freude der Sträflinge) ertrank, nachdem sein Ruderboot auf dem Riff von Kingston gekentert war, ließ ihm Price einen ungewöhnlich großen und kunstvollen Grabstein setzen.

Sir William Denison nahm jedoch Reverend Rogers' Aussagen, als 1849 die *Correspondence* im Druck erschien, amtlich nicht zur Kenntnis, und Price bekam Schützenhilfe von einem weiteren Freund, dem maßlos zynischen Opportunisten (und späteren Gouverneur von Westaustralien) Dr. J. S. Hampton. Dieser verneinte in einem Bericht über das wahre Wesen der Häftlinge alle Schuld Prices und erklärte mit Nachdruck, auf der Insel gehe »nichts Ungewöhnliches« vor.

Doch der Verdacht, daß die Ferne der Insel von Hobart es dem Kommandanten gestattet hatte, einen Mißwuchs seiner Seele wild wuchern zu lassen, ließ sich nicht ohne weiteres von der Hand weisen. Prices Herrschaft wurde so unerträglich, daß ihn Denison 1852 in einem Brief aufforderte, Stellung zu der von ihm selbst berichteten ungeheuren Zahl an Auspeitschungen zu nehmen. Seine Exzellenz, erfuhr Price da, »bedauert sehr, daß Sie diese Bestrafung in so großem Umfang für erforderlich gehalten haben«, und »erwartet, daß Sie Möglichkeiten finden, die erforderliche Disziplin durchzusetzen, ohne so häufig Zuflucht dazu zu nehmen«.

In seiner Antwort ließ sich Price über das Wesen der Sträflinge aus: »Abschaum«, »Unverbesserliche«, »Desperados«. Er behauptete, ihnen gegenüber sei »Freundlichkeit sinnlos, einen Rat nehmen sie nicht an«, und er verteidigte die »wohltuende Wirkung« des Auspeitschens: »Die Vorschriften sind notwendigerweise streng, doch nicht strenger als jene für Soldaten oder auch für Jungen in Englands Internatsschulen.«

Doch in ebenjenem März 1852 fühlte sich Bischof Willson durch Gerüchte und Berichte zu seinem dritten Besuch auf der Norfolkinsel veranlaßt. Was er sah, entsetzte ihn, und so faßte er einen dreißigseitigen Bericht an den Gouverneur ab. Darin beschrieb er Massenauspeitschungen, von Blut getränkte Erde und eine Atmosphäre trübsinniger, ergebener Teilnahmslosigkeit. »Die Männer«, heißt es da, »haben keine Hoffnung mehr, je die Insel zu verlassen.« Er sah unvorstellbar überbelegte Zellen, Männer mit Eisenkugeln von 36 lb. Gewicht an den Fußketten, verschrumpelte bleiche Geschöpfe, die ihn wortlos anstarrten, »ihre Leiber in ein eisernes Gestell eingezwängt«. Der einzige Arzt auf der Insel steckte allem Anschein nach so sehr mit Price unter einer Decke, daß er behauptete, ein schwerkranker Gefangener müsse in einer Zelle ohne Luftzufuhr gehalten werden, weil eine Belüftung für ihn »schädlich« sei. Hampton seinerseits versuchte, Bischof Willsons Bericht dadurch als unglaubwürdig hinzustellen, daß er bestimmte Einzelheiten als falsch bezeichnete. Trotz Prices Bitten, den Bericht nicht weiterzuleiten, blieb Willson bei seinen Aussagen und beschuldigte unumwunden ihn wie auch »das System, das einen Mann an diesem fernen Ort mit absoluter, ich könnte auch sagen: verantwortungsloser, Macht über eine so große Anzahl von Menschen ausstattet«.

Price hatte Ende 1850 schon einmal mit der Begründung seinen Rücktritt angeboten, es sei überaus schwierig, seine Kinder an jenem Ort aufzuziehen, doch man hatte ihn mit einer Gehaltserhöhung darüber hinweggetröstet. Da Denison nunmehr befürchtete, Price könne zu einer Belastung für die Krone werden, und den Eindruck hatte, zwischen dessen in der amtlichen Korrespondenz nicht näher bezeichneten »Krankheit« und den Ausschreitungen seiner Herrschaft bestünde ein Zusammenhang, ließ er Price von seinem Amt entbinden. Ohnehin war die Zahl der Sträflinge auf der Norfolkinsel, bedingt durch Greys Wunsch, die Siedlung dort ganz aufzugeben, bereits auf die Hälfte zurückgegangen. Die Mehrzahl der zur Bewährung deportierten Gefangenen war nach Vandiemensland geschickt worden, so daß nur noch die etwa vierhunderfünfzig zweimal Verurteilten blieben – bei einer trotz des teueren Unterhalts unverminderten Stärke der auf der Insel stationierten Garnison. Zivilisten für die Verwaltung hingegen waren nicht zu bekommen, weil alles zu den neu entdeckten Goldfeldern von Ballarat und Bendigo strömte.

So oder so – Denison deutete die politischen Zeichen der Zeit richtig, die auf eine Abschaffung der Deportation nach Australien hinwiesen. Am besten räumte man diesen fernen Außenposten des Strafvollzugs und konzentrierte sich auf Vandiemensland. Also ordnete er an, nach dem Vorbild von Pentonville Pläne für ein in Port Arthur zu errichtendes Höchstsicherheitsgefängnis zu entwickeln, in das die schweren Fälle von der Norfolkinsel verlegt werden sollten.

John Price verließ die Insel nach mehr als sechs Jahren gern. Er konnte den Anblick von Gefangenen nicht mehr ertragen, und er hatte sein Stück Land auf Vandiemensland. Eine Mißbilligung durch die Behörden wurde nicht ausgesprochen, und nach gründlicher Lektüre von Bischof Willsons Bericht und der ihn begleitenden Rechtfertigungsschreiben von Price und Hampton befand der neue Kolonialminister, der Herzog von Newcastle, da die Norfolkinsel ohnehin geräumt werden sollte, bestehe kein Anlaß, der Sache weiter nachzugehen und alte Wunden aufzureißen. John Price hatte unermüdlich seine Pflicht getan, wie er sie verstand, und dabei Erfolg gehabt. Er war der Krone ein guter Diener gewesen, wenn auch »ein wenig übereifrig«. Doch Übereifer im Dienste des Strafvollzugs war kein Verbrechen, und so schloß der Minister die Akten zum Thema Norfolkinsel.

Price trieb noch eine Weile Landwirtschaft, hielt es aber offenbar ohne die Gefängnisverwaltung nicht aus und übernahm binnen eines Jahres, im Januar 1854, auf dem Festland eine Stelle als Generalinspekteur der Strafvollzugsanstalten in Victoria. Zu seinen Aufgaben gehörte die Verwaltung der fünf Gefängnisschiffe im Hafen von Melbourne, und fortan war die Brutalität sprichwörtlich, mit der die auf ihnen untergebrachten Männer behandelt wurden. Schon bald mußte in ihrer Nähe ein Kriegsschiff mit schußbereiten Kanonen vor Anker gehen, das im Fall einer Gefangenenmeuterei das betreffende Schiff versenken und die angeketteten Männer mit ihm auf den Grund schicken konnte.

Am 26. März 1857 besuchte Price dienstlich den Steinbruch von Williamstown, wo Kolonnen von Sträflingen von diesen Schiffen arbeiteten. Sein Amt verlangte, daß er sich Beschwerden anhörte, und er trat mit seiner üblichen Unbekümmertheit mitten unter die Männer, lediglich von einer kleinen Gruppe von Wächtern begleitet.

Hunderte von Gefangenen sahen zu, wie er den Lorenweg hinaufschritt, auf dem die gebrochenen Steine zum Hafen hinabgebracht wurden. Wortlos kamen sie näher und umringten ihn in einem immer enger werdenden Kreis. Man hörte rauhe Stimmen, Ketten klirrten, Schuhnägel kratzten auf Steinen, und Felsstücke begannen zu fliegen. Als die Wächter flohen, wandte sich Price um und begann, den Lorenweg hinabzulaufen. Ein Stein traf ihn zwischen die Schulterblätter, und er stürzte aufs Gesicht. Danach war nichts mehr zu sehen als eine Masse von Menschenleibern und ein wildes Durcheinander von Armen, die mit schweren Hämmern und Brecheisen wild auf ihn einschlugen.

4

Prices Herrschaft auf der Norfolkinsel war das letzte Aufbäumen eines im Sterben liegenden Systems gewesen. Die Deportation nach Australien hörte auf, allerdings nur allmählich, denn eigentlich wollte Großbritannien sie gar nicht beenden.

Noch nach 1864 hoffte Ihrer Majestät Regierung, sie am Leben erhalten zu können. Sie war nicht bereit, nur deshalb den Forderungen der Kolonie nach Abschaffung nachzugeben, weil sich das Bewährungssystem als Fehlschlag erwiesen hatte. Nach wie vor mußte sich England von Sträflingen befreien, der »exkrementartigen Masse«, wie sich Jeremy Bentham eine Generation zuvor ausgedrückt hatte, und brauchte jedes Jahr Platz für Tausende. Richter, Bischöfe und Politiker waren sich weitgehend darin einig, daß die Deportation angesichts des Anstiegs von Verurteilungen der richtige Weg war, sich ihrer zu entledigen. In diesem Punkt war der Bericht des 1847 eingesetzten Untersuchungsausschusses über den Strafvollzug, jugendliche Straftäter und die Deportation eindeutig: »Die Bestrafung durch Deportation kann nicht gefahrlos aufgegeben werden.« So erwog man, um den Druck auf Vandiemensland zu vermindern und die Sträflinge durch die Hintertür aufs Festland zu bugsieren, verschiedene Projekte.

Als erstes schlug Gladstone zu Beginn seiner sechsmonatigen Amtszeit als Kolonialminister Anfang 1846 vor, unmittelbar nördlich von Brisbane bei 26° südlicher Breite eine Linie quer durch Neusüdwales zu ziehen. Das nördlich dieser Linie liegende Land sollte eine neue und eigene Kolonie bilden, Nordaustralien. Diese »Gladstone-Kolonie« sollte als riesiges Gefängnis für Sträflinge von Vandiemensland dienen, die einen Freibrief besaßen oder bedingt begnadigt wurden. Da »schwere« Fälle nicht vorgesehen waren, brauchten keine besonderen Sicherheitsvorkehrungen getroffen zu werden. Aus England ankommende Gefangene würden gleich bei ihrer Landung bedingt begnadigt; auf diese Weise gäbe es auf Vandiemensland Platz für die »schweren« Fälle.

Den Siedlern der Insel gefiel diese Lösung verständlicherweise nicht. Ihrer Ansicht nach gab es auf Vandiemensland mehr als genug Sträflinge. Immerhin bestand 1846 nahezu die Hälfte der Gesamtbevölkerung aus Verbrechern, die ihre Strafe verbüßten, von 66000 Bewohnern waren 30000 Gefangene. Bezog man die früheren Sträflinge (wohl weitere 15000) mit ein, stand es um die Minderheit der »Exklusiven« schlecht. Sie sahen sich selbst als winzigen Archipel des Anstandes in einer steigenden See moralischer Verderbnis und widersetzten sich daher allen Absichten, weiteres Sträflingsblut ins Land zu schaffen.

Noch unbeliebter war die »Gladstone-Kolonie« in Sydney, da der Plan keinen sträflingssicheren Zaun entlang der Grenzlinie vorsah. Was konnte die Geächteten daran hindern, nach Neusüdwales einzusickern? Dennoch wurde der Plan erprobt, und Anfang 1847 landeten Siedler an der für die Hauptstadt vorgesehenen Stelle, Port Curtis. Aber dem Experiment war keine Dauer beschieden: Bedrängt von Lebensmittelknappheit, ständigen Angriffen der Ureinwohner, tropischem Regen, glühender Sonne, dicht wie die Wolken schwärmenden Insekten, gaben die Siedler bald auf, zumal auch die Wasserversorgung schwierig war.

Inzwischen stieg Gladstone zum Premierminister auf, und Lord Grey trat im Kolonialamt an seine Stelle. Er ordnete – zur ungeheuren Erleichterung der Siedler, die die frohe Botschaft im April 1847 erfuhren – die Aufgabe von Port Curtis an und erläuterte vor dem Unterhaus, man hätte die Sträflinge besser in die wilden Teile von Vandiemensland gebracht, wenn sie als Pioniere in der Wildnis dienen sollten. In Wirklichkeit habe sein Vorgänger wohl die Absicht verfolgt, sie wie durch ein Sieb »von Nordaustralien nach Neusüdwales zu schicken«. Daß freigelassene Sträflinge in Nachbarkolonien ein neues Leben begannen, konnte »billigerweise nicht verhindert« werden, doch war es durchaus eine andere Sache und noch dazu äußerst ungerecht, sie in der Nähe von Neusüdwales an Land zu setzen und nach Süden in eine Gesellschaft eindringen zu lassen, die sie nicht wollte.

Aber Grey hatte auch einige Überraschungen auf Lager. In der Erkenntnis, daß man unmöglich noch mehr Sträflinge in Vandiemensland hineinquetschen konnte, verkündete er 1846 die Aussetzung der Deportation auf zwei Jahre. Im Jahre 1845 waren 2870 Gefangene beiderlei Geschlechts dort gelandet, die Zahl für 1846 betrug 1126, für 1847 1269 und für 1848 1434. Da mehr als tausend der 1847 und 1848 auf Vandiemensland eingetroffenen Sträflinge von der Norfolkinsel stammten, ist erkennbar, daß England die Deportation in der Tat kräftig beschnitten hatte.

1847 teilte Grey Gouverneur Denison mit, es sei nicht Großbritanniens Absicht, die Deportation nach Ablauf der beiden Jahre wiederaufzunehmen, und sein Staatssekretär, Sir James Stephen, berichtete einige Tage darauf dem Schatzamt, Ihrer Majestät Regierung habe beschlossen, das System der Deportation nach Vandiemensland gänzlich aufzugeben. Als Denison die Mitteilung las, nahm er an, Grey meine das buchstäblich, und vermutete, die Abschaffung des Systems stehe unmittelbar bevor. Wie er hatten sich die freien Siedler auf Vandiemensland jedoch zu früh gefreut. Grey, das Sprachrohr des »perfiden Albion«, dachte an ein neues System, das die verschleiernde Bezeichnung »unterstütztes Exil« trug.

Dabei sollte der Strafvollzug in den Zuchthäusern Englands mit der Deportation verknüpft werden. Waren die Straftäter nach einer Weile in Pentonville durch die harte Behandlung in der Anstalt weichgekocht, konnte man sie bedingt begnadigen und nach Australien schicken, wo sie ihre Strafe zu Ende verbüßen mochten. Sofern Vandiemensland (dessen Wirtschaft sich 1847 erkennbar erholte) sie nicht aufzunehmen vermochte, waren dazu doch gewiß die nach Arbeitskräften dürstenden Siedler, die in Neusüdwales und Port Phillip Viehzucht betrieben, imstande. Auf die »getrennte Haft« in England sollte also eine gewisse Zeit »gemeinsamer Arbeit« auf der Marinewerft und anschließend »unterstütztes Exil« zu den Antipoden folgen. Dort würde man die Männer nicht den Übeln des Bewährungssystems aussetzen, sondern gleich Siedlern in den Landbezirken und im Outback zuweisen. Solche, deren moralische Haltung das zu rechtfertigen schien, durften auch Frauen und Kinder mitnehmen. So konnten sich die Bewohner der Kolonie nicht beklagen, daß man sie mit deportierten Kriminellen überfremde. »Das Deportationsstrafsystem wird nicht wiederaufgenommen«, berichtete Grey 1848 an Denison. »Die *Verteilung* von Männern ändert deren Wesen vollständig, da man sie nicht mehr in Straf- und Bewährungskolonnen unterbringt.« Und da Grey ein Politiker mit einem Gespür für wohlklingende Namen war, trug er Sorge, daß die, denen sein Strafvollzugsexperiment galt, keinesfalls als »Sträflinge« bezeichnet wurden, sondern als »Exulanten«.

Mit diesem Plan hatte sich Grey schon nahezu zehn Jahre lang beschäftigt, und er hatte ihn, damals noch Viscount Howick, zum ersten Mal 1837 im Zusammenhang mit den Sitzungen des Molesworth-Ausschusses James Macarthur vorgetragen, dem Weidekönig von Neusüdwales. »Was käme Ihrer Ansicht nach dabei heraus«, hatte er ihn gefragt, »wenn man Verbrecher erst in England mit einer gewissen Zahl von Jahren Gefängnis bestrafte, sie dann nach Neusüdwales verbannte und sie dort, ebenso wie die Inhaber von Freibriefen, der Überwachung durch die Polizei unterstellte?« Macarthurs Antwort hatte gelautet: »Mehr oder weniger dasselbe wie bei der Deportation.« Das Experiment hatte bereits begonnen, bevor Grey die Leitung des Kolonialamtes übernahm, und 1844 hatte das Transportschiff *Royal George* einundzwanzig Sträflinge in der Port Phillip-Bucht an Land gesetzt. Sie waren seit dem fehlgeschlagenen Versuch, dort 1803 eine Sträflingssiedlung zu errichten, die ersten Rechtsbrecher, die den Boden des künftigen Staates Victoria betraten und hatten alle bereits einen Teil ihrer Strafe in Pentonville, Großbritanniens neuem Zuchthaus, verbüßt.

Die nach Arbeitskräften förmlich dürstenden Siedler rissen der Regierung diese Männer geradezu aus den Händen und verlangten nach mehr. Edward Curr, ein eisenharter Konservativer, zwanzig Jahre zuvor Geschäftsführer der Vandiemensland-Gesellschaft und nach deren Niedergang Landwirt im Bezirk Port Phillip, vertrat die Siedler. Da keine freien Arbeitskräfte zur Verfügung standen, waren die Löhne hoch, und das lockte »in hellen Scharen« ehemalige Sträflinge von Vandiemensland und aus Neusüdwales an. Lieber wollte man die durch das Zuchthaus vielleicht zum Teil gebesserten Männer aus Pentonville haben als diese häufig zwielichtigen Gestalten.

Andere vertraten eine abweichende Ansicht. Nach Meinung des Melbourner Zeitungsherausgebers William Kerr drohten die »Exulanten« nicht nur die Löhne zu drücken, sondern bedeuteten auch eine Gefahr für die Moral in der Kolonie, einmal ganz davon abgesehen, daß es einer ungerechten Behandlung aller freien Bürger gleichkäme, sie »ohne alle Einschränkungen« ins Land zu lassen.

Damit war der Klassenkonflikt über die Ankunft der »Exulanten« abgesteckt. Es ging um Stadt gegen Land, Arbeiter gegen die Besitzer der großen Schafherden, die »Schafbarone«. Die Aussicht, daß die Transporte nach Australien wieder aufgenommen würden, überbrückte die alte und inzwischen demographisch kaum noch haltbare Trennung zwischen »Exklusiven« und »Emanzipisten« in dem riesigen Territorium von Neusüdwales. Einige »Emanzipisten«-Familien waren inzwischen sehr reich geworden und konnten billige Sträflingsarbeit sehr gut gebrauchen; viele, inzwischen freie, Emigranten empörten sich bei der Vorstellung, Einkommen an eine Flut von Verbannten abtreten zu sollen. Selbst für die Söhne und Töchter alter »Exklusiven«-Familien, die sich damit brüsteten, seit 50 oder mehr Jahren in der Kolonie zu leben, stellte die Anwesenheit von Sträflingen nicht länger eine Bedrohung der Ordnung dar; von einer Gesamtbevölkerung in Neusüdwales im Jahre 1846 von etwa 187 000 waren nur etwa 11 000 Sträflinge, die ihre Strafe noch nicht abgebüßt hatten. Im Vergleich zu Vandiemensland waren Sträflinge in Neusüdwales (in den Augen derer, die sich eine größere Zahl wünschten) kaum mehr als eine Randerscheinung. Es wurde Zeit, wieder an die Vorteile von Sträflingseinsätzen zu denken.

Die Schafbarone trugen den Sieg davon – zunächst. In den Jahren 1845 und 1846 kamen 517 Männer aus Pentonville in Melbourne an und fanden sofort Beschäftigung. Ein Ausschuß, den der gesetzgebende Rat von Neusüdwales gegen Ende 1846 eingesetzt hatte, berichtete an Gladstone, die »unendliche Einsamkeit« im Landesinneren von Neusüdwales scheine »von der Vorsehung dem britischen Volk als geeignetster Ort für die Besserung seiner Verbrecher zugewiesen worden zu sein«. Der Rat selbst war ursprünglich anderer Ansicht, doch als Grey anbot, für jeden Sträfling einen freien Siedler sowie zugleich Frauen und Angehörige der Exulanten ins Land zu schicken, lenkte er ein. Damit waren alle Vorbereitungen für eine Wiederbelebung der Deportation nach dem australischen Festland, ja sogar nach Sydney, getroffen, und 1847 kamen im Rahmen von Greys Exilplan 536, 1848 455 Sträflinge nach Port Phillip.

Doch bald schon traten Schwierigkeiten auf. Die »unendliche Einsamkeit« schien nicht mehr ganz so leer zu sein, denn die allgemein schlechte Wirtschaftslage Englands bewirkte eine starke Zunahme der Auswanderung freier Bürger. Von 1847 bis 1849 verließen an die 30000 von ihnen die Heimat, um in Neusüdwales ihr Glück zu suchen. Die Exulanten, die 1847/48 nach Port Phillip kamen, fanden deshalb nicht mehr so leicht Arbeit: Die Nachfrage hatte sich vermindert. Doch hatte Grey angesichts des schlechten Zustands der britischen Wirtschaft nicht den Eindruck, er könne das Schatzamt dazu bringen, daß es die Kosten für seinen Plan »Ein freier Siedler für jeden Exulanten« übernahm, und so ließ er diesen Teil seines Abkommens mit dem gesetzgebenden Rat von Neusüdwales fallen. Statt dessen erwirkte er im August 1848 eine Verfügung des Kronrats, in der es hieß, Sträflinge könnten wieder in dem Umfang nach Neusüdwales gebracht werden, wie Ihrer Majestät Regierung es für richtig und angebracht hielt.

Prompt schickte er die *Hashemy* mit 239 männlichen Gefangenen nach Sydney, seit zehn Jahren das erste Transportschiff, das dort anlegte. Das allerdings empfanden Königin Victorias getreue Untertanen in Australien sogleich als Zeichen eines vollständigen Vertrauensbruchs durch Lord Grey.

Die Folge waren die größten Demonstrationen empörter Bürger in der kurzen Geschichte der Kolonie. Am 11. Juni 1849 versammelte sich bei strömendem Regen eine große Menschenmenge am Kai – die Befürworter der Einstellung der Deportation zählten 5000 Demonstranten, die Polizei 700 bis 800. Der Gouverneur, Sir Charles Fitzroy, beobachtete sie, wie sie die George Street und die Macquarie Street hinunterströmten; die Ladeninhaber verriegelten aus Vorsicht die Fenster ihrer Geschäfte, Soldaten nahmen mit aufgepflanzten Bajonetten Aufstellung vor dem Gouverneurspalast, und die Polizei umstellte den gesamten vom Regen in eine Schlammwüste verwandelten Hafenbezirk. Doch es kam zu keinen Ausschreitungen. Ein Redner nach dem anderen erklomm die improvisierte Tribüne (das Dach eines Pferdeomnibusses), sprach vor der Menge und wurde bejubelt. Zu ihnen gehörte nicht nur Robert Campbell, Neffe des bedeutenden Kaufmanns, ein Mann, der schon seit zwanzig Jahren gegen die Deportation kämpfte, sondern auch John Lamb, pensionierter Marineoffizier und angesehener Geschäftsmann mit Sitz im gesetzgebenden Rat von Neusüdwales. Er stellte die ersten von einem aufstrebenden australischen Politiker namens Henry Parkes formulierten Anträge gegen die Deportation:

»*Erstens* – weil sie dem Willen der Mehrheit der Siedler zuwiderläuft, wie sich stets gezeigt hat, wenn dieser Gegenstand zur Sprache gekommen ist.

Zweitens – weil eine ganze Anzahl von uns im Vertrauen darauf ausgewandert ist, daß die britische Regierung die Deportation in diese Kolonie auf immer eingestellt hat.

Drittens – weil es mit unserer Existenz als nach Selbstregierung strebender freier Kolonie unvereinbar ist, als Gefäß für die Rechtsbrecher eines anderen Landes zu dienen.

Viertens – weil es im höchsten Maße ungerecht ist, die umfassenden sozialen und politischen Interesssen der gesamten Kolonie dem finanziellen Vorteil eines Bruchteils seiner Bewohner unterzuordnen.

Fünftens – weil wir große Furcht empfinden, daß eine so ungeheuerliche Ungerechtigkeit die Gefühle der Menschen dieser Kolonie vom Mutterland entfremden wird.«

Ein aus England ausgewanderter Strafverteidiger, Robert Lowe, der künftige Viscount Sherbrooke, ein halbblinder Volkstribun mit Stentorstimme und einem Gespür für die öffentliche Meinung, kletterte auf das Omnibusdach und wandte sich gegen »diesen Versuch, der Kolonie die schlimmste und erniedrigendste Sklaverei aufzuzwingen«, als Ergebnis »jener Tyrannei, die das Land in der Kolonie zum Nutzen einer Klasse konfisziert« hatte; damit waren die Besitzer der großen Schafherden auf Regierungsland gemeint. Diese Zusammenkunft, schrie er in die kurzen Augenblicke der Stille zwischen den Jubelrufen der Menge, solle den Auftakt zu einer australischen Republik bilden, so wie die Boston Tea Party zum Auftakt für die Republik Amerika geworden war. »So wird zu allen Zeiten und in allen Völkern Ungerechtigkeit und Tyrannei zum Aufruhr führen, und aus Aufruhr entsteht Unabhängigkeit.«

Aufmerksamen Zuhörern fiel auf, daß kein einziger Freigelassener oder Abkömmling eines Sträflings das Wort ergriffen hatte. Die Redner, die sich gegen die Deportation ausgesprochen hatten, zogen zum Gouverneurssitz, wo sie Generalgouverneur Fitzroy ihre Bittschrift übergeben wollten. Er erklärte sich bereit, sie am nächsten Tag zu empfangen, und teilte Lowe mit, er werde den Protest der Siedler Ihrer Majestät weiterleiten, doch sei daran nicht zu rütteln, daß die Sträflinge von der *Hashemy* blieben.

So wurde für den 18. Juni eine weitere Großkundgebung einberufen, auf der die Redner Lord Greys Entlassung forderten. Da man bereits viel über eine Revolte wie die der Yankees gemunkelt hatte, fügte Lowe seiner Erklärung hinzu, er sehe nicht, welchen Sinn derlei haben sollte, denn freie Australier würden durch eine Trennung vom Mutterland keinen Nutzen haben, »selbst wenn wir Grund hätten, sie zu wünschen. Wir besitzen nur wenig von dem unbeugsamen und strengen Geist der alten amerikanischen Siedler.« Damit war nach Parkes' Ansicht über Australiens Unabhängigkeit gesagt, was zu sagen war. Er hatte mehr recht, als er selbst annehmen konnte, denn noch eineinviertel Jahrhunderte lang sollte der Kontinent Teil des britischen Commonwealth bleiben.

Fitzroy schrieb an Lord Grey und versicherte ihm, daß die in Sydney gegen die Deportation Stimmung machenden Interessenvertreter nicht annähernd alle Bürger verträten, lediglich der Pöbel höre auf sie. Er erklärte, ihre Behauptung, der Kolonialminister habe sich den Siedlern gegenüber eines Vertrauensbruchs schuldig gemacht, sei gänzlich ungerechtfertigt.

Tatsächlich flaute die über der *Hashemy* ausgebrochene politische Krise sehr bald wieder ab. Als ein weiteres Schiff, die *Randolph*, mit 195 Sträflingen an Bord in Port Phillip eintraf, überredeten die Bürger Melbournes La Trobe, es am Anlegen zu hindern. Also segelte der Kapitän einfach ein Stück weiter nordwärts und lud seine Fracht in Sydney aus, ohne damit eine einzige Zusammenkunft oder Ansprache zu provozieren. Später brachten zwei weitere Schiffe, die *Havering* und die *Adelaide*, insgesamt knapp 600 Exulanten nach Sydney. Es waren die letzten, und bei ihrer Ankunft gab es keinerlei Zwischenfälle.

Allerdings konnte auch keine Rede davon sein, daß die auf diesen Schiffen ins Land gekommenen Männer die Atmosphäre in der Kolonie spürbar beeinträchtigten. Sie waren durchaus wie andere Auswanderer auch. »Meine liebe Frau, Du kannst zu mir kommen, sobald es Dir recht ist«, schrieb einer, nachdem er bei einem Dienstherrn im Landesinneren Lohn und Brot gefunden hatte:

> »Ich verschaffe Dir eine behagliche Stellung und ein Heim, so gut es in meiner Kraft liegt. Wenn Du kommst, sprich von mir als einem Auswanderer, und benutze auf Deiner Überfahrt nie das Wort Sträfling oder den Namen Hashemy. *Sag das kein einziges Mal, laß Deine Pläne hier niemanden wissen als Dich selbst.* Es ist ein schönes Land mit herrlichem Klima, hier ist ewiger Sommer, und ich denke, liebe Frau, es wird Deiner Gesundheit guttun. Hier gibt es keine wilden Tiere oder dergleichen, wohl aber wunderschöne Vögel,

und alles scheint vor Freude zu lächeln. Es ist genau das Land, wo wir unsere Tage in Frieden und Behaglichkeit enden können, wenn wir zusammenkommen.«

Dieses Loblied eines rundum zufriedenen Engländers druckte die damals beliebteste englische Zeitschrift *Household Words* ab, deren Herausgeber niemand anders war als Charles Dickens. Mit dem Begriff »Herausgeber« wird man allerdings dem Ausmaß, in dem seine Ansichten diese Zeitschrift bestimmten, nicht annähernd gerecht. Von Australien, das er nie besucht hatte, besaß er ein genau umrissenes Bild. Es stammte von dem Journalisten Samuel Solomon (1813–1883), der gleichfalls nie dort gewesen war, obwohl er es behauptete. Er schrieb unter dem Pseudonym Samuel Sidney ausführlich über Eisenbahnen und Landwirtschaft und war über Australien wirklich gut informiert, denn sein Bruder hatte sich dort angesiedelt und war 1847 zurückgekehrt. Seine zahlreichen Leser wußten über den Kontinent so wenig, daß er ihnen zehn Jahre lang als Fachmann – eigentlich als *die* Autorität – in australischen Angelegenheiten galt. Er gab eine Zeitschrift, *Sidney's Emigrant's Journal* (1849/50), wie auch eine Anzahl von Büchern heraus. Eins trug den verlockenden Untertitel *Wie man in Australien siedelt und dort Erfolg hat,* und es fand – da es gerade herauskam, als die Goldfunde bekannt wurden – reißenden Absatz. Sidney war eine Art Sozialromantiker und glaubte, das durch die industrielle Revolution verlorene Paradies des einfachen Mannes lasse sich mit Hilfe der Auswanderung in Australien wiederbeleben.

Solche Vorstellungen wurden von Menschen mit Leben erfüllt, die heute besser bekannt sind als Sidney: Harriet Martineau sowie der braven katholischen Philantropin Caroline Chisholm, die »Freundin der Auswanderer«. Sie hatte von 1840 bis 1846 unermüdlich in Neusüdwales gewirkt, jedes einlaufende Auswandererschiff im Hafen begrüßt und den hilflosen Frauen, die auf ihnen ins Land kamen, Arbeitsplätze beschafft. Nach London zurückgekehrt gewann sie Lord Grey und Sir James Stephen, seinerzeit ständiger Staatssekretär im Kolonialamt, für ihre Pläne. Sie gründete, unterstützt von einer bekannten Londoner Privatbank und einer Reihe Londoner Kaufleute, 1849 eine Gesellschaft, die Auswandererfamilien in Australien Arbeit beschaffte und zinslose Darlehen für die Überfahrt gewährte, die sie in kleinen Raten zurückzahlen konnten. Mrs. Chisholm hatte mit Hunderten von Einwanderern in Australien gesprochen, und deren Worte fanden sich in ihren Flugschriften wieder. Da sie eine glühende Verfechterin des Kleinbauerntums war und sich nachdrücklich gegen die Schafbarone aussprach, war Samuel Sidney ihr natürlicher Verbündeter, und gleichfalls auf ihrer Seite stand Charles Dickens, der ihre Ansichten in jeder Ausgabe von *Household Words* verbreitete und begeistert in seine Romane aufnahm. So findet der von Schulden niedergedrückte Wilkins Micawber am glücklichen Ende von *David Copperfield* (1849–1850) in Australien die Möglichkeit zu einem neuen Anfang.

Dickens, Sidney und Chisholm: ein eindrucksvolles und einflußreiches Dreigestirn. Es wurde überdies von Menschen wie Harriet Martineau und dem Erfolgsautor Edward Bulwer-Lytton unterstützt, der 1858 ein verblüffend ungeschickter Kolonialminister werden sollte. Sie wußten genau, wer ihr Mitgefühl verdiente, und wer nicht. Die Schurken in dem Stück, das sie über die Möglichkeiten in der Kolonie verfaßten, waren die Schafbarone, die selbstsüchtigen Männer, die auf riesigen Flächen regierungseigenen Landes immense Gewinne scheffelten, sich nach billigen Sklaven sehnten und fest entschlossen waren, das System der Deportation am Leben zu erhalten.

Stimmt dieses Bild überhaupt? Haben die Schafbarone die freie Einwanderung absichtlich sabotiert? Im Rückblick scheint es sich nicht so verhalten zu haben. Sie waren meist auf der Suche nach Arbeitskräften und bezahlten, wen sie bekommen konnten – und es gibt nur wenig Zweifel daran, daß den reaktionäreren unter ihnen Sträflinge lieber gewesen wären. Doch hatte die Erfahrung auch gelehrt, daß um das Jahr 1850 Kleinsiedler gegenüber der Dürre, dem Feuer und der Flut ebenso verletzlich waren, wie einst in den Tagen Gouverneur Blighs die am Hawkesbury-Fluß. Darüber darf der rosige Schimmer Dickensscher Prosa nicht hinwegtäuschen. Das Land war nicht Arkadien, ein Buschfeuer konnte in einem Tag die Arbeit zunichte machen, die ein Vierzig-Acre-Bauer in zehn Jahren geleistet hatte; selbst in guten Zeiten waren drei Acres Land nötig, um ein einziges Schaf zu ernähren. Doch schoben diejenigen solche Realitäten in den Hintergrund, die lautstark die Abschaffung der Deportation forderten. Es ging dabei nicht nur um ein moralisches Ziel an sich, man wollte auch einen Schlag gegen das Landmonopol führen, als Vorbedingung einer erfolgreichen Auswanderung und als Heilmittel für die Unzufriedenheit Englands. Es versteht sich, daß Menschen, die diese Forderung vertraten, meist Stadtbewohner waren.

In Australien stellte sich das Bild anders dar. Gewiß enthielt das Bild des sich abmühenden Freibauern, den die Habgier der Schafbarone hinderte, eigenes Land zu bekommen, politischen Sprengstoff, doch als das eigentliche Übel sah man das Sträflingssystem an. Die Reformer im Lande betrieben dessen Abschaffung, ohne deshalb die Bindungen zum Mutterland lockern zu wollen. Königin Victoria war ihr Souverän wie der aller Briten.

Ende der vierziger Jahre hörte man Äußerungen gegen die Deportation von allen Kanzeln herab wie auch bei den meisten politischen Versammlungen. Die Abschaffung des Sträflingssystems war in dem »gewöhnlich trägen, wohlgenährten und politisch teilnahmslosen Sydney« in aller Munde, und Entsprechendes galt für Melbourne wie auch für Vandiemensland, wo 1849 eine »Liga gegen die Deportation« gegründet wurde. An ihrer Spitze stand neben dem bedeutendsten Zeitungsherausgeber der Insel, Henry Dowling jr. (1810–1885), und dem Landbesitzer Richard Dry (1815–1869) ein kongregationalistischer Geistlicher von feuriger Beredsamkeit, John West (1809–1873), der, wenn er nicht gerade gegen das System vom Leder zog, die erste und auf viele Jahre hinaus beste Geschichte von Vandiemensland verfaßte.

Trotz aller Proteste, Zusammenkünfte und häufig geäußerten Klagen über den von England aufgezwungenen Makel wollte weder inner- noch außerhalb der Liga jemand ernsthaft eine Loslösung vom Mutterland. Im Jahre 1848 liefen die zwei Jahre ab, während deren Grey die Deportation nach Vandiemensland hatte aussetzen wollen, und die »Maschinerie des Exils« begann, seiner Lordschafts unbelehrbarer Hartnäckigkeit gehorchend, erneut in Richtung auf Hobart und Launceston zu rollen. Der Gouverneur, Sir William Denison, sah offenbar keine andere Möglichkeit, als sich über die »moralischen Ansprüche« der Liga lustig zu machen und sich um Arbeit für Lord Greys Exulanten zu bemühen. Außerdem versicherte er – allerdings mit nur geringem Erfolg –, daß die Neuankömmlinge, da sie bereits ihre Zeit in Pentonville verbüßt hatten, »besser« seien als die früheren Sträflinge und daß acht oder zehn Transportschiffe pro Jahr keinen Vertrauensbruch durch das Kolonialamt bedeuteten.

Da sich die Wirtschaft von Vandiemensland allmählich von ihrem katastrophalen Tiefstand erholte, zeigte sich Denison über die bei privaten Arbeitgebern unterzubringende Zahl von Sträflingen optimistisch und nahm an, anfänglich ließen sich 1500 und später 2000 pro Jahr vermitteln. Tatsächlich kamen 1848 1434 Männer und Frauen, 1849 1847, und 1850 schnellte die Zahl auf 3406 empor. »Es ist mir gelungen, das Zuweisungssystem in veränderter Form wiedereinzuführen«, rühmte er sich.

Von Zuweisung allerdings wollten weder Grey noch die Vertreter der Abschaffung etwas wissen – ob modifiziert oder nicht. Die Arbeit der Liga hatte einen bedeutenden und oft unterschätzten Anteil daran, daß die Deportation nach Vandiemensland schließlich aufhörte. Doch den letzten und entscheidenden Ausschlag gaben zwei Ereignisse: Lord Grey zog sich aus dem Kolonialamt zurück, und in Australien wurde Gold entdeckt.

Kapitel XVI

»Die Aristokraten sind jetzt wir«

1

Unter den optimistischen Glücksrittern, die sich Ende 1848 von Sydney aus über den Pazifik nach San Francisco auf den Weg machten, als die Nachricht vom Goldrausch in Kalifornien Neusüdwales erreichte, war ein wohlbeleibter einunddreißigjähriger Engländer namens Edward Hammond Hargraves. Er hatte längere Zeit in Australien gelebt und kannte das Gelände westlich der Blauen Berge in der Nähe von Bathurst. Zwei Jahre lang durchzog er mit einem Kumpan namens »Sydney Duck« goldwaschend Kalifornien, ohne auch nur eine einzige Unze des gelben Metalls zu finden. Als er Ende 1850, wie Tausende vor ihm, eingesehen hatte, daß er sich vergeblich bemühte, kaufte er von seinen letzten Dollars eine Passage zurück nach Sydney. Er nahm seine Goldwäscherpfanne mit und ritt am 12. Februar 1851 mit seinem Führer John Lister in der Nähe von Guyong außerhalb von Bathurst den Lewes-Pond-Bach entlang, der in den Macquariefluß mündet. Ihm fiel auf, daß der Bezirk Wellington von Neusüdwales, knapp 300 Kilometer westlich von Sydney, mit seinen braunen Hügeln, Schluchten und den Stellen, an denen Quarz zutage trat, den Goldregionen Amerikas sehr ähnelte.

Während sich die Pferde den Weg suchten, hatte Hargraves den Eindruck, wie er später sagte, »von Gold umgeben« zu sein. Er stieg ab, kletterte mit seinem Werkzeug in das Bachbett hinab und kratzte etwas Material aus dessen Boden. Bei vier von fünf Versuchen stieß er auf Gold – er war wie vom Donner gerührt. »Das«, rief er Lister zu, »ist ein denkwürdiger Tag in der Geschichte von Neusüdwales. Ich werde Baronet, du wirst zum Ritter geschlagen, und mein altes Pferd kommt ausgestopft in eine Vitrine im Britischen Museum!«

Nichts von alldem geschah, wohl aber etwas unendlich Wichtigeres: Australien erschauerte im Goldfieber. Im April 1851 gab Hargraves dem Bezirk den biblischen Namen des Landes Ophir, und im Mai behaupteten die Zeitungen, er sei »ein einziges Goldfeld«. Ende Mai gruben, fluchten und jubelten tausend Goldsucher an den Ufern des Summerhillbaches, und die Straße über die Blauen Berge war voller Fußkranker, die in einer endlosen Marschsäule dorthin strebten: Büroangestellte und Pferdeknechte, Ladenschwengel und Seeleute, Anwälte und Deserteure, Austernverkäufer und Friedensrichter, Regierungsangestellte und Schafhirten, die früher Sträflinge gewesen waren. Sie alle schleppten sich mit Zelten, Decken, Spitzhacken, Schaufeln und all der übrigen Ausrüstung ab, die sie zu halsabschneiderischen Preisen erworben hatten, taumelten in schlammschweren Stiefeln unter den heftigen Regenfällen des australischen Herbstes unerhörtem Reichtum entgegen.

Im Juni war der Bezirk Ophir eine einzige Masse aus lehmfarbenen Männern, die Schulter an Schulter verbittert auf die Erde einhackten, ohne daß diese etwas herausrückte. Im selben Monat zogen Goldsucher nach Nordosten, an die Ufer des Flusses Turon, und stießen auf Gold – immer mehr Gold. Ein eingeborener Viehhirte, der nicht nach Gold suchte, sondern achtzig Kilometer von Bathurst entfernt einfach an einem Felsen herumhackte, stieß auf ein großes Stück Quarz, das 1272 Unzen Gold ergab, der größte Nugget in der Geschichte, größer als alles in Kalifornien Gefundene. Er durfte das Gold nicht behalten, doch gab Dr. Kerr, auf dessen Land es gefunden worden war und für den der Mann arbeitete, ihm und seinem Bruder als Trostpreis einige Schafe, zwei Pferde, Nahrungsmittel und einige Acre Land.

Während sich das Goldfieber ausbreitete, begriffen die Goldsucher, daß der neugeschaffene Staat Victoria geologisch gesprochen nichts anderes war als eine Verlängerung von Neusüdwales. Im Juli fand man Gold bei Clunes, 150 Kilometer von Melbourne entfernt, und im Septemper 1851 entdeckte ein siebzigjähriger Goldgräber namens John Dunlop bei Ballarat, bloße 120 Kilometer westlich von Melbourne, das größte Vorkommen von allen. Gold schien überall zu sein, es lag offen auf den Felsen und zwischen den Grasbüscheln, glitzerte wie schon seit Tausenden von Jahren, in denen sich niemand darum gekümmert hatte. Jetzt aber war es zum Gegenstand der Begierde einer ganzen Gesellschaft geworden, die es bis zur Unkenntlichkeit verändern würde.

Das Gold gehörte der Regierung. Obwohl diese den Goldgräbern im Staat Victoria monatlich die exorbitante Lizenzgebühr von dreißig Shilling abverlangte, waren bis November 1851 mehr als 6500 solcher Lizenzen ausgestellt worden, und von Ballarat wie auch von Turon ergoß sich ein Strom von Gold in die Rümpfe der wartenden Schiffe. Die erste Goldlieferung nach London auf der *Thomas Arbuthnot* umfaßte nicht mehr als 253 Unzen, doch Mitte 1852 schürften wohl an die 50 000 Menschen, und pro Woche wurden unter starker Bewachung durchschnittlich mehr als 20 000 Unzen von Ballarat und Bendigo nach Melbourne geschafft – eine halbe Tonne. Im November 1852 erklärte die *Times,* der Strom australischen Goldes sei »ganz und gar verblüffend«. Man erwartete das Einlaufen eines Schiffes, das 246 000 Unzen oder 10½ Tonnen Gold an Bord hätte. All das stammte aus dem Staat Victoria, dessen Boden allein im Monat August 1852 trotz nahezu unaufhörlichen Winterregens und schwerer Arbeitsbedingungen für die Goldgräber fast eine Viertelmillion Unzen des gelben Metalls geliefert hatte.

Melbourne war ein Geisterhafen und die Bucht von Port Phillip eine See voll toter Schiffe. Das Wasser stand in den Bilgen, die Masten waren ein kahler Wald. Kaum traf ein Schiff mit seinen nach Gold hungernden Passagieren ein, kaum war der mit Schürfwerkzeug und billigen Möbeln angefüllte Laderaum leer, folgten die Besatzungen (und häufig auch die Kapitäne) dem dichten Menschenstrom, der Ballarat und Bendigo zustrebte. Wem die Arbeitskräfte davongelaufen waren, der schloß den Betrieb und machte sich selbst auf die Suche nach Gold. »Häuser stehen leer«, berichtete der Gouverneur von Victoria, Charles La Trobe, im Oktober 1851,

> »Häuser sind zu vermieten, das Geschäftsleben ist zum Erliegen gekommen, selbst Schulen sind geschlossen. In einigen der Vorstädte findet sich kein einziger Mann mehr, die Frauen haben jeden Hader vergessen und sich zum Selbstschutz mit Nachbarinnen zusammengetan. Glücklich die Familie, die noch ihre Dienstboten hat und von den wenigen Händlern, die geblieben sind, weiterhin das zum Leben Nötige beziehen kann. Nahezu alle Bautätigkeit, ob privat oder öffentlich, ist zum Erliegen gekommen. Unter den gegenwärtigen Umständen nimmt kein Bauunternehmer einen Auftrag an.«

Dafür sprangen Wellblech- und Rindenhütten wie Pilze aus dem Boden und beherbergten die Tausende von Einwanderern, die voll hochgeschraubter Erwartungen die Schiffe aus England und Irland verließen.

In den Schenken und Hotels entlang der unsagbar schmutzigen Straßen der jungen Stadt, wo bis zu den Knien im Schlamm und Unrat versinken konnte, wer einen Schritt vom Bordstein tat, feierten die Goldgräber und ihre Kumpanei eine Tag und Nacht währende Orgie. Champagner, erlesene Juwelen – nichts war zu teuer. Manch einer zündete sich die Pfeife mit Fünf-Pfund-Scheinen an und entlohnte Droschkenkutscher, indem er ihnen Goldstaub in die hohle Hand goß. »Sie sind berauscht von ihrem plötzlichen Reichtum und suchen voll wilder Freude nichts als Streit«, beobachtete ein englischer Goldsucher mit Namen John Sherer. »Sie benehmen sich wie wilde Pferde, die in der Wüste eingefangen wurden, wo sie nichts als Hunger kannten, und sich plötzlich auf einer fetten Weide wiederfinden, wo alles im Überfluß vorhanden ist.« Die erfolgreichen Goldgräber behandelten die Frauen, mit denen sie zusammen waren, wie Paschas, und so manches unscheinbare Bauerntrampel wurde in einer Art herausgeputzt, wie es bis dahin nur Damen aus den höchsten Kreisen vorbehalten war. So erging es selbst denjenigen, die wenig Aussicht zu haben schienen, wie »Biddy Carroll«, die gerade erst aus Irland gekommen war: »Ungewöhnlich dumm, faul und schmutzig konnte Biddy keine Freunde gewinnen«. Sie ähnelte »einer unreifen Kartoffel, die soeben aus dem Boden ausgegraben wurde«. Aber auch Biddy fand schon bald ihren Goldgräber, und kurz darauf entdeckte ein Bekannter im Salon eines Dampfers:

»das dümmliche Kartoffelgesicht von Biddy Carroll . . . die zu einer vollendeten, glücklichen, gedankenlosen Goldgräberbraut geworden war. Sie trug einen Hut aus weißem Satin, besteckt mit herrlichen Blüten, darüber lag ein üppiger weißer Schleier. Ihr Kleid bestand aus wertvollem lavendelfarbenen Satin, geschmückt war sie mit einer echtgoldenen Kette, und an ihren Handgelenken klimperten hübsche Silberarmbänder.«

Das aber gab nicht nur Anlaß zu belustigter Herablassung, sondern riß auch Klassenschranken nieder. Das Gold brachte die Ordnung der angloaustralischen Gesellschaft – vom »aristokratischen« Schafbaron bis hinunter zum Sträfling – durcheinander; am Horizont zeichnete sich das Gespenst der Demokratie ab. Zwar war der auf Gold gegründete Reichtum nicht »demokratisch«, aber er erweiterte die bestehende Oligarchie und sorgte dafür, daß sowohl der australische Markt wie auch die australische Erzeugung vielfältiger wurde, und half bei der Herausbildung einer australischen Bourgeoisie. Der lehmbeschmierte Goldgräber, in dessen Haar noch der Talggestank aus seinem früheren Leben als Metzger hing und aus dessen Mund der unverfeinerte Jargon seiner Schicht kam, besaß vielleicht bald schon einen mit teuren Teppichen ausgelegten Salon in einem vornehmen Stadtviertel. Die auf sein Gold zurückgehende Kaufkraft sorgte schließlich für die Zersiedlung der australischen Großstädte.

Wohl klagten einige, daß diese Menschen mit ihren »ausschweifenden Gewohnheiten« die alten aristokratischen Werte der englischen Heimat zerstörten, dabei komme es doch weniger auf Besitz an, als darauf, was für ein Mensch man sei, doch johlten andererseits Goldgräber, die sich in den Schenken Melbournes amüsierten: »Die Aristokraten sind jetzt wir.«

2

Eines nur störte diesen Rausch aufsässiger Gleichmacherei: die ehemaligen Sträflinge. Die Bewohner des Staates Victoria waren sehr, ja geradezu übertrieben stolz darauf, daß ihre Kolonie – jedenfalls ursprünglich – keine Sträflingssiedlung gewesen war. Der frühe Siedler und unersättliche Landaufkäufer John Batman hatte 1835 im Gebiet der Port-Phillip-Bucht gegen einige Wolldecken, Messer, Hemden und Spiegel drei Eingeborenenhäuptlingen an die 600000 Acre »abgekauft«. Pioniere waren vom mittleren Distrikt, also von Neusüdwales aus, mit den Gruppen der ihnen zugewiesenen Männer nach Süden gezogen, und in den vierziger Jahren waren nahezu 2000 Exulanten in Port Phillip gelandet. Doch bis dahin hatte es in Victoria keine Einrichtungen zur Nutzung von Sträflingsarbeit gegeben, und das half der freien Bevölkerung des Staates dabei, sich tugendhafter zu dünken als die flotten und verwegenen Bewohner Sydneys und die mit dem Sträflingsmakel behafteten Menschen auf Vandiemensland. Einige der Siedler – nicht Goldsucher, sondern nüchternere und gewissenhaftere Männer – waren zum Teil eigens in jenen Teil des Landes gezogen, weil er nicht von Sträflingen »verderbt« war – sie erwarteten sich davon Sicherheit und eine geringe Verbrechensrate.

Voller Empörung mußten sie nun sehen, daß das Gold einen Zustrom freigelassener Sträflinge aus Vandiemensland brachte. Tausende von Verbrechern – denn in den Augen der »Achtbaren« war und blieb ein ehemaliger Sträfling ein Krimineller – strömten nach Melbourne und verteilten sich über den ganzen Staat Victoria. Niemand wußte genau, wie viele es waren, denn sie alle waren frei und brauchten niemandem ihren Paß zu zeigen, wenn sie von einem Teil Australiens in den anderen zogen. Pessimistische Schätzungen sahen in jedem zehnten Goldgräber einen einstigen »Regierungsmann«, und bald wurden alle Verbrechen in Victoria (und manches in Neusüdwales) automatisch den unerwünschten Besuchern aus Vandiemensland in die Schuhe geschoben.

Tatsächlich waren eine ungewöhnlich hohe Zahl der in Victoria zwischen 1851 und 1853 über die Bass-Straße Gekommenen auch ehemalige Sträflinge. Für die Mehrzahl der Menschen Vandiemenslands bedeutete der Goldrausch den letzten, verzweifelten Versuch, etwas aus ihrem Leben zu machen. Die Wirtschaft der Insel war, verglichen mit der des Festlandes, so primitiv und die Aussichten, genug Land zu bekommen, um gegen die bereits fest im Sattel sitzenden Weidebarone bestehen zu können, so gering, daß jeder, der Blut und nicht Wasser in den Adern hatte, über die Bass-Straße ging, um nach Gold zu schürfen. Zwar war die wirtschaftliche Lage nicht mehr annähernd so bedrückend wie noch wenige Jahre zuvor, doch der Arbeitsmarkt bot ehemaligen Sträflingen nicht eben viele Möglichkeiten. Auf den Goldfeldern konnten sie reich werden, doch selbst wenn ihnen das nicht gelang, umgab sie eine eindrucksvolle Aura:

> »Ihre Gefährten sitzen auf den Holzstößen um das Feuer und hören sich gespannt die Geschichten von Abenteuern und Verbrechen der altgedienten Sträflinge an. Einige dieser Leute besitzen inzwischen große Mengen Gold und prahlen, jetzt da sie unabhängig sind, mit ihren Missetaten. Je schwerer die Verbrechen eines Kriminellen waren, desto mehr Respekt genießt er.«

Die Behörden des Staates Victoria machten die Sache der auf Vandiemensland beheimateten »Liga gegen die Deportation« inzwischen zu ihrer eigenen. Im Februar 1851 hatte der Bürgermeister von Melbourne zweien ihrer Hauptvertreter seine Glückwünsche wegen ihrer »patriotischen Bemühungen« ausgesprochen. Es handelte sich dabei um den Historiker und kongregationalistischen Geistlichen John West und den Schafbaron William Weston, die gekommen waren, um eine »Liga der feierlichen Entschließung« zu gründen. In ihr sollten sich die australischen Kolonien in dem Wunsch zusammenfinden, nie wieder Sträflingsarbeiter zu beschäftigen. Auch Victoria, tönte der Bürgermeister, unternehme Anstrengungen, um die Hefe der britischen Verbrecherschaft von seinem Boden fernzuhalten.

Selbstverständlich schlugen die gegen die Sträflinge gerichteten Gefühle noch höhere Wellen, als Victoria einige Monate später eine eigene Kolonie wurde. Im Februar 1852 verfaßten Bürgermeister, Älteste und Bürger der Stadt Melbourne eine Bittschrift an Königin Victoria, in der sie sich gegen die Deportation von Verbrechern nach Vandiemensland verwahrten, von wo sie nach kurzer Bewährungsperiode in den Landesteil kamen, der den Namen der Monarchin trug, ihn in den Schmutz zogen und erniedrigten:

> »Der unbeschränkte Zustrom von Sträflingen aus Vandiemensland ist unerträglich und hat schwerwiegende Folgen auf die Zuneigung der treuen Untertanen Ihrer Majestät. Wir würden uns des Betruges schuldig machen, wenn wir Eurer Majestät die Tatsache vorenthielten, daß es unter uns einen großen und immer noch wachsenden Bevölkerungsanteil gibt, der gegenüber dem Mutterland keine Loyalitätsgefühle mehr hegt, der im Gegenteil darunter leidet, zu einer Kolonie zu gehören, die von anderen als Abladeplatz für die Verbrecher Britanniens angesehen wird.«

Doch keine Antwort kam aus dem Schloß Balmoral in Schottland, wo die Monarchin häufig weilte, und die Regierung schickte lediglich ein nichtssagendes Schreiben. Da die Sache den Bürgern wirklich am Herzen lag, erließ der neugegründete gesetzgebende Rat von Victoria schon bald ein widerwärtiges Gesetz gegen die Sträflinge. La Trobe schickte es mit einem Begleitschreiben nach London und merkte an, es sei zwar mit Eifer und in großer Eile abgefaßt und übergehe manche Grundsätze der verfassungsmäßigen Freiheit, doch stehe ihm das Volk positiv gegenüber. Angesichts der hohen Verbrechensrate und der kaum erschwinglichen Kosten für den Unterhalt der Polizei habe er es unterzeichnet.

Als Folge dieses Gesetzes mußte, wer aus Vandiemensland nach Victoria kam, beweisen, daß er ohne Einschränkungen frei war. Vermochte jemand diesen Beweis nicht zu führen, wurde er ohne Umschweife zu drei Jahren Zwangsarbeit in Eisen verurteilt. Die besondere Ungerechtigkeit des Gesetzes lag darin, daß es bedingt Begnadigte diskriminierte, die dem Buchstaben des Gesetzes nach das Recht hatten, sich innerhalb der australischen Kolonien völlig frei zu bewegen. Lediglich die Rückkehr nach England war ihnen untersagt. Jetzt hatten solche

Menschen nur noch die Möglichkeit, im wirtschaftlich zurückgebliebenen Vandiemensland zu bleiben. Die weitgehenden Vollmachten zur Festnahme und Durchsuchung, die das Gesetz der Polizei des Staates Victoria in die Hand gab, rückte es in die Nähe des dreißig Jahre zuvor verabschiedeten verhaßten Buschläufergesetzes, doch grenzte es in der in Melbourne 1852 herrschenden Atmosphäre an politischen Selbstmord, von Rechten für ehemalige Sträflinge zu sprechen. Die Furcht vor einem wirklichen Bruch zwischen der Kolonie und der Krone ließen es La Trobe als »äußerst erstrebenswert« erscheinen, »angesichts der außergewöhnlichen Zeitumstände möglichst eng mit den Siedlern zusammenzuarbeiten«.

Nicht alle Australier begrüßten das Gesetz – auf keinen Fall die von der Flucht der Arbeitskräfte auf die Goldfelder am stärksten getroffenen Besitzer großer Schafherden. Der Goldrausch zog sogar im Winter Weidepersonal ab; es ließ sich voraussehen, daß der Mangel im Frühjahr katastrophal sein würde. Das einzige, was diese im Nordosten liegenden großen Weidebetriebe vor dem Abfluß von Arbeitskräften retten konnte, war eine rasche Zufuhr von Kriminellen, die nicht in der Lage sein würden, die ihnen zugewiesenen Stellen aufzugeben, um nach Gold zu schürfen.

Im Januar 1850 schrieb der Sohn einer Familie von Weidebaronen, der Leslies, seinem Vater, man habe öffentliche Zusammenkünfte abgehalten, um den Kolonialsekretär nachdrücklich auf die Notwendigkeit der Zuweisung von Sträflingen hinzuweisen, denn »wir brauchen mehr Arbeitskräfte, als durch eine Auswanderung ins Land kommen. Was wir an freien Einwanderern bekommen, ist der Bodensatz der Arbeitshäuser, diese aber sind nicht die Spur moralischer als die Exulanten, wohl aber weit fauler und dreister. Wir fordern, daß man uns je zur Hälfte Exulanten und Auswanderer schickt, wenn nicht, werden wir uns Chinesen holen.«

Über dieser Frage zerstritten sich die Bewohner des australischen Festlandes: Auf der einen Seite wollten die großen Schaf- und Rinderzüchter Sträflinge, auf der anderen brauchte das Land freie Arbeitskräfte, denn Geistlichkeit, Ladeninhaber und nahezu jeder andere Bewohner Brisbanes wandten sich gegen den Sträflingsmakel. Doch auf nationaler Ebene gab es eine Mehrheit gegen die großen Schafzüchter.

In ganz Australien bot sich mit einer Ausnahme dasselbe Bild. Der Staat Victoria war ebenso wild entschlossen, etwas gegen den Makel zu unternehmen, wie Südaustralien, das im Dezember 1851 eine eigene Bittschrift an Lord Grey geschickt und in ihr erklärt hatte, das Auftauchen ehemaliger Sträflinge aus Vandiemensland innerhalb der Grenzen des Landes richte die Moral seiner Bevölkerung zugrunde.

Die Ausnahme war natürlich Vandiemensland selbst. Dort gab es kein Goldfieber, das Land hatte nicht von der Einwanderung profitiert, und nur wenige Menschen wollten dort ein neues Leben beginnen, wo der Makel der Kolonie seinen Ursprung hatte. Zu viele der Jungen, der Fleißigen, der Dynamischen und der Ehrgeizigen hatte das Goldfieber abgezogen. Vandiemensland war ein wirtschaftlicher Krüppel, dort hieß die Alternative: Sträflinge ins Land bringen oder betteln gehen – und das strichen die großen Schafzüchter immer wieder heraus. Mochte die »Liga gegen die Deportation« predigen, soviel sie wollte – es blieb eine Tatsache, daß die Schafzüchter jeden auf Vandiemensland ankommenden Sträfling geradezu begierig aufnahmen. Mitte 1851 gab es in Hobart keine Warteliste für Sträflingsarbeitskräfte, und als um die Mitte 1852 auf der *Fairlie* 292 Gefangene eintrafen, lagen 1259 Anträge vor, sie beschäftigen zu dürfen.

Der »Landadel« hatte nach wie vor soziale Vorurteile gegen Sträflinge wie Freigelassene und bildete, wie 1851 eine Zeitung in Hobart schrieb, »eine Phalanx der Antipathie«. Die meisten Arbeitgeber hätten jederzeit den Sträflingen freie Arbeitskräfte vorgezogen, aber sie hatten keine Wahl, denn diese waren auf die Goldfelder gegangen. Also verfaßten die Schafbarone – Familien wie die O'Connors und Lords, Bisdees und Talbots, Headlams und Bayleys, die gemeinsam über mehr als eine viertel Million Acre geboten – Bittschrift auf Bittschrift nach London; eines dieser Dokumente zur Verteidigung der Pflanzergesellschaft trug die Unterschriften von 459 Schafzüchtern und Kaufleuten.

Doch die »Liga gegen die Deportation« blieb ihrer Sache treu. Im Briefkopf führte sie eine Flagge mit dem Kreuz des Südens und dem Motto *in hoc signo vinces*. Es schien den Männern der Liga passend gewählt: wie Konstantin der Große in diesem Zeichen Rom besiegt hatte, wollten sie den Sieg über das davontragen, was von Australien aus wie Rom erschien, nämlich das Kolonialamt in London. Alles, was sie über Entwürdigung, Befleckung und den Makel zu sagen hatte, wurde in den anderen Kolonien begierig aufgenommen. Lediglich den Abkömmlingen der Freigelassenen behagte es nicht, von den Rednertribünen herab ihre Väter und Großväter so geschmäht zu hören. Vor allem den Bewohnern von Vandiemensland war das unerträglich; zu viele von ihnen – 1850 wohl rund vier Fünftel – waren väterlicher-, mütterlicher- oder beiderseits mit Sträflingen verwandt und wollten diese soziale Peinlichkeit lieber mit Stillschweigen übergangen wissen. Daher mußte die Liga bei ihren Veranstaltungen in Hobart und Launceston mit Freikarten dafür sorgen, daß keine Stühle leer blieben; auf Vandiemensland wollte niemand gutes Geld dafür bezahlen, um sich anzuhören, wie seine Eltern beleidigt wurden.

Der Streit, der zwischen der Liga und der Regierung von Vandiemensland über der Frage des von der Liga in Victoria unterstützten diskriminierenden Sträflingsgesetzes ausgefochten wurde, löste in Hobart einen wahren Klassenkampf aus. Den Hintergrund dazu bildeten die Wahlen zur gesetzgebenden Versammlung von Vandiemensland, die im Januar 1853 stattfinden sollten. Im wesentlichen ging es um die Verlagerung von Zuständigkeiten auf die Ortsebene (wofür sich Denison aussprach) und die Abschaffung der Deportation (der er sich widersetzte). Die Wahlen von 1851 hatten Männer gewonnen, die im großen und ganzen der Abschaffung zuneigten – Gesinnungsgenossen der Liga. Konnten sie ihren Sieg auf Vandiemensland wiederholen?

Das war keineswegs sicher. Der Sträflingsgesetz des Staates Victoria hatte sie in eine schwierige Lage gebracht. Viele wollten das Mutterland nicht mit einem Gesetz vor den Kopf stoßen, das in der Praxis von der Monarchin ausgesprochene, bedingte Begnadigungen für ungültig erklärte. Das Gesetz erweckte den Anschein, anderen Tasmaniern gegenüber ungerecht zu sein – und war es auch. Es bot Sir William Denison eine ausgezeichnete Gelegenheit, die gegen die Deportation gerichtete Propaganda in ihr Gegenteil zu verkehren, indem er durch die regierungstreue Presse die Angehörigen der Liga als Reaktionäre hinstellen ließ, die nichts anderes im Sinn hatten, als bedingt begnadigte Sträflinge in beständiger Unterjochung zu halten, als Oligarchen (»einst erbarmungslose, weiße Sklaventreiber und jetzt seit neuestem Angehörige der Liga«) im Gewand der Liberalen. Im Frühsommer 1852 kochten die lange unterdrückten, politischen Gefühle in Hobart in einer Weise über, die an den bitteren Streit zwischen Freigelassenen und Exklusiven in Sydney vierzig Jahre zuvor, zur Zeit Macquaries, erinnerte. Als Denisons Anhänger die Sache der ehemaligen Sträflinge zu ihrer eigenen machten, um gegen die Liga vorzugehen, wurden die Samthandschuhe ausgezogen, und mit einemmal traten an die Stelle der diplomatischen Freundlichkeiten Kränkungen und offener Haß. Im Verlauf dieses Wahlkampfes machten regierungsfreundliche Blätter wie der *Guardian* ihren Lesern die Sache der Freigelassenen schmackhaft und fanden sogar Darstellungen der australischen Geschichte, in denen die Sträflinge als die wahren Helden erschienen. Bei Versammlungen wurden Sprecher der Liga niedergeschrien, und zwar von, wie die *Times*, eine der Liga nahestehende Zeitung, erklärte, »Angehörigen des Pöbels, der unter dem Schutz von Sir William Denison aufgeblüht ist«. Die Vertreter der Liga warfen dem Gouverneur vor, einen »Klassenkrieg« anzuheizen und nannten seine Regierung – in einem merkwürdigen Vorgriff auf spätere politische Bräuche – »die Rote Republikanische Regierung von Vandiemensland«. Doch als im Januar 1853 die Stimmen ausgezählt wurden, ergab sich eine deutliche Mehrheit für Denison und die Unterschicht der ehemaligen Sträflinge, deren Empfindungen er sich geschickt zunutze gemacht hatte.

Dennoch schenkte die britische Regierung der Liga Gehör, wie auch den Kritikern daheim und den wohlhabenderen Siedlern auf dem australischen Kontinent. Sie warf Denison vor, er habe sich »parteilich« verhalten, indem er die Wahl als Beweis für seine Beliebtheit bezeichnet hatte.

Inzwischen war in England der Druck, der eine Deportation forderte, erheblich geringer geworden, und zum erstenmal seit Menschengedenken standen in britischen Gefängnissen Zellen leer. Die Regierung hatte weitere Gefängnisse errichtet; so wurde beispielsweise 1851 das abweisende große Gefängnis von Dartmoor eröffnet, und auch in Portsmouth war als Ersatz für die übervölkerten Gefängnisschiffe ein neues Gefängnis erbaut worden. Die Gefängnisse des Landes boten 1852 16000 Sträflingen Platz.

Die Dinge hatten sich so entwickelt, daß die Gefängnishaft, zumindest für kurze Strafen, billiger kam als die Deportation. Es kostete hundert Pfund, einen Mann auf Vandiemensland für die Dauer seiner Strafe zu unterhalten, für einen Gefängnisaufenthalt in England mußte die Regierung pro Mann aber nur fünfzehn Pfund jährlich aufwenden. Da nur eine geringe Minderheit der Täter zu mehr als einem Jahr Gefängnis verurteilt wurde (zwischen 1842 und 1850 waren das insgesamt 5000, obwohl 30000 Männer und Frauen während desselben Zeitraums auf sieben bis zehn Jahre nach Vandiemensland deportiert worden waren), konnte man nunmehr die Deportation vermindern, indem man auch zu längeren Haftstrafen Verurteilte in England ins Gefängnis brachte. Das Zuchthaus, für das Jeremy Bentham fünfzig Jahre zuvor so lange und so ermüdend die philosophische Werbetrommel gerührt hatte, sollte ganz offenkundig an die Stelle der Verbannung nach Australien treten.

Im April 1850 erhob sich allerdings Lord Grey im Unterhaus, um eine der letzten Verteidigungsreden *für* die Deportation zu halten. Er sagte, er beabsichtige nach wie vor, seine Exulanten nach Australien zu schicken, wenn sie dort gebraucht würden, und in so großer Anzahl, wie sie nötig seien. Um die Schafbarone im Nordosten zu besänftigen, hatte er sogar zwei Schiffe unmittelbar an die Moretonbucht geschickt, im Mai 1849 die *Mount Stewart Elphinstone* und im Januar 1850 die *Bangalore*. Solange den gesetzgebenden Rat von Neusüdwales die Interessen dieser Schafbarone beherrschten, wollte sich Lord Grey die Möglichkeit offenhalten, Sträflinge dorthin zu schicken. Sie hatten die wirtschaftliche Grundlage geschaffen, die freie Siedler nach Australien locken konnte – immerhin hatten das im abgelaufenen Jahr 31000 von ihnen getan. Grey räumte ein, Zwangsarbeit und Haft sollten den Sträflingen »vorzugsweise in der Heimat zuteil werden« und freie Kolonien hätten ein Recht, zu erwarten, daß man ihnen keine Sträflinge schickt, »wenn sie nicht damit einverstanden sind«, doch die Deportation grundsätzlich abzuschaffen, dazu war er nicht bereit – schon gar nicht nach Vandiemensland. Die Insel war als Strafkolonie gegründet worden und hatte nie einem anderen Zweck gedient. England, führte er aus, hatte »Millionen« darauf verwendet, sie als Gefängnis einzurichten, und

»die freie Bevölkerung, die sich dort angesiedelt hat, um in den Nutzen der finanziellen Vorteile aus diesen Investitionen zu gelangen, hat keinerlei Recht, zu erwarten, daß die Politik dieses Landes dann geändert wird, wenn sie es für richtig halten, das zu verlangen. Es kann von uns nicht erwartet werden, daß wir erneut die ungeheuren Ausgaben für die Gründung einer neuen Strafsiedlung tätigen. Ich bin der Ansicht, daß sich die Regierungsgewalt deutlich durchsetzen und Vandiemensland weiterhin der Aufnahme von Sträflingen dienen soll.«

So oder so, Greys Hoffnungen (und die der Schafbarone) wurden 1851 durch die Entdeckung des Goldes zunichte gemacht. Dies Mineral bereitete der Deportation ein Ende, denn die Nachricht von seiner Entdeckung nahm Australien die letzten Reste von Schrecken, die seinem Namen anhaften mochten. Wer war bereit, in einer Fahrt zum Goldland auf Kosten der Regierung eine schreckliche Strafe zu sehen, wenn sich ein Viertel der britischen Bevölkerung, vom Hilfsarbeiter bis zum Hochadligen, um Passagen zu den Goldfeldern des Südens bemühte – zumal Sträflinge, wie man gerüchtweise hörte, bedingt begnadigt wurden, sobald sie in Hobart den Fuß an Land setzten? Wie Generalgouverneur Fitzroy angemerkt hat, »würde nur wenigen britischen Kriminellen eine kostenlose Überfahrt zu den Goldfeldern über Hobart nicht als Glücksfall erscheinen«.

Noch immer gab es Menschen, denen Sträflingsarbeit als Allheilmittel erschien, aber das waren Einzelfälle. Inzwischen sprach sich die englische Presse unter Anführung der Londoner *Times* geschlossen gegen die Deportation aus. Grey hatte nur wenige Verbündete in den beiden Häusern des Parlaments, mit Ausnahme einiger der Peers, die hohe Richterämter bekleideten. Wie auch immer, mußte die Regierung, in der Grey Kolonialminister war, 1852 aus dem Amt scheiden, und sein Tory-Nachfolger im Amt, Sir John Pakington, handelte ungesäumt. Mitte Dezember 1852 schrieb er an Gouverneur Denison auf Vandiemensland und teilte ihm mit, daß ihm der fortdauernde Streit für und wider die Deportation bekannt sei. Zum Teil gehe das Streben zu ihrer Abschaffung auf ein »häufig vorkommendes Verbrechen von beklagenswerter Natur zurück, als Folge dessen, daß die Sträflinge zeitweise zu beengt untergebracht waren« – also Homosexualität. Doch sei Sorge getroffen, das einzudämmen, und gewiß sei »die Bereitschaft und nahezu Begierigkeit«, mit der die Siedler die ankommenden Sträflinge von jedem neuen Schiff für sich forderten, ein Beweis für eine durchaus bestehende Nachfrage. Nun hätten aber die Befürworter der Deportation keine wirksame Interessenvertretung gebildet und »wie auch immer die Privatmeinung einzelner aussehen mag, die sich zu der Frage nicht geäußert haben, so hat man sich in zahlreichen öffentlichen Versammlungen in den Kolonien unüberhörbar gegen die Deportation ausgesprochen«, und Entsprechendes gelte für sämtliche gesetzgebende Körperschaften der Kolonien. Er wolle die Australier keinesfalls »zu einer wilden Opposition« anstacheln, die lediglich zum Haß gegen die Krone führen könne, und schließlich lasse es die bloße Existenz von dessen Gold widersinnig erscheinen, »Straftäter auf Kosten der Öffentlichkeit mit der Absicht zu deportieren, sie in nicht allzu ferner Zukunft in unmittelbarer Nähe der Goldfelder, die zu erreichen sich Tausende ehrlicher Arbeiter vergeblich bemühen, auf freien Fuß zu setzen«.

Damit endete das Zeitalter der Deportation nach Vandiemensland endgültig. Als letztes Sträflingstransportschiff hatte am 27. November 1852 die *St. Vincent* das Land mit dem Ziel Hobart verlassen. Offiziell hörte Vandiemensland dreizehn Monate später auf, Strafkolonie zu sein. Voller Erleichterung hofften die Bürger, das »dämonische« Bild ihrer Insel auf alle Zeiten damit tilgen zu können, daß sie diese fortan nach dem Mann, der sie entdeckt hatte, dem holländischen Seefahrer Abel Tasman, »Tasmanien« nannten.

Das offizielle Ende der Deportation nach Vandiemensland fiel mit einem Jubiläum zusammen – am 10. August 1853 lag die Gründung der ersten Siedlung auf Risdon Cove fünfzig Jahre zurück. Die Presse war begeistert. Der *Hobart Town Daily Courier* schrieb:

»Ein Hurra für die Liga!
Ein Hurra für unsere Königin!
Ein Hurra für den Marsch der Freien,
wo einst Gefangene gingen!

Tönt laut die Trompeten,
laßt die Musik verkünden
Tasmaniens glückliche Zukunft,
tönt laut, ihr Glocken Englands!

Vom Rathaus bis in jedes Dorf
über alle Häuser der Insel
soll Euer Segen schallen:
eine neue Zukunft kommt!«

Um nicht nachzustehen, komponierte ein Zeitungsverleger in Launceston einen neuen Text zur Melodie »God Save the Queen«. Tausende Kopien dieses Textes wurden auf einer Druckerpresse gedruckt, die auf einem Karren in einem Umzug durch die Stadt gezogen wurde:

»Singt, denn die Stunde ist da!
Singt, denn wir alle,
unser ganzes Land ist frei!

Tasmaniens Ketten sind entzwei,
der verhaßte Makel ist getilgt,
alle Mühen und Schmerzen sind vorbei,
dankt und jubiliert!«

Vor dem Karren mit der Druckerpresse, dem Symbol der Macht der kolonialen Presse in ihrem Kampf für die Abschaffung der Sträflingsansiedlungen, marschierten verschiedene Gruppen, jeweils mit eigenen Bannerträgern: Mitglieder der gesetzgebenden Versammlung, der Bürgermeister und seine Bediensteten, Bürgergesellschaften sowie die »Hoffnung und Mannschaft der Kolonie«, die Kinder. Dazu spielte schwungvoll eine Blaskapelle. Es gab auch eine Festlichkeit in Ross, und in Oatlands wurden ganze Schafe am Spieß gebraten, während die Jungen Cricket spielten, um die Wette Stangen erklommen und atemlos einem eingefetteten Schwein hinterherjagten. Das Schwein verirrte sich schließlich in Panik zwischen den Zuschauern, bis es jemand packen konnte. Einer der Umstehenden sah in dem Schwein ein Symbol für den Kampf der Abolitionisten: »Dieses Schwein konnte trotz seiner Geschicklichkeit und obwohl es eingefettet war, gefangen werden – dank großer Geduld und eines unerschütterlichen Durchhaltevermögens.«

Allerdings mußte am Tag danach die *Hobart Town Daily Courier* von der »unklugen und unnötigen Zurschaustellung einer Strohpuppe« berichten. Sie wurde beiseite geschafft, bevor die Leut sie verbrennen konnten. Auch wenn die Zeitung verschwieg, wen sie darstellen sollte, wußte doch jeder, daß Denison gemeint war. Er hatte die Gefühle der Siedler verletzt. Auf ihre Bitte, er möge dem englischen Volk ihre Zufriedenheit mit der neuen Politik mitteilen, hatte er geantwortet: »Das Volk von England kümmert sich keinen Deut um euch; für das Parlament seid ihr nur ein unbedeutendes Randereignis.« Daraufhin brandmarkte ihn die Presse als »unverbesserlich rachsüchtigen und unedelmütigen Menschen«.

Denison aber hatte feinere Ohren. Zwar hatten die Kirchen die Abschaffung der Deportation lautstark eingeläutet – doch Kanonen der Armee hatte niemand gehört. Vielleicht war dies mehr als nur Zufall, eher ein Symbol: In Westaustralien, auf der entgegengesetzten Seite des Kontinents, hatte die Deportation erneut begonnen.

3

Der letzte Teil des Kontinents, in den englische Sträflinge geschickt wurden, war dessen westliches Drittel. Dort lebten nur wenige Menschen, und offensichtlich wollten noch weniger dorthin. Der Leib der Kolonie war von der

Größe Europas, ihr Gehirn hingegen nicht größer als bei einem Kleinkind. Von einigen Küstenstreifen abgesehen, bestand sie aus nichts als Wüste, Steinen, Salzbusch und Stachelkopfgras – gerade die rechte Landschaft, um darin zu verschwinden.

Genau das wäre beinahe auch der ersten Siedlung in jener unwirtlichen Landschaft widerfahren. Gouverneur Darling schickte 1826 einen Trupp Soldaten und fünfzig Sträflinge aus, die den König-George-Sund in Besitz nehmen sollten, die Stelle, wo heute an der Südwestspitze des Kontinents Albany liegt. Durch die Errichtung eines Militärstützpunktes hoffte er die weißen Desperados abschrecken zu können – entflohene Sträflinge und amerikanische Walfangpiraten mit ihren Harems aus schwarzen Sklavinnen –, die an der ganzen Südküste von der Bass-Straße bis zur Känguruhinsel und im Westen bis zum König-George-Sund ihre halbwilden Stammesgemeinschaften gegründet hatten.

Die Siedlung überdauerte fünf Jahre, und jeder einzelne Tag war eine Qual. Einsamkeit und Langeweile trieben die Offiziere fast zum Wahnsinn, und über die Sträflinge läßt sich lediglich so viel sagen, daß sie, feindliche Schwarze und Salzbuschwüste im Rücken und das kobaltfarbene Grinsen des von Haien wimmelnden Meeres vor sich, keinen Fluchtversuch zu unternehmen wagten. Schließlich kam Darling zu dem Ergebnis, kein freier Siedler wolle je am Sund ansässig werden, und ohnehin sei der Militärstützpunkt zu schwach besetzt, als daß er gegen die Robbenfänger etwas hätte ausrichten können. So ließ er 1831 die Garnison mitsamt ihren überlebenden Sträflingen wieder abziehen.

Unterdessen gab es einen neuen Plan für eine Siedlung in Westaustralien, die am Swanfluß liegen sollte. Hinter dem Plan stand James Stirling (1791 bis 1865), ein mutiger junger Marineoffizier. Er hatte in eine Familie eingeheiratet, die im Unterhaus wie auch in der Ostindien-Kompanie Einfluß besaß. Er bekam 1826 ein Schiff sowie den Auftrag, die Überlebenden einer versuchshalber auf der Melvilleinsel in der Nähe des heutigen Darwin angesiedelten Garnison heimzuholen. Mit diesem nördlichen Vorposten hatte man die Franzosen von einer Landung abhalten wollen, doch hatten diese niemals auch nur einen Versuch dazu unternommen – vielleicht, weil die Insel so weit von den Schiffahrtswegen entfernt lag. Die seit zwei Jahren dort bestehende Garnison konnte sich kaum noch halten, so sehr hatten ihr Hitze, Ruhr und Eingeborene zugesetzt. Um dem Monsun auszuweichen, wählte Stirling die lange Route um die über 4000 Seemeilen lange Küste Westaustraliens herum. Unterwegs dachte er sich einen Plan für eine Siedlung aus, die die Franzosen fernhalten und gleichzeitig als Stapelplatz für britische Schiffe dienen konnte. Die Mündung des Swanflusses sah vielversprechend aus, und im März 1827 verbrachte er zwei Wochen damit, die Umgebung zu erkunden. Anschließend entsetzte er die Garnison auf der Melvilleinsel, segelte weiter nach Sydney und verfaßte die erste einer Vielzahl von Denkschriften an Gouverneur Darling und die Behörden in England. Darin bestürmte er sie, am Swanfluß eine Kolonie zu gründen. Als Namen schlug er Hesperia vor, weil sie der untergehenden Sonne gegenüberlag, und als Gouverneur sich selbst.

Erst 1828, nachdem in London eine neue Regierung am Ruder war, kam Stirling voran. Eine bedeutende Rolle dabei spielte der Einfluß seiner Familie, denn sowohl Sir George Murray, der neue Kolonialminister, wie auch dessen Staatssekretär Horace Twiss waren mit Stirlings Schwiegervater befreundet. Ihnen schlug Stirling vor, ein Konsortium privater Kapitalgeber solle das Geld für eine solche Siedlung aufbringen. Das gefiel der Regierung – eine Kronkolonie, die mit Privatgeldern entwickelt wurde, wie einst Pennsylvania von William Penn und Georgia von Oberst Oglethorpe, konnte mit ihrem Segen rechnen.

An dieser Stelle tritt ein junger englischer Landbesitzer auf, der zweite Sohn eines Baumwollfabrikanten, zwar verschwenderisch, aber auch voller Ehrgeiz, eine bedeutende Rolle auf der kolonialen Bühne zu spielen: Thomas Peel (1793–1865). Ein Gespräch von einer Stunde mit Kapitän Stirling hatte ihn davon überzeugt, daß seine Zukunft am Swanfluß lag, und er trat mit einem eilends gegründeten Konsortium von Geldgebern vor die Regierung, das sich erbötig machte, 10000 Siedler mit Sack und Pack nach Westaustralien zu schaffen, sofern die Krone ihm dafür vier Millionen Acre abtrat. Als die Regierung dem Konsortium ein Gegenangebot von einer Million machte, löste es sich auf, und Peel, der über weit weniger Mittel verfügte, als Stirling annahm, mußte sich einen neuen Geldgeber suchen. Er fand ihn auch, wollte ihn aber nicht öffentlich ins Gespräch bringen, da es sich um einen ehemaligen Sträfling namens Solomon Levey (1794–1833) handelte, der, 1814 wegen Diebstahls einer Kiste Tee deportiert, in Sydney als Kaufmann, Bankier und Grundbesitzer Karriere gemacht hatte und schließlich als großzügiger Menschenfreund in Erscheinung getreten war. Die 1826 gegründete Firma Cooper und Levey war einer der größten Handelskonzerne im Südpazifik. Wohl war Levey klug, aber – wie sich zeigte – nicht klug genug. Er hatte sich stets um »Achtbarkeit« bemüht, die man ihm als früherem Sträfling wie als Juden zwiefach verweigert hatte. Die Aussicht, ein ehrgeiziges Projekt dieser Größenordnung durchzuführen, noch dazu mit einem *Goj*, der obendrein Aristokrat und mit dem großen Sir Robert Peel verwandt war, blendete ihn. Thomas Peel seinerseits bestand darauf, daß Leveys Teilhaberschaft geheim blieb, damit das Projekt am Swanfluß nicht unter dem doppelten Makel des Juden- und Sträflingstums litt. Also firmierte das Unternehmen, das sie gründeten, mit Thomas Peel & Co.

Das Kolonialamt erklärte sich bereit, dieser Firma 250000 Acre am Swanfluß und noch einmal ebensoviel Land zuzuweisen, sofern es bis zum 1. November 1829 400 Siedler ins Land brachte, die jeweils 200 und 100 Acre bekommen sollten. Nach 21 Jahren – also um die Mitte des Jahrhunderts – sollte die Firma Thomas Peel & Co. weitere 500000 Acre bekommen. Kapitän James Stirling, Herr über viele Schiffe und Liebling des Kolonialamts, war als Gouverneur der neuen Kolonie ausersehen, er sollte 100000 Acre Land nach freier Wahl bekommen. Peel sollte gemeinsam mit ihm dem Unternehmen vorstehen.

Im Mai 1829 segelte die Fregatte *Challenger* in die Mündung des Swanflusses, und ihr Kapitän Charles Fremantle nahm in aller Form zweieinhalb Millionen Quadratkilometer in Besitz und nannte das Territorium Western Australia – das erstemal, daß das Wort *Australia* offiziell verwendet worden war. Die Ostgrenze dieses Territoriums bildete der 129. Grad östlicher Breite – zwar keine ›natürliche‹ Grenze, aber doch eine, die mit der Tordesillas-Linie zur Trennung der Interessensphären zwischen Spanien und Portugal zusammenfiel. (Merkwürdigerweise hatte man Fremantle aufgefordert, das Einverständnis der Aborigines einzuholen, doch weder er noch sonst jemand an Bord sprach ihre Sprache, und man konnte Wilden wohl kaum mit Händen und Füßen das Ausmaß des Gebietes verdeutlichen, um das es ging.)

Schon meldeten sich in England nicht nur die ersten Siedler für die Kolonie am Swanfluß – lauter freie Männer und Frauen, in deren Köpfen sich Traumbilder eines Arkadiens malten –, sie schifften sich auch gleich auf der *Parmelia* ein. Daß sich niemand die Mühe gemacht hatte, das Gebiet zu vermessen oder die Küste kartographisch aufzunehmen, zeigte sich mit peinlicher Deutlichkeit, als es Kapitän Stirling nach der langen Überfahrt beim Anblick der Mündung und der vor Anker liegenden *Challenger* so eilig hatte, an Land zu kommen, daß er eine Abkürzung zwischen einer Insel und dem Ufer steuerte und sein Schiff mit allen Siedlern an Bord auf die Felsen setzte. Niemand ertrank jedoch, und einige Tage später verholte der junge Gouverneur die so verunglückte *Parmelia*, indem er sie mit einem Warpanker flußaufwärts zog.

Während die Pioniere der Siedlung am Swanfluß im strömenden Regen trübsinnig unter Zelttuch hockten, bekamen sie den ersten Vorgeschmack auf das Leben in Australien. Umgeben von den Zeichen der Zivilisation, die sie in der Wildnis entstehen lassen wollten – Kisten voll Mehl, Ballen von Nanking und Samt, georgianische Möbel, vor sich hin rostende Schaufeln, ein schief im Sand steckendes Klavier –, schlugen sie nach Moskitos und kratzten, wo die Sandflöhe bissen, während sie den Blick über die unfruchtbare Küste, die Schlingpflanzen und die dampfenden Felsen schweifen ließen. Ihr Mut sank, und die Damen konnten nicht einmal fluchen, da sie keine Sträflinge waren.

Doch Stirling gab nicht auf. Er hatte eine Stelle an der Flußmündung als Hafenstadt ausersehen. Ihr gab er den Namen Fremantle, dann führte er eine Gruppe von Siedlern zwischen baumbestandenen Ufern flußaufwärts, wo die schwarzen Schwäne, denen der Fluß seinen Namen verdankte, ihre roten Schnäbel ins Wasser tauchten. Fünfzehn Kilometer vom Meer entfernt wählte er eine Stelle für die Hauptstadt, die den Namen Perth bekam. Als Thomas Peel im Dezember 1829 mit neunzig weiteren Siedlern dort ankam, kennzeichneten zwei aus Behelfsbauten bestehende »Städte« die Ausgangspositionen, die sich der weiße Mann an der Küste geschaffen hatte. Es war typisch für Stirling, daß er zu einer Zeit, da die Dampfschiffahrt die Segelschiffe abzulösen begann, die Hauptstadt durch einen Wasserlauf vom Meer getrennt hatte, der nur für Ruderboote befahrbar war.

Die Fruchtbarkeit des Landes erwies sich für die Pioniere als trügerisch, wie schon so oft zuvor bei der Besiedlung Australiens. Entweder war der Boden unfruchtbar oder so dicht mit Bäumen bestanden, daß die Rodungsarbeiten nahezu alle zur Verzweiflung brachten. Erst 1835 erzeugte die Ansiedlung am Swanfluß genug Weizen, um sich selbst zu ernähren. Stirling ließ unablässig Lieferungen vom Kap der Guten Hoffnung kommen, doch die britische Regierung war nicht bereit, in etwas zu investieren, was man ihr als privates Finanzierungsobjekt hingestellt hatte. Daher lebten die Siedler den größten Teil der Zeit am Rande des Hungers. Stirling segelte 1832 nach England, um Hilfe vom Kolonialamt zu erbitten; man schickte ihn zurück, woher er gekommen war, nicht ohne ihn darauf hinzuweisen, daß er seinen Posten ohne Erlaubnis verlassen hatte.

Als Gouverneur mußte Stirling seine ganze Autorität und all seinen Charme einsetzen, um seine »lieben Siedler« bei Laune zu halten. Er sorgte dafür, daß sie nie ihr Britentum vergaßen. Gegessen wurde in Abendkleidung im Zelt des Gouverneurs, Orden durften angelegt werden, und Stirling übernahm in seiner Eigenschaft als Vizekönig die Schirmherrschaft über Bälle, Picknicks und Jagden. Nicht ohne Mühe brachte er anglikanische Priester dazu, den langen und beschwerlichen Weg nach Westaustralien zurückzulegen, damit der Ritus der Kirche und die sonntägliche Predigt in der kleinen Kolonie für den nötigen gesellschaftlichen Zusammenhalt und geistlichen Trost sorgten.

Doch blieben solche Bemühungen vorwiegend kosmetischer Natur. Auf keine Weise war etwas dagegen auszurichten, daß das Land einfach nichts hergab, und nichts konnte die Reibungen in der kleinen Gemeinschaft mildern, die statt des versprochenen Arkadiens Sand bekommen hatte. Auf Thomas Peel, der für die finanzielle Seite zuständig war, brauchten sie nicht zu zählen. Ein Buschfeuer suchte das Land heim, das er sich südlich von Fremantle ausgesucht hatte – es war ohnehin unfruchtbar. Im Mai 1830 erlitt die *Rockingham* mit Siedlern für sein Land an Bord auf denselben Felsen Schiffbruch, die der *Parmelia* beinahe zum Verhängnis geworden waren. In einem Wutanfall forderte Peel den Kapitän des Schiffes zum Duell und bekam eine Kugel in die rechte Hand. Er schien so reizbar und unzurechnungsfähig, daß niemand für ihn arbeiten wollte. Lieferungen, die er versprochen hatte, kamen nicht an, auf Cooper & Levey ausgestellte Schuldscheine, mit denen viele Arbeiter bezahlt worden waren, löste Daniel Cooper in Sydney nicht ein (ohne daß Solomon Levey in London davon wußte).

Siedler klagten ihren Lohn bei Peel ein, dieser erhob Gegenklage wegen der Passage. Weder schickte er seinem Teilhaber Levey Berichte, noch reservierte er ihm die ihm zustehenden 125000 Acre. Als Levey 1832 im Kolonialamt Rückfrage hielt, was eigentlich am Swanfluß vor sich gehe, war niemand bereit, es ihm zu sagen, da man dort nichts von seinem finanziellen Engagement wußte. Peel hatte sowohl der Öffentlichkeit wie den Behörden gegenüber verschwiegen, daß sein einziger liquider Geldgeber ein ehemaliger Sträfling und Jude war.

Durch dieses Fiasko gebrochen, starb Levey im Jahr darauf, Peel hingegen lebte noch weitere dreißig Jahre in Westaustralien, glitt in Armut ab und verkaufte gelegentlich einige Acre, um sich über Wasser zu halten – allerdings gab es nicht viele Interessenten. Man konnte ihn im hohen Alter bisweilen allein durch sein riesiges Reich aus wertlosem Busch reiten sehen. Mit seinem fadenscheinigen roten Rock sah er aus wie ein einsamer Gutsbesitzer auf der Fuchsjagd.

In der Kolonie am Swanfluß lebten 1832 knapp 1500 weiße Siedler, fünf Jahre später waren es kaum 2000. Als Stirling sie 1839 verließ, konnte sie sich mehr oder weniger selbst erhalten, mußte aber nach wie vor alles Mehl und allen Weizen aus Hobart herbeischaffen. Sie exportierte Jahr für Jahr einige hundert Ballen Wolle nach England, doch hatte die Kolonie außer dieser eher symbolischen Ausfuhr der Außenwelt nichts zu bieten. Nach zwei weiteren Jahrzehnten der Besiedlung lebten dort im Dezember 1850 lediglich 5886 Siedler – und von ihnen würden zwei Drittel die Kolonie, wie Gouverneur Charles Fitzgerald Lord Grey in einem Bericht mitteilte, liebend gern »morgen verlassen«. Schafe, die vier oder fünf Pfund gekostet hatten, ließen sich auch für eine halbe Krone nicht losschlagen. Der Preis für ihre Wolle war auf lächerliche 9 d. oder 6 d. pro lb. gefallen, womit dem Schafzüchter keine Gewinnspanne mehr blieb. Die Lage war geradezu verzweifelt.

Eine letzte Möglichkeit, die Siedler zu retten, bot der Einsatz von Sträflingen.

So wandten sich einige Bewohner Westaustraliens 1846 mit der Bitte an das Unterhaus, es möge die Kolonie in eine Strafsiedlung umwandeln. Lord Grey war entzückt – wenigstens *eine* Kolonie war klug genug, zu erkennen, daß die von Großbritannien lange geübte Politik der »gesellschaftlichen Ausscheidung« Gutes bewirken, den Sand Australiens düngen konnte. Diese Forderung Westaustraliens, überlegte er, mußte die »Liga gegen die Deportation« schwächen, zumindest konnte sie kein absolutes moralisches Monopol unter den weißen Siedlern Australiens beanspruchen.

Und so begann die Deportation im Westen Australiens, gerade als sie sich im Osten ihrem Ende näherte. Das erste dorthin entsandte Transportschiff, die *Scindian* mit 75 Sträflingen, 54 Bewachern und den üblichen Beamten an Bord, erreichte Fremantle im Juni 1850. Im Januar 1868 brachte das 37. und letzte Sträflingsschiff, die *Hougoumont*, 279 Gefangene dorthin – unter ihnen eine

Anzahl irischer »Fenians«. Der prominenteste davon, der Autor und Herausgeber John Boyle O'Reilly, unternahm schon bald auf einem von den Iren in Amerika gecharterten Schiff eine aufsehenerregende Flucht.

In jenen achtzehn Jahren wurden gegen die beständigen Proteste der anderen australischen Kolonien 9668 Sträflinge, lauter körperlich einsatzfähige Männer, nach Westaustralien gebracht. Wenn sie auch die Moral im »wilden Westen« des Kontinents nicht hoben, so retteten sie doch seine Wirtschaft. Wieder brachte Sklavenarbeit Räder in Gang.

Das Denkmal, das sich das System in Westaustralien gesetzt hatte, war ein langgestreckter weißer Flachbau bei Fremantle, von dem aus man die See sah: die Sträflingsunterkunft. Dort lebten die Gefangenen, die in Kettenkolonnen in der Stadt und um sie herum arbeiteten. Andere Gruppen von Sträflingen, die nicht in Ketten gelegt waren, bauten in Nebenstellen bei Perth und in den ländlichen Bezirken Straßen, öffentliche Gebäude und verbesserten ganz allgemein Westaustraliens Infrastruktur. Wer für die Behörden der Kolonie einen bestimmten Teil seiner Strafe abgedient hatte, durfte mit einer bedingten Begnadigung rechnen – vier Jahre bei einer Verurteilung zu sieben Jahren, fünf Jahre und drei Monate bei einer zu zehn Jahren und so weiter. Danach konnte er gegen Entgelt für einen freien Siedler arbeiten, bis seine Zeit abgelaufen war.

Die Peitsche, in den älteren australischen Kolonien nur noch eine verabscheute Erinnerung, war dort Bestandteil der Zucht, nicht aber ihre Grundlage. Der Oberaufseher über die Sträflinge erklärte 1858, er wolle sie für »Fälle brutaler Gewalttätigkeit« aufgespart wissen und sie nicht einmal bei Fluchtversuchen einsetzen, denn »wenn wir überlegen, wie gänzlich unmöglich eine Flucht im Busch ist – denn die Kolonie ist nichts anderes als ein riesiges natürliches Gefängnis –, müssen wir bei einer Bestrafung die Erwägung mit einbeziehen, daß der arme Kerl deren eindrucksvollste Formen bereits durchgemacht hat, denn er ist ja halb verhungert«.

Der Hunger der Kolonie auf »Regierungsmänner« war unersättlich, und sie wollte aus deren Arbeit soviel Gewinn wie möglich ziehen. Im Februar 1858 forderte die Aufsichtsbehörde für die Sträflinge in Fremantle das Kolonialamt auf, es möge pro Jahr die Lieferung von tausend zur Deportation Verurteilten zusichern, da »das Gedeihen der Kolonie hauptsächlich von der Zahl der hierhergeschickten Sträflinge abhängt«. Mit geringerem Erfolg verlangte sie von der britischen Regierung Bezahlung für »Material, Pulver, Fahrzeuge, Ausrüstung et cetera« zum Straßen-, Hafen- und Brückenbau sowie für Transport, Ernährung, Bekleidung und Werkzeug der Sträflinge. Westaustralien sei so arm, klagte man, daß es für diese Dinge keinesfalls selbst aufkommen könne.

So beliebt die Sträflingsarbeit in Westaustralien war (der anglikanische Bischof von Perth bemühte sich ebenso ergebnislos wie der katholische um Sträflinge für den Bau ihrer miteinander wetteifernden Bischofssitze), so sehr beobachtete man vom Osten des Kontinents aus voll Abscheu und Entsetzen ihren fortgesetzten Zustrom. Der Makel war mächtig, und man befürchtete, dieser »moralische Abschaum« könne Wüsten durchqueren, Seen verseuchen, sich Tausende von Kilometern ostwärts schleichen und an der frisch gesäuberten Ostküste auftauchen. Wohin würden sich die Sträflinge aus Westaustralien wenden, wenn ihre Zeit um war? Selbstverständlich nach Neusüdwales, Victoria und Südaustralien – das jedenfalls vermuteten die aufgebrachten Bürger.

Über einen Tagesordnungspunkt erzielten sämtliche Teilnehmer am ersten Kongreß der australischen Kolonien, der 1863 in Melbourne stattfand, jedenfalls Einigkeit, daß nämlich die Deportation nach Westaustralien aufhören mußte. Just zu jenem Zeitpunkt drängte in England der Königliche Ausschuß für den Strafvollzug, daß *alle* männlichen Strafgefangenen nach Westaustralien zu schicken seien, ganz gleich, *wie lang* ihre Gefängnisstrafen waren.

Die davon mit einem Ruck aus ihrem Dämmerschlaf in die Wirklichkeit zurückgerufene »Liga gegen die Deportation« beschwor daraufhin feierlich das Volk Großbritanniens: »Das glückliche Zuhause Zehntausender von Familien, die einst eure Nachbarn waren«, hieß es darin, »steht im Begriff, durch die Sträflingsplage verwüstet zu werden, denn diese bringt Scheußlichkeiten hervor, deren Nennung zu widerwärtig wäre.« Könne Westaustralien ohne Sträflinge nicht überleben, sollten sich seine freien Siedler woanders umsehen. Jedenfalls seien Südaustralien, Victoria, Neusüdwales, Queensland, Tasmanien und Neuseeland nicht länger bereit, mittelbar als »Zuflucht für Großbritanniens Geächtete« zu dienen, als »der Ort, da das Land seine Sünde und Schande verbergen kann«.

Daß nur solche Sträflinge Westaustralien verlassen konnten, die ihre Strafe verbüßt hatten und dann nicht mehr Sträflinge, sondern freie Männer waren, schien unerheblich. Niemand wußte, wie viele »Dämonen und Schurken« tatsächlich nach Osten kämen. Eine häufig genannte Zahl, die aber mit Sicherheit übertrieben war, hieß sechs von zehn. Wenn nun, so rechnete einer der Macarthurs in einem Leserbrief an die Londoner *Daily News* vor, lediglich 600 Verbrecher pro Jahr in die Kolonien im Osten kamen, was mit dem Schiff keine Schwierigkeit bereitete, machte das in zehn Jahren 6000. Jeder einzelne von ihnen sei aber ohne weiteres imstande, mindestens ein Dutzend Unschuldiger zu verderben. Die Rechnung konnte einem das Blut in den Adern gefrieren lassen.

Die Tatsachen wiesen in eine andere Richtung. Nur etwa jeder dritte Inhaber eines Freibriefs in Westaustralien wurde rückfällig, nicht einmal jede zwanzigste der von ihnen begangenen Taten war schwerwiegend, und zwei von fünf Verurteilungen erfolgten wegen Trunkenheit oder Fluchtversuchen, deren Zahl zwischen 1862 und 1867 unter dem widerwärtigen und korrupten Gouverneur J. S. Hampton, einst John Prices Verbündeter auf der Norfolkinsel, zugenommen hatte.

Diesmal jedoch setzten sich die Befürworter der Aufhebung durch. Die Regierung ihrer Majestät mochte sich nicht länger damit, daß sie jährlich 600 Sträflinge nach Westaustralien schaffte, den Zorn aller Kolonien im Osten zuziehen und sich diese entfremden. Immerhin geboten diese über zahlreiche Menschen, Geld, Rohstoffe und Handelsbeziehungen – kurz gesagt alles, was den Besitz einer Kolonie erstrebenswert machte. So erklärte Anfang 1865 Lord Palmerstons Kabinett, die Deportation werde binnen drei Jahren aufhören.

So geschah es: Am 10. Januar 1868 setzte das letzte Sträflingsschiff seine Ladung von sechzig politischen Gefangenen (»Fenians«) und verschiedenen Übeltätern mit weniger hohen Zielen bei Fremantle an Land, auf den Monat, wenn schon nicht den Tag, genau achtzig Jahre nachdem Kapitän Arthur Phillip die Erste Flotte an ihren Ankerplatz in Sydney Cove gebracht hatte.

Der Verlust der Sträflinge erwies sich für Westaustralien als wirtschaftliche Katastrophe. Zwei Jahrzehnte lang hatte der Kolonie die Arbeitskraft von tausendfünfhundert Männern kostenlos zur Verfügung gestanden, was für England einen Aufwand von hunderttausend Pfund bedeutet hatte. Jetzt erwachten die Siedler, wie ein Zeitungsherausgeber in Fremantle formulierte, »aus unserem üblichen Zustand der teilnahmslosen Gleichgültigkeit und sehen uns dem Ruin gegenüber«. In jenen zwanzig Jahren war praktisch nichts herausgekommen als einige Bergwerke, die nicht mehr in Betrieb gehalten werden konnten, da freie Arbeitskräfte nicht bereit waren einzufahren, ein Straßennetz von Perth, das sich im Busch verlor, einige hübsche, öffentliche Bauten im viktorianischen Stil, einige Brücken und schiffbar gemachte Kanäle vor der Küste sowie eine halbleere Gefängnisunterkunft bei Fremantle. Die Bevölkerung Westaustraliens zählte 1871 25 447 Köpfe, davon waren etwa 9000 Sträflinge oder deren Nachkommen.

Die Volkszählung von 1871 zeigte, daß im Bevölkerungswachstum die Kolonien, die als erste das Joch des Systems abgeschüttelt (oder wie Südaustralien nie gespürt) hatten, gegenüber Westaustralien und Tasmanien einen großen Vorsprung besaßen. Seit 1851 war die weiße Bevölkerung von Neusüdwales (in runden Zahlen) von 197 000 auf 500 000 angewachsen und die Victorias von 77 000 auf 730 000. Diesen Anstieg um das Zehnfache hatte der Goldrausch ausgelöst, und die Entwicklung des Landes ihn aufrechterhalten; die Bevölkerung Südaustraliens hatte einen Sprung von 66 500 auf 189 000 getan und die von Queensland sich seit 1861 auf 122 000 Menschen vervierfacht. Doch die letzten beiden Sträflingskolonien, Tasmanien und Westaustralien, sollten noch jahrzehntelang darunter leiden, daß sie sich so lange auf den Einsatz von Arbeitskräften versteift hatten, die letzten Endes als Sklaven zu bezeichnen waren.

Kapitel XVII

Das Ende des Systems

Die lange Qual des Systems war vorüber. Was hatte es erreicht? Es wäre zu einfach, wollte man behaupten, es habe auf der ganzen Linie versagt und habe weder in Großbritannien jemanden abgeschreckt noch in Australien jemanden gebessert, als Mittel des Strafvollzugs nichts bewirkt und sei lediglich ein ungeschickter Akt der Verdrängung gewesen.

Gewiß hat es manches nicht geleistet. In den Augen der Verfechter des »strategischen Vorpostens« – die der Ansicht sind, das eigentliche Ziel der Besiedlung Australiens durch Sträflinge sei es gewesen, Englands Fernosthandel durch einen zur Neuausrüstung von Schiffen geeigneten Hafen an der Küste von Neusüdwales zu schützen – hat das System versagt. Nie wurden große Kriegsschiffe mit dem Holz und Flachs neu bemastet und besegelt, die Kapitän Cook auf der Norfolkinsel so ins Auge gestochen hatten, und Australiens Beitrag zum Gleichgewicht der Kräfte in den Gewässern vor der indischen Küste war zwischen 1788 und 1820 gleich Null. Wohl ist denkbar, daß die englische Kolonie an der Ostküste die Franzosen davon abgehalten hat, den Kontinent für sich zu beanspruchen – doch ebenso denkbar ist, daß die Franzosen auf Australien keineswegs so erpicht waren, wie die Briten das in ihrer Angst vor Napoleon vermuteten. Zwar war die an den Indischen Ozean und die Timorsee stoßende West- und Nordküste von strategischer Bedeutung, doch die Franzosen unternahmen keinen Versuch, sie unter ihre Hoheit zu bringen, obwohl England erst 1826 eine Garnison nach Westaustralien legte.

Einige Franzosen – wenn auch in der Regel nicht jene, die dort gewesen waren – bewunderten Englands Strafvollzugs-Experiment und forderten die Behörden des eigenen Landes zur Nachahmung auf.

Ausländer hielten das langdauernde Experiment an der Unheilsküste im allgemeinen für erfolgreich. Warum sollte man nicht die untätigen Insassen der Gefängnisse etwas Nützliches tun lassen? Vielleicht wären mehr Länder dem Beispiel Großbritanniens gefolgt, hätte es nicht zu Beginn des 19. Jahrhunderts so wenig unentdeckte Kontinente gegeben. Frankreich eiferte schon bald dem britischen Vorbild nach, indem es im Pazifik auf den Neuen Hebriden seine eigene Sträflingskolonie einrichtete, eine wahre Hölle auch dort.

Die Befürworter der Deportation hatten im großen und ganzen gehofft, damit vier Ziele erreichen zu können: Verdrängung, Abschreckung, Besserung und Besiedlung. Als erstes würde sie die »verbrecherische Klasse« – oder jedenfalls einen großen Teil davon – aus England schaffen und an einen Ort bringen, wo sie der Gesellschaft und den Eigentumsinteressen nicht weiter schaden konnte; eine soziale Amputation also. Was aber war die Ursache des Verbrechertums? Menschen, die das Verbrechen absonderten wie Schlangen ihr Gift oder Aale ihren Schleim. Wer sich dieser Menschen entledigte, würde das Verbrechen in England beseitigen oder zumindest stark eindämmen. Diese Absicht mußte scheitern, da dessen Wurzeln tiefer in das Gesellschaftssystem hinabreichten. Es gründete in der Armut, Ungleichheit, Arbeitslosigkeit und Not ebenso wie in Gesetzen, die unablässig neue Kategorien von Straftaten formuliert hatten, für die man deportiert werden konnte. Zwar befreite die Deportation das Land von manchen wirklichen »Soziopathen«, Menschen, deren Erbteil Aggressivität und Gewalttätigkeit war, doch das war eine Minderheit – und nicht wenige von ihnen nutzte das System als Aufseher und Auspeitscher.

In den dreißiger Jahren des 19. Jahrhunderts konzentrieren sich die Hoffnungen der englischen Behörden auf ein zweites Ziel: die Abschreckung. Nicht nur würde die Deportation straffällig Gewordene aus dem Lande schaffen, sondern auch andere vom Verbrechen abhalten. Leider läßt sich über die Abschreckung nur schwer argumentieren, da Angaben über die Zahl *nicht* begangener Verbrechen natürlich fehlen. Wie will man wissen, ob die Androhung einer bestimmten Strafe einen Dieb vor der Fensterscheibe innehalten ließ? So ist nicht etwa die Annahme, Menschen könnten sich von einem Mord »abschrecken« lassen, ein plausibles Argument für die Todesstrafe (sofern jemand die Ansicht vertritt, der Staat habe das Recht, zur Aufrechterhaltung der gesellschaftlichen Ordnung zu töten), auch wenn sie möglicherweise den einen oder anderen dazu bringt, es sich noch einmal zu überlegen, sondern ausschließlich die Erwägung, daß sie verrückte Soziopathen beseitigt, die, solange sie leben und noch die geringste Hoffnung haben, schließlich wieder in Freiheit zu gelangen, eine tödliche Bedrohung für schutzlose Unschuldige bedeuten. Es ist klar, daß nur wenige Mörder in diese Kategorie fallen. Die Verbrechensrate in England nahm am Anfang des 19. Jahrhunderts als Ergebnis der Deportation nicht ab, weil die Wurzeln des Verbrechens zu tief lagen, als daß *irgendeine* Abschreckung dorthin reichen konnte. Was die Sache zusätzlich kompliziert, ist die von Anfang an bestehende Schwierigkeit, die Unterschicht Englands davon zu überzeugen, daß das Leben in Australien entsetzlich sei.

Ein immerhin schon 1790 verfaßtes Gedicht mit dem Titel »Der Aufbruch der Sträflinge« beschäftigte sich, eher scherzhaft als satirisch, mit der Möglichkeit, Australien könne sich, verglichen mit England, als Land erweisen, da Milch und Honig flossen,

»... alle Tage
gibt gütig Mutter Natur.
Man zahlt nichts, man nimmt es nur –
ein Land, wo man lebt ohne Plage.«

Geglaubt haben wird das keiner der Menschen auf den ersten Flotten, aber die Vorstellung eines Gartens Eden in der Kolonie war durch die Erfahrungen der Siedler nicht ohne weiteres auszuräumen, da dem gesamten Pazifikraum (wenn schon nicht in den Augen der Gebildeten, so doch in der Vorstellung des Volkes) die süße Verlockung von Otaheiti (also Tahiti) anhaftete. Der Gedanke, es könne einem dort besser ergehen als in England, setzte sich nach Gouverneur Macquaries Amtszeit fest. Dieser gab offen zu, was dem gesunden Alltagsverstand ohnehin klar war, daß sich nämlich die australische Gesellschaft trotz der Ansprüche der Exklusiven in der vorhersehbaren Zukunft auf Freigelassene und Currency gründen würde. Nach Macquarie bekräftigten die elenden Lebensbedingungen in England den Gegensatz noch – das Anwachsen der Elendsquartiere, die Arbeitslosigkeit, der Ruin der Kleinbauern. So kam es, daß die Vorstellungen des Proletariats, an der »Bucht« sei das Leben möglicherweise gar nicht so schlecht, die politischen Maßnahmen überstand, die es zerstören sollten: die zunehmend strenge Amtsführung Brisbanes, Darlings und Arthurs, die brutale Härte der Kettenkolonnen wie auch die in Macquarie Harbour, auf der Norfolkinsel und an der Moretonbucht offen praktizierte Menschenverachtung.

Zum Teil hing dieser Eindruck von Australien als einem Paradies auch damit zusammen, daß die Gefangenen in ihren Briefen nach Hause ihr Leiden herunterspielten, um die Besorgnis ihrer Frauen und Kinder zu mildern oder weil sie einfach dem System gegenüber unbeugsam erscheinen wollten. Zweifellos ging er zum Teil auf ein Wunschdenken der Daheimgebliebenen zurück, doch schon in den dreißiger Jahren des vorigen Jahrhunderts entsprach er zumindest teilweise der Wirklichkeit, selbst wenn man die Härte des Lebens als zugewiesener Sträfling einbezieht. Ein Sträfling mit handwerklichen Fähigkeiten, der das Glück hatte, einem anständigen Dienstherrn im Binnenland zugeteilt zu werden, konnte ein besseres Leben führen als inmitten des in England auf dem Lande herrschenden Elends. »Das große Geheimnis des Umgangs mit Sträflingen«, belehrte ein Auswandererhandbuch aus den dreißiger Jahren, »liegt darin, sie mit Freundlichkeit und zugleich Festigkeit zu behandeln.« Das wußten die meisten Dienstherren aus Erfahrung, obwohl ihre »Freundlichkeit« selten besonders deutlich hervortrat, und ihre »Festigkeit« der kleiner Pharaonen ähnelte. »Zwar werden«, schrieb Edward Curr, oberster Verwalter der Van Diemen's Land Company 1831,

> »Gefangene zur Bestrafung hergeschickt, doch stimmt es ebenfalls, daß es nicht im Interesse eines Dienstherrn liegt, aus ihrer Arbeit eine Strafe zu machen, sondern eher, dem Sträfling das Leben so angenehm zu gestalten, wie es mit der Sparsamkeit vereinbar ist. *Das Interesse des Dienstherrn widerspricht im wesentlichen dem Ziel der Deportation.*«

Die Arbeitsleistung eines einstigen Sträflings, der einen Freibrief besaß, war gesuchter als in England oder Irland, und sie wurde auch besser bezahlt als dort. Wie wir gesehen haben, gab es in Neusüdwales und auf Vandiemensland keinen Mangel an brutalen Dienstherren, und das System des Strafvollzugs konnte einen Mann zerstören – aber er konnte auch ein neues Leben beginnen. Die, denen das nicht gelang, schrieben nicht nach Hause, die anderen manchmal.

Trotz aller Mühe war es der britischen Regierung nicht möglich, gegen die Flut der Eindrücke etwas zu unternehmen, die sich aus all den Informationen im Lande bildeten. Sie befahl, die Behandlung in den Strafstationen zu verschärfen, so daß zur Zeit Gouverneur Darlings an die zwanzig bis fünfundzwanzig Prozent aller männlichen Sträflinge in Neusüdwales unter entsetzlichen Bedingungen litten, sei es in den Ketten-Kolonnen oder in vorgeschobenen Außenposten der Strafsiedlungen. Innenministerium wie Kolonialamt drängten die Statthalter Englands in Australien immer wieder, das System zu verschärfen, den Grundsatz der Vergeltung zu betonen, die Strafe mechanischer erscheinen zu lassen – noch bis zu dem Augenblick, als die Deportation nach Vandiemensland aufgegeben wurde.

Die Regierung, ob Whig oder Tory, machte kein Geheimnis aus ihrer Ansicht, die Deportation solle dem Straftäter eher qualvolles Leiden zufügen als ihn bessern. Doch durfte man der Öffentlichkeit Englands weder mitteilen, wie schlecht es wirklich auf der Norfolkinsel oder in den Ketten-Kolonnen der Blauen Berge stand (wollte man sich nicht dem Vorwurf des Sadismus aussetzen), noch durfte man hinausposaunen, wie milde die Strafe für einen Dienstverpflichteten sein konnte (denn dann wäre das System als zu weichlich erschienen). Ersteres überließ man den Reformern, und letzteres flüsterten sich die Menschen im Volk so vernehmlich zu, daß sie es lauter hörten als die Stimme der Regierung.

Nicht zum ersten Mal waren die niederen Stände Englands nicht bereit, »denen da oben« zu glauben, doch als wie wenig glaubwürdig die offizielle Stimme zur Deportation galt, sieht man vielleicht daran, daß Charles Dickens erwogen hat, die Regierung in dieser Frage zu unterstützen. Am 2. Juli 1840 schrieb er an den literarisch interessierten Whig-Innenminister Lord Normanby und machte sich, unter Hinweis darauf, daß die Mehrzahl der englischen Verbrecher die Deportation als Schlüssel zu einem besseren Leben, wenn nicht gar zum Wohlstand, ansah, erbötig, »eine lebendige Schilderung der auf der

Norfolkinsel und an anderen Stätten herrschenden Schrecken« zu liefern, »mit großer Anschaulichkeit und Wahrheitsliebe in eine ansprechende Erzählung gekleidet, die sehr preiswert unter das Volk gebracht werden kann«. Gern wüßte man, wie Dickens Maconochie dargestellt hätte, war doch der schottische Reformer mit all seinen Eigenschaften eine wahre Dickens-Gestalt, aber der Plan wurde nicht ausgeführt. Gelegenheit zu polemischen Berichten über Gefängnisse hatte Dickens zwei Jahre später in den Tagebüchern über seinen Besuch in Amerika. Als dann 1851 im Osten Australiens Gold entdeckt wurde, wog natürlich die Möglichkeit, reich zu werden, alle Schreckensvorstellungen auf, die dem Lande in den Augen der Arbeiterschicht des Mutterlandes noch anhaften mochten.

Die einzige vollständig ausgeführte Gestalt aus dem Australien der Strafkoloniezeit bei Dickens ist der zurückgekehrte Sträfling Abel Magwitch in *Große Erwartungen* (1860). Darin faßt der Autor den an Angst grenzenden Abscheu zusammen, mit dem manche Engländer der Mittelschicht (einschließlich Dikkens) zusahen, wie sich der deportierte Sträfling in der Verbannung bewährte. Als Kind hat Pip, der Held der Erzählung, Magwitch vor dem Galgen bewahrt, indem er ihm im nebligen Marschland am Unterlauf der Themse die Flucht vor seinen Verfolgern ermöglicht; doch wird Magwitch von einem »feinen« Schurken verraten und kommt auf ein Schiff nach Australien, dessen schwarzer Rumpf ihn aufnimmt wie eine »Arche Noah des Bösen«. Dem zum jungen Mann herangereiften Pip finanziert ein geheimnisvoller Wohltäter die Erziehung zum Gentleman – wie sich zeigt, stattet auf diese Weise Magwitch, der in Australien reich geworden ist, seine Dankesschuld dem einzigen Menschen gegenüber ab, der ihm je Gutes getan hat. Dieser Abel Magwitch ist eine merkwürdige Gestalt: ungehobelt, grobschlächtig und möglicherweise Kannibale. (Vermutlich hat Dickens das 1838 im Anhang zum Molesworth-Bericht abgedruckte Geständnis des irischen Sträflings Pearce aus Macquarie Harbour gelesen, der dem Kannibalismus verfallen war.) Seine Energie ist geradezu dämonisch und sein Rachedurst unstillbar. Es zeigt sich, daß die Pip erwiesene Großzügigkeit gleichfalls der Rache dienen, ein gegen die Klassenbeziehungen in England und der Kolonie gerichteter grausamer Scherz sein soll, mit dem Magwitch es den »Exklusiven« heimzahlen will, die ihn nach wie vor als kriminellen Emporkömmling betrachten. Machen die feinen Herren Sträflinge? Dann wird ein Sträfling einen feinen Herrn »machen« und »besitzen«, und nicht einen Abklatsch aus der fernen Kolonie. Er wird die Wahrheit über das Herrentum enthüllen: es ist käuflich. Dies Wissen soll ihm für den Rest seines Lebens Trost spenden, unter dem äußeren Schein der Großzügigkeit erkennt man eine umgekehrte Sklaverei.

»Und wenn die Blutpferde der Siedler den Staub über mir aufwirbeln, was sage ich da? Ich sage zu mir: ›Ich bin ein besserer Herr als du je einer *wirst*!‹ Sagt einer von ihnen zum anderen: ›Vor ein paar Jahren war der noch Sträfling und ist jetzt bei alle seinem Glück ein unwissender gewöhnlicher Bursche‹, sage ich zu mir: ›Auch wenn ich ungebildet und kein Herr bin, so habe ich doch einen solchen. Und wer von euch besitzt in London einen gebildeten Herrn?‹ Auf diese Weise komme ich gut zurecht.«

Er berichtet Pip die Wahrheit über seine Erziehung, um den Kreis der Rache zu schließen. Durch das, was er gelitten hat, ist Magwitch nicht mehr imstande, Freude an der Dankbarkeit eines anderen zu empfinden:

»Erzähle ich das, damit du mir dankbar bist? Nicht die Spur. Ich erzähle es, damit du weißt, daß der gehetzte Schinderhund, dem du das Leben bewahrt hast, seinen Kopf so hoch trägt, daß er einen Herrn machen konnte – und der bist du, Pip!«

Pip erkennt, daß auch er jetzt ein Sträfling ist; Magwitch hat ihn seit Jahren mit goldenen und silbernen Ketten gefesselt. Kein Wunder, daß Pip angewidert vor ihm zurückweicht, als wäre er ein scheußliches Untier. Somit hat Dickens in der Gestalt von Magwitch verschiedene Ausprägungen der Art zusammengefaßt, wie man von England aus am Ende der Deportationszeit Sträflinge in Australien sah. Auch wenn sie Erfolg hatten, konnten sie kaum wirklich zurückkehren. Dem Buchstaben des Gesetzes nach mochten sie für ihre Taten gebüßt haben, doch ihr Leiden machte sie auf Dauer zu Außenseitern. Dennoch konnten sie von ihrer Schuld sozusagen erlöst werden – solange sie in Australien blieben.

Die »Erlösung von Sündern« nahm bei den Zielen der Deportation den dritten Platz ein, rangierte aber weit hinter den beiden ersten. Daß in Australien möglicherweise mehr Menschen gebessert – in dem Sinne, daß sie mit der Absicht aus der Unfreiheit kamen, für ihren Lebensunterhalt selbst zu arbeiten und die Gesetze zu achten, und daß sie es fertigbrachten, nicht erneut straffällig zu werden – als je in England von Verbrechen »abgeschreckt« wurden, war auf das Zuweisungssystem zurückzuführen. Die Zuweisung gab den »Objekten« eine Gelegenheit zur Bewährung: nicht gleichmäßig, nicht zuverlässig, aber häufig. Die schematischere, »ideologische« Strafe des in den vierziger Jahren praktizierten Bewährungssystems Lord Stanleys hingegen war ein demoralisierender Fehlschlag. Das gilt um so mehr, als Ihrer Majestät Regierung versuchte, dafür möglichst wenig Geld auszugeben.

Wie weit man auf jeder Stufe dieses Systems die Sparsamkeit trieb, zeigt sich daran, daß auf Vandiemensland entflohene Sträflinge der Verwaltung die für ihr eigenes Wiedereinfangen gezahlte Prämie zurückerstatten mußten. Im Mai 1848 bat ein früherer Kaufmann in der Bewährungskolonne am Saltwaterfluß, Samuel Sidney Smith, um sechs Bogen Papier, damit er ein Gnadengesuch abfassen konnte. Der Aufseher gab ihm jedoch nur ein einziges Blatt und schrieb brummig an den Rand: »Der Mann ist ein fauler Ränkeschmied. Jeder Fall läßt sich auf einem Blatt darstellen, und so habe ich mich geweigert, ihm mehr zu geben.« Hier erkennt man Bürokratengeist in voller Größe – oder besser gesagt: Kleinheit.

Trotz all seiner Mängel (und man kann sich kein System des Strafvollzugs ohne solche vorstellen) war das in Australien praktizierte Zuweisungssystem der mit Abstand erfolgreichste aller je in der Geschichte Englands, Amerikas oder Kontinentaleuropas unternommener Versuche, Gesetzesbrecher durch Strafe wiedereinzugliedern. Bei seiner Bewertung muß man unbedingt bedenken, daß zahlreiche seiner Kritiker die Grausamkeiten und Ungerechtigkeiten innerhalb des Systems nicht etwa deshalb ausführlich darstellten, weil sie objektiv darüber berichten wollten, sondern weil sie rivalisierende Ansichten zum Strafvollzug vertraten. Die Arbeit des Dienstverpflichteten war schwer (wenn er nicht, was gar nicht selten vorkam, das Glück hatte, als Diener im Hause oder im Büro beschäftigt zu werden), aber nicht unbedingt schwerer als die, die ein Siedler für sich selbst tun mußte. Nach den Briefen von im Mutterland in der Landwirtschaft tätig gewesenen Dienstverpflichteten zu urteilen, war sie trotz der Fliegen, Schlangen und der Hitze auch nicht schwerer als die eines landwirtschaftlichen Gehilfen in Großbritannien.

Feinde des Systems gewöhnten es sich an, diese Arbeit und ihre Bedingungen als Sklaverei zu bezeichnen, doch das war sie nicht. Der Dienstverpflichtete arbeitete in einem aufmerksam überwachten Rahmen aus Rechten und Vorschriften. Manche der Dienstherren waren grausam, andere verantwortungslos, wieder andere Ausbeuter und einige wenige erklärte Sadisten. Doch die meisten waren nichts von alldem, sondern einfache, harte, unvollkommene Männer, die sich bemühten, dem widerspenstigen Boden Australiens abzuringen, was sie zum Überleben brauchten, oder auch etwas darüber hinaus; und viele von ihnen waren selbst als Deportierte ins Land gekommen. Nur wenige sahen die ihnen Zugewiesenen an wie ein Feudalherr seine Leibeigenen, und denen, die es versuchten, trat das Gesetz in den Weg.

Die Zuweisung war eine Vorform des heutigen offenen Strafvollzugs. Statt die Männer in Kolonnen zusammenzufassen – in denen sich automatisch die bösartigsten und schlimmsten durchsetzten –, verteilte das System sie im Busch und sorgte dafür, daß sie bei der Arbeit nicht den Kontakt mit den Freien verloren. So waren sie auf sich selbst angewiesen, erlernten Berufe und wurden belohnt, wenn sie ihre Arbeit richtig taten. Sie arbeiteten bei der Errichtung einer neuen Gesellschaft mit und mußten nicht im Gefängnis schmachten. Selbstverständlich kann man die Vorzüge der Zuweisung überschätzen, doch als einfaches Mittel, die Sträflinge als für ihren eigenen Unterhalt sorgende Arbeiter in die Gesellschaft wiedereinzugliedern, schien sie geeignet.

Die Ergebnisse waren ungleichmäßig; und noch länger als ein Jahrzehnt nach dem Ende der Deportation nach Neusüdwales redete sich die Kolonie ein, die Mehrzahl der Verbrechen gehe auf die Überbleibsel des Sträflings-Übels zurück. Auf dem Höhepunkt der Deportation nach Neusüdwales hatten 1835 die Gerichte jener Kolonie in insgesamt 771 Fällen Menschen wegen dort begangener Straftaten gegen das Eigentum oder gegen Menschen verurteilt – etwa 1100 Verurteilungen auf 100 000 Einwohner. Diese Zahl ging anschließend langsam zurück, während zugleich die durch Einwanderer vermehrte Bevölkerung so rasch anschwoll, daß die Verurteilungsquote 1851 bei knapp 290 pro 100 000 Einwohner lag und 1861 bei 122 – etwa ein Zehntel des Wertes von 1835. Damals hatte sie etwa zehnmal so hoch gelegen wie in England, war aber 1861 nur noch doppelt so hoch.

Zweifellos nahm die Verbrechensrate in dem Maße ab, wie sich der »Makel« durch Einwanderung abschwächte und die als Straftäter ins Land Gekommenen starben. Doch bedeutete die Abnahme ihrer Zahl zugleich Besserung? Etwa 60 Prozent der 1841 in Neusüdwales befindlichen Männer waren ursprünglich deportiert worden, 1851 waren es etwa 30 Prozent – immer noch eine durchaus beachtliche Zahl. Sehr wenige der Verurteilungen (etwa 6 Prozent) entfielen auf Angehörige der Currency – einerseits, weil viele von ihnen noch Kinder waren, vor allem aber, weil die in Australien Geborenen als Erwachsene trotz allen Geredes über die Erblichkeit des Makels fleißig und häuslich waren und der Gesellschaft, in der sie lebten, positiv gegenüberstanden. Hingegen standen 1841 in siebzig Prozent aller zu Verurteilungen führenden Prozesse in Neusüdwales Sträflinge oder ehemalige Sträflinge vor Gericht (ausschließlich Erwachsene).

Wie der Historiker Michael Stürmer gezeigt hat, muß man diese scheinbare Fortdauer eines Hanges zum Verbrechen im Licht anderer Faktoren sehen. Neusüdwales blieb noch lange, nachdem 1840 die Deportation dorthin eingestellt wurde, ein Polizeistaat. Daher wurden Sträflinge nicht nur von der Polizei schärfer beobachtet, sondern auch vor Gericht anders behandelt als Freie – doch auch den Freigelassenen stand die Polizei mißtrauisch gegenüber. Ein Straftäter konnte in einer winzigen Ansiedlung im Outback und sogar in Sydney nicht annähernd so einfach verschwinden wie in der ungeheuren und unüberschaubaren Anonymität Londons. Daher war es wahrscheinlicher, daß Freigelassene und Inhaber von Freibriefen, die sich etwas zuschulden kommen ließen, vor Gericht gestellt und verurteilt wurden. Da sie die unangenehmsten Arbeiten tun mußten, das geringste Kapital besaßen und die schlechteste Ausbildung hatten, war es kein Wunder, daß sie eher zu Diebstahl, Prügeleien und Trunksucht neigten. Insgesamt bestanden für sie in Australien dieselben ungünstigen gesellschaftlichen Gegebenheiten, die sie in Großbritannien zum Verbrechen getrieben hatten. Hinzu kam noch etwas: der erbarmungslose auf Bereicherung, Landbesitz, Geld und Gold ausgerichtete Materialismus der freien australischen Siedler in einem geographisch riesigen, gesellschaftlich aber kleinen Umfeld. Nirgendwo auf der Welt wurde einem Menschen die viktorianische Gleichsetzung von Reichtum und Tugendhaftigkeit rücksichtsloser verdeutlicht als um die Mitte des vorigen Jahrhunderts in Australien. Bei einem solchen Gesellschaftsethos muß es eher noch überraschen, daß die Zahl der Verurteilungen nicht höher war.

Das vierte und letzte Ziel der Deportation hieß Besiedlung des Landes. Hier galt: *Si monumentum requiris, circumspice.* Hätte man Australien nicht als Gefängnis besiedelt und durch Sträflingsarbeit entwickelt, wäre es auf andere Weise geschehen. Zwar war dies Schicksal dem Kontinent von dem Augenblick an bestimmt, da ihn Cook 1770 an der Botany Bay betrat, doch hätte es ein halbes Jahrhundert länger gedauert. Man darf annehmen, daß das georgianische England nur mit größter Mühe Siedler gefunden hätte, die verrückt oder bedürftig genug waren, freiwillig dorthin zu gehen. Letztlich aber ist die Frage müßig, was ohne die Sträflinge aus Australien geworden wäre. Tatsache ist, daß sie das Land zu dem gemacht haben, was es ist, und ihre Spuren finden sich allenthalben: ob in den Serpentinen, die sich über die Blauen Berge winden, wo der moderne Verkehr über die längst begrabenen verrosteten Ketten der Toten hinwegrollt, oder in den fruchtbaren Weiden, die einst Eukalyptus-Urwald waren.

Was diese Menschen dem australischen Nationalcharakter hinterlassen haben, ist, von unserem Selbstverständnis aus gesehen, weit eher strittig als das wirtschaftliche Ergebnis ihrer Arbeit. Vermutlich ist es nicht das, worauf wir Australier so gern verweisen: die trotzige Unabhängigkeit, auf die wir – wohl nicht ganz mit Grund – so stolz sind.

Wer die gegenteiligen Auswirkungen des Systems auf die erkennen will, die es bis zum Ende erlebt haben, mag sich Tasmanien ansehen, das in seiner Entwicklung steckenblieb. Seine Bevölkerung hatte sich von 69 000 im Jahre 1851 allmählich auf 102 000 im Jahre 1871 entwickelt, das heißt in zwanzig Jahren nicht einmal verdoppelt. Ende der sechziger Jahre waren die Zeichen wirtschaftlichen Stillstands aber überall zu erkennen: leere Straßen, keine Bautätigkeit, eine Landwirtschaft ohne Absatzmärkte, müßige Werften, eine stagnierende Bevölkerungszahl, in der Alte und Kinder überwogen; denn die Jungen und Tatkräftigen waren über die Bass-Straße aufs Festland gegangen, und der Zustrom an Einwanderern nach Victoria, Queensland und Neusüdwales ging an Tasmanien vorbei. Wie die sklavenhaltenden Südstaaten Amerikas nach der Abschaffung der Sklaverei verkam die Insel. Sträflinge sah man nach wie vor, graugelbe Geister in einem toten Haus. Obwohl die Regierung Ihrer Majestät schon lange keine Gefangenen mehr nach Tasmanien schickte, waren doch die zu langen Strafen Verurteilten noch da und mußten ihre Zeit verbüßen. Erst 1886 schwanden die letzten Reste des Sträflingssystems auf der Insel.

Die wirtschaftliche Stagnation zwang das Land, mit seiner Vergangenheit zu leben, der Dr. Jekyll aus Tasmanien konnte den Übeltäter Mr. Hyde aus Vandiemensland nicht loswerden. Die Sträflingsvergangenheit lebte weiter. Sie schien in der Landschaft verwurzelt zu sein, saß wie ein Krebsgeschwür in ihrer üppigen und malerischen Schönheit. John Mitchel, ein politischer Gefangener aus Irland, schrieb 1850 in seinem Tagebuch:

»Riesige Bäume werfen ihre Schatten über unseren Weg, ein Felsvorsprung fällt steil ab in die Bucht, Klippen und Höhlen in diesem Fels sind an ihrem Boden bedeckt mit silberglänzendem Sand und vielfarbigen Muscheln – Plätze, die an einer europäischen Küste einer Undine und ihrer Liebe geweiht wären. Doch dort in der sanft ansteigenden Landschaft, umrahmt von herrlichen Bäumen, was steht da für ein Gebäude? Ist es ein Tempel mit einem Säulenportico? Oder eine Villa im römischen Stil? O Verdammung! Es ist eine Sträflingsbaracke!«

Statt Paestum Port Arthur. Statt eines klassischen Zuges von Satyrn Sträflinge in Ketten, »vor Karren gespannt . . . mit kurz geschorenen Haaren und Lederkappen, in gedrückter, verzweifelter Haltung«. Statt bezaubernden Nymphen wie in einem Bild von Turner eine Frau, die einem Wächter dient, »eine häßliche, gewöhnlich aussehende Kreatur, mit vom Alkohol gerötetem Gesicht und künstlichen Blumen am Hut«. In Tasmanien galt die Klasse der Sträflinge ebensowenig wie die Schwarzen in Südcarolina, und ehemalige Sträflinge »pfiffen Negerlieder in die laue Luft«.

Die Tünche, mit der all das überdeckt werden sollte, war das englische Wesen. Die Tasmanier verzehrten sich nach britischen Vorrechten und der britischen Aristokratie.

Doch das einzige passende Wappen wäre ein Vlies und ein Känguruh, das aus seinem Beutel bestohlen wird, die passende Unterschrift dazu müßte lauten »Sic Fortis Hobartia Crevit«, nämlich durch Schafzucht und Taschendiebstahl. In Mitchels, wenn auch voreingenommener, Sicht handelte es sich um eine aufwendige Kopie, zu der man jedoch die falschen Materialien verwandt hatte:

»Um ein Uhr kommt die Hobart-Town-und-Launceston-Kutsche, die genauso wie eine englische Kutsche aus der Zeit aussieht, als es noch keine Eisenbahnen gab. Die Straße ist hervorragend, die Pferde sind gut. Der Kutscher und der Wachmann (beide zweifellos Sträflinge) haben gute Manieren und sind ordentlich gekleidet. Die Wirtshäuser an der Strecke, an denen wir vorbeikommen, sind sehr britisch, sogar – leider – der Branntwein, den sie ausschenken. Alle Passagiere sprechen mit einem englischen Akzent ... Alles, was ich sehe und höre, ... erinnert mich daran, daß ich mich in einer unglückseligen Miniaturausgabe, in einem Bastard-England, befinde; und das rechtmäßige England ist mir nicht so lieb und teuer, daß ich seine Sträflingskopie lieben könnte.«

Selbst wenn man Mitchel seine Vorurteile zugute hält – Tasmanien war sein Gefängnis, und er war ein irischer Nationalist –, andere Besucher schrieben um 1850 nichts Derartiges über die Kolonien. Die Giftstoffe der Sträflingszeit hingen nach 1853 noch eine ganze Generation lang über Tasmanien. Der Makel konnte nicht so schnell getilgt werden, und sogar der alte Name haftete zäh wie Teer, die »Bewohner von Vandiemensland« galten in den Augen der freien Australier entweder als kriminelle Drohnen oder als Tyrannen. Noch 1882 schrieb ein Journalist:

»Während der letzten zwanzig Jahre kam ich mit einigen hundert Immigranten zusammen, und ich muß sagen, daß nur eine Handvoll von ihnen dieses Land unter dem Namen ›Tasmanien‹ kennt, für die anderen ist es immer noch ›Vandiemensland‹, das Land der weißen Sklaverei.«

Auch wenn keine neuen Sträflinge ins Land kamen, blieben doch die alten, und aus der Volkszählung von 1857 ergibt sich, daß die Hälfte der Erwachsenen beiderlei Geschlechts auf der Insel (und 60 Prozent der erwachsenen Männer) aus Sträflingen oder ehemaligen Sträflingen bestand. In den dreißig Jahren, die es dauerte, bis die »Alten« ausstarben, begingen sie den größten Teil der Straftaten auf Tasmanien. So bildeten 1848/49 Sträflinge und ehemalige Sträflinge 68 Prozent der Bevölkerung, verübten aber 93 Prozent der schwersten Straftaten. Dieser Anteil lag 1866/67 bei 70 Prozent, obwohl nur etwa 35 Prozent der dort lebenden Erwachsenen durch das System gegangen waren. Zu jener Zeit wies Tasmanien die höchste Verbrechensrate in Australien auf: 1,72 Verurteilungen höherer Gerichte pro tausend Einwohner, verglichen mit 1,3 in Neusüdwales, 1,18 in Victoria und 0,61 in Südaustralien.

Inzwischen hatten die Überreste des Systems – die Zerbrochenen, die Wurzellosen, die Hilflosen, die Verrückten und die Verlassenen – die Institutionen von Tasmanien verstopft. Die Verbannung hatte bei ihnen nicht zu viktorianischer »Mannhaftigkeit« geführt, sondern zu schlimmen Neurosen. Entlassene Sträflinge waren über das ganze Landesinnere verstreut – debile, lallende Handlanger, die im australischen Slang »alte Kriecher« genannt wurden. 1867 erinnerte sich ein Pfarrer daran, wie er einen dieser »alten Kriecher« in den Diensten eines ehemaligen Marineoffiziers traf. Der frühere Seemann brüstete sich damit, daß er »seinen Mann zahllose Male auspeitschen ließ ... Ich band sogar einen Strick um seinen Hals und zog ihn zu Pferde hinter mir her durch jenen Teich . . . Aber es hat alles keinen Zweck, der Mann will in meinen Diensten bleiben.« Der Reverend John Morison stellte daraufhin die Überlegung an, daß jener Unverbesserliche »so an Strafe gewöhnt sein muß, daß sie für ihn zu einer Notwendigkeit geworden war, und er sich nicht wohl fühlte, wenn er nicht bestraft wurde. Was an dieser Kreatur menschlich gewesen war, muß aus ihr herausgeprügelt worden sein, übrig blieb nur noch der Charakter eines Hundes.«

Doch manche der »alten Kriecher« krochen nicht. Bei seinem Besuch in Port Arthur im Januar 1872 sprach Anthony Trollope mit einem der letzten etwa 15 Sträflinge dort, einem Iren aus Londonderry mit Namen Dennis Doherty, »einem der Helden dort . . . der berichtete, daß er seit 42 Jahren keine einzige Stunde mehr ein freier Mann gewesen sei«. Doherty war ein großer Mann, stark tätowiert, und hatte nur noch ein kleines graues Auge. Im Alter von 18 Jahren war er im Mai 1833 wegen Desertation zum Transport nach Australien verurteilt worden, 14 Jahre sollte er dort verbringen. Von da durchlebte er das ganze System. 1837 wurde er in Sydney zu lebenslanger Haft auf der Norfolkinsel verurteilt, weil er geflohen war. 1842 wurde er zur Bewährung nach Port Arthur geschickt, aber schon zwei Jahre später kam er als besonders harter Fall wieder zurück auf die Norfolkinsel. Auf der Fahrt dahin hatte er mit anderen versucht, die Brigg *Governor Phillip* in seine Gewalt zu bringen, was ihm eine weitere lebenslange Haftstrafe einbrachte. Weil er 1855 versucht hatte, einen Mann mit einem gestohlenen Gewehr zu erschlagen, wurde er noch einmal zu lebenslanger Haft verurteilt. Und so ging es immer weiter. Doherty erzählte Trollaope, daß er im Verlauf der Jahre mindestens 3000 Peitschenhiebe erhalten habe. Nur drei Wochen zuvor hatte er seinen bislang letzten Fluchtversuch unternommen und war »fast verhungert« wieder eingefangen worden:

> »Immer wieder hatte er zu fliehen versucht, immer wieder hatte er sich aufgelehnt, gegen die Autorität gekämpft, und immer wieder war er ausgepeitscht worden. Ein ganzes Leben Quälerei, 42 Jahre lang, doch hier stand er vor mir, sprach sanft, brachte vernünftige Argumente vor, und die Tränen rannen über sein Gesicht, als er um ein wenig Gnade für seine alten Tage bat. ›Ich habe vesucht zu fliehen, immer wieder zu fliehen, wie ein Vogel versucht, aus seinem Käfig zu entkommen. Ist das gegen die Natur? Ist das ein Verbrechen?‹ Ich empfand Mitgefühl mit diesem Mann, und als er sich selbst mit einem Vogel in einem Käfig verglich, hätte ich ihn gerne mit mir genommen, in die Freiheit, und ihn einen Monat lang versorgt. Vielleicht hätte er mir bei der ersten Gelegenheit einen Schlag über den Kopf gegeben. Ich war davon überzeugt, daß er durch und durch schlecht war, unverbesserlich, ein wildes Tier, das seine Hand gegen jeden ehrlichen Menschen erheben

würde und gegen das jeder ehrliche Mensch seine Hand erheben müßte. Aber er sprach so gut, so gewinnend. Als wir seine Zelle betraten, schrieb er in seinem Heft: ›Ich kritzele nur, Sir‹, sagte er, ›um mir die Zeit zu vertreiben.‹«

Damals war Dennis Doherty etwa 60 Jahre alt, und die Gefängnisunterlagen, die Trollope nicht einsehen durfte, bestätigen seine Angaben. Sie bestehen aus einer langen Liste fast unerträglicher Leiden, seitenlang – Peitschenhiebe, Ketten, Einzelhaft für Vergehen, die von »Fluchtversuch« über »Meuterei« bis zu dem Vorwurf »Er besaß unerlaubt einen Krebs« reichten.

In den siebziger Jahren des 19. Jahrhunderts lebten auf Tasmanien mehr Arme, Irre, Waisenkinder und Invalide als in Südaustralien und Queensland zusammen, und das bei einer Bevölkerung, die weniger als die Hälfte der Gesamtzahl beider Kolonien ausmachte. Trotz des Arbeitskräftemangels diskriminierten frei Geborene die meisten der ehemaligen Sträflinge, häufig in boshafter Weise. Sie galten als faul und unwürdig, Land zu besitzen, und je stärker nach 1850 der viktorianische Vorbehalt gegen Homosexuelle in Australien wurde, desto mehr Anhänger gewann die Vorstellung, die Mehrzahl der Sträflinge gehörten dieser Kategorie an. »Durch die zunehmende Angst vor den abscheulichen Praktiken, denen bekanntlich viele von ihnen verfallen sind«, hieß es im Bericht eines parlamentarischen Untersuchungsausschusses 1860, »erweist sich für sie die Arbeitssuche häufig als mühevoll und schwierig.«

Im Gegensatz zu den ehemaligen Sträflingen von Neusüdwales wurden die auf Tasmanien lebenden durch gesellschaftliche Vorurteile so eingeengt, daß ihnen ein Aufstieg nicht möglich war. Darüber hinaus bewahrten die für ihre Arbeit und ihre Beziehungen zu den Arbeitgebern geltenden Gesetze, wenn auch in abgeschwächter Form, so doch unverkennbar, die ganze Schärfe des Systems. Beispielsweise hatten Dienstherren nach einem 1856 erlassenen Gesetz die Möglichkeit, die für sie Tätigen festzunehmen, und ein Arbeitgeber (oder jeder seiner Familienangehörigen) durfte einen von ihm Beschäftigten bei Verdacht einer Straftat ohne Gerichtsverhandlung bis zu einer Woche einsperren. Das Ungewöhnliche an der Sache war, daß dieses Gesetz in Tasmanien über ein Menschenalter gültig blieb; noch 1882 wies der gesetzgebende Rat Bemühungen zurück, das Festnahmerecht der Arbeitgeber außer Kraft zu setzen. Das wäre in Neusüdwales beim dort üblichen Mißtrauen der Arbeiterklasse gegenüber der Obrigkeit, ihrem Zusammengehörigkeitsgefühl und ihren Vorbehalten gegen »die da oben« damals nicht mehr möglich gewesen.

Im großen und ganzen zeigten die Freigelassenen auf Tasmanien nur wenig Zusammengehörigkeitsgefühl, was dazu führte, daß »der hohe Anteil an ehemaligen Sträflingen in der Bevölkerung wahrscheinlich das Entstehen einer radikalen Politik der Arbeiterklasse hinausgezögert hat«. Das hing vermutlich damit zusammen, daß so wenige irische Sträflinge ins Land geschickt worden waren.

Zwei Fünftel aller Deportierten kamen nach Vandiemensland, doch von 1812 bis 1853 lief im Schnitt pro Jahr kaum mehr als ein Schiff von Irland aus Hobart an. Das Ergebnis war ein weit geringerer Anteil von Iren als in Neusüdwales; der Anteil der Katholiken auf Vandiemensland war etwa halb so groß wie auf dem Festland – siebzehn Prozent der weißen Bevölkerung, Freie und Unfreie zusammengerechnet. In Tasmanien bildeten die Iren nie eine mächtige Minderheit, und auch der ihnen eigene Zusammenhalt, den sie mit nach Neusüdwales gebracht hatten und der für das Zusammengehörigkeitsgefühl der Arbeiter auf dem Festland mitbestimmend war, existierte auf Tasmanien fast nicht. Daß sich die Insel nach ihrer Zeit als Strafkolonie so übertrieben englisch gebärdete, ging darauf zurück, daß die zahlenmäßig geringe Elite in der Kolonie den unter ihr rangierenden Klassen ihre Werte aufpfropfte.

Man muß sehen, daß Tasmanien so recht nicht ins Bild jener paßt, die gern glauben möchten, die Mehrzahl der australischen Busch-Tugenden – Unnachgiebigkeit, unverrückbares Zusammenstehen, Mißtrauen gegenüber Gesetz, Behörden und »Feinen«, ein mit Ecken und Kanten zur Schau getragenes Selbstbewußtsein und eine demokratische Haltung, die eine abweichende Meinung unverblümt vorträgt – gehe auf das Sträflingssystem zurück. Verhielte sich das so, müßte man diese Merkmale im gesellschaftlichen Gewebe Tasmaniens besonders ausgeprägt vorfinden, war es doch die Kolonie mit der höchsten Dichte an Sträflingen und deren Nachkommen. Das aber ist nicht der Fall – dort waren die Arbeiter als Klasse weniger selbstsicher als in Neusüdwales, weil sie ihre Arbeit auf einem Käufermarkt anboten. In Tasmanien hatte nahezu stets ein Überangebot an Arbeitskräften bestanden, in Neusüdwales hingegen herrschte Mangel an ihnen. Darüber hinaus war auf Tasmanien das Gefühl für die vorangetriebene neue Grenze nur gering entwickelt, und mithin gab es keinen rechten Grund für die Entstehung eines »Busch-Ethos«. Im Unterschied zum Festland hatte die Insel keine Möglichkeit, sich in den Raum auszudehnen und blieb ein in sich geschlossener Mikrokosmos. Das hatte seine Auswirkungen auf die dort wohnenden Menschen. Der keinem Viehzüchter verpflichtete Wanderarbeiter, der umherzog, wo es ihm beliebte, war auf Tasmanien ganz und gar ein Sonderfall und ließ bei seinem Auftauchen achtbare Tasmanier zusammenzucken – dachten sie doch unwillkürlich an entflohene Angehörige von Bewährungskolonnen.

Das Sträflingserbe bedeutete für die Insel also das genaue Gegenteil dessen, was man in Neusüdwales annahm: eine passive und leichter handhabbare Arbeiterklasse, paternalistische Institutionen, eine zahme Presse und auf die Kolonie übertragene anglophile Werte. Die Vorstellung, aus der Unterdrückung gingen vor allem Rebellen hervor, ist tröstliches Wunschdenken. Der Rebell ist in allen Strafgesellschaften stets die Ausnahme und nie die Regel. Tasmanien war eine »Mühle, um darin Schurken ehrlich zu mahlen«, eine Fabrik, die willfähriges Lumpenproletariat hervorbrachte, Männer und Frauen, die man durch sich stets wiederholende Arbeit und die beständig über ihnen schwebende Drohung der körperlichen Züchtigung einschüchterte. Sie hatten gelernt, der Obrigkeit aus der Hand zu fressen, denn schließlich hatte diese sie stets gefüttert. Diese Menschen illustrieren die trübe Wahrheit von Vauvenargues Maxime: »Die Knechtschaft erniedrigt die Menschen so sehr, daß sie schließlich Gefallen an ihr finden.« Da es im Verhältnis zur freien Bevölkerung so viele von ihnen gab und so wenige Einwanderer ins Land kamen, lastete die Hand der Obrigkeit schwerer auf ihnen als im Neusüdwales der Zeit nach der Strafkolonie. Noch in den neunziger Jahren zeigten sich Besucher vom Kontinent darüber erstaunt, wie geradezu besessen man in Tasmanien damals von dem Makel war, obwohl kaum noch »alte« Sträflinge lebten.

Doch besteht kein Zweifel, daß bittere Erinnerungen an das System bisweilen auch einen Kraftquell für die australische Unabhängigkeit bedeuteten – auf dem Festland. John Fawkner (1792–1869), der »große alte Mann aus Victoria«, der gemeinsam mit John Batman die Port-Phillip-Bucht besiedelte und 1835 am Yarrafluß Melbourne gründete, war mit seinem Vater, einem Sträfling, 1803 zur ersten Siedlung Hobart gesegelt. Da er unter Sträflingen aufgewachsen war, stand er auch auf ihrer Seite und besiegelte mit 22 Jahren diesen Bund mit Blut und Qual. Er half sieben Gefangenen, ein Schiff zu bauen, mit dem sie nach Südamerika entfliehen wollten. Das Unternehmen wurde entdeckt, Fawkner bekam wegen seiner Beteiligung fünfzig Peitschenhiebe und trug lebenslängliche Spuren der »Katze« auf seiner Haut – die Zeichen einer Macht, die er verabscheute. Er arbeitete weiter gegen die Obrigkeit, verdiente Geld, wurde ein »Buschanwalt«, gründete auf Vandiemensland und später in Victoria liberal-radikale Blätter und setzte sich mit scharfen Worten für die Rechte von Sträflingen und Kleinsiedlern ein. Er, »der Volkstribun«, gehörte fünfzehn Jahre lang als Stachel im Fleisch dem gesetzgebenden Rat von Victoria an, kämpfte gegen Schafbarone, die das Land unter sich aufgeteilt hatten, sich an der Arbeit der Sträflinge mästeten und nicht genug bekommen konnten. Ihm galten nicht die Deportierten als die Schande Australiens, sondern die Deportation, sein Ziel war eine Gesellschaft aus Freibauern.

Mitte der dreißiger Jahre war der Kampf um die Rechte der Freigelassenen gewonnen, und es würde sich für einen australischen Politiker nie wieder auszahlen, um die Stimmen ehemaliger Sträflinge als Gruppe zu buhlen – wie es sich seinerzeit für Wentworth auf dem langen Weg in sein Fabelreich einer Kolonial-»Aristokratie« ausgezahlt hatte. Die bloße Vorstellung einer Sträflingspartei war widersinnig. Aus dem Hinweis auf die eigene Sträflingsvergangenheit oder die der Eltern ließ sich kein politisches Kapital schlagen, im Gegenteil: Die damit verbundenen Nachteile waren überwältigend.

Australier, vor allem wohlhabende und mächtige, standen der Sträflingsvergangenheit ihres Landes kalt und feindlich gegenüber und wollten sie am liebsten vergessen. Ausnahmen bildeten meist der Arbeiterklasse angehörige Iren, vor allem in Neusüdwales, unter denen die Erinnerung an die Sträflingszeit massiv war und in gewissem Maß sogar verherrlicht wurde. Sie überlebte, weil sie die Verbindung zu einer älteren Erinnerung herstellte, der allgemeinen Unterdrückung der Iren durch die Engländer.

Sofern diese Erinnerung zur Gleichheit in der australischen Gesellschaft beigetragen hat, dann in äußerst unfreundlicher Weise. In den dreißiger Jahren des vorigen Jahrhunderts gewannen scharfsichtige Beobachter wie Maconochie und sein Mitarbeiter Alexander Cheyne den Eindruck, daß die Einteilung der australischen Gesellschaft in zwei Klassen, die der Freien und die der Unfreien, Klassenunterschiede zwischen Freien einebnete, da diese ihre Feindseligkeit gegen die unterhalb ihrer rangierenden Sträflinge richteten. So berichtete Cheyne vor dem Molesworth-Ausschuß:

> »Die von den meisten Freien angenommene Gewohnheit, Sträflinge verächtlich zu behandeln, verächtlich von ihnen zu denken und zu reden, teilt sich auf gänzlich natürliche Weise der ganzen Gruppe mit. Daher stammt der Mangel an Achtung und Zuvorkommenheit anderen gegenüber, der sich überall zeigt.«

Auf die gleiche Weise bewirkte das Gewicht, das man der Zugehörigkeit zur Schicht der Freien beimaß, daß »die im Mutterland üblichen Unterscheidungen entfielen, *womit die ganze freie Bevölkerung auf beinahe gleichen Fuß gestellt wird.* Verachtung wurde mit Haß heimgezahlt, Sträflinge und ehemalige Sträflinge betrachteten mit einer an Haß grenzenden Abneigung alle, die nie Gefangene gewesen waren, und sie zeigten das auch ganz deutlich, wenn der Eigennutz nicht dagegen sprach.«

Nicht alle Wurzeln der australischen Gleichheit lassen sich idealisieren. Ebenso wirklich wie die Kameradschaft im Busch war der ständig in der Defensive befindliche Haß der Klassen gegeneinander, der daher rührte, daß die einen Sträflinge waren und die anderen nicht. Um die Jahrhundertwende war die Beziehung zwischen der früheren sozialistischen Haltung Australiens und der Abneigung vor der Sträflingsvergangenheit ein bloßes Versatzstück, wenn sie nicht sogar von Arbeitern geleugnet wurde, die Wert auf ihr Recht legten, geachtet zu werden, und mit kriminellen Vorfahren ebensowenig in Verbindung gebracht werden wollten wie die Anhänger der Chartistenbewegung im alten England gewünscht hätte, mit Dieben und Straßenräubern in einen Topf geworfen zu werden. Wenn derlei Beziehungen an die Oberfläche traten, dann in volkstümlicher und idealisierter Form, bei der man die Sträflinge als unschuldige Gelegenheitswilderer, Chartisten und Kinder hinstellte, die eine Handvoll Äpfel gestohlen hatten, und die Buschklepper als edle Robin Hoods.

Heute ist die »Sträflingsvergangenheit« eine immer wieder beschworene Leerformel. Sie dient als Erklärung für den angeblichen Zynismus der Australier gegenüber der Obrigkeit wie auch für ihren Konformismus. Vielleicht gibt es tatsächlich Wurzeln des Sozialverhaltens, die sich auf dunklen Wegen in die Sträflingszeit zurückverfolgen lassen, und eine davon mag die wohlbekannte australische Gewohnheit sein, heimlich auf die Obrigkeit zu fluchen und offen vor ihr zu katzbuckeln. Zugleich könnte der australische Sexismus einen Teil seiner Kraft aus der im Kerkerleben erfahrenen brutalen psychischen Deformation beziehen. Doch da die überwiegende Mehrheit der weißen Australier entweder Abkömmlinge nach 1850 ins Land gekommener Engländer, Iren oder Schotten sind oder die Nachkommen nach 1945 eingewanderter Griechen, Italiener, Ungarn, Balten, Polen und Deutscher, dürfte das eine müßige Spekulation sein.

Hätten die Australier irgend etwas in anderer Weise getan, wäre ihr Land nicht als unendliches Gefängnis besiedelt worden? Bestimmt. Sie hätten mehr von ihrer eigenen Geschichte im kollektiven Gedächtnis behalten. Vor hundert Jahren waren Australier vor allem davon besessen, sie ganz und gar zu vergessen und die Tiefen des Unbewußten zu verdrängen. Das galt für die gesamte australische Kultur, von der politischen Rede bis hin zur Wahrnehmung des Raumes und der Landschaft selbst. Die Weite des Raumes selbst war das Gefängnis; und die Entdeckung der australischen Natur als Merkmal der Kultur, ob in der Dichtung oder in der Malerei, war erst möglich, nachdem das Klischee des »traurigen Buschlandes«, das seine Entstehung den Sträflingen verdankt, denen die Natur als Gefängnis erschien, getilgt war. Ein bei Presse und Dichtern 1888, zur Zeit der Hundertjahrfeier der Besiedlung Australiens, beliebtes Bild war das der Nation als eines jungen, kraftvollen Menschen, der in die aufgehende Sonne blickt und den dunklen Schatten der Vergangenheit den Rücken zukehrt.

In jedem Ruf nach Erneuerung steckte die Sehnsucht nach Vergessen, und ihr gaben sich die Australier mit ihrer üblichen Energie hin. Sie wollten die Erinnerung daran auslöschen, daß ihre Vorfahren einst »Regierungsmänner« gewesen oder mit solchen Seite an Seite gegangen waren, und das gelang ihnen bald.

Niemand könnte leugnen, daß es in Australien einst Sträflinge gegeben hat. Noch 1888 lebten einige der »Alten«, wenn auch nicht mehr lange, aber niemand forderte sie auf, bei den Paraden zur Hundertjahrfeier mitzumarschieren, und bei den Feiern selbst wich man historischen Rückblicken aus. Im Text von Gedenkalben, die auf ihren Umschlägen den in Blattgold geprägten *kookaburra* oder Lachenden Hans mit Raddampfern zeigten, wurde auf schreckliche Vorkommnisse in der fernen Kolonialzeit hingewiesen, aber damit hatte es seine Bewandtnis – es war an der Zeit, endlich den Mantel des Vergessens über so viel

Entehrung und Leiden zu breiten und dem jungen Tag entgegenzuschreiten. »Die Epoche der Sträflinge ist jetzt vergessen wie ein böser Traum«, heißt es in einem der Texte zur Jahrhundertfeier, »heute hat die Ein- und Ausfuhr von Neusüdwales pro Jahr einen Wert von nahezu fünfzig Millionen Pfund, das Schienennetz erstreckt sich über fast dreitausend Kilometer, und dreißigtausend Kilometer Telegraphendrähte durchziehen das Land«. In Tasmanien hieß es: »Langsam aber sicher macht die Natur alte Rechte geltend und überwuchert die Erinnerungen an eine Schande, auf die niemand zurückzublicken den Wunsch hat. Man könnte Kapitel auf Kapitel der Annalen von Port Arthur schreiben, sie aber hätten nichts mit dem zu tun, worum es auf diesen Seiten geht.«

Wo immer das möglich war, versuchten die amtlichen Bemühungen um Kultur der beharrlichen Verherrlichung der Buschklepper durch die einfachen Australier entgegenzuwirken, ganz gleich, ob es um die ferne Erinnerung an den kühnen Jack Donohoe und die neuere an Ned Kelly geht. Die Erinnerung an den englischen Offizier und sein Strafbuch, die ganze Maschinerie mit Zwangsarbeit und Auspeitschen, wurde als eins der Dinge in den Hintergrund gedrängt, bei denen man sich am besten nicht »aufhält«.

Australische Politiker sahen die Jahrhundertfeier als Anlaß zu hemmungslosem »Hurrapatriotismus«, und so wurde sie zu einem Tribut an das wohlwollende, allumfassende britische Empire: Ohne Großbritannien als Markt konnte die australische Wirtschaft nicht leben; ohne die Institution des Mutterlandes, vor allem die Monarchie, würde die australische Moral dahinsinken; ohne die englischen Kriegsschiffe würden asiatische Völkerscharen auf ihren Dschunken die »Reinheit« des australischen Blutes bedrohen. Girlanden, Flaggen, Paraden, Ansprachen und noch mehr Girlanden wurden dem Volk in den Rachen gestopft, und nur Republikaner erstickten daran.

Das Organ für ihren Protest war *The Bulletin*, die antiimperialistische Zeitung, die den ganzen Plan der Jahrhundertfeier als von »Sklavenseelen stammende Verherrlichung« der australischen Abhängigkeit brandmarkte. Australien, hieß es da, habe seine ersten hundert Jahre als Strafkolonie begonnen und ende sie als wirtschaftliche und politische Kolonie. Zwar seien die Eisen abgenommen, aber sonst habe sich nichts geändert. Einer der Karikaturisten des Blattes zeigte mit zwei Zeichnungen, was gemeint war: Auf der einen, mit »1788« gekennzeichneten, tanzte ein irischer Sträfling mit Ketten zur Belustigung eines englischen Offiziers, und auf der anderen, im Jahr 1888, ein freier Siedler für John Bull. In *The Bulletin* nannte ein Leitartikel die Feiern »eine schwächliche, fünftklassige Huldigung an das schlimmste Ereignis unserer kurzen Geschichte«. Die australische Jahrhundertfeier sei ein »blasser Abklatsch« der Amerikas von 1876:

»Es fehlen alle Elemente von Größe. Die große Republik jubelte nicht, weil Jahre ereignislos dahingeflogen waren, was für Mensch und Vieh gleichermaßen gilt, sondern zu Ehren des Triumphs der Freiheit über den Würgegriff der Tyrannei. Australien hingegen feiert ein Jahrhundert, das ebenso in nichts beginnt, wie es in nichts endet. Hundert Jahre haben es unverändert gelassen – ein Name, aber keine Nation, ein riesiger Kontinent, der sich damit begnügt, Anhängsel einer kleinen Insel zu sein.«

Wie unwillkommen diese Empfindungen auch sein mochten, in ihnen steckte viel Wahres und noch mehr in der Beziehung, die *The Bulletin* zwischen früheren und gegenwärtigen Imperialisten herstellte:

»An dem Tag, der eine Herrschaft der Sklaverei, des Widerlichen und des moralischen Aussatzes kennzeichnet, sollen wir alle lauthals jubeln. Doch selbst dafür könnte es noch eine Entschuldigung geben, wäre Australien imstande zu zeigen, daß es die alten Fesseln und den alten Aberglauben jener dunklen Epoche abgeschüttelt hat. Aber noch immer klebt der alte Sklavenmakel an den Kleidern des Landes, und die Eisenketten haben wir lediglich gegen solche aus Gold eingetauscht.«

Jeden Tag, so fuhr der Leitartikel fort, kam englisches Kapital ins Land, um die Rohstoffquellen Australiens zu entwickeln – »und natürlich nimmt der englische Kapitalist zum Lohn für seine Mühe die Rohstoffquellen selbst«. Da sei es besser, arm und unabhängig zu sein, betonte *The Bulletin* und verwies auf Chile, Mexiko, die Schweiz und vor allem die Burenrepublik, die mit ihrer kleinen Armee aus Bauern den englischen Liniensoldaten schwere Verluste zugefügt hatte. »Sogar die verweichlichten Soldaten Ägyptens wehrten sich tapfer, bevor ihre Heimat an England fiel, aber Australien erklärt sich durch den Mund solcher ›repräsentativer Staatsmänner‹ wie Gillies und Parkes als unwürdiger denn Ägypten und geringer als die Burenrepublik. Eine solche Erklärung paßt zur Gelegenheit und ehrt die Wiederkehr des Tages, an dem man unsere ersten Familien – exportierte.«

Nichts durfte die Dankbarkeit vermindern, die Australier für den vom Empire gewährten Schutz empfinden sollten. Das Wesen der Kolonisierung bestand darin, daß sie keine eigene Geschichte für sich beanspruchen konnten. Etwa dreißig Jahre vor der Jahrhundertfeier hatte der englische Goldsucher John Sherer über das historische Vakuum der Landschaft bei den Antipoden geklagt, wo jahrtausendelang nichts Erkennbares geschehen war:

»Keine Reise kann eintöniger sein als die durch den Busch. Es besteht keine Verbindung zur Vergangenheit, der Blick labt sich nie an den grauen Ruinen einer alten Festung. Es gibt weder heilige Haine noch altehrwürdige, durch die Erinnerungen an edle Taten geheiligte Weihestätten. Keine Schlachtfelder gemahnen an den Niedergang der Tyrannei, und kein Ort erinnert die Seele durch das Gedenken an etwas, was mit seinem Namen verbunden wäre. Nirgendwo hat ein Genius gehaust, es gibt keine Geburtsstätten großer Männer, alles ist stumpf, tot, wie aus Schlamm errichtet.«

Doch obwohl die Landschaft keine solche Litanei von Assoziationen enthielt, existierten sie für australische Kinder: man ließ sie die Romane Walter Scotts und die kühnen Taten des Sir Francis Drake lesen, sie mußten die Reihe der englischen Könige herunterschnurren, die Daten für sie bedeutungsloser Ereignisse – Rumpfparlament und Pulververschwörung – wie Papageien nachplappern sowie die Länge der europäischen Flüsse, die sie nie sehen würden. Doch über die Geschichte Australiens vor dem Jahre 1850 erfuhren sie nichts, wie sich der Dichter Henry Lawson 1888 im *Republican* beklagte. Die Lehrer spielten ihre Rolle so gut, daß bis um die Mitte der sechziger Jahre unseres Jahrhunderts in australischen Schulen keine Geschichtsbücher zu finden waren, die eine zufriedenstellende oder auch nur zusammenhängende Darstellung der Strafkoloniezeit in unserem Lande lieferte. Woraus bestand diese magere »Geschichte«? Sie war eine Chronik provinziellen Elends, eine unbedeutende Episode englischer Weltreichpolitik, die man am besten vergaß. Was in Zeit und Raum fern war, war wirklich; was nahe lag, war verdrängt worden und trug zu schlechten gesellschaftlichen Träumen bei.

Gedächtnisverlust und Schande kratzten ein wenig am Gesamtbild herum, ohne es sichtbar zu verändern. Gelegentlich mochte ein Bürger seinen Familiennamen in einer Schiffsliste durchstreichen, manchmal wurden die Unterlagen über Verhandlungen und Verurteilungen vor Gerichten in Neusüdwales verbrannt, um unschuldigen Nachkommen keinen gesellschaftlichen Schmerz zuzufügen – doch der Papierberg, den das System hinterlassen hat, war so groß, daß man ihn unmöglich hätte beseitigen können.

Papier ist dauerhafter als Stein. Die Mehrzahl der unmittelbar mit dem System in Australien zusammenhängenden Bauten sind längst zerfallen. Dabei wurden die meisten vor 1835 in Neusüdwales oder vor 1850 in Tasmanien errichteten Bauten von historischer Bedeutung – Gerichtsgebäude, Kirchen, Lager-, Wohn- und Rathäuser sowie Brücken – ganz oder zum Teil von Sträflingen erbaut. Manche davon sind geblieben, vor allem auf Tasmanien, da man dort nicht genug Geld hatte, sie abzureißen und durch neue zu ersetzen. Aber es schien wenig sinnvoll, veraltete Gefängnisse und Gefangenenunterkünfte als Erinnerungen an eine quälende Vergangenheit zu behalten, und die wenigen, die es noch gibt, sind nur um Haaresbreite dem Abbruch entronnen. Auf der Norfolkinsel haben die neuen Bewohner, die nach dem Weggang der letzten Sträflinge kamen – die Abkömmlinge von Fletcher Christians Meuterern und ihren tahitischen Frauen, die 1856 von der Pitcairn-Insel umgesiedelt wurden –, das fünfeckige Neue Gefängnis und die riesige Gefangenenunterkunft in Kingston zusammen mit einer Vielzahl kleinerer Gebäude abgerissen, um Baumaterial daraus zu gewinnen. Mit Ausnahme der erodierten Zellenfundamente, die kaum sichtbar aus dem grünen Grasteppich vorstehen, ist an der Stelle der Strafsiedlung nur noch wenig übrig, gerade, daß man es fertiggebracht hat, die von den schwitzenden Kolonnen errichteten hohen Mauern und Tore mit Mühe und Not vor dem Abriß zu bewahren, als 1959 ein Erholungspark dort entstehen sollte.

An der Spitze von Sydney Cove, die jetzt Circular Quay heißt, erinnert nichts mehr an die Sträflingsvergangenheit; eine nichtssagende moderne Skulptur aus zwei miteinander verbundenen Bronze-Ellipsen, die man als symbolische Verkörperung von Fußeisen ansehen könnte, entpuppt sich bei näherem Hinsehen als Allegorie der Städtepartnerschaft zwischen Sydney und Portsmouth. Es gibt kein Denkmal irgendeiner Art für die Männer und Frauen der Ersten Flotte, und auch für die Zweihundertjahrfeier 1988 scheint keins geplant zu sein.

Trotz der Vernachlässigung, des »Gedächtnisschwundes« und tausend unbewußter Akte der Zensur lebte das System als schaurige Volksbelustigung in der Erinnerung der Menschen weiter. Eine der wenigen Touristenattraktionen von Hobart war in den achtziger Jahren des vorigen Jahrhunderts die *Success*, das Wrack eines Sträflingsschiffs, das jahrelang in der Port-Phillip-Bucht gelegen und einen angenehm gruseligen Ruf gewonnen hatte – die auf ihm untergebrachten Gefangenen waren an der Tötung des »Dämons« John Price beteiligt gewesen. Geschäftstüchtige Unternehmer hatten es gekauft, mit Sträflingspuppen und einer eindrucksvollen Sammlung von Handfesseln, Fußeisen, Gittern, Kugeln, Ketten, neunschwänzigen Katzen und dergleichen ausstaffiert, eines so echt wie das andere (derlei galt damals noch nicht als teure Antiquität aus der Kolonialzeit), zusammen mit der schwarzen Eisenrüstung, die der Buschklepper Ned Kelly bei seinem letzten Gefecht von Glenrowan getragen hatte.

Nachdem die meisten Menschen es besichtigt hatten, segelten die Eigner das Schiff in der Hoffnung nach Sydney, dort noch größere Mengen anzulocken. Das erwies sich als Fehlkalkulation: Empörte Bürger, die nicht an den Makel erinnert werden mochten, versenkten es im Dunkel der Nacht samt allen Wachsfiguren.

Der *Locus classicus* blieb unzerstörbar. Als 1877 die Strafsiedlung Port Arthur geschlossen und ihre Bewohner nach Hobart verlegt wurden, lebten dort nur noch 64 Sträflinge, die ihre Strafe verbüßten, 126 Arme und 79 Geisteskranke. Obwohl die meisten der Sträflinge alt und gebrechlich waren, wurden sie von einer gaffenden und spottenden Menge in Handschellen und Fußeisen an Land gebracht.

In den letzten Jahren seines Bestehens hatte nicht nur der Romancier Anthony Trollope, sondern auch der junge australische Romanautor und journalistische Hansdampf in allen Gassen Marcus Clarke Port Arthur besucht. Er hatte sich in der öffentlichen Bibliothek von Melbourne durch eine Vielzahl von Dokumenten über die Sträflingszeit gearbeitet und beschlossen, von Victor Hugo und Alexandre Dumas inspiriert, ein australisches Epos von Schuld und Sühne zu verfassen. Sein *Lebenslänglich* erschien ab März 1870 in Fortsetzungen im *Australian Journal.* Bis die Serie nach zwei Jahren zu Ende ging, waren die meisten Leser abgesprungen. Doch belebte sich das Interesse der Leserschaft, als 1874 das Buch erschien, und mit ihm auch das der Öffentlichkeit am System und seinem gefürchteten Inbegriff Port Arthur.

Clarke und die nach ihm gaben dem Ort das Gepräge des Schaurig-Anrührenden – sie kannten ihr Publikum. Warum hätte man sonst vor nicht allzu langer Zeit noch »mündliche Überlieferungen« (sprich: Lügenmärchen für Touristen) darüber gehört, wie ganze Gruppen von Kindern wie die Lemminge von den Klippen bei Point Puer in die Tiefe gesprungen seien, um auf diese Weise der Peitsche und der Vergewaltigung zu entgehen; wie Sträflinge zur Zeit von Kommandant Booth in der Finsternis der Bergwerksschächte lustvoll das Fleisch der Leichen verzehrten? Weil mangels ernsthaften historischen Materials über die Deportation siebzig Jahre nach der Veröffentlichung von Clarkes Roman diese Berichte »wahr« wurden.

Die Unmenschlichkeit von Port Arthur war schon lange davor dessen Hauptmythos geworden – durch George Arthurs Feinde in der Presse auf Vandiemensland. Als sich in den siebziger Jahren des vorigen Jahrhunderts Clarke und Price Warung (von einer Horde Skribenten imitiert) daranmachten, ihre Darstellungen des Systems zu verfassen, war aus dem Mythos »Wirklichkeit« geworden, und er konnte daher noch ausgeschmückt werden. Darum auch verlegte Clarke seine blutrünstigsten Episoden wie beispielsweise Gabbetts Kannibalismus in Port Arthur (eine kaum verhüllte Fassung der Flucht von Pearce) aus dem Macquarie Harbour der zwanziger auf die Tasmanische Halbinsel der dreißiger Jahre, wo sie dazu dienten, das System zu »typisieren«.

Dementsprechend ist bei Clarke der Selbstmord der beiden kleinen Jungen von Point Puer, Tommy und Billy, die von der Klippe springen, eins der rührseligsten Stücke in der erzählenden Literatur der Viktorianischen Epoche:

»›Ich kann es jetzt tun‹, sagte Tommy, ›ich fühle mich stark genug.‹
›Wird es sehr weh tun, Tommy?‹ fragte Billy, der nicht so mutig war.
›Weniger als das Auspeitschen‹.
›Ich hab' Angst! O Tom, wie tief es da runtergeht! Bleib bei mir, Tom!‹
Das größere der Kinder nahm sein kleines Tuch vom Hals und band damit seine linke Hand an die rechte des Gefährten.

›Jetzt bleiben wir zusammen.‹

›Was hat die Dame gesagt, als sie uns küßte, Tommy?‹

›Gott erbarme dich dieser armen vaterlosen Kinder!‹, wiederholte Tommy.

›Laß es uns sagen, Tom.‹

So knieten die beiden Kleinen am Rand der Klippe nieder, hoben die zusammengebundenen Hände, blickten zum Himmel und sagten: ›Gott erbarme dich uns armer vaterloser Kinder!‹ Sie küßten einander, dann taten sie es.«

Nichts dergleichen ist je an Point Puer vorgefallen, doch die Touristen mögen so etwas. An schönen Wochenenden fuhren ab Ende der siebziger bis weit in die achtziger Jahre des vorigen Jahrhunderts Hunderte von Ausflüglern auf Raddampfern von Hobart dorthin, vor Aufregung kreischend, wenn man sie für einige Minuten in die undurchdringliche Schwärze und steinerne Stille der Schweigezellen »einsperrte«, und plapperten fröhlich, während in den widerhallenden Schlafsälen ihre Schuhsohlen über den Schutt knirschten. Gelegentlich konnte ein Besucher ein verrostetes Fußeisen oder einen abgetretenen Schuhnagel von einem der Ortsansässigen erwerben, die nach der Umbenennung Port Arthurs in Caernarvon allmählich wieder auf die Tasmanische Halbinsel zurückkehrten. Ein Fotograf aus Hobart namens John Watt Beattie, der die Gebäude und einige der noch überlebenden »Alten« von Port Arthur im Bild festgehalten und sogar die Norfolkinsel besucht hatte, schätzte den Appetit nach Souvenirs aus dem Gefängnis richtig ein. Er druckte Postkarten mit Stilleben aus dem Kerker – kunstvoll arrangierte Fußeisen, Handschellen, Schlüssel, Karabiner der Wächter und dies und jenes aus dem »Modellgefängnis«, umrankt von Blättern und wilden Blumen.

Wie gut, daß er auf diese Weise die abscheuliche Vergangenheit dokumentiert hat, denn schon bald danach suchte das Geschick Sodoms, das lange über ihr geschwebt hatte, die Tasmanische Halbinsel heim. Bei einem Erdbeben vernichtete 1897 ein Buschfeuer die gesamte Strafsiedlung. Nachdem es zwei Tage und Nächte in dem großen vierstöckigen Zuchthaus getobt hatte, war das Modellgefängnis, dieser Abklatsch Pentonvilles im Süden, einst der stumme Korb, in dem numerierte menschliche Drohnen mit verhüllten Köpfen lebten, nichts als eine Ruine. Viele Tasmanier verbargen ihre Freude nur mit Mühe, sie hätten am liebsten auch die Ruinen noch geschleift. Der heutige Besucher kann, während er mit anderen Touristen durch das zieht, was vom Zuchthaus übriggeblieben ist, die Isolierung kaum erfassen, für die es einst stand.

Vielleicht ist das einfacher, wenn man sich der Natur zuwendet, dem von England als Aufenthaltsort für das Verbrechen gewählten kaum durchdringbaren Labyrinth offenen Raumes. Wer das sehen will, braucht lediglich zu den schwarzen Basaltklippen hinüberzugehen, die die Tasmanische Halbinsel einfassen, durch die Büsche an ihrem uneingezäunten Rand zu kriechen und auf die weite, runzlige und glänzende Fläche des uns gefangenhaltenden Meeres zu blicken.

Maße, Gewichte, Währungen

(See)meile	–	ca. 1,85 km
(Land)meile	–	ca. 1,6 km
Yard	–	3 Fuß (ca. 0,9 m)
Fuß	–	12 Zoll (ca. 0,3 m)
Zoll	–	(25,4 mm)
Acre	–	annähernd ein Morgen (ca. 0,4 ha)
Bushel	–	ein Hohlmaß, unter anderem für Getreide (ca. 36,37 l)
lb.	–	Pfund (ca. 336 g), besteht aus zwölf Unzen
oz.	–	Unze (ca. 28 g)
Gallone	–	(ca. 4,5 l), besteht aus vier Quarts
Quart	–	(ca. 1,1 l), besteht aus zwei Pints
Pint	–	(ca. 0,57 l)
Guinee	–	21 Shilling
Krone	–	5 Shilling
s.	–	Shilling, bis 1971 der zwanzigste Teil eines Pfund Sterling
d.	–	Penny (Plural Pence), der zwölfte Teil eines Shilling, seinerseits unterteilt in vier Farthings

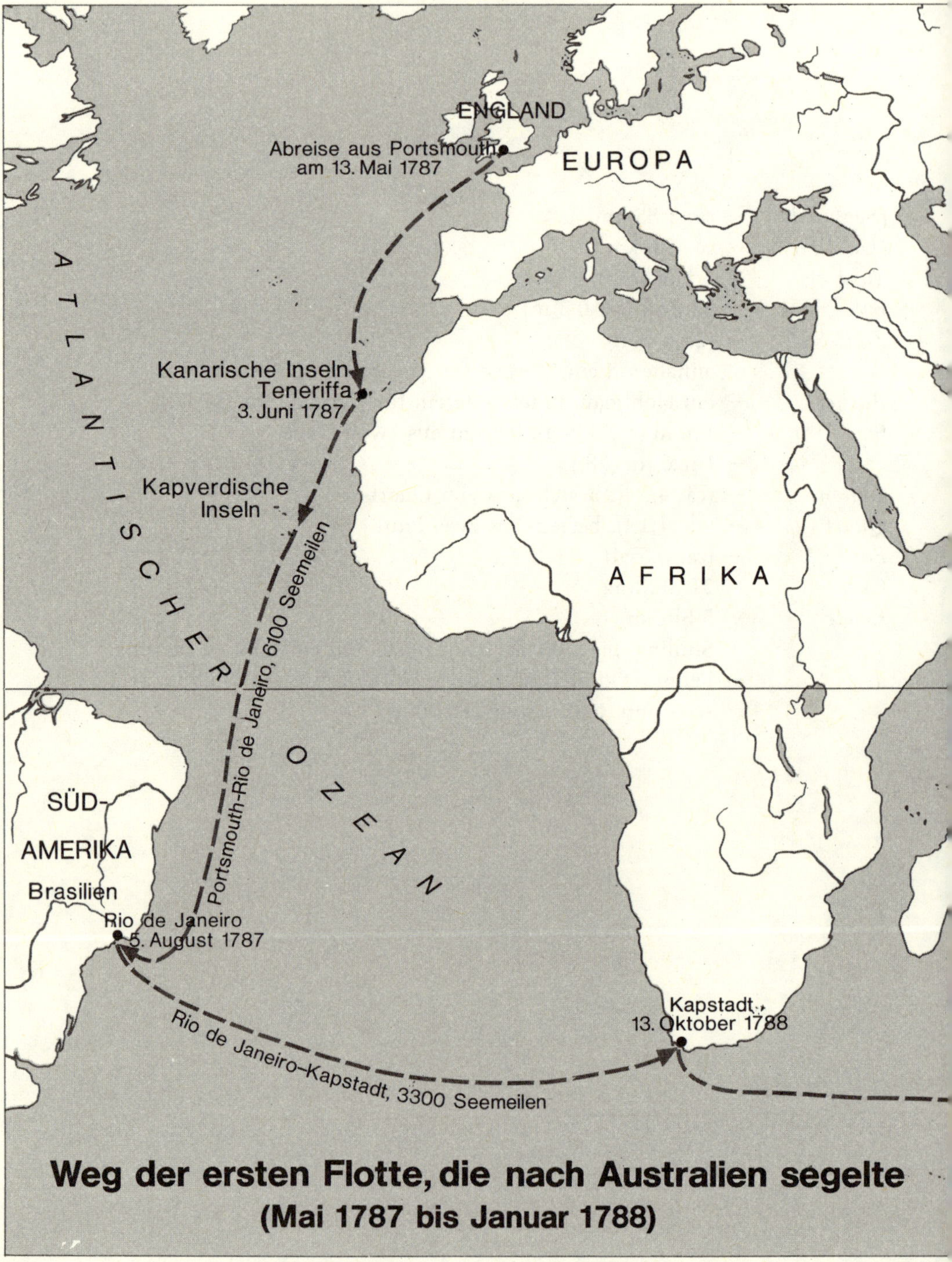

Weg der ersten Flotte, die nach Australien segelte
(Mai 1787 bis Januar 1788)

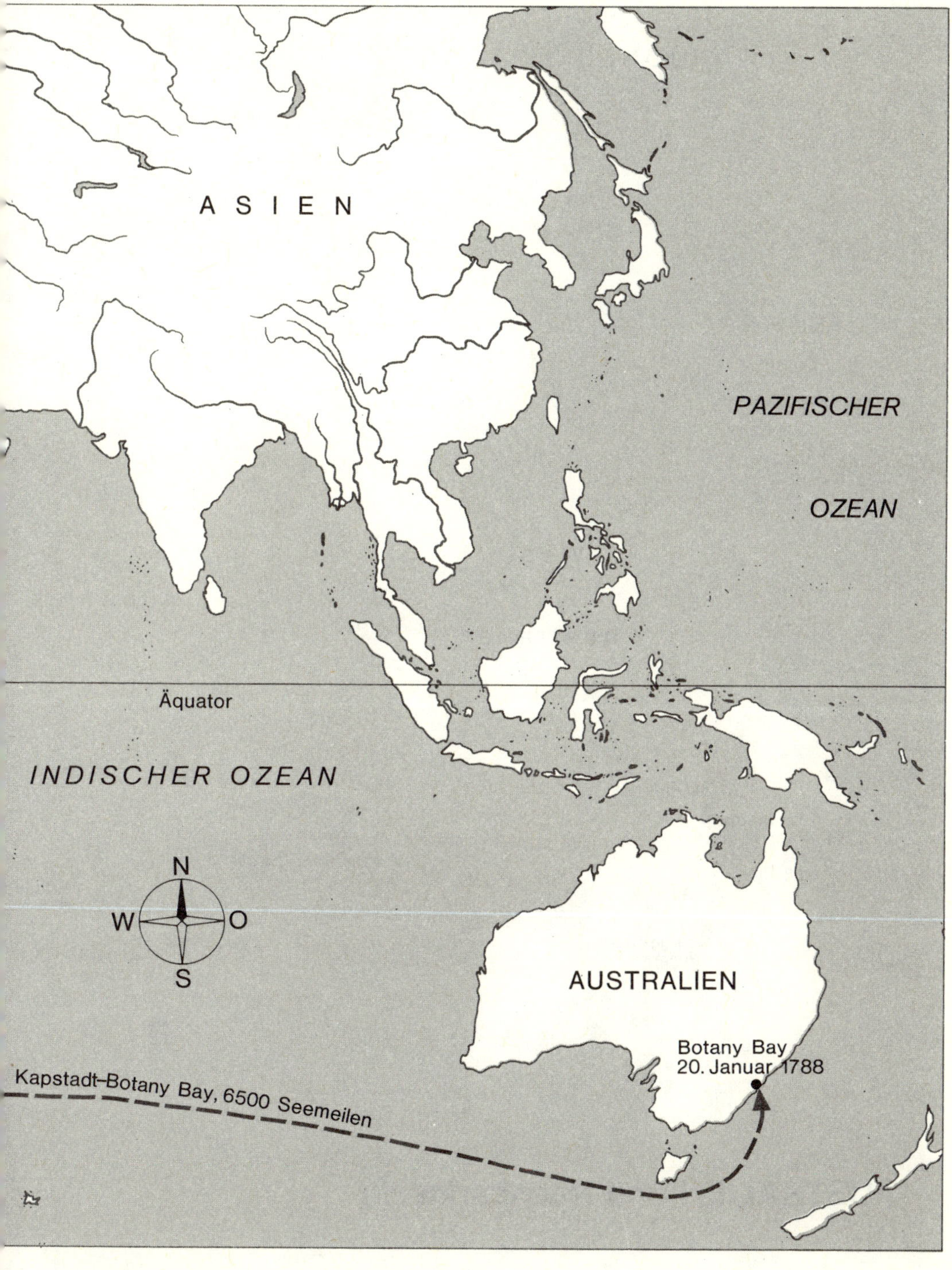
ASIEN
PAZIFISCHER
OZEAN
Äquator
INDISCHER OZEAN
N
W
O
S
AUSTRALIEN
Botany Bay
20. Januar 1788
Kapstadt–Botany Bay, 6500 Seemeilen

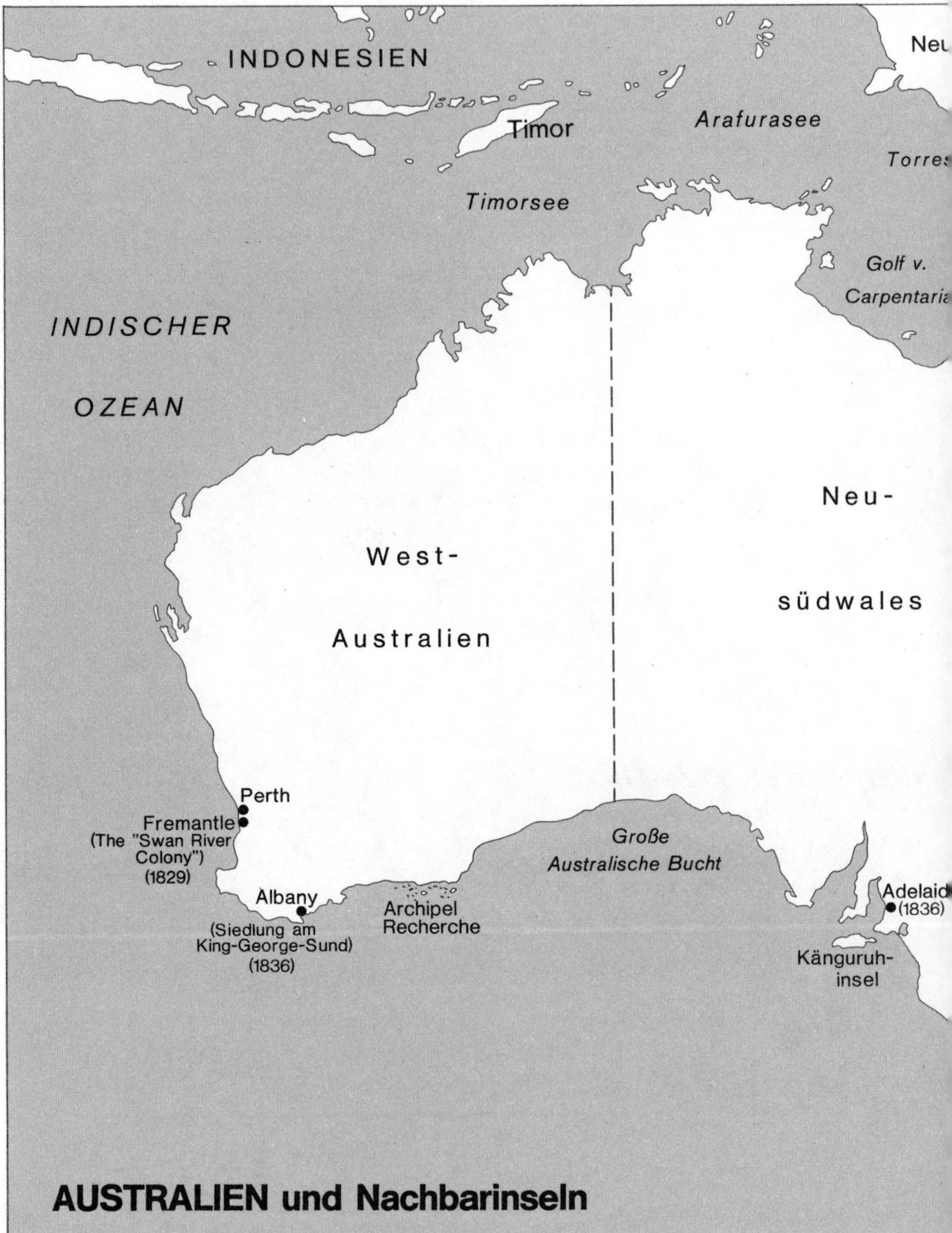

AUSTRALIEN und Nachbarinseln

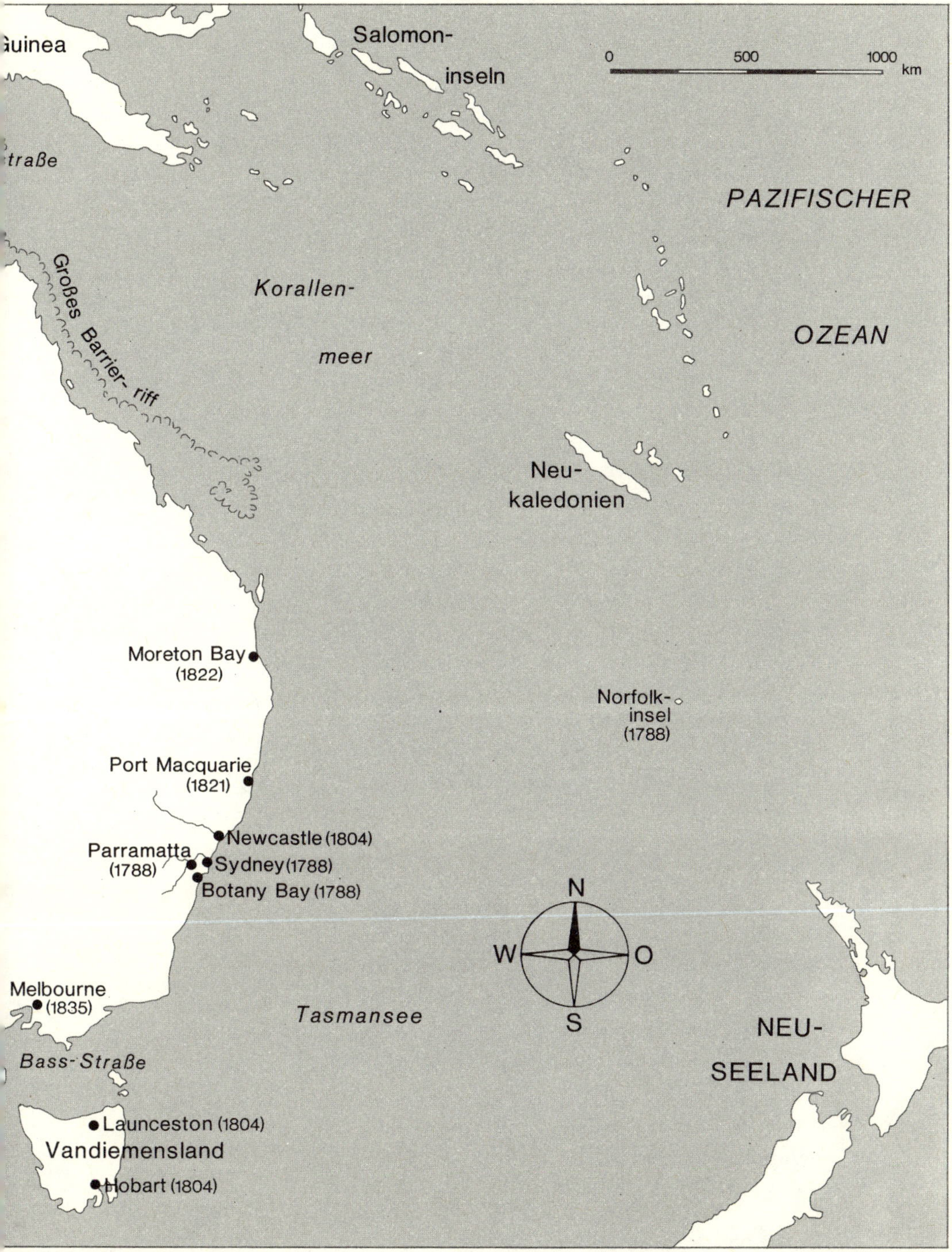

Guinea
Salomon-
inseln
0
500
1000
km
traße
PAZIFISCHER
Großes Barrier-riff
Korallen-
meer
OZEAN
Neu-
kaledonien
Moreton Bay
(1822)
Norfolk-
insel
(1788)
Port Macquarie
(1821)
Newcastle (1804)
Parramatta
(1788)
Sydney (1788)
Botany Bay (1788)
N
W
O
S
Melbourne
(1835)
Tasmansee
NEU-
SEELAND
Bass-Straße
Launceston (1804)
Vandiemensland
Hobart (1804)

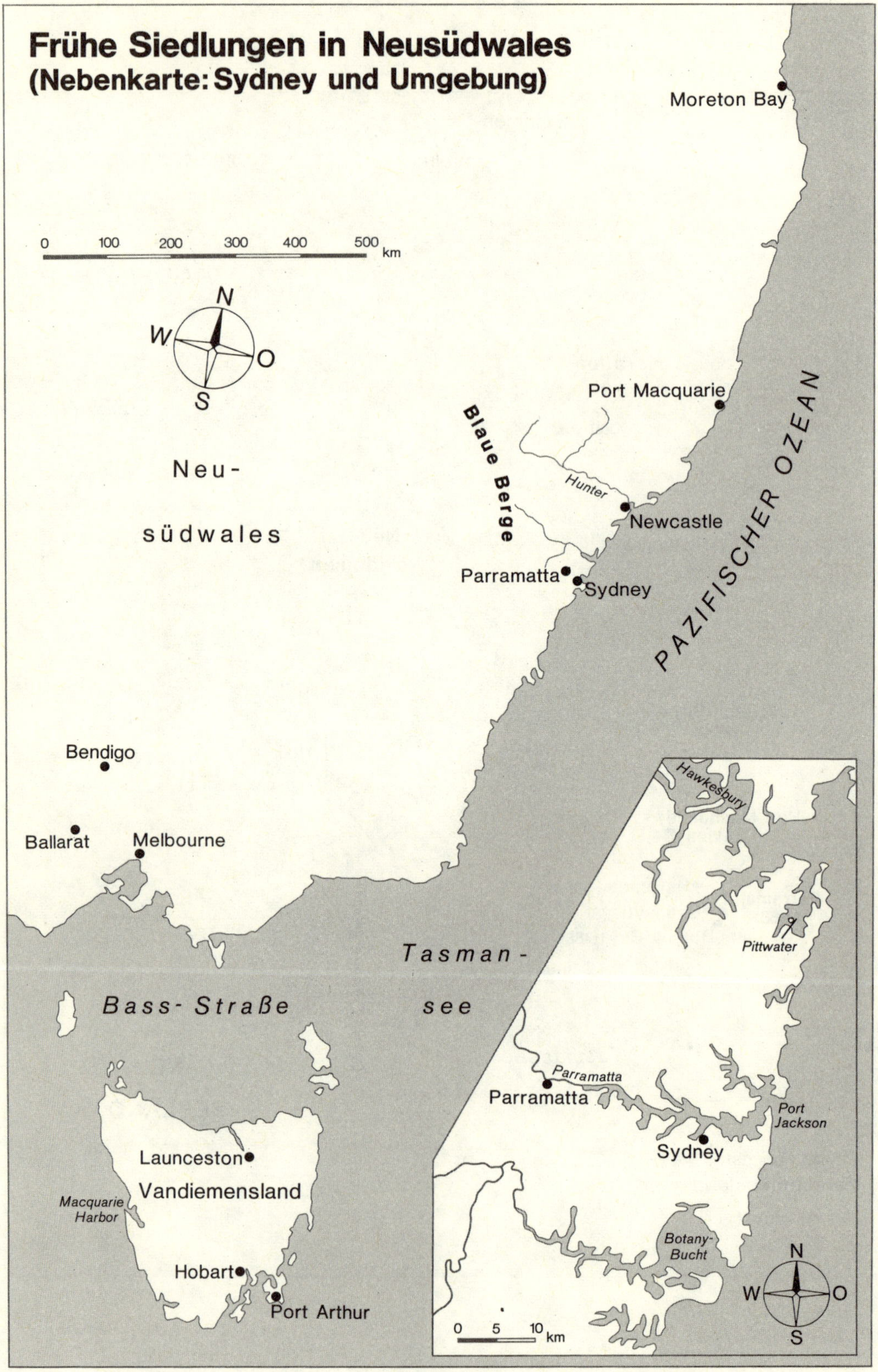
Frühe Siedlungen in Neusüdwales
(Nebenkarte: Sydney und Umgebung)
Moreton Bay
0 100 200 300 400 500 km
N
W
O
S
Port Macquarie
Blaue Berge
Neu-
südwales
Hunter
Newcastle
PAZIFISCHER OZEAN
Parramatta
Sydney
Bendigo
Ballarat
Melbourne
Hawkesbury
Pittwater
Tasman-
see
Bass-Straße
Parramatta
Parramatta
Port
Jackson
Sydney
Launceston
Vandiemensland
Macquarie
Harbor
Botany-
Bucht
Hobart
Port Arthur
N
W
O
S
0 5 10 km

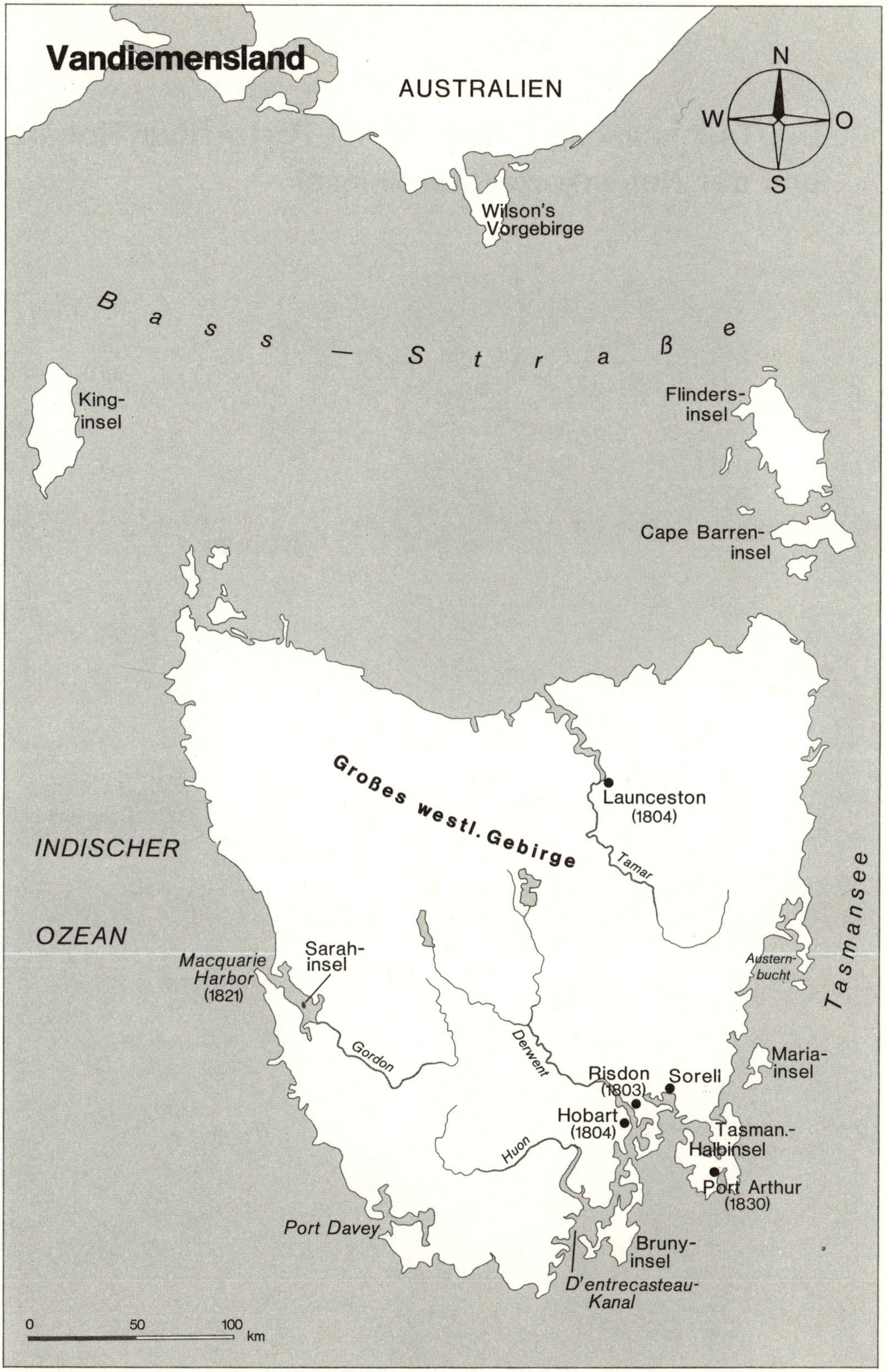
Vandiemensland
AUSTRALIEN
N
W
O
S
Wilson's Vorgebirge
Bass – Straße
King-insel
Flinders-insel
Cape Barren-insel
Großes westl. Gebirge
Launceston (1804)
Tamar
INDISCHER OZEAN
Tasmansee
Sarah-insel
Macquarie Harbor (1821)
Austern-bucht
Gordon
Derwent
Risdon (1803)
Sorell
Maria-insel
Hobart (1804)
Tasman.-Halbinsel
Huon
Port Arthur (1830)
Port Davey
Bruny-insel
D'entrecasteau-Kanal
0
50
100
km

Die Tasmanische Halbinsel mit Port Arthur, Hobart und der Nebenkarte: Norfolkinsel

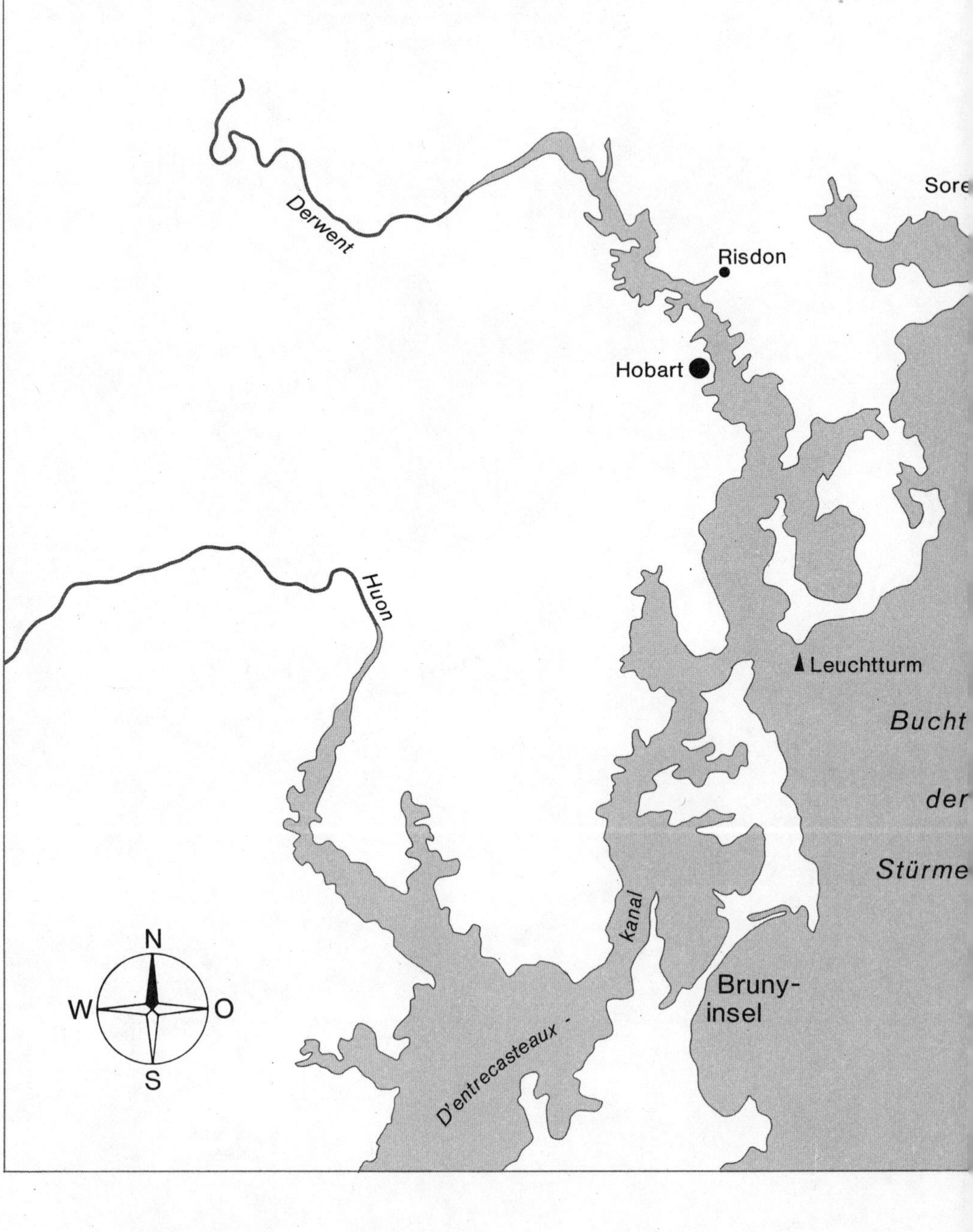

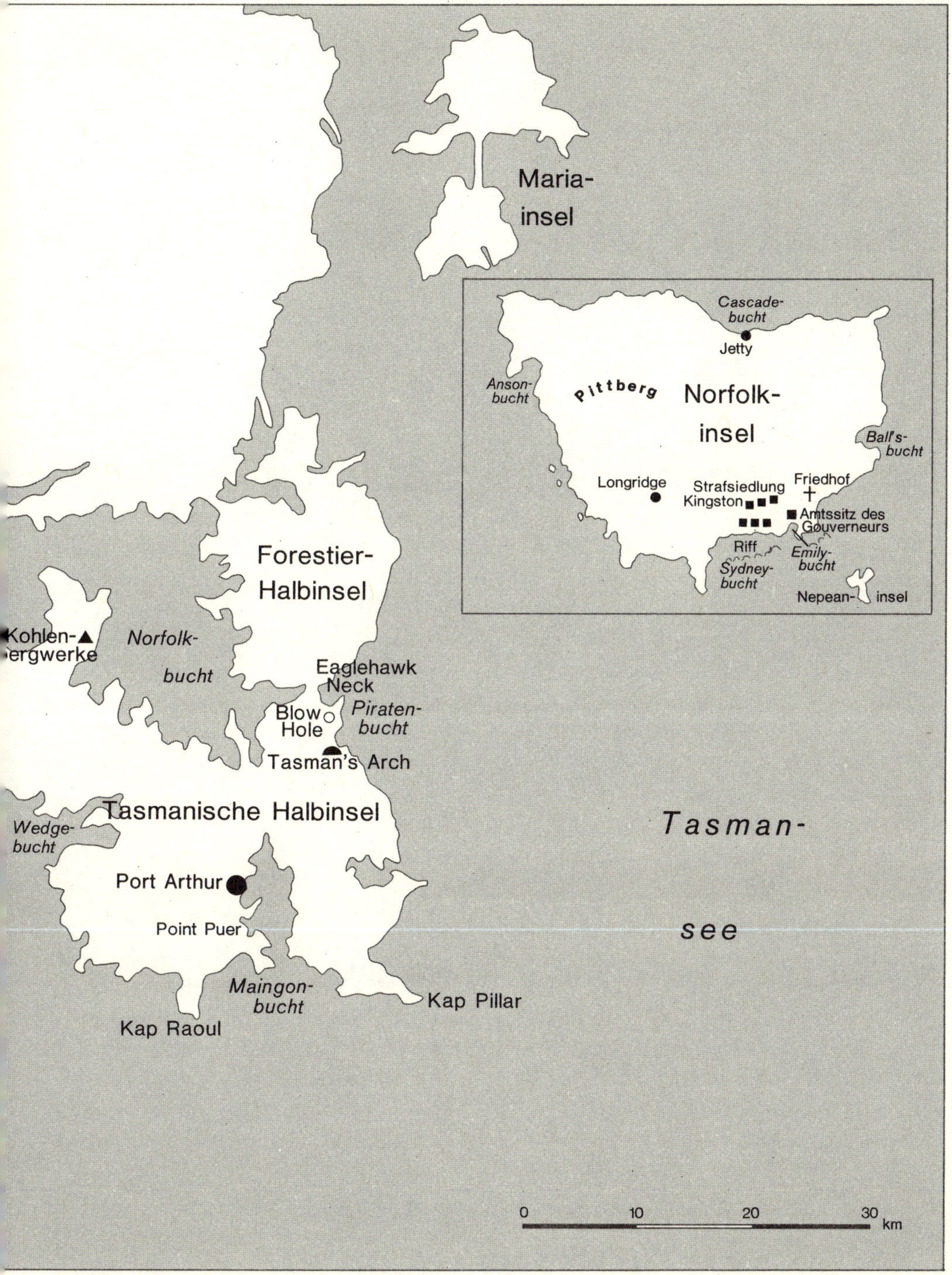

Maria-
insel
Cascade-
bucht
Jetty
Anson-
bucht
Pittberg
Norfolk-
insel
Ball's-
bucht
Longridge
Strafsiedlung
Kingston
Friedhof
Amtssitz des
Gouverneurs
Riff
Sydney-
bucht
Emily-
bucht
Nepean-
insel
Forestier-
Halbinsel
Kohlen-
ergwerke
Norfolk-
bucht
Eaglehawk
Neck
Blow
Hole
Piraten-
bucht
Tasman's Arch
Tasmanische Halbinsel
Wedge-
bucht
Port Arthur
Point Puer
Maingon-
bucht
Kap Raoul
Kap Pillar
Tasman-
see
0
10
20
30
km

Binnengrenzen Australiens von 1788 bis zur Gegenwart

Personenregister

Sachregister

Ein ungewöhnliches Bild Europas

Helmut Berndt
Sagenhaftes Europa
256 Seiten
vollbebildert
gebunden
Schutzumschlag

Der Kulturreichtum des alten Kontinents dokumentiert sich in der Vielfalt seiner Sagen und Legenden. Die kleine Meerjungfrau, Robin Hood, Merlin, Blaubart, Nostradamus, Don Quijote, Rübezahl, Dracula usw. usw. Europa ist reich an Historie und Kultur. Dieser hervorragend ausgestattete Text-Bildband ist Lesebuch, Geschichtsbuch und Reiseführer in einem. Lassen Sie sich entführen in das Land der Phantasie.

ECON